DIREITO
DAS
SOCIEDADES

I

PARTE GERAL

ANTÓNIO MENEZES CORDEIRO

CATEDRÁTICO DA CLÁSSICA DE LISBOA

DIREITO
DAS
SOCIEDADES

I

PARTE GERAL

3.ª EDIÇÃO
AMPLIADA E ATUALIZADA

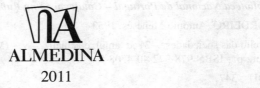

ALMEDINA
2011

DIREITO DAS SOCIEDADES

AUTOR
ANTÓNIO MENEZES CORDEIRO

EDITOR
EDIÇÕES ALMEDINA, SA
Rua Fernandes Tomás n.ᵒˢ 76, 78, 80
3000-167 Coimbra
Tel.: 239 851 904
Fax: 239 851 901
www.almedina.net
editora@almedina.net

DESIGN DE CAPA
FBA

PRÉ-IMPRESSÃO | IMPRESSÃO | ACABAMENTO
G.C. – GRÁFICA DE COIMBRA, LDA.
Palheira – Assafarge
3001-453 Coimbra
producao@graficadecoimbra.pt

Maio, 2011

DEPÓSITO LEGAL
327796/11

Os dados e as opiniões inseridos na presente publicação
são da exclusiva responsabilidade do(s) seu(s) autor(es).

Toda a reprodução desta obra, por fotocópia ou outro qualquer
processo, sem prévia autorização escrita do Editor, é ilícita
e passível de procedimento judicial contra o infractor.

Biblioteca Nacional de Portugal – Catalogação na Publicação

CORDEIRO, António Meneses, 1953-

Direito das sociedades. – 3ª ed. ampl. e actualiz. – v. - (Menezes Cordeiro)
1ª pt.: p. - ISBN 978-972-40-4508-5

CDU   347

Outras obras do Autor no domínio do Direito comercial:

Cláusulas contratuais gerais / Anotação ao Decreto-Lei n.° 446/85, de 25 de Outubro, Coimbra, 1986, col. Professor Doutor Mário Júlio de Almeida Costa, com diversas reimpressões;

Direito da economia, Lisboa, 1986, policopiado;

Expurgação da hipoteca / Parecer, col. Professor Doutor José de Oliveira Ascensão, CJ XI (1986) 5, 35-47;

Concessão de crédito e responsabilidade bancária, BMJ 357 (1986), 5-66;

Obrigações em moeda estrangeira e taxas de juros, O Direito 1974/87, 119-145;

A responsabilidade fiscal subsidiária: a imputação aos gestores dos débitos à previdência, col. Professor Doutor Ruy de Albuquerque, CTF 1987, 147-190;

Cessão de exploração de estabelecimento comercial, arrendamento e nulidade formal / Parecer, col. Professor Doutor José de Oliveira Ascensão, ROA 1987, 845-927;

Products Liability / An International Manual of Practice / Portugal, col. Professor Doutor Martim de Albuquerque, Londres, 1988;

Saneamento financeiro: os deveres de viabilização das empresas e a autonomia privada, em *Novas perspectivas do Direito Comercial* (1988), 57-100;

Das publicações obrigatórias nos boletins das cotações das bolsas de valores, O Direito 1988, 341-370;

Do contrato de franquia (franchising) / Autonomia privada versus tipicidade negocial, ROA 1988, 63-84;

Cessão de exploração dum navio / Parecer, CJ XIII (1988) 3, 33-47;

Compra e venda internacional, inflação e moeda estrangeira / Anotação a RLx 7-Mai.-1987, RDES XXX (1988), 69-93;

Da responsabilidade dos administradores das sociedades comerciais, em *Estruturas jurídicas da empresa*, Lisboa, 1989, 83-105;

Do reporte: subsídios para o regime jurídico do mercado de capitais e da concessão do crédito, O Direito 1989, 443-459;

Da transmissão em bolsa de acções depositadas, O Direito 1989, 75-90;

Estudos de Direito Comercial, vol. I – *Das falências* (org.), com prefácio do Professor Doutor José Dias Marques, Coimbra, 1989;

Da preferência dos accionistas na subscrição de novas acções; exclusão e violação, ROA 50 (1990), 345-362;

Insolvência: da resolução do aval em benefício da massa; o interesse em agir / Anotação a RPt 9-Jan.-1990, ROA 50 (1990), 159-180;

Declaração de insolvência; fiança e aval; actos resolúveis em benefício da massa; interesse em agir / / Anotação a STJ 7-Nov.-1990, ROA 50 (1990), 713;

Banca, bolsa e crédito / Estudos de Direito Comercial e de Direito da Economia, 1.° volume, Coimbra, 1991;

Impugnação pauliana de actos anteriores ao crédito – Nulidade da fiança por débitos futuros indetermináveis – Efeitos da impugnação / Anotação a STJ 19-Fev.-1991, ROA 51 (1991), 525-572;

6   *Direito das sociedades*

As privatizações e o Direito privado: alguns aspectos com referência ao sector bancário, Direito e
   Justiça V (1991), 71-89;
*Da importação e exportação de capitais: a autorização prévia do Banco de Portugal e o registo de
   hipotecas e mútuos celebrados no estrangeiro*, O Direito 1991, 7-19;
Hipotecas a favor de bancos prediais / Parecer, CJ XVI (1991) 3, 55-69;
Impugnação pauliana e fiança de conteúdo indeterminável, CJ XVII (1992) 3, 55-64;
La bonne foi dans l'exécution du contrat / Rapport portugais, em *Travaux de l'Association Henri
   Capitant*, tomo XLIII (1992), 337-350;
Contratacion laboral: libertad de empresa y accion administrativa. La experiencia portuguesa, em *La
   reforma del mercado de trabajo*, dir. Borrajo Dacruz, Madrid, 1993, 275-284;
Das cartas de conforto no Direito bancário, Lisboa, 1993;
Da cessão financeira (factoring), Lisboa, 1994;
Da transmissão e difusão de sinais televisivos / Parecer, ROA 54 (1994), 439-472;
Da tomada de sociedades (takeover): efectivação, valoração e técnicas de defesa, ROA 54 (1994),
   761-777;
*Vícios ocultos nos bens privatizados: subsídios para a análise da privatização da Sociedade Finan-
   ceira Portuguesa – Banco de Investimento, SA e suas consequências / Parecer*, em *A privati-
   zação da Sociedade Financeira Portuguesa*, Lisboa, 1995, 79-143;
Empréstimos "cristal": natureza e regime / Parecer, O Direito 1995, 463-509;
Aquisição de empresas / Anotação ao acórdão do Tribunal Arbitral 31-Mar.-1993, ROA 55 (1995),
   37-104;
Da perda de metade do capital social das sociedades comerciais, ROA 56 (1996), 157-177;
Ofertas públicas de aquisição, ROA 56 (1996), 499-533;
Da responsabilidade civil dos administradores das sociedades comerciais, Lisboa, 1996;
Direito bancário / Relatório, Coimbra, 1996;
Direito bancário privado, em Actas do Congresso Comemorativo do 150.° Aniversário do Banco de
   Portugal (22-25 de Outubro de 1996) (1997), 15-33;
Leis da banca anotadas, 1.ª ed., Coimbra, 1997;
Les garanties de financement / Portugal, em *Travaux de l'Association Henri Capitant*, tomo XLVII,
   1997, 493-502;
A OPA estatutária como defesa contra tomadas hostis, ROA 58 (1998), 133-145;
Manual de Direito bancário, 1.ª ed., Coimbra, 1998.
O contrato bancário geral, Estudos de Direito Bancário, 11-19, Coimbra, 1999;
*Da constitucionalidade das aquisições tendentes ao domínio total (artigo 490.°, n.° 3, do Código das
   Sociedades Comerciais)*, BMJ 480 (1999), 5-30;
Leis da banca anotadas, 2.ª ed., Coimbra, 2000, 597-613;
Do contrato de concessão comercial, ROA 60 (2000), 597-613;
Das acções preferenciais sem voto, ROA 60 (2000), 1001-1056;
Direito dos seguros: perspectivas de reforma, em *I Congresso Nacional de Direito dos Seguros*, org.
   António Moreira e Costa Martins, 2000, 19-29;
Manual de Direito bancário, 2.ª ed., Coimbra, 2001;
Manual de Direito comercial, I volume, Coimbra, 2001;
Contrato de seguro e seguro de crédito, Memórias do *II Congresso Nacional de Direito dos Seguros*,
   27-53, Lisboa, 2001;
Sociedades gestoras de participações sociais, O Direito 2001, 557-579;
Acordos parassociais, ROA 61 (2001), 529-542;
Livrança em branco. Pacto de preenchimento, Anot. Ac. STJ de 3 de Maio de 2001, ROA 61 (2001),
   1039-1052;
Manual de Direito comercial, II volume – *Sociedades comerciais*, pré-edição, Coimbra, 2001;

Outras obras do Autor no domínio do Direito comercial

Leis dos seguros anotadas, com a colaboração da Dr.ª Carla Teixeira Morgado, Coimbra, 2002;
Anteprojecto do Regime Geral dos Seguros, na RFDUL, 2002;
O regime jurídico do euro, RFDUL, 2002;
Depósito bancário e compensação, em CJ/Supremo X (2002) 1, 5-10 e nos *Estudos em homenagem ao Prof. Doutor Inocêncio Galvão Telles, Direito bancário*, vol. II, Almedina, Lisboa, 2002, 89-102;
Estabelecimento comercial e arrendamento, nos *Estudos em homenagem ao Prof. Doutor Inocêncio Galvão Telles, Direito do arrendamento urbano*, vol. III, Almedina, Lisboa, 2002, 407-428;
Da reforma do direito dos seguros, separata das memórias do *III Congresso Nacional de Direito dos Seguros*, Lisboa, 2002;
Da compensação no Direito civil e no Direito bancário, 2003;
A evolução do direito das sociedades comerciais em Portugal, em *O Direito contemporâneo em Portugal e no Brasil*, coord. IVES GANDRA DA SILVA MARTINS/DIOGO LEITE DE CAMPOS, Coimbra, 2003, 401-422;
Escrituração comercial, prestação de contas e disponibilidade do ágio nas sociedades anónimas, nos *Estudos em homenagem ao Prof. Doutor Inocêncio Galvão Telles, Direito do arrendamento urbano*, vol. III, Almedina, Lisboa, 2003, 573-588;
Convenções colectivas de trabalho e direito transitório: com exemplo no regime da reforma no sector bancário, ROA 63 (2003), 63-93;
Manual de Direito das sociedades, I – *Das sociedades em geral*, Coimbra, 2004;
A 13.ª Directriz do Direito das sociedades (ofertas públicas de aquisição), ROA 64 (2004), 97-111;
Vernáculo jurídico: directrizes ou directivas?, ROA 64 (2004), 609-614;
Direito europeu das sociedades, Coimbra, 2005;
Concorrência e direitos e liberdades fundamentais na União Europeia, em *Regulação e concorrência*, coordenação dos Profs. Doutores Ruy de Albuquerque e António Menezes Cordeiro, Coimbra, 2005, 9-28;
Defesa da concorrência e direitos fundamentais das empresas: da responsabilização da Autoridade da Concorrência por danos ocasionados em actuações de inspecção, em *Regulação e concorrência*, coordenação dos Profs. Doutores Ruy de Albuquerque e António Menezes Cordeiro, Coimbra, 2005, 121-157;
Da prescrição de créditos das entidades prestadoras de serviços públicos essenciais, em *Regulação e concorrência*, coordenação dos Profs. Doutores Ruy de Albuquerque e António Menezes Cordeiro, Coimbra, 2005, 287-332;
Leis da banca anotadas, em colaboração com a Dra. Carla Teixeira Morgado, 3.ª ed., Coimbra, 2005;
A perda de metade do capital social e a reforma de 2005: um repto ao legislador, ROA 65 (2005), 45-87;
Aquisições tendentes ao domínio total: constitucionalidade e efectivação da consignação em depósito (artigo 490.º/3 e 4 do Código das Sociedades Comerciais), O Direito 2005, 449-463;
Introdução ao Direito da insolvência, O Direito 2005, 465-506;
Manual de Direito bancário, 3.ª ed., Coimbra, 2006;
Manual do Direito das Sociedades, II – *Das Sociedades em Especial*, 1.ª ed., Coimbra, 2006;
Regulação económica e supervisão bancária, O Direito 2006, 245-276;
A grande reforma das sociedades comerciais, O Direito 2006, 445-453;
O anteprojecto de Código do Consumidor, O Direito 2006, 685-715;
Evolução do Direito europeu das sociedades, ROA 66 (2006), 87-118;
Os deveres fundamentais dos administradores das sociedades (artigo 64.º/1 do CSC), ROA 66 (2006), 443-488;
A lealdade no Direito das sociedades, ROA 66 (2006), 1033-1065;
SA: assembleia geral e deliberações sociais, Coimbra, 2007, reimpressão, 2009;

8 *Direito das sociedades*

Manual de Direito comercial, 2.ª ed., Coimbra 2007;
Do contrato de mediação, O Direito 2007, 517-554;
O presidente da mesa da assembleia geral e as grandes assembleias mediáticas de 2007 (PT e BCP), O Direito 2007, 697-735;
Créditos documentários, ROA 67 (2007), 81-102;
Introdução do Direito da prestação de contas, Coimbra, 2008;
Uma nova reforma do Código das Sociedades Comerciais, RDS 2009, 11-55;
A Directriz 2007/36, de 11 de Julho (accionistas de sociedades cotadas): comentários à proposta de transposição, ROA 68 (2008), 503-554;
Das prestações complementares da segurança social convencionadas antes do Decreto-Lei n.º 887/76, de 29 de Dezembro, O Direito 2008, 999-1051;
A crise planetária de 2007/2010 e o governo das sociedades, RDS 2009, 263-286;
Uma nova reforma do Código das Sociedades Comerciais?, RDS 2009, 11-55;
As aplicações financeiras como base contributiva, perante o Código dos Regimes Contributivos do Sistema Previdencial de Segurança Social, RDS 2009, 845-863;
A nacionalização do BPN, RDS 2009, 57-91;
Accionistas: concessão de crédito e igual tratamento, nos Estudos em homenagem ao Prof. Doutor Martim de Albuquerque, I vol., 131-163, Coimbra, 2010;
Do registo de quotas: as reformas de 2006, de 2007 e de 2008, RDS 2009, 293-326 e na obra em homenagem ao Prof. Doutor Carlos Ferreira de Almeida, Faculdade de Direito da Universidade Nova de Lisboa, 2010, 15-50;
A tutela do consumidor de produtos financeiros e a crise mundial de 2007/2010, em Homenagem ao Prof. Doutor José Manuel Sérvulo Correia, III vol., 2010, 683-706;
Das acções próprias: dogmática básica e perspectivas de reforma – I, RDS 2009, 637-646;
A Directriz 2007/36, de 11 de Julho (Accionistas de sociedades cotadas): Comentário à Proposta de Transposição, Estudos em Honra do Prof. Doutor Paulo de Pitta e Cunha 1 (2010);
Novas regras sobre assembleias gerais: a reforma de 2010, RDS 2010, 11-33;
Ações sem valor nominal, RDS 2010, 473-508;
O CSC e a reforma de 2010: gralhas, lapsos, erros e retificações, RDS 2010, 509-528.

ADVERTÊNCIAS

As disposições legais não acompanhadas da fonte correspondem a artigos do Código das Sociedades Comerciais, aprovado pelo Decreto-Lei n.º 262/86, de 2 de Setembro, com alterações subsequentes, as últimas das quais introduzidas pelo Decreto-Lei n.º 33/2011, de 7 de Março.

As nossas obras *Direito das obrigações* (1980, reimp., 1994), *Da boa fé no Direito civil* (1985, 6.ª reimp., 2011), *Da responsabilidade civil dos administradores das sociedades comerciais* (1997) e *Tratado de Direito civil* (oito volumes publicados), os nossos *Manuais de Direito do Trabalho* (1990, reimp., 1996), de *Direito comercial*, 2.ª ed. (2007) e de *Direito bancário*, 4.ª ed. (2010) e o nosso *Direito europeu das sociedades* (2005) são citados, apenas, de modo abreviado, sem qualquer outra menção. Quanto ao 2.º vol. desta obra, relativo às *sociedades em especial*, 2.ª ed. (2007): será citado, apenas, como *Manual*, 2.

Adota-se o Acordo Ortográfico para a Língua Portuguesa

A presente terceira edição do *Manual de Direito das sociedades*, assume o título *Direito das sociedades*, por razões editoriais. Ela está atualizada com referência a elementos publicados até 30 de Novembro de 2010 e, nalguns casos, até Março de 2011. Apesar do cuidado posto na sua revisão, o Autor não assume a responsabilidade pela exatidão dos elementos legislativos: os práticos do Direito são vivamente convidados a, em permanência, se certificarem das precisas leis em vigor.

Lisboa, Março de 2011.

ÍNDICE DO PRIMEIRO VOLUME

Outras obras do Autor no domínio do Direito comercial 5
Advertências 9
Índice geral 11
Abreviaturas 33

I
INTRODUÇÃO

§ 1.º **O Direito das sociedades**

1. O objeto do Direito das sociedades 45
2. Aspetos substanciais 46
3. A autonomia do Direito das sociedades e o seu âmbito 47
4. Condicionamentos histórico-científicos; pólos 48

CAPÍTULO I – A EVOLUÇÃO HISTÓRICA DAS SOCIEDADES

§ 2.º **Das origens às pré-codificações**

5. Generalidades 51
6. A *societas* 52
7. O desenvolvimento da personalidade coletiva 54
8. As companhias coloniais 60

§ 3.º **As codificações oitocentistas**

9. O *Code Napoléon* de 1804 e o *Code de Commerce* de 1807 65
10. Outros códigos da primeira geração 68
11. O problema da liberdade de constituição 73
12. Os códigos comerciais da segunda geração 80

12   *Direito das sociedades*

§ 4.º O século XX e a democratização do capital

13. Os dilemas e os modelos; fatores de evolução 84
14. As reformas alemãs de 1937 e de 1965; a evolução subsequente 85
15. As sociedades por quotas 96
16. O Código Civil italiano de 1942 98
17. A experiência francesa; o Código das Sociedades de 1966; evolução subse-
    quente 101

§ 5.º A experiência anglo-americana

18. Aspetos gerais; tipos de sociedades no Direito inglês 106
19. O Direito norte-americano 107

CAPÍTULO II – A EXPERIÊNCIA PORTUGUESA

§ 6.º Ordenações e reformas pombalinas

20. As Ordenações 109
21. As companhias coloniais 109
22. As reformas pombalinas 112

§ 7.º O Código Ferreira Borges, a Lei de 22-Jun.-1867 e o Código de Seabra

23. O Código Comercial de 1833 117
24. A Lei de 22 de Junho de 1867 (sociedades anónimas) 120
25. O Código de Seabra 124

§ 8.º O Código Veiga Beirão e a Lei de 11-Abr.-1901

26. O Código Comercial de 1888 126
27. A Lei de 11-Abr.-1901 (sociedades por quotas) 129

§ 9.º Os séculos XX e XXI

28. Generalidades 131
29. O problema da fiscalização 132
30. A recodificação e a sua necessidade 137
31. A mobiliarização 139
32. A europeização 142
33. A receção de elementos anglo-saxónicos 143

Índice geral 13

CAPÍTULO III – FONTES INTERNAS DO DIREITO DAS SOCIEDADES

§ 10.° **A preparação do Código das Sociedades Comerciais**

34. Os antecedentes 145
35. Dos anteprojetos parcelares ao projeto global 146
36. O Código das Sociedades Comerciais 148
37. A evolução subsequente 150

§ 11.° **O Código das Sociedades Comerciais: sistema, fontes e alterações**

38. Sistema; o problema da parte geral 152
39. Reflexos internos; conclusão 157
40. Fontes doutrinárias e legislativas 159
41. Alterações 160

§ 12.° **Erros e retificações**

42. O problema no Código das Sociedades Comerciais 169
43. O regime das retificações até à Lei n.° 3/76, de 10 de Setembro 170
44. *Idem*, até à Lei n.° 6/83, de 29 de Julho 172
45. *Idem*: a Lei n.° 74/98, de 11 de Novembro 175
46. Balanço 177
47. Aspetos dogmáticos; a essência dos erros 177
48. Erros formais e substanciais; erros patentes e não-patentes 179
49. Os óbices do regime das retificações 179
50. As correções jurídico-científicas 180

§ 13.° **Diplomas extravagantes e complementares**

51. Diplomas extravagantes 182
52. Legislação complementar 184

CAPÍTULO IV – DIREITO EUROPEU E DIREITO INTERNACIONAL DAS SOCIEDADES

§ 14.° **Direito europeu das sociedades**

53. Generalidades 187
54. As diretrizes das sociedades comerciais e a sua transposição 190
55. Regulamentos 196

14 *Direito das sociedades*

56. Jurisprudência 197
57. Interpretação e aplicação de diretrizes e de diplomas de transposição 198
58. Balanço 201

§ 15.º Direito internacional das sociedades

59. Generalidades; o Direito material 205
60. Direito internacional privado; a primazia da sede 206
61. Regras especiais; a representação permanente 210
62. A liberdade de estabelecimento e o desvio europeu 211

CAPÍTULO V – O DIREITO DAS SOCIEDADES: HOJE

§ 16.º A grande reforma de 2006 e as reformas subsequentes

63. Aspetos gerais 217
64. O Decreto-Lei n.º 76-A/2006, de 29 de Março; outros diplomas 219
65. A preparação e os objetivos da reforma 221
66. As alterações ao Código das Sociedades Comerciais 222
67. Síntese e apreciação 228
68. Uma nova fase no Direito das sociedades? 230
69. A reforma de 2007 231
70. As reformas de 2009 e de 2010 232

§ 17.º A crise de 2007-2012

71. Aspetos gerais 235
72. A etiologia da crise 236
73. Aspetos explicativos e necessidade de supervisão 238
74. O Direito da crise nos Estados Unidos e na Alemanha (breve referência) 240
75. As leis nacionais 246
76. Condicionamentos gerais 248
77. Medidas de Direito das sociedades 250

§ 18.º As sociedades na enciclopédia jurídica

78. O Direito civil 252
79. O Direito comercial 253
80. O Direito dos valores mobiliários 254
81. Outras disciplinas 255

Índice geral 15

§ 19.° As sociedades nos nossos dias

82. A situação no País 257
83. O papel do Direito das sociedades 259
84. O espaço lusófono 260
85. Método e programa 260
86. Bibliografia portuguesa 261
87. Bibliografia estrangeira 263
88. Revistas, comentários, coletâneas e *Internet* 266

PARTE I
DAS SOCIEDADES EM GERAL

CAPÍTULO I – DOGMÁTICA BÁSICA DAS SOCIEDADES

SECÇÃO I – GENERALIDADES, ELEMENTOS E PRINCÍPIOS

§ 20.° Sentido da dogmática societária

89. O sistema de fontes 271
90. O Direito subsidiário 273
91. Substrato obrigacional e substrato organizacional 274
92. Elementos civis e comerciais 275
93. Construtivismo e primazia dos tipos 276

§ 21.° Os princípios gerais das sociedades

94. Sentido e limites 278
95. A autonomia privada 279
96. A boa-fé e a tutela da confiança 280
97. A igualdade e a justiça distributiva 282
98. Controlo do Direito sobre a economia: concorrência e tutela das minorias 284
99. O modo coletivo; autonomia funcional e patrimonial e a limitação da responsabilidade 286

§ 22.° Os elementos das sociedades

100. Generalidades; a pluralidade de sócios 288
101. Desvio; as sociedades unipessoais 291
102. O património 295
103. O objeto 296
104. O elemento formal; a tipicidade 299

16 *Direito das sociedades*

SECÇÃO II – A DOUTRINA DAS PESSOAS COLETIVAS

§ 23.º **A personalidade coletiva**

105. As doutrinas clássicas 304
106. "Realismo jurídico" e tendências recentes..................................... 313
107. Posição adotada 322

§ 24.º **A ordenação das pessoas coletivas**

108. Pólos, classificações e tipologias 327
109. Pessoas coletivas públicas e privadas; a utilidade pública 329
110. Pessoas coletivas associativas e fundacionais 335
111. Pessoas coletivas com e sem fins lucrativos; superação 336
112. Associações, fundações e sociedades 337
113. Pessoas coletivas comuns e especiais 339

§ 25.º **Figuras afins das pessoas coletivas**

114. A personalidade rudimentar e o modo coletivo imperfeito 340
115. As personalidade judiciária, económica, laboral e tributária......... 343
116. Associações não reconhecidas, comissões, sociedades rudimentares e socie-
     dades irregulares 348
117. Pessoas coletivas em formação e em extinção 349
118. A mão comum e a comunhão 351
119. Esferas e patrimónios de afetação.. 352

SECÇÃO III – AS SOCIEDADES CIVIS PURAS

§ 26.º **Aspetos gerais das sociedades civis**

120. Um tipo básico 354
121. Sistema geral do Código Civil 355
122. Noção e elementos 357
123. O contrato, a forma e as suas alterações... 360
124. O papel das sociedades civis puras... 363

SECÇÃO IV – AS SOCIEDADES COMO ORGANIZAÇÃO

§ 27.º **A personalidade jurídica das sociedades**

125. A importância do tema.. 365

Índice geral

126. O problema nas sociedades civis puras; a discussão 365
127. Segue; a posição adotada 369
128. A personalidade das sociedades comerciais 372

§ 28.º A capacidade de gozo das sociedades

129. O princípio da especialidade; evolução 375
130. A sua superação 378
131. O problema dos atos gratuitos e das garantias.............................. 381
132. Prestações assistenciais 384
133. As limitações específicas: naturais, legais e estatutárias.................. 385
134. O exercício de atividades comerciais por não-sociedades.................. 389

§ 29.º A capacidade de exercício e a responsabilidade das sociedades

135. A "capacidade" de exercício.. 391
136. Os "representantes" das sociedades.. 392
137. A tutela de terceiros 393
138. A responsabilidade das pessoas coletivas.................................... 395

§ 30.º As figuras afins às sociedades

139. A delimitação externa das sociedades 400
140. Associações, associações públicas e associações não reconhecidas 400
141. Fundações, empresas públicas e comissões especiais 402
142. Contratos de organização (associação em participação, consórcio e outros)... 405
143. Agrupamentos complementares de empresas e agrupamentos europeus de interesse económico (ACE e AEIE) 406
144. Cooperativas.. 409

SECÇÃO V – AS SOCIEDADES E AS EXIGÊNCIAS DOGMÁTICAS
DO SISTEMA

145. Generalidades.. 417

§ 31.º O levantamento da personalidade das sociedades

146. A delimitação interna das sociedades; terminologia e antecedentes 419
147. A receção em Portugal 426

18 *Direito das sociedades*

148. Grupos de casos típicos 428
149. As teorias explicativas 437
150. A importância prática em Portugal 442
151. Posição adotada 446

§ 32.º O princípio da lealdade

152. Sentido geral e aspetos periféricos 451
153. A lealdade no Direito das sociedades 454
154. A jurisprudência e o apoio da doutrina 456
155. A evolução posterior a 1945 461
156. Campos de aplicação: participações sociais, competências da assembleia e deveres dos administradores 468

CAPÍTULO II – O CONTRATO DE SOCIEDADE

SECÇÃO I – CELEBRAÇÃO, CONTEÚDO E CAPITAL SOCIAL

§ 33.º Celebração, forma e natureza

157. Celebração; contrato, pacto social e estatutos 471
158. As partes; cônjuges e menores 474
159. Forma 480
160. Natureza 482
161. Constituição por negócio não contratual 489
162. Constituição por diploma legal e por decisão judicial 490

§ 34.º O conteúdo

163. Elementos gerais 492
164. A interpretação e a integração do contrato 494
165. A firma 500
166. O objeto; a aquisição de participações 507
167. A sede e as formas locais de representação 508
168. O capital social 510
169. A duração 513
170. Vantagens, retribuições e indemnizações 514

SECÇÃO II – SOCIEDADES EM FORMAÇÃO E SOCIEDADES IRREGULARES

§ 35.º O processo de formação de sociedades

171. Fases necessárias e negócios eventuais 515
172. A boa-fé *in contrahendo* 519
173. Situações pré-societárias; a tradição da sociedade irregular 521

§ 36.º As sociedades irregulares por incompleitude

174. Ideia geral e modalidades 525
175. Sociedade material e sociedade aparente 527
176. A pré-sociedade antes do contrato 532
177. A pré-sociedade depois do contrato e antes do registo; *a*) Relações internas.. 535
178. Segue; *b*) Relações externas nas sociedades de pessoas 536
179. Segue; *c*) Relações externas nas sociedades de capitais 539
180. A capacidade 542
181. A natureza; *a*) Algumas doutrinas 543
182. Segue; *b*) Posição adotada 549

§ 37.º Sociedades irregulares por invalidade

183. A categoria; a 1.ª Diretriz das sociedades comerciais 552
184. Os princípios gerais; o *favor societatis* 554
185. Os efeitos da invalidade 559
186. Especificidades das sociedades de pessoas 563
187. Especificidades das sociedades de capitais 565

SECÇÃO III – O REGISTO E AS PUBLICAÇÕES

§ 38.º O registo comercial e as reformas de 2006 a 2009

188. Aspetos gerais do registo comercial 568
189. A reforma de 2006 570
190. A eliminação da competência territorial das conservatórias 572
191. Registos por transcrição e por depósito 573
192. O processo do registo 575
193. O papel da informática, apresentação por notário e documentos 576
194. A impugnação de decisões 577
195. O regime transitório 578
196. As reformas de 2007, de 2008 e de 2009 579

20   *Direito das sociedades*

§ 39.° O registo comercial e as sociedades

197. Os princípios 581
198. Os efeitos do registo 582
199. Atos societários sujeitos a registo 584
200. O efeito condicionante de eficácia plena 586

§ 40.° O registo definitivo do contrato de sociedade

201. O regime tradicional e a preparação do Código das Sociedades Comerciais .. 589
202. A eficácia do registo 591
203. A natureza do registo 593

§ 41.° Publicações e outras formalidades

204. Publicações obrigatórias 595
205. Outras formalidades 597

§ 42.° A constituição imediata de sociedades comerciais

206. Generalidades; o papel da informática 599
207. A constituição imediata em conservatória 600
208. A constituição imediata *on line* 604
209. Empresas virtuais 608

CAPÍTULO III – A SITUAÇÃO JURÍDICA DOS SÓCIOS

SECÇÃO I – CONTEÚDO GERAL

§ 43.° A qualidade de sócio como um estado

210. Aspetos gerais; titularidade e participação 611
211. Enumeração legal de direitos e deveres 613
212. Fontes; a lógica da apropriação privada 614
213. Os direitos especiais 615
214. O recurso à técnica do estado 620

§ 44.° Classificações dos direitos e dos deveres dos sócios

215. Direitos abstratos e direitos concretos 623
216. Direitos patrimoniais, participativos e pessoais 625
217. Deveres; situações absolutas 628

Índice geral 21

§ 45.º O *status* de sócio como situação duradoura

218. Generalidades; evolução geral da dogmática das relações duradouras 630
219. Denúncia, longa duração e perpetuidade 632
220. Construção geral e aplicação 635

SECÇÃO II – ENTRADAS, LUCROS E PERDAS
E DEFESA DO CAPITAL

§ 46.º A obrigação de entrada

221. Categorias básicas; a 2.ª Diretriz 637
222. Regime geral das entradas 639
223. Entradas em espécie 642
224. Direitos dos credores 643

§ 47.º A participação nos lucros e nas perdas; pactos leoninos

225. Princípio geral 644
226. A proibição histórica dos pactos leoninos 645
227. O Direito português 650

§ 48.º Constituição financeira e defesa do capital

228. Constituição financeira; capitais próprios 654
229. A distribuição de bens aos sócios 659
230. Lucros e reservas não distribuíveis 661
231. A manutenção das reservas legais 666

§ 49.º A perda de metade do capital social

232. Generalidades; as redações do artigo 35.º 667
233. As explicações para as alterações sucessivas 671
234. Aspetos críticos 675
235. O Código Comercial 676
236. Nota comparatística 677
237. A segunda Diretriz 680
238. A previsão vigente 681
239. As consequências 682
240. Comentário à situação atual 684

22 *Direito das sociedades*

SECÇÃO III – A COMPARTICIPAÇÃO NA VIDA SOCIETÁRIA

SUBSECÇÃO I – OS ACORDOS PARASSOCIAIS

§ 50.° **Os acordos parassociais: categorias, Direito comparado
e Direito da União Europeia**

241. Categorias básicas 687
242. Nota comparatística 689
243. Elementos de Direito da União; a proposta da 5.ª Diretriz 698

§ 51.° **Os acordos parassociais no Direito português**

244. A experiência anterior ao Código das Sociedades Comerciais 700
245. O Direito vigente; a apreciação crítica 701
246. Modalidades; os sindicatos de voto; garantias 704
247. A exclusão da administração e da fiscalização 707
248. Outras restrições 708
249. Os acordos parassociais na prática societária portuguesa 710

SUBSECÇÃO II – O DIREITO À INFORMAÇÃO

§ 52.° **Dogmática geral do direito à informação**

250. A informação em Direito 713
251. Aspetos evolutivos e configuração nas leis sobre sociedades; ordenação 717
252. Tipos de informação consoante o acesso; a informação pública 721
253. A informação corrente; limites 722
254. A informação qualificada e a informação secreta; balanço geral 727

§ 53.° **O regime do direito à informação**

255. As regras aplicáveis 730
256. Natureza e abuso 717
257. Garantia 735
258. As informações profissionalizadas; a responsabilização 738

CAPÍTULO X – DELIBERAÇÕES SOCIAIS:
EVOLUÇÃO E REGIME

§ 54.° **Noções básicas e evolução**

259. Coordenadas dogmáticas 739

Índice geral

260. Evolução geral 740
261. O desenvolvimento da experiência portuguesa 743

§ 55.º Regime geral

262. Tipos de deliberações: primazia da deliberação em assembleia geral 746
263. O processo deliberativo 748
264. Deliberação por escrito e assembleias universais 749

§ 56.º A ata

265. Noção e conteúdo mínimo 752
266. Forma solene e aprovação 755
267. Função 756
268. A natureza 759

SECÇÃO II – INVALIDADE E INEFICÁCIA

§ 57.º Dogmática e evolução gerais da invalidade e da ineficácia

269. Conspecto básico 763
270. A evolução geral 765
271. Quadro das ineficácias 767
272. O sistema do Código 768
273. As deliberações ineficazes 769

SECÇÃO III – A NULIDADE

§ 58.º A nulidade por vícios de procedimento

274. Generalidades; procedimento e substância 771
275. Vícios de procedimento 772
276. Consequências 773

§ 59.º A nulidade por vícios de substância

277. Não sujeição, por natureza, a deliberações de sócios 775
278. Contrariedade aos bons costumes 778
279. Conteúdo contrário a preceitos inderrogáveis 782
280. A contrariedade indireta 785
281. Consequências 785

24   *Direito das sociedades*

SECÇÃO IV – A ANULABILIDADE

§ 60.° A anulabilidade por violação de lei (não geradora de nulidade)

282. Generalidades; o vício de forma	787
283. Vício de substância	789
284. Violação dos estatutos; a modificação informal unânime	790

§ 61.° A anulabilidade por votos abusivos

285. Conspecto e evolução	792
286. A interpretação da lei	795
287. A prática jurisprudencial	797
288. A anulabilidade	800

§ 62.° A ação de anulação

289. Generalidades; a legitimidade	802
290. O prazo	804

SECÇÃO V – DISPOSIÇÕES COMUNS À NULIDADE E À ANULABILIDADE

§ 63.° Direito à ação e legitimidade

291. Generalidades; legitimidade	806
292. Apensação e iniciativa do órgão de fiscalização	807
293. Ações abusivas	808

§ 64.° Eficácia do caso julgado

294. Generalidades; eficácia interna	809
295. A eficácia externa	810

§ 65.° A renovação de deliberações

296. Generalidades; a deliberação nula	812
297. A deliberação anulável	813

Índice geral

SECÇÃO VI – A SUSPENSÃO JUDICIAL DE DELIBERAÇÕES

§ 66.º **A defesa cautelar em geral**

298. Evolução até ao Código de Processo Civil de 1939 816
299. A reforma de 1961 820
300. A reforma de 1995/96; os requisitos 821

§ 67.º **A evolução legislativa dos procedimentos cautelares**

301. Até ao Código de Processo Civil de 1939 824
302. O Código de Processo Civil de 1939 828
303. A reforma de 1961 829
304. A reforma de 1995 831

§ 68.º **O regime dos procedimentos cautelares**

305. Requisitos substanciais 833
306. Deliberações não executadas 834
307. *Summaria cognitio*, *periculum in mora* e ponderação de danos 837
308. A pré-suspensão *ex citatione* 837

CAPÍTULO V – A ADMINISTRAÇÃO DAS SOCIEDADES

SECÇÃO I – ASPETOS GERAIS

§ 69.º **Papel: gestão e representação**

309. A administração como cerne do Direito das sociedades 839
310. O problema dos interesses 841
311. Ao serviço: dos sócios, da sociedade ou de terceiros? 843
312. O poder de gestão 845
313. O poder de representação 848

SECÇÃO II – OS DEVERES FUNDAMENTAIS
DOS ADMINISTRADORES

§ 70.º **O artigo 64.º**

314. A redação atual 850
315. As redações anteriores 852
316. As componentes jurídico-científicas 854

26 *Direito das sociedades*

§ 71.º **A diligência de um gestor criterioso**

317. A origem da bitola de diligência 855
318. O *business judgement rule* 857
319. A transposição para o Direito português 859
320. O Código das Sociedades Comerciais em 1986 e em 2006 861

§ 72.º **A atuação no interesse da sociedade**

321. A origem da referência aos interesses 863
322. A preparação e as vicissitudes da 5.ª Diretriz 864
323. O sentido das referências comunitárias a "interesses" 868
324. A transposição para o Código, em 1986 870
325. O sentido em 2006; crítica 871

§ 73.º **Os deveres de lealdade**

326. Origem e evolução 874
327. Atuações vedadas 876
328. Condutas devidas; delimitação da diligência e do cuidado 878
329. A transposição para o Direito português 880

§ 74.º **Os deveres de cuidado**

330. A origem 882
331. A transposição para a lei portuguesa 884

§ 75.º **Os deveres gerais dos administradores (síntese)**

332. Os elementos disponíveis 886
333. Normas de conduta; *a*) Deveres de cuidado 887
334. Segue; *b*) Deveres de lealdade e interesses a atender 887
335. A bitola de diligência 888

SECÇÃO III – O GOVERNO DAS SOCIEDADES

§ 76.º *Corporate governance*: origem e desenvolvimento

336. Aceções 889
337. Origem e evolução 891
338. Expansão mundial 893

§ 77.° *Corporate governance* em Portugal

339. As vias de penetração 897
340. A projeção na reforma de 2006 900
341. Balanço e perspetivas 901

SECÇÃO IV – A SITUAÇÃO JURÍDICA DOS ADMINISTRADORES

§ 78.° Os administradores no Direito comparado

342. Generalidades 903
343. As orientações contratuais; o apelo ao mandato 904
344. Críticas; o contrato de administração 905
345. As orientações unilaterais 909
346. As construções analíticas: *Bestellung* e *Anstellung* 912
347. Valores laborais 915

§ 79.° Os administradores no Direito português

348. Refutação do contratualismo puro 926
349. A administração como estado 928
350. Os direitos dos administradores; a remuneração; a moderação 929
351. Os deveres dos administradores; quadro geral 937

§ 80.° A constituição e o termo da situação de administrador

352. A constituição 938
353. O termo 944
354. A livre destituibilidade e a exigência de justa causa 947
355. A indemnização 952

CAPÍTULO VI – A RESPONSABILIDADE DOS ADMINISTRADORES

§ 81.° Direito comparado

356. Generalidades; o modelo francês 959
357. O modelo alemão 961
358. O modelo italiano 963

28   *Direito das sociedades*

§ 82.° A responsabilidade dos administradores na experiência portuguesa

359. Antecedentes e evolução 966
360. O Código das Sociedades Comerciais; conspecto geral 972
361. Responsabilidade por declarações prestadas com vista à constituição da sociedade... 976
362. Outras hipóteses; feição geral do sistema de responsabilidade 978

§ 83.° A responsabilidade para com a sociedade

363. Responsabilidade obrigacional 980
364. O problema da atuação informada, isenta e racional............................ 982
365. Responsabilidade aquiliana... 986
366. Violação de deveres de cuidado; os deveres incompletos............................ 987
367. Violação de deveres de lealdade.. 988
368. Ações sociais... 991

§ 84.° A responsabilidade para com os credores, os sócios e os terceiros; síntese

369. A responsabilidade para com os credores..................................... 994
370. Responsabilidade para com os sócios e terceiros 996
371. Breve síntese 997

CAPÍTULO VII – A FISCALIZAÇÃO DAS SOCIEDADES

§ 85.° A fiscalização em Direito

372. Aspetos gerais 1001
373. A fiscalização no Direito privado 1002
374. A fiscalização nas sociedades civis puras...................................... 1004

§ 86.° A fiscalização nas sociedades comerciais

375. Evolução geral... 1006
376. Fiscalização orgânica: reformas e sistemas em Portugal.................... 1009
377. Outras vias de fiscalização... 1012
378. A substância da fiscalização; a *compliance* 1014

Índice geral 29

CAPÍTULO VIII – A PRESTAÇÃO DE CONTAS

§ 87.º **Introdução e evolução**

379. Introdução 1019
380. Das origens à Antiguidade 1021
381. O Mundo Moderno 1025
382. As codificações 1028
383. A experiência anglo-saxónica 1030
384. A dualidade de modelos... 1033

§ 88.º **Regras internacionais e europeias**

385. Aspetos gerais; as IAS 1034
386. Os IFRS 1036
387. As fontes europeias 1037
388. As modificações e o reforço da revisão oficial de contas 1039
389. A receção das IAS/IFRS: as NIC.. 1040
390. A comparação entre as NIC e os GAAP 1042

§ 89.º **A experiência portuguesa e a sua evolução**

391. Das origens ao Marquês de Pombal... 1044
392. A contabilidade moderna e as reformas do Marquês 1045
393. As leis de comércio liberais.. 1046
394. O Código Comercial de 1888 1049

§ 90.º **O Direito das contas vigente**

395. As funções das contas 1052
396. A exteriorização das contas 1053
397. A reforma das sociedades de 2006; o fim da escrituração comercial 1054
398. Balanço e prestação de contas 1057
399. A adoção nacional das NIC 1059
400. Aspetos relacionados com a aplicação das NIC 1060
401. A reforma de 2006; a viragem para o Direito das sociedades................. 1063
402. O Sistema de Normalização Contabilística 1063

§ 91.º **Princípios e Direito da prestação de contas**

403. Princípios da prestação de contas 1067
404. Sistema de fontes e BADF... 1068

30 *Direito das sociedades*

405. Áreas normativas.. 1069
406. Cruzamentos horizontais e verticais 1070
407. Escassez e diversidade científicas... 1071
408. A construção dogmática... 1071
409. Especificidades na interpretação e na aplicação..................... 1072
410. Multidisciplinariedade... 1073

§ 92.º O processo de prestação de contas

411. Generalidades.. 1074
412. O dever de relatar a gestão e de apresentar contas................. 1075
413. A apresentação das contas e a sua falta................................. 1080
414. Falta de aprovação e recusa de aprovação............................. 1083
415. Regime especial de invalidade das deliberações..................... 1085
416. Publicidade... 1086
417. A informação empresarial simplificada (IES)......................... 1087

CAPÍTULO IX – A MODIFICAÇÃO DAS SOCIEDADES

§ 93.º Generalidade e evolução geral

418. Necessidades jurídicas e evolução.. 1091
419. Evolução em Portugal... 1093
420. O sistema da lei.. 1095
421. Alterações legislativas.. 1096

§ 94.º Direito europeu

422. Generalidades.. 1098
423. A preparação das 3.ª e 6.ª Diretrizes (fusões e cisões)........... 1099
424. A preparação da 10.ª Diretriz (fusões internacionais)............ 1102
425. Sistema geral da 3.ª Diretriz 1104
426. O processo de fusão 1107
427. Sistema geral da 6.ª Diretriz; modalidades de cisão............... 1112
428. O processo de cisão-fusão... 1115
429. Cisão-dissolução, cisões judiciais e outros aspetos................ 1117
430. Sistema geral da 10.ª Diretriz 1118

§ 95.º As alterações do contrato

431. Alterações em geral.. 1120

432. Aumento do capital	1121
433. A redução do capital	1123

§ 96.° A fusão de sociedades

434. Problemática e evolução	1125
435. A experiência portuguesa	1127
436. Processo	1128
437. As fusões transfronteiriças	1130
438. Natureza; o *statuo viae*	1131

§ 97.° A cisão de sociedades

439. Generalidades	1136
440. O processo	1137
441. Natureza	1138

§ 98.° A transformação de sociedades

442. Noção, modalidades e papel	1139
443. Impedimentos, processo e tutela dos sócios	1140

CAPÍTULO X – A DISSOLUÇÃO E A LIQUIDAÇÃO DAS SOCIEDADES

§ 99.° A dissolução

444. Problemática geral; reforma de 2006	1143
445. Casos de dissolução	1144
446. Aspetos processuais; o regime jurídico dos procedimentos administrativos de dissolução e de liquidação de entidades comerciais	1146

§ 100.° A liquidação

447. Aspetos básicos	1150
448. Processo	1151
449. Liquidação, partilha e eventualidades subsequentes	1153
450. Procedimento especial de extinção imediata de entidades comerciais	1154

32   *Direito das sociedades*

Índice de jurisprudência.. 1157
Índice onomástico... 1171
Índice bibliográfico 1193
Índice ideográfico 1269

ABREVIATURAS

A) Revistas, enciclopédias e recolhas de jurisprudência

AbürgR – *Archiv für bürgerliches Recht*
ACC – *Actas da Câmara Corporativa*
Acc. STJ – *Accórdãos do Supremo Tribunal de Justiça*
AcD – *Acórdãos doutrinais do Supremo Tribunal Administrativo*
AcP – *Archiv für die civilistische Praxis*
ADC – *Annales de Droit Commercial*
AG – *Die Aktiengesellschaft / Zeitschrift für das gesamte Aktienwesen, für deutsches, europäisches und internationales Unternehmens- und Kapitalmarktrecht*
APD – *Archives de Philosophie du Droit*
ARS – *Arbeitsrecht Sammlung*
ARSP – *Archiv für Rechts- und Sozialphilosophie*

BAGE – *Entscheidungen des Bundesarbeitsgerichts*
Bank – *Die Bank / Zeitschrift für Bankpolitik und Bankpraxis*
Bank-Archiv – *Bank-Archiv / Zeitschrift für Bank- und Börsenwesen*
BB – *Der Betriebsberater*
BBTC – *Banca, borsa e titoli di credito*
BFD – *Boletim da Faculdade de Direito da Universidade de Coimbra*
BFHE – *Sammlung der Entscheidungen und Gutachten des Bundesfinanzhofs*
BGBl – *Bundesgesetz blatt*
BGHZ – *Entscheidungen des Bundesgerichtshofes in Zivilsachen*
BIRD – *Bulletino dell' Istituto di Diritto Romano*
BKR – *Zeitschrift für Bank- und Kapitalmarktrecht*
BMJ – *Boletim do Ministério da Justiça*
BOHGE – *Entscheidungen des Bundes-Oberhandelsgerichts*
BOMJ – *Boletim Oficial do Ministério da Justiça*
Bull/CssFr – *Bulletin des Arrêts de la Cour de Cassation*
BVerfGE – *Entscheidungen des Bundesverfassungsgerichts*

CadMVM	– *Cadernos do Mercado de Valores Mobiliários*
CC/Pareceres	– *Câmara Corporativa / Pareceres*
CJ	– *Colectânea de Jurisprudência*
CJ/Supremo	– *Colectânea de Jurisprudência / Acórdãos do Supremo Tribunal de Justiça*
CLJ	– *Cambridge Law Journal*
CLP	– *Collecção de Legislação Portugueza*
COF	– *vide* CollOffSTJ
CollOffSTJ	– *Collecção Official dos Acórdãos do Supremo Tribunal de Justiça*
Col. L. Rev.	– *Columbia Law Review*
CTF	– *Ciência e Técnica Fiscal*

D	– *Recueil Dalloz*
DB	– *Der Betrieb*
DCDep	– *Diário da Câmara dos Senhores Deputados*
Der Konzern	– *Der Konzern / Zeitschrift für Gesellschaftsrecht, Steuerrecht, Bilanzrecht und Rechnungslegung der verbundenen Unternehmen*
DG	– *Diário do Governo*
DHP	– *Dicionário da História de Portugal*
Dir	– *O Direito*
DirComm	– *Il diritto commerciale*
DirFall	– *Il diritto fallimentare e delle società commerciali*
DJ	– *Direito e Justiça*
DJT	– *Deutscher Juristentag*
DJZ	– *Deutscher Juristen-Zeitung*
DLx	– *Diario de Lisboa / Folha official do Governo Portuguez*
D.P.	– *Dalloz Periodique*
DR	– *Deutsches Recht* ou *Diário da República*, conforme o contexto
DS	– *Dalloz / Sirey*
DSess	– *Diário das Sessões*
DSR	– *Direito das Sociedades em Revista*
DStR	– *Deutsches Steuerrecht*

ED	– *Enciclopedia del diritto*
EF/Anais	– *Anais do Instituto Superior de Ciências Económicas e Financeiras*
EP	– *Polis / Enciclopédia Verbo da Sociedade e do Estado*
ESC	– *Estudos Sociais e Corporativos*

FI	– *Il Foro Italiano*

FI(R)	– *Il Foro Italiano (Repertorio generale)*
FP	– *Il Foro Padano*

GI	– *Giurisprudenza italiana*
GiurCom	– *Giurisprudenza commerciale*
GmbHR	– *GmbH-Rundschau*
GP	– *Gazette du Palais*
GRLx	– *Gazeta da Relação de Lisboa*
Gruchot	– *Beiträge zur Erläuterung des Deutschen Rechts*, fundado por Gruchot
GrünhutsZ	– *Zeitschrift für das Privat- und öffentliche Recht der Gegenwart*, fundado por Grünhut

IC	– *Ius Commune*
Il Fall	– *Il fallimento e le altre procedure concorsuali*

JA	– *Juristische Arbeitsblätter*
JCP	– *Juris Classeur Périodique*
JhJb	– *Jherings Jahrbücher für die Dogmatik des bürgerlichen Rechts*, antigos *Jahrbücher für die Dogmatik des heutigen römischen und deutschen Privatrechts*
JNot	– *Journal des Notaires et des Avocats et Journal du Notariat*
JOCE	– *Jornal Oficial das Comunidades Europeias*
JR	– *Juristische Rundschau*
JTComm	– *Journal des Tribunaux de Commerce*
Jura	– *Jura / Juristische Ausbildung*
JuS	– *Juristische Schulung*
JW	– *Juristen Wochenschrift*
JZ	– *Juristenzeitung*

MDR	– *Monatschrift für Deutsches Recht*

NJW	– *Neue Juristische Wochenschrift*
NssDI	– *Novissimo Digesto Italiano*
NZA	– *Neue Zeitschrift für Arbeits- und Sozialrecht*
NZG	– *Neue Zeitschrift für Gesellschaftsrecht*
NZI	– *Neue Zeitschrift für Insolvenzrecht*

PWRE	– *Paulys Realentzyklopädie der klassischen Altertumswissenschaft*, continuada por G. Wissova

QF – *Quaderni Fiorentini*

RabelsZ – *Zeitschrift für ausländisches und internationales Privatrecht*, fundado por E. Rabel

RCLJ – *Revue Critique de Législation et de Jurisprudence*

RdA – *Recht der Arbeit*

RDCiv – *Rivista di diritto civile*

RDComm – *Rivista del diritto commerciale e del diritto generale delle obbligazioni*

RDE – *Revista de Direito e de Economia*

RDES – *Revista de Direito e de Estudos Sociais*

RDottComm – *Rivista dei dottori commercialisti*

RDS – *Revista de Direito das Sociedades*

Recht – *Das Recht*

RFDUL – *Revista da Faculdade de Direito da Universidade de Lisboa*

RFDUSP – *Revista da Faculdade de Direito da Universidade do Estado de São Paulo*

RFPDF – *Revista de Finanças Públicas e Direito Fiscal*

RGDComm – *Revue Générale de Droit Commercial*

RGZ – *Entscheidungen des Reichsgerichts in Zivilsachen*

RhZ – *Rheinische Zeitung für Zivil- und Prozessrecht des In- und Auslandes*

RIDA – *Revue Internationale des Droits de l' Antiquité*

RISG – *Rivista Italiana per le Scienze Giuridiche*

RivS – *Rivista delle società*

RIW – *Recht der Internationalen Wirtschaft*

RLJ – *Revista de Legislação e de Jurisprudência*

ROA – *Revista da Ordem dos Advogados*

ROHGE – *Entscheidungen des Reichs-Oberhandelsgerichts*

RS – *Revue des Sociétés*

RT – *Revista dos Tribunais*

RTDC – *Revue Trimestrielle de Droit Civil*

RTDPC – *Rivista trimestrale di diritto e procedure civile*

RTh – *Rechtstheorie / Zeitschrift für Logik, Methodenlehre, Zibernetik und Soziologie des Rechts*

S – *Recueil Sirey*

SchwAG – *Schweizerische Aktiengesellschaft*

SeuffA – *Seufferts Archiv für Entscheidungen der obersten Gerichte in den deutschen Staaten*

SI – *Scientia Iuridica*

Abreviaturas

SJZ – *Süddeutsche Juristenzeitung*
SZRom – *Zeitschrift der Savigny-Stiftung für Rechtsgeschichte / Romanistische Abteilung*
SZW – *Schweizerische Zeitschrift für Wirtschaftsrecht / Revue suisse de droit des affaires*

ThLL – *Thesaurus Linguae Latinae*
TJ – *Tribuna da Justiça*
TS – *Tijdschrift voor Rechtsgeschiedenis / Revue d'Histoire du Droit*

U. Chi. L. Rev.– *University of Chicago Law Review*

VersR – *Versicherungsrecht. Juristische Rundschau für die Individualversicherung*

WarnR – *Warneyer / Die Rechtsprechung des Reichsgerichts*
WM – *Zeitschrift für Wirtschaft und Bankrecht, Wertpapiermitteilungen*

ZAkDR – *Zeitschrift der Akademie für Deutsches Recht*
ZBlHR – *Zentralblatt für Handelsrecht* (em regra, cita-se actualizadamente, como ZHR)
ZdR – *Zeitschrift für deutsches Recht*
ZfA – *Zeitschrift für Arbeitsrecht und Sozialrecht*
ZGR – *Zeitschrift für Unternehmens- und Gesellschaftsrecht*
ZIP – *Zeitschrift für Wirtschaftsrecht*
ZStW – *Zeitschrift für die gesamte Strafwissenschaft*

B) **Tribunais**

AG – *Arbeitsgericht*

BAG – *Bundesarbeitsgericht*
BFH – *Bundesfinanzhof*
BGH – *Bundesgerichtshof*
BOHG – *Bundesoberhandelsgericht*
BVerfG – *Bundesverfassungsgericht*

CApp – *Cour d'Appel* ou *Corte d'Appelo* (consoante a localidade da sede)

CImp – *Cour Impériale* (corresponde às CApp, durante o ch. segundo império)
CssFr – *Cour de Cassation*
CssIt – *Corte di Cassazione*

OAG – *Oberappelationsgericht zu Lübeck*
OLG – *Oberlandesgericht*

RAG – *Reichsarbeitsgericht*
RCb – *Relação de Coimbra*
REv – *Relação de Évora*
RG – *Reichsgericht*
RGm – *Relação de Guimarães*
RLx – *Relação de Lisboa*
RPt – *Relação do Porto*
ROHG – *Reichsoberhandelsgericht*

SchwBG – *Schweizerisches Bundesgericht*
STA – *Supremo Tribunal Administrativo*
STJ – *Supremo Tribunal de Justiça*
STJ(P) – *Supremo Tribunal de Justiça / Tribunal Pleno*
TEDH – *Tribunal Europeu dos Direitos do Homem*
TJE – *Tribunal de Justiça Europeu*

C) Outras

ABGB – *Allgemeines Bürgerliches Gesetzbuch* (austríaco)
ADHGB – *Das allgemeine deutsche Handelsgesetzbuch*
ADWO – *Allgemeine deutsche Wechselordnung*
AG – *Aktiengesellschaft*
AktG – *Aktiengesetz*
al. – *alemão*
ALR – *Allgemeines Landrecht für die Pressischen Staaten*
an. – *anotação*
a.s. – *acção social*

BetrVG – *Betriebsverfassungsgesetz*
BGB – *Bürgerliches Gesetzbuch* (alemão)
BH – *Beiheft*
BLR – *Bayerisches Landrecht*
BN – *Biblioteca Nacional*

C. – *Codex*
CA – *Contribuição Autárquica*
cast. – *castelhano*
CCom – *Código Comercial*
CCoop – *Código Cooperativo*
CE – *Código da Estrada*
ch. – *chamado*
CIRE – *Código da Insolvência e da Recuperação de Empresas*
CIt – *Codice Civile* (italiano)
CMR – *Convenção de Genebra relativa ao transporte internacional de mercadorias por estrada*
CMVM – *Comissão do Mercado de Valores Mobiliários*
CNap – *Code Napoléon*
CNot – *Código do Notariado*
Code – *Code de Commerce*
Codice – = CIt
CódMVM – *Código do Mercado de Valores Mobiliários*
COTIF – *Convenção Relativa aos Transportes Internacionais Ferroviários*
CP – *Código Penal*
CPEF – *Código dos Processos Especiais de Recuperação da Empresa e da Falência*
CPI – *Código da Propriedade Industrial*
CPP – *Código de Processo Penal*
CR – *Constituição da República*
CRC – *Código do Registo Comercial*
CRP – *Código do Registo Predial*
CS – *Código Civil* de 1867 (de Seabra)
CSC – *Código das Sociedades Comerciais*
CT – *Código do Trabalho*
CVM – *Código dos Valores Mobiliários*
CVR – *Convenção de Genebra relativa ao transporte internacional de passageiros e bagagens*

D. – *Digesto*

EG – *Einführungsgesetz zum Bürgerlichen Gesetzbuche*
esp. – *espanhol*
Est. – *Estudos*
Et. – *Études*

Fasc.	– *Fascículo*
FG	– *Festgabe*
fr.	– *francês*
FS	– *Festschrift*

GenG	– *Gesetz betreffend die Erwerbs- und Wirtschaftsgenossenschaften*
GmbHG	– *Gesetz betreffend die Gesellschaften mit beschränkter Haftung*
GS	– *Gedächtnisschrift*
GWB	– *Gesetz gegen Wettbewerbsbeschränkungen*

HGB	– *Handelsgesetzbuch*
HRefG	– *Gesetz zur Neuregelung des Kaufmanns- und Firmenrechts und zur Änderung anderer handels- und gesellschaftsrechtlicher Vorschriften*

I.	– *Institutiones*
InsO	– *Insolvenzordnung*
IRC	– *Imposto sobre o rendimento das pessoas coletivas*
IRS	– *Imposto sobre o rendimento das pessoas singulares*
it.	– *italiano*
IVA	– *Imposto sobre o valor acrescentado*

KG	– *Kommanditgesellschaft*
KGaA	– *Kommanditgesellschaft auf Aktien*
KO	– *Konkursordnung*
Komm	– *Kommentar*

LCT	– *Lei do Contrato de Trabalho*
LSQ	– *Lei das Sociedades por Quotas*
LUCh	– *Lei Uniforme do Cheque*
LULLiv	– *Lei Uniforme das Letras e Livranças*

Mel.	– *Mélanges*
MitbestG	– *Gesetz über die Mitbestimmung der Arbeitnehmer*
MP	– *Ministério Público*

NF	– *Neue Folge*

OP	– *Oferta pública*
OPA	– *Oferta pública de aquisição*
Ord. Fil.	– *Ordenações Filipinas*

POC – *Plano Oficial de Contabilidade*

r.a. – *responsabilidade dos administradores*
r.c. – *responsabilidade civil*
RAU – *Regime do Arrendamento Urbano*
Rec. – *recensão*
RegRC – *Regulamento do Registo Comercial*
Reimpr. – *reimpressão*
RGES – *Regime Geral das Empresas Seguradoras*, aprovado pelo Decreto-Lei n.º 94-B/98, de 17 de Abril
RGIC – *Regime Geral das Instituições de Crédito e Sociedades Financeiras*, aprovado pelo Decreto-Lei n.º 298/92, de 31 de Dezembro
RNPC – *Registo Nacional de Pessoas Colectivas*, aprovado pelo Decreto-Lei n.º 129/98, de 13 de Maio
ROC – *revisor oficial de contas*

Sc. – *Scritti*
Sep. – *separata*
St. – *Studi*
Supl. – *Suplemento*

Trad. – *tradução*
TVG – *Tarifvertragsgesetz*

UmwG – *Umwandlungsgesetz*
UWG – *Gesetz gegen den unlauteren Wettbewerb*

VAG – *Versicherungsaufsichtsgesetz*
VVG – *Gesetz über den Versicherungvertrag*

WG – *Wechselgesetz*

ZPO – *Zivilprozessordnung*

I

INTRODUÇÃO

§ 1.° O DIREITO DAS SOCIEDADES

1. O objeto do Direito das sociedades

I. O Direito das sociedades é o ramo jurídico-positivo que regula as sociedades e as questões conexas. Além disso, a mesma expressão designa a área da Ciência do Direito que estuda, explica e aplica as normas e os princípios atinentes a esse ramo.

As sociedades dizem-se, ainda hoje e no Direito português, civis ou comerciais. As sociedades civis podem assumir forma civil: são sociedades civis puras ou sociedades civis sob forma civil, regendo-se pelos artigos 980.° e seguintes do Código Civil. Mas podem assumir, igualmente, forma comercial: sociedades civis sob forma comercial, reguladas pelo Código das Sociedades Comerciais, em total similitude com as próprias sociedades comerciais.

Como veremos, todas as sociedades acabam por obedecer a um regime dotado de importantes traços comuns e que se desenvolveu, histórica e dogmaticamente, em torno das sociedades comerciais, particularmente das anónimas.

II. As sociedades civis sob forma civil – ou sociedades civis puras – não disfrutam de uma definição legal. Apenas ocorre, no artigo 980.° do Código Civil, uma noção de contrato de sociedade:

> (...) aquele em que duas ou mais pessoas se obrigam a contribuir com bens e serviços para o exercício em comum de certa atividade económica, que não seja de mera fruição, a fim de repartirem os lucros resultantes dessa atividade.

Pelo contrário, as sociedades civis sob forma comercial e as sociedades comerciais estão formalizadas: não dependem nem da origem, nem do que visem. Segundo o artigo 1.°/2, são sociedades comerciais:

46 *Introdução*

(...) aquelas que tenham por objeto a prática de atos de comércio e adotem o tipo de sociedade em nome coletivo, de sociedade por quotas, de sociedade anónima, de sociedade em comandita simples ou de sociedade em comandita por ações.

Dois elementos: um material, que deriva da prática de atos de comércio, como objetivo e um formal, que emerge da adoção de um de cinco tipos societários. Este último é, porém, determinante: a entidade que adote um tipo de sociedade comercial rege-se pelo Direito das sociedades, mesmo quando, por objeto exclusivo, tenha a prática de atos não-comerciais – artigo 1.°/4.

III. A formalização das sociedades comerciais serve valores substanciais: os da segurança na concretização dos respetivos tipos. A exigência de segurança não se manifesta tão intensa nas sociedades civis puras: o tipo que se venha a construir, na base do transcrito artigo 980.° do Código Civil, é, assim, menos estrito. Isto dito: há uma interpenetração de normas que não permite estudar sociedades comerciais sem as civis e inversamente, como, adiante, melhor será explicado.

O Direito das sociedades, particularmente o que se encontra vertido no Código das Sociedades Comerciais de 1986, é um Direito muito técnico e com especificidades acentuadas. A formalização visa facilitar a imediata aplicabilidade, aos diversos tipos, das normas em jogo. Corresponde, porém, a princípios privados universais, que só perdem quando estudados de modo isolado.

2. Aspetos substanciais

I. A sociedade vem bulir com as ideias de cooperação e de organização privadas[1]. Na literatura moderna, alguns autores acentuam a primeira vertente, falando, por exemplo, numa "associação de Direito privado para a prossecução de um escopo comum"[2], enquanto outros se centram na

---

[1] KARSTEN SCHMIDT, *Gesellschaftsrecht*, 4.ª ed. (2002), 3.
[2] CHRISTINE WINDBICHLER, *Gesellschaftsrecht*, 22.ª ed. (2009), 1 e FRIEDRICH KÜBLER/HEINZ-DIETER ASSMANN, *Gesellschaftsrecht / Die privatrechtliche Ordnungsstrukturen und Regelungsprobleme vom Verbänden und Unternehmen*, 6.ª ed. (2006), 1.

segunda: organizações de Direito privado[3]. Na primeira vertente, a sociedade corresponde a uma atuação concertada de várias pessoas, com fitos económicos: é a ideia do artigo 980.°, do Código Civil. Na segunda, ela equivale a uma organização de complexidade variável e que pode ser usada para os mais diversos escopos – incluindo atuações não-económicas. Tal organização foi, todavia, pensada pelo Direito para dar corpo à atuação concertada, própria da primeira vertente. Cooperação e organização acabam por ser as faces de uma mesma moeda.

II. No Direito privado, dominam os vetores da liberdade e da autonomia privada. Quer isso dizer que os interessados podem cooperar como entenderem, dando guarida a esquemas de organização muito variados, pelas mais diversas vias, típicas e atípicas.

Certos meios impõem-se, porém, pela História e pela cultura, acabando por, no termo de conhecidos processos sociais, ser adotados pelas pessoas. Além disso, eles traduzem o equilíbrio que, até hoje, se revelou possível.

3. A autonomia do Direito das sociedades e o seu âmbito

I. Inicialmente, as sociedades comerciais surgiam, nos códigos de comércio, como um contrato entre outros.

Ao longo do século XIX e do século XX, elas ganharam uma projeção que obrigou a múltiplas intervenções legislativas e que possibilitou sérios alargamentos doutrinários e jurisprudenciais. Desprenderam-se, então, da vertente cooperativa, dando azo a circunstanciadas organizações jurídicas. Progressivamente, a matéria foi retirada dos códigos de comércio, a favor de leis extravagantes.

II. Esta evolução "institucionalizante" ou organizativa das sociedades comerciais permitiu libertar princípios aplicáveis às sociedades civis sob forma civil, que permaneceram nos Códigos do mesmo nome. Nalguns casos – Itália e Brasil, como exemplo – as sociedades civis sob forma civil

---

[3] ULRICH EISENHARDT, *Gesellschaftsrecht*, 12.ª ed. (2005), 2 e BARBARA GRUNEWALD, *Gesellschaftsrecht*, 6.ª ed. (2005), 1.

48 *Introdução*

acabaram por receber um regime conjunto com as comerciais, aproximando-se destas.

Podemos adiantar que o Direito das sociedades se conformou como Direito comercial especializado. Foi-se, porém, distanciando deste. Hoje, ele surge dotado de fontes próprias, com normas técnicas muito diferenciadas e desenvolvidas. Dispõe de cultores especializados e de revistas suas. Há uma dogmática societária. A sua autonomia deve ser assumida.

III. O Direito das sociedades alargou as suas fronteiras, de tal modo que acolhe, além das sociedades civis sob forma civil, as próprias associações[4], incluídas, com outras realidades, numa ideia de "sociedade em sentido amplo"[5]. Estas têm, de resto, vindo a ser inseridas nos grandes manuais de Direito das sociedades, numa opção facilitada pelo aparecimento de leis de fôlego – caso, na Alemanha, do *Umwandlungsgesetz* ou lei das transformações, de 1994 – que regulam associações e sociedades.

No caso português, o espaço relativo às associações insere-se nos artigos 167.º e seguintes do Código Civil. Pela sua origem como pelo seu conteúdo, essa matéria configura-se, porém, como um conjunto "societarizado", isto é: histórica e dogmaticamente modelado sobre o Direito das sociedades comerciais[6]. Faria todo o sentido um tratamento conjunto, alargando o âmbito da disciplina "Direito das sociedades".

No Direito privado avança-se com cautela. Para já, trataremos em conjunto e apenas, das diversas sociedades, comerciais e não comerciais.

4. Condicionamentos histórico-científicos; pólos

I. O Direito das sociedades não teve uma elaboração de tipo racional: antes adveio de uma paulatina evolução. Progressivamente, diversos aspectos, pelos problemas que suscitaram, obtiveram desenvolvimentos mais

---

[4] *Vide* o clássico KARSTEN SCHMIDT, *Gesellschaftsrecht*, 4.ª ed. cit., 659 ss., bem como KÜBLER/ASSMANN, *Gesellschaftsrecht*, 6.ª ed. cit., § 1, I (1-2).

[5] KARSTEN SCHMIDT, *Gesellschaftsrecht*, 4.ª ed. cit., 45 ss.; *vide* ainda, como exemplos, ALFONS KRAFT/PETER KREUTZ, *Gesellschaftsrecht*, 11.ª ed. (2000), 2-8, CHRISTINE WINDBICHLER, *Gesellschaftsrecht*, 22.ª ed. cit., 7 ss. e PETER ULMER, no *Münchener Kommentar zum BGB*, 5, 5.ª ed. (2009), prenot. 1 ao § 705 (5).

[6] *Tratado de Direito civil*, IV, 3.ª ed. (2011), 642 ss..

elevados. Com o tempo e sempre sob as mais variadas contingências, foi possível proceder a generalizações e descobrir princípios.

II. O Direito das sociedades desenvolveu-se em torno de pólos específicos. A própria ideia objetiva de "sociedade" só se torna possível com o racionalismo do século XVIII. Os vários tipos de sociedades foram surgindo isoladamente, expandindo-se em função de coordenadas complexas e aproximando-se do velho contrato (civil) de sociedade.

Nos sistemas continentais, a grande matriz é o Direito das sociedades anónimas: especialmente em França e na Alemanha.

Alguns sinais apontam, todavia, para que esse papel seja, em parte e entre nós, desempenhado pelas sociedades por quotas. De todo o modo e num retorno curioso: tudo isso veio a repercutir-se nas sociedades civis.

III. Mais tarde, aquando das codificações, os legisladores operaram generalizações de elementos alcançados em torno dos pólos iniciais. Daí resultaram diversas consequências, com relevo para uma densificação regulativa importada, particularmente das sociedades anónimas.

A origem fragmentária do Direito das sociedades não é inóqua. Tem consequências efetivas, que ainda hoje se fazem sentir. Apenas a consideração da evolução histórico-dogmática permite apreender a fenomenologia apontada.

CAPÍTULO I
A EVOLUÇÃO HISTÓRICA DAS SOCIEDADES

§ 2.º DAS ORIGENS ÀS PRÉ-CODIFICAÇÕES

5. Generalidades

I. O conceito de sociedade, tal como hoje o conhecemos, é muito recente, em termos de Direito privado. Data, na prática, do século XIX. Todavia, ele não foi, de modo algum e nessa altura, criado *ex nihilo*: antes surgiu como ponto de chegada de toda uma complexa e milenária evolução anterior.

Sem pretender uma exaustiva reconstituição histórica, podemos considerar que as sociedades atuais surgiram no ponto de encontro de três poderosos institutos[7]:

– do contrato romano de sociedade ou *societas*;
– da personalidade coletiva;
– das companhias coloniais dos séculos XVII e XVIII.

Iremos, no desenvolvimento subsequente, ponderar estes diversos institutos.

---

[7] *Vide* a panorâmica não totalmente coincidente de HELMUT COING, *Europäisches Privatrecht 1500 bis 1800* I – *Älteres Gemeines Recht* (1985), 523 ss.. A obra de referência, no tocante à história moderna e contemporânea das sociedades anónimas, é a organizada por WALTER BAYER/MATHIAS HABERSACK, *Aktienrecht im Wandel*, I – *Entwicklung des Aktienrechts* (2007), 1157 pp., reunindo 19 estudos, de diversos autores; o trabalho é completado pelo segundo volume: II – *Grundsatzfragen des Aktienrechts* (2007), 1288 pp., com 27 estudos, também de diversos autores.

II. A parte de cada um dos três fatores na elaboração do pensamento jurídico-científico é variável. Parece claro que a *societas* deixou a sua marca no contrato civil de sociedade e, daí, nas sociedades civis puras, enquanto a orgânica das companhias coloniais foi determinante para as sociedades anónimas. As comunicações entre os três apontados pilares mostraram-se enriquecedoras e constantes.

III. Mais importante do que os reflexos nas diversas normas foram as consequências jurídico-científicas derivadas da junção de elementos tão variados. A *societas* é *ius romanum*, com tudo o que isso implica. A sua receção, ao longo dos tempos, foi-lhe atualizando o perfil: mas, sempre, com as marcas de origem. A personalidade coletiva revela-se, no fundamental, como uma conquista jurídico-científica do racionalismo. Corresponde a um nível de abstração superior e tem diversas consequências técnicas de relevo. Finalmente, as companhias coloniais operaram como o grande banco de ensaio que permitiu, ao Ocidente, alcançar uma técnica jurídico-social de congregar grandes capitais, a partir do esforço dos particulares e organizando, para tanto, uma estrutura funcional e produtiva.

Toda a riqueza jurídica e cultural dos nossos Direitos acaba por aflorar na evolução de que, de seguida, damos breve nota.

6. A *societas*

I. Como um dos antecedentes das atuais sociedades temos o contrato de sociedade romano ou, mais propriamente, a *societas*.

A *societas* conheceu, na Antiguidade, uma evolução movimentada. Figuras paralelas eram conhecidas no Oriente e na Grécia[8]. Em Roma, a sua origem tem sido colocada em determinados agrupamentos naturais[9], na compropriedade[10] e no consórcio entre irmãos co-herdeiros[11]; docu-

---

[8] EMILE SZLECHTER, *Le contrat de société en Babylonie, en Grèce et à Rome/Étude de Droit comparé de l'Antiquité* (1947), 10 ss. e 95 ss..

[9] EMILE DEL CHIARO, *Le contrat de société en droit privé romain/sous la République et au temps des jurisconsultes classiques* (1928), 3.

[10] D. GRIMM, *Zur Frage über den Begriff der societas im klassischen römischen Rechte* (1933), 5.

[11] VINCENZO ARANGIO-RUIZ, *La società in diritto romano* (1950), 3 ss. e MARIA-GRAZIA BIANCHINI, *Studi sulla societas* (1967), 1 ss.; cf. MICHAEL WEGNER, *Untersuchungen*

§ 2.º Das origens às pré-codificações

menta-se, ainda, um uso comum – isto é, não jurídico – das locuções *socius* e *societas*[12]. Outros aspetos são considerados, a propósito da evolução do contrato de sociedade.

II. O grande progresso deu-se com QUINTUS MUCIUS SCAEVOLA, a quem se devem os *bonae fidei iudicia*[13], entre os quais foi incluída a *societas*[14]. Esta tinha, assim, natureza consensual[15], podendo concluir-se com *peregrini*, sob a tutela de ações menos formais[16]: era a dogmática dos juízos de boa-fé. O desenvolvimento da *societas* acompanhou a expansão de Roma[17], ainda que sem um aprofundamento científico generalizador[18]. A própria noção, com o seu conteúdo, ressentir-se-ia, vindo a evoluir[19]. Alguns fenómenos de associação – como o das "sociedades" de publicanos – fizeram, mesmo, a sua aparição; no entanto e à míngua de uma dogmática própria, eles não tiveram sequências científicas. Com os bizantinos, foi isolado o *animus societatis contrahendae*[20], no que postula, já, um passo decisivo na elaboração conceitual. Esta temática suscitou o interesse dos juristas do princípio do século XX[21]. A conexão das atuais sociedades

---

zu den lateinischen Begriffen socius und societas (1969), 50 ss., CARLO ARNÒ, *Il contratto di società* (1936), 38 ss. e FRANZ WIEACKER, *Societas. Hausgemeinschaft und Erwerbsgesellschaft/Untersuchung zur Geschichte des römischen Gesellschaftsrechts*, 1.ª parte (1936), 72 ss..

[12] M. WEGNER, *Untersuchungen* cit., 18 ss..

[13] O elenco e a evolução dos *bonae fidei iudicia* podem ser confrontados em *Da boa fé*, 71 ss..

[14] AGOSTINO POGGI, *Contratto di società in diritto romano* (s/d), 1 ss. e C. ARNÒ, *Il contratto di società* cit., 3. Lê-se em ULPIANUS, D. 17.2.52.1: *venit autem in hos iudicium pro socio bona fides*.

[15] B. W. LEIST, *Zur Geschichte der römischen societas* (1981), 3 e WIEACKER, *Societas* cit., 24 ss..

[16] Designadamente a *actio pro socio*; cf. ARANGIO-RUIZ, *La società in diritto romano* cit., 183 ss. e BIANCHINI, *St.* cit., 100 ss..

[17] PAUL HUVELIN, *Études d'Histoire du Droit Commercial Romain (Histoire externe-droit maritime)* (1929), 25 ss. e DEL CHIARO, *Le contrat de société* cit., 105.

[18] Cf., *infra*, 54 ss., a situação jurídico-científica, no tocante às pessoas coletivas.

[19] FERDINAND BONA, *Studi sulla società consensuale in diritto romano* (1973), 139.

[20] WIEACKER, *Societas* cit., 273 ss. e ALBERTO VIGHI, *La personalità giuridica delle società commerciali* (1900), 21 ss..

[21] Além dos títulos já citados, foram compulsados BRUNO CLAUSSEN, *Der Rechtsfall der l. 62 D. pro socio 17,2 im gemeinen Recht und im Recht des Bürgerlichen Gesetzbuchs* (1906) e FELIX SCHWENK, *Beiträge zur Lehre von der Gesellschaft nach römischem Recht und dem Bürgerlichen Gesetzbuche* (1908).

54   *A evolução histórica das sociedades*

fez-se, contudo, com as experiências medievais e não, de modo direto, com as romanas. Não era, aliás, função da *societas* o criar um ente novo, diferente dos contraentes nem, sobretudo, providenciar complexas organizações, onde seriam congregados os esforços ou os capitais de centenas ou de milhares de pessoas. A *societas* era, simplesmente, um contrato que traduzia uma relação de cooperação, entre duas ou mais pessoas.

7. O desenvolvimento da personalidade coletiva

I. Como elemento autónomo na moderna dogmática das sociedades, temos a ideia de personalidade coletiva e o seu desenvolvimento através da História. Iremos, aqui, recordar apenas alguns aspetos[22].

Os antecedentes romanos da personalidade coletiva são de reconstituição difícil. O *ius romanum* não procedeu à elaboração do conceito: a própria personalidade jurídica, como ideia geral, lhe terá sido estranha.

A elaboração conceitual anda a par com a linguística. Significativamente falta, em latim clássico, o equivalente a "personalidade jurídica". A locução *persona* – grego προσοπων – traduzia a máscara usada em representações teatrais[23]. Numa evolução semântica que tem constituído, ao longo dos tempos, um excelente tema de meditação, *persona* passou a designar as personagens retratadas, os figurantes e, por fim, os agentes em geral[24]. Queda procurar, no Direito romano, figuras afins das que, hoje, preencham o universo das pessoas coletivas[25].

---

[22] Para maiores desenvolvimentos cf. MENEZES CORDEIRO, *O levantamento da personalidade colectiva* (2000), 25 ss. e *Tratado de Direito civil*, IV, 3.ª ed., 545 ss..

[23] A etimologia do termo pode ser confrontada, em BLUMENTHAL, *Persona*, PWRE XIX, 1 (1937), 1036-1040; uma aceção particularmente verosímil, vê, em *persona, per + sonare* – soar através de – o que joga com o papel da máscara, no teatro clássico: os atores falavam através dela, melhorando até, por essa via, nalgumas opiniões, o tom da voz. A *persona* terá sido introduzida, em Roma, vinda da Grécia, pelo ator ROSCIUS, em 100 a. C.. As fontes referentes a *persona* e a προσοπων, com a evolução subsequente, podem ser confrontadas na obra clássica de SIEGMUND SCHLOSSMANN, *Persona und προσοπων im Recht und im Christlichen Dogma* (1906), 11 ss. e 35 ss..

[24] Cf. SCHLOSSMANN, *Persona und προσοπον* cit., 12, DUFF, *Personality in Roman Private Law* (1938), 1 ss., ORESTANO, *Il "problema delle persone giuridiche" in diritto romano* 1 (1968), 8, GUSTAV NASS, *Person. Persönlichkeit und juristische Person* (1964), 10,

§ 2.º Das origens às pré-codificações 55

Nessas condições, apresenta-se como a mais antiga o *populus romanus*[26] no que, com todas as distâncias e salvaguardas, se pode considerar uma antecipação da ideia de Estado. O *populus* operava, na verdade, como sujeito de direitos e de obrigações. No período do Império, ele vem referido como *fiscus*[27]. Essa potencialidade estendeu-se a outras figurações de base territorial, como os municípios e as colónias[28].

Além destas estruturas, que hoje se diriam de Direito público, outras ocorreram, de base pessoal. Assim, aparecem as *universitates* de pessoas, com relevo para os *collegia* profissionais, para as *soladitates* de base religiosa e para diversos tipos de *societates*[29]. A História de Roma parece, aliás,

---

BERNARDO ALBANESE, *Persona (diritto romano)*, ED XXXIII (1983), 169-181 (170) e JEAN-MARC TRIGEAUD, *La personne*, APD 34 (1989), 103-121 (104 ss.).

[25] BERNARDO ALBANESE, *Le persone nel diritto privato romano* (1979), 551 e *Persona (diritto romano)* cit., 180.

[26] ALFRED PERNICE, *Marcus Antistius Labeo/Das römische Privatrecht im ersten Jahrhundert der Kaiserzeit* (1873), 263 ss., THEODOR MOMMSEN, *Zur Lehre von der römischen Korporation*, SZRom 25 (1904), 33-51 (35), LUDWIG MITTEIS, *Römisches Privatrecht bis auf die Zeit Diokletians – I – Grundbegriffe und Lehre von den juristischen Personen* (1908), 347, KARL RITTER VON CZYHLARZ, *Lehrbuch der Institutionen des römischen Rechtes* 13-14 ed. (1914), 71 ss., GIOVANNI PACCHIONI, *Corso di diritto romano*, II, 2.ª ed. (1920), 134, BIAGIO BRUGI, *Istituzioni di diritto romano (diritto privato giustiniano)*, 3.ª ed. (1926), 79, ÉDOUARD CUQ, *Manuel des Institutions Juridiques des Romains*, 2.ª ed. (1928), 115, BASILE ELIACHEVITCH, *La personalité juridique en droit privé romain* (1942), 5 ss., BIONDI, *Il diritto romano* (1957), 295, VOLTERRA, *Istituzioni di diritto privato romano* (1961), 119, ainda que com considerações dubitativas, ALBERTO BURDESE, *Manuale di diritto privato romano* (1964), 188, MAX KASER, *Das römische Privatrecht*, 1, 2.ª ed. (1971), 304, ALBANESE, *Le persone* cit., 554 e *Persona* cit., 180, 2.ª col., GIOVANNI PUGLIESE, *Istituzioni di diritto romano*, col. FRANCESCO SITZIA/LETIZIA VACCA (1986), 122 e FRANCO PASTORI, *Gli istituti romanistici come storia e vita del diritto*, 2.ª ed. (1988), 230.

[27] SIBYLLE BOLLA, *Die Entwicklung des Fiskus zum Privatrechtssubjekt mit Beitragen zur Lehre vom aerarium/Eine rechtsgeschichte Untersuchung* (1938), em especial, 32. *Vide*, ainda, ALBERTO BURDESE, *Fisco (diritto romano)*, ED XVII (1968), 673-676, ENNIO CORTESE, *Fisco (diritto intermedio)*, ED XVII (1968), 676-684 e BERNARDO SANTALUCIA, *Fondazione (diritto romano)*, ED XVII (1968), 774-784 (783).

[28] ANTONIO GUARINO, *Diritto privato romano/Lezioni istituzionali di diritto romano* 2.ª ed. (1963), 207 e GIAMBATTISTA IMPALLOMENI, *Persona giuridica (diritto romano)*, NssDI XII (1965), 1028-1032 (1029). Uma enumeração, mais completa, pode ser confrontada em MAX COHN, *Zum römischen Vereinsrecht/Abhandlungen aus der Rechtsgeschichte* (1873), 2.

[29] J. BARON, *Die Gesammtrechtsverhältnisse im römischen Recht* (1864), 1 ss., THEODOR MOMMSEN, *De collegiis et sodaliciis romanorum* (1843), 1 ss., 27 ss. e 32 ss., FERDINAND KNIEPP, *Societas publicanorum* (1896), 11 ss., LUDWIG MITTEIS, *Römisches*

56 A evolução histórica das sociedades

documentar uma certa marcha para a liberdade de associação[30], ainda que com recuos, motivados por razões de ordem pública e política: a *lex julia de collegiis* veio, por exemplo, reconhecer apenas *collegia* antigos, sujeitando os que viessem a ser constituídos a uma autorização prévia[31].

A consagração romana das fundações parece duvidosa. A opinião dominante entende que, embora com raízes em iniciativas cristãs do Baixo Império[32], elas apenas seriam reconhecidas na Idade Média[33].

II. Como ideia, a personalidade coletiva foi desenvolvida a partir de textos romanos[34]. Mas para tanto, era necessária a incidência de um pensamento científico formalmente ordenado, isto é: daquilo que temos vindo a designar "pensamento sistemático"[35].

Os canonistas, pelas necessidades práticas que tiveram de enfrentar, foram precursores. Visando enquadrar os diversos institutos de natureza eclesiástica, os canonistas recuperaram e alargaram a instrumentação dei-

---

Privatrecht, I (1908), 390 ss. e 403 ss., BRUGI, *Istituzioni* cit., 81 ss., SCHNORR VON CAROLSFELD, *Geschichte der juristischen Person* (1933), I, 59 ss., 207 ss. e 217 ss., EMILIO BETTI, *Diritto romano – I – Parte generale* (1935), I, 164 ss., BIONDI, *Il diritto romano* cit., 296 s., GUARINO, *Diritto privato romano* cit., 207-208, BURDESE, *Manuale* cit., 190 e KASER, *Römische Privatrecht* cit., 1, 2.ª ed., 307. O tema das corporações profissionais suscitou um interesse muito especial em Itália, sendo de acentuar a vasta obra de FRANCESCO MARIA DE ROBERTIS: *Contributi alla storia delle corporazioni a Roma* (1934), *Il diritto associativo romano* (1943), *Il fenomeno associativo nel mondo romano/dai collegi della repubblica alle corporazioni del basso imperio* (1955) e *Storia delle corporazioni e del regime associativo nel mondo romano*, 2 volumes (1971). Sobre o tema, refiram-se, ainda, W. LIEBENAM, *Zur Geschichte und Organisation des römischen Vereinswesens* (1890), HUGO COLI, *Collegia e sodalitates/contributo allo studio dei collegi nel diritto romano* (1913), GENNARO MARIA MONTI, *Lineamenti di storia delle corporazioni* I (1931), com extensa literatura, 13 e VINCENZO BANDINI, *Appunti sulle corporazioni romane* (1939).

[30] *Vide* DE ROBERTIS, *Contributi* cit., 43 e *Il diritto associativo romano* cit., 35.

[31] VOLTERRA, *Istituzioni* cit., 121 e PACCHIONI, *Corso* cit., 139.

[32] ALFRED PERNICE, *Labeo* cit., 254 ss., MITTEIS, *Römisches Privatrecht* cit., I, 414 ss., CZYHLARZ, *Lehrbuch*, 13-14.ª ed. cit., 73 e CUQ, *Manuel*, 2.ª ed. cit., 116. Sobre a história das fundações, cumpre citar, em especial, HELMUT COING, em WERNER SELFART, *Handbuch des Stiftungsrechts* (1987), § 5.º.

[33] ROBERT FEENSTRA, *L'histoire des fondations*, TJ 24 (1956), 381-448 (392).

[34] Quanto ao surgimento da personalidade coletiva das sociedades comerciais no período medieval, cf. VIGHI, *La personalità giuridica delle società commerciali* cit., 63 ss..

[35] *Vide* a nossa introdução à versão portuguesa de CLAUS-WILHELM CANARIS, *Pensamento sistemático e conceito de sistema na Ciência do Direito* (1989).

§ *2.º Das origens às pré-codificações* 57

xada pelos jurisprudentes romanos[36]. Na base das *universitates*[37], eles vieram a alcançar um conceito de ordem geral[38]. Procurando justamente passar do somatório de pessoas singulares para a pessoa coletiva, SINIBALDO DEI FIESCHI (INOCÊNCIO IV) vem apontar que o sujeito de direitos não é a pessoa natural, mas sim a fitícia: *cum collegium in causa universitatis fingatur una persona*[39].

III. Os glosadores moveram-se sobre textos romanos onde a personalidade coletiva era patente. No entanto, seja por falta de meios científicos, seja pelo influxo da realidade medieval ou seja, por fim, pela impossibilidade de levar demasiado longe a capacidade de abstração, eles não avançaram[40]. Nas palavras de RUFFINI, os glosadores não souberam conceber a per-

---

[36] JOSEPH LAMMEYER, *Die juristischen Personen der Katholischen Kirsche* (1929), 80 ss..

[37] HELMUT COING, *Europäisches Privatrecht/1500 bis 1800* – Band I – *Älteres Gemeines Recht* (1985), 262.

[38] HELMUT COING, *Zur Geschichte des Privatrechtsystems* (1962), 63, ORESTANO, *Il "problema delle persone giuridiche"* cit., 11 e, com ricas indicações bibliográficas, RUY DE ALBUQUERQUE, *As represálias/Estudo de História do Direito Português (sécs. XV e XVI)*, vol. I (1972), 403-404, nota 2.

[39] *Apud* FRANCESCO RUFFINI, *La classificazione delle persone giuridiche in Sinibaldo dei Fieschi (Innocenzo IV) ed in Federico Carlo di Savigny*, Sc. Francesco Schupfer, II (1898), 313-393 = *Scritti giuridici minori*, II (1936), 5-90 (14; cita-se por este último local); *vide*, ainda, FEENSTRA, *L'histoire des fondations* cit., 414, GAETANO CATALANO, *Persona giuridica (diritto intermedio)*, NssDI XII (1965), 1032-1055 (1034), PIO FEDELE, *Fondazione (diritto intermedio)*, ED XVII (1968), 785-790 (787) e FRANCO TODESCAN, *Dalla "persona ficta" alla "persona moralis" – Individualismo e matematismo nelle teorie della persona giuridica del secolo XVII*, QF n.º 11/12 (1982/83), 1, 59-93 (62 ss.). A ideia de ficção não visava apenas transpor, para o Direito, a "metáfora literária" de que fala RUFFINI; DEI FIESCHI – porventura para retirar, dela, efeitos necessários às realidades do seu tempo – veio, com base na sua natureza, apresentar conclusões: *universitas autem non potest excommunicari: quia impossibile est quod universitas deliquat: qui universitas, siant et capitulum, populus, gens, et huiusmodi, nomina sunt iuris, et non personarum* – *apud* RUFFINI, *Scritti* cit., 2, 15. *Vide* PEDRO DE ALBUQUERQUE, *A vinculação das sociedades comerciais por garantia de dívidas de terceiros*, ROA 1995, 689-711 (689-690, nota 2), com indicações.

[40] VON GIERKE, *Das deutsche Genossenschftsrecht*, III – *Die Staats- und Korporationslehre des Alterthums und des Mittelalters* (1881), 186 ss., RUFFINI, *Scritti* cit., 10, GAETANO CATALANO, *Persona giuridica* cit., 1034 e PIO FEDELE, *Fondazione* cit., 787.

A evolução histórica das sociedades

sonalidade jurídica sem o substrato de uma coletividade de pessoas; a corporação seria então, simplesmente, a soma dos seus membros[41].

Não se deve menosprezar a obra dos glosadores[42]: ela foi decisiva na evolução subsequente. A sua ligação estreita ao canonismo permitiu recuperar a ideia de ficção para o Direito romano[43].

Esta linha foi recebida pelos comentadores. BÁRTOLO reporta-se ao que hoje chamamos pessoa coletiva, como ficção jurídica: *secunde um fictionem juris universitas aliud quam homines universitatis* e acrescentando *quia propria non est persona; tamen hoc est fictum positum pro vero, sicut ponimus nos juristae*[44].

IV. A evolução técnico-jurídica da personalidade coletiva requeria uma maior capacidade de abstração. Apenas esta permite transcender comparações muito simplistas com *corpora* ou aproximações elementares à ideia de ficção.

Em princípio, os juristas do humanismo estavam habilitados a dar o passo subsequente. Houve um certo esforço nesse sentido. Em DONELLUS, a pessoa continua, essencialmente, a ser a singular[45]. ALTHUSIUS, todavia, procede já a uma contraposição bastante expressiva entre a pessoa singular e a coletiva.

Os humanistas prolongaram a sua influência no *mos gallicum* e nos jurisprudentes elegantes que o enformaram. Eles ocuparam-se dos entes coletivos, dando azo a uma tradição própria que tomaria corpo na pré-codificação francesa. A afirmação pode ser ilustrada com DOMAT, que escreve, designadamente:

---

[41] Daqui resultou a impossibilidade, para os glosadores, de distinguir entre corporações, por um lado e sociedades, por outro e isso apesar das bases romanas disponíveis; além disso, eles foram levados a reconduzir todas as entidades coletivas, incluindo o Estado e a Igreja, ao comum conceito de corporação ou à ideia de *corpus*; cf. RUFFINI, *La classificazione delle persone* cit., 11; *vide* RUY DE ALBUQUERQUE, *As represálias* cit., 398 ss., com múltiplas indicações; finalmente, os glosadores não conseguiram apresentar classificações substanciais de pessoas coletivas.

[42] *Vide* a exposição magistral de HERMANN LANGE, *Römisches Recht im Mittelalter* – Band I – *Die Glossatoren* (1997).

[43] Quanto a INOCÊNCIO IV, cf. H. LANGE, *Die Glossatoren* cit., 385.

[44] BÁRTOLO, 1 16 § 10 D. 48,19 n.º 3 e n.º 4 respetivamente, *apud* VON GIERKE, *Das deutsche Genossenschaft* cit., 3, 362-363.

[45] *Hugoni Donelli jurisconsulti et antecessoris opera omnia*, tomo I (1840; a primeira edição é de finais do século XVI), 242.

§ 2.° Das origens às pré-codificações 59

(...) as comunidades legitimamente constituídas, funcionam como pessoas, e a sua união, que torna comuns, a todos os que as compõem, os seus interesses, os seus direitos e os seus privilégios, faz que elas sejam consideradas como um só todo[46].

Pouco antes, explicara:

(...) as comunidades que são corpos compostos de várias pessoas, para um fim público, e que, num Estado, são consideradas como se fossem pessoas[47].

As ideias de DOMAT foram, diretamente, retomadas por POTHIER, cuja influência, no *Code Civil*, é conhecida. Diz ele:

Os corpos e comunidades, estabelecidos segundo as leis do reino, são considerados, no Estado, como se fossem pessoas: *veluti personam sustinet*; pois esses corpos podem, tal como as pessoas, alienar, adquirir, possuir bens, litigar, contratar, obrigar-se e obrigar os outros para com eles.

Esses corpos são seres intelectuais, diferentes e distintos de todas as pessoas que os compõem: *universitas distat a singulis*[48].

V. Aparentemente, a pré-codificação francesa abrira o caminho, sendo de esperar que as pessoas coletivas obtivessem um lugar condigno, no então futuro Código NAPOLEÃO. Isso não sucederia: o período revolucionário foi fortemente contrário a entes que pudessem reduzir o papel nuclear do cidadão individual[49]. Além disso e sobretudo: os jurisprudentes elegantes franceses, embora conhecendo a ideia de personalidade coletiva, não lhe deram a focagem sistemática necessária para, dela, fazer um dado nuclear do sistema. Exigia-se um nível de pensamento abstrato que surgiria, entretanto, além-Reno.

---

[46] JEAN DOMAT, *Le droit public, suivi des loix civiles dans leur ordre naturel*, Liv. I, Tit. XV, Sec. II, n.° 2 = *Oeuvres Complètes de J. Domat*, par J. REMY, tomo 3 (1835), 248; cf., em parte, BAUDRY-LACANTINERIE/HOUQUES FOURCADE, *Traité théorique et pratique de Droit civil, Des Personnes*, 1, 3.ª ed. (1907), 363.

[47] JEAN DOMAT, *Le droit public* cit., 244. Tenha-se presente que DOMAT viveu entre 1625 e 1696, tendo o original de *Les loix civiles* sido publicado em 1689-1694.

[48] R.-J. POTHIER, *Traité des Personnes et des Choses*, em *Oeuvres de R.-J. Pothier contenant les Traités du Droit Français*, par M. DUPIN AINÉ, 5 (1831), 195. *Vide*, também em parte, BAUDRY-LACANTINERIE/FOURCADE, *Traité* cit., *Des personnes*, cit., 1, 3.ª ed., 364. POTHIER viveu entre 1699-1772, datando os *Tratados* da segunda metade do século XVIII.

[49] PAUL DURAND, *L'evolution de la condition juridique des personnes morales de droit privé*, em *Le Droit Privé Français au Milieu du XX Siècle – Etudes offertes à Georges Ripert* – tomo I (1950), 138-159 (138-139).

60   *A evolução histórica das sociedades*

VI. A personalidade coletiva, entendida no sentido mais abstrato e como categoria geral e inserida no topo das introduções jurídicas, foi obra do racionalismo ou segunda sistemática[50].

Estava aberta a classificação que, até hoje, ocupa as primeiras páginas dos tratados de Direito civil: a que contrapõe pessoas singulares às coletivas. Estas, por seu turno, contribuíram para a conformação das sociedades comerciais e da sua dogmática.

8. As companhias coloniais

I. Como terceiro fator histórico-cultural decisivo no desenvolvimento do atual Direito das sociedades temos os antecedentes das sociedades anónimas e as companhias coloniais.

II. Os estudiosos apontam, como a experiência mais antiga no domínio das sociedades anónimas, o Banco de S. Jorge, em Génova, que operou entre 1407 e 1805[51]. Esta sociedade teve antecendentes significa-

---

[50] HELMUT COING, *Europäisches Privatrecht – Band II – 19. Jahrhundert* (1989), 336 ss..

[51] ACHILLES RENAUD, *Das Recht der Aktiengesellschaften*, 2.ª ed. (1875), 21 ss., W. ENDEMANN, *Handbuch des deutschen Handels-, See- und Wechselrechts I – Die Personen des Handelsrechts* (1881), 477 ss., LEVIN GOLDSCHMIDT, *Universalgeschichte des Handelsrechts*, parte A do *Handbuch des Handelsrechts*, 3.ª ed. (1891, 2.ª reimpr., 1973), 296 ss., TH. HERGENHAHH, *Das Reichsgesetz betreffend die Kommanditgesellschaften auf Aktie und die Aktiengesellschaften von 18-Juli-1884* (1891), XIII, VIKTOR RING, *Das Reichsgesetz betreffend die Kommanditgesellschaften auf Aktien und die Aktiengesellschaften vom 18-Juli-1884*, 2.ª ed. (1893), 2, KARL LEHMANN, *Das Recht der Aktiengesellschaft*, 1 (1898, reimpr. 1964), 42 ss., ALBERTO VIGHI, *Notizie storiche sugli amministratori ed i sindaci delle società per azioni anteriori al codice di commercio francese (Contributo alla storia delle società per azioni)*, RSoc XIV (1969, correspondendo à reedição de um texto de 1898), 663-700 (663 ss., 667 e 669-670), E. THALLER, *Les sociétés par actions dans l'ancienne France*, ADC 1901, 185-201 (187 e 197), ALFRED SILBERNAGEL, *Die Gründung der Aktiengesellschaft, nach deutschem, schweizerischem, französischem und englischem Aktienrecht* (1907), 1, G. NOTO-SARDEGNA, *Le società anonime* (1908), 12 ss., HERMAN VEIT SIMON, *Die Bilanzen der Aktiengesellschaften und der Kommanditgesellschaften*, 4.ª ed. (1910), 40 ss. e *Die Interimsscheine/Zugleich ein Beitrag zur Geschichte und Lehre der Aktien- und Anleihepapiere* (1913), 68 ss., ENRICO SOPRANO, *Della responsabilità civile e penale degli amministratori di società per azioni* (1910), 13-14, GERMAIN SICARD, *Aux ori-*

§ 2.° *Das origens às pré-codificações* 61

tivos[52]. Análises mais recentes põem em dúvida que se tivesse tratado de uma verdadeira sociedade anónima, no sentido atual[53]; tinha, no entanto, aspetos marcantes, como os da multiplicidade de participantes e a limitação da sua responsabilidade.

Na evolução subsequente, foram fundamentais as grandes sociedades coloniais, constituídas a partir do século XVII[54]. Como a mais antiga temos a inglesa *East India Company*, fundada em 1600. Seguiu-se-lhe a Companhia Holandesa das Índias Orientais (*Verenigde Oostindische Compagnie* ou VOC), instituída em 20 de Março de 1602 e que, através de várias vicissitudes, sobreviveu até 1795[55]. Esta sociedade, graças sobretudo ao apresa-

---

gines des sociétés anonymes/Les moulins de Toulouse au Moyen Âge (1953), 333 e PAULO UNGARI, *Profilo storico del diritto delle anonime in Italia/Lezioni* (1974), 20. Na bibliografia portuguesa, é possível citar alguns títulos; assim: ASSIS TAVARES, *As sociedades anónimas*, 1, 2.ª ed. (1972), 12, J. J. VEIGA GOMES, *Sociedades anónimas (uma perspectiva de direito económico)* (1981), 11, LUÍS BRITO CORREIA, *Direito Comercial*, 2 (1986), 49-50 e *Os administradores de sociedades anónimas* cit., 78 ss., ILÍDIO DUARTE RODRIGUES, *A administração das sociedades por quotas e anónimas/Organização e Estatuto dos Administradores* (1990), 26, e RUI MANUEL DE FIGUEIREDO MARCOS, *As companhias pombalinas/Contributo para a história das sociedades por acções em Portugal* (1995), 29 ss..

[52] KARL LEHMANN, *Das Recht der Aktiengesellschaft* cit., 1, 19 ss. e 32 ss..

[53] RUDOLF WIETHÖLTER, *Interessen und Organisation der Aktiengesellschaft im amerikanischen und deutschen Recht* (1961), 53-56, KLAUS BRONDICS, *Die Aktionärsklage* (1988), 24-25 e CHRISTINE WINDBICHLER, *Gesellschaftrecht/Ein Studienbuch*, 22.ª ed. cit., 297.

[54] ALBRECHT CORDES/KATHARINA JAHNTZ, *Aktiengesellschaften vor 1807?*, em BAYER/HABERSACK, *Aktienrecht im Wandel* I (2007), 1-22 (14 ss.).

[55] RENAUD, *AG*, 2.ª ed. cit., 25-26, HERGENHAHH, *KG/AktG* cit., XIII, K. LEHMANN, *Das Recht der AG* cit., 53 ss., VIGHI, *Notizie storiche* cit., 672, ARIBERTO MIGNOLI, *Idee e problemi nell'evoluzione della "company" inglesa*, RSoc V (1960), 633-684 (637 e 639), e UNGARI, *Profilo storico* cit., 21. Uma bibliografia sobre o tema pode ser confrontada em K. LEHMANN, ob. cit., 95-96, o qual, em *Die geschichtliche Entwicklung des Aktienrechts bis zum Code de Commerce* (1895), § 3 (29), publica uma versão alemã do *Oktroi* de 20-Mar.-1602. *Vide*, ainda, SICARD, *Aux origines des sociétés anonymes* cit., 341 ss., LORENZO MOSSA, *Trattato del nuovo diritto commerciale – IV – Società per azioni* (1957), 16 e GASTONE COTTINO, *Il diritto che cambia: dalle compagnie coloniali alla grande società per azioni*, RTDPC XLIII (1989), 493-502. O texto do *Octrooi* de 20-Mar.-1602 pode ser confrontado, no *fac simile* original, acompanhado de transcrição em holandês e da tradução em inglês, em ELLA GEPKEN-JAGER/GERARD VAN SOLINGE/LEVINUS TIMMERMAN (org.), *VOC 1602-2002 / 400 Years of Company Law* (2005), 1-38. *Vide*, aí, ELLA GEPKEN-JAGER, *Verenigde Oost-Indische Compagnie (VOC)*, 43-81 e WILLEM SINNINGHE DAMSTÉ/MARIJKE VAN DE VRUGT, *Winding up the Company*, 83-106.

62 *A evolução histórica das sociedades*

mento de navios portugueses, no Oriente, chegou a pagar, aos acionistas, dividendos exorbitantes. Veio depois a Companhia Holandesa das Índias Ocidentais (*West-Indische Compagnie in Holland*), de 1621. Tais entidades, apesar de representarem as forças económicas de grupos privados, dependiam, duplamente, da outorga do Estado: para o seu próprio reconhecimento e, ainda, para o seu funcionamento. A sua personalidade era concedida por ato do Estado; além disso, elas recebiam privilégios e funções de tipo público, esperando-se, em retorno, um desenvolvimento de atividades, em prol do País[56].

Também na Inglaterra, a exploração colonial foi levada a cabo através de companhias privadas, que prefiguravam sociedades anónimas, com relevo para a *East India Company* ou EIC. As companhias inglesas distinguiam-se, das holandesas, por assumirem uma estrutura associativa mais marcada, com uma deslocação de poderes para a assembleia e por atuarem em moldes mais concorrenciais[57].

III. No Continente, o esquema das companhias holandesas foi mais influente. COLBERT utilizou os seus estatutos, aquando da instituição das grandes companhias francesas, com relevo para a das Índias Orientais[58].

---

[56] BERNHARD GROSSFELD, *Aktiengesellschaft, Unternehmenskonzentration und Kleinaktionär* (1968), 115 ss..

[57] MIGNOLI, *Idee e problemi nell'evoluzione della "company" inglese*, cit., 637 ss. e ALLEGRI, *Contributo allo studio della responsabilità civile degli amministratori* (1979), 19; em geral, KARL GÜTERBOCK, *Zur Geschichte des Handelsrechts in England*, ZHR 4 (1861), 13-29. Assim, a *charter* de incorporação da *East India Company* permitia-lhe "to make reasonable laws by the greatest part of a general assembly" tendo, cada sócio, um voto. Quanto à EIC e ao seu alcance: RON HARRIS, *The English East India Company and the History of Company Law*, em *VOC 1602-2002* (2005), 219-247.

[58] ALLEGRI, *Contributo* cit., 19, onde se podem confrontar outras indicações. As companhias francesas pioneiras foram a *Compagnie des Iles d'Amérique* (1626), a *Compagnie de la Nouvelle France* (1628), a *Société française des Indes Orientales* e a *Compagnie des Indes Occidentales* (ambas de 1664). *Vide* MALEPEYRE/JOURDAIN, *Traité des Sociétés Commerciales/Accompagné d'un précis sur l'arbitrage forcé* (1835), 172, TROPLONG, *Commentaire du contrat de société en matière civile et commerciale* (1843), n.º 420 (545) e n.º 459 (556), THALLER, *Les sociétés par actions dans l'ancienne France* cit., 188 ss. (194), PAUL BARBRY, *Le régime actuel de l'administration des sociétés anonymes* (1943), 13 ss. e SICARD, *Aux origines des sociétés anonymes* cit., 344. *Vide* ainda, em especial, PIERRE-HENRI CONAC, *The French and Dutch East India Companies in Comparative Legal Perspective*, em GEPKEN-JAEGER/VAN SOLINGE/TIMMERMAN, *VOC 1602-2002* (2005), 133-157.

§ 2.º Das origens às pré-codificações   63

A nível interno, as companhias holandesas tinham participantes principais e subparticipantes. Apenas, aos primeiros, assistia o direito de nomear administradores (*bewindhebbers*), encontrando-se, sempre, numa grande solidariedade pessoal e de interesses com eles: o esquema funcionava, pois, como projeção de um restrito grupo de grandes comerciantes. Transposta para as companhias coloniais francesas, esta estrutura redundaria num instrumento poderoso do rei que, de facto, determinava as escolhas[59].

Mas se os esquemas do poder são os que, mais diretamente, prendem a atenção, não é possível esquecer o dia-a-dia do comércio societário. Aí, há que jogar com regras técnicas que, embora menos visíveis, têm uma importância decisiva no moldar de uma cultura jurídica. A esse propósito, desde TROPLONG que os autores sublinham a importância direta dos estatutos da *Compagnie des Indes Orientales*, na redação de certos preceitos do *Code de Commerce* de 1807, em matéria de sociedades anónimas[60]. Está-se, pois, na presença de uma linha contínua, até aos nossos dias. De todo o modo, tem sido feita uma contraposição interessante entre as experiências inglesa, holandesa e francesa, todas importantes para o futuro das sociedades anónimas: a experiência inglesa assentou na iniciativa particular; a holandesa visou acabar com a concorrência que existira nos Países Baixos, antes da companhia de 1602; a francesa derivou de iniciativas do Estado[61].

IV. Como foi dito, as companhias coloniais do século XVII dependiam da outorga do rei ou do governo[62]. Visando sedimentar essas sociedades como entidades autónomas e juridicamente diferenciadas, pretendeu-se libertar os administradores de adstrições. Segundo o artigo II da Carta da Companhia das Índias Orientais francesa, "... nem os diretores nem os particulares interessados (portanto, os sócios) poderão ficar adstritos, seja qual for a causa ou pretexto, a fornecer qualquer garantia, para além daquela pela qual se obrigaram no primeiro estabelecimento da Companhia (portanto, a subscrição), ou através de suprimento ou de outra forma"[63]. Esta medida,

---

[59] ALLEGRI, *Contributo* cit., 23-24. Na experiência holandesa, os administradores resultaram dos diretores de antigas pequenas companhias que, pelo *octrooi* dos Estados Gerais da Holanda, de 1602, foram elevados a administradores; cf. MIGNOLI, *Idee e problemi* cit., 639.

[60] ALLEGRI, *Contributo* cit., 25.

[61] MIGNOLI, *Idee e problemi* cit., 644.

[62] ANTONIO BRUNETTI, *Trattato del diritto delle società* II – *Società per azioni* (1948), 12 ss., além da bibliografia que tem vindo a ser referida.

[63] BORNIER, *Ordonnance de Louis XIV sur le commerce enrichie d'annotations et de décisions importantes* (1749), 79, *apud* VIGHI, *Notizie storiche sugli amministratori* cit., 676.

em si compreensível, veio somar-se ao facto de os administradores dependerem apenas do conselho do rei. Os interesses dos acionistas privados não estavam acautelados o que, na época, causou vários protestos[64]. Se não fosse a inversão provocada pela Revolução Francesa e pela subsequente revitalização do privatismo, as "companhias" teriam basculado para o Direito público, comprometendo o futuro das sociedades anónimas, tal como as conhecemos.

V. No século XVIII, sucederam-se as tentativas de lançar sociedades de capitais desligadas do Estado e dos seus privilégios; chegou-se, mesmo, a falar na sua democratização[65]. Tais tentativas foram, porém, minadas por escândalos financeiros, de que o Banco de LAW foi o mais conhecido exemplo. A memória desses episódios impressionou os espíritos, de tal modo que, na Revolução Francesa, uma legislação radical veio proibir as sociedades de capitais, designadamente quando tivessem objetivos financeiros[66]. O Diretório, em 1796, veio inverter esse processo, abrindo as portas à decisiva reforma de 1807[67].

---

[64] *Vide* os elementos coligidos em ALLEGRI, *Contributo* cit., 23-24 e em MIGNOLI, *Idee e problemi* cit., 642. Como aí se explica, também na Holanda houve problemas. Durante o longo período de guerra com a Espanha, os administradores negavam-se a prestar informações aos sócios, alegando a necessidade de segredo militar. Posteriormente, o próprio dever estatutário de prestar informações acabaria por ser suprimido.

[65] BERNHARD GROSSFELD, *Aktiengesellschaft* cit., 119.

[66] Um decreto de 24 de Agosto de 1793 suprimiu todas as associações cujo capital assentasse em ações ao portador ou similares, permitindo-as, para o futuro, apenas sob licença dos corpos administrativos; mais tarde, um decreto de 17 Vendimnal do ano II suprimiu todas as sociedades financeiras; finalmente, o Decreto de 26-29 Germinal do ano II veio mandar, no seu artigo 1.º: "as companhias financeiras estão e permanecem suprimidas. É proibido a todos os banqueiros, negociantes ou a quaisquer outras pessoas, formar qualquer estabelecimento desse tipo, seja qual for o pretexto ou a denominação". *Vide* ESTELLE ROTHWEILER/STEFAN GEYER, *Von der Compagnie de commerce zur societé anonyme: die Geschichte der Aktiengesellschaft in Frankreich bis zum Code de commerce*, em BAYER/HABERSACK, *Aktienrecht im Wandel* I (2007), 23-45 (36 ss.), ALLEGRI, *Contributo* cit., 13, 13 (nota 19) e 39. Quanto às flutuações da legislação revolucionária francesa, cf. E. THALLER/J. PERCEROU, *Traité Élémentaire de Droit Commercial*, 7.ª ed. (1925), n.º 266 (203).

[67] ESTELLE ROTHWEILER/STEFAN GEYER, *Von der Compagnie de commerce* cit., 38.

§ 3.º AS CODIFICAÇÕES OITOCENTISTAS

9. O *Code Napoléon* de 1804 e o *Code de Commerce* de 1807

I. No termo de toda a apontada evolução, o Código Civil francês de 1804 ou Código Napoleão veio reger o contrato de sociedade: artigos 1832.º a 1873.º. Esta matéria aplicava-se, de resto, às "sociedades de comércio", no que não fosse contrário às leis e aos usos comerciais. O contrato de sociedade era definido como:

> (...) um contrato pelo qual duas ou mais pessoas acordam pôr qualquer coisa em comum, tendo em vista repartir o benefício que, daí, possa resultar.

Distinguia, depois, sociedades particulares e universais, tratando os deveres dos associados entre si e para com terceiros. A extinção de sociedade merecia uma atenção especial.

II. Mais desenvolvido, o *Code de Commerce* de 1807, veio tratar, em geral, de diversos tipos de sociedades. Foi o primeiro diploma a fazê-lo: os grandes feitos de Napoleão foram, antes de mais, jurídicos[68].

O *Code de Commerce* repartia-se por 4 livros:

    I – Do comércio em geral;
   II – Do comércio marítimo;
  III – Das falências e bancarrotas;
  IV – Da jurisdição comercial.

---

[68] Quanto à aprovação e ao sentido geral do Código Comercial francês: *Manual de Direito Comercial*, 2.ª ed., 50 ss..

66 *A evolução histórica das sociedades*

Na sua simplicidade, esta sistematização traduzia já um grande esforço de redução dogmática.

A matéria das sociedades surgia no Livro I, Título III, repartida em duas secções:

I – Das diversas sociedades e das suas regras;
II – Das contestações entre associados e da forma de as decidir.

O próprio *Code* só conhecia – artigo 19.º – três tipos de sociedades comerciais: sociedade em nome coletivo, sociedade em comandita e sociedade anónima. Vale a pena, pelas exemplares concisão e precisão, reter, aqui, o articulado do *Code*[69]:

18. O contrato de sociedade rege-se pelo Direito civil, pelas leis próprias do comércio e pelas convenções das partes.
19. A lei reconhece três espécies de sociedades comerciais: a sociedade em nome coletivo, a sociedade em comandita e a sociedade anónima.
20. A *sociedade em nome coletivo* é a que contratam duas ou mais pessoas e que tem por objeto comerciar sob uma razão social.
21. Só os nomes dos sócios podem fazer parte da razão social.
22. Os sócios em nome coletivo indicados no ato da sociedade são solidários perante todas as obrigações da sociedade, mesmo quando apenas um dos sócios tenha assinado, desde que o tenha feito sob a razão social.
23. A *sociedade em comandita* contrata-se entre um ou vários sócios responsáveis e solidários e um ou vários sócios simples alocadores de fundos, e que se designam *comanditários* ou *sócios em comandita*.
   Ela é gerida sob um nome social, que deve necessariamente ser o de um ou de vários dos sócios responsáveis e solidários.
24. Quando haja vários sócios solidários e com nome, seja que todos girem em conjunto, seja que um ou vários girem por todos, a sociedade é, ao mesmo tempo, sociedade em nome coletivo quanto a eles e sociedade em comandita quanto aos simples alocadores de fundos.
25. O nome de um sócio comanditário não pode fazer parte da razão social.
26. O sócio comanditário só é passível de perdas até ao equivalente dos fundos que tenha colocado ou devesse colocar na sociedade.

---

[69] *Les Cinq Codes, Napoléon, de Procedure Civile, de Commerce, d'Instruction criminelle, et Pénal* (1811), 391-467 (393-394).

§ 3.º As codificações oitocentistas 67

27. O sócio comanditário não pode praticar qualquer ato de gestão, nem ser utilizado para os negócios da sociedade, nem mesmo em virtude de procuração.
28. Em caso de contravenção à proibição mencionada no artigo precedente, o associado comanditário fica solidariamente obrigado com os sócios em nome coletivo, por todas as dívidas e compromissos da sociedade.
29. A *sociedade anónima* não existe sob qualquer designação social; ela não é designada pelo nome de nenhum dos associados.
30. Ela é qualificada pela designação do objeto da sua empresa.
31. Ela é administrada por mandatários a termo, revogáveis, sócios ou não-sócios, assalariados ou gratuitos.
32. Os administradores não são responsáveis a não ser pela execução do mandato que receberam. Por via da sua gestão, eles não contratam nenhuma obrigação pessoal nem solidária, relativamente às vinculações da sociedade.
33. Os associados são passíveis apenas da perda do montante da sua participação na sociedade.
34. O capital da sociedade anónima divide-se em ações e, mesmo, em cupões de ação, de valor igual.
35. A ação pode ser estabelecida sob a forma de um título ao portador. Nesse caso, a cessão opera pela tradição do título.
36. A propriedade das ações pode ser determinada por uma inscrição em registo da sociedade. Nesse caso, a cessão opera por uma declaração de transferência inscrita sobre os registos e assinada pelo cedente ou por um representante.
37. A sociedade anónima só pode existir com autorização do Governo, e com a sua aprovação para o ato que a constitua; essa autorização deve ser dada sob a forma prescrita pelos regulamentos da Administração Pública.

III. Este modelo tripartido do *Code de Commerce*, bem como o essencial dos tipos societários "sociedade em nome coletivo", "sociedade em comandita" e "sociedade anónima", vieram a enformar os diversos códigos comerciais subsequentes. A doutrina da época logo apurou que "sociedade" tanto designava o contrato do mesmo nome como o "corpo moral" formado por vários sócios[70]. O exegetismo dos primórdios foi sendo enri-

---

[70] *Vide* J. A. ROGRON, *Code de Commerce expliqué par ses motifs et par des exemples* (1834), 9/I.

68 *A evolução histórica das sociedades*

quecido pela jurisprudência e por desenvolvimentos provocados pela revolução industrial subsequente. Muito relevante foi a consagração das sociedades anónimas, base do desenvolvimento ulterior[71].

10. Outros códigos da primeira geração

I. A influência do *Code de Commerce* francês precedeu a do próprio Código Civil. Na época, vingou a ideia de que, no campo do comércio e no da indústria, era fundamental a disponibilidade de leis simples e modernas. E havia tanto mais urgência em implantá-las quanto é certo que as sucessivas revoluções liberais iam destruindo as leis antigas, deixando um vazio problemático.

De entre os primeiros códigos comerciais de inspiração francesa conta-se o Código de Comércio espanhol, de 30 de Maio de 1829[72].

O Código de Comércio espanhol de 1829 é um diploma extenso: mais do que o modelo napoleónico que teve em vista, o que não admira: não havia, na época, um Código Civil espanhol, para onde se pudesse remeter. Repartia-se este diploma por cinco partes:

I – Dos comerciantes e agentes de comércio (1.° a 233.°);
II – Dos contratos de comércio em geral (234.° a 582.°);
III – Do comércio marítimo (583.° a 1000.°);
IV – Das quebras (1001.° a 1177.°);
V – Do processo comercial, matéria revogada em 1868.

As sociedades comerciais constavam dos artigos 264.° a 358.°, sob a denominação "companhias mercantis". O Código distinguia as "companhias regulares em nome coletivo", as "companhias em comandita" e as

---

[71] ESTELLE ROTHWEILER/STEFAN GEYER, *Von der Compagnie de commerce* cit., 39 ss.; ANDREAS DEUTSCH, *Die Aktiengesellschaft im Code de Commerce vom 1807 und ihre Verbildungsfunktion für die Entwicklung in Deutschland*, em BAYER/HABERSACK, *Aktienrecht im Wandel* I (2007), 46-97 (54 ss. e 89 ss.).

[72] PEDRO GOMEZ DE LA SERNA/JOSE REUS Y GARCIA, *Código de Comercio arreglado á la reforma de 6 de Deciembre de 1869*, 5.ª ed. (1869), com uma introdução histórica sobre as vicissitudes da preparação do diploma – 31 ss.; quanto às sociedades comerciais *vide*, aí 126 ss..

§ 3.º As codificações oitocentistas   69

"companhias anónimas". Dispensava-lhes um tratamento claramente mais desenvolvido do que o Código francês.

II. Digno de referência é, ainda, o Código de Comércio holandês (*Wetboek van Koophandel*), de 1 de Outubro de 1838[73]. Deve notar-se que o Direito holandês, mercê das particularidades históricas que dominam o Velho Continente, se situa muito mais próximo do estilo francês do que do alemão.

O Código de Comércio holandês, aprovado em 1826, mas apenas em vigor após 1838 é, também extenso, constando de vários conjuntos com numerações autónomas. Manteve-se muito próximo do modelo francês, que chega a traduzir, em várias circunstâncias.

A sua sistematização é típica da linha em que se insere:

I – Do comércio em geral;
II – Do comércio marítimo;
III – Das falências.

As sociedades, mais desenvolvidas do que no Código francês, surgem, aí, nos artigos 14.º a 58.º, assim ordenados:

Secção I   – Disposições gerais (14.º e 15.º);
Secção II – Da sociedade em nome coletivo e da sociedade em comandita (16.º a 35.º);
Secção III – Da sociedade anónima (36.º a 56.º);
Secção IV – Das associações comerciais em participação (57.º e 58.º).

III. O Código de Comércio napoleónico teve grande influência na Itália pré-unitária e, depois, na própria legislação italiana. Em diversas regiões diretamente tomadas por NAPOLEÃO, as leis francesas foram, pura e simplesmente, postas em vigor[74]. Seguiram-se iniciativas locais, com

---

[73] O Código foi aprovado em versão bilingue, francês/holandês. Para além da versão oficial no *Journal Officiel du Royaume des Pays-Bas*, tomo XXI (1828); cf. CHARLES LYON-CAEN (org.), *Les lois commerciales de l'Univers*, tomo XXVIII, s/d, onde pode ser vista – 3 ss. – a evolução histórica que conduziu ao diploma em causa. *Vide*, igualmente com interesse, W. L. P. A. MOLENGRAAFF, *Principes de droit commercial néerlandais*, trad. fr. MAX FRANSSEN (1931).

[74] Com indicações, cf. L. GOLDSCHMIDT, *Handbuch des Handelsrechts*, B-1 *Geschichtlich- Literarische Einleitung und Grundlehren* (1875, reimp. 1973), 244 ss..

70

A evolução histórica das sociedades

relevo para o Código de Comércio para os Estados Sardos ou Código de Comércio Albertino, de 30 de Dezembro de 1842[75].

O Código de Comércio Albertino tinha 723 artigos e seguia o modelo francês:

Livro I   – Do comércio em geral (1.º a 204.º);
Livro II – Do comércio marítimo (205.º a 467.º);
Livro III – Das falências e das bancarrotas (468.º a 657.º);
Livro IV – Da jurisdição comercial (658.º a 723.º).

As sociedades comerciais apareciam, sempre segundo o mesmo modelo, no título III do Livro I, ocupando os artigos 28.º a 70.º. Admitiam-se os três tipos: sociedades em nome coletivo, em comandita e anónimas.

IV. Foi importante, até pelas repercussões que teve no desenvolvimento ulterior, o primeiro Código de Comércio da Itália unificada, de 28 de Junho de 1865.

Próximo do modelo albertino e, por essa via, do francês[76], o Código de Comércio de 1865 arrumava os seus 732 artigos em 4 livros:

I – Do comércio em geral;
II – Do comércio marítimo;
III – Da falência e da bancarrota;
IV – Da competência e do arresto em matéria comercial.

Quanto às sociedades comerciais: a ordem mantinha-se, nos termos indicados para o Código Albertino, no Livro I.

---

[75] CÉSARE APROLI, *Lezioni di diritto commerciale*, 2 (1855), 81 ss.. Com elementos de ordem geral, A. ALBERTAZZI/M. S. PRASCA, *Comento analitico al Codice di Commercio per gli stati sardi*, Parte I (1843-1844), 202 ss., MITTERMAIER, *Die Leistung der Gesetzgebung. Rechtsprechung und Wiessenschaft in Italien auf dem Gebiete des Handelsrechts*, ZHR 4 (1861), 327-340 e ANTONIO PADOA SCHIOPPA, *Saggi di storia del diritto commerciale* (1992), 137 ss..

[76] Entretanto, já havia decorrido quase meio século; o Código de Comércio italiano de 1865 pôde, assim, aproveitar a evolução legislativa processada em França e, ainda, uma série de desenvolvimentos doutrinários. *Vide* GOLDSCHMIDT, *Handbuch* cit., B, 1, 246.

§ 3.º As codificações oitocentistas   71

V. Tem igualmente relevo a evolução alemã. Na primeira parte do século XIX, as sociedades anónimas surgiam, no espaço alemão, mediante o sistema da especial outorga do Estado. Havia um atraso, mesmo perante o *Code de Commerce*, que estabelecera já uma lei-quadro do reconhecimento. Dificuldades de tipo político explicam essas hesitações iniciais.

As sociedades anónimas primitivas aparecem, no espaço alemão, apenas nos finais do século XVII e portanto: com uma demora relativa perante outras experiências europeias. Seguem o modelo holandês. Nessa linha, em 7 e 17 de Março de 1682, o Eleitor de Brandeburgo fundou a "Companhia Comercial das Costas da Guiné". Em 1719, o Imperador instituiu a Companhia Austro-Oriental. Mas apenas a partir de 1765, se assistiu, ainda que lentamente, a um desenvolvimento progressivo das sociedades anónimas, sobretudo na Prússia[77]. Esta perdeu, contudo, a oportunidade histórica de inserir a matéria, com generalidade, no *ALR* de 1794, deixando-se ultrapassar pelo *Code de Commerce*, de Napoleão[78].

O sistema em vigor era, então, o da outorga. Com vários reflexos: a concessão da personalidade jurídica configurava um privilégio recebido do poder estadual: os próprios estatutos eram aprovados regulamentarmente, atribuindo-se, ao ente novo, direitos e deveres de exceção, irredutíveis ao Direito comum[79].

A industrialização do século XIX origina um quadro mais permissivo e mais claro. A Prússia foi pioneira: em 3 de Novembro de 1838, surgiu uma Lei sobre Sociedades Anónimas de Caminhos de Ferro[80] e, em 9 de

---

[77] Karl Lehmann, *Das Recht der Aktiengesellschaft* cit., 1, 75 ss., Hergenhahh, *KGaA/AktG 1884* cit., XIV e Helge Pross, *Manager und Aktionäre in Deutschland/Untersuchung zum Verhältnis von Eingentum und Verfügungsrecht* (1965), 44 ss.. *Vide* Rudolf Gmür, *Die Emder Handelscompagnien des 17. und 18. Jahrhunderts*, FS Westermann (1974), 167-197 e Christoph Bergfeld, *Trade Companies in Brandenburg*, em Gepken-Jager/van Sollinge/Timmerman, *VOC 1602-2002* (2005), 251-261.

[78] Brondics, *Aktionärsklage* cit., 26-27. Em geral, Norbert Reich, *Die Entwikklung des deutschen Aktienrechtes im neunzehnten Jahrhundert*, IC 2 (1969), 239-276 (239), que sublinha, aliás, a vigência, na Renânia, do *Code de Commerce* francês. No tocante à análise jurídico-científica das sociedades anónimas, é pioneiro o escrito de Julius Jolly, *Das Recht der Actiengesellschaften*, ZdR 11 (1847), 317-449.

[79] Meno Pöhls, *Das Recht der Aktiengesellschaften mit besonderer Rücksicht auf Eisenbahnergesellschaften* (1842), 25 ss.. *Vide* Viktor Ring, *KGaA/AktG*, 2.ª ed. cit., 3.

[80] Reich, *Die Entwicklung des deutschen Aktienrechts* cit., 249; Pöhls, *Aktiengesellschaften* cit., 78 ss.; Brondics, *Aktionärsklage* cit., 27; Erik Kiessling, *Das preussische*

72 A evolução histórica das sociedades

Novembro de 1843, uma Lei Geral das Sociedades Anónimas[81]. Um tanto surpreendentemente, esta lei, embora pondo cobro ao esquema da outorga paralegislativa, recebeu o sistema da concessão[82].
Seguiu-se o ADHGB, de 1861[83].

O ADHGB compõe-se de 91 artigos, assim repartidos[84]:

Livro I   – Do comércio (1.º a 84.º);
Livro II   – Das sociedades comerciais (85.º a 249.º);
Livro III – Das contas em participação (250.º a 270.º);
Livro IV   – Dos negócios comerciais (271.º a 431.º);
Livro V   – Do comércio marítimo (432.º a 911.º).

Eisenbahngesetz von 1938, em BAYER/HABERSACK, *Aktienrecht im Wandel* I (2007), 126-167; quanto ao papel da industrialização e dos caminhos de ferro no desenvolvimento das sociedades anónimas, do mesmo ERIK KIESSLING, *Eisenbahnbau und Industrialisierung als Katalysator der Entwicklung des Aktienrechts*, idem, 98-125.

[81] THEODOR BAUMS (publ. e intr.), *Gesetz über die Aktiengesellschaften für die Königlich Preussischen Staaten vom 9. November 1843/Text und Materialien* (1981), onde pode ser conferida a evolução anterior a essa lei. O projeto, de 13-Jan.-1842, pode, também, ser aí confrontado – 47 ss. – bem como o próprio texto da lei – *idem*, 211 ss.. *Vide*, ainda, ERIK KIESSLING, *Das preussische Aktiengesetz von 1938*, em BAYER/HABERSACK, *Aktienrecht im Wandel* I (2007), 193-236, K. LEHMANN, *Das Recht der AG* cit., 77, e WOLFGANG SCHMALZ, *Die Verfassung der Aktiengesellschaft in geschichtlicher vergleichender und rechtspolitischer Betrachtung* (1950), 17. Fora do Estado prussiano, a inexistência de leis explícitas permitia, a certa doutrina – p. ex., JOLLY, *Das Recht der Actiengesellschaften* cit., 344 – defender a desnecessidade de reconhecimento estadual.

[82] Para uma panorâmica das leis anteriores ao ADHGB de 1861 (Sachen, Württemberg, Nassau, Hamburg e Frankfurt), CHRISTOPH BERGFELD, *Aktienrechtliche Reformvorhaben vor dem ADHGB*, em BAYER/HABERSACK, *Aktienrecht im Wandel* I (2007), 168-192. Antecedentes imediatos constam de LOUIS PAHLOW, *Aktienrecht und Aktiengesellschaft zwischen Revolution und Reichsgründung. Das ADHGB von 1861*, também em BAYER/HABERSACK, *Aktienrecht im Wandel* I (2007), 251-268.

[83] K. LEHMANN, *Das Recht der Aktiengesellschaft* cit., 1, 82 e REICH, *Die Entwikklung des deutschen Aktienrechts* cit., 261 ss.; o texto original do ADHGB pode ser confrontado em H. MAKOWER, *Das allgemeine deutsche Handelsgesetzbuch* (1864) e em A. WENGLER, *Das allgemeine deutsche Handelsgesetzbuch* (1867); cf., aí, os artigos 207.º ss. (178 ss.). Quanto às dificuldades políticas que, na Alemanha, retardaram as codificações – e, em especial, a das sociedades comerciais –, FRIEDRICH KÜBLER, *Kodifikation und Demokratie*, JZ 1969, 645-651 (645 ss.) e KÜBLER/ASSMANN, *Gesellschaftsrecht*, 6.ª ed. cit., 7.

[84] Usamos a ed. de MAKOWER, *Das allgemeine Deutsche Handelsgesetzbuch*, Berlim, 1864, acima citada.

§ 3.º *As codificações oitocentistas* 73

Quanto às sociedades, eis a sua ordenação:

Título I – Da sociedade comercial aberta (85.º a 149.º);
Título II – Da sociedade em comandita (150.º a 206.º);
Título III– Da sociedade por ações (207.º a 249.º);

O ADHGB foi o primeiro diploma de fôlego a emancipar as sociedades comerciais do universo dos diversos contratos: uma evidência que, apenas em 1986, foi oficialmente reconhecida entre nós. Como curiosidade, assinala-se que as sociedades abertas, correspondentes às nossas sociedades em nome coletivo, obtiveram, então, mais desenvolvimento do que as sociedades anónimas.

O papel do ADHGB e o relevo por ele dado às sociedades comerciais prenunciou o largo desenvolvimento científico subsequente.

11. O problema da liberdade de constituição

I. No século XIX, verificou-se o grande avanço da Ciência do Direito: dele depende toda a panorâmica subsequente, até aos nossos dias. A dogmática das sociedades comerciais e, particularmente, a das sociedades anónimas, que operariam como matriz das restantes, derivam, justamente, dessa época[85]. Podemos ir mais longe: todo o esquema jurídico--científico das organizações privadas adveio, precisamente, dessa época[86]

Como se viu, o século iniciou-se, nesse capítulo, sob o signo pioneiro do *Code de Commerce*[87]. Por razões históricas já conhecidas, o sistema napoleónico, pouco desenvolvido quanto às diversas sociedades, era muito restritivo no tocante às anónimas. Escassas sociedades anónimas foram, pois, constituídas: a necessidade de autorização prévia para a sua formação e, sobretudo, a permanente vigilância que, sobre elas, a lei previa, vigi-

---

[85] Sobre todo este período, é básico o escrito de Wolfgang Wagner, *Gesellschaftsrecht* no monumental *Handbuch der Quellen und Literatur der neuen europäischen Privatrechtsgeschichte*, publ. por Helmut Coing, III, *Das 19. Jahrhundert*, 3 (1986), 2969-3151 (2969 ss.).

[86] *Vide* Helmut Coing, *Europäisches Privatrecht 1800 bis 1914*, II – 19. *Jahrhundert* (1989), 95 ss..

[87] Helmut Coing, *Europäisches Privatrecht* cit., II, 98 ss..

74   *A evolução histórica das sociedades*

lância essa que poderia conduzir ao retirar de autorização e, daí, à imediata dissolução e liquidação da sociedade, eram fortemente dissuasoras[88].

As iniciativas comerciais e industriais acantonaram-se, intensamente, nas sociedades em comandita: era a *fièvre des commandites*[89]. Os inconvenientes foram sérios: os sócios comanditados respondiam, com todo o seu património, pelos débitos da sociedade; simplesmente, essa responsabilidade de pouco valeria, em empreendimentos de grande vulto, onde qualquer fortuna pessoal seria, de imediato, tragada, sem vantagens aparentes para credores ou acionistas; além disso, a perspetiva de uma responsabilidade ilimitada assustava os empresários comanditados interessados, fazendo pesar, sobre eles e suas famílias, permanentemente e sem limites, os riscos da lide comercial. Em breve se verificou um afluxo de aventureiros ou de pessoas sem escrúpulos, aos lugares de sócios comanditados, numa sucessão de escândalos que, fortemente publicitados, assustavam os investidores. Uma Lei de 1856 tentou uma reforma das sociedades em comandita por ações. Sem êxito[90].

II. Esta fraqueza estrutural das sociedades francesas – anónimas e em comandita – tornou-se ainda mais flagrante, na época, pelo cotejo com as sociedades comerciais de Além-Mancha. Em Inglaterra, as entidades então correspondentes às sociedades anónimas – *joint stock companies*, regidas pelas Leis de 1826 e 1844 – começaram por estar submetidas a um regime de responsabilidade absoluta, de todos os seus membros[91]. Em 8 de Maio de 1845, uma Lei veio permitir a responsabilidade limitada de certas socie-

---

[88] Uma circular ministerial de 9-Abr.-1819, que pode ser confrontada em ROYER COPPER, *Traité theorique et pratique des sociétés anonymes*, 1, 3.ª ed. (1925), no início e em ALLEGRI, *Contributo* cit., 45, nota 102, recomendava, aos prefeitos e aos tribunais, uma aplicação rigorosa do princípio da nulidade das sociedades comerciais, quando faltasse a autorização governativa. Uma recolha de textos pode, também, ser vista em A. VAVASSEUR, *Traité des sociétés civiles et commerciales*, 2, 6.ª ed. (1910), 455.

[89] GEORGES GODDE, *De la responsabilité des administrateurs de sociétés anonymes en droit français et en droit étranger* (1912), 2-3 e 6-7, THALLER/PERCEROU, *Traité élementaire*, 7.ª ed. cit., n.° 268 (203) e UNGARI, *Profilo storico* cit., 44 ss..

[90] THALLER/PERCEROU, *Traité élémentaire*, 7.ª ed. cit., n.° 269 ss. (204).

[91] Era o esquema inglês tradicional, assim contraposto ao holandês ou, mais latamente ao continental; cf. HERGENHAHH, *KGaA/AktG 1884* cit., XIV. Também em Inglaterra, as sociedades anónimas atravessariam períodos de desfavor; cf. MIGNOLI, *Idee e problemi* cit., 657 ss..

§ 3.º *As codificações oitocentistas* 75

dades, desde que tivessem um fim de utilidade pública. Esse sistema de limitação foi alargado, em 1857, às companhias de interesse privado e confirmado, em 1862 e 1867, conquanto que o termo *limited* figurasse na designação social[92]. Quando, em 30 de Abril de 1862, um Tratado de Comércio veio permitir às *limited companies* atuar em França, todos puderam constatar as vantagens do novo sistema[93].

Estavam criadas as condições para uma reforma. Esta surgiu em 1863.

III. A Lei francesa de 23-29 de Maio de 1863 regulou, de novo, as sociedades anónimas[94], em termos que, depois, a Lei de 24 de Julho de 1867[95] veio desenvolver.

Como especial inovação, este diploma aboliu a necessidade de autorização administrativa, para a constituição lícita de sociedades anónimas[96]. Em traços largos, pode dizer-se que o sistema de controlos administrativos foi substituído por esquemas internos, à disposição dos sócios. Aparecem figuras como a dos *commissaires aux comptes* e institutos como o da ação social contra os administradores.

A passagem do sistema do *Code de Commerce*, ao da livre constituição, operou em três fases[97]. Em primeiro lugar, a Lei de 18-Jul.-1856, veio tentar acudir aos diversos abusos potenciados pelas sociedades em comandita. Foram introduzidas medidas que perduraram, tais como o controlo pela assembleia dos acionistas e a presença de um conselho de vigilância. Inter-

---

[92] GODDE, *De la responsabilité des administrateurs* cit., 4-5.

[93] ALLEGRI, *Contributo* cit., 46.

[94] Chamava-lhes, aliás, "sociedades de responsabilidade limitada", seja por influência das *limited companies* britânicas, seja pela evolução que elas representavam em relação às sociedades em comandita, que pressupunham, também, uma responsabilidade ilimitada.

[95] SILBERNAGEL, *Die Gründung* cit., 4 ss. e VAVASSEUR, *Traité des sociétés*, 1, 6.ª ed. (1910), 315 ss..

[96] ALLEGRI, *Contributo* cit. 46. A solução do *Code de Commerce*, de exigir a autorização governamental prévia, foi considerada, no início da sua vigência, como cheia de "... sagesse ...", para prevenir abusos: DAGEVILLE, *Code de Commerce expliqué par la jurisprudence*, I (1828), 125. Por seu turno, DELVINCOURT, *Institutes de Droit Commercial Français*, 2 (1825, reimp. 1834), 55, explicava: *"trop souvent, des entreprises pareilles, a-t-on dit dans le Conseil d'État, n'ont été qu'un piège tendu à la crédulité des citoyens"*. A evolução posterior veio, contudo, justificar a liberalização, com as apontadas cautelas.

[97] JEAN ESCARRA, *Cours de Droit Commercial* (1952), 288 ss..

veio, depois, a segunda fase, constituída pela Lei de 23-Mai.-1863, consequência, como se disse, da convenção franco-britânica, de 30-Abr.-1862. A Lei de 1863 admitia, sem autorização, a constituição de sociedades de capital inferior a 20 milhões de francos, designando-as "sociedades de responsabilidade limitada"[98]. Submetia-as, porém, aos esquemas internos de fiscalização, fixados, em 1856, para as sociedades em comandita por ações.

Resultava, daqui, um regime complicado, que foi aclarado pela Lei de 24-Jul.-1867, em vigor por quase 100 anos: a terceira e última fase desta evolução[99]. Este diploma fixou dois tipos de sociedades por ações: comanditas e anónimas. Quanto a estas, é essencial o artigo 21.º:

> Para o futuro, as sociedades anónimas poderão constituir-se sem autorização do governo.

Esta liberdade foi compensada por todo um esquema de controlos internos[100], entre os quais o da atuação de comissários fiscalizadores e o da responsabilidade dos administradores.

IV. Como mera codificação – aliás excelente – o ADHGB alemão manteve os esquemas restritivos anteriores. A constituição de sociedades anónimas continuou dependente de autorização estadual, outro tanto sucedendo com a sua prorrogação, a modificação dos seus estatutos, a sua fusão e a restituição parcial do seu capital, aos acionistas[101]. Este diploma admitia, contudo, que os diversos Estados alemães onde ele se iria aplicar, pudessem dispensar o mecanismo da concessão. O uso desta possibilidade foi limitado; não obstante, ela traduziu um primeiro passo no sentido da passagem a um estádio subsequente, mais avançado[102].

---

[98] A não confundir com as sociedades de responsabilidade limitada, facultadas pela Lei de 7-Mar.-1925, e correspondentes às nossas sociedades por quotas.

[99] A Lei de 24-Jul.-1867 repartia-se por 5 títulos: I – Das sociedades em comandita por acções; II – Das sociedades anónimas; III – Disposições relativas às sociedades de capital variável; IV – Disposições relativas à publicação dos actos de sociedade; V – Das mutualidades e das sociedades de seguros. Quanto ao *Code de Commerce*, após as revogações parciais introduzidas por essa Lei, refira-se EM. COHENDY/ALCIDE DARRAS, *Code de Commerce Annoté*, I (1903), 73 ss..

[100] JEAN ESCARRA, *Cours de Droit Commercial* cit., n.º 465 (289-290).

[101] Assim os artigos 208.º/1, 211.º, 214.º, 247.º/1 e 248.º, todos do ADHGB; segundo o artigo 208.º/1, por exemplo, *"Aktiengesellschaften können nur mit staatlicher Genehmigung errichtet werden"*; cf. A. WENGLER, *ADHGB* cit., 179 e RING, *KGaA/AktG 1884* cit., 5-6.

[102] GROSSFELD, *Aktiengesellschaft* cit., 135.

§ 3.º As codificações oitocentistas

Em termos práticos, o sistema inicial do ADHGB desviava grandes empreendimentos para outras figuras jurídicas, menos apropriadas do que as sociedades anónimas, e deixava as sociedades existentes sujeitas ao arbítrio da Administração Pública[103]. Desenhou-se, assim, um movimento tendente a libertar as sociedades anónimas alemãs[104], movimento esse que atingiu o êxito com a novela de 11-Jun.-1870[105].

A novela de 1870 – formalmente uma alteração ao ADHGB – pôs termo à intervenção do Estado na formação de sociedades anónimas; além disso, ela fez desaparecer a diferença anterior, entre sociedades anónimas civis e comerciais, e procurou uma certa proteção do público, através de normas semelhantes às comerciais comuns[106]. Determinou, ainda, que o conselho de vigilância, antes facultativo, passasse a ser obrigatório[107]. O Direito das sociedades anónimas assumiu, então, uma orientação liberal típica[108].

A vitória sobre a França, em 1871, que foi seguida do pagamento, por esta, de quantias muito avultadas a título de indemnizações de guerra, veio

---

[103] JULIUS PETERSON/WILHELM FREIHERR VON PECHMANN, *Gesetz betreffend die Kommanditgesellschaften auf Aktien und die Aktiengesellschaften vom 18-Juli-1884* (1890, cit. *KGaA/AktG 1884*), XI. Cabe recordar que, nessa altura, o Direito administrativo não tinha, ainda, desenvolvido esquemas eficazes de controlo da Administração, designadamente no tocante ao exercício de poderes discricionários.

[104] Quanto aos parâmetros políticos implicados, GROSSFELD, *Aktiengesellschaft* cit., 136 ss.. Com uma série de elementos importantes para a reconstituição histórica desta temática, WERNER SCHUBERT/PETER HOMMELHOFF, *Hundert Jahre modernes Aktienrecht/ /Eine Sammlung von Texten und Quellen zur Aktienrechtsreform 1884 mit zwei Einführungen* (1985) e, aí, SCHUBERT, *Die Entstehung des Aktiengesetzes*, loc. cit., 1-52 (31 ss.).

[105] JAN LIEDER, *Die 1. Aktienrechtsnovelle vom 11. Juni 1870*, em BAYER/HABERSACK, *Aktienrecht im Wandel* I (2007), 318-387 (321-322).

[106] PETERSON/VON PECHMANN, *KGaA/AktG 1884* cit., XI, TH. HERGENHAHH, *KGaA/AktG 1884* cit., XVII-XVIII, RING, *KGaA/AktG 1884* cit., 8 e GROSSFELD, *Aktiengesellschaft* cit., 139 ss.. Em parte, pode-se dizer que esta reforma procurou substituir o controlo estadual exterior pelos próprios controlos internos das sociedades, num equilíbrio sempre procurado, até hoje; cf. PETER HOMMELHOFF, *Eigenkontrolle statt Stattskontrolle/ /Rechtsdogmatischer Überblick zur Aktienrechtsreform 1884*, em SCHUBERT/HOMMELHOFF, *Hundert Jahre modernes Aktienrecht* cit., 53-125 (55 ss.) e INGE SEHER, *Die aktienrechtliche Untreue in rechtsvergleichender Darstellung* (1965), 12.

[107] JAN LIEDER, *Die 1. Aktienrechtsnovelle* cit., 357 ss..

[108] REICH, *Die Entwicklung des deutschen Aktienrechts* cit., 264 ss. e ainda, FRIEDRICH KLAUSING, *Gesetz über Aktiengesellschaften und Kommanditgesellschaften auf Aktien (Aktien-Gesetz)* (1937), 10-11.

78 A evolução histórica das sociedades

provocar um surto artificial de sociedades anónimas. Esse movimento desembocou numa explosão de falências[109]. Foi requerida, de imediato, uma reforma. O *Bundesrath*, porém, não acolheu a ideia, remetendo-a para uma revisão geral do HGB, já em estudo, e que se destinaria a entrar em vigor com o futuro BGB. O protelar da situação levou à representação de 29 de Março de 1876[110]. Nos debates subsequentes, concluiu-se que, afinal, a reforma das sociedades anónimas era urgente e não tinha de esperar pelo futuro HGB. E assim foi aprovada a novela de 18 de Julho de 1884[111].

A reforma de 1884 operou, formalmente, como uma alteração introduzida nos artigos 173 a 249-a do ADHGB. No essencial, ela conservou a liberdade de constituição das sociedades anónimas; tomou, no entanto, várias medidas para assegurar as suas solidez e seriedade[112]. O recurso a

---

[109] PAUL KAYSER, *Gesetz betreffend die Kommanditgesellschaften auf Aktien und die Aktiengesellschaften vom 18-Juli-1884* (1884), 1 e AUGUST RICKEL, *Der Einfluss wirtschaftlicher Vorgänge auf die Ausgestaltung des deutschen Aktienrechts* (1935), 6 ss.. O problema foi despoletado pelo célebre *crash* da bolsa de Viena, de Maio de 1873; nos meses seguintes, multiplicaram-se as falências, que atingiram nada menos de 73 bancos – mais de metade dos existentes no território do *Reich*. O próprio JHERING, *Der Zweck im Recht*, 1, 4.ª ed. (1904), 173, se refere a essa crise em termos muito impressivos, verberando as sociedades anónimas: textualmente: *Die Aktiengesellschaft in ihrer jetzigen Gestalt ist eine der unvollkommensten und verhängnisvollsten Einrichtungen unseres ganzen Rechts* (...). Assinale-se que, nesta época, surgiu, forte, a ideia de unidade do Direito privado. Deve-se à influência de GOLDSCHMIDT o facto de, na preparação dos grandes Códigos, ter prevalecido a ideia de um *HGB*, separado do *BGB*. Vide PETER RAISCH, *Geschichtliche Voraussetzungen, dogmatische Grundlagen und Sinnwandlung des Handelsrechts* (1965), 59.

[110] Essa representação foi assumida pela Prússia. Quatro pontos eram, nela, solicitados: uma melhor proteção de todos os envolvidos, em nome do interesse público; uma mais forte responsabilidade na constituição, na direção e na fiscalização das empresas implicadas; um controlo, permanente e eficaz, sobre a direção; uma melhor ponderação das normas de interesse público presentes, com meios de efetivação; cf. RING, *KGaA/AktG 1884* cit., 10-11.

[111] Quanto ao projeto que viria a dar lugar à lei, cf. HERMANN VEIT SIMON, *Der Entwurf eines Gesetzes, betreffend die Kommanditgesellschaften auf Aktien und die Aktiengesellschaften*, ZHR 29 (1883), 445-489; o próprio projeto está publicado sob o título *Entwurf eines Gesetzes betreffend die Kommanditgesellschaften auf Aktien und die Aktiengesellschaften nebst Begründung und Anlage* (1883), Berlin. Sobre esta reforma, cumpre, ainda, referir REICH, *Die Entwicklung des deutschen Aktienrechts* cit., 270 ss..

[112] SIBYLLE HOFER, *Die Aktiengesetz vom 11. Juni 1870*, em BAYER/HABERSACK, *Aktienrecht im Wandel* I (2007), 389-414.

§ 3.° As codificações oitocentistas

testas-de-ferro foi limitado e passou a requerer-se a realização efetiva de parte do capital subscrito; os fundadores foram responsabilizados. O controlo interno foi intensificado, com uma melhor definição dos deveres e poderes dos diversos órgãos societários[113].

Esta fase ficou concluída com o HGB de 10-Mai.-1897, preparado para entrar em vigor com o BGB. O grande objetivo da reforma foi, desta feita, o de conciliar o HGB com o BGB. A matéria das sociedades anónimas ficou aí inserida – §§ 178 a 319 – mas sem grandes alterações de base, em relação ao Direito anterior[114]. O relevo dado à matéria é patente: recebeu dois terços dos artigos reservados às sociedades comerciais[115].

A evolução pode ser sintetizada através da ideia da procura de um modelo aberto, em que as sociedades anónimas, funcionando na base do Direito privado, conseguissem, através do jogo dos interesses diferenciados dos seus sócios, um autocontrolo eficaz.

---

[113] KAYSER, *KGaA/AktG 1884* cit., 1-2, PETERSON/VON PECHMANN, *KGaA/AktG* cit., XIV ss., HERGENHAHH, *KGaA/AktG 1884* cit., XVIII ss., RING, *KGaA/AktG 1884* 2 cit., 12 ss., KLAUSING, *AktG 1937* cit., 11-12 e GROSSFELD, *Aktiengesellschaft* cit., 147 ss.. Note--se, no entanto, que este controlo já era doutrinariamente requerido, ao abrigo do Direito anterior; *vide* E. J. BEKKER, *Beiträge zum Aktienrecht*, ZHR 17 (1872), 379-465 (418).

[114] ALBERT PINNER, *Das Deutsche Aktienrecht/Kommentar zu Buch 2, Abschnitt 3 und 4 des Handelsgesetzbuchs vom 10. Mai 1897* (1899), III-IV e HUGO ALEXANDER-KATZ/ /RICHARD DYHRENFURTH, *Die Aktiengesellschaft unter dem neuen Aktiengesetz* (1899), 8 ss.. O projeto foi, oficialmente, publicado sob o título *Entwurf eines Handelsgesetz-buchs/Amtliche Ausgabe* (1896). Explicando que o HGB não foi uma simples cópia do ADHGB e da novela de 1884: LOUIS PAHLOW, *Das Aktienrecht im HGB von 1897*, em BAYER/HABERSACK, *Aktienrecht im Wandel* I (2007), 415-439 (438-439).

[115] ROBERT ESSER/FERDINAND ESSER, *Die Aktiengesellschaft*, 3.ª ed. (1907) = 1.ª ed. (1899), introdução, sublinham a inserção de várias melhorias técnicas. *Vide*, ainda, HER-MANN HAUSSMANN, *Die Gründung der Aktiengesellschaft/Zugleich ein Beitrag zur Lehre von der juristischen Konstruktion und zur Lehre von den juristischen Personen* (1911), 16 ss.; entre os comentaristas, cabe referir: A. DÜRINGER/M. HACHENBURG, *Das Handelsgesetz-buch* (1899, cit. *HGB*), SAMUEL GOLDMANN, *Das Handelsgesetzbuch vom 10. Mai 1897* (1905), ROBERT ESSER/FERDINAND ESSER, *Die Aktiengesellschaft nach den Vorschriften des Handelsgesetzbuchs vom 10. Mai 1897* (1907), HEINRICH FRANKENBURGER, *Handelsge-setzbuch für das Deutsche Reich*, 4.ª ed. (1914), FRIEDRICH GOLDSCHMIDT, *Die Aktienge-sellschaft/Handelsgesetzbuch § 178 bis § 319* (1927), ERICH BRODMANN, *Aktienrecht Kom-mentar* (1928), HEINRICH KOENIGE/ROBERT TEICHMANN/WALTER KOEHLER, *Handausgabe des Handelsgesetzbuchs vom 10. Mai 1897* (1929) e HANS REUFELD/OTTO SCHWARZ, *Han-delsgesetzbuch ohne Seerecht* (1931).

VI. Em Itália, a evolução geral das sociedades anónimas seguiu esquemas bastante paralelos aos da França e da Alemanha. Na base de transferências napoleónicas e, mais tarde, germânicas, sucederam-se fases restritivas e permissivas, procurando obter-se um equilíbrio.

As codificações pré-unitárias perderam os nexos mais diretos com as antigas e pioneiras experiências italianas, ligando-se, antes, ao modelo do *Code de Commerce*. O Código de Comércio Albertino, de 1842, antecedente direto do primeiro Código Comercial da Itália unificada, de 1865, seguiu vias similares[116].

No entanto, o Código de Comércio de 1865, como tantas vezes sucede no domínio das receções, veio assumir um avanço considerável, em relação aos diplomas que lhe serviram de modelo. Beneficiando da discussão entretanto havida em França, o legislador dispensou a autorização administrativa e deu corpo a especiais estruturas de controlo interno[117].

E assim, quando apareceu o Código de Comércio de 1882, pouco mais havia, na época, a acrescentar[118].

12. Os códigos comerciais da segunda geração

I. A Europa do século XIX, sob os ventos da Revolução Industrial, transformava-se rapidamente. O Direito foi correspondendo: com um tempo de atraso, como é de regra, já que a massa cultural e doutrinária em que ele se apoia representa sempre um lastro de difícil modificação.

A primeira geração de códigos comerciais cumpriu exemplarmente a sua missão. Além de ter permitido estabelecer as bases de uma ordem comercial e económica nova, ela deu azo a uma doutrina comercialista. Esta, em autorreflexão, depressa se pôs em condições de elaborar códigos mais aperfeiçoados e ambiciosos. Assim sucedeu nas duas últimas déca-

---

[116] UNGARI, *Profilo storico* cit., 51 ss., ALLEGRI, *Contributo* cit., 50 ss.. Quanto à literatura jurídica italiana da época do Código de Comércio Albertino, refira-se CESARE APROLI, *Lezioni di diritto commerciale* cit., 2, 81 ss... Em geral, MITTERMAIER, *Die Leistungen der Gesetzgebung, Rechtsprechung und Wissenschaft in Italien auf dem Gebiete des Handelsrechts* cit., 327.

[117] ALLEGRI, *Contributo* cit., 51.

[118] UNGARI, *Profilo storico* cit., 51 ss. e ALLEGRI, *Contributo* cit., 53. Quanto ao *Codice di commercio* de 1882, *vide* ALBERTO MARGHIERI, *Manuale del diritto commerciale italiano*, 2.ª ed. (1902), 7 ss., bem como a bibliografia citada na nota seguinte.

§ 3.º As codificações oitocentistas

das do século XIX. Surgiram os códigos comerciais da segunda geração, ou codificações tardias. A partir daí, não haveria mais códigos comerciais: as tentativas de reforma nesse sector conduziriam à unificação, em códigos civis, do Direito privado. E quando centradas nas sociedades comerciais: as reformas subsequentes levariam a leis extravagantes ou a códigos de sociedades.

II. Um lugar especial deve ser conferido ao Código de Comércio italiano de 1882[119].

Com 916 artigos, eis o seu conteúdo geral:

Livro I – Do comércio em geral;
Livro II – Do comércio marítimo;
Livro III – Da falência;
Livro IV – Do exercício das ações comerciais e da sua duração.

As sociedades surgiam no título IX do Livro I – artigos 75.º e seguintes –, apresentando uma ordenação bastante avançada.

O Código de 1882 atendeu já ao ADHBG e à doutrina alemã, muito desenvolvida e que dele decorrera[120]. Também importante fora a possibilidade de trabalhar em ligação com o Código Civil, particularmente no domínio das sociedades[121]; resultou, daí, um modelo de articulação[122] que ainda hoje se mantém, no Direito português.

---

[119] Os trabalhos preparatórios deste diploma foram publicados sob o título *Lavori preparatori del codice di commercio del Regno d'Italia*, 2 volumes (1883); quanto às sociedades anónimas *vide*, aí, 1, 208 ss.. Tem ainda interesse referir o *Projetto preliminare per la riforma del Codice di Commercio del Regno d'Italia* (1873). Quanto às vicissitudes que rodearam o aparecimento desse Código: ERCOLE VIDARI, *Corso di diritto commerciale*, 1, 5.ª ed. (1900), 95 ss. e SCHIOPPA, *Saggi di storia di diritto commerciale* cit., 157 ss.. Existe tradução francesa de HENRY MARCY, *Code de Commerce du Royaume d'Italie*, 1883.

[120] F. MITTERMAIER, *Das Italianische Handelsgesetzbuch von Jahre 1882*, ZHR 29 (1883), 132-181 (132 ss.).

[121] *Vide* ULISSE MANARA, *Delle società e delle associazioni commerciali*, 1 (1902), 1 ss. e FRANCESCO FERRARA, *Indole giuridica della società civile*, RDComm 1909, I, 517-533; aparentemente contra, invocando razões conceituais: ALFREDO DE GREGORIO, *Delle società e delle associazioni commerciali* (1938), 122.

[122] FRANCESCO FERRARA JR./FRANCESCO CORSI, *Gli imprenditori e le società*, 14.ª ed. (2009), 171 ss..

No essencial, a ideia era a seguinte: o Código Civil regulava as sociedades civis sob forma civil: estas eram apresentadas como um esquema muito geral, suscetível de englobar fórmulas ténues de cooperação entre as pessoas e com uma organização incipiente. Pelo contrário, as sociedades comerciais, vertidas no Código de Comércio, desenvolveram toda uma estruturação orgânica e funcional.

III. Diretamente influenciado pelo Código italiano de 1882, temos o Código de Comércio espanhol de 22-Ago.-1885[123].

Com os seus 955 artigos, este Código ordenava-se em quatro livros:

    I – Dos comerciantes e do comércio em geral;
    II – Dos contratos especiais de comércio;
    III – Do comércio marítimo;
    IV – Da suspensão de pagamentos, das quebras e das prescrições.

As sociedades (*compañias mercantiles*) surgiam logo a abrir o livro II – artigos 116.º a 243.º – distinguindo: a regular coletiva, a comanditária e a anónima. Quanto ao tipo de operações que visassem, as companhias poderiam ser: sociedades de crédito, bancos de emissão e desconto, companhias de crédito territorial, companhias mineiras, bancos agrícolas, concessionárias de caminho de ferro, transvias e obras públicas e armazéns gerais de depósito.

Resta acrescentar que o Código de Comércio espanhol de 1885 teve reflexos no nosso Código VEIGA BEIRÃO.

IV. Uma influência marcante teria, ainda, o Código Comercial alemão (*Handelsgesetzbuch* ou HGB), de 1897, que entrou em vigor, com o BGB, em 1900. O HGB pretendeu adaptar as leis comerciais ao Código Civil. Ao tempo do anterior ADHGB, fora necessário prever regras civis, dada a inexistência de uma lei civil geral. Resolvido esse problema, havia que firmar as normas mais claramente comerciais[124].

---

[123] F. MITTERMAIER, *Das Spanische Handelsgesetzbuch von 1885*, ZHR 33 (1887), 286-330.

[124] Quanto ao HGB, com indicações: *Manual de Direito comercial*, 2.ª ed., 61 ss..

§ 3.° As codificações oitocentistas

No domínio das sociedades comerciais, o HGB foi pouco inovador. As grandes reformas, com relevo para a que acabara por conceder a liberdade de constituição de sociedades anónimas, haviam sido introduzidas no âmbito do ADHGB[125], como vimos. No tocante à articulação com o BGB, podemos dizer que o HGB avançou no domínio da organização. À ideia de um tipo societário lasso, enformado por uma ideia de cooperação, de tipo civil, contrapor-se-iam as grandes estruturas organizatórias das sociedades comerciais. Seria necessária toda uma evolução para superar, parcialmente, este modelo.

---

[125] Lei de 11-Jun.-1870; cf. WERNER SCHUBERT/PETER HOMMELHOFF, *Hundert Jahre modernes Aktienrecht/Eine Sammlung von Texten und Quellen zur Aktienrechtsreform 1884 mit zwei Einführungen* (1985); *vide*, aí, SCHUBERT, *Die Entstehung des Aktiengesetzes*, 1-52 (31 ss.).

§ 4.º O SÉCULO XX E A DEMOCRATIZAÇÃO DO CAPITAL

13. Os dilemas e os modelos; fatores de evolução

I. No advento do século XX, a dogmática geral das sociedades estava estabilizada. Em aberto mantinham-se, todavia, alguns dilemas, que foram diversamente solucionados pelos vários ordenamentos.

O primeiro dilema tinha a ver com uma questão mais geral: a da autonomia do próprio Direito comercial, que regia o grosso das sociedades. À medida que, a essa questão, foi sendo dada resposta negativa, a matéria das sociedades comerciais passou para os códigos civis:

– para o sector do Direito das obrigações, no Código Civil suíço[126];
– para o livro dedicado ao trabalho, no Código Civil italiano[127];
– para o livro sobre o Direito de empresa, no Código Civil brasileiro[128].

II. Noutras experiências, o problema resolveu-se com a retirada do Direito das sociedades dos códigos comerciais (ou civis), conferindo-lhe uma autonomia formal. Foi a solução alemã: a Lei das Sociedades por Quotas manteve-se extravagante – de 1892[129] – enquanto as sociedades anónimas saíram do HGB em 1937, através da Lei das Sociedades Anónimas ou AktG/1937[130].

---

[126] Artigos 552.º e seguintes.
[127] Artigos 2247.º a 2510.º; não computamos "empresas cooperativas" e as mútuas de seguros – artigos 2511.º a 2548.º.
[128] Artigos 966.º a 1195.º.
[129] Cf. *infra*, 96 ss..
[130] *Aktiengesetz.*

§ 4.º *O século XX e a democratização do capital* 85

Mais tarde ir-se-ia ainda mais longe através da codificação, em diploma próprio, da matéria atinente às sociedades: o Código das Sociedades francês de 1966 e o Código das Sociedades Comerciais português, de 1986. Ainda aí há duas hipóteses: a de tratar em conjunto todas as sociedades, incluindo as civis e a de limitar a codificação societária às sociedades comerciais – solução portuguesa.

III. Outro dilema em aberto tem a ver com a atribuição de personalidade coletiva às sociedades. Na Alemanha, a personalidade é reconhecida apenas às sociedades de capitais – por quotas e anónimas – e não às sociedades de pessoas[131]. Outro tanto acontece, hoje, em Itália[132]. Em Portugal, todas as sociedades comerciais são consideradas pessoas coletivas, havendo dúvidas quanto às civis.

Trata-se de um problema que pode ser superado com recurso a uma conceção mais flexível de personalidade coletiva.

IV. Como fatores de evolução do Direito das sociedades comerciais, ao longo do século XX cabe apontar:

– a democratização das sociedades;
– a legislação comunitária.

A ambos os temas será prestada a devida atenção.

14. As reformas alemãs de 1937 e de 1965; a evolução subsequente

I. A perspetiva histórica, hoje possível, permite apontar, como a grande reforma do século XX, a Lei alemã de 1937. Curiosamente, ela não pareceria, à primeira vista, jogar no sentido de uma democratização. Mas teve esse efeito, no médio e no longo prazo.

---

[131] A doutrina mais recente inclui esta situação entre as que implicam uma graduação ou relativização da personalidade coletiva.

[132] No Código de Comércio, as sociedades de pessoas eram, também, reconhecidas como pessoas coletivas, com determinados inconvenientes; cf. FRANCESCO FERRARA JR./FRANCESCO CORSI, *Gli imprenditori e le società*, 14.ª ed. cit., 187 ss.. Quanto ao atual sentido da personalização das sociedades comerciais, *vide* GIUSEPPE RAGUSA MAGGIORE, *Trattato delle società*, II – *Le società di capitali. Le società per azioni. Formazione delle società per azioni. Nuovo diritto societario* (2003), 19 ss..

86   A evolução histórica das sociedades

Após 1884, data da última grande reforma das sociedades anónimas alemãs, muito aconteceu. Ainda antes da Grande Guerra de 1914-1918, manifestaram-se, claras, as primeiras tendências para a concentração das sociedades[133]. Mais tarde, seguiram-se a devastação da Guerra, a Revolução comunista e a grande inflação[134]. O fim do sistema liberal pareceu, várias vezes e a muitos, iminente e evidente. Compreende-se, assim, que as sociedades anónimas, que constituem as peças nucleares da economia do Ocidente, tenham sido submetidas a grande pressão[135]. O legislador manteve-se, de um modo geral e nos momentos de grande crise, silencioso. A situação foi sendo resolvida pelo aparecimento de práticas que, de certo modo, substituíram o Direito legislado, por um Direito vivo[136]. Entre as novidades paulatinamente introduzidas, logo nas primeiras décadas, contam-se o ingresso de representantes dos trabalhadores no conselho de vigilância e o aparecimento de sociedades mistas. Mas conta-se, também, o aparecimento de esquemas engendrados a favor de quem detivesse a direção societária e em detrimento dos acionistas, com relevo para o voto plural.

II. Em 1931, ocorreu a "pequena reforma" das sociedades anónimas[137]. Ainda pela via de alterações inseridas no HGB, foram feitas modificações na sua regulação. Em geral, o objetivo foi o de coartar abusos, conferindo uma maior solidez às sociedades. Assim, restringiu-se a aquisição de ações

---

[133] BERHARD GROSSFELD, *Aktiengesellschaft* cit., 150 ss.. Logo no princípio do século cabe referir OTTO WARSCHAUER, *Die monographische Darstellung der Aktiengesellschaften* (1910), 6 ss..

[134] RICKEL, *Der Einfluss wirtschaftlicher Vorgänge* cit., 12 ss., 23 ss. e 37.

[135] Quanto a este período: GERHARD SPINDLER, *Kriegsfolgen, Konzernbildung und Machtfrage als zentrale Aspekte der aktienrechtliche Diskussion in der Weimarer Republik*, em BAYER/HABERSACK, *Aktienrecht im Wandel* I (2007), 440-569.

[136] KLAUSING, *AktG 1937* cit., 14 ss.. *Vide* MÜLLER-ERZBACH, *Das deutsche Aktienwesen seit der Inflationszeit* (1926), bem como *Umgestaltung der Aktiengesellschaft zur Kerngesellschaft verantwortungsvoller Grossaktionäre/Entwicklung des Aktienrechts aus dem mitgliedschaftlichen Interesse/Zur Reform der Aktiengesellschaft und der Gesellschaft m. b. H.* (1929), OSKAR NETTER, *Probleme des lebenden Aktienrechts* (1929), VIKTOR RING/HERBERT SCHACHIAN, *Die Praxis der Aktiengesellschaft* (1929) e MARTIN HÖPPNER, *Praxis des Aktienrechts/Rechte, Pflichten und Verantwortlichkeiten der Beteiligten* (1935).

[137] FRANZ SCHLEGELBERGER/LEO QUASSOWSKI/KARL SCHMÖLDER, *Verordnung über Aktienrecht vom 19. September 1931 nebst den Durchführungs-bestimmungen* (1932), 1 ss. e FRIEDRICH GOLDSCHMIDT, *Das neue Aktienrecht* (1932), 33 ss..

§ 4.° O século XX e a democratização do capital

próprias, diretamente ou através de empresas dependentes[138]. Regulou-se, de novo, a amortização de ações. Os deveres dos administradores foram alargados e procedeu-se à sua responsabilização, civil e penal, num esquema que abrangeu também os membros do conselho de vigilância. Introduziram-se normas no domínio das contas, balanços e fiscalizações. Finalmente, as minorias foram objeto das primeiras regras de proteção[139].

A depressão dos anos trinta alongou-se, envolvendo um protecionismo e um nacionalismo acrescidos, que exigiam novas medidas[140]. Entretanto, a doutrina jurídica alemã conheceu uma grande expansão, que permitiu uma revisão cuidada e global do Direito das sociedades anónimas: a reforma era, aliás, vivamente reclamada[141]. Houve um cuidado processo de preparação[142], processo esse que, já no seu final, seria formalmente recuperado pelos nacional-socialistas. Assim, foi aprovada a Lei

---

[138] Tratava-se, também, de contrariar os fenómenos de concentração; *vide* RICKEL, *Der Einfluss wirtschaftlicher Vorgänge* cit., 59, bem como o clássico KONRAD COSACK, *Eigene Aktien als Bestandteile des Vermögens einer Aktiengesellschaft* (1907). Quanto à evolução do tema das ações próprias *vide* o nosso *Das ações próprias: dogmática básica e perspetivas de reforma* – I, RDS 2009, 637-646.

[139] KLAUSING, *AktG* cit., 18. Em especial, referimos, ainda, SYLVIA ENGELKE/RENI MALTSCHEW, *Weltwirtschaftskrise, Aktienskandale und Reaktionen des Gesetzgebers durch Notverordnungen im Jahre 1931*, em BAYER/HABERSACK, *Aktienrecht im Wandel* I (2007), 570-618.

[140] *Vide* as considerações tecidas por KURT BÖSSELMANN, *Die Entwicklung des deutschen Aktienwesens im 19. Jahrhundert/Ein Beitrag zur Frage der Finanzierung gemeinschaftlichen Unternehmungen und zu den Reformen des Aktienrechts* (1939), 1 ss..

[141] Entre as muitas publicações surgidas, a esse propósito, foram compulsadas as seguintes: KARL GEILER, *Die wirtschaftlichen Strukturwandlungen und die Reform Aktienrechts* (1927), ERICH WELTER, *Erneuerung des Aktienrechts! Ein Appell und ein Program* (1929), HELLMUT GOTTSCHALK, *Die Lehren aus den Aktienskandalen der Nachkriegszeit* (1934), JOHANNES C. D. ZAHN, *Wirtschaftsführertum und Vertragsethik im neuen Aktienrecht* (1934) e FRANZ SCHLEGELBERGER, *Die Erneuerung des deutschen Aktienrechts* (1935). Tem ainda interesse o *Bericht der durch den 34. Juristentag zur Prüfung einer Reform des Aktienrechts eingesetzen Kommission* (1928), bem como os elementos coligidos em KLAUSING, *AktG* cit., 22 ss.. Também na Áustria se levantaram vozes a pedir uma reforma das sociedades anónimas e, ainda, uma aproximação com a Alemanha; cf. ARTHUR BIONDI, *Neue Wege des Aktienrechts* (1933), 52.

[142] KNUT WOLFGANG NÖRR, *Zur Entwicklung des Aktien- und Konzernrechts während der Weimarer Republik*, ZHR 150 (1986), 155-181.

88 A evolução histórica das sociedades

sobre sociedades anónimas e sociedades em comandita por ações, de 30 de Janeiro de 1937[143].

III. O AktG 1937, de acordo com a literatura nacional-socialista da época[144], procurou regulamentar as sociedades anónimas, enquanto empresas[145]. Na orgânica tradicional, a administração dessas sociedades era uma emanação das respetivas assembleias gerais, de onde receberia diretrizes. Ora, muitos dos participantes em assembleias gerais não teriam as condições mínimas para assegurar uma boa gestão social. Perante isso, a reforma reforçou os poderes da direção, responsável, por direito próprio, pela condução da sociedade[146]. A direção passou a ser designada pelo conselho de vigilância, embora sem se subordinar às indicações deste. Havendo pluralidade de administradores, o conselho de vigilância designaria o presidente.

A administração deixou de ser um mero conjunto de mandatários da sociedade, para passar a ser um verdadeiro órgão desta. Paralelamente, foram precisados os deveres a seu cargo, sublinhando-se a responsabilidade dos seus membros. A bitola do administrador ordenado e consciencioso fez a sua aparição[147].

O conselho de vigilância viu reduzir o número dos seus membros: uma solução encarada como um reforço da posição do próprio conselho, sem onerar, excessivamente, a sociedade.

Numerosos outros aspetos foram objeto de tratamento, com exemplo na invalidade das deliberações e em questões conexas, ligadas aos grupos

---

[143] *Gesetz über Aktiengesellschaften und Kommanditgesellschaften auf Aktien*, conhecido pela sigla *AktG* ou *AktG 1937*, para se distinguir do *AktG 1965*.

[144] P. ex., GOTTFRIED MATTHES, *Aktienrecht/Gesetz über Aktiengesellschaft und Kommanditgesellschaften auf Aktien vom 30. Januar 1937* (1937), XI ss. e HANS PETER DANIELCIK, *Aktiengesetz/Gesetz über Aktiengesellschaften und Kommanditgesellschaften auf Aktien* (1937), VI.

[145] FRITZ HAUSSMANN, *Vom Aktienwesen und vom Aktienrecht* (1928), 27 ss..

[146] A linguagem da época viu, aqui, uma consagração do *Führerprinzip* nacional-socialista; cf. KLAUSING, *AktG* cit., 21 e 41.

[147] Como se referiu, esta matéria sofreu cuidadosa preparação. A reforma foi tornada possível por todo um desenvolvimento doutrinário anterior; além da bibliografia já mencionada, *vide* RICHARD KIESSLER, *Die Verantwortlichkeit der in dem Aufsichtsrat einer Aktiengesellschaft entsandten Betriebsratmitglieder* (1928), 80 ss. e EDGAR BODENHEIMER, *Das Gleichheitsprinzip im Aktienrecht* (1933), 15. Em geral, ERNST SONTAG, *Die Aktiengesellschaften im Kampfe zwischen Macht und Recht* (1918), 11.

§ 4.º O século XX e a democratização do capital

de sociedades[148]. A doutrina completou o quadro, com apelos a uma função social e aos deveres de lealdade dos próprios acionistas[149].

Apesar de historicamente ligada ao regime nacional-socialista, ligação essa que foi, desnecessária e excessivamente, enfatizada pelos juristas da época, o AktG 1937 constitui uma obra legislativa de alto nível técnico[150]. Fortemente ancorada numa doutrina aprofundada e numa jurisprudência experiente, o AktG 1937 tinha qualidades para sobreviver – como sobreviveu – ao regime alemão de 1933-1945[151].

IV. No segundo pós-guerra, a reforma das sociedades anónimas voltou à ordem do dia[152]. Não se tratava, desta feita, de responder a crises ou a abusos, como sucedera com reformas anteriores. Tão-pouco havia necessidade de expurgar o texto do AktG 1937 de soluções nacional-socialistas: estas eram poucas e tinham, sobretudo, um nível puramente linguístico[153]. Jogavam-se, antes, finalidades políticas e sociais de ordem mais geral, e que tinham a ver com a evolução pós-liberal do Ocidente.

Depois de longas discussões, foi publicado, em 6 de Setembro de 1965, o novo *Aktiengesetz*[154] – o AktG 1965 – para vigorar a partir de 1 de Janeiro de 1966[155].

---

[148] KLAUSING, *AktG 1937* cit., 71.

[149] Uma localização rápida das múltiplas inovações, introduzidas pelo *AktG 1937*, pode conseguir-se com recurso a M. SCHÖNWANDT, *Neues und altes Aktienrecht* (1937).

[150] SCHMIDT/MEYER-LANDRUT, *Aktiengesetz/Grosskommentar*, 1, 1.ª ed. (1961), 4.

[151] BRONDICS, *Die Aktionärsklage* cit., 42-43.

[152] Houve, entretanto, "pequenas reformas" das sociedades anónimas, como as introduzidas pelas Leis de 23-Dez.-1959 e 30-Dez.-1959, sobre a elevação do capital e o cômputo dos lucros; HERBERT BRÖNNER, *Kapitalerhöhung aus Gesellschaftsmitteln/Die kleine Aktienrechtsreform* (1961) e, ainda, HEINRICH KRONSTEIN/CARSTEN PETER CLAUSSEN, *Publizität und Gewinnverteilung im neuen Aktienrecht* (1960), com elementos comparatísticos.

[153] CHRISTINE WINDBICHLER, *Gesellschaftsrecht*, 22.ª ed. cit., § 25, Nr. 29 (300).

[154] BRUNO KROPFF, *Reformbestrebungen im Nachkriegsdeutschland und die Aktienrechtsreform von 1965*, em BAYER/HABERSACK, *Aktienrecht im Wandel* I (2007), 670-888.

[155] De entre a vasta bibliografia preparatória: HAROLD RASCH, *Richtige und falsche Wege der Aktienrechtsreform/Der Regierungsentwurf eines neuen Aktiengesetzes* (1960), *Zur grossen Aktienrechtsreform (Referate und Diskussion einer Fachtagung der Forschungsstelle)* (1962), organizado pela Friedrich-Ebert-Stiftung, EBERHARD DÜLFER, *Die Aktienunternehmung/Eine betriebswirtschaftlich-morphologische Betrachtung der Aktiengesellschaft und ihrer Ordnungsprobleme in Hinblick auf eine Reform des Aktienrechts*

O AktG 1965 pretendia, de um modo global, uma maior dispersão das ações, de modo a beneficiar as diversas camadas da população, incluindo os trabalhadores: combatia-se a concentração do capital e suprimia-se um fosso psicológico entre as camadas sociais[156]. Consequentemente, havia que obter uma melhor tutela do pequeno acionista, dispensando-se, ainda, uma proteção mais cuidada às minorias. A assembleia geral foi reforçada; a publicidade, aumentada; o direito de informação do acionista, melhorado; o controlo da direção, através do conselho de vigilância, afinado e assegurado. O aspeto sempre sensível dos grupos de sociedades, pelo duplo prisma da tutela dos acionistas e da defesa da concorrência, mereceu, por fim, um cuidado especial[157].

De então para cá, o Direito alemão das sociedades anónimas foi marcado pelos diplomas relativos à cogestão, por algumas alterações ao AktG[158], pela reforma do Direito de transformação das sociedades e pela legislação uniformizadora europeia[159].

V. O Direito alemão das sociedades caracteriza-se, ainda, pelas regras sobre a cogestão. Correspondendo a um dos esquemas clássicos propostos

---

(1962), ALFRED HUECK, *Gedanken zur Reform des Aktienrechts und des GmbH-Rechts* (1963) e KARL HEINZ LEHMANN, *Aktienrechtsreform 1965* (1965), 5 ss.. Assinale-se a existência de uma tradução portuguesa, de ALBERTO PIMENTA, *A nova lei alemã das sociedades por acções*, BMJ 175 (1968), 303-383, 176 (1968), 207-330 e 177 (1968), 269-393, com índice, 394-397.

[156] ERNST-JOACHIM MESTMÄCKER, *Verwaltung, Konzerngewalt und Rechte der Aktionäre/Eine Rechtsvergleichende Untersuchung nach deutschem Aktienrecht und dem Recht der Corporations in den Vereinigten Staaten* (1958), 20 e PROSS, *Manager und Aktionäre* cit., 102 ss., onde, sucessivamente, se analisam empresas de família, empresas de um grande acionista, empresas controladas por várias minorias e empresas controladas por gestores. Na verdade, alguma literatura tem vindo a chamar a atenção para o aspeto emblemático que vinha assumindo a qualidade de acionista, um tanto como outrora sucedera com a propriedade da terra. *Vide* DIETER SUHR, *Eigentumsinstitut und Aktieneigentum/Eine verfassungsrechtliche Analyse der Grundstruktur des aktienrechtlich organisierten Eingentums* (1966), 83 ss..

[157] HEINRICH BALSER, *Die Aktiengesellschaft nach dem neuen Aktiengesetz insbesondere im Handelsregisterverkehr*, I (1966), 61 ss. e BALSER/BOKELMANN/PIORRECK, *Die Aktiengesellschaft* (1984), 64 ss., 69 ss. e *passim*.

[158] MATHIAS HABERSACK/JAN SCHÜRNBRAND, *Modernisierung des Aktiengesezes von 1965*, em BAYER/HABERSACK, *Aktienrecht im Wandel* I (2007), 889-943.

[159] Uma edição (quase) atualizada: *AktG/GmbHG*, 42.ª ed., da Beck (2010), com introdução de HERIBERT HIRTE, IX-XXXIV.

§ 4.° O século XX e a democratização do capital

para pôr termo à questão social, aplacando a luta de classes[160], a cogestão apresentou-se, na Alemanha do segundo pós-guerra, como um meio de, simultaneamente, controlar o poder das empresas e dar resposta à evolução coletivizante da Zona de Ocupação Soviética. Uma primeira experiência foi introduzida, na área do carvão e do aço, por uma Lei de 21 de Maio de 1951: a chamada *Montan-Mitbestimmungsgesetz* ou Montan-MitbestG[161].

Um dispositivo geral sobre cogestão, surgiu no *Betriebsverfassungsgesetz*, ou BetrVG, de 1952[162], mais precisamente no seu § 76. Segundo este preceito, parte do conselho de vigilância das sociedades seria composto por representantes dos trabalhadores. Seguiu-se-lhe o BetrVG, de 1972[163], que nada veio dispor sobre cogestão. Finalmente, foi publicado o MitbestG, de 1976[164], o qual se aplica, apenas, a empresas com mais de 2.000 traba-

---

[160] ERICH POTTHOFF, *Zur Geschichte der Mitbestimmung*, em POTTHOFF/BLUME/ /DUVERNELL, *Zwischenbilanz der Mitbestimmung* (1962), 1-54, (1 ss.) e VOIGT/WEDDIGEN, *Zur Theorie und Praxis der Mitbestimmung*, 1 (1962), 13 ss.. Sob o nacional-socialismo, o problema não se punha, substituído pelo *Führerprinzip*; cf. WALTER E. KINKEL, *Unternehmer und Betriebsführer in der gewerblichen Wirtschaft* (1938), 47 ss..

[161] Mais precisamente: *Gesetz über die Mitbestimmung der Arbeitnehmer in den Aufsichtsräten und Vorständen der Unternehmen des Bergbaus und der Eisen und Stahl erzeugenden Industrie*, de 21-Mai.-1951, diversas vezes alterada, a última das quais em 31-Out.-2006. Vide RUDOLF JUDITH/FRIEDRICH KÜBEL/EUGEN LODERER/HANS SCHRÖDER/ /HEINZ OSKAR VETTER, *Montanmitbestimmung*, 1, *Geschichte, Idee, Wirklichkeit* (1979) e 2, *Dokumente ihrer Entstehung* (Köln, 1979) e NORBERT RANFT, *Vom Objekt zum Subjekt/Montanmitbestimmung, Sozialklima und Strukturwandel im Bergbau seit 1945* (Köln, 1988). Quanto ao texto atualizado do diploma: *Arbeitsgesetze*, 77.ª ed. (2010), da Beck, intr. REINHARD RICHARDI, 721-726.

[162] ROLF DIETZ, *Betriebsverfassungsgesetz mit Wahlordnung*, 1.ª ed. (1953), 461 ss..

[163] Mais precisamente *Betriebsverfassungsgesetz*, de 15-Jan.-1972, modificado, por último, em 29-Jul.-2009. Vide as *Arbeitsgesetze*, 77.ª ed. cit., e, anteriormente, DÄUBLER/ /KITTNER/KLEBE/SCHNEIDER, *Betriebsverfassungsgesetz/Kommentar für die praxis*, 4.ª ed. (1994), 43; foram, ainda, confrontados, ETZEL, *Betriebsverfassungsrecht*, 4.ª ed. (1990), WLOTZKE, *Betriebsverfassungsgesetz*, 2.ª ed. (1992) e LÖWISCH, *Betriebsverfassungsgesetz*, 3.ª ed. (1993), além das obras abaixo citadas.

[164] Ou *Gesetz über die Mitbestimmung der Arbeitnehmer*, de 4-Mai.-1976, alterado, por último, em 30-Jul.-2009. Entre os inúmeros comentários existentes, refiram-se os de THOMAS RAISER, *Mitbestimmungsgesetz Kommentar*, 2.ª ed. (1984), com um apanhado histórico, 30 ss., e de DIETRICH HOFFMANN/JÜRGEN LEHMANN/ HEINZ WEINMANN, *Mitbestimmungsgesetz* (1978), ambos maciços. Quanto ao atual estado das questões, com a evolução histórica e a prática da cogestão, cumpre referir MICHAEL KITTNER/HARALD FUCHS/ULRICH ZACHERT/ROLAND KÖSTLER, *Arbeitnehmervertreter im Aufsichtsrat/Erläuterungen und Gesetzestexte*, 1, *Aufsichtsratspraxis* e 2, *Aufsichtsratswahl*, ambos 4.ª ed. (1991). Quanto

92   *A evolução histórica das sociedades*

lhadores, reforçando a sua representação no conselho de vigilância, em termos quase paritários. Para as restantes, mantém-se em vigor o § 76 BetrVG de 1972[165], que merecera, em geral, um juízo favorável[166].

O tema da cogestão, que suscitou expectativas[167] nem sempre concretizadas, é um dos mais prolixos da atual literatura jurídica comercial e laboral alemã: KIRCHNER, com referência ao período de 1950-1985, cita 1328 títulos, a ela relativos[168]. Ele não se confunde com a participação dos trabalhadores no capital das sociedades: esta é uma situação que obedece, em princípio, ao Direito societário comum[169]. No Direito da cogestão, a representação dos trabalhadores opera como representação do trabalho e não do capital.

Estes elementos são importantes. Através do Direito comunitário, eles aproximam-se dos diversos Direitos europeus. Têm-se levantado dúvidas de política legislativa, cuja evolução cumpre seguir[170].

Resta acrescentar que a cogestão alemã – em conjunto com outras experiências paralelas que funcionam em diversos países do Norte da Europa – tem levantado uma série de dificuldades práticas no tocante à uniformização do Direito europeu das sociedades[171].

---

ao texto atualizado: *Arbeitsgesetze*, 77.ª ed. cit., 651-666; um comentário mais atualizado: o de PETER ULMER/MATHIAS HABERSACK/MARTIN HENSSLER, *Mitbestimmungsgesetz*, 2.ª ed. (2006), 700 pp..

[165] Vide DIETZ/RICHARDI, *Betriebsverfassungsgesetz*, 2, 6.ª ed. (1982), prenot. § 76 *BetrVG 1952*, Nr. 1-3 (2036-2037). Sem outros comentários, SIEBERT/BECKER, *Betriebsverfassungsgesetz*, 7.ª ed. (1992) e STEGE/WEINSPACH, *Betriebsverfassungsgesetz*, 7.ª ed. (1994), 42.

[166] OTTO BLUME, *Zehn Jahre Mitbestimmung*, em POTTHOFF/BLUME/DUVERNELL, *Zwischenbilanz der Mitbestimmung* (1962), 55-304. Quanto a perspetivas, mas também com larga análise histórica, KARSTEN UMNUSS, *Organisation der Betriebsverfassung und Unternehmerautonomie/Grundlesung für die Reform des organisatorischen Teils der Betriebsverfassung* (1993).

[167] HELMUT DUVERNELL, *Mitbestimmung – Heute und Morgen, idem*, 305-311.

[168] HILDEBERT KIRCHNER, *Bibliographie zum Unternehmens- und Gesellschaftsrecht 1950 bis 1985* (1989), 200-269.

[169] BERND LANGHEIN, *Arbeitnehmerbeteiligungen an mittelständischen Unternehmen/Recht, Steuer, Betriebswirtschaft* (1987), 21 ss..

[170] REINHARD RICHARDI, em REINHARD RICHARDI/GREGOR THÜSING/GEORG ANNUSS, *Betriebsverfassungsgesetz mit Wahlordnung*, 8.ª ed. (2002), 926 ss.. Para uma análise de textos: KARL FITTING, *Betriebsverfassungsgesetz/Handkommentar*, 20.ª ed. (2000), com vários colaboradores (1980 pp.).

[171] Vide *Direito europeu das sociedades*, 733 ss. e 919 e *passim*.

§ 4.° O século XX e a democratização do capital

VI. O AktG foi alterado, em 2 de Agosto de 1994, sendo modificados 22 dos seus preceitos, para possibilitar "pequenas sociedades anónimas", desregulamentando o seu conteúdo[172].

Seguiram-se alterações introduzidas pelo diploma preambular, que aprovou o Código das Falências ou *Insolvenzordnung*, de 5 de Outubro de 1994 e pela reforma do Direito de transformação das sociedades resultante do *Umwandlungsgesetz*, de 1994[173]. Trata-se de um diploma de fôlego, com

---

[172] MARINA PLANCK, *Kleine AG als Rechtsform – Alternative zur GmbH*, GmbHR 1994, 501-505 e MICHAEL HOFFMANN-BECKING, *Gesetz zur "kleinen AG" – unwesentliche Randkorrekturen oder grundlegende Reform?*, ZIP 1995, 1-10, onde podem ser confrontados os traços essenciais das alterações introduzidas, entre as quais a possibilidade de constituição unipessoal e a mais fácil convocação da assembleia geral. Ainda sobre esse tema: PETER HOMMELHOFF, *Jetzt die "kleine" und dann noch eine "Anleger AG"*, ZHR, SH 12 (1994), 65-84 (67 ss.) e *"Kleine Aktiengesellschaften" im System des deutschen Rechts*, AG 1995, 529-545 e HANS-JOACHIM PRIESTER, *Die kleine AG – ein neuer Star unter den Rechtsformen?*, BB 1996, 333-338, cético quanto ao alcance da novidade. O alargamento da sociedade anónima tem a ver com uma certa idealização do seu conteúdo, em detrimento de outros tipos, com exemplo nas cooperativas. Assim, já se falou no empobrecimento do Direito das sociedades comerciais: ROLF STEDING, *Die AG – rechtsförmliche Alternative zur eG?*, JZ 1995, 591-595. Nos princípios de 1995, o SPD, aliás na oposição, apresentou no *Bundestag* um projeto de lei relativo a sociedades anónimas: *Entwurf eines Gesetzes zur Verbesserung von Transparenz und Beschränkung von Machtkonzentration in der deutschen Wirtschaft (Transparenz und Wettbewerbsgesetz)*, cujo conteúdo pode ser confrontado em ZIP 1995, 330-339: matéria que, mais tarde, teria sequência. Quanto às reformas do Direito das sociedades anónimas, CARSTEN P. CLAUSSEN, *Die vier aktienrechtlichen Änderungs- gesetze des 12. Deutschen Bundestages Reform oder Aktionismus?*, AG 1995, 163-172, bem como o rico apanhado de HERIBERT HIRTE, *L'evoluzione del diritto delle imprese e delle società in Germania negli anni 1989-1993*, RS 1995, 172-230.

[173] Ou *Umwandlungsgesetz* de 28-Out.-1994, para entrar em vigor em 1-Jan.-1995; *vide* o texto original, p. ex., em HANS-WERNER NEYE, *Umwandlungsgesetz/Umwandlungssteuergesetz* (1994) e, para comentários circunstanciados, HARALD KALLMEYER/DIRK DIRKSEN, *Umwandlungsgesetz Kommentar*, 2.ª ed. (2001), 1215 pp. e JOHANNES SEMLER/ARNDT STENGEL, *Umwandlungsgesetz* (2003), 2790 pp.. Por seu turno, a *Insolvenzordnung* – ou *InsO* – de 5-Out.-1994, entrou em vigor no dia 1-Jan.-1999, substituindo a velha *KO*. De acordo com REINHARD BORK, autor da introdução à ed. da Beck, 1995, a *InsO* teve como pontos-chaves: a unificação do processo; o reforço do saneamento extrajudicial; medidas contra o empobrecimento da massa; o reforço da autonomia dos credores; uma repartição mais justa; um especial regime do concurso. As vicissitudes da aprovação da *InsO* podem, também, ser confrontadas em BORK, ob. cit., IX ss.. Assinale-se ainda que o *AktG* foi alterado pelo artigo 47 do *EGInsO* ou *Einführungsgesetz zur Insolvenzordnung*. Cumpre reter um período de *vacatio* superior a 4 anos: o nosso CPEF, de 1993, de complexidade não inferior, mereceu uma *vacatio* de três meses; o CIRE de 2004, que alterou profundamente

94 *A evolução histórica das sociedades*

mais de 300 §§, discutido desde 1988[174] e a propósito da qual foram alterados o AktG, o GmbHG e o MitbestG[175]. No essencial, esse diploma permitiu uma reformulação do tecido económico, aumentando a elasticidade das empresas[176]. Uma regulamentação fiscal favorável reforçou o sistema então instituído.

A legislação uniformizadora europeia tem vindo a manifestar-se, através da introdução, no Direito interno alemão, das diretrizes comunitárias[177-178].

---

o regime da (a partir de então) insolvência, obteve uma *vacatio* de seis meses. Quanto a exposições mais recentes sobre a *InsO*, *vide* WOLFGANG BREUER, *Insolvenzrecht/Eine Einführung* (2003) e LUDWIG HÄSSEMEYER, *Insolvenzrecht*, 3.ª ed. (2003).

[174] HANS-WERNER NEYE, *Umwandlungsgesetz* cit., 1 ss. e 9 ss.. Deste Autor, cumpre, ainda, referir: *Der Regierungsentwurf zur Reform des Umwandlungsrechts*, ZIP 1994, 165-169 e *Das neue Umwandlungsrechts vor der Verabschiedung im Bundestag*, ZIP 1994, 917-920. De HARALD KALLMEYER, *Das neue Umwandlungsgesetz*, ZIP 1994, 1746-1759.

[175] Cf., quanto a este último, PETER BARTODZIEJ, *Reform des Umwandlungsrechts und Mitbestimmung*, ZIP 1994, 580-583.

[176] HANS-WERNER NEYE, *Reform des Umwandlungsrechts*, DB 1994, 2069-2072 (2072).

[177] A lista dos diplomas implicados e das diversas diretrizes pode ser confrontada na introdução de UWE HÜFFER ao *Gesellschaftsrecht*, 11.ª ed. (2010), da Beck, XVIII-XIX. Em geral, cabe referir, KLAUS J. HOPT, *Harmonisierung im europäischen Gesellschaftsrecht – Status quo, Problem, Perspektiven*, ZGR 1992, 265-295, MARCUS LUTTER, *Die Einbindung der nationalen Gesellschaftsrechte in das europäische Recht*, ZHR, SH 12 (1994), 121-139 e STEFAN GRUNDMANN, *EG-Richtlinie und nationales Privatrecht*, JZ 1996, 274-287. A grande obra de referência foi constituída por MARCUS LUTTER, *Europäisches Unternehmensrecht*, 4.ª ed. (1996), 846 pp., com rec. KNUT WERNER LANGE, NJW 1996, 2290 e ainda com interesse. Uma série de elementos pode ser vista em WALTER BAYER/JESSICA SCHMIDT, *Überlagerungen des deutschen Aktienrechts durch das Europäiche Unternehmensrecht: eine Bilanz von 1968 bis zur Gegenwart*, em BAYER/HABERSACK, *Aktienrecht im Wandel* I (2007), 944-998.

[178] Também o Direito suíço das sociedades anónimas foi objeto de reforma, relativamente recente (em 1991); designadamente, reforçou-se a tutela das minorias, a fiscalização e o esquema de representação em assembleia; cf. PETER BÖCKLI, *Neuerungen im Verantwortlichkeitsrecht für den Verwaltungsrat*, SZW 1993, 261-279, ANDREAS VON PLANTA, *Die schweizerische Aktienrechtsreform – Ausgewählte Fragen*, ZHR, SH 12 (1994), 43-56 (49, 50 e 54), PETER NOBEL, *Reformbedarf im Aktienrecht der Schweiz, idem*, 99-111 e JEAN NICOLAS DRUEY, *Unwirksamkeit oder Verantwortlichkeit – Die Verfahren des Aktionärsschutzes in der Schweiz, idem*, 186-201 (194 ss., no tocante à responsabilidade).

Quanto à Áustria: CHRISTIAN NOWOTNY, *Massnahmen zur Verbesserung der Eigenkapitalausstattung im österreichischen Aktienrecht, idem*, 85-98 e GÜNTER H. ROTH, *Minderheitsschutz im Aktienrecht Österreiches, idem*, 167-185.

§ 4.º *O século XX e a democratização do capital* 95

Damos conta das seguintes alterações mais significativas, no domínio das sociedades anónimas, datando a última de 31-Jul.-2009[179]:

- Lei de 25-Mar.-1998, que introduziu as ações sem valor nominal fixo;
- Lei de 27-Abr.-1998, dita Lei sobre o Controlo e a Transparência nas empresas, que fortaleceu as posições dos acionistas;
- Lei de 9-Jun.-1998, relativa à introdução do euro;
- Lei de 22-Jun.-1998, que reformou o Direito comercial, alterando regras quanto às firmas e às contas;
- Lei de 18-Jan.-2001, sobre ações nominativas, destinada a facilitar o exercício do direito de voto;
- Lei de 20-Dez.-2001, relativa a ofertas públicas de aquisição (WpÜG)[180];
- Lei de 19-Jul.-2002, ou nova Lei de Transparência e de Prestação de Contas (TransPuG)[181];
- Lei de 12-Jun.-2003, que aprova um novo processo relativo a atuações de acionistas, dentro e fora do AktG;
- Lei de 22-Set.-2005, relativa à integridade das empresas e ao exercício do Direito da impugnação (UMAG)[182];
- Lei de 10-Nov.-2006, sobre o registo comercial eletrónico e o registo das empresas (EHUG)[183];
- Lei de 23-Out.-2008, sobre a modernização do Direito das sociedades por quotas e o combate aos abusos (MoMiG)[184];
- Lei de 25-Mai.-2009, sobre a modernização do Direito da prestação de contas (BilMoG)[185];

---

[179] Com algumas indicações: RAISER/VEIL, *Recht der Kapitalgesellschaften*, 5.ª ed. (2010), 5-6, CHRISTINE WINDBICHLER, *Gesellschaftsrecht*, 22.ª ed. cit., 303-305 e UWE HÜFFER, *Gesellschaftsrecht* (da Beck), 11.ª ed. (2010), introdução, XI ss.. Um apanhado geral dos diplomas sobre sociedades anónimas desde o início do século XIX consta de ANDREAS M. FLECKNER, *Aktienrechtliche Gesetzgebung (1807-2007)*, em BAYER/HABERSACK, *Aktienrecht im Wandel* I (2007), 999-1137.

[180] De *Wertpapierwerbs- und Übernahmegesetz*.

[181] De *Transparenz- und Publizitätsgesetz*.

[182] De *Gesetz zur Unternehmensintegrität und Modernisierung des Anfechtungsrechts*.

[183] De *Gesetz über elektronische Handelsregister und Genossenschaftregister sowie das Unternehmensregister*.

[184] De *Gesetz zur Modernisierung des GmbH-Rechts und zur Bekämpfung von Missbräuchen*.

[185] De *Gesetz zur Modernisierung des Bilanzrechts*.

96 *A evolução histórica das sociedades*

– Lei de 30-Jul.-2009, relativa à transposição da Diretriz sobre os direitos dos acionistas (ARUG)[186];
– Lei de 31-Jul.-2009, sobre a razoabilidade da remuneração da direção[187].

O espaço alemão, além de vantagens estruturais, como as decorrentes da língua, tem uma frente universitária que permite, em permanência, desenhar e acompanhar reformas sustentadas[188].

15. As sociedades por quotas

I. A dogmática societária, inicialmente desenvolvida em torno das sociedades anónimas, conheceu uma particular expansão, através das sociedades por quotas.

As sociedades por quotas traduzem uma pura criação do legislador alemão, aparentemente sem qualquer arrimo histórico. A partir desse modelo, ela foi adotada pelos diversos ordenamentos continentais. O seu êxito, sem precedentes, mostra que o Direito privado, mau grado o peso determinante da História e dos antecedentes científico-culturais, é permeável a criações humanas.

II. Na origem das sociedades por quotas, temos as reformas das sociedades anónimas, de 1870 e de 1884. Consagrado o esquema do reconhecimento automático da personalidade jurídica e firmados os princípios do seu controlo interno, as sociedades anónimas transformaram-se em entidades pesadas e de funcionamento dispendioso. Particularmente adaptadas às grandes empresas, as sociedades anónimas deixavam, sem cobertura capaz, as pequenas e as médias. Procurou-se colmatar a lacuna, através de um novo tipo societário de capitais, que se mostrasse adequado a empreendimentos menores[189]. Assim surgiu a lei alemã das sociedades por

---

[186] De *Gesetz zur Umsetzung der Aktionärsrichtlinie*.

[187] De *Gesetz zur Angemessenheit der Vorstandsvergütung*.

[188] *Vide*, como ilustração sugestiva, Michael Hoffmann-Becking, *Die fachliche Arbeit der DJT und ihre Wirkungen auf dem Gebiet des Aktien-, Konzern- und Kapitalmarktrechts*, em *150 Jahre Deutscher Juristentag*, FS DJT 1860-2010 (2010), 185-219.

[189] Christine Windbichler, *Gesellschaftsrecht*, 22.ª ed., 206 ss. e Kübler/Assmann, *Gesellschaftsrecht*, 6.ª ed. cit., 261-262.

§ 4.º O século XX e a democratização do capital

quotas, de 20-Abr.-1892: *Gesetz betreffend die Gesellschaften mit beschränkter Haftung* ou GmbHG. Esta lei recebeu nova redação, pela Lei de 20 de Maio de 1898, de modo a ser adaptada ao HGB e ao BGB[190]. Conheceu múltiplas alterações: a última data de 31-Jul.-2009.

III. As sociedades por quotas, tal como concebidas pelo legislador do *Reich* alemão, foram recebidas, como se disse, pelos Direitos dos diversos países continentais[191], sendo de referir a Lei Portuguesa de 11 de Abril de 1901, a Lei Austríaca de 1906[192] e a Lei Francesa de 7 de Março de 1925[193]. Apenas em Itália, por razões de ordem histórica, foi necessário aguardar o Código Civil de 1942, para assistir à sua consagração[194].

Logo desde o início, as sociedades por quotas mereceram uma especial atenção da doutrina[195], sendo objeto de uma produção jurídica e literária inabarcável[196].

---

[190] Quanto à origem e desenvolvimento das *GmbH*, WERNER SCHUBERT, *Das GmbH-Gesetz von 1892 – "eine Zierde unserer Reichsgesetzsammlung"*, FS 100 Jahre GmbH-Gesetz (1992), 1-47. Existe uma tradução portuguesa, efetuada por AZEVEDO SOUTO bem como uma publicação, pelo BMJ 181 (1968), 289-326, de uma versão em francês. As alterações, na lei inicial, podem ser seguidas, com explicações, em OLIVER MOSTHAF, *Die Reformen des Rechts der Gesellschaften mit beschränker Haftung* (1994), 15 ss., 18 ss. e 40 ss..

[191] A lista completa, com indicação das diversas leis, pode ser confrontada em MARCUS LUTTER, *Die Entwicklung der GmbH in Europa und in der Welt*, FS 100 Jahre GmbH-Gesetz (1992), 49-83.

[192] HANS-GEORG KOPPENSTEINER, *GmbH-Gesetz Kommentar* (1994), 1 ss..

[193] GEORGES DROUETS, *La société à responsabilité limitée (Commentaire de la Loi du 7 Mars 1925)* (1925), 15 ss. (20).

[194] GASTONE COTTINO, *Diritto commerciale*, 1, tomo 2, *Le società*, 2.ª ed. (1987), 591 ss., GABRIELE RACUGNO, *Società a responsabilità limitata*, ED XLII (1990), 1042-1071 (1043) e *Società a responsabilità limitata*, GiurComm I (1990), 577-622 (611 ss.). Tem interesse considerar a literatura contemporânea da sua aparição, em Itália; assim, ENRICO SOPRANO, *La società a responsabilità limitata nel nuovo Codice Civile*, RDComm XXXIX (1941) I, 394-420 (396 ss.) e ANTONIO BRUNETTI, *Riflessioni sulla società a responsabilità limitata*, RTDPC III (1949), 619-636 (619), recordando que, segundo a própria justificação de motivos do *Codice*, a sociedade por quotas fora considerada uma "pequena anónima sem circulação de ações".

[195] Foram compulsadas, como exemplo, as obras seguintes: SCHLIEKMANN, *Die GmbH/Darstellung dieser Gesellschaft zum Gebrauche in der Praxis* (1895), ROBERT ESSER, *Das Reichgesetz betreffend die G.m.b.H.* (1902), FRANZ FRÄNKEL, *Die Gesellschaft*

Apesar do inegável mérito do legislador alemão e, mais tarde, dos diversos legisladores, que souberam adaptar a ideia aos vários ordenamentos nacionais, não oferecerá dúvidas que a criação caiu em terreno favorável. Graças ao desenvolvimento das sociedades anónimas, a ideia de uma limitação da responsabilidade dos entes coletivos, livremente criados pelos particulares e assentes, apenas, em mecanismos próprios de fiscalização, radicara-se na consciência jurídica dominante. Neste campo recetivo, as sociedades por quotas traduzem uma simplificação, bem pensada, das sociedades anónimas.

16. O Código Civil italiano de 1942

I. A matéria das sociedades comerciais consta, como se referiu, do Código Civil italiano, no livro dedicado ao trabalho.

Depois das reformas representadas pelos Códigos de Comércio de 1865 e de 1882, as sociedades, particularmente as anónimas, entraram, em Itália, numa certa estagnação[197]. Houve, no primeiro pós-guerra, um

---

mit beschränkter Haftung/Eine volkswirtschaftliche Studie (1915) e A. FREYMUTH, *Die GmbH in der Rechtsprechung der deutschen Gerichte von 1916 bis 1924*, 3 vol. (1925).

[196] Entre os comentários e além do de ROBERT ESSER, cumpre citar MAX HACHEN-BURG, *Staub's Kommentar zum Gesetz, betreffend die Gesellschaften mit beschränkter Haftung*, 3.ª ed. (1909), HACHENBURG, *Gesetz betreffend die Gesellschaften mit beschränkter Haftung*, 7.ª ed. (1979), SCHOLZ, *Kommentar zum GmbH-Gesetz*, 7.ª ed. (1986), MARCUS LUTTER/PETER HOMMELHOFF, *GmbH-Gesetz Kommentar*, 16.ª ed. (2004), HEINZ ROWED-DER, *Gesetz betreffend die Gesellschaften mit beschränkter Haftung*, 4.ª ed. (2002) e ADOLF BAUMBACH/ALFRED HUECK, *GmbH-Gesetz/Gesetz betreffend die Gesellschaften mit beschränkter Haftung*, 19.ª ed. (2010). A nível de obras gerais, além dos múltiplos tratados sobre sociedades comerciais, citados ou a citar, HEINRICH SUDHOFF/MARTIN SUDHOFF, *Der Gesellschaftsvertrag der GmbH* (1987) e WELF MÜLLER/BURKHARD HENSE, *Beck'sches Handbuch der GmbH*, 3.ª ed. (2002). Indicações atualizadas constam da bibliografia geral.

Muito significativos são também: a obra coletiva organizada por LUTZ MICHALSKI, *Kommentar zum Gesetz betreffend die Gesellschaften mit beschränkter Haftung (GmbH)* (2002), com 20 autores e em dois volumes maciços, de XLVI + 2168 e XII + 2378 páginas, respetivamente: neste momento, ultrapassando as 4500 pp. de mancha densa, será a mais extensa obra sobre sociedades por quotas; *Münchener Handbuch des Gesellschaftsrechts*, cujo 3.º volume (2.ª ed., 2003), dedicado às sociedades por quotas, alcança LXXII + 1713 pp., com 26 autores especializados.

[197] LORENZO MOSSA, *Società per azioni* cit., 32 ss..

§ 4.º O século XX e a democratização do capital

movimento reformador, que deu lugar ao projeto VIVANTE do Código de Comércio, de 1922[198], o qual moldou o projeto de 1925, muito criticado na época.

Os movimentos sociais então ocorridos reclamavam uma participação de operários na gestão social, enquanto a defesa dos interesses subjacentes pretendia a nominatividade das ações[199]. Não foi, porém, possível seguir essa via: as vicissitudes políticas italianas a tanto conduziriam.

A multiplicação de abusos no tocante ao recurso a sociedades anónimas[200], usadas como modo de conseguir vantagens fiscais, incluindo sucessórias, e de beneficiar da irresponsabilidade, levaram à publicação da lei de 1931[201]: sem grande êxito.

A reforma que, finalmente, foi corporizada no *Codice Civile* de 1942, teve, neste ponto, mais uma preocupação de deixar obra nominalmente feita do que, propriamente, a de introduzir modificações de fundo[202]. De todo o modo, sempre se poderá apontar a preocupação produtivista e materialista, ligada à reforma de 1942 e que deixou sequelas no texto ainda vigente[203].

O texto italiano sobre as sociedades anónimas era, curiosamente, dos mais antigos em vigor. A sua inadequação, pelo prisma da rigidez e da complicação, tem sido enfatizada, tendo mesmo surgido um projeto de reforma, em 1965: sem sequência. As modificações ulteriores foram sendo ditadas pelas diretrizes comunitárias e pela sua receção, no Direito italiano[204].

---

[198] A parte relativa às sociedades ficou a dever-se a A. SCIALOJA.

[199] CESARE VIVANTE, *La difesa nazionale delle società per azioni*, RDComm 1916, 1, 637-647 e *Sul risanamento delle società anonime*, RDComm 1917, 1, 59-70.

[200] De acordo com números fornecidos por MOSSA, *Società per azioni* cit., 35, havia, em 1940 e em Itália, 25.000 sociedades anónimas, contra 5.000 em França e na Alemanha e isso sem que qualquer surto económico o justificasse. *Vide*, ainda, LORENZO MOSSA, *Per la società anonime italiana*, RDComm 1939, 1, 509-522. Esclareça-se, no entanto, que a discrepância apontada se poderá explicar, em parte, pelo facto de não haver, então e ainda, em Itália, sociedades por quotas, introduzidas, apenas, pelo Código Civil de 1942.

[201] GIACOMO DELITALA, *I reati concernenti le società di commercio e la legge Rocco del 1930*, RDComm 1931, 1, 176-185.

[202] Assim, vejam-se os protestos de MOSSA, *Società per azioni* cit., 30.

[203] FRANCESCO FERRARA JR./FRANCESCO CORSI, *Gli imprenditori e le società*, 14.ª ed. cit., 183.

[204] Em FRANCESCO FERRARA/FRANCESCO CORSI, *Gli imprenditori e le società*, 14.ª ed. cit., 348 ss., constam as alterações em causa, até aos nossos dias. A matéria pode, ainda,

100   *A evolução histórica das sociedades*

II. Finalmente, em 2001, foi aprovada uma lei que autorizou o Governo a adotar uma reforma profunda do Direito das sociedades[205]. A Lei de Delegação fixou os princípios a que deveria obedecer a modernização do Direito das Sociedades italiano[206].

Entre outros aspetos, a reforma assumiu, fundamentalmente, a necessidade de favorecer o surgimento, o desenvolvimento e a competitividade das empresas, através do seu acesso ao mercado interno e externo de capitais. Nessa base, ela adotou os princípios da transparência, da flexibilidade organizativa e da simplificação.

No tocante às ações, procurou facilitar-se a sua livre circulação, responsabilizando o sócio único. Quanto às sociedades por quotas: visou-se dar mais relevância à pessoa do sócio e à dimensão contratual presente[207]. Seriam, depois, revistos os aspetos atinentes à prestação de contas, à transformação, às fusão e cisão, às dissolução e liquidação, aos grupos de sociedades e ao Direito processual societário.

Em execução da Lei de Autorização, foram aprovados os Decretos-Leis n.° 5 e n.° 6, de 17 de Janeiro de 2003, que introduziram profundas modificações no Código Civil[208].

A nova reforma entrou em vigor em 1-Jan.-2004.

---

ser confrontada em Giuseppe Auleta/Niccolò Salanitro, *Diritto commerciale*, 8.ª ed. (1993), 139 ss., em Maria Elena Gallesio-Piuma/Vittorio Polleri, *Elementi di diritto commerciale*, 2.ª ed. (1996), 8 ss. e *passim*, em Pier Giusto Jaeger/Francesco Denozza/ /Alberto Toffoletto, *Appunti di diritto commerciale – I – Impresa e società*, 7.ª ed. (2010), 185 ss. e em Giovanni Capo, *La società per azioni* (2010), 10 ss..

[205] Trata-se da Lei de Delegação n.° 366/2001, de 8 de Outubro.

[206] Daniele U. Santosuosso, *La riforma del diritto societario* (2003), 1 ss..

[207] Santosuosso, *La riforma del diritto societario* cit., 5. ss. e 9 ss..

[208] A matéria pode ser comodamente seguida em Paolo Costanzo/Massimo Gazzani/Francesca Novati, *Le società/Commento al D. lgs. 6/2003* (2003), onde são confrontados com anotações, os preceitos velhos e os novos. Um importante conjunto de estudos sobre a reforma consta de AAVV, *La riforma del diritto societario/Atti del Convegno* (2003), de entre os quais desde já destacamos Guido Rossi, *La riforma del diritto societario nel quadro comunitario e internazionale*, 13-24. Finalmente: quanto às sociedades anónimas, *vide* Angelo Bracciodieta, *La nuova società per azioni* (2006) e quanto às sociedades por quotas, Vittorio Santoro (org.), *La nuova disciplina della società a responsabilità limitata*.

§ 4.° O século XX e a democratização do capital

17. A experiência francesa; o Código das Sociedades de 1966; evolução subsequente

I. A experiência francesa, numa manifestação de riqueza das culturas jurídicas do Velho Continente, não seguiu os esquemas evolutivos da alemã. Não obstante, adianta-se que ambas confluíram nas grandes soluções finais e no seu aperfeiçoamento. De um modo geral, faltou, em França, uma doutrina analítica capaz de impulsionar reformas do tipo da que, em 1937, transformou o Direito das sociedades de Além-Reno. Para tanto, terá contribuído a estagnação metodológica geral que, subsequente à exegese dos grandes códigos, se radicou no espaço cultural francês[209]. A Lei de 24 de Julho de 1867 vigorou durante quase um século. Sofreu alterações. Era inevitável: o esquema de 1867, pouco avançado aquando da sua aprovação, não tinha uma dimensão capaz de enfrentar a industrialização. Assim, a Lei de 26 de Abril de 1917, veio introduzir, na Lei de 1867 e apenas nalguns casos, o conselho de administração, enquanto órgão institucionalizado; até lá, a lei apenas falava em administradores[210]. O desenvolvimento geral do Direito das sociedades processou-se através da jurisprudência[211].

II. Sintomaticamente, a reforma legislativa mais relevante, ocorrida até 1966, adveio da influência alemã: tratou-se da Lei de 16 de Novembro de 1940, que alterou o perfil funcional do conselho de administração e do seu presidente[212]. Na base, surgem considerações bastante simples:

---

[209] *Da boa fé*, 249 ss.. Com referência ao tema em estudo, cumpre relevar a opinião de RENÉ DAVID, *La protection des minorités dans les sociétés par actions* (1929), 15 ss., o qual, já então na base de uma análise comparatística, conclui que a proteção em causa, em França, era assaz dececionante. Uma visão geral do Direito francês das sociedades, num prisma comparatístico, pode ser vista em BERNARDETTE CHAUSSADE-KLEIN, *Gesellschaftsrecht in Frankreich*, 2.ª ed. (1998).

[210] PIERRE-GILLES GOURLAY, *Le conseil d'administration de la société anonyme/ /Organisation et fonctionnement* (1971), 2.

[211] Áreas completas, como a da responsabilidade dos administradores, surgiram, assim, por via jurisprudencial, em França.

[212] A Lei de 16-Nov.-1940 veio provocar um afluxo de monografias, sobre a administração das sociedades comerciais. Houve a oportunidade de compulsar as seguintes: GILLES GOZARD, *La responsabilité du président du Conseil d'Administration des Sociétés par Actions depuis la loi du 16 Novembre 1940* (1941), JEAN LEFEBVRE, *Le président-directeur-*

explica-se que a assembleia geral já não exerce um poder soberano, que se torna necessária uma cooperação entre a maioria e a minoria e que os administradores são mais do que simples mandatários da sociedade[213]. A nova lei veio dar uma base legal geral ao conselho de administração, como órgão[214], isolando a figura do seu presidente[215]. Este foi investido em deveres legais[216], com a correspondente ampliação da sua responsabilidade[217]. Como se referiu, esta reforma adveio, diretamente, do fascínio provocado pelo AktG de 1937[218], a que não foram estranhas, também, causas políticas[219].

Finalmente, depois de uma preparação adequada, a matéria das sociedades comerciais foi globalmente reformulada pelo *Code des Sociétés*, aprovado pela Lei de 24 de Julho de 1966[220]. A doutrina logo explicou que este novo diploma traduzia mais uma *reprise*, do que uma modificação de fundo[221]. Na verdade, o legislador teve o cuidado de não alterar textos, já

-général/Loi du 16 Novembre 1940 (1941), CHARLES GOUGET, *La responsabilité civile des administrateurs de Sociétés Anonymes après la loi du 16 Novembre 1940* (1943), JEAN MAZET, *Évolution de la société anonyme, ses conséquences et la réforme du 16 Novembre 1940* (1943) e PAUL BARBRY, *Le régime actuel de l'administration des sociétés anonymes* (1943).

[213] F. DAVID, *La réforme de la législation des sociétés par actions d'après les enseignements du droit comparé*, RGDComm 3 (1940), 496, 501 e 506.

[214] GOZARD, *La responsabilité* cit., 3 e PIERRE-GILLES GOURLAY, *Le conseil d'administration de la société anonyme/Organisation et fonctionnement* (1971), 3.

[215] GOUGET, *La responsabilité civile des administrateurs* cit., 17 e MAZET, *Évolution de la société anonyme* cit., 111 ss..

[216] GOZARD, *La responsabilité* cit., 102 e LEFEBVRE, *Le président-directeur-général* cit., 31 ss..

[217] GOUGET, *La responsabilité* cit., 37 ss..

[218] LEFEBVRE, *Le président-directeur-général* cit., 145 e MICHEL JUGLART/ BENJAMIN IPPOLITO, *Traité de Droit Commercial*, II vol. – *Les sociétés*, 2, 3.ª ed., por EMMANUEL DU PONTAVICE/JACQUES DUPICHOT (1982), 394 (n.º 703); na 10.ª ed., refundida por JACQUES DUPICHOT (1999), essa referência foi retirada.

[219] Uma Lei de 2-Jun.-1941 – artigo 2.º, § 6.º – veio estabelecer condições rácicas para o desempenho de funções de administrador; cf. BARBRY, *Le régime actuel de l'administration* cit., 81.

[220] Ou *Loi n.º 66-537 du 24 juillet 1966 sur les Sociétés Commerciales*, cujo texto, no francês original, foi publicado, entre nós, no BMJ 169 (1967), 229-350 e 170 (1967), 287-359.

[221] MARCEL HAMIAUT, *La réforme des sociétés commerciales/Loi n.º 66-537, du 24-Jul.-1966* II – *Les sociétés par actions* (1966), 226. Quanto ao projeto: A. DALSACE,

§ *4.° O século XX e a democratização do capital* 103

jurisprudencialmente experimentados. De todo o modo, a reforma saldou-
-se por um enriquecimento da matéria[222], por uma mais perfeita articulação
dos preceitos e por um melhor tratamento das minorias[223]. Registaram-se,
ainda, alterações menores, embora a jurisprudência mantenha o seu papel
liderante[224]. De notar que os manuais e tratados passaram a estudar, em
conjunto, as sociedades civis e as comerciais. Era a oficialização do
Direito das sociedades.

Quanto às sociedades anónimas: o regime vigente tinha em vista a
grande empresa: a regulamentação aplicável era pesada e minuciosa. Sen-
tia-se a conveniência em facultar o tipo societário "sociedade anónima" a
entes mais simples e flexíveis. Tal foi o sentido da reforma de 1994, que
introduziu a *Société par Actions Simplifiée* (SAS) caracterizada, designadamente, por uma especial liberdade de configuração interna[225].

III. Contrariando um tanto a doutrina, que teria preferido mais quietude e mais reflexão, sucederam-se outras reformas das sociedades comerciais[226].

Assim, a Lei de 12 de Julho de 1999 veio alargar as SAS, deixando
larga margem à iniciativa dos interessados e permitindo a SAS unipessoal.

---

*L'administration et la direction des sociétés anonymes et le projet de loi sur les sociétés
commerciales*, RTDComm XVIII (1965), 13-22.

[222] Por exemplo, admitiram-se, expressamente, dois tipos de sociedades anónimas –
e tal como hoje faz o nosso atual Código das Sociedades: o tradicional e o de tipo alemão,
com conselho geral e direção; cf. JUGLART/IPPOLITO, *Traité* cit., 2.° vol., 3.ª ed. (1982), 393
(n.° 707) e 10.ª ed. (1999), 496 (n.° 443), PAUL DIDIER, *Droit commercial* – Tomo 2 – *Les
entreprises en société* (1993), 307 ss., YVES CHAPUT, *Droit des sociétés* (1993), 133 ss.,
PHILIPPE MERLE, *Droit commercial/Sociétés commerciales*, 10.ª ed. (2005), 417 (n.° 371) e
MAURICE COZIAN/ALAIN VIANDIER/FLORENCE DEBOISSY, *Droit des sociétés* (2006), 223.

[223] Também em França se faz sentir a pressão niveladora do Direito comunitário;
CLAUDE DUCOULOUX-FAVARD, *Trente années d'influence du droit communautaire sur le
droit français des sociétés*, RS 1995, 649-658.

[224] CLAUDE DUCOULOUX-FAVARD, *Évolution du droit des sociétés et de l'entreprise
en France au cours des cinq dernières années*, RS 34 (1989), 817-855 (818) ss.), onde se
referem 60 alterações já introduzidas, nessa altura, no *Code des Sociétés*.

[225] YVES GUYON, *Die Société par Actions Simplifiée (SAS) – eine neue Gesellschaftsform in Frankreich*, ZGR 1994, 551-569 (552 ss.) e PHILIPPE MERLE, *Droit com-
mercial/Sociétés commerciales*, 10.ª ed. cit., 709 ss..

[226] PHILIPPE MERLE, *Droit commercial / Sociétés commerciales*, 10.ª ed. cit., 30.

104 · A evolução histórica das sociedades

Também a Lei de 16 de Dezembro de 1999 abriu as portas a novas modificações societárias. Esse diploma habilitou o Governo a compilar, sem alterações (*à droit constant*)[227], diversas fontes. Em sua execução, uma Ordenança de 18 de Setembro de 2000 inseriu a Lei de 24 de Julho de 1966 no Código de Comércio, praticamente apenas com uma renumeração dos seus preceitos. A doutrina não apreciou este tipo de reforma[228]. De facto, esta mudança veio, um tanto surpreendentemente, quebrar a coesão das disposições relativas às sociedades, encaminhadas para um todo mais amplo. A alteração da numeração dos preceitos do Código das Sociedades complica a consulta e a localização dos preceitos[229].

De referir a Lei de 15 de Maio de 2001, com vários pólos e inspirada na *corporate governance*[230] e que, no campo das sociedades, pretendeu instilar maior transparência. Novas medidas foram tomadas pela Lei de 1 de Agosto de 2003, destinada a contrariar a onda de descrédito que assolou os mercados, na sequência do escândalo ENRON, ocorrido nos Estados Unidos. Seguiram-se, entre outras, as Leis de 26 de Julho de 2006, quanto à confiança e à modernização da economia, a Lei de 2 de Agosto de 2006, sobre as pequenas e médias empresas, a Lei de 11 de Dezembro de 2006, com múltiplas modificações no regime das sociedades, a Lei de 9 de Maio de 2007, sobre o registo, a Lei de 3 de Julho de 2008, com diversas transposições comunitárias, a Lei de 4 de Agosto de 2008, sobre a modernização da economia, a Lei de 8 de Dezembro de 2008, sobre a transposição da Diretriz 2006/43 (revisores de contas), a Ordenança de 22 de Janeiro de

---

[227] Ou apenas com as alterações necessárias para assegurar a hierarquia das normas, a coerência dos textos e a harmonização jurídica.

[228] Assim, PHILIPPE MERLE, *Droit commercial / Sociétés commerciales*, 10.ª ed. cit., 30 ss., com indicações e G. RIPERT/R. ROBLOT, *Traité de Droit Commercial*, com MICHEL GERMAIN, tomo 1 – volume 2, *Les sociétés commerciales*, 18.ª ed. (2003), 4.

[229] A matéria dos cerca de 500 artigos do *Code des sociétés commerciales* foi transcrita para os artigos L. 210-1 a L. 247-10, com desdobramento dos artigos em sub-números; cf. o *Code de Commerce* da Dalloz, 102.ª ed. (2007), anotado por NICOLAS RONTCHEVSKY, com úteis tabelas de correspondência, a pp. 2870-2876. YVES GUYON, *Le nouveau Code de Commerce et droit des sociétés*, RS 2000, 647-652, crítico perante a reforma legislativa, que considera dificultar o acesso à lei.

[230] Regras desenvolvidas nos Estados Unidos e relativas à gestão empresarial; cf. *infra*, n.º 337. Em França, o termo é traduzido por *gouvernement d'entreprise*.

§ 4.º O século XX e a democratização do capital

2009, sobre o apelo à poupança e sobre vários instrumentos financeiros, o Decreto 2010-684, de 23 de Junho, sobre os direitos dos acionistas das sociedades cotadas e o Decreto 2010-1042, de 1 de Setembro, sobre registo[231].

---

[231] Indicações completas no *Code des sociétés* da Dalloz, 23.ª ed. (2011), com. JEAN-PAUL VALUET/ALAIN LIENHARD, 2633 ss..

§ 5.° A EXPERIÊNCIA ANGLO-AMERICANA

18. Aspetos gerais; tipos de sociedades no Direito inglês

I. O Direito anglo-saxónico das sociedades comerciais – ou das sociedades em geral – apresenta uma conformação vincadamente histórica.

Na origem encontramos a tradição canonística e do Direito comum: aos poucos, ela foi tornando percetível uma ideia de personalidade coletiva. No período da expansão colonial, as sociedades advinham de outorga legislativa. Trata-se de um aspeto que perdurou, tendo passado aos Estados Unidos[232].

II. Os primórdios da Revolução Industrial não tiveram o apoio jurídico de sociedades. Apenas ao longo do século XIX se foram sucedendo as leis do Parlamento que liberalizaram a sua constituição.

A matéria foi ainda densificada pela transposição de Diretrizes europeias. Vigorou o *Companies Act* de 1985, substituído pelo de 2006, dobrado por numerosa legislação complementar[233].

III. Esquematicamente encontramos, no Direito inglês, sociedades de pessoas (*partnerships*) e de capitais (*companies*)[234]. Dentro dos primeiros temos o *general partnership*[235], caracterizado pela responsabilidade de

---

[232] SCOTT R. BOWMAN, *The Modern Corporation and American Political Thought/ /Law, Power, and Ideology* (1996), 38 ss..

[233] Cf. *British Companies Legislation 2000*, com mais de 5.000 pp., atualizado com o *Butterworths Company Law*, ed. KEITH WALHSLEY, *The Companies Act 2006* (2007), 1159 pp. e MARC MOORE, *Company Law Statutes* (2009/2010), 661 pp..

[234] Para um quadro geral e comparatisticamente articulado *vide* JULIA GÜTHOFF, *Gesellschaftsrecht in Grossbritannien*, 2.ª ed. (1998).

[235] Rege o *Partnership Act* de 1890.

§ 5.º *A experiência anglo-americana* 107

todos os associados e equivalendo, *grosso modo*, às sociedades civis e às sociedades em nome coletivo do Continente e o *limited partnership*[236], no qual algum ou alguns sócios (mas não todos) têm uma responsabilidade limitada: correspondem, de certa forma, às comanditas continentais. O Direito dos contratos tem um papel especial, nestes tipos de sociedades. Não lhes é reconhecida personalidade jurídica.

IV. No tocante às *companies*, distingue o *Companies Act* de 2006 as *limited companies* e as *unlimited companies*: as primeiras têm, ao contrário das segundas, a responsabilidade dos seus sócios limitada: seja à realização das ações (*limited by shares*), correspondendo às nossas sociedades anónimas, seja a determinada contribuição que os sócios se obrigaram a fazer para a sociedade (*limited by guarantee*), equivalente às nossas sociedades por quotas. Noutro plano, o *Act* distingue as *private* das *public companies*, de acordo com critérios formais. Subsequentemente, as *public companies*, ao contrário das *private*, podem oferecer ao público as suas participações[237].

19. O Direito norte-americano

I. No Direito norte-americano, a matéria das sociedades é do foro de cada Estado Federado. Ao longo do século XIX, foram-se multiplicando os diplomas destinados a suplantar o esquema da outorga legislativa, herdada do período colonial[238]. Hoje, alguns aspetos estão versados em "leis uniformes". As categorias societárias norte-americanas não coincidem, rigorosamente, com as britânicas.

II. A distinção fundamental[239] opera entre os *partnerships* e as *corporations*: os primeiros equivalem às sociedades de pessoas e as segundas

---

[236] Rege o *Partnership Act* de 1907.

[237] DAVID KEELING, *Corporate Finance: Public Companies and the City* (2001), 1 ss..

[238] Cf. FRANKLIN A. GEVURTZ, *Corporation Law* (2000), 20 ss. e SCOTT R. BOWMAN, *The Modern Corporation* cit., 41 ss..

[239] Uma análise sintética do Direito societário norte-americano, exposta em termos comparatísticos, consta de HARTWIN BUNGERT, *Gesellschaftsrecht im den USA*, 3.ª ed. (2003).

às de capitais. Tal como no Direito inglês, o *general partnership* aproxima-se das sociedades civis e em nome coletivo, enquanto o *limited partnership* recorda as comanditas[240]. Rege, hoje, o *Uniform Partnership Act*, versão de 1994[241], a qual define *partnership* como:

> uma associação de duas ou mais pessoas para prosseguir, como contitulares, um negócio com vista ao lucro.

III. Quanto às *corporations*, distinguem-se: a *public corporation*, similar às nossas sociedades anónimas e a *close corporation*, próxima das sociedades por quotas. Os diversos Estados tentam facilitar a incorporação das sociedades, de modo a atraí-las: não há, neste domínio, leis uniformes.

Ocorrem outras figuras de difícil qualificação perante o Direito europeu continental: assim a *joint stock company*, misto de sociedade de pessoas e de capitais e a *limited liability company*, também híbrida[242].

O Direito norte-americano das sociedades comerciais funciona como uma permanente fonte de novas soluções. Teria o maior interesse proceder, entre nós, à sua divulgação.

---

[240] O Direito norte-americano conhece ainda o *silent partnership*, equivalente à nossa associação em participação.

[241] Cf. CHARLES M. TABELBAUM (ed.), *Manual of Credit and Commercial Laws*, 91.ª ed. (1999), 2-2 ss..

[242] Trata-se de uma figura inventada no Estado de Wyoming, em 1977; tem responsabilidade limitada e personalidade jurídica, mas surge simplificada, perante a *corporation*; cf. MARK WARDA, *How to Form a Limited Liability Company*, 1999 e BUNGERT, *Gesellschaftsrecht in dem USA*, 3.ª ed. cit., 65 ss..

CAPÍTULO II
A EXPERIÊNCIA PORTUGUESA

§ 6.º ORDENAÇÕES E REFORMAS POMBALINAS

20. As Ordenações

As Ordenações equiparavam as sociedades às companhias. Não faziam, todavia, destas, um ente autónomo[243]. A tradição aí acolhida era a da *societas* romana, mais próxima das sociedades civis[244].

As Ordenações definiam "contrato de companhia" como

> (...) o que duas pessôas, ou mais fazem entre si, ajuntando todos os seus bens, ou parte delles para melhor negocio e maior ganho.

A matéria era regulada em termos que tinham alguns contactos com o que depois surgiria no Código de SEABRA, designadamente nos seus aspetos mais arcaicos[245].

21. As companhias coloniais

I. No caminho que conduziria às modernas sociedades comerciais cumpre, de seguida, referir a experiência portuguesa no tocante às companhias coloniais.

---

[243] *Ord. Fil.*, Liv. IV, tit. XLIV = Ed. Gulbenkian, 827 ss..

[244] COELHO DA ROCHA, *Instituições de Direito civil português*, II, 8.ª ed. (1919, correspondente à ed. de 1846), § 861 (584).

[245] J. H. CORRÊA TELLES, *Digesto Portuguez*, III (1909, correspondente à ed. de 1845), artigos 1053 ss. (146 ss.).

110　*A experiência portuguesa*

O primeiro caso relatado é o da Companhia de Lagos. Correspondente a uma iniciativa de LANÇAROTE, criado do INFANTE, a Companhia de Lagos surgiu, em 1444. Congregando os cabedais de diversos interessados, ela armou alguns navios que lançaram expedições à costa norte-africana[246]. Ter-se-ão seguido outras operações, desse tipo. Não há, contudo, elementos que permitam falar, aqui, em verdadeiras companhias: falta uma estrutura interna e não se lhe conhecem órgãos diferenciados.

II. Os Descobrimentos decorreram sob o signo da Coroa e de privados. Os privilégios, concedidos pelo Rei, eram-no a particulares e não a companhias. Tinham natureza precária, flutuando ao sabor das intrigas da Corte e da boa vontade real. Faltou – podemos hoje dizê-lo – uma cobertura jurídico-institucional, à expansão ultramarina, nos séculos XV a XVII, numa falha cultural que enfraqueceu os feitos científicos e bélicos, então verificados. Quando, por fim, foram ensaiadas as primeiras companhias comerciais verdadeiras, isso derivaria, nas palavras de BORGES DE MACEDO, "... de influência estrangeira declarada ..."[247]. Apenas com uma reserva: está por realizar um estudo sistemático completo sobre o Direito dos descobrimentos. Assim, é possível a existência de institutos pré-societários ou de companhias de tipo arcaico, não conhecidas.

Uma nova experiência, documentada e pioneira, ocorreu com a criação, em 1587, da *Companhia Portuguesa das Índias Orientais*, decidida por FILIPE II, como modo de tentar contrariar o declínio português no Oriente, motivado pelas concorrências holandesa e inglesa. Foi, porém, "... ephemera ..."[248], mal tendo deixado vestígios[249]. Seguiu-se a *Companhia para a Navegação e Comércio com a Índia*, outorgada por Carta Régia, de 19 de Fevereiro de 1619, já de acordo com o modelo holandês.

---

[246] TITO AUGUSTO DE CARVALHO, *As companhias portuguesas de colonização* (1902), 16, ARTUR DE MORAES CARVALHO, *Companhia de colonização* (1903), 158 e FRANCISCO ANTÓNIO CORREIA, *História Económica de Portugal*, 1 (1929), 106. Sobre esta matéria e até ao séc. XVIII, cumpre citar o livro de RUI MANUEL DE FIGUEIREDO MARCOS, *As companhias pombalinas/Contributo para a História das sociedades por acções em Portugal* (1995).

[247] JORGE BORGES DE MACEDO, *Companhias Comerciais*, DHP II (1979), 122-130 (122).

[248] TITO AUGUSTO DE CARVALHO, *As companhias portuguesas* cit., 19.

[249] FRANCISCO ANTÓNIO CORREIA, *História Económica de Portugal* cit., 1, 236.

§ 6.º *Ordenações e reformas pombalinas*   111

Apesar de haver lançado algumas operações, teve um futuro escasso, vindo a ser absorvida pela Casa da Índia[250].

III. As companhias foram retomadas sob a Restauração. Na época, foi posto termo às desgastantes guerras filipinas, com a Holanda e a Inglaterra. Mau grado a paz, os navios portugueses das rotas do oriente e do ocidente, continuavam a ser atacados, outro tanto sucedendo com as feitorias ultramarinas. Interpelados, os Estados atacantes respondiam ser assunto das companhias, nas quais não se imiscuíam. D. João IV entendeu, então, relançar as companhias portuguesas. Em 10 de Maio de 1650, foi instituída a *Companhia Geral do Comércio do Brasil*, por alvará de 6 de Fevereiro de 1649. Com diversos privilégios e a obrigação de armar navios de guerra, para defender os transportes, a Companhia teve uma ação decisiva na reconquista, aos holandeses, de Pernambuco, cuja capitulação ocorreu em 26 de Janeiro de 1654: os navios da Companhia asseguraram o bloqueio marítimo, impedindo os ocupantes sitiados de contactar com outros portos, ainda detidos pelos neerlandeses na costa sul-americana, recebendo auxílio. Esta Companhia teve a particularidade de congregar capitais de cristãos-novos e, mesmo, de judeus portugueses emigrados, atraídos por, estatutariamente, ela disfrutar do privilégio da isenção de confisco. Dominicanos e Inquisição lançaram, por isso e desde o início, uma campanha contra a Companhia Geral, que mal sobreviveria ao próprio D. João IV: a Regente, D. Luísa, retirar-lhe-ia os privilégios, vindo ela a vegetar, descaracterizada, até à sua extinção, em 2 de Fevereiro de 1720[251].

Na segunda metade do século XVII, surgiram outras iniciativas referentes à África, ao Brasil e, de novo, ao Oriente. Não tiveram, contudo, reflexos diretos na evolução subsequente do Direito societário português.

---

[250] *Idem*, 238 e Borges de Macedo, *Companhias Comerciais* cit., 123. Ferreira Borges, no seu *Diccionario Juridico-Comercial* 2.ª ed. (1856), termo *companhia*, refere a sua incorporação no Conselho da Fazenda. *Vide* José Engrácia Antunes/Nuno Pinheiro Torres, *The Portuguese East India Company*, em Gepken-Jager/van Solinge/Timmerman, *VOC 1602-2002* (2005), 161-186.

[251] Tito Augusto de Carvalho, *As companhias portuguesas* cit., 30-33, Francisco António Correia, *História económica de Portugal* cit., 239 ss. e Borges de Macedo, *Companhias Comerciais* cit., 124-126. A *Companhia Geral do Comércio do Brasil* contou com a defesa do Padre António Vieira. As datas indicadas conhecem algumas flutuações, nas fontes.

112 *A experiência portuguesa*

22. As reformas pombalinas

I. Reformas subsequentes no domínio das sociedades, particularmente das "companhias", ficaram a dever-se ao MARQUÊS DE POMBAL[252]. Experiência exemplar foi a *Companhia Geral do Grão-Pará e Maranhão*, cujos capítulos e condições foram confirmados por alvará de 7 de Junho de 1755[253].

Cumpre dar uma ideia desse curioso diploma. Bastante minucioso, ele alarga-se por 55 artigos, antecedidos por um curto preâmbulo. Diz-nos este:

> Os homens de negócio da Praça de Lisboa, abaixo assinados, em seu nome, e dos mais Vassallos de V. Magestade, moradores neste Reino, sendo dirigidos pela representaçaõ, que a V. Magestade fizeraõ os habitantes da Capitanía do Graõ Pará (...) e animados pela esperança de fazerem hum grande serviço a Deus, a V. Magestade, ao bem commum, e á conservaçaõ daquelle Estado: tem convindo em formarem para elle huma nova Companhia, que, cultivando o seu commercio, fertilize ao mesmo tempo por este próprio meio a agricultura, e a povoaçaõ que nelle se achaõ em tanta decadencia: Havendo V. Magestade por bem sustentar a dita Companhia com a confirmaçaõ, e concessaõ dos estabelecimentos, e privilegios seguintes.

Os estatutos ocupavam-se, desde logo, da "administração". Assim:

> 1. A dita Companhia constituirá hum corpo político composto de hum Provedor, de oito Deputados, e de hum Secretario: A saber oito Homens de Negocio da Praça de Lisboa, e hum Artifice da Casa dos Vinte e quatro (...)
> 2. O sobredito Provedor, e Deputados seraõ commerciantes Vassallos de V. Magestade, naturaes ou naturalizados; e moradores nesta Corte, que tenhaõ dez mil cruzados de interesse na dita Companhia (...)
> 3. As eleiçoens do sobredito Provedor, Deputados e Conselheiros, se faraõ sempre na Casa do despacho da Companhia pela pluralidade de votos dos interessados, que nella tiverem cinco mil cruzados de acçoens, ou dahi

---

[252] Anteriormente: Companhias esclavagistas de Cacheu e Rios, de 19-Mai.-1656, para atuar na Guiné, e de Cabo Verde e Cacheu, de 4-Jan.-1680.

[253] *Instituiçaõ da Companhia Geral do Graõ Pará, e Maranhaõ* (1755), 18 pp., incluído na *Collecçaõ das Leys, Decretos, e Alvarás, que comprehende o feliz reinado del Rey fidelíssimo D. José o I. nosso Senhor/Desde o anno de 1750 até o de 1760, e a Pragmatica do Senhor Rey D. Joaõ o V. do anno de 1749*, tomo I (1790).

Algumas considerações sobre a *Companhia Geral* podem ser confrontadas em RUI MANUEL DE FIGUEIREDO MARCOS, *A legislação pombalina*, BFD/Supl. XXXIII (1990), 1-314 (213 ss., nota 347).

§ 6.º Ordenações e reformas pombalinas

para cima. Aqueles, que menos tiverem, se poderáõ com tudo unir entre si para que, prefazendo a dita quantia, constituaõ em nome de todos hum só voto; que poderáõ nomear como bem lhes parecer (...)

Tem muito interesse o privilégio de autonomia e de diversas isenções conexas:

4. Sendo a dita Companhia formada do Cabedal, e substancia propria dos interessados nela; sem entrarem cabedaes da Fazenda Real: E sendo livre a cada hum dispor dos seus proprios bens como lhe parecer, que mais lhe póde ser conveniente: Seraõ a dita Companhia, e governo della immediatos á Real Pessoa de V. Magestade, e independentes de todos os Tribunaes maiores, e menores; de tal sorte, que por nenhum caso, ou accidente se intrometta nella, nem nas suas dependencias, Ministro ou Tribunal algum de V. Magestade, nem lhe possaõ impedir, ou encontrar a administraçaõ de tudo o que ella tocar; nem pedirem-se-lhe contas do que obrarem; porque essas devem dar os Deputados, que sahirem aos que entrarem, na fórma do seu regimento (...)

A *Meza* funcionava por pluralidade de votos – 6.º – tendo um *Juiz Conservador*, com jurisdição privativa – 7.º. O Rei emprestava, à Companhia, casas e armazéns – 9.º. Podia a Companhia fabricar navios, de comércio ou de guerra, cortando as madeiras necessárias – 10.º. A Companhia podia recrutar pessoal, em termos militares:

11. Poderá a sobredita Companhia, mediante a licença de V. Magestade, mandar tocar caixa, e levantar a gente do mar, e guerra, que lhe for necessaria para guarnição das suas Frotas, e Náos, assim nesta Cidade, Reino, e Ilhas, como no Graõ Pará, e Maranhaõ, a todo o tempo que lhe convier (...)

O Rei doava, à Companhia, duas Fragatas de Guerra – 14.º – pertencendo, àquela, todas as presas que as ditas fragatas fizessem – 15.º. O Rei não poderia, nunca, requisitar os navios da Companhia salvo – 16.º –

(...) – o que Deos naõ permitta – que esta Coroa tenha inimigos, que com poderosa Armada venhaõ infestar as costa deste Reino (...)

altura em que isso seria possível, mediante compensações – 16.º –. Os Estatutos regulavam a saída dos navios – 17.º a 21.º.

O cerne económico da Companhia era constituído pelo monopólio comercial:

22. Para esta Companhia se poder sustentar, e ter algum lucro compensativo naõ só das dispezas, que ha de fazer com os Navios de guerra, e suas guarniçoens, (...) He V. Magestade servido conceder-lhe nellas o referido commercio exclusivo, para que nenhuma pessoa possa mandar, ou levar ás

114   A experiência portuguesa

sobreditas duas Capitanías, e seus portos, nem delles extrair mercadorias, generos, ou fructos alguns, mais do que a mesma Companhia, que usará do dito privilegio exclusivo na maneira seguinte.

A Companhia recebia, ainda, o exclusivo do comércio de escravos, nas duas capitanias – 30.°. A Coroa tinha determinados direitos de tipo aduaneiro – 31.° e 32.°. Havia vantagens fiscais – 33.° e 34.° – facilidades de armazenamento – 35.° – e o privilégio, importante na época, de fabricar a sua própria pólvora – 36.°. A Companhia podia cobrar os seus créditos como se fossem créditos da Coroa – 37.° – podendo convocar pessoas – 38.°. Quem entrasse para a Companhia com 10.000 cruzados tinha vários privilégios – 39.°, o qual prosseguia:

> E o commercio, que nella se fizer na sobredita fórma, não só naõ prejudicará á nobreza das pessoas que o fizerem, no caso em que a tenhaõ herdada, mas antes pelo contrario será meio proprio para se alcançar a nobreza adquirida (...),

Seguindo-se outros privilégios – 40.° e seguintes.
A matéria do capital da Companhia tinha o tratamento que segue:

> 48. O fundo, e capital da Companhia será de hum milhão e duzentos mil cruzados repartidos em mil e duzentas acçoens de quatrocentos mil réis cada huma dellas (...) E podendo tambem differentes pessoas unirem-se para constituírem huma acção (...)

O capital ficava aberto à subscrição por cinco meses, no Continente, sete, nas Ilhas e um ano, na América Portuguesa, devendo ser realizada metade, logo, e o resto, nos oito meses subsequentes, em duas pagas de quatro em quatro – 49.°. As pessoas poderiam estipular e dispor sobre o capital – 50.° e 51.° – ficando a Companhia com uma duração de 20 anos. Os lucros da Companhia seriam distribuídos em Julho – 52.° – regulando-se a distribuição dos bens, findos os 20 anos – 53.°.
Tudo isto se estenderia a estrangeiros e pessoas que vivessem fora do Reino, de qualquer qualidade e condição que sejam.
Prosseguia o artigo 54.°:

> E sendo caso, que, durante o referido prazo de vínte annos, ou da prorogação delles, tendo esta Coroa Guerra (o que Deos naõ permitta) com qualquer outra Potencia, cujos Vassallos tenhaõ mettido nesta Companhia os seus cabedaes, nem por isso se fará nelles, e nos seus avanços, arrésto, embargo, sequestros, ou reprezalia, antes ficaráõ de tal modo livres, izentos, e seguros, como se cada hum os tivera em sua casa (...).

§ 6.º Ordenações e reformas pombalinas

O texto vinha referendado por SEBASTIÃO JOSÉ DE CARVALHO E MELLO, seguindo-se dez outras assinaturas, de homens de negócios.

II. A Companhia Geral do Grão-Pará e Maranhão tinha, além dos do fomento do comércio e da defesa, ainda um duplo fim: o de retirar o comércio aos ingleses e o de enfraquecer o papel dos jesuítas no Brasil[254]. Em 1760, ela contava com 150 acionistas[255], tendo, efetivamente, proporcionado feitos militares de relevo[256]. De resto, ela provocou problemas com os indígenas brasileiros e com os pequenos comerciantes, tendo prejudicado os ingleses sem que, na opinião dos comentadores, tenha havido correspondentes vantagens nacionais[257]. A Companhia foi abolida em 5 de Janeiro de 1778, dentro do movimento geral tendente à destruição da obra do MARQUÊS[258]. Parece sina nossa: sectarismos políticos sem significado vieram, ao longo da História, a prejudicar seriamente o País e o seu Povo.

III. Houve outras companhias, do mesmo tipo. Assim, a *Companhia Geral de Pernambuco e Paraíba*, cujos estatutos, articulados em 63 parágrafos, foram aprovados no dia 13 de Agosto de 1759[259]. Esta Companhia, que gerou mau estar dos dois lados do Atlântico, pelo monopólio que veio exercer[260], floresceu, mas acabou liquidada, no pós-pombalismo[261].

---

[254] TITO AUGUSTO CARVALHO, *As companhias portuguesas* cit., 49 ss., ARTUR DE MORAES CARVALHO, *Companhias de colonização* cit., 159 ss., FRANCISCO ANTÓNIO CORREIA, *Historia económica de Portugal*, 2 (1930), 101 ss., JOSÉ MENDES DA CUNHA SARAIVA, *Companhias gerais de comércio e navegação para o Brasil*, I (1938), 14 ss. e J. LÚCIO DE AZEVEDO, *Épocas de Portugal Económico*, 2.ª ed. (1947), 436; a 1.ª ed. é de 1929.

[255] Informação de CUNHA SARAIVA, *Companhias gerais* cit., 17.

[256] Além de diversos êxitos no combate ao corso e à pirataria, a Companhia levou a cabo obras de defesa, com relevo para a reconstrução da fortaleza de Bissau, peça importante no tráfego do chamado marfim negro; anote-se que, nessa reconstrução, a Companhia dispendeu 147.690$763 Réis, soma muito elevada, na época. *Vide* JOSÉ MENDES DA CUNHA SARAIVA, *A fortaleza de Bissau e a Companhia do Grão Pará e Maranhão*, em *Congresso Comemorativo do Quinto Centenário do Descobrimento da Guiné*, vol. I (1946), 157-191.

[257] LÚCIO DE AZEVEDO, *Épocas de Portugal Económico*, 2.ª ed. cit., 436.

[258] FRANCISCO ANTÓNIO CORREIA, *História Económica de Portugal* cit., 1, 161.

[259] JOSÉ MENDES DA CUNHA SARAIVA, *Companhia Geral de Pernambuco e Paraíba* (1941), 7 ss.; cf. TITO AUGUSTO CARVALHO, *As companhias portuguesas de colonização*, 65 ss..

[260] LÚCIO DE AZEVEDO, *Épocas de Portugal Económico*, 2.ª ed. cit., 437 ss..

[261] CUNHA SARAIVA, *Companhia Geral de Pernambuco e Paraíba* cit., 15.

116 *A experiência portuguesa*

A experiência colonial levou ao aparecimento de companhias metropolitanas, com relevo para a *Companhia Geral dos Agricultores dos Vinhos do Alto Douro* – 10 de Setembro 1756 – e para a *Companhia Geral das Reaes Pescarias do Algarve* – 15 de Janeiro de 1773[262]. Todas elas suscitaram reações, aquando do seu aparecimento, as quais foram reprimidas pelas forças do iluminismo. Tiveram dificuldades em sobreviver ao Marquês.

Já no século XIX, surgiram ainda outras companhias ligadas à colonização. Referimos, como exemplos, a *Companhia Commercial de Lourenço Marques*, criada por Carta Régia de 13 de Novembro de 1824 e, em 1851, a *Companhia de Dilly*, "... para levantar o Commercio de Timor, que o Governador LOPES DE LIMA encontrou na maior decadencia"[263].

IV. Em termos jurídicos, esta evolução permite algumas observações conclusivas. Enquanto o País teve protagonismo na expansão, faltou uma Ciência jurídica que desse corpo a companhias capazes. O próprio modelo de expansão, baseado na iniciativa do Estado, numa situação explicável pela pequenez da Metrópole, era pouco consentâneo com iniciativas – hoje ditas – privadas. Mais tarde, passou-se a um longo período de defesa. As companhias fizeram, então, a sua aparição, na base de modelos estrangeiros – franceses, principalmente, de inspiração colbertiana[264]. Eram sustentadas pela Ciência jurídica do iluminismo. Havia, porém, já pouca margem para iniciativas societárias, permanentemente perturbadas por pruridos políticos, no sentido menor do termo.

De todo o modo, foi patente a publicização das companhias, no sentido de, delas, fazer instrumentos da soberania do Estado[265]. No entanto, reconhecia-se, aos acionistas, um espaço de livre disposição, isento de intervenções estaduais. Trata-se de um ponto a reter, que daria os seus frutos.

---

262 Tem interesse referir o escrito de VICENTE JOAQUIM DE ANDRADE, *Memorias sobre as Pescarias Reaes do Reino do Algarve* (1813), elaborado pelo secretário e guarda-livros da Companhia, onde esta é defendida, contra críticas surgidas na época. Registe-se que este escrito cita, a p. 15, ADAM SMITH.

263 TITO AUGUSTO CARVALHO, *As companhias portuguesas* cit., 72 ss. (78).

264 FRANCISCO ANTÓNIO CORREIA, *História Económica de Portugal* cit., 2, 80.

265 *Vide* MARIA DE LOURDES CORREIA E VALE, *Evolução da sociedade anónima*, ESC II (1963) 6, 79-104 (85), que, ponderando as prerrogativas das companhias, acaba por considerá-las "... verdadeiras empresas públicas, embora formadas, em grande parte pelo menos, por capitais privados".

§ 7.º O CÓDIGO FERREIRA BORGES, A LEI DE 22-JUN.-1867 E O CÓDIGO DE SEABRA

23. O Código Comercial de 1833

I. O advento do liberalismo veio colocar a questão do Código Comercial e, mediatamente, a das sociedades. A insuficiência das leis comerciais era patente: pretendia-se passar de um sistema ordenado, *ad nutum*, pelo Estado, para um outro, onde tudo funcionasse automaticamente e com simplicidade, na base de regras preestabelecidas.

Convém recordar que o Direito privado, no seu todo, vivia, desde 18 de Agosto de 1769, à sombra da Lei da Boa Razão. As Ordenações tinham, no domínio mercantil, normas escassas. O Direito subsidiário era muito utilizado. Ora, a tal propósito, a Lei da Boa Razão apelava, no seu artigo 9.º, para as *Leys das Nações Christãs*[266].

As carências legislativas tornaram-se particularmente gritantes, após o aparecimento, em França, do *Code de Commerce*, claro e acessível. O fascínio exercido por este diploma foi de tal ordem que, no âmbito da Constituinte vintista, chegou a preconizar-se a sua pura e simples adoção[267].

II. A preparação de um Código Comercial português, tarefa de imensas dificuldades, coube a JOSÉ FERREIRA BORGES[268].

Nele, a matéria das *companhias, sociedades, e parcerias comerciaes* constava do Título XII do Livro II. Bastante minucioso, este título abrangia 236 artigos, agrupados em *disposições geraes* e 18 secções. As dispo-

---

[266] *Manual de Direito comercial*, 2.ª ed., 86 ss..

[267] DIOGO RATTON, *Reflexões sobre Codigo Mercantil sobre Tribunaes do Commercio e sobre Navegação Mercantil* (1821), 2.

[268] *Manual de Direito comercial*, 2.ª ed., 88 ss..

118   *A experiência portuguesa*

sições gerais continham o embrião das regras sobre sociedades: uma ideia empírica da personalidade coletiva[269], a associação de dinheiro, bens ou trabalho, no interesse comum e com um fim lícito; a proibição de acordos leoninos; o quinhoar nos lucros e perdas; a obrigação, do administrador, de prestar contas, o direito à informação e a sujeição ao pacto comercial e às leis do comércio[270].

O Código distinguia *companhias*, *sociedades* e *parcerias commerciaes*.

As sociedades anónimas surgiam, logo na secção I, sob a designação *das companhias de commercio*. A definição constava do artigo XIII:

> 538. Companhia é uma associação d'accionistas sem firma social, qualificada pela designação do objecto da sua empresa, e administrada por mandatarios temporarios, revogaveis, accionistas ou não accionistas, assalariados ou gratuitos.

Sujeitas a escritura pública – 539 – as companhias dependiam, ainda – 546 – de "... auctorização especial do governo, e aprovação da sua instituição". O "fundo da companhia" era dividido em ações, as quais podiam ser exaradas em forma de título ao portador, operando-se, então, a cessão, por simples tradição do título – 544. Os acionistas não respondem por perdas além do montante do seu interesse nela – 545. Quanto aos administradores, atente-se no artigo XVII:

> 542. Os mandatarios administradores d'uma companhia só respondem pela execução do mandato recebido e aceito. Elles não contrahem obrigação alguma, nem solidaria, nem pessoal, relativamente ás convençoens da companhia[271].

> FERREIRA BORGES explica as suas opções. A sociedade diz-se anónima, por não existir sob um nome social, nem ser designada pelo nome de algum

---

[269] Art. I (526.): Companhias, sociedades, e parcerias mercantis, são associações commerciaes inteiramente distinctas entre si em direitos e obrigações, quer reciprocos dos associados, quer entre estes e terceiros respectivamente.

[270] Da literatura exegética, surgida sobre o Código Comercial de 1833, que, aliás, não chegou a ser muito envolvente, cumpre citar um comentário que recaiu, precisamente, sobre as sociedades: RICARDO TEIXEIRA DUARTE, *Commentario ao título XII, parte 1.ª, liv. 2.° do Codigo Commercial Portuguez* (1843), 29 ss..

[271] *Codigo Commercial Portuguez*, ed. da Imprensa Nacional (1833), 88 = ed. da Imprensa da Universidade (1856), 101.

§ 7.º *O Código Ferreira Borges, a Lei de 22-Jun.-1867 e o Código de Seabra* 119

dos sócios: tal a solução do artigo 29.º do *Code de Commerce*. Porém, aquela locução fora usada, no título 4 da Ordenança de 1673, para exprimir a sociedade em participação, um tanto semelhante às comanditas. Por isso, e apelando à tradição jurídica portuguesa, FERREIRA BORGES propôs companhia[272].

Quanto à solução encontrada para os administradores – portanto: "... mandatarios temporarios revogaveis, socios ou não-socios, assalariados ou gratuitos ..." que "... so respondem pela execução do mandato, que receberão" – adotou-se, textual e confessadamente, a solução do *Code*[273]. Também neste se filiava o sistema da autorização governamental prévia[274].

IV. As sociedades em geral ou *sociedades com firma* correspondiam as atuais sociedades em nome coletivo. Assim, segundo o artigo XXII:

> 547. A sociedade em geral é um contracto, pelo qual duas ou mais pessoas se unem, pondo em commum bens ou industria, com o fim de lucrar em todas ou em algumas das especies de operações mercantis, e com animo positivo de se obrigar pessoalmente como socios e voluntariamente.

Estando presente, na firma, o nome de todos, a sociedade "... chama-se sociedade ordinaria ou em nome collectivo, ou com firma" – 548. Repare-se na sensibilidade de FERREIRA BORGES: reconduzia as sociedades em nome coletivo a um contrato: mas não as anónimas.

V. A sociedade de capital e indústria – XXXII , 557 – é:

> (...) aquella que se contrahe por uma parte entre uma ou mais pessoas, que fornecem fundos para uma negociação commercial em geral, ou

---

[272] JOSÉ FERREIRA BORGES, *Jurisprudencia do Contracto-mercantil de sociedade*, 2.ª ed. (1844), 35. *Vide*, também deste Autor, o *Diccionario Juridico-Commercial*, 2.ª ed. (1856), 107-108.

[273] FERREIRA BORGES, *Jurisprudencia do Contracto-mercantil de sociedade* cit., 37-38 e nota. A revogabilidade do mandato dos administradores vinha, expressamente, defendida em TEIXEIRA DUARTE, *Commentario* cit., 32.

[274] O levantamento das fontes do Código FERREIRA BORGES foi, ainda, feito na época por GASPAR PEREIRA DA SILVA, *Fontes proximas do Codigo Commercial Portuguez ou Referencia aos Codigos das Naçoens civilisadas e ás obras dos melhores Jurisconsultos onde se encontrão disposições ou doutrinas identicas, ou similhantes á legislação do mesmo Codigo* (1843); cf., aí, 153 ss.. Também no *Commentario* de TEIXEIRA DUARTE cit., 34, se faz a aproximação com o *Code*, justificando-se a autorização prévia – ob. cit., 41-42 – com a necessidade de proteger os incautos e as pequenas empresas.

120 *A experiência portuguesa*

para alguma operação mercantil em particular – e por outra parte por um ou mais individuos, que entram em associação com a sua industria somente.

Tinha traços da sociedade com sócios de indústria e da comandita. Subsequentemente, o Código FERREIRA BORGES versava outras figuras já não societárias: a sociedade tácita, a associação em conta de participação, a parceria mercantil e a associação de terceiro à parte de um sócio.

VI. O Código FERREIRA BORGES, quando lido em termos atualistas, apresenta-se ferido de evidentes arcaismos. Todavia, ele representou, na época, um grande avanço. Disse GASPAR PEREIRA DA SILVA, na obra em que coligiu as fontes do Código Comercial de 1833, precisamente a respeito das regras, neste contidas, sobre sociedades[275]:

> O nosso é, nesta parte, o mais amplo de todos, e é tambem nesta parte que mais se afasta dos outros codigos. O A. aproveitou muito da sua bem conhecida obra intitulada – Jurisprudencia do contracto mercantil de sociedade, impressa em Londres em 1830. (...)

O moderno Direito português das sociedades nasceu, assim, do melhor modo.

24. A Lei de 22 de Junho de 1867 (sociedades anónimas)

I. As *companhias* de FERREIRA BORGES não tiveram grande concretização prática[276]. O atraso na industrialização do País terá contribuído para essa incipiência: termos que foram reforçados pela escassez de capitais, subsequente às lutas liberais e pelas dificuldades de auto-organização das forças produtivas[277].

---

[275] GASPAR PEREIRA DA SILVA, *Fontes proximas do Codigo Commercial Portuguez* cit., 154.

[276] Segundo informa ARMANDO DE CASTRO, *Sociedades anónimas*, DHP VI (1979), 51-53 (52), em 1849, só havia 8 sociedades anónimas no País, das quais apenas uma era industrial.

[277] A legislação subsequente ao Código FERREIRA BORGES abolira o essencial da antiga organização comercial: assim, os Decretos de 14-Fev.-1834, de 8-Mai.-1834 e de 30-Jun.-1834, que extinguiram, respetivamente, o exclusivo das classes mercadoras e a Mesa do Bem Comum, o juiz e procurador do povo, os mesteres, a Casa dos Vinte e Qua-

§ 7.º O Código Ferreira Borges, a Lei de 22-Jun.-1867 e o Código de Seabra   121

A Regeneração tentou melhorar o quadro existente, tanto mais que surgiam tentativas de industrialização. A necessidade de revisão do Código de 1833 agudizou-se: aspiração datada do período imediatamente subsequente ao da sua aprovação[278], ela veio a intensificar-se, à medida que a evolução económico-social tornava desadaptados os seus textos. Sucederam-se algumas tentativas, sempre goradas por incipiência jurídico-científica ou por falta de continuidade, nos impulsos políticos[279]. Finalmente – e numa situação reforçada por diversas experiências estrangeiras, com relevo para a francesa, onde essa via fora seguida – optou-se por avançar com uma extravagante sobre sociedades anónimas. Assim foi aprovada a *Lei das Sociedades Anonymas*, de 22 de Junho de 1867[280].

II. A lei derivou de uma proposta apresentada, em 19 de Janeiro de 1867, por JOÃO DE ANDRADE CORVO, Ministro das Obras Públicas[281]. Com 59 artigos, a lei tinha o conteúdo seguinte:

> *Secção I* – Da natureza e designação das sociedades anónimas – artigo 1.º;
>
> *Secção II* – Da constituição das sociedades anónimas – artigos 2.º a 6.º;
>
> *Secção III* – Das ações e da sua transmissão – artigos 7.º a 12.º;
>
> *Secção IV* – Da administração e do conselho fiscal – artigos 13.º a 25.º;

---

tro e os grémios dos diferentes ofícios e a Junta do Comércio. Trata-se de matéria que pode ser confrontada em AZEVEDO E SILVA, *Commentario ao Novo Codigo Commercial Portuguez* 1 (1888), 91 ss.. A partir daí, caberia ao empresário tomar iniciativas e promover um novo tecido comercial. De todo o modo, assinale-se que a secção dedicada, por FERREIRA BORGES, às sociedades comerciais, tem sido considerada das menos perfeitas; cf. BARBOSA DE MAGALHÃES, *José Ferreira Borges*, em *Jurisconsultos Portugueses do Século XIX*, 2 (1960), 202-311 (299), bem como o relatório da proposta de lei, do futuro Código VEIGA BEIRÃO, DCDep. 1887, 606, 1.ª col..

[278] Logo em 1834, o deputado LACHER propôs a reforma do Código Comercial.

[279] AZEVEDO E SILVA, *Commentario ao Novo Codigo Commercial Portuguez* cit., 95 ss..

[280] *Manual* 2, 499 ss..

[281] E assinada, também, pelo Presidente do Gabinete, AUGUSTO CESAR BARJONA DE FREITAS. A proposta vinha antecedida de um interessante relatório, que traça as origens históricas das sociedades anónimas, referindo, por exemplo, o Banco de S. Jorge e as Companhias Coloniais. Ocupa-se, ainda, particularmente, do Direito comparado. Cf. DLx 24-Jan.-1867 (n.º 19), 193 (3.ª col.), e ss..

122 A experiência portuguesa

Secção V – Das assembleias gerais – artigos 26.º a 29.º;
Secção VI – Dos inventários, balanços e contas, fundos de reserva e dividendos – artigos 30.º a 34.º;
Secção VII – Publicações obrigatórias e declarações que devem conter os documentos que emanarem das sociedades anónimas – artigos 35.º a 37.º;
Secção VIII – Emissão de obrigações – artigos 38.º e 39.º;
Secção IX – Da dissolução das sociedades anónimas – artigos 40.º a 43.º;
Secção X – Liquidação – artigos 44.º a 46.º;
Secção XI – Acções e prescrição – artigos 47.º e 48.º;
Secção XII – Nulidade e disposições gerais – artigos 49.º a 52.º;
Secção XIII – Das sociedades anónimas estrangeiras – artigos 53.º a 56.º;
Secção XIV – Disposições especiais – artigos 57.º a 59.º.

III. A Lei de 22 de Junho de 1867 sobre sociedades anónimas apresentou-se desenvolvida e equilibrada, beneficiando das experiências nacional e estrangeira. As Leis francesas de 18 de Julho de 1856 e de 23 de Maio de 1863 tiveram o seu peso, embora seja de sublinhar que, a de 1867, data de 24 de Julho: um mês depois da nossa.

Apesar de teórica e praticamente incitante, a Lei de 22 de Junho de 1867 apenas conheceu, nos seus mais de 20 anos de vigência, um estudo doutrinário de relevo, surgido, aliás, nas vésperas da sua revogação: o *Commentario*, de TAVARES DE MEDEIROS[282]. E no entanto, ela veio colocar o Direito nacional das sociedades na sua época contemporânea[283], integrando-o, para mais, na vanguarda das experiências europeias.

A inclusão, no seu articulado, de disposições de ordem geral e, por vezes, de preceitos que descem a minúcias regulativas, explica-se pela falta de normas societárias gerais e de regras contabilísticas ou similares.

---

[282] JOÃO JACINTO TAVARES DE MEDEIROS, *Commentario da Lei das Sociedades Anonymas de 22 de Junho de 1867* (1886), 265 pp.; cf., aí, V e VI. O texto da lei, sem comentários, consta de FORJAZ DE SAMPAIO, *Annotações ou synthese annotada do Codigo de Commercio*, II (1875), 16 ss., de SOUSA DUARTE, *Diccionario de Direito Comercial* (1880), 455-467 e de edição oficial de *Codigo Commercial Portuguez, seguido de um appendice*, da Imprensa da Universidade de Coimbra (1879), 543 ss..

[283] MARIA DE LOURDES CORREIA E VALE, *Evolução da sociedade anónima* cit., 91, fala no "... primeiro estatuto jurídico do anonimato português".

§ 7.º O Código Ferreira Borges, a Lei de 22-Jun.-1867 e o Código de Seabra 123

Alguns dos seus aspetos técnicos devem ser referenciados. Desde logo, verifica-se a definitiva adoção do termo *sociedade anónima*, numa aproximação à terminologia francesa, em detrimento da italo-germânica: sociedade por ações. A definição de sociedade anónima, no artigo 1.º da Lei[284], passa a fazer-se por referência ao tipo de responsabilidade patrimonial, ao estilo germânico, e não, já, à sua designação[285].

IV. A grande novidade da Lei de 22 de Junho de 1867 foi o abandono do esquema do reconhecimento administrativo prévio, a favor do automático[286]. Segundo o seu artigo 2.º,

> As sociedades anonymas constituem-se pela simples vontade dos associados, sem dependencia de previa autorisação administrativa e approvação dos seus estatutos, e regulam-se pelos preceitos d'esta lei.

---

[284] Segundo o artigo 1.º, em causa, "Sociedades anonymas são aquellas em que os associados limitam a sua responsabilidade ao capital com que cada um subscreve".

[285] TAVARES DE MEDEIROS, *Commetario* cit., 9, referindo, inclusive, a influência do artigo 207.º do ADHGB.

[286] O Relatório, que antecedeu a publicação do diploma, considerou esta regra, da Lei de 1867, como "... o princípio mais importante n'ella consignado". Explicita, ainda, a esse propósito, o Relatório em causa – DLx cit., 1867, 194, 1.ª col.:

> (...) em toda a parte começa a reconhecer-se que a intervenção administrativa na fundação das sociedades anónimas é perigosa, e quasi inutil; e que a tutela do estado dá aos associados uma segurança enganadora, fazendo adormecer a vigilancia que é de rasão elles exerçam sobre os negocios sociaes, para defeza dos seus interesses. É portanto justo entregar à iniciativa particular a formação d'estas associações, sem que a sua instituição dependa de approvação previa, e sem que os seus estatutos estejam sujeitos a homologação.

O critério da total liberdade de constituição das sociedades anónimas, à margem de qualquer intervenção administrativa, foi proposta pelo Governo e totalmente aceite pela Câmara dos Deputados. A Câmara dos Pares introduziu, no entanto, um corretivo que a doutrina subsequente consideraria adequado: o que, surgindo no artigo 58.º da Lei, permitia ao Governo, através do Ministério Público, promover, no foro comercial, a dissolução das sociedades estabelecidas ou funcionando em violação às disposições legais. Cf. VISCONDE DE CARNAXIDE, *Sociedades anonymas/Estudo theorico e pratico de direito interno e comparado* (1913), 14-15. Trata-se de uma obra, devida e justamente assinalada, no seu tempo; J. M. VILHENA BARBOSA DE MAGALHÃES, *Sociedades anónimas*, GRLx 27 (1913), 225-226, noticiou o seu próximo aparecimento, recensionando-a, quando surgiu: GRLx 27 (1913), 636-637; por seu turno, a revista *O Direito* dispensou-lhe uma longa e entusiástica rec., pela pena de ARMELIN JUNIOR; cf. O Direito 46 (1914), 22-24, 50-52 e 47 (1915), 357-359 e *passim*. Quanto à Câmara dos Pares, cf. DLx 7-Mai.-1867 (n.º 102), 1585 ss..

124 *A experiência portuguesa*

O § único excetuava, depois, determinados sectores, com exemplo na banca. Como fonte desta medida, do maior alcance, é apontada a Lei inglesa de 16 de Julho de 1856[287]. Em França, a livre constituição de sociedades anónimas só foi parcialmente permitida pela Lei de 23 de Maio de 1863, sendo generalizada pela Lei de 24 de Julho de 1867, enquanto, em Espanha e na Alemanha, isso só sucederia, respectivamente, em 1869 e 1870. A lei portuguesa foi pioneira. Tratou-se de uma medida de liberdade económica mas, também, de liberdade política[288].

A liberalização resultou. O número de sociedades anónimas existentes no País multiplicou-se, rapidamente[289]. O próprio Direito comercial conheceu, neste período, um desenvolvimento considerável, ainda que não particularmente dedicado às sociedades comerciais.

25. O Código de SEABRA

I. Por Carta de Lei de 1 de Julho de 1867, foi aprovado o primeiro Código Civil português ou Código de SEABRA[290]. No que agora está em causa, o Código de SEABRA realizou uma primeira codificação da sociedade civil sob forma civil, inserida, entre os contratos, nos artigos 1240.º a 1317.º.

II. A definição dada por SEABRA à sociedade era suficientemente ampla para abranger quer o contrato, quer a organização dele resultante. Assim, segundo o artigo 1240.º do Código conhecido pelo seu nome:

---

[287] TAVARES DE MEDEIROS, *Commentario* cit., 27; até 1837, as sociedades "anónimas" inglesas careciam de outorga parlamentar e, até 1856, de reconhecimento do Governo.

[288] A livre constituição de sociedades comerciais foi aproximada do direito originário de associação, referido no artigo 359.º do Código de SEABRA: VISCONDE DE CARNAXIDE, *Sociedades Anonymas* cit., 33-34. Quanto ao pioneirismo da lei portuguesa, CAETANO MARIA BEIRÃO DA VEIGA, *O valor da técnica na administração das sociedades anónimas*, EF/Anais 15 (1946), 59-86 (80).

[289] Segundo ARMANDO DE CASTRO, *Sociedades anónimas* cit., 52, o número de sociedades anónimas, que era de 8, em 1849, passou, graças à Lei de 22 de Junho de 1867, para 136, em 1875.

[290] De ANTONIO LUIZ DE SEABRA, mais tarde VISCONDE DE SEABRA, o ilustre Autor do Projeto. Quanto à preparação e à aprovação deste importante diploma: *Tratado de Direito civil*, I/1, 3.ª ed., 123 ss..

É licito a todos os que podem dispôr de seus bens e industria associar-se com outrem, pondo em commum todos os seus bens ou parte d'elles, a sua industria, simplesmente, ou os seus bens e industria conjuntamente, com o intuito de repartirem entre si os proveitos e perdas, que possam resultar d'esse communhão. É o que se chama sociedade.

O sistema então delineado será exposto a propósito das sociedades civis sob forma civil[291].

---

[291] *Manual*, 2, 27 ss..

§ 8.º O CÓDIGO VEIGA BEIRÃO E A LEI DE 11-ABR.-1901

26. O Código Comercial de 1888

I. A discussão da reforma do Código Comercial começou, praticamente, logo após a aprovação do Código FERREIRA BORGES, dando azo a inúmero material[292].

Como se sabe, o Código VEIGA BEIRÃO está dividido em três livros[293]:

I – Do comércio em geral;
II – Dos contratos especiais do comércio;
III – Do comércio marítimo.

II. As sociedades mereceram, do Código de 1888, 119 artigos que preenchem o Título II, do Livro II. Eis o seu conteúdo:

Capítulo I – Disposições gerais:
Secção I   – Da natureza e espécies de sociedades – 104.º a 112.º;
Secção II   – Da forma do contrato de sociedade – 113.º a 117.º;
Secção III   – Das obrigações e direitos dos sócios – 118.º e 119.º;
Secção IV   – Da dissolução – 120.º a 123.º;
Secção V   – Da fusão – 124.º a 127.º;
Secção VI   – Da prorrogação – 128.º e 129.º;
Secção VII – Da liquidação e partilha – 130.º a 144.º;
Secção VIII – Das publicações – 145.º;
Secção IX   – Das acções – 146.º a 149.º;
Secção X   – Das prescrições – 150.º

---

[292] *Manual de Direito comercial*, 2.ª ed., 94 ss..
[293] *Idem*, 97.

§ 8.º O Código Veiga Beirão e a Lei de 11-Abr.-1901   127

Capítulo II – Das sociedades em nome colectivo – 151.º a 161.º;
Capitulo III – Das sociedades anónimas:

Secção I — Da constituição das sociedades anónimas – 162.º a 165.º;

Secção II — Das acções – 166.º a 170.º;

Secção III — Da administração e fiscalização – 171.º a 178.º;

Secção IV — Das assembleias gerais – 179.º a 187.º;

Secção V — Dos inventários, balanços, contas, fundos de reserva e dividendos – 188.º a 192.º;

Secção VI — Das publicações obrigatórias – 193.º e 194.º;

Secção VII — Da emissão de obrigações – 195.º a 198.º;

Capítulo IV – Das sociedades em comandita – 199.º a 206.º;
Capítulo V – Disposições especiais às sociedades cooperativas – 207.º a 223.º.

A sistematização da matéria atinente às sociedades comerciais demonstra uma articulação evoluída. São autonomizadas disposições gerais e tipificados, depois, os modelos de sociedades comerciais, então em uso. Em geral, pode dizer-se que, além de matéria proveniente do Direito anterior, o legislador teve em mente os artigos 87.º e seguintes do Código de Comércio italiano, de 1882[294].

III. O Código VEIGA BEIRÃO elaborou o regime da administração das sociedades anónimas: aflora, de novo, o papel primordial desempenhado por esse tipo societário, reforçado, agora, pela experiência da Lei de 22 de Junho de 1867. O tema da administração foi, efectivamente, a pedra de toque de toda a evolução societária, durante este período.

O artigo 171.º confiava a administração das sociedades anónimas a uma direção e a fiscalização a um conselho fiscal, uma e outro eleitos pela assembleia geral. O artigo 172.º predispunha, já, uma certa conceção da posição dos administradores:

A eleição dos directores será feita de entre os sócios por tempo certo e determinado não excedente a três anos e sem prejuízo da revogabilidade do mandato, sempre que qualquer assembleia geral o julgue conveniente.

---

[294] *Vide* o desenvolvimento do *Codice*, em ALBERTO MARGHIERI, *Manuale del diritto commerciale italiano*, 2.ª ed. (1902), 137 ss..

128 *A experiência portuguesa*

O artigo 173.°, sob uma aparente simplicidade, sintetizava os conhecimentos disponíveis, em 1888, sobre a responsabilidade dos administradores:

> Os directores das sociedades anónimas não contraem obrigação alguma pessoal ou solidária pelas operações da sociedade; respondem, porém, pessoal e solidariamente, para com ela ou para com terceiros, pela inexecução do mandato e pela violação dos estatutos e preceitos da lei.

Seguiam-se 4 parágrafos que, na técnica legislativa da época, comportavam precisões importantes:

> § 1.° Desta responsabilidade são isentos os diretores que não tiverem tomado parte na respectiva resolução, ou tivessem protestado contra as deliberações da maioria antes de lhes ser exigida a competente responsabilidade.
> § 2.° Os directores de qualquer sociedade anónima não podem fazer por conta da sociedade operações alheias ao seu objecto ou fim, sendo os factos contrários a este preceito considerados violação expressa do mandato.
> § 3.° É expressamente proibido aos directores destas sociedades negociar por conta própria, directa ou indirectamente, com a sociedade, cuja gerência lhes estiver confiada.
> § 4.° Os directores de qualquer sociedade anónima não poderão exercer pessoalmente comércio ou indústria iguais aos da sociedade, salvo os casos de especial autorização concedida expressamente em assembleia geral.

O artigo 174.° obrigava os diretores a caucionar a sua gerência nos termos previstos nos estatutos ou determinados em assembleia geral.

O Código VEIGA BEIRÃO foi cauteloso, no tocante à responsabilização dos administradores[295]. O espírito do diploma é, ainda, ilustrado com o entendimento, dele havido, na época, no sentido de deixar incólumes os direitos adquiridos, ao abrigo de leis anteriores[296].

---

[295] ANTÓNIO MACIEIRA, *Do problema jurídico nacional/Sociedades anonymas/ /Inquilinato commercial/Direito marítimo*, GRLx 24 (1910), 153-154 (153), sublinhava a insuficiência das garantias dos acionistas e dos obrigacionistas e a necessidade, estatutariamente consignada, de passar pela assembleia geral, antes de ir a juízo; o Código Comercial teria poucas regras e estas, na maioria dos casos, seriam facultativas.

[296] Assim sucedeu no caso da Companhia das Lezírias, decidida por RLx 30-Mai.- -1923 (CARVALHO MÈGRE), GRLx 37 (1923), 100-107: a Companhia das Lezírias do Tejo e Sado fora instituída por Decreto de 1858, portanto ao abrigo do Código FERREIRA BOR-

27. A Lei de 11-Abr.-1901 (sociedades por quotas)

I. A Lei das Sociedades por Quotas, de 11 de Abril de 1901, teve, na sua origem, a receção do regime alemão das sociedades de responsabilidade limitada, aprovada, como foi referido, por um diploma de 1892[297].

Coube, ao Ministro dos Negócios Eclesiásticos e da Justiça, ARTUR ALBERTO DE CAMPOS HENRIQUES, apresentar, em 22de Fevereiro de 1901, a Proposta de Lei n.º 9-A, sobre sociedades por quotas de responsabilidade limitada. O competente relatório faz algumas referências históricas e comparatísticas. A Comissão de Legislação deu parecer favorável, impressionada pelos exemplos das nações comerciais mais fortes do Mundo.

Na discussão parlamentar, não faltaram acusações de ligação estreita ao modelo alemão. O maior opositor foi VEIGA BEIRÃO, no seu papel de *leader* da minoria progressista: seria, segundo ele, desejável estabelecer a *sociedade limitada*, baseada no Código Comercial, mas caracterizada pela limitação da responsabilidade dos seus sócios. O Ministro manteve a defesa do novo tipo, intervindo, ainda, ARTUR MONTENEGRO, que preferiria que se partisse das sociedades anónimas.

Mau grado esta diversidade, o projeto acabou por ser votado e aprovado[298].

II. A LSQ, de 65 artigos, foi sistematizada em 9 capítulos:

    I – Da natureza e da constituição das sociedades – 1.º a 5.º;
    II – Das quotas, pagamentos suplementares e dividendos – 6.º a 25.º;
    III – Da administração e fiscalização – 26.º a 34.º;
    IV – Das deliberações sociais – 35.º a 40.º;
    V – Das alterações do pacto social e da dissolução da sociedade – 41.º a 43.º;

GES; os seus estatutos, entre outras particularidades, limitavam a assembleia geral aos 100 maiores acionistas e proibiam representações; entendeu o Tribunal de Lisboa, aliás apoiado em excelente parecer de ABEL DE ANDRADE e outros, *Companhia das Lezírias/Parecer*, GRLx 37 (1923), 81-100, que esses dispositivos sobreviveram à Lei de 1867 e ao Código VEIGA BEIRÃO, cujas normas imperativas respeitavam.

[297] *Manual* 2, 211 ss.; *vide supra*, 96 ss..

[298] Estes e outros elementos podem ser confrontados em RAÚL VENTURA, *Sociedades por quotas*, 1 (1987), 10 ss. e *Apontamentos para a reforma das sociedades por quotas de responsabilidade limitada*, BMJ 182 (1969), 25-196 (25 ss.).

130 *A experiência portuguesa*

VI – Das publicações sociais e do registo – 44.º e 45.º;
VII – Das acções e prescrições – 46.º a 49.º;
VIII– Da emissão de obrigações e das operações bancárias – 50.º e 51.º;
IX – Disposições gerais -52.º a 65.º.

Uma vez publicada, a LSQ mereceu uma atenção particular da doutrina. Entre os comentaristas, cumpre referir AZEVEDO SOUTO[299] e SANTOS LOURENÇO[300].

III. No tocante à responsabilidade dos administradores, a LSQ deixava claro o papel condutor das sociedades anónimas: segundo o seu artigo 31.º,

> A responsabilidade e, em geral, os direitos e obrigações dos gerentes regulam-se, na parte aplicável, pelas disposições da lei comercial quanto aos directores das sociedades anónimas.
> § único. Os gerentes poderão ser dispensados de caução pela escritura social.

Este aspeto é importante. As sociedades por quotas conheceram um vivo sucesso, também entre nós. Por razões que se prendem com a estrutura económica do País, assente em pequenas empresas e na possibilidade que as sociedades por quotas têm de dar corpo a agremiações de tipo familiar, as sociedades por quotas tornaram-se no tipo societário mais utilizado.
Diversos institutos societários, primeiro oriundos das sociedades anónimas, vieram a desenvolver-se, nas sociedades por quotas.

---

[299] ADOLPHO DE AZEVEDO SOUTO, *Lei das sociedades por quotas anotada*, 2.ª ed. (1922); a 1.ª ed. é anterior a 1917, uma vez que tem um prefácio de VEIGA BEIRÃO; há 3.ª ed., de 1941 e 4.ª ed., de 1955; a partir da 5.ª, de 1963, as atualizações foram levadas a cabo por MANUEL BAPTISTA DIAS DA FONSECA, a quem se devem, ainda, a 6.ª ed., de 1968 e a 7.ª, de 1972. A 2.ª ed., aqui citada, tem em anexo – 259 ss. – uma tradução portuguesa, da responsabilidade do Autor, do *GmbHG* alemão.
[300] SANTOS LOURENÇO, *Das sociedades por cotas/Comentário à Lei de 11 de Abril de 1901* (s/d, mas 1926), 2 volumes.

§ 9.° **OS SÉCULOS XX e XXI**

28. **Generalidades**

I. A evolução do Direito português das sociedades foi, no século XX, marcado por quatro grandes temas:

– a fiscalização;
– a codificação;
– a mobiliarização;
– a europeização.

Podemos considerar que estes quatro temas se sucederam, no tempo, precisamente pela ordem indicada. E por essa ordem eles acabaram por ser enquadrados e, de certo modo, resolvidos.

II. Torna-se importante sublinhar que os apontados temas não constituíram, apenas, pontos carecidos de especial regulação. Eles antes se apresentaram como áreas problemáticas que exigiram, dos estudiosos e dos reformadores, novos contributos jurídico-científicos. De seguida, numa projeção em que o Direito das sociedades é especialmente pródigo, todos estes aspetos exigiram, dos agentes jurídico-económicos, novas atuações especialmente adequadas aos vetores em jogo. A jurisprudência e a doutrina acompanharam, tornando o Direito das sociedades dos finais do século XX, irreconhecível, perante os seus inícios.

III. Nos finais do século XX, princípios do século XXI, começou a tomar corpo um outro fator evolutivo: a receção de elementos jurídicos anglo-saxónicos. Primeiro subtil, ela veio a intensificar-se, prenunciando, tanto quanto parece, um novo dado a ter em conta.

132 *A experiência portuguesa*

29. O problema da fiscalização

I. Um dos primeiros motores da evolução do Direito das sociedades em Portugal, na primeira metade do século XX, tem a ver com a sua fiscalização.

Até 1867, o problema não se pôs, dado o número escasso de sociedades existentes. Também no período de vigência da Lei de 22 de Junho de 1867, nada há a apontar. Porém, no final do século, já sob a vigência do Código VEIGA BEIRÃO, o incremento das sociedades e a verificação de crises cíclicas levaram os Governos a reagir. Recorde-se, aliás, que fenómenos semelhantes ocorreram, nesse mesmo período, noutros países europeus.

Particularmente impressivo foi o *crash* de 1891, com situações de falência da Companhia Real dos Caminhos de Ferro, do Banco Lusitano e do Banco do Povo[301]. Esses eventos levaram o VISCONDE DE CARNAXIDE, então deputado, a apresentar um projeto de lei,

> (...) destinado a evitar, quanto possível, que as sociedades anonymas, quer bancos, quer companhias, possam continuar a coberto da limitação da sua responsabilidade e da inefficacia da actual fiscalisação, a defraudar os seus credores, ou sejam depositantes, ou sejam obrigacionistas[302].

A ideia seria admitir, no caso de crise, a intervenção do Governo, através de comissários especiais. Levantaram-se vozes de crítica, com relevo para JOSÉ BENEVIDES que preferiria:

> (...) uma determinação precisa e rigorosa da responsabilidade civil e penal dos directores e fiscaes das sociedades anonymas (...)[303].

De todo o modo, o Decreto de 12 de Julho de 1894, relativo a *instituições bancárias* e visando combater:

---

[301] Segundo informa o VISCONDE DE CARNAXIDE, *Sociedades Anonymas* cit., 17-18, a primeira foi reparada com um convénio fundado em lei especial, a segunda foi enfrentada com uma concordata e a terceira ficou sem solução.

[302] ANTONIO BAPTISTA DE SOUSA, *Projecto de lei relativo à fiscalização de sociedades anonymas* (1892), 3.

[303] JOSÉ BENEVIDES, *Um projecto de lei e a responsabilidade na gerência das sociedades anonymas* (1893), 27.

§ 9.º Os séculos XX e XXI

O desvairamento da especulação [que] invadiu o mundo inteiro acarretando consigo, como resultado, transformar por vezes instituições destinadas a fomentar o commercio e auxiliar o trabalho, em instrumentos provocadores das ruinas (...)[304].

adotou a proposta do VISCONDE, em parte, e no tocante àquelas instituições – artigos 14.º e 15.º[305]. O esquema foi retomado pela Lei de 3 de Abril de 1896 – artigos 15.º e 16.º[306].

II. O projeto do VISCONDE DE CARNAXIDE e a discussão havida, a esse propósito, permitem documentar os dois caminhos possíveis, quanto à fiscalização das sociedades anónimas: a fiscalização pelo Estado e o controlo interior, através de responsabilização dos administradores. Com os antecedentes dos diplomas de 1894 e de 1896, a legislação da República inclinar-se-ia, de modo decidido, para a primeira das duas opções.

Assim, um Decreto de 13 de Abril de 1911, do Governo Provisório, veio dispor,

> Artigo 1.º É instituída a fiscalização de todas as sociedades anonymas a cargo de uma Repartição Technica, cuja organização e attribuições constam do regulamento annexo.

A fiscalização incidia, essencialmente, sobre a escrita e outros documentos[307]. O Regulamento foi revogado, pelo artigo 19.º da Lei do Orçamento, de 30 de Junho de 1913; porém, alguns dos seus artigos foram, de novo, postos em vigor, pelo Decreto n.º 24, de 7 de Julho de 1913, que regulou o funcionamento do serviço de fiscalização das sociedades anónimas e a situação dos respetivos funcionários[308].

---

304 *Vide* o *Relatório*, em CLP 1894, 214-217 (214). Faz-se, aí, referência ao projeto de BAPTISTA DE SOUSA – ob. cit., 215 – em termos que provocaram o protesto deste – cf. VISCONDE DE CARNAXIDE, *Sociedades Anonymas* (1913), 19-20.

305 CLP 1894, 217-219 (219, 1.ª col.).

306 CLP 1894, 57-59 (58).

307 O *Regulamento da fiscalização das sociedades anonymas,* de 13-Abr.-1911, assinado pelo Ministro das Finanças JOSÉ RELVAS, pode ser confrontado na CLP 1911, 2072-2077. Note-se que este Regulamento, mau grado o título, abrangia, também, as sociedades por quotas.

308 CLP 1913, 343-344.

134 *A experiência portuguesa*

III. A fiscalização das sociedades, particularmente das anónimas, foi discutida, durante todo o período do Estado Novo, sendo certo que se mantiveram, fortes, as tendências para uma fiscalização estadual, um tanto ao arrepio das experiências exemplares, registadas noutros países europeus. A Lei n.º 1:936, de 18 de Março de 1936, autorizou o Governo a modificar, oportunamente, o regime de fiscalização das sociedades anónimas, de modo a ser realizada, com a intervenção de técnicos especializados e ajuramentados, designados por entidade estranha à sociedade[309]. Porém, o Governo só se desempenharia, anos depois, aprontando uma *Proposta de lei relativa à fiscalização das sociedades por acções*.

A *Proposta* em causa foi remetida à Câmara Corporativa. Esta elaborou um parecer, relatado por PAULO CUNHA, e subscrito, ainda, por importantes nomes, entre os quais FEZAS VITAL, MARCELLO CAETANO, MACHADO VILELLA, JOSÉ GABRIEL PINTO COELHO e FERNANDO EMÍDIO DA SILVA. Aí, fez-se notar que havia uma série longa de diplomas que permitiam, às Finanças, fiscalizar as sociedades, faltando, contudo, regras no tocante à verifica-

---

[309] Lei n.º 1:936, de 18 de Março de 1936, Base VII. Esta Lei veio promulgar diversas disposições, acerca de coligações económicas; o seu conteúdo revela um misto de intervenção governamental na economia e de defesa da concorrência, surgindo, a concluir, a fiscalização das sociedades anónimas. Assim:

Base I

O Governo poderá ordenar a substituição, total ou parcial, das direcções dos organismos corporativos, mandando proceder a nova eleição, quando verifique que actuam em sentido diverso do imposto pelos objectivos económicos próprios de organização corporativa.

(...)

Base III

O Governo poderá dissolver todas as coligações económicas que exerçam uma actuação contrária aos objectivos da economia nacional corporativa.

(...)

Base IV

São ilegais todos os acordos, combinações e coligações que tenham por fim restringir abusivamente a produção, o transporte ou o comércio dos bens de consumo, sendo os promotores e contraentes punidos com multa (...)

ção das contas em si. A fiscalização impor-se-ia para o bem das próprias empresas, sendo, porém, difícil criar auditores bastantes, uma vez que haveria 533 sociedades por ações. A hipótese do regresso à autorização governamental para a constituição de sociedades por ações, é rejeitada. Os verificadores seriam organizados, em termos de independência, podendo o conselho fiscal ser, facultativamente, conservado. O parecer concluía com a proposta de novo texto[310].

O diploma foi discutido, na então Assembleia Nacional, sob a presidência de Alberto dos Reis, tendo-se verificado intervenções curiosas e interessantes, nomeadamente, de Ulisses Cortês[311] e de Águedo de Oliveira[312], sendo, finalmente, aprovado como Lei n.º 1:995, de 17 de Maio de 1943[313]. Os aspetos mais marcantes, deste diploma, resultam das bases seguintes:

Base II

1. A fiscalização será exercida por peritos ajuramentados e com intervenção do tribunal.

2. Os peritos fazem parte de um organismo colegial denominado *Câmara dos Verificadores das Sociedades por Acções.*

(...)

Base III

A constituição das sociedades por acções depende de prévia apreciação do tribunal, quanto à sua conformidade com a lei e respectivos elementos de facto.

Base IV

1. A Câmara dos Verificadores gozará de autonomia, com as limitações desta lei.

---

[310] Paulo Cunha (rel.), *Fiscalização das sociedades anónimas/Parecer*, DSess n.º 19, de 12-Mar.-1943, 172-194 (172-174, 175, 179-180, 181-182 e 191-194).

[311] Ulisses Cortês, DSess 1943, 307, faz, designadamente, uma resenha da evolução histórica, no tocante à fiscalização das sociedades anónimas.

[312] Águedo de Oliveira, DSess 1943, 303, um tanto ao sabor da ideologia dominante no tempo, compara as desventuras das sociedades anónimas às da democracia, referindo uma "... revolta dos factos contra o Código de Beirão".

[313] A Lei n.º 1:995, de 17 de Maio de 1943, abrange 26 bases, repartidas por 5 capítulos: I – Disposições gerais; II – Fiscalização da constituição das sociedades por acções; III – Fiscalização do funcionamento das sociedades por acções; IV – Câmara dos verificadores das sociedades por acções; V – Disposições especiais e transitórias.

136 *A experiência portuguesa*

2. O número de verificadores será fixado por decreto e irá sendo aumentado à medida das necessidades e possibilidades, sem prejuízo da rigorosa selecção dos candidatos.

(...)

Os verificadores recebiam uma larga competência, no domínio da fiscalização.

Carecida de regulamentação, que nunca viria a ser aprovada[314], a Lei n.º 1:995, de 17 de Maio de 1943, acabou por nunca vigorar, dando lugar a um "... insucesso ...", nas palavras do preâmbulo do Decreto-Lei n.º 49.381, de 15 de Novembro de 1969[315]. Não será arriscado avançar que tal "... insucesso ..." ficou a dever-se a um excesso de intervenção estadual nas sociedades anónimas, pouco consonante com a inclusão do País no bloco ocidental, após o termo da II Guerra Mundial.

IV. Seguiu-se o Decreto-Lei n.º 49.381, de 15 de Novembro de 1969, praticamente acolhido no Código das Sociedades Comerciais. Esse diploma veio tentar um compromisso entre as duas correntes que, desde as críticas de BENEVIDES ao projeto do VISCONDE DE CARNAXIDE, há quase um século se defrontavam: a de uma fiscalização exterior das sociedades e a da fiscalização interior, através de órgãos e dos próprios sócios e concretizada, se necessário, na responsabilidade civil.

Apesar de aprovado sob a forma de Decreto-Lei, o diploma aqui em causa, então como Projeto de Decreto-Lei n.º 13/IX, foi expedido para pare-

---

[314] Não obstante, chegou a ser publicado um *Projecto de Decreto Regulamentar da Lei n.º 1:995*, "... elaborado por alguns professores de direito, membros da Comissão de Revisão do Código Civil, revisto no Ministério da Justiça": BMJ 25 (1951), 157-195. Tratava-se de um projeto complexo, de 96 artigos, em seis capítulos, pormenorizado e tecnicamente bem elaborado. O interesse suscitado, na época, pela fiscalização das sociedades anónimas, ressalta, ainda, no escrito de RUY ENNES ULRICH, *Sociedades anónimas e sua fiscalização*, ROA 1941, 1, 14-27, onde se esquematizam os regimes vigentes na época, incluindo o português, fazendo-se, em paralelo, um certo apelo aos valores tradicionais das sociedades anónimas e na obra de JOSÉ PIRES CARDOSO, *Problemas do anonimato – II Fiscalização das sociedades anónimas* (1943), onde são ponderadas as experiências italiana (25 ss.), francesa (66 ss.), inglesa (114 ss.) e alemã (164 ss.).

[315] DG, I Série, n.º 268, de 15-Nov.-1969, 1665.

§ 9.° Os séculos XX e XXI   137

cer da Câmara Corporativa. Esta desempenhou-se, elaborando o parecer n.° 32/IX, de que foi relator ADELINO DA PALMA CARLOS e sendo subscritores, também, MARQUES GUEDES, PIRES DE LIMA, TRIGO DE NEGREIROS, BURSTORFF SILVA, JOSÉ PIRES CARDOSO, MANUEL ANDRADE E SOUSA e PAULO CUNHA. O parecer era relativamente crítico, sublinhando ter-se acompanhado o modelo francês. Relevou-se, entre outros aspetos, que não faria sentido prever a responsabilidade do conselho fiscal e não a dos administradores. Vinha proposto um articulado alternativo[316]. Houve dois votos de vencido: um de PIRES CARDOSO[317] e outro de PAULO CUNHA[318]: ambos consideravam globalmente inadequado o texto do projeto, preferindo, antes, que se providenciasse uma regulamentação para a Lei n.° 1:995.

Na parte atinente à fiscalização, a regra fundamental constava do artigo 1.°/3: um dos membros do conselho fiscal ou o fiscal único e um suplente têm de ser designados de entre os inscritos na lista de revisores oficiais de contas: uma regra que, hoje, consta do artigo 414.°/2 do Código das Sociedades Comerciais. O artigo 43.° previa uma regulamentação para as atividades de revisor oficial de contas e de sociedades de revisão: matéria que estudaremos mais adiante.

30. A recodificação e a sua necessidade

I. O problema da fiscalização dominou largamente a panorâmica do Direito das sociedades comerciais, quase até às vésperas da preparação do Código de 1986.

Para além desse ponto, e descontando a já referida Lei de 11 de Abril de 1901, relativa às sociedades por quotas, deu-se toda uma evolução legislativa que acabaria por suscitar o problema da codificação do Direito das sociedades. Assim:

O Decreto n.° 1:645, de 15 de Junho de 1915, autorizou as sociedades anónimas, por deliberação das assembleias gerais extraordinárias, a criar

---

[316] ADELINO DA PALMA CARLOS (rel.), *Regime de fiscalização das sociedades anónimas/Parecer*, ACC n.° 149 de 8 de Outubro de 1969 = CC/Pareceres (IX Legislatura) Ano de 1969 (1970), 897-947 (cita-se por esta última publicação), 898, 925 e 926 e 942.

[317] CC/Pareceres 1969 cit., 942-946.

[318] CC/Pareceres 1969 cit., 946-947.

A experiência portuguesa

ações privilegiadas, conferindo aos seus possuidores preferência quer sobre os lucros, quer sobre o capital, quer sobre ambas as coisas, salvo se os estatutos contiverem disposição proibitiva expressa. Este Decreto foi suspenso pela Lei n.° 338, de 30 de Julho de 1915 e reposto em vigor, com alterações, pelo Decreto n.° 4:118, de 18 de Abril de 1918.

O Decreto n.° 10:634, de 20 de Março de 1935, no seu artigo 68.° declarou que se considerassem abandonadas e, como tal, pertença do Estado, as ações cujos direitos não sejam exercidos durante 20 anos; e pelo seu artigo 69.°, revertem para o Estado os dividendos não reclamados pelos acionistas.

O Decreto n.° 16:731, de 13 de Abril de 1931, no seu artigo 137.°, § único, determinou que o balanço e o relatório do conselho fiscal das sociedades anónimas, sejam aprovados no prazo de três meses depois do termo do exercício.

O Decreto de 3 de Abril de 1896 e o de 27 de Agosto do mesmo ano vieram dispor quanto à emissão de obrigações.

II. Na fase final do Estado Novo, particularmente sob o impulso doutrinário do Prof. RAÚL VENTURA, surgiram alterações legislativas importantes, no campo das sociedades comerciais.

Assim:

– o Decreto-Lei n.° 49 381, de 15 de Novembro de 1969, referente à fiscalização das sociedades e à responsabilidade dos administradores;
– o Decreto-Lei n.° 598/73, de 8 de Novembro, relativo à fusão e à cisão de sociedades; em causa estava já a transposição de Diretrizes comunitárias.

III. Com a Revolução de 1974-75, que assumiu, em determinado momento do seu roteiro, uma feição socialista estatizante, as sociedades perderam importância, substituídas pelas empresas públicas. Estas, todavia, não chegaram a criar uma cultura própria, tendo adotado, em diversas dimensões, os quadros próprios das sociedades. A subsequente liberalização da economia deu um novo impulso aos instrumentos societários. As reformas multiplicaram-se, ampliadas pelas necessidades da integração europeia e pelo papel do mercado mobiliário.

Tudo isso conduziu à necessidade de uma recodificação do Direito das sociedades, necessidade essa que originou o Código das Sociedades

Comerciais de 1986. Abaixo examinaremos a sua génese e o seu teor geral[319].

31. A mobiliarização

I. Propomos o neologismo "mobiliarização" para reduzir o tratamento das sociedades, particularmente das comerciais, enquanto entidades emissoras de valores mobiliários.

Recordamos que, segundo o artigo 1.º/1 do CVM[320]:

> São valores mobiliários, além de outros que a lei como tal qualifique:
>
> *a)* As ações;
> *b)* As obrigações;
> *c)* Os títulos de participação;
> *d)* As unidades de participação em instituições de investimento coletivo;
> *e)* Os *warrants* autónomos;
> *f)* Os direitos destacados dos valores mobiliários referidos nas alíneas anteriores *a)* a *d)*, desde que o destaque abranja toda a emissão ou série ou esteja previsto no ato de emissão;
> *g)* Outros documentos representativos de situações jurídicas homogéneas, desde que sejam suscetíveis de transmissão em mercado.

O CVM propõe-se, à partida – artigo 2.º/1 – regular:

> (...) os valores mobiliários, as ofertas públicas a eles relativas, os mercados onde os valores mobiliários são negociados, a liquidação e a intermediação de operações sobre valores mobiliários, bem como o respetivo regime de supervisão e sancionatório.

Simplesmente, a partir daqui, o CVM acaba por estabelecer regras complexas aplicáveis, pelo menos, às sociedades abertas ou sociedades com o capital aberto ao investimento do público – artigo 13.º/1.

---

[319] *Infra*, 145 ss..
[320] Redação dada pelo Decreto-Lei n.º 66/2004, de 24 de Março.

140 *A experiência portuguesa*

II. Entre as múltiplas regras mobiliárias que se aplicam às sociedades, salientamos:

– o dever de prestar informações completas e fidedignas – artigos 7.º e 8.º[321] e 244.º[322] e seguintes;
– o dever de proceder a diversas comunicações – artigos 16.º e seguintes;
– o dever de igual tratamento – artigo 15.º;
– múltiplos deveres de atuação, assim como diversos ónus e encargos.

Quanto a tais deveres, ónus e encargos, temos, como exemplos:

– regras especiais quanto a deliberações sociais – artigos 22.º e 23.º – e quanto à sua suspensão – artigo 24.º – bem como quanto ao aumento de capital – 25.º e 26.º;
– regras quanto aos valores mobiliários, que enformam diretamente, entre outros, as ações e obrigações – artigos 39.º e seguintes; ficam envolvidas regras de legitimação – artigos 55.º e seguintes;
– regras quanto ao registo dos valores mobiliários – artigos 61.º e seguintes, que dobram toda a matéria do clássico registo comercial;
– regras quanto à transmissão, constituição e exercício dos direitos – artigos 80.º e seguintes – num dispositivo que interfere no exercício de todos os direitos dos sócios;
– regras quanto a ofertas públicas – artigos 109.º e seguintes[323]; a aquisição de diversas posições sociais é atingida em profundidade;
– regras sobre crimes e ilícitos de mera ordenação social, que atingem diversos operadores societários – artigos 378.º e seguintes, todos do CVM[324].

III. Podemos hoje dizer que, no tocante a sociedades abertas e, ainda, a outras situações, os mais diversos passos próprios do funcionamento das

---

[321] Redação dada pelo Decreto-Lei n.º 52/2006, de 15 de Março.

[322] Sendo de notar o artigo 245.º-A, introduzido pelo Decreto-Lei n.º 219/2006, de 2 de Novembro.

[323] Com alterações introduzidas pelos Decretos-Leis n.os 52/2006, de 15 de Março e 219/2006, de 2 de Novembro.

[324] Com alterações introduzidas pelo Decreto-Lei n.º 52/2006, de 15 de Março.

§ 9.º *Os séculos XX e XXI* 141

sociedades é pautado por numerosas regras mobiliárias. Portugal é, aliás, o País que maior densidade apresenta, nesse domínio.

Como se chegou a esta situação e qual o seu significado?

IV. A existência de bolsas de valores – portanto: de mercados especializados onde se procedia à troca ou à compra de títulos representativos de mercadorias, de empréstimos ou de posições societárias – era já antigo[325]. O Código Comercial de 1888 tratava, nos seus artigos 64.º a 81.º, dos corretores[326], nos artigos 82.º a 92.º, das bolsas[327] e nos artigos 351.º a 361.º, das operações de bolsa[328]. Durante quase um século, foi suficiente: essas disposições, de resto, não buliam com o funcionamento das sociedades, as quais operavam essencialmente, em termos económicos e na base da riqueza que produziam. Com um primeiro aceno antes de 1974 e, depois, a partir da década de oitenta, deu-se uma popularização do nascente mercado mobiliário. Este foi crescendo, absorvendo os mais diversos valores e fazendo disparar as cotações, dada a insuficiência de títulos disponíveis.

A partir daí, as sociedades podiam operar apenas enquanto meios de grangear capital financeiro, facultando a sua reprodução[329]. Havia que tomar medidas, protegendo o público, o mercado e as próprias sociedades. Assim se deu um crescimento exponencial do Direito mobiliário, de que o CódMVM de 1991 é o mais acabado exemplo. Extremamente complexo, o CódMVM provocou os maiores problemas aquando da sua aplicação: foi um fator que desincentivou seriamente o recurso ao mercado de capitais, por parte de numerosas empresas, para se financiarem[330]. Impunha-se uma

---

[325] Remonta, entre nós, ao séc. XIV; *vide* RUY ENNES ULRICH, *Da bolsa e suas operações* (1906), 23 ss..

[326] *Vide* LUIZ DA CUNHA GONÇALVES, *Comentário ao Código Comercial Português*, vol. I (1914), 146 ss., com interessantes elementos históricos.

[327] *Idem*, 165 ss..

[328] *Idem*, vol. II (1916), 358 ss..

[329] FILIPE CASSIANO SANTOS, *Estrutura associativa e participação societária capitalística* (2002), IX, X e *passim*, generalizando, pensamos que em excesso, esta ideia.

[330] A complexidade do CódMVM foi, ainda, agravada pela prática, por vezes causticante, da CMVM; esta, mais do que um fator de regulação do mercado, chegou a funcionar como uma entidade policial, cerceando iniciativas empresariais incólumes (caso das OPAs estatutárias) e facultando atuações que a própria reconheceu enganadoras do público (caso LUSOMUNDO/INVESTEC).

142 *A experiência portuguesa*

reforma simplificadora e clarificadora. Esta viria a ser decidida por ANTÓNIO DE SOUSA FRANCO, Ministro das Finanças e confiada a uma Comissão presidida por CARLOS FERREIRA DE ALMEIDA. Daqui resultou o CVM, mais claro e adequado, embora ainda complexo[331].

V. A mobiliarização do Direito das sociedades tem traços de universalidade. Na experiência portuguesa, ela foi demasiado longe, prejudicando o mercado de capitais. Impõem-se reformas corajosas.

32. A europeização

I. O Direito das sociedades acusa uma forte influência de instrumentação comunitária: bem mais intensa do que a sentida pelo Direito comercial. Na verdade, as sociedades são, hoje, os grandes operadores económicos, assim se entendendo o interesse da União, nessa matéria.

Nos vários países da União, a necessidade de transpor sucessivas diretrizes societárias tem constituído um motor fundamental de progresso no Direito das sociedades.

II. Para além das modificações legislativas provocadas pela transposição de diretrizes, temos de contar com os influxos jurídico-científicos. As diretrizes são preparadas à luz de diversos ordenamentos europeus, com relevo para o alemão. A transposição de textos tende a – e deve! – ser acompanhada pela aprendizagem dos elementos científicos que os animam. O estudo permanente do Direito comparado e de diversas doutrinas estrangeiras, acompanha, ainda, a matéria: condição necessária para o seu entendimento[332].

III. Finalmente, a transposição comunitária deixa em aberto o recurso a meios de interpretação e de aplicação específicos: pense-se no mote "interpretação conforme com as diretrizes".

---

[331] Incontornável: PAULO CÂMARA, *Manual de Direito dos valores mobiliários* (2009), 941 pp..

[332] HELMUT COING, *Europäisierung der Rechtswissenschaft*, NJW 1990, 937-941, CLAUS-DIETER EHLERMANN, *Die Europäische Gemeinschaft, das Recht und die Juristen*, NJW 1992, 1856-1860 e GIL CARLOS RODRIGUEZ IGLESIAS, *Gedanken zum Entstehung einer Europäischen Rechtsordnung*, NJW 1999, 1-9.

§ 9.° Os séculos XX e XXI

Toda esta matéria será considerada a propósito das fontes do Direito das sociedades.

33. A receção de elementos anglo-saxónicos

I. A cultura anglo-saxónica, particularmente na sua vertente norte-americana, veio a ter um efeito avassalador na Europa, na sequência da Segunda Guerra Mundial (1939-1945). O distanciamento hoje possível permite afirmar que os norte-americanos, assentes no seu desenvolvimento económico e científico, na juventude dos seus ideais e na preocupação de manter os conflitos longe das suas fronteiras, evitaram, na Europa, os abismos totalitários do nazismo e do comunismo. A vitória do sistema ocidental (democrático, de mercado, capitalista ou imperialista, como se entenda chamar-lhe) não é discutível e parece absoluto, na falta de alternativas credíveis: ficará documentada na dupla queda de Berlim: em 1945, com o fim da Segunda Guerra e em 1989, com o termo da Guerra Fria.

Contrariando expectativas, os velhos problemas da Humanidade não desapareceram, embora seja inegável que o surto de desenvolvimento no Terceiro Mundo, possibilitado pela planetarização da economia subsequente a 1989, tirou centenas de milhões de seres humanos da miséria, abrindo um futuro que, se for económica e ambientalmente bem gerido, se afigura risonho. Apresenta-se deslocada a sobrevalorização de atos isolados de irracionalismo, marcados por ações terroristas repercutidas na comunicação social, mas que nada traduzem no plano do devir das civilizações.

II. O século americano trouxe, para a Europa, todo um acervo de dados culturais. Curiosamente, a área do Direito terá sido a que mais resistiu. Para tanto contribuiu a escassa funcionalidade da *Common Law*: num dado até hoje comprovado, ela só tem obtido êxito através de situações de colonização ou de domínio militar intenso e prolongado, o que não ocorreu na Europa. Aprofundando, arriscamos mesmo que a superioridade político-filosófica das velhas tradições continentais resistiram ao que seria uma regressão cultural.

III. A planetarização da economia e o incremento da língua inglesa nas relações internacionais, por ser a de mais fácil generalização, vieram

144 *A experiência portuguesa*

todavia, a partir da última década do século XX, a abrir as portas à receção, na Europa, de elementos jurídico-científicos e positivos anglo-saxónicos ou, mais particularmente, norte-americanos[333]. Podemos apontar, já com influência no Direito português das sociedades:

- institutos concretos, como a comissão de auditoria, própria do modelo anglo-saxónico de sociedade anónima, introduzido pela reforma de 2006;
- conceções básicas como as relativas à prestação de contas, acolhida por via europeia, no SNC (Sistema de Normalização Contabilística), adotado em 2009;
- fórmulas dogmáticas fluidas, capazes de computar novos modelos de decisão, por vezes de tradução impossível: pense-se nas ideias de *corporate governance* ou de *compliance*, a examinar oportunamente.

IV. O espaço ocidental é, desde as origens, um universo onde cabem todas as influências. A receção de elementos anglo-saxónicos nem comporta corpos estranhos: assentam no ideário greco-cristão da liberdade e da igualdade. Há que estudá-los, prevenindo que não se tornem num pretexto fácil para o abaixamento do nível universitário. Isto dito: temos mais uma enorme área de pesquisa, à nossa disposição.

---

[333] Veja-se a obra maciça de JAN VON HEIN, *Die Rezeption US-amerikanischen Gesellschaftsrechts in Deutschland* (2008), 1089 pp., com rec. de PETER KINDLER, ZHR 174 (2010), 149-154.

CAPÍTULO III

FONTES INTERNAS DO DIREITO DAS SOCIEDADES

§ 10.º A PREPARAÇÃO DO CÓDIGO DAS SOCIEDADES COMERCIAIS

34. Os antecedentes

I. O Código das Sociedades Comerciais tem antecedentes cujo conhecimento é útil: para melhor apreender a sua génese e o seu conteúdo.

Ao longo do século XX, foi-se desenvolvendo e ganhando corpo uma ideia de reforma do Direito Comercial.

Uma primeira iniciativa foi promovida pela Comissão Permanente do Direito Marítimo Internacional, que funcionava no Ministério da Marinha. Nesse âmbito, preparou-se, em 1935, um Projeto para o novo Livro IV do Código Comercial. Foi relator LUIZ DA CUNHA GONÇALVES[334], tendo o projeto sido aperfeiçoado, no âmbito da Comissão, até 1941. Não houve seguimento.

II. A reforma do Direito comercial foi referida pelo Decreto-Lei n.º 33:908, de 4 de Setembro de 1944, que autorizou o Ministro da Justiça a promover a elaboração de um projeto de revisão geral do Código Civil: aí se exarou que o projeto poderia englobar ou não o Direito comercial, consoante se achasse preferível. Mas logo a Portaria n.º 10:756, de 10 de Outubro de 1944, que nomeou a Comissão de Reforma, remeteu para mais tarde o tratamento do Direito comercial[335]. Os trabalhos prosseguiram,

---

[334] FERNANDO OLAVO, *Alguns apontamentos sobre a reforma da legislação comercial*, BMJ 293 (1980), 5-22 (18-19).

[335] *Manual de Direito comercial*, 2.ª ed., 132 ss..

146 *Fontes internas do Direito das sociedades*

quanto ao Código Civil. Este veio a tratar separadamente as pessoas coletivas, incluindo, aí, as associações, as fundações, as "associações não personalizadas" (terminologia inadequada de 1977) e as comissões – artigos 157.º a 201.º – e as sociedades civis sob forma civil – artigos 980.º a 1021.º. Foi Autor dos respetivos anteprojetos o Prof. ANTÓNIO FERRER CORREIA, grande comercialista e especialista, justamente, em sociedades comerciais. Desde já se adianta que foi tido em conta o modelo italiano de 1942, que unificara as sociedades. Daí resultou a "comercialização" do texto civil, com uma clara aproximação das sociedades civis sob forma civil, ao Direito das sociedades comerciais.

III. O Ministro da Justiça, por despacho de 1 de Agosto de 1961, determinou a revisão do Código Comercial: essa tarefa não seria, todavia, levada a cabo antes de elaborado o projeto definitivo do Código Civil, o qual surgiria em 1966. Por despachos de 1 de Junho de 1966 e de 20 de Setembro de 1967, foram nomeados membros de uma Comissão incumbida dos estudos preparatórios de uma revisão do Direito das sociedades comerciais[336].

35. Dos anteprojetos parcelares ao projeto global

I. Os membros resultantes das designações de 1966 e de 1967 foram elaborando, a título individual – e, segundo parece, sem grande coordenação entre eles – estudos e anteprojetos relativos a temas de sociedades comerciais.

De acordo com a ordenação que a matéria veio a assumir no Código das Sociedades Comerciais de 1986, assinalamos: de FERRER CORREIA, com a colaboração de ANTÓNIO A. CAEIRO, as disposições gerais[337], de RAÚL VENTURA, com a colaboração de BRITO CORREIA, a responsabilidade dos administradores[338] e a transformação de sociedades[339], de ALBERTO

---

[336] Todos estes elementos constam de FERNANDO OLAVO, *Alguns apontamentos* cit., 19.

[337] A. FERRER CORREIA, *Lei das Sociedades Comerciais (Anteprojecto)*, BMJ 185 (1969), 25-81 e 191 (1969), 5-137.

[338] RAÚL VENTURA/LUÍS BRITO CORREIA, *Responsabilidade civil dos administradores de sociedades anónimas e dos gerentes de sociedades por quotas/Estudo comparativo*

§ 10.° A preparação do Código das Sociedades Comerciais

PIMENTA, a prestação de contas do exercício nas sociedades comerciais[340], de FERNANDO OLAVO, as sociedades em nome coletivo[341], de RAÚL VENTURA, as sociedades por quotas[342-343], de FERRER CORREIA, LOBO XAVIER, ÂNGELA COELHO e ANTÓNIO CAEIRO, também as sociedades por quotas[344], de VAZ SERRA, as ações das sociedades anónimas[345] e a assembleia geral[346] e de FERNANDO OLAVO e GIL MIRANDA, as sociedades em comandita[347].

II. A partir do momento em que os estudos preparatórios se concentraram sobre as sociedades comerciais, ficou comprometida qualquer revisão global do Código Comercial: é evidente que nunca os diversos aspetos contemplados no texto de VEIGA BEIRÃO poderiam acompanhar o dinamismo do Direito societário. Restava, todavia, definir ainda a confirmação dos textos relativos às sociedades: leis especializadas para certos

---

dos direitos alemão, francês, italiano e português, BMJ 192 (1970), 5-112, 193 (1970), 5-182 e 194 (1970), 5-113.

[339] RAÚL VENTURA/LUÍS BRITO CORREIA, *Transformação de sociedades/Anteprojecto e notas justificativas*, BMJ 218 (1972), 5-129, 219 (1972), 11-69 e 220 (1972), 13-83.

[340] ALBERTO PIMENTA, *A prestação das contas do exercício nas sociedades comerciais*, BMJ 200 (1970), 11-106, 201 (1970), 5-71, 202 (1971), 5-57, 203 (1971), 5-53, 204 (1971), 5-48, 205 (1971), 5-58, 207 (1971), 5-46 e 209 (1971), 5-36.

[341] FERNANDO OLAVO, *Sociedade em nome colectivo – Ensaio de anteprojecto*, BMJ 179 (1968), 15-37.

[342] RAÚL VENTURA, *Sociedades por quotas de responsabilidade limitada/Anteprojecto – primeira redacção*, BMJ 160 (1966), 75-113 e *Segunda redacção*, BMJ 182 (1969), 25-196.

[343] Segundo informação de FERNANDO OLAVO, este anteprojeto foi reelaborado por VAZ SERRA, num trabalho que não chegou a ser publicado; cf. FERNANDO OLAVO, *Alguns apontamentos* cit., 19.

[344] ANTÓNIO FERRER CORREIA/VASCO LOBO XAVIER/MARIA ÂNGELA COELHO/ANTÓNIO A. CAEIRO, *Sociedades por quotas de responsabilidade limitada/Anteprojecto de lei – 2.ª redacção e exposição de motivos*, RDE 3 (1977), 153-224 e 349-423 e RDE 5 (1979), 111-141 e 142-200; tratar-se-ia de uma reelaboração do anteprojeto de VAZ SERRA.

[345] ADRIANO PAES DA SILVA VAZ SERRA, *Acções nominativas e acções ao portador*, BMJ 175 (1968), 5-43, 176 (1968), 11-82, 177 (1968), 5-94 e 178 (1968), 17-85.

[346] ADRIANO PAES DA SILVA VAZ SERRA, *Assembleia geral*, BMJ 197 (1970), 23-176.

[347] FERNANDO OLAVO/GIL MIRANDA, *Sociedade em comandita/Notas justificativas*, BMJ 221 (1972), 11-42, 223 (1973), 15-65 e 224 (1973), 5-79.

148   *Fontes internas do Direito das sociedades*

tipos – designadamente, para as sociedades por quotas e para as socieda-des anónimas – ou um código geral para as sociedades?

III. Em 1977, o então Ministro da Justiça, ALMEIDA SANTOS, desig-nou diversas comissões de reforma, das quais uma para o Direito comer-cial. A esse propósito, acentuou a necessidade de se legislar no campo das sociedades comerciais[348], num repto aceite por FERRER CORREIA, presi-dente da Comissão do Código Comercial[349]. Rapidamente os trabalhos se concentraram sobre as sociedades comerciais.

Nos princípios dos anos 80, o novo Ministro da Justiça, JOSÉ MENÉ-RES PIMENTEL, consagrou definitivamente esta orientação: incumbiu o Prof. RAÚL VENTURA de elaborar um anteprojeto de sociedades comer-ciais[350]. Este foi revisto por FERNANDO OLAVO e ANTÓNIO CAEIRO[351], só não tendo sido adotado pela demora da Assembleia da República em apro-var a necessária autorização legislativa[352]. De todo o modo, foi publicado um projeto completo[353], alterado por LUÍS BRITO CORREIA.

36. O Código das Sociedades Comerciais

I. Na sequência dos preparatórios acima sumariados, o Decreto-Lei n.º 262/86, de 2 de Setembro, veio aprovar o Código das Sociedades Comerciais.

Precedido por um lato preâmbulo justificativo e descritivo, o Decreto--Lei n.º 262/86 apresenta-se como fruto da "necessidade urgente" de trans-

---

[348] ANTÓNIO DE ALMEIDA SANTOS, *Discurso na posse dos Presidentes das Comis-sões encarregadas de preparar a revisão dos Códigos Civil, de Processo Civil, Penal, de Processo Penal e Comercial, em 10 de Janeiro de 1977,* BMJ 263 (1977), 5-24 (21).

[349] ANTÓNIO FERRER CORREIA, *Discurso na posse dos Presidentes das Comissões encarregadas de preparar a revisão dos Códigos Civil, de Processo Civil, Penal, de Pro-cesso Penal e Comercial, em 10 de Janeiro de 1977,* BMJ 263 (1977), 25-34 (29).

[350] Cf. a nota preambular a *Código das Sociedades Comerciais (Projecto),* BMJ 327 (1983), 43-44 (43).

[351] *Idem,* loc. cit..

[352] JOSÉ MENÉRES PIMENTEL, *Discurso na sessão de despedida, em 8 de Junho de 1983,* BMJ 327 (1983), 5-32 (25).

[353] *Código das Sociedades (Projecto),* BMJ 327 (1983), 45-339.

§ *10.° A preparação do Código das Sociedades Comerciais*   149

por as diretrizes comunitárias[354], com o "objetivo fundamental" de atualizar o regime das sociedades comerciais, tomadas como "principais agentes económicos de direito privado"[355].

Nessa senda, o preâmbulo do Decreto-Lei declara aproveitar a rica experiência portuguesa e a evolução recente, marcada pela evolução tecnológica e informática; afirma pôr termo a inúmeras dúvidas e afiança receber as diretrizes europeias, alargando-as e acolhendo, ainda, trabalhos preparatórios de futuros e eventuais instrumentos comunitários.

II. O Código das Sociedades Comerciais assume a orientação de não bulir com os conceitos comerciais provenientes da tradição de VEIGA BEIRÃO, com especial referência ao artigo 13.° do Código Comercial. Também adota a delimitação formal das sociedades comerciais ou – melhor dizendo – do regime que lhes é aplicável[356].

III. As diversas novidades de fundo são relatadas no preâmbulo do Decreto-Lei n.° 262/86: iremos encontrá-las nas rubricas respetivas.

O Código das Sociedades Comerciais adotou uma feição codificadora: ele veio revogar o essencial das normas pré-vigentes sobre sociedades comerciais, ordenando o respetivo material em função de critérios jurídico-científicos.

O artigo 3.° daquele diploma preambular procede, no seu n.° 1, a uma revogação genérica de toda a legislação relativa às matérias reguladas no Código. O n.° 1 especifica:

    a) Os artigos 21.° a 23.° e 104.° a 206.° do Código Comercial: ficam envolvidos os preceitos mais significativos referentes às sociedades comerciais, no âmbito de VEIGA BEIRÃO;

    b) A Lei de 11 de Abril de 1901: trata-se da Lei das Sociedades por Quotas, absorvidas pelo novo Código;

    c) O Decreto n.° 1:645, de 15 de Junho de 1915: veio permitir a criação de ações privilegiadas, suscetíveis de conferir aos seus possuidores preferência sobre os lucros, até determinada percentagem;

    d) O Decreto-Lei n.° 49 381, de 15 de Novembro de 1969: regula a fiscalização das sociedades e a responsabilidade dos administradores;

---

[354] Cf. o ponto 2 do preâmbulo do Decreto-Lei n.° 262/86.
[355] *Idem*, ponto 3.
[356] *Idem*, ponto 4.

150 *Fontes internas do Direito das sociedades*

e) O Decreto-Lei n.º 1/71, de 6 de Janeiro: regula a transmissão de ações por negociação particular, no tocante a certos tipos de sociedades;

f) O Decreto-Lei n.º 397/71, de 22 de Setembro: autoriza as sociedades anónimas a emitir obrigações que confiram aos seus titulares o direito de conversão em ações da sociedade emitente;

g) O Decreto-Lei n.º 154/72, de 10 de Maio: dá nova redação ao artigo 183.º, quanto a limitações do direito de voto e estabelece normas quanto às divergências entre sócios;

h) O Decreto-Lei n.º 598/73, de 8 de Novembro: estabelece normas quanto à fusão e cisão de sociedades comerciais;

i) O Decreto-Lei n.º 389/77, de 15 de Setembro: determina a obrigatoriedade de o órgão colegial de administração das sociedades anónimas ser composto por um número ímpar de membros, não sendo necessária a qualidade de acionista para ser administrador.

37. A evolução subsequente

I. Subsequentemente, o Código das Sociedades Comerciais conheceu, até hoje, trinta e três alterações diretas: algumas delas são significativas, como teremos a oportunidade de verificar.

Foram ainda publicados importantes diplomas complementares, com um relevo especial para o Código do Mercado de Valores Mobiliários e para o subsequente Código dos Valores Mobiliários: estes diplomas dão corpo à referida mobiliarização das sociedades.

II. Porventura mais relevante do que a evolução legislativa – a qual, nos últimos quinquénios, deixou irreconhecível toda a panorâmica das sociedades comerciais – foi o desenvolvimento doutrinário e jurisprudencial.

Após uma relativa letargia causada pela publicação do Código Civil, a matéria comercial voltou a chamar a atenção dos estudiosos e dos práticos. Multiplicaram-se as lições e as monografias. Abaixo daremos conta do essencial.

III. Também a jurisprudência assumiu uma proporção acrescida. Desde logo a multiplicação das regras legais e a sua densificação conduziram a um inevitável acréscimo dos litígios. De seguida, a elevação geral

§ 10.° A preparação do Código das Sociedades Comerciais

de nível doutrinário e o cuidado acrescido posto pelos agentes na gestão das sociedades, provocam uma maior acuidade na interpretação e na aplicação da lei.

Neste momento, impõe-se reescrever o Direito das sociedades, à luz das novas perspetivas jurídico-científicas, disponíveis no sector.

§ 11.º O CÓDIGO DAS SOCIEDADES COMERCIAIS: SISTEMA, FONTES E ALTERAÇÕES

38. Sistema; o problema da parte geral

I. A regulação nuclear das sociedades consta, hoje, do Código das Sociedades Comerciais. Este diploma reparte os seus preceitos por oito títulos, numa sequência que cumpre rememorar:

Título I	– Parte geral
Título II	– Sociedades em nome coletivo
Título III	– Sociedades por quotas
Título IV	– Sociedades anónimas
Título V	– Sociedades em comandita
Título VI	– Sociedades coligadas
Título VII	– Disposições gerais e de mera ordenação social
Título VIII	– Disposições finais e transitórias

Ilustrando as grandes dificuldades com que, há cem anos, se debatem as "partes gerais" do pandetismo[357], a "Parte geral" do Código das Sociedades Comerciais, não obstante o mérito da ousadia, constitui um ponto particularmente controverso e duvidoso.

Desde logo, é de estranhar que, havendo uma "Parte geral", o desenvolvimento subsequente do Código das Sociedades Comerciais não se limite a "partes especiais". As Partes II, III, IV e V tratam, na verdade, de tipos especiais de sociedades: em nome coletivo, por quotas, anónimas e em comandita. Mas seguem-se-lhes nada menos de três outras partes, de conteúdo manifestamente geral: sociedades coligadas, disposições penais e de mera ordenação social e disposições finais e transitórias. Pois bem: a

---

[357] ANTÓNIO MENEZES CORDEIRO, *Teoria Geral do Direito Civil / Relatório* (1988) = separata da RFDUL, 77 ss., com bibliografia.

§ 11.º O Código das Sociedades Comerciais: sistema, fontes e alterações   153

matéria desta última deveria ter sido reconduzida ao diploma preambular, de acordo com a boa e já velha tradição do Código Civil. A das sociedades coligadas, para respeitar as próprias opções sistemáticas do legislador, deveria ter sido inserida, como capítulo, na Parte I. E finalmente, é muito problemática a inclusão de "disposições penais e de mera ordenação social" num Código de Direito privado, como é o Código das Sociedades Comerciais e isso sem desconhecer que essa solução tem antecedentes, noutros países. Por certo que tal inclusão, a fazer-se, tem vantagens práticas para os operadores jurídicos: torna mais fácil a consulta da matéria. Em termos científicos, porém, a junção é mais compilatória do que codificadora: ainda não há instrumentos aperfeiçoados para, em conjunto, tratar matéria civil e penal, sendo pouco recomendável que se faça a experiência num Código de fôlego e, para mais, de uso corrente e alargado, com muitos não-juristas como destinatários. Em suma: a Parte VII, relativa a disposições penais e de mera ordenação social, devia constar de um diploma extravagante[358].

II. A Parte geral do Código das Sociedades Comerciais coloca, porém, outros problemas de fundo e bastante mais sérios.

Essa "Parte geral" só seria possível se, entre as diversas partes especiais, isto é, os diversos tipos societários em si, houvesse aspetos comuns que permitissem tal teorização. De facto, tais aspetos existem; só que se colocam num plano de abstração tão elevado que se tornam de Direito

---

[358] Parecia ser essa, aliás, a intenção do legislador. Na verdade, o preâmbulo do Decreto-Lei n.º 262/86, de 2 de Setembro, que aprovou o CSC, referia, no seu n.º 35, a remissão das disposições penais e contra-ordenacionais, para um diploma especial. A posição era, cientificamente, correta embora, porventura, tivesse sido ditada, também, por razões de oportunidade: a necessidade de obter da Assembleia da República uma autorização legislativa. Aquele propósito, porém, foi abandonado. O "diploma especial" veio, de facto, a surgir – foi o Decreto-Lei n.º 184/87, de 21 de Abril, no uso da autorização conferida pelo artigo 1.º da Lei n.º 41/86, de 23 de Setembro – mas não como "especial": ele introduziu o actual Título VII no CSC, fazendo passar o antigo Título VII a VIII. Afinal, parece que o referido Título VII só não foi, ab initio, incluído no CSC porque, em 2 de Setembro de 1986, o Governo não dispunha, ainda, da necessária autorização legislativa da Assembleia. Resta acrescentar que este episódio, porventura algo insólito, vem sufragar a imagem, propalada na época, de uma certa precipitação na aprovação e final publicação do CSC, em detrimento de uma mais completa revisão do texto do projeto. O futuro o confirmaria.

154   *Fontes internas do Direito das sociedades*

comum, isto é, de Direito civil. O problema é potenciado, sobretudo, pelas circunspectas sociedades em nome coletivo que, não dispondo de uma organização elaborada, quase caem nas sociedades civis puras, na designação dada, por PAULO CUNHA, às sociedades civis sob forma civil. A literatura jurídica alemã tradicional negava-lhes, mesmo, a personalidade jurídica, numa orientação que só recentemente tem vindo a ser, em parte, revista, como abaixo melhor será explicado[359].

III. Em consequência da problemática acima assinalada, o Código das Sociedades Comerciais apresenta limitações sistemáticas, para que cabe chamar a atenção.

Primeiramente surgem, na Parte geral – ou, melhor dizendo, na Parte I – disposições que só na aparência têm aplicação aos diversos tipos de sociedades comerciais. De um modo geral, o legislador teve em vista – poderia ter feito outra coisa? –, na aludida Parte I, as sociedades de capitais; boa parte dos seus preceitos não tem alcance prático, perante as sociedades em nome coletivo.

Nessas condições estarão, por exemplo, os complexos normativos relativos à fusão e à cisão de sociedades – artigos 97.° ss. e 118.° ss.. Também a matéria da transformação das sociedades – artigos 130.° ss. – apesar de conter um dispositivo claramente destinado a contemplar as sociedades de personalidade ilimitada – artigo 139.° – tem uma textura complexa, pouco adequada a sociedades mais simples.

A liquidação da sociedade – artigos 146.° ss. – e a publicidade dos atos – artigos 166.° ss. – transcendem largamente, pelo cuidado regulamentativo, o *minimum* requerido por todas as sociedades a que se irão aplicar. Estes argumentos mantêm actualidade mau grado as simplificações levadas a cabo pelo legislador, em 2005-2009.

IV. Mas outro ponto há – e porventura mais grave – que merece reparo. Mesmo nas disposições cuja aplicabilidade geral menos dúvidas suscitaria, o CSC, ao generalizar, acabou por prever esquemas de grande

---

[359] GOTTFRIED E. BREUNINGER, *Die BGB – Gesellschaft als Rechtssubjekt im Wirtschaftsverkehr / Voraussetzungen und Grenzen* (1991), 6 ss. e *passim*, e THOMAS RAISER, *Gesamthand und juristische Person im Licht des neuen Umwandlungsrechts*, AcP 194 (1994), 495-512 (501 ss.).

§ 11.º O Código das Sociedades Comerciais: sistema, fontes e alterações   155

complexidade – assim os Capítulos III e IV relativos, respetivamente, ao contrato de sociedade e às deliberações dos sócios, ou o Capítulo VI referente à apreciação anual da situação da sociedade – que penalizam a pequena empresa. A complicação é agravada por todo um conjunto de pesadas exigências burocráticas, exteriores ao próprio Código, que tornavam o espaço jurídico português um dos mais avessos à formação de novas sociedades[360]. Francamente inadequado, pela sua complexidade, para uma aplicação geral a todas as sociedades é, ainda, o Capítulo VII relativo, como já foi visto, à responsabilidade civil.

V. De seguida e curiosamente, verifica-se que o fenómeno inverso também ocorreu: o legislador de 1986 não incluiu matéria geral, no local sistematicamente apropriado, acabando por ter de se repetir três ou quatro vezes, a propósito dos diversos tipos societários. Particularmente atingidos foram, a este nível, os deveres dos administradores, gerentes ou diretores das sociedades. O Código das Sociedades Comerciais contentou-se com o artigo 64.º que, em termos de grande generalidade, cuidava do "dever de diligência". A reforma de 2006 ampliou esse preceito. Mantiveram-se, porém, muitos outros aspetos, comuns às várias sociedades, que poderiam aí ter sido incluídos e desenvolvidos a propósito dos direitos e dos deveres dos administradores.

Podem ser dados diversos exemplos ilustrativos. A proibição de concorrência é básica no fenómeno societário; nas sociedades de pessoas, ele atinge os próprios sócios, numa regra que poderá mesmo ser alargada às sociedades por quotas, pelo menos em certos casos – cf., aliás, o artigo 990.º do Código Civil; em todas, ela atinge os administradores. Ora o Código das Sociedades Comerciais nada diz, em geral; retoma a matéria

---

[360] Nos últimos anos, vinham sendo anunciadas algumas medidas para pôr cobro a esta anomalia no espaço comunitário. Nos finais de 2003 e em Lisboa, a constituição de uma nova sociedade implicava vários meses: semanas para obter um certificado de admissibilidade de firma, dias ou semanas para fazer a escritura de constituição, dependendo das (boas) relações que se tivessem junto do notariado e meses (!) para conseguir um registo definitivo que – ele sim – faria surgir a personalidade coletiva plena. A burocracia imperante impedia ainda, na prática, a nova sociedade de iniciar imediatamente e com segurança a sua atividade, com gravíssimos danos económicos para o País. Depois de muito instados, os poderes públicos levaram a cabo, após 2005, diversas reformas simplificadoras, abaixo examinadas.

156 *Fontes internas do Direito das sociedades*

nos artigos 180.º (sociedades em, nome coletivo), 254.º (sociedades por quotas), 398.º (sociedades anónimas) e 477.º (sociedades em comandita simples). Estes preceitos apresentam configurações nem sempre coincidentes, abrindo questões melindrosas, quanto a saber se as flutuações serão apenas formais.

Toda a sociedade tem uma administração; e toda a administração tem uma competência básica. A Parte geral é omissa sobre esse ponto. Nas partes especiais, a competência da administração vem tratada nos artigos 192.º, 259.º, 405.º e 431.º relativos, respetivamente, às sociedades em nome coletivo, às sociedades por quotas, às sociedades anónimas, com conselho de administração e às sociedades anónimas com conselho de administração executivo e conselho geral e de supervisão[361]. Todos estes preceitos têm evidentes aspetos comuns e que, isoladamente tomados, se apresentam muito incompletos. Inserir, na Parte geral, os pontos gerais da competência de qualquer administração e depois, disso sendo o caso, desenvolver o necessário, quanto aos diversos tipos singulares, teria sido uma vantagem que, classicamente, está ao alcance de qualquer codificação. A situação existente, tal como resulta do Código de 1986, obriga a aproximar os artigos dispersos sobre a matéria, com todas as dúvidas a que isso dá lugar.

O provimento dos lugares de administração levanta uma série de dúvidas, abaixo estudadas. De todo o modo, há regras básicas paralelas nos diversos tipos sociais, uma vez que semelhantes são os valores em jogo. Também a duração do mandato e o problema da destituição, com justa causa, dos administradores, carece de uma regulamentação mínima capaz. O Código das Sociedades Comerciais dispensou essa regulamentação onde era esperar vê-la. A Parte geral é totalmente omissa, surgindo depois, nas partes especiais, variadas e desencontradas normas; no tocante à destituição com justa causa, vejam-se os artigos 191.º/5, 6 e 7[362], 257.º, 403.º e 430.º relativos, respetivamente, a sociedades em nome coletivo, por quotas, anónimas com administração e anónimas com administração executiva e conselho geral e de supervisão.

Outros exemplos seriam possíveis.

---

[361] Nas sociedades em comandita, o Código das Sociedades Comerciais remete para as sociedades em nome coletivo e para as sociedades anónimas – artigos 474.º e 478.º – conforme, respetivamente, se trate de comandita simples ou de comandita por ações.

[362] Este artigo apresenta ainda a originalidade de tratar a destituição dos gerentes das sociedades em nome coletivo, a propósito da ... composição da gerência.

§ *11.° O Código das Sociedades Comerciais: sistema, fontes e alterações*   157

VI. As insuficiências da Parte geral, assim denotadas, prendem-se diretamente com as limitações científicas existentes no momento da elaboração do Código. Como tem sido referido pela doutrina interessada, uma codificação, mais do que um ponto de partida, traduz o porto de chegada de toda a Ciência que a antecedeu e elaborou. Por isso, num plano estritamente científico, ela tende a limitar-se ao nível preexistente[363].

Pois bem: o Código das Sociedades Comerciais não tratou, em sede geral, o papel da administração e o provimento e destituição dos administradores, porque a doutrina não tinha, até à sua data – como não tem hoje – desenvolvido uma teoria geral da administração de sociedades, no Direito privado.

39. Reflexos internos; conclusão

I. As limitações extrínsecas à confeção da Parte geral têm inevitáveis reflexos internos; recorde-se que o próprio Código Civil foi atingido – e, por vezes, com severidade – por esse tipo de refluxo.

A Parte geral do Código das Sociedades Comerciais alarga-se por dezasseis capítulos; descontando o I, relativo ao seu âmbito de aplicação, ele versa, sucessivamente, a personalidade e capacidade (II), o contrato de sociedade (III), as deliberações dos sócios (IV), a administração (V), a apreciação anual da situação da sociedade (VI), a responsabilidade civil (VII), as alterações do contrato (VIII), a fusão (IX), a cisão (X), a transformação (XI), a dissolução (XII), a liquidação (XIII), a publicidade de atos (XIV), a fiscalização pelo MP (XV) e a prescrição (XVI).

II. Há, na Parte geral, uma ondulação: passa-se, do contrato, a aspetos internos para, depois, regressar aos externos. Uma ordem alternativa seria, por hipótese, a clássica constituição, modificação – com a fusão, a cisão e a transformação – e extinção da sociedade e, então, os seus aspetos orgânicos e internos. A prescrição deveria estar no capítulo VII, a fiscalização do MP melhor pertenceria a um capítulo geral sobre fiscalização, a publicidade de atos, a um capítulo geral sobre publicidade e assim por diante.

---

[363] António Menezes Cordeiro, *Teoria geral do Direito civil*, 1, 2.ª ed. (1989), 53 ss..

158   *Fontes internas do Direito das sociedades*

Uma boa ordenação permitiria poupar imensos preceitos. Por exemplo, a exigência de escritura pública – desaparecida em 2006 – para a celebração do contrato de sociedade e – o que é óbvio – para as suas modificações, aparecia nos artigos 7.°/1, 85.°/3, 106.° e 135.°/1 e ainda, com adaptações, nos artigos 283.°/1, 370.°/1, 492.°/2 e 498.°. Uma revisão apurada teria reduzido tudo isto a um único preceito, com algumas especificidades. Muitos outros exemplos seriam possíveis.

III. As questões sistemáticas apontadas encobrem uma opção de fundo de tipo conceitualista e individualista. Os diversos institutos são, por vezes, tratados de modo isolado: independentemente da sua efetiva funcionalidade e da sua integração mais ampla que é a organização societária[364]. Daí resultam algumas inconsequências, como o facto de se pretender ignorar a "assembleia geral", a favor de meras "deliberações dos sócios". O intérprete-aplicador é obrigado a, na base dos elementos legislativos, reconstruir, muitas vezes, a "verdade" de diversos institutos. A aplicação do Código deve ser cuidada, pensando-se sempre nas consequências das decisões.

IV. Tudo visto, conclua-se. O Código das Sociedades Comerciais incorreu em problemas sistemáticos que não foi possível solucionar, aquando da sua elaboração, nem corrigir, no momento da revisão.

Nessas condições, ele apresenta uma prolixidade marcada, com repetição de matérias. Além disso, ele articula-se com desarmonias e lacunas, dispersando, pelo seu vasto interior, matéria que poderia, com vantagens teóricas e práticas, ter sido unificada. O todo foi agravado por sucessivas reformas, aprontadas em obediência a modelos distintos e levadas a cabo com diferentes prazos de preparação jurídico-científica.

Entre os seus méritos – que os tem, como é evidente – o Código das Sociedades Comerciais acaba, assim, por apresentar um, do maior interesse: oferece, à doutrina, um material vasto para se intensificarem as reconstruções dos problemas, dele derivados.

---

[364] Quanto ao individualismo do Código e às possíveis explicações, *vide* o nosso *SA: assembleia geral e deliberações dos sócios* (2007), 21 ss..

§ 11.° O Código das Sociedades Comerciais: sistema, fontes e alterações   159

40. Fontes doutrinárias e legislativas

I. As fontes doutrinárias e legislativas do Código das Sociedades Comerciais resultam em parte da evolução histórica que o antecedeu e dos preparatórios que o possibilitaram. Vamos, todavia, sistematizar agora alguns pontos fundamentais.

II. Existe, seguramente, um importante fundo comum, constituído pelo Código VEIGA BEIRÃO e pela Lei das Sociedades por Quotas. Subjacente a esses dois diplomas, encontramos todo um acervo doutrinário significativo, de feição nacional.

A literatura jurídica das sociedades comerciais, em especial após a primeira metade do século XX, através de FERRER CORREIA[365] e de RAÚL VENTURA[366], empreendeu uma significativa viragem: da área de influência franco-italiana para a alemã. Todo o sistema das sociedades foi modificado. Todavia, essa evolução não teve a amplitude acusada pelo processo similar ocorrido cinquenta anos antes, no Direito civil. Importantes elementos italianos foram retidos, particularmente nas sociedades civis sob forma civil, enquanto a reforma francesa de 1966 não podia deixar de exercer influência e fascínio.

III. Como fontes impressivas do Código das Sociedades Comerciais podemos apontar a lei alemã das sociedades anónimas, de 1965, o Código francês das sociedades, de 1966 e o Código Civil italiano: este último com uma influência também marcante nos capítulos sobre pessoas coletivas e sobre sociedades, do Código Civil.

Toda esta matéria foi recolhida pelos trabalhos preparatórios. O legislador português, porventura melhor do que qualquer outro, conhecia perfeitamente, a propósito de cada problema, as diversas soluções encontradas nos outros ordenamentos. Pôde escolher as melhores, aperfeiçoando-as à luz das críticas feitas nas literaturas respetivas. Por vezes, foi mesmo mais longe: ele deu guarida, em sobreposição, às soluções dos vários sistemas.

---

[365] Temos em mente, sobretudo, a obra *Sociedades fictícias e unipessoais* (1948), que marcou o início da receção da doutrina alemã.

[366] Mais precisamente: *Sociedades comerciais; dissolução e liquidação* (1960) a que se seguiram diversos títulos sobre as sociedades por quotas.

160 Fontes internas do Direito das sociedades

Conseguiu-se, assim, um diploma único na panorâmica europeia: o seu estudo requer o permanente recurso ao Direito comparado e à Ciência jurídica universal. Esta dimensão foi agravada por sucessivas reformas, com relevo para a de 2006, que abriu o Código às influências anglo-saxónicas.

IV. Em múltiplos aspetos, o Código das Sociedades Comerciais, dobrado, para mais, pelo Código Civil, pode parecer inadequado, perante as realidades do País. Ele apresenta uma estrutura complexa, difícil de reter pelos agentes económicos e em permanente tensão com outros diplomas, também de grande complexidade, com relevo para o Código dos Valores Mobiliários. Temos sustentado que ele origina o Direito das sociedades mais complexo da Europa. Todavia, em termos doutrinários, constitui um permanente e aliciante desafio.

41. Alterações

I. O Código das Sociedades Comerciais conheceu trinta e quatro alterações explícitas. A primeira sobreveio menos de um ano após a aprovação do Código: o Decreto-Lei n.º 184/87, de 21 de Abril[367]. Este diploma aditou, ao Código, um Título VII sobre *disposições penais e de mera ordenação social* (artigos 509.º a 529.º); provocou, ainda, a alteração da numeração do anterior Título VII – *Disposições finais* – que passou a VIII – agora: artigos 530.º a 545.º[368].

O articulado do título relativo a disposições penais e de mera ordenação social não surgiu na versão inicial do Código, por razões circunstanciais. Trata-se de matéria da reserva relativa da Assembleia da República[369], não tendo sido possível, no tempo então considerado útil, fazer aprovar a competente lei de autorização legislativa[370]. De todo o modo, o

---

[367] Retificado no DR I Série, de 31-Jul.-1987, suplemento.

[368] A remissão para a nova numeração seria alterada pelo artigo 6.º do Decreto-Lei n.º 280/87, de 8 de Julho: diploma que foi aprovado antes de publicado o Decreto-Lei n.º 184/87.

[369] Artigo 165.º/1, *c*) e *d*), da CR, na versão em vigor.

[370] Já MENÉRES PIMENTEL, no *Discurso na sessão de despedida* cit., 25, havia lamentado a demora na aprovação da lei de autorização legislativa, o que impedira a aprovação do projeto, três anos mais cedo.

§ 11.° O Código das Sociedades Comerciais: sistema, fontes e alterações   161

competente texto constava já do projeto inicial[371], dele tendo sido retirado apenas para permitir a aprovação de 1986.

II. Menos de três meses depois, o Decreto-Lei n.° 280/87, de 8 de Julho, alterou nada menos do que cinquenta artigos do Código[372].

Segundo o seu preâmbulo, o Decreto-Lei n.° 280/87 visou dar corpo a "... um compactado *feed-back* ..." (!) a que o Código dera azo. Foram atingidos preceitos dispersos por todo o Código, procurando corrigir situações paradoxais, inesperadas ou, simplesmente, refletidas apenas após a aprovação do Código.

O Decreto-Lei n.° 280/87 aproveitou ainda para proceder a diversas retificações: no preâmbulo do Decreto-Lei n.° 262/86, nesse mesmo Decreto-Lei e no Código das Sociedades Comerciais, por ele aprovado.

III. No ano seguinte, o Decreto-Lei n.° 229-B/88, de 4 de Julho, introduziu novas alterações no Código. Designadamente, ele criou a figura das "obrigações com direito de subscrição de ações" ou "obrigações com *warrants*": artigos 372.°-A e 372.°-B, alterando ainda diversos preceitos[373].

IV. Seguiu-se a Portaria n.° 80-A/89, de 2 de Fevereiro, que, fazendo uso dos poderes conferidos pelo artigo 262.°/7, alterou os limites constantes do n.° 2, *a*) e *b*), do mesmo artigo e relativos ao mínimo de balanço e de verbas líquidas e outros proveitos necessários para que as sociedades por quotas devam designar um revisor oficial de contas.

V. O Decreto-Lei n.° 418/99, de 30 de Novembro, prorrogou por um ano o prazo constante do artigo 533.°/1: prazo dado para as sociedades preexistentes actualizarem o seu capital social em função das novas exigências.

---

[371] Cf. BMJ 327 (1983), 331-336 (artigos 500.° a 514.°).

[372] Artigos 16.°, 36.°, 59.°, 63.°, 66.°, 69.°, 89.°, 90.°, 93.°, 126.°, 142.°, 191.°, 192.°, 193.°, 202.°, 217.°, 219.°, 247.°, 248.°, 250.°, 260.°, 277.°, 285.°, 288.°, 289.°, 294.°, 297.°, 304.°, 305.°, 317.°, 322.°, 328.°, 348.°, 350.°, 352.°, 358.°, 360.°, 370.°, 371.°, 375.°, 384.°, 387.°, 405.°, 409.°, 414.°, 415.°, 416.°, 425.°, 464.° e 488.°.

[373] Os artigos 109.°, 295.°, 314.°, 315 e 360.°.

162   *Fontes internas do Direito das sociedades*

VI. Temos, depois, o importante Decreto-Lei n.º 142-A/91, de 10 de Abril. Este diploma aprovou o Código do Mercado de Valores Mobiliários e veio revogar os artigos 307.º, 524.º e 525.º do Código das Sociedades Comerciais.

VII. Após pequena pausa, surge o Decreto-Lei n.º 238/91, de 2 de Julho: veio transpor, para o Direito interno, as normas de consolidação de contas fixadas na 7.ª Diretriz – a Diretriz n.º 83/349/CEE, do Conselho – relativa ao Direito das sociedades comerciais.

Este diploma introduziu, no Título VI, referente às sociedades coligadas, um capítulo IV, *Apreciação anual da situação das sociedades obrigadas à consolidação de contas* – artigos 508.º-A a 508.º-E. Trata-se de matéria bastante específica, com um crescente interesse[374].

VIII. O artigo 543.º previa que os depósitos das entradas nas sociedades fossem efectuados na Caixa Geral de Depósitos, até que uma portaria conjunta dos Ministros das Finanças e da Justiça permitissem que elas o fossem noutras instituições de crédito. Essa medida foi tomada pela Portaria n.º 228/92 (2.ª Série), de 25 de Julho[375].

IX. Passados três meses, o Decreto-Lei n.º 225/92, de 21 de Outubro, alterou os artigos 66.º e 171.º do Código, com vista a "completar a transposição" da Diretriz n.º 89/666/CEE, de 21 de Dezembro, relativa às sucursais criadas num Estado membro por certas formas de sociedade reguladas pelo Direito de outro Estado.

O objetivo do diploma centrava-se no assegurar a proteção dos sócios e de terceiros, impondo que, no relatório de gestão da sociedade, se passasse a incluir a referência às sucursais da sociedade e que, na atividade externa de sucursais da sociedade com sede no estrangeiro, se indicassem os principais elementos identificadores da sucursal.

X. Três meses volvidos, o Decreto-Lei n.º 20/93, de 26 de Janeiro, modificou o artigo 10.º, relativo aos requisitos da firma. De novo estavam

---

[374] Alterou, ainda, o artigo 414.º do Código.

[375] Publicada no DR II Série, n.º 170, de 25-Jul.-1992, 6856; pela sua importância – e por alterar um Código aprovado por Decreto-Lei! – esta portaria mereceria honras de I Série; torna-se, assim, de consulta difícil.

§ 11.º O Código das Sociedades Comerciais: sistema, fontes e alterações   163

em causa situações relacionadas com representações de sociedades estrangeiras.

XI. O Decreto-Lei n.º 261/95, de 3 de Outubro, veio introduzir profundas alterações no Código de Mercado de Valores Mobiliários. De passagem, revogou os artigos 306.º e 308.º a 315.º do Código das Sociedades Comerciais, tendo a respetiva matéria passado, precisamente, para o CódMVM.

XII. Cumpre considerar, de seguida, o Decreto-Lei n.º 328/95, de 9 de Dezembro. Este diploma visou a transposição dos aspetos substantivos da Diretriz n.º 90/605/CEE, do Conselho, de 8 de Novembro, relativa a domínios contabilísticos e da Diretriz n.º 92/101/CEE, do Conselho, de 23 de Novembro, quanto à constituição de sociedades anónimas, bem como quanto à conservação e às modificações do respetivo capital social. Foram alterados catorze artigos do Código das Sociedades Comerciais[376], tendo sido aditados mais quatro[377].

XIII. Seguiu-se o Decreto-Lei n.º 257/96, de 31 de Dezembro. Este diploma, precedido de um preâmbulo doutrinário algo empolgante, veio alterar cinco pontos do Direito das sociedades comerciais, pontos esses que, ele próprio, considera fundamentais[378]:

– a criação da sociedade unipessoal por quotas;
– o regime de fiscalização das sociedades;
– a criação da figura do secretário da sociedade;
– a simplificação dos dispositivos normais sobre a adoção de firmas;
– a feitura das atas da sociedade.

Para além de diversos preceitos alterados[379], foi aditado, ao Título III, um Capítulo X relativo às sociedades unipessoais por quotas – artigos

---

[376] Os artigos 9.º, 65.º, 70.º, 289.º, 376.º, 451.º a 455.º, 508.º-A, 508.º-B, 508.º-D e 528.º.

[377] Os artigos 65.º-A, 70.º-A, 325.º-A e 325.º-B.

[378] No qual, designadamente, se critica ... o próprio legislador.

[379] Mais precisamente os artigos 10.º, 11.º, 63.º, 219.º, 250.º, 390.º, 413.º, 414.º, 416.º, 420.º, 421.º a 423.º e 452.º.

164 *Fontes internas do Direito das sociedades*

270.°-A a 270.°-G. Ao Capítulo VI, Título IV, foi acrescentada uma secção VI, referente ao secretário da sociedade – artigos 446.°-A a 446.°-F. Foram ainda acrescentados diversos preceitos[380], revogados outros[381] e estabelecido um regime transitório para a passagem das sociedades anónimas ou por quotas, que o desejem, ao regime do fiscal único[382].

O Decreto-Lei n.° 257/96, de 31 de Dezembro, concluiu da melhor forma, retificando múltiplas inexatidões do Código das Sociedades Comerciais.

XIV. A Portaria n.° 95/97, de 12 de Fevereiro, veio modificar, de novo, os limites do artigo 262.°/2, *a*) e *b*): a partir dos quais as sociedades por quotas são obrigadas a designar um revisor oficial de contas.

XV. O Decreto-Lei n.° 343/98, de 6 de Novembro, alterou diversos diplomas, com vista à introdução do euro. O seu artigo 3.° ocupou-se do Código das Sociedades Comerciais, modificando, nessa conformidade, dezasseis dos seus artigos[383].

XVI. O Decreto-Lei n.° 486/99, de 13 de Novembro, aprovou o Código de Valores Mobiliários, que substituiu o CódMVM. Alterou diversa legislação, entre a qual vários preceitos do Código das Sociedades Comerciais[384]. Revogou, ainda, o artigo 5.° do Decreto-Lei n.° 262/86, de 2 de Setembro, que considerava "diploma especial", para efeitos do artigo 331.°/1, o Decreto-Lei n.° 408/82, de 29 de Setembro: também revogado.

---

[380] Mais precisamente os artigos 262.°-A (Dever de prevenção), 420.°-A (Dever de vigilância) e 423.°-A (Norma de remissão).

[381] A saber: os n.os 3 a 5 do artigo 70.°-A e o artigo 264.°.

[382] Artigo 5.°: as sociedades anónimas ou por quotas poderiam, no prazo de seis meses a contar da data da entrada em vigor do presente diploma, independentemente de escritura pública, deliberar a passagem ao regime do fiscal único, devendo inscrever a alteração no registo comercial.

[383] Os artigos 14.°, 29.°, 201.°, 204.°, 218.°, 219.°, 238.°, 250.°, 262.°, 276.°, 295.°, 352.°, 384.°, 390.°, 396.° e 424.°.

[384] Os artigos 167.°/2, 328.°/4, 346.°/5 e 371.°/1; aditou, ainda, um número 7 ao artigo 490.°.

§ 11.º O Código das Sociedades Comerciais: sistema, fontes e alterações   165

XVII. Depois, cumpre referir o Decreto-Lei n.º 36/2000, de 14 de Março, que dispensou a escritura pública para diversos atos societários que, antes, a ela estavam sujeitos[385].

XVIII. Segue-se o Decreto-Lei n.º 237/2001, de 30 de Agosto. Este diploma recordou ser objetivo assumido no Programa do XIV Governo Constitucional, reduzir o número de atos sujeitos a escritura pública: passos haviam já sido dados, nesse sentido, pelo Decreto-Lei n.º 36/2000, de 14 de Março e pelo Decreto-Lei n.º 64-A/2000, de 22 de Abril. Nessa linha e pretendendo ir mais longe, alterou diversos preceitos do Código das Sociedades Comerciais[386]. Além disso, esse diploma pôs, finalmente, em vigor o artigo 35.º, relativo às medidas a tomar quando esteja perdida metade do capital social.

XIX. Menos de um ano depois, o Decreto-Lei n.º 162/2002, de 11 de Julho, veio alterar o referido artigo 35.º e, ainda, o 141.º: no sentido de amenizar a entrada em vigor do primeiro, dando às sociedades visadas "um período inicial de adaptação a um novo regime", nas palavras do seu preâmbulo.

XX. Pretendendo resolver questões concretas, a Portaria n.º 160/2003, de 19 de Fevereiro, determinou que às sociedades submetidas à supervisão da CMVM não se aplique o estabelecido no artigo 295.º/2 do Código das Sociedades Comerciais, relativamente às reservas constituídas pelos valores referidos na alínea a) daquele número, quando destinadas à cobertura de prejuízos ou resultados transitados negativos. Tais valores não podem, porém, ser usados para a distribuição de dividendos, nem para aquisição de acções próprias.

XXI. O Decreto-Lei n.º 107/2003, de 4 de Junho, que alterou o Código de Registo Comercial e o Código dos Valores Mobiliários, modificou também o artigo 351.º do Código das Sociedades Comerciais, referente ao registo de obrigações.

---

[385] Alterou os artigos 85.º, 145.º, 270.º-A e 270.º-D.
[386] Os artigos 23.º, 182.º, 202.º, 219.º, 221.º e 277.º.

166 *Fontes internas do Direito das sociedades*

XXII. O Decreto-Lei n.º 88/2004, de 20 de Abril[387], que transpôs a Diretriz n.º 2001/65/CE, de 27 de Setembro, alterou os artigos 66.º/2 e 508.º-C/2, aditando-lhes referências atinentes à gestão de riscos financeiros.

XXIII. O Decreto-Lei n.º 19/2005, de 18 de Janeiro[388], decidiu atacar-se ao problema das perdas equivalentes a metade do capital social. Trata-se de uma questão complexa, que obteve várias intervenções legislativas sem que se tivesse logrado obter uma solução adaptada às realidades do País. O diploma em causa, depois de um destemido preâmbulo, veio alterar os artigos 35.º, 141.º e 171.º do Código das Sociedades Comerciais.

XXIV. Segue-se o Decreto-Lei n.º 35/2005, de 17 de Fevereiro. Este diploma visou transpor a Diretriz n.º 2003/51, de 18 de Junho, relativa a contas anuais e a contas consolidadas de certas sociedades (bancos e seguradoras) e que previu ainda a possibilidade de as entidades a que não se apliquem as NIC (normas internacionais de contabilidade), optarem pela sua aplicação. Deu nova redação aos artigos 66.º, 451.º, 453.º, 508.º-C e 508.º-D, do Código em estudo.

XXV. Dando corpo a uma aspiração geral, o Decreto-Lei n.º 111/2005, de 8 de Julho, veio instituir um regime especial – dito imediato ou "empresa na hora" – de constituição de sociedades por quotas e anónimas. Alterou, entre outros diplomas, o Código das Sociedades Comerciais: artigos 10.º, 100.º, 167.º e 171.º[389].

XXVI. O Decreto-Lei n.º 52/2006, de 15 de Março, veio transpor certas diretrizes mobiliárias, alterando dezenas de preceitos do CVM. No agora em causa: modificou também os artigos 348.º, 349.º e 351.º, do Código das Sociedades Comerciais.

XXVII. Temos, depois, o Decreto-Lei n.º 76-A/2006, de 29 de Março[390], que aprovou a grande reforma das sociedades comerciais. Este

---

[387] Com a Retificação n.º 52/2004, de 17 de Junho.
[388] Com a Retificação n.º 7/2005, de 18 de Fevereiro.
[389] O próprio Decreto-Lei n.º 111/2005, de 8 de Julho, foi alterado pelos Decretos-Leis n.os 76-A/2006, de 29 de Março e 125/2006, de 29 de Junho.
[390] Com a Retificação n.º 28-A/2006, de 26 de Maio.

§ 11.º O Código das Sociedades Comerciais: sistema, fontes e alterações   167

diploma atingiu muitas dezenas de preceitos do Código das Sociedades Comerciais, de tal forma que acabou por o republicar, em versão consolidada, num dos seus anexos. Pela sua importância dedicaremos, à "grande reforma de 2006", uma rubrica própria.

XXVIII. O Decreto-Lei n.º 8/2007, de 17 de Janeiro, prosseguiu numa linha de simplificação do Direito português das sociedades. Entre outros aspetos, ele veio facilitar as reduções de capital, modificando os artigos 70.º, 95.º, 96.º, 100.º, 101.º, 101.º-A, 106.º, 116.º, 117.º, 132.º, 242.º-B, 242.º-F, 508.º-E e 528.º, do Código das Sociedades Comerciais.

XXIX. Nesse mesmo ano, o Decreto-Lei n.º 357-A/2007, de 31 de Outubro, levou a cabo uma grande reforma do CVM e alterou, entre outros diplomas, o Código das Sociedades Comerciais, revogando – artigo 19.º, c) – os seus artigos 265.º/2 e 374.º-A/2.

XXX. O Decreto-Lei n.º 247-B/2008, de 20 de Dezembro, relativo ao cartão de empresa, alterou diversos diplomas, dando nova redação ao artigo 7.º do Código.

XXXI. A Lei n.º 19/2009, de 12 de Maio, procurou transpor as Diretrizes 2005/56 (fusões transfronteiriças) e 2007/63 (relatório dos peritos independentes aquando da fusão e da cisão de SA e participação de trabalhadores na sociedade resultante de fusão), alterou os artigos 98.º, 99.º e 101.º quanto a fusões e aditou, ao capítulo IX – Fusão de sociedades, uma secção II – Fusões transfronteiriças, composta pelos artigos 117.º-A a 117.º-L.

XXXII. O Decreto-Lei n.º 185/2009, de 12 de Agosto, que visando transpor diretrizes sobre prestação de contas, modificou novamente o regime das fusões, alterando os artigos 32.º, 70.º, 98.º, 100.º, 101.º-A, 116.º, 420.º, 423.º-F, 441.º, 451.º e 508.º-C.

XXXIII. O ano de 2010 foi de acalmia. Apenas cumpre assinalar o Decreto-Lei n.º 49/2010, de 19 de Maio, que introduziu as ações sem valor nominal alterando, para o efeito, vinte e dois artigos do Código[391].

---

[391] 4.º, 22.º, 25.º, 28.º, 92.º, 272.º, 276.º, 277.º, 279.º, 295.º, 298.º, 316.º, 325.º-A, 341.º, 342.º, 345.º, 349.º, 357.º, 380.º, 384.º, 397.º e 423.º.

168   *Fontes internas do Direito das sociedades*

XXXIV. Por fim (neste momento), o Decreto-Lei n.º 33/2011, de 7 de Março, veio adotar medidas de simplificação dos processos de constituição de sociedades por quotas e de sociedades unipessoais por quotas. Alterou, para tanto, os artigos 26.º, 199.º, 201.º, 202.º, 203.º, 205.º, 219.º e 238.º, do Código das Sociedades Comerciais, revogando, ainda, os seus artigos 202.º/2, 3 e 5 e 204.º/3. O novo regime entra em vigor no dia 6 de Abril de 2011 (7.º).

§ 12.º ERROS E RETIFICAÇÕES

42. O problema no Código das Sociedades Comerciais

I. Qualquer lei, como obra humana, pode conter erros da mais diversa natureza. Todavia, o Código das Sociedades Comerciais, por razões de ordem vária, é especialmente vulnerável a essa dimensão.

Vamos recordar alguns pontos ilustrativos.

II. O Código das Sociedades Comerciais foi adotado pelo Decreto--Lei n.º 262/86, de 2 de Setembro. Meses volvidos, uma declaração da Secretaria-Geral da Presidência do Conselho de Ministros veio proceder a 47 retificações, algumas das quais com relevo substancial[392].

Menos de um ano depois, o Decreto-Lei n.º 280/87, de 8 de Julho, visando resolver soluções paradoxais, inesperadas ou, simplesmente, refletidas apenas após a aprovação do Código, veio alterar cinquenta dos seus artigos. E no artigo 4.º, procedeu a mais 72 retificações, relativamente ao texto inicial.

Seguiram-se numerosas alterações. Mas como persistissem falhas do início, o Decreto-Lei n.º 257/96, de 31 de Dezembro, ainda encontrou 16 inexatidões no Código, então já em vigor há 10 anos, para retificar. Em suma: mais de um terço dos preceitos do Código saiu com lapso, em 1986. Esta situação não é compaginável com uma revisão minimamente cuidadosa.

III. O Decreto-Lei n.º 76-A/2006, de 29 de Março, que alterou 31 diplomas, introduziu muitas dezenas de alterações, supressões e aditamentos ao CSC, republicando-o em anexo. Semanas volvidas, foram feitas 35

---

[392] DR I Série, n.º 276 (Supl.), de 29-Nov.-1986, 3602-(4)-3602-(5).

170   *Fontes internas do Direito das sociedades*

retificações, das quais 12 relativas ao CSC e outras 12 à republicação do mesmo Código[393]. Passados meses, o Decreto-Lei n.° 8/2007, de 17 de Janeiro, relativo à informação empresarial simplificada, veio alterar 12 preceitos do CSC: no que foi tomado como um refluxo da reforma de 2006 ou, se se quiser: mais uma série de correções.

IV. O anteprojeto da CMVM, relativo à transposição da Diretriz dos direitos dos acionistas e a alterações ao CSC[394], inseriu, entre os seus objetivos, o de corrigir "algumas incongruências e deficiências de redação" que resultaram de intervenções anteriores[395]. Feitas as contas, estariam em causa mais 23 falhas, que careceriam de intervenção legislativa. Este desiderato foi acolhido, pelo menos em parte, pelo Decreto-Lei n.° 49/2010, de 19 de Maio: dezenas de erros aninhados no Código, e que tiveram de ser corrigidos.

V. Estas singularidades do Código das Sociedades Comerciais obrigam o estudioso a construir uma (surpreendente) teoria das gralhas, dos lapsos, dos erros e das retificações[396].

43. O regime das retificações até à Lei n.° 3/76, de 10 de Setembro

I. A primeira e mais fácil solução para as gralhas e os lapsos é a da sua retificação, feita oficiosamente no local da publicação dos diplomas. Vamos percorrer rapidamente a evolução dessas matérias nos últimos oitenta anos[397].

II. O Decreto-Lei n.° 22:470, de 11 de Abril de 1933[398] (Oliveira Salazar), que aprovou diversas regras sobre a publicação de diplomas e a

---

[393] DR I Série-A, n.° 102 (Supl.), de 26-Mai.-2006. 3572-(2)-3572-(3).
[394] Processo de Consulta Pública n.° 10/2008, publicado na RDS 2009, 483-545.
[395] *Idem*, 531.
[396] *Vide o nosso O CSC e a reforma de 2010: gralhas, lapsos, erros e retificações*, RDS 2010, 509-528.
[397] Elementos anteriores podem ser confrontados em Miguel Pedrosa Machado, *Em torno de um estudo de caso sobre rectificações legislativas no Código de Processo Penal*, em Legislação 51 (2010), 5-29 (5 ss.).
[398] DG I Série, n.° 83, de 11-Abr.-1933, 654-656.

§ 12.º Erros e retificações

sua *vacatio*, nos diversos locais do País e do Império, dispunha, no seu artigo 6.º:

> Quando houver divergência entre o texto decretado e o publicado, compete ao Presidente do Conselho ordenar e assinar as necessárias rectificações.

III. A publicação de diplomas foi sujeita a uma nova disciplina, pelo Decreto-Lei n.º 48 620, de 10 de Outubro de 1968[399] (Marcello Caetano): mas não mexeu nos termos das retificações. Este instrumento, no seu artigo 4.º, dispôs que o formulário dos diplomas fosse regulamentado em Portaria do Presidente do Conselho. O Decreto-Lei n.º 223/72, de 30 de Junho[400] (Marcello Caetano), que alterou o artigo 2.º do Decreto-Lei n.º 48 620, também não tocou nas retificações.

Seguiu-se a Portaria n.º 672/74, de 17 de Outubro[401] (Vasco Gonçalves), que, fazendo uso do artigo 4.º do Decreto-Lei n.º 48 620, de 10 de Outubro de 1968, fixou novos formulários para os diplomas legais: mas sem referir as retificações.

IV. A publicação, a identificação e o formulário dos diplomas recebeu nova regulamentação pela Lei n.º 3/76, de 10 de Setembro[402]. Foi revogado o Decreto-Lei n.º 22 470, de 11 de Abril de 1933. No tocante a retificações, dispôs o artigo 5.º da referida Lei n.º 3/76:

> 1. As rectificações dos erros provenientes de divergências entre o texto original e o texto impresso de qualquer diploma são publicadas na série do *Diário da República* em que o tiver sido o texto rectificando, devendo obedecer aos requisitos exigidos para a publicação deste e provir do mesmo órgão.
>
> 2. As rectificações de diplomas publicados na 1.ª série correm todas através da Secretaria-Geral da Assembleia da República e só são admitidas até noventa dias após a publicação do texto rectificando.
>
> 3. As rectificações entram em vigor na data da publicação.

---

[399] DG I Série, n.º 239, de 10-Out.-1968, 1546-1547.
[400] DG I Série, n.º 151, de 30-Jun.-1972, 851-852.
[401] DG I Série, n.º 242, de 17-Out.-1974, 1240-1242, ret. no DG de 20-Nov.-1974.
[402] DR I Série, n.º 213, de 10-Set.-1976, 2137-2139.

172 *Fontes internas do Direito das sociedades*

V. Como se vê, este preceito veio colmatar um vazio de regulamentação. O anterior dispositivo, do Decreto-Lei n.° 22 470, de 11 de Abril de 1933, deixava nas mãos do Presidente do Conselho (Primeiro Ministro) – na prática, na Secretaria-Geral do Conselho de Ministros – o poder de, sem limites, alterar os diplomas publicados, a coberto de retificações. Assim sucedeu com alguma frequência, antes do período de normalização constitucional. Compreende-se a preocupação restritivista da Lei n.° 3/76. Foram consideradas, apenas, as divergências entre o texto original (e não o que tivesse sido "decretado", o que poderia resultar de pura oralidade) e o publicado. Além disso, as retificações teriam de satisfazer aos ditames seguintes:

(a) obedecer aos requisitos exigidos para a publicação do diploma retificando;
(b) provir do mesmo órgão que o tivesse adotado;
(c) correr, quando relativos a diplomas publicados na 1.ª série, através da Secretaria-Geral da Assembleia da República;
(d) só sendo admitidos até noventa dias após a publicação do texto retificando.

VI. Além disso, as retificações (só) entram em vigor na data da publicação (5.°/3): mera eficácia *ex nunc* ou não-retroativa.

Dá-se prioridade à defesa da confiança das pessoas. Além disso e *a contrario*: fica entendido que se o diploma retificando for exequível, ele será aplicado, no período anterior à retificação, com o sentido que dele resulte.

44. *Idem*, até à Lei n.° 6/83, de 29 de Julho

I. A pretexto da entrada em vigor da Lei Constitucional n.° 1/82, de 30 de Setembro, foi publicado o Decreto-Lei n.° 3/83, de 11 de Janeiro[403]. Em substituição da Lei n.° 3/76, de 10 de Setembro, este diploma retomou a matéria formulária.

---

[403] DR I Série, n.° 8, de 11-Jan.-1983, 41-43.

§ 12.º Erros e retificações

II. O tema das retificações recebeu um novo e diverso tratamento. Cumpre transcrever o artigo 4.º do Decreto-Lei n.º 3/83, de 11 de Janeiro (Pinto Balsemão):

1. As rectificações dos erros provenientes de divergências entre o texto original e o texto impresso de qualquer diploma publicado na 1.ª série do *Diário da República* devem ser publicadas nesta série e provir do órgão que aprovou o texto original.
2. As rectificações só podem ser publicadas até 90 dias após a publicação do texto rectificando.
3. As rectificações produzem efeitos desde a data da entrada em vigor do diploma rectificando, sem prejuízo dos direitos adquiridos até à data da publicação da rectificação.

O regime foi alterado, sendo certo que a nova redação nada tem a ver com a Lei Constitucional n.º 1/82, de 30 de Setembro.

III. Mantém-se a necessidade de divergência entre o texto original e o texto impresso. *Summo rigore*, não seriam retificáveis os lapsos gramaticais ou ortográficos alojados no próprio original. Isso posto, devem agora as retificações:

(a) ser inseridas na 1.ª série, quando relativas a diplomas nesta publicados;
(b) provir do órgão que aprovou o original;
(c) ser publicadas até 90 dias após a publicação do texto retificando.

Desapareceu a exigência de as retificações correrem pela Secretaria-Geral da Assembleia da República. Além disso, esclareceu-se que os 90 dias são prazo útil para a publicação da própria retificação e não para a sua determinação.

Importante é a eficácia *ex tunc* agora atribuída às retificações: operam retroativamente, ainda que com ressalva dos "direitos" adquiridos até à data de publicação da retificação" (4.º/3).

Os formulários de diplomas foram remetidos para portaria do Governo: assim surgiu a Portaria n.º 47/83, de 17 de Janeiro (Pinto Balsemão)[404].

---

[404] DR I Série, n.º 13, de 17-Jan.-1983, 85-87.

174 Fontes internas do Direito das sociedades

IV. Seis meses volvidos, a publicação, a identificação e o formulário dos diplomas obteve nova regulamentação. Desta feita, operou a Lei n.° 6/83, de 29 de Julho[405] a qual, por cautela, revogou as Leis n.° 3/76, de 10 de Setembro e n.° 8/77, de 1 de Fevereiro e, ainda, o Decreto-Lei n.° 3/83, de 11 de Janeiro. E de novo as retificações mereceram a atenção da Lei, sendo-lhe dispensado um regime não coincidente com o anterior. Dispõe o artigo 6.° do novo diploma:

> 1. As rectificações dos erros materiais provenientes de divergências entre o texto original e o texto impresso de qualquer diploma publicado na 1.ª série do *Diário da República* devem ser publicadas nesta série e provir do órgão que aprovou o texto original.
> 2. As rectificações de diplomas publicados na 1.ª série só serão admitidas até 90 dias após a publicação do texto rectificado.
> 3. As rectificações entram em vigor na data da sua publicação.

Como novidades, temos, desta feita:

(a) a limitação a "erros materiais" e não a simples divergências;
(b) o regresso ao esquema ambíguo de serem "admitidas" até 90 dias após a publicação do texto retificando;
(c) a retoma da eficácia *ex nunc*: não-retroativa.

IV. A Lei n.° 6/83, de 29 de Julho, foi alterada pelo Decreto-Lei n.° 337/87, de 21 de Outubro[406], quanto à assinatura de ministros. Apurou-se, depois, que a revogação, pela Lei n.° 6/83, de 29 de Julho, das Leis n.° 3/76, de 10 de Setembro e n.° 8/77, de 1 de Fevereiro, bem como do Decreto-Lei n.° 3/83, de 11 de Janeiro, envolvera (…) a revogação automática, posto que tácita, da Portaria n.° 47/83, de 17 de Janeiro (…). Os formulários dos diplomas ficaram (durante quatro anos) sem base legal, situação à qual acudiu o Decreto-Lei n.° 113/88, de 8 de Abril[407] (Cavaco Silva). Tudo isto é pouco abonatório dos cuidados legislativos postos nesta matéria, que não é despicienda.

---

[405] DR I Série, n.° 173, de 29-Jul.-1983, 2810-2811.
[406] DR I Série, n.° 242, de 21-Out.-1987, 3794/I.
[407] DR I Série, n.° 82, de 8-Abr.-1988, 1390-1391.

§ 12.º *Erros e retificações* 175

Os artigos 3.º e 7.º da Lei n.º 6/83, de 29 de Julho, foram alterados pelo Decreto-Lei n.º 1/91, de 2 de Janeiro[408] (Cavaco Silva), de modo a introduzir a parte A e a parte B, na 1.ª série do *Diário da República*.

45. *Idem*: a Lei n.º 74/98, de 11 de Novembro

I. A movimentada história recente do regime das retificações não ficaria por aqui. Ainda antes do fecho do século XX, o Parlamento voltou a ocupar-se do tema da publicação, da identificação e do formulário dos diplomas: fê-lo através da Lei n.º 74/98, de 11 de Novembro[409]. Foram tomadas medidas importantes, dada a vastidão das fontes: assim, a da indicação do número de ordem da alteração introduzida e a da republicação integral do diploma em anexo, quando a natureza ou a extensão da alteração o justifiquem (artigo 6.º).

II. O tema das retificações obteve um novo regime[410]. Retemos o artigo 5.º da Lei em causa:

1. As rectificações são admissíveis exclusivamente para correcção de erros materiais provenientes de divergências entre o texto original e o texto impresso de qualquer diploma publicado na 1.ª série do *Diário da República* e são feitas mediante declaração do órgão que aprovou o texto original, publicada na mesma série e parte.

2. As declarações de rectificação devem ser publicadas até 60 dias após a publicação do texto rectificando.

3. A não observância do prazo previsto no número anterior determina a nulidade do acto de rectificação.

4. As declarações de rectificação reportam os efeitos à data da entrada em vigor do texto rectificado.

Verificam-se, como pontos inovatórios:

(a) a referência restritiva: as retificações *são admissíveis exclusivamente para correção de erros materiais*;

---

[408] DR I Série-A, n.º 1, de 2-Jan.-1991, 2.

[409] DR I Série-A, n.º 261, de 11-Nov.-1998, 6130-6134.

[410] Registe-se, ainda, que as declarações de retificação passaram a ter uma numeração própria – 8.º/1, *t*),

176 Fontes internas do Direito das sociedades

(b) a maior precisão: são feitas por declaração do órgão que aprovou o texto original;

(c) o encurtamento do prazo e a sua melhor definição: devem ser publicadas até 60 dias após a publicação do texto retificando;

(d) a "sanção" pela ultrapassagem do prazo: a sua nulidade;

(e) o regresso à eficácia *ex tunc*: retroativa.

III. A Lei n.° 74/98, de 11 de Novembro, foi alterada pela Lei n.° 2/2005, de 24 de Janeiro[411]: mas não quanto a retificações. O texto da Lei n.° 74/98 foi republicado em anexo.

Novas alterações advieram da Lei n.° 26/2006, de 30 de Junho[412], com nova republicação de todo o diploma. Desta feita, o artigo 5.°, relativo às retificações, foi alterado:

> 1. As rectificações são admissíveis exclusivamente para correcção de lapsos gramaticais, ortográficos, de cálculo ou de natureza análoga ou para correção de erros materiais provenientes de divergências entre o texto original e o texto de qualquer diploma publicado na 1.ª série do *Diário da República* e são feitas mediante declaração do órgão que aprovou o texto original, publicada na mesma série.

A novidade é a seguinte: passam a admitir-se duas categorias de retificações:

(a) as provenientes de divergências entre o texto original e o texto publicado, na linha recebida das leis anteriores;

(b) as destinadas "exclusivamente" à correção de lapsos gramaticais, ortográficos, de cálculo ou de natureza análoga, que vitimassem o próprio texto original.

III. Por fim (e por agora), a Lei n.° 74/98, de 11 de Novembro, foi alterada pela Lei n.° 42/2007, de 24 de Agosto, a qual procedeu à sua terceira republicação[413]. Este diploma fixou as regras que regem a republicação dos instrumentos alterados, através de modificações o artigo 6.°.

---

[411] DR I Série-A, n.° 16, de 24-Jan.-2005, 548-553.
[412] DR I Série-A, n.° 125, de 30-Jun.-2006, 4638-4644.
[413] DR I Série, n.° 163, de 24-Ago.-2007, 5665-5670.

§ 12.º Erros e retificações

46. Balanço

I. O balanço evolutivo do regime legal das retificações de diplomas, é movimentado.

No período do Estado Novo, as regras eram pouco precisas: exigia-se uma divergência entre o "decretado" e o "publicado", cabendo ao Presidente do Conselho de Ministros afiançá-lo. Sob a III República, passou a exigir-se uma divergência entre o texto aprovado e o publicado. Mas com as seguintes flutuações:

(a) quanto à divergência: simples (Lei n.º 3/76 e Decreto-Lei n.º 3/83); apenas erros materiais (Lei n.º 6/83 e Lei n.º 74/78);

(b) quanto a erros no original: apenas admitidas pela Lei n.º 26/2006, desde que sejam gramaticais, ortográficos, de cálculo ou similares;

(c) quanto à entidade competente para a declaração: a Secretaria--Geral da Assembleia da República (Lei n.º 3/76), omisso (Decreto-Lei n.º 3/83 e Lei n.º 6/83); e o órgão que aprovou o diploma (Lei n.º 74/98);

(d) quanto ao prazo: admitidas até 90 dias (Lei n.º 3/76); publicadas até 90 dias (Decreto-Lei n.º 3/83); admitidas até 90 dias (Lei n.º 6/83); publicadas até 60 dias (Lei n.º 74/98);

(e) Quanto aos efeitos: *ex nunc* (Lei n.º 3/76); *ex tunc*, mas com salvaguarda de direitos adquiridos (Decreto-Lei n.º 3/83); *ex nunc* (Lei n.º 6/83); *ex tunc* (Lei n.º 74/98).

II. Digamos que, em linha geral, houve uma evolução positiva, no sentido da precisão das retificações; mas ela é, de alguma forma, rematada de modo negativo, por se admitirem, agora, retificações de erros que vitimem o próprio original e por se ter fixado uma eficácia retroativa ou *ex tunc*.

Para além disso, denota-se uma clara instabilidade, num domínio que deveria ser dominado pela segurança.

47. Aspetos dogmáticos; a essência dos erros

I. A temática das retificações é tomada, pelos diversos diplomas, em termos formais: uma divergência entre o texto aprovado (ou, antes de

178 *Fontes internas do Direito das sociedades*

1976, o que tivesse sido decretado) e o texto publicado. Apenas as alterações de 2006 vieram acrescentar a hipótese de erros no próprio original: gramaticais, ortográficos, de cálculo ou similares.

Podemos, no entanto, ir mais longe. Para além da distinção entre gralhas e erros tipográficos, lapsos ou omissões e erros ou falhas de fundo, cabe considerar, quanto à origem:

– erros na formação da vontade legislativa: esta, por má informação ou por deficiente raciocínio, pode ter chegado a um texto que contrarie o que o próprio legislador pretenderia, se tivesse trabalhado em melhores condições ou que defronte os ditames da Ciência do Direito; pode haver desarmonias internas, por desconexões várias no sistema que venha estabelecer ou externas, por contrariedade a outros parâmetros normativos que devam prevalecer;
– erro na exteriorização da vontade legislativa: o legislador tomou as boas opções, mas o texto original que aprovou traiu-o: diz o que ele não queria ou calou o que ele pretendia;
– erro na publicação: é aprovado um texto, mas é publicado outro.

II. Admitir retificações na base da "má" formação da vontade do legislador ou na sua "deficiente" exteriorização equivale a reabrir o processo legislativo. Com efeito, apenas o próprio legislador (ou quem se lhe substitua) pode decidir que a vontade foi mal (con)formada ou que houve erro na sua exteriorização, por ter sido aprovado um texto original que, no fundo, não era querido pelo órgão legislativo.

A lei não é um negócio jurídico, em que se possa (ainda que com muitas cautelas) fazer prevalecer uma vontade real sobre uma vontade declarada ou (mais delicado!) invalidar a vontade real e declarada por má conformação da primeira. Vale o texto publicado. Se o legislador se engana, há que revogar o diploma errado, substituindo-o: tudo isso com observância das regras sobre a feitura de leis e sobre a sua sucessão no tempo.

III. Tecnicamente, não há "erros" na lei. Temos, sim, leis mal feitas, por vício de conceção ou de concretização. Queda a sua revogação e/ou a sua substituição. Na sua falta, ainda poderemos formular juízos de inconstitucionalidade ou limar as arestas com recurso à boa-fé e ao abuso do direito, no qual incorra quem queira beneficiar de lapsos legislativos.

48. Erros formais e substanciais; erros patentes e não-patentes

I. Prosseguindo, temos uma distinção da maior importância: a que contrapõe os erros formais aos substanciais.

O erro formal é o visado pela alteração legislativa da Lei n.º 26/2006, de 30 de Junho: abrange os "lapsos" gramaticais, ortográficos, de cálculo ou outros similares.

Muitas vezes, o erro formal resulta do contexto: desfeia a lei, mas é imediatamente reconhecido por qualquer operador. Será, nessa altura, um erro patente. Mas nem sempre: o erro formal pode fazer sentido, desfigurando materialmente a lei sem que, disso, o operador se aperceba. Imagine-se o erro de cálculo que altere prazos ou o erro gramatical que alargue ou restrinja o âmbito da lei.

II. Os erros substanciais têm a ver com vetores jurídicos: resultam em soluções que não eram as pretendidas pelo "espírito legislativo". Ainda aqui há duas hipóteses: o erro material pode ser patente, resultando do contexto (por exemplo, a lei trocou conselho de administração por assembleia geral ou esqueceu a comissão de auditoria) ou não-patente: quando tal não suceda. Nessa altura, apenas uma valoração global (sempre discutível!) permitirá falar em erro.

49. Os óbices do regime das retificações

I. Feitas estas distinções, logo se vê que o regime das retificações, tal como está, deixa pairar um fator de incerteza, durante sessenta dias, sobre qualquer diploma. De facto, a lei vigente não atende à plausibilidade do texto retificando e isso com a agravante de, às retificações, vir atribuir eficácia retroativa. O sujeito confrontado com uma nova lei pode, de imediato, detetar o lapso. E isso com uma especial facilidade, quando o erro torne o diploma inexequível. Mas pode não ser assim. O legislador disfruta de uma presunção de acerto (9.º/3, do Código Civil). O destinatário da norma, que creia no texto publicado e paute, por ele, a sua conduta, não pode ser, *ad nutum*, surpreendido por uma retificação, que tudo dê a perder.

III. Temos, ainda, setores muito sensíveis. O dos prazos: sai um diploma a fixar, para certo ato, um prazo de trinta dias; expirados vinte e

180 *Fontes internas do Direito das sociedades*

cinco, surge uma retificação a corrigir o prazo de trinta para vinte. *Quid iuris?* Ou o dos crimes: o tipo legal sai gralhado, tomando outro sentido ou a medida da pena foi truncada, sendo mais pesada (ou mais leve!). Poderá admitir-se uma retificação retroativa?

Nuns e noutros casos, a Lei n.° 74/98 é inconstitucional, na parte em que permita tais "retificações".

Em suma: impõe-se, sempre, uma sindicância, à luz da Ciência do Direito.

50. As correções jurídico-científicas

I. Cabe aos órgãos legislativos fazer uma aplicação sensata e prudente do "poder de retificar" que a Lei lhes atribui. A retificação deve dirigir-se a erros materiais e formais patentes que, não criando expectativas, apenas venham desfear os textos atingidos. Uma especial atenção deve ser dada à gramática e à ortografia, quando, das falhas, não resultem soluções plausíveis, diferentes daquelas que o legislador histórico tenha pretendido. Em todos os outros casos, queda a alteração legislativa.

II. Em compensação, desenha-se uma margem de atuação para o intérprete-aplicador. É certo que, segundo o já citado artigo 9.°/3 do Código Civil, ele deve presumir que:

> (...) o legislador consagrou as soluções mais acertadas e soube exprimir o seu pensamento em termos adequados.

Mas o estudo da matéria pode revelar os lapsos. A interpretação não deve cingir-se à letra da lei: antes atenderá a diversos elementos, entre os quais a unidade do sistema jurídico (9.°/1). Justamente tal unidade pode revelar o lapso de certos preceitos. Nessa altura, com recurso aos instrumentos disponíveis, designadamente aos fatores sistemático e teleológico da interpretação e a cláusulas gerais, como a da boa-fé, pode o intérprete-aplicador minorar as assimetrias.

III. O Código das Sociedades Comerciais apresenta-se, tudo visto, com um especial campo de reflexão, também neste domínio. A completa falta de cuidado verificada na sua revisão final e a desatenção que acompanhou algumas das suas reformas fizeram, dele, um caudal inesgotável de lapsos de toda a natureza. Há que privilegiar as alterações legislativas. E para além delas: que repousar no labor incessante dos tribunais e, mais latamente, de todos os operadores jurídicos.

§ 13.º DIPLOMAS EXTRAVAGANTES E COMPLEMENTARES

51. Diplomas extravagantes

I. As sociedades são essencialmente reguladas pelo Código das Sociedades Comerciais. Este, apesar da sua vocação codificadora, não regula toda a matéria relativa às sociedades comerciais. Diversos aspetos não ficaram no Código, logo aquando da sua aprovação. Além disso, após essa mesma aprovação, continuaram a surgir diplomas relevantes, fora do corpo normativo do Código. Em primeiro lugar, isso sucedeu logo com o Código Civil: nos seus artigos 980.º e seguintes, este diploma regula as sociedades civis sob forma civil, em termos que são mesmo apresentados como subsidiariamente aplicáveis às sociedades comerciais. Na realidade, as próprias sociedades civis puras irão buscar, quando necessário, normas ao Código das Sociedades Comerciais. Veremos como tudo isso opera.

De seguida, temos as situações de participação do Estado no capital de sociedades: o Decreto-Lei n.º 65/76, de 24 de Janeiro[414], veio estabelecer que as sociedades anónimas com participação maioritária do Estado, direta ou indireta, poderiam constituir-se ou continuar a sua existência com qualquer número de associados, enquanto o Decreto-Lei n.º 365/85, de 11 de Setembro, se ocupou da participação do Estado em aumentos de capital.

II. No tocante a instituições de crédito – que devem assumir necessariamente a configuração de sociedades anónimas[415] – vigora o RGIC[416],

---

[414] Alterado pelo Decreto-Lei n.º 343/76, de 12 de Maio.

[415] *Manual de Direito bancário*, 4.ª ed. (2010), 935.

[416] MENEZES CORDEIRO, *Leis da banca anotadas*, 3.ª ed. (2005), 97; quanto à regra enunciada no texto cf., do RGIC, o artigo 14.º/1, *b*). O RGIC foi, ainda, republicado

§ 13.º Diplomas extravagantes e complementares

aprovado pelo Decreto-Lei n.º 298/92, de 31 de Dezembro, com alterações posteriores, a última das quais aprovada pela Lei n.º 36/2010, de 2 de Setembro. Quanto às empresas seguradoras, rege o RGES de 1998[417], aprovado pelo Decreto-Lei n.º 94-B/98, de 17 de Abril, com alterações posteriores, a última das quais introduzida pelo Decreto-Lei n.º 52/2010, de 26 de Maio. Também elas devem assumir a forma de sociedades anónimas. De notar que tudo isto implica uma considerável massa de regras especializadas, relativas a sociedades.

Temos, depois, diplomas específicos para diversos tipos de instituições de crédito e sociedades financeiras: sociedades corretoras e sociedades financeiras de corretagem[418], sociedades de desenvolvimento regional[419], sociedades de gestão e investimento imobiliário[420], sociedades administradoras de compras em grupo[421], sociedades de capital de risco[422], agências de câmbios[423], sociedades mediadoras do mercado monetário e do mercado de câmbios[424], sociedades de investimentos[425], sociedades de locação financeira[426], sociedades de cessão financeira (*factoring*)[427] e sociedades financeiras para aquisições a crédito[428] e sociedades financeiras de crédito[429].

---

em anexo ao Decreto-Lei n.º 1/2008, de 3 de Janeiro, tendo sido alterado nos termos indicados no texto.

[417] MENEZES CORDEIRO/CARLA MORGADO, *Leis dos seguros anotadas* (2002), 42 ss.; quanto à regra enunciada no texto, cf. o artigo 7.º/1, *a*), do RGES.

[418] Decreto-Lei n.º 262/2001, de 28 de Setembro.

[419] Decreto-Lei n.º 25/91, de 11 de Janeiro, alterado pelo Decreto-Lei n.º 247/94, de 7 de Outubro.

[420] Decreto-Lei n.º 135/91, de 4 de Abril, por último alterado pela Lei n.º 2/92, de 9 de Março.

[421] Decreto-Lei n.º 237/91, de 2 de Julho, alterado pelo Decreto-Lei n.º 22/94, de 27 de Janeiro.

[422] Decreto-Lei n.º 375/2007, de 8 de Novembro.

[423] Decreto-Lei n.º 3/94, de 11 de Janeiro, alterado, por último, pelo Decreto-Lei n.º 317/2009, de 30 de Outubro.

[424] Decreto-Lei n.º 110/94, de 28 de Abril.

[425] Decreto-Lei n.º 260/94, de 22 de Outubro.

[426] Decreto-Lei n.º 72/95, de 15 de Abril, por último alterado pelo Decreto-Lei n.º 186/2002, de 21 de Agosto.

[427] Decreto-Lei n.º 171/95, de 18 de Julho, alterado também, por último, pelo referido Decreto-Lei n.º 186/2002, de 21 de Agosto.

[428] Decreto-Lei n.º 206/95, de 14 de Agosto.

[429] Decreto-Lei n.º 186/2002, de 21 de Agosto.

184 *Fontes internas do Direito das sociedades*

III. Um regime específico assiste ainda às sociedades gestoras de participações sociais[430], às sociedades gestoras de empresas[431] e às sociedades de garantia mútua[432]. As sociedades desportivas dispõem, também, de um regime específico[433]. Não pertencendo embora ao campo das sociedades comerciais – pelo menos nas conceções formais hoje prevalecentes – as cooperativas seguem, subsidiariamente, o seu regime. Tem pois interesse incluir aqui uma referência ao Código Cooperativo[434].

52. Legislação complementar

I. Como legislação complementar em relação às sociedades, podemos desde logo referir o Código do Registo Comercial[435] com o seu regulamento[436]. Segue-se o Registo Nacional de Pessoas Colectivas[437].

O domínio das contas e da sua revisão tem, no fundamental, a ver com as sociedades. Recordamos o Plano Oficial de Contabilidade, hoje Sistema de Normalização Contabilística (SNC)[438]. Os revisores oficiais de contas[439] têm regimes próprios condignos. A consolidação de contas – de

---

[430] Decreto-Lei n.º 495/88, de 30 de Dezembro, alterado, por último, pela Lei n.º 109-B/2001, de 27 de Dezembro.

[431] Decreto-Lei n.º 82/98, de 2 de Abril.

[432] Decreto-Lei n.º 211/98, de 16 de Julho, alterado pelo Decreto-Lei n.º 19/2001, de 30 de Janeiro e pelo Decreto-Lei n.º 309-A/2007, de 7 de Setembro.

[433] Decreto-Lei n.º 67/97, de 3 de Abril, por último alterado pelo Decreto-Lei n.º 76-A/2006, de 29 de Março.

[434] O Código actual foi aprovado pela Lei n.º 51/96, de 7 de Setembro, com alterações introduzidas pelo Decreto-Lei n.º 76-A/2006, de 29 de Março.

[435] Aprovado pelo Decreto-Lei n.º 403/86, de 3 de Dezembro, com alterações subsequentes, a última das quais aprovada pelo Decreto-Lei n.º 185/2009, de 12 de Agosto.

[436] Aprovado pela Portaria n.º 657-A/2006, de 29 de Junho, alterada pela Portaria n.º 1416-A/2006, de 19 de Dezembro e, por último, pela Portaria n.º 1256/2009, de 14 de Outubro.

[437] Aprovado pelo Decreto-Lei n.º 129/98, de 13 de Maio, com alterações subsequentes, a última das quais derivada da Lei n.º 29/2009, de 29 de Junho.

[438] Aprovado pelo Decreto-Lei n.º 158/2009, de 13 de Julho, alterado pela Lei n.º 20/2010, de 23 de Agosto.

[439] Decreto-Lei n.º 487/99, de 16 de Novembro, com a Rectificação n.º 4-A/2000, de 31 de Janeiro, alterado, por último, pelo Decreto-Lei n.º 185/2009, de 12 de Agosto.

§ 13.º *Diplomas extravagantes e complementares*   185

sociedades[440], de empresas financeiras[441] e de empresas seguradoras[442] – obtém normas expressas.

II. Aspecto muito importante, conectado com as sociedades comerciais, é o dos valores mobiliários e dos diversos títulos. O papel fundamental assiste ao Código dos Valores Mobiliários[443], ele próprio dotado de diversa legislação complementar[444].

III. Finalmente, relevam os grandes diplomas, a título ora direto, ora subsidiário: Código Civil, Código de Processo Civil, Código Comercial e Código dos Processos Especiais de Recuperação de Empresa e de Falência.

---

[440] Decreto-Lei n.º 238/91, de 2 de Julho, hoje substituído pelo SNC (Decreto-Lei n.º 158/2009, de 13 de Julho.

[441] Decreto-Lei n.º 36/92, de 28 de Março, alterado pelo Decreto-Lei n.º 188/2007, de 11 de Maio.

[442] Decreto-Lei n.º 147/94, de 25 de Maio, com a Rectificação n.º 86/94, de 30 de Junho, também por último alterado pelo diploma em causa.

[443] Aprovado pelo Decreto-Lei n.º 486/99, de 13 de Novembro, com alterações várias, a última das quais introduzida pelo Decreto-Lei n.º 71/2010, de 18 de Junho. Da CMVM: *Código dos Valores Mobiliários*, 3.ª ed. (2007).

[444] A matéria pode ser facilmente acedida através do sítio da Comissão do Mercado dos Valores Mobiliários, na Net.

CAPÍTULO IV
DIREITO EUROPEU E DIREITO INTERNACIONAL DAS SOCIEDADES

§ 14.° DIREITO EUROPEU DAS SOCIEDADES

53. Generalidades

I. No domínio das sociedades comerciais, as exigências do Tratado de Roma, hoje acolhidas no Tratado de Lisboa[445], têm um relevo específico. Segundo o seu artigo 50.°/2, o Conselho e a Comissão devem exercer as funções que lhes são confiadas designadamente[446]:

(...)

g) Coordenando as garantias que, para proteção dos interesses dos sócios e de terceiros, são exigidas nos Estados membros às sociedades, na aceção do segundo parágrafo do artigo 58.°, na medida em que tal seja necessário, e a fim de tornar equivalentes essas garantias;

Por seu turno, o artigo 54.° vem dispor[447]:

As sociedades constituídas em conformidade com a legislação de um Estado-membro e que tenham a sua sede social, administração

---

[445] Com indicações: FRANZ MAYER, *Der Vertrag von Lissabon im Überlick*, JuS 2010, 189-195; quanto à discussão constitucional: ALBRECHT WEBER, *Die Europäische Union unter Richtervorbehalt? / Rechtsvergleichende Anmerkungen Urteil des BVerfG v. 30.6.2009 (Vertrag von Lissabon)*, JZ 2010, 157-164.

[446] PETER-CHRISTIAN MÜLLER-GRAFF, em RUDOLF STREINZ, *EUV/EGV* (2003), 663 ss., com indicações. Este preceito corresponde ao artigo 44.°/3 do Tratado de Roma.

[447] *Idem*, 686 ss..

central ou estabelecimento principal na Comunidade são, para efeitos do disposto no presente Capítulo, equiparadas às pessoas singulares, nacionais dos Estados-membros.

Por "sociedades" entendem-se as sociedades do direito civil ou comercial, incluindo as sociedades cooperativas, e as outras pessoas coletivas de direito público ou privado, com excepção das que não prossigam fins lucrativos.

II. Na base destes normativos, os órgãos da União têm elaborado diversos instrumentos relativos ao Direito das sociedades[448]. Parece-nos clara a existência de uma evolução nos próprios objetivos:

– inicialmente, a Comunidade procurou aplainar as dificuldades que se antepunham perante o direito de livre estabelecimento;
– passou-se, depois, a um período de harmonização dos Direitos dos Estados-membros de modo a, no terreno, não dificultar a livre implantação das empresas;
– assumiu-se, por fim, um papel liderante e inovador, de modo a conseguir que os Direitos dos Estados-membros respondam às novas exigências.

Aos objetivos da harmonização correspondem as diversas diretrizes, com destaque para as 1.ª, 2.ª, 3.ª, 4.ª, 6.ª, 7.ª, 8.ª, 10.ª, 11.ª, 12.ª e 13.ª, todas do Direito das sociedades. Aos de uma inovação global equivalem os Regulamentos sobre a matéria contabilística[449], como exemplo. Estes objetivos liderantes foram, de resto, assumidos pela Comunicação da Comissão "modernizar o Direito das sociedades e reforçar o governo das sociedades na União Europeia", de 21-Mai.-2003[450].

---

[448] KARSTEN SCHMIDT, *Gesellschaftsrecht*, 4.ª ed. cit., 36 ss., RAISER/VEIL, *Recht der Kapitalgesellschaften*, 5.ª ed. (2010), § 59 (784 ss.), e MICHEL DE JUGLART/BENJAMIN IPPO-LITO/JACQUES DUPICHOT, *Les sociétés commerciales* (1999), 14.

[449] Regulamento n.° 1606/2002, de 19 de Julho.

[450] COM (2003) 284 final. O seu texto pode também ser confrontado em *Direito europeu das sociedades*, 94 ss.; ainda sobre esse documento cabe referir MATHIAS HABER-SACK, *Aktionsplan der Europäischen Kommission und der Bericht der High Level Group zur Entwicklung des Gesellschaftsrechts in Europa* (2003), 32 pp.. Quanto à sua execução: THEODOR BAUMS, *Aktuelle Entwicklungen im Europäischen Gesellschaftsrecht*, AG 2007, 57-65 (57 ss.).

§ 14.º Direito europeu das sociedades

III. Para executar os objetivos apontados, os órgãos comunitários dispõem de três tipos de instrumentos[451]: diretrizes[452], que carecem de transposição para serem aplicadas no âmbito de cada Estado; regulamentos, de aplicação imediata e convénios internacionais, diretamente acordados pelos Estados. Perante o fenómeno da integração europeia, poder-se-ia pensar que, na área sensível das sociedades comerciais, o caminho a seguir apelaria, de modo predominante, aos regulamentos: assim se conseguiria uma uniformização eficaz. Todavia, isso pressuporia uma Ciência do Direito unitária, de nível europeu: de todo inexistente. As realidades obrigaram, por isso, a privilegiar as diretrizes[453], quedando-se os regulamentos para áreas muito delimitadas[454].

IV. O Direito europeu das sociedades, em sentido amplo, deriva de tudo isto. Ele abrange:

- as normas comunitárias, primárias ou secundárias, relativas a sociedades;
- as normas internas adotadas em execução das comunitárias e, em especial, as regras de transposição de diretrizes;
- os princípios e a construção jurídico-científica elaborados em torno desses dois núcleos.

O Direito europeu das sociedades acaba por ser Direito interno. Trata-se de um Direito em formação, de tipo complementar e com uma especial autonomia dogmática[455]. Mais precisamente: em formação porque vai surgindo de acordo com as necessidades e ao abrigo de calendários políticos; de tipo complementar porque pressupõe sempre a existência de Direitos internos completos: só por si, o Direito europeu das socieda-

---

[451] RAISER/VEIL, *Recht der Kapitalgesellschaften*, 5.ª ed. cit., 787 ss..

[452] E não "diretivas", que é um dispensável galicismo. *Vide* o nosso *Vernáculo jurídico: directrizes ou directivas?*, ROA 2004, 609-614.

[453] VOLKER GÖTZ, *Europäische Gesetzgebung durch Richtlinien*, NJW 1992, 1849-1856.

[454] Mesmo aí: surgem regulamentos, como o n.º 2157/2001, de 8 de Outubro, relativo à *societas europaea*, que exigiu, nos diversos países, leis de adaptação, para ser exequível.

[455] *Direito europeu das sociedades*, 22 ss.. *Vide*, ainda, o nosso *Evolução do Direito europeu das sociedades*, ROA 2006, 87-118.

190   *Direito europeu e Direito internacional das sociedades*

des é fragmentário e sem harmonia; por fim, ele assume uma clara autonomia dogmática, porque obriga a uma especial postura, no tocante às suas interpretação e aplicação.

V. O Direito europeu das sociedades apresenta, hoje, um desenvolvimento acentuado, originando escritos especializados[456]. O seu estudo aprofundado não pode, por razões de ordem prática, ser levado a cabo numa exposição geral de Direito das sociedades. Haverá que lhe conceder um espaço académico próprio.

54. As diretrizes das sociedades comerciais e a sua transposição

I. O quadro geral das diretrizes das sociedades comerciais[457] e a sua transposição é o seguinte[458]:

> *Diretriz n.° 68/151/CEE do Conselho, de 9 de Março de 1968, Primeira Diretriz das Sociedades Comerciais* ou *Diretriz sobre publicidade*: coordena as garantias que, para proteção dos interesses dos sócios e de terceiros, são exigidas nos Estados-Membros, às sociedades[459]; foi transposta pelo CRC, aprovado pelo Decreto-Lei n.° 403/86, de 3 de

---

[456] Cabe referir: Mathias Habersack, *Europäisches Gesellschaftsrecht*, 3.ª ed. (2006) e Stefan Grundmann, *Europäisches Gesellschaftsrecht* (2004). Outros elementos: *Direito europeu das sociedades*, 32 ss..

[457] O texto das diretrizes de Direito das sociedades pode ser conferido no nosso *Direito europeu das sociedades*; também aí se incluem traduções, em língua portuguesa, dos projetos e das propostas que não chegaram a ser aprovados.

[458] Quanto à transposição das diretrizes societárias nalguns países emblemáticos, *vide*, na Alemanha, Karsten Schmidt, *Gesellschaftsrecht*, 4.ª ed. cit., 37 ss. e Raiser/ /Veil, *Recht der Kapitalgesellschaften*, 5.ª ed., cit., 787 ss., em França, Philippe Merle, *Droit commercial/Sociétés commerciales*, 10.ª ed. cit., 29 ss. e em Itália, Francesco Ferrara Jr./Francesco Corsi, *Gli imprenditori e le società*, 14.ª ed. cit., 359 ss., queixando-se, aliás, da tardia receção. Uma exposição circunstanciada sobre as diversas diretrizes pode ser confrontada no nosso *Direito europeu das sociedades* e em Mathias Habersack, *Europäisches Gesellschaftsrecht/Einführung für Studium und Praxis*, 3.ª ed. (2006), 45 ss.. Quanto a esta obra, na sua 1.ª ed., de 1999, a rec. de Peter Behrens, NJW 2000, 1095.

[459] JOCE N.° L-65, 8-12, de 14-Mar.-1968. *Vide* Raúl Ventura, *Adaptação do Direito português à 1.° Directiva do Conselho da Comunidade Económica Europeia sobre Direito das sociedades*, DDC 2 (1980), 89-217, com o texto da Diretriz, 219-228.

§ 14.º Direito europeu das sociedades

Dezembro[460] e, ainda, pelo próprio Código das Sociedades Comerciais[461]; a 1.ª Diretriz foi substituída pela Diretriz n.º 2009/101, de 16 de Setembro[462], que codificou as alterações entretanto surgidas, sem alterar os respetivos prazos de transposição;

Diretriz n.º 77/91/CEE do Conselho, de 13 de Dezembro de 1976, Segunda Diretriz das Sociedades Comerciais ou *Diretriz sobre o capital*: coordena as garantias que, para proteção dos interesses dos sócios e de terceiros, são exigidas pelos Estados-Membros às sociedades, no que respeita à constituição da sociedade anónima, bem como à conservação e às modificações do seu capital social[463]; esta Diretriz foi transposta pelo próprio Código das Sociedades Comerciais[464], aflorando em múltiplas das suas soluções, com relevo para a realização do capital em espécie, para o regime restritivo das ações próprias e para o direito de preferência dos accionistas, na subscrição de novas ações;

Diretriz n.º 78/660/CEE do Conselho, de 25 de Julho de 1978, Quarta Diretriz das Sociedades Comerciais[465] ou *sobre o balanço*: relativa às contas anuais de certas formas de sociedades[466]; foi transposta pelo POC, aprovado pelo Decreto-Lei n.º 410/89, de 21 de Novembro[467];

Diretriz n.º 78/855/CEE do Conselho, de 9 de Outubro de 1978, Terceira Diretriz das Sociedades Comerciais ou *Diretriz sobre as fusões*: dispõe sobre a fusão de sociedades anónimas[468]; foi transposta pelo Código das Sociedades Comerciais[469];

---

[460] *Vide* os pontos 1 e 11 do preâmbulo do Decreto-Lei n.º 403/86, de 3 de Dezembro, bem como o ponto 16 do preâmbulo do Decreto-Lei n.º 262/86, de 2 de Setembro.

[461] *Vide* o ponto 23 do preâmbulo do Decreto-Lei n.º 403/86, de 3 de Dezembro.

[462] JOCE N.º L-258, 11-19, de 1-Out.-2009.

[463] JOCE N.º L-26, 1-13, de 30-Jan.-1977.

[464] *Vide* os pontos 11 e 31 do preâmbulo do Decreto-Lei n.º 262/86, de 2 de Setembro.

[465] Como se vê, a *Quarta Diretriz* veio a surgir antes da *Terceira*.

[466] JOCE N.º L-222, 11-31, de 14-Ago.-1978. *Vide* JOSÉ VIEIRA DOS REIS, *Os documentos de prestação de contas na CEE e a legislação portuguesa / Análise das 4.ª, 7.ª e 8.ª Directivas ds CEE sobre as sociedades comerciais* (1987), com o texto da 4.ª Diretriz: 121-173.

[467] *Manual de Direito Comercial*, 2.ª ed., 365.

[468] JOCE N.º L-295, 36-43, de 20-Out.-1978; como se vê, foi publicada depois da Quarta Diretriz. *Vide* RAÚL VENTURA, *Adaptação do Direito português à Terceira Directiva do Conselho da Comunidade Económica relativa à fusão das sociedades por acções*, DDC 4 (1980), 183-152, com o texto da Diretriz em francês: 253-266.

[469] *Vide* o ponto 12 do preâmbulo do Decreto-Lei n.º 262/86, de 2 de Setembro.

192   *Direito europeu e Direito internacional das sociedades*

Diretriz n.° 82/891/CEE do Conselho, de 17 de Dezembro de 1982, Sexta Diretriz das Sociedades Comerciais ou *Diretriz sobre as cisões*, relativa às cisões das sociedades anónimas[470]; foi transposta pelo Código das Sociedades Comerciais[471], tendo ainda obtido um estudo especial de RAÚL VENTURA[472];

Diretriz n.° 83/349/CEE do Conselho, de 13 de Junho de 1983, Sétima Diretriz das Sociedades Comerciais ou *Diretriz sobre consolidação*, relativa às contas consolidadas[473]; foi transposta, para o Código das Sociedades Comerciais pelo Decreto-Lei n.° 238/91, de 2 de Julho[474];

Diretriz n.° 84/253/CEE do Conselho, de 10 de Abril de 1984, Oitava Diretriz das Sociedades Comerciais ou *Diretriz sobre revisores*, relativa à aprovação das pessoas encarregadas da fiscalização legal dos documentos contabilísticos[475]; foi transposta pelo Decreto-Lei n.° 422-A/93, de 30 de Dezembro, que aprovou o Estatuto dos Revisores Oficiais de Contas[476]; este diploma foi substituído pelo Decreto-Lei n.° 487/99, de 16 de Novembro, para onde transitou a competente regulação;

Diretriz n.° 89/666/CEE do Conselho, de 12 de Dezembro de 1989, Décima Primeira Diretriz das Sociedades Comerciais ou *Diretriz das sucursais*, relativa à publicidade das sucursais criadas num Estado-Membro por certas formas de sociedades reguladas pelo Direito de outro Estado[477]; foi transposta pelo CRC e pelo Decreto-Lei n.° 225/92, de 21 de Outubro;

Diretriz n.° 89/667/CEE do Conselho, de 21 de Dezembro de 1989, Décima Segunda Diretriz das Sociedades Comerciais ou *Diretriz sobre sociedades unipessoais*: dispõe quanto às sociedades de responsabilidade limitada com um único sócio[478]; foi transposta, para o Código

---

[470] JOCE N.° L-378, 47-54, de 31-Dez.-1982.

[471] O qual foi "melhor adequado" à Diretriz pelo Decreto-Lei n.° 280/87, de 8 de Julho; cf. o ponto 3 do preâmbulo deste diploma.

[472] RAÚL VENTURA, *Adaptação do direito português à Sexta Directiva do Conselho da Comunidade Económica Europeia relativa às cisões das sociedades por acções*, DDC 10 (1982), 7 a 89, com o texto da Diretriz.

[473] JOCE N.° L-193, 1-17, de 18-Jul.-1983.

[474] *Vide* o preâmbulo do citado Decreto-Lei n.° 238/91, de 2 de Julho.

[475] JOCE N.° L-126, 20-26, de 12-Mai.-1984; *vide* JOSÉ VIEIRA DOS REIS, *Os documentos de prestação de contas na CEE* cit., 311-326.

[476] *Vide* o preâmbulo do Decreto-Lei n.° 422-A/93, de 30 de Dezembro, no DR I Série, n.° 303, de 30-Dez.-1993, 7240-(6)/I; *vide*, ainda, o ponto 3 do preâmbulo do Decreto-Lei n.° 257/96, de 31 de Dezembro.

[477] JOCE N.° L-395, 36-39, de 30-Dez.-1989.

[478] JOCE N.° L-395, 40-42, de 30-Dez.-1989.

§ 14.º Direito europeu das sociedades 193

das Sociedades Comerciais pelo Decreto-Lei n.º 257/96, de 31 de Dezembro[479];

Diretriz n.º 2004/25/CE, do Parlamento e do Conselho, de 21 de Abril de 2004, Décima Terceira Diretriz das Sociedades Comerciais ou Diretriz sobre ofertas públicas de aquisição[480]; foi transposta pelo Decreto-Lei n.º 219/2006, de 2 de Novembro, que alterou o CVM;

Diretriz n.º 2005/56/CE, do Parlamento e do Conselho, de 26 de Outubro de 2005, Décima Diretriz das Sociedades Comerciais ou Diretriz das fusões fronteiriças[481]; a transposição, a efetuar até 15-Dez.-2007 (19.º), foi levada a cabo pela Lei n.º 19/2009, de 12 de Maio.

II. Além das referidas, cumpre ainda dar nota das diretrizes seguintes:

Diretriz n.º 88/627/CEE do Conselho, de 12 de Dezembro de 1988 ou Diretriz da transparência[482], sobre informações privilegiadas; esta Diretriz foi revogada pela Diretriz n.º 2001/34/CE, de 28 de Maio[483], sobre admissão de valores mobiliários à cotação oficial de uma bolsa de valores e à informação a publicar sobre esses valores e que veio codificar diversas diretrizes referentes a essa área, revogada, por seu turno, pela Diretriz n.º 2003/6/CE, de 28 de Janeiro de 2003, relativa ao abuso de informação privilegiada e à manipulação de mercado (abuso do mercado)[484], já transposta[485]; modalidades de aplicação desta Diretriz foram fixadas pela Diretriz n.º 2003/124/CE, de 22 de Dezembro[486] (definição e divulgação pública de informação privilegiada e à definição de manifestação de mercado) e pela Diretriz n.º 2003/125/CE, da mesma data[487] (apresentação imparcial de recomen-

---

[479] *Vide* o ponto 2 do referido Decreto-Lei n.º 257/96, de 31 de Dezembro.

[480] JOCE N.º L-142, 12-23, de 30-Abr.-2004; as peripécias que rodearam a tardia aprovação desta Diretriz, podem ser conferidas no nosso *A 13.ª Directriz do Direito das sociedades (ofertas públicas de aquisição)*, ROA 2004, 97-111.

[481] JOCE N.º L-310, 1-9, de 25-Dez.-2005.

[482] JOCE N.º L-348, 62-65, de 17-Dez.-1988.

[483] JOCE N.º L-184, 1-66, de 6-Jul.-2001.

[484] JOCE N.º L-96, 16-25, de 12-Abr.-2003.

[485] O prazo para a transposição terminou em 12-Out.-2004 (artigo 18.º/1); foi transposta pelo Decreto-Lei n.º 52/2006, de 15 de Março.

[486] JOCE N.º L-339, 70-72, de 24-Dez.-2003.

[487] JOCE N.º L-339, 73-77, de 24-Dez.-2003.

194 *Direito europeu e Direito internacional das sociedades*

dações de investimento e divulgação de conflitos de interesses)[488]; toda esta matéria veio a ser transposta para o CVM;

Diretriz n.° 89/592/CEE do Conselho, de 13 de Novembro de 1989 sobre *insider trading*[489]; foi transposta, tal como a anterior, pelo CVM[490];

Diretriz n.° 90/604/CEE, de 8 de Novembro de 1990, que permitiu excluir as pequenas e médias empresas do âmbito das 4.ª e 7.ª Diretrizes[491];

Diretriz n.° 90/605/CEE, de 8 de Novembro de 1990, sobre o âmbito da *Quarta Diretriz* (balanços), e da *Sétima* (contas consolidadas), adequando-as às sociedades por quotas e em comandita[492];

Diretriz n.° 90/434/CEE do Conselho, de 23 de Julho de 1990, relativa ao regime fiscal comum aplicável às funções, cisões, entradas de ativos e permutas de ações entre sociedades de Estados-membros diferentes[493];

Diretriz n.° 90/435/CEE do Conselho, de 23 de Julho de 1990, relativa ao regime fiscal comum aplicável às sociedades-mães e às sociedades afiliadas, em Estados-membros diferentes[494];

Diretriz n.° 92/101/CEE do Conselho, de 23 de Novembro de 1992, que altera a *Segunda Diretriz das Sociedades Comerciais* ou *Diretriz n.° 77/91/CEE*[495]; foi transposta pelo Decreto-Lei n.° 28/95, de 9 de Dezembro, que modificou o Código das Sociedades Comerciais;

Diretriz n.° 2001/65/CE, do Parlamento e do Conselho, de 23 de Julho de 1990, referente a certas regras de valorimetria: foi transposta pelo Decreto-Lei n.° 88/2004, de 20 de Abril, que alterou o mesmo Código;

Diretriz 2006/46/CE, do Parlamento e do Conselho, de 14 de Junho de 2006, que modificou as Diretrizes n.° 78/660 (contas anuais), n.° 83/349 (contas consolidadas), n.° 86/635 (contas de bancos) e n.° 91/674 (contas das seguradoras)[496]; foi transposta pelo Decreto-Lei n.° 185/2009, de 12 de Agosto;

Diretriz 2007/36/CE, do Parlamento e do Conselho, de 11 de Julho de 2007, relativa ao exercício de certos direitos dos acionistas de sociedades

---

[488] O prazo para a transposição de ambas as Diretrizes terminou em 12-Out.-2004, segundo os respetivos artigos 6.°/1 e 10.°/1.

[489] JOCE N.° L-334, 30-32, de 18-Nov.-1989.

[490] *Vide* o ponto 21 do preâmbulo do Decreto-Lei n.° 486/99, de 13 de Novembro.

[491] JOCE N.° L-317, 57-59, de 16-Nov.-1990.

[492] JOCE N.° L-317, 60-62, de 16-Nov.-1990.

[493] JOCE N.° L-225, 1-5, de 20-Ago.-1990.

[494] JOCE N.° L-225, 6-9, de 20-Ago.-1990.

[495] JOCE N.° L-347, 64-66, de 28-Nov.-1992.

[496] JOCE N.° L-244, 1-7, de 16-Ago.-2006.

§ 14.º *Direito europeu das sociedades* 195

cotadas[497]; foi transposta pelo Decreto-Lei n.º 49/2010, de 19 de Maio;

Diretriz 2007/63/CE, do Parlamento e do Conselho, de 13 de Novembro de 2007, que alterou as Diretrizes n.º 78/855 e n.º 82/891 (relatório de peritos independentes aquando da fusão ou cisão de SA[498]); foi transposta pela Lei n.º 19/2009, de 12 de Maio;

Diretriz 2009/49/CE, do Parlamento e do Conselho, de 18 de Junho de 2009, que modificou as Diretrizes n.º 78/660 e n.º 83/349 (contas consolidadas)[499];

Diretriz 2009/133/CE, do Parlamento e do Conselho, de 19 de Outubro de 2009, relativa ao regime fiscal aplicável às fusões, cisões, cisões parciais, entradas de ativos e permutas de ações entre sociedades de Estados-membros e à transferência de sede de uma SE ou de uma SCE de um Estado-membro para outro[500].

III. Tem ainda interesse conhecer alguns projetos de diretrizes, que apresentam influência direta, na doutrina e na própria legislação e isso mesmo quando nunca tenham chegado a ser adotados:

Quinta Diretriz das Sociedades Comerciais, relativa à estrutura das sociedades[501];

Nona Diretriz das Sociedades Comerciais, sobre os grupos de sociedades[502];

Décima Diretriz das Sociedades Comerciais, sobre fusões internacionais de sociedades anónimas[503]; tomaria corpo na Diretriz 2005/56, acima referida;

Décima Quarta Diretriz das Sociedades Comerciais, sobre mudanças de sedes[504].

---

[497] JOCE N.º L-184, 17-24, de 14-Jul.-2007.

[498] JOCE N.º L-300, 47-48, de 13-Nov.-2007.

[499] JOCE N.º L-164, 42-44, de 26-Jun.-2009.

[500] JOCE N.º L-310, 34-46, de 25-Nov.-2009.

[501] Proposta de 9-Out.-1972, JOCE N.º C-131, 49-61, de 13-Dez.-1972, Segunda proposta alterada de 19-Ago.-1983, JOCE N.º C-240, 2-38, de 9-Set.-1983 e Terceira proposta alterada de 20-Nov.-1991, JOCE N.º C-321, 9-17, de 12-Dez.-1991.

[502] MARCUS LUTTER, *Europäisches Unternehmensrecht*, 4.ª ed. (1996), 239 ss..

[503] Proposta de 18-Nov.-2003, COM (2003) 705 final.

[504] Anteproposta de 20-Abr.-1997.

Estão em preparação diretrizes sobre a liquidação de sociedades de capitais e sobre o capital e a fusão de sociedades por quotas[505].

55. Regulamentos

A União Europeia já recorreu a regulamentos para reger alguns aspetos relativos às sociedades. São eles:

– o Regulamento (CEE) n.º 2137/85, do Conselho, de 25 de Julho de 1985, sobre o agrupamento europeu de interesse económico[506];
– o Regulamento n.º 2157/2001, do Conselho, de 8 de Outubro de 2001, referente à sociedade anónima europeia ou *societas europaea* (SE)[507]; este Regulamento é completado pela Diretriz n.º 2001/86/CE, do Conselho e da mesma data[508];
– o Regulamento n.º 1606/2002, do Parlamento Europeu e do Conselho, de 19 de Julho de 2002, relativo à aplicação das normas internacionais de contabilidade[509];
– o Regulamento n.º 1435/2003, de 22 de Julho de 2003, relativo ao estatuto da sociedade cooperativa europeia (SCE)[510]; este Regulamento é completado pela Diretriz n.º 2003/72/CE, do Conselho, da mesma data, no que respeita ao envolvimento dos trabalhadores[511];
– o Regulamento n.º 1725/2003, de 21 de Setembro de 2003, que adota certas normas internacionais de contabilidade, nos termos do Regulamento n.º 1606/2002[512]; segundo este último, a matéria entrou em vigor a partir de 1-Jan.-2005[513].

---

[505] *Vide* KARSTEN SCHMIDT, *Gesellschaftsrecht*, 4.ª ed. cit., 39.

[506] JOCE N.º L 199, 1-9, de 31-Jul.-1985, retificado no JOCE N.º L 124, 52, de 15-Mai.-1990.

[507] JOCE N.º L 294, 1-21, de 10-Nov.-2001.

[508] JOCE N.º L 294, 22-32, de 10-Nov.-2001.

[509] JOCE N.º L 243, 1-4, de 11-Set.-2002.

[510] JOCE N.º L 207, 1-24, de 18-Ago.-2003.

[511] JOCE N.º L 207, 25-36, de 18-Ago.-2003.

[512] JOCE N.º L-261, 1-2, de 13-Out.-2003; as normas constam, depois, de anexos que se alargam por mais de 400 pp..

[513] Artigo 2.º do Regulamento n.º 1606/2002, de 19 de Julho.

§ 14.° *Direito europeu das sociedades* 197

Está em preparação um regulamento sobre a sociedade privada europeia ou *societas privata europaea* (SPE), réplica da SE, mas para pequenas empresas[514].

56. Jurisprudência

I. Junto das diretrizes e suas transposições e dos regulamentos, cumpre ainda referir, como fonte, a jurisprudência do Tribunal de Justiça Europeu (TJE), hoje desdobrado, também, no Tribunal de Justiça de Primeira Instância (TJE/I)[515].

Em diversas áreas comunitárias, dominadas por regras funcionais e por cláusulas gerais, a jurisprudência do Tribunal de Justiça Europeu tornou-se fundamental[516]. Acima tivemos a oportunidade de verificar as concretizações que ele veio trazendo, por exemplo, ao princípio do livre estabelecimento[517].

No domínio específico do Direito europeu das sociedades, essa importância é menor.

II. De facto e como vimos, o Direito europeu das sociedades é, essencialmente, Direito interno. As questões que suscita são dirimidas pelo foro nacional. O contributo da jurisprudência comunitária fica, assim, acanto-

---

[514] COM (2008) 396 final. *Vide* RDS 2010, 917-968, com uma apresentação nossa, bem como HOLGER FLEISCHER, *Supranational Gesellschaftsformen in der Europäische Union*, ZHR 174 (2010), 385-428 (393) e RAINER FRENDENBERG, *Mindestkapital und Gründungshaftung in der SPE nach dem schwedischen Kompromissentwurf*, NZG 2010, 527-531.

[515] Quanto ao TJE e por todos: KOENIG/HARATSCH, *Europarecht*, 4.ª ed. cit., 78 ss. e 120 ss..

[516] Cf. WERNER SCHROEDER, *Das Gemeinschaftsrechtssystem/Eine Untersuchung zu den rechtsdogmatischen, rechttheoretischen und verfassungsrechtlichen Grundlagen des Systemdenkens im Europäischen Gemeinschaftsrecht* (2002), 104 ss.. *Vide* a introdução de IRENE KLAUER, à sua já citada *Die Europäisierung des Privatrechts/Der EuGH als Zivilrichter* (1998), 17 ss..

[517] Não sufragamos a afirmação de que o papel da jurisprudência do TJE se ficaria a dever a um pano de fundo anglo-saxónico. Bastará atentar nas jurisprudências alemã e francesa e no seu papel de concretização de princípios, para verificar que o TJE assenta na tradição continental. A construção e a sistematização próprias do TJE são continentais, assim como o é a técnica de interpretação das fontes.

198   *Direito europeu e Direito internacional das sociedades*

nado nos temas do Direito primário, que têm a ver com a interpretação e a aplicação diretas do Tratado. Todavia, ao ponderar a regularidade das transposições, a jurisprudência comunitária assume um importante papel, também nesse ponto[518].

57. Interpretação e aplicação de diretrizes e de diplomas de transposição

I. A interpretação de diretrizes constitui tarefa complexa[519]. Um dos elementos clássicos da interpretação é, sabidamente, o sistemático: os diplomas não são interpretados de modo isolado, antes devendo ser situados na lógica do ordenamento em que se insiram.

As diretrizes não pertencem a uma ordem jurídica coerente[520]. Elaboradas por técnicos formados à luz de Ciências jurídicas diversas, elas apresentam, por vezes, um mosaico de conceitos. A reconstituição do seu conteúdo normativo exige, com frequência, um recurso intenso ao Direito comparado.

Verificam-se, ainda, problemas de transposição linguística ou de tradução. O português é uma das línguas oficiais da União: os textos em vernáculo fazem fé, tal como os escritos noutras línguas. Simplesmente, as traduções levadas a cabo, perante conceitos complexos resultam, repetidamente, incorretas ou incompreensíveis. Haverá então – ainda que a título de auxiliares de interpretação – que recorrer a versões escritas noutros idiomas[521], para melhor entender a mensagem normativa subjacente.

---

[518] Christoph Herrmann, *Richtlinienumsetzung durch die Rechtsprechung* (2003), 207 ss..

[519] Para mais elementos: *Direito europeu das sociedades*, 75 ss..

[520] Entre 1961 e 1991, a título de exemplo, foram elaboradas mais de 750 diretrizes. Mau grado este número elevado, as diretrizes não constituem qualquer corpo harmónico de normas. *Vide* Christof Schmidt, *Der Einfluss europäischer Richtlinien auf das innerstaatliche Privatrecht am Beispiel des Einwendungsdurchgriffs bei verbundenen Geschäften* (1997), 1 ss..

[521] Particularmente em francês, em inglês e em alemão.

§ 14.º Direito europeu das sociedades

II. Quanto à aplicação, importa sublinhar que as diretrizes são comandos dirigidos, em primeira linha, aos Estados[522]. Estes ficam obrigados a transpô-las, de acordo com o que delas resulte. Se os competentes diplomas de transposição não forem elaborados, os Estados poderão incorrer em responsabilidade perante as competentes instâncias comunitárias. E quanto aos particulares? Pode o particular lesado pela não transposição indevida ou pela transposição tardia, insuficiente ou incorreta, de uma diretriz, prevalecer-se destas e, daí, retirar direitos e pretensões?

A solução consagrada é a seguinte: os particulares podem invocar diretamente as diretrizes contra os próprios Estados faltosos; não o podem, porém, fazer contra outros particulares[523].

O TJE tomou posição clara quanto à primeira proposição em acórdão de 17-Dez.-1970 (caso SACE contra a República Italiana): verificou-se, aí, que o Estado italiano não transpusera determinada diretriz, de onde resultou continuar a cobrar certas taxas; o Tribunal reconheceu que a SACE S.p.A., empresa visada, tinha, perante isso, direitos contra o Estado que as jurisdições internas deveriam salvaguardar[524].

Esta posição foi mantida. O TJE, em 5-Abr.-1979 (caso Ratti contra a República Italiana) decidiu, numa questão relativa a embalagens de solventes, que o Estado em falta quanto à transposição de uma diretriz não poderia invocar esse facto para, dele, se prevalecer contra um particular[525]. A opção foi aprofundada em TJE 19-Jan.-1982 (caso Ursula Becker contra as Finanças de Münster): numa questão fiscal, decidiu-se que o Estado não se podia prevalecer de não-transposições, particularmente quando as normas da Diretriz em causa fossem suficientemente explícitas[526].

A segunda proposição documenta-se no acórdão do TJE 26-Fev.-1986 (caso Marshall contra a Autoridade de Saúde de Southampton e South-West Hampshire): num assunto de aposentações, um particular não pode fazer valer uma Diretriz não transposta contra outro particular: apenas contra o

---

[522] Entre nós, ainda tem interesse confrontar Augusto Rogério Leitão, *O efeito jurídico das directivas comunitárias na ordem interna dos Estados membros*, DDC 14 (1982), 7-59.

[523] Com elementos, Christof Schmidt, *Der Einfluss europäischer Richtlinien* cit., 4-5; sinteticamente: Ernst R. Führich, *Wirtschaftsprivatrecht*, 6.ª ed. (2002), 17.

[524] TJE 17-Dez.-1970 (SACE), Proc. 33/70, disponível na *Internet*.

[525] TJE 5-Abr.-1979 (Tullio Ratti), Proc. 148/78, disponível na *Internet*.

[526] TJE 19-Jan.-1982 (Ursula Becker), Proc. 8/81, disponível na *Internet*.

200 *Direito europeu e Direito internacional das sociedades*

Estado ou organismos equiparados ainda que, com isso, se quebre a igualdade entre esses organismos e outros similares, de natureza privada[527].

III. Pergunta-se, depois, se a interpretação e a aplicação de diplomas de transposição de diretrizes não deverá obedecer a regras especiais. Particularmente em causa está o mote da interpretação conforme com as diretrizes.

A interpretação conforme com as diretrizes surge especialmente referida como tópico argumentativo na própria jurisprudência do Tribunal de Justiça Europeu. Como exemplos: 23-Jan.-2003 (Sterbenz)[528], 20-Nov.-2003 (Unterpertinger)[529] e 7-Jan.-2004 (Comissão v. Reino de Espanha)[530]. Esse mesmo tópico é usado para defender que as normas de transposição dos Estados não podem ser usadas para interpretar as diretrizes[531].

Efetivamente, os diplomas de transposição têm um objetivo claramente assumido: o de verter, para a ordem interna, uma orientação valorativa assumida pelo legislador comunitário. Tal orientação, a ser minimamente expressa, pode ser complementada pela interpretação, que não deixa atender à diretriz em causa: quer a *occasio*, quer a *ratio legis* apontam para isso.

A interpretação conforme com a diretriz a transpor não deve, todavia, esquecer dois pontos:
– que a diretriz admite, em regra, várias hipóteses de transposição e, ainda, um espaço de manobra dos Estados; ora nos limites da diretriz em jogo, há que procurar determinar a exata medida em que o Estado exerceu essa sua liberdade, determinação essa a fazer à luz do Direito interno;
– que as diretrizes não podem prevalecer sobre certas regras internas e, *maxime*, a Constituição;

---

527 TJE 26-Fev.-1986 (Marshall), Proc. 152/84, disponível na *Internet*.

528 TJE 20-Jan.-2003 (Sterbenz), Proc. n.° 16/01, n.° 28, disponível na *Internet*.

529 TJE 20-Nov.-2003 (Unterpetinger), Proc. n.° 212/01, n.° 14, disponível na *Internet*.

530 TJE 7-Jan.-2004 (Comissão contra Reino de Espanha), Proc. n.° 58/02, n.° 4, disponível na *Internet*; a hipótese aqui suscitada situar-se-ia mesmo na área penal.

531 Proc. n.° 152/02 (caso Terra Beudedarf-Handel GmbH): conclusões da advogada geral, disponíveis na *Internet*.

§ 14.º *Direito europeu das sociedades* 201

– que o Estado pode ter decidido violar a diretriz: será (porventura) responsável, mas a norma de transposição, pelo menos perante particulares, será interpretada em si.

Todas estas considerações são oportunas para a aplicação. Neste nível, há que refletir nas consequências das decisões, à luz das diretrizes de origem, na medida em que devam ser tidas em conta.

IV. As boas interpretação e aplicação dos diplomas de transposição exigem o conhecimento e a própria interpretação das diretrizes em causa. O jurista europeu fica, assim, obrigado a manusear permanentemente o Direito comparado[532]. Esta dimensão é particularmente atuante, como vimos, na área das sociedades comerciais.

58. Balanço

I. O Direito português, dentro da tradição da Lei da Boa Razão e do sentido que lhe foi dado pela Casa da Suplicação, é, há mais de dois séculos, um Direito aberto a experiências exteriores. No campo comercial, isso tem-lhe permitido selecionar os avanços mais adequados, adaptando-os. Recorde-se, como exemplo, que fomos dos primeiros a acolher as sociedades por quotas: provavelmente a maior invenção societária, desde a descoberta das ações das sociedades anónimas. Numa área delicada como a do Direito, a transposição de institutos é, sempre, criativa. Ficava assegurada a identidade do Direito nacional, com o que isso significa, em termos de salvaguarda cultural e de especial adaptação às realidades do País.

A transposição de elementos europeus, no domínio das sociedades, não se apresenta, assim, violentadora do Direito português.

II. De todo o modo, intensificam-se as implicações jurídico-científicas próprias da circulação de modelos de decisão transfronteiriços[533]. O método comparatístico acompanha necessariamente a transposição das diretrizes e,

---

[532] JÜRGEN BASEDOW, *Grundlagen des europäischen Privatrechts*, JuS 2004, 89-96 (91/II).

[533] Cf. *supra*, n.º 35, bem como a jurisprudência aí referida.

202   *Direito europeu e Direito internacional das sociedades*

depois a sua aplicação[534]. Além disso, uma vez transpostas, as diretrizes tendem a acolher-se ao Direito recetador, acomodando-se entre os seus institutos e normas. Todo o sistema sofre, com isso, alterações qualitativas.

Também no campo da aplicação há, muitas vezes, que procurar o sentido original da diretriz transposta. A *occasio legis* e a sua teleologia a tanto conduzem. A interpretação conforme com as diretrizes é, disso, afanoso exemplo[535].

III. O influxo comunitário, veículo, ele próprio, de ciências jurídicas diferenciadas, não advém, apenas, de decisões políticas integradoras. As grandes sociedades são, cada vez mais, atores em palcos transnacionais. Há que acertar o passo com a economia das instituições a reger[536]. A concorrência é global. O mercado de capitais planetariza-se, enquanto a informação chega aos operadores, em tempo real[537]. Tudo isto tem de ser servido por regras claras, legíveis de espaço para espaço e minimamente adequadas à realidade económica e financeira subjacente.

IV. A nível de soluções europeias – particularmente de diretrizes – as dificuldades são inúmeras. O tempo de preparação de cada diretriz – da ordem dos vários anos –, a modéstia do seu conteúdo ou, muito simplesmente, o seu bloqueio ilustram as dificuldades da aproximação europeia dos Direitos nacionais das sociedades[538].

A aposta terá de residir numa caminhada da política do Direito para uma dogmática jurídica[539]. Os abusos de "europeismo", designadamente através de uma exagerada aplicação de liberdades fundamentais, pelas ins-

---

[534] COING, *Europäisierung der Rechtswissenschaft* cit., 937; MARTIN SCHWAB, *Der Dialog zwischen dem EuGH und nationalen Exegeten bei der Auslegung von Gemeinschaftsrecht und angeglichenem Recht*, ZGR 2000, 446-478 (446).

[535] *Supra*, 198 ss..

[536] HOLGER FLEISCHER, *Grundfragen der ökonomischen Theorie im Gesellschafts- und Kapitalmarktrecht*, ZGR 2001, 1-32 (3).

[537] EDDY WYMEERSCH, *Gesellschaftsrecht im Wandel: Ursachen und Entwicklungslinien*, ZGR 2001, 294-324 (296, 299 e 301 ss.).

[538] Assim, as "nuvens" elencadas por ULRICH KLINKE, *Europäisches Unternehmensrecht und EuGH/Die Rechtsprechung in den Jahren 1988 bei 2000*, ZGR 2002, 163-203 (165 ss.).

[539] WOLFGANG SCHÖN, *Der "Rechtsmissbrauch" im Europäischen Gesellschaftsrecht*, FS Herbert Wiedemann (2002), 1271-1295 (1271 ss.).

§ 14.º Direito europeu das sociedades 203

tâncias europeias[540], é um risco: traduz retrocessos dogmáticos, perante as ciências nacionais, através de uma jurisprudência *naïf*, que deve ser evitada.

Tal o caso *Centros*, decidido pelo TJE, em 9-Mar.-1999, abaixo ponderado e que vamos adiantar. Um casal dinamarquês constitui, em Inglaterra, a sociedade Centros, Ltd.. Esta sociedade viu, na Dinamarca, ser-lhe recusado o registo: não tinha quaisquer interesses na Grã-Bretanha e visava, apenas, tornear a Lei dinamarquesa. O TJE entendeu que tal recusa violava o livre estabelecimento – artigos 52.º e 58.º do Tratado de Roma[541].

Esta decisão, concretamente duvidosa, permite, todavia, desenvolver toda uma doutrina, relevante em termos de Direito das sociedades europeu[542]. Houve corretivos: assim o de admitir, em situações desse tipo, o recurso ao levantamento da personalidade"[543].

Coube aos anotadores, a propósito de um caso questionável, elaborar doutrina útil[544]. De todo o modo, ele veio dar um fôlego inesperado à doutrina da constituição, no tocante à determinação da lei aplicável às sociedades[545], tanto mais que foi mantida por decisões ulteriores[546].

V. A influência comunitária no Direito das sociedades é, como foi dito, intensa[547]. A aparente intensificação da Europa tem oscilado ao ritmo dos tratados[548] e das crises[549]. A lentidão legislativa, a necessidade de

---

[540] *Idem*, 1273 e 1289 ss. Esta afirmação documenta-se no caso *Centros*, abaixo referido.

[541] TJE C-212/97, de 9-Mar.-1999, NJW 1999, 2027, também consultável na *Eur-Lex*.

[542] *Infra*, 211 ss..

[543] LG Stuttgart 10-Ago.-2001, NJW-RR 2002, 463-467.

[544] ULRICH KLINKE, *Europäisches Unternehmensrecht* cit., 167 ss., a propósito da colocação das liberdades fundamentais ao serviço da empresa. ERNST STEINDORF, *Centros und das Recht auf die günstigste Rechtsordnung*, JZ 1999, 1140-1143 (1143/II), manifesta a esperança de que situações deste tipo serão pouco frequentes.

[545] *Infra*, 213.

[546] P. ex.: TJE 5-Nov.-2002, NJW 2002, 3614-3617 (3614). *Vide* MARTIN WEBER, *Die Entwicklung des Kapitalmarktrechts 2001/2002*, NJW 2003, 18-26 (26).

[547] *Vide* RUI PINTO DUARTE, *A relevância do Direito comunitário no Direito das sociedades*, em *Escritos sobre Direito das sociedades* (2008), 179-224.

[548] WOLFGANG SCHÖN, *Gesellschaftsrecht nach Maastricht*, ZGR 1995, 1-38.

[549] KLAUS J. HOPT, *Europäisches Gesellschaftsrecht / Krise und Anläufe*, ZIP 1998, 96-106.

204   *Direito europeu e Direito internacional das sociedades*

recorrer a negociações prolongadas e a burocracia asfixiante, impedem medidas atempadas anti-crise. A harmonização visará impedir uma concorrência entre ordens jurídicas[550]. Já se respondeu pela positiva.

A Ciência Jurídica, perante esse quadro menos animador, procede a estudos de princípios[551] e de método[552]. O aproveitamento, pelas estruturas políticas da União, do Direito privado[553] não deixa antever as melhores soluções.

Num momento de pessimismo e de algum desânimo, queda aprofundar a Ciência do Direito.

---

[550] WOLFGANG SCHÖN, *Mindest Harmonisierung im europäischen Gesellschaftsrecht*, ZHR 160 (1996), 221-249 (232).

[551] RÜDIGER VEIL, *Rechtsprinzipien und Regelungskonzepte im europäischen Gesellschaftsrecht*, FS Priester 2007, 799-818, sublinhando as iniciativas no campo da *corporate governance* e dos direitos dos acionistas (814 e 815).

[552] O monumental livro de THOMAS HENNINGER, *Europäisches Privatrecht und Methode* (2009).

[553] Temos em mente CHRISTOPH U. SCHMID, *Die Instrumentalierung des Privatrechts durch Europäisches Union* (2010).

§ 15.° DIREITO INTERNACIONAL DAS SOCIEDADES

59. Generalidades; o Direito material

I. O Direito internacional das sociedades aplica-se às sociedades comerciais que tenham elementos de conexão com mais de um ordenamento jurídico. *Summo rigore*, o Direito em causa só dirá verdadeiramente respeito a sociedades quando se reporte ao ente societário em si: não, simplesmente, à atuação que este desenvolva. A sociedade que, por hipótese, celebre um contrato no estrangeiro não se torna, por isso, objeto de regras de Direito internacional das sociedades.

II. O primeiro fator de internacionalização das sociedades comerciais é o mercado de capitais[554]. Desde o momento em que, aos capitais, seja permitido circular além-fronteiras, ocorrem as bases para o estabelecimento de sociedades internacionais e, portanto: que assumam, nos seus elementos estruturais, fatores de estraneidade.

Seguidamente, a própria liberdade de circulação de pessoas e a sua livre associação surgem como elementos fundamentantes das sociedades internacionais.

Entidade característica do domínio do Direito internacional das sociedades é a chamada multinacional. Trata-se, todavia, de uma designação genérica que ora abrange:

- grupos de sociedades dispersas por mais de um Estado: cada sociedade em si poderá pertencer, apenas, a um ordenamento; todavia, elas integram-se num grupo supranacional;

---

[554] DANIEL ZIMMER, *Internationales Gesellschaftsrecht* (1996), 35 ss.: principia justamente a sua obra pelo Direito internacional dos mercados de capitais.

206 *Direito europeu e Direito internacional das sociedades*

– sociedades próprias, apenas, de um Estado, mas com atividade, direta ou indireta[555], noutros;
– sociedades com sedes de conveniência – *off shore* ou paraísos fiscais – mas com uma atuação marcada, apenas, num Estado;
– sociedades com elementos estáveis em mais de um Estado;
– sociedades de um Estado, mas com capitais estrangeiros.

Caso a caso haverá que destrinçar elementos e soluções.

III. A primeira e mais simples solução para reger as sociedades "internacionais" é o aprontamento de um Direito material a tanto dirigido[556]. Esse Direito poderá ser internacional pela fonte, derivando, assim, de tratados entre Estados ou de convénios multilaterais.

Poderá, ainda, ser Direito interno, mas vocacionado, diretamente, para reger sociedades desse tipo.

Devemos ainda contar com regras especiais no domínio da banca[557] e dos seguros[558], que visam situações específicas de estraneidade. Não consideramos, nessa categoria, as situações comunitárias: embora estrangeiras, elas obedecem a regras próprias[559].

60. **Direito internacional privado; a primazia da sede**

I. Muitas vezes, as situações societárias internacionais não concitam normas materiais diretamente aplicáveis mas, tão-só, normas de conflito.

---

[555] Neste caso, poderão ocorrer contratos de distribuição, com relevo para a concessão ou a franquia.

[556] *Vide* a introdução de BERNHARD GROSSFELD no Staudinger, *Internationales Gesellschaftsrecht* (1998), com ricas indicações. Entre nós, para um apontamento sobre as sociedades multinacionais, JORGE HENRIQUE PINTO FURTADO, *Curso de Direito das Sociedades*, 5.ª ed. (2004), 16 ss.. Muitas indicações podem ser confrontadas em RAINER HAUSMANN/KARL-HEINZ FEZER/STEFAN KOOS, no Staudinger, *Internationales Wirtschaftsrecht* (2006), 590 pp. e em HANS JÜRGEN SONNENBERGER (redat.), *Internationales Wirtschaftsrecht*, no *Münchener Kommentar*, 5.ª ed. (2010), 184 pp..

[557] *Vide* os artigos 36.° e seguintes e 44.° e seguintes do RGIC.

[558] *Vide* os artigos 34.° e seguintes do RGES.

[559] Assim, quanto à banca, MENEZES CORDEIRO, *Manual de Direito bancário*, 4.ª ed. cit., 943 ss..

§ 15.º *Direito internacional das sociedades*   207

Através do especial papel conferido a um fator de conexão, normas especializadas vão determinar, dos ordenamentos em presença, qual o vocacionado para reger a situação jurídica considerada[560].

II. Nesse domínio, a regra básica consta do artigo 33.º do Código Civil; segundo o seu n.º 1,

> A pessoa coletiva tem como lei pessoal a lei do Estado onde se encontra situada a sede principal e efetiva da sua administração.

Aparentemente, a sede puramente formal ou estatutária seria insuficiente para determinar a lei pessoal. Todavia, o artigo 3.º do Código das Sociedades Comerciais, depois de repetir a regra civil[561], vem dispor:

> A sociedade que tenha em Portugal a sede estatutária não pode, contudo, opor a terceiros a sua sujeição a lei diferente da lei portuguesa.

Os terceiros – vamos entender que estando de boa-fé[562] – são pois protegidos pela lei portuguesa, quando a sociedade considerada tenha a sua sede estatutária no País. Além disso, eles podem prevalecer-se da sede real, provocando, consequentemente, a aplicação da lei estrangeira, quando esta lhes seja mais favorável ou conveniente[563]. Perante terceiros de "má--fé" – isto é: conhecedores da real situação da sociedade ou desconhecedores, com culpa, desse mesmo elemento – a lei aplicável será a da sede principal e efetiva.

III. Na falta de leis expressas, a doutrina divide-se, tradicionalmente, entre a teoria da sede e a teoria da constituição[564]. Esta concentração em

---

[560] ANTÓNIO MARQUES DOS SANTOS, *Algumas reflexões sobre a nacionalidade das sociedades em Direito internacional privado e em Direito internacional público* (1985) e LIMA PINHEIRO, *Direito internacional privado/Parte especial* (1999), 67 ss., com indicações.

[561] REv 19-Out.-1995 (ÓSCAR CATROLA), BMJ 450 (1995), 585.

[562] Trata-se de uma exigência genérica, para que possa proceder a tutela da aparência.

[563] Perante o Direito anterior, RAÚL VENTURA, *A sede da sociedade no Direito interno e no Direito internacional privado português*, SI 26 (1977), 345-361 e 462-509 (467 ss.).

[564] DANIEL ZIMMER, *Internationales Gesellschaftsrecht* cit., 28 ss. e GROSSFELD no Staudinger, *Internationales Gesellschaftsrecht* cit., Nr. 16 ss. (4 ss.). Entre nós, *vide* LUÍS

208 *Direito europeu e Direito internacional das sociedades*

duas grandes teorias substituiu uma diversidade doutrinária anterior mais vasta: teoria do capital; teoria da nacionalidade dos sócios; teoria do controlo; teoria do estabelecimento; teoria do local da constituição.

Segundo a *teoria da sede*, o estatuto da sociedade é determinado pelo Direito do local onde a sociedade tenha a sua sede efetiva. Trata-se de uma orientação hoje dominante, na doutrina[565] e na jurisprudência[566]. Ela veio, ainda, a ser adotada pelo Tribunal de Justiça da Comunidade Europeia[567]. Parece, ainda, o mais razoável, perante uma apreciação de tipo económico.

A *teoria da constituição* defende, pelo contrário, que o estatuto da sociedade é fixado pelos seus fundadores, os quais estipulam o Direito aplicável. Como variante: valeria a sede formal – portanto: a designada pelos fundadores – e não a efetiva. A teoria da constituição surgiu em Inglaterra, logo no séc. XVIII, valendo como meio destinado a permitir a criação, fora da Grã-Bretanha, de sociedades regidas pelo Direito inglês[568]. Ainda hoje funcional em Inglaterra e nos Estados Unidos – onde não deixa de suscitar

---

LIMA PINHEIRO, *O Direito aplicável às sociedades/Contributo para o Direito internacional privado das sociedades*, ROA 1998, 673-721 = *Estudos Jurídicos e Económicos em Homenagem ao Professor João Lumbrales* (2000), 475-555 e *CSC/Clássica*, 2.ª ed. (2011), artigos 3.º e 4.º. Perante o Direito anterior, cumpre recordar RAÚL VENTURA, *A sede da sociedade* cit.., 462 ss..

[565] BERNHARD GROSSFELD, em *Internationales Gesellschaftsrecht* cit., Nr. 38 (9), com indicações; cf. CARSTEN THOMAS EBENROTH/BIRGIT BIPPUS, *Die Sitztheorie als Theorie effektiver Verknüpfungen der Gesellschaft*, JZ 1988, 677-683 (682-683).

[566] BGH 30-Jan.-1970, BGHZ 53 (1970), 181-184 (183), quanto a uma sociedade do Liechenstein, BGH 21-Mar.-1986, BGHZ 97 (1986), 269-273 (271), em novo caso do Liechenstein, OLG Düsseldorf 15-Dez.-1994, IPRax 1996, 128-132 (129), a propósito de uma sociedade norte-americana, BGH 28-Nov.-1994, NJW 1995, 1032-1033, perante uma sociedade de Direito checo, BGH 21-Nov.-1996, JZ 1997, 568-571, sobre uma sociedade sueca, anot. DIETER LEIPOLD, *idem*, 571-573, e BGH 30-Mar.-2000, ZIP 2000, 967-969 (969/I).

[567] TJE 27-Set.-1988, JZ 1989, 384-386 (caso *Daily Mail*), anot. BERNHARD GROSSFELD/CLAUS LUTTERMANN, *idem*, 386-387; outras decisões em BERNHARD GROSSFELD cit., Nr. 122 ss. (28 ss.).

Quanto a tentativas de conciliação entre as teorias *vide*, JURGEN BASEDOW, *Europäisches internationales Privatrecht*, NJW 1996, 1921-1930 (1926 ss.).

Sobre o tema, PETER BEHRENS, *Die Gesellschaft mit beschränkter Haftung im internationalen und europäischen Recht* (1997, 1675 pp.), 60 ss., com rec. HARTWIN BUNGERT, NJW 1998, 2806.

[568] BERNHARD GROSSFELD, *Internationales Gesellschaftsrecht* cit., Nr. 31 (7), com indicações.

§ 15.° *Direito internacional das sociedades*   209

críticas – ela é questionada pela fuga, que permite, para os "oásis" ou para "paraísos fiscais"[569].

De todo o modo, ela recebeu um inesperado impulso, a propósito do caso *Centros*[570]. É, ainda, em certos casos e excecionalmente, aplicada pelos tribunais[571], documentando-se decisões que mantêm a sua recusa[572].

Esta matéria poderá ter efeitos em Portugal, delimitando a teoria da sede, legalmente prevista.

IV. O âmbito da lei pessoal é dado pelo artigo 33.°/2, do Código Civil:

À lei pessoal compete especialmente regular: a capacidade da pessoa coletiva; a constituição, funcionamento e competência dos seus órgãos; os modos de aquisição e perda da qualidade de associado e os correspondentes direitos e deveres; a responsabilidade da pessoa coletiva, bem como a dos respetivos órgãos e membros, perante terceiros; a transformação, dissolução e extinção da pessoa coletiva.

Trata-se de um âmbito amplo e muito expressivo. Compreende-se, por isso, a exigência da constituição, em Portugal, de determinadas sociedades.

V. Temos, depois, o problema da transferência, da sede, de um Estado para outro. Segundo o artigo 33.°/3, do Código Civil,

A transferência, de um Estado para outro, da sede da pessoa coletiva não extingue a personalidade desta, se nisso convierem as leis de uma e outra sede.

O artigo 3.°/2 do Código das Sociedades Comerciais adapta esta regra à realidade mercantil:

A sociedade que transfira a sua sede efetiva para Portugal mantém a personalidade jurídica, se a lei pela qual se regia nisso convier, mas deve conformar com a lei portuguesa o respetivo contrato social.

---

[569] *Idem*, loc.cit.; certos países europeus, como a Holanda e a Suíça, seguem a teoria da constituição, ainda que com certos limites.

[570] *Infra*, 212; *vide* RAISER/VEIL, *Recht der Kapitalgesellschaften*, 5.ª ed. cit., § 58, Nr. 27 ss. (778 ss.).

[571] OLG Frankfurt a.M. 23-Jun.-1999, NJW-RR 2000, 1226.

[572] HERIBERT HIRTE, *Die Entwicklung des Unternehmens- und Gesellschaftsrechts in Deutschland in den Jahren 1998 und 1999 - I*, NJW 2000, 3321-3332 (3323).

Na execução desse mandamento, segundo o n.º 3 do mesmo preceito, deve um representante da sociedade outorgar em Portugal escritura pública onde seja declarada a transferência de sede e onde seja exarado o contrato pelo qual a sociedade passará a reger-se: a tudo isto – n.º 4 – aplicar-se-á a lei portuguesa.

Por seu turno, o Direito português admite – 3.º/5 – que a sociedade com sede efetiva em Portugal a possa transferir para outro país, mantendo a sua personalidade, se a lei do país em causa nisso convier. Esta ocorrência é tratada com cautela: a correspondente deliberação deve obedecer aos requisitos para as alterações do contrato de sociedade, exigindo 75% dos votos correspondentes ao capital social; além disso, os sócios discordantes podem exonerar-se da sociedade, notificando-a nos 60 dias subsequentes à publicação da deliberação em causa – artigo 3.º/6.

61. Regras especiais; a representação permanente

I. Sendo embora privada, a atividade das sociedades comerciais assume, com facilidade, um relevo de ordem pública. Basta ver que a sociedade representa um ente jurídico autónomo, sendo oponível *erga omnes*.

Nestas condições, as sociedades estrangeiras que atuem em Portugal incorrem em regras especiais.

II. Segundo o artigo 4.º/1, a sociedade estrangeira – e que não tenha a sua sede efetiva em Portugal – que deseje exercer a sua atividade no País por mais de um ano deve instituir uma representação permanente e cumprir o disposto na lei portuguesa sobre o registo comercial.

Não o fazendo: fica, não obstante, obrigada pelos atos praticados em seu nome em Portugal, respondendo com ela, solidariamente, as pessoas que os hajam praticado, bem como os administradores da sociedade visada – n.º 2. Além disso – n.º 3 – pode o tribunal, a requerimento de qualquer interessado ou do Ministério Público, ordenar que, perante o incumprimento do n.º 1, a sociedade estrangeira faltosa cesse a sua atividade e decretar a liquidação do seu património situado em Portugal.

III. O Decreto-Lei n.º 49/2010, de 19 de Maio, veio aditar, ao artigo 4.º, um número 4 que isenta, dos números anteriores, as sociedades que prestem serviços ao abrigo da Diretriz n.º 2006/123, de 12 de Dezembro.

§ 15.° *Direito internacional das sociedades* 211

Compreende-se a ressalva, que já era anteriormente exigida pela doutrina. Todavia, parece partir-se da ideia de que as diretrizes se aplicam diretamente, o que não é o caso.

62. A liberdade de estabelecimento e o desvio europeu

I. A primazia da sede, na determinação da lei aplicável às sociedades, veio a ser infletida pela liberdade de estabelecimento consagrada no Tratado de Roma hoje: no de Lisboa. Chamar-lhe-emos o "desvio europeu". Em termos sintéticos: uma sociedade, constituída ao abrigo do Direito de um Estado-membro pode instalar-se noutro ... sem ter de mudar a sua forma jurídica. Caso essa prática decorra da liberdade de estabelecimento, teremos o regresso à lei da constituição e um sério atentado ao princípio da tipicidade. Daí resultariam as mais sérias consequências para toda a lógica do Direito das sociedades[573].

II. Esta concretização da liberdade de estabelecimento assentou numa elaboração jurisprudencial, que cumpre conhecer. Esse desenvolvimento foi pautado por quatro acórdãos do Tribunal de Justiça Europeu, que fazem história na literatura da especialidade: os casos *Daily Mail* (27-Set.-1988), *Centros* (9-Mar.-1999), *Überseering* (5-Nov.-2002) e *Inspire Act* (30-Set.--2003). Vamos ver.

> *TJE 27-Set.-1988 (Daily Mail)*: a sociedade britânica Daily Mail and General Trust PLC pretendia mudar a sua sede social para a Holanda, sem quebra de identidade; todavia, o Direito inglês aplicável proibia as mudanças de sede para o estrangeiro, sem o prévio consentimento do Ministério das Finanças; o TJE acabou por entender que os artigos 52.° e 58.° do Tratado (hoje: 42.° e 48.°) não concediam às sociedades de um Estado-membro que nele tenham a sede estatutária, o direito de deslocar a sua sede para outro Estado-membro[574].

---

[573] Existe, neste momento, já toda uma doutrina de cúpula sobre a matéria; assim, a recolha de estudos organizados por OTTO SANDROCK/CHRISTOPH F. WETZLER, *Deutsches Gesellschaftsrecht im Wettbewerb der Rechtsordnungen / Nach Centros, Überseering und Inspire Art* (2004). Abaixo iremos referir esta bibliografia.

[574] TJE 27-Set.-1988 (Daily Mail), Proc. 81/87, NJW 1989, 2186-2188. Cf. PETER MANKOWSKI, *Der Arrestgrund der Auslandsvollstreckung und das Europäische Gemein-*

212 Direito europeu e Direito internacional das sociedades

TJE 9-Mar.-1999 (Centros), acima antecipado: um casal dinamarquês constitui, em Inglaterra, a sociedade Centros, Ltd., que não tinha, aí, quaisquer interesses; pretendeu o seu registo na Dinamarca, que recusou; o TJE entendeu, desta feita, que fora violado o princípio do livre estabelecimento resultante dos então artigos 52.° e 58.° do Tratado de Roma[575].

TJE 5-Nov.-2002 (Überseering): a sociedade holandesa Überseering, constituída nos Países Baixos segundo a aí vigente teoria da constituição, vem demandar, na Alemanha, uma sociedade de construção; a ação foi desamparada porque a Überseering, tendo mudado a sede para a Alemanha, não teria, aí, personalidade jurídica; esta solução foi julgada contrária à liberdade de estabelecimento[576]; o próprio TJE fez a harmonização com a doutrina Daily Mail: nesta, a "limitação" era imposta por uma norma do próprio Estado da sede inicial; agora, seria

---

schaftsrecht, NJW 1995, 306-308 (307/I) e JÜRGEN BASEDOW, *Europäisches Internationales Privatrecht*, NJW 1996, 1921-1930 (1922).

[575] TJE 9-Mar.-1999 (Centros), Proc. 212/97, NJW 1999, 2027. *Vide* PETER KINDLER, *Niederlassungsfreiheit für Scheinauslandsgesellschaften? – Die "Centros"-Entscheidung des EuGH und das internationale Privatrecht*, NJW 1999, 1993-2000 e CHRISTIAN TIMMERMANNS, *Neue Rechtsprechung des Gerichtshofs der EG zum europäischen Gesellschaftsrecht* (2003), 13 ss..

[576] TJE 5-Nov.-2002 (Überseering), Proc. 208/00, NJW 2002, 3614-3617 = AG 2003, 37-39. De entre a vasta literatura daqui resultante, confrontámos: ULRICH FORSTHOFF, *Abschied von der Sitztheorie/Anmerkung zu den Schussanträgen des GA Dámaso Ruiz-Jarabo Colomer in der Rs. Überseering*, BB 2002, 318-321 e *EuGH fördert Vielfalt im Gesellschaftsrecht/Traditionelle deutsche Sitztheorie verstösst gegen Niederlassungsfreiheit*, DB 2002, 2471-2477 (2471 e 2477/II), HORST EIDENMÜLLER, *Wettbewerb der Gesellschaftsrechte in Europa*, ZIP 2002, 2233-2245, DANIEL ZIMMER, *Wie es Euch gefällt? Offene Frage nach dem Überseering-Urteil*, BB 2003, 1-7, MARCUS LUTTER, *"Überseering" und die Folgen*, BB 2003, 7-10, procurando ordenar as doutrinas *Centros*, *Daily Mail* e *Überseering* (9/II e 10/I), HELGE GROSSERICHTER, *Ausländische Kapitalgesellschaften im deutschen Rechtsraum: Das deutsche Internationale Gesellschaftsrecht und seine Perspektiven nach der Entscheidung "Überseering"*, DStR 2003, 159-169, MARK K. BINZ/GERD MAYER, *Die ausländische Kapitalgesellschaft & Co.KG im Aufwind? Konsequenzen aus dem "Überseering"-Urteil*, GmbHR 2003, 249-257 (257/II), PETER KINDLER, *Auf dem Weg zur Europäischen Briefkastengesellschaft?/Die "Überseering" – Entscheidung des EuGH und das internationale Privatrecht*, NJW 2003, 1073-1079 (1076/I) e ERICH SCHANZE/ANDREAS JÜTTNER, *Anerkennung und Kontrolle ausländischer Gesellschaften – Rechtlage und Perspektiven nach der Überseering Entscheidung des EuGH*, AG 2003, 30-36.

§ 15.° *Direito internacional das sociedades* 213

uma restrição imposta pelo Estado recetor, o que não é permitido pelo Tratado da União[577].

TJE 30-Set.-2003 (Inspire Art): a Inspire Art, Ltd., é uma sociedade de Direito inglês cujo sócio único reside nos Países Baixos; a Câmara de Comércio Holandesa pretende obrigar a sucursal neerlandesa da Inspire Art a, entre outros aspetos, usar a designação "sociedade formalmente estrangeira", para que pudesse exercer a sua atividade na Holanda: o TJE decidiu que, para além do disposto na 11.ª Diretriz, qualquer outro requisito de Direito local para o exercício do comércio por sociedades comunitárias estrangeiras contraria a liberdade de estabelecimento, salvo abuso da mesma[578].

III. A jurisprudência do Tribunal de Justiça Europeu, principalmente na linha evolutiva traçada pela doutrina *Centros*, *Überseering* e *Inspire Art*, parece sacrificar a teoria da sede[579]. A capacidade passaria a ser determinada pelo Direito do País de origem[580] e isso com reflexos em Estados terceiros[581]. Em rigor, não é assim. A sede surge, desde logo, fundamental para determinar a própria aplicabilidade do Direito comunitário. Isto posto:

---

[577] TJE 5-Nov.-2002 cit., n.° 65 ss. (= NJW 2002, 3615).

[578] TJE 30-Set.-2003 (*Inspire Art*), Proc. 167/01, NJW 2003, 3331-3335 = AG 2003, 680-683; cf. DANIEL ZIMMER, *Nach "Inspire Art": Grenzenlose Gestaltungsfreiheit für deutsche Unternehmen?*, NJW 2003, 3585-3592, MARTIN SCHULZ, *(Schein-) Auslandsgesellschaften in Europa – Ein Schein-Problem*, NJW 2003, 2705-2708, também relativo ao *Überseering*, ERICH SCHANZE/ANDREAS JÜTTNER, *Die Entscheidung für Pluralität: Kollisionsrecht und Gesellschaftsrecht nach der EuGH-Entscheidung "Inspire Art"*, AG 2003, 661-671 e SUSANNE RIEDEMANN, *Das Auseinanderfallen von Gesellschafts- und Insolvenzstatut/"Inspire Art" und die Insolvenz über das Vermögen einer englischen "limited" in Deutschland*, GmbHR 2004, 345-349 (345-346).

[579] Assim: CHRISTIAN KOENIG/ANDREAS HARATSCH, *Europarecht*, 4.ª ed. (2003), 237 ss. (239). O problema era (e é) especialmente relevante na Alemanha onde, justamente a coberto da *Sitztheorie*, não se reconheciam as sociedades de capitais estrangeiros; cf. HORST EIDENMÜLLER/GERHARD M. REHM, *Gesellschafts- und zivilrechtliche Folgeprobleme der Sitztheorie*, ZGR 1997, 89-114 (113). Opinando pela manutenção desta: HOLGER ALTMEPPEN, *Schutz vor "europäischen" Kapitalgesellschaften*, NJW 2004, 97-104 (99/I).

[580] ANDRÉS MARTIN-EHLERS, *Gemeinschaftsrechtliche Aspekte der Urteile vom Centros bis Inspire Art: Der "Verständige Gläubiger*, em SANDROCK/WETZLER, *Deutsches Gesellschaftsrecht* (2004), 1-31 (11-12).

[581] WERNER F. EBKE, *Überseering und Inspire Art: Auswirkungen auf das Internationale Gesellschaftsrecht aus der Sicht von Drittstaaten*, *idem*, 101-128 (123 ss., quanto ao caso da Suíça).

214   *Direito europeu e Direito internacional das sociedades*

é sempre relativamente à sede que devemos entender e aplicar os estatutos. A matéria não vai, porém, tão longe que limite a liberdade de estabelecimento, no sentido mais forte da expressão. Podem, deste modo, atuar plenamente num espaço jurídico sociedades que se rejam por Direito estrangeiro[582], ainda que à custa da segurança dos indígenas[583]. Também a cogestão alemã poderia ser contornada, através de sociedades de Direito estrangeiro[584].

IV. Consequência direta da liberdade de estabelecimento, assim entendida, é a desdramatização de vários instrumentos que procuram harmonizar os Direitos das sociedades nacionais ... em nome dessa mesma liberdade. Para quê? Afinal, mesmo sem harmonização, as sociedades podem "circular" no espaço comunitário[585]. Quando muito, poderíamos suscitar uma "concorrência" entre os Direitos nacionais das sociedades: os interessados, podendo circular no espaço comunitário, limitar-se-iam a escolher, dos diversos Direitos em presença, qual o mais conveniente, para os efeitos pretendidos. Por certo: o *podium* seria disputado pelos Direitos menos burocratizados e que acarretem menos custos marginais.

O tema coloca apreciações globais[586] e reflexões de tipo político-legislativo[587]. O próprio tipo britânico da "sociedade limitada" tem sus-

---

[582] NORBERT HORN, *Deutsches und europäisches Gesellschaftsrecht und die EuGH-Rechtsprechungsfreiheit – Inspire Art*, NJW 2004, 893-901, reexaminando os quatro casos liderantes (895/I e II).

[583] HORST EIDENMÜLLER, *Mobilität und Restrukturierung von Unternehmen im Binnenmarkt/Entwicklungsperspektiven des europäischen Gesellschaftsrechts im Schnittfeld von Gemeinschaftsgesetzgeber und EuGH*, JZ 2004, 24-33, com especiais referências ao *Überseering* e ao *Inspire Art*.

[584] MARTIN VEIT/JOACHIM WICHERT, *Unternehmerische Mitbestimmung bei europäischen Kapitalgesellschaften mit Verwaltungssitz in Deutschland nach "Überseering" und "Inspire Art"*, AG 2004, 14-20 (14 ss.) e EBERHARD SCHWARK, *Globalisierung, Europarecht und Unternehmensmitbestimmung im Konflikt*, AG 2004, 173-180 (177/I).

[585] WALTER G. PAEFFEN, *Umwandlung, europäische Grundfreiheiten und Kollisionsrecht*, GmbHR 2004, 463-476 (467/I).

[586] OTTO SANDROCK, *Was ist erreicht? Was bleibt zu tun? Eine Kollisions- und materiellrechtliche Bilanz?*, em SANDROCK/WETZLER, *Deutsches Gesellschaftsrecht* (2004), 33-100.

[587] CHRISTIAN F. WETZLER, *Rechtspolitische Herausforderungen*, em SANDROCK/ /WETZLER, *Deutsches Gesellschaftsrecht* (2004), 129-198 (135 ss.), quanto ao novo projeto de regulação do Direito internacional das sociedades). Quanto às extensões penais da liber-

§ 15.° *Direito internacional das sociedades*   215

citado um interesse recente no espaço alemão, justamente pela possibilidade de ser adotado por sociedades funcionando na Alemanha[588]. Apesar da notoriedade do tema, é óbvio que ele tem um relevo marginal, neste momento. Temos ainda dúvidas quanto a saber se os custos que implica para os direitos das pessoas são compensados por um verdadeiro ganho, no tocante ao livre estabelecimento. O assunto deve ser seguido. Adiantamos que o legislador alemão acabou por reagir: uma Lei de 2008 (o MoMiG) veio permitir a "sociedade empresarial" (*Unternehmergesellschaft* ou UG), muito facilitada e flexível, para destronar a sociedade britânica: ao que parece, com êxito.

V. A matéria conheceu um desenvolvimento curioso, no caso *Cartesio* (16-Dez.-2008)[589].

> *TJE 16-Dez.-2008 (Cartesio)*: a sociedade húngara Cartesio, constituída em 20-Mai.-2004 de acordo com a lei húngara, como sociedade em comandita simples (*betéti társaság*), pretendeu transferir a sua sede para Itália. Apresentou à entidade húngara competente um pedido de averbamento ao registo, nesse sentido, o qual foi recusado: pelo Direito húngaro, ela teria de extinguir-se, reconstituindo-se no estrangeiro, mas não como sociedade de Direito húngaro. O Tribunal entendeu que este caso é diferente do *Überseering*: desta feita não é a liberdade de estabelecimento que está em causa, mas a regulamentação interna, que impede a manutenção da nacionalidade a sociedades que se queiram deslocar. E isto não contraria o Direito europeu.
>
> Num *obiter dictum* muito citado (n.° 112), o TJE acrescenta que já seria contrário ao Direito comunitário que o Direito nacional impedisse a "sua sociedade" de se transferir para outro Estado, mudando de forma para adotar um figurino desse Estado de destino[590].

---

dade do estabelecimento: Niels Hoffmann, *Reichweite der Niderlassungsfreiheit: bis ins Strafrecht?*, idem, 227-265.

[588] Assim: Stefan Ortner, *Die Limited. Eine Alternative zur GmbH?* (2007), 90 pp..

[589] TJE 16-Dez.-2008 (Cartesio Ohtató és Szolgáltató bt), Proc. C-210/06, NJW 2009, 569-571 = GmbHR 2009, 86-91, anot. Wienand Meilicke, *idem*, 92-94, pouco convencido.

[590] Raiser/Veil, *Recht der Kapitalgesellschaften*, 5.ª ed. cit., § 58, Nr. 33 (780). *Vide*, além dos escritos já referidos: Rüdiger Werner, *Das deutsche Internationale Gesellschaftsrecht nach "Cartesio" und "Trabrennbahn"*, GmbHR 2009, 191-196; Sabine Otte, *Freifahrschein für den grenzüberschreitenden Rechtsformwechsel nach "Carte-*

De facto, parece oportuno pôr um travão ao desenraizamento das formas jurídicas. Uma sociedade de Direito húngaro que, contra as regras do próprio Direito que a reconhece e lhe conferiu a personalidade, passe a ter sede em Itália (que nem personaliza as comanditas simples) acabaria por não obedecer a nenhum Direito. Assim visto, o acórdão do TJE não contraria a liberdade de estabelecimento e merece aplauso.

---

sio"?, GmbHR 2009, 983-988 (988/I); ROBERT KOBELT, *Internationale Optionen deutscher Kapitalgesellschaften nach MoMiG, "Cartesio" und "Trabrennbahn" / zur Einschränkung der Sitztheorie*, GmbHR 2009, 808-813; DANIEL ZIMMER/CHRISTOPH NAENDRUP, *Das Cartesio-Urteil des EuGH: Rück- oder Fortschritt für das internationale Gesellschaftsrecht?*, NJW 2009, 545-550. Entre nós: RUI M. PEREIRA DIAS, *O acórdão* Cartesio *e a liberdade de estabelecimento das sociedades*, DSR 2010, 215-236.

CAPÍTULO V

O DIREITO DAS SOCIEDADES: HOJE

§ 16.º A GRANDE REFORMA DE 2006 E AS REFORMAS SUBSEQUENTES

63. Aspetos gerais

I. O Direito das sociedades, nesta primeira década do século XXI, apresenta alguns sinais de instabilidade. Torna-se difícil, em cima do acontecimento, vaticinar se se trata de uma oscilação do momento ou se, pelo contrário, se inicia uma nova fase, em quase rutura com o esquema anterior. Vamos começar por ponderar a grande reforma de 2006 e as alterações legislativas paralelas, que a acompanharam.

II. Como pano de fundo, cumpre sublinhar que o Direito português das sociedades se apresenta como o mais complicado da Europa. Três aspetos básicos a tanto conduziram:

– a prolixidade legislativa: os diversos governos assinalam a sua passagem com operosas reformas legislativas; antes confinadas a áreas administrativas, elas contaminam, na atualidade, mesmo os mais estáveis diplomas privados;
– a natureza abstrata da generalidade das reformas: em regra, as modificações legislativas são levadas a cabo por técnicos dotados de bons conhecimentos teóricos, em especial, na área do Direito comparado; legislar cifra-se em dispor de larga panorâmica do Direito estrangeiro, de modo a escolher um (ou mais) modelos para adaptação interna;

218 *O Direito das sociedades: hoje*

– as transposições comunitárias: levadas a cabo com especial entusiasmo, pelos nossos poderes, elas conduzem a um afluxo contínuo de novos e complexos elementos[591].

Torna-se hoje muito difícil, mesmo para um estudioso atento e permanentemente disponível para aceder a novos conhecimentos, acompanhar a permanente produção legislativa, nas suas diversas implicações.

III. O cenário de complexidade já apontado adensa-se, ainda, mercê da atuação dos diversos departamentos, no domínio das leis complementares. A prática de entregar aos departamentos especializados, em regra servidos por técnicos de alto nível, a preparação dos diplomas conduz a preciosismos complicados, arvorados a peças básicas do setor. Qualquer dos muitos diplomas complementares é, disso, exemplo.
Tudo isto é colmatado por uma burocracia zelosa e nem sempre lesta.

IV. A nível das empresas e das realidades económicas que elas traduzem, o panorama jurídico é sufocante. A própria lei é difícil de conhecer, de explicar e de integrar. As operações burocráticas são lentas e exigentes. Os custos de transação tornam-se elevados. Operações simples – como a constituição de uma sociedade – ou complexas – como as OPAs que ocorreram, sobre a PT e sobre o BPI – batem, entre nós, recordes de duração e de complexidade. Os agentes económicos, a Universidade e os próprios políticos interessados têm vindo a reclamar reformas simplificadoras.

V. Pois bem: é nesta dimensão que poderemos inscrever parte, pelo menos, das reformas recentes do Direito das sociedades, com especial focagem na "grande reforma" de 29 de Março de 2006, abaixo examinada. Estamos, porém, no campo da cultura. Daí – e num paradoxo aparente – que as próprias leis destinadas a simplificar o nosso Direito das sociedades sejam, elas próprias, portadoras de elementos de complexidade. Veremos como tudo isto se articula.

---

[591] Deve ter-se em conta o Plano de Ação sobre Direito das Sociedades, aprovado pela Comissão Europeia, em 21-Mai.-2003, e que já acima foi referido.

§ 16.° A grande reforma de 2006 e as reformas subsequentes 219

64. O Decreto-Lei n.° 76-A/2006, de 29 de Março; outros diplomas

I. A "grande reforma do Direito das sociedades" foi levada a cabo, fundamentalmente, pelo Decreto-Lei n.° 76-A/2006, de 29 de Março. Este Decreto-Lei foi precedido e continuado por outros diplomas, que se inserem no mesmo movimento de reforma. Tomamos nota dos seguintes:

– Decreto-Lei n.° 35/2005, de 17 de Fevereiro: previu, entre outros aspetos, a possibilidade de certas sociedades optarem pelos NIC (normas internacionais de contabilidade); foi alterado pelo Decreto-Lei n.° 158/2009, de 13 de Julho, que aprovou o Sistema de Normalização Contabilística (SNC), já modificado pela Lei n.° 20/2010, de 10 de Agosto;
– Decreto-Lei n.° 111/2005, de 8 de Julho: instituiu um regime de constituição imediata de sociedades; foi diversas vezes alterado e, por último, pelo Decreto-Lei n.° 99/2010, de 2 de Setembro;
– Decreto-Lei n.° 125/2006, de 29 de Junho: estabelece um regime especial de constituição *on-line* de sociedades comerciais e civis sob forma comercial, do tipo por quotas e anónima, tendo sido modificado pelo Decreto-Lei n.° 247-B/2008, de 30 de Dezembro;
– Decreto-Lei n.° 8/2007, de 17 de Janeiro: veio facilitar a redução do capital, tendo sido alterado pelo Decreto-Lei n.° 292/2009, de 13 de Outubro.

O fulcro das profundas alterações introduzidas no nosso Direito das sociedades situou-se, todavia, no Decreto-Lei n.° 76-A/2006, de 29 de Março[592].

II. O Decreto-Lei n.° 76-A/2006, de 29 de Março, surge, na folha oficial[593], sumariado nestes termos:

Atualiza e flexibiliza os modelos de governo das sociedades anónimas, adota medidas de simplificação e eliminação de atos e procedimentos notariais e registais e aprova o novo regime jurídico da dissolução e da liquidação de entidades comerciais.

---

[592] *Vide* uma primeira abordagem no nosso *A grande reforma das sociedades comerciais*, O Direito 2006, 445-453.
[593] DR I Série, n.° 63, de 29-Mar.-2006, suplemento.

O Direito das sociedades: hoje

Ele vem alterar nada menos do que trinta e um diplomas. A saber:

1. o Código das Sociedades Comerciais;
2. o Código do Registo Comercial;
3. o Código Comercial;
4. o Regime dos agrupamentos complementares de empresas;
5. a Lei Orgânica dos Serviços dos Registos e do Notariado;
6. o regime jurídico das cooperativas de ensino;
7. o regime jurídico das "régies cooperativas" ou cooperativas de interesse público;
8. o regime do estabelecimento individual de responsabilidade limitada;
9. o regime jurídico do crédito agrícola mútuo e das cooperativas de crédito agrícola;
10. o regime das competências atribuídas aos notários nos processos de constituição de sociedades comerciais;
11. o regime jurídico da habitação periódica;
12. o regime que permite a constituição e a manutenção de sociedades por quotas e anónimas unipessoais licenciadas para operar na Zona Franca da Madeira;
13. o Código do Notariado;
14. o Código Cooperativo;
15. o regime jurídico das sociedades desportivas;
16. o regime do acesso e exercício da atividade das agências de viagens e turismo;
17. o regime geral das empresas de seguros;
18. o Registo Nacional de Pessoas Coletivas;
19. a lei das empresas municipais, intermunicipais e regionais;
20. o regime dos serviços da Direção-Geral dos Registos e do Notariado na loja do cidadão;
21. a Lei de Organização e Funcionamento dos Tribunais Judiciais;
22. o Código de Procedimento e de Processo Tributário;
23. o regime jurídico das cooperativas de habitação e construção;
24. o regime jurídico das cooperativas de comercialização;
25. a Lei Orgânica da Direção-Geral dos Registos e do Notariado;
26. o Regulamento Emolumentar dos Registos e do Notariado;
27. o Código da Insolvência e da Recuperação de Empresas;
28. o Regime Jurídico das Sociedades Anónimas Europeias;
29. o regime especial de constituição imediata de sociedades;
30. o Código de Processo Civil;
31. o Regulamento do Registo Comercial de 1989, que foi revogado.

§ *16.° A grande reforma de 2006 e as reformas subsequentes* 221

III. A dimensão da reforma apreende-se, ainda, pela presença de três anexos:

I. Republicação do Código das Sociedades Comerciais;
II. Republicação do Código do Registo Comercial;
III. Regime jurídico dos procedimentos administrativos de dissolução e de liquidação de entidades comerciais.

Apesar da aparente dispersão, fica claro que a reforma de 2006 visou, no essencial, as sociedades comerciais.

65. **A preparação e os objetivos da reforma**

I. Os pormenores da preparação da reforma de 2006 não foram tornados públicos. Nos meios jurídicos, sabe-se que houve duas grandes áreas de intervenção: a das sociedades em si, centrada no novo figurino das sociedades anónimas, nos temas da fiscalização e nas novidades de fundo, entregue à CMVM e a dos registo e notariado, confiada ao Ministério da Justiça e aos seus departamentos especializados.

No tocante à CMVM, foi posto à discussão pública, nos princípios de 2006, um anteprojeto, acompanhado por uma justificação de motivos[594]. Foram recebidas numerosas apreciações críticas e sugestões, de mérito diverso mas, nalguns casos, indiscutível. De um modo geral, as sugestões não obtiveram acolhimento. Verificou-se mesmo, em aspetos sensíveis, que após a discussão e à margem desta, foram introduzidas novas alterações. O período de discussão foi curto e deviam ter sido ouvidas as Universidades.

II. O Decreto-Lei n.° 76-A/2006, de 29 de Março, vem antecedido por um preâmbulo explicativo. Aí alinham-se dez áreas de intervenção da reforma, a qual:

– torna facultativas as escrituras públicas relativas à vida das empresas;

---

[594] *Governo das sociedades anónimas: propostas de alteração ao Código das Sociedades Comerciais / Processo de Consulta Pública n.° 1/2006*, disponível no sítio da CMVM.

O Direito das sociedades: hoje

– elimina a obrigatoriedade da existência dos livros de escrituração mercantil;
– facilita a dissolução das sociedades: através da "dissolução na hora" e do novo esquema de dissolução e de liquidação administrativas;
– modifica substancialmente o regime da cisão e da fusão de sociedades, tornando-o "muito mais simples e barato";
– atua no domínio da autenticação e do reconhecimento das assinaturas em documentos, permitindo-os a advogados, solicitadores, câmaras de comércio e indústria e conservatórias;
– prevê atos de registo *on-line*;
– cria a certidão permanente de registo, disponível em sítio da *Internet*;
– reduz e clarifica muitos dos custos da prática de atos da vida das empresas;
– elimina as competências territoriais, no domínio dos registos;
– suprime determinados atos no campo do registo comercial.

Este enunciado é eloquente: dispensa glosas. Temos, já aqui, uma reforma de enormes proporções.

III. Além destas medidas, o preâmbulo refere, ainda, quatro vetores importantes:

– a atualização das regras relativas ao governo das sociedades;
– a ampliação dos modelos de sociedades anónimas à disposição dos particulares;
– a redenominação de alguns cargos e órgãos societários;
– o afinamento da fiscalização.

66. As alterações ao Código das Sociedades Comerciais

I. O Decreto-Lei n.° 76-A/2006, de 29 de Março, ocupou-se, especialmente, das sociedades anónimas[595]. Vamos centrar a nossa atenção nas alterações relativas à Parte geral. Assim:

---

[595] Quanto às alterações especificamente introduzidas quanto a estas: *Manual* 2, 515.

§ 16.º A grande reforma de 2006 e as reformas subsequentes

– artigo 3.º (Lei pessoal): foi alterado o n.º 3, que fazia referência a uma escritura pública de transferência de sede e suprimido o n.º 4, relativo a atos de registo e a publicações;
– artigo 7.º (Formas e partes do contrato): foi alterado o n.º 1, de modo a não se exigir a escritura pública, salvo se requerida para a transmissão dos bens com que os sócios entraram para a sociedade;
– artigo 12.º (Sede): foi alterado o n.º 2, de modo a permitir a deslocação da sede pela administração, quando os estatutos o não proíbam;
– artigo 18.º (Registo do contrato): foram alterados os números 2 e 3, de modo a suprimir a referência à escritura;
– artigo 19.º (Assunção pela sociedade de negócios anteriores ao registo): foram alteradas as alíneas *c*) e *d*) do n.º 1, suprimindo, também, as menções à escritura[596];
– artigo 23.º (Usufruto e penhor de participações): foi alterado o n.º 3, de modo a substituir "escrito particular" por "forma exigida";
– artigo 26.º (Tempo das entradas): eliminou-se a referência à escritura e permitiu-se que as entradas tivessem lugar *até* à celebração do contrato de sociedade;
– artigo 28.º (Verificação das entradas em espécie): foi alterado o n.º 2, de modo a suprimir a escritura e o n.º 6, por forma a simplificar a publicidade;
– artigo 29.º (Aquisição de bens a accionistas): foi alterado o n.º 1, alínea *c*), suprimindo-se a referência à escritura[597];
– artigo 35.º (Perda de metade do capital social): foi alterado o n.º 1, de modo a retirar a expressão "diretores";
– artigo 36.º (Relações anteriores à celebração do contrato de sociedade): modificou-se a epígrafe, que referia "escritura pública" e alterou-se o n.º 2, suprimindo a referência à mesma;
– artigo 37.º (Relações entre os sócios antes do registo): no n.º 1, retirou-se a referência à escritura;
– artigo 38.º (Relações das sociedades em nome coletivo não registadas com terceiros): *idem*, quanto ao n.º 1; além disso, alterou-se a redação de modo a substituir a proposição final por um gerúndio;
– artigo 39.º (Relação das sociedades em comandita simples não registadas com terceiros): *idem*, no n.º 1 e quanto aos dois referidos pontos;

---

[596] Foi ainda acrescentada (e bem) uma vírgula, no corpo do artigo.
[597] Foi ainda acrescentada (e bem) uma vírgula, no corpo do artigo.

224 · O Direito das sociedades: hoje

– artigo 40.º (Relações das sociedades por quotas, anónimas e em comandita por ações não registadas com terceiros): *idem*, no n.º 1; o texto também foi alterado de modo a substituir "um ponto e vírgula" por "sendo que";
– artigo 42.º (Nulidade do contrato de sociedade por quotas, anónimas ou em comandita por ações registadas): foi alterado o n.º 1, *e*), suprimindo-se a referência à escritura;
– artigo 44.º (Ação de declaração de nulidade e notificação para a regularização): no n.º 1, substituiu-se "conselho geral" por "conselho geral e de supervisão"; suprimiu-se o "ponto" por "sendo que"; n.º 2, operaram-se duas operações equivalentes[598];
– artigo 63.º (Atas): foi remodelado o n.º 3, de modo a retirar a referência à "direção" e a suprimir a existência de duas proposições, reduzidas a uma;
– artigo 64.º (Deveres fundamentais): o preceito foi remodelado totalmente; além disso, passou a abranger também a fiscalização;
– artigo 65.º (Dever de relatar a gestão e apresentar contas): no n.º 4, retirou-se a menção a "diretores";
– artigo 67.º (Falta de apresentação de contas e de deliberação sobre elas): foram alterados os números 2, 3, 4: para suprimir a referência a "diretores"; quanto ao n.º 2, foram removidos um "ponto" e um "ponto e vírgula" e, no n.º 3, a adversativa final;
– artigo 68.º (Recusa de aprovação de contas): retirou-se, no n.º 1, a referência ao conselho geral;
– artigo 70.º-A (Depósitos para as sociedades em nome coletivo e em comandita simples): no final do n.º 2, suprimiu-se a ressalva do "número seguinte", que se mantinha por lapso do Decreto-Lei n.º 257/96, de 31 de Dezembro: este diploma revogara o número em causa, mas deixou subsistir a ressalva;
– artigo 71.º (Responsabilidade quanto à constituição da sociedade): nos números 1 e 2, foram suprimidas as referências a "diretores";
– artigo 72.º (Responsabilidade dos membros da administração para com a sociedade): nos (antigos) números 1 a 4, foram suprimidas as referências a "diretores"; foi acrescentado um novo n.º 2 (com alteração da numeração dos números subsequentes), com uma versão nacional do *judgement business rule*[599];

---

[598] O preceito foi retificado [DR I Série-A, n.º 102, de 26-Mai.-2006, 3572-(2)/I]: "interpelação da sociedade" passa a "interpelação à sociedade".
[599] *Infra*, n.º 318.

§ 16.° A grande reforma de 2006 e as reformas subsequentes

– artigo 73.° (Solidariedade na responsabilidade): no n.° 1, retirou-se a referência a "diretores";
– artigo 74.° (Cláusulas nulas. Renúncia e transação): *idem*, nos números 1 e 3;
– artigo 77.° (Ação de responsabilidade proposta por sócios): *idem*, no n.° 1; além disso, admite-se agora que, tratando-se de sociedade "… emitente de ações admitidas à negociação em mercado regulamentado …", a ação de grupo seja intentada por detentores de 2% do capital social;
– artigo 78.° (Responsabilidade para com os credores): suprimiu-se, no n.° 1, a referência a diretores; no n.° 3, melhorou-se uma remissão; ao n.° 5, atualizou-se uma outra remissão;
– artigo 79.° (Responsabilidade para com os sócios e terceiros): *idem*: houve alterações do mesmo tipo;
– artigo 80.° (Responsabilidade de outras pessoas com funções de administração): *idem*, quanto a "diretores";
– artigo 81.° (Responsabilidade dos membros dos órgãos de fiscalização): *idem*, no n.° 2;
– artigo 83.° (Responsabilidade solidária do sócio): *idem*, no n.° 4;
– artigo 84.° (Deliberação de alteração): modificou-se o n.° 3 e acrescentou-se um novo n.° 4, de modo a suprimir a referência à escritura;
– artigo 88.° (Eficácia interna do aumento de capital): retirou-se a referência à escritura[600];
– artigo 89.° (Entradas e aquisição de bens): suprimiu-se o n.° 2, que referia a escritura e a sua outorga e, ainda, o momento das entradas em espécie;
– artigo 93.° (Fiscalização): suprimiu-se, no n.° 1, a referência à escritura e remodelou-se este e o n.° 3, num único preceito;
– artigo 95.° (Autorização judicial): suprimiu-se, no n.° 1, a menção à escritura;
– artigo 97.° (Noção. Modalidades): no domínio da fusão de sociedades, alterou-se o n.° 3, de modo a referir a nova realidade de insolvência, introduzida pelo CIRE de 2004;
– artigo 98.° (Projeto de fusão): o n.° 1 foi alterado no final, para acrescentar "elementos seguintes"; na alínea *b*), substituiu-se "número e data de inscrição do registo essencial" por "matrícula no registo comercial", na alínea *d*), melhorou-se a referência ao

---

[600] Preceito retificado, de modo a abranger também o decidido pela própria interpelação.

balanço, numa preocupação que levou a acrescentar um novo n.º 2; um n.º 3 foi introduzido por retificação[601];

– artigo 99.º (Fiscalização do projeto): surge um novo n.º 6, que permite aos sócios dispensar por acordo de todos, o exame do projeto;

– artigo 100.º (Registo do projeto e convocação da assembleia): os números 2, 3 e 4 foram remodelados: o n.º 2, por razões formais; o 3 e 4, para melhorar o sistema;

– artigo 101.º (Consulta de documentos): no n.º 1, substituiu-se "aviso" por "convocatória";

– artigo 103.º (Deliberação): no n.º 2, substituiu-se "deliberação só pode ser executada" por "fusão apenas pode ser registada";

– artigo 105.º (Direito de exoneração dos sócios): no n.º 1, para além de alterações formais, inseriu-se "data de deliberação" em vez de "data de publicação";

– artigo 106.º (Forma e disposições aplicáveis): alterou-se a epígrafe, de modo a retirar a referência à escritura: alterou-se, ainda, a ordem de dois números do preceito;

– artigo 111.º (Registo de fusão): o preceito foi remodelado; desapareceu a referência à escritura e melhoraram-se as remissões;

– artigo 115.º Efetivação de responsabilidade no caso de extinção da sociedade): o n.º 2 foi alterado em termos formais;

– artigo 116.º (Incorporação de sociedade totalmente pertencente a outra): foram modificados os números 2 e 3, de modo a suprimir a referência à escritura, a ampliar as isenções de aplicação de certas normas e a introduzir modificações formais[602];

– artigo 119.º (Projeto de visão): assistimos a modificações formais: no campo do preceito e nas suas alíneas *b*) e *d*);

– artigo 132.º (Impedimentos à transformação): melhorou-se a redação, nos números 1 e 2[603] e aperfeiçoou-se a referência ao relatório e ao balanço;

– artigo 137.º (Direito de exoneração dos sócios): alterou-se a epígrafe que, antes, era "proteção dos sócios discordantes"; além disso, restringiu-se a possibilidade de exoneração – n.º 1;

---

[601] DR I Série-A, n.º 102, de 26-Mai.-2006, 3572-(2)/I.

[602] O artigo 116.º/3 foi retificado: "registo de projeto de fusão" passou a "registo da fusão".

[603] Designadamente: colocando os tempos dos verbos (como se impunha), no presente.

§ 16.º A grande reforma de 2006 e as reformas subsequentes

– artigo 140.º (Direitos incidentes sobre as participações): retirou-se a referência à "escritura de transformação … e ao modo por que se farão os averbamentos e registos que forem necessários;
– artigo 141.º (Casos de dissolução imediata): no n.º 1, alínea *e*), substituiu-se "falência" por "insolvência"; no n.º 2, faz-se referência ao "procedimento simplificado de justificação";
– artigo 142.º (Causas de dissolução administrativa ou por deliberação dos sócios): sob uma nova epígrafe, introduz-se a figura da dissolução administrativa;
– artigo 143.º (Causas de dissolução oficiosa): uma solução nova;
– artigo 144.º (Regime do procedimento administrativo de dissolução): remete para diploma próprio;
– artigo 145.º (Forma e registo da dissolução): suprime a referência à escritura;
– artigo 146.º (Regras gerais): quanto à dissolução, foram alterados os números 1 e 4 e acrescentado um n.º 6: para além de melhorias formais, refere-se, agora, "insolvência" e introduzem-se menções à liquidação por via administrativa;
– artigo 150.º (Duração da liquidação): reduziram-se os prazos para a liquidação e, sendo ultrapassados, remete-se para a liquidação administrativa;
– artigo 151.º (Liquidatário): foram modificados os números 3 e 4, de modo a permitir a designação do fiscal por via administrativa e alterou-se, na forma, o n.º 7: "serviço de registo competente" em vez de "registo comercial";
– artigo 159.º (Entrega de bens partilhados): no n.º 1, suprimiu-se "escritura pública", com algumas remodelações;
– artigo 163.º (Passivo superveniente): no n.º 5, foram retirados os "diretores";
– artigo 169.º (Responsabilidade por discordâncias de publicidade): *idem*, no n.º 1;
– artigo 171.º (Menções em atos externos): no n.º 1 faz-se, agora, também referência à Internet; o n.º 3 foi repetido, sem alterações: provavelmente, ter-se-á querido alterar o final relativo à "conservatória";
– artigo 174.º (Prescrição): foram suprimidas as menções a "gerentes" e introduzido o "conselho geral e de supervisão".

II. Ainda quanto à Parte geral, foram acrescentados os seguintes preceitos, pelo Decreto-Lei n.º 76-A/2006:

– artigo 4.º-A (Forma escrita): permite a sua substituição por outro

228   *O Direito das sociedades: hoje*

suporte que assegure níveis equivalentes de inteligibilidade, de durabilidade e de autenticidade;
– artigo 101.°-A (Oposição dos credores): no domínio da fusão;
– artigo 101.°-B (Efeitos da oposição);
– artigo 101.°-C (Credores obrigacionistas);
– artigo 101.°-D (Portadores de outros títulos);
– artigo 140.°-A (Registo da transformação).

III. O capítulo V passou a ser epigrafado "administração e fiscalização": uma consequência do alargamento do próprio artigo 64.°. Foram, ainda, revogados os preceitos seguintes:

– artigo 90.° (Fiscalização): do aumento de capital, pelo notário;
– artigo 107.° (Publicidade da fusão e oposição dos credores);
– artigo 108.° (Efeitos da oposição);
– artigo 109.° (Credores obrigacionistas);
– artigo 110.° (Portadores de outros títulos);
– artigo 135.° (Escritura pública de transformação).

Como se vê, a revogação dos artigos 107.° a 110.° foi compensada pela introdução dos novos artigos 101.°-A a 101.°-D.

67. Síntese e apreciação

I. A pesquisa anterior é necessária: sem uma cuidadosa análise da lei, não há Ciência Jurídica possível. Pois bem: atentando nas alterações introduzidas na Parte geral, verificamos que elas abrangem 66 artigos; temos, ainda, 6 preceitos aditados e 6 revogados.

II. Quanto às alterações, elas cifram-se no seguinte:

– supressão da escritura pública: 24 alterações e uma revogação;
– redenominação de cargos em sociedades anónimas: 19 alterações;
– alterações de ordem formal: 7 alterações, podendo ainda referir-se, aqui, 4 aditamentos e 4 revogações;
– referir "insolvência" por "falência": 3 alterações;
– dissolução administrativa: 5 alterações;
– registo: 2 alterações;
– Internet e informática: uma alteração e um aditamento;

§ 16.° A grande reforma de 2006 e as reformas subsequentes

– alterações de fundo: 2, mais precisamente o artigo 64.°/1 (deveres dos administradores) e o artigo 72.°/2 (*business judgement rule*).

Há que estar muito atento às alterações formais: podem encobrir verdadeiras modificações de fundo, num ponto a conferir caso a caso.

III. A apreciação da reforma é diversificada. Ela vem sendo feita ao longo dos anos, à medida que os novos textos se vêm a aplicar, revelando as suas vantagens e as desvantagens. Recordamos que se tratou, em grande parte, de uma reforma virada para as sociedades anónimas e, mais especialmente, para as sociedades abertas, cujas ações estejam admitidas à negociação em mercado regulamentado. No que tange à Parte geral temos a considerar as áreas seguintes:

– abolição das escrituras e outras medidas de simplificação burocrática: merece aplauso; trata-se, de resto, de medidas há muito reclamadas e sobre as quais já havia antecedentes, desde 2000;
– redenominação dos cargos sociais das sociedades anónimas: pareceu-nos um tema de somenos mas ao qual é emprestado grande relevo; em si, surge inóquo;
– introdução da Net e da informática: excelente; trata-se de um ponto que permitiu remodelar fortemente o registo comercial[604];
– alterações formais: o Código de 1986, mal revisto, tinha muitos lapsos, sendo discutível a técnica de redação de múltiplos preceitos; a revisão de 2006 foi inequivocamente, muito mais elegante; isto dito: as alterações formais destinadas a corrigir lapsos de gramática ou de sintaxe são bem vindas; as melhorias estilísticas dispensam-se, pois cada diploma tem a sua época e o seu estilo;
– alterações de fundo: cifram-se no novo artigo 64.°[605] e na introdução do *business judgement rule* (72.°/2)[606]: é matéria muito complexa, que não foi devidamente estudada, antes da reforma; o legislador deveria ter-se guardado para mais tarde; oportunamente veremos a problemática jurídico-científica que introduziram.

---

[604] *Manual de Direito comercial*, 2.ª ed., 393 ss..
[605] *Infra*, § 70.°.
[606] *Infra*, § 71.°.

68. Uma nova fase no Direito das sociedades?

I. O Decreto-Lei n.º 76-A/2006 traduzirá uma nova fase na evolução do Direito português das sociedades?

Aparentemente, ele mantém sólidas amarras à tradição anterior: complexidade técnica; base assente no Direito comparado; multiplicação de modelos de inspiração estrangeira; elevado nível teorético; uma certa desatenção pela realidade empresarial do País. Todavia, ele contém alguns sinais de diferenciação.

II. Em primeiro lugar: procura remar corajosamente contra a tendência ancestral para a ampliação do Direito das sociedades. Em conjunto com diplomas circundantes, podemos hoje proclamar que a constituição e as vicissitudes das sociedades comerciais estão substancialmente facilitadas.

Seguidamente: revela uma nova frente de influência direta ao nosso Direito: a do sistema anglo-saxónico. A novidade não é absoluta: o nosso primeiro Código Comercial (1833) havia sido escrito em Londres, por FERREIRA BORGES, bom conhecedor das realidades britânicas. E na história recente, diversos institutos e múltiplas soluções, por via direta ou através de diplomas comunitários, advieram-nos da Grã-Bretanha. Todavia, enfrentamos agora uma influência mais direta e assumida. Veremos, no futuro, a sua consistência. Tenha-se presente que a continentalização do Direito inglês passa por uma dogmatização conceitual que, em regra, o torna irreconhecível.

Por fim: traduz uma intensificação de fatores já conhecidos, como a mobiliarização e a europeização. O simples facto de a CMVM ter sido o grande motor da reforma e de – com exagero – se reivindicarem diversos textos europeus, assim o confirma.

III. Apostaríamos na simplificação como o traço distintivo do que poderá ser uma nova fase. O esquema anterior, assente numa diferenciação rendilhada de situações, trufado de cautelas formais, de autorizações judiciais, de publicações e de prazos alongados, atingira o zénite. O prejuízo era geral. Estaremos, porventura, perante uma nova sensibilidade, encostada às realidades económicas e empresariais o que, ao Direito, compete servir. O futuro será loquaz.

§ 16.º A grande reforma de 2006 e as reformas subsequentes   231

69. **A reforma de 2007**

I. A reforma de 2006 ainda não havia sido minimamente assimilada pela doutrina: ocorre nova reforma na área das sociedades comerciais, adotada pelo Decreto-Lei n.º 8/2007, de 17 de Janeiro. Embora mais limitada do que a de 2006, ela veio atingir diversas áreas. Cabe fazer-lhe uma referência global. Antecipamos que, embora sem o assumir, a reforma de 2007 visou corrigir diversos aspetos derivados da grande reforma de 2006.

II. De acordo com o próprio preâmbulo, a nova reforma visou seis objetivos:

– a eliminação da intervenção judicial obrigatória para a redução do capital social das sociedades;
– a Informação Empresarial Simplificada (IES), de modo a agregar, num ato único, diversas obrigações legais de informação à Administração Pública, que cabiam às empresas;
– a eliminação da necessidade de solicitar um novo certificado de admissibilidade de firma, desde que a firma da sociedade seja apenas constituída por uma expressão de fantasia, acrescida ou não de referência à atividade;
– o tornar gratuitos os atos de registo comercial e de registo automóvel, que decorram de alterações toponímicas;
– o permitir que, até 30-Jun.-2007, se faça gratuitamente o registo da transformação de EIRL em sociedades unipessoais;
– o aperfeiçoamento de algumas disposições do Código das Sociedades Comerciais e do Código de Registo Comercial.

III. Quanto ao Código das Sociedades Comerciais, tomaremos nota das alterações seguintes:

– artigo 70.º (Prestação de contas): foram alteradas a epígrafe e fixadas regras;
– artigo 95.º (Deliberação de redução do capital): modificou-se a epígrafe e o conteúdo, de modo a prescindir da prévia autorização do tribunal;
– artigo 96.º (Tutela dos credores): também com nova epígrafe, substituiu-se o anterior preceito relativo à ressalva do capital mínimo por estoutro, sobre a proteção dos credores;
– artigo 100.º (Registo do projeto e convocação da assembleia): acres-

centou-se um n.º 5, de modo a alargar os meios de convocação dos sócios e o modo de tomada de deliberações;

– artigo 101.º-A (Oposição dos credores): previu-se que os credores pudessem ser avisados independentemente da convocatória e substituiu-se "nos 15 dias anteriores" por "há pelo menos 15 dias";

– artigo 106.º (Forma e disposições aplicáveis): no tocante ao ato de fusão, melhorou-se a redação;

– artigo 116.º (Incorporação de sociedade totalmente pertencente a outra): clarificou-se o registo da fusão sem prévia deliberação das assembleias gerais;

– artigo 117.º (Nulidade da fusão): expurgou-se, no n.º 1, uma referência à "escritura pública", que escapara ao legislador de 2006;

– artigo 132.º (Relatório e convocação): acrescentou-se um n.º 4, permitindo decidir a transformação através do esquema do artigo 54.º (deliberações unânimes e assembleias universais);

– artigo 242.º-B (Promoção do registo): corrigiu-se a redação anterior, ficando claro que apenas a sociedade promove registos;

– artigo 242.º-F (Responsabilidade civil): alargou-se a responsabilidade fiscal das sociedades;

– artigo 508.º-E (Prestação de contas consolidadas): com alteração na epígrafe regulou-se, de novo, a matéria;

– artigo 528.º (Ilícitos de mera ordenação social): aumentaram-se as coimas e passaram-se para "euros".

Temos matéria especializada, a considerar nas competentes rubricas.

IV. O movimento simplificador mantém-se ativo e é de aplaudir. Todavia, há que refrear a instabilidade legislativa. Surgem limites para as "novidades" que os agentes económicos e os operadores jurídicos podem absorver. Menos pressa na aprovação do diploma de 2006: o essencial da reforma ora introduzida deveria ter saído no âmbito dele.

70. As reformas de 2009 e de 2010

I. O ano de 2009 ficou marcado, no tocante a reformas do Código das Sociedades Comerciais, por alterações no regime das fusões[607].

---

[607] DIOGO COSTA GONÇALVES, *As recentes alterações ao regime da fusão de sociedades – A Lei n.º 19/2009, de 12 de Maio e o Decreto-Lei n.º 185/2009, de 12 de Agosto*, RDS 2009, 553-581.

§ 16.° *A grande reforma de 2006 e as reformas subsequentes* 233

Em primeiro lugar, a Lei n.° 19/2009, de 12 de Maio, que veio transpor, para a ordem interna, a 10.ª Diretriz do Direito das sociedades[608], após longo tempo de maturação[609]. O próprio diploma nacional foi discutido, na fase de projeto[610]. Para além de outros aspetos, a Lei n.° 19/2009 aditou, ao capítulo X do livro I, uma secção II sobre as fusões transfronteiriças (artigos 117.°-A a 117.°-L).

Pouco depois, foi publicado o Decreto-Lei n.° 185/2009, de 12 de Agosto, o qual, entre outras medidas, veio simplificar o regime das fusões e das cisões. Trata-se de uma orientação de base que tem vindo a marcar o Direito português das sociedades, nos últimos anos.

II. Em 2010, cabe assinalar a reforma introduzida pelo Decreto-Lei n.° 49/2010, de 19 de Maio. Também heterogéneo, este diploma veio tocar em três áreas:

– na das assembleias gerais das sociedades anónimas, visando fundamentalmente transpor a Diretriz 2007/36, de 11 de Julho[611], através de alterações introduzidas, sobretudo, no CVM[612];
– na das ações sem valor nominal, permitindo a sua introdução, nas nossas sociedades[613];
– na de correções a lapsos ainda resultantes da reforma de 2006[614].

---

[608] Ou Diretriz 2005/56, de 26 de Outubro, relativa às fusões transfronteiriças das sociedades de responsabilidade limitada, no JOCE N. L 310, 1-9, de 25-Nov.-2005. *Vide* Diogo Costa Gonçalves, *As recentes alterações ao regime da fusão de sociedades* cit., 554-555.

[609] *Direito europeu das sociedades* (2005), 787 ss..

[610] Diogo Costa Gonçalves, *Fusões transfronteiriças. A transposição da 10.ª Directriz e a Proposta de Lei n.° 236/X*, RDS 2009, 339-377.

[611] *Vide* o nosso *A Directriz 2007/36, de 11 de Julho (accionistas de sociedades cotadas): comentários à proposta de transposição*, ROA 2008, 503-554.

[612] *Vide* o nosso *Novas regras sobre assembleias gerais: a reforma de 2010*, RDS 2010, 11-33.

[613] *Vide* o nosso *Ações sem valor nominal*, RDS 2010, 473-508.

[614] *Vide* o nosso *O CSC e a reforma de 2010: gralhas, lapsos, erros e retificações*, RDS 2010, 509-528.

234 *O Direito das sociedades: hoje*

Desta feita, além do permanente fluxo comunitário, temos ainda de lidar com os efeitos da crise de 2007/2011 sobre as sociedades e com os refluxos das reformas menos cuidadas, feitas anteriormente.

II. Os aspetos materiais ligados às alterações de 2009 e de 2010 serão vistos nas competentes rubricas.

§ 17.º A CRISE DE 2007-2012

71. Aspetos gerais

I. Em 2007, iniciou-se, nos Estados Unidos, uma crise financeira. De contornos bancários e restrita ao espaço norte-americano, ela veio a atingir a Europa, pelos canais da globalização, no ano seguinte[615]. Nos momentos subsequentes, ela tomou proporções económicas, atingindo os diversos sectores produtivos[616]: provocou quebras nos PIBs, baixas no investimento, diminuições na procura e aumentos de desemprego[617].

A partir dos finais de 2009, os indicadores mundiais, incentivados pelas potências emergentes, com relevo para a China, passaram a dar sinais animadores. Com problemas persistentes, a economia norte-americana recuperou. Na Europa, assistiu-se, ao longo de 2010, a uma recuperação espetacular da Alemanha, assente num incremento da procura interna, que lhe permitiu atravessar o ano de 2009 sem grandes dramas e, depois, numa expansão sem precedentes das exportações. Todavia, a crise manteve-se e, mesmo, intensificou-se nos países periféricos da Europa:

---

[615] Quanto à literatura bancária: RICHARD SCOTT CARNELL/JONATHAN R. MACEY/ /GEOFFREY P. MILLER, *The Law of Banking and Financial Institutions*, 4.ª ed. (2008), 31-32 e 370 ss. e o nosso *Manual de Direito bancário*, 4.ª ed. (2010), 137 ss., com indicações.

[616] *Vide* os nossos *A crise planetária de 2007/2010 e o governo das sociedades*, RDS 2009, 263-286 e *A tutela do consumidor de produtos financeiros e a crise mundial de 2007/2010*, ROA 2009, 603-632. Outros escritos relevantes: MANUEL A. CARNEIRO DA FRADA, *Crise financeira mundial e alteração das circunstâncias: contratos de depósito vs. contratos de gestão de carteiras*, ROA 2009, 633-695 e PAULO CÂMARA, *Crise financeira e regulação*, ROA 2009, 697-728.

[617] No nosso *A tutela do consumidor de produtos financeiros* cit., 609, pode ser aferida mais de uma dezena de títulos especializados sobre a matéria; referimos, ainda, GREG N. GREGORIU (ed.), *The Banking Crisis Handbook* (2010), 569 pp., com vinte e nove trabalhos de outros tantos Autores.

236   *O Direito das sociedades: hoje*

Grécia, Irlanda, Espanha e Portugal, surgindo sinais de que poderá ameaçar a Itália e a Bélgica.

III. À medida que passa o tempo, a data do fim da crise tem vindo a ser adiada[618]. Tudo pode ser questionado[619]. Parece claro que os conhecimentos económicos, disponíveis e postos em prática, evitaram, nos países ricos, um cenário tipo grande depressão, subsequente a 1929. Mantêm-se, porém, fragilidades, enquanto a crise nos países periféricos da Europa não parece ter fim à vista. Antes de verificar o relevo de tudo isto no Direito das sociedades, vamos fazer o (possível) ponto da situação.

72. A etiologia da crise

I. As causas da crise são, de um modo geral, feitas remontar ao *crash* mobiliário de 1987 e ao modo por que Alan Greenspan, na altura presidente da Reserva Federal Norte-Americana, decidiu ultrapassá-la: através de injeções maciças de liquidez, de modo a evitar o erro inverso praticado em 1929, de cuja crise ele é profundo conhecedor. A liquidez disponível, muito elevada, foi exponencialmente aumentada pelos sistemas financeiros dos diversos países, designadamente através da técnica da titulação e das facilidades ao crédito[620].

II. Temos, nas nossas exposições, feito apelo à hipótese de instabilidade de Minsk[621]. De facto, o seu modelo é largamente explicativo, quanto

---

[618] Logo no início: WILFRIED KÖLZ, *Die Weltwirtschaftskrise 2010-2014: Börsenzyklen verraten die Zukunft* (2007). Nos próprios começámos a falar da crise de 2007/2009; neste momento, como sinal de otimismo, ficamo-nos pela crise de 2007/2012...

[619] Referimos: BRUNER F. ROBERT/SEAN D. CARR, *Sturm an der Börse / Die Panik von 1907* (2009), PAUL J. J. WELFENS, *Transatlantische Bankenkrise* (2009) e HELMUT KAISER/MATTHIAS PANNHORST, *Zur aktuellen Lage der Weltwirtschaft: kehren die 30 er Jahre zurück?*, Die Bank 6.2009, 8-15.

[620] *Vide* CAROLYN V. CURRIE, *The Banking Crisis of the New Millenium – Why It Was Inevitable*, em GREG N. GREGORIU, *The Banking Crisis Handbook* (2010), 3-19.

[621] HYMAN P. MINSKY, *The Financial Instability Hypothesis*, Maio de 1992. Trata-se de um *paper* facilmente confrontável, na Net, seja pelo título, seja pelo nome do seu Autor.

§ 17.º A crise de 2007-2012

à atual crise planetária. Partindo do "véu monetário keynesiano", cabe recordar que, pelo crédito, se compra hoje o dinheiro de amanhã. A complexidade crescente das estruturas financeiras confere um papel criativo ao crédito: o banqueiro, como qualquer outro operador, recebe lucros por via da inovação. O dinheiro não é neutro, interferindo, com a sua circulação, no valor dos bens e no crédito que deles resulte. E embora o crédito assente na expectativa de lucros futuros, ele promove esses próprios lucros podendo, perante eles, articular-se de modo distinto.

III. Minsky aponta três modelos de relação rendimento/crédito:

– financiamento fechado (*hedge*);
– financiamento especulativo (*speculative*);
– financiamento em pirâmide (*Ponzi*[622]; também se usa "em cavalaria")[623].

No financiamento fechado, o devedor pode, com os seus rendimentos próprios, pagar todas as suas obrigações contratuais e, designadamente: o capital e os juros.

No financiamento especulativo, o devedor pode pagar os juros; mas não o capital. Terá de haver *roll over*: a dívida é renegociada e renovada no seu termo, o que assegura, enquanto for possível, a sustentabilidade do esquema. O especulador pode, ainda, obter lucro com a venda do investimento, caso este tenha valorizado.

No financiamento em pirâmide, o devedor não pode pagar nem o capital, nem os juros todos. Logo, ele tem de se endividar nova e crescentemente, para manter a situação. Tal só é pensável num ambiente em que a massa disponível para empréstimos vá aumentando.

---

[622] A locução *Ponzi finance* advém de Charles Ponzi, burlão de origem italiana, que nos anos 20 do século XX, ficou conhecido por montar esquemas financeiros em pirâmide: os interessados entregavam o seu dinheiro, recebendo até 100% de juros em três meses; tais juros eram pagos com as contribuições de novos interessados e assim por diante. Tudo se desmoronou com o termo da expansão. Esquemas *Ponzi* surgem de modo cíclico (*vide* a nossa D. Branca), apesar de serem conhecidos há muito.

[623] A "cavalaria" é a última a chegar à batalha e a primeira a partir, na tradição dos *Westerns*.

IV. Um modelo dominado por financiamentos fechados está em equilíbrio. Adquire-se, hoje, o dinheiro que irá ser efetivamente ganho amanhã. Temos, então, os seguintes teoremas que integram a hipótese da instabilidade financeira:

– a economia tem regimes de financiamento sob os quais é estável ou instável;
– em períodos de prosperidade prolongada, a economia transita de relações financeiras estáveis para relações instáveis.

Com efeito, em prosperidade prolongada, a busca de maior lucro por parte de todos os intervenientes leva a abandonar o modelo de financiamento fechado a favor do especulativo e da cavalaria. A partir daí, o modelo é instável: o crédito cresce sem correspondência na riqueza, originando bolhas e ameaçando colapso, logo que se retirem alguns agentes do mercado ou, mais simplesmente: desde que deixem de afluir.

V. Diz-se, no *jargon* financeiro, que há bolha assim que, mercê do excesso de liquidez, designadamente o derivado de sistemas especulativos ou de sistemas em pirâmide, se assista a um aumento do valor de certos bens, para além daquilo que eles possam, razoavelmente, produzir. Em ambiência de bolha, as aquisições são feitas tendo em vista mais-valias só visualizáveis na medida em que o efeito "bolha" prossiga e enquanto ele prosseguir. Baixando a procura, a bolha desfaz-se, com prejuízo para todos os que nela se encontrem, que ficarão privados de quanto ultrapasse o valor "real" do bem.

73. Aspetos explicativos e necessidade de supervisão

I. A hipótese de Minsky ilustra a crise dos *subprimes* e, mais latamente, a da bolha global. Tudo isso ocorre mercê de condutas humanas, sendo certo que é ao nível dessas condutas que tudo deve ser feito, no plano dos remédios. E nesse ponto, temos os insondáveis desafios da Humanidade. Tocaremos nalguns tópicos, sem deixar de ter presente a confluência de fatores, no agravamento da crise[624].

---

[624] GERALD SPINDLER, *Finanzmarktkrise und Wirtschaftsrecht*, AG 2010, 601-617 (617/II) e WERNER HEUN, *Der Staat und die Finanzkrise*, JZ 2010, 52-62 (62/II).

§ 17.° A crise de 2007-2012

A atitude individual de cada um será, quando isoladamente tomada, enquadrável em pressupostos racionais. Coletivamente, isso não sucede. Ou seja: uma soma de condutas "racionais" pode conduzir a resultados irracionais. Basta pensar no ambiente ou na economia.

No plano económico, o comportamento assume uma dimensão massificadora. As "bolhas" resultam, justamente, do facto de uma multitude de pessoas tomarem, em simultâneo, a mesma opção aquisitiva. Pois bem: irracionalidade e massificação constituem os dois ingredientes de base da hipótese da instabilidade financeira.

A decisão económica não é tomada pelo que exista: ela depende do que o agente julgue que vai acontecer. Logo, opera um risco, uma vez que a antecipação nem sempre é totalmente segura.

Mais ainda: a decisão económica vai interferir no que irá acontecer. Se o agente compra determinadas ações, na expectativa de que a sua cotação vai subir, ele está, *ipso facto*, a promover a sua subida. E inversamente: vende porque pensa que vão baixar; há mais um impulso para que baixem mesmo.

II. A doutrina clássica do mercado ensina que o melhor resultado depende do livre jogo dos agentes: informados e autónomos. Só que, no seu conjunto, os agentes, mesmo informados e livres, não agem isoladamente (massificação), não atuam no melhor sentido (irracionalismo), não configuram a melhor opção (risco) e interferem, com as suas opções, no resultado final (refletividade). A doutrina clássica está certa, quando associa as causas a certos efeitos. Mas não inclui, no seu modelo, as apontadas características da natureza humana.

III. O crédito pondera sempre um certo risco de incumprimento. Os "sinistros", em técnica seguradora, ocorrem aleatoriamente e espaçados no tempo. Na ambiência *subprime* ocorrida em 2007, com a alta imobiliária "em cavalaria", na Califórnia, os incumprimentos são simultâneos: a quebra do imobiliário provoca-os, em grande número, sendo seguro que os incumprimentos mais deprimem o mercado, provocando novos incumprimentos.

A titulação levou a uma interligação antes impensável. A crise não fica acantonada ao sector sensível que a tenha gerado. Incumprimentos nos arredores de Los Angeles provocam falhas nos lucros locais e quebras em Wall Street. O efeito multiplicador é exponencial, quando a descon-

240 *O Direito das sociedades: hoje*

fiança se instala. Os títulos são recusados, ainda que tenham, apenas, uma "fração" de *subprime*. Pior: são recusados, por contágio, mesmo que se saiba não terem nenhuma. Ora os títulos só valem por terem procura: não têm qualquer valor intrínseco. A partir daí, a crise é geral. Só não houve colapso do sistema pela intervenção dos bancos centrais.

IV. O sistema recompensa os agentes que, aderindo às "bolhas", contribuam para o seu empolar. Todos ganham: exceto os que, aquando do seu rebentamento, ainda não se tenham retirado. Mas se, antecipando tal rebentamento, vários agentes se retiram ... precipita-se a queda. A ideia de "recompensa" por atitudes nocivas deve ser retida. É justamente nesse nível que o Direito deverá atuar: seja limitando a "recompensa", indexando-a a pressupostos racionais, seja proscrevendo práticas obviamente perigosas.

Justamente nesta lógica entronca a necessidade de uma regulação adequada. Mas com um óbice: a uma economia globalizada deveria corresponder uma regulação mundial, assente numa autonomia planetária. Isso não tem sido possível. Resulta, daí, toda uma necessidade de jogar, no melhor sentido do termo, com um universo de ordens jurídicas distintas[625].

74. O Direito da crise nos Estados Unidos e na Alemanha (breve referência)

I. Nos diversos países, foram tomadas medidas de emergência para enfrentar a crise: de um modo geral, com um recorte bastante semelhante ao nosso e do foro bancário. Na impossibilidade de a todas abordar[626], vamos referir as experiências norte-americana e alemã: a primeira pelo seu impacto económico e a segunda pelo seu fino recorte jurídico.

---

[625] Um quadro alargado da crise, das suas causas e das reformas a realizar consta de BERND RUDOLPH, *Die internationale Finanzkrise: Ursachen, Treiber, Veränderungsbedarf und Reformansätze*, ZGR 2010, 1-47 (17 ss., 26 ss. e *passim*) .

[626] Por exemplo, quanto ao Reino Unido, à França, à Áustria e ao Japão, cf., respetivamente: PAUL ANNING/MATTHIAS TERLAN, *Massnahmen gegen die Finanzmarktkrise / / Grossbritannien*, RIW 2009, 54-56, REINHARD DAMMANN/MICHAEL SAMOL, *idem / Frankreich*, RIW 2009, 57-60, PETRA INWINKL, *idem / Österreich*, RIW 2009, 60-65 e *idem / / Japan*, RIW 2009, 66-69.

§ 17.° A crise de 2007-2012

II. Nos Estados-Unidos, as primeiras medidas anti-crise consistiram na injeção reforçada de liquidez, por parte da Reserva Federal, numa linha já observada anteriormente[627]. De seguida, passou-se ao apoio pontual a instituições de crédito em crise (a algumas), com concessões de liquidez e garantias, de modo a permitir certas fusões ou reagrupamentos.

Intentou-se, depois, um programa de aquisição de "ativos tóxicos" e de intervenção no mercado de capitais, por forma a restabelecer a confiança: o plano Bush, dos 700 biliões, aprovado, de resto, com os votos dos congressistas democratas.

Já com a administração Obama[628], aprontou-se e aprovou-se um novo plano maciço (cerca de 840 biliões), o qual, através de subvenções, de cortes fiscais e de obras públicas, intenta relançar o investimento e travar o desemprego. A voz comum considerou-o insuficiente. Entretanto, no mundo financeiro, a voragem prossegue: a Reserva Federal intervém nas agências financeiras, nos bancos e nas seguradoras, em termos maciços. Fala-se, a tal propósito, em cripto-nacionalizações[629].

III. Em meados de Março de 2009, foi anunciado um novo programa de injeção reforçada de liquidez: da ordem do trilião de dólares. Assistiu-se a uma ligeira subida dos cursos da bolsa de Nova Iorque, na sequência desse anúncio: todos gostariam que se confirmasse, assinalando o princípio do fim da crise, nos Estados Unidos, em 2009/2010. Subsequentemente, manteve-se um certo otimismo nos mercados, ainda que num ambiente de volatilidade[630]. A situação melhorou. Todavia, ao longo de

---

[627] Em geral: CLAUS LUTTERMANN, *Kreditversicherung (Credit Default Swaps): Vertrag, Restrukturiererung und Regulierung (Hedge-Fonds, Rating, Schattenbanken)*, RIW 2008, 737-743.

[628] Em torno da qual foram criadas grandes expectativas: SIEGFRIED UTZIG, *Herausforderungen des neuen US-Präsidenten / Schwieriges Fehrwasser*, Die Bank 12.2008, 9-13

[629] No plano financeiro, cumpre referenciar os:

– *capital purchase program;*
– *troubled asset purchase program*;
– *temporary liquidity guaranty program.*

Vide PETER FLÄGEL/BRIAN SCHMIDT, *Massnahmen gegen die Finanzmarktkrise / USA*, RIW 2009, 51-53.

[630] MATTHIAS VON OPPEN, *PIPE – Transaktionen in einem volatilen Umfeld: Der kurze Weg zum Eigenkapital*, Die Bank 7.2009, 12-15 (PIPE é a sigla de *private inves-*

242   *O Direito das sociedades: hoje*

2010, diversos economistas de renome vieram prevenir contra novas crises. A variável do desemprego mantém-se preocupante.

Ainda em 2010, foram aprovadas reformas legislativas importantes, no rescaldo da crise, pela via de alterações ao *Securities Exchange Act* de 1934: o *Shareholden Protection Act* de 2010. Outras medidas estão em processo legislativo.

IV. Na Alemanha, o nervosismo reinante nos mercados mobiliários, perante as notícias vindas de além-Atlântico[631], levou, em 12 de Agosto de 2008, à aprovação do *Risikobegrenzungsgesetz* (lei de limitação do risco)[632]. Fundamentalmente, procuraram tornar mais transparentes as aquisições de créditos, tendo em vista a ocorrência de tomadas de sociedades. Foram alterados diversos diplomas, entre os quais o próprio Código Civil. Pretendeu-se publicitar o risco[633], atraindo fundos[634], numa orientação que rapidamente foi ultrapassada pelos factos.

V. O intensificar da crise levou a um *qui pro quo* histórico. A Chanceler Angela Merkl começou por declarar que a crise financeira não afetaria o País: os bancos alemães seriam, consabidamente, sólidos. Em plena reunião dos G7, depois de ela asseverar que não era necessário tomar quaisquer medidas, é avisada, por um seu assessor, de que o *Hypo Real Estate Bank* estava à beira da insolvência, havendo que encontrar, de imediato, 15 biliões de euros para lhe acudir.

Em 17 de Outubro, de 2008 é aprovado o *Finanzmarktstabilisierungsgesetz*[635]. No fundamental, ele veio prever um fundo de estabilização do mercado financeiro, no volume de 100 biliões de euros. Cabe-lhe assumir ativos problemáticos e recapitalizar, através de participações, as

---

tments in public equity) e THOMAS BEILNER/CLAUS WEBER, *Portfoliomanagement: die Performance stabilisieren*, Die Bank 6.2009, 38-41.

[631] GÜNTHER M. BREDOW/HANS-GERT VOGEL, *Kreditverkäufe in der Praxis / Missbrauchsfälle und aktuelle Reformansätze*, BKR 2008, 271-281.

[632] BGBl 2008, 1, 1666.

[633] WOLFGANG KÖNUG, *Das Risikobegrenzungsgesetz – offene und gelöste Fragen*, BB 2008, 1910-1914.

[634] STEFAN SIMON/ANGELA DOBEL, *Das Risikobegrenzungsgesetz – neue Unterrichtungspflichten bei Unternehmsübernahmen*, BB 2008, 1955-1959 (1959/I).

[635] BGBl 2008, 1, 1982, sendo conhecido por FMStG.

§ 17.º A crise de 2007-2012   243

instituições de crédito. Pode ainda conceder garantias até 400 biliões de euros. Apontamos, em síntese[636]:

– medidas de estabilização;
– medidas de recapitalização;
– assunções de risco.

Para além das medidas em si, a lei visou repor a confiança dos agentes económicos na banca[637]. O sobreendividamento e os deveres a ele associados[638] e o risco da administração das sociedades[639] foram abordados, por via da lei em causa.

VI. As medidas tomadas no último trimestre de 2008 foram entendidas como um auxílio de emergência aos bancos: depois do episódio do *Hypo Real Estate*, outros se seguiram, como o do enorme défice do *Dresdner Bank*, absorvido, de emergência, pelo *Commerzbank* o qual teve, depois, de ser auxiliado pelo Estado; os próprios institutos públicos tiveram de ser recapitalizados[640]. Mas a temática jurídica ampliou-se, à medida que a crise se alargava à economia. Considerações éticas levam a um apelo à contenção de retribuições desproporcionadas aos gestores[641]. Recolocam-se temas de responsabilidade social das empresas[642],

---

[636] GERALD SPINDLER, *Finanzkrise und Gesetzgeber / Das Finanzmarktstabilisierungsgesetz*, DStR 2008, 2268-2276 (2269/I, 2269/II e 2270/I). *Vide* REINFRID FISCHER, em FISCHER/KLANTEN, *Bankrecht / Grundlagen der Praxis*, 4.ª ed. (2010), 1.11 ss. (5 ss.).

[637] MICHAEL J. J. BRÜCK/CHRISTOPH SCHALAST/KAY-MICHAEL SCHANZ, *Das Finanzmarktstabilisierungsgesetz: Hilfe für die Banken – Systemwechsel im Aktien- und Insolvenzrecht?*, BB 2008, 2526-2535 (2534/II).

[638] KARSTEN SCHMIDT, *Überschuldung und Insolvenzantragspflicht nach dem Finanzmarktstabilisierungsgesetz / Geschäftsleiterpflichten im Wechselbad der Definitionen*, DB 2008, 2467-2471.

[639] NORBERT HORN, *Das Finanzmarktstabilisierungsgesetz und das Risikomanagement zur globalen Finanzkrise*, BKR 2008, 452-459.

[640] WOLFGANG EWER/ALEXANDER BEHNSEN, *Staatshilfe für Staatsbanken? / Inanspruchnahme von Massnahmen nach dem FMStFG durch Landesbanken und ihre Vereinbarkeit mit höherrangigen Recht*, BB 2008, 2582-2586 (2586/II).

[641] MARTIN DILLER/BURKARD GÖPFERT, *Rettungsfonds für Banken: Eingriffe in Vorstandsverträge und – bezüge*, DB 2008, 2579-2584 (2581/II).

[642] CHRISTIAN FÖRSTER, *Soziale Verantwortung von Unternehmenrechtliche reguliert / Corporate Social Responsability (CSR)*, RIW 2008, 833-840 (840/II) e KLAUS--MICHAEL MENZ, *Wirt Corporate Social Responsability honoriert?*, Die Bank 2009, 20-21.

244 *O Direito das sociedades: hoje*

dos *Hedge Funds*[643] e dos órgãos sociais[644].

Surgiram aspirações de reforma nas áreas bancárias[645] e no campo laboral[646].

Como temas recorrentes, agitados pela crise, podemos referir: a manutenção de empresas viáveis sobreendividadas[647]; a reestruturação da banca, na base do *Finanzmarktstabilisierungsgesetz*, acima referido[648]; a reforma do Direito dos depósitos[649], o papel das agências de *Rating*[650] e da gestão de risco[651]; a contabilização das imparidades (desvalorizações de valor em carteira)[652]; as bolsas regionais[653].

VII. A atual melhoria veio salvar, na Alemanha, o Estado social. Todavia, mantêm-se diversos esquemas restritivos, antes aprovados, enquanto a opinião pública (mais de 90%!) é formalmente contrária à ajuda alemã aos países europeus em dificuldade. Como temas recentes ligados à crise, cabe ainda referir: os limites dos mecanismos de estabili-

---

[643] MICHAEL PAP, *Haftungsfragen bei geschlossenen Funds*, BKR 2008, 367-372.

[644] HANS-WALTER FORKEL, *Rechtsfragen zur Krise na den Finanzmärkten: Zur Systematik möglicher Schadensersatzansprüche*, BKR 2008, 183-188 (188/II): direções, conselhos gerais, auditores, empresas de *rating*, prestadores de serviços diversos, etc.

[645] PATRICK ARORA, *Reform des Depotrechts: Zunehmender Handlungsdruck*, Die Bank 1.2009, 14-16 e PETER KÖNIG, *Privatkundengeschäft: Benchmarks in der Vermögenverwaltung*, Die Bank 2009, 8-12.

[646] MARTIN KANNEGIESSER, *Vorstellungen der Wirtschaft von einem neuen System der Tarifverhandlingen*, ZfA 2008, 305-308.

[647] WOLFGANG PORTISCH, *Fortführungsprognose für überschuldete Unternehmen: wenn die Insolvenz Jroht*, Die Bank 5.2009, 36-38

[648] CHRISTOPH NÖCKER/MICHAEL GRUNENBERG, *Restrukturierung von Kreditinstituten: Die Drei Phasen der Ertragsoptimierung*, Die Bank 5.2009, 40-43.

[649] PATRICK ARORA, *Reform des Depotrechts* cit., 14-16.

[650] BERND BRABÄNDER, *Subprime-Krise: Die Rolle der Rating-Agenturen*, Die Bank 8.2009, 8-15 e WERNER GLEISSER/MARTIN BEMMANN, *Die Rating-Qualität verbessern*, Die Bank 9.2008, 50-55.

[651] HARTMUT KIEHLING, *Risiko-Perzeption: Vom Umgang der Psyche mit Risiko und Ungewissheit*, Die Bank 5.2009, 16-19, referindo o dito de Niklas Luhmann: a porta do Paraíso mantém-se assinalada com a palavra risco.

[652] EBERHARD MAYER-WEGELIN, *Impairmenttest nach IAS-36 / Realität und Ermessenspielraum*, BB 2009, 94-96 e OLIVER KÖSTER, *Impairment von Finanzinstrumenten nach IRFS und US-Gaap*, BB 2009, 97-98.

[653] SVEN MARXSEN, *Regionalbörsen: Wettbewerb als Taktgeber*, Die Bank 6.2009, 22-25.

§ 17.° A crise de 2007-2012

zação europeia[654]; as necessidades de melhor regulação financeira[655] e de mais cuidadas supervisão[656] e fiscalização[657]. Foram ainda visadas as sociedades cotadas e o aumento do seu capital[658], o Direito bancário perante a insegurança[659] e o risco sistémico[660], o saneamento dos fundos imobiliários[661], as reformas comunitárias nas áreas de transferência e da publicidade[662], a responsabilidade dos titulares dos órgãos envolvidos[663] e as novas lições para o governo das sociedades e dos contratos[664]. Instrumentos já consagrados, como a diretriz relativa à garantia do capital das sociedades, são questionadas, pela sua natureza pró-cíclica, isto é, amplificadora da crise[665].

---

[654] ERKEHART REIMER, *Grenzen des Europäischen Stabilisierungsmechanismus*, NJW 2010, 1911-1916.

[655] PETER KINDLER, *Finanzkrise und Finanzmarktregulierung / Ein Zwischenruf zum 68. Deutscher Juristentag*, NJW 2010, 2465-2475; THOMAS LIEBSCHER/NICOLAS OTT, *Die Regulierung der Finanzmärkte*, NZG 2010, 841-854.

[656] DANIELA WEBER-REY, *Neue Finanzaufsichtsarchitektur für Europa*, AG/Report 2010, R/453-R/456; o *ZGR Symposion "Reform der Unternehmensrestrukturierung sowie aufsichtsrechtliche Einflüsse auf das Gesellschaftsrecht"*, com intervenções de 13 Autores, ZGR 2010, 147-596.

[657] MICHAEL MÜLLER/EUGEN WINGERTER, *Die Wiederbelebung der Sonderprüfung durch die Finanzkrise: IKB und die Folgen*, AG 2010, 903-910.

[658] CHRISTOPH F. VAUPEL/ULRICH REERS, *Kapitalerhöhungen bei börsennotierten Aktiengesellschaften in der Krise*, AG 2010, 93-105.

[659] KATJA LAGENBUCHER, *Bankaktienrechtunter Unsicherheit*, ZGR 2010, 75-112.

[660] DANIEL ZIMMER/FLORIAN FUCHS, *Die Bank in Krise und Insolvenz: Ansätze zur Minderung des systemischen Risikos*, ZGR 2010, 597-661.

[661] HARM PETER WESTERMANN, *Die Sanierung geschchlossener Immobilienfonds*, NZG 2010, 321-328.

[662] HOLGER FLEICHER/KLAUS ULRICH SCHMOLKE, *Die Reform der Transparenzrichtlinie: Mindest- oder Vollharmonisierung der kapitalmarktrechtlichen Beteiligungspublizität?*, NZG 2010, 1241-1248; *vide*, ainda, HANS CHRISTOPH GRIGOLEIT/RICHARD RACHLITZ, *Beteiligungsttransparenz aufgrund des Aktienregisters*, ZHR 174 (2010), 12-60 e FELIX PODEWILS, *Transparenz- und Inhaltskontrolle von Zertifikatebedingungen*, ZHR 174 (2010), 192-208.

[663] TIM FLORSTEDT, *Zur organhaftungsrechtlichen Anfarbeitung der Finanzmarktkrise*, AG 2010, 315-323.

[664] FLORIAN MÖSLEIN, *Contract Governance und Corporate Governance im Zusammenspiel / Lehre aus der globalen Finanzkrise*, JZ 2010, 72-80; PETER O. MÜLBERT, Editorial: *Corporate Governance in der Krise*, ZHR 174 (2010), 375-384.

[665] WOLFGANG SCHÖN, *Editorial: Die Europäische Kapitalrichtlinie – eine Sanierungsbremse?*, ZHR 174 (2010), 155-162.

246 *O Direito das sociedades: hoje*

75. As leis nacionais

I. No tocante a medidas nacionais, vamos começar pelo elenco dos pertinentes diplomas:

- o Aviso do Banco de Portugal de 14-Out.-2008[666], quanto a fundos próprios;
- a Lei n.º 60-A/2008, de 20 de Outubro, que estabeleceu a possibilidade de concessão extraordinária de garantias pessoais, pelo Estado, no âmbito do sistema financeiro; esta Lei foi regulamentada pela Portaria n.º 1219-A/2008, de 23 de Outubro;
- o Decreto-Lei n.º 211-A/2008, de 3 de Novembro, que veio, entre diversos outros aspetos, reforçar os deveres de informação e de transparência no âmbito do setor financeiro e que elevou, de € 25.000 para € 100.000, o limite de cobertura do Fundo de Garantia de Depósitos e do Fundo de Garantia do Crédito Agrícola Mútuo; este diploma, através de alterações introduzidas nos artigos 77.º e 77.º-C do RGIC, ampliou as informações a prestar aos consumidores de produtos financeiros; foram ainda visadas informações sobre produtos financeiros complexos;
- a Lei n.º 62-A/2008, de 11 de Novembro, que nacionalizou o BPN; os seus novos estatutos foram aprovados pelo Decreto-Lei n.º 5/2009, de 6 de Janeiro;
- a Lei n.º 63-A/2008, de 24 de Novembro, que estabeleceu medidas de reforço da solidez financeira das instituições de crédito no âmbito da iniciativa para o reforço da estabilidade financeira e da disponibilização de liquidez nos mercados financeiros;
- o Aviso do Banco de Portugal n.º 10/2008, de 9 de Dezembro, que fixou os deveres de informação e de transparência a observar pelas instituições de crédito[667];
- Aviso n.º 1/2009, de 17 de Fevereiro, do Banco de Portugal[668], que altera o n.º 5/2007, quanto a fundos próprios;
- Decreto-Lei n.º 64/2009, de 20 de Março, que através de esquemas de redução do capital ou de redução do valor nominal das ações, veio permitir emissões abaixo do par;

---

[666] DR 2.ª série, n.º 202, de 17-Out.-2008, 42500-42503; este Aviso republica, em Anexo, o Aviso n.º 12/92.

[667] DR 2.ª série, n.º 246, de 22-Dez.-2008, 50893-50896.

[668] DR 2.ª série, n.º 45, de 5-Mar.-2009, 8525.

§ 17.º A crise de 2007-2012

– Portaria n.º 493-A/2009, de 8 de Maio: define os procedimentos necessários para o reforço da estabilidade financeira da instituição de crédito previsto na Lei n.º 63/2008, de 24 de Novembro;
– Decreto-Lei n.º 142/2009, de 16 de Junho, altera o Regime Jurídico do Crédito Agrícola Mútuo, aprovado pelo Decreto-Lei n.º 24/91, de 11 de Janeiro e republica em anexo, esse regime;
– Lei n.º 28/2009, de 19 de Junho: estabelece um regime relativo à política de remunerações dos membros dos órgãos de administração e fiscalização das sociedades de interesse público e procede à revisão do regime sancionatório para o sector financeiro, alterando o RGIC, o CVM e o RGES;
– Decreto-Lei n.º 162/2009, de 20 de Julho: altera os sistemas de garantia dos depósitos e de indemnização aos investidores;
– Aviso n.º 4/2009, do Banco de Portugal, de 11 de Agosto: dever de informação relativo a depósitos bancários[669];
– Aviso n.º 5/2009, do Banco de Portugal: dever de informação relativo a produtos financeiros complexos[670];
– Aviso n.º 6/2009, do Banco de Portugal: depósitos bancários[671];
– Decreto-Lei n.º 192/2009, de 17 de Agosto: toma medidas relativas ao crédito à habitação;
– Aviso n.º 7/2009, do Banco de Portugal, de 1 de Setembro, relativo a *offshores* não cooperantes[672];
– Lei n.º 94/2009, de 1 de Setembro: aprova, entre outras, medidas de derrogação de sigilo bancário;
– Decreto-Lei n.º 222/2009, de 11 de Setembro: estabelece medidas de proteção do consumidor na celebração de contratos de seguro de vida associados ao crédito à habitação;
– Decreto-Lei n.º 49/2010, de 19 de Maio, que veio permitir a emissão de ações sem valor nominal;
– Aviso n.º 7/2010, do Banco de Portugal, de 30 de Dezembro: substitui o Aviso n.º 6/2009.

---

[669] DR 2.ª série, n.º 161, de 20-Ago.-2009, 34.015 a 34.018.
[670] DR 2.ª série, n.º 161, de 20-Ago.-2009, 34.018 a 34.022.
[671] DR 2.ª série, n.º 161, de 20-Ago.-2009, 34.022 a 34.023; foi revogado pelo Aviso n.º 7/2010, de 30 de Dezembro, DR 2.ª série, n.º 253, de 31-Dez..-2010, 63.818-(46)-63.818-(49).
[672] DR 2.ª série, n.º 180, de 16-Set.-2009, 37.913.

II. Tentando um balanço, poderemos dizer que, no seu conjunto, as medidas tomadas para enfrentar a crise, no sector financeiro, não têm uma dimensão sistemática. A lógica do conjunto mantém-se intocada, tendo as medidas incidido em aspetos pontuais. No Verão de 2009, assistiu-se a uma multiplicação de iniciativas: a associar ao final de legislatura. Ao longo de 2010, as modificações legislativas rarearam.

Pelo prisma dos particulares: por um lado, procurou-se ampliar a sua tutela – caso da elevação para 100.000 euros, do montante coberto pelo Fundo de Garantia de Depósitos; por outro, delimitou-se a área dos créditos e dos investimentos protegidos, afastando-se, pelo menos em parte, certas operações *off shore*. Nas sociedades, pouco foi feito.

Caso a caso teremos de verificar o influxo das novas normas.

76. Condicionamentos gerais

I. O País perdeu, com a integração europeia e com o regime do euro, a soberania financeira. Aquando da génese da crise, então puramente financeira, teve de assistir, impávido, ao insólito de o Banco Central Europeu, em vez de acudir imediatamente à falta de liquidez e de confiança, continuar a travar uma luta contra uma hipotética inflação, elevando as taxas de juros[673]. Foi já com todos os indicadores em alarme que se iniciou, por parte do BCE, a injeção de moeda e, ainda mais tarde, a baixa da taxa dos juros.

II. A crise atingiu o País por via financeira e através das suas exportações. Por via financeira, o desaparecimento da moeda bancária e do próprio mercado interbancário levou a uma completa retração do crédito e isso num País que depende do mercado financeiro estrangeiro. E levou, ainda, ao afundamento do mercado mobiliário: assente numa bolha e na "loucura coletiva"[674], ele foi submerso em ordens de venda; a baixa das

---

[673] João Ferreira do Amaral, *Crise e instituições europeias*, RFPDF 2008, 4, 11-18 (17), apelando a que a política monetária deixe de ser unicamente dirigida à estabilidade dos preços.

[674] Vítor Bento, *Crise económica, ou mais do que isso?*, RFPDF 2008, 4, 19-35 (21 ss.).

cotações deixou créditos a descoberto, com novas vendas, novas baixas dos cursos e assim por diante.

Quanto às exportações: já de si deficitárias, elas vieram a cair ainda mais, perante a retração dos diversos mercados. A recente melhoria aqui registada constitui um (único?) sinal de esperança.

III. Com a grande maioria das coordenadas *extra muros*, os órgãos nacionais de soberania (só) podiam tomar medidas modestas. Devemos, pois, ter o sentido das proporções, quando se trate de interpretar os diplomas nacionais.

Ainda nesta linha, afigura-se percetível o facto de as medidas tomadas se dirigirem a aspetos de certa forma marginais. Nos próprios países da União Europeia, de resto, isso veio a suceder: garantir os depósitos, facilitar o crédito a contrair pelos bancos, apregoar a transparência e acudir a casos pontuais de instituições de crédito em perigo.

IV. A integração no euro conduziu ainda a um problema estrutural muito delicado. A taxa de conversão do escudo (cerca de 200$00 para 1 euro) foi exagerada, levando a uma sobrevalorização do dinheiro disponível no País. A radicação de uma moeda forte conduziu a uma explosão do crédito do qual todos (ab)usaram: Estado, banca, empresas e famílias. O nível de vida subiu, sem que nenhuma criação efetiva de riqueza o permitisse suportar. Como consequência inevitável temos, agora, o corte no crédito. Há que baixar o nível económico de todos: desde o Estado às famílias, numa situação tanto mais difícil quanto é certo que o crédito contraído deve ser pago. O novo crédito, quando disponível, é mais caro. Temos, agora, três bloqueios graves:

– as regras vigentes na União Europeia obrigam o próprio Estado a refinanciar-se nos mercados internacionais: cada vez mais caros, por razões de desconfiança, ampliadas pela especulação;
– o aumento do desemprego, a impossibilidade de manter as prestações sociais e a pressão para a baixa dos salários conduz a uma instabilidade social: esta provoca quebras de produtividade e aumenta a desconfiança dos mercados;
– a quebra no investimento impede o crescimento da produção, da inovação e da riqueza, impedindo a criação de meios para pagar as dívidas.

250 *O Direito das sociedades: hoje*

O desafio é de monta, para qualquer Governo. Tanto quanto se sabe, será necessário uma grande coesão interna, conjugada com uma judiciosa ajuda internacional. Mas tudo isso é dificultado por ciclos político-eleitorais demasiado curtos, com eleições constantes e por uma proliferação de agentes políticos demagógicos e sem nível ético-social.

77. Medidas de Direito das sociedades

I. O Direito da crise é, em primeira linha, do domínio financeiro. De facto, num primeiro bloco de medidas, procurou-se reforçar o domínio dos fundos próprios das instituições de crédito e, depois, das sociedades. O Aviso do Banco de Portugal de 14-Out.-2008 assumiu esse objetivo, tendo sido prolongado, ainda que facultativamente, pela Lei n.° 63-A/2008, de 24 de Novembro.

O raciocínio parece simples: se os bancos estão enfraquecidos, há que aumentar a sua solidez, densificando os fundos próprios. Mas donde poderão vir esses fundos?

II. As primeiras medidas foram consideradas pró-cíclicas por diversos analistas: numa crise de liquidez, no âmbito da qual quase desaparece o mercado interbancário, não há *funding*. A melhoria dos rácios só é possível cortando no crédito, o que torna económica uma crise "apenas" financeira. Por isso, as medidas foram contraproducentes, tendo o Banco de Portugal encabeçado iniciativas para flexibilizar a sua aplicação.

III. Já o dispositivo do Decreto-Lei n.° 63-A/2008, de 24 de Novembro, que veio permitir diversas vias de (re)capitalização, não foi agressivo: elas ficam à disposição das instituições que as pretendam usar.

Entre essas medidas, contam-se algumas algo teóricas, entre as quais os aumentos de capital: mas como, se há ações de instituições bem significativas, cotadas abaixo do par? O Decreto-Lei n.° 64/2009, de 20 de Março, veio, com três meses de atraso, resolver o problema[675]. É óbvio que o seu dispositivo devia ter constado do Decreto-Lei n.° 63-A/2008.

---

[675] *Vide* Paulo Câmara, *O Decreto-Lei n.° 64/2009: diminuição extraordinária do valor nominal das acções*, RDS 2009, 327-338.

§ *17.° A crise de 2007-2012* 251

De todo o modo, o Decreto-Lei n.° 64/2009, de 20 de Março, não teve aplicação prática. Os esquemas que ele previa eram pouco apelativos e, quiçá, demasiado complicados.

O legislador fez nova tentativa: através do Decreto-Lei n.° 49/2010, de 19 de Maio, introduziu, no Código das Sociedades Comerciais, a possibilidade da adoção, pelas sociedades anónimas, de ações sem valor nominal. E embora, nessa eventualidade, o "valor nominal" seja em grande parte substituído por um denominado "valor de emissão", prevê-se um esquema pelo qual, com justificação, é viável emitir ações por um valor inferior ao de anteriores emissões[676]. Veremos como reagem o universo destinatário, bem como o mercado.

IV. No círculo das medidas tendentes a superar a crise, o Direito das sociedades poderia ajudar aprontando esquemas claros e fáceis de criação de empresas e facilitando todas as operações societárias, com baixos custos de transação.

O período de crise é, ainda, uma boa ocasião para aprofundar o estudo das matérias: nunca se corta no ensino nem, muito menos, no sector universitário.

---

[676] Quanto ao esquema adotado, com elementos de Direito comparado, *vide* PAULO DE TARSO Domingues, *As acções sem valor nominal*, DSR 2010, 181-214 e o nosso *Acções sem valor nominal*, RDS 2010, 473-508.

§ 18.º AS SOCIEDADES NA ENCICLOPÉDIA JURÍDICA

78. O Direito civil

I. O Direito das sociedades constitui uma disciplina autónoma. Nos seus antecedentes imediatos, ela emergiu da área do Direito comercial que visava, diretamente e apenas, as chamadas sociedades comerciais. O seu desenvolvimento foi de tal ordem que acabaria por recolonizar as sociedades civis; estas ficam-lhe a dever, quer a dogmática, quer o desenvolvimento. Assim, apesar de, em generalização, se poder hoje falar em Direito das sociedades – e não, apenas, em Direito das sociedades comerciais – estamos, pela tradição e pela literatura, particularmente em Portugal, em face de uma disciplina comercial especializada. Ela ordena-se perante o Direito civil, existindo numerosos pontos de contacto entre ambas as disciplinas jurídico-científicas.

II. Sem preocupações de exaustão, vamos procurar indicar alguns dos planos em que o Direito civil surge relevante para o Direito das sociedades.

No plano instrumental, o Direito das sociedades recorre ao acervo comum tecido em torno do Direito civil: as regras sobre interpretação, integração e aplicação, as regras de Direito transitório e todas as demais regras metodológicas e de realização do Direito.

No campo científico e da linguagem, têm plena oportunidade as categorias privatísticas: personalidade, capacidade, direito subjetivo, negócio jurídico, ineficácia e tantos outros.

No domínio regulativo, o Direito das sociedades pressupõe todo o complexo civil. Não se preocupa, por isso, em tudo regular com minúcia: apenas estabelece o que, de efetivamente societário, pretenda consignar.

III. O Direito civil aplica-se às sociedades civis sob forma civil. Para as comerciais, há que lidar com o Código das Sociedades Comerciais, que remete para o civil: artigo 2.º.

§ 18.º As sociedades na enciclopédia jurídica 253

Torna-se importante referir que a aplicação do Direito civil só é subsidiária, por força do artigo 2.º, quando se trate de verdadeiras lacunas no Código das Sociedades Comerciais, isto é: de pontos que, pelo próprio sistema subjacente ao Código, deveriam estar regulados no seu seio, sem que isso suceda. Fora dessas hipóteses, a aplicação do Direito civil é direta: não subsidiária. Por exemplo: a referência às "... disposições aplicáveis aos negócios jurídicos nulos ou anuláveis ...", feita no artigo 41.º/1, é uma remissão direta para a lei civil. O "penhor" mencionado no artigo 325.º/1 é o penhor da lei comum – ou, sendo o caso, da lei comercial ou da lei bancária – diretamente aplicável.

IV. Por fim, como já foi admitido, o Direito civil, mormente na área do contrato de sociedade comercial, tem aplicação subsidiária nos termos do artigo 2.º: trata-se de matéria a examinar ulteriormente.

79. O Direito comercial

I. O Direito das sociedades comerciais desprendeu-se, como se disse, do Direito comercial: operação fácil, uma vez que o Direito comercial assume uma feição fragmentária, que facilita o isolamento de áreas inteiras.

Não obstante, não podemos esquecer que, durante gerações de estudiosos, as sociedades comerciais foram tratadas como um contrato comercial, entre outros: há toda uma cultura comum que joga, em profundidade, nas diversas operações de realização do Direito. A ligação das sociedades comerciais à metrópole comercial conduz ainda a que, por vezes, estejam em uso instrumentos já abandonados no Direito civil, cientificamente mais dinâmico. Trata-se de um ponto para o qual o estudioso do Direito das sociedades comerciais deve estar atento: nunca se descura o estudo do Direito civil.

II. Para além disso, cabe recordar que as sociedades comerciais são comerciantes, nos termos do Código VEIGA BEIRÃO – artigo 13.º. Além disso e dado o princípio da especialidade, no sentido atual por ele assumido, deve entender-se que os atos das sociedades comerciais, não sendo de natureza exclusivamente civil, têm natureza comercial.

Segue-se, daí, o recurso a todo um regime.

III. Finalmente, têm aplicação plena múltiplas regras atinentes ao estatuto do comerciante: bastará recordar temas como os das firmas, do registo comercial, da escrituração e da insolvência, para se verificar o relevo de toda esta matéria.

80. O Direito dos valores mobiliários

I. O Direito dos valores mobiliários pode ser tomado, ele próprio, como uma emancipação do Direito das sociedades comerciais. Na verdade, os valores mobiliários paradigmáticos são as ações e as obrigações – artigo 1.º, a) e b) do CVM – disciplinadas, antes do mais, pelo Direito das sociedades comerciais[677]. Inúmeras das categorias usadas pelo mesmo CVM são próprias das sociedades comerciais.

Além disso, importantes institutos hoje nucleares do Direito mobiliário tiveram a sua origem no Direito das sociedades comerciais: basta pensar nas ofertas públicas de aquisição, hoje tratadas nos artigos 173.º e seguintes do CVM e antes reguladas nos artigos 306.º e seguintes do CSC.

II. Há um trânsito permanente entre o Direito das sociedades e o Direito mobiliário. Importantes deveres de certas sociedades e dos seus administradores provêm do CVM. Em suma: não é possível conhecer o Direito das sociedades e aplicá-lo sem, em paralelo, trabalhar com o Direito mobiliário.

Podemos mesmo adiantar que – ao contrário do que sucede, por exemplo, com a experiência alemã[678] – o Direito mobiliário português, pela sua extensão, acaba por se ater mais a aspetos societários do que, propriamente, ao campo do mercado. Por outro lado, essa feição do Direito mobiliário leva-o a dobrar toda a matéria societária, ao ponto de falarmos na sua "mobiliarização"[679]. Finalmente: a grande reforma de 2006, proposta pela própria CMVM, veio subordinar o essencial dos valores societários a pontos de vista próprios do mercado mobiliário e de capitais. Esta-

---

[677] Apresentando o Direito mobiliário como um ramo do Direito financeiro: PAULO CÂMARA, *Manual de Direito dos valores mobiliários* (2009), 14.

[678] A qual tende a tratar o Direito mobiliário em conjunto com o bancário.

[679] *Supra*, 139 ss..

§ 18.º As sociedades na enciclopédia jurídica   255

mos perante uma aspiração europeia de tipo norte-americano, cujo futuro todos aguardamos.

81. Outras disciplinas

I. O Direito das sociedades comerciais assume ainda relações estreitas com outras disciplinas[680].

Desde logo com o Direito da economia[681]: embora a intervenção do Estado na economia se faça, cada vez mais, em puros moldes privatísticos, temos ainda um fundo significativo, atinente às empresas públicas e a outros tipos de atuação. O Direito da economia apresenta fortes componentes organizacionais, o que mais o aproxima do Direito das sociedades.

II. O Direito comunitário, nas suas vertentes institucional e material tem, no domínio das sociedades dos nossos dias, um papel que não poderemos deixar de sublinhar. De resto, ele já ficou claro pelas referências acima realizadas: diversas das suas áreas são, em simultâneo, pertença do Direito das sociedades comerciais[682].

III. O Direito da concorrência tem, sobretudo, em mente situações jurídicas típicas das sociedades comerciais. Numa visão mais lata, ele vem abarcar os grupos de sociedades, precisamente inseridos nos artigos 481.º e seguintes. A tendência para a especialização, que também aqui se verifica, não deve fazer esquecer a unidade do objeto que o Direito da concorrência, muitas vezes, tem com o Direito das sociedades.

IV. O Direito das cooperativas, hoje autónomo, remete em larga escala para as categorias próprias do Direito das sociedades. Trata-se de uma ligação importante, até para a própria vitalidade do cooperativismo. Note-se que na generalidade dos Direitos, com destaque para o italiano e para o próprio Direito europeu, as cooperativas continuam a ser consideradas sociedades. Em Portugal, essa qualificação foi removida – de resto:

---

[680] Em geral: *Manual de Direito comercial*, 2.ª ed., 143 ss..
[681] *Vide* o nosso *Direito da economia*, 1 (1986).
[682] *Vide supra*, 187 ss..

por pruridos ideológicos, como veremos[683]. Com isso, conseguiu-se um empobrecimento das cooperativas: elas são marginalizadas, no estudo universitário, como "terra de ninguém".

V. O Direito processual, designadamente na área da insolvência e da recuperação das empresas, é matéria sempre conectada com as sociedades. Mas outros domínios se lhe prendem diretamente: pense-se na suspensão ou na impugnação de deliberações sociais.

VI. Também o Direito público tem uma presença constante no domínio das sociedades comerciais. As regras referentes a registo comercial e à contabilidade são, estruturalmente, públicas. Outros vetores que se prendem com a fiscalização e a publicidade são-no igualmente: apenas a sua integração sistemática faculta uma aproximação ao Direito comercial. Sempre presente: o Direito fiscal, que condiciona praticamente todas as decisões da estruturação societária.

VII. O Direito penal e o Direito contraordenacional ocupam o atual Título VII do Código das Sociedades Comerciais. Fica, assim, demonstrada a sua interligação com o Direito das sociedades comerciais.

---

[683] *Vide infra*, n.º 144.

§ 19.º AS SOCIEDADES NOS NOSSOS DIAS

82. A situação no País

I. As sociedades, particularmente as sociedades comerciais, estão muito disseminadas, no País. De acordo com as estatísticas disponíveis temos, em 2004[684]:

Forma jurídica	N.º[1]	Volume de emprego[2]	Volume de negócios[3]
Sociedades civis puras	19	77	9,93
Sociedades civis sob forma comercial	2.060	8.058	528
Sociedades em nome coletivo	378	4.119	não disponível
Sociedades em comandita	não disponível	não disponível	não disponível
Sociedades anónimas	18.312	868.281	138.628
Sociedades por quotas	292.686	1.688.634	126.994
Sociedades unipessoais por quotas	35.198	96.805	7.752
Sociedades cooperativas	[2.215]	[29.346]	
Empresas públicas	[38]	[18.171]	
AEIE	[7]	73	

[1] Número de sociedades.
[2] Número de pessoas.
[3] Em milhões de euros.

Deve notar-se que o número de sociedades em nome coletivo e o de cooperativas desceu em 1998, 1999 e 2000, enquanto, nesses mesmos anos,

---

[684] Elementos fornecidos pelo Instituto Nacional de Estatística; apesar de todos os nossos esforços, não foi possível obter, do INE, elementos mais atualizados: o acesso via Net (o único hoje possível) não permite aceder às formas jurídicas das sociedades e o próprio INE declara não dispor de elementos.

as sociedades por quotas e as anónimas vieram a aumentar em número e nos demais indicadores. As sociedades em comandita, pouco significativas, mantiveram o número estável, mas vieram a diminuir quanto ao volume de emprego.

II. As sociedades prosseguem finalidades variadas: devemos ter presente que a lei concebe-as como meras construções formais, suscetíveis, depois, de preenchimento com funções diversificadas. Assim e sem preocupações de exaustão, temos:

– sociedades-empresas: a sociedade dá corpo a uma organização de meios naturais e humanos, dotada de uma direção e destinada a poduzir bens ou serviços de acordo com critérios de racionaliade económica;
– sociedades de enquadramento: a sociedade visa articular duas ou mais empresas; pense-se numa SGPS ou numa *holding* atípica;
– sociedades instrumentais: a sociedade personaliza aspetos dissociados de uma empresa;
– sociedades nominais: a sociedade, embora válida e eficazmente constituída, não tem atividade: antes se apresenta como um valor disponível, para uma eventual atuação;
– sociedades individuais: a sociedade, mesmo quando formalmente não seja unipessoal, apenas dá guarida à atividade de uma pessoa singular; trata-se, em geral, de procurar facilidades de organização, bancárias ou fiscais, recorrendo a sociedades familiares ou a sócios nominais.

III. As sociedades vêm a incrementar a sua presença no País.

Desde logo e mercê do desenvolvimento económico e cultural, as sociedades têm vindo a personalizar pequenas e médias empresas, que antes giravam sob a forma de estabelecimentos de comerciantes singulares. Além disso, vêm-se multiplicando as sociedades de enquadramento, as instrumentais, as nominais e as individuais.

Finalmente, o Estado e outras entidades públicas optam por constituir sociedades para prosseguir as mais diversas finalidades. Em suma: podemos considerar que se assiste a uma autêntica multiplicação – porventura mesmo: excessiva – de sociedades.

O recurso à figura da sociedade comercial para enquadrar juridicamente as unidades prestadoras de serviços públicos tem variado em função

§ *19.° As sociedades nos nossos dias* 259

das oscilações políticas derivadas das eleições. Vejamos o exemplo dos hospitais. A Lei n.° 27/2002, de 8 de Novembro, que aprovou o novo regime jurídico da gestão hospitalar e alterou a Lei de Bases da Saúde, veio determinar que os hospitais públicos poderiam revestir a natureza de sociedades anónimas de capitais exclusivamente públicos. Nessa sequência, o XV Governo Constitucional (DURÃO BARROSO) procedeu à transposição de 36 estabelecimentos hospitalares em 31 sociedades anónimas. O XVII Governo (JOSÉ SÓCRATES) veio tomar rumo inverso. Pelo Decreto-Lei n.° 93/2005, de 7 de Junho, as 31 sociedades anónimas em causa foram transformadas em "entidades públicas empresariais (EPE)", reguladas pelo Decreto-Lei n.° 558/99, de 17 de Dezembro.

A mera mudança de orientação, só por si, já envolve custos de transação.

83. O papel do Direito das sociedades

I. O Direito das sociedades ordena e legitima o funcionamento das realidades de que se ocupa. Ele disciplina as relações que se estabelecem entre os sócios e garante a eficácia *erga omnes* da atuação societária. Regula os bens sociais. Assegura a administração e a representação. Em suma: dá corpo à existência e ao funcionamento das sociedades.

II. O Direito das sociedades vê, ainda, alargar as suas funções. Além de fixar um quadro específico para a atuação dos interessados, ele intervém, procurando assegurar:

– a tutela dos sócios minoritários;
– o equilíbrio dos mercados;
– a transparência dos entes coletivos;
– a proteção de terceiros, designadamente credores;
– os direitos e a dignidade das pessoas;
– a concorrência;
– os valores básicos do ordenamento;
– a aproximação dos ordenamentos europeus;
– a atuação fiscalizadora do Estado, mormente com escopos fiscais.

III. Podemos distinguir, no domínio da realidade humana que o Direito regula e legitima, dois grandes planos: o da organização das estruturas humanas e o da distribuição e apropriação dos bens. Pois bem: o

260   *O Direito das sociedades: hoje*

plano da organização, no que tenha de autónomo e de privado é, hoje, assunto do Direito das sociedades. Estas constituem a alternativa seja a um puro atomismo individual, seja a um coletivismo concentracionário.

O Direito das sociedades assume, assim, um papel fundamental na confeção dos espaços jurídicos que o acolham. Além disso, ele comporta em si os valores da liberdade, da livre associação e da iniciativa privada[685]. Pretendendo defender a perenidade e a efetividade desses valores, o Direito intervém. O Direito das sociedades reproduz e assegura os valores fundamentais do ordenamento a que pertença.

84. O espaço lusófono

I. O Direito português das sociedades tem um papel importante na ligação entre os povos lusófonos. Nas experiências legislativas das diversas Nações que falam português – Angola, Brasil, Cabo Verde, Guiné, Moçambique, São Tomé e Príncipe e Timor – e, ainda, em Macau, fica clara a existência de um fundo cultural e jurídico-científico comum, particularmente vigoroso no domínio das sociedades[686].

II. É importante manter e incentivar o estudo das diversas leis lusófonas sobre sociedades comerciais e preservar a circulação universitária subjacente.

85. Método e programa

I. No tocante aos aspetos metodológicos subjacentes ao estudo do Direito das sociedades, podemos dar como presentes as considerações mais gerais feitas a propósito do Direito comercial e do Direito civil[687]

Particularmente relevantes são os campos atinentes ao pragmatismo e às necessidades de atualização, ao conhecimento da jurisprudência e ao

---

[685] Cf. Christoph A. Stumpt, *Grundrechtsschutz im Aktienrecht*, NJW 2003, 9-15 (9 ss.).

[686] *Vide* diversos elementos no *Manual de Direito comercial*, 2.ª ed., 115 ss..

[687] *Manual de Direito comercial*, 2.ª ed., 175 ss., e *Tratado* I/1, 3.ª ed., 149 ss..

§ 19.º *As sociedades nos nossos dias* 261

correto manuseio da Ciência do Direito. Não faria hoje qualquer sentido – se é que alguma vez o fez – proceder a exposições corridas de Direito das sociedades, sem informação e sem atualização e assente, apenas, em pretensas opções doutrinárias. Isso não vale como Ciência do Direito e não tem o mínimo interesse para o exigente público universitário dos nossos dias.

II. O Direito português das sociedades está hoje muito marcado pela transposição de diretrizes europeias. Resulta, daí, uma permanente necessidade de conhecer e de manusear diversos ordenamentos europeus, particularmente aqueles que mais têm contribuído para a conformação dos instrumentos comunitários. E como não se trata de adotar, sem critério, construções estrangeiras, o crivo do Direito comparado terá de estar sempre presente. A defesa do Direito português implica, hoje mais do que nunca, o conhecimento da nossa história e das realidades das nossas doutrina e jurisprudência.

III. Um programa de Direito das sociedades limitar-se-á, pragmaticamente, ao estudo das sociedades reguladas no Código Civil e das matérias incluídas no Código das Sociedades Comerciais.

Teremos, assim, uma parte geral, dedicada à dogmática básica, ao contrato de sociedade, à situação jurídica dos sócios, à administração e fiscalização das sociedades, à modificação das sociedades e à extinção das sociedades. Seguir-se-lhe-á a parte especial relativa às sociedades em nome coletivo, às sociedades por quotas, às sociedades anónimas e às sociedades em comandita. A matéria dos *holdings* e das sociedades coligadas, embora geral, será vista nessa sequência. Os agrupamentos complementares de empresa, as associações europeias de interesses económicos e a *societas europaea* são objeto de estudo em *Direito europeu das sociedades*.

86. Bibliografia portuguesa

I. *Anterior a 1833*:

JOSÉ FERREIRA BORGES, *Jurisprudência do Contracto-mercantil de sociedade, segundo a legislação, e arestos dos Codigos e Tribunaes das Naçoens mais cultas da Europa*, 1.ª ed., Londres, 1830 e 2.ª ed., Lisboa, 1844.

II. *Posterior a 1833 e anterior a 1888*:

João Jacinto Tavares de Medeiros, *Commentario da Lei das Sociedades Anonymas de 22 de Junho de 1867*, Lisboa, 1886.

III. *Posterior a 1888 e anterior a 1986*:

Visconde de Carnaxide (António Baptista de Sousa), *Sociedades Anonymas/Estudo theorico e pratico de direito interno e comparado*, Coimbra, 1913;

José Tavares, *Das sociedades commerciais/Tractado theorico e pratico*, Parte I – *Das sociedades industriaes em geral*, Coimbra, 1899 e Parte II – *A disciplina jurídica commum das sociedades comerciaes*, Coimbra, 1899;
– *Sociedades e empresas comerciais*, 2.ª ed., Coimbra, 1924;

Fernando Olavo, *Direito comercial*, vol. II, apontamentos coligidos por Alberto Xavier e Martim de Albuquerque, Lisboa, 1963;

António Pereira de Almeida, *Direito comercial*, 2.º vol., *Sociedades comerciais*/Sumários desenvolvidos, Lisboa, 1981;

António Ferrer Correia, *Direito comercial*, 2.º vol., *Direito das sociedades*, Coimbra, 1973; há *Reprint*, da LEX.

IV. *Posterior a 1986 e anterior a 2006*:

Vasco da Gama Lobo Xavier, *Sociedades Comerciais/Lições aos alunos de Direito comercial do 4.º ano jurídico*, Coimbra, 1987;

Luís Brito Correia, *Direito comercial*, 2.º vol., *Sociedades comerciais*, Lisboa, 1989 e 3.º vol., *Deliberações dos sócios*, Lisboa, 1990;

Paulo Olavo Cunha, *Direito comercial* II – *Sociedades anónimas*, 2.ª ed., Lisboa, 1994;

José de Oliveira Ascensão, *Direito comercial*, vol. IV – *Sociedades comerciais/parte geral*, Lisboa, 2000;

Jorge Coutinho de Abreu, *Curso de Direito Comercial*, vol. II – *Das sociedades*, Coimbra, 2003, reimp., 2005;

António Pereira de Almeida, *Sociedades comerciais*, 3.ª ed., Coimbra, 2003;

Pedro Maia, Elisabete Ramos, Alexandre Soveral Martins e Paulo de Tarso Domingues, coord. J. M. Coutinho de Abreu, *Estudos de Direito das sociedades*, 7.ª ed., Coimbra, 2005;

Jorge Henrique Pinto Furtado, *Curso de Direito das Sociedades*, com a col. de Nelson Rocha, 5.ª ed., Coimbra, 2004;

António Menezes Cordeiro, *Manual de Direito das sociedades*, I – *Das sociedades em geral*, 1.ª ed., Coimbra, 2004;

§ 19.º As sociedades nos nossos dias   263

MIGUEL A. J. PUPO CORREIA, *Direito comercial / Direito da empresa*, 9.ª ed., Lisboa, 2005.

V. *Posterior a 2006*:

ANTÓNIO MENEZES CORDEIRO, *Manual de Direito das sociedades*, 2 – *Sociedades em especial*, 2.ª ed., Coimbra, 2007;

JORGE MANUEL COUTINHO DE ABREU, *Curso de Direito Comercial*, II – *das sociedades*, 3.ª ed., Coimbra, 2009;

PAULO CÂMARA, *Manual de Direito dos valores mobiliários*, Coimbra, 2009;

PAULO OLAVO CUNHA, *Direito das sociedades comerciais*, 4.ª ed., Coimbra, 2010;

PEDRO MAIA/MARIA ELISABETE RAMOS/ALEXANDRE SOBRAL MARTINS/ /PAULO DE TARSO DOMINGUES/J. M. COUTINHO DE ABREU (coordenação), *Estudos de Direito das sociedades*, 10.ª ed., Coimbra, 2010;

ANTÓNIO PEREIRA DE ALMEIDA, *Sociedades comerciais / Valores mobiliários e mercados*, 6.ª ed., Coimbra, 2011.

87. Bibliografia estrangeira[688]

I. *Alemã*[689]

KARSTEN SCHMIDT, *Gesellschaftsrecht*, 4.ª ed., Colónia, Berlim, Bona e Munique, 2002;

FRIEDRICH KÜBLER/HEINZ-DIETER ASSMANN, *Gesellschaftsrecht / Die privatrechtlichen Ordnungsstrukturen und Regelungsprobleme von Verbänden und Unternehmen*, 6.ª ed., Heildelberg, 2006;

UWE HÜFFER, *Gesellschaftsrecht*, 7.ª ed., Munique, 2007;

BARBARA GRUNWALD, *Gesellschaftsrecht*, 7.ª ed., Tübingen, 2008;

ULRICH EISENHARDT, *Gesellschaftsrecht*, 14.ª ed., Munique, 2009;

EUGEN KLUNZINGER, *Grundzüge des Gesellschaftsrechts*, 15.ª ed., Munique, 2009;

JAN WILHELM, *Kapitalgesellschaftsrecht*, 3.ª ed., Berlim, 2009;

CHRISTINE WINDBICHLER, *Gesellschaftsrecht / Ein Studienbuch*, 22.ª ed., Munique, 2009;

---

[688] Dada a sua extensão, indicamos apenas alguns títulos mais recentes: alemães, franceses, italianos e anglo-americanos.

[689] Destacamos as obras de KARSTEN SCHMIDT e de CHRISTINE WINDBICHLER.

THOMAS RAISER/RÜDIGER VEIL, *Recht der Kapitalgesellschaften*, 5.ª ed., Munique, 2010;
CARSTEN SCHÄFER, *Gesellschaftsrecht: Lehrbuch*, Munique, 2010.

II. *Francesa*

MICHEL DE JUGLART/BENJAMIN IPPOLITO, *Les sociétés commerciales*, 10.ª ed., por JACQUES DUPICHOT, Paris, 1999;
GEORGES RIPERT/RENÉ ROBLOT/MICHEL GERMAIN, *Traité de Droit Commercial*, tomo 1, volume 2 – *Les sociétés commercialles*, 18.ª ed., Paris, 2003;
YVES GUYON, *Droit des affaires*, tomo 1 – *Droit commercial général et sociétés*, 12.ª ed., Paris, 2003;
PAUL LE CANNU/BRUNO DONDERO, *Droit des sociétés*, 3.ª ed., Paris, 2009;
MAURICE COZIAN/ALAIN VIANDIER/FLORENCE DE BOISSY, *Droit des sociétés*, 23.ª ed., Paris, 2010;
PHILIPPE MERLE, *Droit commercial/Sociétés commerciales*, 14.ª ed., col. ANNE FAUCHON, Paris, 2010;
DOMINIQUE VIDAL, *Droit des sociétés*, 7.ª ed., Paris, 2010.

III. *Italiana*

FRANCO DI SABATO, *Manuale delle società*, 6.ª ed., Turim, 1999;
PAOLO COSTANZO e outros, *Le società*, Milão, 2003;
BERARDINO LIBONATI e outros, *Diritto delle società di capitali (Manuale breve)*, Milão, 2003;
DANIELE U. SANTOSUOSSO, *La riforma del diritto societario*, Milão, 2003;
PIETRO ABBADESSA/GIUSEPPE P.PORTALE, *Il nuovo diritto delle società*, 1, Turim, 2006.
MARIO BERTUZZI e outros, *Società per azioni*, Milão, 2006;
GIANFRANCO CAMPOBASSO, *Diritto commerciale*, II – *Diritto delle società*, Turim, 2006;
FRANCESCO FERRARA JR./FRANCESCO CORSI, *Gli imprenditori e le società*, 14.ª ed., Milão, 2009;
FRANCESCO GALGANO, *Diritto commerciale / L'imprenditore – Le società*, 8.ª ed., Bolonha, 2010;
PIER GIUSTO JAEGER/FRANCESCO DENOZZA/ALBERTO TOFFOLETTO, *Appunti di diritto commerciale / Impresa e società*, 7.ª ed., Milão, 2010.

IV. *Inglesa*

REINER R. KRAAKMANN e outros, *The Anatomy of Corporate Law / A Comparative and Functional Approach*, Oxford, 2004;

§ 19.° *As sociedades nos nossos dias* 265

BRENDA HANNINGAN, *Company Law*, 2.ª ed., Oxford, 2009;
PAUL DAVIES, *Introduction to Company Law*, 2.ª ed., Oxford, 2010;
KEITH WALMSLEY (ed.), *Butterworths Company Law Handbook*, 24.ª ed., Oxford, 2010;
DEREK FRENCH/STEPHAN W. MAYSON/CHRISTOPH L. RYAN, *Blackstone's Statutes on Company Law*, Oxford, 2010/2011.

V. *Norte-americana*

JAMES D. COX/THOMAS LEE HAZEN, *On Corporations*, 2.ª ed., 3 volumes, Austin e outras, 2003;
J. WILLIAM CALLISON/MAUREEN A. SULLIVAN, *Limited Liability Companies / A State-by-State Guide to Law and Practice*, 3 volumes (mais de 3.000 páginas), Denvers, 2008;
STEPHEN M. BAINBRIDGE, *Corporate Law*, 2.ª ed., Nova Iorque, 2009;
SCOTT R. BOWMAN, *The Modern Corporation and American Political Tought*, Pensylvania, reimp., 2009;
ERNST L. FOLK, *In the Delaware General Corporation Law* por EDUARD P. WELCH/ANDREW J. TUREZYN/ROBERT S. SAUNDERS, Austin e outras, 2010;
FRANKLIN A. GEVURTZ, *Corporation Law*, 2.ª ed., St Paul, 2010.

VI. *Europeia*

ANTÓNIO MENEZES CORDEIRO, *Direito europeu das sociedades*, Coimbra, 2005;
MICHEL MENJUCQ, *Droit international et européen des sociétés*, 2.ª ed., Paris, 2008;
GUY MUSTAKI/VALÉRIE ENGAMMARE, *Droit européen des sociétés*, Bruxelas, 2009;
CATHERINE CATHIARD/ARNAUD LECOURT, *La pratique du droit européen des sociétés*, Paris, 2010;
GIUSEPPE FERRI/MARIO STELLA RICHTER JR. (org.), *Profili attuali di diritto societario europeo*, Milão, 2010;
STEFAN GRUNDMANN, *Europäisches Gesellschaftsrecht*, 2.ª ed., Heidelberg, 2010;
MATHIAS HABERSACK, *Europäisches Gesellschaftsrecht*, 4.ª ed., Munique, 2011.

88. Revistas, comentários, coletâneas e *Internet*

I. O Direito das sociedades constitui hoje um sector especializado, dentro do Direito privado. De todo o modo, entre nós, valem as indicações de revistas dadas a propósito do Direito civil e do Direito comercial em geral[690].

No tocante a comentários, cumpre desde logo mencionar os elaborados em relação ao Código Comercial, ao tempo em que a matéria das sociedades comerciais aí tinha a sua sede. Assim:

ADRIANO ANTHERO, *Commentario ao Codigo Commercial Portuguez*, 1.º vol., pp. 188 ss., Porto, 1913;

LUIZ DA CUNHA GONÇALVES, *Comentário ao Código Comercial Português*, 1.º vol., pp. 195 ss., Lisboa, 1914;

AURELIANO STRECHT RIBEIRO, *Código Comercial Português actualizado e anotado*, vol. I, *contendo anotada a Lei das Sociedades por Quotas*, pp. 152 ss., Lisboa, 1939;

J. PINTO FURTADO, *Código Comercial Anotado*, vol. I, pp. 215 ss., Coimbra, 1975, vol. II, tomo 1, Coimbra, 1979 e vol. II, tomo 2, Coimbra, 1979.

Perante o Código das Sociedades Comerciais, cabe referir o *Comentário ao Código das Sociedades Comerciais*, organizado pelo Prof. RAÚL VENTURA e do qual foram saindo diversos volumes, do próprio RAÚL VENTURA e, ainda, um de PEDRO DE ALBUQUERQUE e outro de JORGE PINTO FURTADO. Além disso, temos:

MARIA ELISABETE RAMOS/ALEXANDRE SOVERAL MARTINS, *Código das Sociedades Comerciais*, Coimbra, 2001;

ABÍLIO NETO, *Código das Sociedades Comerciais/Jurisprudência e doutrina*, 4.ª ed., Lisboa, 2007;

ANTÓNIO MANUEL TRIUNFANTE, *Código das Sociedades Comerciais Anotado (Anotação a todos os preceitos alterados)*, Coimbra, 2007;

JORGE PINTO FURTADO, *Comentário ao Código das Sociedades Comerciais / Artigos 1.º a 19.º*, Coimbra, 2009;

JORGE COUTINHO DE ABREU (org.), *Código das Sociedades Comerciais em Comentário*, 1, Coimbra, 2010;

ANTÓNIO MENEZES CORDEIRO (org.), *Código das Sociedades Comerciais Anotado*, 2.ª ed., Coimbra, 2011.

---

[690] *Manual de Direito comercial*, 2.ª ed., 182.

§ 19.º As sociedades nos nossos dias

II. Neste momento, há duas revistas portuguesa especializadas:

– *Revista de Direito das Sociedades* (RDS), da Faculdade de Direito de Lisboa;
– *Direito das Sociedades em Revista* (DSR), do IDET, de Coimbra.

No tocante a revistas estrangeiras, referimos cinco títulos especializados:

– *Die Aktiengesellschaft* (AG), alemã;
– *GmbH-Rundschau* (GmbHR), alemã;
– *Neue Zeitschrift für Gesellschaftsrecht* (NZG), alemã;
– *Revue des Sociétés* (RS), francesa;
– *Rivista delle società* (RivS), italiana.

Além das especificamente destinadas às sociedades, todas as revistas de Direito comercial têm relevância para o Direito das sociedades comerciais[691].

III. Os grandes comentários estrangeiros relevantes neste domínio são, antes de mais, dirigidos às leis alemãs das sociedades por quotas e das sociedades anónimas. Assim:

– quanto a sociedades por quotas:

ADOLF BAUMBACH/GÖTZ HUECK, *GmbH-Gesetz*, 19.ª ed., Munique, 2010;
REINHARD BORK/CARSTEN SCHÄFER, *GmbHG / Kommentar*, Colónia, 2010;
LUTZ MICHALSKI (org.), *Kommentar zum GmbHG*, 2.ª ed., 2 volumes, Munique, 2010.

– quanto a sociedades anónimas:

WULF GOETTE/MATHIAS HABERSACK (org.), *Münchener Kommentar zum Aktiengesetz*, 3.ª ed., Munique, a partir de 2008, em publicação (já disponíveis quatro volumes);
UWE HÜFFER, *Aktiengesetz*, 9.ª ed., Munique, 2010;
KARSTEN SCHMIDT/MARCUS LUTTER (org.), *Aktiengesetz Kommentar*, 2.ª ed., 2 volumes, Colónia, 2010;
GERALD SPINDLER/EBERHARD STILZ (org.), *Kommentar zum Aktiengesetz*, 2.ª ed., 2 volumes, Munique, 2010.

---

[691] *Vide* o índice de abreviaturas, no início da presente obra.

IV. *Bases de dados e* Internet

No tocante a bases de dados e à *Internet*, elementos úteis para o Direito das sociedades comerciais são os indicados, em geral, para o Direito comercial[692].

De reter que a ética universitária veda a referência a obras meramente listadas como tendo sido efetivamente consultadas. Quando se recorra à *Internet*, há que indicar sempre a fonte.

---

[692] *Manual de Direito comercial*, 2.ª ed., 183-184.

PARTE I

DAS SOCIEDADES EM GERAL

CAPÍTULO I
DOGMÁTICA BÁSICA DAS SOCIEDADES

SECÇÃO I
GENERALIDADES, ELEMENTOS E PRINCÍPIOS

§ 20.° SENTIDO DA DOGMÁTICA SOCIETÁRIA

89. O sistema de fontes

I. As fontes aplicáveis às sociedades articulam-se num sistema complexo. Tomando como arquétipo uma sociedade anónima, haverá que recorrer, sucessivamente:

– ao Direito imperativo e, designadamente:
  – às regras específicas sobre a sociedade anónima em causa: por exemplo, tratando-se de uma instituição de crédito, às competentes normas do RGIC e à legislação complementar;
  – às regras contidas no título IV do Código das Sociedades Comerciais – artigos 271.° e seguintes – sobre sociedades anónimas;
  – às regras contidas no título I – parte geral – desse mesmo Código;
  – às regras do Código das Sociedades Comerciais aplicáveis aos casos análogos – 2.°, 1.ª parte;
  – aos princípios gerais do mesmo Código e aos princípios informadores do tipo adotado – 2.°, 3.ª parte;
  – às regras do Código Civil sobre o contrato de sociedade – 2.°, 2.ª parte;
  – à analogia e à norma criada dentro do espírito do sistema – artigo 10.°/1 e 3, do Código Civil;

- ao contrato de sociedade e aos estatutos, sempre que esteja em causa matéria não regulada por lei ou tratada em meras normas legais supletivas;
- às deliberações dos sócios, perante questões não reguladas nem por lei, nem pelo contrato de sociedade ou pelos estatutos; as deliberações operam, ainda, quando estejam em causa normas supletivas e o contrato de sociedade admita a sua derrogação pelas deliberações referidas, nos termos do artigo 9.°/3;
- ao Direito supletivo, de acordo com a ordem acima apontada, no exemplo em jogo: RGIC; título IV; título I; analogia dentro do Código; princípios gerais do Código e informadores do tipo; contrato de sociedade civil; analogia geral e norma criada dentro do espírito do sistema.

O sistema de fontes societárias varia, depois, de acordo com o tipo concretamente em causa.

II. O sistema anuncia-se complexo. Essa complexidade não advém – ou não advém tanto – do número de fontes ou da sua variedade: antes decorre da diversidade jurídico-científica das áreas chamadas a intervir. Lidar com sociedades, particularmente com sociedades comerciais, implica um permanente manuseio de normas e princípios provenientes das várias massas jurídico-normativas que dão corpo ao Direito privado português. No tratamento expositivo das sociedades, impõe-se fixar, com clareza e com critério, os elementos que componham a sua dogmática básica. Fica seguro que eles não são nem aprioristicos, nem imediatistas.

III. Como elemento flagrante ocorre, desde logo, a contraposição entre fatores normativos e fatores derivados da autonomia privada. Quanto aos primeiros, impõe-se trabalhar com toda a instrumentação científica, histórica e comparatística requerida por uma moderna dogmática. Quanto aos segundos: haverá que somar, ainda, a metodologia própria do Direito contratual. Nada disto é, evidentemente, pensável sem o apoio de todo um conjunto de outras disciplinas jurídicas.

Antes de prosseguir, cabe esclarecer o tema do Direito subsidiário, contido no artigo 2.°.

90. O Direito subsidiário

I. O artigo 2.º coloca uma série de cautelas no recurso ao Direito civil, cautelas essas que alguma doutrina intenta ampliar e substancializar[693]. Além disso, faz passar o Direito civil pelo crivo dos "princípios informadores do tipo adotado", numa asserção dispensável, uma vez que a busca da norma civil aplicável, diretamente ou por analogia, nunca dispensaria a consideração de tais "princípios informadores".

Vamos começar com uma prevenção: um Direito adulto das sociedades comerciais não carece de autoafirmação, através de sucessivas barreiras quanto ao recurso ao Direito civil. E, paralelamente: um Direito civil atual dispõe de inúmeros mecanismos de adaptação; não pretende impor soluções uniformes seja onde for.

II. A sequência, aparentemente vertida no artigo 2.º, na falta de norma diretamente aplicável, será: (a) analogia dentro do Código; (b) princípios informadores do tipo; (c) princípios gerais das sociedades; (d) Direito civil. Mandar aplicar o Direito civil que não seja contrário aos princípios do tipo e aos princípios gerais é um circunlóquio para dizer que (como será natural), tais princípios prevalecem, pela ordem indicada, já que o especial predomina, no seu campo de aplicação, sobre o geral.

Trata-se, todavia, de uma diretriz metodológica, que tem uma explicação histórica e que deve ser devidamente interpretada e aplicada.

A ideia do recurso ao Direito civil, como Direito subsidiário, advém das primeiras levas de códigos comerciais[694]: correspondeu ao ideário de uma época em que se pensou possível erguer, junto de um sistema geral de Direito civil, um sistema especial de Direito comercial. Tudo isso regrediu quando se verificou que o Direito comercial tem mera consistência histórico-cultural, por oposição a dogmática. Hoje temos, no Direito civil, normas muito melhor adaptadas à realidade mercantil do que no clássico Direito comercial. Bastará pensar na tutela da confiança.

Por seu turno, a pretensão de erguer, a propósito de cada tipo de sociedade, um subsistema completo dotado de verdadeiros princípios, advém-nos do Direito alemão: aí, a existência de leis autónomas e distin-

---

[693] Hugo Duarte Fonseca, *Código em Comentário* 1 (2010), 56 ss..
[694] Recorde-se o artigo 3.º do Código de Veiga Beirão.

tas para as sociedades por quotas (GmbHG, de 1892, reformado em 2008) e para as sociedades anónimas (AktG, de 1965), coloca, em momentos distintos, questões como a da integração do Direito das sociedades por quotas com recurso ao Direito das sociedades de pessoas[695] ou ao Direito das sociedades anónimas[696].

No atual Direito português, tudo isto deve ser preservado, mas a título de indício metodológico ditado por respeitável tradição.

Perante uma lacuna, haverá que procurar o "caso análogo". Logicamente, a busca principiará pelas regras mais próximas (as do tipo), passando aos dos tipos mais afastados e, depois, ao Direito civil. Poderá suceder que o caso análogo valorativamente mais adequado para a integração resida no Direito civil. Este funciona, de resto, como o grande universo que deve ser sempre ponderado: de outro modo, nem será possível apurar a especialidade de normas comerciais ou societárias.

O artigo 2.º tem um risco, para o qual cumpre prevenir: o de circunscrever os horizontes dos comercialistas, levando-os a cultivar regras formais e arcaicas, já superadas pela Ciência do Direito. Esta não conhece fronteiras: apenas uma capacidade para diferenciar soluções.

91. Substrato obrigacional e substrato organizacional

I. A dogmática básica do Direito das sociedades lida com dois grandes substratos interligados: o obrigacional e o organizacional.

Quando duas ou mais pessoas se encontram com um projeto societário, elas atuam em duas vertentes:

– assumindo obrigações umas para com as outras;
– fixando um quadro de organização que, depois, irá desenvolver novas atuações produtivas.

O modo por que se conectem estes dois substratos é variável. Teoricamente, o substrato obrigacional será máximo nas sociedades civis puras,

---

[695] HOLGER FLEISCHER, *Die Lückenausfüllung des GmbH-Rechts durch das Recht der Personengesellschaften*, GmbHR 2008, 1121-1130 (1124/I).

[696] HOLGER FLEISCHER, *Zur ergänzenden Anwendung von Aktienrecht auf die GmbH*, GmbHR 2008, 673-682.

§ 20.º *Sentido da dogmática societária* 275

vindo a diminuir, sucessivamente nas sociedades em nome coletivo, por quotas e anónimas. Também teoricamente, esse mesmo substrato varia na razão inversa do substrato organizacional.

II. A dogmática contratual tende a apoderar-se do primeiro dos substratos. Encontraremos inúmeras regras próprias do Direito das obrigações, com uma plena aptidão de princípio, no domínio das sociedades. Quanto ao substrato organizacional: ele apelaria aos grandes quadros desenvolvidos pela parte geral, com relevo para a doutrina geral das pessoas coletivas.

Uma dogmática societária não pode – nem deve – repetir tudo isso. Mas cabe-lhe recordar os quadros mais relevantes, sobretudo quando eles sofram adaptações na passagem para o universo das sociedades.

III. Temos ainda de recordar que a passagem dos substratos comuns para as sociedades não é inóquo. Em bom rigor, estamos perante separações artificiais ditadas pelas necessidades do estudo e da normalização universitárias. Assim, diversos institutos de ordem geral foram, de facto, desenvolvidos no Direito das sociedades. É o que se passa com a doutrina da personalidade coletiva e com o instituto do levantamento. Apenas em Direito das sociedades podemos computar, a essas clássicas rubricas da teoria geral do Direito civil, todas as suas dimensões.

A sua não-inclusão nesta disciplina seria grave erro metodológico e jurídico-científico.

92. Elementos civis e comerciais

I. Em termos históricos e culturais, o Direito das sociedades adveio, como vimos, do Direito comercial. De resto: ele nem se emancipou, totalmente, deste último, nem sendo necessário – ou, sequer, conveniente – que o faça.

Resulta, daí, que o Direito das sociedades lide, primacialmente, com diplomas "comerciais" e com toda uma doutrina e uma cultura "comerciais". Tal circunstancialismo conecta-o com áreas puramente mercantis – por exemplo, os títulos de crédito – e submete-o a fórmulas e a conceitos comerciais. Esses conceitos apresentam-se, por vezes, como arcaísmos, perante o Direito civil. Com eles há que viver.

276 *Dogmática básica das sociedades*

II. O Direito das sociedades apela, ainda e continuamente, ao Direito civil. Desde logo, fá-lo no plano regulativo:

– direto: o regime das sociedades civis, previsto nos artigos 980.° e seguintes, do Código Civil;
– indireto: sempre que, nos termos do artigo 2.°, 2.ª parte, haja que, subsidiariamente, recorrer ao Direito civil.

Mas fá-lo, igualmente, na área mais delicada e impressiva da Ciência do Direito. A generalidade dos postulados aplicáveis às sociedades tem origem – quando não: compleição – civil. Não faz sentido criar dogmáticas novas, onde elas já existam.

III. Novamente deparamos com fatores que não podem deixar de ser considerados em sociedades, mau grado a sua essência civil. Também aqui jogam igualmente as conveniências apontadas a propósito dos substratos obrigacional e organizacional: temos áreas civis provenientes de práticas e de aprofundamentos comerciais. Versá-las em Direito comercial – ou em Direito das sociedades – é um regresso às origens, que permite testar a excelência de muitos dos desenvolvimentos aí conseguidos.

93. Construtivismo e primazia dos tipos

I. Na fixação de uma dogmática das sociedades encontramos um dilema: deve-se insistir numa construção de conceitos gerais ou passar a uma descrição dos tipos de sociedades, mais simples e direta?

Esta última opção tem sido privilegiada em exposições de cariz muito elementar ou em textos dirigidos a não-juristas. Ela domina, ainda, nalguma doutrina portuguesa tradicionalista, que trabalha com classificações elementares e passa, depois, a uma exegese de áreas mais conhecidas da parte geral do Código das Sociedades Comerciais. Não é satisfatória. Além do retrocesso científico e cultural que implica[697], ela não pode assegurar um progresso na Ciência do Direito das sociedades. Além disso,

---

[697] Não se trata de qualquer crítica: tal metodologia pode ser adequada em função das circunstâncias e dos objetivos a que se destine.

§ 20.° Sentido da dogmática societária

abdica de uma verdadeira dimensão doutrinária, na tradição universitária do ensino do Direito no Ocidente continental.

II. A construção geral é mais ambiciosa, sendo adotada pelos melhores tratadistas da matéria[698]. Quando levada às últimas consequências, ela obriga a um tratamento integrado das próprias associações e, em geral, das diversas fórmulas de organização e das pessoas coletivas.

Não iremos tão longe. Dentro da tradição jurídica portuguesa, procuraremos um certo equilíbrio entre a construção dogmática geral das sociedades e o tratamento dos tipos. O Código das Sociedades Comerciais, com todas as fraquezas já apontadas, permite, através da sua parte geral, uma certa delimitação pragmática do *quantum* de construção geral, a emprestar à presente disciplina.

III. Recordamos, ainda, que os tipos societários não são elementos iguais de uma classificação unitária. Boa parte da dogmática das sociedades foi obtida, histórica e cientificamente, a partir das sociedades anónimas. Por seu turno, as sociedades civis operam como um fundo comum. Justificam-se, deste modo, tratamentos diversificados.

---

[698] Temos em mente obras como a de KARSTEN SCHMIDT, *Gesellschaftsrecht*, 4.ª ed. cit., 57 ss. ou KÜBLER/ASSMANN, *Gesellschaftsrecht*, 6.ª ed. cit., 1 ss. e, em menor dimensão, CHRISTINE WINDBICHLER, *Gesellschaftsrecht*, 22.ª ed. cit., 19 ss. ou RAISER/VEIL, *Recht der Kapitalgesellschaften*, 5.ª ed. cit., 1 ss..

§ 21.º OS PRINCÍPIOS GERAIS DAS SOCIEDADES

94. Sentido e limites

I. O Direito das sociedades resolve problemas concretos ligados a diversos tipos societários. Tais tipos surgem dotados de características próprias e dispõem, por vezes, de uma história e de uma cultura distintas. Alguns desses tipos dispõem, mesmo, de princípios próprios, numa asserção a que o artigo 2.º, 3.ª parte, empresta mesmo um cunho oficial.

Nestas condições, compreende-se que a descoberta de "princípios gerais" que respeitem aos diversos tipos possa exigir um nível elevado de abstração. Esse nível, pode, por seu turno, pôr em crise a utilidade efetiva dos princípios assim obtidos.

II. Mau grado os óbices apontados, a elaboração de princípios constitui, sempre, tarefa a enfrentar. O subsistema societário, como qualquer sistema moderno, funciona como um edifício operativo e aberto ao exterior. Ele é capaz, designadamente, de solucionar problemas que não encontrem resposta imediata, a nível de normas. Além disso, ele é capaz de proceder à redução dogmática de questões exteriores ao próprio sistema, assegurando a sua reprodução à medida que novos problemas o exijam. Tudo isto pressupõe um corpo atuante de princípios.

Os princípios asseguram, ainda, a intercomunicação entre os tipos.

Finalmente: eles assumem um papel ordenador, que facilita a confeção implicada de um sistema de exposição capaz.

III. Isto dito: os princípios gerais das sociedades só se tornam atuantes através de uma mediação adequada. Exige-se, assim, seja a intervenção de princípios mediantes, seja uma permanente presença de referências e de valorações suscetíveis de proceder aos competentes preenchimentos.

§ 21.º Os princípios gerais das sociedades

Com estas prevenções, passaremos a referenciar alguns princípios das sociedades.

95. A autonomia privada

I. O primeiro e o mais significativo dos princípios das sociedades é o da autonomia privada[699].

A evolução histórica acima aflorada[700], mostra que os vetores conducentes ao moderno Direito das sociedades não foram unívocos. A linha de força radicada nas antigas sociedades coloniais ilustra uma presença de elementos de Direito público, que se poderão prolongar nalguns tipos societários atuais e, particularmente: no das sociedades anónimas. Com esta ressalva, fica claro que as atuais sociedades são entes de Direito privado. Em regra e por defeito, elas derivam de contratos livremente celebrados entre entidades que se posicionam num plano de igualdade. Esses contratos elegem o tipo de sociedade pretendido[701] e o seu funcionamento, com direitos e deveres para os sócios. Uma vez constituídas, as sociedades podem fazer quanto lhes não seja proibido. E assim será quer no plano interno, quer no externo.

II. A autonomia privada conhece vários níveis de delimitação. Podemos, sem preocupações de exaustividade, isolar os seguintes:

– os limites gerais dos negócios jurídicos: lei, bons costumes e ordem pública; trata-se de uma realidade de ordem geral e que emerge no artigo 56.º/1, *d*), a propósito de deliberações nulas;
– os limites induzidos dos vetores profundos de ordem jurídica, expressos pela regra da boa-fé; eles ocorrem, por exemplo, no artigo 58.º/1, *b*), ainda que implicitamente, no campo das deliberações abusivas;

---

[699] *Vide* KARSTEN SCHMIDT, *Gesellschaftsrecht*, 4.ª ed. cit., 57 ss., com as aplicações aí realizadas.

[700] *Supra*, 51 ss..

[701] FELIX HEY, *Freie Gestaltung in Gesellschaftsverträgen und ihre Schranken* (2004), 43 ss. e WELF MÜLLER/WULF-DIETER HOFFMANN, *Beck'sches Handbuch der Personengesellschaften*, 2.ª ed. (2002), 3, 13 e *passim*.

280 *Dogmática básica das sociedades*

– os limites derivados de regras injuntivas dirigidas às sociedades em geral;
– os limites próprios dos tipos societários considerados.

As regras injuntivas destinam-se a defender os interesses de terceiros e os do mercado, em geral.

III. Na ausência de limites, a autonomia privada recupera toda a sua margem de aplicação. Por isso, perante o Direito das sociedades, requer-se uma postura de tipo liberal. O intérprete-aplicador deve ter presente que se movimenta numa área de liberdade e de igualdade. Não se exige qualquer norma legitimadora, salvo se nos colocarmos, já, no campo das restrições à autonomia privada. Na falta de proibições, tudo é permitido: seja às partes, seja aos sócios, seja às sociedades.

IV. A autonomia privada está ainda ligada à propriedade privada: sem esta, a autonomia não teria qualquer realização prática. Por isso se fala, por vezes, em "liberdade de propriedade"[702]. Pois bem: todo o Direito das sociedades postula que se reconheça, com efetividade, a propriedade privada, no sentido da intangibilidade dos direitos patrimoniais privados. As posições dos particulares, tais como as das sociedades, só podem ser sacrificadas com a aquiescência dos próprios ou nos termos de lei equilibrada e atribuidora de compensações satisfatórias.

96. A boa-fé e a tutela da confiança

I. A boa-fé exprime, em cada situação concreta, os valores fundamentais da ordem jurídica[703]. Podemos considerar que, aos diversos problemas solucionados pelo Direito, não se aplicam, propriamente, normas isoladas: antes todo o sistema é chamado a depor.

A boa-fé opera, por vezes, através de princípios mediantes. Destes, o mais significativo é o da tutela da confiança. Contracenando com a auto-

---

[702] Cf. Christoph A. Stumpt, *Grundrechtsschutz im Aktienrecht*, NJW 2003, 9-15 (10-11).

[703] *Tratado de Direito civil* I/1, 3.ª ed., 404.

§ 21.º Os princípios gerais das sociedades

nomia privada, a tutela da confiança opera em defesa das representações legítimas de continuidade que os diversos operadores jurídicos sempre colocam nas múltiplas ocorrências em que assentem a sua atividade.

A sociedade é uma abstração. Apenas a confiança que os particulares tenham na sua consistência e na funcionalidade das normas que a rodeiem permite a operacionalidade do sistema. A tutela da confiança dá corpo a inúmeras regras explícitas. Em certos casos, há que fazer decorrê-la, diretamente, da boa-fé.

II. A boa-fé e a tutela da confiança operam através de cláusulas gerais. Designadamente, elas delimitam o campo das deliberações, vedando todas as que impliquem abuso do direito, ou seja: as que contundam com os valores fundamentais.

A boa-fé e a tutela da confiança operam, ainda, em numerosos dispositivos destinados a proteger terceiros que entrem em contacto com a sociedade e que, sem culpa, desconheçam aspetos em presença. Sem preocupações de exaustividade, vamos referir:

– a invalidade proveniente dos vícios elencados no artigo 52.º/3 não pode ser oposta a terceiro de boa-fé;
– a declaração de nulidade ou a anulação de deliberações sociais não prejudica os direitos adquiridos de boa-fé por terceiros – 61.º/2;
– a nulidade da fusão só pode ser declarada em certos termos – artigo 117.º/1[704].

Além disso, poderíamos chamar à colação a matéria atinente ao registo comercial[705]. Veja-se, ainda, o artigo 169.º/3, relativo à tutela da confiança suscitada pelas publicações obrigatórias.

III. O Direito das sociedades comerciais, pelos vetores especiais que o animam, é um direito marcadamente formal. Nesses termos, preponderam os processos exteriores, as concordâncias de esquemas e a normalização das condutas. Trata-se de um dado inevitável, num sector marcado pelo predomínio económico dos interesses e pela necessidade de proteger, com segurança, o tráfego jurídico.

---

[704] Com a redação dada pelo Decreto-Lei n.º 8/2007, de 17 de Janeiro.
[705] *Manual de Direito comercial*, 2.ª ed., 370 ss..

282 *Dogmática básica das sociedades*

Este vetor deve ser amenizado pela consideração dos valores subjacentes: a tutela de terceiros que aceitem as manifestações exteriores só se justifica quando estejam de boa-fé, ou seja: quando, sem culpa, ignorem os óbices em presença.

IV. Ainda como manifestação geral da boa-fé e da tutela da confiança, temos deveres de lealdade[706]: entre sócios e entre estes e os administradores. A realidade societária exige que as pessoas possam confiar umas nas outras, pelo menos funcionalmente.

Deste vetor derivam várias aplicações, designadamente através das regras gerais do abuso do direito. Estão em causa limitações ao direito de voto e atuações dos administradores. Tudo isto tem assegurado importantes progressos, no moderno Direito das sociedades.

97. A igualdade e a justiça distributiva

I. No Direito das sociedades, surge referido o princípio da igualdade ou do igual tratamento, em especial no campo das sociedades anónimas[707]. Trata-se de um tópico argumentativo poderoso mas que, à reflexão, levanta dúvidas: a igualdade é uma exigência perante o Estado, que não deve coartar a livre escolha dos particulares. O tema não pode ser tratado com apriorismos.

Um princípio de igualdade, no Direito privado, pôs-se no segundo pós-guerra (portanto: após 1945), sendo-lhe atribuídas virtualidades no campo das sociedades[708]. O grande estudo de fundo sobre o tema deve-se ao Prof. Götz Hueck, em 1958[709]: foram estudadas as teorias[710], a sua

---

[706] *Vide*, quanto às sociedades anónimas, Christine Windbichler, *Gesellschaftsrecht*, 22.ª ed. cit., 417 ss.. *Vide infra*, § 32.º.

[707] Thomas Raiser/Rüdiger Veil, *Recht der Kapitalgesellschaften*, 5.ª ed. (2010), § 11, VII (80 ss.)

[708] Ludwig Raiser, *Die Gleichheitsgrundsatz im Privatrecht*, ZHR 111 (1946), 75-101 (81 ss.).

[709] Götz Hueck, *Der Grundsatz der gleichmässigen Behandlung im Privatrecht* (1958), XI + 368 pp..

[710] *Idem*, 83 ss..

§ 21.º Os princípios gerais das sociedades 283

focagem como proibição do arbítrio[711], o seu papel na interpretação[712] e as suas manifestações no Direito das sociedades[713]. Este mapa dá, de resto, o sentido geral do princípio, no campo societário. Posteriormente, a ideia da igualdade acantonou-se no Direito mobiliário, sendo aí apoiado pelo Direito comparado e pelos princípios da eficiência económica[714].

A evolução subsequente permite acantonar o seu papel às sociedades de capitais e, ainda aí, com um sentido de primazia do Direito[715]: este envolve, pela sua estrutura científica, a necessidade de tratar o igual de modo igual e o diferente de forma diferente, de acordo com a medida da diferença.

A igualdade não deve ser tomada em termos diretos e imediatos: nem mesmo nas sociedades anónimas. Na própria assembleia geral, temos, lado a lado, acionistas com um voto e acionistas com milhões de votos. A informação dispensada pode depender do capital detido: determinadas informações são prestadas apenas aos detentores de certas percentagens[716]. Exigem-se, ainda, percentagens mínimas para pedir a convocação da assembleia[717] ou para fazer propostas[718]. Além disso, a lei admite ações com direitos especiais (*golden shares*)[719], os quais permitem bloquear certas decisões, pela simples vontade dos seus detentores.

---

[711] *Idem*, 173 ss..

[712] *Idem*, 278 ss..

[713] *Idem*, 333 ss..

[714] JÜRGEN REUL, *Die Pflicht zur Gleichbehandlung der Aktionäre bei privaten Kontrolltransaktionen / eine juristische und ökonomische Analyse* (1991), XXII + 344 pp. (5 ss., Direito europeu; 17 ss., Direito americano; 76 ss., Direito francês; 102 ss., análise económica).

[715] A obra de referência é, neste momento, a monografia maciça de DIRK A. VERSE, *Der Gleichbehandlungsgrundsatz im Recht der Kapitalgesellschaften* (2006), XII + 622 pp.; *vide*, aí, a história do tema (15 ss.), os princípios dele decorrentes (67 ss.), o seu alcance (171 ss.) e as suas consequências (355 ss.).

[716] *Vide* o artigo 291.º: o "direito coletivo à informação" é o direito dos detentores de 10% do capital acederem a certas informações.

[717] *Vide* o artigo 375.º/2; a percentagem desce para 2% nas sociedades cotadas, segundo o CVM, artigo 23.º-A/1.

[718] *Vide* o artigo 23.º-B/1 do CVM, na redação dada pelo Decreto-Lei n.º 49/2010, de 19 de Maio: recordamos o nosso *Novas regras sobre assembleias gerais: a reforma de 2010*, RDS 2010, 11-33 (24-25).

[719] Assim, o artigo 24.º/4.

284 *Dogmática básica das sociedades*

Voltamos a frisar: a igualdade é, aqui, antes do mais, a sujeição de todos à Ciência do Direito.

II. Posto isto, vamos recordar algumas soluções, onde aflora uma ideia de igualdade:

– a proibição de pactos leoninos – artigo 22.º/3;
– a regra de participação nos lucros e perdas de acordo com a participação no capital – 22.º/1;
– a necessidade de convocação de todos os sócios para a assembleia poder deliberar validamente – 56.º/1, *a*) – ou de todos terem sido convidados para haver voto escrito – *idem*, *b*);
– o princípio do igual tratamento dos acionistas, no tocante a ações próprias (321.º);
– as restrições quanto ao voto plural[720] – cf. artigo 531.º.

III. Estes vetores afloram ainda em múltiplos institutos, como a preferência dos sócios nos aumentos de capital ou o próprio direito à informação.

O Direito das sociedades não exige uma igualdade *à outrance*, de tipo constitucional: estamos no Direito privado. Seja por defeito, seja através de regras imperativas, a igualdade e a justiça distributiva surgem nos bastidores, sugerindo saídas e afeiçoando o processo de realização do Direito.

98. Controlo do Direito sobre a economia: concorrência e tutela das minorias

I. As relações entre o Direito e a Economia tem sido objeto de análises diversas. Curiosamente, leituras distintas concorrem, por vezes, na ideia de que o Direito está ao serviço da Economia, sendo conformado pelas relações de força que nesta se estabeleçam. Recordamos, a tal propósito, as orientações marxistas, hoje fora de voga e a própria análise económica do Direito, de filiação norte-americana. A discussão não tem de ser, aqui, retomada.

---

[720] *Vide*, quanto às sociedades anónimas, o artigo 384.º/1.

§ 21.º Os princípios gerais das sociedades 285

Todavia, deve ficar claro que o Direito, particularmente na área sensível das sociedades, tem valores próprios e assume-os, contrariando, se necessário, reconhecidas leis económicas.

II. A lógica do mercado livre leva à concentração das unidades produtivas e, mais latamente, das empresas. A destruição dos concorrentes mais débeis acaba, no limite, por permitir a subsistência de um único operador, finalmente instalado numa situação de monopólio, com todos os inconvenientes daí decorrentes.

O Direito reage. Com conhecidos antecedentes norte-americanos[721], o Direito defende a concorrência, contrariando, com êxito, a lei da concentração capitalista. Entre nós, toda a área dos grupos de sociedades tem a ver com estes temas e prende-se à descrita preocupação.

III. Também a tutela das minorias se inscreve nesta perspetiva. A igualdade entre os sócios poderia levar a um estrangulamento das minorias pelas maiorias. Procurando evitá-lo, a lei determina diversas soluções que atribuem, a sócios minoritários, poderes que ultrapassam os que lhes adviriam da mera proporção do capital detido. Assim e como exemplos:

– os sócios que representem 5% do capital social podem requerer a designação de representantes especiais, em ações de responsabilidade – artigo 76.º/1;
– sócios que representem 5% do capital social podem propor ação social de responsabilidade contra os administradores – artigo 77.º/1; a percentagem desce para 2% no caso de sociedades cotadas;
– diversas deliberações exigem ou podem exigir maiorias qualificadas ou, mesmo, a unanimidade – artigo 86.º/1.

Outras hipóteses aparecem, nomeadamente nas sociedades anónimas[722].

---

[721] Designadamente o *Sherman Act*, de 1890; cf. MIGUEL GORJÃO-HENRIQUES, *Da restrição da concorrência na Comunidade Europeia: a franquia de distribuição* (1998), 69 ss. e ANTÓNIO MENEZES CORDEIRO, *Defesa da concorrência e direitos fundamentais das empresas*, em RUY DE ALBUQUERQUE/ANTÓNIO MENEZES CORDEIRO, *Regulação e concorrência / Perspectivas e limites da defesa da concorrência* (2005), 120-157 (123 ss.).

[722] Assim, o artigo 392.º, quanto à eleição de administradores pelos sócios minoritários; cf. *Manual 2*, 764 ss..

286 *Dogmática básica das sociedades*

IV. A intervenção do Direito é ainda reclamada vivamente para enfrentar a crise de 2007/2012. Na verdade, os factos mostram que a economia globalizada é instável. Apenas uma regulação, de preferência de nível planetário, poderá evitar a sucessão de crises cada vez mais gravosas.

V. O aprofundamento de esquemas deste tipo fez pensar na erupção de novos valores no domínio das sociedades comerciais. Não se trata, apenas, de gerir situações patrimoniais: joga-se com pessoas, dotadas de dignidade. Além disso, procura-se um equilíbrio social, contrário mesmo, até certo ponto, a dados economicistas mais imediatos.

99. O modo coletivo; autonomia funcional e patrimonial e a limitação da responsabilidade

I. Finalmente, devemos ter presente que as sociedades funcionam em *modo coletivo*, isto é, as regras básicas não se dirigem diretamente a seres humanos – os únicos que podem entender e dar execução a comandos ético-jurídicos – mas a entes coletivos. Apenas subsequentemente e através de novos jogos de normas e de institutos, se torna possível determinar o concreto papel dos destinatários últimos das normas em presença. Como veremos, o *modo coletivo* implica, na generalidade dos casos, a personalidade coletiva.

II. Consequência direta do modo coletivo em que funciona o Direito das sociedades é a existência de autonomia funcional e patrimonial. Assim:

– as sociedades prosseguem fins próprios e detêm objetos formalmente seus; além disso, dispõem de esquemas destinados à elaboração de uma vontade que lhes é imputada;
– as sociedades dispõem de um património próprio, o qual, preferencial ou mesmo exclusivamente, responde pelas suas dívidas.

Tudo isto pode comodamente ser expresso com recurso à ideia da sociedade como sujeito de Direito ou como centro próprio de imputação de normas jurídicas.

§ 21.º Os princípios gerais das sociedades   287

III. Em termos práticos e económicos, as sociedades implicam uma limitação do risco ou da responsabilidade das pessoas nelas envolvidas. Com efeito, a autonomia patrimonial leva a que os sócios não respondam direta e imediatamente pelas dívidas sociais – artigos 997.º/2 e 3 do Código Civil e 175.º/1, do Código das Sociedades Comerciais – ou não respondam, de todo – artigos 197.º/1 e 271.º, ambos deste último Código. No primeiro grupo teremos sociedades ditas de responsabilidade ilimitada; no segundo, de responsabilidade limitada.

O Direito das sociedades permite, assim, o desenvolvimento de empreendimentos com a limitação do risco por eles comportado.

§ 22.º OS ELEMENTOS DAS SOCIEDADES

100. Generalidades; a pluralidade de sócios

I. O Código das Sociedades Comerciais não dá uma definição de sociedade comercial. O seu artigo 1.º/2 aponta para a noção geral de sociedade, desde que com um objeto especial ("... a prática de atos de comércio ...") e com uma forma específica ("... e adotem o tipo de ..."). A noção geral será a civil, tal como emerge do artigo 980.º, do Código Civil. Nessas condições, pôr-se-ia a hipótese de decantar os elementos próprios da sociedade comercial a partir dos da civil, com os acrescentos necessários.

Trata-se de uma saída a verificar ponto por ponto. Como vimos, as sociedades comerciais não foram retiradas das civis, através de um processo de especialização: elas antes tiveram uma origem histórica própria, com uma evolução bem firme, ditada pela realidade de base que vieram enfrentar. Mas para os presentes propósitos introdutórios, ela serve.

II. Segundo uma enumeração tradicional, as pessoas coletivas compreenderiam os seguintes elementos[723]:

– pessoal;
– patrimonial;
– teleológico;
– formal.

O elemento pessoal traduz o fator humano subjacente à pessoa considerada; o patrimonial reporta-se ao conjunto de bens que a sirvam; o teleológico exprime a finalidade do ente coletivo; o formal corresponde à

---

[723] Vide MANUEL DE ANDRADE, *Teoria geral da relação jurídica*, 1 (1972, reimpr.), 57 ss.; cf. *Tratado de Direito civil* IV, 3.ª ed., 655 ss..

§ 22.º Os elementos das sociedades

concreta configuração ou organização revestida pela entidade em jogo. Cumpre verificar como se comportam estas noções, perante as sociedades comerciais.

III. O artigo 980.º do Código Civil, relativo às sociedades comuns, prevê a intervenção de "duas ou mais pessoas". A sociedade seria, assim, uma pessoa coletiva de base associativa, à qual corresponderia necessariamente uma pluralidade de sócios.

Dando corpo a essa regra, o artigo 7.º/2 dispõe:

> O número mínimo de partes de um contrato de sociedade é de dois, exceto quando a lei exija número superior ou permita que a sociedade seja institutída por uma só pessoa.

O n.º 3 desse mesmo preceito legal esclarece que, para o efeito indicado, contam com uma só parte as pessoas cuja participação social for adquirida em regime de contitularidade.

Quanto à exigência de um número de sócios superior a dois: o artigo 273.º/1 indica, para as sociedades anónimas, o mínimo de cinco sócios[724], salvo quando a lei o dispense[725]. E a dispensa ocorre, segundo o n.º 2 desse artigo, perante sociedades em que o Estado, "... diretamente ou por intermédio de empresas públicas ou outras entidades equiparadas por lei para este efeito ..." fique a deter a maioria do capital. Nessa altura, bastarão dois sócios[726].

---

[724] Segundo o revogado artigo 162.º, 1.ª, do Código Comercial, o número mínimo de sócios era, nas sociedades anónimas, de 10. O artigo 208.º desse mesmo Código fixava também em 10 o número mínimo de sócios nas então "sociedades" cooperativas. Estas deixaram, hoje, de ser consideradas "sociedades"; o artigo 32.º do CCoop fixa o mínimo de cooperadores em cinco, nas cooperativas de primeiro grau e de dois, nas de grau superior.

[725] A exigência de cinco sócios, pelo menos, nas anónimas, mantém-se quando elas resultem da transformação de antigas sociedades por quotas: cf. STJ 14-Mar.-2006 (PINTO MONTEIRO), CJ/Supremo XIV (2006) 1, 121-122 (122/I).

[726] O artigo 1.º do Decreto-Lei n.º 65/76, de 24 de Janeiro, na redação dada pelo artigo 1.º do Decreto-Lei n.º 343/76, de 12 de Maio, e que não foi revogado pelo artigo 3.º do Decreto-Lei n.º 262/86, de 2 de Setembro, dispõe:

> As sociedades anónimas em que o Estado, diretamente ou por intermédio de empresas públicas ou nacionalizadas, detenha a maioria do capital poderão constituir-se ou continuar a sua existência com qualquer número de associados.

Chega-se, assim, à hipótese de unipessoalidade.

290 *Dogmática básica das sociedades*

A pluralidade de sócios surge no artigo 9.º/1, *a*), segundo o qual devem constar do contrato "de qualquer tipo de sociedade", os nomes ou firmas de todos os sócios fundadores. E ainda como decorrência primordial da pluralidade de sócios, temos a apontar:

- as decisões das sociedades são tomadas por deliberação – artigos 53.º e seguintes;
- para tanto, há que seguir regras específicas de convocação – 56.º/1, *a*) – e de informação – 58.º/1, *c*);
- as diversas sociedades preveem uma assembleia geral equivalente ao coletivo dos sócios – 189.º/1, 248.º/1, e 373.º/1 –, sendo o modelo básico constituído pelas assembleias gerais das sociedades anónimas.

Os sócios podem, em princípio, ser pessoas singulares ou coletivas, como se infere do artigo 9.º/1, *a*), quando refere "nomes" ou "firmas". Há, todavia, que lidar com regras específicas para certos tipos societários.

IV. A exigência de um elemento pessoal traduzido na pluralidade de sócios radica na ideia da *societas* como contrato e no desenvolvimento da sociedade como ente autónomo, irredutível a uma realidade humana singular. Ontologicamente, o "sócio" único não poderia contratar consigo próprio, enquanto a "sociedade" de um só sócio não se distinguiria do próprio património deste. Boa parte – quando não: a totalidade – das regras próprias das sociedades comerciais tem a ver com a necessidade de acomodar os interesses de várias e distintas pessoas[727].

Tudo isso fica claro na própria terminologia: as expressões "sócio" e "sociedade" postulam uma ideia de pluralidade de pessoas. Essa ideia, profundamente radicada na natureza das coisas, pareceria impor-se, mesmo em termos ontológicos.

---

[727] A própria apresentação das sociedades civis como implicando uma relação duradoura entre as partes pressupõe a pluralidade destas; cf. PETER ULMER, no *Münchener Kommentar zum BGB*, 5, 5.ª ed. (2009), prenot. § 705, Nr. 5 (6-7).

§ 22.° Os elementos das sociedades

101. Desvio; as sociedades unipessoais

I. A pluralidade de sócios nem sempre se verifica. Assim poderá suceder mercê de eventos naturais (a morte) ou de fenómenos jurídicos (a exoneração): uma sociedade vai perdendo os seus sócios, ao ponto de ficar apenas com um. A solução imediata seria passar-se logo à dissolução da sociedade. A lei entendeu, todavia, que nessa eventualidade, seria mais indicado conceder um prazo para que a situação de pluralidade fosse reconstituída. Assim, segundo o artigo 142.°[728]:

> 1. Pode ser requerida a dissolução administrativa da sociedade com fundamento em facto previsto na lei ou no contrato e quando:
>
> *a)* Por período superior a um ano, o número de sócios for inferior ao mínimo exigido por lei, exceto se um dos sócios for uma pessoa coletiva pública ou entidade a ele equiparada por lei para esse efeito;

O dispositivo apontado mostra que, durante um período temporalmente limitado, a sociedade subsiste sem pluralidade de sócios. As próprias sociedades civis puras, nos termos do artigo 1007.°, *d*), podem manter-se, durante seis meses, como sociedades unipessoais: tal o prazo dado pela lei para se reconstituir a pluralidade de sócios. Tratando-se do Estado (ou entidade equiparada), a lei é ainda mais generosa: admite que a unipessoalidade se mantenha sem limites temporais.

II. A admissibilidade teórica de sociedades unipessoais foi sendo adquirida, aos poucos, pela doutrina, cabendo referir a ação de FERRER CORREIA, nesse sentido[729]. Na base ocorre a consideração de interesses justos e legítimos. Mas está ainda a deslocação do centro de gravidade das sociedades comerciais: elas evoluíram de um acordo entre pessoas para a montagem de uma organização autónoma das vicissitudes pessoais. Ou seja: num primeiro momento, a sociedade traduzia, efetivamente, uma congregação de esforços humanos, implicando necessária e logicamente mais

---

[728] Redação do Decreto-Lei n.° 76-A/2006, de 29 de Março.

[729] ANTÓNO FERRER CORREIA, *Sociedades fictícias e unipessoais* (1948), 299 ss., e *Lições* II – *Sociedades comerciais* cit., 146 ss..

Dogmática básica das sociedades

de uma pessoa; num segundo momento, ela passou a exprimir, apenas, um esquema de organização e uma técnica de gestão. Consumada a evolução, tanto dá que haja pluralidade de sócios.

Podemos ir mais longe: conquanto que desenvolvida para reunir uma pluralidade de pessoas, a sociedade comercial deu lugar a sistemas de administração de bens patrimoniais e a uma cultura própria que valem por si. Por isso se tornam possíveis sociedades puramente familiares, *maxime* entre cônjuges (artigo 8.º/1), mesmo quando seja manifesto que existem interesses e valores únicos[730]. No limite, a pluralidade é dispensável.

III. A existência de sociedades unipessoais começou por ser tolerada a título excecional e transitório: 6 meses nas sociedades civis puras e 12, nas comerciais, para permitir a reconstituição da pluralidade como se viu. Ainda aí, com uma precaução elementar: o sócio único responde ilimitadamente pelas obrigações sociais contraídas no período posterior à concentração de quotas ou de ações quando se prove que, nesse período, não foram observados os preceitos da lei que estabelecem a afetação do património da sociedade ao cumprimento das respetivas obrigações – 84.º/1.

Porém, esse regime de unipessoalidade acabaria por ser admitido em círculos mais extensos, acabando por se assumir como situação natural e, até, definitiva.

IV. No campo dos grupos, a lei admite que uma sociedade possa constituir uma sociedade anónima de cujas ações ela seja, inicialmente, a única titular – artigo 488.º/1. O advérbio "inicialmente" poderia sugerir que a situação de domínio total é meramente transitória. Mas não:

– o domínio total superveniente vem tratado no artigo 489.º em moldes que não deixam dúvidas quanto à sua subsistência; designadamente, o n.º 4 prevê o fim da relação de grupo sem prescrever, propriamente, qualquer esquema que a isso conduza;

---

[730] O fenómeno é, ainda, flagrante quando o sócio único seja o Estado. Nessa altura, a sociedade unipessoal surge como mais uma técnica de que o Estado pode dispor, para melhor gerir os interesses que lhe sejam confiados, particularmente com recurso ao Direito privado.

§ 22.º Os elementos das sociedades

– as aquisições potestativas, previstas no artigo 490.º, seja por iniciativa dos sócios que alcancem os 90% podendo provocar a compra das posições dos sócios livres (n.º 3), seja por iniciativa destes últimos, levando a maioria a adquirir as suas posições (n.º 5), conduzem – ou podem conduzir –, à unipessoalidade.

Devemos adiantar que, perante o fenómeno dos grupos de sociedades, a lei prevê mecanismos que tutelam os valores societários em presença. Assim, por força do artigo 491.º, temos os seguintes dispositivos:

– a sociedade dominante responde para com os credores da dominada, nos termos do artigo 501.º;
– a sociedade dominante responde para com a dominada pelas perdas desta, por via do artigo 502.º;
– a sociedade dominante tem o poder de dar instruções – 503.º;
– os administradores da sociedade dominante têm deveres e responsabilidades diretamente perante a sociedade dominada – 504.º.

Estes mecanismos facultam, precisamente, a manutenção da unipessoalidade: perante esta, falham outros esquemas de fiscalização e de garantia.

V. No caminho da unipessoalidade, o último passo foi dado pelo Decreto-Lei n.º 257/96, de 31 de Dezembro, que introduziu, no Código das Sociedades Comerciais, o capítulo III do título III intitulado sociedades por quotas unipessoais – artigos 270.º-A a 270.º-G[731].

As sociedades por quotas unipessoais podem advir:

– de uma constituição originária por um único sócio – 270.º-A/1.
– da concentração, num único sócio, de quotas antes pertencentes a várias pessoas – 270.º-A/2;
– da transformação de um estabelecimento individual de responsabilidade limitada.

---

[731] Anteriormente, o legislador tentara objetivos semelhantes através do estabelecimento individual de responsabilidade limitada, aprovado pelo Decreto-Lei n° 248/86, de 25 de Agosto, com as alterações introduzidas pelo Decreto-Lei n.º 36/2000, de 14 de Março e pelos artigos 14.º e 15.º do Decreto-Lei n.º 76-A/2006, de 29 de Março.

294 *Dogmática básica das sociedades*

A própria firma exprime a situação da unipessoalidade: deve conter a locução "sociedade unipessoal" ou a palavra "unipessoal" antes da palavra "Limitada" ou da abreviatura "Lda", nos termos do artigo 270.º-B. Qualquer pessoa que entre em contacto com esta entidade apercebe-se, imediatamente, da sua natureza unipessoal. Posto isso, passa a aplicar-se um regime próprio: funcionam as regras comuns, exceto no que pressuponham a pluralidade de sócios – 270.º-G[732]. Toda esta regulamentação visou transpor a Décima-Segunda Diretriz sobre sociedades comerciais. Em qualquer caso: a sociedade unipessoal não se confunde com o sócio único: são pessoas distintas[733].

VI. As sociedades por quotas unipessoais distinguem-se das sociedades comuns, pluripessoais, mas que, por qualquer razão incidental, tenham, momentaneamente, um único sócio. Quanto a estas últimas, a lei concede um prazo para a correção da situação, sujeitando-a, ainda, a um regime de cautela. Já as unipessoais "oficiais": são admitidas, com publicidade e sem problema de maior. E pelo meio, também em unipessoalidade, ficam determinadas sociedades integradas em grupos e dotadas de leis especiais.

Poderemos concluir, de toda esta evolução, que o elemento pessoal perdeu significado no Direito dos nossos dias? As sociedades podem ou não ser unipessoais, consoante as circunstâncias[734]?

VIII. A resposta deve ser negativa. Quer em termos significativo-ideológicos, quer em termos técnicos, a sociedade comercial traduz uma junção de esforços entre várias entidades. Toda a sua estrutura está marcada em função dessa pluralidade, que é existencial.

Antes se passa o seguinte: a sociedade comercial, na base da pluralidade de sócios, dá azo a esquemas organizativos suscetíveis de dar forma jurídica a empresas[735] ou, de qualquer modo, de ficar disponíveis para

---

[732] As sociedades por quotas unipessoais são objeto de estudo no vol. II desta obra; *vide*, aí, 441 ss.; para já, referimos a obra de RICARDO ALBERTO SANTOS COSTA, *A sociedade por quotas unipessoal no Direito português* (2002, 798 pp.).

[733] RGm 7-Jan.-2004 (ANTÓNIO MAGALHÃES; vencido: CARVALHO MARTINS), CJ XXIX (2004) 1, 273-276 (274/II).

[734] A lei britânica (*Companies Act 2006*, 7/1), limita-se a dizer que uma sociedade pode ser formada por uma ou mais pessoas, nos termos legais.

[735] Mas não necessariamente, pelo que também não podemos explicar a unipessoalidade pela ideia de empresa.

§ 22.º Os elementos das sociedades

quaisquer fins. Tais esquemas organizativos podem ser usados fora dos condicionalismos para que foram pensados.

A "sociedade" tem mesmo uma carga de tipo cultural que a torna preferível, em unipessoalidade, a figuras coerentes como o estabelecimento individual de responsabilidade limitada. Mas tal carga emerge da tendencial pluralidade que o fenómeno societário postula e dele depende, para ter peso.

102. O património

I. No contrato de sociedade civil, as partes – os sócios – ficam obrigados a contribuir com bens ou com serviços para o exercício em comum de certa atividade que não seja de mera fruição – artigo 980.º, do Código Civil. Há, assim, uma entrada de bens para a sociedade – 981.º/1. As "coisas sociais" têm um determinado regime de uso – 989.º – e pelas dívidas sociais respondem a própria sociedade e os sócios, pessoal e solidariamente – 997.º/1; todavia, o sócio demandado pode exigir a prévia execução do património social – *idem*, 2. Dissolvida a sociedade, procede-se à liquidação do seu património – 1010.º.

Em resumo: independentemente agora do problema da personalidade jurídica das sociedades civis puras[736], estas dispõem de um património ou conjunto de bens – coisas e direitos – unificado em função de determinado ponto de vista[737].

II. Passemos, agora, às sociedades comerciais. Estas não são definidas; todavia, não oferecerá dúvidas a aplicabilidade da ideia geral do artigo 980.º do Código Civil: a contribuição com bens ou serviços para a atividade comum estará sempre presente. As sociedades comerciais têm a capacidade necessária para prosseguir o seu fim – 6.º/1 – enquanto, segundo o artigo 20.º,

> Todo o sócio é obrigado:
>
> *a)* A entrar para a sociedade com bens suscetíveis de penhora ou, nos tipos de sociedade em que tal seja permitido, com indústria;

---

[736] *Manual* 2, 73 ss..
[737] *Tratado*, I/2, 2.ª ed., 183 ss..

296   *Dogmática básica das sociedades*

A obrigação de entrada vem regulada com algum pormenor – artigos 25.° e seguintes – ficando a sociedade a dispor de bens – cf. artigos 31.° e 32.°. Havendo dissolução da sociedade, passa-se à liquidação que irá dar destino aos seus bens – ao seu património – artigos 146.° e seguintes.

Tal como nas sociedades civis puras, as sociedades comerciais têm um património ou conjunto de bens unificado em função de certos fatores.

III. Diversos preceitos permitem, em especiais condições, o diferimento de entradas ou de parte delas – artigos 202.°/2 e 277.°/2, quanto a sociedades por quotas e anónimas, respetivamente[738]. Todavia, a sociedade adquire o direito (de crédito) às entradas, pelo que esse elemento integrará sempre o acervo patrimonial.

O património é, assim, um efetivo elemento das sociedades comerciais.

IV. Trata-se de um elemento estrutural e de fácil perceção. A sociedade representa uma organização humana, com objetivos patrimoniais. Por isso, ela deve dispor de bens e direitos afetos aos seus fins, o que é dizer: de um património. E esse património responderá pelas dívidas da sociedade. Não há sociedades sem obrigações de entrada e, portanto: sem um património daí resultante. É certo que, mercê das múltiplas vicissitudes que assolem uma sociedade, poderá, *in concreto*, não haver bens no ativo social. Aplicar-se-ão, nessa altura, diversas regras que abaixo examinaremos.

Tal situação não é, todavia, normal. A estrutura e o regime das sociedades comerciais foram desenhados tendo em vista sociedades dotadas de patrimónios: todas elas. Sem esse elemento real, as sociedades desapareceriam enquanto ente autónomo, transformando-se em meras articulações de serviços.

103. O objeto

I. A sociedade civil pura visa o "exercício em comum de certa atividade económica", segundo o artigo 980.° do Código Civil. Trata-se do

---

[738] *Manual* 2, 250 ss. e 560, respetivamente.

§ 22.º Os elementos das sociedades

fator teleológico do ente societário, numa ideia que podemos ainda exprimir falando no "objeto", no "escopo" ou no "fim" social.

A sociedade visa obter lucros – 980.º do Código Civil e 21.º/1, *a*), do Código das Sociedades Comerciais. Mesmo quando, concretamente, tal não suceda, toda a atividade societária está articulada em função dessa realidade[739]. A obtenção de lucros é, todavia, o objeto mediato ou final de qualquer sociedade. Para além dele, cada ente societário terá um fim ou objeto imediato: a concreta atividade económica a que se irá dedicar.

II. O objeto da sociedade deve constar obrigatoriamente dos seus estatutos – artigo 9.º/1, *d*), do Código das Sociedades Comerciais. E ele deve manter-se, durante toda a vida da sociedade: basta ver que a sua realização completa ou a sua ilicitude superveniente constituem casos de dissolução imediata dos entes societários – artigo 141.º, *c*) e *d*).

Este aspeto é importante e em vários níveis: técnicos e significativo-ideológicos.

Num plano técnico, o objeto da sociedade deve ser corretamente redigido em língua portuguesa – 14.º/1; o n.º 2 desse preceito explicita que estão em causa as atividades a exercer pela sociedade. Tal objeto (ou fim) irá determinar a própria capacidade da sociedade – artigo 6.º /1 –, embora com todas as limitações que abaixo veremos resultarem da necessidade de tutelar a confiança. O objeto da sociedade condiciona as deliberações dos sócios, sob pena de violação dos próprios estatutos sociais e baliza a atuação dos administradores.

Num plano significativo-ideológico, temos de ter sempre presente que, em termos jurídicos, apenas o ser humano é um fim, em si mesmo: existe por existir e, apenas por isso, deve ser tutelado pelo Direito. Uma sociedade só existe porque tem um fim, ao serviço de seres humanos. A não ter um objeto (exterior), nenhuma razão existe para a subsistência da sociedade: donde a sua dissolução, legalmente prevista.

III. O objeto das sociedades comerciais deve traduzir-se na prática de atos de comércio[740]: é o que resulta, de resto, do artigo 1.º/2. Não basta,

---

[739] *Vide* DI SABATO, *Società*, 6.ª ed. cit., 16 ss..

[740] O "ato de comércio" afere-se nos termos gerais do Código VEIGA BEIRÃO; cf. o *Manual de Direito comercial*, 2.ª ed., 187 ss..

298   *Dogmática básica das sociedades*

para que haja sociedade comercial, que se procurem lucros, através de uma atividade para tanto adequada. Há que fazê-lo em "modo comercial".

De toda a forma, sempre se poderá considerar que uma atividade lucrativa, levada a cabo por uma sociedade comercial, é, pelo menos, subjetivamente comercial. Caso a caso haverá, todavia, que o confrontar.

IV. O objeto da sociedade pode abranger:

– uma ou mais atividades principais;
– atividades secundárias;
– atividades acessórias.

A atividade principal exprime o objeto essencial da sociedade considerada. Pode tratar-se de uma atividade típica, regulada na lei e designada por uma locução que, de imediato, traduza a atuação em jogo; por exemplo: "comércio bancário" ou "indústria dos seguros". Pode, ainda, ser uma atividade maior ou menor, descrita por locuções adequadas capazes de exprimir o escopo do ente societário; por exemplo: "comércio de carne" ou "indústria conserveira".

Pode ainda acontecer que o pacto social fixe diversas atividades principais. Salvo casos especificamente legislados, em que seja determinada a regra da exclusividade, os sócios são livres de acrescentar, ao rol que designe o objeto social, diversas atividades principais.

V. Distinta da atividade principal é a atividade secundária. Também ela é consignada nos estatutos sociais, embora subordinadamente. Seria o caso de se fixar, como escopo social, de "indústria e comércio de conservas de peixe", bem como a sua "embalagem": esta última é uma atividade secundária, só fazendo sentido perante a primeira.

Quando as atividades principais se tornem impossíveis, as secundárias, não fariam sentido; a menos que se verificasse uma alteração do objeto social, a possibilidade de atividades secundárias seria insuficiente para justificar a manutenção da sociedade. O problema poderá ser prevenido inscrevendo-se, nos estatutos, a título também principal, as possíveis atividades secundárias ou encontrando um objeto suficientemente amplo para tudo abranger.

VI. As atividades acessórias não estão especificadas nos estatutos. Todavia, elas incluem-se no objeto social, como exigência das boas regras

§ 22.º Os elementos das sociedades

da interpretação, à luz da boa-fé. O termo "acessório" não deve ser tomado como manifestando uma menor importância das atuações envolvidas. No fundo, qualquer atividade principal só se pode concretizar através de toda uma teia de atividades acessórias, que lhe deem corpo. Por exemplo: qualquer sociedade com um objeto económico fica, automaticamente, habilitada a contratar os necessários trabalhadores e a contrair as operações de crédito convenientes.

104. O elemento formal; a tipicidade

I. Com isto chegamos ao último dos elementos apontados: o formal. A sociedade comercial deve assumir uma das formas previstas no próprio Código das Sociedades Comerciais. A civil quedar-se-á pelo disposto nos artigos 980.º e seguintes, do Código Civil.

Deste elemento deriva a organização. Uma sociedade poderia ser inorgânica. Não assim com as sociedades comerciais: estas implicam, por força da lei, uma estrutura interna, com órgãos diferenciados e esquemas de representação. E também as sociedades civis puras, embora mais lassas, acabam por apresentar uma estruturação interna e uma face externa, explicitadas na lei.

II. A tipicidade das sociedades tem diversas implicações[741]. Ela conduz:

– a um *numerus clausus* de sociedades;
– a uma natureza delimitativa de cada tipo;
– à limitação da analogia.

Vamos ver.

Quanto ao *numerus clausus*: não são possíveis esquemas societários não previstos na lei. Torna-se possível, pela interpretação, apurar concretamente quantos e quais os tipos societários existentes.

III. A natureza delimitativa de cada tipo recorda que, por uma razão de elementar consistência jurídica, as regras próprias de cada tipo não

---

[741] KARSTEN SCHMIDT, *Gesellschaftsrecht*, 4.ª ed. cit., 95 ss., com indicações.

300   *Dogmática básica das sociedades*

podem ser afastadas pela autonomia privada. De outro modo, a tipicidade seria aparente ou exemplificativa. O saber, do universo das normas legais, quais as integradoras do tipo e quais as dispensáveis é, depois, uma questão de interpretação.

IV. Finalmente, não é possível o recurso à analogia para constituir tipos diferentes dos previstos na lei: uma situação considerada ou cai no tipo e não há lacuna ou cai fora dele e então, não sendo comercial, não tem de procurar solução à luz do Direito das sociedades.

Outra manifestação deste corolário da tipicidade aflora no artigo 2.º, *in fine*: na parte em que manda atender aos "princípios informadores do tipo adotado" como fator de conformação no recurso ao Direito subsidiário.

V. Pergunta-se qual a finalidade da tipicidade societária. A resposta é importante porque, dela, poderão derivar os próprios limites do instituto ora em estudo.

À partida, a existência de tipos societários corresponde a um fenómeno de institucionalização de regras antes dispersas[742]. Daí advieram limites à liberdade contratual, no que toca à conformação das sociedades[743]. Os motivos justificadores desse estado de coisas são apontados[744]:

- no interesse público, que exigiria conhecer os entes coletivos atuantes;
- na proteção dos sócios que, assim, não poderiam ser levados a aceitar excessivas compressões dos seus direitos;
- na tutela dos credores, que mais facilmente mediriam os riscos das suas operações.

A tipicidade societária teria, ainda, a função formal de permitir normalizar as decisões e a substancial, de eticizar as relações materiais entre os intervenientes.

---

[742] GÜNTHER WÜST, *Gestaltungsfreiheit und Typenkatalog im Gesellschaftsrecht*, FS Duden (1977), 749-771 (756).

[743] ARNDT TEICHMANN, *Gestaltungsfreiheit in Gesellschaftsverträgen* (1970), 17 ss. e FELIX HEY, *Freie Gestaltung in Gesellschaftsverträgen* cit., 17 ss..

[744] Trata-se da arrumação dada, em síntese, por TEICHMANN, *Gestaltungsfreiheit* cit., 250-251. COUTINHO DE ABREU, *Código em Comentário* 1 (2010), 39-40, sublinha "a segurança jurídica".

§ 22.º Os elementos das sociedades

Os valores em jogo são suficientemente flexíveis para não exigir uma tipicidade absolutamente fechada. O modelo legal pode ser tomado como um contrato-quadro[745], com um considerável espaço para a conformação contratual das sociedades[746]. Quer isso dizer que, perante cada tipo de sociedade concretamente em jogo, haverá que indagar até onde vai a autonomia das partes. Tendencialmente, as regras são imperativas quando estejam em jogo razões de mercado ou a tutela de terceiros ou de sócios débeis; nos restantes casos, a autonomia privada recupera a primazia. As sociedades de pessoas – portanto: sociedades civis puras e sociedades em nome coletivo – são as que oferecem tipos mais abertos[747]. A liberdade contratual assumiria, aí, um papel vincado, sob a sindicância da boa-fé[748].

Na escolha que façam do tipo social a adotar, cabe às partes ponderar os diversos vetores em presença: na enumeração de KARSTEN SCHMIDT: aspetos fiscais, organizatórios, de responsabilidade patrimonial, relativos à prestação de contas e ao balanço, referentes à administração e à estrutura do capital e da sua captação, atinentes ao *marketing* (à imagem da empresa) e ao reconhecimento no estrangeiro[749].

VI. O que sucede se forem desrespeitados os limites impostos pela tipicidade das sociedades? Cumpre distinguir, tanto mais que, como veremos, a invalidade das sociedades dispõe, por exigência comunitária, de um regime especial: artigos 41.º e seguintes[750]. Se se tratar de uma sociedade congeminada pelas partes, que não possa integrar um tipo societário comercial e que não esteja registada, resta concluir pela sua natureza não-comercial. A licitude da situação seria, depois, aferida à luz do Direito civil: este nos diria se se poderia tratar de uma sociedade civil ou se esta-

---

[745] HARM PETER WESTERMANN, *Vertragsfreiheit und Typengesetzlichkeit im Recht der Personengsellschaften* (1970), 14.

[746] CHRISTINA WINDBICHLER, *Gesellschaftsrecht*, 22.ª ed. cit., 4.

[747] HARM PETER WESTERMANN, *Vertragsfreiheit und Typengesetzlichkeit* cit., 123 ss., JOHANN GEORG HELM, *Theorie und Sachanalyse im Recht "atypischer" Gesellschaften*, ZGR 1973, 479-484 e ROBERT BATTES, *Rechtsformautomatik oder Willensherrschaft?*, AcP 174 (1974), 429-464.

[748] ROLF SACK, *Typusabweichung und Institutsmissbrauch im Gesellschaftsrecht*, DB 1974, 369-373 (369); KARSTEN SCHMIDT, *Gesellschaftsrecht*, 4.ª ed. cit., 101 ss..

[749] KARSTEN SCHMIDT, *Gesellschaftsrecht*, 4.ª ed. cit., 99.

[750] *Infra*, § 37.º.

ríamos perante uma realidade diversa. Se estiverem em causa elementos de uma sociedade qualificável como "comercial", mas ainda não registada, teremos de verificar se é possível, com recurso às regras da redução ou da conversão dos negócios jurídicos, fazer desaparecer a solução desviante: isso feito, a sociedade é comercial. Estando a sociedade registada e tratando-se de uma sociedade de capitais, segue-se o regime do artigo 42.º.

> Segundo STJ 5-Mar.-1992, o princípio da tipicidade das sociedades comerciais obriga a perfilhar um dos quatro tipos definidos na lei. Além disso, ele obriga a adotar os órgãos administrativo-representativos predispostos para o tipo em causa. Não poderia, por consequência, nos estatutos de uma sociedade por quotas, atribuir-se a um conselho de administração a administração dos negócios sociais e a representação da sociedade, uma vez que, segundo o artigo 252.º/1, tal papel deve caber a um ou mais gerentes[751].

VII. Pergunta-se até onde vão as exigências da tipicidade ou, noutros termos: quais são as normas conformadoras do tipo societário?

Tratar-se-á de normas imperativas: no sentido de que se jogam normas que, a serem afastadas pela vontade das partes (e caso isso fosse possível), conduziriam já a um tipo societário diverso. Mas nem todas as normas imperativas estarão em causa. Com efeito, há normas que devem ser respeitadas pelas partes mas que, ou por serem comuns a todos os tipos sociais (p. ex., a proibição de pactos leoninos, consignada no artigo 22.º/3) ou por se reportarem a aspetos muito particulares do tipo considerado (p. ex., a transmissibilidade de ações, presente no artigo 328.º/1), não integram, propriamente, o tipo societário.

O problema tem consequências práticas: as normas instituidoras do tipo não comportam aplicação analógica.

O tipo societário é integrado por normas que têm a ver com os pontos seguintes:

– a conformação da firma;
– o regime de responsabilidade por dívidas;
– as regras básicas atinentes às participações sociais.

---

[751] STJ 5-Mar.-1992 (TATO MARINHO), BMJ 415 (1992), 666-670 (669).

§ 22.° Os elementos das sociedades

A conformação da firma é decisiva. Bastará vê-la ou ouvi-la para, de imediato, qualquer interessado ficar inteirado do tipo de sociedade em jogo. O regime de responsabilidade por dívidas surge nuclear, sendo, no essencial, expresso pela firma. O comércio jurídico e a confiança suscitada pela sociedade disso dependem. Finalmente, as regras básicas atinentes às participações sociais têm também um peso existencial: qual a sua conformação e em que se traduzem.

SECÇÃO II
A DOUTRINA DAS PESSOAS COLETIVAS

§ 23.º A PERSONALIDADE COLETIVA

105. As doutrinas clássicas

I. Como acima foi explanado, o desenvolvimento geral da doutrina da personalidade coletiva constituiu um dos fatores de sedimentação das sociedades[752]. Cumpre, agora, referir o estado atual dos problemas: ele opera como um dos vetores integrantes da dogmática básica das sociedades, condicionando diversos aspetos do seu regime.

II. O pensamento jurídico atual, no tocante à personalidade coletiva, deve-se a SAVIGNY. Além disso, tem-lhe sido imputada a teoria da ficção: a primeira das doutrinas clássicas sobre o tema.

A literatura que o antecedeu manteve o tema nas estreitas fronteiras que lhe advinham do jusracionalismo. Tratava-se de uma noção conhecida, mas com um papel sistemático reduzido. A propósito de pessoas, fala-se, apenas, em homens, quedando-se as pessoas coletivas por breves referências esparsas. O relevo regulativo da figura era escasso. A mudança radical ocorreu com GLÜCK o qual, retomado por HEISE e consagrado por SAVIGNY, tornou irreconhecível toda a evolução subsequente[753].

A personalidade coletiva incluiu-se entre os institutos privados definitivamente marcados por SAVIGNY. Dela, SAVIGNY deixou-nos uma ideia geral, uma construção técnica, uma explicação teórica e uma cobertura ideológica.

---

[752] *Supra*, 54 ss..

[753] Para maiores desenvolvimentos *vide* o nosso *O levantamento da personalidade coletiva no Direito civil e comercial* (2000), 37 ss..

§ 23.° A personalidade coletiva 305

Assim, em termos gerais, pessoa é todo o sujeito de relações jurídicas[754] que, tecnicamente, não corresponda a uma "pessoa natural"[755], mas que seja tratado como pessoa, através de uma ficção teórica[756]: situação que se justifica para permitir determinado escopo humano[757].

O pensamento de SAVIGNY, tal como se depreenderia do *System*, passou a constituir ponto de partida obrigatório para os diversos estudos sobre a dogmática da personalidade coletiva, até aos nossos dias[758]. Com base nos textos savignyanos, têm-se vindo a desenvolver leituras diversas.

Um entendimento tradicional traçava um quadro bastante plausível: SAVIGNY estaria imbuído de ideias líbero-individualistas, pelo que, como pessoa, só podia entender o ser humano individual (*Mensch*)[759]; levado por razões de ordem técnica, SAVIGNY acabaria por admitir pessoas coletivas, mas apenas a título de ficção jurídica.

Essa leitura de SAVIGNY, verdadeira opinião comum durante quase século e meio, foi posta em causa por FLUME[760]. Segundo este Autor, SAVIGNY conhecia bem a existência de um substrato real, subjacente às pessoas coletivas[761]. A referência a uma ficção, em sentido próprio, teria resultado de um mal-entendido na leitura de SAVIGNY; haveria, na verdade, apenas, uma transposição. O problema suscitado por FLUME não tem resposta

---

[754] FRIEDRICH CARL VON SAVIGNY, *System des heutigen Römischen Rechts*, 2.° vol. (1840), 1 ss..

[755] SAVIGNY, *System* cit., 2, 235-236.

[756] SAVIGNY, *System* cit., 2, 236.

[757] SAVIGNY, *System* cit., 2, 240.

[758] Como meros exemplos: E. HÖLDER, *Das Problem der juristischen Persönlichkeit*, JhJb 53 (1908), 40-107 (43-44), KARL HAFF, *Grundlagen einer Körperschaftslehre* I – *Gesetze der Willensbildung bei Genossenschaft und Staat* (1915), 131, RAYMOND SALEILLES, *De la personnalité juridique Histoire et théories*, 2.ª ed. (1922), 310, HEINZ RHODE, *Juristische Person und Treuhand / Grundzüge einer Lehre vom zweckgebundenen Recht* (1932), 29 – este Autor faz remontar a ficção savignyana a Inocêncio IV –, NASS, *Person. Persönlichkeit und juristische Person* cit., 34 e FRITZ RITTNER, *Die werdende juristische Person / Untersuchungen zum Gesellschaft und Unternehmensrecht* (1973), 156.

[759] A esse propósito, HELMUT COING, *Zur Geschichte des Privatrechtsystems* (1962), 67-68, procede à aproximação entre SAVIGNY e KANT.

[760] WERNER FLUME, *Savigny und die Lehre von der juristischen Person*, FS Wieacker (1978), 340-360 e *Allgemeiner Teil des bürgerlichen Rechts / I, 2 – Die juristische Person* (1983), 3. Também LARENZ, *Allgemeiner Teil des deutschen bürgerlichen Rechts*, 7.ª ed. (1989), 133, nota 2, considerava que a imputação, a SAVIGNY, da teoria da ficção resulta de um mal-entendido; não chegava, porém, a dar as suas razões; a referência desapareceu nas edições ulteriores.

[761] FLUME, *Savigny* cit., 342, 343, 345 e 352.

306 *Dogmática básica das sociedades*

clara. Uma leitura atenta das páginas dedicadas, por SAVIGNY, ao problema da personalidade coletiva, parece indicar que, na verdade, quando ele falava em *ficção*, não lhe dá o sentido de "fingimento", que o termo adquiriria na literatura posterior. Nesse sentido, FLUME tem razão: a verdadeira teoria da ficção surgiria mais tarde, podendo ainda acrescentar-se que, além disso, ela tem raízes bem anteriores a SAVIGNY.

Não pode, contudo, ignorar-se que o qualificativo "ficção", feito pela pena de SAVIGNY, tinha um imediato alcance dogmático. Ao efetuá-lo, SAVIGNY não pretendia lucubrar sobre teorias mas, pelo contrário, apontar um regime. Ora há dois pontos do regime das pessoas coletivas que – mau grado o silêncio da doutrina – derivam da natureza essencialmente ficciosa do fenómeno da responsabilidade coletiva: a impossibilidade de aplicação analógica das normas "ficciosas" e a irresponsabilidade, penal e civil aquiliana, das próprias pessoas coletivas[762].

A evolução da Ciência do Direito ultrapassaria, nas décadas ulteriores, a construção de SAVIGNY. O fenómeno é natural e em nada retira o valor do *System*. E num ponto ainda ele é exemplar: em SAVIGNY, os diversos aspetos em jogo, desde a formulação técnica às consequências dogmáticas, passando pelo circunstancialismo político-ideológico[763], estão sempre interligados. Esta interligação viria, depois, a perder-se. A sua reconstituição é, todavia, fundamental para a apresentação de uma noção moderna operacional de pessoa coletiva.

III. A recondução da personalidade coletiva à mera categoria de ficção punha em jogo a sua própria subsistência. A questão tinha de ser formalizada, com frontalidade: em que medida não seria a personalidade coletiva mais do que um expediente técnico, para prosseguir determinados objetivos?

JHERING responde afirmativamente a essa questão. E fá-lo com argumentos ponderosos[764]. Desde logo, coloca o tema da personalidade depois do do direito subjetivo que, sabidamente, define como o "interesse juridicamente protegido"[765]. O primeiro elemento do direito subjetivo seria o inte-

---

[762] SAVIGNY, *System* cit., 2, § 94 (310-318). Em abono da posição assumida, no Direito penal, SAVIGNY cita FEUERBACH.

[763] FLUME acrescenta, ainda, a fenomenologia sociológica subjacente.

[764] RUDOLF VON JHERING, *Geist des römischen Rechts auf den verschiendenen Stufen seiner Entwicklung*, 3 (1877), 338 ss..

[765] O sentido da conceção de JHERING, quanto ao direito subjetivo e o alcance da contraposição entre essa conceção e a de SAVIGNY, podem ser confrontados, com diversas indicações, em MENEZES CORDEIRO, *Tratado de Direito civil*, I/1, 3.ª ed., 315 ss..

§ 23.º A personalidade coletiva

resse. Como segundo elemento surge a proteção, *maxime* pela ação judicial, e que corresponde a um critério de Direito privado[766]. Na sociedade ocorrem certos interesses, indeterminados ou gerais, cuja defesa exige uma particular colocação de modo a poderem comportar a ação judicial. Aí acodem as pessoas coletivas: são modos de posicionar os referidos interesses indeterminados ou gerais, como forma de os tornar operacionais, perante a ação judicial[767]. Mas os interesses são-no, sempre, dos homens; por isso, JHERING passa a descobrir quem se abriga por detrás das diversas pessoas coletivas: nessas condições estariam os verdadeiros titulares dos seus direitos[768].

Esta evolução tinha um termo lógico. Se as pessoas coletivas – e, daí, as pessoas em geral – mais não eram do que um expediente técnico para assegurar a tutela jurídica de certos escopos, então elas podiam ser dispensadas. As realidades deveriam ser chamadas pelos seus nomes: os escopos com determinada afetação. Esta posição negativista foi defendida, com inegável brilho, por BRINZ[769]. Num prisma puramente técnico, BRINZ marca pontos irrespondíveis[770]. O Direito não vive – não pode viver – de expedientes linguísticos. Por isso, se a pessoa (coletiva) mais não fosse do que um expediente, destinado a permitir a ação judicial, em relação a escopos coletivos ou indeterminados – ou quaisquer outros – poderia ser dispensada, como complicação suplementar inútil.

Numa palavra: a crítica a BRINZ não pode ser positiva. Mas para tanto, haveria que aguardar, ainda, uma longa caminhada científica.

---

[766] JHERING, *Geist* cit., 3, 340.

[767] JHERING, *Geist* cit., 3, 341.

[768] No tocante às pessoas coletivas de tipo corporacional, JHERING não tem, segundo diz, dificuldades especiais: "Não! Não é a pessoa jurídica, como tal, mas sim os seus membros, que são os verdadeiros titulares dos direitos ..." – *Geist* cit., 3, 342 e 343. Nas fundações, JHERING reconhece maiores dificuldades; cf. *Geist* cit., 3, 344 ss.; *vide* PLEIMES, *Irrwegen* cit., 83.

[769] ALOIS BRINZ, *Lehrbuch der Pandekten*, 1, 2.ª ed. (1873), § 61 (201 ss.). A 1.ª ed. de BRINZ, sucede já à 1.ª, do *Geist*, de JHERING, o que lhe permite entrar em diálogo com este; e, por outro lado, na cit. 2.ª ed., das *Pandekten* de BRINZ, responde-se já à tempestade de críticas que a ousada negação de personalidade coletiva havia feito desabar sobre ele.

[770] BRINZ, *Pandekten* cit., 1, 2.ª ed., 197 ss., explica, designadamente, que a afirmação da impossibilidade de existência de um património sem pessoa é um autêntico axioma – proposição indemonstrada de pretensão absoluta –, acabando por desabar na magia de transformar coisas em pessoas, efetivada, em PUCHTA, com uma dimensão quase religiosa. Tal orientação que, segundo BRINZ, nem teria apoio nas fontes, não deveria subsistir.

308   *Dogmática básica das sociedades*

IV. Embora partindo de premissas diferentes, também DUGUIT – muito conhecido e citado, em Portugal, na literatura da primeira metade do século[771] – vem negar a personalidade coletiva[772]. Partindo da supressão do direito subjetivo, reduzido a um simples poder da vontade reconhecido pelo Direito, DUGUIT explica que a "pessoa moral" é um conjunto de bens, orientado pela vontade dos seus representantes em virtude das regras de Direito que lhe dão tal alcance.

DUGUIT procede – como no essencial das suas reconstruções – a reformulações linguísticas de grande amplitude, doseadas por um jusracionalismo positivista. Discutível no Direito público, tal procedimento é irreal, no Direito privado, onde o jurista, antes de criar, deve conhecer os elementos pré-dados, pela História e pela Cultura.

Parece mais apoiado o negativismo de PLANIOL. Este, com recurso à História, procura demonstrar que o problema da personalidade coletiva tem, subjacente, o da propriedade coletiva: apenas se recorreria a ficções de personalidade para exprimir esta[773]. A supressão das dimensões significativo--ideológicas é patente.

O negativismo francês, aqui expresso com DUGUIT e com PLANIOL, não pode deixar de ser conectado à parcimónia do *Code Napoléon* e, daí, a uma síntese imperfeita das primeira e segunda sistemáticas[774].

V. O vazio deixado pela tecnicização da personalidade coletiva levou a doutrina do século XIX a, vivamente, procurar um conteúdo para preencher essa noção. As múltiplas tentativas desde então verificadas podem agrupar--se em sistematizações que, não sendo inóquas, variam com os autores. Pela facilidade de reconstrução histórica que possibilita, vai recorrer-se à ordenação cronológica dos esforços efetuados.

---

[771] P. ex., CUNHA GONÇALVES, *Tratado de Direito Civil em Comentário ao Código Civil Português* cit., 1, 748 ss..

[772] LÉON DUGUIT, *L'État, le Droit objectif et la Loi positive* (1901), 1 ss. (a pretensa personalidade do Estado) e *Traité de Droit Constitutionnel*, 1.º vol. – *La règle de droit – Le problème de l'État*, 2.ª ed. (1921), 318 ss., 324 ss. e 321 (a personalidade é uma pura criação do espírito) e 2.º vol. – *La Théorie Générale de l'État* (1923), 31 ss. (não há vontades coletivas).

[773] MARCEL PLANIOL, *Traité Élémentaire*, 1, 3.ª ed. (1904), n.º 3009 ss. (979 ss.).

[774] *Vide*, aliás, o desenvolvimento de BAUDRY-LACANTINERIE/HOUGUES FOURCADE, *Traité Théorique et Pratique de Droit Civil / Des personnes*, 1, 3.ª ed. cit., 343 ss., os quais (341) não deixam, contudo, de protestar contra o que consideram o excessivo materialismo de PLANIOL.

§ 23.° A personalidade coletiva

A reação mais característica e cabal ao ficcionismo técnico viria de VON GIERKE e da sua conceção, que ficaria conhecida como "teoria orgânica" ou do "realismo orgânico" e que daria azo, mais tarde, a uma generalizada busca de substratos, para a pessoa coletiva.

VON GIERKE desenvolve a sua construção sobre a personalidade coletiva na base de uma crítica à denominada "teoria da ficção"[775]. Após aturados estudos históricos, VON GIERKE é levado a concluir pela efetiva existência, na sociedade, de entidades coletivas que não se podem reduzir à soma dos indivíduos que as componham.

A realidade social não permitiria, portanto, concluir pela existência, apenas, de pessoas singulares: junto a estas operariam as pessoas coletivas[776]. Explica este Autor:

> A pessoa coletiva é uma pessoa composta. A sua unidade não se exprime numa essência humana singular, mas, antes, num organismo social que, na sua estrutura orgânica surge, tradicionalmente, com um "corpo", com "cabeça" e "membros" e com "órgãos funcionais", mas apenas como imagem social (...)[777].

Resultaria, daí, que

> A pessoa coletiva é uma pessoa efetiva e plena, semelhante à pessoa singular; porém, ao contrário desta, é uma pessoa composta[778].

A construção de VON GIERKE tem sido criticada pelo insólito que implica a referência a "órgãos", especificadamente "cabeça" e "membros", nas pessoas coletivas. A crítica não é justa: VON GIERKE explica que, por um lado, também a pessoa singular só age através dos seus órgãos[779]; por outro, tais referências são meramente ilustrativas[780].

Imputa-se ainda, a VON GIERKE, uma certa indefinição quanto à natureza última dos "organismos", que servem de substrato às pessoas coletivas. Na verdade, tais "organismos" ora assumiriam natureza histórico-cultural,

---

[775] OTTO VON GIERKE, *Die Genossenschaftstheorie und die deutsche Rechtsprechung* (1887), 603 e *passim*; por último, desse mesmo Autor, *Das Wesen der menschlichen Verbände* (1902), 4.

[776] UWE JOHN, *Die organisierte Rechtsperson* (1977), 34 ss., exprime esta faceta do pensamento de VON GIERKE sublinhando o seu "monismo": admitiria a ideia unitária de "pessoa", em vez de contrapor, logo à partida, as pessoas singulares e as pessoas coletivas.

[777] OTTO VON GIERKE, *Deutsches Privatrecht*, 1 – *Allgemeiner Teil und Personnenrecht* (1895), 472.

[778] OTTO VON GIERKE, *Deutsches Privatrecht* cit., 1, 470.

[779] OTTO VON GIERKE, *Die Genossenschaftstheorie* cit., 614-615.

[780] OTTO VON GIERKE, *Das Wesen der menschlichen Verbände* cit., 13 ss..

310   *Dogmática básica das sociedades*

ora seriam apresentados como realidades sociológicas, ora seriam remetidos para o elemento humano subjacente. Responde VON GIERKE:

> Não sabemos, verdadeiramente, o que é a vida. Mas não a podemos, por isso, excluir da Ciência. Sabemos, de facto, que a vida existe (...). Assim, construímos um conceito de vida com o qual operamos nas ciências da natureza e nas do espírito[781].

Finalmente, considera-se que o Direito positivo, por vezes, personifica realidades pura e simplesmente carecidas de substrato, enquanto outras, dele guarnecidas, não são contempladas. Também esta crítica deve ser redimensionada. Com efeito, VON GIERKE escreveu o grosso da sua obra antes da codificação: nessa altura, a atribuição da personalidade coletiva era, antes do mais, doutrinária. Porém, quando surgiu o projeto do então futuro BGB, VON GIERKE apercebeu-se perfeitamente da orientação assumida: a personificação, então como hoje, depende, no essencial, de critérios formais, que podem dispensar a presença do "organismo" subjacente. Por isso, ele não deixou de criticar o projeto, acusando-o de ter dado acolhimento, à teoria da ficção[782].

A orientação orgânica de VON GIERKE tem o mérito de recordar que a personalidade coletiva corresponde a uma realidade histórica e sociológica, que ultrapassa o arbítrio do Direito. Este pode não reconhecer todos os "organismos" que o mereceriam, como VON GIERKE não deixa de notar. Mas quando isso ocorra, o legislador esquece a realidade, atentando contra a ideia de Direito[783]. Por outro lado, atribuir personalidade a algo que não corresponda a qualquer substrato, estará, por certo, próximo da ficção.

O grande óbice da construção de VON GIERKE reside na dimensão técnica que a personalidade coletiva veio a assumir. Embora essa dimensão não a esgote, ela existe e não deve ser esquecida. Ora, desde o momento que o Direito positivo personifique entidades que ainda não têm substrato orgâ-

---

[781] OTTO VON GIERKE, *Das Wesen der menschlichen Verbände* cit., 19.

[782] OTTO VON GIERKE, *Personengemeinschaften und Vermögensinbegriffe im dem Entwurfe eines Bürgerlichen Gesetzbuches für das Deutsche Reich* (1889), 5 e 39.

[783] OTTO VON GIERKE, *Deutsches Privatrecht* cit., 1, 471. Assim, KARSTEN SCHMIDT, *Einhundert Jahre Verbandstheorie im Privatrecht / Aktuelle Betrachtung zur Wirkungsgeschichte von Otto v. Gierkes Genossenschafttheorie* (1987), 15, sublinha, entre os méritos de VON GIERKE, precisamente o de, pela sua construção, ter limitado o espaço de manobra do legislador no reconhecimento da personalidade. Uma consideração apreciativa das conceções de VON GIERKE consta, também, de H. HENKEL, *Einführung in die Rechtsphilosophie*, 2.ª ed. (1977), 275. Entre nós, cf. as indicações críticas dadas por PEDRO DE ALBUQUERQUE, *Direito de preferência dos sócios* (1993), 307 ss., nota 25.

§ 23.º A personalidade coletiva

nico e que – porventura – nunca o virão a ter, há que procurar, alhures, a sua essência. Com esta ressalva, OTTO VON GIERKE ficará como o cientista do Direito que mais profundamente estudou a personalidade coletiva.

VI. Embora a linguagem metafórica de VON GIERKE tenha sido desamparada, a ideia básica por ele defendida permaneceria em largos sectores da doutrina. Tal ideia traduz-se na asserção de que, na personalidade coletiva, não há uma pura criação jurídica ou um simples expediente normativo: o Direito limitar-se-ia a reconhecer algo de preexistente, ou seja, um determinado substrato, cuja natureza, depois, se poderia discutir. Além disso, da pessoa coletiva emanaria uma dimensão supraindividual.

A ideia de que o Direito apenas reconhece, na personalidade coletiva, uma realidade preexistente surge-nos, clara, em STOBBE[784]. PREUSS apoia VON GIERKE[785], enquanto DERNBURG explica que a pessoa coletiva, embora não sendo corpórea, não é irreal: ela assentaria em representações e não em ficções[786].

KRÜCKMANN insiste, a propósito das pessoas coletivas, no mero reconhecimento de uma realidade que ele imputa – já com algum distanciamento em relação a VON GIERKE –, a uma organização[787]. VON SCHWIND, sublinhando a realidade das pessoas coletivas, agradece o contributo de VON GIERKE[788].

Até aos nossos dias, tem sido reconhecida pelo menos uma parcela de razão a VON GIERKE: DE BOOR sublinha a procedência de algumas das suas asserções, no tocante às associações, embora explicando que apenas o Direito poderá reconhecer ou não determinada pessoa coletiva[789], enquanto COING refere o retomar de certas das suas ideias[790].

O "organicismo" de VON GIERKE veio ceder o lugar a substratos mais subtis. Assim, é possível apontar três tradições que procuram o substrato das pessoas coletivas, respetivamente, em acervos de bens, em manifestações institucionalizadas da vontade ou em organizações não específicas.

---

[784] OTTO STOBBE, *Handbuch des Deutschen Privatrechts*, 1, 2.ª ed. (1882), § 49 (377-378).

[785] HUGO PREUSS, *Stellvertretung oder Organschaft?*, JhJb 44 (1902), 429-479 (435).

[786] DERNBURG/BIERMANN, *Pandekten*, 1, 7.ª ed. (1902), § 59 (136); a 1.ª ed. é de 1884, a 4.ª, de 1894 e a 5.ª, de 1896.

[787] PAUL KRÜCKMANN, *Institutionen des Bürgerlichen Gesetzbuches* (1912), 49.

[788] ERNST FREIH. VON SCHWIND, *Deutsches Privatrecht*, 1 (1919), 105 ss. (107).

[789] HANS OTTO DE BOOR, *Bürgerliches Recht*, 1, 2.ª ed. (1954), 78.

[790] HELMUT COING, *Zur Geschichte des Privatrechtsystems* (1962), 74.

312 Dogmática básica das sociedades

O acervo de bens ou património de afetação remonta à corajosa construção de Brinz, acima sumariada e, mais longe, a uma das leituras de Jhering. Perante a prática jurídica corrente, habituada a lidar com as pessoas coletivas, esta orientação foi perdendo as suas vestes negativistas. Em Windscheid, ainda se mantêm alguns aspetos: admitem-se os próprios patrimónios como sujeitos de direitos[791]. Schwarz, por fim, reconstitui a unidade das pessoas, asseverando que, em todos os casos, a personalidade resulta do escopo dos patrimónios afetos[792], numa posição que aflora igualmente em Rhode[793].

A vontade, com raízes em Savigny, surge, de modo repetido e na literatura da época, como um excelente substrato para as pessoas coletivas. Num importante trabalho, retomando Unger, Zitelmann vem concluir que a personalidade é a capacidade de ter uma vontade jurídica[794]. Karlowa retoma esta orientação, conectando-a, aliás, com o pensamento hegeliano[795], enquanto Regelsberger fala em centros de atuação e de vontade[796]. Levando esta orientação até às suas fronteiras lógicas, Hölder defende o representante como o efetivo substrato da pessoa coletiva[797]. Posteriormente, autores como Haff são levados a abordar o tema da personalidade coletiva através da vontade, como modo de aprofundar as construções de von Gierke[798].

---

[791] Windscheid/Kipp, *Lehrbuch des Pandekten*, 1, 9.ª ed. (1906), § 57, 3 (260). De resto, Windscheid acabaria por ficar próximo do realismo jurídico, abaixo examinado.

[792] Gustav Schwarz, *Rechtssubjekt und Rechtszweck / Eine Revision der Lehre von der Personen*, AbürglR 32 (1908), 12-139 (15).

[793] Heinz Rhode, *Juristische Person und Treuhand / Grundzüge einer Lehre vom zweckgebundenen Recht* (1932), 63.

[794] Ernst Zitelmann, *Begriff und Wesen der sogenannten juristischen Personen* (1873), 67-68. Zitelmann é anterior a von Gierke; no entanto, só depois deste a referência à vontade pode ser tomada no sentido aqui adotado, de substrato da personalidade coletiva.

[795] Karlowa, *Zur Lehre von den juristischen Personen*, GrünhutZ 15 (1888), 381-432 (381).

[796] Ferdinand Regelsberger, *Pandekten*, 1 (1893), 297.

[797] Eduard Hölder, *Natürliche und juristische Personen* (1905), 301 ss. (337 ss.) e *Das Problem der juristischen Persönlichkeit*, JhJb 53 (1908), 40-107 (61, 78 ss. e *passim*); este artigo constitui uma resposta às observações dirigidas, por Binder e Preuss, ao seu livro, acima citado.

[798] Karl Haff, *Grundlagen einer Körperschaftslehre* I – *Gesetze der Willensbildung bei Gemeinschaft und Staat* (1915), 2 ss.. Em *Die juristischen Personen des bürgerlichen und Handelsrechts in ihren Umbildung*, FS RG, 2 (1929), 178-190 (185 e *passim*), Haff evolui, no sentido de dar relevância à empresa.

§ 23.º A personalidade coletiva

Os apelos a uma organização de tipo jurídico – e, portanto, a não confundir com o organicismo, de VON GIERKE – vão surgir, com exemplo em ENNECCERUS[799]: as pessoas coletivas são organizações, reconhecidas como sujeitos, de direito e de vontade.

Todas essas orientações, cada vez de leitura mais complexa e subtil, defrontavam-se com uma dificuldade de raiz: a multiplicação das pessoas coletivas permitia, em contínuo, apresentar casos nos quais faltava, ora o património, ora a vontade, ora a organização. Noutros termos: não há *um* substrato que possa, com razoabilidade, amparar todas as pessoas coletivas que a prática jurídica permite documentar.

Os estudiosos recorreram, então, a abstrações crescentes. O pensamento neo-hegeliano, particularmente apto para a superação do personalismo kantiano através da concretização das ideias, forneceu, num primeiro tempo, quadros mentais e linguísticos importantes para a abstração dos substratos[800].

106. "Realismo jurídico" e tendências recentes

I. Os esforços acima anotados no sentido de, para as pessoas coletivas, encontrar um substrato foram, claramente, esmorecendo. A variedade de situações a que o Direito vinha reconhecendo a personalidade coletiva inviabilizava qualquer hipótese razoável de construir substratos unitários ou, sequer, classificáveis.

Os juristas vieram a refugiar-se em construções cada vez mais teóricas ou técnico-jurídicas. A teoria da ficção, reportada sem grande critério a SAVIGNY, era recusada perante a presença efetiva de pessoas coletivas. Porém, também o organicismo e os diversos substratos eram desamparados, dada a presença irrefutável dos mais diversos tipos de pessoas coletivas. A pessoa coletiva veio, então, a ser definida com recurso a pura terminologia jurídica e por oposição à pessoa singular – p. ex., pessoa coletiva é aquilo que, não sendo pessoa singular, traduza a suscetibilidade de ser titular de direitos ou adstrito a obrigações. Em contrapartida à teoria da ficção, esta orientação é dita "realismo"; e por contraposição aos diversos substratos, ela considera-se "jurídica".

---

[799] L. ENNECCERUS, *Das Bürgerliche Rechte / Eine Einführung in das Recht des Bürgerlichen Gesetzbuchs* (1900), 73.

[800] *Vide* o nosso *O levantamento* cit., 59-60.

314   *Dogmática básica das sociedades*

II. O "realismo" jurídico remonta aos aspetos técnicos da noção de SAVIGNY. Tais aspetos foram sobrevalorizados por alguma pandetística tardia – refiram-se BECKER, BARON, WENDT, SOHM e WÄCHTER –, ao ponto de se tornarem nos únicos fatores a ter em conta, na definição. Em troços já citados, de WINDSCHEID e de ENNECCERUS, nota-se uma referência muito tímida a substratos; o essencial das respetivas noções é técnico-jurídico.

A partir daqui, autores das mais diversas formações vêm apresentar noções que pretendem combater o "ficcionismo" com recurso a categorias jurídicas. Para BINDER, "ser sujeito de direito é estar numa relação, dada pela Ordem Jurídica, e que nós chamamos direito subjetivo"[801]. SALEILLES, embora considerando "analítica" a fórmula de BINDER, adere também ao "realismo"[802]. WOLFF apela a um conceito técnico-jurídico de pessoa[803], enquanto BRECHER sublinha que o sujeito de direito só o é por força da lei[804].

O realismo jurídico tem sido doutrina quase oficial em França, em Itália e em Portugal.

Em França, perdidas as tradições do início do século, a doutrina comum ao longo do século XX, veio contradizer a "ficção" através de uma apontada "realidade", em sede jurídica, das pessoas coletivas[805].

Foi muito significativo o influxo, do "realismo" jurídico, em Itália, determinante, aliás, na doutrina portuguesa. Na base estão as construções de FRANCESCO FERRARA[806] que, após cuidadosa investigação histórica,

---

[801] JULIUS BINDER, *Das Problem der juristischen Persönlichkeit* (1907), 49, acima aludido.

[802] RAYMOND SALEILLES, *De la personnalité juridique* cit., 521 ss..

[803] HANS J. WOLFF, *Organschaft und Juristische Person*, 1 (1933), 207 ss..

[804] FRITZ BRECHER, *Subjekt und Verband / Prolegomena zu einer Lehre von der Personenzusammenschlüssen*, FS A. Hueck 1959, 233-259 (256).

[805] P. ex.: ALEX WEILL, *Droit Civil / Introduction générale*, 2.ª ed. (1970), 42, HENRI e LÉON MAZEAUD/JEAN MAZEAUD, *Leçons de Droit Civil*, 1, 5.ª ed., por MICHEL DE JUGLART, 2.º vol., *Les personnes / La personnalité* (1972), 606, GABRIEL MARTY/PIERRE RAYNAUD, *Droit Civil / Les Personnes*, 3.ª ed. (1976), 911 ss. (917-918) e PIERRE VOIRIN, *Manuel de Droit Civil*, 21.ª ed. (1984), 69.

[806] FRANCESCO FERRARA, *Teoria delle persone giuridiche*, em *Il diritto civile italiano*, dir. PASQUALE FIORE/BIAGIO BRUGI (1915), 22 ss. (Direito romano), 135 ss. (teoria da ficção) e 331 ss. e *Le persone giuridiche* cit., 29 ss..

§ 23.º *A personalidade coletiva*   315

acaba por sublinhar o papel do Direito no reconhecimento da personalidade: as pessoas coletivas existem, efetivamente, mas por via jurídica[807]. Coviello, embora defendendo a pessoa coletiva como "realidade abstrata", criada pelo Direito, move-se na mesma onda[808]. O "realismo" mantém-se bem representado, até hoje[809], mau grado a influência crescente das conceções normativistas e analíticas.

III. O "realismo" jurídico teve, por fim, um influxo muito marcado em Portugal, ao ponto de poder considerar-se, também aí, como uma verdadeira doutrina oficial. Logo no início, essa orientação, bem documentada em José Tavares[810] e Cunha Gonçalves[811], partia de uma série de classificações de doutrinas – nem sempre muito ajustadas ao verdadeiro pensamento dos autores classificados – rebatendo os diversos termos. No fim, a pessoa coletiva, mais ou menos amparada em referências político-filosóficas, era defendida como uma realidade jurídica[812] ou téc-

---

[807] F. Ferrara, *Teoria* cit., 349 (personalidade como produto da ordem jurídica) e *Le persone giuridiche* cit., 31.

[808] Nicola Coviello, *Manuale di diritto civile italiano / Parte generale*, 3.ª ed. rev. por Leonardo Coviello (1924), 194 ss. (200).

[809] Domenico Barbero, *Sistema istituzionale del diritto privato italiano*, 1, 2.ª ed. (1949), 171 ss. (175), Giuseppe Menotti de Francesco, *Persona giuridica (diritto privatto e pubblico)*, NssDI XII (1965), 1035-1053 (1039) e F. Santoro-Passarelli, *Teoria Geral do Direito Civil*, trad. Manuel de Alarcão (1967), 20. C. Massimo Bianca, *Diritto civile / I – La norma giuridica – I soggetti* (1978), 295, embora partindo de típicas posturas de "realismo jurídico", acaba por defender a ideia da pessoa coletiva como "realidade social". Com isso, faz uma aproximação aos neo-realismos, representados na Alemanha.

[810] José Tavares, *Os princípios fundamentais do Direito civil – II – Pessoas, cousas, factos jurídicos* (1928), 105 ss.. O Autor antecipou alguns elementos, nos artigos seguintes: *Teorias sobre o conceito e fundamento da personalidade colectiva*, GRLx 38 (1924), 161-164 e 193-195, *Elementos constitutivos da pessoa colectiva*, GRLx 38 (1924), 241-245 e *Pessoas colectivas nacionais e estrangeiras*, GRLx 38 (1925), 337-339.

[811] Luiz da Cunha Gonçalves, *Tratado de Direito civil, em comentário ao Código Civil Português*, 1 (1929), 742 ss.. Deste Autor, cumpre, ainda, citar o escrito *Breve estudo sobre a personalidade das sociedades commerciaes*, GRLx 25 (1911), 305-307, 313-315, 353-354, 409-411, 425-426, 449-450, 481-482, 521-522, 545-546, 593-594 e 617-619, destinado ao Brasil, com apreciáveis indicações bibliográficas (619).

[812] José Tavares, *Os princípios fundamentais* cit., II, 125-126, que, depois de proclamar que considera preferível a teoria da instituição, declara aceitar a definição de Ferrara.

nica[813]. MANUEL DE ANDRADE, aliás com uma referência a FERRARA, apresenta a pessoa coletiva como um produto da ordem jurídica[814] ou uma realidade do mundo jurídico, na qual o essencial é o elemento jurídico[815]. A fórmula de ANDRADE reaparece, em MOTA PINTO[816]; simplesmente – e retomando uma posição já percetível naquele Autor –, dá-se uma caminhada no sentido da sua formalização, em termos que, a ter havido evolução, poderiam ter levado a opções de tipo analítico ou normativista, mais modernas. Perto dessa evolução esteve JOSÉ DIAS MARQUES que, após percorrer as tradicionais classificações das doutrinas, acaba por fixar-se numa orientação jurídica e realista, definindo a pessoa como "mera suscetibilidade de direitos e obrigações"[817]. Já PAULO CUNHA[818] e CASTRO MENDES[819] ficaram mais próximos de um "realismo" jurídico tradicional, à semelhança de diversa doutrina que os antecedeu e que lhes sucedeu[820].

---

[813] CUNHA GONÇALVES, *Tratado* cit., 1, 752, afirmando que "... a doutrina mais exacta, e que tende a preponderar, é a que considera as pessoas jurídicas ou colectivas como uma realidade técnica ...".

[814] MANUEL A. DOMINGUES DE ANDRADE, *Direito Civil (Teoria Geral da Relação Jurídica)*, por PORFÍRIO AUGUSTO DE ANDRADE, 1 (1944), 49 ss..

[815] MANUEL A. DOMINGUES DE ANDRADE, *Teoria geral da relação jurídica*, 1 – *Sujeitos e objectos*, 2.ª ed., publ. FERRER CORREIA/RUI DE ALARCÃO (1960, 3.ª reimpr. 1972), 50 e 51.

[816] CARLOS ALBERTO DA MOTA PINTO, *Teoria geral do Direito civil*, 3.ª ed. (1985), 192 e 4.ª ed., por ANTÓNIO PINTO MONTEIRO/PAULO MOTA PINTO (2005), 193-194.

[817] JOSÉ DIAS MARQUES, *Teoria geral do Direito civil*, 1 (1958), 157 ss. (176).

[818] PAULO CUNHA, *Direito Civil (Teoria Geral) / Apontamentos manuscritos das Lições dadas ao 2.º ano jurídico de 1971/72*, 22.ª aula teórica, de 7-Jan.-1972, onde se defendeu a doutrina da realidade jurídica.

[819] JOÃO DE CASTRO MENDES, *Direito civil (Teoria geral)*, 1 (1967), 253 ss. (263), transcrevendo MANUEL DE ANDRADE = *Direito civil / Teoria geral*, 1, col. ARMINDO RIBEIRO MENDES (1978), 227.

[820] Assim: JOSÉ GABRIEL PINTO COELHO, *Direito civil (Noções fundamentais)*, por JOÃO LUÍS P. MENDES DE ALMEIDA/JOSÉ AGOSTINHO DE OLIVEIRA, 1936-37, 281 ss. (286), JAIME DE GOUVEIA, *Direito civil*, por F. C. ANDRADE DE GOUVEIA/MÁRIO RODRIGUES NUNES (1939), 664 ss., LUÍS CABRAL DE MONCADA, *Lições de Direito civil / Parte geral*, 3.ª ed., 1 (1959), 374 ss. (379) e 4.ª ed. póstuma, revista (1995), 320 ss. (324-325), MARCELLO CAETANO, *Das fundações / Subsídios para a interpretação e reforma da legislação portuguesa* (s/d, mas 1962), 53-54 e *Manual de Direito administrativo*, 10.ª ed. rev. e act. por DIOGO FREITAS DO AMARAL, 1 (1973), n.º 82 (176 ss.), INOCÊNCIO GALVÃO TELLES, *Teoria geral do Direito civil / Sumários* (s/d, policopiados), 42, A. DA PENHA GONÇALVES, *Teoria geral do Direito civil*, 1 (1981, policopiado), 176 ss. (177-178), LUÍS A. CARVALHO

§ 23.º A personalidade coletiva

Apenas em HEINRICH EWALD HÖRSTER, de modo muito sintético[821] e em COUTINHO DE ABREU[822], se tentaria superar o "realismo" mais tradicional.

IV. Cumpre apreciar. O "realismo" jurídico é uma fórmula vazia: ela só significa algo pelo que cala: a inviabilidade das construções que a antecederam. Na verdade, a personalidade coletiva é, seguramente, personalidade jurídica e, daí, uma "realidade jurídica". Mas com semelhante tautologia, pouco teremos avançado, no sentido de determinar a sua natureza. WIEACKER procura apresentar toda esta situação sob cores mais amenas: as diversas teorias não seriam concorrentes, mas complementares[823]. Contudo, isso não parece possível: de um modo geral, as diversas teorias apresentam-se globais; além disso, elas assentam em lógicas internas próprias, que não facultam miscigenações.

Chegados a este ponto, restaria concluir pelo esvaziamento do conteúdo da pessoa coletiva[824]: esta assumiria, hoje, um puro conteúdo téc-

---

FERNANDES, *Teoria geral do Direito civil – pessoas colectivas* (1983), 438 ss. (443) e *Teoria geral do Direito civil*, 1, 5.ª ed. (2009), 514-517. (518), BRITO CORREIA, *Os administradores das sociedades anónimas* (1991), 176 ss. (188-189) e COUTINHO DE ABREU, *Da empresarialidade (as empresas no Direito)* (1994), 198, referindo embora, mais adiante, a necessidade de não absolutizar a noção. Este Autor sublinha, todavia, a relativização da figura – a que chama desvalorização – o que, mau grado a linguagem usada, se afigura correto; cf. COUTINHO DE ABREU, *Curso de Direito comercial*, 2 – *Das sociedades*, 3.ª ed. (2009), 166-167, nota 12.

A orientação "realista", fortemente radicada em Portugal, terá pesado na elaboração do Código Civil. De todo o modo, a justificação dos motivos relativos ao anteprojeto do capítulo dedicado às pessoas coletivas – cf. FERRER CORREIA, *Pessoas colectivas / Anteprojecto dum capítulo do novo Código Civil*, BMJ 67 (1957), 247-281 (247) – nunca chegaria a ser publicado.

[821] HEINRICH EWALD HÖRSTER, *A parte geral do Código Civil Português / Teoria Geral do Direito Civil* (1992), 362-363, onde, apesar de se remeter para MANUEL DE ANDRADE, se abre a porta para a normatividade do conceito.

[822] JORGE MANUEL COUTINHO DE ABREU, *Curso de Direito comercial*, 2 – *Das sociedades*, 3.ª ed. cit., 163 ss., que questiona o relevo da noção e admite uma relativização. *Vide, infra*, 325.

[823] FRANZ WIEACKER, *Zur Theorie der juristischen Person des Privatrechts*, FS E. R. Huber (1973), 339-383 (372).

[824] CLAUS OTT, *Recht und Realität der Unternehmenskorporation / Ein Beitrag zur Theorie der juristischen Person* (1977), 39, p. ex..

318   *Dogmática básica das sociedades*

nico-jurídico[825], não tendo qualquer significado discutir teorias[826]. E de facto, multiplicam-se os manuais que, de pessoa coletiva, dão breves definições técnicas[827], ou abandonam, pura e simplesmente, a tarefa da sua definição[828].

Estas opções são cientificamente insustentáveis: elas surgem como um pragmatismo agnóstico que, como suporte, apresenta as dificuldades em descobrir a verdade. Ora se parece admissível – e mesmo razoável – proclamar que, de momento, a Ciência do Direito não conseguiu explicar a essência da personalidade coletiva, já não é aceitável uma pura e simples demissão, quanto a essa tarefa.

Por isso, a mais recente doutrina tem vindo a abandonar o "realismo" jurídico, o tecnicismo e o agnosticismo, procurando novos rumos para aquele que, tendo sido considerado "o problema do século XIX", conseguiu atravessar, sem solução, todo o século XX.

V. O panorama atual relativo à determinação da natureza da personalidade coletiva mantém-se pouco animador. Em termos quantitativos, ele mantém-se dominado pelas orientações "realistas", tecnicistas, pragmáticas ou agnósticas. No entanto, alguns Autores, conservando acesa a chama da Ciência do Direito, têm procurado ir mais longe, aprofundando o problema[829].

---

[825] OTT, *Recht und Realität* cit., 45 ss. e AK/BGB (1987), Vor § 21, 8 (98); cf. STAUDINGER/COING, BGB 11.ª ed. (1957), §§ 1-240 (190).

[826] OTT/AK/BGB cit., Vor § 21, 27 (103).

[827] LARENZ/WOLFF, *Allgemeiner Teil des Bürgerlichen Rechts*, 9.ª ed. (2004) cit., 150. DIETER MEDICUS, *Allgemeiner Teil des BGB / Ein Lehrbuch*, 10.ª ed. (2010), 426 (Nr. 1084).

[828] Assim, CHRISTOPH HIRSCH, *Der Allgemeiner Teil des BGB*, 2.ª ed. (1992), Nr. 30 ss. (14 ss.), HANS-MARTIN PAWLOWSKI, *Allgemeiner Teil des BGB / Grundlehren des bürgerlichen Rechts*, 5.ª ed. (1998), 45 ss., HANS BROX, *Allgemeiner Teil des Bürgerlichen Gesetzbuchs*, 22.ª ed. (1998), 317 ss., KARL OTTO SCHERNER, *BGB – Allgemeiner Teil* (1995), 14, HELMUT KÖHLER, *BGB / Allgemeiner Teil*, 24.ª ed. (1998), 73 ss. e GÜNTER WEICK, em STAUDINGER/WEICK, *BGB*, 13.ª ed., reformulação 1995, Einl §§ 21 ss., Nr. 6 (6), ainda que explicando não ser, um comentário, o local apropriado para tomar posição. Este Autor deixa, porém, cair uma certa simpatia pela ideia estrutural de JOHN, abaixo referida.

[829] CLAUS OTT, *Begriff und Bedeutung der juristischen Person in der neueren Entwicklung des Unternehmensrechts in der Bundesrepublik Deutschland*, QF 11/12, 2 (1982/83), 915-946 (915), fala num novo interesse pela problemática das pessoas coletivas. Tal interesse existe, mas é marginal.

§ 23.º A personalidade coletiva

Torna-se interessante notar que, muitas vezes, essas tentativas redundam em retornos às posições clássicas, do século XIX. Surgem, assim, posições negativistas, apelos de regresso a SAVIGNY e defesas de diversos substratos, com relevo para os patrimónios de afetação ou para as realidades sociais subjacentes.

Uma posição negativista, que proclama a pura e simples inutilidade do conceito de pessoa coletiva, é a de ERNST WOLF[830]. Na verdade, é possível fazer uma exposição de Direito civil onde, pura e simplesmente, seja suprimida a referência a pessoas coletivas; apenas haverá, depois, que repetir, a propósito de cada figura singular, as consequências próprias do que, normalmente, se vem chamando "personalização". O negativismo de ERNST WOLF, tem vindo a ser criticado[831]; no entanto, há que mantê-lo como hipótese, última válvula de segurança contra a eventual incapacidade dos juristas, quanto à manutenção em vida da personalidade coletiva.

O regresso a SAVIGNY[832] não deve ser tomado como uma pura e simples afirmação da teoria da ficção, nas leituras, um tanto abusivas, que, do *System*, a ela conduziram. Ele constata, mais simplesmente, que a ideia de personalidade foi construída na base da pessoa singular tendo, daí, sido extrapolada para a coletiva.

Cumpre, depois, referir posições como as de HERBERT WIEDEMANN, ou de MASSIMO BIANCA. Para WIEDEMANN, nas pessoas coletivas, um património especial é sujeito de direitos[833]. Há um retomar de BRINZ, numa área em que as construções deste, como focaria SCHWARZ, são particularmente verosímeis. Para MASSIMO BIANCA, as pessoas coletivas têm, subjacente, uma realidade social[834]. Desta feita, projeta-se a sombra de VON GIERKE.

---

[830] ERNST WOLF, *Allgemeiner Teil des bürgerlichen Rechts / Lehrbuch*, 3.ª ed. (1982), 650 ss. e, também, em *Grundlagen des Gemeinschaftsrechts*, AcP 173 (1973), 97-123 (108).

[831] P. ex., DIETER MEDICUS, *Allgemeiner Teil des BGB*, 10.ª ed. cit., 451.

[832] WERNER FLUME, *Savigny und die Lehre von der juristischen Person* cit., 356.

[833] HERBERT WIEDEMANN, *Juristische Person und Gesamthand als Sondervermögen*, WM SBL Nr. 4/75 (1975), 8.

[834] C. MASSIMO BIANCA, *Diritto civile* I – *La norma giuridica – I soggetti* cit. (1978), 295-296.

320 *Dogmática básica das sociedades*

Finalmente, refira-se JOHN: na base, a pessoa coletiva assenta numa estrutura, com três elementos: organização de atuação, centro de responsabilidade e ponto de referência designado[835]; teríamos, assim, uma morfologia das personificações, num organicismo técnico.

VI. Mais interessante parece ser a consideração de que a personalidade coletiva – ou, se se preferir, a personalidade jurídica, no seu todo – não pode mais ser tratada como uma categoria absoluta: antes haverá que relativizá-la. Trata-se de um ponto para o qual a comercialística tem dado um contributo.

A doutrina tradicional contrapunha "personalidade", a "capacidade": a primeira daria um teor qualitativo do ente, enquanto a segunda se ligaria a aspetos quantitativos. Noutros termos: as diversas "pessoas" podem ter maiores ou menores capacidades de direitos ou de adstrições; mas ou são pessoas, ou não o são.

Esta absolutização da personalidade, que obriga a reduzir, num mesmo conceito, realidades profundamente diversas, constitui um dos óbices que têm travado uma doutrina, cabal e coerente, das pessoas coletivas. Justamente: áreas crescentes do moderno privatismo tentam pôr cobro a essa anómala absolutidade.

Na origem, encontramos alguns estudiosos clássicos do início do século XX, como CHIRONI, que, estudando a natureza da personalidade coletiva, logo sublinham a multiplicidade das suas concretizações[836]: no fundo, como bem explicou DE RUGGIERO, a pessoa coletiva define-se, apenas, pela negativa: não ser singular[837].

Modernamente, temos FABRICIUS, que, estudando a relatividade da capacidade jurídica, não deixa de focar os reflexos que essa relatividade tem nas próprias pessoas, enquanto tais[838].

Porém, só mais recentemente, a ideia de "personalidades" parcelares tem vindo a ser divulgada, sobretudo em torno do estudo das sociedades

---

[835] UWE JOHN, *Die organisierte Rechtsperson* cit., *passim*.

[836] G. P. CHIRONI/L. ABELLO, *Trattato di Diritto Civile Italiano*, I – *Parte Generale* (1904), 135 ss. (137).

[837] ROBERTO DE RUGGIERO, *Instituições de Direito Civil – I – Introdução e Parte Geral*, trad. port. ARY DOS SANTOS (1934), 429.

[838] FABRICIUS, *Relativität der Rechtsfähigkeit / Ein Beitrag zur Theorie und Praxis des privaten Personenrechts* (1963), 49 ss., 67, 92, 111 e *passim*.

§ 23.° A personalidade coletiva

do BGB. Tais os casos de BREUNINGER[839], de GÖCKELER[840] e do clássico THOMAS RAISER[841]. Trata-se de uma posição com inúmeros efeitos práticos, uma vez que permite, entre outros aspetos, equacionar novos direitos reconhecidos às sociedades civis puras[842] – que, no *BGB*, não seriam personalizadas –, encarar a "personalização" parcelar das sociedades profissionais[843], explicar a incidência de deveres legais, sobre sociedades em formação[844], bem como o seu específico regime de responsabilidade[845]. A essa luz, a contraposição entre sociedades de pessoas (que, no Direito alemão, não teriam personalidade jurídica plena) e de capitais tende a esbater-se[846]. Com as cautelas que presidem à alteração de temas centrais deste tipo, a evolução parece estar em marcha[847].

---

[839] GOTTFRIED E. BREUNINGER, *Die BGB – Gesellschaft als Rechtssubjekt im Wirtschaftsverkehr / Voraussetzungen und Grenzen* (1991), 23 ss. (30). Cf., 221, a conclusão.

[840] STEPHEN GÖCKELER, *Die Stellung der Gesellschaft des bürgerlichen Rechts in Erkenntnis-, Vollstreckungs- und Konkursverfahren* (1992), 36 ss., com diversas indicações, embora sem dar uma clara adesão à nova orientação.

[841] THOMAS RAISER, *Gesamthand und juristische Person im Licht des neuen Umwandlungsrechts*, AcP 194 (1994), 495-512 (501, 505 e *passim*), bem como *Die Haftung der Gesellschafter einer Gründungs-GmbH*, BB 1996, 1344-1349.

[842] Além das mencionadas obras de GÖCKELER e de RAISER, refiram-se VOLKER BEUTHIEN, *Die Haftung von Personengesellschaftern*, DB 1975, 725-730 e 773-776 (725 e 774), GERHARD WALTER, *Der Gesellschafter als Gläubiger seiner Gesellschaft*, JuS 1982, 81-87 e WOLFRAM TIMM, *Die Rechtsfähigkeit der Gesellschaft bürgerlichen Rechts und ihre Haftungsverfassung*, NJW 1995, 3209-3218. Também em Itália, a questão está em aberto: FRANCO DI SABATO, *Sentenze d'un anno / Le società*, RTDPC 1995, 1471-1478 (1471).

[843] Temos em vista a figura criada pelo *Gesetz zur Schaffung von Partnerschafts- -gesellschaften und zur Anderung andere Gesetze*, de 25-Jul.-1994, em vigor a partir de 1-Jul.-1995, o qual veio dar corpo às sociedades de profissões livres, antes acolhidas às sociedades civis do *BGB*; cf. MICHAEL ARNOLD, *Die Tragweite des § 8 Abs. 2 PartGG von dem Hintergrund der Haftungsverfassung der Gesselschaft bürgerlichen Rechts*, BB 1996, 597-605.

[844] VOLKER BEUTHIEN, *Haftung bei gesetzlichen Schuldverhältnissen einer Vorgesellschaft*, BB 1996, 1337-1344. Vide o anterior estado das questões em KARSTEN SCHMIDT, *Der Funktionswandel der Handelndenhaftung im Recht der Vorgesellschaft – Ein Beitrag zur Abgrenzung des "Handelnden"-Begriffs*, GmbHR 1973, 146-152, ROBERT WEIMAR, *Haftungsrisiken für die Beteiligten einer GmbH "im Aufbau"*, GmbHR 1991, 507-515 (510 ss.) e *Die Haftungsverhältnisse bei der Vor-AG in neuerer Sicht*, AG 1992, 69-79.

[845] RAISER, *Die Haftung der Gesellschafter* cit., 1349.

[846] RAISER/VEIL, *Recht der Kapitalgesellschaften*, 5.ª ed. cit., 9-10.

[847] Temos em mente dois estudos contrapostos, publicados na decana das revistas civilísticas: o *Archiv für die civilistische Praxis*. MATHIAS LEHMANN, *Der Begriff der*

322 *Dogmática básica das sociedades*

107. Posição adotada

I. Afigura-se útil aproveitar algumas conclusões propiciadas pela ponderação das inúmeras teorias, historicamente surgidas, para explicar a essência da personalidade jurídica. Temos por assente que, pelo menos no campo da personalidade coletiva, o tempo das descobertas intuitivas geniais acabou com SAVIGNY. Não é pensável assumir posições inovadoras sem todo um paciente trabalho de estudo e de meditação. As doutrinas não se criticam com "rotulagens", sob pena de pôr em crise a natureza científica do Direito.

Recuperando um tanto a formulação seriada de UWE JOHN[848], temos o seguinte: a pessoa de Direito deve surgir como uma realidade independente; ela é sistemática[849]; ela deve abranger pessoas singulares e coletivas; ela deve dar azo a conceitos dogmaticamente operacionais; ela pode aproveitar as diversas teorias historicamente ocorridas.

Há que entroncar, aqui, um dos mais estimulantes filões da atualidade e que tem sido designado "corrente analítica" ou "corrente normativa", sem com isso, se pretender uma unificação desses termos.

Quando, em Direito, se fala na personalidade coletiva, pretende-se, quando não se teorize, exprimir um regime jurídico-positivo[850]. Por isso, toda uma tradição, com exemplo já clássico em RITTNER, procede a uma

---

Rechtsfähigkeit, AcP 207 (2007), 225-255, referindo novos sujeitos por interpretação criativa (231) e DIETER REUTER, *Rechtsfähigkeit und Rechtspersönlichkeit / Rechtstheoretische und rechtspraktische Anmerkungen zu einem grossen Thema*, AcP 207 (2007), 673-713 (713), mais comedido.

[848] UWE JOHN, *Die organisierte Rechtsperson* cit., 65-70. Este Autor faz, aliás, questão em sublinhar que se trata, aqui, de um problema ainda sem solução definitiva; cf. a rec. a RITTNER cit., RTh 5, 245. A abordagem de JOHN é usada, com bons resultados, por FRANCISCO MENDES CORREIA, *Transformação de sociedades comerciais / Delimitação do âmbito de aplicação do Direito privado português* (2009), 109-111.

[849] A este propósito, parece útil recordar a fórmula de KELSEN, o qual, apesar de recusar verdadeira existência física às pessoas, vinha definir a pessoa jurídica, dizendo: "Tal como a física, também a chamada pessoa jurídica mais não é do que a expressão unitária para um complexo de normas, isto é, para uma ordem jurídica que regulará o comportamento de uma multiplicidade de homens" – HANS KELSEN, *Reine Rechtslehre / Einleitung in die Rechtswissenschaftliche Problematik* (1934), 54.

[850] Constitui, pois, um lapso clamoroso qualificar tais doutrinas como "formais"; pelo contrário: elas são as que mais claramente lidam com condutas humanas.

§ 23.º A personalidade coletiva

abordagem dogmática do tema. Em Itália e na sequência de genial intuição de Ascarelli[851], notavelmente prosseguida por D'Alessandro[852], a ideia conheceu um desenvolvimento autónomo. A pessoa coletiva é, antes do mais, um determinado regime, a aplicar aos seres humanos implicados. Estes podem ser destinatários diretos de normas; mas podem-no ser, também, indiretamente, assim como podem receber normas transformadas pela presença de novas normas, agrupadas em torno da ideia de "pessoa coletiva". No caso de uma pessoa de tipo corporacional, os direitos da "corporação" são direitos dos seus membros. Simplesmente, trata-se de direitos que eles detêm de modo diferente do dos seus direitos individuais.

II. Referir, em Direito, uma "pessoa" é considerar a presença de uma entidade destinatária de normas jurídicas e portanto: capaz de ser titular de direitos subjetivos ou de se encontrar adstrita a obrigações. A afirmação da personalidade será, pois, a consideração de que o ente visado pode autodeterminar-se, no espaço de legitimidade conferido pelos direitos de que seja titular, e deve agir, no campo das suas adstrições.

O modo por que vão ser exercidos os direitos e cumpridas as obrigações já não é esclarecido pela afirmação sumária da personalidade: isso dependerá de múltiplas outras normas jurídicas, cuja aplicabilidade, no entanto, postula a personalidade e deriva dela.

---

851 Tullio Ascarelli, *Considerazioni in tema di società e personalità giuridica*, RDComm LII (1954), 1, 247-270, 333-349 e 421-443 (333 ss.).

852 Floriano D'Alessandro, *Persone giuridiche e analisi del linguaggio* (1989), 2 ss. D'Alessandro já vinha defendendo e aprofundando as suas posições desde os anos sessenta do século XX. Quanto à orientação subjacente, cf., em especial, Francesco Galgano, *Struttura logica e contenuto normativo del concetto di persona giuridica*, RDCiv 1965, 553-633 (553 ss., 564, 565 e 567 ss.), *Delle persone giuridiche*, no *Commentario del Codice Civile* de Antonio Scialoja/Giuseppe Branca (1969), 54 ss., e *Diritto civile e commerciale – I – Le categorie generali – Le persone – La proprietà* (1990), 171 ss. (175) e Massimo Basile/Angelo Falzea, *Persona giuridica (diritto priv.)*, ED XXXIII (1983), 234-275 (257 ss.).

Em França, e por via autónoma, aparecem reflexões deste tipo; assim, Jean Pierre Gastaud, *Personnalité morale et droit subjectif / Essai sur l'influence du Principe de la Personnalité Morale sur la nature et le contenu des droits des membres des groupements personnifiés* (1977) o qual – n.º 290, 395 –, designadamente, conclui que, na "pessoa moral", operou a transformação e a adaptação dos direitos individuais tradicionais, às exigências das realidades económicas e sociais novas.

Qualquer norma de conduta – permissiva ou de imposição – será sempre, em última análise, acatada por seres humanos conscientes, o que é dizer, por pessoas singulares capazes. Qualquer fruição de bens será, também, sempre sentida, em última instância, por pessoas singulares e isso não obstante, muitas vezes (quase sempre?) a verdadeira fruição exigir um compartilhar das vantagens. Por razões históricas, culturais, económicas, práticas, linguísticas ou casuais, as normas assumem, com frequência, fórmulas indiretas para atingir os seus destinatários. Assim, dizer que uma sociedade deve pagar os seus impostos é significar que os seus administradores o devem fazer, com fundos societários; aplicar-lhe uma multa pelo não-pagamento equivale a retirar, dos fundos societários e em detrimento dos sócios e dos credores da sociedade, a importância correspondente à sanção.

Em Direito, pessoa é, pois, sempre, um centro de imputação de normas jurídicas, isto é: um pólo de direitos subjetivos, que lhe cabem e de obrigações, que lhe competem. A pessoa é singular, quando esse centro corresponda a um ser humano; é coletiva – na terminologia portuguesa – em todos os outros casos. Na hipótese da pessoa coletiva, já se sabe que entrarão, depois, novas normas em ação de modo a concretizar a "imputação" final dos direitos e dos deveres. Digamos que tudo se passa, então, em *modo coletivo*: as regras, de resto infletidas pela referência a uma "pessoa", ainda que coletiva, vão seguir canais múltiplos e específicos, até atingirem o ser pensante, necessariamente humano, que as irá executar ou violar[853].

III. A definição apresentada é sistemática, técnica e funcional: permite, numa fórmula sintética, a articulação da personalidade com o direito subjetivo e os demais níveis da ordem jurídica. É, ainda, unitária.

Pergunta-se, porém, se não apresentará um excessivo plano de formalismo, reduzindo a personalidade a um expediente técnico, próximo das correntes normativistas e analíticas. A verdade, porém, é que os diversos ordenamentos dos nossos dias, guiados por necessidades materiais e de normalização, concedem a personalidade às mais variadas entidades, inde-

---

[853] Sob o influxo do Direito comunitário, a natureza técnica da personalidade coletiva é acentuada, confortando a nossa orientação; *vide* DANIEL ZIMMER, *Legal personality* cit., 271.

§ 23.º A personalidade coletiva   325

pendentemente do seu substrato. Por isso, não é viável induzir uma definição plausível da pessoa coletiva que mantenha uma referência a um qualquer substrato. Além disso, o mapa das diversas pessoas coletivas possíveis, desde o Estado até às discutíveis sociedades civis puras, é tão vasto e diversificado que só à custa da abstração se tornaria possível encontrar um esquema que tudo abranja.

Porém – e como já foi adiantado – este formalismo abstrato, fatalmente necessário, não vai ao ponto de esquecer a referência a "pessoa". O Direito poderia ter encontrado qualquer outra expressão para designar os "centros coletivos de imputação de normas jurídicas", que não a de "pessoa". Não o fez. Numa receção cultural, cujo mérito remonta a Savigny e seus antecessores, aos jusracionalistas e, mais longe, aos canonistas, procedeu-se à transposição da própria figuração humana: pessoa. Houve transposição: é bom lembrá-lo e, aqui, o retorno a Savigny surge inevitável e é saudável. Mas transposição, quanto possível, efetiva.

Tanto basta – e seria possível mais? – para que a referência a uma *pessoa* coletiva, para além da imediata eficácia técnica, no plano da aplicação de normas jurídicas, envolva representações ético-normativas, determinantes na aplicação de normas e princípios. A focagem deste ponto – essencial, na nossa construção e isso com múltiplas consequências dogmáticas e regulativas – é mais do que sobeja para substancializar a personalidade coletiva.

IV. A construção da personalidade coletiva, acima propugnada, tem vindo a ser explanada, por nós, em diversas obras, desde 1996[854]: tempo sobejo para possibilitar, na nossa literatura, novas e mais avançadas leituras. Tem sido difícil. O problema cifra-se na necessidade de lidar com uma série de elementos de ordem histórica, que escapam aos clássicos roteiros expositivos. Trata-se, ainda e como evidente, de matéria de Direito civil: seria *naïf* pretender resolvê-la à luz da mera literatura societária e comercial.

Como manifestação de fé no futuro dos diálogos universitários portugueses, vamos reter as críticas de Coutinho de Abreu.

---

[854] Assim: *Da responsabilidade civil dos administradores das sociedades comerciais* (1996, a ed. não comercial), 314 ss., *O levantamento da personalidade coletiva* cit., 70 ss., *Tratado de Direito civil – I – Parte geral*, tomo III – *Pessoas / Exercício jurídico*, 2.ª pré-edição (2002), 160 ss.. e, na 1.ª ed. definitiva, de 2004, 516 ss.; na 2.ª, de 2007, 563 ss.; na 3.ª, de 2011, 594 ss..

Este Autor faz um esforço no sentido de reconstruir o nosso percurso, não concordando com o resultado[855]. Todavia: o percurso é mais importante do que o resultado, traduzido em mera fórmula suscetível, como todas, de várias interpretações. E é nesse percurso que tudo se joga. Quanto às questões que formula e abstraindo sempre do pitoresco da linguagem, passamos a responder: 1) o "centro de imputação de normas jurídicas" tem a ver com o modo coletivo de reger interesses e valores humanos, enquanto o "autónomo centro de imputação de efeitos jurídicos" se prende com uma dupla e vocabular recusa: a da ficção e a de substratos extra-jurídicos; 2) todo o centro não-humano de imputação de normas jurídicas, quando pleno, é uma pessoa coletiva; quando parcelar (por exemplo: a sociedade em formação, ainda em fases iniciais), é uma pessoa coletiva rudimentar[856]; 3) unir, em pessoa, quer a singular, quer a coletiva não é, na nossa perspetiva, absolutizar a noção; pelo contrário: a união é de tal modo *contra naturam* que, só por si, já aponta para a relativização; 4) tal conceção "unitária" envolve a eticização da própria pessoa coletiva, prelúdio sugestivo às dignidades humanas que, em última análise, sempre se lhe acolhem.

Repetimos: a construção que propomos não pode ser isolada dos postulados históricos, culturais e dogmáticos em que (bem ou mal) se apoia. Reter, dela, apenas a definição final é insuficiente. Não há fórmula isolada que, em Direito, não possa ser rebatida (ou defendida) ponto por ponto: seja ela qual for. Deixamos o repto: faça-se uma (re)leitura da evolução dogmática da personalidade coletiva, sem abdicar da literatura básica sobre o tema.

---

[855] COUTINHO DE ABREU, *Curso de Direito Comercial* cit., 2, 3.ª ed., 166-167, em nota.

[856] Não basta aceitar a relativização da personalidade coletiva (a não confundir com o desinteresse que a noção possa merecer aos mais conceituados autores mas que, definitivamente, a Ciência do Direito não pode aplaudir): há que praticá-la. Quanto a pessoas rudimentares *vide infra*, 340 ss..

§ 24.º A ORDENAÇÃO DAS PESSOAS COLETIVAS

108. Pólos, classificações e tipologias

I. Uma arrumação das sociedades passa pela ordenação prévia das pessoas coletivas e das realidades a elas afins.

As pessoas coletivas obedecem a regras que, dentro de certos limites, ditam a sua conformação interna, o seu modo de atuar e o universo da sua atuação. Não obstante essas limitações, elas podem desenvolver as mais diversas realizações humanas, dando corpo a variadas técnicas de atuação. A Organização das Nações Unidas, os diferentes Estados ou uma pequena sociedade de amigos: todos são pessoas coletivas tendo em comum, apenas, um traço negativo: o não serem seres humanos.

Nestas condições, compreende-se o especial interesse que, para o conhecimento e a análise da matéria, têm as classificações.

II. Temos, todavia, de contar com um óbice importante. As classificações operam por *genus proximum* e *differentia specifica*, o que implica, pelo menos: que as distintas espécies de pessoas coletivas caibam num mesmo género e que seja possível destrinçá-las em função de critérios uniformes. Em boa verdade, deve reconhecer-se que, no campo das pessoas coletivas, é possível avançar mais longe, nesse domínio, do que no campo da generalidade dos institutos jurídico-civilísticos. Trata-se, efetivamente, de um instituto sistematicamente jusracionalista. Como tal, ele comporta um manuseio de tipo lógico-formal.

Não obstante, as possibilidades de classificações lógicas não são totais[857]. As pessoas coletivas têm, ao longo da História, conhecido desen-

---

[857] Já GUILHERME MOREIRA, *Instituições do Direito Civil Português*, 1 – *Parte geral* (1907), 282, se queixava da falta de "nitidez e precisão" que enformava esta matéria das classificações.

328 · *Dogmática básica das sociedades*

volvimentos assimétricos. Podemos considerar que elas evoluíram em torno de determinados pólos, ao sabor de problemas concretos. Apenas *a posteriori* surgiram ordenações sistemáticas e cúpulas explicativas.

III. Um pólo de desenvolvimento autónomo é constituído pelas sociedades comerciais e, dentro destas, pela sua matriz: as sociedades anónimas[858]. Boa parte das regras atinentes ao regime interno das pessoas coletivas, com relevo para as técnicas de funcionamento das assembleias e para a validade e eficácia das deliberações e que hoje pertence às diversas pessoas coletivas de base associativa, foi aperfeiçoada no domínio das sociedades anónimas. Outro tanto seria possível dizer a propósito da fiscalização e das firmas e denominações. Um segundo pólo, de base contratual, adveio das sociedades civis, mais precisamente do contrato de sociedade. O papel da vontade das partes é, aí, aperfeiçoado. Um terceiro, de cariz institucional, vem-nos das associações. Deparamos, desta feita, com coletividades ao serviço de fins que transcendem os interesses dos associados mas que, não obstante, repousam neles.

O Direito das pessoas coletivas apresenta-se, a esta luz, como uma síntese complexa de problemas e soluções tecidas na periferia e que as categorias do jusracionalismo procuram reduzir.

IV. As classificações intervêm nesse mosaico de regras e de entidades, procurando ordená-las em função de uma lógica exterior. A seu lado, devemos contar com tipologias: estas não classificam; antes ordenam as distintas entidades em função das características mais marcantes que as animem.

Por exemplo, poderemos classificar as pessoas coletivas de tipo associativo em associações e sociedades, consoante tenham ou não fim lucrativo[859]. Mas as diversas formas de sociedades já não obedecem a critérios únicos: antes surgem como uma tipologia ou justaposição de tipos, distintos entre si por uma série, de resto variável, de características.

---

[858] *Da responsabilidade civil dos administradores*, § 5.º.

[859] O que nem é rigoroso, uma vez que as associações podem ter fins lucrativos, enquanto as sociedades podem ser usadas sem esse fim; fala-se, já aqui, apenas de configurações "típicas".

§ 24.° A ordenação das pessoas coletivas

109. Pessoas coletivas públicas e privadas; a utilidade pública

I. Uma primeira classificação distingue as pessoas coletivas em públicas e privadas. Apesar da sua aparente simplicidade, esta contraposição está ainda por esclarecer, particularmente no Direito português[860]: uma sucessão de experiências de publicização e de privatização, sem projetos unitários, torna a panorâmica portuguesa das mais complicadas.

A discussão começa, logo, pela terminologia: deve dizer-se pessoa coletiva pública, ou de Direito público e privada, ou de Direito privado? A tradição de GUILHERME MOREIRA[861], reclamada por MARCELLO CAETANO[862], era a de pessoas coletivas de Direito público e de Direito privado. Segundo este publicista, a expressão simplificada "pessoa coletiva pública" ou "privada" teria advindo para o Código Civil por via do (mau) exemplo do Código Civil italiano[863].

No entanto, temos de situar as noções no tempo em que operam. No princípio do séc. XX, tudo era mais claro: certas pessoas coletivas eram criadas pelo Estado, tinham poderes de autoridade e regulavam-se pelo Direito público; outras provinham da iniciativa privada, regiam-se pela igualdade e obedeciam ao Direito privado. A designação de GUILHERME MOREIRA era correta. Todavia, no último quartel do séc. XX, o Estado vem recorrer, cada vez mais, ao Direito privado, criando empresas públicas (que se regem pelo

---

[860] LUÍS CARVALHO FERNANDES, *Teoria geral* cit., 1, 5.ª ed., 450 e CARLOS ALBERTO DA MOTA PINTO, *Teoria geral do Direito civil*, 4.ª ed. cit., 284 ss..

[861] GUILHERME MOREIRA, *Instituições* cit., 1, 284.

[862] MARCELLO CAETANO, *Manual de Direito administrativo*, 1, 10.ª ed. (1973), n.° 83 (181).

[863] P. ex., o artigo 501.°, do Código Civil, refere o "Estado e demais pessoas coletivas públicas". No anteprojeto de VAZ SERRA, *Direito das obrigações*, sep. BMJ (1960), 618, artigo 751.°, falava-se em "do Estado ou de qualquer outra corporação de direito público"; na 2.ª revisão ministerial, ocorre a expressão "do Estado ou de qualquer entidade pública"; a expressão final aparece no projeto, sem explicações – cf., quanto a esta evolução preparatória, que bem denota a instabilidade subjacente, RODRIGUES BASTOS, *Direito das obrigações* II (1972), 137-139 – equivalendo ao italiano *persone giuridiche pubbliche*, presente, p. ex., no artigo 11.° do *Codice Civile*. Mas se o seguidismo de 1966 merece crítica, a evolução subsequente a 1974 tornaria a expressão "pessoas públicas" ou "privadas" mais adequada, como explicamos no texto. Tal expressão tinha, de resto, curso na nossa literatura, antes do aparecimento do Código italiano; p. ex., CUNHA GONÇALVES, *Tratado de Direito civil*, 1 (1929), 756 ss., que também usa ocasionalmente "pessoas de direito público" e de "direito privado".

330   *Dogmática básica das sociedades*

Direito privado) e, por fim, puras sociedades comerciais, ainda que de capital predominante ou totalmente público. E vemos, ainda, o Estado a delegar funções e poderes em entidades privadas.

A partir daí, pessoas coletivas "de Direito público" ou "de Direito privado" perdem nitidez, embora mantenham o relevo que abaixo será referido. Optaremos, pois, por pessoas coletivas públicas e privadas – em consonância, aliás, com a moderna linguagem publicista e privatista[864].

II. No tocante à distinção entre pessoas coletivas públicas e privadas, é possível reeditar o debate tecido em torno da própria distinção do Direito em público e privado, complementada com outros elementos. Encontramos algumas doutrinas, que passamos a recordar:

– *teoria do fim ou do interesse prosseguido*: as pessoas coletivas públicas prosseguiriam fins ou interesses públicos, interessando-se as pessoas coletivas privadas pelos privados[865]; todavia, para além das dificuldades em dogmatizar o "interesse", parece hoje adquirido que se podem prosseguir interesses públicos com técnicas e entidades indiscutivelmente privadas[866], enquanto certos entes públicos (regidos pelo Direito público!) defendem interesses privados, assumida e legalmente;

– *teoria da titularidade de poderes de autoridade*: as pessoas coletivas públicas teriam *ius imperii*, podendo praticar atos de autoridade, só discutíveis *a posteriori*, enquanto as privadas se moveriam no âmbito igualitário do Direito privado[867]; esta distinção é básica, para distinguir regras e disciplinas jurídicas; todavia, ela não é ope-

---

[864] DIOGO FREITAS DO AMARAL, *Curso de Direito administrativo*, 1, 2.ª ed. (1994), 580 ss. e CARVALHO FERNANDES, *Teoria geral* cit., 1, 5.ª ed., 450-451.

[865] Propugnada por CABRAL DE MONCADA, *Lições de Direito civil* cit , 1, 3.ª ed., 383 = 4.ª ed. póstuma, 326-327. Era a orientação já subjacente a GUILHERME MOREIRA, *Instituições* cit., 1, 284, tendo sido reanimada por MARCELO REBELO DE SOUSA, *Lições de Direito administrativo*, 1 (1999), 145 ss., como ponto de partida.

[866] Assim sucede, no próprio Código Civil, com as fundações: conquanto que privadas, elas só são reconhecidas se o seu fim for considerado de "interesse social", pela entidade competente – 188.º/1.

[867] Propugnada por: CUNHA GONÇALVES, *Tratado* cit., 1, 759-761, apoiando-se em JELLINEK, em FERRARA e em HAURIOU; MANUEL DE ANDRADE, *Teoria geral* cit., 1, 72, com várias prevenções; MOTA PINTO, *Teoria geral*, 4.ª ed. cit., 285, em termos similares.

§ 24.º A ordenação das pessoas coletivas

racional perante pessoas coletivas: há as públicas, que apenas recorrem ao Direito privado, enquanto certas pessoas privadas veem-se investidas em poderes de autoridade;

– *teoria da integração*: as pessoas coletivas públicas integrar-se-iam na organização do Estado, ao contrário das privadas[868]; trata-se de uma orientação que faz apelo ao sistema: nesse sentido, ela é metodologicamente mais avançada; todavia, a grande confusão reinante após as nacionalizações impede integrações sistemáticas coerentes[869]; digamos, assim, que a inserção na organização do Estado corresponde a uma realidade importante e com consequências: a integração no sector público; o pré-entendimento da matéria em análise leva-nos, porém, mais longe: na organização do Estado atuam entes públicos e privados, pelo que deveremos procurar, alhures, o critério de distinção;

– *teoria da iniciativa*: as pessoas coletivas públicas seriam criadas pelo Estado, enquanto as privadas proviriam da iniciativa privada[870]: todavia, o Estado cria, com frequência, sociedades anónimas por Decreto-Lei[871], como exemplo;

– *teoria do regime*: as pessoas coletivas públicas subordinar-se-iam a um regime especial que incluiria a sua sujeição geral ao Direito público, a competência dos tribunais administrativos, um estatuto tributário específico e um sistema particular das relações de trabalho[872]; tudo isto se poderia sintetizar em torno do primeiro termo:

---

868 Referida por CASTRO MENDES, *Teoria geral*, 1 (1978), 263; na ed. de 1967, CASTRO MENDES, *Teoria geral*, 1, 298, aderiu ao esquema de MARCELLO CAETANO: constituição por lei, interesse público e poderes de autoridade.

869 P. ex., mercê da nacionalização de certas empresas de transportes, por via indireta, algumas sociedades de táxis, pouco significativas, vieram cair ... no sector público. Considerá-las "pessoas coletivas públicas" seria cientificamente insatisfatório.

870 O critério consta de FREITAS DO AMARAL, *Curso de Direito administrativo* cit., 587, embora, segundo esse Autor, seja apenas um dos elementos a ter em conta.

871 Algumas dessas sociedades anónimas têm as suas ações sob exclusiva titularidade do Estado – caso, p. ex., da Caixa Geral de Depósitos, SA, cujos estatutos foram aprovados pelo Decreto-Lei n.º 287/93, de 20 de Agosto, sendo depois modificados por deliberação da assembleia geral – enquanto outras estão, hoje, sob total controlo privado – caso, p. ex., da BRISA.

872 Trata-se da bem apoiada orientação de CARVALHO FERNANDES, *Teoria geral* cit., 1, 5.ª ed., 458 ss..

"sujeição geral ao Direito público"; todavia, a multiplicação de híbridos e a tendência atual para remeter certos entes públicos para o foro comum, para a tributação geral e para o contrato individual de trabalho, acabam por acantonar esta orientação nos "poderes de autoridade";

– *teorias negativistas ou agnósticas*: perante a complexidade da matéria, recusam-se a tomar posição ou declaram inviável fazer uma distinção[873]; mas não: a dificuldade da matéria não isenta de esforços o estudioso; além disso, não é credível que o Direito privado, particularmente em sede de Parte geral, nada tenha para dizer.

III. O grande problema que, há mais de um século, dificulta a distinção, aparentemente primária e elementar, entre pessoas coletivas públicas e privadas, advém do facto de, sob essa designação, se encobrirem classificações distintas. Desde logo, as seguintes:

– a que distingue as pessoas coletivas consoante tenham ou não poderes de autoridade; às primeiras poderíamos chamar "de Direito público", com uma reserva: o "Direito público" poderá limitar-se à parcela em que os tais poderes de autoridade lhe tenham sido atribuídos e sejam exercidos;

– a que distingue as pessoas coletivas em função da titularidade do investimento que representem: nuns casos, o capital provém do Estado; noutros, da iniciativa privada; esta classificação distingue, afinal, um sector público caracterizado pela natureza pública dos fundos: tem um grande interesse, por justificar a fiscalização pública de tais dinheiros, com relevo para a jurisdição do Tribunal de Contas[874];

– a que distingue as pessoas coletivas em função da sua configuração jurídica: as sociedades, as cooperativas, as associações (de Direito civil), as fundações (também de Direito civil) e outras entidades equivalentes a associações e aprovadas por diplomas extravagantes são privadas; as restantes entidades são públicas.

---

[873] Tais as escolhas de ARMANDO MARQUES GUEDES, *A concessão*, 1 (1954), 137 ss. ("... a mesma pessoa pode simultaneamente ser de direito público e de direito privado") e de SÉRVULO CORREIA, *Natureza jurídica dos organismos corporativos*, ESC II (1963) 8, 9-25 (19 ss.).

[874] *Vide* o nosso *Manual de Direito bancário*, 4.ª ed., 834.

§ 24.º A ordenação das pessoas coletivas   333

Retemos esta última: a ela cabe, *iure proprio*, a designação pessoas públicas/pessoas privadas.

IV. Como ponto de partida, não podemos pedir, a uma classificação, mais do que ela nos possa dar. A contraposição entre pessoas coletivas públicas e privadas não é a chave de todo o regime subsequente: para tanto, teremos de fazer intervir muitas outras variáveis. Dá-nos, todavia, uma orientação útil, no universo das pessoas coletivas.

Muitas vezes, a doutrina parte, neste problema, das pessoas coletivas públicas: apuradas as características destas, cair-se-ia, por defeito, nas privadas. Supomos, todavia, que a orientação deve ser a inversa. Nas pessoas coletivas vigora um princípio de tipicidade, acima examinado[875]. Quer isso dizer que se torna possível indicar, de modo exaustivo, as diversas pessoas coletivas existentes. Essa tarefa é particularmente mais fácil no Direito privado: aí, por força da iniciativa privada, os particulares acolhem-se às leis, reconduzindo-lhes as figuras que criem. Já o Estado, dotado de poder legislativo, tem vindo a originar as mais diversas situações, sem um figurino claro. Poderemos, então, dar lugar a um critério jurídico-cultural: são privadas as pessoas coletivas que se rejam pelo Direito civil ou comercial, assumindo a forma de sociedades comerciais, de cooperativas, de associações, de fundações ou de sociedades civis e, ainda, de outras figuras, plenas ou rudimentares, que ocorram em sectores civis ou comerciais extravagantes. As restantes, são públicas.

As pessoas coletivas públicas podem reger-se, em parte ou totalmente, pelo Direito privado: tal o caso paradigmático das empresas públicas, irredutíveis às categorias privadas tradicionais.

V. As pessoas coletivas públicas são passíveis de múltiplas classificações[876]. Em primeiro lugar, surgem pessoas coletivas de população e terri-

---

[875] *Supra*, 299 ss..

[876] CARLOS ALBERTO DA MOTA PINTO, *Teoria geral do Direito civil*, 4.ª ed., por ANTÓNIO PINTO MONTEIRO/PAULO MOTA PINTO cit., 282 ss., CARVALHO FERNANDES, *Teoria geral* cit., 1, 5.ª ed., 462 e ss., FREITAS DO AMARAL, *Curso de Direito administrativo* cit., 1, 589 ss., e MARCELO REBELO DE SOUSA, *Lições de Direito administrativo* cit., 1, 150 ss.. No tocante ao Estado e como obra de referência, que traça o desenvolvimento histórico-dogmático desde o início do século XIX, com inúmeras indicações, cf. HENNING UHLENBROCK, *Der Staat als juristische Person / Dogmengeschichtliche Untersuchung zu einem Grundbegriff der deutschen Staatsrechtslehre* (2000).

334 *Dogmática básica das sociedades*

tório: o Estado português, as regiões autónomas e as diversas autarquias. De seguida, pessoas coletivas de tipo fundacionalista ou institucional: institutos públicos, fundações públicas, serviços e estabelecimentos públicos personalizados e empresas públicas. Por fim, pessoas coletivas de tipo associativo e, fundamentalmente, as associações públicas, de que as ordens profissionais são o mais conhecido exemplo[877].

VI. Algumas pessoas coletivas, designadamente de tipo associativo, prosseguem fins de interesse público, que deveriam – ou poderiam – ser cometidos ao Estado. O Direito reconhece essa possibilidade. E assim, sem prejuízo para a sua natureza de pessoas privadas, é-lhes dispensado um estatuto dito "de utilidade pública", com consequências no seu regime.

O estatuto das coletividades de utilidade pública consta do Decreto-Lei n.º 460/77, de 7 de Novembro[878]. São consideradas "pessoas coletivas de utilidade pública" as (...) associações ou fundações que prossigam fins de interesse geral, ou da comunidade nacional ou de qualquer região ou circunscrição, cooperando com a Administração Central ou administração local, em termos de merecerem da parte desta administração a declaração de "utilidade pública" – artigo 1.º/1. Segundo o n.º 2, as pessoas de "utilidade pública administrativa" eram também consideradas de utilidade pública.

A utilidade pública exigia que não houvesse limitações de associados contrárias ao artigo 13.º/2 da Constituição e a consciência ativa de utilidade pública. De todo o modo, a qualidade de utilidade pública dependia de declaração do Governo – artigo 3.º.

A utilidade pública dava azo a certas regalias – artigo 10.º – e a benefícios fiscais, hoje constantes da Lei n.º 151/99, de 14 de Setembro.

A utilidade pública cessaria com a extinção da pessoa coletiva ou por decisão da entidade competente para a declarar, quando deixassem de se verificar os seus pressupostos – artigo 13.º/3.

Vários ramos de atividade justificam o aparecimento de "utilidades públicas" específicas. Assim, temos:

---

[877] Para as competentes referências legislativas *vide Manual de Direito comercial*, 2.ª ed., 245.

[878] O Despacho Normativo n.º 147/82, de 16 de Julho, veio "esclarecer dúvidas" sobre algumas das disposições desse diploma. O Decreto-Lei n.º 460/77, de 7 de Novembro, foi diversas vezes alterado e, por último, pelo Decreto-Lei n.º 391/2007, de 13 de Dezembro, que o republicou em anexo.

§ 24.º A ordenação das pessoas coletivas

– a utilidade turística, regulada pelo Decreto-Lei n.º 423/83, de 5 de Dezembro, com as alterações introduzidas pelo Decreto-Lei n.º 38/94, de 8 de Fevereiro e pelo Decreto-Lei n.º 141/2007, de 27 de Abril;
– a utilidade pública desportiva, prevista no Decreto-Lei n.º 248-B/ /2008, de 31 de Dezembro.

Encontramos, de seguida, a categoria das instituições privadas de solidariedade social, reguladas pelo Decreto-Lei n.º 119/83, de 25 de Fevereiro e complementado pelo Decreto-Lei n.º 347/81, de 22 de Dezembro, relativo a associações de socorros mútuos[879].

O Direito português vigente prevê, depois, numerosas categorias de associações – de estudantes, de pais, de mulheres ou de deficientes, como exemplos – a que dispensa um tratamento diferenciado.

Tudo isto demonstra que, no Direito atual, o interesse coletivo é prosseguido com recurso às técnicas privatísticas.

110. Pessoas coletivas associativas e fundacionais

I. A contraposição entre pessoas coletivas associativas (também ditas de base associativa, de base corporacional ou corporações) e pessoas coletivas fundacionais (também ditas fundações, de base fundacional, de base institucional ou instituições) remonta aos canonistas e foi aperfeiçoada por SAVIGNY[880]. Ela assume um relevo estrutural e tem a ver com o substrato que a anime ou – caso não tenha ainda substrato – que se destine a comportar.

Na pessoa coletiva associativa, o substrato é constituído por uma agremiação de pessoas, que juntam os seus esforços para um objetivo comum. Na fundacional, o substrato redunda num valor ou num acervo de bens, que potenciará a atuação da pessoa considerada. Os exemplos mais restritos serão constituídos pelas associações e pelas fundações civis – artigos 167.º e seguintes e 185.º e seguintes, respetivamente, do Código Civil

II. Deve ficar claro – e isso quer se queira, quer não – que a contraposição anunciada, conquanto que, à partida, estrutural, se encontra, hoje,

---

[879] Rect. no DR I Série, n.º 173, de 11-Nov.-1982, 2252.
[880] SAVIGNY, *System* cit., 2, § 86 (243 e 244).

336   *Dogmática básica das sociedades*

formalizada. Podemos localizar pessoas coletivas que mais não traduzam do que acervos objetivos personalizados e que, todavia, não sigam a forma fundacional, mas antes a associativa: tal o caso das sociedades unipessoais – artigos 270.°-A e seguintes – e o das sociedades anónimas de capitais exclusivamente públicos – p. ex., a Caixa Geral de Depósitos.

Estas distorções explicam-se por duas ordens de ideias:

- pelo arcaísmo do regime atual relativo a fundações e que impede que estas tenham fins diretamente lucrativos;
- pela impressividade de tipo ideológico e de mercado que assume a referência a "sociedades" e que leva à adoção, por puras razões de designação, da correspondente forma.

III. A contraposição entre pessoas associativas e fundacionais pode ser seguida entre as pessoas coletivas públicas. Uma associação pública é, naturalmente, uma pessoa coletiva de tipo associativo, enquanto um instituto público ou uma empresa pública assumem natureza fundacional. Já as denominadas pessoas coletivas de população e território assumirão uma natureza mista.

111. Pessoas coletivas com e sem fins lucrativos; superação

I. As pessoas coletivas propõem-se desenvolver determinadas atividades, com um objetivo geral. Quando tal objetivo se analise na busca de lucros, a pessoa coletiva tem fins lucrativos e, tendo base associativa, surge como sociedade. Quando não assuma tal fim lucrativo, será uma associação ou, não tendo natureza associativa, uma fundação.

No fundo, esta contraposição permitiria isolar as sociedades das restantes pessoas coletivas: apenas elas teriam, como objetivo geral, a procura de lucro.

II. Estas categorias estão hoje francamente ultrapassadas: apenas sobrevivem devido à sua formalização.

Começando pelas sociedades: nada impede que uma função puramente benemérita seja desenvolvida por uma sociedade (comercial, civil sob forma comercial ou civil pura) especialmente congeminada para esse fim: trata-se de uma questão de mercado ou de técnica de gestão.

§ 24.° A ordenação das pessoas coletivas

Quanto às pessoas ditas sem fins lucrativos: é muitas vezes desejável que elas disponham de rendimentos próprios, normalmente obtidos através de atuações lucrativas. Nessa altura, o seu objetivo geral poderá ser lucrativo, ainda que afetando os lucros a fins beneméritos[881].

O fim lucrativo ou não lucrativo não dita, pois, de modo fatal, a posição assumida pela pessoa coletiva em jogo. Isso não obsta a que, de facto, as associações tenham um perfil "solto", perante o das sociedades; aí, a busca oficializada do lucro leva a prever esquemas de fiscalização mais marcados e uma tutela especial para minorias, que não é requerida nas associações.

À medida que se acentua o relevo económico, direto ou indireto, de associações e fundações, estas têm vindo a dotar-se de esquemas de acompanhamento, de consulta e de fiscalização semelhantes aos das sociedades. Noutros termos: aplica-se-lhes o Direito das sociedades.

112. Associações, fundações e sociedades

I. No Direito comum, a trilogia clássica de pessoas coletivas é constituída pelas associações, pelas fundações e pelas sociedades civis – artigos 166.° e seguintes, 185.° e seguintes e 980.° e seguintes, todos do Código Civil

Deve esclarecer-se que não se trata de qualquer classificação: antes e tão-só de um alinhamento de tipos[882]. As associações e as fundações ainda poderiam ser tomadas como uma classificação básica de pessoas coletivas, atinente à sua estrutura ou ao seu substrato. As sociedades obedecem já a um critério diverso – a apregoada natureza lucrativa – mas, sobretudo, a uma tradição muito distinta e mais antiga: a *societas*.

II. As associações dão corpo a uma manifestação básica do princípio da liberdade de associação. As fundações têm o sentido de entregas em vida ou de deixas por morte do interessado. Elas equivalem a uma recons-

---

[881] Quanto à prática de atos de comércio e às qualidades de "comerciante", cf. o nosso *Manual de Direito comercial*, 2.ª ed., 187 ss. e 218 ss., com indicações.

[882] WOLFGANG B. SCHÜNEMANN, *Grundprobleme der Gesamthandgesellschaft* (1975), 19, fala em "posições polares" da sociedade e da associação.

trução liberal das antigas deixas pias, a conventos ou a congregações religiosas. Finalmente, as sociedades correspondem ao produto da celebração de contratos de sociedade, podendo apresentar formas muito multifacetadas.

III. A matéria das pessoas coletivas não obteve uma regulação sistemática unitária, no Código Civil. O relegar das sociedades para o capítulo dos contratos em especial – artigo 980.°, do Código Civil – é sintomático. De resto, essa situação é comum aos códigos civis dotados de parte geral – como sucede com o BGB alemão – mas com a agravante de, no Direito civil português, as sociedades civis puras poderem ter personalidade jurídica. A situação mais marcada fica com o facto de as sociedades comerciais terem assento em diploma próprio.

O Código das Sociedades Comerciais prevê os seguintes tipos de sociedades:

- sociedade em nome coletivo: o sócio responde individualmente pela sua entrada e, ainda, pelas obrigações sociais subsidiariamente em relação à sociedade e solidariamente com os outros sócios – artigo 175.°/1; a sua firma, quando não individualize todos os sócios, deve conter, pelo menos, o nome ou firma de um deles, com o aditamento, abreviado ou por extenso, "e Companhia" ou qualquer um que indique a existência de outros sócios – 177.°/1;
- sociedade por quotas: o capital está dividido em quotas e os sócios são solidariamente responsáveis por todas as entradas convencionadas no contrato – artigo 197.°/1; a firma poderá ter uma composição variada mas, em qualquer caso, concluirá pela palavra "limitada" ou pela abreviatura "Lda." – 200.°/1;
- sociedade anónima: o capital é dividido em ações e cada sócio limita a sua responsabilidade ao valor das ações que subscreveu – 271.°; a firma, de composição variada, concluirá com a expressão "sociedade anónima" ou pela sigla "S.A." – 275.°/1;
- sociedade em comandita: tem dois tipos de sócios: os sócios comanditários, que respondem apenas pela sua entrada e os sócios comanditados, que respondem nos mesmos termos dos sócios em nome coletivo; na comandita simples não há representação do capital por ações; na comandita por ações, só as participações dos sócios comanditários são representadas por ações – 465.°.

§ *24.° A ordenação das pessoas coletivas*

O Decreto-Lei n.° 257/96, de 31 de Dezembro, introduziu, no Código das Sociedades Comerciais, a figura das sociedades unipessoais por quotas – artigos 270.°-A a 270.°-G. Trata-se de um tipo societário não coincidente com o das sociedades por quotas "comuns".

113. Pessoas coletivas comuns e especiais

I. A contraposição entre pessoas coletivas comuns e especiais tem um sentido relativo. À partida, a pessoa coletiva comum rege-se pelo regime mais genérico, disponível na ordem jurídica considerada. As pessoas coletivas especiais dependem de regras diferenciadas, particularmente previstas para a categoria que elas integrem. Assim, será comum a associação que se reja, de modo direto, pelo Código Civil; será especial, por exemplo, a associação de estudantes que, além do Código em causa, se irá reger pela legislação específica relativa a associações de estudantes.

II. Infere-se de quanto foi dito que uma mesma pessoa coletiva poderá ser "comum" ou "especial", consoante o ângulo por que seja abordada. Por exemplo, uma sociedade anónima será especial perante uma sociedade civil, mas comum perante uma instituição de crédito que, por lei, deverá assumir a forma de sociedade anónima, sujeitando-se, contudo, a regras específicas bancárias.

III. A ordenação das pessoas coletivas em séries, de acordo com relações de tipo comum/especial tem utilidade: permite, quando faltem normas vocacionadas para regular a pessoa "especial", fazer apelo subsidiário às regras comuns.

Tendencialmente, a base é constituída pelo Direito civil: Direito comum perante a generalidade das outras regulações.

§ 25.º FIGURAS AFINS DAS PESSOAS COLETIVAS

114. A personalidade rudimentar e o modo coletivo imperfeito

I. A ideia clássica de personalidade coletiva era qualitativa: bastaria a suscetibilidade de ser titular de um único direito ou adstrito a uma única obrigação para se falar de pessoa coletiva. Todavia, a formulação era forçada: a suscetibilidade de deter um direito ou de incorrer numa obrigação logo envolveria uma gama completa de hipóteses, de tal modo que tudo se multiplicaria. A natureza qualitativa da personalidade tenderia sempre a ser acompanhada por uma grande quantidade de posições potenciais. O afirmado qualitativismo era, no fundo, um ângulo especial de abordagem de uma determinada realidade.

II. A doutrina, particularmente no domínio das sociedades, foi confrontada com situações legisladas nas quais, a certas entidades, era reconhecida, apenas, uma escassa medida de titularidade potencial. A manter-se uma lógica estritamente formal, uma de duas: ou se admitia uma personalidade jurídica em entidades muito elementares e cuja personalização repugnaria ao senso jurídico comum ou se revia a natureza meramente qualitativa da personalidade coletiva, acrescentando-lhe determinados traços quantitativos. Qualquer das duas soluções iria quebrar a cristalografia conceitual. Por isso, embora o problema estivesse identificado há muito tempo, tardaram, para ele, as soluções.

III. No seu ensino universitário da Teoria geral do Direito civil[883], o Prof. PAULO CUNHA abordou o problema, analisou-o e propôs, para ele, uma

---

[883] Que decorreu entre 1958 e 1974; os elementos subsequentes datam de 1971/1972.

§ 25.º *Figuras afins das pessoas coletivas* 341

solução[884]: ao lado das pessoas coletivas propriamente ditas, haveria que apontar a categoria das pessoas rudimentares. Tratar-se-ia de realidades a quem a lei recusaria a titularidade de direitos civis, admitindo-lhes, todavia, direitos processuais[885]. Esta figura, que PAULO CUNHA aprontava por força da controversa "personalidade judiciária", pode ser generalizada a outras situações parcelares de personalidade jurídica.

A tradição de PAULO CUNHA vai ao encontro das modernas construções da "capacidade jurídica parcial"[886]. Tal "capacidade parcial" – cujo significado último é considerado, cautelosamente, em aberto – ocorreria, entre outros casos, nas sociedades civis reguladas no Código Civil alemão e às quais não é reconhecida a personalidade coletiva; não obstante, diversos preceitos atribuir-lhes-iam "direitos". Essa atribuição mais se veio a agravar com os recentes diplomas de tutela do consumidor, de inspiração comunitária e que atribuem "deveres" às empresas, independentemente de estas se encontrarem personalizadas[887]. Duas soluções seriam possíveis[888]:

– a teoria tradicional: os "direitos" e demais posições jurídicas deveriam ser imputados às pessoas singulares que constituíssem o ente questionado;
– a teoria da "capacidade parcial": o ente questionado seria "pessoa", para certos efeitos.

Esta última construção tem vindo a colher os sufrágios, aproximando-se da doutrina PAULO CUNHA das pessoas rudimentares.

IV. O problema das pessoas rudimentares ou parcelares tem de encontrar uma solução dogmática. Designadamente, devemos ter presente o tratar-se de uma questão de personalidade coletiva: ela não vai bulir com a dignidade do homem.

---

[884] Sem prejuízo de criticar vivamente a técnica legislativa que, reconhecendo "direitos" a quem não os teria, obrigava a isolar as referidas pessoas rudimentares ou, na linguagem de PAULO CUNHA, "rudimentais".

[885] PAULO CUNHA, *Teoria geral 1971/1972* cit., 236 ss. (241); o Autor sonda ainda as expressões "pessoa de extensão limitada", "pessoa embrionária" e "pessoa judiciária", rejeitando-as.

[886] Ou *Teilrechtsfähigkeit*.

[887] HANS-W. MICKLITZ, *Münchener Kommentar* cit., 1, 5.ª ed., § 14, Nr. 9 (482).

[888] *Vide* SIEGFRIED H. ELSING, *Alles entschieden bei der Gesellschaft bürgerlichen Rechts?*, BB 2003, 909-915 (909-910).

342 *Dogmática básica das sociedades*

Em situações de "capacidade parcial", o Direito trabalha em *modo coletivo* ou em *modo individual*? Na primeira hipótese, as normas são dirigidas à "pessoa rudimentar", obrigando depois à intervenção de outras regras para desencadear, na base, as competentes condutas (necessariamente) humanas; na segunda, as mesmas normas seriam diretamente exequíveis pelas pessoas singulares subjacentes.

Impõe-se uma pesquisa *in concreto*. Todavia, nas hipóteses mais marcantes e que abaixo referiremos, os "direitos" e "deveres" dirigidos ao ente questionado surgem mesmo em *modo coletivo*: nenhuma pessoa singular de base poderia encabeçá-los e exercê-los diretamente. Temos, pois, de admitir, ao lado da personalidade coletiva, tendencialmente plena – isto é: boa para todos os efeitos, dentro do princípio da especialidade, que abaixo examinaremos – uma personalidade coletiva rudimentar: operacional, apenas, para os concretos âmbitos que a lei lhe atribuir.

V. Às pessoas rudimentares podem aplicar-se regras próprias da personalidade coletiva. Mas apenas aquelas que surjam, expressamente[889], com essa dimensão. Fora do que a lei preveja, a pessoa rudimentar é substituída pelos titulares efetivos dos bens em presença.

O *modo coletivo* deve ser apurado caso a caso.

VI. A chave da personalidade coletiva reside naquilo que temos vindo a designar o *modo coletivo* de regulação jurídica. O Direito determina condutas a entidades que, não sendo humanas e individuais, nunca as poderiam acatar; todavia, tais regras são imputadas ao "ente coletivo" determinando, com isso, o funcionamento de numerosas outras regras, de tal forma que, em última análise, haverá sempre condutas de seres humanos. Quando o *modo coletivo* atinja toda a entidade considerada, teremos uma pessoa coletiva. Quando ele apenas a atinja parcialmente, falaremos, na tradição de PAULO CUNHA, em pessoa rudimentar.

Encontramos, agora, uma terceira categoria: a de situações em que o Direito trata, em conjunto, realidades atinentes a várias pessoas, sem toda-

---

[889] Todavia, a personalidade, mesmo "rudimentar" não pode, ao contrário do que pretendia SAVIGNY para a própria personalidade coletiva "comum", considerar-se excecional. Nenhum obstáculo existe em proceder à aplicação analógica das suas normas, sempre que se verifiquem os necessários pressupostos.

§ 25.° *Figuras afins das pessoas coletivas* 343

via, nem total nem parcialmente, o fazer como se de uma única se tratasse. Falaremos, então, em *modo coletivo imperfeito*. E as entidades daí decorrentes constituirão figuras afins às pessoas coletivas.

VII. O modo coletivo imperfeito pode ser exemplificado através da figura do litisconsórcio necessário, prevista no artigo 28.° do Código de Processo Civil. Segundo esse preceito, quando, com referência a determinada situação controvertida, a lei ou o negócio jurídico exijam a intervenção de vários interessados, a ação deve ser intentada por todos eles ou contra todos eles, sob pena de ilegitimidade. O mesmo ocorre quando a intervenção de todos os interessados seja necessária para que a decisão produza o seu efeito útil normal.

Pois bem: a projeção processual das situações subjacentes exprime a ideia aqui presente: não havendo, embora, uma pessoa diferente da dos titulares envolvidos, estes apenas em conjunto podem agir: como demandantes ou como demandados. Trata-se de uma figura afim da personalidade judiciária, enquanto a realidade substantiva imanente é afim da própria personalidade coletiva.

115. As personalidades judiciária, económica, laboral e tributária

I. O artigo 5.°/1, do Código de Processo Civil, define a personalidade judiciária como a suscetibilidade de ser parte. O n.° 2 explicita que quem tiver capacidade jurídica tem, igualmente, personalidade judiciária. *A contrario*, poderá haver entidades com personalidade judiciária mas sem personalidade jurídica[890]. Confirmando-o, o artigo 6.° do mesmo Código enumera entidades às quais não é, normalmente, reconhecida personalidade jurídica, mas a que atribui a personalidade judiciária.

A ideia de personalidade judiciária foi introduzida na reforma processual de 1939, levada a cabo por José Alberto dos Reis[891]. Fundamentalmente, ela foi animada pela necessidade pragmática de qualificar a possibilidade de se ser parte em juízo, demandando e sendo demandado. A alternativa de levar a juízo todas as pessoas que se poderiam acolher ao

---

[890] STJ 10-Jul.-1990 (Baltasar Coelho), BMJ 399 (1990), 456-459 (458).

[891] Cf. José Alberto dos Reis, *Comentário ao Código de Processo Civil*, 1 (1944), 24 e *Código de Processo Civil Anotado*, 3.ª ed., 1 (1948), 26 ss..

344 *Dogmática básica das sociedades*

ente com "personalidade judiciária" é impraticável: bastará compulsar a lista de entidades com personalidade judiciária abaixo seriadas.

PAULO CUNHA dá conta de ter logrado convencer JOSÉ ALBERTO DOS REIS da "impossibilidade lógica" de manter uma ideia de personalidade setorial. Todavia, o "temperamento pragmático" de ALBERTO DOS REIS tê-lo-ia levado a não suprimir a ideia de "personalidade judiciária" na reforma de 1961, também da sua lavra[892].

II. A atribuição de personalidade judiciária tem o maior significado prático. A qualidade de parte, em processo, permite praticar os diversos atos processuais: deles depende a efetivação dos direitos civis. A personalidade judiciária não se confunde com a capacidade judiciária: esta traduz a capacidade de estar, por si, em juízo, nos termos do artigo 9.º do Código de Processo Civil[893]. A capacidade judiciária corresponde à civil – *idem*, n.º 2; na sua falta, há que recorrer à representação – artigo 10.º do mesmo Código.

Em quanto diga respeito ao processo, a entidade com personalidade judiciária funciona em *modo coletivo*. Tudo aponta para uma verdadeira pessoa coletiva ... só que limitada ao processo. O problema de construção daí resultante, de outro modo insolúvel, ultrapassa-se com a ideia de personalidade rudimentar.

III. Passando em revista as "pessoas judiciárias" enumeradas no artigo 6.º do Código de Processo Civil, encontramos[894]:

> *a)* *A herança jacente e os patrimónios autónomos semelhantes cujo titular não estiver determinado*: a herança diz-se jacente desde o momento da sua abertura – portanto: da morte do *de cuius* – e até à sua aceitação ou até que seja declarada vaga para o Estado – artigo 2046.º; a herança, nesse período intermédio, que poderá ser alargado até por se desconhecerem os herdeiros, é uma pessoa judiciária – e, consequentemente, uma pessoa coletiva rudimentar –

---

[892] PAULO CUNHA, *Teoria geral 1971/1972* cit., 239, nota 1.

[893] JOSÉ LEBRE DE FREITAS, *Código de Processo Civil Anotado*, 1 (1999), 24 ss..

[894] *Vide* JOSÉ ALBERTO DOS REIS, *Comentário* cit., 1, 24-25 e *Código Anotado* cit., 1, 3.ª ed. cit., 26 ss., sendo de notar que os textos então em vigor não correspondiam totalmente aos atuais. Quanto à génese do texto vigente cf. LEBRE DE FREITAS, *Código Anotado* cit., 1, 18 ss..

§ 25.º *Figuras afins das pessoas coletivas* 345

podendo demandar e ser demandada[895]; quanto a "patrimónios autónomos semelhantes", poderíamos referir o património do ausente; a jurisprudência aponta, ainda, as hipóteses da Comissão de Melhoramentos da Freguesia de Pombeiro da Beira, por se afirmar titular de um património autónomo[896] e a de um estabelecimento individual de responsabilidade limitada, constituído ao abrigo do artigo 2.º do Decreto-Lei n.º 248/86, de 25 de Agosto[897];

b) *As associações sem personalidade jurídica e as comissões especiais*; trata-se da figura prevista e regulada nos artigos 195.º e seguintes, do Código Civil; quando dotadas de património autónomo, estas entidades já teriam personalidade judiciária pela alínea *a*) do preceito em referência;

c) *As sociedades civis*; o Código Civil regula, nos seus artigos 980.º e seguintes, as chamadas sociedades civis sob forma civil ou sociedades civis puras (PAULO CUNHA), sendo discutível se têm personalidade coletiva (geral) e, mais precisamente[898]: se todas a têm, se apenas algumas ou se nenhuma; enquanto prossegue a discussão civil, o legislador processual cortou cerce o problema reconhecendo, a todas, a personalidade judiciária;

d) *As sociedades comerciais, até à data definitiva do contrato pelo qual se constituem, nos termos do artigo 5.º do Código das Sociedades Comerciais*; na verdade, apenas com o registo definitivo se dá a aquisição (plena) da personalidade coletiva; antes disso, porém, o ente coletivo pode estar em funcionamento, dispondo, desde logo, de personalidade judiciária passiva[899];

e) *O condomínio resultante da propriedade horizontal, relativamente às ações que se inserem no âmbito dos poderes do administrador*; de facto e com referência às partes comuns, o administrador tem legitimidade para demandar e ser demandado – artigo 1417.º/1 e 2;

---

[895] RLx 26-Nov.-1985 (CURA MARIANO), CJ X (1985) 5, 92-94 (93/II) e RPt 14-Dez.-1993 (CARDOSO LOPES), BMJ 432 (1993), 424. Quando, dos autos, não resulte que uma determinada herança tenha sido aceite – altura em que perde a personalidade judiciária, integrando-se no património dos herdeiros – ela considera-se como dotada de personalidade judiciária – RLx 24-Fev.-2000 (PAIXÃO PIRES), CJ XXV (2000) 1, 125-126 (125/II).

[896] STJ 10-Jul.-1990 cit., BMJ 399, 458.

[897] RLx 13-Fev.-1992 (MARTINS RAMIRES), CJ XVII (1992) 1, 156-157 (156).

[898] Cf. *infra*, § 27.º.

[899] RCb 7-Mai.-1996 (JAIME GUAPO), BMJ 457 (1996), 459, afirmando que a sociedade irregular não dispõe de personalidade judiciária ativa: apenas os "sócios" poderão demandar.

346 *Dogmática básica das sociedades*

atua, então, "em representação" do condomínio, o qual tem personalidade judiciária;

f) *Os navios, nos casos previstos em legislação especial*: trata-se de um princípio reafirmado pelo artigo 7.° do Decreto-Lei n.° 201/98, de 10 de Julho, relativo ao Estatuto Legal do Navio, havendo que verificar, *in casu*, a eventualidade da sua verificação[900].

Haverá, ainda, que acrescentar a hipótese do artigo 7.°, que regula a personalidade judiciária das sucursais.

IV. Cabe perguntar se, nos diversos casos de "personalidade judiciária", não será necessário ir um pouco mais longe, admitindo "alguma" personalidade substantiva. De facto, não se pode reduzir a "personalidade judiciária" a uma questão de representação: um património autónomo não representa ninguém; ele é, sim, representado, nos termos do artigo 21.°, do Código de Processo Civil.

A atuação processual é, porventura, uma das mais marcantes formas de exercer um direito: este ganha-se ou perde-se, amplia-se ou reduz-se, consoante o modo de o colocar no foro e em função do epílogo da ação. A personalidade judiciária – mesmo quando, em rigor, se pudesse chamar "capacidade de gozo judiciário" – traduz uma inegável margem de personalização substantiva.

Reformulado o conceito de pessoa coletiva, afastada a miragem formal – porquanto desligada das realidades – da pessoa coletiva puramente qualitativa e admitida a relativização desse conceito, temos uma solução: a construção de pessoas rudimentares.

V. A personalidade económica traduz a aptidão que determinadas entidades tenham de ser destinatárias de regras de Direito da economia ou, mais latamente, de regras de Direito patrimonial[901]. O problema ocorre porquanto diversa legislação de tipo económico aponta normas dirigidas a empresas e isso independentemente de elas se identificarem – ou não – com entidades personalizadas. Um especial papel foi atribuído à empresa pelo revogado Código dos Processos Especiais de Recuperação de Empre-

---

[900] STJ 26-Mar.-1998 (ARAGÃO SEIA), BMJ 475 (1998), 571-578 (576, com indicações e 578). *Vide* JANUÁRIO GOMES, *Limitações de responsabilidade por créditos marítimos* (2010), 188-189, com indicações.

[901] O nosso *Direito da Economia* cit., 1, 209 ss..

§ 25.º *Figuras afins das pessoas coletivas* 347

sas e de Falência, que continha diversas regras a ela dirigidas[902]. À empresa reconhecia, pelo menos, personalidade judiciária[903]. No vigente Código da Insolvência (2004), esse aspeto é menos visível.

A empresa surge, assim, como uma pessoa rudimentar: em todos os casos em que seja destinatária formal de regras de Direito, sem assentar num ente personalizado (em sentido amplo). Caso a caso e regra a regra haverá que determinar o alcance da personalização.

VI. Também no campo do Direito do trabalho nos aparecem entidades personalizadas, apenas, para certos efeitos. Tal a situação das comissões de trabalhadores: segundo o artigo 17.º da Lei n.º 68/79, de 9 de Outubro, as comissões de trabalhadores tinham personalidade judiciária. Além disso, a própria Constituição, no seu artigo 54.º/5, lhes atribuía uma série significativa de direitos, desenvolvidos na Lei n.º 46/79, de 12 de Setembro, e que não podem ser reconduzidos às pessoas dos seus membros[904]. Infere-se daqui que, numa visão tradicional, as comissões de trabalhadores não poderiam deixar de ser consideradas pessoas coletivas. Como, todavia, as suas aptidões estavam limitadas para as regras estritamente laborais, poderíamos enquadrá-las na ideia de pessoa rudimentar. A evidência da personalidade coletiva era tão forte que o Código do Trabalho, em vigor a partir de 1 de Dezembro de 2003, nos termos do artigo 3.º da Lei n.º 99/2003, de 27 de Agosto, que o aprovou, veio, no seu artigo 462.º/1, reconhecer a personalidade jurídica destas comissões. Esta orientação mantém-se no Código do Trabalho vigente, aprovado pela Lei n.º 7/2009, de 12 de Fevereiro: artigo 416.º/1.

VII. Finalmente, no campo fiscal, ocorre a noção de personalidade tributária: a qualidade de se ser sujeito passivo da obrigação de imposto, com todas as posições instrumentais que isso implica. Infere-se do artigo 2.º do Código do IRC que são reconhecidos como sujeitos passivos entidades desprovidas de "personalidade jurídica plena". Terão personalidade tributária[905], numa forma particular de personalidade rudimentar.

---

[902] *Tratado de Direito civil*, I/2, 2.ª ed., 202.
[903] STJ 23-Abr.-1996 (CARDONA FERREIRA), CJ/Supremo IV (1996) 1, 167-170 (170).
[904] *Manual de Direito do trabalho*, 502 ss..
[905] Recorde-se o clássico de PEDRO SOARES MARTINEZ, *Da personalidade tributária* (1952, reimp., 1969).

348   *Dogmática básica das sociedades*

116. Associações não reconhecidas, comissões, sociedades rudimentares e sociedades irregulares

I. Como novas hipóteses de pessoas rudimentares surgem-nos as associações não reconhecidas, as comissões, as sociedades civis e as sociedades irregulares. Deve notar-se que as três primeiras figuras citadas têm personalidade judiciária, por via do artigo 6.°, *b*) e *c*), do Código de Processo Civil. As sociedades irregulares podem tê-la, por via da alínea *d*) do mesmo preceito e, ainda e em geral, sempre que deem azo a um património autónomo – alínea *a*). Só por aí, já haveria personalidade rudimentar. Torna-se possível ir mais longe.

II. A associação sem personalidade – melhor seria manter a expressão anterior a 1977: associação não reconhecida – dispõe de um fundo comum. Embora, teoricamente, esse fundo esteja na titularidade de cada um dos associados, nenhum deles pode exigir a sua divisão – 196.°/2 – tal como nenhum credor dos associados o pode fazer excutir – *idem*. As liberalidades feitas a favor de associação, embora considerando-se feitas aos associados – 197.°/1 – acrescem ao fundo comum – 197.°/2. Quanto às comissões especiais: os fundos angariados devem ser afetos ao fim anunciado, sendo os membros da comissão, pessoal e solidariamente, responsáveis pela sua conservação – 200.°/1, todos do Código Civil

Em suma: mesmo em termos substantivos, há um *modo coletivo* de funcionamento. Faz sentido a referência a "pessoas rudimentares"; no caso das associações "sem personalidade" e porventura: mais do que isso[906].

III. De sociedades civis sob forma civil falar-se-á oportunamente. Antecipamos que, dependendo de certas características próprias, algumas são pessoas coletivas plenas, acolhendo-se outras à figura da personalidade rudimentar: serão, nessa altura, sociedades rudimentares.

As sociedades irregulares, abrangendo com essa locução as sociedades comerciais que, por falha ou incompleitude genética, não tenham personalidade coletiva, caem nos artigos 36.° ou 52.° do Código das Sociedades Comerciais. Elas produzem, ainda, alguns dos efeitos próprios da personalidade, seja por remissão para as sociedades civis puras, seja por

---

[906] *Tratado* IV, 3.ª ed., 824 ss..

§ 25.º *Figuras afins das pessoas coletivas* 349

reenvio para o regime da liquidação. A personalidade rudimentar é, sempre, a figura explicativa mais geral, estando em aberto se não haverá que se ir mais longe.

117. Pessoas coletivas em formação e em extinção

I. A pessoa coletiva retira a personalidade de um ato formal. Como adiante melhor veremos, razões de certeza e de segurança levaram o Direito a abdicar do reconhecimento de um verdadeiro substrato, a favor de meras consignações jurídicas – e isso ao ponto de a própria personalidade coletiva se ter formalizado.

Todavia, na ordem normal das coisas, a pessoa coletiva prossegue objetivos práticos, surgindo dotada de um substrato: uma organização, pessoas que a sirvam, bens de afetação e um objetivo geral. Esse substrato põe-se – ou pode pôr-se – em marcha antes do ato formal atributivo da personalidade. Do mesmo modo, ele pode manter-se depois de um ato formal de sentido contrário que, visando a extinção da pessoa coletiva, venha suprimir a personalidade (plena). Nessas circunstâncias, o Direito reconhece ao substrato em jogo, mesmo privado do reconhecimento formal, determinadas potencialidades, enquanto sujeito de direitos. O fenómeno é tanto mais interessante quanto é certo que, sendo absolutamente legal – isto é: não traduzindo a aplicação de quaisquer sanções – ele demonstra as potencialidades de um substrato, sem a personalização formal. Naturalmente: dá, também, a dimensão desta.

II. A matéria está expressamente regulada a propósito das sociedades comerciais. O regime destas, expresso nos artigos 36.º a 40.º, contém algumas regras que traduzem o afloramento de princípios gerais, com relevo para o artigo 36.º/2, que passamos a transcrever:

> Se for acordada a constituição de uma sociedade comercial, mas, antes da celebração da escritura pública, os sócios iniciarem a sua atividade, são aplicáveis às relações estabelecidas entre eles e com terceiros as disposições sobre as sociedades civis.

As sociedades civis puras representam o tipo básico: a atuação conjunta de duas ou mais pessoas, para um objetivo económico que não seja de mera fruição – artigo 980.º, do Código Civil. Quer isto dizer que, no decurso da formação de um ente coletivo e antes de alcançada a personalidade, havendo logo uma atuação dos interessados, cai-se nesse tipo[907]. A própria sociedade civil pura é – ou pode ser, como veremos[908] – uma pessoa coletiva rudimentar: qualidade em que incorrem as tais sociedades em formação.

Perante associações ou fundações em formação, o problema resolver-se-á com recurso aos artigos 195.° e seguintes, do Código Civil: associações sem personalidade jurídica e comissões especiais. Trata-se de novas hipóteses de pessoas rudimentares. Resta acrescentar que a situação das pessoas coletivas em formação permitiu, justamente, ilustrar "graduações" na personalização. Foi na base de importantes estudos provocados por esse fenómeno que se veio a alcançar a ideia de relatividade da personalidade[909].

III. A pessoa coletiva em extinção sofre uma evolução na sua personalidade, equivalendo ao que temos vindo a designar "pessoa rudimentar". Assim, com a extinção deveria desaparecer o ente coletivo. Todavia, há que praticar os atos conservatórios e os necessários, procedendo-se, ainda, às diversas operações de liquidação – artigos 166.°/1, 184.°/1 e 194.°, do Código Civil e 146.° e seguintes, do Código das Sociedades Comerciais[910].

A transição da personalidade para a não-personalidade não se faz de modo brusco. Há um processo, no decurso do qual o ente autónomo vai perdendo a sua existência. A personalidade rudimentar é útil para comunicar tal fenómeno.

---

[907] O Código das Sociedades Comerciais, nos seus artigos 38.°, 39.° e 40.°, regula as relações das sociedades já outorgadas por escritura, mas ainda não registadas. A grande especificidade resulta da natureza ilimitada da responsabilidade dos sócios ou, pelo menos, dos que tenham participado nos negócios com os terceiros. Teremos, então, pessoas coletivas "menos" rudimentares.

[908] Toda esta matéria será abaixo examinada mais detidamente; cf. *infra*, n.° 127.

[909] Na base RITTNER, *Die werdende juristische Person* (1973), já citado. Subsequentemente, intervieram Autores como BREUNINGER, GÖCKELER, RAISER e ELSING, citados *supra*, 320 ss..

[910] Este último preceito refere, no artigo 146.°/2 que a "sociedade em liquidação mantém a personalidade jurídica ..."; não se trata, porém, de uma "personalidade" idêntica (qualitativa e quantitativamente) à existente antes da extinção. Mais ilustrada assim fica a presença de uma pessoa "rudimentar".

§ 25.º Figuras afins das pessoas coletivas

118. A mão-comum e a comunhão

I. De entre as figuras afins da personalidade coletiva encontramos a mão-comum ou comunhão em mão-comum e a comunhão simples. Na comunhão em mão-comum, duas ou mais pessoas detêm um direito – ou um acervo de direitos – em conjunto, podendo exercer atuações restritas enquanto membros do grupo. Não podem dispor da sua "parcela" e não podem pedir a divisão da situação. Além disso, toda a sua atuação sobre a coisa passa pela mediação do grupo[911].

II. A mão-comum, propriedade em mão-comum ou comunhão em mão-comum constitui um tema clássico de História dogmática do Direito. Apesar de algumas referências tradicionais[912], ele veio a desenvolver-se com o pensamento nacionalista alemão[913]. A noção era feita decorrer da primitiva propriedade comunitária germânica[914], contrapondo-se a uma ideia menos marcada de comunhão latina[915].

A História da mão-comum foi estudada especialmente por BUCHDA[916], passando a ser de referência obrigatória. Todavia, a matéria terá sido misturada com institutos romanos[917], surgindo, hoje, mais como um princípio que transparece em outras situações, como a comunhão hereditária[918] do que como instituto autónomo[919].

---

[911] Cf., com indicações bibliográficas portuguesas e italianas, os nossos *Direitos Reais* (1993, *reprint*), n.º 201, II (438).

[912] Cf. a rec. de G. RÜMELIN a SCHEURL, *Zur Lehre von der Teilbarkeit der Rechte. Bedeutung der Begriffsbildung und legislatorische Behandlung*, JhJb 28 (1889), 386-484 e ANDREAS VON TUHR, *Allgemeiner Teil des Deutschen Bürgerlichen Rechts / I – Allgemeine Lehre und Personenrecht* (1910, reimp., 1957), 78 ss. e 348 ss..

[913] AUGUST SANGER, *Gemeinschaft und Rechtsteilung* (1913), 43 ss..

[914] A qual persistiu, nalgumas manifestações, ao longo dos séculos.

[915] KONRAD ENGLÄNDER, *Die regellmässige Rechtsgemeinschaft*, I – *Grundlegung* (1914), 1 ss.; este Autor estuda, depois, diversas formas de comunhão no BGB; a sua ordenação interior (ob. cit., 162 ss.) teria de ser vista caso a caso.

[916] GERHARD BUCHDA, *Geschichte und Kritik der deutschen Gesamthandlehre* (1936), 15 ss. (história) e 225 ss. (crítica).

[917] KARL LARENZ, *Zur Lehre von der Rechtsgemeinschaft*, JhJb 83 (1933), 108-177 (108); cf., 176-177, um pequeno quadro da matéria.

[918] HORST BARTHOLOMEYCZIK, *Das Gesamthandsprinzip beim gesetzlichen Vorkaufsrecht der Miterben*, FS Nipperdey I (1965), 145-175 (145 ss.); este Autor dá conta de que já OTTO VON GIERKE havia formulado essa ideia.

[919] WOLFGANG B. SCHÜNEMANN, *Grundprobleme der Gesamthandgesellschaft* cit.,

352   *Dogmática básica das sociedades*

A mão-comum fica muito próxima da personalidade coletiva; não se deixa, porém, caracterizar perante o Direito vigente, a não ser aproveitando figuras dogmáticas autónomas, como a comunhão conjugal ou a própria sociedade[920].

III. Na comunhão ou comunhão simples, duas ou mais pessoas são titulares de direitos sobre o mesmo objeto[921], direitos esses representados por quotas. A matéria vem tratada, no Código Civil, a propósito da compropriedade – artigos 1403.º e seguintes – sendo aplicável a outras formas de comunhão – 1404.º. Embora haja direitos que só em conjunto podem ser usados (a alienação do objeto, a sua reivindicação ou a sua transformação), cada titular mantém uma individualidade, podendo alienar a sua quota ou pedir a divisão da coisa.

Na administração da coisa há que recorrer às regras da sociedade – 1407.º/1 – o que acentua uma aproximação às pessoas rudimentares.

119. Esferas e patrimónios de afetação

I. Finalmente, serão pessoas rudimentares as esferas jurídicas e os patrimónios de afetação, isto é: os conjuntos de direitos e de obrigações que, em vez de estarem unificados em função de uma titularidade unitária, o estejam por força da afetação que os una.

O exemplo mais claro é o da empresa, já referido a propósito da "personalidade económica". Os bens e os deveres que constituem, juridicamente, uma empresa, podem pertencer ou não ao mesmo sujeito; da mesma forma, uma única pessoa pode deter mais de uma empresa. A unificação opera, pois, via do destino produtivo unitário, numa asserção que será possível aplicar ao estabelecimento. A empresa, quando tomada em sentido subjetivo, operará como uma esfera de afetação que, não se encon-

---

22 ss.; as diversas teorias podem ser vistas em JÜRGEN BLOMEYER, *Die Rechtsnatur der Gesamthand*, JR 1971, 397-403 (398 ss.).

[920] WERNER FLUME, *Gesellschaft und Gesamthand*, ZHR 136 (1972), 177-207 (184 e 190).

[921] Trata-se de explicação mais atual; há, todavia, outras construções; cf. os nossos *Direitos Reais* cit., n.º 201, III, com bibliografia nacional e estrangeira.

§ 25.° Figuras afins das pessoas coletivas

trando personalizada, dá corpo a uma "pessoa rudimentar". Também o estabelecimento poderá operar desse modo[922].

II. A mesma lógica funciona perante os patrimónios de afetação, seja ela qual for. Desde que, por razões pragmáticas evidentes, o Direito dirija as suas normas não, individualmente, aos titulares dos bens em jogo mas aos próprios patrimónios, temos um *modo coletivo*. A personalidade rudimentar contribuirá para explicar o fenómeno.

---

[922] *Manual de Direito comercial*, 2.ª ed., 307 ss..

SECÇÃO III
AS SOCIEDADES CIVIS PURAS

§ 26.º ASPETOS GERAIS DAS SOCIEDADES CIVIS

120. Um tipo básico

I. As sociedades, pelos compromissos histórico-culturais em que assentam, não se prestam a ordenações escolásticas ou racionais: um dado básico em que temos vindo a insistir e que nos irá acompanhar, ao longo do desenvolvimento da matéria. Esse dado é rico em consequências práticas e jurídico-científicas.

II. Perante estas considerações, podemos apresentar as sociedades civis puras não como um mero tipo societário entre outros, mas como um tipo básico, isto é: um tipo menos estrito e no qual afloram vetores que iremos encontrar em todo o Direito das sociedades.

Fica todavia claro que a sociedade civil pura não é um modelo-fonte ou um tipo inspirador, de onde, por dedução ou por evolução especializada, se retirem os restantes. Historicamente sucedeu mesmo o inverso: os quadros básicos das sociedades foram moldados no domínio comercial, particularmente no das sociedades anónimas; daí, num interessante refluxo histórico-dogmático, regressaram ao Direito comum. Mas ainda que nesses termos não-originais, facto é que as sociedades civis se erguem como um conjunto mais lasso ou mais geral de regras organizativas, que permitem uma cómoda introdução aos regimes comerciais bem mais densos. Nas sociedades civis puras[923] surgem, do modo mais claro, os grandes tra-

---

[923] Temos vindo a usar a locução "sociedade civil pura", na tradição do Prof. Paulo Cunha: preferível a "sociedades simples", de inspiração italiana, que, salvo convenção, nada significa.

§ 26.° *Aspetos gerais das sociedades civis*   355

ços da realidade subjacente, a interação, a troca e o escopo comum[924]. Isso sem prejuízo de, no perfil tradicional, as sociedades civis puras exprimirem uma relação duradoura obrigacional, entre as pessoas que as componham[925].

III. Foi ainda afirmado que as sociedades civis puras – tal como as demais sociedades de pessoas – têm uma vertente contratual mais intensa do que as sociedades comerciais, especialmente as de capitais. Tal vertente não obsta a que abranjam um plano organizativo bastante desenvolvido[926], plano esse que, de resto, consome já a quase totalidade das normas civis.

Vamos, por tudo isto, adiantar alguns aspetos gerais relativos às sociedades civis e, por esse prisma, às diversas sociedades comerciais. O estudo mais detido das sociedades civis será feito na parte especial desta obra[927].

121. Sistema geral do Código Civil

I. As sociedades civis puras têm a sua sede normativa no Código Civil. Este, no domínio em causa, foi particularmente influenciado pelo Código Civil italiano[928]. No entanto, a influência não foi ao ponto de se aproximar a sociedade da "empresa", tanto mais que jogou o peso do esquema pandetístico de sinal contrário. Mas ela ganhou uma vasta vertente organizativa, incompatível com um mero contrato, de tipo germânico. De novo a riqueza cultural do Direito privado português obriga a um estudo histórico e comparatístico, para tornar compreensível o regime vigente. Numa rápida apreciação, podemos considerar que o Código Civil veio, em relação ao anterior:

---

[924] STEFAN HABERMEIER, *Gesellschaft und Verein*, no Staudinger, *Eckpfeiler des Zivilrechts* (2011), 861-895 (861 ss.).

[925] FRITZ LANG/KATJA MULANSKY/THOMAS MULANSKY, *Die Gesellschaft bürgerlichen Rechts / Recht, Besteuerung, Gestaltungspraxis* (2010), XX + 393 pp. (3).

[926] STEFAN HABERMEIER, no Staudinger, §§ *705-740*, 13.ª ed. (2003), prenot. n.° 1 (11).

[927] *Manual* 2, 11 ss.. Sobre o tema dispomos, hoje do escrito excelente de RAÚL VENTURA, *Apontamentos sobre sociedades civis* (2006), 271 pp., postumamente publicado.

[928] Foram autores do competente anteprojeto ANTÓNIO FERRER CORREIA e VASCO LOBO XAVIER.

356 *Dogmática básica das sociedades*

– simplificar a ideia de sociedade; foram designadamente suprimidas as arcaicas "sociedades universais" e as "familares", enquanto a parceria foi retirada deste universo; a parceria agrícola, proibida, foi aproximada do arrendamento rural, enquanto a parceria pecuária deu azo a um contrato autónomo, próximo da locação – artigos 1121.º a 1128.º;
– aperfeiçoar a dimensão organizativa da sociedade: trata-se de uma decorrência do influxo italiano, como vimos;
– regular com cuidado as relações com terceiros;
– balizar os temas da extinção e da liquidação.

No conjunto, as sociedades do Código Civil, sociedades civis sob forma civil ou sociedades civis puras, na terminologia de PAULO CUNHA, surgem como entes autónomos perfeitamente definidos. O contrato de sociedade não está configurado para reger uma associação ocasional entre duas pessoas, com fins económicos, num aspeto a que teremos a oportunidade de regressar.

II. Uma ideia geral do regime da sociedade do Código Civil pode ser obtida com recurso à sua sistematização. A matéria consta do Capítulo III do Livro II, Título II: depois do contrato de doação e antes do de locação – artigos 980.º a 1021.º. Abrange seis secções:

Secção I – Disposições gerais – 980.º a 982.º;
Secção II – Relações entre sócios – 983.º a 995.º;
Secção III – Relações com terceiros – 996.º a 1000.º;
Secção IV – Morte, exoneração ou exclusão de sócios – 1001.º a 1006.º;
Secção V – Dissolução da sociedade – 1007.º a 1009.º;
Secção VI – Liquidação da sociedade e de quotas – 1010.º a 1021.º.

O regime estabelecido é complexo, implicando o domínio de diversos institutos. Trata-se de matéria que faz todo o sentido incluir numa disciplina de Direito das sociedades[929].

---

[929] Até hoje, ela tem sido incluída nas (poucas) análises existentes sobre contratos civis; cf. LUÍS MENEZES LEITÃO, *Contrato de sociedade*, em MENEZES CORDEIRO (org.), *Direito das obrigações*, 2, 2.ª ed. (1994).

§ 26.º Aspetos gerais das sociedades civis

122. Noção e elementos

I. O Código Civil define contrato de sociedade como – artigo 980.º[930]:

> (...) aquele em que duas ou mais pessoas se obrigam a contribuir com bens ou serviços para o exercício em comum de certa atividade económica, que não seja de mera fruição, a fim de repartirem os lucros resultantes dessa atividade.

Esta noção deixa transparecer um contrato oneroso, embora as prestações não sejam recíprocas: todos devem efetuá-las, suportando o inerente esforço; todavia, as partes não recebem, propriamente, as prestações efetuadas pelos outros. Tais prestações vão, efetivamente, integrar o património ou acervo social.

II. De acordo com a noção legal, é possível apurar a presença de três elementos[931]:

– as contribuições das partes;
– um exercício em comum;
– o fim da repartição dos lucros.

Um quarto elemento, de certo modo prévio, seria a intenção de formar a sociedade ou *affectio societatis*. A sua análise, todavia, reconduz a *affectio* à própria vontade contratual de formar a sociedade, isto é, à intenção de concluir o contrato aqui em causa. Não teria, assim, um especial relevo como elemento, embora seja um fator importante na distinção entre sociedade e outras figuras semelhantes ou afins.

---

[930] Quanto à noção paralela do § 705 do BGB: Hartwig Sprau, no Palandt, 69.ª ed. (2010), § 705 (1143 ss.) e Hoimar von Ditfurth, no PWW/BGB, 5.ª ed. (2010), § 705 (1399 ss.).

[931] Pires de Lima/Antunes Varela, *Código Civil Anotado* cit., 2, 4.ª ed., 285 ss.. À luz do Código de Seabra: José Tavares, *Sociedades e empresas comerciais*, 2.ª ed. (1924), 20 ss.. Quanto à jurisprudência: RLx 7-Jun.-1990 (Silva Paixão), CJ XV (1990) 3, 134-137, STJ 17-Mai.-1995 (Cortez Neves), BMJ 447 (1995), 422-430 (428) e STJ 23-Nov.-1999 (Tomé de Carvalho), BMJ 491 (1999), 258-262 (261/II), com indicações em anotação do BMJ.

A falta de *affectio societatis* determinaria a ausência da "sociedade". Em STJ 13-Out.-1977, ainda ao abrigo do artigo 1240.º do Código de SEABRA, veio dizer-se:

> Designadamente não se provou que entre o autor e o réu marido tenha havido a *intenção de formar uma sociedade*, no sentido jurídico do termo, o que, quer se considere, com José Tavares, manifestação de mútuo consenso, condição geral e essencial de qualquer contrato, quer se entenda como o elemento específico do contrato de sociedade que alguns autores designam por *affectio societatis* – sempre seria indispensável para que se pudesse considerar constituída, de facto, a sociedade a que os autos se referem[932].

A própria decisão transcrita não se compromete com uma específica *affectio societatis*. Na sua falta, não teríamos o mútuo consenso, essencial para a contratação em causa. O referido mútuo consenso seria, assim, o verdadeiro elemento em causa.

III. Quanto às contribuições das partes, admite a lei que as mesmas consistam em bens ou serviços. Podemos ir mais longe: a contribuição poderá residir numa qualquer vantagem de tipo patrimonial como, por exemplo, a concessão de uma garantia. Além disso, ela pode englobar: a transferência de direitos reais ou a sua oneração; a constituição de direitos pessoais de gozo; a efetivação de prestações de *facere*; a suportação de atuações que, à partida, o sócio poderia proibir.

As contribuições podem não ser imediatas. A própria lei refere "... se obrigam a contribuir ...": poderão fazê-lo no futuro ou, até, apenas eventualmente, já que a lei admite obrigações condicionadas, *cum potuerit*[933] e dependentes de interpelação.

É até de admitir que a contribuição de um sócio possa consistir, simplesmente, na inclusão do seu nome na sociedade. Tal inclusão pode, mesmo e *in concreto*, representar o bem social mais considerável. Resta recordar que o direito ao nome se inscreve no campo dos direitos de personalidade patrimoniais[934].

A atuação das partes deve obedecer aos requisitos do artigo 280.º, do Código Civil: ser física e legalmente possível, conforme com a lei, determinável e consentânea com a ordem pública e os bons costumes.

---

[932] STJ 13-Out.-1977 (RODRIGUES BASTOS), BMJ 270 (1977), 172-176 (174).
[933] Quando o credor puder cumprir.
[934] *Tratado de Direito civil*, IV, 3.ª ed., 231 ss..

§ 26.° Aspetos gerais das sociedades civis

IV. Segue-se o "... exercício em comum de certa atividade económica, que não seja de mera fruição ...".

A expressão "exercício em comum" deve ser entendida como exercício por conta de todos. Pode falar-se em "fim comum"[935], desde que, a "fim", se dê um alcance particularmente lato. Na verdade, pode o "exercício" não ser levado a cabo por todos os sócios, sem deixar de ser "em comum".

A natureza "económica" da atividade exigida prende-se com a ideia da repartição de lucros, essencial para distinguir a sociedade da associação. Assim, não seria de sociedade o contrato em tudo semelhante ao artigo 980.° do Código Civil, mas em que as partes se obrigassem, por exemplo, a contribuir (apenas) com orações. Como dissemos, o Direito atual afigura-se menos conceitual. Poderemos admitir sociedades com fitos não económicos: tecnicamente, surgirão como o produto de contratos atípicos, aos quais haverá que aplicar o essencial dos artigos 980.° e seguintes, do Código Civil.

Por fim, o "exercício em comum" não poderia ser de mera fruição. O legislador pretendeu, com isso, delimitar a sociedade de meras situações de compropriedade de coisas, que têm um regime próprio[936]. Tanto quanto a tipicidade dos direitos reais o permita, nada impedirá uma "sociedade" de mera fruição: figura atípica à qual se aplicarão, com as necessárias adaptações, as regras da sociedade[937]. Estamos no domínio do Direito privado. Além disso, pode haver casos em que apenas um ou alguns sócios se obriguem a facultar à sociedade o uso e fruição de uma coisa: artigo 992.°/3, *in fine*, do Código Civil. E aí, já há sociedade.

Deve notar-se que os outros Direitos não são tão restritivos neste domínio. O Código Civil italiano limita-se a remeter a "comunhão constituída ou mantida com o objetivo do gozo de uma ou mais coisas" para o domínio da comunhão em geral: artigo 2248.°. A doutrina e a jurisprudência já tentaram aligeirar este preceito – mais delimitado do que o nosso –

---

935 Como querem PIRES DE LIMA/ANTUNES VARELA, *Código Civil Anotado* cit., 2, 4.ª ed., 286.

936 CARLOS MOTA PINTO, *Teoria geral do Direito civil*, 3.ª ed. cit., 292.

937 O próprio artigo 1407.°/1, do Código Civil, manda aplicar, à administração da coisa comum, o regime da sociedade.

360 *Dogmática básica das sociedades*

entendendo que, não obstante o mero gozo de uma coisa, poderia haver sociedade sempre que ele estivesse organizado em moldes empresariais[938].

No Direito alemão, admitem-se entradas *quoad dominium* (de proprie-dade), *quoad sortem* (de valor) e *quoad usum* (de gozo)[939], tudo dependendo da vontade das partes.

De facto, não vemos construção útil a não ser na base da tipicidade dos direitos reais e na natureza vinculativa de algumas regras da comproprie-dade. Assim, submetê-las à sociedade poderia, entre outros aspetos, pôr em crise o direito de preferência e o direito de pedir a divisão: artigos 1409.° e 1412.°, do Código Civil.

V. A concluir os elementos legais, surge-nos o objetivo da repartição dos lucros da sociedade. Este elemento tem um alcance parcialmente injuntivo, na medida em que o artigo 994.° proíbe os pactos leoninos. De acordo com a atual tendência de permitir sociedades *non profit*, propende-mos para uma aceção muito lata de lucros: poderão não consistir numa imediata perceção de vantagens, pelos sócios, antes procurando beneficiar terceiros. Lembre-se, de resto, que sempre se poderia construir uma socie-dade a favor de terceiro – artigos 443.° e seguintes, do Código Civil.

123. O contrato, a forma e as suas alterações

I. O artigo 980.° apresenta a sociedade civil pura como um contrato. Todavia, o regime subsequente pode aplicar-se sem a efetiva conclusão de um contrato de sociedade (civil). Assim acontece por remissão: artigo 1407.°/1, do Código Civil, quanto à administração da coisa comum ou artigo 36.°/2, quanto às sociedades comerciais não registadas, no tocante às relações com terceiros, como exemplos. Podemos chegar a situações em que o regime dos artigos 980.° e seguintes do Código Civil seja aplicável, independentemente de um contrato ou de um contrato a tanto destinado.

A natureza básica da figura da sociedade civil mais acentuada fica. De todo o modo, é indubitável que o cenário legal comum de sociedade civil tem base contratual, numa ocorrência que modela todas as normas em presença.

---

[938] FRANCO DI SABATO, *Società*, 6.ª ed. cit., 12.
[939] STEFAN HABERMEIER, no Staudinger, 13.ª ed. cit., § 706, Nr. 5-7 (99-101).

§ 26.° *Aspetos gerais das sociedades civis* 361

II. O artigo 981.°/1, do Código Civil, determina que o contrato de sociedade não esteja sujeito a forma especial, à exceção da que for exigida pela natureza dos bens com que os sócios entrem para a sociedade[940]. Subjacente à lei está, pois, a ideia de que, pelo contrato de sociedade, os sócios vão dispor dos bens que constituam o objeto das suas contribuições. Por exemplo e nessa via: pelo artigo 875.° do Código Civil, exigir-se-ia a escritura pública sempre que, das contribuições, fizessem parte bens imóveis.

Mas vão dispor a favor de quem? No Direito alemão, o § 706 (2) presume que as transferências pressupostas pelas entradas passem a ser propriedade comum dos sócios[941]. Nada de semelhante surge no Código Civil português. Fica em aberto a personalização, ainda que eventualmente rudimentar, da sociedade civil: um tema a que regressaremos várias vezes.

III. O artigo 981.°/2 é gerido por um *favor negotii* muito vincado, estabelecendo especiais hipóteses de conversão ou de redução, no caso de inobservância da prescrição legal de forma. Recordamos o seu teor:

> A inobservância de forma, quando esta for exigida, só anula todo o negócio se este não puder converter-se segundo o disposto no artigo 293.°, de modo que à sociedade fique o simples uso e fruição os bens cuja transferência determina a forma especial, ou se o negócio não puder reduzir-se, nos termos do artigo 292.°, às demais participações.

Trata-se de um acrescento feito sobre o original italiano e que enferma de anomalias, a afeiçoar pela interpretação. Assim:

– a inobservância de forma legal dá azo à nulidade – 220.° do Código Civil – e não à anulabilidade; logo, onde está "... só anula ...", ler-se-á "... só provoca a nulidade ..."; aliás, a tratar-se de anulabilidade, nunca poderia ser a "inobservância da forma" a anular fosse o que fosse: tratar-se-ia de uma iniciativa das partes;
– a conversão prevista no artigo 293.° tem requisitos que, aqui, se devem ter por respeitados[942]; já não se entende porque limitar o

---

[940] Portanto: havendo apenas contribuições em dinheiro, não é necessária a escritura pública: RPt 23-Jan.-1986 (LOPES FURTADO), CJ XI (1986) 1, 172-177 (174/I).

O artigo 981.°/1, do Código Civil, decorre diretamente do artigo 2251.°, do Código Civil italiano.

[941] STEFAN HABERMEIER, no Staudinger, 13.ª ed. cit., § 706, Nr. 14 (102).

[942] *Tratado de Direito civil*, I/1, 3.ª ed. cit., 883 ss..

produto da conversão ao "... simples uso e fruição dos bens pela sociedade"; outras soluções seriam possíveis: não vemos nada, na lei, que as impeça;

– também a redução encarada no artigo 292.° terá lugar quando operem os seus requisitos gerais[943]; não há motivos para a aplicar, apenas, ao universo das participações.

O Direito privado é um todo complexo, sendo sempre arriscado pretender tocar numa das suas partes.

IV. Deve assinalar-se que o contrato de sociedade comercial está sujeito a forma escrita, com a assinatura dos outorgantes reconhecida presencialmente – 7.°/1, na redação dada pelo Decreto-Lei n.° 76-A/2006, de 29 de Março – salvo se forma mais solene for exigida para a transmissão dos bens que se levem para a sociedade. Será, assim, um dos (poucos) casos em que um ato comercial está sujeito a uma forma mais pesada do que o correspondente ato civil. Porquê? Porque o contrato comercial dá lugar, segundo a lei, a uma nova pessoa coletiva. Isso não sucederia necessariamente, tratando-se de pessoas coletivas plenas, com as sociedades civis puras. Já se, a estas, se pretender atribuir esse tipo de personalidade, a escritura pública ou outro meio legalmente admitido serão necessários, por via do artigo 158.° do Código Civil[944], aplicável *ex vi* artigo 157.°, do mesmo Código.

V. Uma vez celebrado, o contrato de sociedade pode alterar-se. Assim sucede com qualquer contrato, desde que as partes estejam de acordo. No caso da sociedade, poderá haver mais de duas partes: pois mesmo então as alterações exigem o acordo de todos os sócios, salvo se o próprio contrato o dispensar – 982.°/1, do Código Civil[945]. A hipótese normal será, então, a de se prever uma alteração por maioria, simples ou qualificada.

Prossegue o n.° 2:

Se o contrato conceder direitos especiais a algum dos sócios, não podem os direitos concedidos ser suprimidos ou coarctados sem o assentimento do respetivo titular, salvo estipulação expressa em contrário.

---

[943] *Idem*, 662 ss..

[944] Na redação dada pela Lei n.° 40/2007, de 24 de Agosto.

[945] Este preceito equivale ao artigo 2252.°, do Código Civil italiano.

§ 26.º Aspetos gerais das sociedades civis 363

A figura dos direitos especiais dos sócios tem clara origem comercial, dispondo hoje de consagração geral no artigo 24.º. Correspondem, *grosso modo*, a prerrogativas livremente pactuadas e que terão levado algum ou alguns sócios[946] a aderir à sociedade. A hipótese de, por maioria e contra a sua própria vontade, eles serem despojados desses direitos poderia prejudicar a constituição de determinadas sociedades. Donde a opção: tais direitos só com o assentimento do próprio podem ser suprimidos ou limitados[947].

Este princípio aplica-se, ainda, às posições especiais advenientes de acordo ou de estipulação superveniente[948].

124. O papel das sociedades civis puras

I. O regime dos artigos 980.º e seguintes, do Código Civil, a estudar mais detidamente na parte especial[949] levanta múltiplas dúvidas.

Em princípio, as sociedades civis sob forma civil ou sociedades civis puras deveriam representar a grande matriz donde, por especialização, teriam sido retiradas todas as restantes, incluindo as comerciais. Todavia, isso não sucedeu, como vimos. Historicamente, a *societas* era apenas um contrato, sem o poderoso elemento organizativo hoje patente no regime civil português vigente. Esse elemento organizativo adveio das sociedades comerciais, *maxime* das anónimas.

Por isso, o papel das sociedades civis puras no domínio comercial deve ser sempre ponderado, norma a norma.

II. As sociedades civis – agora sob a forma de contrato de sociedade – representariam ainda um quadro elementar de colaboração entre duas ou mais pessoas, para a prossecução de um fim económico comum. Assim sucederia nas hipóteses de associações efémeras: duas pessoas põem-se de acordo para, em conjunto, desenvolver certa atuação, dividindo tarefas ou assumindo, ambas, a mesma atuação. Há sociedade, aplicando-se os arti-

---

[946] Ou a todos eles: VAZ SERRA, anot. a STJ 14-Dez.-1978 (ALBERTO ALVES PINTO), RLJ 112 (1979), 167-172, 172-176 (173).

[947] STJ 12-Jan.-1973 (OLIVEIRA CARVALHO), BMJ 223 (1973), 240-254 (248).

[948] Desde que, naturalmente e pela interpretação, seja possível determinar que foram adotados com o sentido "especial".

[949] *Manual* 2, 35 ss..

gos 980.° e seguintes do Código Civil? Parece evidente que, numa hipótese dessas, a maioria dos artigos relativos ao "contrato" de sociedade surge puramente inaplicável[950]. Quando muito, haveria que, caso a caso, indagar da oportunidade de recorrer a normas próprias desse contrato.

Resta concluir que o "contrato" de sociedade não é o cenário mais geral de colaboração económica entre duas pessoas: tal papel caberá a um contrato atípico de associação, que não dependa da organização societária e ao qual, eventualmente, se aplicarão as regras – ou algumas regras – da sociedade[951].

III. Tal o caso decidido pela Relação de Lisboa, em 18-Mai.-2000:

Um grupo de pessoas combinara jogar no totoloto, usando sempre uma determinada chave. O boletim correspondente era rotativamente preenchido por cada um dos participantes, sendo o custo das apostas repartido por todos.

Ora, em determinada altura, um boletim foi premiado com 200.363.854$00[952]. A pessoa em cujo nome o boletim fora preenchido recusava a entrega do prémio aos restantes. O Tribunal entendeu que não havia, aqui, claramente, elementos para integrar o artigo 980.° do Código Civil. Todavia, estar-se-ia perante um contrato atípico, válido, próximo da sociedade e que devia ser cumprido. Determinou, pois, a divisão do prémio[953].

IV. Temos, depois, diversas atuações conjuntas de pessoas, a que o Direito manda aplicar regras próprias da sociedade. Assim sucede no tocante à administração da coisa comum: segundo o artigo 1407.°, do Código Civil, há que recorrer ao artigo 985.°, do mesmo diploma, "... com as necessárias adaptações ...". Trata-se de uma situação aplicável à comunhão de outros direitos, nos termos do artigo 1404.°, do Código Civil, com relevo para as situações hereditárias.

De novo se acentua a necessidade de ponderar situações caso a caso: em abstrato, não é possível definir um âmbito de aplicação para o regime da sociedade civil.

---

[950] Essa inaplicabilidade resulta do mérito da situação considerada e não de, *a priori*, se ter concluído não estarmos perante uma pessoa coletiva, em concreto.

[951] Poderíamos, aqui, inserir a contraposição entre "sociedade ocasional" ou "momentânea" e "sociedade duradoura" – STAUDINGER/HABERMEIER, *BGB*, 13.ª ed. cit., Nr. 66 (49 ss.), sendo que a primeira não chegaria a dar corpo a qualquer organização.

[952] Cerca de um milhão de euros.

[953] RLx 18-Mai.-2000 (MARCOLINO DE JESUS), CJ XXV (2000) 3, 91-95 (94/I).

SECÇÃO IV
AS SOCIEDADES COMO ORGANIZAÇÃO

§ 27.º A PERSONALIDADE JURÍDICA DAS SOCIEDADES

125. A importância do tema

I. Incluímos, entre os princípios gerais do Direito das sociedades, o recurso ao modo coletivo de estatuir, o que é dizer: à técnica própria da personificação de uma realidade não-humana, com tudo o que isso implica em termos técnicos e significativo-ideológicos.

A personalidade coletiva está ligada às sociedades, particularmente às comerciais. Resultam, daí, quadros e referências que acompanham, em permanência, o desenvolvimento da problemática inerente. Tanto justifica os desenvolvimentos que, acima, lhe concedemos.

II. Numa aproximação ao cerne da matéria, vamos agora ajuizar, perante o Direito positivo português, a personificação das sociedades. Dela dependerá boa parte da essência organizativa das mesmas.

Apesar da sua importância, as fronteiras da personificação das sociedades não estão, ainda hoje, esclarecidas. A análise dos problemas em aberto constituirá, assim, um banco de ensaio excelente para os elementos já obtidos, permitindo ainda uma crescente aproximação à dogmática societária.

126. O problema nas sociedades civis puras; a discussão

I. O Código Civil não atribui, com clareza, personalidade coletiva às sociedades civis que regula. Mas também não a nega. O autor do anteprojeto – o Prof. FERRER CORREIA – teve a seguinte ideia[954]:

---

[954] ANTÓNIO FERRER CORREIA, *Estudos preparatórios inéditos*, transcrito em PIRES DE LIMA/ANTUNES VARELA, *Código Civil Anotado* cit., 2, 4.ª ed., 288.

Foi de caso pensado que não propusemos a inserção no *Projeto* de qualquer norma consagrando ou repudiando, neste capítulo das sociedades civis, o conceito de personalidade coletiva. Efetivamente, este conceito, como outros do mesmo género, não é mais do que a expressão da síntese das soluções dadas a certas questões práticas de regulamentação, que, essas sim, têm de ser enfrentadas pelo legislador. E não há dúvida de que o *Projeto* as enfrentou. Resta apenas saber que indicações se tiram das soluções adoptadas pelo *Projeto*, no que toca ao mencionado conceito. Mas esse é um problema de dogmática jurídica, com que o legislador não tem de se preocupar.

Vamos, pois, abordar o problema dogmático anunciado por FERRER. Temos, ainda, duas precisões. Em primeiro lugar, não é uma (mera) questão de "conceito": antes de construção dogmática, envolvendo consequências de entendimento e de regime. Seguidamente: estamos perante um tema português clássico, discutido há mais de um século e não de uma temática importada. Num momento em que a defesa do Direito português deve constituir prioridade absoluta, não podemos deixar cair no esquecimento as nossas questões mais debatidas e, ainda, por resolver.

II. Na origem da discussão ora em estudo, surge-nos DIAS FERREIRA que, anotando a sociedade civil do Código de SEABRA, a considera como[955]:

> (...) pessoa jurídica com direitos e obrigações, não só entre os seus membros, mas em relação a terceiros (...)

GUILHERME MOREIRA, a quem se deve a expressão "pessoa coletiva", vem tomar posição diversa. Para ele, a personalidade só surgiria quando se verificasse uma total independência patrimonial em relação aos sócios ou associados. Isso leva-o a considerar as sociedades anónimas como pessoas coletivas; já as sociedades em nome coletivo não o seriam, outro tanto sucedendo com as sociedades civis puras[956].

---

[955] DIAS FERREIRA, *Código Anotado* cit., 2, 2.ª ed., 486.

[956] GUILHERME MOREIRA, *Instituições do Direito civil português*, I – *Parte geral* (1907), 295. Diz designadamente:

> A attribuição do direito de personalidade ás sociedades em que são invariaveis os socios e ha responsabilidade illimitada pelas dividas, não terá fundamento algum admissivel, pois que nessas sociedades não existem, como é obvio, interesses communs que sejam independentes dos interesses individuaes dos socios, e levará a consequencias inadmissiveis.

§ 27.º *A personalidade jurídica das sociedades*　367

Logo José Tavares, numa análise muito incisiva e ponderosa, vem tomar posição oposta: as sociedades civis puras teriam uma verdadeira personalidade jurídica[957]. De facto, diversos preceitos do Código de Seabra reconheciam, na sociedade civil, uma entidade juridicamente diferenciada dos seus sócios. Rematava este Autor[958]:

> Em conclusão: se o código civil explicitamente trata a sociedade como uma entidade capaz de direitos e obrigações, atribuindo-lhe de facto as consequências e reconhecendo-lhe as garantias mais características de uma personalidade jurídica, com que lógica de direito se poderá contestar-lhe a natureza de pessoa jurídica idêntica, ou pelo menos, análoga à das sociedades comerciais? Semelhante contestação é decididamente a negação dos princípios fundamentais da própria lei.

Fechando este ciclo de controvérsia, Cunha Gonçalves vem negar a personalidade coletiva das sociedades civis puras. Invoca argumentos de tradição e explica que a "sociedade" é de tomar com o sentido de os "diversos sócios"[959].

III. Após a publicação do Código Civil de 1966, o problema manteve-se: o legislador entendeu, como vimos – pensamos que bem – não resolver expressamente o problema, remetendo-o para a doutrina. A doutrina dividiu-se. Contra a personalidade coletiva das sociedades civis puras manifestaram-se Ferrer Correia[960], Pires de Lima e Antunes Varela[961],

---

[957] José Tavares, *Sociedades e empresas comerciais*, 2.ª ed. cit., 191 ss..

[958] José Tavares, *Sociedades e empresas comerciais*, 2.ª ed. cit., 199. Tavares não deixa de notar que o caminho encetado por Guilherme Moreira o leva, logicamente, a negar a personalidade das sociedades em nome coletivo.

[959] Cunha Gonçalves, *Tratado* cit., 7, 225 ss.. Este Autor retoma aí a posição já defendida no seu *Comentário ao Código Comercial Português*, 1 (1914), 235 ss..

[960] Ferrer Correia, *Estudos preparatórios inéditos*, transcrito em Pires de Lima/ /Antunes Varela, *Código Civil Anotado* cit., 2, 4.ª ed., 288. Diz Ferrer:

> De resto, todos sabem que o conceito de personalidade coletiva é de conteúdo variável, consoante os autores e as escolas. Nós, por exemplo, pensamos que a sociedade civil, tal como se encontra estruturada no Projeto, é um simples caso de comunhão em mão comum (o mesmo pensam os Autores alemães, quanto à sociedade do B.G.B.); mas admitimos que outros, guiados por um diferente critério, entendam ser outra a conclusão exata.

[961] Pires de Lima/Antunes Varela, *Código Civil Anotado* cit., 2, 4.ª ed., 287-288: reconhecem que certos preceitos atribuem alguns direitos e obrigações às sociedades civis; mas isso não permitiria uma generalização, que consideram conceptualista.

Dogmática básica das sociedades

Mota Pinto[962] e Isabel Magalhães Collaço[963].

A favor, com algumas reservas, depunha Paulo Cunha[964]; também com reservas, ela é propugnada por Marcello Caetano[965], Castro Mendes[966], Carvalho Fernandes[967] e Pedro Pais de Vasconcelos[968].

---

[962] Carlos Alberto da Mota Pinto, *Teoria Geral do Direito Civil*, 3.ª ed. cit., 294-295 e 4.ª ed. cit., 295-296; Mota Pinto sublinha, em especial, ausência de qualquer norma, do tipo da do artigo 158.º do Código Civil ou da do artigo 108.º do Código Comercial, que, genericamente, lhes atribua personalidade coletiva.

[963] Trata-se de posição defendida por Magalhães Collaço nas exposições orais de Teoria Geral do Direito Civil e que, no ano de 1971/1972, foram parcialmente relatadas por José Magalhães e por Pedro Guerra e Andrade.

[964] Paulo Cunha, *Teoria Geral do Direito Civil/Apontamentos inéditos das lições*, 1971/1972, 26.ª aula teórica em 20-Jan.-1972. A construção de Paulo Cunha era, no essencial, a seguinte. Referindo a não-opção expressa do Código Civil, Paulo Cunha lamentava-a; considerava ainda não haver preceito mais duvidoso do que o artigo 157.º do Código Civil. Posto isso, considerava menos curial a posição de Marcello Caetano, segundo a qual o artigo 157.º permitiria, por analogia, a atribuição de personalidade a certas sociedades: de facto, haveria que partir, antes, das sociedades civis puras; e só depois de, por outros preceitos, se apurar a sua personalidade, seria possível falar em analogia. Ora a análise dos artigos 980.º e seguintes do Código Civil – particularmente: dos artigos 984.º, 996.º, 997.º, 1000.º, 1007.º, 1010.º, 1016.º, 1017.º e 2033.º – a que se acrescentavam ainda diversos preceitos do Código de Processo Civil, então em vigor, revelava claramente que as sociedades civis puras eram dotadas de personalidade coletiva, pelo seu regime. Paulo Cunha introduzia, depois, uma dupla restrição. De fora ficavam as parcerias rurais, consideradas sociedades pelo Código Civil de Seabra, mas não pelo Código atual. Quanto às outras: agora haveria que recorrer ao artigo 157.º do Código Civil: as sociedades civis puras deveriam ter estatutos aprovados por escrito e publicados para adquirir a personalidade, assim se afastando as situações efémeras.

[965] Marcello Caetano, *As pessoas colectivas no novo Código Civil português*, O Direito 99 (1967), 85-110 (100 ss.): para este Autor, a personalidade das sociedades civis surgiria através do artigo 157.º do Código Civil: quando elas tivessem substrato e houvesse um reconhecimento, impor-se-ia a analogia prevista naquele preceito, surgindo a personalidade.

[966] João de Castro Mendes, *Direito Civil (Teoria Geral)*, 1 (1967), 307 ss., *maxime* 313, que adota a orientação de Marcello Caetano:

> (...) a sociedade, constituída nos termos dos arts. 980.º e seguintes do Código Civil, só será pessoa coletiva, quando a analogia da sua situação em face das pessoas reguladas nos artigos 157.º e seguintes justifique a atribuição de personalidade jurídica.

[967] Carvalho Fernandes, *Teoria geral* cit., 1, 5.ª ed., 499 ss. (505), adota uma orientação semelhante à de Marcello Caetano, aperfeiçoando-a. A personalidade cole-

§ 27.º *A personalidade jurídica das sociedades* 369

127. Segue; a posição adotada

I. Antes de situar o problema perante os dados atuais da teoria da personalidade coletiva, parece útil proceder a algumas precisões.

Quando a lei, de modo expresso e eficaz, reconheça personalidade coletiva a uma entidade está, por essa via, a determinar a aplicação de certas normas: de outro modo, a qualificação "pessoa coletiva" ficaria no vazio. A personalização de um ente "artificial" cria uma entidade oponível *erga omnes*, com direitos – incluindo de personalidade! – próprios, uma esfera específica e todas as prerrogativas que acompanham as pessoas, em Direito. Compreende-se, por isso, que as pessoas coletivas devam adotar figurinos normalizados, sujeitando-o, ainda, a uma certa publicidade. De outro modo, não seria curial opor tais pessoas coletivas a terceiros: estes não podem ser confrontados com a necessidade de respeitar situações que não conheciam nem podiam conhecer.

Mas a lei pode não ser expressa: antes se limitando a prever um regime que, por razões de harmonia sistemática, obrigue o intérprete-aplicador a formular o juízo ético-valorativo da personalização. No fundo, é sempre de um regime adequado que se trata.

II. Posto isso, regressemos às sociedades civis puras. A análise do articulado legal vigente mostra, com relevo para o problema, preceitos que:

> – referem diretamente direitos e deveres como sendo da sociedade: artigos 989.º ("coisas sociais"), 995.º/2 ("bens da sociedade"), 997.º/1 ("dívidas sociais"), 997.º/2 ("débitos da sociedade" e "património social"), 998.º/1 ("bens da sociedade"), 1000.º ("terceiro deve à sociedade" e "sociedade deve ao terceiro"), 1003.º, *a)* ("obrigações para com a sociedade") e *c)* ("serviços à sociedade"), 1010.º ("liquidação do seu [da sociedade] património"), 1014.º/1 ("entrega dos bens e dos livros e documentos da sociedade"), 1014.º/2 ("património social"), 1016.º/1 ("bens sociais" e "credores da sociedade"), 1016.º/2 ("bens da sociedade"), 1018.º/1 ("dívidas sociais");

---

tiva surgiria desde que as sociedades civis recorressem à escritura pública – artigos 158.º/1 e 168.º/1 do Código Civil – fazendo constar, dos estatutos, as especificações do artigo 167.º, todos do Código Civil.

[968] PEDRO PAIS DE VASCONCELOS, *Teoria geral do Direito civil*, 6.ª ed. (2010), 208.

370   *Dogmática básica das sociedades*

- pressupõem direitos ou deveres da sociedade: artigos 984.º, 1004.º e 1017.º, relativos a entradas;
- mencionam diretamente atos ou atuações da própria sociedade: artigos 990.º ("atividade igual à da sociedade"), 1001.º/1 ("deve a sociedade liquidar a sua quota") e 1019.º ("atividade social" ou "danos da sociedade");
- admitem consequências para a sociedade: artigos 985.º/5, *in fine* ("perdas sociais") e 992.º/2 ("lucros e perdas da sociedade");
- referem fins da sociedade: artigo 991.º ("fins comerciais"), a representação da sociedade: artigo 996.º; ou o estado da sociedade: artigo 1021.º/1;
- admitem a responsabilidade patrimonial da sociedade: 997.º/1 bem como a sua responsabilidade civil: 998.º/1.

Parece claro que o Código Civil se exprime, neste complexo, em *modo coletivo*. Será quimérico tentar convolar todas as regras em que se refere a sociedade para regras reportadas aos sócios: é toda uma subsequente questão de regime, comum às diversas pessoas coletivas, saber como tais regras chegam, depois, aos destinatários últimos que as devam cumprir. Além disso, o Código Civil postula, várias vezes, a possibilidade de, por maioria, se formar uma vontade social: irredutível, pois, à de todos os sócios: assim sucede nos artigos 982.º/2, 985.º/2, 3 e 4, 991.º, 1005.º/1 e 1008.º/1: umas vezes quando o pacto o permita; outras, por lei.

III. O RNPC contém elementos com interesse. O FCPC abrange informação relativa às sociedades civis – artigo 4.º/1, *a*), do RNPC. O seu artigo 42.º dispõe expressamente sobre as denominações das sociedades civis sob forma civil:

1. Sem prejuízo do disposto em legislação especial, as denominações das sociedades civis sob forma civil podem ser compostas pelos nomes, completos ou abreviados, de um ou mais sócios, seguido do aditamento "e Associados", bem como por siglas, iniciais, expressões de fantasia ou composições, desde que acompanhadas da expressão "Sociedade".

Não fica, todavia, clara a obrigação de inscrição no RNPC: o artigo 6.º do correspondente diploma refere "pessoas coletivas", não sendo seguro que as sociedades civis puras fiquem abrangidas. Contudo, o artigo 10.º/1 sujeita a inscrição no FCPC factos relativos às entidades referidas no artigo 4.º/1, *d*), o qual menciona:

§ 27.º A personalidade jurídica das sociedades

Entidades que, prosseguindo objetivos próprios e atividades diferenciadas das dos seus associados, não sejam dotadas de personalidade jurídica;

Quer isto dizer que as sociedades civis puras devem ser inscritas no RNPC, ou mais precisamente – artigo 10.º/1 – devem sê-lo:

– a sua denominação;
– a sua sede e endereço postal;
– o objeto social ou atividade exercida;
– o início e a cessação da sua atividade.

Esta obrigação envolve a de adotar uma denominação; ela torna-se efetiva, nos termos do artigo 54.º/2, quando a sua constituição se concretize por escritura pública: parece que este preceito terá de se aplicar à própria constituição das sociedades civis puras, independentemente de serem, *a priori*, pessoas coletivas.

IV. A sociedade civil pura, constituída por escritura pública ou equivalentes, dotada de denominação, devidamente inscrita no RNPC, dado o âmbito dos artigos 980.º e seguintes do Código Civil, é uma pessoa coletiva em tudo semelhante às demais sociedades. Mostram-se assegurados os diversos interesses e valores subsequentes.

De acordo com a metodologia de Paulo Cunha podemos, então – e só então! – recorrer ao artigo 157.º do Código Civil. Verifica-se a analogia que permite a aplicação dos artigos 158.º/1 e 167.º/1, ambos do Código Civil: as sociedades civis puras, desde que constituídas por escritura pública ou por outro meio legalmente admitido e com as especificações prescritas, nos seus estatutos, são pessoas coletivas plenas.

V. Quanto às restantes, todas as graduações são possíveis. Relativizada a ideia de personalidade coletiva e admitido o princípio das pessoas coletivas rudimentares, nenhuma dificuldade haverá em considerá-las como "pessoas rudimentares". Só funcionam como tal nos casos em que a lei assim o determine e para os específicos efeitos consignados legalmente.

VI. Cumpre ainda chamar a atenção para as sociedades civis sob forma civil que adquirem a personalidade coletiva por via de leis especiais. Assim sucede com as sociedades de advogados, reguladas pelo Decreto-

372 *Dogmática básica das sociedades*

-Lei n.º 229/2004, de 10 de Dezembro: adquirem personalidade pela inscrição na Ordem dos Advogados (artigo 3.º/1).

128. A personalidade das sociedades comerciais

I. Perante o artigo 5.º, a personalidade coletiva das sociedades comerciais parece não oferecer dúvidas[969].

Anteriormente, dispunha o artigo 108.º do Código Comercial:

> As sociedades comerciais representam para com terceiros uma individualidade jurídica diferente da dos associados.

A generalidade da doutrina[970] entendia que, por via deste preceito, todas as sociedades comerciais eram dotadas de personalidade jurídica. De resto, outro tanto sucederia em Itália, e isso perante textos menos expressivos[971]. Contra depunha GUILHERME MOREIRA: segundo este Autor, a referência a "... para com terceiros ..." era limitativa, traduzindo apenas a autonomia patrimonial[972]. Noutros preceitos transcritos haveria pois que procurar a personalidade coletiva, sendo certo que GUILHERME MOREIRA acaba por negá-la às sociedades em nome coletivo. Aliás, situa-se aqui a poderosa corrente que, ainda hoje e contra todas as evidências, recusa a personificação das sociedades civis puras.

II. A personalização das sociedades comerciais foi sentida, em 1888, como uma necessidade: retomou-se, então, a saída do Código de Comércio italiano, de 1882. Paralelamente, no Direito civil, o problema parece (e até hoje) ter menor importância. Porquê?

---

[969] ALEXANDRE SOVERAL MARTINS, *Da personalidade e capacidade jurídicas das sociedades comerciais*, em *Estudos de Direito das sociedades*, coord. J. M. COUTINHO DE ABREU, 10.ª ed. (2010), 95-128 (96).

[970] P. ex.: JOSÉ TAVARES, *Sociedades e empresas comerciais*, 2.ª ed. cit., 157 ss. (158), CUNHA GONÇALVES, *Comentário do Código Comercial* cit., 1, 233-235 e FERNANDO OLAVO, *Direito comercial*, 2, por ALBERTO XAVIER e MARTIM DE ALBUQUERQUE (1963, polic.), 4 ss..

[971] Segundo o artigo 76.º do revogado Código de Comércio, "as sociedades constituem, em relação a terceiros, entes coletivos distintos das pessoas dos sócios".

[972] GUILHERME MOREIRA, *Instituições* cit., 1, 297.

§ 27.° A personalidade jurídica das sociedades

Em termos de política legislativa, a personalização tinha um triplo aspeto[973]:

– impedir os credores individuais do sócio de responsabilizar a sua quota nos bens sociais, prejudicando a sociedade;
– impedir o sócio de transferir essa mesma quota de bens para terceiros;
– assegurar aos credores da sociedade uma preferência sobre os bens sociais, no confronto com os credores individuais dos sócios.

Daqui resulta que a sociedade comercial deixou de ser um conjunto de relações obrigacionais entre sócios: antes se tornou num novo sujeito de direitos[974].

III. A orientação do Código de Comércio foi considerada excessiva, à luz do Código Civil de 1942. E assim a doutrina atual distingue entre autonomia patrimonial e personalidade jurídica[975]: na primeira, a lei opera no âmbito objetivo da sociedade; na segunda, fá-lo, também, no âmbito subjetivo. Apenas as sociedades de capitais – as anónimas e as de responsabilidade limitada ou por quotas – teriam personalidade; as de pessoas – as simples e as em nome coletivo – não a teriam.

Na Alemanha, também se entendia que as sociedades civis puras ou sociedades do BGB[976] e as sociedades em nome coletivo[977] (ou sociedades abertas) não tinham personalidade coletiva: fundamentalmente por falta de expresso reconhecimento legal. A doutrina mais recente admite, todavia, uma reponderação[978]; estas sociedades aproximam-se das sociedades de capitais, pelos sucessivos poderes que lhes vêm sendo reconhecidos, assumindo uma personalidade "rudimentar".

---

[973] FERRARA/CORSI, *Gli imprenditori e le società*, 14.ª ed. (2009), 173 ss..

[974] CESARE VIVANTE, *Trattato di diritto commerciale*, 2 – *Le società commerciali*, 5.ª ed. (1929), 9 ss..

[975] FERRARA/CORSI, *Gli imprenditori e le società*, 14.ª ed. cit., 187 ss..

[976] KRAFT/KREUTZ, *Gesellschaftsrecht*, 11.ª ed. cit., 102 ss..

[977] KRAFT/KREUTZ, *Gesellschaftsrecht*, 11.ª ed. cit., 176 ss..

[978] KARSTEN SCHMIDT, *Gesellschaftsrecht*, 4.ª ed. cit., 182 ss. e CHRISTINA WINDBICHLER, *Gesellschaftsrecht*, 22.ª ed. cit., 22-23 e *passim*.

IV. Como balanço, podemos assinalar que o Direito comercial português, na sequência das transferências culturais apontadas e mercê das críticas generalizadas dirigidas a GUILHERME MOREIRA, acabou por assentar na solução mais generosamente radical, quanto à atribuição da personalidade coletiva às sociedades comerciais: a todas.

§ 28.° A CAPACIDADE DE GOZO DAS SOCIEDADES

129. O princípio da especialidade; evolução

I. As pessoas têm capacidade jurídica: será a concreta medida de direitos e de obrigações de que sejam suscetíveis. No que toca às pessoas singulares, essa capacidade – ou capacidade de gozo – é plena: elas podem ser titulares da generalidade dos direitos admitidos pelo ordenamento e podem ficar adstritas à generalidade dos deveres que a ordem em causa conheça. Já quanto a pessoas coletivas, uma orientação com certa tradição, entre nós, pretende que a sua capacidade seria limitada pelo princípio da especialidade: ela (apenas) abrangeria os direitos e obrigações necessários ou convenientes à prossecução dos seus fins, segundo a fórmula do artigo 6.°/1, retomada do artigo 160.°, do Código Civil.

A ideia do princípio da especialidade teve uma dupla origem: a doutrina *ultra vires* anglo-saxónica e as restrições continentais aos bens de mão-morta.

II. Nos países anglo-saxónicos, a personalidade coletiva começou por surgir por outorga do Parlamento ou equivalente. Requeria-se uma lei específica, lei essa que definia o objetivo da entidade em criação e que fixava os poderes que, em consonância, lhe eram reconhecidos. Se, na atuação concreta, a entidade praticasse atos que ultrapassassem o acervo que lhe fora concedido, eles eram *ultra vires*: ultrapassavam as forças da própria entidade, não a vinculando[979]. Em linguagem continental, podemos dizer que teria sido ultrapassada a sua capacidade de gozo.

Nos países latinos, particularmente em França, verificou-se um fenómeno diverso. Ao longo da Idade Média, iam sendo deixados bens a conventos e a ordens religiosas, entidades pioneiras no domínio da personali-

---

[979] FRANKLIN A. GEVURTZ, *Corporation Law* (2000), 21 ss..

376 *Dogmática básica das sociedades*

dade coletiva. Tais bens – particularmente quando imóveis – saíam do mercado normal: não mais eram transacionados, tinham uma produtividade que podia ser limitada e, além disso, não pagavam impostos, uma vez que ficavam envolvidos nos privilégios da Igreja. Eram os bens de *mão-morta*. Ao longo da História, os reis foram aprontando regras tendentes a limitar tais bens e, designadamente: sujeitando a prévia autorização régia a sua aquisição, pelas referidas entidades. Este estado de coisas ainda se refletia no Código NAPOLEÃO cujo artigo 910.°, versão original, dispunha:

> As disposições entre vivos ou por testamento, a favor de hospícios dos pobres de uma comuna ou de um estabelecimento de utilidade pública não produzirão efeitos enquanto não forem autorizadas por um decreto imperial.

Já as deixas à Igreja haviam sido proibidas, tendo-se procedido, ao longo da Revolução, à venda compulsiva dos seus bens.

Na sequência destas medidas, vamos encontrar, no Direito francês, uma referência a um princípio da especialidade, limitador da capacidade de gozo de (certas) pessoas coletivas, princípio esse que, muitas vezes, é referido já sem uma menção às origens[980].

III. Em Portugal, a preocupação de restringir a capacidade das pessoas coletivas prende-se, igualmente, ao problema dos bens de mão-morta e às leis de desamortização destinadas a evitá-los.

A primeira lei destinada a combater a acumulação dos bens nas corporações religiosas é de D. DINIS, datando de 10-Jul.-1324[981]. Outras medidas constam das Ordenações Manuelinas[982], dispondo as Filipinas[983]:

> De muito longo tempo foi ordenado por os Reis nossos antecessores, que nenhumas Igrejas nem Ordens podessem comprar, nem haver em paga-

---

[980] MURAD FERID/HANS JÜRGEN SONNENBERGER, *Das französische Zivilrecht*, 1/1, 2.ª ed. (1994), 374, JEAN CARBONNIER, *Droit civil/Les personnes*, 21.ª ed. (2000), 396 ss. e HENRI e LÉON MAZEAUD/JEAN MAZEAUD/FRANÇOIS CHABAS; *Leçons de Droit civil* – I/2, *Les personnes*, 8.ª ed. por FLORENCE LAROCHE-GISSEROT (1997), 353.

[981] *Ord. Af.* II, tit. XIII = Ed. Gulbenkian, II, 174-176 (175), assim:

> 2. E POREM mando, e defendo que os Clerigos, nem Hordẽs nom comprem herdamentos, e aquelles herdamentos, que comprarem, ou fezerom comprar ataaqui pera fy, des que fui Rey, dou-lhes prazo, que os vendam defta Santa Maria d'Agofto ataa hũ anno; e fe os nõ venderem ataa efte prazo, percam-nos.

[982] *Ord. Man.* II, tit. 8 = Ed. Gulbenkian, II, 27-33.

[983] *Ord. Fil.* II, tit. 18 = Ed. Gulbenkian, II, 435-437.

§ 28.° A capacidade de gozo das sociedades

mento de suas dividas bens alguns de raiz, nem per outro titulo algum os acquirir, nem possuir, sem especial licença dos ditos Reis, e acquirindo-se contra a dita defesa, os ditos bens se perdessem para a Corôa. (...)[984].

Com o liberalismo, foram tomadas diversas medidas. A Lei de 4-Abr.-1861 ordenou a alienação dos bens das Igrejas e determinou a sua sub-rogação por títulos da dívida pública consolidada[985]. A Lei de 22-Jun.-1866 ampliou a desamortização aos bens imobiliários dos distritos, municípios, paróquias, misericórdias, hospitais, irmandades, confrarias, recolhimentos e quaisquer outros estabelecimentos pios, nacionais ou estrangeiros[986].

A Lei de 28-Ago.-1869 procedeu a novas ampliações[987].

IV. Na sequência de toda esta evolução[988], o Código de SEABRA veio estabelecer:

Artigo 34.° As associações ou corporações, que gosam de individualidade juridica, podem exercer todos os direitos civis, relativos aos interesses legitimos do seu instituto[989].

Artigo 35.° As associações ou corporações perpetuas não podem, porém, adquirir por titulo oneroso bens imobiliarios, excepto sendo fundos consolidados; e os que adquirirem por titulo gratuito, não sendo d'esta especie, serão, salvas as disposições de leis especiaes, convertidos n'ella d'entro d'um anno, sob pena de os perderem em beneficio da fazenda nacional.

§ 1.° O que fica disposto na segunda parte d'este artigo, não abrange os bens immoveis, que forem indispensaveis para o desempenho dos deveres das associações ou corporações.

§ 2.° São havidas, para os effeitos declarados n'este artigo, como perpetuas:

1.° As associações ou corporações por tempo illimitado;

2.° As corporações ou associações, ainda que por tempo limitado, que não tenham por objeto interesses materiaes.

---

[984] *Idem*, corpo = 435/I

[985] Carta de Lei de 4-Abr.-1861 = COLP 1861, 155-157 (155).

[986] Carta de Lei de 22-Jun.-1866, artigo 7.° = COLP 1866, 254-256 (255).

[987] Carta de Lei de 28-Ago.-1969, artigo 1.° = COLP 1869, 394-395 (394).

[988] Cf. CUNHA GONÇALVES, *Tratado de Direito civil* cit., 1, 800-802 (802).

[989] Este preceito reproduz expressões do artigo 4.° da Lei de 4-Abr.-1861; cf., ainda, DIAS FERREIRA, *Codigo Civil Annotado*, 1, 2.ª ed. (1894), 48.

Como se vê, o artigo 34.º limitava a capacidade "aos interesses legítimos do instituto", enquanto a conjugação do artigo 35.º, com o seu § 1.º e com o seu § 2.º, n.º 2, impedia as associações não lucrativas de deter bens imóveis que não fossem indispensáveis para o desempenho dos seus deveres. Fechava-se, mesmo sem autoconsciência, o princípio da especialidade.

V. Recolhendo e reformulando todas estas construções, GUILHERME MOREIRA procede a uma interessante aproximação:

– por um lado, a ideia, ligada à doutrina *ultra vires*, de que operando o reconhecimento com vista aos interesses legítimos do seu instituto, a capacidade concedida não poderia ir mais além[990];
– por outro, as restrições postas à aquisição de bens, por parte das *pessoas moraes*[991].

Trata-se de considerações retomadas por MANUEL DE ANDRADE, que aproxima o princípio da especialidade e a doutrina *ultra vires*, de modo explícito[992]. Outros autores deram o referido princípio como adquirido[993].

130. A sua superação

I. O princípio da especialidade perdeu os dois pilares histórico-dogmáticos em que assentava.

A partir de meados do século XIX, generalizou-se o sistema de reconhecimento automático da personalidade coletiva: reunidos os requisitos legais e procedendo-se às diligências requeridas – *maxime*, ao registo – a personalidade coletiva surge, de acordo com a iniciativa privada. Não há, por esta via, nenhum limite estrutural: nas margens legais, podem os interessados eleger os fins que entenderem, os quais podem ser prosseguidos

---

[990] GUILHERME MOREIRA, *Instituições de Direito civil* cit., 1, 316.
[991] *Idem*, 317.
[992] MANUEL DE ANDRADE, *Teoria geral* cit., 1, 123 ss..
[993] Assim CABRAL DE MONCADA, *Lições de Direito civil* cit., 1, 3.ª ed., 428 = 4.ª ed. póstuma, 362-363.

§ 28.º *A capacidade de gozo das sociedades* 379

por todos os meios lícitos. Introduzir, aqui, uma doutrina *ultra vires* vai só embaraçar o comércio jurídico, prejudicando as relações com terceiros[994].

Quanto ao problema da mão-morta e das desamortizações: ele é histórico. As instituições religiosas ou caritativas já não têm peso económico que justifique medidas que o contrariem. De todo o modo, quando se pretenda evitar a concentração de imóveis em certas esferas jurídicas, leis especiais prescrevem-no[995].

II. Nesta base, o princípio da especialidade não consta, já, do Código Civil italiano; este apenas previa, no artigo 17.º, a necessidade de autorização governamental para a aquisição de imóveis ou para a aceitação de heranças e legados, preceito esse que já foi revogado[996]. Também a doutrina civil alemã da atualidade o ignora: salvas as limitações da natureza, as pessoas coletivas têm plena capacidade de gozo[997]. Veremos que a doutrina comercial portuguesa não lhe era, de igual modo, recetiva.

O anteprojeto FERRER CORREIA recolheu esta solução. Preconizava, quanto à capacidade das pessoas coletivas, o seguinte preceito[998]:

> Salvas as exceções determinadas na lei, a capacidade das pessoas coletivas estende-se a todos os direitos e obrigações que, segundo a natureza das coisas ou a índole da sua disciplina legal, não forem inseparáveis da personalidade singular.

Era o preceito correto. Infelizmente, ele veio a ser afastado nas revisões ministeriais, sem qualquer justificação conhecida e apenas em homenagem a um construtivismo conceitual.

---

[994] A expressão pode surgir para designar manifestas limitações de atuação legal, p. ex., no Direito público: MANFRED EGGERT, *Die deutsche ultra-vires-Lehre / Versuch einer Darstellung am Beispiel der Ausservertretung der Gemeinden* (1977), XXV + 131 pp..

[995] Por exemplo, segundo o artigo 112.º do RGIC, as instituições de crédito só podem adquirir os imóveis necessários para as suas instalações, salvo autorização do Banco de Portugal.

[996] Pela Lei n.º 127, de 15-Mai.-1997.

[997] LARENZ/WOLF, *Allgemeiner Teil*, 9.ª ed. cit., 151-152, DIETER MEDICUS, *Allgemeiner Teil*, 10.ª ed. cit., 449-450 e D. BURHOFF, *Vereinsrecht*, 5.ª ed. (2002), 28.

[998] Artigo 5.º, em FERRER CORREIA, *Pessoas colectivas* cit., 248. O artigo 6.º do anteprojeto consignava, depois, as restrições tradicionais no tocante à "aquisição de bens imobiliários".

Dogmática básica das sociedades

III. A doutrina subsequente a 1966, confrontada com uma consagração legal tardia do princípio da especialidade, no artigo 160.º/1 do Código Civil, tentou minorar o seu alcance. O próprio ANTUNES VARELA, responsável pelas revisões ministeriais, explica que esse artigo 160.º/1, facultando os direitos e deveres *convenientes* à prossecução dos fins da pessoa coletiva, atenuou largamente o rigor da especialidade, chegando a uma solução aparentemente mais ampla do que a do Código de SEABRA[999], enquanto CARVALHO FERNANDES opta por um entendimento liberal do preceito[1000].

Uma tentativa de salvaguardar o princípio poderia provir de uma compartimentação do seu conteúdo[1001]: não estaria em causa o fim de uma concreta pessoa coletiva, mas antes o de uma completa categoria de pessoas ou de atos.

Dir-se-ia, assim, que certa categoria de pessoas coletivas – p. ex., instituições de crédito – não se poderia dedicar a certas categorias de atos – p. ex., arrendamento rural. Mas não: por verosímeis que pareçam os exemplos que se encontrem, poderia sempre suceder que, em concreto, um ato estranho se mostrasse justificado. Apenas na base de leis específicas se torna possível limitar a capacidade das pessoas coletivas.

IV. O princípio da especialidade, como elemento limitador da capacidade jurídica das pessoas coletivas, tende, assim, a ser abandonado. Deve sublinhar-se que ele não pertencia ao acervo clássico do Direito das sociedades comerciais. Citamos JOSÉ TAVARES[1002]:

> Desde que a lei reconhece a existência de uma personalidade jurídica, esta tem, em princípio geral, a capacidade de uma pessoa física, exceptuando apenas os direitos que, por sua natureza ou pelo seu fundamento, lhe não podem realmente pertencer, como são os direitos relativos ao estado civil das pessoas físicas e os de sucessão *ab intestato*, e aqueles que a lei lhes recusa expressamente, ou indiretamente, determinando taxativamente a área da sua capacidade jurídica.

---

[999] PIRES DE LIMA/ANTUNES VARELA, *Código Civil Anotado* cit., 1, 4.ª ed., 165, numa consideração retomada por MOTA PINTO, *Teoria geral*, 3.ª ed. cit., 318 e por HÖRSTER, *A parte geral* cit., 390-391 (n.º 624).

[1000] CARVALHO FERNANDES, *Teoria geral* cit., 1, 5.ª ed., 593 ss..

[1001] CARVALHO FERNANDES, *Teoria geral* cit., 1, 5.ª ed., 596.

[1002] JOSÉ TAVARES, *Sociedades e empresas comerciais*, 2.ª ed. cit., 170.

§ 28.º A capacidade de gozo das sociedades

O Prof. FERRER CORREIA, grande comercialista, tentou, há mais de meio século e como vimos, que o princípio da especialidade não fosse incluído no Código Civil. Foi, pois, num puro refluxo conceptualista, que nenhum estudo de campo soube amparar, que o Código das Sociedades Comerciais, no seu artigo 6.º/1, o veio como que ressuscitar.

A moderna comercialística acaba, porém, por lhe retirar um papel atuante: ora limitando-o a aspetos descritivos[1003], ora reportando-o a um objeto final de conseguir lucros, assim legitimando tudo e mais alguma coisa[1004]. Apenas seriam ressalvadas as ocorrências que dispõem de um regime especial. Também a jurisprudência tem vindo a subalternizar o princípio da especialidade: a capacidade das pessoas coletivas obedeceria a um regime de ilimitação[1005].

131. O problema dos atos gratuitos e das garantias

I. O grande campo de eleição para as restrições à capacidade de gozo dos entes coletivos é o dos atos gratuitos, que poderiam ser contrários aos fins da pessoa coletiva, particularmente se ela fosse uma sociedade. A doutrina tende a abandonar tais construções[1006].

Desde logo, ficam de fora os donativos conformes com os usos sociais: nem são havidos como doações – artigo 940.º/2. O artigo 6.º/2, do Código das Sociedades Comerciais, também considera não serem contrárias ao fim da sociedade "as liberalidades que possam ser consideradas usuais, segundo as circunstâncias da época e as condições da própria sociedade".

[1003] PINTO FURTADO, *Curso de Direito das sociedades*, 5.ª ed. cit., 277 ss., ampliando a capacidade das sociedades.

[1004] ANTÓNIO PEREIRA DE ALMEIDA, *Sociedades comerciais*, 6.ª ed. (2011), 39 ss.. ALEXANDRE SOVERAL MARTINS, *Capacidade e representação das sociedades comerciais*, em AAVV, *Problemas de Direito das sociedades* (2002), 471-496 (472) e *Da personalidade e capacidade jurídica* cit., 83, mau grado a restritividade de linguagem, acaba por tomar posição semelhante. Retrocede, porém, no ora novel *Código das Sociedades Comerciais em Comentário* (coord. JORGE M. COUTINHO DE ABREU), 1 (2010), art. 6.º, 1 (111-113), assim interrompendo uma linha coerente que remonta ao Prof. FERRER CORREIA.

[1005] RLx 11-Mar.-2004 (CAETANO DUARTE), CJ XXIX (2004) 2, 86-89 (88/I).

[1006] *Vide* CARVALHO FERNANDES, *Teoria geral* cit., 1, 5.ª ed., 593-594, ainda que de modo circunspecto.

382   *Dogmática básica das sociedades*

II. Vamos porém mais longe: e a doação verdadeira e pura ficará fora da capacidade de uma sociedade? E se os seus órgãos próprios, com todas as garantias legais, chegarem à conclusão de que uma doação acaba por ser vantajosa, a prazo, qual o papel do legislador, procurando intervir num ato de gestão hoje corrente, em todo o Mundo?

A prática de doações ou atuações *non profit* é, hoje, uma "indústria", por parte de instituições lucrativas e muito bem geridas. O próprio legislador consagra um Estatuto do Mecenato[1007], como modo de atrair certas doações. Nenhuma razão se visualiza para considerar as doações fora da capacidade de qualquer pessoa coletiva, mesmo tratando-se de uma sociedade. Em casos concretos, determinadas doações poderão ser inválidas: mas por força de regras específicas, que as proíbam[1008].

Resta concluir: o denominado princípio da especialidade não restringe, hoje, a capacidade das pessoas coletivas: tal como emerge do artigo 160.°/1, ele diz-nos, no fundo, que todos os direitos e obrigações são, salvo exceções abaixo referidas, acessíveis às pessoas coletivas.

III. Subproblema muito relevante é o da prestação de garantias a terceiros. Tal prestação poderia surgir como um "favor" e, portanto, como um ato gratuito, que iria depauperar o património do garante, à custa dos sócios e dos credores. Mas pode ser uma atividade lucrativa: pense-se nos bancos, que prestam garantias a troco de comissões.

O artigo 6.°/3 dispôs sobre as garantias[1009]. Fê-lo, porém, usando uma linguagem desnecessariamente qualificativa: "considera-se contrária

---

[1007] Aprovado pelo Decreto-Lei n.° 74/99, de 16 de Março e alterado, por apreciação parlamentar, pela Lei n.° 160/99, de 14 de Setembro e, depois e sucessivamente, pela Lei n.° 3-B/2000, de 4 de Abril, pela Lei n.° 30-C/2000, de 29 de Dezembro, pela Lei n.° 30-G/2000, de 29 de Dezembro, pela Lei n.° 109-B/2001, de 27 de Dezembro, pela Lei n.° 36/2004, de 8 de Julho e pela Lei n.° 53-A/2006, de 29 de Dezembro.

[1008] Assim, o exemplo da nulidade da doação feita pela sociedade a um dos sócios – CARVALHO FERNANDES, *Teoria geral* cit., 1, 5.ª ed., 595: ela impor-se-ia por via dos artigos 31.° e 32.° do CSC, relativo à distribuição de bens aos sócios e não por força de um limite à capacidade de gozo da sociedade.

[1009] PEDRO DE ALBUQUERQUE, *A vinculação das sociedades comerciais por garantia de dívidas de terceiros*, ROA 1995, 689-711 e *Da prestação de garantias por sociedades comerciais a dívidas de outras entidades*, ROA 1997, 69-147 (143 ss., as conclusões); em resposta a esses dois escritos, CARLOS OSÓRIO DE CASTRO, *Da prestação de garantias por sociedades a dívidas de outras entidades*, ROA 1996, 565-593 e *De novo sobre a pres-*

§ 28.º A capacidade de gozo das sociedades   383

ao fim da sociedade a prestação de garantias ...". Mas justamente: a parte puramente qualificativa não vincula o intérprete-aplicador.

De acordo com as regras de interpretação, o artigo 6.º/3 proibiu, pura e simplesmente, as sociedades de prestar garantias, salvo nas condições que ela própria prevê. São elas:

– justificado interesse próprio da sociedade garante;
– sociedade em relação de domínio ou de grupo.

Estas "exceções" são de tal ordem que acabam por consumir a regra. O "justificado interesse próprio" é definido pela própria sociedade, através dos seus órgãos: estamos no Direito privado. Ora é evidente que, quando se presta uma garantia – altura em que todos pensam que a operação vai correr bem ou que, pelo menos, tudo é recuperável –, é facílimo invocar interesse próprio justificado. A jurisprudência alarga, mesmo, a ideia de interesse, explicando que ele pode ser "indireto". Será o caso de um estabelecimento comercial, que garanta certas dívidas dentro de uma política de boas relações com os moradores da zona[1010]. Quanto às relações de domínio ou de grupo: surgem fáceis, sobretudo aplicando a regra aos "grupos de facto".

Os tribunais, servidos por uma bateria de doutrinadores[1011], têm tido a maior dificuldade em invalidar garantias, invocando ainda a posição de

---

tação de garantias por sociedades a dívidas de outras entidades: luzes e sombras, ROA 1998, 859-873, defendeu a tese da limitação da capacidade da sociedade pelo seu fim mediato; todavia, na prática e através da inexistência de *animus donandi*, acaba, como se impunha, por validar garantias dadas a terceiros.

No sentido da "capacidade ampla", Luís Serpa Oliveira, *Prestação de garantias por sociedades a dívidas de terceiros*, ROA 1999, 389-412. Cf., ainda, João Labareda, *Nota sobre a prestação de garantias por sociedades comerciais a dívidas de outras entidades*, em *Direito societário português* (1998), 167-195 e José Horta Osório, *Das tomadas de controlo de sociedades (takeovers) por leveraged buy-out e a sua harmonização com o Direito português* (2001), 144 ss..

[1010] RLx 11-Mar.-2004 cit., CJ XXIX, 2, 88/II.

[1011] Embora não unânimes: cf. Luís Carvalho Fernandes/Paulo Olavo Cunha, *Assunção de dívida alheia – capacidade de gozo das sociedades anónimas – qualificação de negócio jurídico*, ROA 1997, 693-719, Henrique Mesquita, *Parecer*, ROA 1997, 721-737 e Luís Brito Correia, *Parecer sobre a capacidade de gozo das sociedades anónimas e os poderes dos seus administradores*, ROA 1997, 739-776.

terceiros de boa-fé: e isso mesmo à luz do Direito anterior a 1986 e perante a assunção direta de dívida alheia[1012].

Resta concluir que a proibição do artigo 6.°/3 acaba por funcionar, apenas, perante situações escandalosas e, ainda aí, havendo má-fé dos terceiros beneficiários. A responsabilização dos administradores terá de servir de contrapeso.

IV. Quanto ao problema geral dos atos gratuitos, o qual inclui, em certos moldes, algumas garantias, resta acrescentar o seguinte: no Direito tradicional, a contraposição era clara: associações e fundações tinham fins desinteressados, enquanto as sociedades buscavam o lucro. Hoje, essas entidades estão formalizadas, de tal modo que a contraposição não é clara. As pessoas coletivas tendem para a "neutralidade"[1013].

O que se exige, como contrapartida, é a transparência dos seus atos, com contas devidamente auditadas e publicitadas. A partir daí, o controlo é feito pelo mercado: automática e implacavelmente.

132. Prestações assistenciais

I. Pergunta-se, perante a delimitação da capacidade das sociedades, se estas podem assumir obrigações de natureza assistencial. Particularmente candente será o saber se elas têm a capacidade suficiente para atribuir prestações de reforma aos seus antigos administradores.

À partida, a matéria assistencial deve ser gerida por organismos especializados: públicos ou privados. Há que lidar com grandes números, efetuando descontos e lidando, cuidadosamente, com a esperança média de vida das populações ou do segmento em jogo. Em regra, uma sociedade comum não está apetrechada, nesse domínio. Obrigar-se, para sempre, a pagar uma pensão de reforma é um ato aleatório, que deve ser reservado à indústria seguradora ou a entidades profissionais.

[1012] STJ 22-Abr.-1997 (LOPES PINTO), CJ/Supremo V (1997) 2, 60-64 = ROA 1997, 677-690.

[1013] Cf. GIULIO PONZANELLI, *Nuove figure e nuove problematiche degli enti "non profit"*, em AAVV, *Gli enti "non profit" nuove figure e nuove problematiche* (1993), 9-47 (16).

§ 28.° *A capacidade de gozo das sociedades* 385

II. Tomada em si, a prestação de reforma poderá não ser um ato gratuito: antes assume a dimensão de um complemento remuneratório. A nossa reserva perante a assunção de funções assistenciais, pelas sociedades, cifra-se, antes, na especialidade dessa atividade e na sua contenção às companhias seguradoras.

Todavia, o Código das Sociedades Comerciais, fundamentalmente para legitimar as pensões pagas por instituições de crédito e por outras grandes empresas, permite, no seu artigo 402.°/1, que o contrato de sociedade anónima possa estabelecer um regime de reforma por velhice ou invalidez dos administradores[1014]. O n.° 2 explicita que é também possível a assunção, pela sociedade, de complementos de reforma.

III. A reforma a cargo da sociedade não contradiz a sua natureza lucrativa[1015]. Todavia, ela deve estar prevista no próprio contrato de sociedade: não pode ser criada, *ex novo*, pela assembleia geral[1016]. E é ainda a assembleia geral que deve aprovar o competente regulamento (402.°/4).

A natureza especial e delicada da atividade assistencial, no interesse de todos os envolvidos, deve, em definitivo, reservá-la para as entidades especializadas. Os preceitos permissivos terão, deste modo, de ser interpretados em termos restritivos.

133. As limitações específicas: naturais, legais e estatutárias

I. Como vimos, o chamado princípio da especialidade não tem, hoje, alcance dogmático. Não se infira, contudo e daí, que a capacidade de gozo das pessoas coletivas seja idêntica à das singulares. Ela pode sofrer diversas limitações. Vamos distinguir:

– limitações ditadas pela natureza das coisas;
– limitações legais;

[1014] Aplicável aos administradores executivos, nos termos do artigo 433.°/3.

[1015] RLx 20-Jan.-2005 (Tibério Silva), CJ XXX (2005) 1, 78-83 (82/I). Uma vez paga, o pedido de restituição da reforma pode ainda envolver um *venire contra factum proprium*.

[1016] STJ 10-Mai.-2000 (Francisco Lourenço), CJ/Supremo VIII (2000) 2, 52-54 (54/I).

386 *Dogmática básica das sociedades*

– limitações estatutárias;
– limitações deliberativas.

Esta destrinça é importante, uma vez que os regimes derivados da inobservância dos diversos pontos não são coincidentes.

II. Segundo o final do artigo 6.º/1, excetuam-se ao âmbito da capacidade de gozo das pessoas coletivas os direitos e obrigações "inseparáveis da personalidade singular". Trata-se, fundamentalmente:

– de situações jurídicas familiares ou sucessórias que, pela sua natureza, visam apenas pessoas singulares;
– de situações de personalidade, também centradas nas pessoas singulares: o direito à vida e à integridade física, o direito à saúde ou o direito ao sono;
– de situações patrimoniais, mas que pressupõem a intervenção de uma pessoa singular: a qualidade de trabalhador subordinado, por exemplo;
– diversas situações de Direito público, também destinadas a contemplar pessoas singulares: o direito ao voto em eleições públicas, como exemplo.

Quando se trate de transpor para *modo coletivo* uma determinada norma, cabe verificar, pela interpretação, se esta, pela sua própria natureza, não opera, apenas, em *modo singular*, contemplando direta e necessariamente pessoas singulares. Pense-se, como exemplo, nas regras relativas ao casamento. A violação de limitações impostas pela natureza das coisas implica a nulidade do negócio, por impossibilidade legal – artigo 280.º/1, do Código Civil –, atingindo as inerentes deliberações sociais por via do artigo 56.º/1, *c*), abaixo analisado.

III. As limitações legais à capacidade de gozo das pessoas coletivas, referidas no artigo 6.º/1, *in medio*, têm uma natureza profundamente diferente da das impostas pela natureza das coisas. O facto de não se acentuar esta clivagem tem sido fonte de confusões, em toda a doutrina da capacidade das sociedades.

A referência, feita no artigo 6.º/1, a "... direitos e obrigações vedados por lei ..." é, tal como o princípio da especialidade, herdeira das antigas

§ 28.º A capacidade de gozo das sociedades

leis de desamortização, que visavam prevenir a acumulação de bens de mão-morta: mas herdeira tardia.

O Código Civil de 1966, na sua versão inicial, continha um artigo 161.º, epigrafado "alienação e aquisição de imóveis" que, de certa maneira, desenvolvia a locução "vedados por lei". Segundo o n.º 1 desse preceito, as pessoas coletivas podiam adquirir livremente bens imóveis a título gratuito. O n.º 2 sujeitava, porém, a autorização do Governo, "... sob pena de nulidade ... a aquisição de imóveis a título oneroso, bem como a alienação ou oneração a qualquer título".

Como se vê, a intervenção legislativa era bastante tímida, porquanto permitia as aquisições gratuitas: o grande problema que levara a sucessivas intervenções dos Reis de Portugal, acima referidas. Essa permissão já tinha, porém, pouco significado, uma vez que a materialização dos costumes pôs cobro ao hábito de doar ou deixar por morte bens à Igreja ou a instituições benemerentes. Em compensação, a fiscalização do Governo sobre as operações imobiliárias onerosas das pessoas coletivas era total: quer a aquisição, quer a alienação, quer a simples oneração dependiam de autorização governamental. O artigo 161.º veio a ser revogado pelo Decreto-Lei n.º 496/77, de 25 de Novembro: embora o preâmbulo deste seja omisso quanto a tal revogação, parece-nos claro que ela ficou a dever-se à restrição ao direito de livre associação, que representava. ANTUNES VARELA manifestou-se surpreendido, por entender que a medida ia ao arrepio da feição coletivista da Constituição de 1976[1017].

Este preceito foi depois, sem mais, repetido no Código das Sociedades Comerciais.

Se bem atentarmos, não há aqui um verdadeiro problema de (in)capacidade: há, sim, uma proibição legal. Pode acontecer que a prática de determinado negócio se inscreva, perfeitamente, nas finalidades coerentes de certa pessoa coletiva (ou de certa categoria de pessoas coletivas) mas que, não obstante, o legislador proíba a sua celebração. Pode ainda suceder que o legislador proíba um ato e, depois, o venha, sucessivamente, a permitir e a proibir de novo: não corresponderia a uma Ciência do Direito harmónica e estável considerar que a capacidade de gozo de certa sociedade se modificou, sucessivamente, ao abrigo de alterações legislativas ...

[1017] PIRES DE LIMA/ANTUNES VARELA, *Código Civil Anotado* cit., 1, 4.ª ed., 166.

388 *Dogmática básica das sociedades*

Temos, ainda, um problema de aplicação de lei no tempo. Vamos supor que era permitida a livre aquisição de imóveis pelas sociedades de advogados e que uma lei superveniente a vinha proibir[1018]. Se se tratar de um problema de capacidade de gozo, a sociedade proprietária teria de, imediatamente, deixar de o ser, ficando o imóvel *nullius*: não faz sentido. Estando em causa – como está – uma proibição, ela só produziria efeitos para o futuro – artigos 12.º/1 e 12.º/2, 1.ª parte, do Código Civil. Na hipótese de o legislador pretender mesmo que as sociedades de advogados deixem de ser proprietárias de imóveis, teria de o dizer de modo expresso, estabelecendo um regime transitório, com prazos e, sendo esse o caso, compensações.

Esta pequena hipótese ilustra que, na presença de proibições legais, é mesmo destas que se trata e não de uma falta de capacidade.

A inobservância das limitações legais à possibilidade de prática, pelas pessoas coletivas, de certos atos, conduz, em princípio, à nulidade do ato por violação de lei expressa (294.º) ou por ilicitude (280.º/1): não por incapacidade.

IV. Como terceira categoria de limitações específicas à atuação de sociedades temos as estatutárias. Os estatutos podem limitar, pela positiva, a atuação da sociedade a que respeitem, restringindo-a à prática de certos atos ou, pela negativa, vedar-lhe a prática de determinados atos. As competentes disposições estatutárias limitam a capacidade de gozo da pessoa coletiva?

À partida: seguramente não. A capacidade de gozo é uma medida que acompanha, automática e necessariamente, a personalidade jurídica – ou esta já nada quererá dizer, salvo o estabelecer a maior confusão no espaço jurídico. Apenas a lei, seja pela técnica positiva das "pessoas rudimentares", seja pela negativa das proibições específicas, pode reduzir o campo de ação das sociedades ou das pessoas coletivas em geral.

As limitações estatutárias são, assim, meras regras de conduta internas. Elas adstringem os órgãos da pessoa coletiva a não praticar os atos

---

[1018] De acordo com o Direito em vigor – artigo 4.º do Decreto-Lei n.º 229/2004, de 10 de Dezembro – as sociedades de advogados têm uma capacidade que abrange os direitos e obrigações necessários ou convenientes ao exercício em comum da profissão de advogado.

§ 28.° *A capacidade de gozo das sociedades* 389

vedados, sem, contudo, limitarem a capacidade da sociedade. É, de resto, essa a solução do artigo 6.°/4 do Código das Sociedades Comerciais, cuja generalização às diversas pessoas coletivas não nos parece suscitar quaisquer dúvidas ou dificuldades.

A violação a esses limites estatutários poderia conduzir à invalidade das inerentes deliberações sociais, em termos a ponderar caso a caso.

V. O mesmo regime deve ser aplicado às limitações deliberativas, isto é: às limitações que deliberações internas da própria pessoa coletiva ponham à prática, por ela, de certos atos. O desrespeito por tais deliberações responsabiliza o seu autor: a capacidade da pessoa coletiva mantém-se, porém, intacta.

134. O exercício de atividades comerciais por não-sociedades

I. As sociedades, dado o seu fim lucrativo, podem, obviamente, desenvolver atividades comerciais. Já as pessoas coletivas regidas pelo Código Civil, mais propriamente as associações e as fundações, não têm por fim o lucro: dos associados, no primeiro caso (157.°) e, em geral, no segundo (188.°/1). Trata-se, aliás, de um aspeto que mereceria reforma: ele corresponde à velha (mas criticável) ideia nacional de que a busca do lucro e o êxito económico são condenáveis.

Tecnicamente, as associações e fundações não são consideradas comerciantes. Podem, porém, praticar atos de comércio e desenvolver atuações lucrativas[1019]. É mesmo desejável que assim suceda, sob pena de deverem viver de donativos, sendo improdutivas.

II. O fundamento jurídico do exercício de atividades comerciais por parte das associações e fundações está, simplesmente, na sua capacidade jurídica tendencialmente plena: abrange tudo o que for necessário e conveniente para a prossecução dos seus fins, na linguagem do artigo 160.°/1. Ora quaisquer fins são convenientemente servidos com a obtenção de meios materiais que lhe possam ser afetos. Sucede, porém, que o exercício de várias atividades sensíveis está regulamentado: exigindo-se, designadamente, que a pessoa que a elas se dedique assuma a forma de sociedade anó-

---

[1019] *Manual de Direito comercial*, 2.ª ed., 239 ss..

nima (caso dos bancos[1020]). Deparamos, nessa altura, com uma restrição legal expressa.

III. A capacidade tendencialmente plena de que dispõem as pessoas coletivas habilita-as a exercer atividades comerciais: diretamente, através de um estabelecimento adequado[1021] ou indiretamente, participando em sociedades comerciais que detenham tal estabelecimento. Esta última possibilidade é, hoje, muitas vezes usada por associações de grande porte, como modo de prestar bens e serviços em condições favoráveis, aos seus associados[1022].

[1020] *Manual de Direito bancário*, 4.ª ed., 935.

[1021] Cf., quanto às fundações, a bibliografia referida no *Manual de Direito comercial*, 2.ª ed., 239 ss..

[1022] É o caso, entre nós, de associações como o *Automóvel Club de Portugal*, à semelhança de congéneres de outros países, como o ADAC alemão.

§ 29.º A CAPACIDADE DE EXERCÍCIO E A RESPONSABILIDADE DAS SOCIEDADES

135. A "capacidade" de exercício

I. Mantendo um paralelo dogmático com as pessoas singulares, pergunta-se qual possa ser a capacidade de exercício das sociedades. Recordamos que, no tocante às pessoas singulares, a capacidade de exercício dá-nos a medida dos direitos e das obrigações que elas possam exercer pessoal e livremente. A regra é a da plena capacidade de exercício: quem tiver direitos, deve poder exercê-los, por definição, pessoal e livremente. As únicas exceções derivam da natureza das coisas: têm a ver com a situação dos menores, dos interditos e dos inabilitados. Para estes o Direito prevê esquemas de suprimento: poder paternal, tutela e curatela.

II. Numa visão muito elementar e empírica, as pessoas coletivas seriam assimiladas a menores: incapazes, pela natureza, de praticar pessoal e livremente os diversos atos, elas teriam de ser representadas. Não é assim.

A categoria da capacidade de exercício só é aplicável às pessoas singulares[1023]. As pessoas coletivas movem-se num universo diferente, tecido sobre normas e princípios jurídicos. Aí, não faz sentido falar em incapacidades naturais, que possam ferir certas pessoas.

As pessoas coletivas – e, com elas, as sociedades – são tão-só capazes, nos termos que acima deixámos expressos, e com os limites legais.

[1023] Luís Carvalho Fernandes, *Teoria geral* cit., 1, 5.ª ed., 599, com outras indicações.

392 *Dogmática básica das sociedades*

136. Os "representantes" das sociedades

I. As sociedades comerciais são representadas pelos administradores respetivos. Trata-se de uma regra constante do artigo 996.°/1, do Código Civil e dos artigos 192.°/1, 252.°/1 e 405.°/2, do Código das Sociedades Comerciais. Tratar-se-á de verdadeira representação? A resposta é claramente negativa: estamos perante uma representação orgânica, que só num plano muito imediato e empírico tem a ver com a verdadeira representação (a representação voluntária) ou com a representação legal (a que permite suprir as incapacidades dos menores e dos interditos)[1024].

II. Com efeito, nas sociedades, joga-se apenas uma articulação coerente de regras. Está, aqui, em jogo um problema de organização. Esta exige que a pessoa coletiva se autodetermine e se manifeste para o exterior. Para tanto, ela disporá de meios: os seus órgãos. Os titulares dos órgãos agem: o que façam, *ope legis*, é imputado à pessoa coletiva. É a representação orgânica.

A representação orgânica não é "representação" em sentido próprio. Apenas se usa essa expressão pela semelhança envolvida com a representação voluntária. Há uma mera transposição linguística. Em termos conceptuais e de regime, não há paralelo. Um ponto que, de todo o modo, tem de ser verificado, caso a caso.

III. A natureza da imputação negocial às pessoas coletivas prende-se a uma polémica tradicional com raízes, aliás, nas próprias conceções de personalidade coletiva.

Segundo SAVIGNY, as pessoas coletivas teriam capacidade de gozo: mas não de exercício. Este pressuporia uma essência pensante e volitiva, apenas concebível na pessoa singular[1025]. O problema teria de ser resolvido de modo semelhante ao dos menores e dos inimputáveis[1026], requerendo representantes[1027]. É a teoria da representação.

Contrapõe-se-lhe a teoria orgânica, que remonta a OTTO VON GIERKE. Segundo este Autor, a pessoa coletiva equivale a um organismo, totalmente

---

[1024] *Tratado* I/4, 44.

[1025] SAVIGNY, *System* cit., 2, § 90 (282).

[1026] SAVIGNY, *System* cit., 2, § 90 (282) e § 95 (317).

[1027] SAVIGNY, *System* cit., 2, § 90 (283). *Vide* VOLKER BEUTHIEN, *Zur Funktion und Verantwortung juristischer Personen im Privatrecht*, VZ 2011, 124-130 (125-126).

§ 29.º A capacidade de exercício e a responsabilidade das sociedades 393

capaz através de órgãos próprios[1028]. Estes poderiam, evidentemente, designar representantes, tal como qualquer pessoa singular o poderá fazer.

A teoria orgânica veio a prevalecer: não no sentido demasiado biológico de VON GIERKE, mas no de se entender que, mercê da própria lógica da personificação, a vontade das pessoas coletivas é expressa, diretamente, pelos órgãos próprios[1029].

As maiores consequências da teoria orgânica refletir-se-iam, todavia, no problema, abaixo tratado, da responsabilidade.

137. A tutela de terceiros

I. As regras referentes à orgânica das sociedades acabam por se refletir nos poderes de representação dos seus administradores. Tais regras podem variar: em função do tipo social, dos estatutos e do próprio Direito nacional em causa. Nessas circunstâncias, o comércio internacional e a própria liberdade de estabelecimento podem ser afetados. Perante uma sociedade – e, particularmente, em situações internacionais – nunca se saberia, precisamente, com que orgânica se lida e, daí, qual a concreta extensão dos poderes dos administradores.

II. Tudo visto, compreende-se que logo a 1.ª Diretriz do Direito das sociedades ou Diretriz n.º 68/151, de 9 de Março[1030], tenha disposto no sentido de garantir a posição de terceiros perante todas essas eventualidades. Retemos as seguintes regras[1031]:

- as eventuais irregularidades registadas na designação de representantes das sociedades são inoponíveis a terceiros, salvo se a sociedade provar que estes as conheciam (8.ª);
- as sociedades vinculam-se perante terceiros pelos atos praticados pelos seus órgãos, mesmo quando alheios ao objeto social, exceto se for excedido o que a lei atribuir ou permita atribuir a esses órgãos (9.º/1);

[1028] OTTO VON GIERKE, *Genossenschaftstheorie* cit., 603 ss. (608) e *Deutsches Privatrecht*, I cit., § 67, I (518).

[1029] FLUME, *Allgemeiner Teil*, I/2, *Die juristische Person* cit., § 11, I (378) e KARSTEN SCHMIDT, *Gesellschaftsrecht*, 4.ª ed. cit., 250-251.

[1030] *Direito europeu das sociedades*, 127 ss..

[1031] *Idem*, 132.

394   *Dogmática básica das sociedades*

– as limitações estatutárias aos poderes dos órgãos, bem como as derivadas de deliberações, são sempre inoponíveis a terceiros, mesmo quando publicadas (9.º/2, todos da 1.ª Diretriz).

III. Estas regras constam do Direito português, embora em termos sistematicamente repartidos. Desde logo, a designação dos administradores está sujeita a registo comercial – 3.º/1, *m*), do CRC. Quando o competente registo seja declarado nulo, são protegidos os direitos entretanto adquiridos por terceiro, a título oneroso e de boa-fé (22.º/4): trata-se de uma manifestação de publicidade positiva[1032]. Quanto à existência de limitações induzidas do fim, do objeto ou dos estatutos, e que já ponderámos a propósito da capacidade propriamente dita (ou de "gozo") das sociedades, opera o artigo 6.º/4: eles não limitam a capacidade da sociedade e, no que aqui releva: o âmbito da representação (orgânica) dos titulares dos seus órgãos.

IV. Para se desencadearem os efeitos próprios da representação (orgânica), basta que o administrador pratique um ato invocando essa sua qualidade e o estar a agir em nome (*contemplatio domini*) e por conta da sociedade. Nas palavras da Relação de Évora, assim sucede[1033]:

> (…) em homenagem a um princípio de tutela da confiança e ao facto de a sociedade, enquanto pessoa colectiva, ser uma entidade com função instrumental ao serviço dos sócios (…)

Não se requer qualquer autorização, para que surja a imputação dos atos à sociedade[1034]. Assiste-se, aqui, a uma total primazia dos interesses dos terceiros[1035], que não tem paralelo na representação voluntária.

Fica sempre ressalvada a hipótese da má-fé do terceiro. A "má-fé" é, aqui, o conhecimento da falta de poderes orgânicos (de representação) ou a violação de um dever elementar de indagação de tais deveres. Assim e

---

[1032] *Manual de Direito comercial*, 2.ª ed., 402 ss..

[1033] REv 5-Fev.-2004 (Pereira Baptista), CJ XXIX (2004) 1, 249-252 (251/II).

[1034] RPt 7-Nov.-2005 (Caimoto Jácome), CJ XXX (2005) 5, 182-184 (183/II): não há lugar nem para o mandato sem representação, nem para a gestão dos negócios.

[1035] STJ 14-Mar.-2006 (Azevedo Ramos), CJ/Supremo XIV (2006) 1, 126-128 (127/II).

§ 29.° A capacidade de exercício e a responsabilidade das sociedades

em regra: as sociedades obrigam-se com duas assinaturas. Surgindo apenas uma, fácil é verificar se, *in casu*, o pacto estabeleceu um esquema de vinculação por, apenas, um dos administradores ou, até, se estamos perante um administrador único.

A falsa invocação da qualidade de administrador, não havendo registo, não permite a imputação à sociedade.

138. A responsabilidade das pessoas coletivas

I. Comecemos por fixar o quadro legal. Segundo o artigo 165.°, do Código Civil,

> As pessoas coletivas respondem civilmente pelos atos ou omissões dos seus representantes, agentes ou mandatários nos mesmos termos em que os comitentes respondem pelos atos ou omissões dos seus comissários.

O artigo 998.°/1, do mesmo Código, repete, à letra, esse preceito, aplicando-o às sociedades civis puras. Já o artigo 6.°/5, do Código das Sociedades Comerciais, usa uma fórmula diferente:

> A sociedade responde civilmente pelos atos ou omissões de quem legalmente a represente, nos termos em que os comitentes respondem pelos atos ou omissões dos comissários.

A responsabilidade do comitente consta do artigo 500.°, enquanto a do representante deriva do artigo 800.°, ambos do Código Civil.

Adiantamos que estas fórmulas e remissões não são satisfatórias: revelam uma área em que a doutrina da personalidade coletiva está, ainda, incompleta. Todavia, se forem bem interpretadas, poderemos colocar o Direito civil português dentro dos atuais parâmetros da responsabilidade civil das pessoas coletivas.

II. Numa fase inicial, as pessoas coletivas eram consideradas insuscetíveis de incorrer em responsabilidade civil[1036]. Mesmo ultrapassando a ideia da ficção e da não aplicabilidade analógica de normas e realidades

---

[1036] Tal era, como se referiu, a posição de SAVIGNY, *System* cit., 2, § 94 (310-318).

396   *Dogmática básica das sociedades*

ficciosas, quedavam dificuldades de fundamentação: a responsabilidade, depois de atormentada evolução, teria de se basear sempre na culpa; ora a pessoa coletiva não poderia ter culpa. Além disso, foi levantado um segundo obstáculo: sendo a pessoa coletiva "incapaz", ela teria sempre de se fazer representar. E os poderes de representação não se alargariam a atos ilícitos.

O primeiro avanço consistiria em estabelecer a responsabilidade civil das pessoas coletivas. Procedeu-se em duas fases: a da responsabilidade contratual e a da responsabilidade delitual ou aquiliana. Quanto à contratual, fácil foi demonstrar que a pessoa coletiva podia não cumprir as suas obrigações; seria mesmo injusto ilibá-la, nesse ponto, de responsabilidade, uma vez que isso iria provocar grave desigualdade nos meios económico-sociais. No tocante à aquiliana, a dificuldade era maior. Procedeu-se, então, à utilização do esquema da responsabilidade do comitente.

> A responsabilidade do comitente consta do artigo 500.º do Código Civil. Cumpre reter o seu teor:
>
> > 1. Aquele que encarrega outrem de qualquer comissão responde, independentemente de culpa, pelos danos que o comissário causar, desde que sobre este recaia também a obrigação de indemnizar.
> > 2. A responsabilidade do comitente só existe se o facto danoso for praticado pelo comissário, ainda que intencionalmente ou contra as instruções daquele, no exercício da função que lhe for confiada.
> > 3. O comitente que satisfizer a indemnização tem o direito de exigir do comissário o reembolso de tudo quanto haja pago, exceto se houver também culpa da sua parte; neste caso será aplicável o disposto no n.º 2 do artigo 497.º.

O sentido da responsabilidade do comitente veio a originar várias teorias[1037], acabando a doutrina por se fixar na do risco: o comitente, por beneficiar de condutas alheias, deveria, também, correr o risco de elas se revelarem danosas: responderia, pois, objetivamente, isto é: mesmo sem culpa.

III. A solução de responsabilizar as pessoas coletivas, em termos aquilianos, pelos atos dos seus representantes e através do esquema da imputação ao comitente, não era satisfatória: nem em termos jurídico-científicos, nem em termos práticos. Assim:

[1037] *Direito das obrigações*, 2, 370 ss. (374 ss.) e *Tratado* II/3, 601 ss..

§ 29.° A capacidade de exercício e a responsabilidade das sociedades   397

– em termos jurídico-científicos, verifica-se que o recurso à imputação do comitente está enfeudado à ideia de pessoa coletiva como "incapaz"; agiria através de comissários ou mandatários, cujos feitos apenas mediatamente se repercutiriam na sua esfera jurídica;
– em termos práticos, a imputação ao comitente equivale a meter de premeio mais uns quantos requisitos; quer isto dizer que a pessoa coletiva acabaria por, no espaço jurídico-social, ter um tratamento diferenciado (mais favorável) do que as pessoas singulares; imagine-se, por exemplo, que o "representante" não tem culpa ou apresenta uma causa de justificação puramente pessoal: a pessoa coletiva, potencialmente beneficiada com a sua atuação, não responderia, em virtude do final do artigo 500.°/1: não pode ser.

Passa-se, pois, a uma terceira fase: a pessoa coletiva responde diretamente pelos atos ilícitos dos titulares dos seus órgãos, desde que tenham agido nessa qualidade.

IV. A solução da responsabilidade direta da pessoa coletiva pelos atos dos seus órgãos é a solução pacífica na Alemanha: tal a saída consignada no § 31 do BGB[1038]. Costuma-se dar a seguinte explicação: pelo Direito alemão, a responsabilidade do comitente, consignada no § 831 do BGB, é fraca: permite, ao mesmo comitente, eximir-se à responsabilidade pelas regras da *culpa in eligendo*, isto é, provando que pôs na escolha do comissário todo o cuidado requerido. Ora admitir tal esquema no campo das pessoas coletivas equivaleria a uma potencial desresponsabilização em larga escala. Todavia, a solução latina (portanto: sem *culpa in eligendo*) não dá, ao contrário do que se lê em livros de doutrina alemã, uma completa solidez à responsabilidade das pessoas coletivas: há outros requisitos a ter em conta.

Em França deu-se uma viragem favorável a essa mesma responsabilidade direta. Após a reforma das sociedades de 1966, que suprimiu a refe-

---

[1038] LARENZ/WOLF, *Allgemeiner Teil*, 9.ª ed. cit., 193 ss. e, com imenso material, DIETER REUTER, *Münchener Kommentar* cit., 1, 5.ª ed., 701 ss.. Quanto às associações, STÖBER, *Handbuch*, 8.ª ed. cit., 234 ss., SAUTER/SCHWEYER/WALDNER, *Der eingetragene Verein*, 17.ª ed. (2001), 204 ss. e REICHERT, *Handbuch*, 9.ª ed. (2003), 706 ss.. Rediscutindo o tema: VOLKER BEUTHIEN, *Zur Funktion und Verantwortung juristischer Personen im Privatrecht* cit., 130 e *passim*.

rência aos "mandatários", adotou-se a teoria orgânica[1039]. Os feitos perpetrados pelos titulares repercutem-se diretamente na pessoa coletiva, responsabilizando-a, se esse for o caso[1040].

Em Portugal, a responsabilização direta das pessoas coletivas, por atos dos seus órgãos, foi defendida por MANUEL DE ANDRADE, em termos cuidadosos e convincentes[1041]. Um tanto na mesma linha, FERRER CORREIA, no seu anteprojeto – artigo 7.º – distinguiu a responsabilidade da pessoa coletiva pelos atos e omissões "dos seus representantes estatutários", que era direta e a resultante de atos e omissões "de seus agentes e mandatários", que seguia os meandros da responsabilidade dos comitentes[1042]. Infelizmente, esta contraposição perdeu-se nas revisões ministeriais, por pura falta de cuidado. O artigo 165.º uniformiza, sob a imputação ao comitente, os atos ou omissões dos "representantes, agentes ou mandatários". Deu, assim, azo às confusões subsequentes. Com uma agravante: contagiou as próprias sociedades, como se alcança do artigo 998.º/1, do Código Civil, e do artigo 6.º/5, do Código das Sociedades Comerciais, já citados.

Hoje, a possibilidade de submeter as sociedades às diversas sanções está adquirida[1043].

V. Perante o teor literal dos artigos 165.º e 998.º/1, do Código Civil, reforçado, para mais, pelo artigo 6.º/5, do Código das Sociedades Comerciais, que fala em "quem legalmente a represente", alguma doutrina tem sido levada a pensar que, para efeitos de responsabilidade civil aquiliana, a pessoa coletiva é um "comitente", sendo o titular do seu órgão um "comissário", de modo a aplicar o artigo 500.º[1044]. Concretizam-se os óbices jurídico-científicos e práticos, acima referidos. Há que procurar uma solução alternativa: fácil, de resto, uma vez que beneficiamos da doutrina de MANUEL DE ANDRADE e das de outros países, que se viram na situação de fazer evoluir o seu pensamento, na matéria.

[1039] FERID/SONNENBERGER, *Das französische Zivilrecht* 1/1, 2.ª ed. cit., 377.

[1040] CARBONNIER, *Droit civil/Les personnes*, 21.ª ed. cit., 405 ("... é uma responsabilidade direta e não uma responsabilidade por facto alheio ...").

[1041] MANUEL DE ANDRADE, *Teoria geral* cit., 1, 131 ss. (138 ss.).

[1042] FERRER CORREIA, *Pessoas colectivas* cit., 249.

[1043] ANDREAS QUANTE, *Sanktionsmöglichkeiten gegen juristische Personen und Personenvereinigungen* (2005), 230 pp..

[1044] PIRES DE LIMA/ANTUNES VARELA, *Código Civil Anotado* cit., 1, 4.ª ed., 167-168 e CARVALHO FERNANDES, *Teoria geral* cit., 1, 5.ª ed., 606 ss. (609).

§ 29.° A capacidade de exercício e a responsabilidade das sociedades 399

A pessoa coletiva é uma pessoa. Logo, ela pode integrar, de modo direto, "aquele que com dolo ou mera culpa ...", referido no artigo 483.°, do Código Civil. A culpa – um juízo de censura! – é-lhe diretamente aplicável: nada tem a ver, na conceção atual, com situações de índole psicológica.

O artigo 165.°[1045], do Código Civil, não tem a ver com a responsabilidade das pessoas coletivas por atos dos seus órgãos: antes dos seus representantes[1046] (voluntários ou "legais", porquanto nos termos da *lei*[1047]), eventualmente constituídos para determinados efeitos, dos seus agentes e dos seus mandatários[1048]. E aí já fará sentido apelar para a imputação ao comitente.

O Código Civil dá-nos, ainda, um argumento sistemático, que depõe no mesmo sentido[1049]. O artigo 164.°/1 fala em obrigações e responsabilidade dos "titulares dos órgãos das pessoas coletivas": expressão correta, dentro do prisma da "representação" orgânica. Assim, quando no artigo 165.° refere os representantes das pessoas coletivas, não pode querer dizer os mesmos "titulares dos órgãos"; será uma realidade diferente e, designadamente: os representantes voluntários, expressamente escolhidos para a conclusão de um contrato ou para qualquer outro efeito.

Apenas nas pessoas coletivas públicas – num preceito cuja constitucionalidade é discutível – a responsabilidade teria de se efetivar com a intervenção do esquema da comissão, dado o teor do artigo 501.°.

[1045] Que não tem correspondente no Código Civil italiano; também aí a responsabilidade das pessoas coletivas é direta.

[1046] RLx 17-Nov.-2004 (SARMENTO BOTELHO), CJ XXIX (2004) 5, 152, quanto à representação poder operar por mandatários.

[1047] Como modo de ultrapassar o artigo 6.°/5: este preceito é inexplicável, em 1986 (data do Código), tendo a ver com a falta de cuidado na sua revisão.

[1048] *Tratado de Direito civil* IV, 3.ª ed., 682 ss.. *Vide* ALEXANDRE SOVERAL MARTINS, *Código em Comentário* cit., 1, 121-122.

[1049] Essa ideia foi, inicialmente, apresentada por MARCELLO CAETANO, *As pessoas colectivas no novo Código Civil português*, O Direito 99 (1967), 85-110 (104), sendo retomada por doutrina ulterior.

§ 30.º AS FIGURAS AFINS ÀS SOCIEDADES

139. A delimitação externa das sociedades

I. Dentro do universo das pessoas coletivas ou de outras entidades complexas, as sociedades deparam-se com uma delimitação externa. Isto é: convivem com figuras que, por razões dogmáticas ou puramente histórico-culturais, não são consideradas sociedades. Trata-se de uma situação que deve ser estudada, uma vez que ela envolve o círculo de aplicação das regras próprias do Direito das sociedades.

II. A delimitação das sociedades perante as denominadas figuras a elas afins constituía uma rubrica clássica, na nossa comercialística[1050]. Hoje, ela deve ter um sentido dogmático: afinador de regimes e potenciador de novas sistematizações da matéria.

140. Associações, associações públicas e associações não reconhecidas

I. As associações traduzem pessoas coletivas assentes em agremiações de pessoas singulares (ou coletivas): têm uma base ou substrato coletivo. Estarão, deste modo, muito próximas da figura das sociedades, dotadas, tendencialmente, do mesmo tipo de realidades subjacentes. A distinção

---

[1050] *Vide* em especial, JOSÉ TAVARES, *Sociedades e empresas comerciais*, 2.ª ed. cit., 23 ss., que, referindo os "estados jurídicos mais semelhantes", considera, sucessivamente: a conta em participação; a propriedade comum, comunhão ou indivisão; o quinhão; o compáscuo; o mandato e a comissão; o empréstimo retribuído; a compra e venda; a locação; a prestação de serviços. Hoje, como é natural, o problema da delimitação põe-se em relação a figuras diversas.

§ *30.º As figuras afins às sociedades* 401

tradicional entre associações e sociedades repousava no fim lucrativo assumido por estas e recusado às primeiras[1051].

A distinção já não é possível, nessa base. Por um lado, as sociedades podem constituir-se sem fins lucrativos: pense-se numa sociedade científica ou numa sociedade de benemerência, que nada proíbe. Por outro, as associações podem (e devem) angariar meios económicos, sobretudo se, em última análise, tiverem fins ideais. Além disso, a fronteira entre o "lucrativo" e o "não-lucrativo" não é absoluta. As sociedades podem desenvolver atuações *non profit* adequadas aos seus fins[1052], enquanto as associações se podem dedicar ao comércio, para defender os seus objetivos ideais[1053].

II. Mau grado essa interpenetração de águas, a distinção entre uma associação e uma sociedade não levanta, na prática, a mínima dúvida: têm designações diferentes[1054], estruturas diversas e regimes distintos de responsabilidade por dívidas. As associações veem essa natureza resultar da própria denominação[1055]; apresentam uma orgânica estratificada em assembleia geral (com poderes residuais), administração e conselho fiscal[1056]; os associados não respondem pelas dívidas da associação nem, necessariamente, pelas entradas; as sociedades exibem firmas variáveis com o tipo que adotem; têm uma orgânica diversificada, centrada numa administração; os sócios respondem, em certos casos, pelas dívidas da sociedade e, noutros, pelas entradas. A diferença – queira-se ou não – acaba por ser formal. Debalde tentaríamos determinar a natureza associativa ou societária de um ente contemplando, apenas, uma atividade ou um ato.

A proximidade entre associações e sociedades, progressivamente reconhecida, tem levado à sua análise conjunta, em tratados e manuais.

[1051] Pinto Furtado, *Curso de Direito das sociedades*, 5.ª ed. cit., 21, admitindo embora que as sociedades constituam uma modalidade de associação em sentido amplo.

[1052] *Supra*, 382.

[1053] *Tratado de Direito civil* IV, 3.ª ed., 686 ss..

[1054] *Summo rigore*: denominações, para as associações e firmas, para as sociedades.

[1055] Artigo 36.º/1 do RNPC.

[1056] Artigos 162.º e 170.º do Código Civil.

402   *Dogmática básica das sociedades*

III. A distinção fica mais facilitada perante as associações públicas – *maxime* as ordens profissionais – uma vez que estas dispõem de uma aprovação formal por lei e assumem determinados poderes de autoridade.

Já no tocante às chamadas associações sem personalidade, tratadas genericamente nos artigos 195.º e seguintes do Código Civil, a distinção é melindrosa, para mais perante as sociedades civis puras: falta, quer a umas, quer a outras, uma formalização que permita destrinças seguras.

Podemos começar por apelar ao critério tradicional: embora erodido, ele apresenta-se nuclearmente seguro: uma entidade que vise diretamente o lucro para os seus associados será seguramente uma sociedade; uma outra com aspirações e exclusivos fins ideais, uma associação (sem personalidade)[1057]. Temos outros auxiliares: a entrada e saída livre de interessados revela a associação; a sua vinculação recorda a sociedade.

No limite, consideraríamos a sociedade civil pura como o tipo mais lato: capaz de acolher os casos verdadeiramente duvidosos, dada a sua maior elasticidade.

141. Fundações, empresas públicas e comissões especiais

I. As fundações são pessoas coletivas de base patrimonial: não assentam em conjuntos de pessoas mas, antes em núcleos de direitos personalizados. Terão uma administração, que não se confundirá, em regra, com uma massa associativa. Fica, assim, facilitada a distinção perante as sociedades. Também aqui temos de chamar a atenção para a fraqueza das distinções tradicionais, assentes nos fins lucrativos ou não-lucrativos dos entes em presença: as fundações devem procurar meios, sendo de encarar uma próxima reforma que, à semelhança de outros países, admita fundações de tipo empresarial.

Como elemento seguro de distinção fica-nos, sempre, o formal, coroado pelas designações distintas e pelos modos diversos de aquisição da personalidade: reconhecimento, para as fundações[1058] e inscrição no registo comercial, quando se trate de sociedades comerciais.

[1057] Em rigor, tais associações podem ter personalidade jurídica, pelo que a designação que lhes adveio, em 1977, não é feliz: *Tratado de Direito civil* IV, 3.ª ed., 824 ss.
[1058] Artigo 188.º, do Código Civil.

§ 30.° As figuras afins às sociedades

II. As empresas públicas têm, tal como as fundações, base patrimonial, por oposição a associativa. Todavia, ao contrário daquelas, elas assumem objetivos comerciais e visam o lucro ou, pelo menos, uma gestão maximizadora dos meios de que sejam dotadas. As empresas públicas, na sequência da estatização da economia levada a cabo em 1974/1976, tiveram grande importância; depois, elas vieram a perdê-la, à medida que o Estado foi adotando a forma societária para gerir os seus interesses[1059] e, por maioria de razão, quando, mercê das reprivatizações, as sociedades do Estado acabaram por passar para os particulares.

Os elementos hoje disponíveis permitem traçar um quadro geral de evolução, documentado nos diversos países[1060]. Vamos exemplificá-lo, entre nós, com recurso à evolução dos serviços postais e telegráficos.

O Governo provisório da República, por Decreto com força de lei de 24-Mai.-1911, aprovou, como organismo do Estado, a Administração-Geral dos Correios e Telegraphos (CTT). Esta foi reformada por vários diplomas, entre os quais o Decreto-Lei n.° 29:225, de 7 de Dezembro de 1938 e o Decreto-Lei n.° 47.488, de 5 de Agosto de 1966. Finalmente, o Decreto-Lei n.° 49.368, de 10 de Novembro de 1969 (MARCELLO CAETANO), determinou a passagem de Administração-Geral a empresa pública. Consumada a Revolução e as reprivatizações, o Decreto-Lei n.° 87/92, de 14 de Maio, veio transformar os CTT em sociedade anónima de capitais exclusivamente públicos. Posteriormente, através de vários diplomas – Decretos-Leis n.° 277/92, de 15 de Dezembro e n.° 122/94, de 14 de Maio – veio-se possibilitar a criação da Portugal Telecom, PT, por cisão, dos CTT, do serviços de telecomunicações e por fusão destes, com os TLP. A PT, daí resultante, foi

---

[1059] As empresas públicas, no seu período áureo, foram reguladas pelo Decreto-Lei n.° 260/76, de 8 de Abril; esse diploma foi substituído pelo Decreto-Lei n.° 558/99, de 17 de Dezembro, alterado e republicado pelo Decreto-Lei n.° 300/2007, de 23 de Agosto e modificado pela Lei n.° 64-A/2008, de 31 de Dezembro. *Vide* os nossos *Direito da economia*, I (1986), 282 ss. e *Manual de Direito comercial*, 2.ª ed., 244 e COUTINHO DE ABREU, *Sobre as novas empresas públicas (Notas a propósito do DL 558/98)*, BFD/Volume comemorativo (2003), 555-575.

[1060] Cf. FRANCESCO D'OTTAVI, *I profili storici*, em EUGENIO MELE (org.), *La società per azioni quale forma attuale di gestione dei servizi pubblici/La società per azioni per gli enti locali* (2003), 17-69. Deste mesmo autor *vide Analisi di due casi di privatizzazione in campo europeo*, *idem*, 273-301, onde se examinam as experiências da *British Rail* e da *Deutsche Post*.

404 *Dogmática básica das sociedades*

privatizada: Decretos-Leis n.º 44/95, de 22 de Fevereiro, n.º 34-A/96, de 24 de Abril, n.º 226-A/97, de 29 de Agosto, n.º 119-A/99, de 14 de Abril e n.º 227-A/2000, de 9 de Setembro, alterado pelo n.º 268-A/2000, de 26 de Outubro.

Teremos, assim, uma primeira fase de serviços organizados em torno de um estabelecimento administrativo. Depois, passar-se-á a uma orgânica pré-privada, através da autonomização desse estabelecimento e da sua sujeição ao Direito privado: é a fase da empresa pública. Segue-se a sua transformação em sociedade anónima: é a privatização formal ou terceira fase. Uma quarta e eventual fase assenta na alienação parcial das ações da sociedade a privados: temos uma sociedade mista[1061]. Finalmente, o capital passa para privados: é a fase da privatização total. O futuro dirá se este modelo é definitivo ou cíclico.

As empresas públicas distinguiam-se das sociedades, particularmente das sociedades de capitais exclusivamente públicos, pela firma e por determinados aspetos do seu funcionamento. A própria presença de um elemento pessoal, teoricamente ausente das empresas públicas e presente nas sociedades, perde, em situações extremas, qualquer relevância. Este fenómeno ilustra bem a relativização de noções e de conceitos imposta pela realidade política, económica e social do nosso tempo.

O Decreto-Lei n.º 558/99, de 17 de Dezembro, alterado pelo Decreto-Lei n.º 300/2007, de 23 de Agosto e pela Lei n.º 64-A/2008, de 31 de Dezembro, veio proceder a uma remodelação linguística. As "empresas públicas" passam a ser sociedades comerciais controladas pelo Estado e aplica-se-lhes o Direito privado (artigos 3.º e 7.º). Trata-se, obviamente, de sociedades comerciais. Depois (artigos 23.º e seguintes) surgem as "entidades públicas empresariais" ou EPE, que correspondem às verdadeiras empresas públicas, de cariz fundacional. Não se deve alterar a terminologia jurídica.

III. As comissões especiais traduzem fundações não reconhecidas[1062]. Têm, todavia, uma base humana que pode causar dificuldades de fronteira

---

[1061] Eugenio Mele, *La costituzione delle società per azioni*, idem, 119-161, Mario Racco/Guido Petrocelli, *Il procedimento di scelta del partner privato*, idem, 162-210 e Elisabetta Massone, *L'attività della società per azioni mista*, idem, 211-272.

[1062] *Tratado de Direito civil* IV, 3.ª ed., 828 ss..

§ *30.° As figuras afins às sociedades* 405

com as sociedades, particularmente as civis puras. Valem, por maioria de razão, as considerações acima feitas a propósito das associações sem personalidade.

142. Contratos de organização (associação em participação, consórcio e outros)

I. Os contratos de organização são, latamente, contratos comerciais que visam congregar os esforços de vários interessados, com vista à obtenção de resultados ou à prossecução de fins comuns. Logo se vê, só pela sua apresentação, que eles correspondem a uma ideia societária. A grande clivagem reside no facto de não darem lugar a uma terceira entidade, antes repousando em meros vínculos de colaboração entre os interessados. Em situações-limite e perante sociedades civis puras elementares, a distinção não é possível, a não ser com recurso à relação especial/geral. No fundo e por exemplo, uma associação em participação ou um consórcio serão sociedades (civis) com uma especial diferenciação, legalmente prevista.

II. Na associação em participação, temos um vínculo entre uma pessoa (o associado) e um comerciante (o associante), pelo qual a primeira confere ao segundo determinados meios para que este exerça o comércio, a troco de uma participação nos lucros ou nos lucros e perdas[1063].

A associação em participação começou por ser tomada como uma verdadeira sociedade em que, a público, apenas apareceria o "sócio ostensivo". Subjacente estaria outro interessado, que daria apoio capitalístico, participando nos lucros. Tal o alcance que lhe dava o Código Ferreira Borges – artigos 571.° e seguintes – e que surge na *stille Gesellschaft* ou sociedade oculta, do Direito alemão[1064]. É, aí, tratada como uma verdadeira sociedade de pessoas, constando dos manuais de Direito das sociedades[1065].

[1063] Com indicações, *Manual de Direito comercial*, 2.ª ed., 625 ss..

[1064] Consta dos §§ 230 e seguintes do HGB; *vide* Gerold Bezzenberger/Thomas Keul, *Münchener Handbuch des Gesellschaftsrechts*, 2, 2.ª ed. (2004), § 72, Nr. 9 (1667)

[1065] Com indicações: Karsten Schmidt, *Gesellschaftsrecht*, 4.ª ed. cit., 1836 ss. e Christine Windbichler, *Gesellschaftsrecht*, 22.ª ed. cit., 180 ss.. Também em França prevalece uma orientação societária da associação em participação.

406 *Dogmática básica das sociedades*

No âmbito da doutrina italiana deu-se uma evolução. A associação em participação evoluiu, passando a ser entendida como uma relação comutativa: lucros por uma participação. Esta opção, não-societária, ficou consignada nos artigos 2549.º e seguintes do Código Civil de 1942. A sua influência seria marcante, no Direito português.

O Código VEIGA BEIRÃO marcou já um distanciamento em relação à sociedade: chamaria mesmo, à figura que nos ocupa, conta em participação, regulando-a nos artigos 224.º e seguintes. O artigo 226.º recusava-lhe a personalidade jurídica: um ponto essencial que permitia, à doutrina da época, distingui-la das sociedades[1066].

III. Na base de estudos de RAÚL VENTURA, a associação em participação foi reformada pelo Decreto-Lei n.º 231/81, de 28 de Julho[1067]. O modelo adotado ficou algures entre o esquema associativo alemão e a ideia comutativa italiana. A sua distinção da sociedade assenta em dois pontos:

– a falta de personalidade jurídica;
– a ausência do exercício "em comum" de uma atividade.

De todo o modo, a jurisprudência continua a ocupar-se da distinção[1068] assentando-a, com a doutrina dominante, nos dois referidos pontos[1069]. Não chega: se bem atentarmos, a falta de personalidade jurídica só seria critério se, por definição, todas as sociedades fossem pessoas[1070],

---

[1066] JOSÉ TAVARES, *Sociedades e empresas comerciais*, 2.ª ed. cit., 24-25. Outros elementos podem ser confrontados em RAÚL VENTURA, *Associação em participação (Projecto)*, BMJ 189 (1969), 15-136 e 190 (1969), 5-111 (189, 78 ss.).

[1067] Quanto ao regime vigente, cf. o *Manual de Direito comercial*, 2.ª ed., 625 ss..

[1068] RLx 7-Jun.-1990 (SILVA PAIXÃO), CJ XV (1990) 3, 134-137 (136/I), STJ 11-Jun.-1991 (MENÉRES PIMENTEL), BMJ 408 (1991), 597-602 (601), REv 5-Fev.-1998 (GAITO DAS NEVES), CJ XXIII (1998) 1, 267-270 (271/I) e RLx 12-Nov.-2002 (PIMENTEL MARCOS), CJ XXVII (2002) 5, 75-78 (76/II), acentuando a não-personalização e a falta de exercício em comum de certa atividade.

[1069] PINTO FURTADO, *Curso de Direito das sociedades*, 5.ª ed. cit., 87-88 e COUTINHO DE ABREU, *Curso de Direito comercial* cit., 2, 39-40.

[1070] As dúvidas colocadas pelas associações em participação ocorrem perante as sociedades civis puras: não, como bem se entende, em face de sociedades comerciais.

§ 30.º As figuras afins às sociedades

enquanto o "exercício em comum" não é preciso: a sociedade não deixa de o ser quando apenas se manifeste um dos sócios.

De facto, na associação em participação, o associante age em nome próprio e não no da sociedade ou no dos sócios: a grande diferença. A partir daí, a formalização das sociedades faz o resto.

IV. O consórcio é apresentado pelo artigo 1.º do Decreto-Lei n.º 231/81, de 28 de Julho como[1071]:

> (...) o contrato pelo qual duas ou mais pessoas singulares ou coletivas que exerçam uma atividade económica se obrigam entre si a, de forma concertada, realizar certa atividade ou efetuar certa contribuição com o fim de prosseguir qualquer dos objetivos referidos no artigo seguinte.

Surgem, depois, distinções e todo um regime[1072]. No problema ora em causa, chamamos a atenção para o facto de o consórcio poder postular uma organização mais avançada e mesmo uma atuação conjunta, prefigurando uma pessoa rudimentar. O consórcio pode ser tomado como uma figura autónoma que corresponde a um contrato de sociedade especial[1073].

V. Poderiam ser invocados outros contratos de organização, de natureza atípica. Assim; contratos de empreitada global, que postulem, *ab initio*, consórcios e subcontratos, contratos de engenharia[1074], *project finance* e sindicatos financeiros.

Não há qualquer embaraço em dirigir alguns desses tipos contratuais para a sociedade (civil), tudo dependendo do regime pactuado pelas partes. O Direito das sociedades deve recusar o excesso de formalismo, evitando refugiar-se nas suas fronteiras. Pelo contrário: deve colocar os seus quadros ao serviço do desenvolvimento jurídico-científico e económico--social.

[1071] *Manual de Direito comercial*, 2.ª ed., 637 ss. e RAÚL VENTURA, *Primeiras notas sobre o contrato de consórcio*, ROA 1981, 609-690 (631-643).

[1072] *Manual de Direito comercial*, 2.ª ed., 637 ss., para onde se remete.

[1073] Um tanto nesse sentido, PINTO FURTADO, *Curso de Direito das sociedades*, 5.ª ed. cit., 123-124 e COUTINHO DE ABREU, *Curso de Direito comercial* cit., 2, 36-37.

[1074] Cf., entre as referências pioneiras no espaço latino, M. J.-M. DELEUZE, *Le contrat d'engineering*, em AAVV, *Nouvelles techniques contractuelles* (1970), 79-91.

408 Dogmática básica das sociedades

143. Agrupamentos complementares de empresas e agrupamentos europeus de interesse económico (ACE e AEIE)

I. Os agrupamentos complementares de empresas foram introduzidos, no Direito português[1075], pela Lei n.º 4/73, de 4 de Junho, regulamentada pelo Decreto-Lei n.º 430/73, de 25 de Agosto[1076]. Trata-se de entidades com personalidade jurídica, que visam melhorar as condições de exercício ou de resultado dos agrupados. Podem ter, segundo o artigo 1.º do Decreto-Lei n.º 430/73:

> (...) por fim acessório a realização e a partilha de lucros apenas quando autorizado expressamente pelo contrato constitutivo.

Segundo a base IV da Lei n.º 4/73, os ACE adquirem personalidade jurídica pela inscrição no registo comercial; dispõem de uma firma que pode mesmo consistir numa denominação particular – 3.º/1, do Decreto-Lei n.º 430/73 – e regem-se, subsidiariamente, pelo regime das sociedades em nome coletivo – 20.º, do mesmo diploma.

II. Pressupondo uma atuação comum e com fins direta (ainda que acessória) ou indiretamente lucrativos, os ACE são, seguramente, sociedades e, para mais: sociedades comerciais. Apenas correspondem a um tipo especial de sociedade[1077].

As regras em jogo são regras de Direito das sociedades, sendo ainda certo que o Direito comparado depõe em sentido paralelo[1078]. As razões

---

[1075] Com inspiração no *groupement d'intérêt economique* francês, regulado por uma Ordenança de 23-Set.-1967, alterada em 1989; *vide*, quanto a essa figura, JUGLART/ /IPPOLITO/DUPICHOT, *Cours de droit commercial* cit., 2, 10.ª ed., n.º 900 e ss. (751 ss.), PHILIPPE MERLE, *Droit commercial/Sociétés commerciales*, 9.ª ed. cit., 735 ss. e RIPERT/ /ROBLOT/GERMAIN, *Traité* 1, 2 – *Les sociétés commerciales*, 18.ª ed. cit., 712 ss.. Entre nós e com elementos históricos e comparatísticos, JOSÉ ANTÓNIO PINTO RIBEIRO/RUI PINTO DUARTE, *Dos agrupamentos complementares de empresas* (1980).

[1076] Alterados pelo Decreto-Lei n.º 157/81, de 11 de Junho (a Lei), pelo Decreto-Lei n.º 36/2000, de 14 de Março (ambos) e pelo Decreto-Lei n.º 323/2001, de 17 de Dezembro (o Decreto-Lei).

[1077] Nesse sentido, PINTO FURTADO, *Curso de Direito das sociedades*, 5.ª ed. cit., 159 ss. (165); contra: COUTINHO DE ABREU, *Curso de Direito comercial* cit., 2, 32.

[1078] Aproximam-se das sociedades: JUGLART/IPPOLITO/DUPICHOT, *Cours de droit commercial* cit., 2, 10.ª ed., n.º 908 (758), particularmente após a reforma de 1989, em

§ *30.° As figuras afins às sociedades* 409

profundas que obstam a que a sua recondução às sociedades seja pacífica devem ser procuradas no preconceito nacional contra o Direito comercial e contra as sociedades, de que daremos conta a propósito das cooperativas.

III. A figura do agrupamento europeu de interesse económico (AEIE), já referida[1079], foi aprovada pelo Regulamento (CEE) n.° 2137/85, do Conselho, de 25 de Julho de 1985. O AEIE tem personalidade jurídica – artigo 1.°/1 – e pode gerar lucros que serão repartidos pelos seus membros – artigo 21.°/1, ambos do Regulamento citado. De resto, a figura tem ascendência nos G.I.E. franceses, sendo semelhantes aos nossos ACE.

Tal como eles, são sociedades especiais.

144. Cooperativas

I. As cooperativas são definidas, no artigo 2.°/1 do Código Cooperativo[1080], como:

> (...) pessoas coletivas autónomas, de livre constituição, de capital e composição variáveis, que, através da cooperação e entreajuda dos seus membros, com obediência aos princípios cooperativos, visam, sem fins lucrativos, a satisfação das necessidades e aspirações económicas, sociais ou culturais daqueles.

Desde já se regista que os próprios cooperadores poderão ter fins "lucrativos": de outro modo, as cooperativas não teriam qualquer interesse para a satisfação das suas "necessidades e aspirações económicas, sociais ou culturais". Este aparente paradoxo exige um pequeno excurso histórico explicativo.

França. Os ACE conheceram, no espaço francês um sucesso significativo. Recorde-se, por exemplo, que a *Airbus Industries* foi, inicialmente, um G.I.E. de Direito francês, agrupando a *Aérospatiale* francesa, a *British Aerospace* britânica, a *Deutsche Airbus/MBB* alemã e a *CASA* espanhola. Em Junho de 2000, a *Airbus* passaria a sociedade anónima simplificada.

[1079] *Supra*, 196.

[1080] Aprovado pela Lei n.° 51/96, de 7 de Setembro e alterado, por último, pelo Decreto-Lei n.° 76-A/2006, de 29 de Março.

410 Dogmática básica das sociedades

II. As cooperativas derivam de várias correntes de pensamento de tipo filantrópico, cristão ou científico-social e que tinham em comum o pretender melhorar as condições de vida das classes pobres. Na origem, a constatação que de a união dessas classes permitiria iniciativas de tipo económico, pondo-as ao abrigo seja de patrões, seja de intermediários interessados[1081].

Seria possível distinguir a associação de cooperadores para, eles próprios, lançarem processos produtivos (cooperativas de produção), a associação destinada a adquirir produtos, vendendo-os aos cooperadores, com dispensa de intermediários (cooperativas de consumo) e a associação que visa recolher fundos, com fins assistenciais, praticando ainda empréstimos a juros (mais) reduzidos: mútuas de seguros e de crédito.

As cooperativas pressupõem uma filosofia de tipo filantrópico especial, já que se movem no seio de uma sociedade marcada pelo lucro como valor e a todo o custo, usando as armas de todos, mas com fins de benefício para os cooperadores. Tais princípios, que derivam da experiência de Rochdale (1844), ainda hoje são conhecidos como os dos "Probos pioneiros de Rochdale", vindo a ser acolhidos pela Aliança Cooperativa Internacional. Constam do artigo 3.º do Código Cooperativo:

1.º Adesão voluntária e livre;
2.º Gestão democrática pelos membros;
3.º Participação económica dos membros;
4.º Autonomia e independência;
5.º Educação, formação e informação;
6.º Intercooperação;
7.º Interesse pela comunidade.

O movimento teve algum êxito, registando-se experiências diversificadas em Inglaterra, França e Alemanha e, depois, uma expansão a nível mundial.

III. Em Portugal, as cooperativas não derivaram, propriamente, de movimentos basistas ou de iniciativas particulares filantrópicas. Antes

---

[1081] Sobre toda esta matéria e a evolução subsequente, entre nós, J. M. Sérvulo Correia, *O sector cooperativo português – Ensaio de uma análise de conjunto*, BMJ 196 (1970), 31-147.

A grande obra de referência é a de Volker Beuthien/Ulrich Hüsken/Rolf Aschermann, *Materialen zum Genossenschaftsgesetz*, 5 volumes.

§ 30.º As figuras afins às sociedades

foram adotadas e incentivadas pelo Estado. Assim e sob inspiração francesa, surgiu a Lei de 2 de Julho de 1867 (ANDRADE CORVO)[1082].

Referida como a lei basilar do cooperativismo português, a Lei de 2-Jul.-1867 tratava as cooperativas em 23 artigos. Segundo o seu artigo 1.º:

> Sociedades cooperativas são associações de número ilimitado de membros e de capital indeterminado e variável instituídas com o fim de mutuamente se auxiliarem os sócios no desenvolvimento da sua indústria, do seu crédito e da sua economia doméstica.

O artigo 6.º permitia que, nos estatutos, fosse estipulada a responsabilidade limitada ou ilimitada dos associados. Essa qualidade era aberta a maiores de 14 anos, sem distinção de sexo – artigo 7.º – sendo pessoal – 7.º, § 4.º. A sociedade constituía-se pelo registo e publicação dos estatutos – 16.º – feitos, respetivamente, em "registo particular" e na folha oficial do Governo, gratuitamente – artigo 3.º.
O diploma parece bastante avançado. Os arcaísmos de que padece têm a ver com a incipiência do Direito das sociedades, nessa época.

A matéria foi, depois, integrada no Código VEIGA BEIRÃO, que inseriu, no Livro II, Título II, um Capítulo V: "Disposições especiais às sociedades cooperativas"[1083]: artigos 207.º a 223.º.
No fundamental, as cooperativas eram sociedades caracterizadas pela variabilidade do capital social e pela ilimitação do número de sócios não podendo, todavia, formar-se com menos de 10; podiam constituir-se de acordo com uma das espécies previstas para as sociedades comerciais – artigo 207.º, § 1.º. Cada sócio teria um voto, independentemente do capital que detivesse – artigo 214.º. Finalmente: os lucros realizados pelas sociedades cooperativas estariam isentos de qualquer contribuição – artigo 223.º.

IV. As cooperativas cumpriram, assim, durante mais de um século, o seu papel humanista, na qualidade de sociedades especiais.

[1082] O texto da lei pode ainda ser confrontado em FERNANDO FERREIRA DA COSTA, *As cooperativas na legislação portuguesa (subsídios para o estudo do sector cooperativo português* – 1) (1976), 63-70.

[1083] CUNHA GONÇALVES, *Comentário ao Código Comercial Português*, 1 (1914), 540-557 e JOSÉ TAVARES, *Sociedades e empresas comerciais*, 2.ª ed. cit., 249 ss..

412 *Dogmática básica das sociedades*

Após a revolução de 1974-1975, as cooperativas ganharam um novo ânimo: poderiam constituir, em conjunto com as unidades estatizadas, uma alternativa socialista ao modo de produção capitalista. Do Leste da Europa, então comunista, provinham importantes experiências, que cumpriria aproveitar[1084]. Simplesmente, isso pressuporia mais do que a confluência das condições objetivas para o florescimento das cooperativas; impunha-se uma ideologia diversa, a qual passaria por uma reconversão linguística. Neste ponto cabe posicionar o movimento que, em conjunto com outros fatores, levaria a que as cooperativas não mais fossem consideradas sociedades.

Após 1974-1975, as cooperativas, apesar de diversos diplomas extravagantes, mantinham-se no Código VEIGA BEIRÃO, como sociedades. No anteprojeto de FERRER CORREIA/ANTÓNIO CAEIRO, de 1970, sobre as sociedades comerciais, as cooperativas conservavam essa mesma natureza[1085].

O Código Cooperativo, aprovado pelo Decreto-Lei n.º 454/80, de 9 de Outubro, manifestou já uma intenção de retirar as cooperativas do universo das sociedades. No preâmbulo[1086], chegou a afirmar-se que a inclusão das cooperativas no Código VEIGA BEIRÃO[1087] "feria e fere a sensibilidade dos cooperativistas" e "esvaziava aquelas organizações populares do seu conteúdo associativo"[1088].

O Código Cooperativo vigente, aprovado pela Lei n.º 51/96, de 7 de Setembro, concluiu a evolução, não mais considerando as cooperativas como sociedades. Alguma doutrina, seja por convicção ideológica, seja por mero positivismo exegético, veio aderir.

V. A discussão sobre a natureza jurídica das cooperativas poderia ter uma base dogmática mais profunda. Na Alemanha, rege a Lei de 1 de Maio de 1889, com múltiplas alterações: a matéria nunca esteve em

---

[1084] Particularmente a experiência da ex-RDA: as cooperativas do Leste, dada a ausência de um verdadeiro mercado, não chegaram, porém, a desenvolver uma filosofia capaz de competir com as sociedades anónimas.

[1085] PINTO FURTADO, *Curso de Direito das sociedades*, 5.ª ed. cit., 149.

[1086] Ponto 3: DR I Série n.º 234, de 1980, 3225-3229 (3226/I).

[1087] Também citado em PINTO FURTADO, *Curso de Direito das sociedades*, 5.ª ed. cit., 149.

[1088] Referindo "alguma hipocrisia neste melindre": PINTO FURTADO, *Curso de Direito das sociedades*, 5.ª ed. cit., 149.

§ 30.º As figuras afins às sociedades

nenhum Código Comercial, nem é, dogmaticamente, tratada em conjunto com as sociedades, a não ser nos manuais tipo KARSTEN SCHMIDT, que alargam, até elas, o Direito das sociedades. Além disso, a lei alemã permite que as cooperativas assumam a forma de associações personalizadas, de associações não reconhecidas, de sociedades por quotas ou de sociedades anónimas: não há obrigatoriedade de forma[1089]. Adquirem a personalidade pela inscrição no registo das cooperativas. Em suma: perante tal diversidade, não é possível considerar as cooperativas, em bloco, como sociedades, para mais comerciais.

Já nos países do Sul, particularmente em Itália, a tradição era a de inclusão das cooperativas nos códigos comerciais e, depois, no Código Civil. Assim sucede no Código italiano de 1942, que concede um título às "empresas cooperativas e mútuas de seguros" – artigos 2511.º a 2548.º. O artigo 2511.º define as sociedades cooperativas:

> As empresas que tenham escopo mutualístico podem constituir-se como sociedades cooperativas de responsabilidade ilimitada ou limitada, segundo as disposições seguintes.

E de facto, as cooperativas, mau grado a sua posição especial e os princípios próprios a que obedecem, são consideradas sociedades, obtendo tratamento junto dos comercialistas[1090].

Também em França, seja por qualificação legal[1091], seja pela opção jurídico-científica dos comercialistas[1092], as cooperativas são consideradas sociedades. Tudo isso não prejudica o facto de se submeterem a um regime especial.

[1089] KARSTEN SCHMIDT, *Gesellschaftsrecht*, 4.ª ed. cit., 1264-1265.

[1090] AULETTA SALANITRO, *Elementi di diritto commerciale* (2001), 194 ss., FERRARA/CORSI, *Gli imprenditore e le società*, 14.ª ed. cit., 1073, com indicações e ALDO CECCHERINI/STEFANO SCHIRÒ, *Società cooperative e mutue assicuratrici (artt. 2511-2548 c.c.)* (2003), 1 ss..

[1091] Artigo 1.º do Estatuto Geral da Cooperação, aprovado pela Lei de 10-Set.-1947.

[1092] *Vide* BERNARD SAINTOURENS, *Sociétés coopératives et sociétés de droit commun*, RS 1996, 1-15 e PHILIPPE MERLE, *Droit commercial/Sociétés commerciales*, 9.ª ed. cit., 13-14.

VI. Regressando ao caso português: as cooperativas visam o exercício em comum de atividades económicas ou equiparáveis – artigo 2.º do CCoop, descontando o comprometimento da linguagem. Além disso, o artigo 7.º do CCoop dispõe, lapidarmente:

> Desde que respeitem a lei e os princípios cooperativos, as cooperativas podem exercer livremente qualquer atividade económica.

Têm evidente base associativa e adquirem a personalidade pelo registo – artigo 16.º do CCoop – e mais precisamente: pelo registo comercial – artigo 4.º do CRCom.

É certo que, pelo pensamento cooperativo clássico, as cooperativas não visariam captar lucros, para distribuir aos sócios, mas antes baixar os custos, de modo a que estes pudessem comprar mais barato ou obter bens diretamente ao produtor. Mas, economicamente, isto é obter e distribuir lucros, ainda que por técnicas específicas e sob reconversões linguísticas. E mau grado este *modus operandi*, ainda podem resultar lucros de tipo clássico, os quais, depois de feitos diversos descontos são, como em qualquer sociedade, distribuídos pelos sócios, ainda que sob a designação de "excedentes": artigo 73.º, segundo o qual "... os excedentes (...) poderão retornar aos cooperadores".

Não há razões conceptuais para não considerar as cooperativas como sociedades. O seu regime, com múltiplas regras especiais é, de todo o modo, de clara inspiração comercial, aplicando-se, subsidiariamente – artigo 9.º do CCoop – o Direito das sociedades anónimas.

VII. A discussão sobre a natureza das cooperativas e a assumida opção não-societária – pelo menos, a nível da linguagem – do atual Código Cooperativo poderiam permanecer como uma originalidade cultural: resquício de uma época que fez a sua história. Receamos, porém, que não seja inóqua, dadas as especiais características no nosso País.

Existe uma tradição gravosa, de origem medieval e mantida nos Descobrimentos, segundo a qual as classes nobres não podiam comerciar[1093]. Esta orientação – que contrasta vivamente com o ocorrido, p. ex., em

---

[1093] As Ordenações chegavam a proibir o comércio ao clero e à nobreza; cf. *Ord. Fil.*, Livro IV, Título XVI = ed. Gulbenkian IV e V, 798/II; *vide* o *Manual de Direito comercial*, 2.ª ed., 80-81.

§ 30.º As figuras afins às sociedades

Inglaterra – contribui para explicar o subdesenvolvimento comercial, financeiro e cultural do País, mau grado o grande afluxo de riqueza operado nos séculos XVI a XVIII. O MARQUÊS DE POMBAL, procurando inverter esta situação, chegou a decretar a subscrição de capital das sociedades comerciais como modo de aquisição da nobreza[1094]. Debalde.

Os tempos mudaram e a antiga estratificação social foi abolida. Todavia, mantém-se larvar a ideia de que o ganho comercial fica aquém, em dignidade, do salário ou do ganho industrial ou agrícola. A ideia foi rejuvenescida com a colocação do lucro comercial (muito) aquém do rendimento do trabalho. Na graduação dos valores originada pelos movimentos coletivizantes e socializantes de 1974-1976, o comércio era desconsiderado: daí o melindre dos "cooperativistas", perante a inclusão das suas sociedades no Código VEIGA BEIRÃO[1095]. Originou-se, aqui, nova tradição que sobreviveu à queda do Muro de Berlim e ao desabar dos sistemas comunistas de Leste. As tradições devem ser respeitadas: mas só se devem defender as boas. A degradação político-social do comércio não é vantajosa para a nossa comunidade, assim como não o é o permanente fiasco das cooperativas.

VIII. Temos, depois, um segundo aspeto a considerar. Em países como a Alemanha, onde o cooperativismo está fortemente radicado e dispõe de uma lei anterior ao próprio Código Comercial e às atuais leis de sociedades, o Direito cooperativo é estudado em sede própria. Dispõe de grandes manuais[1096], de inúmeros comentários[1097] e de revistas jurídicas especializadas[1098]. Entre nós, isso não é viável. Retirar as cooperativas do

---

[1094] *Supra*, 114.

[1095] A favor: PINTO FURTADO, *Curso de Direito das sociedades*, 5.ª ed. cit., 155-157; contra: COUTINHO DE ABREU, *Curso de Direito comercial* cit., 2, 3.ª ed. cit., 28-29 e, com algum colorido, no *Código em Comentário* cit., 1, 45-46. Para uma análise atualizada do estado das questões: MANUEL CARNEIRO DA FRADA/DIOGO COSTA GONÇALVES, *A acção ut singuli (de responsabilidade civil) e a relação do Direito cooperativo com o Direito das sociedades comerciais*, RDS 2009, 885-922.

[1096] Assim: ROLF STEDING, *Genossenschaftsrecht* (2002).

[1097] Assim: VOLKER BEUTHIEN/EMIL H. MEYER/GOTTFRIED MEULENBERGH, *Genossenschaftsgesetz*, 13.ª ed. (2000), 1093 pp. e EDUARD HETTRICH/PETER PÖHLMANN/BERND GRÄSSER, *Genossenschaftsgesetz*, 2.ª ed. (2001), 574 pp..

[1098] Além, naturalmente, do espaço que sempre lhe consagram as revistas de Direito das sociedades em geral.

416 *Dogmática básica das sociedades*

seio das sociedades é recusar o seu estudo nas universidades. Ficarão fora dos roteiros curriculares, dos manuais e das preocupações diárias das faculdades. Podem surgir estudiosos de monta[1099]: mas nada que valha – quer se queira, quer não – a rotina académica que divulgaria os seus princípios junto de todos os jovens licenciados. Retenha-se, também, este ponto: um argumento científico e cultural para a permanência (ou o regresso) das cooperativas à grande casa-mãe das sociedades. De toda a maneira o essencial reside na aplicação, às cooperativas e em tudo o que, no Código Cooperativo, não se disponha de outro modo, do Direito geral das sociedades[1100].

IX. A ideia de retirar as cooperativas, pelo menos formalmente, do universo das sociedades comerciais teve, com consequência prática, o facto de os tribunais de comércio se considerarem incompetentes para apreciar as causas a elas relativas e, designadamente, quanto às ações de suspensão das suas deliberações sociais, bem como às correspondentes providências cautelares; assim decidiu a RPt, em 24-Mai.-2001[1101] e, repetidamente, o STJ, em 5-Fev.-2002[1102] e 5-Dez.-2002[1103]. De facto, tais ações de anulação são muito semelhantes às das (restantes) sociedades comerciais. Retirá-las do Tribunal do Comércio é negar-lhes as vantagens que esse foro especializado, em princípio, acarretará para a boa e pronta decisão das coisas comerciais. Esvai-se, além disso, a energia e a riqueza das partes: em disputas de cariz meramente processual.

Malhas que o império tece.

[1099] Tal o caso de Sérvulo Correia, cujo estudo *O sector cooperativo português*, escrito há mais de quarenta anos, se mantém como obra de referência.

[1100] Assim, RPt 16-Out.-2008 (Pinto de Almeida), CJ XXXIII (2008) 4, 200-206 (206), quanto à ação de responsabilidade contra os administradores, bem como Carneiro da Frada/Costa Gonçalves, *A acção ut singuli* cit., 919-922.

[1101] RPt 24-Mai.-2001 (Teles de Menezes), CJ XXXI (2001) 3, 204-205 (205/I).

[1102] STJ 5-Fev.-2002 (Garcia Marques), CJ/Supremo X (2002) 1, 68-71 (70), salientando (70/I) que, nos termos do atual Código Cooperativo, "... a ausência de espírito lucrativo é inerente à noção de 'cooperativa', sendo elemento estruturante dos princípios cooperativos".

[1103] STJ 5-Dez.-2002 (Afonso de Melo), CJ/Supremo X (2002) 3, 156-157 (157/II); este acórdão considera já, perante o panorama existente, que domina um "consenso alargado", na matéria (nota 3).

SECÇÃO V
AS SOCIEDADES E AS EXIGÊNCIAS DOGMÁTICAS DO SISTEMA

145. Generalidades

I. As sociedades integram-se no sistema jurídico que as legitime e à luz do qual se desenvolve a Ciência do Direito que, na prática, lhes irá dar existência social. Elas deveriam inserir-se, por isso, dentro da harmonia global do sistema em causa. A assim não ser, teremos distorções que põem em causa a adequação valorativa do conjunto e, no limite, a própria positividade do Direito.

Todavia, sabemos que as muitas regras que compõem o Direito das sociedades têm origens periféricas: histórica e culturalmente condicionadas. Apesar da pressão que a Ciência do Direito sobre elas exerce, é de esperar insuficiências e desalinhamentos capazes de se manifestarem *in concreto*.

II. O próprio sistema oferece saídas. Com efeito, através de diversos institutos, com relevo para o princípio geral da boa-fé, o sistema conserva um controlo sobre as soluções periféricas. Quando, mercê do Direito estrito, estas se apresentem contrárias aos valores mais profundos do sistema, a Ciência do Direito intervém, restabelecendo a harmonia. No Direito civil, esse esforço é prosseguido, em especial, com recurso ao abuso do direito.

III. No Direito das sociedades, surgem dois institutos especialmente vocacionados para assegurar, na periferia, a primazia dos valores do sistema. São eles:

– o levantamento da personalidade coletiva;
– o princípio da lealdade.

418 Dogmática básica das sociedades

Como veremos, tais institutos assentam numa miríade de problemas, que foram encontrando soluções díspares, ao longo da história. Tais soluções tinham, todavia, em comum, uma aspiração de harmonia, à luz do sistema. E assim, pouco a pouco, a Ciência do Direito foi aproximando soluções, de modo a alcançar regras e, depois, princípios. Torna-se hoje possível operar grandes junções. Vamos ensaiá-las.

§ 31.° O LEVANTAMENTO DA PERSONALIDADE DAS SOCIEDADES

146. A delimitação interna das sociedades; terminologia e antecedentes

I. As exigências do sistema jurídico impõem restrições ao funcionamento das sociedades. Comecemos por uma delimitação interna. Mercê do sistema, as suas normas societárias perdem aplicação, em certas circunstâncias, deixando aparecer a realidade subjacente[1104]. Estamos perante uma figura que se impôs por várias ordens de fatores, que cumpre referir: são essenciais para o seu entendimento.

Como vimos, os ordenamentos atuais desinteressam-se pelos substratos das pessoas coletivas, particularmente das sociedades. Estas dependem, na sua constituição e na sua sobrevivência, de requisitos puramente formais: podem, pois, não apresentar qualquer significado social, económico ou humano. Mas o Direito positivo, sempre que encontre uma sociedade – com ou sem substrato –, passa a regular as situações a ela inerentes reportando-se-lhe como ente autónomo. Funciona, então, em *modo coletivo*, atingindo as condutas singulares apenas através das regras complexas da personalidade coletiva e do seu funcionamento interno. Este dado é fundamental, na atual vida económica e social. As diversas ordens jurídicas, conscientes das larguíssimas vantagens que, para todos, isso acarreta, conferem a cada um a possibilidade de gerir os seus interesses diretamente ou pela intermeação de uma pessoa coletiva, mesmo sabendo que isso envolve riscos e desvantagens.

[1104] WERNER FLUME, *Allgemeiner Teil des Bürgerlichen Rechts*, I/2 – *Die juristischen Person* (1983), 63.

Dogmática básica das sociedades

II. O poder de atuar através de sociedades tem limites intrínsecos. Logo à partida, seria estranho que tal poder fosse absoluto, permitindo contrariar os dados fundamentais do ordenamento. A doutrina que sustenta, explica e aplica tais limites é a do levantamento da personalidade.

Encontramos um obstáculo terminológico. No Direito anglo-saxónico – mais propriamente, norte-americano, pioneiro nesta matéria – tem sido usado o termo *disregard of corporateness*: à letra: "desconsideração da personalidade". No alemão jurídico, elegeu-se a fórmula *Durchgriff* ou *Durchgriff bei juristischer Personen*, portanto: "penetração" ou "penetração nas pessoas coletivas". Ambas as traduções literais são, desde logo, deselegantes, na nossa língua. De toda a forma, tem vindo a divulgar-se, entre nós[1105], o termo "desconsideração da personalidade coletiva", de acordo com a terminologia adotada no Brasil. Desde o momento em que uma expressão esteja consagrada, não vale a pena contrariá-la, mesmo quando imprópria: pense-se na locução "personalidade coletiva". Todavia, o instituto aqui em estudo é demasiado recente para que se possa, desde já, falar em consagrações terminológicas.

"Desconsideração" não parece termo ideal. Para além da *inelegantia*, trata-se de uma fórmula anglo-saxónica afastada das nossas tradições. Além disso, tem um sabor pejorativo inadequado[1106]. Nós próprios, quando analisámos o tema pela primeira vez[1107], propuséramos, sob influência alemã, o termo "penetração" na personalidade jurídica[1108]. Mantém-se, porém, a *inelegantia*, sendo, além disso, uma expressão excessivamente incisiva.

[1105] Na sequência de Oliveira Ascensão (1986), ele próprio seguindo Lamartine Correia de Oliveira, *A dupla crise da pessoa jurídica* (1979), 294 ss..

[1106] Coutinho de Abreu, *Curso de Direito comercial* cit., 2, 3.ª ed., 176-176, nota 32, defende "desconsideração", aparentemente por ser preferida "entre nós". Feita a contagem, a afirmação não se documenta. Caso, no futuro, isso ocorra, cederemos: não faz sentido abrir questões terminológicas quando as expressões, mesmo inadequadas, tenham um sentido unívoco: é o que sucede, aliás, com a própria "personalidade coletiva", como foi dito. Quanto ao "levantamento": tem um sentido civil que prevalece sobre o bélico.

[1107] Menezes Cordeiro, *Da boa fé no Direito civil* cit., 1232; a versão não comercial dessa obra foi publicada em 1984, tendo ficado concluída em 1983.

[1108] Já em 1976, em obra a que, na altura, não tivéramos acesso, Orlando de Carvalho – *Teoria geral do Direito civil / Relatório sobre o programa, conteúdo e métodos de ensino* (1976), 46 – usara o termo "penetração". Este poderá, pois, reivindicar uma antiguidade superior à "desconsideração".

§ 31.º O levantamento da personalidade das sociedades   421

Hipótese pioneira foi a preconizada por INOCÊNCIO GALVÃO TELLES, em escrito de 1973, mas publicado apenas em 1979: "superação" da personalidade jurídica[1109]. A fórmula é elegante. Simplesmente, "superar" transmite a ideia de remover um obstáculo, num epíteto que não pode ser aplicado à personalidade coletiva: esta não é um obstáculo, mas algo de perfeitamente regular, a afastar, apenas, em certos casos.

Por tudo isto, viemos a fixar-nos na fórmula "levantamento" da personalidade coletiva[1110]. Trata-se de uma locução neutra, conforme com o toar da língua portuguesa e que pode, convencionalmente, ser preenchida com qualquer significado jurídico. Aceitaríamos qualquer outra fórmula justificada.

III. Quanto aos antecedentes, fundamentalmente alemães e norte-americanos, passamos a sumariar os aspetos mais marcantes[1111]. Principiaremos pelos alemães, embora ulteriores.

O problema do levantamento, no Direito continental europeu, surgiu, historicamente, com o êxito das sociedades por quotas, criadas por genial intervenção do legislador alemão, em 1892[1112]. Até então, ou surgiam sociedades anónimas, rodeadas de cautelas internas e sujeitas a uma especial publicidade no seu funcionamento ou ocorriam sociedades de responsabilidade ilimitada e, portanto: sociedades nas quais os sócios podiam ser chamados a responder com o seu próprio património. As sociedades por quotas modificaram o panorama: permitiram a "democratização" da responsabilidade limitada. Mas com um preço: surgiam problemas delicados de tutela dos credores sociais, designadamente quando, sem publicidade, fossem ignorados determinados postulados do seu funcionamento.

Um dos problemas mais gritantes, colocados pelo novo tipo societário da "responsabilidade limitada", era o da unipessoalidade. Quando a socie-

---

[1109] INOCÊNCIO GALVÃO TELLES, *Venda a descendentes e o problema da superação da personalidade jurídica das sociedades*, ROA 1979, 513-562 (537 e 555). Trata-se, ainda, da designação proposta por CARVALHO FERNANDES, *Teoria geral* cit., 1, 5.ª ed., 528 ss..

[1110] MENEZES CORDEIRO, *Do levantamento da personalidade colectiva*, DJ IV (1989/90), 147-161 (151), *Da responsabilidade civil dos administradores das sociedades comerciais* (1997), § 13.º e *O levantamento da personalidade colectiva no Direito civil e comercial* (2000), 103.

[1111] OLIVER SIEBERT, *Die Durchgriffshaftung im englischen und deutschen Recht* (2004), 86 ss. e 164 ss..

[1112] O sentido e as vicissitudes desta inovação legislativa, em conjunto com diversa literatura, podem ser confrontadas em MENEZES CORDEIRO, *Da responsabilidade civil dos administradores* cit., 137 ss..

422 *Dogmática básica das sociedades*

dade visse todas as suas quotas de capital reunidas numa única titularidade, como distinguir os direitos dela e os do sócio único? O problema foi discutido no *Reichsgericht* (o Tribunal Supremo alemão, antes de 1945), nos princípios do século XX. Em acórdão de 27-Out.-1914, o RG decidiu que "a sociedade por quotas, apesar da reunião, numa só mão, de todas as participações, mantém uma personalidade jurídica própria"[1113]. Trata-se de uma orientação conservada em 4-Jun.-1915[1114] e em 21-Jan.-1918[1115].

No primeiro pós-guerra, numa situação doutrinária e institucional muito diferente, o *Reichsgericht* – ou um dos seus senados – mudou de orientação. A propósito de uma sociedade unipessoal, o RG, em 22-Jun.-1920, entendeu que podia ser responsabilizado o sócio único, declarando[1116]:

> O juiz deve dar mais valor ao poder dos factos e à realidade da vida do que à construção jurídica (...)

Na sua simplicidade, esta decisão é apontada como a certidão de batismo, no Continente, do levantamento da personalidade coletiva[1117] e isso mau grado só com SERICK, trinta e cinco anos depois, lhe ter sido aposto um nome. A jurisprudência subsequente conheceu alguns recuos; mas sedimentou-se em torno da admissibilidade da figura[1118]. O *Reichsgericht*, sem qualquer apoio doutrinário, foi lançando, na prática, as bases da doutrina do levantamento. Um século antes, todavia, já o pensamento jurídico norte-americano dera passos num sentido semelhante. Embora a referência ao Direito norte-americano seja, no domínio do levantamento, um lugar-comum, as exatas origens desse fenómeno são pouco conhecidas. E são interessantes.

IV. Quanto à experiência norte-americana: o levantamento da personalidade coletiva remonta às próprias bases do ordenamento federal, após a independência, nos finais do século XVIII. A Constituição Federal norte-americana limita, no seu artigo 3.º, 1, a jurisdição federal, entre

---

[1113] RG 27-Out.-1914, RGZ 85 (1915), 380-384 (382).

[1114] RG 4-Jun.-1915, RGZ 87 (1916), 18-26 (25).

[1115] RG 21-Jan.-1918, RGZ 92 (1918), 77-87 (84).

[1116] RG 22-Jun.-1920, RGZ 99 (1920), 232-235 (234).

[1117] De entre os primeiros autores que recolheram a jurisprudência sobre o levantamento – e isso quase 40 anos depois! – cf. ULRICH DROBNIG, *Haftungsdurchgriff bei Kapitalgesellsschaft* (1959), 25 ss.. Vide, tamb²m, KLAUS UNGER, *Der dingliche Durchgriff*, BB 1976, 290-294 (290/I) e DIETMAR BENNE, *Haftungsdurchgriff bei der GmbH insbesondere im Fall der Unterkapitalisierung* (1978), 3 ss..

[1118] *Vide* o nosso *O levantamento* cit., 105 a 107, com outros elementos.

§ 31.° O levantamento da personalidade das sociedades   423

outras, às controvérsias que surjam entre cidadãos de Estados diferentes. Punha-se o problema das pessoas coletivas: quando avocar, a seu propósito, a competência dos tribunais federais? O *Chief Justice* MARSHALL, em 1809 e para preservar a jurisdição federal sobre as pessoas coletivas, explicou que[1119]:

> (...) was compelled to look beyond the entity "to the character of the individuals who compose the corporation".

Explica WORMSER que, a partir daí, *the breach of the rampart had been made*. Ao longo do século XIX, multiplicaram-se as decisões – muitas vezes com base na boa-fé – que, evitando situações nas quais uma pessoa coletiva era usada para prejudicar terceiros, especialmente os credores, se responsabilizavam as pessoas que agiam por seu intermédio e, designadamente, os sócios[1120].

O levantamento norte-americano tem pois, na sua origem, razões processuais e constitucionais. É ainda importante sublinhar que ele se radicou antes de o próprio conceito de pessoa coletiva estar bem conformado[1121]. Nestas condições, toda a matéria do levantamento radica em fórmulas vagas: *disregarding the corporate fiction*, *piercing the corporate veil* ou *looking at the substance rather than at the form*[1122]. E vagos são o conteúdo e os pressupostos do levantamento. Vamos reter – no original inglês, dada a dificuldade de respeitar o tom, quando traduzida para línguas continentais – a fórmula de BALLANTINE:

> The use of the entity privilege of separate capacities is at all times subject to limitations of an equitable nature to prevent the privilege from being exercised or asserted for illegal, fraudulent or unfair purpose by those clai-

---

[1119] I. MAURICE WORMSER, *Piercing the Veil of Corporate Entity*, 12 Col. L. Rev. (1912), 496-518 (497); trata-se da doutrina expressa no caso *Bank of United States v. Deveaux*. Este e outros escritos de WORMSER sobre o mesmo tema podem ser confrontados no seu *Disregard of the Corporate Fiction and Allied Corporation Problems*, 1927, reimp., 2000.

[1120] WORMSER, *Piercing the Veil* cit., 498 ss., onde podem ser confrontadas diversas decisões ilustrativas.

[1121] WORMSER, *Piercing the Veil* cit., 496, começa o seu estudo precisamente sublinhando que não há duas pessoas de acordo sobre o que sejam a *corporate entity* ou a *corporate personality*.

[1122] HENRY WINTHROP BALLANTINE, *On corporations* (1946), § 122 (292-293), citando diversas decisões. *Vide* RALPH J. BAKER/WILLIAM L. CARY, *Cases and Materials on Corporations*, 3.ª ed. (1959), 374 e WILLIAM L. CARY/MELVIN A. EISENBERG, *Cases and Materials on Corporations*, 5.ª ed. (1980), 80 ss..

ming under it, and courts of law and equity will interpose to prevent its abuse as the situation may require[1123].

Para BAKER e CARY, o *disregard* impor-se-ia quando a pessoa coletiva fosse:

> *used to defeat public convenience, justify wrong, protect fraud, or defend crime*[1124].

A doutrina lamenta a vaguidade do levantamento. A personalidade coletiva é, hoje, um princípio fundamental do ordenamento, ainda que não absoluto. O levantamento limita-a: mas a forma por que se exprime essa limitação surge pouco clara[1125]. De todo o modo, os exemplos dados situam-se em áreas conhecidas, como a confusão de esferas[1126] ou a subcapitalização[1127]. A doutrina mais recente vem ampliando o espaço que concede ao levantamento, multiplicando as hipóteses da sua concretização[1128].

Poder-se-á considerar que, por definição, o levantamento deverá manter-se como fórmula indeterminada, capaz de acudir a eventualidades que, de todo, o legislador não possa prever cabalmente. Além disso, no espaço norte-americano, a personalidade coletiva tem uma acutilância conceitual menor do que a apresentada no Continente: o levantamento torna-se, pois, relativamente mais fácil. De todo o modo, a divulgação, nas doutrinas românicas, do *disregard* norte-americano constituiria um fator importante, na implantação da nova doutrina.

V. A experiência norte-americana teve, depois, influência no Direito continental, vindo enxertar-se na linha autónoma representada pela jurisprudência comercial alemã, de que acima se deu conta[1129]. Em 1955, um pro-

---

[1123] BALLANTINE, *On Corporations* cit., 292.

[1124] BAKER/CARY, *Cases and Materials*, 3.ª ed. cit., 374. *Vide* HARTWIN BUNGERT, *Die GmbH im US-amerikanischen Recht – Close Corporation* (1993), 71.

[1125] FRANK H. EASTERBROOK/DANIEL R. FISCHEL, *Limited Liability and the Corporation*, 52 U. Chi. L. Rev. 89-117 (89) (1985); cf., aí, na nota 1, uma eloquente transcrição. Trata-se de representantes da escola de Chicago, seguidora do método da "análise económica" do Direito e, naturalmente: mais tranquilos perante a limitação de responsabilidade do que perante o levantamento; *vide* GÜNTER H. ROTH, *Zur "economic analysis" der beschränkter Haftung*, ZGR 1986, 371-382.

[1126] BALLANTINE, *On Corporations* cit., 294 ss..

[1127] EASTERBROOK/FISCHEL, *Limited Liability and the Corporation* cit., 113 ss..

[1128] FRANKLIN A. GEVURTZ, *Corporation Law* cit., 69-111, com múltiplos casos e indicações.

[1129] MARTIN SCHÖPFLIN, *Die Durchgriffshaftung im deutschen und englischen Recht*, FS Volker Beuthien 75. (2009), 245-265.

§ *31.° O levantamento da personalidade das sociedades*   425

fessor alemão de nome SERICK publicou um livro intitulado *Rechtsform und Realität juristischer Personen* – Forma jurídica e realidade das pessoas coletivas[1130] – que marcou o surgimento da atual doutrina continental sobre o levantamento. Depois de introduzir o problema, SERICK veio apresentar as possibilidades de levantamento por abuso de forma jurídica de uma pessoa coletiva. A esse propósito, analisa, sucessivamente, a jurisprudência alemã[1131] e passa a considerar a doutrina americana do *disregard of legal entity*[1132]. Os problemas específicos postos por normas societárias foram, também, considerados[1133]. Numa segunda parte, SERICK vai tratar problemas de aplicação e de interpretação de normas[1134], acabando por apresentar conclusões claras. E designadamente: o juiz deve abstrair da estrita separação entre os membros e a corporação, quando haja abuso da pessoa coletiva; há abuso quando, com recurso à pessoa coletiva, se contorne uma lei, se violem deveres contratuais ou se prejudiquem fraudulentamente terceiros[1135]. A sede jurídica residiria na boa-fé, embora no fundo se assistisse à violação da própria personalidade coletiva[1136]. SERICK refere, ainda, diversas possibilidades, como a ocorrência de comportamentos contraditórios[1137]. A pessoa coletiva não deve igualmente ser usada para – ou abusada para – frustrar o escopo de uma norma ou de um negócio[1138]; também os escopos de regras dirigidas a pessoas singulares devem prevalecer[1139].

A influência de SERICK foi muito grande. Reeditado[1140] e traduzido[1141], SERICK tornou-se referência continental obrigatória, a propósito do levantamento. É certo que determinadas passagens da sua obra, abaixo cita-

---

[1130] Mais precisamente: ROLF SERICK, *Rechtsform und Realität juristischer Personen / Ein rechtsvergleichender Beitrag zur Frage des Durchgriffs auf die Personen oder Gegenstände hunter der juristischer Person* (1955), 244 pp., incluindo índices. Tratou-se de uma habilitação defendida na Faculdade de Direito de Tübingen.

[1131] SERICK, *Rechtsform und Realität* cit., 5-53.

[1132] SERICK, *Rechtsform und Realität* cit., 54-103.

[1133] SERICK, *Rechtsform und Realität* cit., 104-118.

[1134] SERICK, *Rechtsform und Realität* cit., 119-120.

[1135] SERICK, *Rechtsform und Realität* cit., 203.

[1136] SERICK, *Rechtsform und Realität* cit., 204.

[1137] SERICK, *Rechtsform und Realität* cit., 206.

[1138] SERICK, *Rechtsform und Realität* cit., 208.

[1139] SERICK, *Rechtsform und Realität* cit., 213; *vide*, também, a conclusão, ob. cit., 217.

[1140] Mais precisamente, em 1980, mantendo-se o texto inalterado.

[1141] Nomeadamente em italiano e em castelhano, o que assegurou a difusão das suas ideias no espaço latino.

426   *Dogmática básica das sociedades*

das, levariam a doutrina a considerar o seu pensamento como subjetivista e portanto: fazendo depender o levantamento de uma intenção abusiva do agente. Todavia, a leitura do seu livro revela que SERICK já continha em embrião as demais orientações, tendo como que prefigurado a evolução ulterior do instituto.

147. A receção em Portugal

I. Em Portugal, o instituto do levantamento da personalidade coletiva foi acolhido por via doutrinária.

Tanto quanto sabemos, as primeiras referências surgidas na nossa literatura à necessidade de, em certos casos, ultrapassar a separação imposta pela personalidade coletiva entre patrimónios economicamente unidos deve-se a FERRER CORREIA[1142]. Este Autor, estudando o problema das sociedades unipessoais, apela, para o efeito, à boa-fé e ao abuso do direito. Não chega a nominar qualquer instituto: SERICK só escreveria passados sete anos! De todo o modo e graças a FERRER CORREIA, o instituto do levantamento conta já, entre nós, mais de sessenta anos. Não se justifica que se mantenha a ideia de que se trata de uma novidade algo inexperiente e dogmaticamente ousada.

II. O levantamento – na versão alemã da penetração – foi depois, divulgado diversas vezes pela doutrina: a tal propósito recordamos os trabalhos de ORLANDO DE CARVALHO[1143] e os nossos próprios[1144], além de uma referência implícita de COUTINHO DE ABREU[1145].

Independentemente de tais influências e levado pela necessidade de resolver corretamente outros problemas, GALVÃO TELLES já havia proposto

---

[1142] ANTÓNIO FERRER CORREIA, *Sociedades fictícias e unipessoais* (1948), maxime 325.

[1143] ORLANDO DE CARVALHO, *Teoria geral do Direito civil / Relatório* (1976), 46.

[1144] MENEZES CORDEIRO, *Da boa fé* cit., 1232, particularmente com base nos estudos de HELMUT COING e, subsequentemente, em *Direito da economia*, vol. I (1986), 224-226, *Do levantamento da personalidade colectiva*, 147-161, *Da responsabilidade civil dos administradores*, § 13.º, *O levantamento da personalidade colectiva*, *Tratado de Direito civil*, I/3, §§ 46-48 (todos já citados), bem como em anot. STJ 9-Jan.-2003, ROA 2004, 627-674 e *CSC/Clássica*, 2.ª ed., artigo 5.º, anot. 14 e ss..

[1145] COUTINHO DE ABREU, *Do abuso do direito / Ensaio de um critério em Direito civil e nas deliberações sociais* (1983), 105-106, embora sem denominar o instituto.

§ *31.º O levantamento da personalidade das sociedades* 427

a utilização deste instituto, designando-o, como acima foi dito, "superação da personalidade jurídica"[1146]. SIMÕES PATRÍCIO, em escrito de Direito da economia, admite a hipótese de um "abuso de personalidade coletiva"[1147].

III. Curiosamente – e num caso de refluxo da literatura brasileira sobre a doutrina nacional – a doutrina do levantamento foi incrementada pela obra, de certo excelente, de LAMARTINE CORREIA DE OLIVEIRA[1148]. Referida por MOTA PINTO[1149], ela foi especialmente divulgada por OLIVEIRA ASCENSÃO[1150], daí advindo o termo "desconsideração".

Um pouco nesta linha, o levantamento foi objeto de uma dissertação de mestrado, de PEDRO CORDEIRO[1151]. Referências mais envolventes podem ser confrontadas na dissertação de doutoramento de COUTINHO DE ABREU e no *Curso de Direito Comercial*, deste mesmo Autor[1152].

A recente doutrina societarista, com relevo para DIOGO PEREIRA DUARTE[1153] e para MARIA DE FÁTIMA RIBEIRO[1154], dispondo já de outro nível de informação, tem desenvolvido, da melhor maneira, este tema. Já não pode, de modo algum, ser considerado como uma novidade exótica.

[1146] INOCÊNCIO GALVÃO TELLES, no já citado *Venda a descendentes e o problema da superação da personalidade jurídica das sociedades*, ROA 1979, 513-562 (537 e 555), correspondendo a um escrito concluído em 1973.

[1147] ANTÓNIO SIMÕES PATRÍCIO, *Curso de Direito económico*, 2.ª ed. (1981), 696 ss..

[1148] LAMARTINE CORREIA DE OLIVEIRA, *A dupla crise da pessoa jurídica* (1979), 294 ss. e *passim*.

[1149] CARLOS ALBERTO DA MOTA PINTO, *Teoria geral do Direito civil*, 3.ª ed. cit., 127, nota 1 e 4.ª ed. cit., nota 140.

[1150] JOSÉ DE OLIVEIRA ASCENSÃO, *Lições de Direito comercial – I – Parte geral* (1986/87), 472 ss., e, depois, em escritos sucessivos: *Direito comercial – IV – Sociedades comerciais* (1993), 57 ss. e, por último, em *Direito civil / Teoria geral*, I, 2.ª ed. (2000), 318-321; este Autor mantém-se no plano da divulgação, não aprofundando o tema. No último local citado admite-se já, ao lado da "desconsideração" a expressão, porventura preferível, "superação".

[1151] PEDRO CORDEIRO, *A desconsideração da personalidade jurídica das sociedades comerciais* (1989).

[1152] COUTINHO DE ABREU, *Da empresarialidade* (1994), 204 ss., com especial atenção às notas de rodapé, *Curso de Direito comercial* cit., 2, 3.ª ed., 176 ss. e no *Código em Comentário* cit., 1, 100-107.

[1153] DIOGO PEREIRA DUARTE, *Aspectos do levantamento da personalidade colectiva nas sociedades em relação de domínio / Contributo para a determinação do regime da empresa plurissocietária* (2007), 400 pp., especialmente 215 ss..

[1154] MARIA DE FÁTIMA RIBEIRO, *A tutela dos credores da sociedade por quotas e a "desconsideração da personalidade jurídica"* (2009), 738 pp., especialmente 76 ss..

428　　　*Dogmática básica das sociedades*

IV. O evitável individualismo da doutrina portuguesa – mais do que qualquer outro fator! –, pelas contínuas flutuações a que se dá azo, tem dificultado a receção, pela jurisprudência, da figura do levantamento. As necessidades da vida prática levaram a que, mau grado, estas dificuldades, ela fosse acolhida pelos tribunais. Como pioneiro, podemos citar o acórdão do STJ 6-Jan.-1976[1155]. Uma receção formal foi-lhe concedida pela Relação do Porto, em 13-Mai.-1993[1156], multiplicando-se os casos em que ela é referida e analisada[1157].

Vencidas as fases iniciais, o problema está maduro para ser sistematicamente estudado e aplicado.

148. Grupos de casos típicos

I. O levantamento da personalidade não deriva de meras lucubrações teóricas. Trata-se de um instituto surgido *a posteriori* para sistematizar e explicar diversas soluções concretas, estabelecidas para resolver problemas reais, postos pela personalidade coletiva. Na sua origem, encontramos uma multiplicidade de casos concretos.

A doutrina que se tem preocupado com o levantamento procede a classificações, agrupamentos ou "constelações"[1158] de hipóteses em que ele se manifesta. Existem várias formas de agrupar os casos concretos[1159] em jogo, embora seja patente uma certa estabilização[1160].

[1155] STJ 6-Jan.-1976 (Oliveira Carvalho), BMJ 253 (1976), 150-155.

[1156] RPt 13-Mai.-1993 (Fernandes Magalhães), CJ XVIII (1995) 3, 199-201 (200-201).

[1157] Assim, como exemplos: STJ 6-Abr.-2000 (José Mesquita), CJ/Supremo VIII (2000) 2, 245-247 (246/II), RPt 1-Jun.-2000 (Viriato Bernardo), CJ XXV (2000) 3, 196-199 (199/II), STJ 9-Mai.-2002 (Miranda Gusmão), CJ/Supremo X (2002) 2, 53-55 (54) e STJ 23-Mai.-2002 (Abel Freire), CJ/Supremo X (2002) 2, 88-92 (90/II, mal sumariado). Outros casos podem ser vistos *infra*, 442 ss..

[1158] *Vide* Wolfram Günter Willburger, *Der Durchgriff auf die Gesellschafter wegen angeübter Herrschaftsmacht im Haftungssystem der GmbH* (1994), 4. *Vide* o especial desenvolvimento de Raiser/Veil, *Recht der Kapitalgesellschaften*, 5.ª ed. cit., § 29, III (404 ss.).

[1159] Ordenações diversas, mas com menor poder descritivo, podem ser confrontadas em Karsten Schmidt, *Gesellschaftsrecht*, 4.ª ed. cit., § 9.º e em Friedrich Kübler/ /Heinz-Dieter Assmann, *Gesellschaftsrecht*, 6.ª ed. cit., § 24 (369 ss.).

[1160] A referência a diversos grupos de problemas, propiciadores do levantamento, embora sem correspondência direta no texto, pode ser confrontada em inúmera literatura comercial; *vide* o nosso *O levantamento* cit., 115-116.

§ 31.º O levantamento da personalidade das sociedades

Modificando um pouco sistematizações que antes adotáramos, vamos distinguir:

– a confusão de esferas jurídicas;
– a subcapitalização;
– o atentado a terceiros e o abuso da personalidade.

O grupo constituído por relações de domínio qualificadas inclui-se no sector do Direito dos grupos de sociedades. Obterá, a esse nível, um tratamento especial[1161].

II. A confusão de esferas jurídicas verifica-se quando, por inobservância de certas regras societárias ou, mesmo, por decorrências puramente objetivas, não fique clara, na prática, a separação entre o património da sociedade e o do sócio ou sócios.

A nível de jurisprudência, cumpre reter:

– *RG 21-Out.-1921*: a aquisição de quotas próprias, pela sociedade, ainda que possível, tem limites[1162];
– *BGH 30-Out.-1951*: os débitos a uma sociedade de guerra, dominada pelo ex-*Reich*, poderiam ser compensados com créditos detidos sobre este último: na presença de uma relação de domínio exclusiva, a situação deveria ser regulada, como se da mesma pessoa se tratasse[1163];
– *BGH 8-Jul.-1957*: não se deveriam admitir diferenças jurídicas, entre a sociedade e o sócio único[1164];
– *BGH 7-Nov.-1957*: reforçou-se essa orientação, apelando para a "...efetividade da vida, as necessidades económicas e o poder dos factos"[1165];
– *BGH 13-Nov.-1973*: na presença de um sócio único, pode haver que ignorar a diferença entre o seu próprio património, designadamente "...nos casos da chamada responsabilidade por levantamento da personalidade coletiva, através do véu enganador da pessoa coletiva"[1166];

[1161] *Vide* o nosso *O levantamento* cit., 131 ss..
[1162] RG 21-Out.-1921, RGZ 103 (1922), 64-68 (66).
[1163] BGH 30-Out.-1951, BGHZ 3 (1951), 316-321 (318 e 319).
[1164] BGH 8-Jul.-1957, BGHZ 25 (1958), 115-124 (117).
[1165] BGH 7-Nov.-1957, BGHZ 25 (1958), 31-38 (33-34).
[1166] BGH 13-Nov.-1973, BGHZ 61 (1974), 380-385 (383-384 e 384).

430 *Dogmática básica das sociedades*

- *BGH 12-Nov.-1975*: sufraga uma orientação semelhante[1167];
- *OLG Düsseldorf 1-Mar.-1989*: estabelece a responsabilidade do sócio único, mercê do levantamento da personalidade[1168];
- *BGH 13-Abr.-1994*: fixa as condições nas quais o gerente de uma sociedade responde pela mistura do seu património, com o da sociedade[1169].

Estes casos reportam-se, sobretudo, às chamadas sociedades unipessoais. Trata-se de uma ocorrência que não tinha, na Alemanha da época, uma lei expressa, devendo, pois, ser cuidadosamente solucionada, na base de princípios gerais e com recurso ao levantamento[1170], em moldes que conservam atualidade, mesmo após a admissão legal expressa da unipessoalidade. Como regra mantém-se, contudo, a da separação: apenas fatores coadjuvantes poderão levar ao levantamento[1171].

III. Verifica-se uma subcapitalização relevante, para efeitos de levantamento da personalidade, sempre que uma sociedade tenha sido constituída com um capital insuficiente[1172]. A insuficiência é aferida em função do seu próprio objeto ou da sua atuação surgindo, assim, como tecnicamente abusiva[1173]. Para efeitos de levantamento, cumpre distinguir entre a

---

[1167] BGH 12-Nov.-1975, BGHZ 65 (1976), 246-253 (251-252).

[1168] OLG Düsseldorf 1-Mar.-1989, GmbHR 1990, 44.

[1169] BGH 13-Abr.-1994, BGHZ 125 (1995), 366-382 = GmbHR 1994, 390-394.

[1170] Em especial, RUDOLF REINHARD, *Gedanken zum Identitätsproblem bei der Einmanngesellschaft*, FS Lehmann II (1956), 576-593 (593), ERICH SCHANZE, *Einmann--Gesellschaft und Durchgriffshaftung / als Konzeptionalisierungsprobleme gesellschaftsrechtlicher Zurechnung* (1975), 67 ss., e HELMUT GANSSMÜLLER, *Schaden des Gesellschafter-Geschäftsführers – insbesondere bei der Einmann-GmbH*, GmbHR 1977, 265-274 (268 ss.). *Vide* BARTL/HENKES, *GmbH-Recht / Handbuch und Kommentar*, 2.ª ed. (1986), § 13, 4 (1859) e KARL PETER/GEORG CREZELIUS, *Gesellschaftsverträge und Unternehmensformen*, 6.ª ed. (1995), Nr. 716 (245).

[1171] HANS BERG, *Schadensersatzanspruch des GmbH-Alleingesellschafters bei einem Schaden der Gesellschaft*, NJW 1974, 933-935 (934) e UWE JOHN, *Gesellschaftsfreundlicher Durchgriff? Schadensersatzprobleme bei Schädigung eines für die Gesellschaft tätigen Einmangesellschafters*, JZ 1979, 511-516 (516).

[1172] Quanto ao tema *vide*, entre nós, o excelente desenvolvimento de ALEXANDRE MOTA PINTO, *Do contrato de suprimento / O financiamento da sociedade entre capital próprio e capital alheio* (2002), 107 ss..

[1173] PAUL HOFMANN, *Zum "Durchgriffs-" Problem bei der unterkapitalisierten GmbH*, NJW 1966, 1941-1946 (1943), ROLF BÄR, em WIEDEMANN/BÄR/DABIN, *Die Haftung*

§ 31.° O levantamento da personalidade das sociedades

subcapitalização nominal e a material. Na nominal, a sociedade considerada tem um capital formalmente insuficiente para o objeto ou para os atos a que se destina. Todavia, ela pode acudir com capitais alheios. Na subcapitalização material, há uma efetiva insuficiência de fundos próprios ou alheios. Em rigor, esta apenas releva, para efeitos de levantamento, quando o problema não seja resolvido com recurso a uma norma de Direito estrito[1174].

A subcapitalização, para além da inadequação abusiva, exige ainda uma explicitação dos seus fundamentos. Com recurso à jurisprudência, encontramos, desde logo, situações nas quais a subcapitalização visou diretamente prejudicar os credores. Assim:

- *RG 16-Nov.-1937*: é contrário à boa-fé e aos bons costumes criar uma sociedade por quotas só com o objetivo de limitar a responsabilidade, concluir negócios com ela e agir à custa dos efetivos credores[1175];

---

des Gesellschafters in der GmbH (1968), 82, KLAUS UNGER, *Der dingliche Durchgriff*, BB 1976, 293, SIEGFRIED ELSING, *Erweiterte Kommanditistenhaftung und atypische Kommanditgesellschaft / Zugleich ein Beitrag zur Lehre von der sogennanten unterkapitalisierten KG* (1977), 103 ss., GEORG KUHN, *Haften die GmbH-Gesellschafter für Gesellschaftsschuldung persönlich?*, FS Robert Fischer 1979, 351-364 (357 ss.), HACHENBURG/MERTENS, *GmbHG/GrossK*, 7.ª ed. (1979), § 13.°, Nr. 47 (31), REHBINDER, *Zehn Jahre Rechtsprechung zum Durchgriff im Gesellschaftsrecht*, FS Fischer (1979), 584, WIEDEMANN, *Gesellschaftsrecht/Ein Lehrbuch des Unternehmens- und Verbandsrechts*, 1.° vol. – *Grundlagen* (1980), 224, SCHOLZ/EMMERICH, *GmbHG/Komm*, 7.ª ed. cit., § 13, Nr. 82 (447), ROTH, *GmbHG*, 2.ª ed. (1987), § 13, 3 (178), FISCHER/LUTTER/HOMMELHOFF, *GmbHG/Komm*, 12.ª ed. (1987), § 13, Nr. 7 (125), MEYER-LANDRUT/MILLER/NIEHUS, *GmbHG* (1988), § 1.°, 29 (17), SUDHOFF/SUDHOFF, *Der Gesellschaftsvertrag der GmbH*, 7.ª ed. (1987), 15, HEINER DRÜKE, *Die Haftung der Muttergesellschaft für Schulden der Tochtergesellschaft / Eine Untersuchung nach deutschem und US-amerikanischem Recht* (1990), 19 ss., GÜNTHER WÜST, *Das Problem des Wirtschaftens mit beschränkter Haftung*, JZ 1992, 710-715 (711 ss.), BARBARA GRUNEWALD, *Gesellschaftsrecht*, 5.ª ed. (2002), 374 ss., WILLBURGER, *Der Durchgriff auf die Gesellschafter wegen angeübter Herrschaftsmacht im Haftunggssystem der GmbH* (1994), 14, LUTTER/HOMMELHOFF, *GmbHG/Komm*, 14.ª ed. (1995), § 13, 11, a) (158), KARLHEINZ BOUJONG, *Das Trennungsprinzip des § 13 II GmbH und seine Grenzen in der neueren Judikatur des Bundesgerichtshofes*, FS Odersky (1996), 739-752 (745 ss.), ULRICH EHRICKE, *Das abhängige Konzernunternehmen in der Insolvenz / Wege zur Vergrösserung der Haftungsmasse abhängiger. Eine rechtsvergleichende Analyse* (1998), 145 ss. (148 ss.), DIETER REUTER, *Münchener Kommentar*, 1, 5.ª ed. cit., prenot. 37, § 21 (513) e KARSTEN SCHMIDT, *Gesellschaftsrecht*, 4.ª ed. cit., 240 ss..

[1174] *Vide* KARSTEN SCHMIDT, *Gesellschaftsrecht*, 4.ª ed. cit., 241.

[1175] RG 16-Nov.-1937, JW 1938, 862-865.

432 *Dogmática básica das sociedades*

– *OLG Karlsruhe 13-Mai.-1977*: a utilização propositada, perante um banco, de uma sociedade subcapitalizada, gera responsabilidade por contrariedade aos bons costumes (§ 826 do BGB)[1176];
– *BGH 30-Nov.-1978*: a manutenção de uma sociedade subcapitalizada gera responsabilidade quando se atue diretamente contra os bons costumes[1177].

Seguem-se casos clássicos em que os administradores, por inobservância das regras aplicáveis, provocam falências evitáveis ou retardam, com prejuízos, falências inevitáveis. Assim:

– *BGH 16-Dez.-1958*: o § 64, I, do GmbHG (dever de diligência dos gerentes), é uma norma de proteção, para efeitos de defesa dos credores, ainda que não os tutele de todo e qualquer risco[1178];
– *BGH 9-Jul.-1979*: adota posição similar, nas sociedades anónimas, com referência ao § 93 do AktG[1179];
– *BGH 3-Fev.-1987*: violação, pelo gerente, do dever de requerer oportunamente a falência da sociedade[1180];
– *BGH 6-Jun.-1994*: fixa uma orientação semelhante, ponderando ainda a culpa na conclusão do contrato[1181].

A jurisprudência permite, ainda, resolver situações deste tipo com recurso à *culpa in contrahendo* e à própria responsabilidade delitual. Como exemplos de *culpa in contrahendo*, além do citado BGH 6-Jun.-1994:

– *BGH 27-Out.-1982*: responsabilidade do sócio único, por omissão do dever de explicar a não-credibilidade da sociedade[1182];
– *BGH 23-Fev.-1983*: o sócio gerente responde por omissão do dever de informar quando, na contratação, não esclareça sobre a verdadeira situação da sociedade[1183].

[1176] OLG Karlsruhe 13-Mai.-1977, BB 1978, 1332-1333.
[1177] BGH 30-Nov.-1978, NJW 1979, 2104-2105 (2105).
[1178] BGH 16-Dez.-1958, BGHZ 29 (1959), 100-107 (107).
[1179] BGH 9-Jul.-1979, BGHZ 75 (1980), 96-116, com imenso material.
[1180] BGH 3-Fev.-1987, BGHZ 100 (1987), 19-25.
[1181] BGH 6-Jun.-1994, BGHZ 126 (1995), 181-201 = NJW 1994, 2220-2225, abaixo retomado.
[1182] BGH 27-Out.-1982, NJW 1983, 676-678.
[1183] BGH 23-Fev.-1983, BGHZ 87 (1983), 27-38 (35).

§ 31.º O levantamento da personalidade das sociedades 433

Quanto à responsabilidade delitual:

– *BGH 1-Mar.-1993*: responsabilidade do gerente pela não apresentação à falência; de novo é ponderado o § 64 do GmbH[1184];
– *BGH 6-Jun.-1994*: de teor semelhante[1185].

Para além das fundamentações referidas ou subjacentes à casuística acima enunciada, a responsabilidade dos sócios por subcapitalização tem sido enfocada com recurso ao § 826 do BGB: haveria um atentado doloso contra os bons costumes[1186]. Também a referência à violação de regras de organização tem sido apresentada[1187]. Todavia, não existe uma regra geral (no Direito alemão) relativa à obtenção ou manutenção de um capital bastante, para além do legal[1188]. A margem para um grupo autónomo de casos de levantamento, redutível à subcapitalização é estreita: na verdade, podemos explicar vários dos casos apresentados com recurso à responsabilidade civil, às regras sobre falências ou à própria *culpa in contrahendo*. Alguma doutrina considera a subcapitalização, enquanto hipótese de levantamento, como obsoleta[1189] enquanto outra lhe confere uma margem bem reduzida[1190]. Também a jurisprudência social recusa o levantamento perante o mero facto de insuficiência de capital[1191].

[1184] BGH 1-Mar.-1993, NJW 1994, 2149-2152.

[1185] BGH 6-Jun.-1994, acima citado.

[1186] Assim: PAUL HOFMANN, *Zum "Durchgriffs"-Problem bei der unterkapitalisierten GmbH* cit., 1943/II e 1946/II, ELSING, *Erweiterte Kommanditistenhaftung* cit., 82 ss., ULRICH KAHLER, *Die Haftung des Gesellschafters im Falle der Unterkapitalisierung einer GmbH*, BB 1985, 1429-1434 (1434 e 1436), CORNELIUS WEITBRECHT, *Haftung der Gesellschafter bei materieller Unterkapitalisierung der GmbH* (1990), 20 ss. e 81 ss. e BAUMBACH/DUDEN/HOPT, *HGB/Komm*, 32.ª ed. (2006), § 172a, Nr. 39-40 (769-770).

[1187] GEORG WINTER, *Die Haftung der Gesellschafter im Konkurs der unterkapitalisierten GmbH* (1973), 25 ss. e 88.

[1188] PETER ULMER, *Gesellschaftsdarlehen und Unterkapitalisierung bei GmbH und GmbH & Co KG*, FS Duden (1977), 661-687 (667); cf. JAN WILHELM, *Die Vermögensbildung bei der Aktiengesellschaft und der GmbH und das Problem der Unterkapitalisierung*, FS Flume II (1978), 337-397.

[1189] MARKUS GEISSLER, *Zukunft, Stillstand oder Geltungsverlust für die Durchgriffshaftung im Recht der GmbH?*, GmbHR 1993, 71-79.

[1190] KARSTEN SCHMIDT, *Gesellschaftsrecht*, 4.ª ed. cit., 242-243.

[1191] LG Heidelberg 11-Jun.-1997, AG 1998, 197-199 (199/I), BAG 3-Set.-1998, GmbHR 1998, 1221-1225 = NJW 1999, 740-743 e BAG 10-Fev.-1999, GmbHR 1999, R-69 e 655-658.

434   *Dogmática básica das sociedades*

Apesar dos progressos feitos por institutos de Direito estrito, pensamos que ainda há margem para manter a subcapitalização como um tipo de casos próprio do levantamento[1192]. Ela pode auxiliar no apuramento do escopo das normas em presença[1193]; designadamente: estaria em causa a possibilidade de se apontar a função do capital social como uma regra de tutela dos credores[1194]. Surgem ideias promissoras, como a de VONNEMANN, quando apela a um princípio de justa repartição de riscos, entre os sócios e os credores sociais[1195]. A própria jurisprudência, a propósito de questões de subcapitalização, faz um apelo direto aos bons costumes e à boa-fé[1196], em termos vagos que podemos aproximar de um apelo ao sistema. Adiante veremos a redução dogmática possível.

IV. O atentado a terceiros verifica-se sempre que a personalidade coletiva seja usada, de modo ilícito ou abusivo, para os prejudicar. Como resulta da própria fórmula encontrada, não basta uma ocorrência de prejuízo, causada a terceiros através da pessoa coletiva: para haver levantamento será antes necessário que se assista a uma utilização contrária a normas ou princípios gerais, incluindo a ética dos negócios. Sub-hipótese particular é a do recurso a "testas-de-ferro", numa situação que autorizaria a procurar o real sujeito das situações criadas[1197].

Podemos apontar alguns exemplos retirados da jurisprudência:

– *RG 26-Nov.-1927*: a revalorização monetária relativa a uma hipoteca e desencadeada perante uma sociedade anónima, pode ser oposta ao acionista único[1198];

[1192] *Vide* LARS M. A. PETRAK, *Durchgriffshaftung auf den GmbH-Gesellschafter aufgrund Unterkapitalisierung?*, GmbHR 2007, 1009-1016.

[1193] WOLFGANG VONNEMANN, *Haftung von GmbH-Gesellschaftern wegen materieller Unterkapitalisierung*, GmbHR 1992, 77-83 (77-78).

[1194] MARCUS LUTTER/PETER HOMMELHOFF, *Nachrangiges Haftkapital und Unterkapitalisierung in der GmbH*, ZGR 1979, 31-66 (58 ss.).

[1195] VONNEMANN, *Haftung* cit., 83.

[1196] BGH 14-Dez.-1959, BGHZ 31 (1960), 258-279.

[1197] Quanto a "testas-de-ferro" e ao levantamento, *vide* OTTMAR KUHN, *Strohmanngründung bei Kapitalgesellschaften* (1964), 188 ss.; MATTHIAS SIEGMANN/JOACHIM VOGEL, *Die Verantwortlichkeit des Strohmanngeschäftsführers eines GmbH*, ZIP 1994, 1821-1829.

[1198] RG 26-Nov.-1927, RGZ 119 (1928), 126-133 (128); como se vê, há também, aqui, um fenómeno de unipessoalidade; simplesmente, parece de salientar, antes, a ocor-

§ 31.º O levantamento da personalidade das sociedades

– *RG 23-Fev.-1934*: é viável a anulação de uma declaração de vontade, por erro essencial, erro esse que seja atinente a quem esteja por detrás da sociedade[1199];
– *BGH 8-Jul.-1970*: quando as circunstâncias da vida o justifiquem, é possível fazer exigências patrimoniais aos sócios, por atos perpetrados pela sociedade[1200];
– *OLG Köln 26-Jun.-1992*: fixa a responsabilidade do gerente, por recorrer a um testa-de-ferro[1201].

O abuso do instituto da personalidade coletiva é uma situação de abuso do direito ou de exercício inadmissível de posições jurídicas, verificada a propósito da atuação do visado, através de uma pessoa coletiva. No fundo, o comportamento que suscita a penetração vai caracterizar-se por atentar contra a confiança legítima (*venire contra factum proprium*, *suppressio* ou *surrectio*) ou por defrontar a regra da primazia da materialidade subjacente (*tu quoque* ou exercício em desequilíbrio)[1202]. É certo que todos os outros casos de levantamento traduzem, em última instância, situações de abuso[1203]; neste, porém, há uma relativa inorganicidade do grupo, que deixa, mais diretamente, a manifestação de levantamento, perante a atuação inadmissível. Cumpre ter novamente presente que uma ordenação de grupos de problemas não é, de modo algum, uma classifica-

---

rência da revalorização monetária, não prevista, na lei, mas admitida em nome da boa-fé, justamente para evitar prejuízos escandalosos; pois bem: a revalorização, *ex bona fide*, aplica-se, se necessário, com recurso ao levantamento.

[1199] RG 23-Fev.-1934, RGZ 143 (1934), 429-432 (431-432).

[1200] BGH 8-Jul.-1970, BGHZ 54 (1971), 222-226 (224).

[1201] OLG Köln 26-Jun.-1992, BB 1993, 747-748; de notar que se optou, aqui, não por uma responsabilidade delitual, mas pela inobservância dos deveres do gerente em causa.

[1202] Quanto a estas categorias: *Tratado*, I/4, 275 ss..

[1203] Hans-Joachim Bauschke, *Durchgriff bei juristischen Personen*, BB 1975, 1322-1325 (1323) e Hermann Maiberg, *Gesellschaftsrecht*, 7.ª ed. (1990), Nr. 210 (196). Cf., infra, o desenvolvimento sobre a natureza do levantamento. Já fórmulas como a de Francesco Galgano, *L'abuso della personalità giuridica*, em *Letture di diritto civile*, rec. Guido Alpa/Paolo Zatti (1990), 225-237 (233 ss.) = *Diritto civile e commerciale*, vol. I cit., 180, segundo as quais o abuso da personalidade traduziria a utilização das prerrogativas da pessoa coletiva, fora dos objetivos que levaram a lei a concedê-las, equivale a uma versão, hoje superada, do abuso do direito: este destinava-se, então, apenas a facultar uma interpretação melhorada, das normas jurídicas.

436 · Dogmática básica das sociedades

ção: há disfunções e áreas de sobreposição sem que, por isso, o esforço perca a sua utilidade.

O levantamento jurisprudencial, atinente a este grupo de casos, é elucidativo. Assim:

– *RG 19-Out.-1929*: o adquirente sócio único da sociedade vendedora não pode invocar, a seu favor, a boa-fé registal[1204];
– *BGH 3-Jul.-1953*: os débitos a uma sociedade do *ex*-Reich são compensáveis em créditos sobre este último, uma vez que, por força do princípio da boa-fé, consagrado no § 242 do *BGB*, não poderia, aqui, haver uma estrita delimitação, entre a pessoa e o seu substrato[1205];
– *BGH 29-Nov.-1956*: a utilização de uma pessoa coletiva, mormente pelo sócio único, contra os fins que levaram ao seu reconhecimento, pelo Direito, representa uma violação da boa-fé; o abuso da aparência, possibilitada pela autonomia da pessoa coletiva, é abusivo[1206];
– *BGH 12-Mar.-1959*: a transação feita por uma pessoa coletiva, pode ser equiparada à operação, feita por um dos seus membros, quando o uso da diferença jurídica, entre eles, representasse um abuso do direito[1207].

O atentado à boa-fé deve ser muito nítido, para justificar o levantamento, como bem recorda *OLG München 8-Set.-1995*[1208]: a regra é, sempre, a da personalidade autónoma.

V. No seu conjunto, é possível considerar que a jurisprudência relativa ao levantamento manteve típicas características civis. Não são invocados institutos novos, nem especiais princípios societários[1209]: os problemas têm sido resolvidos através do mérito dos factos e com apelo jurídico-positivo às cláusulas civis da boa-fé e dos bons costumes. Estamos, assim, próximos da estrutura básica da própria personalidade coletiva.

[1204] RG 19-Out.-1929, RGZ 126 (1930), 46-50 (49). Desta feita há como que uma aplicação inversa do instituto: por via do levantamento, o agente não pode invocar, a seu favor – e ao contrário do que, normalmente, sucederia – o princípio da boa-fé.

[1205] BGH 3-Jul.-1953, BGHZ 10 (1953), 205-211 (209 e 210).

[1206] BGH 29-Nov.-1956, BGHZ 22 (1957), 226-234 (230 e 234).

[1207] BGH 12-Mar.-1959, BGHZ 29 (1959), 385-393 (392).

[1208] OLG München 8-Set.-1995, GmbHR 1996, 55-56.

[1209] Assim, REHBINDER, *Zehn Jahre Rechtsprechung zum Durchgriff* cit., 603.

§ 31.° O levantamento da personalidade das sociedades 437

149. As teorias explicativas

I. Apuradas as constelações de casos a propósito dos quais se tem suscitado o problema do levantamento, cumpre analisar as diversas explicações para ele apresentadas. Existem várias sistematizações possíveis[1210], sendo de salientar a mais difundida: a que distingue[1211]:

– a teoria subjetiva;
– a teoria objetiva, incluindo versões institucionais;
– a teoria da aplicação das normas.

Poderíamos ainda acrescentar, como quarta hipótese, a existência de orientações negativistas.

II. A teoria subjetivista foi defendida pelo próprio SERICK[1212]. Segundo este Autor, a autonomia da pessoa coletiva deveria ser afastada quando houvesse um abuso da sua forma jurídica, com vista a fins não permitidos. Na determinação dos tais "fins" ou "escopos" não permitidos, haveria que lidar com a situação objetiva e, ainda, com a intenção do próprio agente: na fórmula de SERICK, o levantamento exigiria um *abuso*

[1210] REHBINDER, *Konzernaussenrecht und allgemeines Privatrecht* cit., 94-96, HACHENBURG/MERTENS, *GmbHG/GrossKomm*, 7.ª ed. cit., Nr. 39-41 (26-27), ULRICH HÜBNER, *Zum "Durchgriffs" bei juristischen Personen im europäischen Gesellschafts- und Unternehmensrecht*, JZ 1978, 703-710 (704-705 e 709), JAN WILHELM, *Rechtsform und Haftung bei der juristischen Person* (1981), 7 ss., ERICH SCHANZE, *Durchgriff, Normanwendung oder Organhaftung?*, AG 1982, 42-44 (42) e *Einmann-Gesellschaft* cit., 58 ss., FLUME, *Allgemeiner Teil*, I/2 cit., 64 ss., SCHOLZ/EMMERICH, *GmbHG/Komm*, 7.ª ed. cit., § 13, Nr. 79 ss. (446-447), CHRISTOPH MÖLLERS, *Internationale Zuständigkeit bei der Durchgriffshaftung* (1987), 26 ss., KRAFT, *AktG/Köllnerkomm*, 2.ª ed., 1 (1988), N. 51 ss. (15 ss.), FRIEDHELM BEATE, *Zur Möglichkeit des gutgläubigen Erwerber einer juristischen Person von ihrem Gesellschafter* (1990), 39-50, THOMAS RAISER, *Recht der Kapitalgesellschaften*, 2.ª ed. (1992), 328, GÜNTER WEICK, no Staudinger §§ 21-79 (2005), Einl zu §§ 21 ff., Nr. 37 ss. (22 ss.), KAI LITSCHEN, *Die juristische Person im Spannungsfeld von Norm und Interesse* (1999), 62 ss., KARSTEN SCHMIDT, *Gesellschaftsrecht*, 4.ª ed. cit., 217 ss., com uma ordenação diversa, DIETER REUTER, no *Münchener Kommentar* cit., 1, 5.ª ed. (2006), Vor § 21, Nr. 23 ss. (508 ss.), RAISER/VEIL, *Recht der Kapitalgesellschaften*, 5.ª ed. cit., 405 ss. e UWE HÜFFER, *Aktiengesetz*, 9.ª ed. (2010), § 1, Nr. 17 e 18 (8-9).

[1211] ALEXANDRE MOTA PINTO, *Do contrato de suprimento* cit., 109 ss..

[1212] SERICK, *Rechtsform und Realität* cit., 11, 38-39 e passim.

438   *Dogmática básica das sociedades*

consciente da pessoa coletiva[1213], não bastando, em princípio, a não obtenção do escopo objetivo de uma norma ou de um negócio[1214]. A exigência do abuso consciente é sublinhada e requerida por MÖHRING[1215], sendo retomada por GODIN/WILHELMI, no seu conhecido comentário ao *Aktiengesetz* ou lei alemã das sociedades anónimas[1216].

Apesar dos antecedentes jurisprudenciais apontados, SERICK escreveu, em 1955, contra um dos dogmas mais profundamente radicados na moderna dogmática civilística: o da absolutização da personalidade coletiva. Nessas condições, compreende-se que SERICK viesse apresentar a sua construção do modo mais cauteloso e convincente possível, acrescentando-lhe pressupostos. E com êxito: será muito difícil negar o levantamento nos exemplos radicais em que alguém, conscientemente e com abuso, venha manipular a personalidade coletiva só para prejudicar outrem. A fase "subjetiva" surge, assim, como um episódio natural, dentro da evolução geral da ideia de levantamento: jogam-se, tão-só, os pressupostos da responsabilidade civil.

A chamada teoria subjetiva tem sido rejeitada[1217]. Efetivamente, a utilização puramente objetiva de uma pessoa coletiva fora dos limites sistemáticos da sua função seria, só por si, já abusiva. Além disso, a exigência do elemento subjetivo específico iria provocar insondáveis dificuldades de prova. Deveremos ainda atentar na concreta solução pretendida com o levantamento considerado. Se se tratar, simplesmente, de fazer responder o património do sócio por dívidas da sociedade – e, portanto: de fazer cessar pontualmente o privilégio da responsabilidade limitada – não se requer qualquer culpa subjetiva. Pelo contrário, visando-se responsabilidade civil por atos ilícitos ou pelo incumprimento das obrigações, a culpa é requerida. Não se tratará, todavia e nessa ocasião, do específico elemento

---

1213 SERICK, *Rechtsform und Realität* cit., 203.

1214 SERICK, *Rechtsform und Realität* cit., 208.

1215 PHILIPP MÖHRING, rec. a SERICK, *Rechtsform und Realität*, NJW 1956, 1791, que refere, também, LIEBERKNECHT. *Vide*, efetivamente, OTFRIED LIEBERKNECHT, *Die Enteignung deutscher Mitgliedschaftsrechte an ausländischen Gesellschaften mit in Deutschland belegenem Vermögen* (II), NJW 1956, 931-936 (933/II).

1216 FREUHERR VON GODIN/HANS WILHELMI, *Aktiengesetz Kommentar*, 4.ª ed. rev. por SYLVESTER WILHELMI (1971), An. 18 ao § 1.º (14).

1217 GÜNTER WEICK, no *Staudinger*, §§ 21-79 cit., Nr. 42 (24-25) e KARSTEN SCHMIDT, *Gesellschaftsrecht*, 4.ª ed. cit., 222.

§ 31.º O levantamento da personalidade das sociedades 439

subjetivo, próprio do levantamento: antes dos comuns pressupostos da responsabilidade civil.

III. As teorias objetivas resultam, à partida, da rejeição de elementos subjetivos para fazer atuar o levantamento. O ponto de partida foi dado pela própria jurisprudência. O BGH, em 30-Jan.-1956, veio dizer[1218]:

> Perante o abuso intencional da pessoa coletiva, pode não ser difícil suceder que se mantenha pura e simplesmente a realidade escondida pelo sujeito. A jurisprudência não fez depender a penetração nas forças existentes por detrás da pessoa coletiva de um abuso intencional da figura jurídica da pessoa coletiva.

Esta orientação foi mantida, em decisões subsequentes[1219]. Trata-se de uma evolução bastante comum, no tocante a institutos aparentados à boa-fé e que visam, no fundo, permitir uma sindicância do sistema sobre as diversas soluções jurídicas. Numa primeira fase, tudo é feito depender das (más) intenções do agente. Conquistado o instituto, este é objetivado, passando a depender da pura contrariedade ao ordenamento.

Abandonada a intenção, o levantamento exigiria a ponderação dos institutos em jogo. Quando, contra a intencionalidade normativa, eles fossem afastados pela invocação da personalidade, esta deveria ser levantada. As orientações objetivistas dizem-se, assim, também institucionais[1220], tendo obtido múltiplas adesões[1221]. Desde o momento em que tudo dependa da articulação entre os institutos em jogo, o levantamento vai exigir a cuidada interpretação das regras em presença. As suas diversas manifestações terão de ser estudadas.

[1218] BGH 30-Jan.-1956, BGHZ 20 (1956), 4-15 (13), 258-279 (271-272), citando diversas decisões do *Reichsgericht*.

[1219] Assim, BGH 14-Dez.-1959, BGHZ 31 (1960), 258-279 (271-272), dispensando o *Schädigungsvorsatz* ou dolo na provocação de danos.

[1220] Em especial: KUHN, *Stohmanngründung* cit., 35 ss., 146 ss. e 199 ss..

[1221] Assim, ECKART REHBINDER, *Konzernaussenrecht und allgemeines Privatrecht / / Eine rechtsvergleichende Untersuchung nach deutschem und amerikanischem Recht* (1969), 119-125. *Vide* HACHENBURG/MERTENS, *GmbHG / Grosskomm.*, 7.ª ed. (1979), § 13, An. 40 (II vol., 27), com indicações, bem como DIETER REUTER, no *Münchener Kommentar* cit., 1, 5.ª ed., § 21, prenot. 22 (508).

440 *Dogmática básica das sociedades*

A propósito das teorias objetivas, KARSTEN SCHMIDT faz dois reparos que devem ser retidos. Com elas, o levantamento deixa de constituir uma "pena" para quem manipule o ordenamento e a personalidade coletiva. Todavia, perante elas, o levantamento tende a perder autonomia, seja institucional, seja no plano da sua justificação[1222].

IV. A teoria da aplicação das normas foi apresentada por MÜLLER--FREIENFELS, logo em 1957[1223]. Visava, fundamentalmente, constituir uma alternativa à então recém-publicada orientação de SERICK[1224]. Segundo esta orientação, o "levantamento" não traduziria, propriamente, um problema geral da personalidade coletiva: tratar-se-ia, antes, de uma questão de aplicação das diversas normas jurídicas. Quando, particularmente por via do seu escopo, elas tivessem uma pretensão de aplicação absoluta ou visassem atingir a realidade subjacente à própria pessoa coletiva, aplicar-se-iam. O detrimento das regras da personalidade seria uma mera consequência daí decorrente[1225]. Noutros termos: haveria levantamento sempre que, por exigência de uma norma concretamente prevalente, não tivesse aplicação uma norma própria da personalidade coletiva[1226].

A teoria da aplicação das normas é, em rigor, objetiva, tendo bastante êxito[1227]. Também ela segue um movimento habitual nos institutos que nascem sob a égide da boa-fé ou dos princípios gerais que remetem para o sistema: numa primeira fase, eles bastam-se com essas remissões; subsequentemente eles ganham em precisão dogmática, abandonando as áreas

---

[1222] KARSTEN SCHMIDT, *Gesellschaftsrecht*, 4.ª ed. cit., 222.

[1223] WOLFRAM MÜLLER-FREIENFELS, *Zur Lehre von sogenannten "Durchgriff" bei juristischen Personen im Privatrecht*, AcP 156 (1957), 522-543 (530 ss. e 542-543, a conclusão).

[1224] ECKARD REHBINDER, *Zehn Jahre Rechtsprechung zum Durchgriff* cit., 580 ss..

[1225] *Vide*, ainda, GÜNTER TEUBNER, *Unitas Multiplex – Das Konzernrecht in der neuen Dezentralität der Unternehmensgruppen*, ZGR 1991, 189-217 (207) e VONNEMANN, *Haftung von GmbH-Gesellschaften* cit., 77 ss. e passim.

[1226] Tal a posição particularmente vincada de RUDOLF WIETHÖLTER, no Direito fiscal, na rec. a OTTO WILSER, *Der Durchgriff bei Kapitalgesellschaften im Steuerrecht*, ZHR 125 (1963), 324-326 (326).

[1227] HEINRICHS, no PALANDT, *BGB*, 62.ª ed. (2003), § 21, Pren. 12 (22) considerava-a, mesmo, dominante; na 63.ª ed. (2004), § 21, Pren. 12 (23), essa referência desapareceu, numa ocorrência mantida nas edições subsequentes; *vide*, na 69.ª ed. (2010), 25-26. Com muita bibliografia, ALEXANDRE MOTA PINTO, *Do contrato de suprimento* cit., 114.

§ 31.° O levantamento da personalidade das sociedades

indeterminadas donde proveem: tornam-se Direito estrito. Parece-nos paradigmática, neste domínio, a orientação de Jürgen Schmidt: o levantamento teria de se acolher ao escopo das normas em presença, por ser insuficiente o apelo à boa-fé[1228]. Uma menção especial às considerações de Günter Weick: como ponto de partida, há que ponderar o escopo das normas em presença, assim se alinhando com Müller-Freienfelds. Mas a própria boa-fé poderia intervir, designadamente quando a invocação da personalidade coletiva implicasse um *venire contra factum proprium*[1229].

A teoria da aplicação das normas não deve, porém, levar a esquecer que a personalidade coletiva tem valores próprios, não sendo um mero jogo de (outras) normas: visa limitar a responsabilidade e funcionalizar patrimónios autónomos[1230].

V. As teorias negativistas negam, direta ou indiretamente, a autonomia ao levantamento da personalidade, enquanto instituto. O levantamento lidaria com proposições vagas, conduzindo à insegurança. Assim, haveria antes que determinar os deveres concretos que, em certos casos, incidam sobre os membros das pessoas coletivas[1231]. No limite, apenas poderíamos responsabilizar os dirigentes ou administradores das pessoas coletivas, por falta de diligência[1232].

Ao negativismo frontal de Wilhelm, podemos acrescentar negativismos indiretos. É o que sucede com a recondução do levantamento à fraude à lei, figura essa que, de resto, não tem autonomia nem no Direito alemão, nem no português[1233]: ele diluir-se-ia no vetor mais amplo a que se reconduz a fraude à lei sem apresentar autonomia dogmática. Também o esquecimento do instituto ou a mera referência sem conteúdo dogmático acaba por se traduzir numa forma de negativismo.

O levantamento conquistou a sua posição na Ciência do Direito. Seja qual for a explicação dogmática encontrada, não restam dúvidas sobre a

---

[1228] Staudinger/Schmidt, *BGB*, 13.ª ed. (1995), § 242.

[1229] Günter Weick, no Staudinger (2005) cit., Intr. §§ 21 ss., Nr. 43/III (25).

[1230] Dieter Reuter, *Münchener Kommentar* cit., 1, 5.ª ed., § 21, prenot. 22 (508).

[1231] Jan Wilhelm, *Rechtsform und Haftung bei der juristischen Person* (1981), 285 ss., 291, 316 e 330 ss..

[1232] *Idem*, 337.

[1233] *Tratado* I/1, 3.ª ed., 689 ss..

442 *Dogmática básica das sociedades*

sua capacidade em facultar soluções mais adequadas para diversos problemas. Rejeitá-lo ou ignorá-lo *ad nutum* apenas iria enfraquecer o moderno instrumentário jurídico.

150. A importância prática em Portugal

I. Antes de tomar uma posição quanto à natureza do levantamento, cumpre explicitar a sua importância prática no atual Direito privado português. Efetivamente, estamos perante um instituto que, tendo surgido por via doutrinária e universitária, acabou por ser acolhido, dispondo, já hoje, de *curriculum* jurisprudencial.

Assim e como exemplos:

- *RPt 13-Mai.-1993*: os Réus, pais, fizeram trespasse a outros dois Réus, seus filhos, de um estabelecimento comercial, sem o consentimento doutros filhos; a venda foi, porém, feita a uma sociedade, constituída pelos adquirentes, para contornar a proibição de venda de pais a filhos; o tribunal entendeu aplicar a doutrina da "desconsideração", invalidando a venda[1234]. O acórdão – de resto bem documentado –, não refere, de modo expresso a boa-fé: prescindiu de indicar bases legais. Mas de facto, verifica-se, aqui, a predominância da substancialidade subjacente: a proibição da venda de pais a filhos, numa das concretizações da velha *bona fides*.
- *REv 21-Mai.-1998*: os gerentes de uma sociedade comercial, devedora de avultada quantia, transferem os ativos dessa sociedade para uma outra, expressamente constituída, prejudicando os credores: devem ser responsabilizados; entre outros aspetos, ponderou-se o abuso da personalidade coletiva, por violação do artigo 334.º[1235].

[1234] RPt 13-Mai.-1993 (FERNANDES MAGALHÃES), CJ XVIII (1995) 3, 199-201 (200-201). Sobre esse tipo de problemas, embora em termos restritivos, cf. o escrito já citado de INOCÊNCIO GALVÃO TELLES, *Venda a descendentes e o problema da superação da personalidade jurídica das sociedades*, ROA 1979, 513-562 (537 e 555, mas correspondente a escritos elaborados em 1973), bem como STJ 6-Jan.-1976 (OLIVEIRA CARVALHO), BMJ 253 (1976), 150-155.

[1235] REv 21-Mai.-1998 (FERNANDO BENTO), CJ XXIII (1998) 3, 258-262 (260-261) e, designadamente (261/I): "A utilização da personalidade jurídica societária para subtrair o património à garantia geral e comum dos credores configura abuso de direito previsto no art. 334.º do C. Civil".

§ 31.° O levantamento da personalidade das sociedades 443

– *RPt 1-Jun.-2000*: a propósito do administrador de condomínio e, simultaneamente, gerente de uma sociedade comercial proprietária de parte do imóvel, que veio declarar falsamente que todo o prédio lhe pertencia, para conseguir a mudança do destino de uma fração, veio-se afirmar: "E por vezes torna-se necessário *desconsiderar* a personalidade jurídica [da] pessoa coletiva e tomar em conta o respetivo substrato pessoal ou patrimonial. Trata-se de fazer o levantamento da personalidade jurídica ..."[1236].

– *STJ 9-Mai.-2002*: embora não fazendo aplicação ao caso considerado, o Supremo admite a doutrina do levantamento, assente no abuso do direito e na boa-fé[1237];

– *STJ 9-Jan.-2003*: "... a desconsideração ou levantamento da personalidade coletiva das sociedades só se torna possível quando dela haja sido feito um uso abusivo ou contrário ao princípio da boa-fé (portanto reprovável) ..."[1238];

– *RLx 22-Jan.-2004*: "... não prescinde o instituto do levantamento ou desconsideração da personalidade do uso abusivo daquela, para iludir/ /prejudicar terceiros"[1239];

– *STJ 16-Nov.-2004*: "... quando a personalidade coletiva seja usada de modo ilícito ou abusivo para prejudicar terceiros, existindo uma utilização contrária a normas ou princípios gerais, incluindo a ética dos negócios é possível proceder ao levantamento da personalidade coletiva"[1240];

– *RPt 24-Jan.-2005*: "Não deve levantar-se ou desconsiderar-se a personalidade jurídica da empresa contratante, a não ser quando o interessado prove manifestações de conduta societária reprovável (como, por exemplo, a confusão ou a promiscuidade entre as esferas

---

[1236] RPt 1-Jun.-2000 (VIRIATO BERNARDO), CJ XXV (2000) 3, 196-199 (199/II); o itálico é do original. Por lapso manifesto, o texto da *Colectânea* diz "desnecessário" em vez de "necessário".

[1237] STJ 9-Mai.-2002 (MIRANDA GUSMÃO), CJ/Supremo X (2002) 2, 53-55 (54/II). De notar que em STJ 23-Mai.-2002 (ABEL FREIRE), CJ/Supremo X (2002) 2, 88-92 (90/II), se pode ler que a "doutrina da desconsideração ou ficção da pessoa coletiva não vem sendo aceite no nosso direito"; tem-se, porém, em vista, o problema da expressão dos direitos dos sócios, o que não se prende com o levantamento, no sentido comum que lhe é dado pela doutrina e pela jurisprudência. Tal como está sumariado, este aresto presta-se a equívocos.

[1238] STJ 9-Jan.-2003 (FERREIRA DE ALMEIDA), Proc. 02B3034, p. 19/19.

[1239] RLx 22-Jan.-2004 (EZAGÜY MARTINS), Proc. 9061/2003-2, p. 5/6.

[1240] STJ 16-Nov.-2004 (PINTO MONTEIRO), Proc. 04A3002, p. 3/6; cf., também, do mesmo e ilustre relator, STJ 9-Dez.-2004, Proc. 04A3087, p. 16/17.

Dogmática básica das sociedades

da sociedade e dos sócios, a subcapitalização da sociedade para concretizar o objeto social ou as relações de domínio grupal) e uma atuação de fraude à lei, evidenciada aquando da existência de efeitos prejudiciais a terceiros"[1241];

– *RPt 3-Mar.-2005*: "... não é lícito (...) agir em moldes de levar à confusão das esferas jurídicas (...) à subcapitalização ou a prejudicar terceiros, servindo-se de forma abusiva da responsabilidade coletiva ..."[1242];

– *STJ 31-Mai.-2005*: a responsabilidade da sociedade dominante é legal: não decorre da desconsideração da personalidade jurídica da sociedade filha[1243];

– *RPt 13-Jun.-2005*: "Tal [o levantamento] exige, porém, que se demonstre que a executada, ou a executada acompanhada pelos seus sócios gerentes enquanto pessoas singulares, por meios lícitos, obteve fins proibidos por lei, sendo certo que tal ónus cai ao exequente ..."[1244];

– *RPt 25-Out.-2005*: "Em tese geral, pode dizer-se que a desconsideração da personalidade coletiva, imposta pelos ditames da boa-fé, se traduz no desrespeito pela separação entre a pessoa coletiva e os seus membros"[1245];

– *STJ 23-Mar.-2006*: "Trata-se de casos em que o exercício do direito subjetivo conduz a um resultado clamorosamente divergente do fim para que a lei o concedeu e dos interesses jurídica e socialmente aceitáveis"[1246];

– *STJ 18-Mai.-2006*: "... ressalvando as situações-limite de desconsideração da personalidade da sociedade face aos sócios e outras (...) equivalentes, são distintas a personalidade jurídica dos sócios e da sociedade"[1247];

– *RPt 31-Jan.-2007*: a desconsideração, para efeitos de responsabilidade, tem a ver com o abuso da limitação de responsabilidade das sociedades comerciais[1248];

[1241] RPt 24-Jan.-2005 (DOMINGOS MORAIS), Proc. 0411080, sumário/III.

[1242] RPt 3-Mar.-2005 (GIL ROQUE), Proc. 1119/2005-6, p. 8/11.

[1243] STJ 31-Mai.-2005 (FERNANDES MAGALHÃES), Proc. 05A1413, sumário/II.

[1244] RPt 13-Jun.-2005 (FERREIRA DA COSTA), Proc. 0540646, p. 3-4/5.

[1245] RPt 25-Out.-2005 (HENRIQUE ARAÚJO), Proc. 0524260, p. 4/5.

[1246] STJ 23-Mar.-2006 (SALVADOR DA COSTA), Proc. 06B722, p. 12/14.

[1247] STJ 18-Mai.-2006 (SEBASTIÃO PÓVOAS), Proc. 06A1106, p. 8/10.

[1248] RPt 31-Jan.-2007 (GONÇALO SILVANO), CJ XXXII (2007) 1, 173-177 (176/II).

§ *31.° O levantamento da personalidade das sociedades* 445

> – *STJ 26-Jun.-2007*: por trás da desconsideração ou levantamento da personalidade coletiva, está sempre a necessidade de corrigir comportamentos ilícitos, fraudulentos de sócios que abusaram da personalidade coletiva da sociedade, seja atuando em abuso do direito, em fraude à lei ou de forma mais geral, em violação das regras de boa--fé e em prejuízo de terceiros[1249];
> – *RLx 29-Abr.-2008*: há confusão de esferas jurídicas quando por violação das regras societárias ou por decorrências puramente objetivas, não fique clara, na prática, a separação entre o património da sociedade e o do sócio ou sócios que tenham atuado sob a capa daquela; o abuso não depende da intenção, mas da violação da boa-fé[1250];
> – *STJ 5-Fev.-2009*: a demarcação entre a personalidade singular e a coletiva não é um valor absoluto[1251];
> – *STJ 11-Mar.-2010*: refere, com muitos elementos, a doutrina do levantamento[1252];
> – *RPt 20-Mai.-2010*: o tema foi discutido no processo ainda que, dele, não se tenha feito aplicação[1253].

O levantamento é, ainda, invocado pelas partes em diversos processos, como RLx 17-Jun.-2010[1254] e RCb 7-Set.-2010[1255], sem dele se ter feito aplicação.

II. A personalidade coletiva e o recurso a formas societárias, particularmente sociedades por quotas, tem vindo a popularizar-se, no nosso espaço jurídico. Por um lado, cidadãos e famílias de médias ou, até, de pequenas posses, recorrem a sociedades para gerir os seus interesses. Por outro, grandes empresas usam pequenas sociedades, por elas adquiridas ou constituídas, para praticar determinados negócios ou para retirar da sua esfera patrimonial segmentos produtivos e pessoal auxiliar (*outsourcing*).

[1249] STJ 26-Jun.-2007 (AFONSO CORREIA), Proc. 07A1274.
[1250] RLx 29-Abr.-2008 (MANUEL TOMÉ SOARES GOMES), CJ XXXIII (2008) 2, 130-134 (133).
[1251] STJ 5-Fev.-2009 (JOÃO BERNARDO), CJ/Supremo XVII (2009) 1, 87-90 (89-90).
[1252] STJ 11-Mar.-2010 (SERRA BAPTISTA), Proc. 4056/03.6, em especial na nota 19.
[1253] RPt 20-Mai.-2010 (CATARINA ARÊLO MANSO), Proc. 2638/07.6.
[1254] RLx 17-Jun.-2010 (AGUIAR PEREIRA), Proc. 3766/08.6.
[1255] RCb 7-Set.-2010 (JORGE ARCANJO), Proc. 213/10.7.

446   *Dogmática básica das sociedades*

São paradigmáticos os exemplos de grandes multinacionais, que recorrem a pequenas sociedades locais, para desenvolver as suas atividades.

Em todas estas situações, as sociedades que surgem podem ser usadas fora dos objetivos próprios da personalidade coletiva, de tal modo que, contra os valores fundamentais do sistema – portanto: contra a boa-fé – venham causar danos ou promover atuações pelos quais não possam, depois, responder. O exemplo da multinacional que, a coberto da pequena sociedade, causa danos ambientais catastróficos ou provoca prejuízos patrimoniais calamitosos, merece a atenção dos diversos Direitos.

III. O Direito português das sociedades – tal como o Direito civil – deve estar devidamente apetrechado para responder a estas situações. A abertura das fronteiras e a facilidade com que se constituem sociedades permite abusos de personalidade, contra os quais a moderna instrumentação deve reagir. Não se trata de pôr em crise o instituto da personalidade coletiva, importante fator de cooperação e de progresso dentro do Direito: apenas de cercear formas abusivas de atuação, que ponham em risco a harmonia e a credibilidade do sistema.

Tudo isto deve ser acompanhado por adequadas regras de conflitos de leis, que visem obstar a que o recurso alusivo a sociedades seja consumado com recurso a entes formalmente estrangeiros. Levantada a personalidade, caem os subterfúgios do recurso a sociedades com sede noutros países, designadamente "paraísos fiscais"[1256].

151. Posição adotada

I. O levantamento da personalidade coletiva, seja pela sua origem jurisprudencial casuística, seja pela riqueza dos contributos jurídico-científicos que encerra, surge, à primeira vista, com um conteúdo diversificado. Na verdade, os desenvolvimentos anteriores permitem descobrir, no seu seio:

– situações de violação não-aparente de normas jurídicas: a pretexto da personalidade coletiva, são descuradas normas de contabilidade, de separação de patrimónios ou de clareza nas alienações;

[1256] Quanto à lei aplicável ao levantamento: fundamentalmente, a reclamada pelo facto que obriga a recorrer a esse instituto, *vide* o nosso *O levantamento* cit., 164-165.

§ *31.º O levantamento da personalidade das sociedades* 447

– situações de violação de normas indeterminadas ou de princípios: as pessoas que têm a seu cargo a administração de pessoas coletivas agem sem a diligência legalmente requerida para tais funções;
– situações de violação de direitos alheios ou de normas destinadas a proteger interesses alheios, sob invocação da existência de uma pessoa coletiva;
– situações de emulação nas quais, sem razões justificativas, alguém usa uma pessoa coletiva para causar prejuízos a terceiros;
– situações de violação da confiança ou de atentado às valorações subjacentes, através de uma pessoa coletiva;
– situações em que pessoas coletivas são usadas fora dos objetivos que levaram as normas constituintes respetivas a estabelecê-las;
– situações em que jogos de pessoas coletivas são montados ou atuados para além dos princípios básicos do sistema.

Perante a apontada diversidade, seria vão procurar uma noção explícita de levantamento ou indagar, para ele, uma natureza unitária e autónoma. Tão-pouco adianta reportar o assunto à fraude à lei: figura que, de resto e como referimos, não tem autonomia no Direito português. A "fraude à lei" apenas permitiria referenciar, das situações elencadas, aquelas em que o agente usasse a pessoa coletiva – forma lícita – para prosseguir efeitos proibidos. Teríamos, aí, uma comum ilicitude, que deixaria de fora vários dos fenómenos acima referenciados.

II. A (aparente) falta de unidade interna tem levado alguns autores a perder o interesse pelo levantamento. Esquece-se, com isso, a natureza sistemática da Ciência do Direito. As diversas proposições jurídicas ganham sentido através da teia de relações estáveis em que se insiram, isto é: graças à sua inserção num determinado sistema. Este é-o, também, a nível de exposição.

Somos por isso levados a admitir institutos de enquadramento. Trata-se de institutos que reúnem em função de pontos de vista ordenativos – porventura, mesmo: periféricos – figuras que, de outro modo, ficariam dispersas. A junção assim conseguida poderá, à partida, ter escasso conteúdo dogmático. No entanto, esse conteúdo surge *após* a procurada ordenação.

Tomemos o exemplo do levantamento. Ao conseguir a junção, num espaço específico de pesquisa e de exposição, de um conjunto de situações que delimitam internamente a pessoa coletiva, o levantamento vai fatalmente interferir nas diversas soluções em jogo. Pelo cotejo de problemas e das suas soluções, precisamente facultado pelo "instituto de enquadramento", vão-se limar arestas, minorar contradições ou disfunções e colmatar lacunas. O espaço criado permite aprofundar o velho mote de tratar o igual de modo igual e o diferente, de forma diferente, de acordo com a medida da diferença.

III. O levantamento é um instituto de enquadramento, de base aparentemente "geográfica", mas com todas as vantagens científicas e pedagógicas dele decorrentes. Guardadas as devidas distâncias, outro tanto se passa com a própria boa-fé. Reunindo institutos de origens muito diversas – *culpa in contrahendo*, abuso do direito, alteração das circunstâncias, complexidade intraobrigacional e interpretação do contrato – a boa-fé permitiu afeiçoá-los a todos, inserindo-os, de modo mais cabal, na complexidade do sistema.

IV. Regressemos às experiências práticas de levantamento, jurisprudencial e doutrinariamente documentadas. Mau grado a variedade de situações, é possível reconduzi-las a três grandes grupos:

– situações de responsabilidade civil assentes em princípios gerais ou em normas de proteção;
– situações de interpretação integrada e melhorada de normas jurídicas;
– situações de abuso do direito ou, se se preferir: de exercício inadmissível de posições jurídicas.

No fundo, as teorias historicamente surgidas para explicar o levantamento estão todas representadas: a teoria subjetiva de Serick cobre as hipóteses de responsabilidade civil; a teoria do escopo das normas, de Müller-Freienfelds, tem a ver com a interpretação integrada e melhorada de normas jurídicas; a teoria objetiva ou institucional visa o abuso do direito. Resta concluir: as diversas teorias documentam facetas próprias do levantamento, correspondendo a progressões da mesma ideia. Elas não se opõem: completam-se.

V. Posto isso, não haveria dificuldades em proceder a uma depuração do levantamento. Grupos inteiros de casos que lhe são reconduzidos pode-

§ 31.º O levantamento da personalidade das sociedades 449

riam ser recolocados noutros institutos[1257]: na responsabilidade civil e nas diversas normas cuja interpretação melhorada permite, *in concreto*, julgar que o legislador decidiu reportar-se diretamente a situações subjacentes à pessoa coletiva considerada. Um último núcleo concentrar-se-ia, como rubrica pequena e vagamente autónoma, no abuso do direito.

Má solução: apesar da apontada fragmentação dogmática, apenas a ideia global do levantamento permite: alcançar novas e mais apuradas hipóteses de responsabilidade civil; obter perspetivas aprofundadas de interpretação normativa; conquistar vias mais finas de concretização da boa-fé. Ainda que como (mero) instituto de enquadramento, o levantamento tem uma efetiva eficácia dogmática: a natureza sistemática do pensamento jurídico a tanto conduz.

VI. O levantamento conquistou assim uma autonomia dogmática, enquanto instituto de enquadramento. No fundamental, ele traduz uma delimitação negativa da personalidade coletiva por exigência do sistema ou, se se quiser: ele exprime situações nas quais, mercê de vetores sistemáticos concretamente mais ponderosos, as normas que firmam a personalidade coletiva são substituídas por outras normas.

Em estudos anteriores, procurámos fazer uma distinção entre levantamento amplo e levantamento estrito: o primeiro abrangia todas as situações de levantamento, enquanto o segundo se reportaria apenas àquelas em que isso ocorra por exigência da boa-fé. A distinção tem alguma utilidade, desde que não nos esqueçamos de que mesmo o "levantamento amplo" tem eficácia dogmática, ajudando a localizar problemas e a apontar soluções.

VII. Tal como sucede na própria boa-fé e com os institutos que lhe são reconduzidos, também no levantamento, à medida que a Ciência do Direito progride, as soluções vagas vão sendo substituídas por subinstitutos mais precisos e firmes. No Direito português, as facilidades legislativas permitiram mesmo prever, em lei expressa, problemas típicos do levantamento: é o que sucede com a responsabilidade do sócio único, hoje

---

[1257] *Vide* os comentários de HANS-JOACHIM BAUSCHKE, *Mit dem "Durchgriff" ins kommende Jahrhundert?*, BB 1984, 698-699.

450   *Dogmática básica das sociedades*

vertida no artigo 84.º do Código das Sociedades Comerciais[1258]. Outros casos poderiam seguir destino equivalente sem, todavia, esgotarem o filão: a própria evolução das sociedades e da economia acaba por gerar novos problemas, exigindo novas soluções de levantamento, a retirar da boa-fé e do sistema. Pense-se nas multinacionais que atuem, sem rosto, através de fachadas societárias, para se esquivarem a responsabilidades ou ao risco próprio das atuações que desenvolvam.

VIII. A redução dogmática proposta confirma a noção de personalidade coletiva, acima preconizada. Esta, sem prejuízo pela dimensão ético-normativa que necessariamente a enforma, é um produto da ordem jurídica, estabelecido por esta, de acordo com os critérios, que lhe são próprios. E porque assim é, o sistema conserva um controlo intrínseco, no mais fundo plano ontológico, sobre a personalidade e os seus limites. Em suma: *apenas uma essência normativa da personalidade se compadece com limites internos. Fosse ela uma "realidade" extrínseca e todos os limites seriam, também, exteriores.*

Pela mesma via, confirmamos e recuperamos um dos dados da moderna teoria da personalidade coletiva: a da sua relativização. Ela não integra um dado absoluto, antes se inserindo no sistema e nos seus valores.

[1258] Na sequência dos trabalhos de FERRER CORREIA, *Sociedades fictícias e unipessoais* cit., 299 ss. e *O problema das sociedades unipessoais*, BMJ 166 (1967), 183-217 (216-217), com um projeto legislativo.

§ 32.º O PRINCÍPIO DA LEALDADE

152. Sentido geral e aspetos periféricos

I. Diz-se haver lealdade na atuação de quem aja de acordo com uma bitola correta e previsível. Perante uma pessoa leal, o interessado dispensa a sua confiança. Daí resultam, desde logo, os seguintes vetores:

– a preferência: perante uma multitude de hipóteses, o interessado será levado a acolher a situação encabeçada por quem se afigure leal;
– a entrega: justamente mercê da confiança depositada, o beneficiário irá baixar as suas defesas naturais; deixará de tomar precauções que, de outro modo, seriam encaradas;
– o investimento: além da entrega passiva, o beneficiário poderá ir mais longe: confiando, à pessoa leal, os seus próprios valores, crente de que eles serão devidamente tratados.

Podemos apresentar a lealdade como o contraponto da confiança. Ou, pelo menos: daquela que seja originada por uma conduta humana. A relação de lealdade envolve uma relação de confiança na qual, o pólo ativo – o que suscita a confiança – é, precisamente, o indivíduo leal.

II. Se procurarmos decompor os elementos em que assenta a lealdade, encontramos dois, já aludidos:

– a previsibilidade da conduta;
– a sua correção.

A previsibilidade está na base da confiança. Justamente por o interessado poder, subjetivamente, prognosticar a atuação futura de uma outra pessoa, surge, da parte dele, a convicção que permite a preferência, a entrega e o investimento. A pessoa imprevisível não é leal.

452   *Dogmática básica das sociedades*

O elemento subjetivo da prognose deve, todavia, ser completado com um fator objetivo: o da correção da conduta na qual se confia. Não se deve dizer que o criminoso compulsivo seja leal: e isso embora se possam prever os seus atos futuros. A verdadeira lealdade envolve a observância de bitolas corretas de atuação.

III. A lealdade tem um longo historial, nos últimos dois milénios[1259]. Para os presentes propósitos, vamos recordar algumas manifestações periféricas, no atual Direito privado, tentando, depois, uma construção conjunta. Assinale-se que a doutrina de ponta continua, hoje, a lamentar, no Direito continental, a ausência de uma teoria unitária dos deveres de lealdade[1260].

No Direito privado, encontramos quatro áreas preferenciais de aplicação da lealdade:

– a lealdade como dever acessório: acompanha as diversas obrigações, adstringindo as partes a, por ação, preservar os valores em jogo, facultando as efetivas vantagens aguardadas pelo credor[1261]; trata-se de um vetor especialmente marcante nas obrigações duradouras[1262], tendo vindo a dar corpo a regras cada vez mais precisas[1263]; no Direito português, os deveres de lealdade enquanto

---

[1259] Para mais desenvolvimentos *vide* o nosso *A lealdade no Direito das sociedades*, ROA 2006, 1033-1065.

[1260] *Vide* KONRAD RUSCH, *Gewinnhaftung bei Verletzung von Treuepflichten* (2003), 193.

[1261] Com elementos, *vide Da boa fé* cit., 551 ss., 606 ss., 648 ss. e *passim*, *Direito das obrigações* 2, 18 ss. e *Tratado de Direito civil* I/1, 3.ª ed., 408-409.

[1262] KARL LARENZ, *Lehrbuch des Schuldrechts* I – *Allgemeiner Teil*, 14.ª ed. (1987), 140-141.

[1263] A reforma alemã do Direito das obrigações, de 2001, introduziu, no § 241, do BGB, um segundo parágrafo, assim redigido:

A relação obrigacional pode, mercê do seu conteúdo, vincular cada parte ao respeito pelos direitos, pelos bens jurídicos e pelos interesses da outra.

Perante esse normativo, alguma doutrina tem vindo a apoiar o dever acessório da lealdade nesse preceito e não, já, no § 242, relativo à boa-fé em geral. *Vide* DIRK OLSEN, em *Staudingers Kommentar* 2 II, *Einl zu §§ 241 ff; §§ 241-243 / Einleitung zum Schuldrecht, Treu und Glauben* (2005), § 241, Nr. 504 ss. (268 ss.), com importantes elementos relativos ao texto agora em estudo.

§ 32.° *O princípio da lealdade* 453

deveres acessórios das obrigações apoiam-se no artigo 762.°/2, do Código Civil; a natureza específica dos vínculos constitui um especial apelo à boa-fé[1264];
– a lealdade como especial conformação de prestações de serviços: variará, aí, na razão direta da confiança requerida[1265]; temos, aqui, uma manifestação mais intensa dos deveres acessórios, que modelam a própria prestação principal[1266];
– a lealdade como dever próprio de uma obrigação sem dever principal de prestar: lembremos as adstrições legais *in contrahendo*[1267] assenta, entre nós, na boa-fé e no artigo 227.°/1, do Código Civil;
– a lealdade como configuração das atuações requeridas a quem gira um negócio alheio; aproxima-se, aqui, dos deveres do gestor ou do mandatário – 465.°, *a*), 1161.° e 1162.°, todos do Código Civil; nesta vertente, a lealdade tem um conteúdo fiduciário.

Os deveres de lealdade distinguem-se dos deveres de proteção e dos de informação: visam condutas positivas e promovem diretamente o escopo almejado pelo credor[1268]. Pelo contrário: a proteção procura uma tutela indireta desse escopo, enquanto a informação (por vezes requerida pela lealdade!) requer um conteúdo "informativo".

III. No Direito do trabalho, a lealdade conheceu uma especialização característica. Ela surge como elemento clássico da relação jurídica laboral: aí, ela adstringiria o trabalhador a zelar, por ação ou por omissão, pelos interesses da entidade empregadora ou da empresa[1269]. Contrapor-se-ia aos

---

[1264] Dieter Medicus, *Allgemeiner Teil des BGB*, 10.ª ed. cit., 63.

[1265] Heinz-Peter Mansel, no Jauernig, *BGB / Kommentar*, 11.ª ed. (2004), § 611, Nr. 23 (760).

[1266] Em rigor, já nem seriam "deveres acessórios", antes modelando a obrigação principal. Todavia, por abstração, cumpre proceder à sua autonomização dogmática.

[1267] Trata-se da moderna construção do instituto, consignada no § 313/II do BGB, pós-2001; *vide* Astrid Stadler, no Jauernig / *BGB*, 11.ª ed. cit., § 311, Nr. 34 (351) e Jan Busche, no notável *Staudinger BGB / Eckpfeiler des Zivilrecht* (2011), 268 ss..

[1268] Günter Freese, *Die positive Treuepflicht / Ein Beitrag zur Konkretisierung von Treu und Glauben* (1970), 3 ss. e Olsen, *Staudinger Kommentar*, § 241 cit., Nr. 504 (268).

[1269] Hueck/Nipperdey, *Lehrbuch des Arbeitsrechts*, 7.ª ed. (1963), 242-243.

454   *Dogmática básica das sociedades*

deveres de assistência, a cargo da entidade empregadora[1270], obrigando-a a velar pela integridade física, económica e moral do trabalhador.

A doutrina dos nossos dias critica a conceção comunitário-pessoal da relação de trabalho, relação essa que viu surgir os deveres clássicos de lealdade e de assistência[1271]. Não obstante, o dever de lealdade mantém-se, como dever acessório legal reforçado, a cargo do trabalhador. Ele recebeu, no artigo 128.º/1, *e*), do Código do Trabalho de 2009, a redação seguinte[1272]:

> Guardar lealdade ao empregador, nomeadamente não negociando por conta própria ou alheia em concorrência com ele, nem divulgando informações referentes à sua organização, métodos de produção ou negócios.

Trata-se de um preceito que vinha já da velha LCT. Corresponde a um desenvolvimento civilístico da matéria.

Outras áreas, como a da comunhão hereditária, pressupõem deveres de lealdade reforçados[1273].

IV. Torna-se importante sublinhar que as diversas manifestações de lealdade, acima apontadas, surgiram por si: pontualmente e de modo isolado umas das outras. É óbvio que elas correspondem a grandes aspirações humanas que em todas surgem: confiança, continuidade, segurança e proteção. Mas não houve, no imediato, conexões dogmáticas entre elas.

A sua origem típica só muito mais tarde permitiria uma integração sistemática. De resto: ainda em curso.

Nesta ambiência devemos entender a lealdade – melhor: as manifestações de lealdade – no Direito das sociedades.

153. A lealdade no Direito das sociedades

I. O contrato de sociedade mais habitual ocorre *intuitu personae*: as partes celebram-no na medida em que tenham uma especial confiança nas

---

[1270] *Vide* o nosso *Manual de Direito do trabalho* (1991, reimp., 1999), 89 ss.. Com indicações: GÜNTER SCHAUB/ULRICH KOHL/RÜDIGER LINK, *Arbeitsrechts-Handbuch*, 11.ª ed. (2005), § 53 (449 ss.).

[1271] *Vide* o nosso *Manual de Direito do trabalho* cit., 95 ss..

[1272] PEDRO ROMANO MARTINEZ e outros, *Código do Trabalho anotado*, 4.ª ed. (2005), 264-265.

[1273] *Vide* CHRISTIAN HELLFELD, *Treupflichten unter Miterben* (2010), 181 pp..

§ 32.º O princípio da lealdade

qualidades da outra parte. No âmago da sociedade ocorrem as previstas interações com vista a um fim comum[1274]. E nesse nível refere-se a lealdade, própria das relações duradouras, com um papel multifacetado[1275].

Esta lealdade é própria das sociedades civis sob forma civil ou das sociedades comerciais de base pessoal. Ela decresce na sociedade por quotas e, mais ainda, nas sociedades anónimas[1276]. Ora estas últimas constituem, sabidamente, a grande matriz do Direito das sociedades. As sociedades anónimas surgiram e desenvolveram-se num ambiente pouco favorável à confiança interindividual. A própria designação "anónima" constitui um início de explicação.

No período das companhias coloniais, as sociedades eram dominadas por relações de força e pelo respeito inspirado pelo soberano: a este era devida lealdade[1277]. Mais tarde, a sua constituição foi passando, sucessivamente, pela outorga, pela concessão e pelo reconhecimento específico. A intervenção conformativa do Estado estava na base da respeitabilidade do novo ente coletivo.

Aquando da liberalização: a sociedade anónima operava pelo poder do dinheiro que congregava. As pessoas aderiam convictas de que todos os intervenientes, pretendendo lucros, não deixariam de agir nesse sentido[1278]. Apenas um aprofundamento subsequente, com diversos sortilégios humanos, permitiria detetar situações onde a velha lealdade poderia prestar serviços dogmáticos: por exigência do sistema.

III. No campo das sociedades, a lealdade toma diversas configurações[1279]. Analiticamente, podemos distinguir:

[1274] STEFAN HABERMEIER, *Gesellschaft und Verein*, no *Staudinger BGB, Eckpfeiler des Zivilrechts* (2011), 861-895 (862).

[1275] STEFAN HABERMEIER, *Staudingers Kommentar zum BGB*, 2, §§ 705-740 (2003), § 705, Nr. 13, 50-53, 67 e *passim* (63, 83-84 e 67).

[1276] KARL LARENZ/MANFRED WOLF, *Allgemeiner Teil des Bürgerlichen Rechts*, 9.ª ed. (2004), § 9, Nr. 60 (164).

[1277] PETER STELZIG, *Zur Treuepflicht des Aktionärs unter besonderer Berücksichtigung ihrer geschichtlichen Entwicklung* (2000), 3 ss.; na Inglaterra do século XVI, os privilégios concedidos eram acompanhados por uma "cláusula de lealdade".

[1278] STELZIG, *Zur Treuepflicht des Aktionärs* cit., 9 ss. (11): desapareceram as "cláusulas de lealdade".

[1279] ULRICH WASTL, *Aktienrechtlichen Treupflicht und Kapitalmarkt / Ein Plädoyer für eine juristisch-interdisziplinäre Betrachtungsweise* (2004), 18-19, com elementos.

456   *Dogmática básica das sociedades*

– a lealdade dos acionistas entre si: designadamente da maioria para com a minoria mas, também, inversamente[1280];
– a lealdade dos acionistas para com a sociedade[1281];
– a lealdade dos administradores para com a sociedade[1282];
– a lealdade dos administradores para com os acionistas.

A reforma de 2006 do Código das Sociedades Comerciais, particularmente quanto ao seu artigo 64.º, permite ainda apontar outras "lealdades". A sua consistência dogmática é mais do que discutível, até porque a banalização da lealdade lhe vai tirar substância. Adiante veremos até onde se poderá ir, nessa via.

154. A jurisprudência e o apoio da doutrina

I. As diversas codificações comerciais passaram em branco o tema da lealdade no âmbito das sociedades. O mesmo sucederia com as novelas, as recodificações e as leis especiais, com relevo para a lei alemã das sociedades por quotas[1283]. A explicação é simples: a codificação acolhe apenas material já elaborado. Não era, à época e seguramente, essa a situação da lealdade.

II. A referência específica a uma lealdade no campo societário surgiu, muito lentamente, na jurisprudência alemã[1284].
Num primeiro momento, a jurisprudência do *Reichsoberhandelsgericht* e, depois, a do *Reichsgericht*[1285], vieram optar pela total não-vinculação dos sócios, fora do que a própria lei ou os estatutos determinassem. Assim:

[1280] RAISER/VEIL, *Recht der Kapitalgesellschaften*, 5.ª ed. cit., § 11, VI (74 ss.).
[1281] CHRISTINE WINDBICHLER, *Gesellschaftsrecht*, 22.ª ed. cit., § 30, Nr. 34 (418).
[1282] Quanto aos administradores, *vide infra*, § 73.º (874 ss.).
[1283] STELZIG, *Zur Treuepflicht des Aktionärs* cit., 15-24.
[1284] Quanto à evolução histórica da lealdade, além da ob. cit., de STELZIG, cumpre ainda referir MARTIN WEBER, *Vormitgliedschaftliche Treubindungen / Begründung, Reichweite und Vorauswirkung gesellschaftsrechtlicher Treuepflichten* (1999), 26 ss..
[1285] Verificados em 1879; cf. ARNO BUSCHMANN, *Das Reichsgericht / Ein Höchstgericht im Wandel der Zeiten*, em BERND-RÜDIGER KERN/ADRIAN SCHMIDT-RECLA (org.), *125 Jahre Reichsgericht* (2006), 41-75 (41 ss.).

§ 32.° O princípio da lealdade

ROHG 20-Out.-1877: seria irrelevante, para efeitos de adstrições não-previstas de modo expresso, o tipo de interesses em jogo[1286];

RG 25-Set.-1901 (caso *Deutsche Tageszeitung*): decidiu-se que não era possível a exclusão de um sócio, por ser contrária à essência da sociedade anónima[1287];

RG 8-Abr.-1908 (caso *Hibernia*): não seria contrária aos bons costumes uma exclusão da preferência dos acionistas, fora de quaisquer interesses atendíveis[1288];

RG 17-Nov.-1922: mantém essa mesma orientação, ainda com referência à exclusão da preferência dos acionistas[1289];

RG 19-Jun.-1923: retoma a opção em causa, explicitando que apenas a assembleia geral pode dizer qual é o interesse da sociedade[1290];

RG 24-Jun.-1924: incumbir a administração da prática de determinados atos não é contrário à boa-fé[1291].

Paralelamente, a literatura era omissa quanto a um dever de lealdade, no âmbito societário. Apenas HACHENBURG veio afirmar, em 1907, que também o exercício do voto se deveria subordinar à boa-fé[1292].

III. Com antecedentes parciais em RG 29-Nov.-1912[1293] e em RG 22-Fev.-1916[1294], o dever de lealdade surge na jurisprudência e na doutrina do período da Constituição de Weimar[1295]. Tomamos nota das seguintes espécies:

[1286] ROHG 20-Out.-1877, ROHGE 23 (1878), 273-280 (278).

[1287] RG 25-Set.-1901, RGZ 49 (1902), 77-81.

[1288] RG 8-Abr.-1908, RGZ 68 (1908), 235-247 (246).

[1289] RG 17-Nov.-1922, RGZ 105 (1923), 373-376 (375).

[1290] RG 19-Jun.-1923, RGZ 107 (1924), 67-72 (71).

[1291] RG 24-Jun.-1924, RGZ 108 (1924), 322-329 (327).

[1292] HACHENBURG, *Aus dem Rechte der Gesellschaft mit beschränkter Haftung*, LZ 1907, 460-471 (465), a propósito de conflitos de interesses; *vide* STELZIG, *Zur Treuepflicht des Aktionärs* cit., 29-34.

[1293] RG 29-Nov.-1912 (caso Sentator), RGZ 81 (1913), 37-40 (40): por via do § 226 do BGB (proibição de chicana), não se pode usar o voto de modo a só causar danos aos outros.

[1294] RG 22-Fev.-1916, JW 1916, 575/I-577/II, Anot. ALBERT PINNER: a exploração da minoria seria contrária aos bons costumes (ao *Anstandsgefühl*) (*idem*, 577/II).

[1295] STELZIG, *Zur Treuepflicht des Aktionärs* cit., 36 ss..

458 Dogmática básica das sociedades

RG 20-Out.-1923: surge contrária aos bons costumes a exclusão, fora do interesse social, da preferência dos acionistas[1296];

RG 23-Out.-1925: será contrário aos bons costumes a atuação da maioria de voto *ohne Rücksicht auf das Wohl der Gesellschaft* [sem consideração pelo bem da sociedade][1297];

RG 30-Mar.-1926: usa essa mesma expressão[1298];

RG 31-Mar.-1931: seria contrário aos bons costumes usar o voto apenas para explorar a minoria[1299];

RG 8-Jan.-1932: é contrário contra os bons costumes prever compensações para os membros do conselho de vigilância que não compareçam[1300];

RG 4-Dez.-1934: sem usar "lealdade", reporta proibições de voto por conflito de interesses[1301].

Ainda nesta linha evolutiva, deve frisar-se que a jurisprudência societária passou a referir a boa-fé. Assim:

RG 6-Fev.-1932: no tocante à repetição de deliberações de modo a sanar vícios, deve haver limites temporais induzidos pela boa-fé[1302].

Podemos considerar que todos estes elementos, no seu conjunto, traduziam, na periferia, uma massa crítica suscetível de ocasionar o salto qualitativo subsequente.

IV. Os casos indicados, na sua globalidade, originaram uma pressão de fundo para, perante problemas manifestamente carecidos de saídas jurídicas justas, fazer apelo aos valores fundamentais do sistema. A essa luz, não admira a penetração da referência à boa-fé. Todavia e no que toca à lealdade, surgia um problema: na falta de qualquer consagração legal, ela ocorria como um instrumento pouco manejável. Procurar sedimentar soluções novas em conceitos desconhecidos é passo que não se espera, por parte dos cuidadosos tribunais superiores.

[1296] RG 20-Out.-1923, RGZ 107 (1924), 202-207 (206).

[1297] RG 23-Out.-1925, RGZ 112 (1926), 14-19 (19).

[1298] RG 30-Mar.-1926, RGZ 113 (1926), 188-197 (193).

[1299] RG 31-Mar.-1931, RGZ 132 (1931), 149-166 (160).

[1300] RG 8-Jan.-1932, JW 1932, 720-722.

[1301] RG 4-Dez.-1934, RGZ 146 (1935), 71-78 (76-77).

[1302] RG 8-Fev.-1932, JW 1932, 1647-1648 (1648/I).

§ 32.º O princípio da lealdade

O hábito de decidir *praeter legem* e em consonância com o sistema tinha, agora, de ser alavancado com a doutrina, de modo a alcançar uma fórmula nova e adequada: a da lealdade. E de facto, na altura, ocorreram diversas intervenções doutrinárias que permitiriam esse salto qualitativo. Torna-se muito atraente determinar as precisas origens desse fenómeno: além de um evidente interesse jurídico-científico. Eis a evolução:

- em 1928, PINNER ainda considera que a introdução da boa-fé no Direito das sociedades anónimas seria fonte de incertezas[1303];
- mas nesse mesmo ano, HACHENBURG, na linha de posições anteriores, afirma que o voto não pode contrariar a interpretação de boa-fé do contrato[1304];
- em 1929, ALFRED HUECK, num estudo decisivo, sistematiza a jurisprudência do *Reichsgericht* determinando três situações essenciais de contrariedade aos bons costumes, por parte das deliberações: oposição ao objetivo em jogo, abuso da maioria e uso da maioria simples, quando se exigiria a qualificada[1305];
- ainda em 1929, DEGEN sublinhou a possibilidade de se estabelecerem relações específicas entre os sócios, seja de sociedades por quotas, seja de sociedades anónimas; quando isso sucedesse, teríamos relações de lealdade fonte, designadamente, de deveres de informar, cuja violação poderia conduzir a uma responsabilidade aquiliana[1306];
- também em 1929, NETTER, contraditando anteriores tendências doutrinárias, manifesta-se no sentido de uma cláusula geral limitativa do direito de voto[1307], sublinhando a existência de um dever de lealdade a cargo do acionista[1308];
- em 1930, HOMBURGER retoma essa mesma posição[1309];

[1303] ALBERT PINNER, *Der Bericht der Aktiensrechtskommission*, JW 1928, 2593-2596 (2595/II).

[1304] MAX HOMBURGER, *Zur Reform des Aktienrechts*, DJZ 1928, 1372-1378 (1375).

[1305] ALFRED HUECK, *Die Sittenwidrigkeit von Generalversammlungsbeschlüssen der Aktiengesellschaften und die Rechtsprechung des Reichsgerichts*, FS RG 1929, IV, 167-189 (171 ss.).

[1306] DEGEN, *Gegenseitiges Treuverhältnis zwischen Gesellschaftern einer GmbH oder Aktionären einer AG*, JW 1929, 1346-1347 (1346/II e 1347/I).

[1307] OSKAR NETTER, *Die Fragebogen des Reichsjustizministeriums zur Reform des Aktienrechts*, ZHB 1929, 161-171 (169/I),

[1308] *Idem*, 169/II.

[1309] MAX HOMBURGER, *Die Anwaltschaft zur Aktienrechtsreform*, ZHB 1930, 172-177 (176/I e 176/II).

Dogmática básica das sociedades

– em 1932, Hachenburg, em anotação ao já citado RG 6-Fev.-1932, sublinha a importância da boa-fé no Direito das sociedades anónimas[1310];
– em 1934, Ritter apela para o leal tratamento entre os acionistas[1311];
– em 1935, Siebert aplaude a jurisprudência relativa à boa-fé e à lealdade, nas sociedades anónimas[1312].

V. A situação jurídica podia ser considerada madura. E assim:

RG 22-Jan.-1935: a boa-fé surge como limite ao exercício dos direitos: também no domínio das sociedades[1313];
RG 21-Set.-1938: existe um dever de lealdade: quer dos acionistas entre si; quer destes para com a sociedade[1314].

A referência à lealdade correspondeu ainda a um certo uso de expressões profundas, com ressaibos sentimentais, típicas da época. Além disso, ela foi facilitada pelo pensamento comunitário-pessoal, próprio do Direito do trabalho[1315] e que se procurou alargar aos entes coletivos[1316]. A Lei das sociedades anónimas de 1937 não consagraria, de modo expresso, a lealdade. Esta surgia, todavia e com intensidade, na doutrina, até 1945[1317]. Ainda hoje teremos de localizar, nesse período, construções básicas para o seu manuseio jurídico-científico: com um especial destaque para Fechner[1318]. Podemos antecipar que a lealdade representaria um ganho, permitindo dogmatizar, nas relações específicas que se estabelecerem dentro do universo societário, as exigências do sistema. Apenas décadas mais

---

[1310] Max Homburger, anot. a RG 6-Fev.-1932, JW 1932, 1647/II.

[1311] C. Ritter, *Gleickmässige Behandlung der Aktionäre*, JW 1934, 3025-3029 (3029/II).

[1312] Wolfgang Siebert, anot. a RG 22-Jan.-1935, JW 1935, 1553/I.

[1313] RG 22-Jan.-1935, RGZ 146 (1935), 385-397 (396).

[1314] RG 21-Set.-1938, RGZ 158 (1939), 248-256 (254).

[1315] *Vide* o nosso *Da situação jurídica laboral: perspectivas dogmáticas do Direito do trabalho*, seprara da ROA, 1982.

[1316] Heinrich Stoll, *Gemeinschaftsgedanke und Schuldvertrag*, DJZ 1936, 414-422 (415).

[1317] Stelzig, *Zur Treuepflicht des Aktionärs* cit., 62 ss..

[1318] Erich Fechner, *Die Treubindungen des Aktionärs / Zugleich eine Untersuchung über das Verhältnis von Sittlichkeit, Recht und Treue* (1942): um clássico a que teremos oportunidade de regressar.

§ 32.° O princípio da lealdade

tarde seria possível alcançar o desenvolvimento jurídico-científico suficiente para esse passo.

VI. Nesta fase, a defesa de uma ideia de lealdade pode, ainda, ser aproximada das conceções que pretenderam arvorar a empresa a conceito nuclear do Direito comercial. Em especial, tem sido notada uma certa proximidade com a ideia da "empresa em si"[1319].

Atribuída (erradamente) a Rathenau[1320], a fórmula "empresa em si" (*Unternehmen an sich*) surgiu, em 1928, pela pena de Hausmann[1321]. Retomada por vários autores[1322], ela chegou a dar corpo, na justificação de motivos de um projeto de lei sobre sociedades anónimas, em 1930, à ideia de que haveria um autónomo interesse da empresa, que ao Direito caberia proteger[1323]. Aí se inscreveriam deveres de lealdade.

Uma série de dificuldades de ordem dogmática impediriam a fixação do "interesse da empresa" como instrumento dogmaticamente operacional[1324]. A própria "empresa em si" perderia apoio, no pós-guerra. De todo o modo, ela ilustra um período especialmente criativo, do qual os deveres de lealdade societários acabariam por emergir e por sobreviver.

155. A evolução posterior a 1945

I. Após 1945, assistiu-se a um claro abandono da doutrina da lealdade, aplicada às sociedades comerciais. Uma certa contaminação com as considerações comunitário-pessoais propugnadas pelo pensamento nacional-socialista, quer para contraditar o liberalismo, quer o socialismo, a

---

[1319] Martin Weber, *Vormitgliedschaftliche Treubindungen* cit., 35.

[1320] Walther Rathenau, *Vom Aktienwesen / Eine geschäftliche Betrachtung* (1918).

[1321] Fritz Hausmann, *Vom Aktienwesen und vom Aktienrecht* (1928), 27; cf. Adolf Grossmann, *Unternehmensziele und Aktienrecht / Eine Untersuchung über Handlungsmassstäbe für Vorstand und Aufsichtsrat* (1980), 142 e Michael Jürgenmeyer, *Das Unternehmensinteresse* (1984), 52 ss..

[1322] Em especial: Oskar Netter, *Zur aktienrechtlichen Theorie des "Unternehmens an sich"*, FS Albert Pinner (1932), 507-612 (545 ss.).

[1323] Com indicações, *vide* o nosso *Da responsabilidade civil dos administradores das sociedades comerciais* (1987), 501-502.

[1324] *Idem*, 505 ss., onde pode ser confrontada a literatura pertinente.

462   *Dogmática básica das sociedades*

tanto conduziu. De resto, essa mesma contaminação provocou, em geral, um retrocesso na aplicação prática da empresa[1325] e, até, na própria boa--fé[1326]. Evidentemente: não há conceitos maus: mau poderá ser o uso que deles se faça, sobretudo quando se perca a sindicância de uma Ciência do Direito coerente e dotada de valores materiais.

II. No campo jurisprudencial, o relatado estado de coisas levou a que apenas cerca de trinta anos mais tarde[1327], o *Bundesgerichtshof* retomasse as aplicações do seu antecessor. Assim, foram decisões marcantes nessa retoma:

> – BGH 5-Jan.-1975 (caso ITT): o sócio tem uma ação contra um gerente da sociedade, baseada num dever de lealdade que, a este, incumbiria[1328];
> – BGH 16-Fev.-1976 (caso NSU): a VW comprou, a uma pessoa e por preço elevado, ações da NSU; essa pessoa não avisou as restantes; o Tribunal derivou, do § 242 do BGB, um dever de lealdade que, todavia, não teria, aqui aplicação[1329];
> – BGH 25-Fev.-1982 (caso *Holzmüller*): numa situação de especial significado, em que estava em causa a alienação do estabelecimento da sociedade, a direção deve convocar a assembleia geral[1330];
> – BGH 13-Mai.-1985: o sócio comanditário pode mover uma ação *pro socio* contra o sócio comanditado e gerente, por este não dedicar, à sociedade, toda a sua força de trabalho[1331];

[1325] Retomada, com cautelas, por JULIUS VON GIERKE, *Das Handelsunternehmen*, ZHR 111 (1948), 1-17. Cf. o nosso *Da responsabilidade civil* cit., 505.

[1326] Recordamos o clássico de BERND RÜTHERS, *Die unbegrentze Auslegung / Zum Wandel der Privatrechtsordnung im Nationalsozialismus*, 2.ª ed. (1973), bem como HANS-PETER HAFERKAMP, *Die heutige Rechtsmissbrauchslehre / Ergebnis nationalsozialistischen Rechtsdenkens?* (1995), 178 ss..

[1327] Pode-se referir, BGH 9-Jun.-1954, como decisão que, premonitoriamente, fez referência à lealdade, ainda que a propósito de uma sociedade por quotas. Aí se explica que a interpretação do pacto social é uma questão de Direito, devendo sujeitar-se à lealdade: BGHZ 14 (1954), 25-39 (37).

[1328] BGH 5-Jan.-1975, BGHZ 65 (1976), 15-21 (18 e 21) = WM 1975, 1152-1154 = BB 1975, 1450-1451 = NJW 1976, 191-192 = JZ 1976, 408-409 = AG 1976, 16-19.

[1329] BGH 16-Fev.-1976, BB 1976, 721-722.

[1330] BGH 25-Fev.-1982, BGHZ 83 (1982), 123-144 = BB 1982, 827-832 = DB 1982, 795-799 = NJW 1982, 1703-1708 = WM 1982, 388-394 = AG 1982, 158-164 = JZ 1982, 602-608.

[1331] BGH 13-Mai.-1985, NJW 1985, 2839-2831.

§ 32.º O princípio da lealdade

– BGH 1-Fev.-1988 (caso *Linotype*): entendeu-se que a decisão maioritária de elevação do capital social, contra um dever de lealdade, é impugnável[1332];
– BGH 20-Mar.-1995 (caso *Girmes*): atenta contra a lealdade a minoria que impeça a adoção das medidas necessárias para o saneamento da empresa da sociedade em jogo[1333].

III. Como veremos, neste período foi a doutrina que iniciou a retoma da lealdade. De todo o modo, parece-nos importante antecipar esta jurisprudência: ela documenta a efetiva formação periférica da lealdade. Esta vem a assentar numa plêiade de distintos problemas que, em comum, têm a necessidade de uma intervenção, *in casu*, dos valores básicos do sistema jurídico e, ainda, a presença de uma especial proximidade entre dois sujeitos.

Apesar da vaguidade (natural) da linguagem, não encontramos um dever genérico de "lealdade": antes situações relacionais concretas em que esta se manifesta. Para além disso, verifica-se uma multiplicação de direcionamentos da lealdade. Temos e conforme acima antecipámos:

– lealdade entre acionistas individualmente tomados (caso NSU e caso da *actio pro socio*);
– lealdade do gerente para com o sócio (caso ITT);
– lealdade da maioria para com a minoria (caso *Holzmüller* e caso *Linotype*);
– lealdade da minoria para com a sociedade (caso *Girmes*).

Nenhum destes vetores pode ser generalizado, sob pena, seja de perder impacto, seja de paralisar a vida da sociedade.

Assinale-se ainda que a responsabilidade dos administradores na base de deveres de lealdade veio a conhecer uma derivação própria autónoma, abaixo referida.

IV. Na doutrina do pós-guerra relativa à lealdade no âmbito das sociedades comerciais, no plano continental fundamentalmente alemão, podemos distinguir três grandes manchas:

[1332] BGH 1-Fev.-1988, BGHZ 103 (1988), 184-193 = NJW 1988, 1579-1582 = JR 1988, 505-509.
[1333] BGH 20-Mar.-1995, NJW 1995, 1739-1749 (1741/II ss., com muitas indicações jurídico-científicas).

464 *Dogmática básica das sociedades*

– a dos estudiosos que prosseguiram na linha adiantada no período imediatamente anterior ao colapso do III *Reich*, em 1945;
– a dos anotadores e críticos, relativamente aos grandes casos dos anos 70 e 80 (ITT, *Holzmüller*, *pro socio* e *Linotype*) retomadas nos anos 90 (*Girmes*);
– a dos dogmáticos da reconstrução do conceito, nos anos 2000 e ainda em curso.

V. O período anterior a 1945 fechou (neste domínio!) com chave de ouro: a habilitação de FECHNER sobre as ligações fiduciárias dos acionistas[1334]. Procedamos à sua síntese. Segundo FECHNER, a lealdade nasceria diretamente do povo, sendo, depois, tratada pela Moral, pela Filosofia e pelo Direito[1335]. Na base, ela está enraizada na consciência de cada um, dirigindo-se ao outro[1336]. A lealdade dá firmeza às relações jurídicas: sem ela, a vida em comunidade nem seria possível[1337]. Tudo isto – para mais tendo em conta o pensamento comunitário – teria aplicação no Direito das sociedades anónimas[1338].

Na retoma, avulta o pequeno mas rico escrito de ALFRED HUECK sobre a ideia de lealdade no Direito privado moderno[1339]. No essencial, este Autor vem apoiar a lealdade na Ética; todavia, ela alcançaria um significado no Mundo do Direito[1340]. Trata-se, depois, de ordenar as ideias de boa-fé, de bons costumes e de dever de lealdade. E propõe a seguinte pirâmide[1341]:

– o conceito mais geral é o de bons costumes: banham, em geral, todo o ordenamento, dando azo a responsabilidade aquiliana, quando violados com dolo;
– a boa-fé já é mais exigente e específica: pressupõe uma série de requisitos, para se manifestar;

[1334] ERICH FECHNER, o já citado *Die Treubindungen des Aktionärs / Zugleich eine Untersuchung über das Verhältnis von Sittlichkeit, Recht und Treue* (1942), 106 pp..
[1335] *Idem*, 12.
[1336] *Idem*, 21 e 22.
[1337] *Idem*, 24 a 28.
[1338] *Idem*, 34 ss.; este aspeto é desenvolvido na segunda parte do livro de FECHNER.
[1339] ALFRED HUECK, *Der Treuegedanke im modernen Privatrecht* (1947), 28 pp..
[1340] *Idem*, 9.
[1341] *Idem*, 9-12.

§ 32.º O princípio da lealdade

– o dever de lealdade surge ainda mais pesado e estrito: tem a ver com uma especial ligação entre as pessoas; assim sucederia no contrato de trabalho[1342].

O próprio ALFRED HUECK questiona a hipótese de deveres de lealdade entre acionistas: faltariam, aí, as relações pessoais entre os sócios[1343]. Mas outra seria a situação nas sociedades em nome coletivo onde, de toda a forma, se imporia a lealdade ao contrato[1344].

Dos trabalhos de HUECK ressalta um ponto a que atribuímos a maior importância: o da necessidade de precisão de conceitos. A lealdade não pode ser usada como algo de informe, suscetível de transmitir uma ideia aprazível, mas sem conteúdo dogmático claro.

VI. Como evolução da literatura tradicional podemos apontar uma certa funcionalização da lealdade. Por certo que, à partida, ela se destinará a proteger as pessoas. Mas em que sentido? WIEDEMANN sublinha o papel da lealdade na tutela das minorias, pelas razões particulares e gerais que se conhecem[1345]; IMMENGA recorda, além do conflito maioria/minoria[1346], a separação entre a propriedade e o domínio, subjacente às grandes anónimas e ao reforço dos deveres requeridos para as necessárias composições[1347]. Outros autores seguiam nestas vias[1348].

Tudo isto se insere no movimento geral da "socialização" do Direito privado: empenhado, de modo assumido, em, sem perturbar o livre jogo económico, proteger os fracos.

[1342] Idem, 13, 14 e passim.

[1343] Idem, 14.

[1344] ALFRED HUECK, Der Treuegedanke im Recht der offenen Handelsgesellschaft, FS Hübner (1935), 71-92 (80): obra anterior.

[1345] HERBERT WIEDEMANN, Minderheitenschutz und Aktienhandel (1968), 73 ss., com elementos comparatísticos norte-americanos e Gesellschaftsrecht / Ein Lehrbuch des Unternehmens- und Verbandsrechts 1 – Grundlagen (1980), § 8 (412 ss. e passim): aspetos retomados, p. ex., em FRANK ROITZSCH, Der Minderheitenschutz im Verbandsrecht (1981), 25 ss. (36).

[1346] ULRICH IMMENGE, Der personalistische Kapitalgesellschaft / eine rechtsvergleichende Untersuchung nach deutschen GmbH-Recht und dem Recht der Corporations in den Vereinigten Staaten (1970), 443 pp.; vide, aí, 132 ss. e passim.

[1347] ULRICH IMMENGE, Aktiengesellschaft, Aktionärsinteressen und Institutionelle Anleger (1971), 8 e 21 ss..

[1348] FRANK ROITZSCH, Der Minderheitenschutz im Verbandsrecht cit., 36 ss., como exemplo.

466 Dogmática básica das sociedades

VII. Um especial avanço na literatura da lealdade foi o promovido pelas decisões exemplares dos anos 70, 80 e 90, do século XX. Devemos aliás antecipar que essa literatura não seguiu, apenas, a pista dogmática dos deveres de lealdade, antes se alargando a áreas conexas da responsabilidade, aos grupos de sociedades e, até, à doutrina do levantamento da personalidade coletiva.

Quanto a BGH 5-Jan.-1975 (o caso ITT), para além de anotações[1349] e comentários gerais[1350], temos a apontar escritos que acentuam os deveres de lealdade[1351] e, ainda, que se reportam à tutela dos credores[1352] e à responsabilidade nos grupos de sociedades[1353].

Muito impressivo, BGH 25-Fev.-1982 (o caso *Holzmüller*) suscitou análises em artigos, monografias e obras gerais[1354]; ocasionou críticas no plano dogmático[1355], tendo-se chamado a atenção para a necessidade de não assimilar a proteção dos acionistas minoritários à tutela do consumidor[1356], de limitar a tutela a questões de grupos de sociedades[1357] e de respeitar a

---

[1349] WOLFGANG SCHILLING, BB 1975, 1451-1452, PETER ULMER, NJW 1976, 192-193 e VOLKER EMMERICH, JuS 1976, 54.

[1350] HERBERT WIEDEMANN, *Die Bedeutung der ITT-Entscheidung*, JZ 1976, 392-397.

[1351] MARTIN WINTER, *Mitgliedschaftliche Treuebindungen im GmbH-Recht* (1988), 1 ss..

[1352] PETER ULMER, *Der Gläubiferschutz im faktischen GmbH-Konzern beim Fehlen von Minderheitsgesellschaftern*, ZHR 148 (1984), 391-427 (404 ss.).

[1353] WALTER STIMPEL, *Die Rechtsprechung des Bundesgerichtshofs zur Innenhaftung des herrschenden Unternehmens im GmbH-Konzern*, AG 1986, 117-123.

[1354] HARM PETER WESTERMANN, *Organzuständigkeit bei Bildung, Erweiterung und Umorganisation des Konzerns*, ZGR 1984, 352-382 (352 ss.), WOLFGANG ZÖLLNER, *Die sogennanten Gesellschafterklagen in Kapitalgesellschaftsrecht*, ZGR 1988, 392-440 (420), HARTWIN VON GERKAN, *Die Gesellschafterklage*, ZGR 1988, 441-452 (441 ss.), KLAUS BRONDICS, *Die Aktionärsklage* (1988), 45 ss. e THOMAS RAISER, *Das Recht der Gesellschafterklagen*, ZHR 153 (1989), 1-34 (4 ss.).

[1355] BERNHARD GROSSFELD/KLAUS BRONDICS, *Die Aktionärsklage / Nun auch im deutschen Recht*, JZ 1982, 589-592 (592), concluindo que, para além das vantagens, esta orientação também tem riscos e ECKART SÖNNER, *Aktionärsschutz und Aktienrecht / / Anmerkungen zur Seehofenbetriebe-Entscheidung BGH*, AG 1983, 169-173 (173), manifestando receios.

[1356] WINFRIED WERNER, *Zuständigkeitsverlagerung in der Aktiengesellschaft durch Richterrecht?*, ZHR 147 (1987), 429-453 (450 e 453).

[1357] JOAHNNES SEMLER, *Einschränkungen der Verwaltungsbefugnisse in einer Aktiengesellschaft*, BB 1983, 1566-1578.

§ 32.° *O princípio da lealdade* 467

unidade do sistema[1358]. Também aqui a discussão foi levada para a área dos grupos de sociedades[1359], bem como para a da distribuição interna dos poderes sociais[1360]. Deve notar-se que as ondas da doutrina Holzmüller se prolongam até hoje, tendo sido objeto de novas delimitações jurisprudenciais[1361].

Quanto a BGH 1-Fev.-1988 (caso *Linotype*): além das anotações[1362], ele obteve um interessante comentário que acentua o dever de lealdade dos acionistas[1363].

Finalmente, BGH 20-Mar.-1995 (o caso *Girmes*): sublinhou-se o dever de lealdade que também recai sobre os sócios minoritários[1364].

Toda esta matéria aponta, no seu conjunto, para a necessidade de depurar o tema da lealdade: ele vai sobrepor-se com regimes técnico-jurídicos mais precisos que se ligam à competência da assembleia geral, à responsabilidade dentro dos grupos de sociedades e ao próprio levantamento da personalidade. Ora quando isso aconteça, o dever de lealdade, como figura mais geral e, nessa medida, residencial, deve ceder em face das realidades dogmáticas mais estritas.

[1358] HEINRICH GÖTZ, *Die Sicherung der Rechte der Aktionäre der Konzernobergesellschaft bei Konzernbildung und Konzernleitung*, AG 1984, 85-94.

[1359] ECKARD REHBINDER, *Zum konzernrechtlichen Schutz der Aktionäre einer Obergesellschft / Besprechung der Entscheidung BGHZ 83, 112 "Holzmüller"*, ZGR 1983, 92-108 (103 ss.).

[1360] KLAUS-PETER MERTENS, *Die Entscheidungsautonomie des Vorstands und die "Basisdemokratie" in der Aktiengesellschaft (Anmerkung zu BGHZ 83, S. 122, "Holzmüller")*, ZHR 147 (1983), 377-428 (427-428).

[1361] Assim sucedeu com BGH 25-Nov.-2002, AG 2003, 273-276 = BGHZ 153 (2003), 47-61 (caso Macroton) e com BGH 26-Abr.-2004, AG 2004, 384-389 (caso Gelatine): na primeira, entendeu-se que a assembleia geral podia remeter para a direção a decisão quanto ao eventual *delisting*; na segunda, frisou-se a excecionalidade da doutrina Holzmüller, exigindo-se maioria qualificada na assembleia.

[1362] WOLFRAM TIMM, NJW 1988, 1582-1583 e R. BOMMERT, JR 1988, 509-511.

[1363] MARCUS LUTTER, *Die Treuepflicht der Aktionärs / Bemerkungen zur Linotype. Entscheidung des BGH*, ZHR 153 (1989), 446-471.

[1364] HOLGER ALTMAPPEN, NJW 1995, 1749/II a 1750/I e MARCUS LUTTER, *Das Girmes-Urteil*, JZ 1995, 1053-1056 (1054 ss.).

468 *Dogmática básica das sociedades*

VIII. Finalmente, uma referência aos dogmáticos que têm procurado uma reconstrução do conceito. Vamos reter dois: WIEDEMANN[1365] e WEL-LENHOFER-KLEIN[1366].

O primeiro aponta, quanto aos deveres de lealdade, as suas breves aparições no BGB e no HGB, bem como a impossibilidade de, com referência a eles, operar qualquer subsunção[1367]. Posto isto, distingue três áreas de aplicação: a lealdade dos sócios[1368], a dos órgãos[1369] e a da maioria[1370]. Contemplariam, sob um pano de fundo, problemas diversos.

A segunda sublinha a concretização do § 242 do BGB (boa-fé) que eles representam[1371]. Assentam, em especial[1372]:

– numa relação duradoura;
– que postula uma organização;
– determinada entre as partes específicas.

Encontramos, aqui, as sementes da evolução subsequente e do seu apoio dogmático: a lealdade traduz, por tradição, o papel da boa-fé (do sistema jurídico) no domínio societário[1373].

156. Campos de aplicação: participações sociais, competência da assembleia e deveres dos administradores

I. Na evolução de que demos nota, quer no plano jurisprudencial quer nas indagações doutrinárias, ficou claro que os deveres de lealdade conhe-

---

[1365] HERBERT WIEDEMANN, *Zu den Treuepflichten im Gesellschaftsrecht*, FS Heinsius 1991, 949-966.

[1366] MARINA WELLENHOFFER-KLEIN, *Treuepflichten im Handels- Gesellschafts- und Arbeitsrecht / Eine Untersuchung zum deutschen, ausländischen und europäischen Recht*, RabelsZ 64 (2000), 564-594.

[1367] WIEDEMANN, *Zu den Treuepflichten* cit., 949.

[1368] *Idem*, 953 ss..

[1369] *Idem*, 957 ss..

[1370] *Idem*, 960 ss..

[1371] WELLENHOFFER-KLEIN, *Treuepflichten* cit., 594.

[1372] *Idem*, 571 ss. (quanto a sociedades alemãs), 575 ss. (quanto às outras) e 594 (a sistematização).

[1373] Refira-se, ainda, JOACHIM HENNRICHS, *Treuepflicht im Aktienrecht / Zugleich Überlegungen zur Konkretisierung der Generalklausel des § 242 BGB sowie zur Eigenhaftung des Stimmrechtsvertreters*, AcP 195 (1995), 221-273 (240 ss., várias concretizações).

§ 32.° O princípio da lealdade

ciam campos distintos de aplicação. Parece razoável supor que tais campos originaram, por seu turno, conteúdos específicos diversos[1374]. Distinguimos três áreas:

– a da lealdade exigível aos sócios, seja nas relações entre si, seja com referência à própria sociedade;
– a da lealdade da sociedade para com os sócios;
– a da lealdade requerida aos próprios órgãos societários.

II. A lealdade exigível aos sócios inscreve-se no seu próprio *status* enquanto sócios. Tal *status* exprime uma série de direitos e de deveres, ínsitos na ideia de participação social. Entre os deveres em causa, incluem-se, precisamente, os da lealdade. Trata-se de uma ideia antiga[1375], depois retomada[1376] e aprofundada[1377]. Hoje, poderemos falar, neste domínio, no exercício das posições sociais de acordo com a boa-fé, seguindo-se as vias de concretização deste instituto: tutela da confiança (p. ex., proibição de *venire contra factum proprium*) e primazia da materialidade subjacente (p. ex., proibição de atos emulativos). Exemplo de deslealdade será o abuso no pedido de informações: contraria a materialidade subjacente, isto é: os valores que levaram o legislador a conferir as inerentes pretensões[1378].

Como foi avançado, tudo isto pressupõe a construção da participação societária não como um direito subjetivo, mas como uma posição variável (*status*) que envolve uma relação complexa, com deveres[1379].

[1374] MARCUS LUTTER, *Treupflichten und ihre Anwendungsprobleme*, ZHR 162 (1998), 164-185 (167 ss.).

[1375] Na origem, ainda que com terminologia incipiente: ROBERT FISCHER, *Die Grenzen bei der Ausübung gesellschaftliche Mitgliedschaftslehre*, NJW 1954, 777-780.

[1376] IMMENGE, *Der personalistische Kapitalgesellschaft* cit., 261 ss..

[1377] MARCUS LUTHER, *Theorie der Mitgliedschaft / Prolegomena zu einem Allgemeiner Teil des Korporationsrechts*, AcP 180 (1980), 84-159 (103) e THOMAS ZWISSLER, *Treuegebot – Treuepflicht – Treuebindung / Die Lehre von den Anwendungsfelder im Recht der Aktiengesellschaft* (2002), especialmente 45 ss. e 117 ss.. No plano dos grandes comentários, é essa a sistematização hoje adotada; cf. GEORG WIESNER, no *Münchener Handbuch des Gesellschaftsrechts*, 4 – *Aktiengesellschaft*, 2.ª ed. (1999), § 17 (145 ss.), especialmente Nr. 14 ss. (150 ss.).

[1378] MARCUS GEISSLER, *Der aktienrechtliche Auskunftsanspruch im Grenzbereich des Missbrauchs*, NZG 2001, 539-545 (542 e 545/II).

[1379] VOLKER BEUTHIEN, *Zur Mitgliedschaft als Grundbegriff des Gesellschaftsrechts*

470   *Dogmática básica das sociedades*

III. A lealdade da sociedade para com os sócios implica, tudo visto, um alargamento *ex bona fide* da competência da assembleia geral e a adoção, nesta, de certas deliberações por maioria qualificada. O caso emblemático mantém-se o *Holzmüller*, podendo encontrar-se outras concretizações delimitadoras. Também aqui as vias de concretização da boa-fé são úteis. A matéria irradia, ainda, para a área dos grupos de sociedades[1380].

IV. Finalmente: a lealdade requerida aos próprios órgãos societários tem a sua manifestação paradigmática nos deveres de lealdade dos administradores – 64.°/1, *b*). Uma rubrica relevante, a considerar a propósito dos deveres gerais dos administradores[1381]

IV. A base legal destas manifestações de lealdade radicava, tradicionalmente, na boa-fé[1382]. A sua especialização em grupos de casos cada vez mais precisos leva a doutrina, muito simplesmente, a apelar para o Direito consuetudinário[1383].

Como balanço, podemos, nestes últimos cem anos, apontar uma evolução: oscilante, mas com um sentido geral claro. Num primeiro tempo, a lealdade relacionava sócios entre si; depois, ocupou-se das relações maioria/minoria; finalmente, reportou-se aos órgãos. As duas primeiras foram sendo absorvidas pela teoria das participações sociais e pela doutrina da repartição de poderes intrassocietárias. Por razões que abaixo apontaremos, fica-nos, como especial área de reflexão, a dos deveres dos órgãos e, em especial: dos administradores.

Todas as três manifestações de lealdade podem ser reconduzidas às exigências básicas do sistema. Através dela, os valores fundamentais são assegurados nas diversas decisões concretas: donde a aproximação ao princípio geral da boa-fé. Esta permite a dogmatização da ideia de sistema.

– *Subjektiven Recht oder Stellung im pflichthaltigen Rechtsverhältnis?*, FS Wiedemann 2002, 755-768 (767).

[1380] *Vide* o nosso *SA: assembleia geral e deliberações sociais* cit., 138, quanto ao Holzmüller e TOBIAS TRÄGER, *Treupflicht im Konzernrecht* (2000), 378 pp., no tocante aos grupos.

[1381] *Infra*, 874 ss..

[1382] Cf., além das obras já referidas: MICHAEL AXHAUSEN, no *Beck'sches Handbuch der GmbH*, 3.ª ed. (2002), § 5, Nr. 170 (258).

[1383] GEORG WIESNER, *Münchener Handbuch des Gesellschaftsrechts*, 2.ª ed., 3 (2003), § 17, III, Nr. 14 (150).

CAPÍTULO II
O CONTRATO DE SOCIEDADE

SECÇÃO I
CELEBRAÇÃO, CONTEÚDO E CAPITAL SOCIAL

§ 33.º CELEBRAÇÃO, FORMA E NATUREZA

157. Celebração; contrato, pacto social e estatutos

I. O contrato de sociedade é um contrato nominado e típico: além de dispor de *nomen iuris*, ele vem regulado na lei civil – artigo 980.º do Código Civil – e na lei comercial – artigos 7.º e seguintes do Código das Sociedades Comerciais.

A natureza verdadeiramente contratual deste ato presta-se a dúvidas e discussões: matéria a enfrentar a propósito da sua natureza. Adiantamos apenas que o Direito português insiste, tradicionalmente, na natureza contratual da figura e isso mesmo quando contemporize com a sociedade de origem não contratual. Recorde-se a inserção das sociedades entre os contratos em especial: quer nos códigos civis (1867 e 1966), quer nos comerciais (1833 e 1888).

As dúvidas sobre a natureza contratual da sociedade tiveram um reflexo curioso no artigo 7.º/2, do Código das Sociedades Comerciais: o de fixar o número mínimo de partes num contrato de sociedade ... em dois, ressalvando a exigência legal específica de um número superior ou a permissão de sociedades constituídas por uma só pessoa[1384]. Nessa altura, o negócio será unilateral.

[1384] A exigência "dois" advirá ainda da projeção (desnecessária) do artigo 11.º/2, *f)* da 1.ª Diretriz das Sociedades Comerciais; este preceito tem, todavia, o cuidado de omitir

II. O contrato de sociedade é, ainda, um negócio jurídico. De acordo com o sistema adotado[1385], verifica-se que se trata de um ato marcado pela liberdade de celebração e pela liberdade de estipulação: as partes podem não só optar por celebrar, ou não, o contrato de sociedade como, fazendo--o, têm a liberdade de nele apor as cláusulas que entenderem. De entre os elementos que estão na sua disponibilidade conta-se a escolha do tipo societário. Efetuando-a, incorrem nos limites injuntivos que o enformem.

Uma parcela apreciável das regras legais relativas a sociedades tem natureza meramente supletiva: pode ser afastada por vontade das partes. A prática mostra, todavia, contratos bastante circunspectos, pelos quais as partes se limitam a consignar os elementos voluntários necessários – denominação ou firma, sócios, capital social, partes sociais, sede e tipo – e uma ou outra cláusula que considerem mais relevante. Tudo o resto cai no regime legal.

III. O contrato de sociedade não é considerado um negócio corrente. Assim, a sua celebração é, em regra, precedida de negociações efetivas – salvo, naturalmente, quando a sociedade tenha natureza unilateral. Sucede, porém, que a sociedade encobre, por vezes, uma mera ordenação de interesses familiares, tendo, como partes, os cônjuges e os filhos menores. Quando isso ocorra não haverá, em regra, "negociações", já que os interesses não são contrapostos: antes se adotará um figurino, em regra fornecido por algum amigo do casal ou de corrente utilização.

Põe-se o problema da sociedade formada por adesão a cláusulas contratuais gerais. Nalguns países, há organizações que disponibilizam formulários ou "estatutos-tipo" destinados a facilitar a conclusão de contratos de sociedade. Quando isso sucedesse, não haveria dúvidas ou dificuldades em fazer intervir a lei sobre cláusulas contratuais gerais. Este diploma tem ainda importância na hipótese de se demonstrar que um contrato de sociedade foi pré-formulado, isto é: apresentado à subscrição de outrem, sem hipótese de alteração. Com todas as reservas que esse esquema suscita, as cláusulas "abusivas" seriam expurgadas[1386].

---

a referência a um contrato o qual, por definição, logo pressuporia as duas pessoas, pelo menos.

[1385] *Tratado de Direito civil*, I/1, 3.ª ed., 392 e 447-448.

[1386] *Tratado de Direito civil*, I/1, 3.ª ed., 659 ss.; de facto, a parte num contrato de sociedade não pode, enquanto tal, ser considerada "consumidor".

§ 33.° Celebração, forma e natureza

Entre nós, o próprio Estado, ao abrigo do Decreto-Lei n.° 111/2005, de 8 de Julho ("empresa na hora"), apresenta modelos de estatutos de sociedades, aos particulares interessados. Materialmente, trata-se de cláusulas contratuais gerais.

IV. Um contrato de sociedade pode, ainda, ocorrer através de uma oferta ao público. A situação paradigmática é a da constituição de uma sociedade anónima com apelo à subscrição pública e que vem regulada nos artigos 279.° a 283.°, do Código das Sociedades Comerciais e no artigo 168.°, do Código de Valores Mobiliários. Prevê-se, aí, todo um procedimento algo complexo, que irá desembocar numa assembleia constitutiva (281.°); apenas depois é formalizado o contrato de sociedade (283.°). O regime apresenta desvios em relação a uma comum oferta ao público, o que se explica mercê dos especiais valores em jogo. A matéria compete ao estudo especial das sociedades anónimas e ao Direito mobiliário[1387].

V. Na sua configuração, o contrato de sociedade permite, muitas vezes, distinguir duas áreas: a do contrato propriamente dito, na qual as partes se identificam, declinando elementos comprovativos, estado civil, profissão e residência e manifestam a intenção de constituir uma sociedade; e a do pacto social ou estatutos, nos quais as partes, normalmente em moldes articulados, disciplinam a nova entidade. Quando se recorra a escritura pública, esta segunda parte pode constar de documento anexo, dispensando-se a sua leitura[1388]. Tecnicamente, os estatutos ou pacto social são parte integrante do contrato, embora possam apresentar especialidades interpretativas, como a seu tempo sublinharemos[1389]. O Código das Sociedades Comerciais fala, de modo predominante, em "contrato de sociedade" para designar os estatutos. Trata-se de uma opção linguística destinada a melhor corporizar as opções contratualistas dos seus autores.

[1387] *Manual 2*, 591 ss..
[1388] Artigo 64.°/3 e 4, do Código do Notariado.
[1389] *Infra*, 494 ss..

158. As partes; cônjuges e menores

I. Como referimos, a figura visualizada, em moldes típicos, pelo legislador, foi a da sociedade instituída por contrato. Donde a referência, já estranhada, do 7.º/2: tem de haver, pelo menos, duas partes.

Quando as partes estabeleçam, *ab initio*, uma posição ou participação social em regime de contitularidade, as pessoas assim envolvidas valem apenas como uma única parte.

II. Podem ser partes em contratos de sociedade não apenas pessoas singulares mas, ainda, pessoas coletivas. É o que resulta da lata capacidade de gozo que hoje é reconhecida às pessoas coletivas[1390]. O próprio Estado pode ser parte em sociedades: e fá-lo com alguma frequência[1391]. Há mesmo sociedades que só podem exercer a sua atividade através de outras sociedades cujas participações detenham: é o que sucede com as sociedades gestoras de participações sociais (SGPS), nos termos do artigo 1.º/1 do Decreto-Lei n.º 495/88, de 30 de Dezembro[1392].

Também as pessoas rudimentares podem constituir sociedades, desde que estas, em função do objeto ou de outras circunstâncias, se possam reconduzir à janela da personalidade que lhes seja reconhecida[1393].

III. O problema da constituição de uma sociedade, particularmente comercial, entre cônjuges, levantava clássicos problemas[1394]. Efetiva-

---

[1390] Em certos casos, a lei dispõe expressamente nesse sentido; quando o faça, apenas exprime um princípio geral; p. ex., cf. o artigo 8.º/1 e 3 do CCoop, sendo que, neste último caso, vão estar em jogo, predominantemente, sociedades comerciais "comuns". Deve notar-se que, muitas vezes e como cláusula de estilo, os estatutos consignam a possibilidade de a sociedade ser parte na constituição de novas sociedades. Não é necessário, dentro dos limites prescritos no artigo 11.º/4 e 5. Quanto a estes preceitos, *vide* MARIA ELISABETE RAMOS, *Constituição das sociedades comerciais*, em *Estudos de Direito das Sociedades*, 10.ª ed., coord. COUTINHO DE ABREU (2010), 41-94 (49-50).

[1391] Referimo-nos, aqui, ao Estado que atue ao abrigo da autonomia privada, como qualquer particular: não ao Estado legislador que pode, através de lei, constituir sociedades de que seja sócio, afastando, com isso, o regime geral.

[1392] Alterado pelo Decreto-Lei n.º 318/94, de 24 de Dezembro.

[1393] Nesse sentido, COUTINHO DE ABREU, *Curso de Direito comercial* cit., 2, 3.ª ed., 99, embora com outra terminologia.

[1394] LUÍS BRITO CORREIA, *Direito comercial* cit., 2, 132 ss., RITA LOBO XAVIER, *Limites à autonomia privada na disciplina das relações patrimoniais entre os cônjuges*

§ 33.º Celebração, forma e natureza 475

mente, desde que os cônjuges constituíssem uma sociedade para a qual contribuíssem com os seus bens, ficariam – ou poderiam ficar – em causa, segundo o pensamento "tradicional"[1395]:

- o regime de bens estipulado para o casamento: as regras próprias desse regime seriam substituídas pelas do funcionamento da sociedade;
- o então denominado "poder marital": a "chefia" da família, assegurada pelo marido, daria lugar aos esquemas de formação da vontade social, mais igualitários: logo inadmissíveis;
- o sistema de responsabilidade dos bens dos cônjuges ou do casal, pelas dívidas de cada um deles ou de ambos: esse sistema seria, naturalmente, substituído pelo regime do tipo social adotado.

No âmbito do Código de SEABRA, o problema era conhecido mas oferecia uma aberta, designadamente no tocante ao tipo mais usado: o das sociedades por quotas[1396].

O Código Civil de 1966 representaria, também aqui, um certo retrocesso[1397]. O seu artigo 1714.º veio dispor:

(2000), 228-263, FRANCISCO PEREIRA COELHO/GUILHERME DE OLIVEIRA, *Curso de Direito da família*, vol. I, 3.ª ed. (2003), 491-499, PINTO FURTADO, *Comentário* cit., 1, 299 ss., REMÉDIO MARQUES, *Código em Comentário* cit., 1, 135 ss. e ADELAIDE MENEZES LEITÃO/ /JOSÉ ALVES BRITO, *CSC/Clássica*, 2.ª ed., anot. artigo 8.º, todos com elementos.

[1395] JOSÉ TAVARES, *Sociedade e empresas comerciais*, 2.ª ed. cit., 77, na base de doutrina francesa e ressalvando que a nulidade só ocorreria quando estivessem em conta estes pontos.

[1396] Uma doutrina significativa negava a existência de problemas quanto à constituição de sociedades entre os cônjuges; assim, SANTOS LOURENÇO, *Das sociedades por cotas/Comentário à Lei de 11 de Abril de 1901* (1926), 88 ss. (90 e *passim*): "... a formação de uma sociedade por quotas entre cônjuges, ou com os bens comuns, ou com os bens próprios não envolve à face dos princípios uma alteração do regime antenupcial, pressupondo-se a autorização tácita dos dois para a transferência dos bens para a sociedade". Também CUNHA GONÇALVES, *Tratado de Direito civil*, 7 (1933), 212-213, remava contra a proibição de sociedades entre cônjuges: "... se o marido e mulher podem associar-se com terceiro, como todos os escritores admitem, ficando associados também entre si, – o que é vulgaríssimo nas sociedades por ações –, nada impede que celebrem contrato de sociedade em que somente eles sejam sócios".

[1397] ANTUNES VARELA remete as opções para o anteprojeto BRAGA DA CRUZ; todavia, em GUILHERME BRAGA DA CRUZ, *Novo Código Civil/Problemas relativos aos regimes de bens do casamento sobre que se julga necessário ouvir o parecer da comissão redac-*

476   *O contrato de sociedade*

1. Fora dos casos previstos na lei, não é permitido alterar, depois da celebração do casamento, nem as convenções antenupciais nem os regimes de bens legalmente fixados.

2. Consideram-se abrangidos pelas proibições do número anterior os contratos de compra e venda e sociedade entre cônjuges, excepto quando estes se encontrarem separados judicialmente de pessoas e bens.

3. É lícita, contudo, a participação dos dois cônjuges na mesma sociedade de capitais, bem como a dação em cumprimento feita pelo cônjuge devedor ao seu consorte.

Perante este dispositivo, entendeu-se que a proibição do artigo 1714.°/2 era absoluta: ficavam vedadas as sociedades entre cônjuges, independentemente de se mostrar que elas buliam, efetivamente, com o regime de bens[1398]. A sanção para a violação desta proibição seria a nulidade, nos termos gerais[1399].

A abertura do n.° 3 levantou dúvidas quanto às sociedades por quotas: não era seguro que as mesmas pudessem ser havidas como sociedades de capitais[1400]. A jurisprudência respondeu pela afirmativa, quanto a situações preexistentes[1401]. Quanto às sociedades criadas depois da entrada em vigor do Código, havia dúvidas. ANTUNES VARELA entendia que as sociedades por

---

tora do novo Código Civil, BMJ 52 (1956), 341-354 (343-344), apenas há uma graduação do princípio da imutabilidade.

[1398] JOSÉ GUALBERTO DE SÁ CARNEIRO, *Sociedades de cônjuges – subsídios para a interpretação do art. 1714.° do Código Civil*, RT 86 (1968), 291-306, 345-354, 387-392 e 435-441 (440): "Após a vigência do novo Código, deixou de ser admitida a sociedade apenas entre os dois cônjuges, independentemente de violar, ou não, a lei. O n.° 2 do artigo 1714.° contém uma proibição absoluta de qualquer sociedade entre os dois cônjuges". E prossegue: "Por isso, tal é claramente inovador e só a partir da vigência do Código é de aplicar. As sociedades constituídas entre cônjuges antes de 1-VI-966 são legais e podem subsistir".

Também PIRES DE LIMA/ANTUNES VARELA, *Código Civil Anotado*, IV, 2.ª ed. (1992), 401, propugnavam esta interpretação radical: não seriam possíveis quaisquer sociedades apenas entre cônjuges; mas já se admitiriam sociedades de capitais em que os cônjuges, em conjunto com outros sócios, (apenas) "participassem" (*idem*, 402). Essas sociedades de capitais seriam as anónimas; quanto às por quotas: haveria que verificá-lo caso a caso (*idem*, 403), numa posição depois recusada por ANTUNES VARELA – *infra*, nota 1402: nem as sociedades por quotas seriam admissíveis.

[1399] RPt 11-Jun.-1981 (GOES PINHEIRO), CJ VI (1981) 3, 156-158 (158/I).

[1400] PIRES DE LIMA/ANTUNES VARELA, *Código Civil Anotado* cit., 4, 2.ª ed., 443.

[1401] RPt 19-Jul.-1968 (ARMANDO AMORIM), JR 14 (1968), 794-796 = RT 86 (1968), 327-329.

§ 33.° Celebração, forma e natureza 477

quotas, "... não sendo típicas sociedades *de capitais*, e constituindo, pelo contrário, uma das espécies de sociedade em que alguns dos sócios (munidos de *poderes de gerência*) mais facilmente poderiam lesar o outro ou outros (...) não podiam considerar-se abrangidas, nem no espírito, nem sequer no texto do n.° 3 do artigo 1714.°"[1402]. Posição diversa adotou ANTÓNIO CAEIRO. Este Autor entende que o objetivo da lei era, simplesmente, o de impedir que ambos os cônjuges respondessem ilimitadamente pelas dívidas sociais; assim sendo, as sociedades por quotas seriam admissíveis; não o seriam, apenas, as em nome coletivo[1403]. Protesta VARELA: o fim da lei foi impedir o falseamento do regime de administração dos bens[1404]. Quanto à jurisprudência: entendeu ela que as sociedades em nome coletivo não eram permitidas[1405]; sê-lo-iam as sociedades por quotas[1406]. O Código das Sociedades Comerciais interviria a favor da posição de ANTÓNIO CAEIRO[1407]. A melhor solução, que veremos resultar do Direito vigente, no seu conjunto é, porém, mais diferenciadora.

Problema distinto era o da superveniência da sociedade de cônjuges – portanto: inicialmente, a sociedade teria outros sócios; ficando, depois, reduzida, aos cônjuges, poderia contundir com o artigo 1714.°/2, sendo considerada de modo autónomo[1408].

Chegou a ser proferido assento, com o seguinte teor[1409]:

[1402] ANTUNES VARELA, *Direito da família*, 1, 5.ª ed. (1999), 434-443 (436); os itálicos são do original.

[1403] ANTÓNIO CAEIRO, *Sobre a participação dos cônjuges em sociedades por quotas*, em *Estudos em Homenagem ao Prof. Doutor FERRER CORREIA*, 2 (1989), 313-354 (323 ss. e 336 ss.).

[1404] ANTUNES VARELA, *Direito da família* cit., 1, 5.ª ed., 437.

[1405] STJ 3-Fev.-1981 (AMARAL AGUIAR), BMJ 304 (1981), 424-427 (426). STJ 24-Out.-1969 (LUDOVICO DA COSTA), BMJ 190 (1969), 344-351 (348), limita-se a dizer que a qualidade de sócio em sociedade em nome coletivo não se transmite ao cônjuge meeiro.

[1406] RLx 18-Dez.-1986 (CARVALHO PINHEIRO), CJ XI (1986) 5, 158-161 (161/II).

[1407] *Vide* o artigo 24.° do projeto: *Código das sociedades* (*Projecto*), BMJ 327 (1983), 43-339 (69).

[1408] STJ 3-Mai.-1989 (JOSÉ DOMINGUES), BMJ 387 (1989), 591-596 (596), considerando-a nula, à luz do Direito anterior ao CSC, de 1986.

[1409] STJ(P) 1-Out.-1996 (HERCULANO LIMA), BMJ 460 (1996), 125-138 (134), com vários votos de vencido. O artigo 8.°/1 foi entendido como interpretativo do Direito anterior, numa posição já antes adotada por alguma jurisprudência: RPt 26-Mai.-1988 (ARAGÃO SEIA), CJ XIII (1988) 3, 226-227 (227/II) e RPt 20-Dez.-1988 (DIONÍSIO DE PINHO), CJ XIII (1988) 5, 208-210 (210/I). Com outras indicações de jurisprudência, *vide* JORGE

As sociedades por quotas que, depois da entrada em vigor do Código Civil de 1966 e mesmo depois das alterações nele introduzidas pelo Decreto-Lei n.° 496/77, de 25 de Novembro, e antes da vigência do Código das Sociedades Comerciais, aprovado pelo Decreto-Lei n.° 262/86, de 2 de Setembro, ficaram reduzidas a dois únicos sócios, marido e mulher, não separados judicialmente de pessoas e bens, não são, em consequência dessa redução, nulas.

Procurando resolver as dúvidas que se levantaram, o artigo 8.°/1 do Código das Sociedades Comerciais veio dispor:

É permitida a constituição de sociedades entre cônjuges, bem como a participação destes em sociedades, desde que só um deles assuma responsabilidade ilimitada.

Este preceito vem revogar o artigo 1714.°/2 e 3, do Código Civil[1410], ainda que seja possível compatibilizá-lo com o princípio da imutabilidade das convenções antenupciais[1411]. Uma tomada de posição definitiva cabe ao Direito civil (da família). Todavia, as justificações para a proibição histórica de sociedades entre cônjuges não se quedam pelas proposições clássicas acima anunciadas, todas rebatíveis. Valem, antes, criptojustificações: a "necessidade" de manter o *status* de incapacidade da mulher casada; a ideia de que "repugna" mesclar Direito comercial e relações entre cônjuges; e a evidência de que uma sociedade entre cônjuges poderia não ser uma verdadeira sociedade mas, antes uma sociedade unipessoal. Tudo isto vem a regredir, quer na frente civil, quer na comercial. Mas em compensação, a imutabilidade das convenções antenupciais, até ser suprimida em futura reforma, é Direito vigente e deve ser respeitada. Isto dito: a consti-

---

ALBERTO ARAGÃO SEIA, *O papel da jurisprudência na aplicação do Código das Sociedades Comerciais*, em *IDET – Problemas do Direito das sociedades* (2002), 15-22 (17).

Quanto à doutrina: ALBINO MATOS, *Constituição de sociedades*, 5.ª ed. (2001), 42-43.

[1410] Assim: PEREIRA COELHO/GUILHERME DE OLIVEIRA, *Curso de Direito de família* cit., 1, 3.ª ed., 482. ANTUNES VARELA, no *Código Civil Anotado* cit., 4, 2.ª ed., 403, critica a solução do Código das Sociedades Comerciais, "bastante insensível aos perigos e inconvenientes da mutação de convenções ...". A ideia é desenvolvida por este Autor no seu *Direito da Família* cit., 1, 5.ª ed., 441-443, chegando aí – 442, nota 1 – a falar-se em "onda de laxismo".

[1411] *Vide infra*, no texto.

§ 33.° Celebração, forma e natureza · 479

tuição de uma sociedade entre cônjuges pode (ou não) atingir a imutabilidade das convenções antenupciais. Assim, se ambos os cônjuges entrarem para uma sociedade com todos os seus bens, presentes e futuros, poderemos estar perante um esquema destinado a postergar os regimes da separação, ou da comunhão de adquiridos. Porém, se subscreverem pequenas quotas ou umas quantas ações, o problema nem se põe. Haverá, por isso, que compatibilizar o artigo 8.° do Código das Sociedades Comerciais com o artigo 1714.°/1 do Código Civil, verificando, contrato a contrato, se a imutabilidade das convenções é respeitada[1412].

Para além disso, a constituição de sociedades entre cônjuges, assumindo ambos responsabilidade ilimitada, é proibida, nos termos do transcrito artigo 8.°. É um resíduo histórico, tanto mais que, na prática comercial e societária, qualquer operação bancária módica exige, como rotina, garantias dadas por ambos os cônjuges. De todo o modo, a restrição do artigo 8.° deve aplicar-se, também às sociedades civis puras: e não a proibição (considerada) absoluta do Código Civil, na base de um princípio de diferenciação entre sociedades civis e comerciais que não tem, hoje, já consistência[1413].

IV. Mercê do regime de bens, pode acontecer que uma participação social seja comum a ambos os cônjuges. Nessa altura, por força do artigo 8.°/2 e nas relações com a sociedade, será considerado sócio aquele que tenha celebrado o contrato de sociedade ou, sendo a participação adquirida posteriormente, aquele por quem a participação tenha vindo ao casal[1414]. O n.° 3 do mesmo preceito ressalva a administração do cônjuge do sócio que se encontrar impossibilitado e os direitos *mortis causa*.

V. Os menores podem ser partes em contratos de sociedade. E poderão fazê-lo pessoal e livremente sempre que a sociedade em vista esteja ao

---

[1412] Trata-se da posição defendida por RITA LOBO XAVIER, *Limites à autonomia privada* cit., 249.

[1413] Contra, p. ex., BRITO CORREIA, *Direito comercial* cit., 2, 134.

[1414] Cumpre citar STJ 29-Jun.-2004 (AZEVEDO RAMOS), CJ/Supremo XII (2004) 2, 116-119 (118-II), o qual refere ANTUNES VARELA, *Direito da família* cit., 1, 5.ª ed., 441:

> (...) contitularidade a *meia haste* ou a *meio pau*, por força da qual, nas relações com a sociedade, só é verdadeiramente *sócio* o cônjuge que levou a participação social, de uma espécie de *associado à quota*.

480   *O contrato de sociedade*

seu alcance, perante o artigo 127.º, do Código Civil[1415]. De facto, não é viável, *a priori*, excluir do campo dos atos facultados pessoal e livremente ao menor, a celebração de uma sociedade[1416].

Fora isso, os menores poderão celebrar contratos de sociedade, através dos pais, como representantes legais. Será, todavia, necessária a autorização do tribunal[1417] para entrarem nas sociedades em nome coletivo ou em comandita simples ou por ações: artigo 1889.º/1, *d*). O óbice reside, aí, nos riscos derivados da ilimitação da responsabilidade. Tratando-se de menor sob tutela, a entrada em qualquer sociedade deve ser autorizada, visto o disposto no artigo 1938.º/1, *a*), *b*) e *d*), do Código Civil.

Este regime é aplicável, com as necessárias adaptações, ao interdito: artigos 139.º e 144.º, do Código Civil. Quanto ao inabilitado, tudo depende da competente sentença – 153.º/1, do mesmo Código.

159. Forma

I. O contrato de sociedade comercial é um contrato formal – artigo 7.º/1. Requer, na redação do Decreto-Lei n.º 76-A/2006, de 29 de Março, forma escrita com reconhecimento presencial das assinaturas dos subscritores, salvo se forma mais solene for exigida para a transmissão dos bens com que os sócios entram para a sociedade. Anteriormente, o mesmo preceito exigia a escritura pública[1418]. Pelo contrário, a sociedade civil é consensual: apenas se sujeita a escritura pública quando a natureza dos bens a transferir para a sociedade assim o exija (artigo 981.º/1, do Código Civil) ou quando se pretenda assumir personalidade jurídica plena (artigos 158.º/1 e 157.º, ambos do Código Civil).

[1415] Recordamos que a denominada incapacidade dos menores é aparente; cf. o nosso *Tratado de Direito civil*, I/3 cit., 395 ss..

[1416] KARL LARENZ/MARTIN WOLF, *Allgemeiner Teil des Bürgerlichen Rechts*, 9.ª ed. cit., 461: apenas "em regra" haverá incapacidade.

[1417] Hoje: do Ministério Público, perante o disposto no Decreto-Lei n.º 272/2001, de 13 de Outubro, artigo 2.º/1, *b*).

[1418] Sempre temos defendido a necessidade, no nosso Direito das sociedades, de simplificações radicais. Todavia, neste ponto, temos dúvidas. O notário tinha um importante papel de aconselhamento e de prevenção. Além disso, a proliferação de sociedades coarta, por vezes, os direitos das pessoas. Veremos como vai estabilizar o novo sistema.

§ 33.º Celebração, forma e natureza

O Decreto-Lei n.º 247-B/2008, de 30 de Dezembro, veio acrescentar, no final do artigo 7.º/1, "sem prejuízo de lei especial": um acrescento inútil, uma vez que qualquer preceito cede perante lei especial.

II. Se percorrermos os contratos próprios das sociedades comerciais, deparamos com as exigências de forma seguintes:

– acordos parassociais: o artigo 17.º não contém qualquer exigência de forma; em regra, são celebrados por escrito;
– a aquisição de bens a acionistas por sociedades anónimas ou em comandita por ações deve ser reduzida a escrito – artigo 29.º/4;
– a alteração do contrato de sociedade deve ser reduzida a escrito – 85.º/3; antes da reforma de 2006, exigia-se a escritura pública – artigo 85.º/4, velha redação; o aumento de capital e outras alterações – cf. 88.º e 93.º/1, 274.º, 370.º/1 e 456.º/5 – devem, também, ser objeto de declaração escrita;
– a fusão de sociedades segue a forma exigida para a transmissão dos bens das sociedades incorporadas ou, no caso de constituição de nova sociedade – 106.º[1419] – numa regra aplicável à cisão – 120.º;
– a dissolução de sociedade não depende de forma especial, quando tenha sido deliberada em assembleia geral – 145.º/1;
– o contrato de subordinação exige forma escrita – 498.º.

III. No tocante aos diversos contratos de sociedade, não são retomados os requisitos de forma, dado o alcance geral do artigo 7.º/1; apenas são referidos aspetos atinentes ao conteúdo dos contratos: artigos 176.º, 199.º, 272.º e 466.º, relativos, respetivamente, a sociedades em nome coletivo, por quotas, anónimas e em comandita.

No domínio da transmissão de partes sociais, a lei exige forma escrita (anteriormente: escritura pública):

– para a transferência das partes de um sócio de sociedade em nome coletivo – artigo 182.º/2, na redação dada pelo Decreto-Lei n.º 237/2001, de 30 de Agosto e pelo Decreto-Lei n.º 76-A/2006, de 29 de Março;
– para a transferência de quotas – artigo 228.º/1.

[1419] Na redação dada pelo artigo 11.º do Decreto-Lei n.º 8/2007, de 17 de Janeiro.

482   *O contrato de sociedade*

A transformação de uma sociedade por quotas em sociedade unipessoal exige documento particular quando, da sociedade, não façam parte bens cuja transmissão exija essa forma solene – artigo 270.º-A/3. Uma regra similar funciona para a constituição originária de uma sociedade unipessoal[1420]: tem aplicação o artigo 7.º/1.

O contrato de suprimento não está sujeito a qualquer forma, o mesmo sucedendo com outros negócios de adiantamento de fundos pelo sócio à sociedade ou com convenções de diferimento de créditos de sócios – artigo 243.º/6. Tratando-se de negócio entre o sócio único e a sociedade unipessoal, deve ser observada a forma escrita, quando outra não esteja prescrita para o negócio em jogo – artigo 270.º-F/2.

160. Natureza

I. De acordo com diversa doutrina, não seria seguro que o denominado "contrato de sociedade" surja, efetivamente, como um contrato. Num contrato comum, as declarações de vontade das partes são contrapostas, de tal modo que cada uma delas dá o que a outra quer, aceitando o que esta tenha para oferecer em troca. Pelo contrário, no contrato de sociedade: as diversas declarações de vontade são idênticas e confluentes. Além disso, nos contratos comuns, os efeitos produzem-se, como é de esperar, nas esferas jurídicas dos intervenientes. De modo diverso: no contrato de sociedade, surge uma nova e terceira entidade: a própria sociedade constituída. E para complicar: o atual Direito das sociedades, nos diversos países, admite a constituição de sociedades por ato unilateral[1421].

Tudo isto obrigaria a uma evidência: o ato constitutivo da sociedade teria uma natureza específica, não-contratual. Como contraprova: ao contrário do que sucederia em qualquer contrato comum, em que o número de partes é decisivo e depende do figurino visualizado, na sociedade isso seria secundário: poderia, mesmo, cair para a unidade, como ocorre nas sociedades unipessoais.

[1420] Anteriormente, *vide* ALBINO MATOS, *Constituição de sociedades*, 5.ª ed. cit., 20.

[1421] Como exemplos latinos: AULETTA/SALANITRO, *Diritto commerciale*, 13.ª ed. cit., 100 e RIPERT/ROBLOT/GERMAIN, *Traité* 1, 2 – *Les sociétés commerciales*, 18.ª ed. cit., n.º 1056-11 (7).

§ 33.º Celebração, forma e natureza 483

II. A questão foi-se pondo nos diversos países, em termos não totalmente coincidentes.

Em França, a sociedade foi tomada como contrato, na sequência do *Code de Commerce*, de 1807 e do próprio *Code Civil*, de 1804[1422]. Além de preocupações sistematizadoras, prevaleceu a intenção ideológica de retirar as sociedades da órbita do Estado e dos poderes públicos. Na primeira metade do séc. XX, o influxo do pensamento dito institucionalista, oriundo do Direito público[1423], veio defender construções não-contratuais da sociedade: só assim se poderia explicar a existência de regras estatutárias gerais e abstratas, vinculativas para pessoas estranhas ao contrato, regras essas que, ainda por cima, poderiam ser modificadas por maioria: dominaria um interesse geral[1424]. Esta orientação acabaria mesmo por ser reconhecida pela jurisprudência, sendo defendida por alguma doutrina tardia[1425]. Na atualidade, os autores pretendem fazer uma síntese das duas orientações: afiançam que, nas diversas sociedades, coexistem aspetos institucionais e contratuais[1426]. Estes últimos surgem mais vincados nas sociedades de pessoas; os institucionais, nas sociedades anónimas[1427]. Também comporta uma ideia de síntese ou de superação a posição de RIPERT/ROBLOT/GERMAIN: as sociedades traduziriam um mecanismo jurídico, posto pelo Direito à disposição dos particulares e ao qual estes poderiam aceder por via contratual ou por outros esquemas[1428]. Torna-se evidente que, apesar das referências contratuais, a doutrina francesa acusa, com clareza, a marca do institucionalismo.

[1422] Também como exemplo: J. BÉDARRIDE, *Droit commercial/Commentaire du Code de Commerce* – I, tit. III – *Des sociétés*, I (1856), 9 ss..

[1423] Recorde-se MAURICE HAURIOU, *La théorie de l'institution et de la fondation* (1925) em *Aux sources du droit/Le pouvoir, l'ordre et la liberté* (1933), 90-128 e GEORGES RENARD, *La théorie de l'institution/Essai d'ontologie juridique* (1930), 219 ss. e 433 ss., quanto à passagem (*glissement*) do contrato para a instituição.

[1424] *Vide*, em especial e com indicações, EMILE GAILLARD, *La société anonyme de demain/La théorie institutionnelle et le fonctionnement de la société anonyme*, 2.ª ed. (s/d, mas 1938), particularmente 22 ss. e 34 ss..

[1425] *Vide* os casos citados em PHILIPPE MERLE, *Droit commercial/Sociétés commerciales*, 9.ª ed. cit., 38, nota 5; a orientação institucional transparece em Paris 7-Out.-1965, relatado por ROGER HOUIN, *Sociétés commerciales* I – *Sociétés par actions*, RTDComm XIX (1966), 348-351 (348-344): a própria sociedade comercial forma-se pela decisão da assembleia constituinte, sendo indiferentes quaisquer acordos entre acionistas.

[1426] PHILIPPE MERLE, *Droit commercial/Sociétés commerciales*, 9.ª ed. cit., 38.

[1427] *Idem*, 39.

[1428] RIPERT/ROBLOT/GERMAIN, *Traité*, 1, 2 – *Les sociétés commerciales*, 18.ª ed. cit., n.º 1056-21/22 (13).

484   *O contrato de sociedade*

III. Na Alemanha, enquanto as sociedades civis se mantinham acantonadas à *societas* como contrato, as corporações eram aprofundadamente estudadas por OTTO VON GIERKE. Analisando o tema da sua constituição, ele conclui que tinham na origem "... um ato constitutivo sócio-jurídico ..."[1429]. Antes explicara: se todos os negócios são declarações de vontade, nem todas as declarações de vontade são negócios, com exemplo no ato constitutivo de uma associação[1430]. Noutra ocasião, VON GIERKE complementa a ideia: "porém esta atuação constitutiva não é um contrato, mas antes um ato conjunto unilateral que não tem paralelo no Direito individual"[1431]. Trata-se de uma orientação que se coadunava bem – embora não necessariamente – com as conceções organicistas. Foi adotada, na época, por outros autores[1432], sendo conhecida como teoria da norma.

Contrapôs-se, a esta orientação, a voz influente de VON TUHR, com a teoria do contrato. Criticando VON GIERKE, VON TUHR preconiza uma ideia lata de contrato, como o simples encontro de vontades ou negócio plurilateral: o que ocorreria na constituição das pessoas coletivas[1433]. A opção contratual foi incentivada no segundo pós-guerra, podendo considerar-se assente[1434], praticamente até hoje[1435].

A opção contratual justifica-se, apenas, pela presença de mais de uma pessoa e, portanto, pela necessidade de encontrar, eventualmente por nego-

---

[1429] OTTO VON GIERKE, *Deutsches Privatrecht*, I – *Allgemeiner Teil und Personenrecht*, 1 (1895), § 63 (486).

[1430] *Idem*, § 33, nota 2 (283).

[1431] OTTO VON GIERKE, *Die Genossenschaftstheorie und die deutsche Rechtsprechung* (1887, reimp., 1963), 133.

[1432] Assim, JOHANNES EMIL KUNTZE, *Der Gesammtakt/Ein neuer Rechtsbegriffe*, FG Otto Müller (1892), 27-87; este Autor dá o exemplo da fundação, constituída por várias pessoas – 36 – e explica que, – 43 – nestas situações "... os participantes não se colocam, como as partes num contrato uns perante os outros, mas antes ao lado uns dos outros"; os interesses não seriam contrapostos e teriam um escopo, como, por exemplo – 73 ss. – a constituição de uma sociedade anónima. Outros Autores podem ser confrontados em ENNECCERUS/NIPPERDEY, ob. cit. *infra*, nota 1434.

[1433] ANDREAS VON TUHR, *Der Allgemeine Teil des Deutschen Bürgerlichen Rechts* I – *Allgemeine Lehren und Personenrecht* (1910, reimp., 1957), § 34, I (475 e 476).

[1434] Assim: LUDWIG ENNECCERUS/HANS CARL NIPPERDEY, *Allgemeiner Teil des Bürgerlichen Rechts/Ein Lehrbuch*, I, 15.ª ed. (1959), § 108, II (651 e 652); estes autores explicam que não há qualquer delegação para as partes produzirem normas e que a solução contratual permite explicar tudo.

[1435] KARL LARENZ/MANFRED WOLF, *Allgemeiner Teil des bürgerlichen Rechts*, 9.ª ed. cit., 171 ss., indicando, contudo, outras posições.

§ 33.° *Celebração, forma e natureza* 485

ciações, vontades coincidentes. Joga-se, porém, um contrato específico: um contrato organizatório – também se diz ato organizatório –[1436]. Nas próprias associações tem-se vindo a defender a teoria do contrato, ainda que modificada: constituída a associação e adquirida a personalidade, as declarações fundir-se-iam na regulação comum[1437]. Por vezes, o contrato é, aí, posto em causa, embora se admita nas sociedades[1438].

Com regras próprias de interpretação[1439], o contrato organizatório, quando admitido, distingue-se claramente dos contratos comuns. A redução negocial e, mesmo, contratual, visa explicitar a liberdade que preside à constituição de pessoas coletivas[1440].

IV. Em Itália, os códigos de comércio vieram incentivar um predomínio de posições contratuais[1441], que se mantiveram[1442]. O desenvolvimento da doutrina da empresa, que antecedeu e acompanhou a feitura do Código Civil de 1942, não foi suficiente para um reformular de construções, que teria sido possível[1443]. De todo o modo, por influência alemã, MESSINEO vem adotar orientações não-contratuais[1444]. MOSSA põe a hipótese de um ato corporativo, distinguindo diversos tipos de sociedades[1445]. A reação

---

[1436] Cf. WALTHER HADDING, *Korporationsrechtliche oder rechtsgeschäftliche Grundlagen des Vereinsrechts?*, FS Robert Fischer (1979), 165-196 (189-190). Uma análise alternativa em CONSTANTIN H. BEIER, *Der Regelungsauftrag als Gesetzgebungsinstrument im Gesellschaftsrecht* (2002), 5, e 35 ss., com uma sistematização de normas.

[1437] BERNHARD REICHERT, *Handbuch des Vereins- und Verbandsrecht*, 9.ª ed. cit., Nr. 284 (98-99).

[1438] MARTIN SCHÖPFLIN, *Der nichtrechtsfähige Verein* (2003), 218-219.

[1439] SCHÖPFLIN, ob. e loc. cit., sublinha este aspeto; quanto à interpretação *vide infra*, 405 ss..

[1440] *Vide* o nosso *Tratado de Direito civil*, I/3, 2.ª ed., 621 ss..

[1441] Já no período pré-unitário; cf. ALBERTAZZI/M. S. PRASCA, *Comento Analitico al Codice di Commercio per gli Stati Sardi*, I (1843-1844), 187 ss..

[1442] Perante o Código de Comércio de 1882: G. A. RAFFAELLI, *Le società commerciali* (1940), 64 ss..

[1443] Em face do Código Civil de 1942: ANTONIO BRUNETTI, *Trattato di diritto delle società*, 1, 2.ª ed. (1948), 9 ss..

[1444] FRANCESCO MESSINEO, *La struttura della società e il c.d. contratto plurilaterale*, RDCiv 1942, 65 ss. = *Studi di diritto della società* (1949), 16-57 (25 ss.); explica este Autor que a designação "contrato plurilateral" seria o *travestimento* do ato coletivo (ob. cit., 49).

[1445] LORENZO MOSSA, *Trattato del nuovo diritto commerciale – II – Società commerciali personali* (1951), 198 ss.; este Autor evita, depois da Guerra, falar em ato corporativo, dirigindo-se para a empresa.

486   *O contrato de sociedade*

liberal do pós-guerra era, todavia, mais favorável a construções contratuais, que predominariam. Na atualidade, os juristas têm uma predileção contratual[1446]. São, todavia, confrontados com sociedades não-contratuais: as sociedades unipessoais e as sociedades constituídas pelo Estado[1447].

V. As divergências quanto à natureza do ato constitutivo de sociedades também ocorreram em Portugal. Embora não indicando fontes doutrinárias, GUILHERME MOREIRA veio tecer as seguintes considerações[1448]:

> Nos contractos ha sempre pessoas determinadas que por elles ficam adstrictas a certas prestações e cujas vontades, manifestando-se em direcções oppostas, se encontram, formando-se um vínculo jurídico em virtude desse acordo. Quando todas as vontades se manifestam na mesma direcção, não se formando um vinculo juridico entre as pessoas que manifestam essa vontade, não haverá contracto, porque essas pessoas não se sujeitam, nas relações entre si, a uma obrigação; não haverá tambem contracto sempre que, dada uma declaração de vontade pela qual se constitua uma obrigação para com qualquer pessoa, o direito desta não tenha a sua causa numa manifestação da sua vontade que coopere junctamente com a declaração da vontade de quem sem constitue nessa obrigação. Nestes casos haverá um negocio juridico unilateral e não bilateral.

GUILHERME MOREIRA dá depois, como exemplo, precisamente a constituição de uma sociedade anónima.

Contra pronuncia-se JOSÉ TAVARES[1449]. Explica este Autor que o "conceito moderno de contrato" abrange o ato coletivo, o *Gesamtakt* e a união ou *Vereinbarung*. Porém, BARBOSA DE MAGALHÃES veio apoiar a doutrina do ato coletivo[1450]. FERRER CORREIA, em importante monografia[1451] e,

---

[1446] P. ex., AULETTA/SALANITRO, *Diritto commerciale*, 13.ª ed., 99, embora referindo sociedades com outra natureza.

[1447] Assim, FERRARA/CORSI, *Gli imprenditori e le società*, 14.ª ed. cit., 185-186, com indicações.

[1448] GUILHERME MOREIRA, *Instituições do Direito civil português*, vol. II – *Das Obrigações* (1911), 586-587.

[1449] JOSÉ TAVARES, *Sociedades e empresas comerciais*, 2.ª ed. cit., 44-45 e *Princípios fundamentais do Direito civil*, 1, 2.ª ed. (1929), 439 ss..

[1450] BARBOSA DE MAGALHÃES, *Direito comercial* (1924), em versão que não confirmamos. Na ed. de EDUARDO MARQUES RALHA, *Lições de Direito comercial* (1930), 269-270, este Autor já apresenta uma noção contratual.

[1451] ANTÓNIO FERRER CORREIA, *Sociedades fictícias e unipessoais* cit., 38 ss..

§ 33.º *Celebração, forma e natureza* 487

depois, em sucessivas lições universitárias[1452], vem defender a natureza contratual da constituição de sociedades. Explica, designadamente, que as declarações que integram o contrato de sociedade não são meramente paralelas, tendentes à formação do novo ente, uma vez que produz, também, relações entre as partes celebrantes[1453]. FERNANDO OLAVO acolhe e reforça esta ideia: aquando da celebração de um contrato de sociedade, as partes podem ter interesses contrapostos: estaremos, "... perfeitamente na figura do contrato"[1454].

A partir daí, podemos considerar que o contratualismo ficou definitivamente radicado nas duas grandes escolas jurídicas do País: Coimbra e Lisboa[1455].

VI. A atual tendência de trabalhar com um conceito amplo de contrato, capaz de abranger todos os atos plurilaterais, tem levado à rejeição da doutrina do ato conjunto de VON GIERKE ou do negócio jurídico unilateral, de GUILHERME MOREIRA. A orientação em causa teve, de resto, o cuidado de afeiçoar a lei: o Código das Sociedades Comerciais refere, de modo contínuo, "contrato".

Tal orientação, convertida quase em doutrina oficial[1456], não deve conduzir a uma perda de capacidade analítica.

Ponto assente – e é aí que se fez a maioria, na doutrina alemã: a natureza negocial da constituição de uma sociedade[1457]. Este aspeto é importante porque, além de acentuar as liberdades de celebração e de estipulação aqui presentes, como vimos, traduz, *ab initio*, a colocação das sociedades na área do Direito privado e da livre iniciativa económica e social.

[1452] P. ex., ANTÓNIO FERRER CORREIA, *Sociedades comerciais/doutrina geral (Lições ao 4.º ano jurídico de 1953-1954)*, segundo apontamentos de aula de VASCO DA GAMA LOBO XAVIER revistos pelo Mestre (1954), 19 ss. (30 ss.).

[1453] FERRER CORREIA, *Sociedades fictícias e unipessoais* cit., 42.

[1454] FERNANDO OLAVO, *Direito comercial*, II, apontamentos das lições coligidos por ALBERTO XAVIER e MARTIM DE ALBUQUERQUE (1963), 31 ss. (35).

[1455] Cf. COUTINHO DE ABREU, *Curso de Direito comercial* cit., 2, 91 e BRITO CORREIA, *Direito comercial*, 2 – *Sociedades comerciais* (1989), 113 ss. (122-124).

[1456] Cf. PINTO FURTADO, *Curso de Direito das sociedades*, 5.ª ed. cit., 75, optando por um contrato plurilateral, ALBINO MATOS, *Constituição de sociedades*, 5.ª ed. cit., 17 e COUTINHO DE ABREU, *Curso de Direito comercial* cit., 2, 90-91.

[1457] KARSTEN SCHMIDT, *Gesellschaftsrecht*, 4.ª ed. cit., 75.

488   *O contrato de sociedade*

Para além disso, porém, o contrato de sociedade tem especificidades: não é um contrato comum.

VII. Desde logo, ele é dispensável. A sociedade pode constituir-se por ato unilateral, no sentido clássico de ter um único declarante. É o que sucede nas hoje pacíficas sociedades inicialmente unipessoais: artigos 270.º-A/1 e 488.º/1, como exemplos. Além disso, pode resultar da dinâmica de uma sociedade preexistente: o caso da cisão será um bom exemplo.

De seguida, o regime do contrato de sociedade não coincide com o dos contratos comuns. A invalidade resultante de vício da vontade ou de usura, por exemplo – e independentemente do registo – não é oponível *erga omnes* mas, apenas, aos demais sócios – 41.º/2, 2.ª parte. Outras invalidades são sanáveis por (meras) deliberações maioritárias – artigos 42.º/2 e 43.º/2: solução contratualmente inexplicável.

À reflexão: a presença de uma concreta vontade, na conclusão de um contrato de sociedade, tem a virtualidade de fazer passar o seu autor a sócio; não a de fazer surgir a própria sociedade em si. E quem adquira uma participação social não se torna, propriamente, parte no primitivo contrato de sociedade.

Finalmente: um pacto social não regula, simplesmente, um delimitado círculo de interesses entre as partes que o concluam; ele antes fixa – ou pode fixar – um quadro normativo capaz de regular múltiplas situações subsequentes.

VIII. Poderíamos sucumbir à solução do negócio unilateral, de GUILHERME MOREIRA. Irrealismo: na sua configuração mais natural e típica, a sociedade traduz um encontro de várias vontades que se põem de acordo para concretizar um projeto comum. Trata-se, necessariamente, de um contrato.

Sendo um contrato, nada impede que, aí, se abra uma especial categoria para o acolher. Na sociedade não há prestações recíprocas: antes uma atuação conjunta ou confluente, com uma estruturação normativa para futuras atuações. A doutrina atual fala num contrato de colaboração[1458] ou de organização[1459]. Podemos aceitar esses qualificativos.

[1458] FERRARA/CORSI, *Gli imprenditori e le società*, 14.ª ed. cit., 221.
[1459] KARSTEN SCHMIDT, *Gesellschaftsrecht*, 4.ª ed. cit., 77.

161. Constituição por negócio não contratual

I. O Código das Sociedades Comerciais prefigura o contrato como o esquema normal de constituição das sociedades, numa valoração básica tomada pelo Código Civil. Ele próprio previa, contudo, outros modos de constituição de sociedades[1460]. Assim:

– a constituição por fusão, cisão ou transformação – artigos 7.º/4 e 97.º e seguintes;
– a constituição de sociedade anónima com apelo a subscrição pública – artigos 279.º e seguintes;
– a constituição originária de sociedade unipessoal por quotas – artigo 270.º-A/1;
– a constituição originária de sociedades anónimas – artigo 488.º/1.

No caso da fusão, cisão ou transformação há, de facto, uma "constituição derivada" uma vez que a(s) nova(s) sociedade(s) resulta(m), de facto, de transformação da(s) anterior(es). O motor da constituição é, aqui, desempenhado por uma ou mais deliberações sociais. Esclareça-se que, na hipótese de fusão, não há propriamente um "contrato"[1461] entre as administrações das sociedades preexistentes: estas limitam-se a executar o que fora deliberado pelas assembleias gerais das sociedades envolvidas, não tendo liberdade de celebração (nem de estipulação). Por isso, as regras que se aplicam à fusão são as previstas para esse instituto e não as da contratação.

II. Na hipótese de constituição de sociedade anónima com apelo a subscrição pública[1462] – e mau grado a natural preexistência de um contrato preparatório entre os promotores –, a constituição deriva de contrato celebrado por dois promotores e pelos subscritores que entrem com bens diferentes do dinheiro – 283.º/1 – precedendo uma especial deliberação da assembleia constitutiva – 281.º/7, *a*). Não há, propriamente, um contrato.

[1460] Alguns elementos em Maria Elisabete Ramos, no *Código em Comentário* cit., 1, 128-129.

[1461] Contra: Coutinho de Abreu, *Curso de Direito comercial* cit., 2, 92.

[1462] *Manual* 2, 591 ss..

490 *O contrato de sociedade*

De todo o modo, quer neste caso, quer no da constituição derivada, deparamos com atos marcados pela liberdade de celebração e pela liberdade de estipulação. Tecnicamente, surgem negócios unilaterais, ainda que de estrutura deliberativa.

III. Temos, depois, os casos de constituição originária de sociedades unipessoais: seja por quotas – 270.°-A/1 – seja anónimas – 488.°/1. Em ambos os casos deparamos com claros negócios unilaterais.

162. Constituição por diploma legal e por decisão judicial

I. Encontramos sociedades constituídas por decreto-lei do Governo, a que podemos acrescentar as hipóteses de lei da Assembleia da República ou de diploma regional[1463]. O recurso a diploma legal é frequente no domínio da transformação de empresas públicas em sociedades anónimas de capitais públicos, como primeiro passo para a sua reprivatização[1464]. Encontramos, porém, a transformação de empresas públicas *proprio sensu* em sociedades anónimas como mera técnica de gestão[1465] e, ainda, o lançamento de sociedades anónimas de capitais exclusivamente públicos, a partir de estabelecimentos diversos, também como forma de assegurar um regime mais flexível[1466]. A criação de uma sociedade anónima *ex novo*, por diploma legislativo, tem igualmente ocorrido[1467].

[1463] Assim, o Decreto Legislativo Regional n.° 21/2001/M, de 4 de Agosto, que cria a Sociedade Metropolitana de Desenvolvimento, SA, na Madeira.

[1464] Como exemplo entre dezenas: o Decreto-Lei n.° 103-A/89, de 4 de Abril, relativo à Petrogal, SA.

[1465] Assim o caso emblemático da Caixa Geral de Depósitos, transformada em sociedade anónima pelo Decreto-Lei n.° 287/93, de 20 de Agosto, alterado pelo Decreto-Lei n.° 56-A/2005, de 3 de Março; temos em vista as "empresas públicas" previstas no Decreto-Lei n.° 260/76, de 8 de Abril e que correspondem ao universalmente entendido por essa locução e não ao alargamento tecnicamente incorreto, perpetrado pelo Decreto-Lei n.° 558/99, de 17 de Dezembro.

[1466] Assim a agora chamada Teatro Nacional de D. Maria II, SA, resultante do Decreto-Lei n.° 65/2004, de 23 de Março ou as sociedades constituídas no âmbito do programa Pólis – vg.: Decreto-Lei n.° 303/2000, de 21 de Novembro, relativo à Pólis Matosinhos, SA – ou o Decreto-Lei n.° 272/2002, de 9 de Dezembro, que transformou o Hospital Infante D. Pedro, em Aveiro, numa sociedade anónima de capitais exclusivamente

§ 33.º Celebração, forma e natureza

II. Encontramos, ainda, a hipótese de constituição de sociedades por decisão judicial. Ela pode ocorrer no domínio de planos de insolvência, adotados nos termos dos artigos 209.º e seguintes do CIRE, com homologação pelo juiz.

III. Às sociedades instituídas por diploma legal ou por decisão judicial passa a aplicar-se, uma vez constituídas, o regime comum das sociedades. E, designadamente: poderão os seus estatutos ser modificados por deliberação a tanto dirigida, da assembleia geral e que observe os requisitos estabelecidos para esse tipo de ocorrência. No caso de diploma legal, pode haver restrições, designadamente quanto à livre circulação das ações.

---

públicos, a que se seguiram mais algumas dezenas de hospitais – Decretos-Leis n.ᵒˢ 273/2002 a 280/2002, todos de 9 de Dezembro, Decretos-Leis n.ᵒˢ 281/2002 a 292/2002, todos de 10 de Dezembro e Decretos-Leis n.ᵒˢ 293/2002 a 302/2002, todos de 11 de Dezembro. Houve alterações introduzidas pelos Decretos-Leis n.º 126/2003, de 24 de Junho e n.º 207/2003, de 12 de Setembro.

[1467] P. ex.: Decreto-Lei n.º 65/89, de 1 de Março, relativo ao Centro Cultural de Belém, SA.

§ 34.º O CONTEÚDO

163. Elementos gerais

I. Em rigor, o conteúdo de um contrato traduz a regulação jurídica por ele introduzida, no âmbito delimitado pelas partes[1468]. Nas sociedades comerciais, a locução abrange ainda elementos que, não sendo em si regulativos, se tornam essenciais para depreender o regime fixado pelo contrato. O Código das Sociedades Comerciais fala, a tal propósito, em "elementos".

II. Segundo o artigo 9.º[1469]:

> 1 – Do contrato de qualquer tipo de sociedade devem constar:
>
> *a)* Os nomes ou firmas de todos os sócios fundadores e os outros dados de identificação destes;
>
> *b)* O tipo de sociedade;
>
> *c)* A firma da sociedade;
>
> *d)* O objeto da sociedade;
>
> *e)* A sede da sociedade;
>
> *f)* O capital social, salvo nas sociedades em nome coletivo em que todos os sócios contribuam apenas com a sua indústria;
>
> *g)* A quota de capital e a natureza da entrada de cada sócio, bem como os pagamentos efetuados por conta de cada quota;

[1468] Também se usa "objeto" (imediato); cf. PINTO FURTADO, *Curso de Direito das sociedades*, 5.ª ed. cit., 195. Optando por conteúdo: ALBINO MATOS, *Constituição de sociedades*, 5.ª ed. cit., 23 ss..

[1469] Este preceito corresponde ao revogado artigo 114.º do Código VEIGA BEIRÃO; cf. J. PINTO FURTADO, *Código Comercial Anotado*, 1, *Artigos 1.º a 150.º* (1975), 292 ss.. Desenvolvidamente, desse mesmo Autor, *Comentário* 1 (2009), 353 ss.. *Vide*, ainda, MARIA ELISABETE RAMOS, no *Código em Comentário* 1 (2010), 161 ss. e ADELAIDE MENEZES LEITÃO/JOSÉ ALVES BRITO, *CSC/Clássica*, 2.ª ed. (2011), anot. artigo 9.º.

§ 34.º O conteúdo

h) Consistindo a entrada em bens diferentes de dinheiro, a descrição destes e a especificação dos respetivos valores;

i) Quando o exercício anual for diferente do ano civil, a data do respetivo encerramento, a qual deve coincidir com o último dia de um mês de calendário, sem prejuízo do previsto no artigo 7.º do Código do Imposto sobre o Rendimento das Pessoas Coletivas[1470].

Diversos preceitos complementam o conteúdo do contrato, a propósito dos vários tipos sociais: artigos 176.º, quanto às sociedades em nome coletivo, 199.º, quanto às sociedades por quotas, 272.º, quanto às sociedades anónimas e 446.º, quanto às sociedades em comandita.

III. O artigo 9.º contém elementos necessários: a sua eventual ausência conduziria à invalidade do contrato, nos termos do artigo 42.º/1[1471], que especifica:

– a falta do mínimo de dois sócios fundadores, salvo quando a lei permita a constituição unipessoal;
– a falta de menção da firma, da sede, do objeto ou do capital da sociedade, bem como do valor da entrada de algum sócio ou de prestações realizadas por conta desta.

O artigo 42.º/2 distingue, destes vícios, os sanáveis por deliberação dos sócios, tomada nos termos prescritos para a alteração do contrato: a falta de firma, de sede ou do valor da entrada de algum sócio ou de prestações realizadas por conta desta. *A contrario*, a falta do objeto ou do capital seriam insuscetíveis de sanação. Apesar do silêncio da lei, a não indicação do tipo de sociedade, quando insuprível com recurso a elementos contratuais, deve ser considerada, também, insanável: todo o processo de constituição teria de ser retomado desde o início.

IV. Os elementos em causa poderão constar implícita ou explicitamente do contrato, nos termos gerais. Pensamos, todavia, que deverão sur-

---

[1470] Esta última alínea, que destoa francamente das restantes, foi acrescentada pelo Decreto-Lei n.º 328/95, de 9 de Dezembro.

[1471] Relativo a contratos de sociedades por quotas, anónimas ou em comandita por ações, desde que registados. Quanto às sociedades de pessoas, *vide* o artigo 43.º.

494 *O contrato de sociedade*

gir com suficiente clareza, mesmo perante terceiros. A tal propósito, pergunta-se se não seria aplicável, ao contrato de sociedade, o dispositivo do artigo 238.º do Código Civil, designadamente quando admite que, de negócios formais, possa resultar um sentido que não tenha um mínimo de correspondência no texto do respetivo documento. A resposta é negativa: no contrato de sociedade, caímos precisamente no final do artigo 238.º/2: as "razões determinantes da forma do negócio ..." opõem-se a essa validade. Um ponto que retomaremos de seguida, a propósito da interpretação do contrato.

164. A interpretação e a integração do contrato

I. O contrato de sociedade coloca questões próprias e, de certo modo, autónomas, de interpretação[1472]. De facto e logo à partida verifica-se que, mesmo admitindo as conceções contratualistas, a sociedade não pode ser considerada como um contrato comum. Ele não é eficaz *inter partes* ou apenas *inter partes*: originando, pelo registo, um ente coletivo personalizado, ele vem produzir efeitos *erga omnes*. Designadamente:

– efeitos perante os novos sócios;
– efeitos perante terceiros estranhos;
– efeitos perante os credores da sociedade.

Se o contrato de sociedade fosse interpretado segundo as regras negociais comuns, poderia haver que dar primazia à "vontade real das partes", prevista no artigo 236.º/2, do Código Civil, com a daí resultante irrelevância da *falsa demonstratio*[1473]. Mais: sendo formal, o contrato de socie-

---

[1472] Quanto ao problema da interpretação dos estatutos das associações, cf. o *Tratado de Direito civil*, IV, 3.ª ed., 652, e indicações aí exaradas, especialmente REICHERT, *Handbuch*, 9.ª ed. cit., 104 ss., bem como SCHÖPFLIN, *Der nichtrechtsfähige Verein* cit., 221 ss.. A maioria dos elementos existentes advém, todavia, do Direito das sociedades.

[1473] *Tratado de Direito civil*, I/1, 3.ª ed., 763 ss., quanto ao alcance destas noções. No tocante à interpretação contratual *vide*, no campo societário, HUGO DUARTE FONSECA, *Sobre a interpretação do contrato de sociedades nas sociedades por quotas* (2008) e, no plano geral, neste momento e por último, MARIA RAQUEL REI, *A interpretação do negócio jurídico* (2010) e BJÖRN BIEHL, *Grundsätze der Vertragsauslegung*, JuS 2010, 195-200.

§ 34.° O conteúdo

dade poderia, nas condições do artigo 238.°/2, do mesmo Código, dar lugar a um sentido sem o mínimo de correspondência com o seu texto. E também a integração procuraria, segundo o artigo 239.° do Código Civil, uma vontade hipotética de partes, que poderiam já nada ter a ver com a sociedade em que se pusesse o problema. As tais regras comuns poderiam conduzir a que um terceiro, tendo contactado com uma sociedade, deparasse, quanto aos estatutos, com um "sentido" de todo inexcogitável.

Este simples enunciado de problemas mostra logo que o "contrato" de sociedade, porquanto incluindo os estatutos, não pode ser interpretado como um contrato comum.

II. O problema foi, em especial, tratado na Alemanha, tendo a jurisprudência ilustrado uma interessante evolução. Assim, os tribunais começaram por admitir uma interpretação de tipo contratual, dos estatutos, embora sem se poder atender, para efeitos de complementação, a documentos extra: RG 21-Jun.-1912[1474], RG 23-Dez.-1938[1475], RG 12-Out.-1940[1476] e RG 4-Fev.-1943[1477]. Depois, foi-se reconhecendo que as regras de interpretação contratual faziam um especial sentido (apenas) entre as partes celebrantes – RG 22-Out.-1937[1478] – já assim não sendo totalmente perante credores e sócios futuros – BGH 9-Jun.-1954[1479]. Paralelamente, veio-se a fazer apelo a uma interpretação objetiva – RG 4-Jun.-1940[1480]: não atenderia ao facto da vontade das partes, antes sendo passível de revista – BGH 29-Jan.-1962[1481] – particularmente estando em causa aspetos societários – BGH 13-Jul.-1967[1482] – para os quais não poderiam ser tidos em conta fatores circundantes – BGH 11-Nov.-1985[1483] – antes sendo objetiva – BGH

[1474] RG 21-Jun.-1912, RGZ 79 (1912), 418-424 (422).

[1475] RG 23-Dez.-1938, RGZ 159 (1939), 272-282 (278).

[1476] RG 12-Out.-1940, RGZ 165 (1941), 68-85 (73), acentuando já, todavia, o número indeterminado de pessoas a que os estatutos se poderiam aplicar.

[1477] RG 4-Fev.-1943, RGZ 170 (1943), 358-380 (366-367).

[1478] RG 22-Out.-1937, RGZ 156 (1938), 129-140 (133).

[1479] BGH 9-Jun.-1954, BGHZ 14 (1954), 25-39 (36-37).

[1480] RG 4-Jun.-1940, RGZ 164 (1940), 129-147 (140), a propósito da impossibilidade de prossecução do fim de uma sociedade.

[1481] BGH 29-Jan.-1962, BGHZ 14 (1962), 296-316 (314).

[1482] BGH 13-Jul.-1967, BGHZ 48 (1968), 141-147 (144).

[1483] BGH 11-Nov.-1985, BGHZ 96 (1986), 245-253 (250), insistindo na hipótese de revista.

496 *O contrato de sociedade*

28-Nov.-1988[1484], BGH 21-Jan.-1991[1485], BGH 16-Dez.-1991[1486] e BGH 11-Out.-1993[1487].

III. A doutrina tem procurado aprofundar todo este material, procedendo a distinções. Assim, por um prisma notarial, haveria que distinguir componentes formais e materiais nos contratos de sociedade e nos estatutos, com reflexos na interpretação[1488]. Também o contrato de sociedade teria de ser conservado distinto das combinações entre as partes; estas produziriam efeitos *inter partes* ou, quando muito, como contratos a favor de terceiros; nenhum efeito teriam, porém, no próprio contrato de sociedade[1489]. Depois seria possível distinguir, em sociedades de capitais, determinações não corporativas ou respeitantes apenas às partes, que seguiriam uma interpretação de tipo contratual e as propriamente societárias, a interpretar objetivamente[1490]. Outra contraposição: nas sociedades de pessoas, pelas suas características, a integração seguiria as regras da vontade hipotética; nas de capitais, seria objetiva, semelhante à da lei[1491]. Esta contraposição operaria na interpretação comum[1492], excecionando-se, nas sociedades de pessoas, certas determinações corporativas[1493].

Este afã classificatório tem o seu quê de artificial. Além disso, é possível encontrar exemplos que tornem exposta a todos a regra que, aparentemente, só relevaria entre dois sócios. Assim, KARSTEN SCHMIDT, profundo

---

[1484] BGH 28-Nov.-1988, BGHZ 106 (1989), 67-83 (71), uma decisão relativa a um partido político (CDU).

[1485] BGH 21-Jan.-1991, BGHZ 113 (1991), 237-251 (240), quanto a uma associação.

[1486] BGH 16-Dez.-1991, BGHZ 116 (1992), 359-376 (364), insistindo na revisibilidade.

[1487] BGH 11-Out.-1993, BGHZ 123 (1994), 347-355 (350), referindo o facto de tais disposições se poderem aplicar a um círculo indeterminado de pessoas.

[1488] KARL WINKLER, *Materielle und formelle Bestandteile in Gesellschaftsverträgen und Satzungen und ihre verschiedenen Auswirkungen*, DNotZ 1969, 394-414 (397 ss.).

[1489] ROLF OSTHEIM, *Zur Auslegung des Gesellschaftsvertrages bei der Gesellschaft mit beschränkter Haftung*, FS Heinrich Demelius (1973), 381-398 (398).

[1490] HANS-JOACHIM PRIESTER, *Nichtkorporative Satzungsbestimmung bei Kapitalgesellschaften*, DB 1979, 681-687 (687).

[1491] CHRISTIAN HEY, *Ergänzende Vertragsauslegung und Geschäftsgrundlagenstörung im Gesellschaftsrecht* (1990), 24-27 e *passim*, com conclusões a 138. *Vide*, ainda, KÜBLER/ASSMANN, *Gesellschaftsrecht*, 6.ª ed. cit., 117.

[1492] BARBARA GRUNEWALD, *Die Auslegung von Gesellschaftsverträgen und Satzungen*, ZGR 1995, 68-92 (68, 80 e 81).

[1493] *Idem*, 71.

§ 34.º O conteúdo — 497

estudioso da matéria, opta por uma interpretação de cariz objetivo, sempre que estejam em causa normas materialmente coletivas[1494]. Ressalvada fica a proibição de comportamentos contraditórios[1495], de modo a prevenir que um sócio convença outro de que irá manter certa atitude, com base interpretativa e, depois, apelando a uma leitura objetiva, venha contra *factum proprium*.

IV. O Código das Sociedades Comerciais utiliza uma linguagem contratual quase absoluta. Poder-se-ia, daí, retirar uma diretriz para a interpretação: esta seguiria as regras próprias da interpretação negocial, com algumas cedências[1496]. Todavia, no contexto do contrato de sociedade – que engloba, na linguagem geral do Código, os estatutos, isso não é possível.

As regras de interpretação negocial vertidas nos artigos 236.º do Código Civil, pressupõem, fundamentalmente, um diálogo negocial a dois[1497]. Locuções como "declaratário real", "comportamento do declarante", "vontade real" (236.º) e "vontade real das partes" (238.º/2) compreendem-se num mundo bidimensional: seriam impraticáveis em contratos plurilaterais, em que, provavelmente, cada "declarante" pensou em algo diverso. Além disso, regras como a do equilíbrio das prestações (237.º) têm a ver com contratos comutativos. Logo à partida, todas estas regras surgem impraticáveis em contratos de organização, como sucede com o de sociedade.

A isso acrescem fatores já acima anunciados e, designadamente o de a sociedade, ao criar um novo sujeito de direitos, ser de modo efetivo um contrato oponível *erga omnes*. Ora o terceiro que contrate com a sociedade

---

[1494] KARSTEN SCHMIDT, *Gesellschaftsrecht*, 4.ª ed. cit., 89 ss.. Também UWE HÜFFER, *Aktiengesetz*, 9.ª ed. cit., § 323, Nr. 39 (120).

[1495] *Idem*, 90.

[1496] COUTINHO DE ABREU, *Curso de Direito comercial* cit., 2, 140 ss., segue uma orientação deste tipo, embora apelando a um "método objetivo", em certos casos: conviria defini-lo.

[1497] Há que ter cuidado com qualquer transposição direta da doutrina alemã; as regras de interpretação negocial contidas nos §§ 133 e 157 do BGB, tal como resultam da atual doutrina, não postulam tal diálogo e são (ou resultam) mais marcadamente objetivas; *vide* JÜRGEN ELLENBERGER, no Palandt/*BGB*, 69.ª ed. (2010), §§ 133 (119 ss.) e 157 (169 ss.). Outro aspeto: no BGB alemão não há regras de interpretação das leis; por isso, quando se fala em "interpretação objetiva", é disso que se trata.

498   *O contrato de sociedade*

não pode ser confrontado com sentidos que só a "declarantes" e "declara-tários" digam respeito. O mesmo se diga perante o facto de, particular-mente nas sociedades de capitais, as participações sociais poderem circular. Também o adquirente dessas posições não deve ser confrontado com rea-lidades que, de todo, se lhe não reportem[1498].

Tanto basta para que se possa proclamar: a interpretação dos pactos sociais é fundamentalmente objetiva, devendo seguir o prescrito para a interpretação da lei – artigo 9.º do Código Civil, com as inevitáveis adap-tações. Também a integração deverá seguir o prescrito no artigo 10.º desse Código, em vez de apelar a uma vontade hipotética das partes (quais?).

V. A doutrina alemã já procurou distinguir, para efeitos de interpreta-ção, entre cláusulas obrigacionais e organizacionais e entre sociedades de pessoas e de capitais: nos primeiros casos, predominaria a interpretação negocial; nos segundos, a "objetiva" – leia-se: a legal. Tudo isto tende a ser abandonado, não sendo desejável uma tardia receção na doutrina por-tuguesa.

Quando as partes preparam os estatutos de uma sociedade, elas têm a perfeita consciência de escrever para o futuro e, não, uma para a outra. Mesmo o modo impessoal por que tais estatutos são redigidos implica, na raiz, uma intenção legiferante. Assim sucede nas próprias sociedades de pessoas e no que tange a todas as cláusulas inseridas nos contratos.

No giro societário normal, é frequente, a propósito das mais variadas operações bancárias que envolvam sociedades, entregar ao banqueiro cópia dos estatutos. Este irá valorar as diversas cláusulas lá inseridas – e todas são ou poderão ser importantes – com o sentido que delas resulte: seria impensável contrapor quaisquer "declaratário real", "comportamento do declarante" ou "vontade real das partes". Isso só obrigaria o banqueiro a tomar mais precauções, com prejuízos para todos.

E isso para não falar em sociedades abertas, em transações societá-rias, em sociedades unipessoais ou em modificações de tipos sociais: os

---

[1498] Além disso, surgem situações de autêntica delegação legislativa. Por exemplo, as federações desportivas podem dimanar regras gerais, sendo os seus estatutos adstrin-gentes mesmo para além dos associados diretos. *Vide* PETER W. HEERMANN, *Die Geltung von Verbandssatzungen gegenüber mittelbaren Mitgliedern und Nichtmitgliedern*, NZG 1999, 325-333.

§ 34.° O conteúdo

reflexos de tudo isto, na interpretação "negocial", seriam inexcogitáveis, sem qualquer vantagem: para ninguém.

Mantemos, pois, a natureza objetiva, de tipo legal, das interpretação e integração do contrato de sociedade: que não haja receio em assumir as especificidades próprias do Direito das sociedades.

VI. Apenas cumpre fazer duas cedências aos princípios gerais de interpretação e de integração, acima anunciados:

– o da presença de cláusulas extrassocietárias;
– o da proibição de *venire contra factum proprium*.

A primeira corresponde a um último reduto das pretensas cláusulas meramente obrigacionais. Sustentamos que estas devem ter o mesmo tratamento do das organizacionais[1499]. Todavia, pode suceder que, num contrato de sociedade, haja sido inserida, ao abrigo da liberdade contratual (405.°/1, do Código Civil), alguma cláusula que, com o contrato de sociedade, nada tenha a ver. Nessa altura, ela seguiria os cânones interpretativos negociais comuns.

A segunda deriva da boa-fé. *In concreto* não pode uma parte adotar uma atuação societária assente numa (pretensa) interpretação subjetiva do pacto, convencer outrem da excelência da conduta e, depois, prevalecer-se da interpretação objetiva. A proibição de comportamentos contraditórios obrigaria, no limite, o responsável a indemnizar os danos assim causados.

VII. Uma orientação paralela deverá, como vimos, prevalecer no tocante à integração de lacunas. O artigo 239.°, do Código Civil, faz apelo à vontade hipotética das partes. Ora o "contrato" de sociedade, uma vez instituído o novo ente coletivo, liberta-se dos seus celebrantes iniciais. Além disso, é oponível a terceiros, os quais devem poder prever as linhas de integração de lacunas. Jogam, em suma, todas as razões que, quanto à própria interpretação, recomendam soluções de tipo objetivo.

[1499] Por exemplo: a cláusula que previsse uma contribuição especial por parte de determinado sócio – artigo 209.°: ela interessa, de sobremaneira, aos banqueiros e aos credores da sociedade além de, naturalmente, aos adquirentes de quaisquer participações sociais. Como interpretá-la "negocialmente" atendendo, por exemplo, "à vontade real das partes", que só as próprias podem conhecer e que se presta a todo o tipo de trangiversões?

500 O contrato de sociedade

Tanto basta para abandonar uma integração de tipo subjetivo. Perante a lacuna estatutária, queda recorrer à lei das sociedades comerciais; na falta desta, caberá seguir as vias subsidiárias do artigo 2.º e, no limite, as regras do artigo 10.º, do Código Civil.

165. A firma

I. O artigo 10.º contém diversas regras relativas à firma das sociedades comerciais[1500]. Trata-se de matéria que pertence ao Direito comercial e que, aqui, apenas será aludida[1501]. Quanto às denominações das sociedades civis puras, haverá que recorrer ao RNPC[1502], como vimos[1503].

O Código VEIGA BEIRÃO, na sua versão inicial, distinguia claramente entre "firma" e "denominação particular". A firma correspondia ao nome de uma pessoa singular, por ela usada no comércio; podia surgir nas sociedades comerciais que dispusessem de nome humano, correspondendo ao dos sócios. A denominação particular traduzia uma designação diversa, necessariamente assumida pelas sociedades anónimas, que não podiam ter firma. A LSQ, de 1901, veio admitir que estas adotassem ou firma ou denominação particular – artigo 3.º: firma sempre que a sociedade por quotas tivesse uma designação que contivesse o nome de algum ou alguns dos seus sócios; denominação quando isso não sucedesse: o nome traduziria, então, uma atividade ou seria de pura fantasia.

Em 1931, o Decreto n.º 19:638, de 21 de Abril, veio alterar o Código VEIGA BEIRÃO: pretendia equiparar a "firma" à "denominação particular", de modo a permitir que as sociedades anónimas exibissem nomes de sócios

---

[1500] Nos comentários: PINTO FURTADO, Comentário 1 (2009), 367 ss., REMÉDIO MARQUES, Código em Comentário 1 (2010), 175 ss. e ADELAIDE MENEZES LEITÃO/JOSÉ ALVES BRITO, CSC/Clássica, 2.ª ed. (2011), artigo 10.º.

[1501] Manual de Direito comercial, 2.ª ed., 313 ss.. Pelo prisma das sociedades comerciais, com especial atenção ao princípio da verdade e à transmissão da firma, M. NOGUEIRA SERENS, O direito da firma nas sociedades comerciais, em Colóquio org. Fundação Bissaya Barreto/Os quinze anos do Código das Sociedades Comerciais (2003), 193-209.

[1502] Tenha-se presente que este diploma foi alterado pelo Decreto-Lei n.º 76-A/2006, de 29 de Março, e pela Lei n.º 18/2009, de 29 de Junho, por último, além de múltiplas alterações anteriores.

[1503] Supra, 370 ss..

§ 34.° O conteúdo   501

(ou de ex-sócios). Todavia, não se alterou, na época, a LSQ, de tal maneira que, no Direito português, continuou a subsistir a diferença entre "firma" e "denominação particular". A doutrina passou, então, a defender a existência de uma "firma em sentido amplo", que abrangeria todas as designações comerciais e, nomeadamente: a firma em sentido próprio, firma-nome ou firma-pessoal, composta pelo nome de pessoas singulares, ainda que completado com outros elementos e a firma-denominação, formada por designações de fantasia ou por referências ao tipo de atuação a desempenhar pelo ente coletivo.

Leis posteriores tentaram aclarar toda esta confusa situação terminológica. E assim, a firma ficaria reservada para comerciantes individuais e para sociedades comerciais, enquanto a denominação exprimiria os nomes de pessoas coletivas diversas, não comerciantes. O RNPC fez um esforço nesse sentido sem, todavia, ter mantido uma orientação uniforme até ao fim.

Também o CSC tentou manter essa mesma linha, ainda que, por carências de revisão, não tenha sido sempre consequente. De todo o modo e à partida: perante a atual terminologia jurídica portuguesa, as sociedades comerciais têm firma e não denominação; as civis apresentam denominação e não firma. Esta é, porém, paradigmática[1504].

II. A firma da sociedade pode ser constituída, consoante se alcança do artigo 10.°/2 e 3:

– por nomes ou firmas de algum ou alguns sócios (firmas pessoais ou subjetivas);
– por denominação particular, quando seja composta por designações materiais, atinentes à atividade social (firmas materiais ou objetivas) ou por designações de fantasia (firma de fantasia);
– por denominação particular e nome ou firma (ou nomes ou firmas), simultaneamente (firmas mistas).

Temos a seguinte diferenciação:

– a firma pessoal deve ser "completamente distinta" das que já se acharem registadas;
– a firma material, a de fantasia e a mista "... não pode(m) ser idêntica(s) à firma registada ..." ou "... por tal forma semelhante que

---

[1504] Para mais elementos sobre esta evolução vide o *Manual de Direito comercial*, 2.ª ed., 321 ss..

502   *O contrato de sociedade*

possa induzir em erro ..."; deve, ainda, dar a conhecer quanto possível o objeto da sociedade.

Parece haver uma graduação. O seu exato levantamento exige que recordemos os princípios gerais atinentes à firma.

III. De acordo com as regras gerais do Direito comercial, a firma obedece aos seguintes princípios[1505]:

– autonomia privada: a escolha da firma compete ao interessado, ainda que com os limites do artigo 32.°/4.°, *a*), *b*), *c*) e *d*), do RNPC: exceções proibidas por lei ou ofensivas dos bons costumes, expressões incompatíveis com o respeito pela liberdade de ação política, religiosa ou ideológica e expressões que desrespeitem ou se aproximem ilegitimamente de símbolos nacionais, personalidades, épocas ou instituições cujo nome ou atividade seja de salvaguardar por razões históricas, patrióticas, científicas, institucionais, culturais ou outras atendíveis;
– obrigatoriedade e normalização: os comerciantes devem adotar certa firma a qual deve ter expressão verbal, suscetível de comunicação oral e escrita, em carateres latinos; além disso, quando tenha significado, deve ser expressa em língua portuguesa correta;
– verdade e exclusividade: quando tenha significado, deve retratar a realidade a que se reporte ou, pelo menos: não deve induzir em erro; além disso, deve ser própria do ente a que se refira;
– estabilidade: a firma não muda com a alteração dos titulares do estabelecimento;
– novidade: a firma deve ser distinta de outras já registadas ou notoriamente conhecidas.

Estes princípios, constantes dos artigos 32.° e seguintes do RNPC, devem aplicar-se às sociedades comerciais, cumulativamente com as regras do artigo 10.° do CSC[1506]. Com efeito, este último diploma rege,

---

[1505] Com mais desenvolvimento cf. o *Manual de Direito comercial*, 2.ª ed., 331 ss.. *Vide* ALBINO MATOS, *Constituição de sociedades*, 5.ª ed. cit., 49 ss..

[1506] Na pré-edição do presente volume do *Manual* (cf., aí, a p. 214), admitimos que as regras do CSC prevalecessem, a título de lei especial, sobre as do RNPC. Revimos, depois, essa opinião.

§ 34.° *O conteúdo* 503

em substância, a matéria das firmas das sociedades comerciais. Os respetivos contratos de sociedade não podem, todavia, ser celebrados sem fazer referência à emissão do certificado de admissibilidade da firma, através da indicação do respetivo número e data de emissão – artigo 54.°/1 do RNPC[1507]. Tal certificado dependerá, naturalmente, da verificação dos pressupostos do próprio RNPC. De todo o modo: embora os requisitos derivados dos dois diplomas tenham formulações diversas, há, entre eles, uma área de coincidência, como vamos ver.

IV. Embora o Código não o diga, não oferece dúvidas o predomínio da autonomia privada, no campo da firma das sociedades comerciais. Cabe às partes no contrato – ou ao interveniente único, quando não haja contrato – escolher a firma. Essa autonomia privada é limitada por lei, pela moral e pelos bons costumes: tal a formulação do artigo 10.°/5, *c*), aquém da do artigo 32.°/4.°, *b*), *c*) e *d*), do RNPC. Como vimos, este diploma também é aplicável.

A obrigatoriedade e a normalização estão, ainda, presentes: basta ver que o artigo 9.°/1, *c*), prevê a firma como elemento necessário de qualquer contrato de sociedade; a normalização decorrerá da natureza das coisas.

O princípio da verdade vem largamente consignado no artigo 10.°/5, *a*), que veda expressões que possam induzir em erro quanto à caracterização jurídica da sociedade e no artigo 10.°/5, *b*), que proíbe as que sugiram, de forma enganadora, uma capacidade técnica ou financeira ou um âmbito de atuação manifestamente desproporcionados, relativamente aos meios disponíveis.

O princípio da exclusividade, com o da novidade, ressalta do artigo 10.°/2 e 3, já examinados. O n.° 4 do mesmo artigo não permite, porém, a "apropriação" de vocábulos de uso corrente e dos topónimos, bem como de qualquer indicação de proveniência geográfica: todos esses elementos não são considerados de uso exclusivo.

Por fim, o princípio da estabilidade vem a ser assegurado por todos os esquemas que se reportam ao RNPC e, ainda, às cautelas postas, por lei, na alteração dos estatutos.

V. A firma deve exprimir o tipo de sociedade em causa. Nas sociedades em nome coletivo, ela deve conter – 177.°/1:

[1507] Redação dada pelo Decreto-Lei n.° 247-B/2008, de 30 de Dezembro.

O contrato de sociedade

– ou os nomes de todos os sócios;
– ou o nome de um deles, com o aditamento, abreviado ou por extenso, "e Companhia"[1508] ou qualquer outro que indique a existência de outros sócios; p. ex.: "e associados".

O papel da firma é tão importante que, se alguém que não for sócio, incluir o seu nome na firma, ficará responsável pelas dívidas, nos termos do artigo 175.º: 177.º/2. Como se vê, nas sociedades em nome coletivo, apenas se admitem firmas pessoais ou subjetivas, o que vai ao encontro desse tipo social.

VI. Nas sociedades por quotas, a firma deve ser formulada, com ou sem sigla[1509]:

– ou pelo nome ou firma de todos, algum ou alguns dos sócios;
– ou por uma denominação particular;
– ou por ambos,

concluindo, em qualquer dos casos, pela palavra "Limitada" ou pela abreviatura "Lda.". Admitem-se, pois, firmas pessoais, firmas objetivas, firmas de fantasia ou firmas mistas. A propósito das firmas das sociedades por quotas, o legislador reforça o princípio da verdade – artigo 200.º/1 e 2:

– na firma não podem ser incluídas ou mantidas expressões indicativas de um objeto social que não esteja especificadamente previsto na respetiva cláusula do contrato de sociedade;
– alterando-se o objeto social e deixando-se de incluir a atividade especificada na firma, a escritura de alteração não pode ser outorgada sem simultânea modificação da mesma firma.

Em rigor e perante o artigo 10.º, acima examinado, a primeira exigência seria dispensável. A segunda tem utilidade, uma vez que faz prevalecer o princípio da verdade sobre o da estabilidade. Como, porém, nada

---

[1508] Ou & Companhia, na tradição comercial. & terá derivado da corrupção gráfica do *et* (e) latino; cf. Pinto Furtado, *Curso de Direito das sociedades*, 5.ª ed. cit., 284.

[1509] A sigla é, aqui, um conjunto de iniciais ou uma fórmula, abreviada, relativa à completa denominação societária. Quanto ao tema da sigla, *idem*, Pinto Furtado, 285 ss..

§ 34.º O conteúdo   505

impede que os pactos sociais multipliquem objetos que, depois, não sejam prosseguidos, a eficácia destes preceitos não é significativa.

Nas sociedades por quotas unipessoais, a firma deve ser formada pela expressão "sociedade unipessoal" ou pela palavra "unipessoal" antes da palavra "Limitada" ou da abreviatura "Lda." – artigo 270.º-B. Em tudo o mais terão aplicação as regras atinentes às sociedades por quotas propriamente ditas – artigo 270.º-G.

VII. As regras relativas à firma das sociedades anónimas – artigo 275.º – retranscrevem, praticamente à letra[1510], o disposto no artigo 200.º, para as sociedades por quotas. Apenas com a diferença: em vez de "Limitada" ou "Lda." terá de surgir, agora, "sociedade anónima" ou "S.A.".

Na sua versão inicial, o Código Veiga Beirão proibia, como vimos, que as firmas das sociedades anónimas contivessem o nome de sócios; elas seriam sempre seguidas ou precedidas pelas palavras "sociedade anónima, responsabilidade limitada". Após a reforma introduzida pelo Decreto n.º 19:638, de 21 de Abril de 1931, a firma seria seguida por "sociedade anónima de responsabilidade limitada" ou das iniciais S.A.R.L..

Essa exigência era criticada, uma vez que as sociedades anónimas são, necessariamente, de responsabilidade limitada. A sua generalização leva a que todo o operador comercial o tenha bem presente. Por isso, o Código de 1986 veio adotar a fórmula, simples mas bastante, "SA".

Perante o Direito em vigor, as sociedades anónimas poderão dispor de firmas pessoais, de firmas materiais, de firmas de fantasia e de firmas mistas.

VIII. Quanto às sociedades em comandita, devem as respetivas firmas ser formadas, pelo menos, pelo nome ou firma de um dos sócios comanditados, aditado pela expressão "em Comandita" ou "& Comandita" ou – sendo uma comandita por ações –, "em Comandita por Ações ou & Comandita por Ações" – artigo 467.º/1.

[1510] A diferença cifra-se em que, nas sociedades por quotas e ao contrário das anónimas, a lei admite que a firma seja formada com os nomes de *todos* os sócios; cf. artigos 200.º/1 e 175.º/1.

O nome dos sócios comanditários não pode surgir na firma; se isso suceder, esse sócio passa a ser responsável, perante terceiros e pelos negócios em que figure a firma em causa, nos termos impostos aos sócios comanditados. O mesmo, de resto, sucede a terceiros que facultem o seu nome para a firma – artigo 467.º/2 a 5.

IX. Temos ainda outras regras relativas a firmas sociais. As sociedades gestoras de participações sociais devem usar firmas que contenham essa locução ou a abreviatura SGPS – artigo 2.º/4, do Decreto-Lei n.º 495/88, de 30 de Dezembro. As sociedades de gestão e investimento imobiliário podem usar firmas (e só elas o podem fazer) donde conste essa qualidade por extenso ou abreviada: SGII (ler: S, G, dois iis) – artigo 4.º do Decreto-Lei n.º 135/91, de 4 de Abril. As sociedades de desenvolvimento regional adotam SDR – Decreto-Lei n.º 25/91, 1.º; as sociedades administradoras de compras em grupo, SACEG – artigo 6.º/3 do Decreto-Lei n.º 237/91, de 2 de Julho; as sociedades de capital de risco, SCR e as de fomento empresarial, SFE – Decreto-Lei n.º 433/91, de 7 de Novembro; as sociedades desportivas, SAD – artigo 6.º do Decreto-Lei n.º 67/97, de 3 de Abril; as sociedades de garantia múltipla, SGM – artigo 4.º do Decreto-Lei n.º 211/98, de 16 de Julho; os agrupamentos complementares de empresas, A.C.E. –base III da Lei n.º 4/73, de 4 de Junho, e artigo 3.º do Decreto-Lei n.º 430/73, de 25 de Agosto; os agrupamentos europeus de interesse económico, AEIE – artigo 5.º do Regulamento (CEE) n.º 2137/85, do Conselho, de 25 de Julho; os estabelecimentos individuais de responsabilidade limitada, E.I.R.L. – artigo 2.º/3 do Decreto-Lei n.º 248/86, de 25 de Agosto; as cooperativas usam as denominações "cooperativa", "união", "federação" ou "confederação de cooperativas" e, ainda, de "responsabilidade limitada" ou "ilimitada", conforme os casos, ou as suas abreviaturas – artigo 14.º/1 do CCoop.

No domínio do Direito bancário, temos firmas específicas reservadas às instituições de crédito. Assim, segundo o artigo 11.º/1 do RGIC, só as entidades habilitadas como instituições de crédito ou sociedades financeiras podem usar, na sua atividade, expressões que sugiram atividades bancárias; a lei exemplifica com "banco", "banqueiro", "de crédito", "de depósito", "locação financeira", "leasing" e "factoring". A lista pode ser doutrinariamente alargada[1511]. Tais entidades assumirão sempre a forma de sociedades anónimas – artigo 14.º/1, b), do RGIC. Quanto às seguradoras, também necessariamente anónimas: determina o artigo 11.º/2 do RGES que da sua

---

[1511] *Manual de Direito bancário*, 4.ª ed. cit., 934.

§ 34.º O conteúdo

denominação (isto é: firma) conste uma expressão da qual resulte inequivo-camente que o seu objeto é o exercício da atividade seguradora ou da ativi-dade de assistência, consoante os casos.

166. O objeto; a aquisição de participações

I. Como vimos, o objeto da sociedade – ou objeto mediato, para quem queira chamar "objeto" ao conteúdo – é constituído pelas atividades a desenvolver pelo ente coletivo. O artigo 11.º tem diversas regras a tanto respeitantes[1512].

O objeto da sociedade deve constar de indicação corretamente redi-gida em língua portuguesa. *A contrario*, poder-se-ia inferir daqui que os outros elementos do conteúdo do contrato de sociedade não teriam de preencher esses requisitos. Não é assim. O contrato de sociedade deve ser celebrado por escrito, com reconhecimento presencial das assinaturas – 7.º/1. O reconhecimento não pode ser exarado num texto incompreensível: pressupõe-se, naturalmente, que deve estar em português correto. De todo o modo, o artigo 11.º/1 só merece aplauso, mesmo quando dispensável.

II. Como objeto devem ser indicadas as atividades que os sócios se proponham para a sociedade – 11.º/2. A lei permite que o contrato indique uma série de atividades não efetivas; segundo o n.º 3, compete depois aos sócios, de entre as atividades elencadas no objeto social, escolher aquela ou aquelas que a sociedade efetivamente exercerá, bem como deliberar sobre a suspensão ou a cessação de uma atividade que venha sendo exer-cida – n.º 3. A prática vai, assim, no sentido de alongar o objeto da socie-dade com toda uma série de hipóteses de atuação.

III. Questão controversa era a da aquisição, pela sociedade, de parti-cipações sociais noutras sociedades, a qual teria de ser facultada pelo pacto social.

O problema surgia particularmente candente no tocante a participa-ções em sociedades de responsabilidade ilimitada; tais participações pode-riam pôr em causa o regime de responsabilidade próprio da sociedade par-ticipante.

[1512] ALBINO MATOS, *Constituição de sociedades*, 5.ª ed. cit., 58 ss..

508   *O contrato de sociedade*

Resolvendo dúvidas, o artigo 11.º/4 a 6, veio dispor:

– a aquisição de participações em sociedades de responsabilidade limitada cujo objeto seja igual àquele que a sociedade está exercendo – entenda-se: efetivamente – não depende de autorização no contrato de sociedade nem de deliberação dos sócios, salvo cláusula em contrário;
– a aquisição de participações em sociedade de responsabilidade ilimitada pode ser autorizada livre ou condicionalmente, pelo contrato social;
– de igual modo, tal autorização pode reportar-se à aquisição de participações em sociedades com objeto diferente do efetivamente exercido, em sociedades reguladas por leis especiais e em agrupamentos complementares de empresas.

Finalmente, o artigo 11.º/6 permite que a gestão de uma carteira de títulos pertencente à sociedade possa constituir o objeto dela.

IV. Como vimos, o grande papel do objeto poderia residir na delimitação da capacidade da sociedade, em virtude do princípio da especialidade. Todavia, este princípio encontra-se, hoje, superado: ele não limita, já, essa capacidade[1513]. O objeto da sociedade tem, assim, a ver primordialmente com o funcionamento da própria sociedade e com a responsabilidade dos titulares dos seus órgãos.

167. A sede e as formas locais de representação

I. A sede é um dos elementos essenciais do contrato de sociedade – artigo 9.º/1, *e*). Segundo o artigo 12.º/1, a sede da sociedade deve ser estabelecida em local concretamente definido. Aliás, pelo artigo 10.º/1, *b*), do RNPC, a sede ou domicílio e o endereço postal de pessoas coletivas estão sujeitos a inscrição no FCPC. Tudo isto está interligado: por razões elementares de polícia, fiscais, comerciais e até pessoais, as sociedades devem ter um local preciso, onde possam ser efetivamente contactadas. Na

---

[1513] *Supra*, 378 ss..

§ 34.º *O conteúdo* 509

falta de indicação da sede, surgirá, no caso de sociedades por quotas, anónimas, ou em comandita por ações registadas, a nulidade – 42.º/1, *b*) –, ainda que sanável – *idem*, n.º 2; não se poderá, assim, recorrer diretamente ao artigo 159.º do Código Civil que permite, na falta de designação estatutária, recorrer ao lugar em que funcione normalmente a administração principal[1514].

II. O artigo 12.º/2 permite que, salvo disposição em contrário no contrato, a administração possa deslocar a sede dentro do território nacional[1515]. A partir daí, a mudança de sede exige alteração dos estatutos.

O n.º 3 desse mesmo preceito dispõe que a sede constitua o domicílio da sociedade, sem prejuízo de se estabelecer domicílio especial para determinados negócios.

III. O artigo 13.º/1 prevê "formas locais de representação". Enumera: sucursais, agências, delegações e outras formas locais, no território nacional ou no estrangeiro. A criação das diversas formas de representação depende de deliberação dos sócios, quando o contrato a não dispense.

A representação só pode ser levada a cabo por pessoas. No campo comercial, é de esperar que a representação de uma sociedade seja assegurada por mandatário, nos termos dos artigos 231.º e seguintes, do Código Comercial. Recordamos que o mandato comercial pode, ao contrário do civil, envolver, por si, representação[1516]. A representação pode, ainda, ser assegurada por trabalhadores, nos termos do artigo 115.º/3, do

---

[1514] Mas pode-se lá chegar por analogia ou com recurso ao artigo 157.º, do Código Civil: mesmo nula, a entidade viciada poderá valer como sociedade (irregular): sendo, *in concreto*, suficientemente efetiva, funciona a analogia prevista naquele preceito.

[1515] Trata-se da solução do Decreto-Lei n.º 76-A/2006, de 29 de Março. Anteriormente, o contrato poderia autorizar a administração a deslocar a sede, dentro do mesmo concelho ou para concelho limítrofe. A atual redação é mais dinâmica, mas pode originar problemas: imaginemos que, *ad nutum*, a administração decide transferir a sede para uma remota paragem (para as Ilhas ou para o outro extremo do País), designadamente para neutralizar minorias. Impor-se-ia declarar a invalidade da deliberação da administração – solução óbvia, a que a jurisprudência não tem atendido, por julgar que apenas as deliberações da assembleia geral são impugnáveis – ou, como alternativa: sustentar, aqui, a presença de uma competência *ex bona fide*, da assembleia geral.

[1516] *Manual de Direito comercial*, 2.ª ed., 574-575.

510 *O contrato de sociedade*

Código do Trabalho[1517]. Temos, finalmente, as figuras dos gerentes, auxiliares e caixeiros, tratados no artigo 248.º do Código Comercial.

Torna-se difícil fazer corresponder as diversas categorias de "formas locais de representação" a realidades substantivas autónomas. À partida, poderíamos dizer:

– a sucursal traduz um centro autónomo de negócios, podendo mesmo ser personalizada; quando o não seja, ela estará, não obstante, apetrechada para a celebração de todos e quaisquer negócios, traduzindo como que uma sede secundária;

– a agência exprimiria, apenas, um local de angariação de clientela; os negócios assim obtidos seriam encaminhados para a sede propriamente dita, aí sendo concluídos;

– a delegação envolveria "poderes delegados", o que incluiria a representação; ficaria, porém, aquém da sucursal, uma vez que a delegação se limitaria a receber instruções da sede;

– "outras formas de representação" poderiam incluir: secções, interpostos, postos de venda, postos de distribuição e lojas móveis, como meros exemplos.

168. O capital social

I. Segundo o artigo 9.º/1,

> Do contrato de qualquer tipo de sociedade devem constar:
>
> (...)
>
> *f)* O capital social, salvo nas sociedades em nome coletivo em que todos os sócios contribuam apenas com a sua indústria;

O artigo 14.º, na redação introduzida pelo Decreto-Lei n.º 343/98, de 6 de Novembro, dispõe:

> O montante do capital social deve ser sempre e apenas expresso em moeda com curso legal em Portugal.

[1517] PEDRO MADEIRA DE BRITO, em PEDRO ROMANO MARTINEZ e outros, *Código do trabalho anotado*, 8.ª ed. (2009), 327.

§ 34.º *O conteúdo* 511

Este diploma visou diversas adaptações à introdução do euro, em substituição do escudo[1518].

Verifica-se, pelo enunciado legal, que o capital social não é um elemento essencial do contrato de sociedade, uma vez que não ocorre nas sociedades em nome coletivo, nas quais todos os sócios apenas contribuam com a sua indústria[1519]. Também não há capital nas sociedades civis sob forma civil – 980.º, do Código Civil. Tratar-se-á de um elemento próprio, apenas, das restantes sociedades[1520].

II. Em termos materiais, o capital de uma sociedade equivale ao conjunto das entradas a que os diversos sócios se obrigaram ou irão obrigar. Podem antecipar algumas distinções, neste domínio, sendo certo que as diversas categorias são dominadas pelas sociedades anónimas. Assim:

– o capital diz-se subscrito ou a subscrever, consoante as pessoas interessadas se tenham, já, vinculado ou não às inerentes entradas;
– o capital considera-se realizado ou não realizado em função de terem sido ou não concretizadas as entregas à sociedade dos valores que ele postule;
– o capital é realizado em dinheiro ou em espécie consoante o tipo de entradas a que dê azo.

III. Em termos contabilísticos, o capital exprime uma cifra ideal que representa as entradas estatutárias, surgindo, como tal, nos diversos instrumentos de prestação de contas[1521]. Ele poderá já nada mais ter a ver nem com o real património da sociedade em jogo[1522], expresso pela relação ativo/passivo, nem com o valor de mercado da mesma sociedade,

---

[1518] Recorde-se que o euro se rege pelos (todos do Conselho) Regulamentos n.º 1103/97/CE, de 17 de Junho de 1997, n.º 874/98/CE, de 3 de Maio de 1998 e n.º 2866/98/CE, de 31 de Dezembro de 1998. *Vide* o nosso *O regime jurídico do euro*, RFDUL, 2002.

[1519] *Manual* 2, 143 ss. e 147 ss..

[1520] PAULO DE TARSO DOMINGUES, *Do capital social/Noção, princípios e funções* (1998), 19 ss.; em rigor, não é porém possível considerar o capital como elemento essencial das sociedades de capitais uma vez que as sociedades em nome coletivo comuns também terão o seu capital social.

[1521] Sobre esta categoria e as subsequentes, PAULO DE TARSO DOMINGUES, *Do capital social* cit., 29 ss..

[1522] FERRARA/CORSI, *Gli imprenditori e le società*, 14.ª ed. cit., 244-246.

dependente da sua aptidão para os negócios e fixado segundo as regras da oferta e da procura.

IV. Nas sociedades em nome coletivo, podem ocorrer sócios de indústria, isto é, sócios adstritos a prestações de *facere*, por oposição a obrigações de entrega, em dinheiro ou em bens. O valor da contribuição em indústria não é computado no capital social – artigo 178.º/1. Resulta, daí, que nas sociedades em nome coletivo em que todos os sócios contribuam apenas com indústria, não há indicação de capital social – 9.º/1, *f*). De facto, a ideia do capital social como expressão de bens penhoráveis prevalece.

V. O capital social vem a ser apresentado por fatores que traduzem os quinhões dos sócios. Temos "partes do capital", nas sociedades em nome coletivo – 176.º/1, *c*) – "quotas", nas sociedades por quotas – 197.º/1 – e "ações" nas sociedades anónimas – 271.º. Tudo isso deve ser expresso no pacto social, quantificando-se a parte relativa a cada sócio e explicitando-se os pagamentos efetuados por cada um – artigo 9.º/1, *g*). Na hipótese de entradas em espécie, cabe ao pacto social a descrição dos bens em causa e a especificação dos valores respetivos – *idem*, *h*). As estipulações de entradas em espécie que não satisfaçam as alíneas *g*) e *h*) do n.º 1 são consideradas ineficazes, pelo artigo 9.º/2.

VI. Devemos ainda contar com outras noções de capital. A doutrina distingue[1523]:

- o capital contabilístico: cifra que consta do balanço, como passivo, correspondente às entradas realizadas dos sócios; quando por realizar, surgem no ativo;
- o capital estatutário ou nominal: valor inserido nos estatutos e que traduz, de modo abstrato e formal, o conjunto das entradas dos sócios;
- o capital real ou financeiro: expressão dos denominados capitais próprios ou valores de que a sociedade disponha, como seus;
- o capital económico: imagem da capacidade produtiva da sociedade, enquanto empresa ou conjunto de empresas.

[1523] PAULO DE TARSO DOMINGUES, *Do capital social* cit., 32 ss., com terminologia não coincidente.

§ 34.º O conteúdo

Podem ocorrer outras aceções. Assim, há que assentar na natureza polissémica do capital: caso a caso haverá que ponderar, perante as leis ou os instrumentos contratuais, qual a concreta aceção em jogo.

169. A duração

I. A sociedade dura por tempo indeterminado: tal a solução supletiva que resulta do artigo 15.º/1. Às partes cabe, no pacto social, fixar uma duração determinada para a sociedade, altura em que ela só pode ser aumentada por deliberação tomada antes de o prazo ter terminado – 15.º/2. De outra forma, esse mesmo preceito manda aplicar as regras referentes ao regresso à atividade, previstas no artigo 161.º.

A fixação da duração de uma sociedade poderá, ainda, ser feita por remissão para termo certo – por tantos anos ou até tal data – ou para um fator *certus an incertus quando*: até à conclusão da obra ou até à morte de tal sócio[1524]. Estas considerações permitem também condicionar a duração da sociedade – a não confundir com a sociedade condicional: durará até que ocorra determinado facto *incertus an incertus quando*.

II. As sociedades fazem surgir, entre os seus membros, relações tendencialmente perpétuas. Salvo a hipótese – na prática bem pouco corrente – de os próprios sócios fixarem, no pacto social, um prazo para a duração da sociedade, esta vai subsistir indefinidamente, até que sobrevenha uma causa de extinção. A sociedade distingue-se, por isso e claramente, da comunhão, transitória por excelência e a que os diversos interessados podem sempre pôr cobro – artigo 1412.º, do Código Civil.

Há que ter esse ponto em especial atenção. Recorrer a uma sociedade para regular relações de natureza instável – p. ex., uma comunhão de herdeiros – equivale a desistir da divisão, com consequências complexas quando as partes, depois, não se entendam.

III. Fixada uma duração para certa sociedade, surge um elemento objetivo suscetível de concitar a confiança de terceiros. A súbita alteração desse elemento pode suscitar danos, diretos ou indiretos. Donde a preocupação legal de só permitir a alteração desse ponto antes de o prazo de duração em causa ter sido alcançado.

[1524] Albino Matos, *Constituição de sociedades*, 5.ª ed. cit., 93.

514   *O contrato de sociedade*

170. Vantagens, retribuições e indemnizações

I. O artigo 16.°[1525] acrescenta, ao rol de elementos do contrato de sociedade, ainda um fator eventual: a indicação de vantagens, indemnizações e retribuições.

O elenco desse preceito é o seguinte:

– vantagens concedidas a sócios;
– o montante global por esta devido a sócios ou a terceiros, a título de indemnização;
– *idem*, a título de retribuição de serviços prestados, excecionados os emolumentos e as taxas de serviços oficiais e os honorários de profissionais em regime de atividade liberal, tudo isso desde que em conexão com a constituição da sociedade.

II. A razão de ser de tal indicação resulta do artigo 16.°/2: trata-se de conseguir que as inerentes obrigações sejam oponíveis à própria sociedade. Na falta de indicação, elas apenas serão oponíveis aos fundadores. Além disso, verifica-se que a sociedade só assume, de pleno direito, os direitos e obrigações decorrentes dos negócios jurídicos referidos no artigo 16.°/1, com o registo definitivo do contrato – artigo 19.°/1, *a*).

Esta matéria deve ser reconduzida ao tema da sociedade em formação[1526]. Mais concretamente: o dispositivo dos artigos 16.°/1 e 19.°/1, *a*), visa facilitar o funcionamento da sociedade cujo contrato já tenha sido concluído, mas que aguardasse, ainda, o registo definitivo[1527]. Nessa fase, os sócios estariam já, em regra, preparados para iniciar uma atividade produtiva. Esta, porém, só após o registo definitivo poderia, em definitivo, ser assumida pela sociedade, uma vez que, pelo menos aparentemente, só então esta adquire a personalidade coletiva plena.

[1525] Na redação dada pelo Decreto-Lei n.° 280/87, de 8 de Julho.

[1526] *Infra*, 515 ss..

[1527] ALBINO MATOS, *Constituição de sociedades*, 5.ª ed. cit., 118-119. O registo comercial tinha atrasos de meses, o que prejudicava seriamente as novas iniciativas empresariais. Estávamos, assim, perante "paliativos", como dizia o Autor citado. Espera-se, agora, que perante as reformas de 2005 e 2006, estes óbices deixem de existir.

SECCÇÃO II
SOCIEDADES EM FORMAÇÃO
E SOCIEDADES IRREGULARES

§ 35.º O PROCESSO DE FORMAÇÃO DE SOCIEDADES

171. Fases necessárias e negócios eventuais

I. Qualquer contrato pode ser antecedido por um processo de formação mais ou menos alongado ou pode, pelo contrário, ser de celebração instantânea. No caso do contrato de sociedade, há sempre um prévio processo de formação[1528-1529]. Desde logo porque a lei prevê fases necessárias que, por definição, se sucedem no tempo. De seguida: uma sociedade pressupõe diversos ajustes, desde a firma à duração, passando pelo objeto, pelo capital social, pela escolha dos sócios e pela redação dos estatutos; ora é impossível que tudo isso ocorra em termos imediatos. Pode mesmo suceder que o lançamento de uma nova sociedade exija prévios acordos financeiros, angariações de meios materiais e humanos e convénios vários. Finalmente: a demora na obtenção do registo definitivo leva, por vezes, os

---

[1528] PHILIPPE MERLE, *Droit commercial/Sociétés commerciales*, 10.ª ed. cit., 76 ss., KARSTEN SCHMIDT, *Gesellschaftsrecht*, 4.ª ed. cit., 290 ss. e, entre nós: PINTO FURTADO, *Curso de Direito das sociedades*, 5.ª ed. cit., 171, COUTINHO DE ABREU, *Curso de Direito comercial* cit., 2, 83 ss. e ANTÓNIO FERRER CORREIA, *O processo de constituição das sociedades de capitais*, em Colóquio org. Fundação Bissaya Barreto, *Os quinze anos de vigência do Código das Sociedades Comerciais* (2003), 19-27. A monografia de referência é, hoje, a de ERIK KIESSLING, *Vorgründungs- und Vorgesellschaften* (1999), 433 pp..

[1529] KIESSLING, ob. cit., 1. Entre nós, a obra básica é a dissertação de MANUEL ANTÓNIO PITA, *O regime da sociedade irregular e a integridade do capital social* (2004), 634 pp.; cf., aí, 19 ss..

516 *O contrato de sociedade*

sócios a iniciar, de imediato, uma atividade produtiva, atividade essa que só posteriormente poderá ser imputada, em termos plenos e absolutos, à própria sociedade.

Em suma: no caso das sociedades, é de lidar com a hipótese de situações prévias de duração alongada a que, genericamente, chamaremos "sociedade em formação".

II. Por via dos dispositivos legais em vigor, particularmente dos artigos 7.º/1, 5.º, 18.º e 167.º, podemos dizer que, na formação de uma sociedade, intervêm sempre as seguintes três fases: as fases necessárias:

– contrato escrito, com assinaturas presencialmente reconhecidas;
– registo;
– publicações obrigatórias[1530].

Na presença de um registo prévio, previsto no artigo 18.º/1 e, nos termos aí prescritos, anterior ao contrato escrito, a sequência das fases necessárias será:

– registo prévio;
– contrato escrito;
– registo definitivo;
– publicações obrigatórias.

Na hipótese de registo prévio, parece claro que, antes de requerer a inscrição pública, as partes terão de celebrar previamente (e pelo menos), um duplo acordo:

– o relativo aos estatutos, uma vez que o requerimento do registo prévio deve ser instituído com "... um projeto completo do contrato de sociedade";
– o referente à própria decisão de requerer o registo prévio em causa.

III. Para além das fases necessárias enunciadas, poderão ocorrer determinados negócios eventuais. Distinguimos, em termos não exaustivos:

– acordos de princípios;

[1530] Em rigor, as publicações ocorrem quando já há sociedade; todavia, como o ato não publicado (e ainda que registado) pode ser inoponível a terceiros – artigo 168.º/2 –, a sociedade, em toda a sua plenitude, não estará completa, antes das publicações.

§ 35.º O processo de formação de sociedades 517

– promessa de sociedade;
– negócios instrumentais preparatórios;
– acordo de subscrição pública;
– acordo destinado a fazer funcionar a sociedade antes do registo definitivo.

Os acordos de princípios inserem-se na categoria da contratação mitigada, particularmente importante no domínio comercial[1531]. Eles correspondem à formalização de negociações, em regra complexas, visando estabilizar os patamares de consenso alcançados. Os acordos de princípios podem conter obrigações a cargo das partes: obrigações de procedimento, com relevo para um dever de prosseguir as negociações e obrigações materiais, relativas à sociedade definitiva. Todos eles devem ser honrados, sob cominação de responsabilidade civil.

IV. Quando a sociedade definitiva esteja suficientemente prefigurada e as partes se obriguem, mutuamente, a celebrar o competente contrato, teremos uma promessa de sociedade[1532]. De acordo com o Direito português, a promessa de sociedade está sujeita a simples forma escrita[1533]. Poderá haver uma execução específica dessa promessa, nos termos do artigo 830.º, do Código Civil? PINTO FURTADO responde pela negativa[1534]: a sociedade traduziria uma associação voluntária, à qual ninguém poderia ser obrigado. No entanto: mesmo na hipótese de execução específica, a associação não deixaria de ser voluntária; só que a liberdade teria sido exercida previamente, no momento da conclusão da promessa. A execução específica de uma promessa de sociedade dependerá, assim[1535]:

– da interpretação do próprio contrato-promessa, de modo a verificar se as partes não terão recorrido à promessa precisamente para se reservarem um direito de recesso ou de arrependimento;

[1531] *Manual de Direito comercial*, 2.ª ed., 495 ss..

[1532] PINTO FURTADO, *Curso de Direito das sociedades*, 5.ª ed. cit., 171.

[1533] Artigo 410.º/2, do Código Civil.

[1534] PINTO FURTADO, *Curso de Direito das sociedades*, 5.ª ed. cit., 171, citando bibliografia italiana.

[1535] Em geral, *vide Tratado* II/2, 415 ss..

518   *O contrato de sociedade*

– da natureza da sociedade prefigurada pelas partes: a execução específica não será possível "por a isso se opôr a natureza da obrigação assumida"[1536] nos casos de sociedades de pessoas e, ainda, naqueles em que não haja livre transmissibilidade das posições dos sócios ou possibilidade de exoneração por iniciativa do próprio; nos outros casos, ela é um comum negócio patrimonial: e nem dos mais graves.

Na presença de um registo prévio, será possível, pela interpretação, detetar a presença de uma promessa implícita, mormente quando todos os interessados subscrevam o projeto de estatutos ou o requerimento de registo. Será, então, uma mera questão de interpretação. Também as regras sobre a redução e a conversão dos negócios jurídicos são úteis.

V. Para além da promessa de sociedade, podem ainda surgir diversos negócios instrumentais preparatórios: promessas de subscrição de certa percentagem de capital ou de todo o remanescente (tomada firme), promessas de entrada com bens específicos, de cedência de instalações, de apoio logístico e outras. Tudo isto, em conjunto com a própria promessa, preenche a categoria dos negócios de vinculação, por oposição aos negócios de organização, que visam já pôr a funcionar a futura sociedade[1537]. Eles devem ser cumpridos, sob pena de responsabilidade civil. Caso a caso se verificará se é possível complementá-los com a execução específica ou com sanções pecuniárias compulsórias. Não há que recear estas figuras: estamos perante negócios patrimoniais que devem ser honrados. Tenha-se presente que a preparação de uma sociedade pode ser muito dispendiosa, quer em estudos preparatórios, quer em investimentos preliminares, quer no abandono de outros negócios.

VI. Pode ainda ocorrer um negócio preliminar específico, pressuposto pela lei: o acordo destinado à subscrição pública. Com efeito, segundo o artigo 279.º,

---

[1536] Artigo 830.º/1, *in fine*, do Código Civil.
[1537] KARSTEN SCHMIDT, *Gesellschaftsrecht*, 4.ª ed cit., 290; quanto à questão terminológica envolvida: KIESSLING, *Vorgründungs- und Vorgesellscghaften* cit., 7 ss..

§ 35.º O processo de formação de sociedades

1. A constituição de uma sociedade anónima com apelo a subscrição pública de ações deve ser promovida por uma ou mais pessoas que assumem a responsabilidade estabelecida nesta lei.

Tratando-se de "várias pessoas", pressupõe-se, entre elas, um contrato bastante, que defina o papel e as obrigações de cada um dos intervenientes. Normalmente, o negócio aqui referido envolverá também uma promessa de sociedade, uma vez que os promotores – artigo 279.º/3 – "... devem elaborar o projeto completo de contrato de sociedade e requerer o seu registo provisório"[1538].

VII. Por fim, as partes poderão concluir, explícita ou implicitamente, um convénio destinado a fazer funcionar a sociedade, mesmo antes do registo. Trata-se de um aspeto que veremos adiante, a propósito das sociedades irregulares.

172. **A boa-fé** *in contrahendo*

I. Em todo o processo conducente à definitiva constituição de uma sociedade, as partes devem observar as regras da boa-fé, previstas no artigo 227.º/1, do Código Civil.

A formação de uma sociedade implica – ou pode implicar – negociações demoradas. Além disso, o processo formativo dá azo a uma atuação jurídica prolongada: mesmo abstraindo dos inúmeros acordos preliminares possíveis, há que percorrer todo um calvário, que vai desde o pedido de certificado de admissibilidade de firma até ao registo definitivo, passando (quando seja o caso) pela escritura e por declarações nas finanças e na segurança social[1539]. Finalmente e num aspeto da maior importância: a preparação de uma sociedade pode pôr em campo as mais diversas atua-

---

[1538] Não se põe, aqui, a hipótese de execução específica, uma vez que a sociedade decorrerá de uma deliberação da assembleia constitutiva – artigo 281.º/7, *a*); a escritura do contrato de sociedade será, depois, outorgada (apenas) por dois promotores e pelos subscritores que entrem com bens diferentes de dinheiro – 283.º/1.

[1539] Alguns destes aspetos estão hoje amenizados pelo regime da constituição imediata das sociedades, derivado do Decreto-Lei n.º 111/2005, de 8 de Julho.

520   *O contrato de sociedade*

ções materiais preparatórias, possibilitando ainda a antecipação da própria atividade societária. Durante todo esse caminho, as partes interessadas ficam nas mãos umas das outras. A observância das regras da boa-fé *in contrahendo* é primordial.

II. Em princípio, a *culpa in contrahendo* é negativamente recortada por quaisquer acordos preliminares que as partes entendam concluir. Na área destes funcionam as regras próprias das obrigações contratuais e, sendo esse o caso, as normas correspondentes aos incumprimentos porventura ocorridos[1540].

Ela tornar-se-á, assim, de especial utilidade sempre que deparemos com situações para as quais as partes nada hajam previsto. Saliente-se, ainda, que ninguém pode renunciar previamente aos direitos que lhe possam advir de esquemas defeituosos de preparação de sociedades: consequência direta de vários princípios e, designadamente, do artigo 809.º, do Código Civil.

III. No domínio da preparação da sociedade poderão, *ex bona fide*, ocorrer diversos deveres preliminares, com as seguintes linhas de concretização:

– deveres de segurança: ficam especialmente envolvidas as medidas necessárias para que, na fase pré-contratual, não ocorram danos nas pessoas ou nos patrimónios dos envolvidos; na preparação da sociedade podem ocorrer atividades materiais, potencialmente perigosas; para além da tutela aquiliana, há que contar com os deveres específicos pré-contratuais, que dispensam uma tutela mais efetiva, mercê da presunção da culpa que envolvem;
– deveres de lealdade: implicam diversas atuações com relevo para o dever de sigilo, a proibição de concorrência (salvo se devidamente comunicada) e para o dever de prosseguir, com efetividade, o caminho da formação de sociedade[1541]; neste campo entrará a interrup-

---

[1540] *Tratado de Direito civil*, I/1, 3.ª ed., 517.

[1541] STJ 18-Out.-1988 (SOARES TOMÉ), BMJ 380 (1988), 483-491: o não cumprimento da promessa, contida num contrato associativo irregular, de constituição de uma sociedade poderá envolver responsabilidade civil por via do artigo 227.º, do Código Civil.

§ 35.º *O processo de formação de sociedades* 521

ção injustificada de negociações, quando se tenha dado azo a uma convicção justificada de que haveria sociedade e quando, na preparação desta, tenha havido despesas consideráveis e ou perda de negócios alternativos;

– deveres de informação: dependendo da sua natureza, a preparação de uma sociedade pode exigir uma troca de informações de densidade variável, quer para bem acertar os interesses dos intervenientes, quer para preparar o futuro ente coletivo; tudo o que tiver interesse deve ser comunicado[1542]. Como contraponto: as informações obtidas ficam cobertas pelo dever de sigilo *ex bona fide*, dever esse que será tanto mais denso quanto mais reservadas forem as informações prestadas; particularmente: seria grave que informações obtidas num processo de constituição de sociedade viessem a ser usadas em prol da concorrência; poderia mesmo haver responsabilidade criminal.

IV. A boa-fé *in contrahendo*, tal como ocorre, em geral, com outros institutos baseados em conceitos indeterminados, perde terreno à medida que o Direito estrito, através da diferenciação e do afinamento dos seus institutos, vá logrando soluções estritas capazes de cobrir áreas antes em branco. No domínio pré-contratual, isso tem vindo a suceder com o cinzelamento da contratação mitigada e o apuramento dos diversos negócios preliminares.

Todavia, há sempre questões novas e áreas que, por tradição ou por insuficiente desenvolvimento jurídico-científico, ainda estão algo desguarnecidas. A *culpa in contrahendo* terá, então, um papel fundamental.

173. **Situações pré-societárias; a tradição da sociedade irregular**

I. Como foi referido, os sócios podem, antes de completado o processo de constituição de uma sociedade, iniciar a atividade visada por esta. Estamos no âmbito do Direito privado, onde é permitido tudo o que não

---

[1542] Entre nós, já se verificaram problemas nesta área, no domínio da formação de sociedades para reprivatização; as informações mal prestadas tinham a ver com a real situação contabilística e patrimonial das empresas envolvidas.

522 *O contrato de sociedade*

for proibido. Todavia, nessa eventualidade, o Direito predispõe um regime que, em diversos pontos, é menos favorável do que o aplicável às sociedades perfeitas.

Usa-se, por vezes, para nominar este fenómeno, a locução: situações pré-societárias ou pré-sociedade[1543], isto é, a realidade em funcionamento, antes de completada, pelo registo, a constituição de uma sociedade.

II. A pré-sociedade dispõe, no atual Código das Sociedades Comerciais, de um circunstanciado e expresso regime legal – artigos 36.° a 41.°. Com isso, o Direito português torna-se bastante mais simples do que aqueles em que – como no alemão – por falta de regras gerais, se imponha todo um esforço de construção científica e de desenvolvimento jurisprudencial. Todavia, podem surgir outras figuras, estranhas a um normal processo de formação de sociedades e que também exigem a atenção do Direito.

III. Na origem desta figura encontramos uma noção, de resto mais vasta, e que resultava do hoje revogado artigo 107.° do Código Veiga Beirão. Segundo esse preceito,

> Ter-se-ão por não existentes as sociedades com um fim comercial que se não constituírem nos termos e segundo os trâmites indicados neste Código, ficando todos quantos em nome delas contratarem obrigados pelos respectivos actos, pessoal, ilimitada e solidariamente.

Estas sociedades "não-existentes" ou totalmente nulas[1544] foram, depois, consideradas (apenas) sem personalidade jurídica ou sem persona-

---

[1543] Equivalem a *Vorgesellschaft*; surge *Vorgründungsgesellschaft* para designar a situação anterior ao próprio contrato; cf., além de Kiessling, *Vorgründungs- Vorgesellschaft* cit., 49 ss., Michael Kort, *Die Haftung der Beteiligten im Vorgründungsstadium einer GmbH*, DStR 1991, 1317-1321, Hans Joachim Priester, *Das Gesellschaftsverhältnis im Vorgründungsstadium – Einheit oder Dualismus?*, GmbHR 1995, 481-486 (optando pela unidade da relação) e Lutz Michalski/Rainer Sixt, *Die Haftung in der Vorgründungs- GmbH*, FS Boujong 1996, 349-374; estes Autores entendem que a pré-sociedade abarca, ainda, todos os acordos relevantes, concluídos entre as partes. De notar que a terminologia não está totalmente estabilizada; no sentido acima apontado refira-se, ainda, Eugen Klunzinger, *Grundzüge des Gesellschaftsrechts*, 12.ª ed. (2000), 24.

[1544] Luiz da Cunha Gonçalves, *Comentário ao Código Comercial*, 1 (1914), 220 ss..

§ 35.º O processo de formação de sociedades

lidade jurídica plena, na opinião dominante[1545] – eram ditas, por todos, sociedades irregulares[1546]: um termo clássico na nossa comercialística, que nenhum inconveniente há em manter[1547].

As sociedades irregulares abrangiam – ou poderiam abranger, já que a questão não era unívoca[1548] – ocorrências diversas[1549]:

– sociedades com vício de forma;
– sociedades cujo processo constitutivo ainda não-estivesse concluído, designadamente por falta de matrícula ou de inscrição no registo;
– sociedades de facto;
– sociedades com vícios constitutivos.

IV. Como foi dito, a referência a sociedades "não-existentes", feita pela lei, veio a ser doutrinariamente corrigida. Segundo JOSÉ TAVARES, as sociedades irregulares ou de facto não seriam, contra a letra da lei, nulas ou completamente inexistentes: "... pelo contrário, elas têm existência jurídica como contratos validamente celebrados entre os sócios ..."[1550]. Quanto à disposição do artigo 107.º do Código Comercial, apontando para a "não-existência", "... abrange somente o atributo da personalidade jurídica, e não é uma nulidade propriamente dita, mas uma sanção particular que tem efeitos importantíssimos"[1551].

Contra esta asserção pronunciou-se ABRANCHES FERRÃO[1552]. Este Autor rejeita que as sociedades irregulares apenas não representem "uma

---

[1545] JOSÉ TAVARES, *Sociedades e empresas comerciais*, 2.ª ed. cit., 370 ss.. Por último: PINTO FURTADO, *Código Comercial Anotado* cit., 1, 246 ss..

[1546] Tal a terminologia patente nas obras citadas nas duas últimas notas.

[1547] ANTÓNIO PEREIRA DE ALMEIDA, *Sociedades comerciais*, 5.ª ed. (2008), 315 ss.; PINTO FURTADO, *Curso de Direito das Sociedades*, 5.ª ed. cit., 208 ss., ensaia "sociedades imperfeitas"; como, porém, a lei atual tão-pouco refere esta categoria, ficamo-nos pelo consagrado: sociedades irregulares.

[1548] *Vide* os termos do problema em PINTO FURTADO, *Código Comercial Anotado* cit., 1, 248 ss..

[1549] MANUEL ANTÓNIO PITA, *O regime da sociedade irregular* cit., 191 ss..

[1550] JOSÉ TAVARES, *Sociedades e empresas comerciais*, 2.ª ed. cit., 371.

[1551] *Idem*, loc. cit..

[1552] ANTÓNIO DE ABRANCHES FERRÃO, *Das sociedades comerciais irregulares/Exegese dos artigos 107.º do Código Comercial e 61.º da Lei de 11 de Abril de 1901* (1913), 99 pp..

individualidade jurídica", mas existam, de facto, entre os sócios[1553]. Acaba por escolher a ideia de que elas implicariam simples comunhões de facto, reguladas pelo Código Civil[1554]. Embora arguta, esta orientação não se imporia. O regime das sociedades irregulares molda-se, quanto possível, pelo das sociedades. A qualificação deverá derivar desse ponto.

[1553] ABRANCHES FERRÃO, *Das sociedades comerciais irregulares* cit., 57 ss..
[1554] *Idem*, 75 ss..

§ 36.º AS SOCIEDADES IRREGULARES POR INCOMPLEITUDE

174. Ideia geral e modalidades

I. Como vimos, a comercialística portuguesa clássica trabalhava, com virtuosismo, uma ideia de sociedade irregular. A ela era possível reconduzir figuras diversificadas que, em comum, tinham o facto de traduzir uma situação societária não totalmente conforme com a sociedade perfeita.

A noção de "sociedade irregular" não tem, no Direito vigente, consagração legal expressa. É certo que o Código das Sociedades Comerciais, no artigo 172.º, menciona a hipótese de o contrato de sociedade não ter sido celebrado "na forma legal", permitindo o artigo 173.º/1 que o Ministério Público notifique:

> (...) por ofício a sociedade ou os sócios para, em prazo razoável, regularizarem a situação.

O n.º 2 do mesmo preceito permite ainda que a situação das sociedades seja "regularizada" até ao trânsito em julgado da sentença proferida na ação proposta pelo Ministério Público[1555]. Seria vão procurar aqui um vício autónomo de "irregularidade": a falta de forma determina a nulidade, sem prejuízo de a sociedade viciada poder funcionar noutros moldes e, provavelmente, com outro fundamento.

II. Também o artigo 174.º/1, e), a propósito da contagem do prazo de cinco anos para a prescrição dos direitos da sociedade contra os fundadores e a dos direitos destes contra aquela, manda que ela se faça desde:

[1555] Fora do problema tratado no texto fica a hipótese de o objeto ser ou se tornar ilícito ou contrário à ordem pública – 172.º; aí não há hipótese de "regularização", por força do artigo 173.º/3.

A prática do ato em relação aos atos praticados em nome de sociedade irregular por falta de forma ou de registo.

Procede a mesma consideração. O contrato vitimado por falta de forma é nulo, sem prejuízo de poder produzir efeitos como ato diverso, se a lei o permitir ou prescrever. A falta de registo impede a personalização plena. A referência a "sociedade irregular" foi apenas uma fórmula cómoda, usada pelo legislador, para transmitir essas duas realidades e determinar um regime que, com elas, nada tem a ver: a contagem de um prazo de prescrição.

III. Todavia, mau grado a falta de precisa consagração legal[1556], a doutrina[1557] e, sobretudo, a jurisprudência[1558], continuam a usar a expressão "sociedade irregular" para cobrir:

– a sociedade organizada e posta a funcionar independentemente de as partes terem formalizado qualquer contrato de sociedade;
– a sociedade formalizada por escritura pública (exigida antes de 2006), mas ainda não registada;
– a sociedade já formalizada, mas cujo contrato seja inválido; será possível aqui subdistinguir situações consoante haja, ou não, registo.

Tendo em conta os regimes aplicáveis, iremos reservar a expressão "sociedade irregular" para os casos em que haja incompleitude do processo, seja por falta da própria escritura, seja por ausência do registo. As invalidades colocam questões que podem, com felicidade, agrupar-se em torno do epíteto "invalidades da sociedade".

[1556] E foi pena; o legislador de 1986 podia perfeitamente ter aproveitado todo o rico material existente para firmar essa noção clara de "sociedade irregular", prevendo, depois, um regime gradativo.

[1557] Assim, João Labareda, *Sociedades irregulares/Algumas reflexões*, em *Novas perspectivas do Direito comercial* (1988), 179-204 (180 ss.) e Manuel Pita, *O regime da sociedade irregular* cit., 267 ss.. Pinto Furtado, *Curso de Direito das sociedades*, 5.ª ed. cit., 208 ss., fala, como se disse, em "sociedades imperfeitas".

[1558] P. ex.: STJ 27-Jun.-2000 (Aragão Seia), CJ/Supremo VIII (2000) 2, 127-129, STJ 31-Mai.-2001 (Neves Ribeiro), CJ/Supremo IX (2001) 2, 117-120 e STA 23-Out.-2002 (António Pimpão), AcD XLII (2003) 496, 592-598.

§ 36.º As sociedades irregulares por incompleitude

IV. Com efeito, as situações a reconduzir às sociedades irregulares têm, em comum, duas importantes circunstâncias:

– a não-conclusão do processo formativo, o qual pressupõe um acordo solene e o registo definitivo;
– a efetiva presença de uma organização societária em funcionamento, com relações atuantes: quer entre os sócios interessados, quer com terceiros.

Como é evidente: o Direito não pode deixar de providenciar neste domínio: realidades efetivamente operantes no campo social e económico não devem ser tratadas pelo Direito como meramente inexistentes: seria levar o Direito a um cúmulo de inadmissível abstracionismo irrealista.

A ideia de sociedade irregular[1559] tem, assim, um potencial descritivo que a habilita a cobrir todas estas situações. É útil e, nessa qualidade: deve ser preservada.

175. Sociedade material e sociedade aparente

I. Passando a analisar as diversas sociedades irregulares, deparamos, desde logo, com o artigo 36.º epigrafado "relações anteriores à escritura pública"[1560]. Esse preceito abrange, todavia, duas situações bastante distintas:

– a do n.º 1, onde se prevê uma mera situação de sociedade material, sem a cobertura de qualquer acordo entre as participantes;
– a do n.º 2 que prefigura já um acordo tendente à constituição de uma sociedade comercial, mas sem que se tenha celebrado o contrato escrito.

A primeira situação parece surpreendente. Impõem-se algumas considerações preliminares.

[1559] Corresponde, de certo modo e em moldes funcionais, à ideia de *fehlerhafte Gesellschaft* (sociedade defeituosa) alemã; cf. KARSTEN SCHMIDT, *Gesellschaftsrecht*, 4.ª ed. cit., 136-137.

[1560] MARIA ELISABETE RAMOS, *Código em Comentário* 1 (2010), 543 ss. e EDUARDO SANTOS JÚNIOR, *CSC/Clássica*, 2.ª ed. (2011), artigo 36.º.

II. As organização e cooperação humanas não se esgotam em meros vínculos abstratos com a marca valorativa do dever-ser. Elas antes dão – ou podem dar – azo a efetivas modificações materiais: atividades comuns, bens afetos, captação de recursos humanos e compromissos com terceiros. Há, aqui, um fenómeno que faz lembrar a posse: afetação material de coisas corpóreas, independentemente dos direitos que lhes possam respeitar.

A primeira categoria de sociedades irregulares que iremos abordar é a das sociedades materiais[1561]: situações que, no campo da materialidade, correspondam a contribuições de bens ou serviços, feitas por duas ou mais pessoas, para o exercício em comum de certa atividade económica, que transcenda a mera fruição[1562], com o fim de repartição dos lucros daí resultantes[1563]. E todavia falta, para tais situações, qualquer contrato ou outro título legitimador.

III. A primeira reação do ordenamento poderia ser a completa rejeição de tais situações e das relações delas decorrentes, com a sua redução ao *statu quo ante*: restituições em espécie ou *in natura*, envolvendo, se necessário, todos os terceiros que tivessem contratado com a pseudo-sociedade. Tratar-se-ia, porém, de uma solução por vezes impossível e, frequentemente, injusta. Recorrendo a diversos expedientes, com relevo para as regras sobre a posse de boa-fé, tentou-se contornar o problema. Muitas ocorrências ficavam, todavia, sem solução. A prática jurídica[1564] entendeu dispensar-lhes um tratamento como sociedades, ainda que de alcance mais reduzido. E foi dessa evolução que resultaram as leis modernas, como o Código de 1986.

IV. Uma ideia ampla de sociedade meramente material abrangeria todas as situações societárias a que faltasse ou um contrato válido, ou o registo mas que, todavia, tivessem dado azo, no espaço jurídico, a uma organização de tipo societário em efetivo funcionamento. Em rigor, na presença de qualquer contrato (ainda que inválido), já não haveria uma

---

[1561] Evitamos a expressão "sociedade de facto" porque esta designa já uma das teorias surgidas para explicar o fenómeno. Cf. *infra*, 544 ss..

[1562] Ou teríamos uma situação de composse ou comunhão na posse.

[1563] Trata-se da noção geral do artigo 980.º do Código Civil.

[1564] Cf. *infra*, 529 ss..

§ 36.º As sociedades irregulares por incompleitude

situação puramente material. Fica, pois, o sentido estrito, em que a sociedade material equivale à sociedade aparente.

A sociedade aparente caracteriza-se por não ter[1565], na origem, qualquer contrato ou acordo societário[1566]. Assistir-se-ia à presença de uma mera organização societária a qual, por ser percetiva por terceiros, surgiria como uma aparência. Semelhante eventualidade é pouco imaginável perante sociedades anónimas, de montagem complexa e difícil e com várias instâncias de verificação. Também as sociedades por quotas, dotadas de certo tecnicismo, dificilmente darão azo a situações meramente aparentes, despidas de qualquer título. Os exemplos disponíveis, noutros Direitos, reportam-se às sociedades em nome coletivo[1567] e às próprias sociedades civis puras.

V. Perante uma sociedade aparente, poderíamos fazer intervir as regras gerais da tutela da aparência, particularmente no que tange a relações duradouras[1568]. A jurisprudência dos diversos países tem evoluído, precisando os termos da tutela dispensada, seja entre os próprios "sócios", seja nas relações da "sociedade" com terceiros.

Assim, na Alemanha, a jurisprudência tem vindo a sufragar a regra de que, nas relações internas e perante uma sociedade aparente, vale o que as partes tenham, de facto, querido[1569]. Nas relações externas: a boa-fé e a confiança dos terceiros, convencidos da presença de uma sociedade, deverão ser respeitadas[1570].

Também em Itália, a figura da aparência jurídica conhece aplicação às sociedades irregulares meramente aparentes, com uma consequência prá-

---

[1565] Ou por, tendo-o, o contrato societário em causa não ser invocado ou não poder ser demonstrado.

[1566] A dimensão societária poderia ainda resultar de um contrato mais complexo, de tipo misto. Será questão de interpretação verificar, nessa hipótese, se há total falta de acordo contratual, se há acordo de constituição futura de sociedade ou se há sociedade constituída com vício de forma.

[1567] Christine Windbichler, *Gesellschaftsrecht*, 22.ª ed. cit., 111-112.

[1568] Manuel Carneiro da Frada, *Teoria da confiança e responsabilidade civil* (2001), 439 ss. e *passim*.

[1569] P. ex.: BGH 27-Mai.-1953, NJW 1953, 1220, afastando as regras de uma "sociedade de facto" e BGH 28-Nov.-1953, BGHZ 11 (1954), 19-192 (191).

[1570] Christine Windbichler, *Gesellschaftsrecht*, 22.ª ed. cit., 112.

530　　　*O contrato de sociedade*

tica: a de dispensar, aos terceiros credores da organização aparente, uma tutela patrimonial[1571].

VI. O Código das Sociedades Comerciais resolveu solucionar expressamente a problemática posta pelas sociedades aparentes. Assim, segundo o seu artigo 36.°[1572],

> 1. Se dois ou mais indivíduos quer pelo uso de uma firma comum quer por qualquer outro meio, criarem a falsa aparência de que existe entre eles um contrato de sociedade, responderão solidária e ilimitadamente pelas obrigações contraídas nesses termos por qualquer deles.

O n.° 2 desse preceito dispõe, porém, que se for acordada a constituição de uma sociedade e antes da celebração do contrato as partes iniciarem a competente atividade, tem aplicação o regime das sociedades civis[1573].

O preceito não foi conseguido. É importante proceder à sua crítica não por um prisma de política legislativa, mas para tentar, pela interpretação, afeiçoar o seu conteúdo às exigências do sistema.

O legislador parece ter feito uma distinção radical:

– uma aparência total de sociedade, em que os responsáveis nem intenção têm de celebrar um contrato;
– uma situação em que tal intenção já existiria.

Na primeira hipótese, haveria uma responsabilidade solidária (e, naturalmente, ilimitada) entre os participantes; no segundo, aplicar-se-iam as regras das sociedades civis. Pelo prisma dos terceiros, não se percebe esta diferenciação. Repare-se que num caso como no outro, eles apenas estão convictos da existência da sociedade, sendo-lhes inacessível o facto

---

[1571] FERRARA/CORSI, *Gli imprenditori e le società*, 14.ª ed. cit., 218-219.

[1572] Este preceito tem sido imputado ao artigo 16.° do chamado anteprojeto de Coimbra, relativo a sociedades por quotas; cf. ANTÓNIO FERRER CORREIA, *A sociedade por quotas de responsabilidade limitada segundo o Código das Sociedades Comerciais*, em *Temas de Direito comercial e de Direito internacional privado* (1989), 123-169 (139-140); todavia, o artigo 16.° em causa, foi fonte, antes, do n.° 2 desse artigo.

[1573] Sobre o preceito e a sua origem: MANUEL PITA, *O regime da sociedade irregular* cit., 283 ss..

§ 36.° As sociedades irregulares por incompleitude

de os "sócios" terem ou não a intenção de celebrar, no futuro, um contrato que, então, faltava. Ora o regime das sociedades civis é mais adequado e pode assegurar superiores níveis de tutela: basta ver que, perante o regime da sociedade civil, os credores "sociais" têm uma situação de privilégio, perante os bens da "sociedade" e em relação aos credores pessoais dos "sócios" – artigo 999.°, do Código Civil. Além disso, está sempre assegurada a responsabilidade pessoal e solidária dos "sócios", pelas dívidas da sociedade – 997.°/1 – ainda que – é certo – com benefício de excussão – *idem*, n.° 2.

Para quê diferenciar regimes em função de um "acordo" de celebração futura, de cuja existência ninguém pode ajuizar?

VII. A solução normal tenderá, assim, a ser a de aplicação das regras das sociedades civis puras. Como vimos, a constituição destas sociedades não depende de qualquer forma especial. Quando duas ou mais pessoas, "... pelo uso de uma firma comum ..." ou "... por qualquer outro meio ..." criem a falsa aparência de uma sociedade (comercial) há, pelo menos, um acordo, expresso ou tácito, no sentido de criar a aparência em causa. Será já, em regra, uma sociedade civil.

O campo de aplicação do artigo 36.°/1 reduz-se, acantonando-se na parte mais interessante: a da responsabilidade civil solidária, pelos danos causados[1574].

VIII. Além disso, também não oferecerá dúvidas a necessidade de fazer intervir outros elementos próprios da tutela da aparência – ou, por um prisma mais atual – da confiança das pessoas que adiram. Assim:

– a confiança deve ser objetivamente justificada;
– os confiantes a tutelar devem estar de boa-fé, ou seja: devem desconhecer, sem culpa, a natureza meramente aparente da sociedade.

O investimento de confiança e a imputação, da mesma, às pessoas que lhe estejam na origem podem ser dispensados: existe uma previsão legal expressa de tutela.

[1574] A letra do preceito aponta para obrigações contratuais; supomos, todavia, que não oferecerá dúvidas o seu alargamento aos deveres de indemnizar de tipo aquiliano.

532   *O contrato de sociedade*

IX. O artigo 36.°/1 – tal como os restantes preceitos relacionados com as sociedades irregulares, exceto as que o sejam em virtude de vício na formação do contrato – aplica-se às situações existentes antes da entrada em vigor do Código das Sociedades Comerciais: artigo 534.°. Ficam todavia ressalvados os efeitos anteriormente produzidos.

176. A pré-sociedade antes do contrato

I. Uma segunda hipótese de sociedade irregular surge no artigo 36.°/2[1575]. O seu estudo fica facilitado com a leitura do texto em causa:

> Se for acordada a constituição de uma sociedade comercial, mas, antes da celebração do contrato de sociedade, os sócios iniciarem a sua atividade, são aplicáveis às relações estabelecidas entre eles e com terceiros as disposições sobre as sociedades civis.

Veio este preceito do anteprojeto de Coimbra relativo às sociedades por quotas[1576]. Tal anteprojeto colheu, por seu turno inspiração na doutrina suíça[1577].

II. Cumpre começar por esclarecer que situações deste tipo podem ocorrer com alguma frequência. A negociação de uma sociedade é obra da autonomia privada. Conseguido um acordo, inicia-se um processo burocrático que, até há pouco tempo, demorava meses. Basta ver que o contrato deve ser precedido pela obtenção de um certificado de admissibilidade da firma, junto do RNPC: uma operação que demorava – segundo a prática anterior a 2006 – cerca de seis semanas. Ora se tudo estiver pronto, no campo dos preparativos a efetuar no terreno, porque não começar a trabalhar? Justamente: a lei permite esse início de atividade: mas sob o regime das sociedades civis puras[1578].

[1575] Com a redação dada pelo Decreto-Lei n.° 280/87, de 8 de Julho e pelo Decreto-Lei n.° 76-A/2006, de 29 de Março, que suprimiu a referência à escritura.

[1576] Mais precisamente, do seu artigo 16.°. Cf. A. FERRER CORREIA/VASCO LOBO XAVIER/MARIA ÂNGELA RIBEIRO/ANTÓNIO A. CAEIRO, *Sociedade por quotas de responsabilidade limitada/Anteprojecto de Lei/2.ª Redacção*, separata (1979), 19.

[1577] FERRER CORREIA, *As sociedades comerciais no período da constituição* (1971), em *Estudos vários de Direito* (1982), 507-545 (510).

[1578] RPt 24-Jan.-2006 (EMÍDIO COSTA), CJ XXXI (2006) 1, 164-166 (165/II).

§ 36.º As sociedades irregulares por incompleitude

III. Que tipo de acordo exige a primeira parte do artigo 36.º/2? Dados os valores em presença – a adequada proteção de terceiros e uma justa regulação entre as partes – bastará um acordo muito simples e incipiente. Designadamente, a lei não exige uma promessa de celebração do contrato de sociedade definitivo[1579].

A doutrina parece muitas vezes pressupor que o acordo aqui em causa prefiguraria o clausulado a inserir, depois, no contrato. Tudo se passaria como se a sociedade estivesse combinada, faltando apenas a formalização contratual. Mas nada, na lei, aponta para tais exigências. Aliás, se fosse esse o caso, bastaria mandar aplicar, pelo menos nas relações internas, o teor dos tais pré-contratos já apurados. Mantemos, pois, que tal acordo pode ser totalmente incipiente. O essencial é o início da atividade societária. Aliás, a assim não ser, pôr-se-iam outros problemas: *quid iuris* quando o contrato não refletisse o tal acordo prévio, admitindo novos sócios ou mudando o tipo societário em mira? As situações são tão numerosas que o legislador contentou-se em prever um acordo para o início de atividade e em remeter para o largo oceano das sociedades civis puras.

Pergunta-se se esse acordo não deveria, pelo menos, incluir os elementos requeridos pelo contrato civil de sociedade que se irá aplicar. De facto, terá de haver um *minimum* de elementos, para se poder identificar a própria situação. Mas isso implicará, simplesmente, a indicação das partes e a determinação da atividade comum em causa. Quanto ao resto: resulta da lei.

IV. Em termos dogmáticos, qual o sentido da remissão final do artigo 36.º/2, para as disposições sobre sociedades civis? PINTO FURTADO entende que este preceito configura o nele descrito como uma invalidade de forma; posto o que operaria uma conversão *ope legis* de uma "sociedade comercial de facto" em sociedade civil[1580]. Salvo o devido respeito, não é esse o teor da lei; tão-pouco nos parece vantajoso proceder, doutrinariamente, às construções que permitiriam apoiar tal asserção e isso admitindo que elas fossem possíveis. Assim:

[1579] Tal promessa, a existir, deveria ser completa e exaustiva, no sentido de incluir todos os elementos – e só esses – que deverão aparecer na sociedade definitiva: sob pena de indeterminabilidade.

[1580] PINTO FURTADO, *Curso de Direito das sociedades*, 5.ª ed. cit., 211.

534 *O contrato de sociedade*

– "se for acordada a constituição" pressupõe que, no futuro, se possam fazer os ajustes necessários; o "acordo" aqui exigido, como foi dito, poderá ser muito incipiente, nada dizendo, por exemplo, quanto à administração e à fiscalização da sociedade e não precisando os vários aspetos do seu objeto;
– a lei trata o ocorrido como um processo (ainda) incompleto; não se vê como convolar o ocorrido para um vício de forma; repare-se: a lei não exige que o "acordo" esteja completo, pelo que a falta não será (apenas) de forma; a lei não determina a presença de uma sociedade civil; manda (tão-só) aplicar as regras desta.

Este último aspeto é importante e deve ser retido. Como vimos, as regras sobre sociedades civis podem cobrir situações muito diversificadas: desde atuações concertadas ocasionais até um verdadeiro e próprio organismo societário a funcionar com pelouros e órgãos. Esta multifuncionalidade constitui o grande trunfo das sociedades civis puras. Ao remeter para as regras das sociedades civis, não se apela para todas: apenas, naturalmente, para aquelas que, em função das circunstâncias, tenham aplicação e, ainda aí, com as necessárias adaptações.

Há, pois, uma aplicação de regras civis: não uma conversão de uma (inexistente) sociedade comercial numa (porventura: impossível) sociedade civil.

V. Finalmente: a sociedade resultante da aplicação do final do artigo 36.°/2 é civil[1581] ou comercial[1582]?

Comercial não pode ser: o artigo 1.°/2 formaliza essa categoria, não se encarando a mínima vantagem em inobservar as inerentes valorações, que são importantes. Aliás, bem pode acontecer que se tenha "acordado" na constituição de uma sociedade comercial e que se inicie, desde logo, uma atuação comum sem que se tenha, sequer e ainda, optado por um concreto tipo de sociedade. *Ergo*, a haver elementos suficientes para se poder falar em sociedade, ela será civil. Isso não impede, todavia, que a situação globalmente considerada seja comercial, tal como comerciais serão os atos

---

[1581] Como querem FERRER CORREIA, *Temas de Direito comercial* cit., 139 e PINTO FURTADO, *Curso de Direito das sociedades*, 5.ª ed. cit., 211.

[1582] Como prefere COUTINHO DE ABREU, *Curso de Direito comercial* cit., 2, 116-117.

§ 36.° As sociedades irregulares por incompleitude

praticados pelos intervenientes, em nome e por conta da "sociedade". A nossa preocupação é, aqui, a de permitir a apreciação de eventuais litígios, aqui ocorridos, pelos tribunais de comércio[1583].

177. A pré-sociedade depois do contrato e antes do registo; *a)* Relações internas

I. O Código das Sociedades Comerciais veio, depois, prever a pré--sociedade subsequente ao contrato mas anterior ao registo[1584]. Repare-se: havendo contrato, as relações entre os sócios, sejam pessoais, sejam patrimoniais, estão precisadas. O único óbice resulta da falta de personalidade jurídica (plena) a qual, nos termos do artigo 5.°, apenas surge com o registo definitivo.

II. A lei estabelece um sistema para este tipo de pré-sociedade que assenta, fundamentalmente, em distinguir relações entre sócios (37.°) e relações com terceiros (38.° a 40.°). No tocante às relações entre os sócios são aplicáveis:

– as regras previstas no próprio contrato e as legais (correspondentes, entenda-se, ao respetivo tipo), com as adaptações necessárias e salvo as que pressupunham o contrato definitivo registado – 37.°/1;
– em qualquer caso, a transmissão *inter vivos* de posições sociais e as modificações do contrato social requerem, sempre, o consentimento unânime de todos – *idem*, n.° 2.

A lei parece clara. Uma vez que as partes celebraram um contrato, deverão cumpri-lo, nas suas relações entre si[1585]. E como esse mesmo contrato pressupõe todo um regime legal complementar (supletivo ou injuntivo), também ele é convocado.

[1583] A favor da natureza civil do "contrato de constituição", também depõe a doutrina alemã; cf. FELIX DÖRR, *Die fehlerhafte GmbH* (1989), 271.

[1584] ALEXANDRE SOVERAL MARTINS/MARIA ELISABETE RAMOS, *Código em Comentário* 1 (2010), 543 ss. e EDUARDO SANTOS JÚNIOR, *CSC/Clássica*, 2.ª ed. (2011), anot. artigo 37.° ss..

[1585] Cf. FERRER CORREIA, *As sociedades comerciais no período da constituição* cit., 515 e 525-526.

536   *O contrato de sociedade*

III. Pergunta-se o porquê da ressalva da transmissão *inter vivos*, das posições sociais e da modificação do contrato social: como vimos, o artigo 37.º/2 submete-as a uma regra de unanimidade.

De acordo com a lógica da lei, a personalidade (plena) surge apenas com o registo. Até lá, haverá um mero contrato que, pelas regras gerais – artigo 406.º/1, do Código Civil – só por mútuo consentimento pode ser modificado. Há valores de fundo em jogo[1586]: as partes aceitaram ingressar numa sociedade com certos parceiros e em face de determinado clausulado: um desejo a respeitar, mesmo que, *a posteriori* e mercê das vicissitudes da própria sociedade, uma vez constituída, possa haver modificações. Mas além disso, também há razões societárias:

– os sócios podem ser responsáveis pelas dívidas contraídas antes do registo e de acordo com esquemas que variam consoante a sociedade; admitir exonerações ou alterações por maioria poderia prejudicar os credores (no primeiro caso) e os próprios sócios minoritários (no segundo);
– tornar-se-ia muito difícil fixar o preciso momento da eficácia das exonerações ou modificações; poderia, aliás, haver vários momentos a considerar, consoante o momento em que os factos modificativos ou exonerativos chegassem ao conhecimento dos interessados;
– finalmente: a medida serve como esquema compulsório destinado a efetivar a realização do registo; recorde-se que um esquema paralelo opera perante o registo predial: os prédios não inscritos em nome do alienante não podem ser vendidos[1587].

178. Segue; *b*) Relações externas nas sociedades de pessoas

I. Depois de regular as relações internas das pré-sociedades já formalizadas, em escritura pública, mas ainda não registadas, o Código das Sociedades Comerciais passa às relações externas ou relações com terceiros.

[1586] Em parte contra: COUTINHO DE ABREU, *Curso de Direito comercial* cit., 2, 3.ª ed., 122, que aponta algum conceitualismo e discorda da solução legal.
[1587] *Vide* o artigo 9.º do CRP.

§ 36.° As sociedades irregulares por incompleitude

Nesse domínio, ele procede a um tratamento diferenciado, em consonância com o tipo de sociedade que esteja em causa. Distingue:

– sociedades em nome coletivo;
– sociedades em comandita simples;
– sociedades por quotas, anónimas e em comandita por ações.

Para efeitos da análise subsequente, podemos agrupar as duas primeiras numa rubrica sobre sociedades de pessoas e, as três últimas, noutra sobre as sociedades de capitais.

II. Quanto às sociedades em nome coletivo: pelos negócios realizados em seu nome, depois da escritura e antes do registo, com o acordo expresso ou tácito dos diversos sócios – acordo esse que se presume – respondem, solidária e ilimitadamente, todos eles – 38.°/1. Caso não tenham sido autorizados por todos os sócios[1588], respondem apenas aqueles que os tenham realizado ou autorizado – n.° 2.

O que entender por "responder"? A resposta prende-se com o tema da capacidade das pré-sociedades e com a assunção, pelas sociedades uma vez constituídas, das posições daquelas. Será examinada com mais pormenor, a propósito das sociedades de capitais[1589]. Adiantamos, todavia, que "responder" é, aqui, usado no sentido de alguém ser convocado em termos de responsabilidade patrimonial[1590]. Os próprios negócios celebrados em nome das pré-sociedades visadas devem ser cumpridos por estas – ou nem haveria negócios! E se o não forem, a pré-sociedade incorre nas consequências do incumprimento. Havendo que passar à fase da execução patrimonial: responderá a própria pré-sociedade, com os bens que porventura já tenha (regime geral, que não tinha de ser repetido) e respondem os sócios que tenham celebrado ou autorizado os negócios em causa: salvo ilisão: todos.

[1588] O que pressupõe a ilisão da presunção de todos terem autorizado o negócio.

[1589] *Infra*, 565 ss..

[1590] P. ex.: artigo 601.°, do Código Civil: "pelo cumprimento da obrigação *respondem* todos os bens do devedor ..." e artigo 997.°/1, do mesmo Código: "Pelas dívidas sociais *respondem* a sociedade e, pessoal e solidariamente, os sócios".

538 *O contrato de sociedade*

III. A lei não refere o *beneficium excussionis*, nem mesmo quando todos os sócios tenham autorizado a operação. Lacuna? Parece que não. Uma vez que a própria lei, logo no preceito imediatamente anterior, manda aplicar às sociedades que girem sem contrato, o regime das sociedades civis, não se compreenderia que, havendo contrato, as regras se tornassem mais desfavoráveis para os sócios ou – pior! – *menos societárias*.

Vamos, pois, sustentar que a "responsabilidade solidária e ilimitada" referida no artigo 38.°/1, segue o regime do artigo 997.°/1 e 2, do Código Civil incluindo, designadamente, o benefício da prévia excussão do património social. A optar-se pela lacuna: a solução seria a mesma, com apelo à analogia.

IV. As cláusulas que limitem objetiva ou subjetivamente os poderes de representação só são oponíveis aos terceiros que se prove conhece-rem-nas, aquando da celebração dos contratos respetivos – 38.°/3. Trata-se da solução que corresponde às regras gerais.

V. As relações, com terceiros, das sociedades em comandita simples, cujos contratos tenham sido regularmente outorgados mas que não se encontrem, ainda, registadas, mereceram ao legislador um longo preceito: o artigo 39.°. Diz, em súmula:

– pelos negócios celebrados em nome da sociedade, com o acordo de todos os sócios comanditados (o qual se presume), respondem todos eles, pessoal e solidariamente – n.° 1;
– nos mesmos termos responde o sócio comanditário que tenha con-sentido no início da atividade social, salvo se provar que o credor conhecia a sua qualidade – n.° 2;
– se os negócios celebrados não tiverem sido autorizados por todos os sócios comanditados (ilidindo-se, pois, a presunção), respondem apenas os que os realizarem ou aprovarem – n.° 3;
– as cláusulas que limitem objetiva ou subjetivamente os poderes de representação só são oponíveis aos terceiros que se prove conhece-rem-nas, aquando da contratação.

No tocante ao sentido da responsabilidade aplicam-se, pelas razões apontadas, as regras acima apuradas quanto às sociedades em nome cole-tivo.

§ 36.º As sociedades irregulares por incompleitude

179. Segue; *c*) Relações externas nas sociedades de capitais

I. As relações com terceiros, das sociedades por quotas, anónimas ou em comandita por ações, já celebradas por escritura mas ainda não registadas[1591], obedecem à regra seguinte[1592]: pelos negócios celebrados em seu nome respondem ilimitada e solidariamente todos os que intervenham no negócio em representação da sociedade em causa, bem como os sócios que o autorizem; os restantes sócios respondem apenas até às importâncias das entradas a que se obrigaram, acrescidas das importâncias que tenham recebido a título de lucros ou de distribuição de reservas – artigo 40.º/1[1593].

A responsabilidade em causa já não opera se os negócios forem expressamente condicionados ao registo da sociedade e à assunção por esta, dos respetivos efeitos – *idem*, n.º 2.

II. Pergunta-se, também aqui, se não seria justo e sistematicamente adequado fazer intervir, em primeiro lugar, o fundo comum da sociedade: o próprio artigo 36.º/2 a tanto conduziria[1594]. E independentemente disso: não deveria a própria (pré-)sociedade responder também pelas dívidas em seu nome contraídas[1595]? Uma sensibilidade jurídico-científica responde positivamente a ambas as questões: afinal, seria esse o regime das sociedades civis puras[1596].

[1591] PAULO DE TARSO DOMINGUES, *O regime jurídico das sociedades de capitais em formação*, em *Estudos em comemoração dos cinco anos da Faculdade de Direito da Universidade do Porto* (2001), 965-998 (974 ss.). Este Autor já havia estudado o assunto em *Do capital social* cit., 92-103.

[1592] Trata-se de uma solução que se documenta no Direito comparado. Por exemplo, quanto às sociedades anónimas alemãs, *vide* o § 41/I do AktG; cf. UWE HÜFFER, *Aktiengesetz*, 9.ª ed. (2010), § 41, I (197) e TIM DRYGALA, em KARSTEN SCHMIDT/MARCUS LUTTER, *Aktiengesetz Kommentar* I, 2.ª ed. (2010), § 41 (618 ss.), com uma série de elementos. Com relevo para o conhecimento da preparação do Código: FERRER CORREIA, *As sociedades comerciais no período da constituição* cit., 527 ss..

[1593] *Vide* STJ 10-Dez.-1997 (COSTA MARQUES), BMJ 472 (1998), 501-506 = CJ/Supremo V (1997) 3, 160-161.

[1594] Nesse sentido, JOÃO LABAREDA, *Sociedades irregulares* cit., 196 ss..

[1595] Respondendo afirmativamente: COUTINHO DE ABREU, *Curso de Direito comercial* cit., 2, 120 ss. (127), depois de ponderar diversos argumentos pró e contra.

[1596] Trata-se de uma posição que já assumimos no nosso ensino do Direito comercial e de sociedades comerciais e que, agora, desenvolvemos.

540   *O contrato de sociedade*

Todavia, uma resposta mais cabal exige uma explicação histórica e comparativa. Na verdade, o registo definitivo de uma sociedade comercial não se limita a atribuir-lhe a personalidade jurídica plena. Tem ainda o efeito de provocar a assunção, pela sociedade, dos negócios anteriores ao próprio registo, nos termos prescritos pelo artigo 19.º[1597]. Tomado à letra, este preceito implicaria:

– que a própria pré-sociedade de capitais, já formalizada em contrato mas ainda não registada, não ficasse obrigada pelos negócios celebrados em seu nome, durante este período;
– que tais negócios apenas respeitassem a quem, no negócio, tivesse agido em representação;
– que, com o registo, eles fossem assumidos pela sociedade.

Semelhante orientação poria em grave crise todo o papel das pré-sociedades, além de representar uma disfuncionalidade pronunciada. Como poderia ter um certo apoio numa primeira leitura da lei, cabe explicar como surge.

III. O artigo 40.º/1 – tal como os 38.º/1 e 39.º/1 –, na parte em que refere a responsabilidade dos sócios, filia-se no § 41 (1) do AktG alemão[1598], que dispõe:

A sociedade anónima não existe como tal antes da inscrição no registo comercial. Quem, antes da inscrição da sociedade no registo, aja em nome dela, responde pessoalmente; se agirem vários, eles respondem como codevedores.

Este preceito deriva do velho ADHGB, de 1861[1599], dominado pelo sistema da concessão. Tinha o objetivo político assumido de impedir a atuação da sociedade antes da atribuição, pelo Estado, da personalidade coletiva[1600]. Quando transposto para as sociedades por quotas, foi entendido

---

[1597] Este preceito também se aplica às sociedades de pessoas; todavia, como, historicamente, ele surgiu a propósito das sociedades anónimas, melhor fica examiná-lo na presente rubrica.

[1598] Uma regra similar opera para as sociedades por quotas; segundo o § 11 (2) do GmbHG:

Quando se aja, em nome da sociedade, antes do registo, respondem os agentes pessoal e solidariamente.

[1599] *Supra*, 72 ss..

[1600] UWE HÜFFER, *Aktiengesetz*, 9.ª ed. cit., § 41, IV, 1 (Nr. 18, 206).

§ 36.° As sociedades irregulares por incompleitude

como visando pressionar para a realização do registo[1601]. Todos estes fundamentos têm vindo a ser rejeitados, pondo-se em crise qualquer justificação para o preceito[1602]. Todavia, ele deve conservar-se, com elemento destinado a proteger o capital[1603]. Trata-se, porém, de uma solução supletiva, que as partes podem afastar. A responsabilidade aí prevista é meramente acessória e o responsabilizado pode defender-se invocando as diversas exceções[1604]. A doutrina fica, assim, habilitada a dizer que o preceito em análise tem escasso papel prático[1605].

Quanto à assunção de dívidas prevista no § 41 (2) do AktG: após toda uma evolução, a doutrina veio a defender a teoria da identidade: a pré-sociedade e a sociedade registada seriam a mesma realidade, tal como a ninfa e a borboleta[1606]. Defendida pela doutrina[1607], esta orientação foi acolhida, em 9-Mar.-1981, pelo Tribunal Federal Alemão[1608], sendo considerada ponto adquirido[1609]. Trata-se de matéria a examinar a propósito dos efeitos do registo[1610].

[1601] BGH 26-Jan.-1967, BGHZ 47 (1967), 25-30 (29), explicando que o § 11/2 do GmbHG visava levar à feitura do registo e impedir que, caso a pré-sociedade não se concretizasse, a obrigação contraída para com o terceiro viesse a ficar sem devedor; o BGH rejeitou outras explicações para o preceito e, designadamente, a penal.

[1602] KARSTEN SCHMIDT, já em 1973: *Der Funktionswandel der Handelnhaftung im Recht der Vorgesellschaft/Ein Beitrag zur Abgrenzung des "Handelnden"-Begriffs*, GmbHR 1973, 146-152 (152), referindo o sentido proibitivo inicial, depois perdido; HANS-JOACHIM FLECK, *Neueste Entwicklungen in der Rechtsprechung zur Vor-GmbH*, GmbHR 1983, 5-17 (13-14), pondo em dúvida que vise pressionar a feitura do registo e ROBERT WEIMAR, *Abschied von der Gesellschafter- und Handelnden-Haftung im GmbH-Recht?*, GmbHR 1988, 289-299 (298), explicando o sentido que o preceito tinha no tempo do sistema de concessão mas que, hoje, se teria tornado obsoleto.

[1603] UWE HÜFFER, *Aktiengesetz*, 9.ª ed. cit., § 41, IV, 1 (Nr. 19, 206).

[1604] UWE HÜFFER, *Aktiengesetz*, 9.ª ed. cit., § 41, IV, 4 (Nr. 24, 207-208).

[1605] MICHAEL HOFFMANN-BECKING, no *Münchener Handbuch des Gesellschaftsrechts*, 4, *Aktiengesellschaft*, 2.ª ed. (1999), § 3, Nr. 36 (21-22).

[1606] KARSTEN SCHMIDT, *Gesellschaftsrecht*, 4.ª ed. cit., 302; na 3.ª ed., de 1997, vide 310.

[1607] Assim: GERHARD DILCHER, *Rechtsfragen der sogenannten Vorgesellschaft*, JuS 1966, 89-95 (92-93) e MANFRED LIEB, *Abschied von der Handlungshaftung/Versuch einer Neubestimmung der Haftung aus Rechtsgeschäften im Gründungstadium von Kapitalgesellschaften*, DB 1970, 961-968 (968).

[1608] BGH 9-Mar.-1981, BGHZ 80 (1981), 129-146 (133 ss.), estabelecendo a complementaridade entre a pré-sociedade e a sociedade propriamente dita e revendo a teoria judicial da proibição de pré-oneração da sociedade (*Vorbelastungsverbot*).

[1609] UWE HÜFFER, logo na altura, em *Das Gründungsrecht der GmbH/Grundzüge, Fortschritte und Neuerung*, JuS 1983, 161-169 (166 ss.) e, hoje, em *Gesellschaftsrecht*,

IV. O conhecimento do circunstancialismo histórico e jurídico-científico que rodeia o artigo 40.º/1 permite responder às questões porventura em aberto. Nos negócios celebrados pelos seus representantes: os que agiram nessa representação e os que autorizarem tais negócios respondem (portanto: garantem, em termos de responsabilidade patrimonial) por eles, solidária e ilimitadamente. O artigo 40.º/1 acrescenta ainda, no fim, que os restantes sócios respondem até à importância das entradas a que se obrigaram, acrescidas das importâncias que tenham recebido a título de lucros ou de distribuição de reservas.

A responsabilidade dos representantes e dos sócios que tenham autorizado os negócios não isenta – como vimos suceder com as sociedades de pessoas – o património social da responsabilidade principal. Além disso, mercê do artigo 997.º/1 e 2, do Código Civil, os representantes e sócios demandados dispõem do *beneficium excussionis*.

Resta acrescentar que tudo isto é supletivo: cessa se os negócios forem expressamente condicionados ao registo da sociedade e à assunção por esta dos respetivos efeitos – 40.º/2. Pode-se ainda admitir que seja pactuado o afastamento deste regime: se necessário, sob invocação do artigo 602.º, do Código Civil.

180. A capacidade

I. Conhecido o regime legal das relações internas e externas das sociedades irregulares, cabe responder à questão crucial, que tende a escapar aos roteiros comuns sobre a matéria. Qual é a capacidade das sociedades irregulares[1611]?

Os dados legais são os seguintes:

– pode ser iniciada a atividade social antes do contrato, seguindo-se, então, o regime próprio das sociedades civis – 36.º/2;

6.ª ed. (2003), 324 ss.; com vários elementos, ERIK KIESSLING, *Vorgründungs- und Vorgesellschaften* cit., 120 ss..

[1610] *Infra*, 568 ss..

[1611] *Vide*, sobre o tema, MANUEL ANTÓNIO PITA, *O regime da sociedade irregular* cit., 481 ss..

§ 36.º As sociedades irregulares por incompleitude   543

– podem ser realizados "negócios" por conta das sociedades em nome coletivo – 38.º/1; esta tem "representantes" – *idem*, 3; um esquema semelhante funciona para as comanditas simples – 39.º/1 e 4;
– podem ser realizados "negócios" em nome das sociedades de capitais, agindo, certas pessoas, "em representação delas" – 40.º/1;
– ainda essas mesmas sociedades, sempre antes do registo, podem distribuir lucros e reservas – 40.º/1, *in fine*.

II. Os preceitos referidos bastam para concluir que as sociedades, particularmente as pré-sociedades, dispõem de uma capacidade geral similar à que compete às próprias sociedades definitivas. O especial óbice reside na responsabilidade de quem pratique os inerentes atos, em termos acima examinados.

Essa capacidade ampla não causa qualquer surpresa: o mesmo sucede com as sociedades civis puras, que não dependem de forma especial nem de registo e com as próprias "associações não personalizadas", previstas nos artigos 195.º e seguintes, do Código Civil. Esta capacidade de princípio não obsta a que, caso a caso, se verifique o exato alcance do ato que lhe seja imputado.

III. Na concretização da sua capacidade, a sociedade irregular disfruta da representação orgânica. Esta será levada a cabo por qualquer dos seus promotores, no caso do artigo 36.º/2 (pré-sociedade anterior à escritura) ou pelos órgãos competentes já previstos nos seus estatutos, nas hipóteses dos artigos 38.º a 40.º (pré-sociedades posteriores ao contrato mas anteriores ao registo).

Apesar desta latitude dada pelo Direito privado, deve ter-se presente que as pré-sociedades dão lugar a constrangimentos fiscais e, porventura, bancários. Além disso, diversos negócios formais vão, na prática, estar-lhes vedados, por razões de prática notarial. Recomenda-se, pois, como regra, a rápida conclusão do processo.

181. A natureza; *a*) Algumas doutrinas

I. Com os elementos obtidos, resta fixar a natureza da sociedade irregular. Adiantamos que os resultados obtidos são aplicáveis às sociedades que apresentem vícios nos respetivos contratos, na medida em que tais

544   *O contrato de sociedade*

vícios bloqueiem a comum natureza societária. Isto dito: estamos perante um exercício clássico do Direito das sociedades, que implica uma dimensão histórico-crítica e, depois, uma ordenação dogmática, perante os dados da atual Ciência do Direito.

O Direito português vigente beneficia da juventude da sua lei: pôde aproveitar uma série de elementos conquistados noutras latitudes. Ora aí – particularmente na Alemanha, que funcionou como o grande cadinho onde foi experimentada toda esta temática – os exatos contornos da pré-sociedade e da sociedade irregular (*fehlerhafte Gesellschaft*) foram sendo desenvolvidos pela jurisprudência[1612], surgindo como uma manifestação de interpretação complementadora[1613]. Não houve uma doutrina pré-definida mas, apenas, a necessidade de atalhar problemas concretos. Devemos ainda ter presente que toda esta matéria resulta, também, da transposição dos artigos 7.° a 9.° da 1.ª Diretriz sobre sociedades comerciais[1614], de clara inspiração alemã[1615].

II. Podemos ordenar as diversas teorias explicativas das sociedades irregulares em três grandes troncos[1616]:

– a teoria da sociedade de facto;
– a teoria dos limites da nulidade;
– a teoria da organização.

Segundo a teoria da sociedade de facto, a sociedade poderia ter, na sua origem, não apenas um contrato concluído entre as partes interessadas, mas, também, a simples evidência dos seus surgimento e funcionamento, no campo dos factos.

[1612] CLAUDIA PÖRNIG, *Die Lehre von der fehlerhafte Gesellschaft* (1999), 25 ss..
[1613] *Idem*, 42 ss..
[1614] Portanto: a Diretriz n.° 68/151/CEE, de 9-Mar.-1968, relativa à proteção de sócios e de terceiros; *vide* MATHIAS HABERSACK, *Europäisches Gesellschaftsrecht*, 2.ª ed. cit., § 5 (61 ss.).
[1615] Curiosamente, a 1.ª Diretriz só tardia e nem sempre completamente foi transposta para o Direito interno alemão; *vide* MATHIAS HABERSACK, *Europäisches Gesellschaftsrecht*, 2.ª ed. cit., *passim*.
[1616] MICHAEL KORT, *Bestandsschutz Strukturänderungen im Kapitalgesellschaftsrecht* (1998), 6 ss., 10 ss. e 16 ss..

§ 36.° As sociedades irregulares por incompleitude

A ideia da sociedade de facto tem raízes que remontam ao organicismo de VON GIERKE[1617]: afinal, o determinante na pessoa coletiva seria o próprio facto da existência do seu organismo, mais do que qualquer operatividade jurídico-formal. De todo o modo, ela foi dinamizada pela doutrina das relações contratuais de facto, apresentada em 1941, por GÜNTHER HAUPT[1618].

Segundo este Autor, poderia verificar-se o surgimento de relações de tipo contratual, mas sem que, na origem, houvesse qualquer contrato ou qualquer contrato válido. Tais relações adviriam de meras condutas materiais. Entre as situações que encontra, HAUPT insere a que implica a inclusão de uma pessoa numa denominada relação comunitária, exemplificando com a sociedade e o trabalho. Na sociedade de facto, marcada por assentar num contrato nulo, haveria que manter, pela injustiça que adviria da aplicação das regras da restituição do enriquecimento, alguns dos efeitos próprios da sociedade[1619].

A doutrina das relações contratuais de facto conheceu, na época, adesões[1620] e críticas[1621]. Censurou-se-lhe, logo na altura e em especial, o facto de se inscrever num largo ataque às categorias jurídico-liberais[1622], visando construir uma dogmática que afastasse os direitos subjetivos e, agora, os próprios contratos. De todo o modo, houve, no pós-guerra, desenvolvimentos importantes, relativos à sociedade de facto: SIMITIS[1623] e SIE-

---

[1617] Em especial: PETER LAMBRECHT, *Die Lehre von faktischen Vertragsverhältnis/Entstehung und Niedergang* (1994), 19 ss.; esta obra abrange uma exposição historicamente ordenada sobre a doutrina das relações contratuais de facto.

[1618] GÜNTHER HAUPT, *Über faktische Vertragsverhältnisse* (1941), depois incluído nos FS Fischer; cita-se pelo primeiro local. Cf. a rec. favorável de HERMANN NOLTE, DR 1942, 717-718 (718). Um resumo deste escrito pode ser confrontado na nossa *Da boa fé* cit., 555-556. Outros elementos: PETER LAMBRECHT, *Die Lehre von faktischen Vertragsverhältnis* cit., 5 ss..

[1619] GÜNTHER HAUPT, *Über faktische Vertragsverhältnisse* cit., 16-19.

[1620] P. ex., além de NOLTE, TASCHE, *Vertragsverhältnis nach nichtigem Vertragsschluss?*, JhJb 90 (1942), 101-130 e FRANZ WIEACKER, *Leistungsbeziehungen ohne Vereinbarung*, ZAkDR 1943, 33-38. LAMBRECHT, *Die Lehre* cit., 70 ss., refere um período de reconhecimento, de 1941 a 1945.

[1621] Especialmente de HEINRICH LEHMANN, *Das "faktische" Vertragsverhältnis*, JhJb 90 (1943), 131-144.

[1622] PETER LAMBRECHT, *Die Lehre von faktischen Vertragsverhältnis* cit., 161.

[1623] SPIROS SIMITIS, *Die faktische Vertragsverhältnisse/Als Ausdruck der gewandelten sozialen Funktion der Rechtsinstitute des Privatrechts* (1957), 107-262 (sociedade de facto).

BERT[1624]. Na verdade, a sociedade de facto é um exemplo flagrante de instituto supostamente contratual, suscetível de operar sem a sua fonte normal. Todavia, as tentativas de reanimar a noção, focando a sua função[1625] ou a sua eficácia[1626], não puderam contrariar o declínio geral da doutrina das relações contratuais de facto[1627]. Foi-lhes especialmente censurada a falta de unidade interna. No seu seio seria possível discernir figuras muito distintas[1628]: a *culpa in contrahendo*, os comportamentos concludentes, a eficácia legal de situações nulas e a tutela da aparência, baseada na boa-fé. Todas essas figuras convocariam regras próprias e distintas, ficando incomodamente arrumadas, lado a lado.

Em suma: a teoria da sociedade de facto pouco ganharia em ser reconduzida a uma construção mais vasta de "relações contratuais de facto", dada a total heterogeneidade desta última. Isoladamente tomada, a "sociedade de facto" deixa por explicar a sua positividade jurídica, não determinando quaisquer regras. É evidente que, embora "de facto", a sociedade aqui em jogo obedece a regras. Aliás, pela natureza da situação, tais regras deverão mesmo ser mais precisas do que as das sociedades comuns.

III. A teoria dos limites da nulidade foi inicialmente apontada para explicar a essência das sociedades em contratos inválidos. Seria fácil, depois, a sua extrapolação para as pré-sociedades, apontando, como "vícios", as falhas de que ainda padeceriam, por não terem alcançado o estádio definitivo de perfeição. No cerne, a teoria diz-nos o seguinte: pela natureza das coisas, as regras que determinem a invalidade e uma sociedade não são radicais, pretendendo afastar o ente visado, como se não existisse; pelo contrário: têm alguns limites, através dos quais a sociedade irregular ainda pode exercer certa atividade.

[1624] WOLFGANG SIEBERT, *Faktische Vertragsverhältnisse/Abwandlungen des Vertragsrechts in den Bereichen der Daseinsvorsorge, des Gesellschaftsrechts und des Arbeitsrechts* (1958), 40 a 67 (sociedade de facto). Curiosamente, vinte anos antes, SIEBERT escrevera um escrito precursor, abaixo citado, e onde propôs um tratamento autonomizado para a "sociedade de facto", designação que, de resto, contesta.

[1625] SIMITIS, *Die faktische Vertragsverhältnisse* cit., 262.

[1626] SIEBERT, *Faktische Vertragsverhältnisse* cit., 57 ss..

[1627] LAMBRECHT, *Die Lehre von faktischen Vertragsverhältnis* cit., 161.

[1628] Quanto a alguns dos aspetos em causa cf. *Da boa fé* cit., 559 ss..

§ 36.° As sociedades irregulares por incompleitude

Curiosamente, os primeiros passos da teoria dos limites de nulidade foram dados por Wolfgang Siebert, quando defendeu que uma sociedade surgida com vício era ... uma sociedade com vício, a colocar num plano equivalente ao das sociedades sem ele[1629]. Acentuou-se, depois, que pelo menos nas relações internas, estas sociedades implicavam uma combinação entre a vontade das partes e as regras da nulidade[1630].

Há que ter presente: toda esta matéria deriva de um intenso acompanhamento jurisprudencial quer anterior[1631], quer posterior à Guerra de 1939-1945[1632]. Ora os tribunais devem apoiar-se na lei: a presença de regras específicas para a nulidade de sociedades resolveria, assim, o problema. Particularmente impressiva foi a decisão do RG 13-Nov.-1940: a sociedade nula não desapareceria, antes tendo, pelo menos, de atravessar os processos de extinção e de liquidação[1633]. Outra perspetiva: a de aplicar, aos diversos tipos de situações, as regras relativas à constituição ou à extinção das sociedades[1634].

Os limites às invalidades societárias, bem como às suas incompleitudes, constituem uma base para qualquer eficácia jurídica. Têm uma importância evidente para sistemas que, como o português, disponham de um elevado nível regulativo. O facto de se descobrirem regras explícitas que, à nulidade de sociedades, ainda atribuam certas consequências não dispensa procurar o porquê de tais normas. Dá, todavia, uma inquestionável

---

[1629] Wolfgang Siebert, *Die "faktische" Gesellschaft/Ein rechtsvergleichender Beitrag zur Systematik des Rechts der Handelgesellschaften und der Gesellschaft des bürgerlichen Gesetzbuchs*, FS Hedemann 1938, 266-289 (289).

[1630] Alfred Hueck, *Mängel des Gesellschaftsvertrages bei der offenen Handelsgesellschaft*, AcP 149 (1944), 1-31 (30).

[1631] Maximilien Ronke, *Der Fehlerhafte Beitritt zu einer Gesellschaft und die fehlerhafte Gesellschaft nach der Rechtsprechung des Reichsgerichts*, FS Franz Laufke (1971), 217-252, com uma pesquisa jurisprudencial no âmbito do *Reichsgericht* e, portanto, anterior a 1945.

[1632] Maximilien Ronke, *Die Rechtsprechung des BGH zur fehlerhaften Gesellschaft*, FS Heinz Paulick (1973), 55-72, com uma pesquisa similar relativa ao *Bundesgerichtshof* e, logo, posterior a 1949.

[1633] RG 13-Nov.-1940, RGZ 165 (1941), 193-207 (199), fazendo também aplicação à resolução por alteração das circunstâncias. Cf. Georg Wiesner, *Die Lehre von der fehlerhaften Gesellschaft* (1980), 35.

[1634] Wolf Goette, *Fehlerhafte Personengesellschaftsverhältnisse in der jüngeren Rechtsprechung des Bundesgerichtshofs*, DStR 1996, 266-271 (271).

548   *O contrato de sociedade*

base jurídico-positiva para qualquer solução efetiva. É ainda seguro que o resultado passa por um desvio em relação às regras de nulidade e aos seus efeitos[1635]. Pelo menos: um desvio aparente.

IV. A teoria da organização parte, em geral, de uma apregoada dupla natureza do contrato de sociedade[1636]: uma relação interna, puramente obrigacional e uma exterior, de tipo organizatório. Esta última tenderia a transcender a obrigacional[1637]: representaria um centro de interesses próprios[1638], dando azo a um evidente elemento de confiança[1639]. O Direito não poderia deixar de o reconhecer.

A partir daqui, a doutrina perde alguma clareza. Podemos considerar que a precisa determinação da natureza destas sociedades está, ainda, por esclarecer. ULMER fala em "défice dogmático"[1640] e isso apesar da segurança denotada pela jurisprudência[1641]. A separação entre os aspetos obrigacionais, internos e os organizacionais, externos, não é extremável, dados

---

[1635] HANSJÖRG WEBER, *Zur Lehre von der fehlerhaften Gesellschaft* (1978), 80.

[1636] HANSJÖRG WEBER, *Zur Lehre von der fehlerhaften Gesellschaft* cit., 183 e *passim*, PETER ULMER, *Die Lehre von der fehlerhaften Gesellschaft/gesicherter Bestand des Gesellschaftsrechts oder methodisches Irrweg?*, FS Flume II (1978), 301-321(308 ss.) e HANS PETER SCHWINTOWSKI, *Grenzen der Anerkennung fehlerhafter Gesellschaften*, NJW 1988, 937-942 (941).

[1637] GEORG WIESNER, *Die Lehre von der fehlerhaften Gesellschaft* cit., 79 ss., 81 ss. e 92.

[1638] MARIAN PASCHKE, *Die fehlerhafte Korporation/Zwischen korporationsrechtlicher Tradition und europarechtlichen Rechtsentwicklung*, ZHR 155 (1991), 1-23 (8).

[1639] WIESNER, *Die Lehre von der fehlerhaften Gesellschaft* cit., 46. ALFRED HUECK, *Mängel des Gesellschaftsvertrages* cit., 4, já há muito chamara a atenção para a sociedade aparente.

[1640] PETER ULMER, *Die Lehre von der fehlerhaften Gesellschaft* cit., 301; WIESNER, *Die Lehre von der fehlerhaften Gesellschaft* cit., 60, considera que, até hoje, não há uma explicação satisfatória.

[1641] KARSTEN SCHMIDT, *Fehlerhafte Gesellschaft und allgemeines Verbandsrecht/ /Grundlage und Grenzen eines verbandsrechtlichen Instituts*, AcP 186 (1986), 421-452; refere, em especial, BGH 29-Jun.-1970, BGHZ 55 (1971), 5-10 (8), que considera este problema como uma área segura do nosso ordenamento. Esta decisão explica a inaplicabilidade das regras comuns sobre a nulidade e a impugnabilidade. De notar que faz aplicação da doutrina a uma *stille Gesellschaft*, que corresponde à nossa associação em participação (sociedade oculta).

§ 36.º As sociedades irregulares por incompleitude 549

os contactos entre ambas[1642]. E deste modo, opta-se por orientações mistas, em que os limites da invalidade e as exigências da organização se completam[1643]. A tutela desta não pode ser total[1644].

Finalmente e no que toca à sociedade em formação: acentua-se o predomínio da teoria da identidade, segundo a qual haveria uma continuidade entre a pré-sociedade e a sociedade propriamente dita[1645]. Restará, daí, retirar as inevitáveis consequências.

182. Segue; *b*) Posição adotada

I. A exposição, acima realizada, de diversas doutrinas surgidas para explicar a natureza das sociedades irregulares é útil: permite esclarecer vários ângulos da dogmática societária, aqui subjacente. Todavia, há que prevenir transposições apressadas para o Direito português. Aí, além de dados legislativos próprios, deve-se contar com uma tradição fortemente contratualista, exacerbada, aliás, pelo legislador de 1986.

II. A primeira e inevitável constatação é a de que o Código das Sociedades Comerciais trata, com pormenor, das diversas hipóteses – artigos 36.º e seguintes – abrangendo a sociedade sem contrato, a sociedade com contrato "informal", a sociedade com contrato mas sem registo, a sociedade com contrato, com vício e sem registo e a sociedade com registo e com vício: ambos estes últimos aspetos ainda a examinar, mas que poderão ser úteis, para efeitos de exposição.

Tanto basta para que se não possa apelar para uma informe doutrina de "relações contratuais de facto" ou "sociedade de facto", a resolver por analogia. Antes teremos soluções claramente baseadas na lei.

III. Mas a lei fundamenta todas as soluções legítimas. Não bastará dizer que as sociedades incompletas ou inválidas beneficiam ... das pró-

---

[1642] ULMER, *Die Lehre von der fehlerhaften Gesellschaft* cit., 308 ss. e 315.

[1643] MICHAEL KORT, *Bestandsschutz Strukturänderungen im Kapitalgesellschaftsrecht* cit., 24.

[1644] WERNHARD MÖSCHEL, *Das Aussenverhältnis der fehlerhaften Gesellschaft*, FS Hefermehl 1976, 171-188 (187).

[1645] KARSTEN SCHMIDT, *Gesellschaftsrecht*, 4.ª ed. cit., 306-307.

550   *O contrato de sociedade*

prias leis que determinem a incompleitude ou a invalidade e que elas ainda produzem alguns efeitos. Por certo que os produzem: mas porquê?

IV. A sociedade irregular por incompleitude é, muito claramente, uma sociedade assente na vontade das partes. Esta é, pela lei, aproveitada até aos limites do possível. A hipótese de acordo informal (36.°/2) é equiparada à sociedade civil, pressupondo-se, naturalmente: com o conteúdo que as partes lhe tiverem dado. Havendo contrato, o seu teor rege os direitos entre as partes (37.°). E mesmo quanto a relações externas: tudo funciona consoante o figurino adotado pelas partes (38.°, 39.° e 40.°). A falta do registo, na prática, apenas vem impedir o privilégio da limitação da responsabilidade, tendo significado efetivo no tocante às sociedades de capitais.

V. A sociedade irregular por incompleitude – portanto: a pré-sociedade – é uma pessoa coletiva erigida pela vontade das partes e na base da sua autonomia privada.

Poder-se-ia apelar à temática das pessoas rudimentares. Seria útil no caso do artigo 36.°/1: a sociedade aparente funciona em modo coletivo apenas muito limitadamente. Já após o acordo de constituição – 36.°/2 – altura em que se remete para as sociedades civis puras, poderá haver personalidade mais ampla: depende do nível de organização alcançado.

Realizado o contrato, as sociedades assumem, de facto, personalidade coletiva. Se bem se atentar, as limitações que impendem sobre as sociedades não registadas têm a ver com a responsabilidade dos sócios perante terceiros, que não é limitada. Quanto ao resto: temos órgãos, temos representantes orgânicos e temos, de facto, um centro autónomo de imputação de normas, com funções e "interesses" próprios.

VI. Tudo isto aponta para uma única e inevitável conclusão: as sociedades irregulares retiram a sua jurídica-positividade da vontade das partes. Nos diversos casos surpreendemos acordos a tanto destinados, ainda que completados pela tutela da aparência: esta, ligada à proteção da confiança, segue, ainda que por analogia, o regime negocial[1646].

[1646] Trata-se de um ponto especialmente apurado na obra clássica de CLAUS--WILHELM CANARIS, *Die Vertrauenshaftung im deutschen Privatrecht* (1971, reimp., 1983), *passim*; cf. o *Tratado de Direito civil*, I/1, 3.ª ed., 754 e *passim*.

§ 36.º As sociedades irregulares por incompleitude

O passo seguinte: qual a figura derivada da vontade das partes? De acordo com as categorias gerais, como são hoje entendidas, tal figura dá azo a um contrato. Que contrato? Perante a noção geral do artigo 980.º do Código Civil, confirmada, aliás, por quanto ela representa, tal contrato só poderá ser ... um contrato de sociedade.

Resta concluir: as sociedades irregulares, que o sejam por incompleitude são, em todo o caso, verdadeiras sociedades, assentes em equivalentes contratos de sociedade. Tais contratos, por razões endógenas (falta de contrato formal) ou exógenas (falta de registo) não equivalem aos modelos finais legalmente fixados. Não deixam de ser contratos. De categoria inferior? Não propriamente: apenas diferente.

As sociedades irregulares são verdadeiras e próprias sociedades, ainda que diversas do figurino elencado no artigo 1.º/2. Há inúmeras graduações possíveis, o que não admira, uma vez que escapam à tipicidade comercial. Quanto à natureza: contratual, como sucede com a nossa matriz societária.

§ 37.º SOCIEDADES IRREGULARES POR INVALIDADE

183. A categoria; a 1.ª Diretriz das sociedades comerciais

I. Como foi referido[1647], o universo das sociedades irregulares, tal como emergia do revogado artigo 107.º, do Código VEIGA BEIRÃO, era muito envolvente: abrangia todas as sociedades que não se constituíssem "... nos termos e segundo os trâmites indicados neste Código". Porventura mais pela letra do que pelo espírito, o preceito veio abarcar não apenas incompleitudes, faltas de registo ou disfunções perante o modelo legal mas, também, situações de invalidade, na própria constituição da sociedade. De todo o modo, a aproximação correspondia a uma efetiva confluência de valorações: parece claro que, nas diversas situações englobadas, ocorrem problemas de tutela dos sócios e dos terceiros, que concitam soluções de calibre próximo.

II. Esta capacidade aglutinante da velha figura das sociedades irregulares foi reforçada, de forma muito curiosa, pela 1.ª Diretriz das sociedades comerciais ou Diretriz n.º 68/151/CEE, do Conselho, de 9 de Março de 1968[1648], que pretendeu coordenar as garantias que, para proteção dos interesses dos sócios e de terceiros, são exigidas, nos Estados-Membros, às sociedades[1649]. Essa Diretriz foi substituída pela n.º 2009/101/CE, do Parlamento Europeu e do Conselho, de 16 de Setembro de 2009, que pro-

---

[1647] *Supra*, 522 ss..

[1648] JOCE N.º L-65, 8-12, de 14-Mar.-1968 = DDC 2 (1980), 219-228. O texto pode ainda ser visto em *Direito europeu das sociedades*, 127 ss., com outros elementos.

[1649] Esta Diretriz deu lugar ao estudo, já clássico, de RAÚL VENTURA, *Adaptação do Direito português à 1.ª Directiva* cit., 89 ss.; outra bibliografia pode ser confrontada em MATHIAS HABERSACK, *Europäisches Gesellschaftsrecht*, 3.ª ed. cit., 81-82 e em STEFAN GRUNDMANN, *Europäisches Gesellschaftsrecht* cit., 108.

§ 37.º Sociedades irregulares por invalidade

cedeu à codificação das alterações entretanto introduzidas[1650]. A Diretriz 2009/101, a que se pode continuar a chamar "1.ª Diretriz", abrange cinco capítulos. Após o I, relativo ao seu âmbito de aplicação, temos:

II – *Publicidade* (artigos 2.º a 7.º), onde são referidas as hipóteses de sujeição ao registo comercial, no tocante aos atos das sociedades;

III – *Validade das obrigações contraídas pela sociedade* (artigos 8.º a 10.º), onde é versada a matéria que já acima considerámos;

IV – *Invalidade do contrato de sociedade* (artigos 11.º a 13.º), onde, em preceitos diversos, é tratada a problemática da invalidade das sociedades, nas várias hipóteses.

III. De acordo com o corpo do artigo 12.º da 1.ª Diretriz, versão de 2009, aqui em causa, os fundamentos da invalidade da sociedade são limitados. Recordemos o teor do seu texto[1651]:

A legislação dos Estados-Membros pode regular o regime das invalidades do contrato de sociedade desde que respeite as seguintes regras:

a) A invalidade deve ser reconhecida por decisão judicial;

b) A invalidade apenas pode ser reconhecida com os fundamentos referidos nas subalíneas i) a vi) seguintes:

i) falta de ato constitutivo ou inobservância quer das formalidades de fiscalização preventiva, quer da forma autêntica,

ii) natureza ilícita ou contrária à ordem pública do objeto da sociedade,

iii) omissão, no ato constitutivo ou nos estatutos, de indicação relativa à denominação da sociedade, às entradas, ao montante total do capital subscrito ou ao objeto social,

iv) inobservância das disposições da legislação nacional relativas à liberação mínima do capital social,

v) incapacidade de todos os sócios fundadores,

vi) quando, contrariamente à legislação nacional aplicável à sociedade, o número de sócios fundadores for inferior a dois.

[1650] JOCE N.º L-258, 11-19, de 1-Out.-2009.
[1651] JOCE N.º L-256, 16, de 1-Out.-2009.

O contrato de sociedade

Continua o artigo 12.º, num preceito da maior importância:

Fora destes casos de invalidade, as sociedades não podem ser declaradas nulas, nem ficam sujeitas a qualquer outra causa de inexistência, de nulidade absoluta, de nulidade relativa ou de anulabilidade.

Os fundamentos da invalidade das sociedades comerciais correspondem, deste modo, a uma exigência comunitária[1652], que já foi reconhecida pelo Tribunal de Justiça Europeu[1653]. Trata-se de um elemento que deve ser tido em conta, em nome de uma interpretação conforme com as diretrizes, quando estejam em causa normas de transposição[1654].

IV. Transcendendo as exigências comunitárias, o legislador consagrou uma regulação minuciosa para esta matéria: os artigos 41.º a 52.º. A lei poderia, claramente, ter sido mais sistemática e simples. A mera leitura das epígrafes dos preceitos implicados mostra uma ordenação caleidoscópica, difícil de reter e que não era exigida pela ordem da União. Na sequência, iremos distinguir:

– princípios gerais;
– regras quanto a sociedades de pessoas;
– regras quanto a sociedades de capitais.

Em rigor, apenas quanto a estas últimas há elementos de exigência comunitária.

184. Os princípios gerais; o *favor societatis*

I. Os princípios gerais relativos à ineficácia dos negócios jurídicos são de elaboração civil[1655]. Devemos ainda ter presente que se trata de

---

[1652] Pinto Furtado, *Curso de Direito das sociedades*, 5.ª ed. cit., 214 ss. e Mathias Habersack, *Europäisches Gesellschaftsrecht*, 2.ª ed. cit., 78 ss..

[1653] TJE 106/89, de 13-Nov.-1990 (caso *Marleasing*), localizável na *Internet*.

[1654] *Supra*, 200 ss..

[1655] *Tratado de Direito civil*, I/1, 3.ª ed., 853 ss.. Na terminologia adotada: temos a ineficácia em sentido amplo, que abrange a invalidade e a ineficácia em sentido estrito; por seu turno, a invalidade cobre a nulidade, a anulabilidade e as denominadas invalidades mistas.

§ 37.º Sociedades irregulares por invalidade   555

matéria histórico-dogmática de certa complexidade, variável de País para País e, ainda, em função de coordenadas históricas.

Como pano de fundo, temos a seguinte regra: o negócio jurídico que, por razões extrínsecas (impossibilidade, indeterminabilidade, ilicitude ou contrariedade à lei ou aos bons costumes) ou intrínsecas (vício na formação ou na exteriorização) não produza efeitos ou, pelo menos, todos os efeitos que, por lei, ele deveria produzir, é ineficaz. Dentro da ineficácia, a categoria a reter é a da invalidade. Finalmente, dentro da invalidade e quando a lei não disponha de outro modo, o vício concretizado é o da nulidade[1656]. Todas estas regras são aplicáveis ao contrato de sociedade, antes de ter ocorrido o registo. Segundo o artigo 41.º/1, 1.ª parte, enquanto o contrato não estiver registado, "... a invalidade do contrato ou de uma das declarações negociais rege-se pelas disposições aplicáveis em negócios jurídicos nulos ou anuláveis". Apenas com duas especificidades:

– as invalidades (nulidade declarada ou anulação pronunciada) envolvem a liquidação da sociedade, em termos abaixo referidos[1657] – artigo 41.º/1, 2.ª parte;
– a invalidade resultante de incapacidade é oponível, também, a terceiros – artigo 41.º/2.

II. No domínio das sociedades comerciais, operam regras diversas das comuns. A nulidade pura e simples iria comprometer todos os atos já praticados pela sociedade em jogo, desamparando os terceiros e pondo em risco a própria confiança que a comunidade deve dispensar ao fenómeno societário. Por isso, encontramos aqui todo um conjunto de regras destinadas a minimizar, por vários ângulos, a invalidade das sociedades comerciais e as consequências dessa invalidade, quando ela seja inevitável. É o *favor societatis*.

O *favor societatis* exprime-se, na lei portuguesa, em sete vetores:

– na limitação dos fundamentos de nulidade;
– na introdução de prazos para invocação dessa nulidade;
– na presença de esquemas destinados a sanar as invalidades;
– na delimitação da legitimidade para invocar a nulidade;

[1656] Recordemos os artigos 280.º e 294.º, do Código Civil.
[1657] *Infra*, 1150 ss..

– na limitação dos efeitos da anulabilidade, perante as partes;
– numa certa inoponibilidade das invalidades a terceiros;
– na presença de um regime especial, no tocante à execução das consequências da nulidade.

Vamos alinhar algumas proposições ilustrativas desses vetores, sem prejuízo da análise mais pormenorizada, a efetuar perante os dois grandes grupos de tipos em presença: o das sociedades de pessoas e o das sociedades de capitais.

III. A sociedade tem uma especial consistência jurídico-social[1658]. As razões da sua nulidade são limitadas, como vimos, pelo artigo 11.° da Diretriz, a qual foi transposta pelo artigo 42.°/1. Elas são, ainda, taxativas: "... o contrato só pode ser ...", diz o preceito em jogo. Daí resulta uma regra geral da redução das invalidades, que nos diz o seguinte: a invalidade de algumas cláusulas societárias não conduz à invalidade de todo o contrato; isso só sucederá se a invalidade em causa recair sobre alguma cláusula crucial: as elencadas nos artigos 11.° da Diretriz e 42.° do Código das Sociedades Comerciais, salvo a exigência de registo, feita por este e ausente do primeiro. As nulidades em jogo são, sempre, nulidades "totais" do contrato de sociedade, só possíveis nas descritas situações.

Em princípio, a nulidade pode ser invocada a todo o tempo, e por qualquer interessado[1659]. Mas perante o contrato de sociedade, já não é assim[1660]:

– desde logo, antes de intentar a ação, há que interpelar a sociedade para sanar o vício, quando este seja sanável; só 90 dias após a interpelação se pode interpor a ação[1661];
– a ação deve ser intentada no prazo de três anos a contar do registo, salvo tratando-se do Ministério Público – 44.°/1 e 2; quer isso dizer que, passado esse prazo, o direito de a propor caduca;

[1658] A lei portuguesa, aparentemente e como veremos, só lhe reconhece essa consistência após o registo. Todavia, não é isso que resulta da Diretriz.

[1659] Artigo 286.°, do Código Civil.

[1660] *Vide* CAROLINA CUNHA, no *Código em Comentário*, 1 (2010), 609 ss..

[1661] Artigo 44.°/1, *in fine*. Dada a teleologia em presença, esta exigência é aplicável às ações a intentar pelo MP, apesar de este dispor de uma maior latitude do que os particulares.

§ 37.º Sociedades irregulares por invalidade

– ela pode ser iniciada por qualquer membro da administração, do conselho fiscal ou do conselho geral e de supervisão da sociedade ou por qualquer terceiro "... que tenha um interesse relevante e sério na procedência da ação ..."[1662].

De notar, ainda, a presença de deveres acessórios, destinados a conter danos. Já referimos a necessidade de, antes de intentar a ação, se interpelar a sociedade para que sane – se sanável – o vício: uma exigência que opera como pressuposto processual uma vez que, sem ela, a ação não será considerada quanto ao fundo. Opera, assim, como ónus. Mas há, ainda, verdadeiros deveres legais de informar, segundo o artigo 44.º/3. Os membros da administração devem comunicar, no mais breve prazo, aos sócios de responsabilidade ilimitada e aos sócios de sociedades por quotas, a proposição da ação de declaração de nulidade. Entenda-se, para que o preceito seja útil: independentemente de quem tenha proposto a ação[1663]. Tratando-se de sociedades anónimas, a comunicação deve ser feita ao conselho fiscal ou ao conselho geral e de vigilância (ou à comissão de auditoria), consoante o tipo de sociedade anónima em causa – 44.º/3, *in fine*. Este dever visa facultar o conhecimento da ação dentro da sociedade, permitindo, aos interessados, tomar as medidas que entenderem e, no limite: iniciar o processo de sanação do vício. A sua omissão presume-se culposa – 799.º/1, do Código Civil – e obriga o prevaricador a indemnizar o lesado por todos os danos causados.

Dado o teor do artigo 44.º, ele aplica-se, claramente, a todos os tipos de sociedades comerciais[1664].

[1662] Não basta ser-se "interessado", como dispõe, em geral, o artigo 286.º, do Código Civil; esta exigência do "... interesse relevante e sério ..." opera como um pressuposto processual suplementar, destinado a prevenir a interposição gratuita e selvagem de ações contra grandes sociedades, para obter compensações destinadas a evitar o escândalo, mas sem qualquer base jurídica.

[1663] Efetivamente, embora a ação seja proposta contra a sociedade, os administradores são imediatamente informados da mesma: a citação da própria sociedade deve-se efetuar para a sede social ou, não sendo possível, através da citação do próprio administrador – cf. os artigos 237.º e 238.º/1, do Código de Processo Civil, na redação dada pelo Decreto-Lei n.º 183/2000, de 10 de Agosto.

[1664] Por analogia e caso a caso, poderá aplicar-se às sociedades civis sob forma civil.

558   *O contrato de sociedade*

IV. A anulabilidade tem, como se sabe e nos termos do artigo 287.º/1, do Código Civil, requisitos especiais de funcionamento. Na prática, ela equivale a uma "impugnabilidade": coloca nas mãos do interessado um direito potestativo temporário de provocar o colapso do negócio. Todavia, sempre segundo o Direito comum, uma vez atuada, ela tem efeitos similares aos da declaração de nulidade[1665]. Aqui intervém o *favor societatis*:

– nas sociedades de capitais, certos fundamentos de anulabilidade[1666] operam (apenas) como justas causas de exoneração dos sócios atingidos; quanto à incapacidade: ela gera uma anulabilidade limitada ao incapaz – 45.º/1 e 2;
– nas sociedades de pessoas, a invalidade por determinados fundamentos provoca anulabilidade apenas perante o atingido, salvo na impossibilidade de redução prevista no artigo 292.º, do Código Civil – 46.º;
– em qualquer dos casos, o sócio que obtenha a anulação do contrato, nos termos do artigo 45.º/2 ou 46.º, tem o direito de rever o que prestou e não pode ser obrigado a completar a sua entrada mas, "... se a anulação se fundar em vício da vontade ou usura, não ficará liberto, em face de terceiros, da responsabilidade que por lei lhe competir quanto às obrigações da sociedade anteriores ao registo da ação ou da sentença"[1667] – artigo 47.º; o disposto nos artigos 45.º a 47.º vale, com as adaptações necessárias, se o "... sócio incapaz ou aquele cujo consentimento foi viciado ..." ingressar posteriormente na sociedade – artigo 48.º;
– a anulabilidade pode ver o seu prazo encurtado, através do dispositivo do artigo 49.º: qualquer interessado pode notificar o impugnante para que anule ou confirme o negócio; perante a notificação,

---

[1665] Artigo 289.º/1, do Código Civil:

    Tanto a declaração de nulidade como a anulação do negócio têm efeito retroativo, devendo ser restituído tudo o que tiver sido prestado ou, se a restituição em espécie não for possível, o valor correspondente.

[1666] Veremos se o mesmo ocorre com os restantes; *vide infra*, 562 ss..

[1667] Não haverá dúvidas em apor uma cláusula doutrinária a este regime: desde que os terceiros em causa estejam de boa-fé: ou seja: não tenham provocado o vício ou, dele, não tiverem conhecimento, ao tempo da contratação.

§ *37.° Sociedades irregulares por invalidade* 559

tem o notificado 180 dias para intentar a ação, sob pena de o vício se considerar sanado[1668];

– quanto aos efeitos: eles podem ser substituídos pela homologação judicial de medidas, requeridas pela sociedade ou por um dos sócios, e que se mostrem adequadas, para satisfazer o interesse do autor, "... em ordem a evitar a consequência jurídica a que a ação se destine" – 50.°/1[1669].

185. Os efeitos da invalidade

I. Uma manifestação importante do *favor societatis* é a das consequências da invalidade, nos termos do artigo 52.°. Em princípio, a invalidade tem os efeitos radicais do artigo 289.° do Código Civil, efeitos esses que, doutrinariamente, têm sido amortecidos, em obrigações duradouras.

No caso das sociedades comerciais, as consequências da declaração de nulidade ou da anulação do respetivo contrato foram objeto de específico regime legal.

II. Desde logo, segundo o artigo 52.°/1, a invalidação do contrato de sociedade determina:

(...) a entrada da sociedade em liquidação, nos termos do artigo 165.°, devendo esse efeito ser mencionado na sentença.

[1668] Trata-se de uma *fictio iuris* ou presunção *iuris et de jure*, que devem ser evitadas; melhor seria que o legislador tivesse, muito simplesmente, determinado a caducidade do direito de atuar a anulabilidade.

[1669] O artigo 50.°/2 e 3 estabelece uma pequena estruturação dessas "medidas". Assim, elas devem ser previamente aprovadas pelos sócios, obedecendo a respetiva deliberação na qual não intervirá o autor, aos requisitos concretamente exigidos pela natureza das medidas propostas. O Tribunal, por seu turno, deverá homologar as medidas se se convencer que elas constituem, "... dadas as circunstâncias, uma justa composição dos interesses em conflito". O artigo 51.° regula, depois, a medida consistente na aquisição, por um dos sócios ou pelo terceiro indicado por um dos sócios, da participação do autor. O valor da participação terá, então, de ser convenientemente calculado, com recurso, na falta de acordo, ao artigo 1021.°, do Código Civil: valor das quotas para efeitos de liquidação. É o que determina o artigo 51.°/2. O preceito em causa regula, com pormenor, a garantia do pagamento (n.° 4). Não temos conhecimento de estes preceitos terem sido aplicados.

560   *O contrato de sociedade*

Recordamos que a liquidação, regulada nos artigos 146.° e seguintes, é o conjunto das operações que, dissolvida uma sociedade, permitem o pagamento dos credores sociais e a repartição do remanescente pelos sócios, nos termos acordados ou legais. Pois bem: a invalidação de uma sociedade não pode saldar-se pelas restituições que, normalmente, acompanham as comuns declarações de nulidade ou anulação. O simples facto de poder haver relações com terceiros, traduzidas na existência de credores sociais ou de devedores à sociedade e a possibilidade de se desenvolverem, ainda, negócios pendentes, obriga a uma série de operações ditas "de liquidação". Há um claro paralelo com a dissolução, o que justifica a remissão legal[1670].

III. A liquidação por nulidade ou anulação da sociedade tem, todavia, especificidades em relação à liquidação comum. Donde o teor do artigo 165.°, cujo n.° 1 manda seguir o regime legal, com as particularidades seguintes:

    a) Devem ser nomeados liquidatários, exceto se a sociedade não tiver iniciado a sua atividade;

    b) O prazo de liquidação extrajudicial é de dois anos, a contar da declaração de nulidade ou anulação de contrato e só pode ser prorrogado pelo tribunal;

    c) As deliberações dos sócios são tomadas pela forma prescrita para as sociedades em nome coletivo;

    d) A partilha será feita de acordo com as regras estipuladas no contrato, salvo se tais regras forem, em si mesmas, inválidas;

    e) Só haverá lugar a registo de qualquer ato se estiver registada a constituição da sociedade.

Além disso, qualquer sócio, credor da sociedade ou credor de sócio de responsabilidade ilimitada, pode requerer a liquidação judicial, antes de ter sido iniciada a liquidação pelos sócios, ou a continuação judicial da liquidação iniciada, se esta não tiver terminado no prazo legal.

Toda esta matéria deve ser confrontada com o regime geral da liquidação das sociedades[1671].

[1670] Quanto aos antecedentes comunitários, RAÚL VENTURA, *Adaptação do Direito português à 1.ª Directiva* cit., 181 e 195 ss..

[1671] *Infra*, 1143 ss..

§ 37.º *Sociedades irregulares por invalidade* 561

IV. Assinale-se que a exigência de liquidação da sociedade invalidada, além de se impor pela própria natureza das coisas[1672], deriva da 1.ª Diretriz sobre sociedades comerciais, mais precisamente do seu artigo 13.º/2, na versão de 2009. Deve, pois, proceder-se a uma interpretação que, em concreto, dê corpo à intenção legislativa subjacente ao nosso artigo 52.º.

A exigência de liquidação apresenta-se, aqui, como uma norma de tipo processual formal, com custos. Tais custos constituem risco dos sócios que hajam decidido subscrever a sociedade viciada, tenham ou não culpa na ocorrência. A redução teleológica do artigo 52.º/1 não parece possível. Esta asserção é confirmada por dois corolários, jurisprudencialmente apurados:

– não pode haver dispensa de liquidação nem formação do respetivo processo à margem da lei, mesmo nos casos em que o património da sociedade não tenha passivo e em que o ativo seja composto por dinheiro ou bens suscetíveis de imediata partilha entre os ex-sócios[1673];

– perante a invalidade do contrato de sociedade por vício de forma, ocorrida antes do registo definitivo, não pode ser restituído, aos sócios, o valor das prestações que fizeram a título de entrada, com base no artigo 289.º/1, do Código Civil; esses sócios têm, unicamente, o direito de verem partilhado o ativo resultante da liquidação[1674].

V. O legislador sentiu, depois, a necessidade de se ocupar dos negócios concluídos anteriormente em nome da sociedade. A regra básica é a de que esses negócios não são afetados, na sua eficácia, pela declaração de nulidade ou anulação do contrato social – artigo 52.º/1. Trata-se de uma transposição rigorosa do artigo 13.º/3, da 1.ª Diretriz. Há que interpretá-lo de modo estrito, permitindo a introdução de duas delimitações:

– é necessário que o próprio negócio anteriormente concluído com a sociedade não incorra em nenhum fundamento de invalidade;

[1672] Donde a aproximação à dissolução referida em PAULO DE TARSO DOMINGUES, *Do capital social* cit., 27, nota 53.

[1673] REv 12-Mai.-1988 (FARIA SOUSA), CJ XIII (1988) 3, 280-281 (281/I).

[1674] RPt 28-Set.-1998 (GONÇALVES FERREIRA), CJ XXIII (1998) 4, 196-199 (198/II) = BMJ 479 (1998), 710 (o sumário).

– exigindo-se, ainda, que o terceiro protegido esteja de boa-fé, no sentido geral: desconhecer, sem culpa, o vício que afeta a sociedade.

Este entendimento pode ser perturbado pelo artigo 52.º/3, cujo teor cumpre ter bem presente:

> No entanto, se a nulidade proceder de simulação, de ilicitude do objeto ou de violação de ordem pública ou ofensiva dos bons costumes, o disposto no número anterior só aproveita a terceiros de boa fé.

A contrario, pareceria que, provindo a nulidade de quaisquer outros vícios, a tutela referida no artigo 52.º/2 aproveitaria mesmo a terceiros de má-fé. Pense-se na hipótese do terceiro que, com dolo, tivesse provocado a invalidade da sociedade, por erro de um (ou mais) sócio, integrando o dolo de terceiro previsto no artigo 254.º/2, do Código Civil: poderia bloquear a invalidade da sociedade? A resposta deve ser claramente negativa. Nenhuma Diretriz pode ser transposta contra os dados basilares da ordem jurídica. No limite, seria possível recorrer à cláusula geral do abuso do direito[1675].

VI. Quanto à lógica da tutela de terceiros, explica o artigo 52.º/4: a invalidade não exonera os sócios da realização das suas entradas nem da responsabilidade pessoal e solidária que, por lei e perante terceiros, eventualmente lhes incumba: um aspeto a delucidar na liquidação, cabendo aos liquidatários cobrar, aos sócios remissos, as importâncias em falta.

Naturalmente: cessará a responsabilidade quando se esteja perante um "sócio" cuja incapacidade tenha sido causa de anulação do contrato ou quando ela venha a ser oposta, por via de exceção, às sociedades, aos outros sócios ou a terceiros – 52.º/5.

VII. No seu conjunto, estas especificidades de regime atinentes às invalidades do contrato de sociedade habilitam-nos a concluir: trata-se, por um prisma de teoria geral do Direito, de invalidades específicas, de tipo misto.

[1675] O efeito pretendido no texto poderia, ainda, ser obtido através do ataque direto ao negócio celebrado pelo terceiro de má-fé: tal negócio sempre poderia ser considerado nulo por violação dos bons costumes.

§ 37.º Sociedades irregulares por invalidade

Impõe-se uma indagação caso a caso e perante os preceitos gerais e específicos. A sociedade atingida não "desaparece": no limite, sujeitar-se-á (apenas) à liquidação. Merece, assim, a designação tradicional: sociedade irregular.

186. Especificidades das sociedades de pessoas

I. Conhecidos os princípios gerais que regem as sociedades irregulares por invalidade, cabe ponderar as especificidades apresentadas, sucessivamente, pelas sociedades de pessoas e pelas de capitais.

Quanto às sociedades de pessoas – fundamentalmente: sociedades em nome coletivo e em comandita simples[1676] – a primeira observação é clara: elas caem fora da 1.ª Diretriz sobre Sociedades Comerciais. Segundo o artigo 1.º da Diretriz em causa, ela apenas se dirige a sociedades anónimas, a sociedades em comandita por ações e a sociedades por quotas, isto é: às geralmente chamadas sociedades de capitais. Compreende-se, assim, por que razão as sociedades de pessoas estão um tanto mais próximas do regime geral.

II. Desde logo, o artigo 43.º/1 enuncia:

> Nas sociedades em nome coletivo e em comandita simples, são fundamentos de invalidade do contrato, além dos vícios do título constitutivo, as causas gerais de invalidade dos negócios jurídicos segundo a lei civil.

Os "vícios do título constitutivo" correspondem aos fundamentos de invalidade admitidos na 1.ª Diretriz, para atingir as sociedades de capitais e que o artigo 42.º/1 verteu para a ordem interna: artigo 43.º/2, que acrescenta ainda a falta de menção do nome ou firma de algum dos sócios de responsabilidade ilimitada. Tudo isto seria alcançável através dos princípios gerais. Todavia, o disposto no preceito em estudo tem a virtualidade de facilitar a tarefa do intérprete-aplicador. Pelo menos: tentou fazê-lo.

III. Os vícios que atinjam o "título constitutivo" – e que a lei ilustra referindo "a falta ou nulidade da indicação da firma, da sede, do objeto e

---

[1676] Haverá que fazer uma ponderação caso a caso, para verificar a hipótese de aplicação das regras subsequentes às sociedades civis puras.

564   *O contrato de sociedade*

do capital social da sociedade, bem como do valor da entrada de algum sócio e das prestações realizadas por conta desta" – podem ser sanáveis por deliberações dos sócios, tomadas nos termos estabelecidos para as deliberações sobre alteração do contrato – 43.°/3. De facto: são alterações do contrato.

IV. Quanto à segunda categoria dos vícios – isto é, segundo o artigo 43.°/1, "... as causas gerais de invalidade dos negócios jurídicos, segundo a lei civil" –, o Código isola, expressamente, o que considera "vícios da vontade e incapacidade", enumerando – 46.°: o erro, o dolo, a coação, a usura e a incapacidade. Para o seguinte:

– a invalidade daí resultante só opera em relação ao contraente que sofra o erro ou a usura ou que seja incapaz – 1.ª parte[1677];
– podendo, todavia, o negócio ser anulado no seu todo ("quanto a todos os sócios") se, perante o artigo 292.° do Código Civil, não for possível a sua redução às participações dos outros.

Impõem-se dois reparos.

Em primeiro lugar, o regime do artigo 46.° acaba por ser o da redução, previsto no artigo 292.° do Código Civil, conquanto que expresso em termos invertidos. Repare-se: a invalidade de uma das declarações envolve a de todo o negócio, salvo a redução; esta consiste, aqui, na "eliminação" de um dos sócios, possível desde que não se mostre que a sociedade não seria concluída sem ele[1678].

Em segundo: *quid iuris* quanto aos vícios gerais não referidos no artigo 46.°? Por exemplo: a simulação parcial perpetrada apenas por alguns dos sócios[1679] ou a simulação relativa que encubra uma outra sociedade de tipo diverso ou com cláusulas distintas, a falta de consciência da declaração, a coação física e a incapacidade acidental?

[1677] O artigo 46.°/1, 1.ª parte, modificou, no seu seio, a ordem por que, primeiro, referiu os vícios em causa.

[1678] Nem a nível do ónus da prova há qualquer alteração.

[1679] Se for por todos, salvo a hipótese de simulação relativa, o negócio será inapelavelmente nulo.

§ 37.° Sociedades irregulares por invalidade

V. O problema poderia descambar num clássico confronto entre o argumento *a contrario* e a analogia. Mas neste âmbito, nem sequer: uma vez que a especificidade do artigo 46.° se espraia, afinal, no regime comum, bastará fazer apelo a este. Nas sociedades de pessoas, os diversos vícios que possam atingir o contrato constitutivo respetivo dão azo às competentes invalidades; porém, quando toquem, apenas, num dos sócios (ou mais), os contratos atingidos são recuperáveis pela redução, quando possível – 292.°, do Código Civil.

Pela mesma ordem de ideias, poderemos recuperar sociedades dissimuladas (241.°) e "construir" sociedades por conversão (293.°, ambos do Código Civil). O apelo ao Direito comum a tanto conduz, sendo que os princípios gerais, acima estudados e aqui aplicáveis, asseguram as dimensões societárias em jogo[1680].

187. Especificidades das sociedades de capitais

I. No tocante às sociedades por quotas, anónimas ou em comandita por ações, operado o registo definitivo, apenas se admite a declaração de nulidade do correspondente contrato, por algum dos fundamentos referidos no artigo 42.°/1. São eles:

a) Falta do mínimo de dois sócios fundadores, salvo quando a lei permita a constituição da sociedade por uma só pessoa;

b) Falta de menção da firma, da sede, do objeto ou do capital da sociedade, bem como do valor da entrada de algum sócio ou de prestações realizadas por conta desta;

c) Menção de um objeto ilícito ou contrário à ordem pública;

d) Falta de cumprimento dos preceitos legais que exigem a liberação mínima do capital social;

e) Não ter sido observada a forma legalmente exigida para o contrato de sociedade[1681].

[1680] O artigo 981.°/2, do Código Civil, relativo às sociedades civis sob forma civil corresponde a um afloramento da regra geral aqui propugnada.

[1681] Redação introduzida pelo Decreto-Lei n.° 76-A/2006, de 29 de Março; anteriormente, referia-se a falta de escritura pública.

Trata-se, como já foi dito, da transposição das diversas alíneas do artigo 12.°, da 1.ª Diretriz, relativa às sociedades comerciais, ainda que por uma ordem diversa. Por maioria de razão e, ainda, por força de uma interpretação conforme com a Diretriz, tais sociedades não podem ser anuladas sob nenhum fundamento. Tão-pouco pode ser suscitada a hipótese de "inexistências", que não são admitidas, como vício autónomo, pelo Direito civil português[1682]. A sequência do artigo 42.°/1 é taxativa[1683].

II. Deve notar-se que a Diretriz transposta não exige o registo da sociedade. Temos, pois, de entender, pela lógica do Direito português e, também, para evitar a violação, pelo nosso Estado, da Diretriz em causa, que antes do registo, não há "sociedade", para efeitos da proteção ora em jogo. Mas isso suscita outras dificuldades.

Os vícios alinhados apresentam um surrealismo vincado. Não se vê como se consiga registar uma sociedade ... cujo contrato não tenha sido reduzido a escrito, com as assinaturas presencialmente reconhecidas. E quando isso sucedesse, o registo em causa seria, *illico*, nulo, podendo ser impugnado[1684], o que não é vedado por nenhuma lei, interna ou comunitária. Deixaria, então, de haver registo, seguindo-se o regime do artigo 41.° ... O vício "falta de forma" só faz sentido quando não se requeira o registo ou quando o problema se discuta antes de o mesmo ter sido efetivado[1685]. Os demais vícios também são de verificação bem improvável: não vemos como reconhecer assinaturas com tão patentes insuficiências. A natureza óbvia da 1.ª Diretriz tem a ver com a data: 1968. Nessa altura, a legislação comunitária dava pequenos passos.

De todo o modo, ao "proteger" o contrato apenas após o registo, o Código das Sociedades Comerciais está a transpor deficientemente a

---

[1682] *Tratado de Direito civil*, I/1, 3.ª ed., 853 ss..

[1683] RAÚL VENTURA, *Adaptação do Direito português à 1.ª Directiva* cit., 184 ss..

[1684] *Vide* os artigos 22.°/1, *a*) e *b*), do CRCom.

[1685] ALBINO MATOS, *Constituição de sociedades*, 5.ª ed. cit., 127 e PINTO FURTADO, *Curso de Direito das sociedades*, 5.ª ed. cit., 216, estranhando a previsão legal, pela sua remota, quando não impossível, verificação. De facto, ela resulta de uma inadequada transposição da Diretriz comunitária. COUTINHO DE ABREU, *Curso de Direito comercial* cit., 2, 143, nota 121, faz uma breve referência à não correspondência com o texto da Diretriz; não tira, daí, consequências; *vide*, também, MARIA ELISABETE RAMOS, *Constituição das sociedades comerciais* cit., 59, igualmente sem consequências.

§ 37.º *Sociedades irregulares por invalidade* 567

1.ª Diretriz. No plano interno, nada a fazer. Os prejudicados poderão, de todo o modo, responsabilizar o Estado português por essa falha[1686].

III. O artigo 42.º/2 considera sanáveis "... por deliberação dos sócios, tomada nos termos estabelecidos para as deliberações sobre alteração do contrato ...", alguns dos vícios elencados como relevantes: a falta ou nulidade da firma e de sede da sociedade, bem como do valor da entrada de algum sócio e das prestações realizadas por conta desta. Quanto a estas prestações: não têm de constar do ato constitutivo e, em regra, nem constarão.

IV. O artigo 45.º/1 elenca determinados vícios da vontade – o erro, o dolo, a coação e a usura – a que acrescenta a incapacidade. Pois bem: tais eventualidades, não podem determinar a anulabilidade de sociedades de capitais (registadas ...), visto o artigo 42.º/1; constituiriam, todavia, justa causa de exoneração do sócio atingido, desde que se verifiquem as circunstâncias de anulabilidade. Tratando-se de incapacidade, teremos uma anulabilidade relativa apenas ao incapaz – 45.º/2[1687].

Tal como fizemos perante o preceito paralelo – o artigo 46.º – relativo às sociedades de pessoas, também aqui cabem dois reparos:

– o regime limitador das consequências da anulabilidade abre na regra geral da redução dos contratos societários com invalidades;
– ficam sem referência legal os outros vícios: simulação parcial, simulação relativa, falta de consciência da declaração, coação física e incapacidade acidental; desta feita compete, caso a caso, verificar se tais vícios podem, por analogia, constituir justa causa de exoneração.

Apenas o excesso de construtivismo legal levou a tais complicações: perfeitamente dispensáveis.

[1686] RAÚL VENTURA, *A adaptação do Direito português à 1.ª Directiva* cit., 168, explicou claramente que o artigo 11.º da Diretriz em causa não limita a proteção aí concedida, excluindo sociedades sem forma legal e não registadas; a proposta que apresenta – ob. cit., 214 ss. – não refere a necessidade de registo para a proteção.

[1687] O Direito civil lida, sem dificuldades, com esta "anulabilidade relativa", uma vez que a "anulabilidade" dos atos dos menores corresponde, logo por si, a uma anulabilidade especial; *vide* o nosso *Tratado de Direito civil*, IV, 3.ª ed., 480 ss..

SECÇÃO III
O REGISTO E AS PUBLICAÇÕES

§ 38.º O REGISTO COMERCIAL E AS REFORMAS DE 2006 A 2009

188. Aspetos gerais do registo comercial

I. O registo comercial equivale a um conjunto concatenado de normas e de princípios que regulam um sistema de publicidade racionalizado e organizado pelo Estado, relativo a atos comerciais. Além disso, "registo comercial" designa o sector da Ciência do Direito que estuda, que ensina e que aplica essas normas e princípios.

Por seu turno, a publicidade relativa a atos comerciais pretende dá-los a conhecer ao público interessado. Repare-se que o acesso a atos comerciais permite conhecer as situações que deles decorram. Todo o universo comercial se tornará apreensível aos operadores do Direito, com as inerentes vantagens: óbvias, aliás.

O relevo da publicidade dos atos comerciais leva o Direito a tornar obrigatório o seu registo, em diversas circunstâncias. A efetivação do registo obedece a regras: não podem ser efetuadas inscrições sem um prévio controlo do que se registe, entre outros aspetos. E uma vez efetivado, o registo produz efeitos. A sujeição ao registo comercial é um dado a incluir no estatuto jurídico do comerciante: a esse propósito deve ser considerado[1688]. Apenas serão relevados alguns aspetos atinentes ao Direito das sociedades.

[1688] Remetemos toda esta matéria para o *Manual de Direito comercial*, 2.ª ed., § 29.º ss. (370 ss.).

§ 38.° O registo comercial e as reformas de 2006 a 2009   569

II. Com significativos antecedentes, particularmente pombalinos, o registo comercial português moderno surgiu com o Código Comercial de 1833 (FERREIRA BORGES). O seu artigo 209.° previa a existência, nos *tribunaes de commercio ordinarios* de um *registro publico do commercio*. De seguida, os artigos 210.° e 211.° sujeitavam a registo determinados atos de comércio, entre os quais os pactos sociais.

A estrutura geral de FERREIRA BORGES foi, todavia, rapidamente dobrada por outras regras. A Lei de 22-Jun.-1867, referente às sociedades anónimas, criou, para estas, um registo nacional, instalado na Repartição do Comércio[1689]. Também as sociedades por quotas, quando surgiram no âmbito da Lei de 11-Abr.-1901, foram submetidas a esse mesmo registo.

Paralelamente, o Código VEIGA BEIRÃO veio retomar o registo comercial: o seu artigo 45.° mantinha o competente serviço em cada um dos tribunais de comércio e a cargo do respetivo secretário[1690]. Quanto a atos sujeitos a registo, tomamos nota, com relevo para as sociedades, de troços dos artigos 46.° e 49.°. Segundo o artigo 46.°, o registo comercial compreenderia, no seu n.° 2, a matrícula das sociedades. Por seu turno, o artigo 49.° dispunha:

> Ficam sujeitos ao registo comercial:
> (...)
> 5.° Os instrumentos de constituição e de prorrogação de sociedade, mudança de firma, objecto, sede ou domicílio social, modificação nos estatutos, reforma, redução ou integração do capital, dissolução ou fusão, cedência da parte de um sócio em nome coletivo noutrem, e, em geral, toda e qualquer alteração do pacto social.
> 6.° As emissões de acções, obrigações, cédulas ou escritos de obrigação geral das sociedades ou de particulares;
> (...)

A evolução do registo comercial foi muito lenta: supomos que pela falta de estudos universitários, que compromete qualquer Ciência, indispensável para aprofundar a matéria. Basta ver que o Regulamento de 1888 vigoraria por 70 anos, remetendo, supletivamente, para o registo predial. Entretanto, o Decreto n.° 17:070, de 4-Jul.-1929, aprovou um Código do Registo

---

[1689] Este registo central veio a vocacionar-se, especialmente, em firmas e denominações sociais, estando na origem do atual RNPC.

[1690] O Regulamento adotado pelo Decreto de 15-Nov.-1888, DG 29-Nov.-1888, 2629-2632, especificava que tal sucederia nas comarcas de Lisboa e do Porto cabendo, nas restantes, aos delegados do procurador da República ou agentes do MP.

570   *O contrato de sociedade*

Predial que daria arranque à correspondente disciplina, a qual se distanciaria, progressivamente, do registo comercial.

III. O Decreto-Lei n.° 42 664, de 14 de Novembro de 1959, retirou a matéria do registo comercial do Código VEIGA BEIRÃO. Deu-lhe algum desenvolvimento[1691], embora dependesse do seu regulamento e do registo predial, para a qual remetia, a título supletivo.

Seguiu-se, finalmente, o Código do Registo Comercial de 1986, aprovado pelo Decreto-Lei n.° 403/86, de 3 de Dezembro. Este diploma pretendeu ser um verdadeiro código, ainda que tenha patenteado limitações que as alterações, subsequentemente introduzidas no seu texto, procuraram corrigir[1692].

189. A reforma de 2006

I. O Direito português das sociedades apresentava, nos princípios do século, uma feição pesada: pejado de formalidades demoradas, com múltiplas instâncias de controlo em sobreposição, ele representava um colete de forças para o desenvolvimento empresarial. A partir de 2005 – com alguns antecedentes – o legislador empenhou-se em simplificar o sistema. Ponto alto das reformas foi o Decreto-Lei n.° 76-A/2006, de 29 de Março, cujo influxo no Código das Sociedades Comerciais já foi referido e examinado[1693]. Esse diploma teve, porém, uma ação profunda no Código do Registo Comercial, muito alterado, ao ponto de ter sido republicado como anexo II. As alterações visaram, fundamentalmente, as sociedades. Assim, e embora o registo comercial seja, em si, objeto do Direito comercial nuclear[1694], não podemos furtarmo-nos a, aqui, recordar o essencial da reforma.

II. O papel do Decreto-Lei n.° 76-A/2006, de 29 de Março, no Código do Registo Comercial aprecia-se, desde logo, pelos seus aspetos quantitativos. Na verdade:

[1691] Foi regulamentado pelo Decreto n.° 42 665, da mesma data: 14-Nov.-1959.
[1692] *Manual de Direito comercial*, 2.ª ed., 376 ss..
[1693] *Supra*, 219 ss..
[1694] *Manual de Direito comercial*, 2.ª ed., § 30.° (383 ss.).

§ 38.º O registo comercial e as reformas de 2006 a 2009

– foram alterados 66 artigos – 5.º;
– foram aditados 23 artigos – 6.º;
– foram revogados 17 artigos – 61.º, c);
– foram revogados, parcialmente, 13 artigos – 61.º, c);
– foi fixado um regime transitório para o registo comercial: artigos 43.º a 56.º.

Recorrendo ao preâmbulo, encontramos anunciadas diversas medidas relevantes para o registo. Assim[1695]:

– a possibilidade de praticar atos de registo *on-line*;
– a certidão permanente *on-line*;
– a redução e a clarificação dos custos da prática dos atos;
– a eliminação da competência territorial das conservatórias do registo comercial;
– a supressão de atos e práticas que não acrescentem valor; designadamente: reduzindo o número de atos sujeitos a registo e adotando a possibilidade de praticar atos através de um registo "por depósito";
– a criação de um novo regime de registo de transmissão de quotas.

III. A sistemática inicial do Código foi mantida. Apesar de se verificar uma alteração profunda em orientações básicas do diploma – radical mesmo, quanto às sociedades por quotas! – não houve o ensejo de elaborar um novo diploma.

Devem ainda ter-se presentes dois condicionalismos que possibilitam uma reforma ambiciosa:

– a disponibilidade de meios informáticos, os quais podem facilitar radicalmente todas as tarefas de coordenação, pesquisa e disponibilidade da informação registal;
– a dimensão do País, que permite centralizar toda esta matéria, em vez de a manter dispersa por várias circunscrições.

Uma boa aplicação é decisiva. Neste momento, apenas se pode dizer que a necessidade de adaptação dos serviços e, até, questões tão simples

---

[1695] DR I Série-A, n.º 63, de 29 de Março de 2006, 2328(2)/II-2328(3)/I.

572   *O contrato de sociedade*

como a falta de novos impressos, veio provocar maiores demoras na prática de atos de registo.

IV. A efetivação das diversas operações de registo comercial, especialmente assentes na informática, é objeto do Regulamento do Registo Comercial, aprovado pela Portaria n.º 657-A/2006, de 29 de Junho. Este diploma foi alterado pelas Portarias n.º 1416-A/2006, de 19 de Dezembro, n.º 234/2008, de 12 de Março e n.º 4/2009, de 2 de Janeiro.

190. A eliminação da competência territorial das conservatórias

I. Para efeitos do registo comercial, o País estava dividido em áreas encabeçadas por conservatórias. Cada uma delas tinha competência para a prática de atos: *grosso modo*, os levados a cabo por comerciantes individuais e por sociedades cujos estabelecimento principal e sede, respetivamente, se situassem nas suas circunscrições – artigos 24.º a 26.º do CRC, versão de 1986. Todos estes preceitos foram revogados pelo Decreto-Lei n.º 76-A/2006, de 29 de Março.

II. Paralelamente, o artigo 33.º do referido Decreto-Lei n.º 76-A/2006 veio alterar o artigo 28.º da Lei Orgânica da Direção-Geral dos Registos e Notariado, aprovado pelo Decreto-Lei n.º 87/2001, de 17 de Março, com alterações introduzidas pelo Decreto-Lei n.º 178-A/2005, de 28 de Outubro. Segundo o novo n.º 2 daquele preceito:

> Os atos (...) podem ser efetuados e os respetivos meios de prova obtidos em qualquer conservatória do registo comercial, independentemente da sua localização geográfica.

O n.º 3 acrescenta:

> A competência para a prática dos atos referidos no número anterior pode ser atribuída a qualquer conservatória de registos, através de despacho do diretor-geral dos Registos e Notariado.

III. A supressão da competência territorial das conservatórias é tornada possível pela criação de uma base de dados nacional (78.º-B): esta centraliza toda a informação relativa às entidades sujeitas a registo de tal modo que se torna indiferente o ponto concreto de recolha de informação

§ 38.º O registo comercial e as reformas de 2006 a 2009   573

– ou da sua disponibilização ao público. Esta pode, de resto, ser também levada a cabo por via informática.

Acabando a competência territorial: desaparece o vício de inexistência, por realização do registo em conservatória incompetente. Donde a revogação do artigo 21.º.

191. Registos por transcrição e por depósito

I. Ponto-chave do novo registo comercial é a contraposição entre o registo por transcrição e o registo por depósito (53.º-A/1, do CRC). Nestes termos:

- – no registo por transcrição, o conservador procede à extratação dos elementos que definem a situação jurídica das entidades sujeitas a registo constantes dos documentos apresentados (53.º-A/2);
- – no registo por depósito procede-se ao mero arquivamento dos documentos que titulam factos sujeitos a registo (53.º-A/3[1696]).

No Direito anterior, a regra era a do registo por transcrição, então dito, meramente, "registo"; o depósito reportava-se aos documentos na base dos quais era feito o registo – 59.º/1, do CRC, versão de 1986 –, fazendo parte dos seus elementos – 55.º/1, *a*), do CRC, versão de 1986. Eram objeto de depósito os documentos de prestação de contas – 15.º/3, do CRC, versão de 1986.

II. Apenas no registo por transcrição o conservador tem um papel ativo, assegurando-se da regularidade formal e substancial dos títulos que lhe sirvam de base (47.º do CRC). No depósito, o conservador limita-se a verificar se o requerimento corresponde ao modelo, se foram pagas as taxas, se a entidade objeto do registo tem número de pessoa coletiva, se o representante tem legitimidade para requerer o registo, se foi feito o primeiro registo relativo à entidade em causa e se o facto está sujeito a registo (46.º/2, do CRC). Trata-se de tarefas administrativas que não implicam valorações de fundo: o depósito é um mero arquivamento.

[1696] Preceito alterado pelo Decreto-Lei n.º 8/2007, de 17 de Janeiro e pelo Decreto-Lei n.º 247-B/2008, de 30 de Dezembro.

574   *O contrato de sociedade*

III. A lei (53.°-A/5[1697], do CRC) indica os factos que estão sujeitos a registo por (mero) depósito. Todos os outros seguem o esquema do registo por transcrição. Dada, porém, a extensão dos factos que passaram para o regime de depósito, mais fácil se torna indicar os da transcrição. Assim, registam-se por transcrição:

- quanto a comerciantes individuais (2.° do CRC), o início, alteração e cessação de atividade, as modificações do seu estado civil e regime de bens e a mudança do estabelecimento principal;
- quanto a sociedades (3.° do CRC), a constituição, a designação e cessação de funções por qualquer causa que não seja a do decurso do tempo, dos titulares dos órgãos, a mudança de sede, as alterações do pacto, a dissolução, os liquidatários, o encerramento da liquidação e o regresso à atividade;
- quanto a empresas públicas (5.° do CRC), a constituição , a designação dos membros dos órgãos, as alterações dos estatutos e a extinção;
- quanto a ACE (6.°), a AEIE (7.°) e a EIRL (8.°, todos do CEC), operem valorações similares, com adaptações.

Grosso modo, podemos efetivamente considerar que, nestes casos, há ainda uma margem de apreciação, por parte do conservador. Em todos os restantes – e são a generalidade, no tocante às sociedades – o registo é como que mecânico, assim se explicando o mero depósito dos elementos pertinentes. Por isso, apenas aos registos por transcrição:

- se aplica o regime da nulidade (22.°);
- se manifesta o princípio da legalidade (47.°);
- pode haver recusa propriamente dita (48.°[1698]) e não mera rejeição do pedido (46.°/2).

IV. No registo por transcrição, procede-se à apresentação (46.°/1); ele deve ser efetuado no prazo de 10 dias pela ordem de anotação ou da sua dependência (54.°/1), devendo sê-lo num dia, se for pedida urgência (54.°/2).

[1697] Numeração do Decreto-Lei n.° 8/2007, de 17 de Janeiro e com a alteração da alínea *a*), introduzida pelo Decreto-Lei n.° 185/2009, de 12 de Agosto.
[1698] Alterado pelo Decreto-Lei n.° 247-B/2008, de 30 de Dezembro.

§ 38.º O registo comercial e as reformas de 2006 a 2009 575

Ele compreende a matrícula das entidades sujeitas a registo, as inscrições, os averbamentos e as anotações de factos a eles respeitantes (55.º/1).

No registo por depósito procede-se ao arquivamento dos documentos visados e à respetiva menção na ficha de registo (55.º/2).

192. O processo do registo

I. O processo do registo, no formato resultante da reforma de 2006, segue, em síntese, o seguinte caminho[1699]:

– o pedido do registo é formulado verbalmente, quando efetuado em pessoa por quem tenha legitimidade para o efeito (4.º/1);
– nos restantes casos, é feito por escrito, em modelo adequado (4.º/2).

Por seu turno, nas conservatórias existem (1.º/1):

a) Um diário em suporte informático;
b) Fichas de registo com o mesmo tipo de suporte;
c) Pastas de arquivo.

II. Os registos por transcrição seguem a metodologia regulada nos artigos 8.º a 13.º. Assim:

– o extrato de matrícula deve conter o número, que corresponde ao NIC, a natureza da entidade, o nome ou firma do comerciante individual ou a firma ou denominação da pessoa coletiva (8.ª);
– o extrato das transcrições compreende certas menções gerais (9.º) e, eventualmente, especiais (10.º);
– os averbamentos são explicitados (11.º).

Quanto aos registos por depósito, há a salientar:

– menções gerais: data, facto, nome ou denominação (melhor seria "firma") (14.º);
– menções especiais elencadas na lei (15.º).

[1699] Todos os preceitos subsequentes pertencem ao Regulamento do Registo Comercial, aprovado pela Portaria n.º 657-A/2006, de 28 de Junho.

576   *O contrato de sociedade*

III. Finalmente, o artigo 16.° determina que as notificações sejam efetuadas por carta registada.

193. O papel da informática, apresentação por notário e documentos

I. No novo regime, a informática tem um papel decisivo. Assim:

- os atos incluídos no registo por transcrição são efetuados em suporte informático (58.°/1), arquivando-se os documentos (59.°);
- as publicações obrigatórias são feitas em sítio da Internet de acesso público (70.°/2);
- as certidões podem ser disponibilizadas em suporte eletrónico (75.°/3) ou em sítio da Internet (75.°/5);
- a requisição de certidões pode ser feita por via eletrónica (77.°/3);
- a base de dados do registo comercial vem regulada, sendo de responsabilidade do Diretor-Geral dos Registos e do Notariado (78.°-B a 78.°-L).

O recurso à informática na publicidade registal foi já objeto de regulamentação comunitária no campo das sociedades comerciais: a Diretriz n.° 2003/58/CE, de 15 de Julho[1700], veio alterar a 1.ª Diretriz do Direito das sociedades, precisamente nesse sentido[1701]: matéria hoje contida na Diretriz 2009/101, de 16 de Setembro. Além disso, permite que os Estados introduzam registos na língua própria e numa qualquer outra língua da União. O prazo para a transposição expirou em final de 2006: com um pequeno esforço, o Decreto-Lei n.° 76-A/2006 poderia ter já providenciado nesse sentido[1702].

[1700] *Vide Direito europeu das sociedades*, 156 ss., com outros textos relevantes – 135 ss..

[1701] OLIVER SCHOLZ, *Die Einführung elektronischer Handelsregister im Europarecht*, EuZW 2004, 172-176 (176/II).

[1702] Aliás, mesmo antes da reforma, o nosso Direito já estava próximo do pretendido pela Diretriz; estranha-se que o Decreto-Lei n.° 76-A/2006, que refere determinadas exigências comunitárias, tenha aparentemente esquecido esta Diretriz. A sua transposição será pretexto para novas alterações legislativas.

§ 38.° O registo comercial e as reformas de 2006 a 2009

II. O pedido de registo é feito pelo interessado[1703], ou apresentado diretamente pelo notário, na conservatória competente (28.°-A). Tratando--se de sociedades: apenas esta tem legitimidade para o pedido (29.°/5), podendo, quando ela não o faça, qualquer pessoa solicitar junto do conservador a sua promoção (28.°-A/1).

III. Quanto aos documentos, temos a seguinte novidade: podem ser aceites, sem tradução, quando escritos em inglês, francês ou espanhol (leia-se: castelhano), quando o funcionário competente domine essa língua (32.°/2). Depende das áleas dos conhecimentos linguísticos dos funcionários; além disso, não se entende porque não admitir outros idiomas que o funcionário domine: alemão, italiano, russo, chinês ou árabe, como exemplos mais frisantes. No fundo, melhor seria permitir aos funcionários a autenticação de traduções.

194. A impugnação de decisões

I. Também o sistema de impugnação das decisões do conservador foi alterado: no sentido da eliminação dos passos inúteis e demorados.

Assim, foi suprimida a figura da reclamação para o próprio conservador (artigos 98.° a 100.° do CRC, revogados): nunca havia êxito. Da decisão de recusa da prática do ato de registo cabe (101.°/1):

– recurso hierárquico para o diretor-geral dos Registos e do Notariado;
– impugnação judicial.

Impugnada a decisão, o conservador profere, em 10 dias, despacho a sustentar ou a reparar a decisão (101.°-B/1). Sendo sustentada, o Presidente do Instituto dos Registos e do Notariado, I.P., decide em 90 dias (102.°/1), podendo ser ouvido o Conselho Técnico[1704].

[1703] Diretamente ou por representação, nos termos o artigo 30.°, que prevê também o pedido por advogados ou solicitadores.

[1704] Na redação anterior, o Conselho Técnico tinha 60 dias para se pronunciar; o Decreto-Lei n.° 116/2008, de 4 de Julho, revogou o 102.°/2, removendo essa regra; ele terá de se pronunciar dentro do prazo dado ao Presidente para a decisão.

578 *O contrato de sociedade*

II. Sendo o recurso hierárquico considerado improcedente, pode ainda o interessado impugnar judicialmente a decisão (104.º/1): tem 20 dias (104.º/2). Da sentença cabe recurso, com efeito suspensivo, recurso esse que pode ser interposto pelo autor, pelo réu, pelo Presidente do Instituto dos Registos e do Notariado, I.P. e pelo Ministério Público (106.º/1). Do acórdão da Relação não cabe recurso para o Supremo Tribunal de Justiça, salvo quando seja sempre admissível (106.º/4).

Apesar das simplificações, uma simples teima burocrática pode ocasionar, para os particulares, um calvário processual.

195. O regime transitório

I. A reforma do registo comercial de 2006 pressupõe meios materiais e humanos cuja mobilização pode durar algum tempo. O Decreto-Lei n.º 76-A/2006, de 29 de Março, previu, assim, uma série de disposições transitórias. A saber:

– a supressão da competência territorial depende de despacho do Diretor-Geral dos Registos e do Notariado; até lá, funciona a subsecção que tem o seu início no artigo 43.º do diploma (43.º);
– mantém-se, entretanto, o vício da "inexistência", para os registos efetivados em conservatórias incompetentes (44.º);
– transitoriamente, mantêm-se as regras tradicionais de competência, agora vertidas nos artigos 45.º, 46.º, 47.º, 48.º e 49.º;
– o registo por transcrição deve ser recusado quando a conservatória seja territorialmente incompetente (50.º);
– mantém-se o regime dos factos a averbar às inscrições (51.º) e das certidões negativas (52.º, todos do Decreto-Lei n.º 76-A/2006).

II. O segundo ponto transitório tem a ver com os suportes de registo. Estes passam a ser informáticos (58.º/1, do CRC). Isso pressupõe uma informatização dos serviços de registo comercial: de grande fôlego. Enquanto isso não estiver aprontado, mantém-se em vigor o esquema antigo dos livros, fichas e verbetes (53.º do Decreto-Lei n.º 76-A/2006). Também os atos de registo por depósito e as publicações são objeto de preceitos transitórios (55.º e 54.º do mesmo diploma).

§ *38.° O registo comercial e as reformas de 2006 a 2009*

III. A alteração de certos prazos explica o artigo 56.°/1 do Decreto-Lei n.° 76-A/2006, de 29 de Março: os novos prazos são apenas aplicáveis aos registos e procedimentos requeridos a partir da data da sua entrada em vigor. Os n.os 2 e 3 desse artigo fazem novas especificações.

196. As reformas de 2007, de 2008 e de 2009

I. Como foi referido, ainda a reforma de 2006 não havia assentado e nova reforma acudia: a aprovada pelo Decreto-Lei n.° 8/2007, de 17 de Janeiro. Acima vimos o seu âmbito[1705]. Vamos, agora, centrar a atenção no domínio do Registo Comercial: área onde o legislador decidiu proceder "... ao aperfeiçoamento de algumas disposições ..."[1706].

II. Foram alterados 19 artigos do Código do Registo Comercial e aditado um novo. No essencial, as alterações visaram:

– adaptar a terminologia à reforma de 2006, em pontos que, então, escaparam ao legislador;
– resolver aspetos práticos, entretanto detetados;
– harmonizar melhor as novas soluções.

Houve, ainda, complementos importantes, como o de permitir a prestação de contas através de transmissão eletrónica de dados.

III. Nesse mesmo ano, o Decreto-Lei n.° 318/2007, de 26 de Setembro, relativo à "marca na hora", alterou ao artigo 42.° do Código de Registo Comercial (prestação de contas).

Segue-se o Decreto-Lei n.° 34/2008, de 26 de Fevereiro, que atingiu o seu artigo 93.°-C (gratuitidade do registo e custas).

O Decreto-Lei n.° 73/2008, de 16 de Abril (sucursal na hora), modificou os artigos 17.° e 58.° (línguas e termos).

Três meses volvidos, o Decreto-Lei n.° 116/2008, de 4 de Julho[1707], que aprovou importantes medidas de simplificação, desmaterialização e

---

[1705] *Supra*, 231 ss..
[1706] DR I Série, n.° 12, de 17-Jan.-2007, 379/II.
[1707] Com a Declaração de Retificação n.° 47/2008, de 25 de Agosto.

580   *O contrato de sociedade*

desformalização de atos e processos na área do registo, alterou os artigos 15.º, 22.º, 30.º, 32.º, 43.º, 44.º, 46.º, 49.º, 50, 52.º, 54.º, 65.º, 82.º, 84.º, 85.º, 88.º, 90.º, 91.º, 94.º, 101.º-B, 102.º, 106.º, 107.º, 111.º e 112.º, aditando ainda o artigo 94.º-A.

Ainda nesse ano, o Decreto-Lei n.º 247-B/2008, de 30 de Dezembro, relativo ao cartão de empresa[1708], alterou os artigos 32.º, 48.º, 52.º e 53.º-A, sempre do mesmo Código.

IV. Em 2009, a Lei n.º 19/2009, de 12 de Maio, relativa a fusões transfronteiriças, modificou os artigos 3.º e 67.º-A e aditou-lhe o artigo 74.º-A. Menos de duas semanas depois, seguiu-se o Decreto-Lei n.º 122/2009, de 21 de Maio, que veio facilitar as fusões, alterando os seus artigos 52.º e 53.º-A. E esse mesmo artigo 53.º-A, em conjunto com o artigo 57.º, foram depois atingidos pelo Decreto-Lei n.º 292/2009, de 13 de Outubro.

V. As editoras não conseguem manter, no mercado, versões consolidadas e atualizadas. Recomenda-se o maior cuidado, aos operadores jurídicos: há que verificar sempre, com cautela, as precisas leis em vigor.

[1708] *Vide* Francisco Mendes Correia, *O Decreto-Lei n.º 247-B/2008, de 30 de Dezembro: cartão de empresa, cartão de pessoa colectiva e outras novidades*, RDS 2009, 287-290.

§ 39.º O REGISTO COMERCIAL E AS SOCIEDADES

197. Os princípios

I. O registo comercial está especialmente vocacionado para as sociedades. De todo o modo, ele obedece a princípios gerais, que cumpre recordar[1709]. São eles:

– o princípio da instância;
– o princípio da obrigatoriedade;
– o princípio da competência (só até 2007);
– o princípio da legalidade;
– o princípio do trato sucessivo (só até 2007).

Todos eles comportam desvios e exceções. Aqui damos, tão-só, uma síntese.

II. Os diversos princípios enunciam-se nas proposições que seguem:

– princípio da instância: o registo comercial efetua-se a pedido dos interessados; apenas haverá registos oficiosos nos casos previstos na lei – 28.º do CRCom; o artigo 28.º-A, de 2006, previa ainda a apresentação por notário; foi revogado, no ano seguinte;
– princípio da obrigatoriedade: direta: a inscrição de certos factos, referidos no artigo 15.º/1, do CRCom é imperativa, sob pena de coimas; indireta: os diversos factos sujeitos a registo só produzem efeitos, perante terceiros, depois da inscrição – 14.º/1 – ou da publicação – 14.º/2, do CRCom;

[1709] *Manual de Direito comercial*, 2.ª ed., 393 ss., com maiores desenvolvimentos.

582 — O contrato de sociedade

– princípio da competência: o registo deve efetivar-se na conservatória com cuja circunscrição territorial o facto a inscrever tenha conexão relevante, de acordo com certas regras fixadas nos artigos 24.º e seguintes, do CRCom[1710]; este princípio foi suprimido em 2006, apenas se mantendo transitoriamente;

– princípio da legalidade: segundo o artigo 47.º desse Código:

> A viabilidade do pedido de registo a efetuar por transcrição deve ser apreciada em face das disposições legais aplicáveis, dos documentos apresentados e dos registos anteriores, verificando especialmente a legitimidade dos interessados, a regularidade formal dos títulos e a validade dos atos neles contidos.

Contraponto deste princípio é a recusa do registo, a qual deve operar nos casos seriados no artigo 48.º/1, do CRCom:

– princípio do trato sucessivo: não poderia haver inscrições em desconformidade com registos anteriores; este princípio, inserido no artigo 31.º (revogado) foi suprimido em 2006, dado o novo sistema de registo das sociedades por quotas[1711].

198. Os efeitos do registo

I. O registo comercial assenta na atividade de um serviço público expressamente destinado a publicitar, junto do público interessado, a ocorrência de atos comerciais. Publicitados tais atos, todos sabem, de antemão, que deles decorrerão situações jurídicas inevitáveis. Trata-se de um produto especialmente credível: há fé pública. Além disso, o registo é – ou tende a ser – obrigatório: nem sequer queda, em particular, um juízo de idoneidade ou de conveniência.

Em suma: tudo isto explica que o registo comercial não se fique por uma mera eficácia informativa. Ele antes assume consequências concretas, a nível processual e a nível substantivo[1712].

[1710] Quanto a sociedades, era territorialmente competente a conservatória em cuja área estiver situada a sede estatutária – artigo 25.º/1, do CRCom.

[1711] *Manual* 2, 374 ss..

[1712] Quanto aos efeitos do registo comercial, remetemos para o *Manual de Direito comercial*, 2.ª ed., § 32.º (397 ss.).

§ 39.º O registo comercial e as sociedades

II. O primeiro efeito é o presuntivo. Segundo o artigo 11.º do CRCom[1713]:

O registo por transcrição definitivo constitui presunção de que existe a situação jurídica, nos precisos termos em que é definida.

O segundo é o da prevalência do registo mais antigo: havendo, com referência às mesmas quotas ou partes sociais, inscrições ou pedidos incompatíveis de inscrições, prevalece o primeiro inscrito, nos termos do artigo 12.º do CRCom[1714]. Como se vê, trata-se de um efeito que releva, apenas, para as sociedades comerciais.

III. O efeito constitutivo diz-nos, em síntese, o seguinte: contrariando o vetor da imediata produção de efeitos por contrato – artigo 406.º/1, do Código Civil – as leis impõem, por vezes, a ocorrência de um registo, para que determinados atos produzam todos os efeitos que se destinam a produzir. Tal ocorreria, designadamente, no tocante às sociedades comerciais, em termos que, adiante, melhor examinaremos. Desde já adiantamos, todavia, que não se trata de um verdadeiro efeito constitutivo mas, antes, de um fator condicionante de eficácia plena.

IV. Finalmente, temos um efeito indutor de eficácia, que se manifesta em duas proposições:

– a publicidade negativa: o ato sujeito a registo e não registado não produz os seus efeitos ou todos os seus efeitos;
– a publicidade positiva: o ato indevida ou incorretamente registado pode produzir efeitos, tal como emerja da aparência registal.

Tudo isto invoca uma série de construções de alguma complexidade e que pertencem ao Direito comercial[1715]. O Direito das sociedades comerciais pressupõe-nas. Nalguns casos: afeiçoa-as.

[1713] Na redação dada pelo Decreto-Lei n.º 8/2007, de 17 de Janeiro.
[1714] *Idem.*
[1715] *Manual de Direito comercial*, 2.ª ed., 399 ss., para maiores desenvolvimentos.

199. Atos societários sujeitos a registo

I. À partida, o registo teria um efeito constitutivo primordial, no seio do Direito das sociedades: segundo o artigo 5.°,

> As sociedades gozam de personalidade jurídica e existem como tais a partir da data do registo definitivo do contrato pelo qual se constituem, sem prejuízo do disposto quanto à constituição das sociedades por fusão, cisão ou transformação de outras.

Tal preceito deixa de fora todas as constituições que não operem por contrato[1716] e que, de todo o modo, não poderão deixar de ser registadas. Além disso e como vimos, a pré-sociedade já é uma sociedade, mau grado a falta do registo[1717]. Somos, assim, obrigados a rever a ideia de um registo *a priori* constitutivo, no domínio das sociedades[1718]. Toda a matéria tem de ser estudada e reconstruída.

II. Cumpre começar por relevar os atos societários sujeitos a registo. Segundo o Código de Registo Comercial, estão sujeitos a registo, logo pelo artigo 3.°, vinte e um grupos de atos relativos a sociedades comerciais e civis sob forma comercial[1719], que poderemos ordenar da forma seguinte[1720]:

- o contrato de sociedade e, em geral, as suas modificações;
- as transformação, cisão, fusão, dissolução e liquidação das sociedades;
- as transmissões de partes sociais ou de quotas e as operações a elas relativas;

[1716] *Supra*, 489 ss..

[1717] *Supra*, 549 ss..

[1718] Registo constitutivo esse que, no nosso *Manual de Direito comercial*, 1.ª ed. (2001), 328-329, ainda admitíamos; fica ressalvado o caso dos direitos reais de garantia sobre quotas.

[1719] Trata-se, também, de uma decorrência da transposição da 1.ª Diretriz; cf. JOSÉ PEDRO FAZENDA MARTINS, *Os efeitos do registo e das publicações obrigatórias na constituição das sociedades comerciais* (1994), 18 ss..

[1720] Atente-se em que este preceito foi alterado pelos Decretos-Leis n.° 8/2007, de 17 de Janeiro e 29/2009, de 12 de Maio.

§ 39.° O registo comercial e as sociedades

– a deliberação de amortização, conversão ou remição de ações e a emissão de obrigações;
– a designação e a cessação de funções dos administradores, dos fiscalizadores e do secretário, salvo determinadas exceções;
– determinadas relações de grupo entre sociedades;
– a prestação de contas.

Deve assinalar-se que estão sujeitos a registo comercial a generalidade dos atos relevantes e relativos a cooperativas (4.°), a empresas públicas (5.°), a agrupamentos complementares de empresas (6.°), a agrupamentos europeus de interesse económico (7.°) e a estabelecimentos individuais de responsabilidade limitada (8.°).

III. Estão ainda sujeitas a registo as ações que tenham como fim, principal ou acessório, declarar, fazer reconhecer, constituir, modificar ou extinguir qualquer dos direitos referidos nos artigos 3.° a 8.° – 9.°, b) – e, ainda:

– as ações de declaração de nulidade ou de anulação dos contratos de sociedade – c);
– as ações de declaração de nulidade ou anulação de deliberações sociais, bem como dos procedimentos cautelares de suspensão destas – e);
– as decisões finais obtidas nesses processos – h);
– diversas ações do domínio da insolvência – i) a n), todas do artigo 9.°.

Acrescenta o artigo 10.°, entre "outros factos sujeitos a registo":

– a criação, a alteração e o encerramento de representações permanentes de sociedades ou entidades equivalentes – c);
– a prestação de contas de sociedades com sede no estrangeiro e representação permanente em Portugal – d).

IV. Deve frisar-se que todo este esquema é reforçado pelo artigo 15.°/1, do CRCom: este preceito considera obrigatório o registo da generalidade dos atos societários a ele sujeitos[1721]. Além disso, o n.° 5 desse mesmo artigo determina:

[1721] Designadamente por remissão para a maioria das alíneas do artigo 3.° do CRCom.

586   *O contrato de sociedade*

As ações de declaração de nulidade ou de anulação dos contratos de sociedade (...) bem como de deliberações sociais, não terão seguimento após os articulados enquanto não for feita a prova de ter sido pedido o seu registo; nos procedimentos cautelares de suspensão de deliberações sociais, a decisão não será proferida enquanto aquela prova não for feita.

Trata-se de um preceito com grande relevo prático.

V. Quanto ao Código das Sociedades Comerciais, cumpre relevar:

– artigo 5.º: as sociedades gozam de personalidade jurídica e existem como tais a partir da data de registo definitivo do contrato;
– artigo 112.º: os efeitos da fusão dão-se com a sua inscrição no registo comercial;
– artigo 120.º: *idem*, quanto à cisão;
– artigo 160.º/2: *idem*, quanto à extinção.

Não conseguimos, todavia, montar um sistema coerente de registo, para mais constitutivo: desde logo porque os atos acima mencionados acabam por produzir diversos (e importantes) efeitos, mesmo antes do registo, com especial relevo para o contrato de sociedade; de seguida, porque atos manifestamente equivalentes aos transcritos – como a modificação ou a transformação das sociedades – não dependem, formalmente, do registo – artigos 88.º e 140.º-A/1. Este último, introduzido pelo Decreto-Lei n.º 76-A/2006, de 29 de Março, parece pressupor a anterior eficácia do ato[1722].

200. O efeito condicionante de eficácia plena

I. Não se torna difícil imputar às diversas inscrições de atos societários uma eficácia constitutiva e isso mesmo quando, vocabularmente, a lei aponte – ou pareça apontar – para essa dimensão. Assim:

– quanto ao registo do contrato de sociedade – artigo 5.º: o contrato, uma vez celebrado, produz a generalidade dos seus efeitos, seja

---

[1722] Anteriormente dispunha o hoje revogado artigo 135.º, que facultava a eficácia da transformação com a escritura pública. O regime de 2006 não é claro.

§ 39.º *O registo comercial e as sociedades*   587

inter partes, seja perante terceiros: artigos 37.º, 38.º, 39.º e 40.º[1723]; no fundo, a grande consequência da falta do registo tem a ver com a não-limitação da responsabilidade dos sócios;

– quanto ao registo da fusão – artigo 112.º: a extinção das sociedades incorporadas ou fundidas e a transmutação das posições societárias operam na data do registo, pela evidente necessidade de fixar uma fronteira *a quo* e *ad quem*; todavia, antes do registo, temos toda uma série de efeitos, que se desencadeiam com a elaboração do projeto de fusão – 98.º – e que se desenvolvem numa série de procedimentos subsequentes – 99.º e seguintes; tudo isto é aplicável à cisão – 120.º:

– também o registo da extinção – artigo 160.º/2 – visa fixar uma data segura para a ocorrência ou para o seu encerramento; o processo a ela conducente.

II. Devemos ter presente, em todo o estudo do Direito das sociedades, que estamos no coração do Direito privado. Não é possível estabelecer vetores que contraditem o sentir geral do ordenamento: multiplicar-se-
-iam rapidamente as disfunções e as incompleitudes, pela mais definitiva das razões: o sistema não foi pensado para isso.

O caso do registo das sociedades é, disso, um bom exemplo de escola. Vamos admitir que, por influência doutrinária alemã (constituição) ou germano-comunitária (fusão e cisão), o legislador tenha pontualmente pensado em fixar um registo constitutivo. Contraria-se o princípio basilar da eficácia imediata dos contratos, no próprio domínio real – artigo 408.º/1, do Código Civil. Não há, nos países do Sul, uma tradição de atos abstratos nem de eficácia estritamente acantonada, à espera do registo. Resultado: escapariam à lógica constitutiva toda a área das pré-sociedades (que são, como vimos, elas próprias, sociedades[1724]) e outras importantes vicissitudes, não dependentes do registo:

– a alteração do contrato, com exemplo no artigo 88.º;
– a transformação da sociedade, como se infere do artigo 140.º-A.

[1723] Cf. *supra*, 535 ss..
[1724] *Supra*, 549 ss..

588 *O contrato de sociedade*

O grande papel substantivo do registo comercial deriva do competente Código e cifra-se no efeito indutor da eficácia[1725]: seja não reconhecendo todos os efeitos a atos sujeitos a registo e não registados (inoponibilidade a terceiros de boa-fé), seja atribuindo efeitos a atos não efetivos, mas indevidamente registados (inoponibilidade da nulidade do registo a terceiros de boa-fé).

III. No caso dos registos "constitutivos" previstos no Código das Sociedades Comerciais, a conclusão impõe-se: não são verdadeiras hipóteses de registo constitutivo[1726]. Caso a caso será necessário verificar quais os efeitos a eles associados.

Como fundo genérico, podemos adiantar que os atos sujeitos a esse registo produzem efeitos antes e independentemente dele. Mas não todos os efeitos que, segundo o Direito vigente e a natureza das coisas, eles deveriam produzir.

O registo surge, assim, como uma condicionante da sua eficácia plena, ligando-se, enquanto especificidade, ao efeito indutor de eficácia que resulta da publicidade registal: negativa e positiva.

IV. Este efeito condicionante de eficácia plena tem, todavia, uma particularidade que justifica a sua manutenção como efeito autónomo. Ao contrário do que sucede com a comum publicidade indutora de eficácia, não temos, aqui, uma mera inoponibilidade a terceiros de boa-fé; antes ocorrem diversos efeitos especificamente contemplados pelas normas em presença e que devem ser apurados caso a caso. A possibilidade de fazer, nessa base, uma teorização do fenómeno dependerá dos regimes aplicáveis.

[1725] *Supra*, 583 ss..

[1726] Revemos, assim, as considerações, já dubitativas, expendidas no *Manual de Direito comercial*, 2.ª ed., 398-399.

§ 40.° O REGISTO DEFINITIVO DO CONTRATO DE SOCIEDADE

201. O regime tradicional e a preparação do Código das Sociedades Comerciais

I. O artigo 108.° do Código VEIGA BEIRÃO, hoje revogado pelo Decreto-Lei n.° 262/86, de 2 de Setembro, estabelecia que as sociedades comerciais representavam, para com terceiros, uma individualidade jurídica diferente da dos associados. Neste preceito, a generalidade da doutrina da época via a atribuição, às sociedades comerciais, da personalidade coletiva[1727]. E as sociedades dependiam, simplesmente, de ter sido celebrado o competente contrato, na forma da lei.

A simples escritura seria, assim, atributiva da personalidade.

É certo que a previsão das sociedades irregulares, constante do artigo 107.° (Ter-se-ão por não existentes as sociedades com um fim comercial que se não constituírem nos termos e segundo os trâmites indicados neste Código ...) era suficientemente ampla para poder vitimar as sociedades que não tiverem sido matriculadas e registadas. A doutrina estava dividida, sendo ainda de relevar que, por vezes, se encontrava um regime mais exigente para a sociedade por quotas[1728].

De todo o modo, não havia qualquer base legal para sustentar que, antes do registo, faltava a personalidade, a qual seria expressamente adquirida através deste.

[1727] Por todos e com indicações, PINTO FURTADO, *Código Comercial Anotado* cit., 1, 285; cf., quanto à opinião desalinhada de GUILHERME MOREIRA, *supra*, 366.

[1728] Cf. os termos da discussão em PINTO FURTADO, *Código Comercial Anotado* cit., 1, 251 ss..

590   *O contrato de sociedade*

II. Na preparação do hoje Código das Sociedades Comerciais, o tema foi ponderado. A solução consistente em fazer depender a personalização da sociedade do registo definitivo foi propugnada por FERRER CORREIA, e por ANTÓNIO CAEIRO[1729]. Teria, no entendimento destes Autores, duas vantagens:

– permitiria a terceiros o conhecimento fácil e seguro do momento em que nasce a pessoa coletiva;
– facultaria o funcionamento de um processo prévio de controlo da sociedade.

Este último argumento perder-se-ia, uma vez que nem o Código de Registo Comercial, nem o Código das Sociedades Comerciais consagram um específico esquema de prévia fiscalização das sociedades[1730]. Nem isso seria desejável, uma vez que o nosso Direito já está pejado de controlos burocráticos, que mais não fazem do que elevar exponencialmente os custos marginais das diversas operações, mesmo simples. Bastará o comum princípio da legalidade, a observar e a aplicar pelo conservador.

III. Não há conhecimento de ter sido ponderada a introdução de um verdadeiro registo constitutivo, no nosso Direito registal. Fazê-lo implicaria tocar em aspetos nucleares do sistema. Assim, a introdução só seria efetiva quando toda a periferia do sistema fosse expurgada de manifestações de (mera) eficácia contratual. Isso não foi feito. Não seria, aliás, nem possível, nem conveniente.

Os problemas preparatórios e a *ratio legis* deles decorrentes apontam pois, simplesmente, para as vantagens de um registo capaz de fixar, com precisão, o termo *a quo* da produção de certos efeitos.

[1729] FERRER CORREIA/ANTÓNIO CAEIRO, *Anteprojecto de lei das sociedades comerciais/Parte geral* (1973), 22-23, aqui *apud* ABÍLIO NETO, *Código das sociedades comerciais/Jurisprudência e doutrina*, 2.ª ed. (2003), 67.

[1730] FERRER CORREIA, *A sociedade por quotas de responsabilidade limitada segundo o CSC* cit., 138.

§ 40.° O registo definitivo do contrato de sociedade

202. A eficácia do registo

I. Cabe ponderar, na lei, a eficácia do registo. O artigo 5.° associa-lhe a personalidade jurídica e a existência "como sociedades". Este preceito perde importância, uma vez que a sociedade devidamente constituída por contrato assinado e ainda não registada opera como um centro próprio de imputação de regras, dispondo de capacidade jurídica.

II. Com o registo surgirá uma entidade diferente? Como vimos, o tema foi debatido na Alemanha, acabando por prevalecer a teoria da identidade[1731]. Também entre nós assim deverá ser e por maioria de razão, dado o manancial disponível de regras quanto às pré-sociedades. Um problema poderá advir do artigo 19.°, que cumpre estudar[1732].

Segundo o n.° 1 desse preceito, com o registo definitivo do contrato, a sociedade assume de pleno direito[1733]:

a) *Os direitos e obrigações decorrentes dos negócios jurídicos referidos no artigo 16.°, n.° 1*: trata-se de direitos e obrigações a inserir no contrato de sociedade[1734], com indicações dos respetivos beneficiários e dos quais resultem vantagens concedidas a sócios em conexão com a constituição da sociedade, bem como o montante global por esta devido a sócios ou a terceiros, a título de indemnização ou de retribuição de serviços prestados durante essa fase;

b) *Os direitos e obrigações resultantes da exploração normal de um estabelecimento que constitua objeto de uma entrada em espécie ou que tenha sido adquirido por conta da sociedade, no cumprimento de estipulação do contrato social*: desta feita, prefigura-se um estabelecimento em funcionamento que deve passar, a títulos

---

[1731] Cf. *supra*, 549, sendo de recordar KARL SCHMIDT, *Gesellschaftsrecht*, 4.ª ed. cit., 302-303, onde a evolução doutrinária e jurisprudencial da questão pode ser seguida.

[1732] *Vide* MARIA ELISABETE RAMOS/RICARDO COSTA, *Código em Revista* (2010), 325 ss. e EDUARDO SANTOS JÚNIOR, *CSC/Clássica*, 2.ª ed. (2011), artigo 19.°.

[1733] "Pleno direito" quer dizer *ipso iure* ou automaticamente, por oposição a uma assunção potestativa ou dependente, ainda, de outras atuações. Quanto ao preceito, cf. ALBINO MATOS, *Constituição de sociedades*, 5.ª ed. cit., 117 ss.. As alíneas c) e d), abaixo transcritas, têm a redação dada pelo Decreto-Lei n.° 76-A/2006, de 29 de Março: para expurgar referências à "escritura" e a "diretores".

[1734] Sob pena de se tornarem ineficazes para com a sociedade, sem prejuízo de eventuais direitos contra os fundadores – 16.°/2.

592   *O contrato de sociedade*

diversos, para a sociedade; esse funcionamento gera direitos e deveres, cujo destino é regulado;

c) *Os direitos e obrigações emergentes de negócios jurídicos concluídos antes do ato de constituição que neste sejam especificados e expressamente ratificados*: temos um comum exercício da autonomia privada, uma vez que a lei não impõe quaisquer outros requisitos para a "assunção";

d) *Os direitos e obrigações decorrentes de negócios jurídicos celebrados pelos gerentes ou administradores ao abrigo de autorização dada por todos os sócios no ato de constituição*: vale o comentário feito a propósito da alínea anterior.

A assunção prevista destes negócios é retroativa e liberatória em relação às pessoas "responsáveis", segundo o artigo 40.° - 19.°/3.

Já no tocante a direitos e obrigações decorrentes de outros negócios celebrados, antes do registo, em nome da sociedade, a sua assunção depende de decisão da administração, a comunicar à contraparte nos 90 dias subsequentes ao registo – 19.°/2[1735]. Exigir-se-á – naturalmente e nos termos gerais – o acordo, prévio ou subsequente da "contraparte".

III. O artigo 19.°/4 contém uma delimitação negativa: a sociedade não pode assumir obrigações derivadas de negócios jurídicos não mencionados no contrato social que versem sobre vantagens especiais, despesas de constituição, entradas em espécie ou aquisições de bens. Quanto a despesas de constituição, a reserva legal é incompreensível: a sociedade bem poderá não as querer (ou poder) assumir; ela sempre seria condenada a arcar com elas, o mais não fosse por via do enriquecimento sem causa: impõe-se a redução teleológica. No tocante às outras: trata-se de regras materialmente estatutárias, que não podem valer fora de adequada formulação dos estatutos ou, no limite: da sua revisão.

IV. O registo definitivo permite ainda a montagem eficaz dos sistemas de responsabilidade limitada, facultando, em geral, os esquemas de imputação próprios de cada um dos tipos societários. Trata-se de vetores que podemos retirar, sem dificuldade, dos artigos 38.°, 39.° e 40.°, acima examinados[1736].

[1735] Já não é "de pleno direito", embora seja, igualmente e em princípio, retroativa; cf. Maria Elisabete Ramos, *Constituição das sociedades comerciais* cit., 51.

[1736] *Supra*, 535 ss..

§ 40.º O registo definitivo do contrato de sociedade

203. A natureza do registo

I. O regime apurado permite clarificar a eficácia do registo do contrato de sociedade – ou, mais latamente, do facto constitutivo:

- fixa uma data clara a partir da qual a sociedade considerada produz a plenitude dos seus efeitos;
- determina a assunção liberatória, pela sociedade, de determinados negócios que haviam ficado sujeitos à *conditio iuris* da sua formação;
- faculta a assunção liberatória, pela sociedade, de certos negócios, mediante deliberação da administração;
- implica a definitiva aplicabilidade das regras próprias do tipo societário implicado, designadamente das que asseguram a imputabilidade, exclusiva ou preferencial, de factos e de efeitos à sociedade e dos esquemas próprios da limitação da responsabilidade dos sócios.

II. Também não oferecerá dúvidas o facto de tal registo implicar o cumprimento da obrigação legal de o requerer – artigo 15.º/1, do CRCom. Além disso, ele permitirá uma oponibilidade da sociedade a terceiros (mesmo de boa-fé) – artigo 14.º/1 do CRCom, doutrinariamente complementado. No tocante a relações internas, há que aplicar os artigos 36.º e seguintes, como predispõe o artigo 13.º/2 do CRCom.

III. As conclusões quanto à natureza do registo têm, agora, o campo aberto. Assim:

- o registo não é constitutivo da personalidade coletiva nem, muito menos, da sociedade: esta já existia anteriormente; a eficácia é, neste ponto, declarativa[1737];
- o registo condiciona a adoção de determinados negócios, pela sociedade;
- o registo faculta a plena eficácia das normas próprias do tipo societário considerado.

[1737] Assim, FAZENDA MARTINS, *Os efeitos do registo* cit., 25 ss. e 59 ss. e ALBINO MATOS, *Constituição de sociedades*, 5.ª ed. cit., 119 ss..

594   *O contrato de sociedade*

Trata-se de um regime condicionante da eficácia plena. O próprio efeito assuntivo de determinadas posições jurídicas lhe pode ser reconduzido.

IV. O preâmbulo do Decreto-Lei n.° 262/86, de 2 de Setembro, que aprovou o Código das Sociedades Comerciais, sucumbiu à tentação doutrinária; segundo o seu n.° 7: "Para a aquisição da personalidade jurídica das sociedades passa a ser decisivo o registo comercial". Trata-se do pensamento de RAÚL VENTURA[1738], fortemente impressionado pelo facto de o artigo 6.° se inspirar diretamente no § 41(1) do AktG alemão. Mas além do que se dirá, de seguida, sempre se adianta que um mesmo preceito, inserido em sistemas diferentes, pode facultar resultados distintos.

Esta linha não tem hoje o apoio da própria doutrina alemã, mau grado dados gerais bem mais favoráveis do que os nossos; bastará recordar a vitória da *Identitätstheorie* entre a pré-sociedade e a sociedade propriamente dita: é evidente, perante ela, que o efeito constitutivo do registo da segunda terá de ser limitado. Além disso, ela não corresponde à tradição jurídica portuguesa, nem à dos países do Sul. Finalmente e sobretudo: ela não equivale às regras jurídico-positivas em vigor e no seu conjunto.

[1738] RAÚL VENTURA, *Alterações do contrato de sociedade* (1986), 120. COUTINHO DE ABREU, *Curso de Direito comercial* cit., 2, 133, subscreve uma afirmação similar embora venha, depois, matizá-la.

§ 41.º PUBLICAÇÕES E OUTRAS FORMALIDADES

204. Publicações obrigatórias

I. No tocante a sociedades comerciais e à generalidade dos atos que se lhe reportem, a lei não se contenta com a publicidade emergente do registo comercial. Prevê, ainda, publicações obrigatórias, a efetuar em sítio da Internet de acesso público (167.º/1, redação de 2006[1739-1740]). Tais publicações vêm reportadas, por remissão, no artigo 70.º/1, do CRCom, acabando por abranger a generalidade das situações relativas a sociedades de capitais.

A publicação é oficiosa: segundo o artigo 71.º/1, do CRCom, deve o conservador promover as publicações imediatamente e a expensas do interessado. As modalidades de publicações e o seu teor resultam do artigo 72.º, do mesmo diploma.

II. A matéria vem retomada no Código das Sociedades Comerciais que lhe consagrou todo um capítulo da parte geral: o XIV, precisamente intitulado *publicidade dos atos sociais*. Aí, o artigo 166.º anuncia o princípio geral, enquanto o 167.º se reporta a publicações obrigatórias, retomando o Código do Registo Comercial.

Verifica-se que as publicações assumem um papel autónomo. Segundo o artigo 168.º/2,

> A sociedade não pode opor a terceiros atos cuja publicação seja obrigatória sem que esta seja efetuada, salvo se a sociedade provar que o ato está registado e que o terceiro tem conhecimento dele.

[1739] Tais publicações eram feitas, no *Diário da República* – 70.º/2, do CRCom, redação anterior a 2006 – e, mais precisamente: na sua III Série. A nova redação remete, também, para a Internet.

[1740] *Vide* a Portaria n.º 590-A/2005, de 14 de Julho.

596   *O contrato de sociedade*

O artigo 14.º/2, do CRCom, depõe na mesma direção. Por seu turno, o artigo 168.º/3 vai mais longe:

> Relativamente a operações efetuadas antes de terem decorrido dezasseis dias sobre a publicação, os atos não são oponíveis pela sociedade a terceiros que provem ter estado, durante esse período, impossibilitados de tomar conhecimento da publicação.

Estes preceitos devem ser habilmente interpretados, de modo a cederem perante a má-fé.

III. Antes da reforma de 2006, e tomando estes preceitos à letra, estávamos mal. A sociedade que praticasse um ato, devia requerer o seu registo, em função do princípio da instância. A efetivação do registo, em 2004, exigia, em Lisboa, vários meses, mesmo quando requerida com urgência. A partir daí, o conservador deveria promover a sua publicação no prazo de 30 dias – 71.º/1, do CRCom: cumpriria, ou não: é questão que escapava à sociedade interessada. Certo pareceria – 168.º/2 – que, até à publicação, não podia opor o ato a terceiro. E mesmo após a publicação: ainda teria de aguardar mais 16 dias para ter a certeza de que o terceiro não estava impossibilitado de tomar conhecimento da publicação[1741]. Acontecia ainda que as datas de distribuição da III Série do *Diário da República* ainda teriam de ser relevadas e provadas.

Em suma: tínhamos um colete de forças burocrático inimaginável, sem vantagens para ninguém e com grandes danos para as empresas nacionais. O Ministério da Justiça, finalmente sensibilizado para o assunto, empreendeu uma desburocratização do Direito comercial português: tal o sentido da reforma de 2006 e de outras medidas que a precederam e acompanharam. Esperamos que tenham êxito.

IV. As regras apontadas podem ser facilitadas através da notificação direta dos atos, feita pela sociedade aos terceiros potencialmente interessados ou perante os quais tenha interesse em fazer valer os atos sujeitos a registo. Nessa altura, os terceiros notificados não poderão invocar a falta

---

[1741] Impossibilitado? Por exemplo: no gozo legítimo de férias (direito garantido pelo artigo 59.º/1, *d*), da Constituição), em peregrinação a Roma, a Meca ou a Jerusalém, no exercício da liberdade religiosa (liberdade religiosa: *idem*, artigo 41.º/1) ou por doença (direito à vida, *idem*, artigo 24.º/1). Quem estiver de má-fé, só terá o trabalho de escolher.

§ 41.º Publicações e outras formalidades 597

de publicações – 168.º/2 – e, *a fortiori*, o não terem podido tomar conhecimento – 168.º/3. A própria falta do registo poderá ser suprida, desde que, pela notificação fique provado o conhecimento do terceiro e, daí, a sua "má-fé". Basta, para tanto, uma interpretação conjunta e capaz dos artigos 14.º/1 e 22.º/4, do CRCom.

205. Outras formalidades

I. A constituição de uma sociedade implica, ainda, diversas formalidades subsequentes. Assim:

– a declaração fiscal do início de atividade – 117.º/1, do CIRC[1742];
– o pedido do cartão definitivo de pessoa coletiva – 16.º do RNPC, hoje revogado pelo Decreto-Lei n.º 247-B/2008, de 30 de Dezembro;
– registo no cadastro comercial – Decreto-Lei n.º 462/99, de 5 de Novembro – ou industrial – Decreto-Lei n.º 97/87, de 4 de Março, revogado pelo Decreto-Lei n.º 174/2006, de 25 de Agosto, que o substituiu por declaração a emitir pela entidade coordenadora do licenciamento;
– inscrição obrigatória na segurança social – artigo 8.º do Código dos Regimes Contributivos do Sistema Previdencial da Segurança Social[1743].

Os notários detêm uma série de competências no âmbito dos processos de constituição das sociedades comerciais – Decreto-Lei n.º 267/93, de 31 de Julho, com as alterações introduzidas pelo Decreto-Lei n.º 76-A/2006, de 29 de Março.

II. Pode ainda suceder que as sociedades a constituir estejam dependentes de autorizações prévias: é o que sucede com as instituições de cré-

---

[1742] Republicado pelo Decreto-Lei n.º 159/2009, de 13 de Julho e já alterado.
[1743] Aprovado pela Lei n.º 110/2009, de 16 de Setembro. Quanto às vicissitudes desse diploma *vide* o nosso *As aplicações financeiras como base contributiva, perante o Código dos Regimes Contributivos do Sistema Previdencial de Segurança Social*, RDS 2009, 845-863.

598   *O contrato de sociedade*

dito[1744] e com as companhias seguradoras[1745]. O respetivo documento comprovativo vai ser exigido pelo notário. Ou então: pelo conservador do registo comercial – artigo 35.º/1, do CRCom. Isso sem contar com a supervisão, dotada de significativos e apetrechados documentos. A ordem jurídico-comercial apresenta-se com excelentes garantias de legalidade.

III. No domínio mobiliário, há, ainda, que lidar com as mais diversas formalidades, incluindo registos prévios[1746] e publicações obrigatórias[1747].

[1744] Artigo 16.º/1, do RGIC.

[1745] Artigo 12.º/1, do RGES.

[1746] *Vide* o artigo 114.º do CVM.

[1747] *Vide* o artigo 5.º do CVM. Referimos o nosso *Das publicações obrigatórias nos boletins de cotações das bolsas de valores: aspectos do regime do aumento de capital das sociedades anónimas por subscrição de novas acções*, O Direito 120 (1988) = *Banca, bolsa e crédito*, 1 (1990), 103-133, ainda que ao abrigo do Direito anterior.

§ 42.º A CONSTITUIÇÃO IMEDIATA DE SOCIEDADES COMERCIAIS

206. Generalidades; o papel da informática

I. As leis tradicionais – designadamente o Código das Sociedades Comerciais e o Código do Registo Comercial – mantém como arquétipo uma ordenação social baseada na escrita e assente na celebração autónoma de atos e negócios jurídicos. Toda a tramitação, que acima examinámos, tem a ver com esse tipo de procedimento.

Os progressos da denominada "sociedade da informação", com transmissões seguras e imediatas de informação e com a possibilidade de, a ela, se aceder em boas condições e sem dificuldade, deixam antever novas formas de lidar com entes coletivos e, particularmente, com sociedades comerciais.

II. A reforma de 2006 deixou já antever sérias possibilidades. As novas técnicas do registo assentam na informática e na teia de informações acessíveis conhecidas como Internet. As contas são remetidas por via informática. E toda a fiscalidade encetou já uma larga transposição para essa via.

Resta aproveitar todas essas possibilidades para a própria constituição das sociedades. Trata-se de uma tarefa, já iniciada pelos Decretos-Leis n.º 111/2005, de 8 de Julho, relativo à constituição imediata de sociedades em conservatória e n.º 125/2006, de 29 de Junho, referente a essa mesma constituição, mas por Internet.

III. Neste momento dispomos de duas grandes vias paralelas: a constituição tradicional, através de contrato e registo, regulados pelos Códigos das Sociedades Comerciais e do Registo Comercial e a constituição imediata, assente nos dois referidos diplomas. Neste momento, nada pressagia

600 O contrato de sociedade

uma dogmática nova: apenas instrumentos mais aperfeiçoados para a execução de diretrizes já conhecidas. Parece-nos claro, todavia, que as novas vias de seguida referidas vêm esbater a natureza contratual das sociedades, a favor de meros esquemas organizatórios. Aguardamos a lição da prática. Tudo indica, porém, que o novo regime, particularmente na vertente *on line*, irá provocar uma modificação de fundo no recurso às sociedades.

207. A constituição imediata em conservatória

I. A primeira modalidade de constituição imediata de sociedades foi prevista para operar nas conservatórias do registo comercial. Ela foi levada a cabo pelo Decreto-Lei n.° 111/2005, de 8 de Julho[1748]. Esse diploma teve, em *Diário da República*, um sumário mediático[1749]:

Cria a "empresa na hora", através de um regime especial de constituição imediata de sociedades, alterando o Código das Sociedades Comerciais, o Regime do Registo Nacional de Pessoas Coletivas, o Código do Registo Comercial, (...)

A ideia subjacente surge no preâmbulo, de que vamos reter os troços mais significativos[1750]:

O desenvolvimento da competitividade (...) pressupõe que se realize um forte esforço de eliminação de atos e práticas inúteis, evitando que os cidadãos e as empresas sejam onerados com atividades burocráticas que nada acrescentem e não constituam uma mais-valia. Para o efeito, os serviços do Estado devem oferecer uma resposta ágil, rápida e desburocratizada.

E prossegue:

No processo de constituição de sociedades comerciais, a atividade do Estado deve limitar-se ao essencial para garantir a segurança da atividade das empresas e das transações comerciais. A constituição de sociedades

---

[1748] Alterado pelos Decretos-Leis n.° 76-A/2006, de 29 de Março, n.° 125/2006, de 29 de Julho, n.° 318/2007, de 26 de Setembro, n.° 247-B/2008, de 30 de Dezembro e n.° 99/2010, de 2 de Setembro.
[174] DR I Série, n.° 130, de 8-Jul.-2005, 4186.
[1750] *Idem*, 4198/I.

§ 42.° A constituição imediata de sociedades comerciais 601

comerciais não deve ser permeável à existência de burocracias e atos enraizados pelas práticas e por métodos que não constituam um valor acrescentado em função da proteção daqueles valores.

II. A receita para o adiantado desafio surge no mesmo preâmbulo. Diz ele:

> Os interessados na constituição de uma sociedade comercial podem, assim, dirigir-se a uma destas conservatórias manifestando a intenção de constituir a empresa, bastando-lhes acolher uma das firmas pré-aprovadas à sua disposição e escolhendo o pacto ou ato constitutivo previamente aprovado e certificado pelos serviços de registos e notariado.

Acrescentando:

> A conservatória do registo comercial assegurará a comunicação e as formalidades subsequentes a todas as entidades que devam ser notificadas da constituição da sociedade, sem que os interessados fiquem onerados com tal tarefa o que constitui um importante elemento de desburocratização (...).

III. O articulado do diploma – o Decreto-Lei n.° 111/2005, de 8 de Julho – abrange 28 artigos, repartidos por quatro capítulos:

Capítulo I – Regime especial de constituição imediata de sociedades (1.° a 16.°);
Capítulo II – Alterações legislativas (17.° a 24.°);
Capítulo III – Pontos de atendimento e informação obrigatória (25.° e 26.°);
Capítulo IV – Disposições finais e transitórias (27.° e 28.°).

Anote-se que os artigos 8.° e 25.° foram alterados pelo artigo 37.° do Decreto-Lei n.° 76-A/2006, de 29 de Março.

Interessa-nos, de modo particular, o capítulo I. O regime especial de constituição imediata dirige-se:

– às sociedades comerciais e civis sob forma comercial do tipo por quotas e anónima (1.°);
– ficando excluídas (2.°):
– sociedades cuja competência dependa de autorização especial: pensa-se no caso da banca e dos seguros, cujas instituições se sujeita a autorização do Banco de Portugal e do Instituto de Seguros de Portugal;

602 *O contrato de sociedade*

– sociedades cujo capital seja realizado com recurso a entradas em espécie;
– sociedades anónimas europeias[1751].

Na verdade, só as sociedades por quotas e as anónimas podem atingir um nível de normalização que torne viável o esquema da "concretização imediata".

IV. A aplicação do regime da constituição imediata de sociedades tem, como pressuposto, que se eliminem todas as delongas relativas à admissibilidade da firma à arquitetura societária interior. Assim:

– quanto à firma: ou se opta por locução logo aprovada no posto de atendimento, ou por uma expressão de fantasia criada e reservada a favor do Estado a escolher numa bolsa de firmas reservadas a favor do mesmo Estado (15.º) ou se apresenta logo um certificado de admissibilidade do RNPC (3.º/3)[1752-1753];
– quanto ao pacto: adota-se um modelo aprovado pelo Presidente do Instituto dos Registos e do Notariado – 3.º/1, *a*).

V. Quanto a aspetos processuais, observa-se o seguinte:

– o processo de constituição imediata é da competência das conservatórias do registo comercial, ou de quaisquer outros serviços desconcentrados do IRN, IP, independentemente da sede da sociedade constituenda (4.º/1); o procedimento pode ser promovido, também, nos centros de formalidades de empresas ou CFE (4.º/2):
– a tramitação deve iniciar-se e concluir-se no mesmo dia, em atendimento presencial único (5.º);
– principia-se pela escolha da firma e do modelo do pacto ou ato constitutivo (6.º/1), prosseguindo depois da verificação inicial da identidade, da capacidade e dos poderes de representação dos interessados para o ato (6.º/2);
– quanto a documentos, são exigidos:
– os comprovativos da identidade, capacidade e poderes de representação e autorizações especiais, quando necessário (7.º/1);

[1751] Quanto a estas: *Direito europeu das sociedades*, 855 ss. e 972 ss..
[1752] O que significa que se desiste, neste ponto, da "constituição imediata".
[1753] Na redação dada pelo Decreto-Lei n.º 247-B/2008, de 30 de Dezembro.

§ 42.° A constituição imediata de sociedades comerciais 603

– a demonstração do depósito legal ou a declaração, sob a sua responsabilidade, que será realizada no prazo de cinco dias úteis (7.°/2);
– a entrega (facultativa) imediata da declaração de início de atividade para efeitos fiscais (7.°/6), sendo advertidos de que, quando a não façam, o deverão fazer no serviço competente e no prazo legal (7.°/7);
– os serviços notificam ainda, por via eletrónica, a segurança social (7.°/8).

VI. Feita a verificação inicial da identidade, da capacidade e dos poderes de representação dos interessados, o serviço competente procede às diversas operações seriadas nas 10 alíneas do artigo 8.°/1, a concluir com a emissão e entrega do cartão eletrónico da empresa e demais elementos.

Tudo isso se processa dentro do princípio da legalidade: o conservador deve recusar a titulação, nos casos previstos no artigo 9.° e que se prendem com omissões, vícios ou deficiências que prejudiquem o ato, seguindo-se o regime de impugnação dos artigos 98.° e seguintes do CRegCom (9.°).

VII. São possíveis determinados aditamentos à firma selecionada (10.°). O direito ao uso da firma caduca se o procedimento for interrompido por causa imputável aos interessados (11.°).

Concluído o procedimento, o serviço competente entrega de imediato, aos representantes da sociedade e a título gratuito, uma certidão do pacto ou ato constitutivo e do registo deste último, bem como o recibo comprovativo dos encargos pagos (12.°).

E ainda o serviço competente procede, depois, e no prazo de 24 horas às diversas diligências subsequentes (13.°/1): publicações legais, remessa para as finanças da declaração de início de atividade, informações à Direção-Geral do Trabalho e à Segurança Social e outras.

VIII. O Decreto-Lei n.° 111/2005, de 8 de Julho, alterou uma série de diplomas, com relevo para o Código das Sociedades Comerciais[1754], para o RNPC[1755] e para o Código de Registo Comercial[1756].

[1754] Artigos 10.°, 100.°, 167.° e 171.°.
[1755] Artigos 18.°, 32.° a 34.°, 53.°, 54.°, 56.° e 64.°.
[1756] Artigos 14.°, 51.°, 55.°, 62.°, 70.° e 71.°.

604   *O contrato de sociedade*

IX. O novo esquema de constituição de sociedades por quotas (e anónimas) foi colocado em experimentação. Durante um período a fixar por portaria, ele passaria a funcionar (apenas) nas Conservatórias do Registo Comercial de Aveiro, Coimbra, Moita e Barreiro e nos CFE de Aveiro e Coimbra.

Diversos aspetos foram regulados por Portaria n.º 590-A/2005, de 14 de Julho.

Subsequentemente, temos a registar os seguintes diplomas complementares:

– Portaria n.º 811/2005, de 12 de Setembro: fixa o período experimental de 13-Jul. a 31-Dez.-2005;
– Despacho n.º 1034/2005, de 11 de Novembro: alarga o círculo de conservatórias e de centros de formalidades de empresas onde pode ser levada a cabo a constituição imediata[1757];
– Despacho n.º 292/2006, de 15 de Março: procede a novo alargamento[1758].

X. Num País visceralmente cético em relação a novidades que venham do Estado, o esquema das empresas na hora obteve algumas críticas na comunicação social. Verberou-se, em especial, a não intervenção de advogados e os riscos de afunilamento nos locais onde o novo processo foi posto em vigor.

Há, todavia, que desejar que o esquema funcione bem, na prática. Em abstrato, ele é totalmente viável, graças à informática. Constitui um excelente progresso que honra os seus autores. E poderá operar como um exemplo para outros atos da vida privada, patrimonial e, até, pessoal.

208. **A constituição imediata** *on line*

I. O passo seguinte foi dado pelo Decreto-Lei n.º 125/2006[1759], de 29 de Junho. Segundo o competente preâmbulo[1760]:

[1757] DR II Série n.º 229, de 29-Nov.-2005, 16 661-16 662.
[1758] DR II Série n.º 61, de 27-Mar.-2006, 4492-4493.
[1759] Alterado pelos Decretos-Leis n.º 318/2007, de 26 de Setembro (no 14.º/2) e n.º 247-B/2008, de 30 de Dezembro (6.º e 12.º).
[1760] DR I Série-A n.º 124, de 29-Jun.-2006, 4602-4607 (4602/I).

§ 42.° A constituição imediata de sociedades comerciais 605

O presente decreto-lei estabelece um meio de criação de empresas através da Internet, introduzindo no nosso ordenamento jurídico uma via inovadora para a constituição de sociedades comerciais e civis sob forma comercial.

(...)

O regime adotado para a criação de sociedades comerciais e civis sob a forma comercial através da Internet pode ser utilizado por qualquer interessado. Tanto pessoas singulares como pessoas coletivas, representadas pelo respetivos responsáveis para as vincular, passam a poder criar sociedades por esta via, desde que utilizando um meio de certificação eletrónica adequado.

II. A constituição *on line* de sociedades comerciais faz-se em sítio do Ministério da Justiça[1761], mantido pela Direção-Geral dos Registos e do Notariado. Esse sítio, regulado pela Portaria n.° 657-C/2006, de 29 de Junho[1762], tem as funções seguintes (3.°/1):

a) A autenticação dos utilizadores através de certificados digitais;

b) A indicação dos dados de identificação dos interessados;

c) A escolha de uma firma constituída por expressão de fantasia previamente criada e reservada a favor do Estado;

d) A verificação da admissibilidade e obtenção da firma, nos termos do n.° 3 do artigo 45.° do regime do Registo Nacional de Pessoas Coletivas (RNPC);

e) A indicação da firma constante de certificado de admissibilidade de firma emitido pelo RNPC;

f) A escolha e o preenchimento de pacto ou ato constitutivo de modelo aprovado pelo diretor-geral dos Registos e do Notariado ou o envio de pacto ou ato constitutivo elaborado pelos interessados;

g) A apresentação, através de fórmula própria, das declarações referidas no n.° 3 do artigo 7.° do Decreto-Lei n.° 125/2006, de 29 de Junho;

h) O preenchimento eletrónico dos elementos necessários à apresentação da declaração de início de atividade para efeitos fiscais;

i) A entrega dos documentos necessários à apreciação do pedido e ao suprimento de suas eventuais deficiências;

j) A assinatura eletrónica dos documentos entregues;

[1761] Com o endereço www.empresaonline.pt.
[1762] Com a Retificação n.° 54/2006, de 22 de Agosto.

606 *O contrato de sociedade*

l) O pagamento dos serviços por via eletrónica;
m) A recolha de informação que permita o contacto entre os serviços competentes e os interessados e seus representantes;
n) O pedido de registo comercial da constituição da sociedade;
o) A certificação da data e da hora em que o pedido de registo foi concluído;
p) O acesso ao sítio na Internet onde se encontrem disponibilizadas as publicações legais.

III. O regime de constituição *on line* não é aplicável às sociedades cujo capital seja realizado em espécie, de tal modo que se exija forma mais solene do que a escrita; também não se aplica às sociedades anónimas europeias (2.º, do Decreto-Lei n.º 125/2006, de 29 de Junho). O procedimento compete ao RNPC (3.º), sendo acessível a pessoas singulares e coletivas (4.º). A indicação de dados deve ser eletronicamente certificada (5.º).

IV. O pedido é formulado *on line* com, entre outros, os seguintes elementos (6.º/1 do Decreto-Lei n.º 125/2006):

a) Opção por firma constituída por expressão de fantasia previamente criada e reservada a favor do Estado ou pela verificação da admissibilidade e obtenção da firma, nos termos do n.º 3 do artigo 45.º do regime do RNPC;
b) Não se optando por nenhuma das possibilidades previstas na alínea anterior, indicação da firma constante de certificado de admissibilidade de firma emitido pelo RNPC, previamente obtido, ficando os interessados obrigados à inutilização do mesmo;
c) Opção por pacto ou ato constitutivo de modelo aprovado pelo diretor-geral dos Registos e do Notariado ou por envio do pacto ou do ato constitutivo por eles elaborado;
d) Preenchimento eletrónico dos elementos necessários à apresentação da declaração de início de atividade para efeitos fiscais;
e) Caso ainda não haja sido efetuado, os sócios devem declarar, sob sua responsabilidade, que o depósito das entradas em dinheiro é realizado no prazo de cinco dias úteis a contar da disponibilização de prova gratuita do registo da constituição da sociedade prevista na alínea *b*) do n.º 3 do artigo 12.º;
f) Pagamento, através de meios eletrónicos, dos encargos que se mostrem devidos.

§ 42.º *A constituição imediata de sociedades comerciais*   607

Podem, ainda, remeter-se os seguintes documentos, quando necessários (6.º/4):

a) Documentos comprovativos da sua capacidade e dos seus poderes de representação para o ato;
b) Autorizações especiais que sejam necessárias para a constituição da sociedade;
c) No caso de se tratar de sociedade cujo capital seja realizado com recurso a entradas em espécie, sem que para a transmissão dos bens com que os sócios entram para a sociedade seja exigida forma mais solene do que a forma escrita, o relatório do revisor oficial de contas referido no artigo 28.º do Código das Sociedades Comerciais, tendo sido cumprido o estipulado no n.º 5 dessa disposição.

Podem intervir advogados e solicitadores que disponham de meios de certificação (7.º), bem como notários, nas mesmas condições (9.º). O pedido é validado por comprovativo eletrónico (10.º).

V. O pedido é apreciado, depois, pelo serviço competente (11.º). Procede, estando tudo em ordem, ao registo do pacto e à inscrição no ficheiro central de pessoas coletivas (12.º/2). Procede, ainda, em atos seguintes (12.º/3)[1763]:

a) Comunicação do código de acesso do cartão eletrónico da empresa e do número de identificação da sociedade na segurança social e envio posterior do cartão da empresa a título gratuito;
b) Caso tenha havido aquisição de marca registada e independentemente da qualificação do correspondente ato de registo comercial, emissão e envio do documento comprovativo dessa aquisição, em modelo aprovado pelo Instituto Nacional da Propriedade Industrial, I.P. (INPI, I.P.);
c) Disponibilização gratuita de código de acesso à certidão permanente da sociedade pelo período de um ano;
d) Promoção das publicações legais, as quais se devem efetuar automaticamente e por via eletróncia;
e) Disponibilização aos serviços competentes, por meios informáticos, dos dados necessários para o controlo das obrigações tributá-

---

[1763] Redação dada pelos Decretos-Leis n.º 318/2007, de 26 de Setembro e n.º 247-B/2008, de 30 de Dezembro.

608 O contrato de sociedade

rias à administração tributária, dos dados necessários para efeitos de comunicação do início de atividade da sociedade à Inspeção--Geral do Trabalho, bem como dos dados necessários à inscrição oficiosa da sociedade nos serviços de segurança social e, quando for o caso, no cadastro comercial;

f) Caso tenha havido aquisição de marca registada, comunicação ao INPI, IP, por meios informáticos, da transmissão da marca, para que se proceda à sua inscrição oficiosa no processo de registo, e ao RNPC para efeitos de dispensa da prova prevista no n.º 6 do artigo 33.º do regime do RNPC;

g) Promoção das restantes diligências que venham a ser fixadas por via regulamentar ou protocolar;

h) Envio da pasta da sociedade à conservatória do registo comercial da área da respetiva sede.

VI. O funcionamento deste sistema postula a utilização da bolsa de firmas criada ao abrigo do artigo 15.º/1 do Decreto-Lei n.º 111/2005, de 8 de Julho.

A título subsidiário, é aplicável o Código do Registo Comercial (15.º).

209. Empresas virtuais

I. Ocorre referir, nesta rubrica, a figura das empresas virtuais. Esclareça-se que elas não derivam da constituição imediata de sociedades comerciais: embora seja de esperar que, por essa via, tais empresas se possam multiplicar.

II. A empresa virtual é aquela que dispensa um substrato organizacional material: antes assenta numa teia de informações gizada em torno dos modernos meios de comunicação à distância e, em especial, da Internet. Ela postula[1764]:

– o recurso maciço às modernas tecnologias da informação;
– a presença de uma figura unitária, visível do exterior;

[1764] Jan-Stephan Ritter, *Virtuelle Unternehmen zwischen Vertrag und Gesellschaftsrecht* (2004), 23.

§ 42.º A constituição imediata de sociedades comerciais

– uma cooperação temporária entre agentes;
– um perfil dinâmico de prestação de serviço.

III. As empresas virtuais podem adotar qualquer das formas previstas na lei para as sociedades. Têm custos muito baixos[1765]. Dependem da sua capacidade em mobilizar clientes e em conservá-los. Finalmente: elas podem ser autónomas ou, antes, corresponder a um prolongamento de "empresas normais".

No seu funcionamento, as empresas virtuais dão azo à aplicação dos mais diversos institutos, com especial relevo para a contratação à distância[1766] e para a tutela do consumidor.

Todo este domínio deve merecer uma atenção permanente dos estudiosos das sociedades comerciais[1767].

[1765] *Idem*, 39 ss., 26 ss. e *passim*.
[1766] *Manual de Direito comercial*, 2.ª ed., 534 ss..
[1767] *Vide*, com relevo, a RCM n.º 91/2010, de 19 de Novembro.

CAPÍTULO III
A SITUAÇÃO JURÍDICA DOS SÓCIOS

SECÇÃO I
CONTEÚDO GERAL

§ 43.º A QUALIDADE DE SÓCIO COMO UM ESTADO

210. Aspetos gerais; titularidade e participação

I. O Direito – todo o Direito – existe apenas para o ser humano e em função dele. Nestes termos, compreende-se que o primeiro objetivo de uma sociedade seja o de servir os interesses das pessoas que, nela, se tenham organizado ou que a ela tenha aderido, o que é dizer: os interesses dos diversos sócios. Para além disso, as sociedades podem exprimir a ordenação jurídica de empresas: circunstância que pode levar o Estado a intervir, protegendo, orientando ou dificultando a vida do ente coletivo em jogo.

As sociedades são pessoas coletivas o que é dizer: traduzem um modo coletivo de ordenação da comunidade. Nelas, o Direito abdica de dirigir diretamente os seus comandos a seres humanos. Antes opta por imputar deveres e direitos a organizações humanas de tal modo que, através da interação de numerosas outras normas que dão corpo às pessoas coletivas, se venham a consubstanciar, na comunidade, as valorações pretendidas pelo ordenamento.

II. À partida, os sócios corresponderiam às pessoas que celebraram o contrato de sociedade, dando lugar à organização dele derivada e ingressando, nela, com a posição que tenha sido acordada. A lógica das organizações privadas leva, todavia, a que estas se soltem, na sua vida e nas suas

612   *A situação jurídica dos sócios*

vicissitudes, das amarras contratuais que lhes deram origem. Assim, a qualidade de sócio passa a ser expressa pela titularidade de inerente posição. Essa titularidade pode ser original – quando o próprio sócio considerado tenha participado na celebração do contrato constitutivo – ou pode ser adquirida: na hipótese de o interessado ter vindo, por alguma das vias em Direito conhecidas, a subingressar na posição considerada. Ainda como vicissitude: podem ocorrer modificações ou transformações no ente coletivo considerado, de tal modo que a situação do sócio já não corresponda à inicial.

III. Estas considerações documentam e explicam a evolução progressiva da situação dos sócios, no sentido da abstração. Primeiro: uma qualidade assumida; depois: a titularidade de uma posição; por fim: a própria posição ou participação social.

Conforme o tipo de sociedade considerado, assim nos situaríamos dentro da escala indicada: nas sociedades de pessoas teríamos a qualidade de sócio; nas mistas[1768], a titularidade de uma posição; nas de capitais, a própria posição, independentemente do seu titular.

Quando se pretenda construir uma parte geral, todo este filme deve estar presente. Além disso, há que contar com as participações associativas[1769].

IV. Pergunta-se pelo interesse prático de semelhante construção. Afinal, não se poderia contrapor que o regime relativo às posições dos sócios varia de tipo para tipo, de tal modo que apenas na parte especial da disciplina Direito das sociedades ele poderia ser levado a cabo? Nalguns domínios, assim é: não vale a pena, perante o atual estado dos nossos conhecimentos e dada a realidade jurídico-positiva portuguesa, elaborar, num esforço de grande abstração, toda uma teoria geral das posições societárias: ela teria de ser decomposta e reformulada, na passagem para os tipos singulares[1770]. Noutros, porém, o esforço justifica-se: não só o próprio

---

[1768] O papel das sociedades mistas algures entre as sociedades de pessoas e as de capitais, seria desempenhado pelas sociedades por quotas, particularmente quando as suas participações (as quotas) estivessem atribuídas *intuitu personae*.

[1769] *Vide* UWE SCHMIDT, *Die Mitgliedschaft in Verbänden* (1989), XXXIX + 239 pp..

[1770] Uma opção deste tipo é, de resto, sufragada pelas modernas exposições alemãs, francesas e italianas.

§ 43.º A qualidade de sócio como um estado 613

Código das Sociedades Comerciais contém uma parte geral, que cumpre conhecer, como, também, se afigura útil alguma generalização. Permite melhor conhecer e, depois, densificar as regras próprias de cada tipo societário.

211. Enumeração legal de direitos e deveres

I. No Código das Sociedades Comerciais, a matéria relativa aos direitos e deveres dos sócios, conquanto fundamental, não foi sistematizada. Com efeito, encontramos, na parte geral:

– no capítulo III – contrato de sociedade – secção I – celebração e registo, o artigo 9.º (elementos do contrato) n.º 1, alínea *f*), que refere o capital social e a alínea *g*) que menciona "a quota de capital e a natureza da entrada de cada sócio, bem como os pagamentos efetuados por conta de cada quota";
– nos mesmos capítulo e secção, o artigo 16.º (Vantagens, indemnizações e retribuições), relativo aos elementos epigrafados, quando concedidos a sócios em conexão com a constituição da sociedade;
– *idem*, o artigo 17.º, dirigido aos acordos parassociais, fontes de diversos direitos, como veremos[1771].

II. De seguida, ainda no capítulo III, encontramos uma secção II precisamente epigrafada *obrigações e direitos dos sócios em geral*. Contém, numa primeira subsecção sobre *obrigações e direitos dos sócios em geral*:

– artigo 20.º (Obrigações dos sócios): enumera a obrigação de entrada e o dever de quinhoar nas perdas;
– artigo 21.º (Direitos dos sócios): enumera o de quinhoar nos lucros, o de participar nas deliberações sociais, o de obter informações e o de ser designado para os órgãos sociais;
– artigo 22.º (Participação nos lucros e perdas): desenvolve esses aspetos, proíbe os pactos leoninos e a remissão para critério de terceiros;
– artigo 23.º (Usufruto e penhor de participações): refere a matéria epigrafada, formulando regras;

[1771] *Infra*, 687 ss..

614   *A situação jurídica dos sócios*

– artigo 24.° (Direitos especiais): fixa normas sobre o assunto: umas gerais e outras relativas a certos tipos sociais.

Seguem-se duas subsecções: uma – a II – relativa a obrigações de entrada (25.° a 30.°) e outra – a III – referente à conservação do capital (31.° a 35.°).
Finalmente, temos um capítulo IV sobre deliberações dos sócios – artigos 53.° a 63.°.

III. O simples enunciado do alinhamento legal relativo às posições dos sócios constitui crítica conclusiva ao trabalho de 1986: numa codificação moderna, podia-se e devia-se ter assumido um mínimo de composição sistemática. Além dos saltos e da heterogeneidade do articulado, há patentes omissões de deveres que, depois, são pura e simplesmente repetidos a propósito de todos os tipos societários. Por exemplo: a proibição de concorrência: artigos 180.°/1 (em nome coletivo), 254.° (por quotas), 398.°/3 (anónimas) e 477.° (comandita simples). Todos estes preceitos retomam o artigo 990.° do Código Civil, contendo matéria generalizável, pelo menos no tocante à justificação e às vias de concretização desse dever.
A enumeração legal terá de ser complementada, por via doutrinária.

212. Fontes; a lógica da apropriação privada

I. As posições jurídicas dos sócios assumem uma configuração nuclear, presente nas diversas posições societárias. Além disso, elas podem conter elementos periféricos, de presença mais ou menos constante. Por fim, são compagináveis fatores eventuais, ocasionalmente presentes. Perante esta diversidade, cumpre perguntar pelas fontes, isto é: pelos factos suscetíveis de influenciar a concreta composição dos direitos dos sócios.

II. De imediato, ocorrem os múltiplos fatores suscetíveis de interferir no regime das sociedades, com relevo para o sistema de fontes, acima referenciado[1772]. Tal sistema não dispõe, todavia e neste domínio, da latitude

---

[1772] *Supra*, 271 ss..

§ 43.º A qualidade de sócio como um estado

que lhe é conferida nas áreas puramente regulativas. As posições jurídicas dos sócios incorporam direitos e deveres de pessoas. Trata-se – ainda que não exclusivamente – de direitos patrimoniais privados. Tais direitos, uma vez constituídos, não podem ser arbitrariamente suprimidos: nem mesmo por lei, sob pena de violação do artigo 62.º/1, da Constituição (propriedade privada).

III. No sistema das fontes reportado às posições dos sócios, temos de fazer intervir as valorações próprias da apropriação privada e dos direitos das pessoas. Resulta, daqui, uma especial tensão, uma vez que os preceitos estatutários, formalmente contratuais, podem ser suprimidos ou delimitados por deliberações maioritárias. Proibir essa possibilidade rigidifica o ser coletivo. Admiti-la pode frustrar expectativas e, no limite, prejudicar os investimentos e as associações de esforços: prevenindo a hipótese de vir a ser despojado dos seus bens e direitos, o interessado pode abdicar de sociedades, preferindo movimentar-se a *solo*. A solução de equilíbrio reside no regime dos chamados direitos especiais, que passamos a referir, a título ilustrativo.

213. Os direitos especiais

I. A matéria dos direitos especiais consta do artigo 24.º. Infere-se desse preceito que os direitos especiais são direitos de "qualquer sócio", inseridos no contrato de sociedade e que – salvo disposição legal ou estipulação contratual expressa em contrário – não podem ser suprimidos ou coarctados sem o consentimento do respetivo titular – n.º 1 e n.º 5.

Os direitos especiais têm merecido, na nossa literatura comercial, uma atenção bastante vincada[1773]. Tal deve-se à capacidade que esses direitos

---

[1773] FERRER CORREIA, *Direito comercial* cit., 2, 350-351, EDUARDO MELO LUCAS COELHO, *Direito de voto dos accionistas nas assembleias gerais das sociedades anónimas* (1987), 31, RAÚL VENTURA, *Direitos especiais dos sócios*, O Direito 121 (1989), 207-222, PINTO FURTADO, *Deliberações dos sócios* (1993), 211 ss. (259 ss.) e *Curso de Direito das sociedades*, 5.ª ed. cit., 233-239, PAULO OLAVO CUNHA, *Os direitos especiais nas sociedades anónimas: as acções privilegiadas* (1993), 20 ss., ALEXANDRE SOVERAL MARTINS/ /MARIA ELISABETE RAMOS, *As participações sociais*, em *Estudos de Direito das socieda-*

616   *A situação jurídica dos sócios*

têm no domínio da pessoalização dos estatutos e dos tipos societários presentes, afeiçoando-os, de modo tendencialmente perpétuo, à vontade dos seus titulares. Podemos até adiantar que a possibilidade de consignar "direitos especiais" surge como um dos fatores mais delimitativos da regra da tipicidade.

A sua consistência pôs-se ainda no domínio da Lei de 11-Abr.-1901, relativa às sociedades por quotas. Debatia-se, então, se perante um direito especial concedido a um sócio pelo pacto social, podia o mesmo ser suprimido mediante alteração maioritária dos estatutos[1774] ou se, pelo contrário, não seria de exigir, ainda, o consentimento do próprio interessado[1775]. Perante julgados contraditórios, veio a ser tirado o importante assento do Supremo de 26-Mai.-1961, cuja primeira parte, aqui em causa, dispunha[1776]:

> Para alteração dos direitos especiais de um sócio, concedidos no pacto de uma sociedade por quotas, não basta a maioria referida no artigo 41.º da Lei de 11 de Abril de 1901, sendo ainda indispensável o consentimento do respetivo sócio.

O problema ficou assim envolvido, no âmbito da LSQ[1777], numa posição sempre retomada até às vésperas do aparecimento do Código das Sociedades Comerciais[1778].

O Código acolheu esta orientação generalizando-a e adaptando-a aos diversos tipos societários.

---

des, coord. COUTINHO DE ABREU, 10.ª ed. (2010), 129-173 (130-132) e ALEXANDRE SOVERAL MARTINS/RICARDO COSTA, no *Código em Comentário* 1 (2010), 410-422.

[1774] Como entendeu STJ 29-Abr.-1960 (SOUSA MONTEIRO), BMJ 96 (1960), 374-376.

[1775] Como, pioneiramente entendeu STJ 13-Dez.-1932 (AMARAL PEREIRA; vencido: J. SOARES), GRLx 49 (1935), 170-172, dizendo, designadamente: "Criou-se por acordo um direito individual, que só pode ser modificado por consentimento do interessado, visto que os contratos legalmente celebrados não podem ser alterados senão por mútuo consentimento dos contratantes ...".

[1776] STJ(P) 26-Mai.-1961 (SOUSA MONTEIRO, vencido, aliás, nesse ponto), BMJ 107 (1961), 352-359; o assento tinha uma segunda norma, relativa a impedimentos de sócios em votações.

[1777] STJ 6-Nov.-1962 (BRAVO SERRA), BMJ 121 (1962), 344-347 (347), fazendo aplicação do assento de 26-Mai.-1961 e STJ 2-Dez.-1975 (RODRIGUES BASTOS), BMJ 252 (1975), 171-173 (172).

[1778] RLx 12-Abr.-1984 (GARCIA DA FONSECA), CJ IX (1984) 2, 132-134 (133) e RLx 25-Out.-1984 (PRAZERES PAIS), CJ IX (1984) 4, 125-126 (126/I).

§ 43.º A qualidade de sócio como um estado   617

II. Tem interesse referir a experiência alemã: ela está subjacente ao desenvolvimento dado pelo Código das Sociedades Comerciais a este tema. A figura dos direitos especiais aparece consagrada no § 35 do BGB, a propósito das associações, retomando regras do velho ALR prussiano. Segundo esse preceito, "os direitos especiais de um associado não podem ser coartados por deliberação da assembleia geral sem a concordância dele"[1779]. Devem constar dos estatutos, representando uma posição indespojável[1780]; esta prerrogativa deve ser estabelecida por interpretação dos estatutos[1781].

Trata-se de um preceito que levantou dúvidas, na preparação do BGB – altura em que se chegou a pensar suprimi-lo[1782]. Manteve-se, todavia, por se lhe computar, ainda, uma função útil[1783]. Como exemplos civis de direitos especiais, possíveis em associações, temos: a liberdade de contribuir, o direito vitalício a um lugar na direção, o direito de voto plural, o direito de convocar a direção, o direito de permitir a modificação dos estatutos, o direito de veto perante deliberações da direção ou da assembleia geral, o direito de utilização prioritária de bens associativos e pretensões ao património coletivo, na hipótese de liquidação[1784]. Na prática e como explica a doutrina, os direitos especiais não vêm referidos, com essa qualidade e de modo explícito, nos estatutos. Trata-se, pois, de uma questão interpretativa o saber se existem e com que extensão[1785].

A ideia de "direitos especiais" e a sua aplicação foi transposta, sem dificuldades, para as sociedades civis sob forma civil[1786] e comerciais[1787].

[1779] JÜRGEN ELLENBERGER, no Palandt, 69.ª ed. (2010), § 35 (42-43).

[1780] RG 4-Abr.-1922, RGZ 104 (1922), 253-256 (255), quanto a uma sociedade por quotas e BGH 16-Mar.-1970, MDR 1970, 913, com referência a uma organização do SPD.

[1781] OLG Hamm 30-Ago.-2001, ZIP 2001, 1915-1918 (1917/I).

[1782] Cf. GÜNTER WEICK, no STAUDINGERS Kommentar zum BGB, §§ 21-103 (2005), § 35, Nr. 1 (225-226). Quanto à literatura contemporânea do BGB, WILHELM GADOW, Die Sonderrechte der Körperschaftsmitglieder, Gruchot 66 (1922), 514-584 e ALFRED SCHULTZE, Organschaftsrechte als Sonderrechte, JhJb 75 (1925), 455-473, debatendo, entre outros, a questão de saber se os direitos especiais podem assistir a todos os membros da agremiação (457 ss.).

[1783] Cf., como obra de referência, BERNHARD REICHERT, Handbuch des Vereins- und Verbandsrechts, 9.ª ed. (2003), Nr. 554 ss. (193 ss.).

[1784] KURT STÖBER, Handbuch zum Vereinsrecht, 8.ª ed. (2000), Nr. 176 (124), de onde são retirados os citados exemplos.

[1785] REICHERT, Handbuch, 9.ª ed. cit., Nr. 555 (194).

[1786] HABERMEIER, no STAUDINGERS Kommentar, 13.ª ed. cit., § 709, Nr. 52 (147).

[1787] KARSTEN SCHMIDT, Gesellschaftsrecht, 4.ª ed. cit., 558 ss. (555-600), com indicações.

618 *A situação jurídica dos sócios*

Nestas últimas, os direitos especiais têm relevo mais marcado nas sociedades de pessoas e nas sociedades por quotas de tipo pessoal; nas anónimas, uma série de regras imperativas inviabiliza, na prática, a sua consubstanciação. Procurando ordenar os muitos exemplos concretos facultados pela jurisprudência, KARSTEN SCHMIDT distingue[1788]:

   a) *Direitos de participação*: direitos de votos plurais, direitos de veto, direitos de pertencer à direção, direitos à escolha de procuradores e mandatários e direitos de pertencer a um *gremium* da sociedade;
   b) *Direitos de permanência*: requisitos mais estritos para a exclusão;
   c) *Direitos patrimoniais*: direitos de utilização, direitos de liberdade de contribuição, direitos de preferência nos lucros ou direitos preferenciais na hipótese de liquidação.

III. O Código das Sociedades Comerciais refere, no citado artigo 24.º, a categoria dos direitos especiais dos sócios em termos gerais. Não concretiza que precisos tipos de direitos poderiam estar em causa.

Com base na jurisprudência portuguesa, podemos apontar os seguintes exemplos:

   – o direito de vincular uma sociedade por quotas, em juízo ou fora dele, apenas com a assinatura do beneficiário[1789];
   – o direito de exercer atividade concorrente com a da sociedade[1790];
   – o direito de dividir ou de alienar a sua quota sem as autorizações exigidas aos demais[1791];
   – o direito de alienar quotas sem possibilidade de exercício da preferência pelos demais[1792];
   – o direito à gerência, altura em que a destituição só poderia operar com base em justa causa e por via judicial[1793].

[1788] *Idem*, 558-559.

[1789] STJ 9-Mai.-1991 (TATO MARINHO), BMJ 407 (1991), 394-400 (399); refere-se, no acórdão, um parecer do Prof. RAÚL VENTURA.

[1790] RCb 5-Jul.-1994 (PIRES DA ROSA), CJ XIX (1994) 4, 17-21 (20/I). Tal situação nem sempre é considerada um direito especial; assim, STJ 12-Jun.-1996 (AGOSTINHO DE SOUSA INÊS), CJ/Supremo IV (1996) 2, 127-130 (130/I).

[1791] RCb 5-Jul.-1994 cit., CJ XIX, 4, 19/II.

[1792] *Idem*, loc. cit..

[1793] RLx 4-Fev.-1999 (JORGE SANTOS), CJ XXIV (1999) 1, 102-104 (103/II).

§ 43.º A qualidade de sócio como um estado

Outras hipóteses poderiam consistir em direitos de veto, em todos ou alguns assuntos ou o direito de perceber quinhões mais favoráveis de lucros[1794].

IV. Os direitos especiais são *intuitu personae*: estabelecidos em função de um concreto titular[1795], eles não são transmissíveis a terceiros, em conjunto com a respetiva quota[1796]. Não vemos, porém, razão para que uma cláusula expressa não possa facultar essa possibilidade: artigo 24.º/3.

Quando os estatutos atribuam certa posição a uma pessoa, será questão de interpretação o saber se se trata de um verdadeiro direito especial, sujeito ao regime do artigo 24.º ou se antes se verifica uma mera designação em pacto social[1797]. Na verdade, não basta a atribuição de um direito: é necessário uma atribuição *especial*. Recomenda-se, pois, que sendo esse o caso, se diga expressamente que o direito é especial ou – melhor – que o mesmo só pode ser suprimido com o consentimento do seu titular.

V. O artigo 24.º/2, 3 e 4 fixa, depois, regras para as sociedades em nome coletivo, por quotas e anónimas. Nos termos seguintes:
- sociedades em nome coletivo: os direitos especiais são intransmissíveis, salvo cláusula em contrário;
- sociedades por quotas: os direitos especiais patrimoniais são transmissíveis e intransmissíveis os restantes, salvo cláusula em contrário;
- sociedades anónimas: os direitos especiais são atribuídos a categorias de ações, transmitindo-se com estas.

Aflora a natureza essencialmente transmissível das ações. Na mesma lógica, o artigo 24.º/6, reportando-se ao consentimento a dar pelo próprio, para a supressão ou a limitação dos seus direitos especiais, estabelece que, nas sociedades anónimas, ele seja dado por deliberação tomada em assembleia especial dos acionistas titulares de ações da respetiva categoria.

[1794] *Vide* Coutinho de Abreu, *Curso de Direito comercial* cit., 2, 207-209, com exemplos.

[1795] Salvo o que adiante se dirá sobre as sociedades anónimas.

[1796] REv 5-Jun.-1995 (Óscar Catrola), CJ XX (1995) 3, 286-291 (290-291).

[1797] Cf. STJ 12-Jun.-1996 cit., CJ/Supremo, IV, 2, 130/I, em situação paralela.

620 A situação jurídica dos sócios

VI. Finalmente, já se discutiu, entre nós, se os direitos especiais podem assistir a todos os sócios[1798] – com exceção das sociedades anónimas onde, por imposição legal, há que lidar com categorias de ações. O problema põe-se (pensamos) mercê de um condicionamento linguístico: o de se ligar *especial* ao sócio, inferindo, daí, que a especialidade se perde se todos os sócios detiverem igual prerrogativa[1799]. Mas não: os direitos *especiais* são-no não por pertencerem apenas a alguém, mas por pressuporem, em si, um *regime especial*, isto é: diferente do comum.

Ora assim sendo, não há problemas em que todos os sócios sejam titulares de direitos de que só possam ser despojados com o seu próprio assentimento e seguindo-se os outros traços do regime legal. A jurisprudência vai nessa linha[1800]: bem. Estamos no Direito privado: tudo o que permita alijar interpretações deprimidas, que restrinjam, sem fundamento sério, a liberdade das partes, deve ser acolhido e incentivado.

214. O recurso à técnica do estado

I. O excurso anterior logo permite concluir que a posição jurídica do sócio é complexa. Ela contém, desde logo, direitos e deveres. A enumeração legal, que peca certamente por defeito, mostra aspetos patrimoniais – o dever de entrada e o de quinhoar nas perdas e o direito aos lucros – e aspetos participativos vários. Temos, ainda, o já examinado caso dos direitos especiais, enquistados em detrimento da própria regulação societária típica.

Todos estes aspetos podem ser indefinidamente enriquecidos com recurso aos regimes próprios dos vários tipos societários, a considerar na parte especial.

[1798] Para a discussão do tema cf., em especial, PINTO FURTADO, *Curso de Direito das sociedades*, 5.ª ed. cit., 236-237.

[1799] O próprio legislador parece ter caído no logro linguístico quando, no artigo 24.º/1, refere "... algum sócio" – argumento que, de resto, impressiona RAÚL VENTURA, *Direitos especiais dos sócios* cit., 215. Mas não: se podem ser criados direitos *de algum* sócio, também podem *de alguns* e, *a fortiori*, de todos. Apenas critérios substantivos permitem progredir para além dos jogos de linguagem.

[1800] RLx 19-Abr.-1988 (PINTO FURTADO), CJ XIII (1988) 2, 137-139 (139), STJ 20-Dez.-1974 (OLIVEIRA CARVALHO), BMJ 242 (1974), 322-332 (330) e STJ 14-Dez.-1978 (ALBERTO ALVES PINTO), BMJ 282 (1979), 205-212 (210-211).

§ 43.° A qualidade de sócio como um estado   621

II. Devemos, ainda, atentar num fenómeno flagrante: os diversos "direitos" dos sócios são suscetíveis de se concretizar – ou não – consoante os eventos subsequentes que rodeiem a vida da sociedade. Por exemplo: o direito a lucros depende de haver, efetivamente, lucros e de se ter optado pela sua distribuição; o dever de informar pressupõe que haja algum elemento com interesse e assim por diante.

No essencial, o sócio tem o dever de entrada inicial e, depois, o direito "de sócio". Tudo o resto é mero potencial, dependendo de fatores de natureza muito variada.

III. Podemos entroncar aqui uma referência à natureza jurídica da participação social[1801].

Tradicionalmente, ela era referida como uma relação duradoura, de participação, entre a corporação e o seu membro[1802]. O fenómeno da sua transmissibilidade e da complexidade do seu conteúdo levou a doutrina atenta a falar na "qualidade de um sujeito"[1803] de tipo elástico[1804]. Esta ideia teve de, por razões práticas, confluir com a conceção anterior da participação como direito subjetivo[1805], mais particularmente: como um "direito diverso", para efeitos do § 823 do BGB[1806], de modo a permitir uma tutela aquiliana. O Direito português dispensa, porém, tais qualificações, para poder dispensar uma tutela lata. Além disso, não vemos como verificar a participação em torno de uma ideia de direito subjetivo quando, à partida, se reconhece que ela envolve diversos deveres.

[1801] Sobre as diversas teorias, MATHIAS HABERSACK, *Die Mitgliedschaft – subjektives und "sonstiges" Recht* (1996), 401 pp. (28 ss.).

[1802] Veja-se o clássico RUDOLF MÜLLER-ERZBACH, *Das private Recht der Mitgliedschaft als Prüfstein eines kausalen Rechtsdenkens* (1948), XVI + 416 pp. (22 ss., 90 ss.).

[1803] HERBERT WIEDEMANN, *Die Übertragung und Vererbung von Mitgliedschaftsrechten bei Handelsgesellschaften* (1965), IX + 456 pp. (23).

[1804] THOMAS RAISER, *Das Unternehmen als Organisation / Kritik und Erneuerung der juristischen Unternehmenslehre* (1969), XI + 188 pp. (138, 139 ss.).

[1805] THOMAS RAISER/RÜDIGER VEIL, *Recht der Kapitalgesellschaften*, 5.ª ed. (2010), § 11, Nr. 13 ss. (61-62).

[1806] ANDREAS VON TUHR, *Allgemeiner Teil* cit., 1, 542 ss., retomado, p. ex., por RUDOLF GAMMA, *Die persönlichen Mitgliedschaftsrechte in der Gesellschaft mit beschränkter Haftung* (1944), 4.

622 A situação jurídica dos sócios

Quedamo-nos, por isso, pela ideia de estado, propugnada no texto. No mesmo sentido veio depor Pedro Pais de Vasconcelos[1807], bem como Costa Gonçalves[1808].

IV. Podemos usar, com vantagem, a técnica do "estado", elaborada no antigo Direito civil para exprimir, em termos sintéticos, as muitas variáveis capazes de interferir nas posições dos sócios. Recordamos que o estado das pessoas pode ser entendido numa de três aceções[1809]:

– o estado-qualidade, correspondente a uma determinada posição da pessoa;
– o estado como complexo de situações jurídicas correspondentes a essa qualidade ou por ela potenciadas ou condicionadas;
– o estado enquanto complexo de normas jurídicas reguladoras dessa massa de situações.

As referidas aceções estão interligadas. Parte-se do estado-qualidade, decorrendo, dele, as outras duas aceções. Pois bem: ao admitir o "estado de sócio", podemos exprimir, de modo sintético, todo um mutável mas consistente conjunto de posições jurídicas que, por lei, pelo contrato de sociedade, por outros acordos (designadamente: os parassociais) e por deliberações societárias lhe possam advir.

[1807] Pedro Pais de Vasconcelos, *A participação social nas sociedades comerciais*, 2.ª ed. (2006), 389 ss..

[1808] Diogo Costa Gonçalves, *Fusão, cisão e transformação* cit., 339 ss., num desenvolvimento importante.

[1809] *Tratado de Direito civil*, IV, 3.ª ed., 373 ss..

§ 44.º CLASSIFICAÇÕES DOS DIREITOS
E DOS DEVERES DOS SÓCIOS

215. Direitos abstratos e direitos concretos

I. O conteúdo complexo do "estado" de sócio pode ser parcialmente clarificado com recurso a algumas classificações relativas aos elementos que compõem o seu conteúdo. Os critérios são diversos, sendo possível avançar, apenas, em base exemplificativa.

De acordo com um critério de concretização ou de consubstanciação, contrapomos os direitos abstratos aos direitos concretos. O direito abstrato é uma posição favorável, protegida pelo Direito e que, verificando-se determinadas ocorrências, permitirá ao sócio ver surgir um direito concreto correspondente. O direito concreto, por seu turno, será o produto da concretização de uma prévia posição favorável, que assistia ao sócio[1810].

Como exemplo: o direito aos lucros, referido no artigo 21.º/1, *a*) é um direito abstrato: permitirá ao sócio, após todo um percurso, encabeçar uma pretensão efetiva a um concreto lucro (p. ex., um dividendo, tratando-se de uma sociedade anónima) que, porventura, lhe caiba.

II. Esta contraposição é importante para o entendimento de muitas das disposições legais que se reportam a "direitos" dos sócios e, ainda, ao próprio discurso jurídico societário que, em permanência, trabalha com estas categorias.

Fica, porém, uma questão de fundo: o "direito abstrato" será um verdadeiro direito subjetivo? À primeira vista, a resposta deveria ser negativa:

[1810] Quanto à distinção e às críticas que suscita, *vide* PEDRO DE ALBUQUERQUE, *Direito de preferência dos sócios em aumentos de capital nas sociedades anónimas e por quotas* (1993), 396 ss..

624   A situação jurídica dos sócios

o direito subjetivo pressupõe sempre um bem concreto: será uma permissão normativa específica de aproveitamento de um bem[1811]. A permissão de que falamos não resulta, todavia, de meras fórmulas deônticas. É fundamental ter presente que o direito subjetivo corresponde a uma categoria compreensiva e não a uma fórmula analítica[1812]. Os diversos direitos subjetivos surgem-nos com uma configuração que nos é dada pela evolução histórico-dogmática e pelos condicionamentos linguísticos. Por isso, pode suceder que um direito subjetivo (p. ex.: o de propriedade), quando ponderado lógica e racionalmente, venha a apresentar, no seu interior, "subdireitos", faculdades, poderes, expectativas e outras realidades ativas e, ainda, obrigações, encargos e deveres diversos. Não deixará de corresponder à definição proposta, com a dimensão existencial própria das realidades humanas.

III. Apontada a dificuldade e as coordenadas reitoras, vamos ver. O "direito abstrato" surge como uma expectativa, em relação a um bem final futuro: pressupõe um processo no termo do qual esse bem poderá surgir. Trata-se de uma expectativa juridicamente tutelada: diversos procedimentos instrumentais estão previstos e devem ser respeitados, sob cominações jurídicas. Além disso, o "direito abstrato" pressupõe ou implica determinados direitos instrumentais, também suscetíveis de efetivação. Por exemplo, os direitos de acesso às instalações sociais, de informação, de consulta de documentos ou de ser recebido no departamento de contabilidade e pagamentos.

IV. Consideraremos, assim, os "direitos abstratos" dos sócios como verdadeiros direitos. Dentro da tradição ocidental, eles permitem exprimir uma posição favorável do sujeito, tutelada pelo Direito, de exercício permitido e reportada a vantagens suscetíveis de expressão linguística unitária.

A sua especialidade reside em traduzirem conteúdos complexos, que englobam um conjunto de expectativas jurídicas e, ainda, uma série de

---

[1811] Neste ponto como nos restantes, faremos uso das categorias fixadas no *Tratado de Direito civil*, I/1, 3.ª ed., 303 ss..

[1812] Também por isso não se torna possível reconduzir os direitos que integram o *status* de sócio a (meros) poderes: o poder é uma realidade analítica, simples, irredutível à complexidade que sempre mantém os diversos direitos dos sócios. Contra: PEDRO PAIS DE VASCONCELOS, *A participação social nas sociedades comerciais*, 2.ª ed. cit., 69 ss..

§ 44.° *Classificações dos direitos e dos deveres dos sócios* 625

fatores instrumentais, que podem incluir outros direitos, certas faculdades e alguns poderes.

Além disso, os "direitos abstratos" inscrevem-se no "estado de sócio". Têm, assim e necessariamente, associadas as mais diversas figuras, incluindo algumas de natureza passiva: obrigações e deveres.

Trata-se, por fim, de um instrumento especialmente elaborado pela dogmática da sociedade.

216. Direitos patrimoniais, participativos e pessoais

I. Numa abordagem mais aprofundada ao conteúdo do *estado de sócio*, vamos privilegiar, sempre de acordo com a tradição ocidental, o prisma dos direitos; muitas vezes é possível, por simetria, extrair, deles, os deveres.

Os direitos dos sócios podem ser objeto das mais diversas classificações. Pensamos que sobreleva a que atende à natureza imediata do bem jurídico tutelado. Distinguimos[1813]:

– valores patrimoniais;
– valores que se prendam com o funcionamento da sociedade;
– valores pessoais do sócio.

II. Os valores patrimoniais dão corpo aos correspondentes direitos. Na base encontramos o direito aos lucros ou a "quinhoar nos lucros" – artigo 21.°/1, *a*). Todavia, esse direito pode implicar outros direitos instrumentais; além disso, uma visão panorâmica do Direito das sociedades permite encontrar outras posições ativas de tipo patrimonial. Assim:

– os diversos direitos especiais de conteúdo patrimonial – artigo 24.°/1;
– o direito à contrapartida pela "aquisição de bens a acionistas" – artigo 29.°/1;
– os direitos relativos à conservação do capital – artigos 31.° a 35.°;
– o direito individual de indemnização contra os administradores ou ação *ut singuli* – artigo 77.°/1, primeira parte;

[1813] GAMMA, *Die persönlichen Mitgliedschaftsrechte* cit., 43-126, distingue e analisa os direitos de gestão e de apresentação, de participação na assembleia geral, de voto, de controlo, de impugnação, de exoneração e de fazer extinguir a sociedade.

626 **A situação jurídica dos sócios**

– o direito de grupo (5%) de indemnização contra os administradores ou ação social de grupo – artigo 37.º/2, 2.ª parte;
– o direito de receber de volta o valor que lhe caiba, na hipótese de redução do capital da sociedade para libertação de excesso do mesmo – artigos 94.º/1 e 95.º/4, *d*), implicitamente;
– o direito de exigir que a sociedade adquira ou faça adquirir a sua comparticipação, quando haja fusão de que discorde – artigo 105.º/1;
– o direito de encabeçar as posições sociais da sociedade resultante da fusão de anteriores – artigo 112.º, *b*), numa regra aplicável, com as necessárias adaptações, à cisão – artigo 120.º;
– o direito de receber o valor da sua participação na hipótese de transformação de que discorde – artigo 137.º/1;
– o direito de proceder à partilha imediata dos haveres sociais, quando haja dissolução de sociedade sem passivo – artigo 147.º/1;
– o direito de ser inteirado em dinheiro na hipótese de transmissão global do património da sociedade dissolvida – artigo 148.º/1;
– o direito de participar na partilha do ativo restante, na hipótese de liquidação da sociedade – artigo 156.º/1 – e, sendo esse o caso, de participar em partilha adicional – artigo 164.º/1.

Além disso, o sócio tem o direito de dispor da sua participação social, nos termos correspondentes ao tipo societário considerado. Diversas outras posições patrimoniais podem, ainda, ser contempladas, consoante a sociedade em causa. Por exemplo: o direito ao dividendo prioritário, não inferior a 5% do valor nominal da participação, no caso das ações preferenciais sem voto – artigo 341.º/1. Trata-se de matéria a examinar na *Parte especial*.

III. Os direitos participativos têm a ver com a possibilidade, reconhecida aos sócios, de ingressar no modo coletivo de gestão dos interesses, inserindo-se na organização social e atuando nos esquemas de cooperação por ela previstos. Os direitos participativos são importantes: eles correspondem a concretizações dos direitos ao trabalho e à livre iniciativa, constitucionalmente garantidos[1814], tendo, subjacente, a dignidade humana.

[1814] Artigos 58.º e 61.º/1, da Constituição.

§ 44.º Classificações dos direitos e dos deveres dos sócios 627

Os direitos participativos podem ser repartidos, de acordo, aliás, com as alíneas *b*), *c*) e *d*) do artigo 21.º/1, em:

– direito a participar nas deliberações dos sócios;
– direito a obter informações sobre a vida da sociedade;
– direito a ser designado para os órgãos de administração e de fiscalização.

Todos estes direitos têm, depois, múltiplas facetas de concretização.

IV. Os direitos patrimoniais e os participativos dos sócios não esgotam o teor do *estado de sócio*. Os sócios encontram-se, ainda, imersos numa teia de direitos e de deveres mútuos. Além disso, surgem tutelas indiretas e diversas outras posições ativas.

Sem preocupações de exaustão, vamos referir:

– os direitos parassociais;
– o direito à lealdade;
– o direito ao respeito do *estado de sócio*.

Os direitos parassociais são aqueles que advenham nos termos do artigo 17.º. Trata-se de posições pessoais obtidas por força dos acordos em causa, mas apenas devido à qualidade de sócio e no âmbito do *status* deste.

O direito à lealdade tem a ver com as relações dos sócios entre si e destes para com a sociedade. A proibição de concorrência equivale a uma concretização desse vetor; há, todavia, outras, num campo de útil aplicação da boa-fé objetiva. Como vimos, o limite do horizonte é constituído pelo sistema e pelos seus valores fundamentais[1815].

Finalmente, o *estado de sócio* é uma qualidade pessoal do sujeito, que deve ser respeitada. Impedir um sócio de falar numa assembleia geral poderá representar uma violação dos seus direitos participativos. Mas é, ainda – sobretudo! – um atentado à sua integridade moral. Temos aqui um nível relevante no direito das modernas sociedades, que não pode ser esquecido.

[1815] *Supra*, 470.

628   *A situação jurídica dos sócios*

217. Deveres; situações absolutas

I. Os sócios incorrem em situações passivas[1816]. À partida, elas serão apenas duas:

– a obrigação de entrada;
– a sujeição às perdas.

Estas situações são genericamente referidas no artigo 20.°. A obrigação de entrada vem desenvolvida nos artigos 25.° e seguintes, implicando diversas modalidades e fórmulas de concretização. A sujeição às perdas tem o duplo alcance:

– de representar a frustração de contrapartidas esperadas pelas entradas;
– de traduzir o funcionamento das regras de responsabilidade dos sócios.

Esta última sujeição concretiza-se, de modo diverso, consoante o tipo societário em causa: temos a responsabilidade ilimitada, solidária e subsidiária nas sociedades em nome coletivo – 175.°1 – a responsabilidade limitada aos valores das entradas, solidária e subsidiária, nas sociedades por quotas – 192.°/1 – e a responsabilidade apenas pelas entradas próprias, nas sociedades anónimas – 271.°. Aparecem, ainda, variações, no caso das comanditas.

II. Em certos tipos societários, o contrato de sociedade pode impor aos sócios – ou a alguns deles – a obrigação de efetuar prestações, além das entradas – artigos 209.° e 287.°. Necessário é, então, que o contrato fixe os elementos essenciais da obrigação e especifique se as prestações devem ser efetuadas onerosa ou gratuitamente. Trata-se de prestações acessórias. Distinta é a figura das prestações suplementares – artigo 210.°. Estas devem ser permitidas pelo contrato de sociedade, dependendo, depois, de deliberação dos sócios – n.° 1. Têm sempre dinheiro por objeto – n.° 2 – devendo ver as suas coordenadas definidas no contrato.

[1816] PEDRO PAIS DE VASCONCELOS, *A participação social nas sociedades comerciais*, 2.ª ed. cit., 255 ss..

§ 44.º Classificações dos direitos e dos deveres dos sócios

III. O desenvolvimento do regime das sociedades documenta, ainda, o aparecimento de outras adstrições, designadamente como contrapartida dos diversos direitos. Assim, no tocante à participação nas deliberações dos sócios: se todos têm o direito de participar, cada um tem o dever de possibilitar essa participação.

O moderno Direito das sociedades transcende o limiar bidimensional dos exclusivos relacionamentos sócios/sociedade: há, ainda, ligações diretas entre os próprios sócios. Patentes no caso dos acordos parassociais, tais ligações ocorrem, ainda, instrumentalmente, em vários planos. Além disso, cumpre recordar os deveres de lealdade, que a todos unem.

IV. A consideração de diversos deveres sociais permite chamar a atenção para a proliferação, no seio do *estado de sócio*, de múltiplas situações absolutas, isto é: de situações que não se inserem em relações jurídicas[1817]. Desde logo, ocorrem deveres genéricos – de respeito, por exemplo – que não têm, como contrapeso, diretos direitos subjetivos. Depois deparamos com posições potestativas, encargos, ónus e, até, direitos absolutos.

Em suma: toda a Ciência do Direito é chamada a intervir, no domínio das sociedades comerciais e do *estado de sócio*.

[1817] Recorremos, pois, à conceção estrutural da "posição relativa" e "direito relativo" (por oposição a "absoluto"): *Tratado* I/1, 3.ª ed., 306-307.

§ 45.º O *STATUS* DE SÓCIO COMO SITUAÇÃO DURADOURA

218. Generalidades; evolução geral da dogmática das relações duradouras

I. Como foi referido, a situação jurídica do sócio implica o recurso alargado aos diversos instrumentos da moderna dogmática privada. Torna-se problemático reconduzi-la a algum ou alguns dos instrumentos disponíveis, tal a sua complexidade e variabilidade internas.

No entanto, há um instituto que se afigura particularmente útil e que não tem sido inserido nos roteiros clássicos do nosso Direito privado: o das situações duradouras ou relações duradouras. Vamos, assim, recordar os traços essenciais da dogmática das relações duradouras. Na verdade, o estado de sócio, além de complexo, prolonga-se no tempo e implica obrigações duradouras[1818].

Tem interesse retomar, dogmaticamente, essa categoria[1819]. O Direito societário poderá mesmo, em conjunto com outros institutos, dar um contributo para o seu aprofundamento.

II. A distinção das obrigações em instantâneas e duradouras remonta a SAVIGNY. Este clássico põe em destaque o facto de, nas primeiras, o cumprimento se efetivar num lapso juridicamente irrelevante; pelo contrário, nas segundas, o cumprimento prolongar-se-ia no tempo, correspondendo à sua natureza[1820]. Todavia, seria necessário aguardar pelos princípios do

---

[1818] RAISER/VEIL, *Recht der Kapitalgesellschaften*, 5.ª ed. (2010), § 11, Nr. 13 ss. (61 ss.).

[1819] Outros elementos no *Tratado* II/1, 523 ss..

[1820] FRIEDRICH KARL VON SAVIGNY, *Das Obligationenrecht / als Teil des heutigen römichen Rechts* (1851, 2.ª reimp., 1987), § 28,2 (302). No Direito romano, não se documentam "obrigações douradouras", para as quais faltaria, além do mais, qualquer designa-

§ 45.º O status *de sócio como situação duradoura*   631

século XX para ver a doutrina ocupar-se das obrigações duradouras, aprofundando-as.

O mérito recaiu sobre OTTO VON GIERKE, em estudo publicado em 1914[1821]. Este Autor chama a atenção para o seguinte fenómeno:

– nas obrigações instantâneas, o cumprimento surge como causa de extinção;
– nas duradouras, o cumprimento processa-se em termos constantes, não as extinguindo[1822].

As obrigações duradouras implicariam, designadamente, abstenções; mas poderiam redundar, também, em prestações positivas[1823]. Um dos aspetos significativos das regras próprias das obrigações duradouras estaria nas formas da sua cessação. VON GIERKE distingue[1824]:

– a determinação inicial da sua duração, seja pela aposição de um termo certo, seja pela de um termo incerto (p. ex., a vida de uma pessoa);
– a indeterminação inicial, podendo, então, sobrevir a denúncia, prevista na lei ou no contrato; a denúncia poderia operar com um prazo (pré-aviso) ou ser de efeitos imediatos;
– a impossibilidade superveniente.

As ideias de VON GIERKE foram retomadas pelo austríaco GSCHNITZER, que estudou, precisamente, a denúncia[1825]. Explicações importantes advieram de BEITZKE, segundo o qual o mero decurso do tempo não equivale ao cumprimento[1826].

ção. Alguns autores já tentaram baseá-las no Direito germânico, sem êxito claro. Cf. FRANZ GSCHNITZER, *Die Kündigung nach deutschem und österreichischem*, JhJb 76 (1926), 317-415 (319).

[1821] OTTO VON GIERKE, *Dauernde Schuldverhältnis*, JhJb 64 (1914), 355-411.

[1822] *Idem*, 357, 359 e 363.

[1823] *Idem*, 359 e 360.

[1824] *Idem*, 378-392.

[1825] FRANZ GSCHNITZER, *Die Kundigung nach deutschem und österreichischem Recht*, já citada, publ. em JhJb 76 (1926), 317-415 e JhJb 78 (1927/28), 1-86.

[1826] GÜNTHER BEITZKE, *Nichtigkeit, Auflösung und Umgestaltung von Dauerrechtsverhältnissen* (1948), 20.

632 *A situação jurídica dos sócios*

III. Outros aspetos atinentes às relações duradouras foram aprofundadas por WIESE. Este Autor sublinha que também as relações duradouras são sensíveis ao cumprimento. Nelas, todavia, a exceção da prestação prolonga-se no tempo, o qual constitui um estádio inerente a cada uma[1827]. Posteriormente, a dogmática das obrigações duradouras desenvolveu-se, sendo de sublinhar o escrito maciço de OETKER[1828] e os desenvolvimentos de KRAMER[1829] e de OTTO[1830]. O tema passou a constar das obras gerais[1831], ainda que com poucas explicitações quanto ao seu regime. Esta última circunstância explica-se pela existência de muitas regras imperativas, dirigidas a situações particulares[1832], com relevo para os contratos de trabalho e de arrendamento. Uma teoria geral das obrigações duradouras seria elaborada, sempre, à custa de uma grande generalidade.

219. Denúncia, longa duração e perpetuidade

I. As obrigações duradouras são, ainda, sensíveis à denúncia. Uma vez que elas não se extinguem pelo cumprimento, há que prever outra forma de extinção, diversa da resolução (unilateral, justificada e retroativa), e da revogação (que exige mútuo acordo). E aqui ocorre a figura da denúncia.

A denúncia estará, em princípio, prevista por lei ou pelo próprio contrato[1833]. O Direito preocupa-se com a matéria no âmbito de situações em

---

[1827] GÜNTHER WIESE, *Beendigung und Erfüllung von Dauerschuldverhältnissen*, FS Nipperdey I (1965), 837-851 (851).

[1828] HARTMUT OETKER, *Das Dauerschuldverhältnis und seine Beendigung / Bestandaufnahme und kritische Würdigung einer tradierten Figur der Schuldrechtsdogmatik* (1994), num total de 757 páginas.

[1829] ERNST A. KRAMER, no *Münchener Kommentar*, 2, 5.ª ed. (2007), § 241, Nr. 96-108 (44-50).

[1830] HANSJÖRG OTTO, no *STAUDINGERS Kommentar*, §§ 315-327, ed. 2001, § 326, Nr. 28 ss. (303 ss.).

[1831] P. ex., KARL LARENZ, *Lehrbuch des Schuldrechts*, I, 14.ª ed. cit., 29 ss. e WOLFGANG FIKENTSCHER/ANDREAS HEINEMANN, *Schuldrecht*, 10.ª ed. (2006), 33-34, 52 e *passim*.

[1832] BEITZKE, *Nichtigkeit, Auflösung und Umgestaltung von Dauerrechtsverhältnissen* cit., 28 ss., estuda, em especial, 21 figuras de relações duradouras obrigacionais e 5 próprias dos direitos reais e de Direito da família, todas sensíveis à denúncia, e com regras específicas.

[1833] ULRICH HUBER, *Leistungsstörungen*, 2 (1999), 438.

§ 45.° O status *de sócio como situação duradoura*   633

que, de modo tipificado, procede à tutela da parte fraca: assim sucede no Direito do trabalho e no Direito do arrendamento. Outras áreas têm, também, regras explícitas, com relevo para o contrato de agência, regulado pelo Decreto-Lei n.° 178/86, de 3 de Julho, com as alterações introduzidas pelo Decreto-Lei n.° 118/93, de 13 de Abril: artigo 28.°[1834]. Trata-se de um esquema aplicável, por analogia, à concessão e à franquia e que redunda no seguinte:

– na falta de prazo, qualquer das partes pode fazer cessar o contrato de agência;
– para tanto, há que fazer uma denúncia com pré-aviso: tanto maior quanto mais longa tiver sido a duração do contrato;
– na falta de pré-aviso, a denúncia é eficaz, mas há responsabilidade.

II. Põe-se o problema de saber o que sucede perante obrigações duradouras de duração indeterminada, quando as partes nada tenham dito sobre a denúncia e quando elas não possam ser reconduzidas a nenhum tipo contratual que preveja essa figura.

Ocorre, por vezes, a afirmação de que não poderia haver obrigações perpétuas, por contrariar vetores indisponíveis do ordenamento (ordem pública). A afirmação remonta ao Código Civil francês, de 1804, que a propósito da "locação de domésticos e de operários" – *grosso modo*, o contrato de trabalho – dispõe, no seu artigo 1780:

> Só se pode adstringir os seus serviços por duração limitada ou para um empreendimento determinado.

Com isso pretendia-se prevenir o regresso a situações de servidão, abolidas pela Revolução Francesa. Mas paradoxalmente, foi precisamente no sector do trabalho que a evolução posterior acabaria por (re)introduzir situações tendencialmente perpétuas, com clara ilustração no Direito português atual.

III. A proibição de relações perpétuas – que justificaria sempre a denúncia – surge apoiada na regra constitucional da liberdade de atuação[1835].

[1834] *Manual de Direito comercial*, 2.ª ed., 668 ss..
[1835] Por todos, OETKER, *Das Dauerschuldverhältnis und seine Beendigung* cit., 258 ss..

634   *A situação jurídica dos sócios*

Naturalmente, isso possibilitaria a livre denunciabilidade de relações duradouras de duração indeterminada, o que poderia atentar contra legítimas expectativas de continuação e de estabilidade e contra a regra do respeito pelos contratos. A solução teria de ser compatibilizada à luz da boa-fé, numa ponderação a realizar em concreto[1836].

IV. O problema da excessiva restrição à liberdade individual, por força da existência de relações duradouras indeterminadas, põe-se a propósito da prestação de serviço: daí a proibição napoleónica. Fora dessas situações e para mais num Direito que, como o português, perpetua, na prática, situações como os contratos de trabalho e de arrendamento, a afirmação da não-perpetuidade, embora soe bem, terá de ser verificada e comprovada. De resto, o artigo 18.°, *j*), da Lei sobre Cláusulas Contratuais Gerais, aprovada pelo Decreto-Lei n.° 446/85, de 25 de Outubro, veio proibir obrigações perpétuas, *quando* derivadas de cláusulas contratuais gerais; *a contrario*, elas pareceriam possíveis quando tivessem outra origem.

V. O problema tem conhecido uma abordagem diversa, graças à doutrina dos contratos de longa duração (*long term contracts*), de origem anglo-saxónica[1837]. As partes podem, ao abrigo da sua autonomia privada, concluir contratos que durem ilimitadamente: basta que prevejam uma associação de interesses que tenha essa aspiração.

Nessa eventualidade, o facto de elas não terem previsto uma cláusula de denúncia, ainda que com um pré-aviso alongado, poderia significar:

– ou que houve erro ou esquecimento, seguindo-se o seu regime próprio;
– ou que há lacuna contratual, a integrar pela interpretação complementadora[1838]; ainda aqui, poderão estabelecer-se cláusulas de renegociação.

Não se verificando nenhuma dessas hipóteses – ou, *a fortiori*, quando as partes excluam expressamente a denúncia ou equivalente – quedará o

---

[1836] *Idem*, 279-289.

[1837] Em especial, e com indicações, ERNST A. KRAMER, no *Münchener Kommentar* cit., 2, 5.ª ed., intr., Nr. 105 (48).

[1838] JOACHIM GERNHUBER, *Hinausgeschobene Dauerschulden / Das Schuldverhältnis vor dem Anfangstermin*, FS Zöllner II (1998), 1119-1138 (1138.

§ 45.º O status de sócio como situação duradoura

recurso à alteração das circunstâncias[1839]. Fecha-se o círculo: no limite, a existência de relações perpétuas poderá, *in concreto*, defrontar os valores fundamentais do ordenamento, veiculados pela ideia de boa-fé. O Direito português, justamente através do instituto da alteração das circunstâncias, tem meios para intervir.

220. Construção geral e aplicação

I. As obrigações duradouras têm sido abordadas na doutrina portuguesa[1840], constando de breves referências de todos os obrigacionistas[1841]. Vamos tentar a sua construção geral.

À partida, a obrigação duradoura não se caracteriza pela multiplicidade de atos de cumprimento: qualquer obrigação instantânea, designadamente se tiver um conteúdo complexo, pode implicar cumprimentos que se analisem em múltiplos atos. Por isso, PESSOA JORGE propõe que, em vez de se atender ao número de atos realizados, se dê prevalência ao momento (ou momentos) em que é realizado o interesse do credor. Pela nossa parte, adotamos essa ideia básica, embora convolando-a para a concretização do cumprimento. Nas obrigações duradouras – ao contrário das instantâneas – o cumprimento vai-se realizando num lapso de tempo alongado, em termos de relevância jurídica: uma ideia já presente, de resto, em SAVIGNY.

II. Na obrigação duradoura, ainda podemos encontrar duas situações:

– ou a prestação permanente é contínua, exigindo uma atividade sem interrupção, *quotidie et singulis momentis*;

[1839] HELMUT KÖHLER, *Rückwirkende Vertragsanfassung bei Dauerschuldverhältnissen?*, FS Steindorf (1990), 611-641 (615 e 640). Tentámos concretizar esta via no domínio melindroso do Direito coletivo do trabalho; cf. MENEZES CORDEIRO, *Convenções colectivas de trabalho e alterações de circunstâncias* (1995), 87 e *passim*.

[1840] Assim, VAZ SERRA, *Objecto da obrigação*, BMJ 74 (1958), 15-282 (39 ss.).

[1841] *Direito das obrigações*, 1, 357 ss. e *Tratado*, II/1, 532 ss.; *vide*, ainda, MANUEL DE ANDRADE, *Teoria geral das obrigações* (1965), 159 ss., INOCÊNCIO GALVÃO TELLES, *Manual de Direito das obrigações*, I (1965), 36 ss., FERNANDO PESSOA JORGE, *Direito das obrigações*, I (1972), 69, JOÃO ANTUNES VARELA, *Das obrigações em geral*, 1, 10.ª ed. (2000), 94 ss. e ALMEIDA COSTA, *Direito das obrigações*, 12.ª ed. (2009), 699 ss..

– ou essa prestação é sucessiva, quando implique condutas distintas, em momentos diversos.

Encontramos prestações contínuas sobretudo nas abstenções; mas elas ocorrem, também, em obrigações positivas, com exemplo nas do depositário.

III. As obrigações duradouras apresentam algumas regras ditadas pela natureza das coisas. Desde logo, elas não se extinguem por nenhum ato singular de cumprimento. Tão-pouco elas podem dar lugar à repetição, na hipótese de ser anulado ou declarado nulo o contrato em que assentem: ou se restitui o valor (artigo 289.°/1, do Código Civil) ou não há quaisquer restituições, como sucede na hipótese de invalidade do contrato de trabalho.

IV. A aplicação da dogmática geral das relações duradouras no Direito das sociedades dependerá da consideração do concreto problema em jogo e da sua ordenação perante o tipo societário onde ocorra.

As regras próprias das sociedades foram surgindo sem qualquer preocupação generalizadora. Todavia, a tendência natural que o sistema revela para o equilíbrio requer uma certa harmonização de soluções. O intérprete--aplicador é-lhe sensível. Neste plano, a dogmática das relações duradouras tem o seu papel. E o próprio legislador a terá em conta, nas suas soluções. A reconstrução das obrigações societárias à luz de uma dogmática das relações duradouras está, ainda, por elaborar: interessante desafio para o atual Direito das sociedades.

SECÇÃO II
ENTRADAS, LUCROS E PERDAS
E DEFESA DO CAPITAL

§ 46.º A OBRIGAÇÃO DE ENTRADA

221. Categorias básicas; a 2.ª Diretriz

I. A obrigação de entrada corresponde a um dever essencial dos sócios. Sem ela, a sociedade não terá meios para poder desempenhar a sua atividade; paralelamente, os sócios não terão título de legitimidade para recolher lucros e para pretender intervir na vida da sociedade.

A entrada pode consistir em diversas realidades patrimoniais ou, pelo menos, com alcance patrimonial. Assim, encontramos:

– entradas em dinheiro;
– entradas em espécie;
– entradas em indústria.

O tipo de entrada é definido no contrato de sociedade, nos termos do artigo 9.º, g), e h): quer quantitativa quer qualitativamente. A entrada tem, ainda, uma dupla apresentação, traduzida em indicações de valor. Cumpre distinguir:

– o valor nominal;
– o valor real.

O valor nominal da entrada é o da participação social a que ela corresponda: pode ser uma parte social, uma quota ou uma ação, consoante esteja em causa uma sociedade em nome coletivo, por quotas ou anónima[1842]. O artigo 25.°/1 apenas estabelece que o valor nominal da participação não pode exceder o valor da entrada. Entenda-se: o valor real. Por seu turno, o valor real da entrada é o que corresponder à cifra, em dinheiro, em que ela se traduza, quando pecuniária ou ao valor dos bens que implique, quando em espécie.

O Decreto-Lei n.° 49/2010, de 19 de Maio, veio introduzir, no Direito português, a figura das ações sem valor nominal: aditou um n.° 2 ao artigo 25.°, alterou o n.° 3 e renumerou o n.° 4, todos desse preceito[1843]. Ocorre nessa eventualidade, um "valor de emissão" que desempenha um papel próximo.

II. Como já foi adiantado, a entrada em dinheiro corresponde à assunção de uma obrigação pecuniária. A entrada em espécie equivale a entregas "... de bens diferentes de dinheiro ...", nas palavras do artigo 28.°/1. A lei não põe restrições, exigindo, designadamente, que se trate de bens materiais ou de bens facilmente realizáveis. Apenas se infere do artigo 20.°, *a*), que tais bens devem ser suscetíveis de penhora[1844].

Quanto às entradas em indústria: trata-se de serviços humanos não subordinados; de outro modo, teríamos trabalho, em sentido estrito e técnico, sujeito a diversa disciplina jurídica.

III. A obrigação de entrada é, à partida, uma obrigação comum em que, como devedor, surge o sócio e, como credor, a própria sociedade. Essa obrigação pode ser cumprida de imediato ou diferidamente, consoante o tipo de sociedade em jogo. Por isso, o artigo 9.°/1, *g*), distingue quota de capital, natureza da entrada e pagamento efetuado por conta de cada quota.

IV. Fixadas as categorias básicas, cumpre chamar a atenção para o facto de alguns dos aspetos atinentes ao capital – e, daí, às entradas – esta-

---

[1842] O valor nominal, em decorrência do artigo 14.°, na redação dada pelo artigo 3.° do Decreto-Lei n.° 343/98, de 6 de Novembro, deve ser expresso "em moeda com curso legal em Portugal"; hoje: o euro. Só assim se poderá chegar ao montante do capital social, expresso nessa moeda.

[1843] PAULO DE TARSO DOMINGUES, *As acções sem valor nominal*, DSR 2010, 181-210 e o nosso *Acções sem valor nominal*, RDS 2010, 471-508.

[1844] SOVERAL MARTINS/M. ELISABETE RAMOS, *As participações sociais* cit., 158.

§ 46.° *A obrigação de entrada* 639

rem, no tocante às sociedades anónimas, predispostos (em parte) pela 2.ª Diretriz das sociedades comerciais, isto é: a Diretriz n.° 77/91/CEE, de 13 de Dezembro de 1976[1845]. Esta Diretriz tem a ver com sociedades anónimas. Considerá-la-emos a propósito do capital social e das suas garantias e, logo de seguida, das entradas em espécie.

222. Regime geral das entradas

I. A obrigação de entrada obedece, em geral, às regras civis. Tem especificidades e complementações societárias[1846], para as quais chamamos a atenção[1847]. Quanto ao seu *montante*, as entradas não podem ter um valor inferior ao da participação nominal (parte, quota ou ações) atribuída ao sócio. Poderá, eventualmente, ser superior: diz-se, então, acima do par. Teremos, nessa eventualidade, um "prémio de subscrição" ou de "emissão", também dito "ágio"[1848], que passará a integrar as reservas.

A emissão acima do par (em regra: nas sociedades anónimas) justifica-se por três ordens de razões as quais, de resto, operam muitas vezes em conjunto:

– a simples ideia de constituir certa sociedade e a congregação de esforços nesse sentido vale dinheiro e acrescenta uma mais-valia às participações dos sócios; é lógico que a paguem, surgindo o prémio;
– independentemente dessa mais-valia, pode a sociedade gerar expectativas de negócio que conduzam a uma sobrevalorização de mercado: justifica-se o prémio;

[1845] JOCE N.° L-26, 1-13, de 30-Jan.-1977. *Vide Direito europeu das sociedades*, 181 ss. e 221 ss..

[1846] PAULO DE TARSO DOMINGUES, no *Código em Comentário* 1 (2010), 423 ss., *O regime das entradas no CSC*, RFDUP 2006, 673-723, *Variações sobre o capital social* (2009), 320 ss. e o nosso *CSC/Clássica*, 2.ª ed. (2011), introd. 25.°/30.°.

[1847] Com diversos elementos, embora transcendendo o tema ora em estudo, cf. MARIA ÂNGELA COELHO BENTO SOARES, *Aumento do capital*, em IDET/*Problemas do Direito das sociedades* (2002), 237-280 e PAULO DE TARSO DOMINGUES, *Garantias da consistência do património social*, *idem* (2002), 497-547.

[1848] *Vide* os artigos 295.°/2, *a*) e 295.°/3.

A situação jurídica dos sócios

– a sociedade, particularmente quando em funcionamento, pode representar um valor real que ultrapasse o valor nominal do capital; havendo emissão de novas ações, isso deve ser tido em conta, sob pena de se depauperarem os sócios antigos – e a própria sociedade – e de se enriquecerem os novos.

II. Quanto ao *momento* do cumprimento da obrigação de entrada: ela deve ser realizada no momento da outorga da escritura, salvo quando o contrato preveja o diferimento das entradas em dinheiro e a lei o permita[1849], o que sucede:

– nas sociedades por quotas até metade das entradas em dinheiro, mas o quantitativo global dos pagamentos feitos por conta delas, juntamente com a soma dos valores nominais das quotas correspondentes às entradas em espécie, deve perfazer o capital mínimo fixado na lei – 202.º/2 – o qual é, hoje, de 5.000 euros – 201.º;

– nas sociedades anónimas pode ser diferida a realização de 70% do valor nominal das ações, mas não o pagamento do prémio de emissão, quando previsto – 277.º/2[1850].

Para as entradas em espécie, não há diferimentos, assim como os não haverá para as sociedades em nome coletivo[1851].

III. Quanto à *forma do cumprimento* das obrigações de entrada em dinheiro; a lei apenas a regula quanto às sociedades por quotas – 202.º/3 – e às sociedades anónimas – 277.º/3: a soma das entradas em dinheiro já realizadas deve ser depositada em instituição de crédito, antes de celebrado o contrato, numa conta aberta em nome da futura sociedade, devendo ser exibido ao notário o comprovativo de tal depósito por ocasião da escritura.

Segundo o artigo 543.º, tais depósitos deviam ser efetuados na Caixa Geral de Depósitos, enquanto os Ministros das Finanças e da Justiça, em portaria conjunta, não autorizarem que o seja noutras instituições de crédito.

[1849] Sobre toda esta matéria, Pinto Furtado, *Curso de Direito das sociedades*, 5.ª ed. cit., 100-102.

[1850] Havendo subscrição pública, há que observar as regras do artigo 279.º/2.

[1851] A conclusão não é segura nem unívoca; haverá que discuti-la na parte especial deste *Manual*; veja-se, todavia, o artigo 27.º/4, que prevê "partes não liberadas".

§ 46.° A obrigação de entrada 641

Tal "autorização" adveio através da Portaria n.° 228/92, de 25 de Julho, dentro de uma movimentação legislativa tendente a colocar a Caixa Geral de Depósitos em pé de igualdade com as diversas instituições de crédito.

A partir daí, nada impede os bancos de emprestarem a quantia das entradas pelo estrito lapso de tempo necessário à exibição, ao notário, do comprovativo do depósito[1852]. Aliás, já anteriormente nada impedia que os sócios "recuperassem", depois do depósito inicial, mesmo quando real, o dinheiro "da sociedade". Melhor seria pôr termo a tudo isto, encarregando simplesmente a sociedade de cobrar os créditos de entradas, sobre os seus sócios, quando necessário.

A forma do cumprimento das entradas em espécie será vista em rubrica especial.

IV. Quanto às *garantias* da obrigação de entrada, cumpre salientar as seguintes precauções, que se alcançam do artigo 27.°:

– são nulos os atos da administração e as deliberações dos sócios que liberem total ou parcialmente os sócios da obrigação de efetuar entradas estipuladas, salvo redução do capital – n.° 1;
– a dação em cumprimento exige deliberação como alteração do contrato, seguindo-se o preceituado quanto a entradas em espécie – n.° 2;
– podem ser estabelecidas, no contrato, penalidades para a falta de cumprimento da obrigação de entrada – n.° 3; podem ocorrer hipóteses de pagamento de juros ou de cláusulas penais;
– os lucros correspondentes a entradas em mora não podem ser pagos, mas podem ser compensados com elas – n.° 4; fora isso, a obrigação de entrada não pode extinguir-se por compensação – n.° 5;
– a falta de uma prestação de entrada "... importa o vencimento de todas as demais prestações em dívida pelo mesmo sócio, ainda que respeitem a outras partes, quotas ou ações" – n.° 6; trata-se de uma versão reforçada (porquanto extensiva a outras partes, quotas ou ações) da perda do benefício do prazo, prescrita no artigo 781.°, do Código Civil.

[1852] JORGE PINTO FURTADO, *Curso de Direito das sociedades*, 5.ª ed. cit., 101, que fala em "farsa". E bem.

223. Entradas em espécie

I. As entradas podem ser em espécie, isto é: traduzir-se na transferência para a sociedade, de direitos patrimoniais, suscetíveis de penhora e que não se traduzam em dinheiro[1853]. Falamos em "direitos": pode estar em causa qualquer situação diferente do direito de propriedade: por exemplo, o direito ao uso e fruição, direitos sobre bens imateriais, tais como patentes ou técnicas de saber-fazer (*know-how*). O artigo 28.º/1 refere "... bens diferentes de dinheiro ...". Trata-se de uma fórmula excessivamente empírica para exprimir a ideia dos referidos direitos patrimoniais[1854].

II. O dinheiro é de fácil avaliação: basta ver o montante, em função do princípio do nominalismo. Já a "espécie" pode ter valores subjetivos. Repare-se que não basta, aqui, relevar o valor que, por acordo, os sócios lhe queiram atribuir: a sociedade tem um património objetivo, que interessa à comunidade e, em especial, aos credores. Por isso, o Direito preocupa-se com o conhecimento do valor exato dos "bens", procurando que seja devidamente determinado.

O artigo 28.º prevê, com pormenor, a preparação de um relatório elaborado por um revisor oficial de contas (ROC), devidamente distanciado e que avalie, objetivamente, os bens, explicando os critérios usados e declarando formalmente se o valor deles atinge o valor nominal indicado pelos sócios – n.º 3, *d*)[1855].

III. Ao relatório em causa deve ser dada especial publicidade – 28.º/5 e 6. Recordamos que o grande objetivo do trabalho exigido ao ROC é a defesa de terceiros: os credores da sociedade, os futuros adquirentes de posições sociais e o público em geral. Por isso, os próprios sócios estão, aqui, perante regras imperativas. Nem por comum acordo podem ser postergadas.

[1853] ANDREAS PENTZ/HANS-JOACHIM PRIESTER/ANDRÉ SCHWANNA, *Raising Cash and Contributions in Kind when forming a Company and for Capital Increases*, em MARCUS LUTTER, *Legal Capital in Europe* (2006), 42-74.

[1854] Sobre o tema, PAULO DE TARSO DOMINGUES, *Do capital social* cit., 72 ss., nota 235.

[1855] Na redação dada pelo Decreto-Lei n.º 257/96, de 31 de Dezembro. Os números 2 e 6 deste preceito foram alterados pelo Decreto-Lei n.º 76-A/2006, de 29 de Março.

224. Direitos dos credores

I. A efetivação das entradas interessa à sociedade: ela carece de meios materiais para poder levar a cabo os fins a que se destina. Mas interessa, ainda, aos credores da sociedade, uma vez que releva para a cobertura patrimonial dos seus direitos.

O artigo 30.º/1 veio, assim, referenciar dois direitos dos mesmos credores:

– o de exercer os direitos da sociedade relativos às entradas não realizadas, a partir do momento em que se tornem exigíveis – *a*);
– o de promover judicialmente essas entradas, mesmo antes de se tornarem exigíveis, desde que isso seja necessário para a conservação ou a satisfação dos seus direitos.

Trata-se, no fundo, de uma concretização da ação sub-rogatória, prevista no artigo 606.º, do Código Civil.

II. O artigo 30.º/2 prevê que a sociedade possa obstar ("ilidir"?) ao pedido desses credores, "... satisfazendo-lhes os seus créditos com juros de mora, quando vencidos, ou mediante o desconto correspondente à antecipação, quando por vencer, e com as despesas acrescidas". Preceito em rigor dispensável, já que o pagamento pode ser feito por terceiro (767.º/1) e antecipado pelo devedor (779.º, ambos do Código Civil). De todo o modo, facilita a referência ao "desconto" e às "despesas".

§ 47.º A PARTICIPAÇÃO NOS LUCROS E NAS PERDAS; PACTOS LEONINOS

225. Princípio geral

I. A sociedade inscreve-se entre os institutos de cariz patrimonial, inventados pelos *homines sapientes*. Ela visa o lucro económico, repartindo-o pelos associados[1856]. A noção geral do artigo 980.º, do Código Civil, é muito clara: "... a fim de repartirem os lucros resultantes dessa atividade". Por seu turno, o artigo 21.º/1, *a*), do Código das Sociedades, inscreve, à cabeça dos direitos dos sócios, o de "... quinhoar nos lucros". Preceitos das partes especiais impõem, à sociedade, a distribuição de: pelo menos, uma parcela dos seus lucros pelos sócios, com determinadas exceções: artigos 217.º e 294.º, quanto a sociedades por quotas e anónimas, respetivamente.

Para além destes aspetos jurídicos, é evidente que a perspetiva do lucro anima todas as iniciativas societárias e dá corpo a um mercado mobiliário. É um traço da nossa atual cultura, porventura absolutizado em demasia, mas que não se vê como combater. Cabe ao Direito, pelo menos, regular o fenómeno, disciplinando excessos.

II. Contrapartida do lucro é o risco. Muitas vezes, os empreendimentos mais lucrativos são, precisamente, os mais arriscados. Independentemente disso: por muito bem pensados e executados que sejam os negócios,

---

[1856] Sobre esta rubrica *vide* MANUEL ANTÓNIO PITA, *Direito aos lucros* (1989), FILIPE CASSIANO DOS SANTOS, *O direito aos lucros no Código das Sociedades Comerciais (À luz de 15 anos de vigência)*, em IDET/*Problemas do Direito das sociedades* (2002), 185-199, PAULO DE TARSO DOMINGUES, no *Código em Comentário* 1 (2010), 364 ss. e o nosso *CSC/Clássica*, 2.ª ed. (2011), anot. artigo 22.º.

§ 47.º A participação nos lucros e nas perdas; pactos leoninos 645

a hipótese das grandes perdas nunca pode ser descartada. Também aqui o Direito é chamado a intervir, particularmente nos casos em que, mercê da presença de uma sociedade, as perdas tenham de ser repartidas.

III. A regra básica resulta dos dois primeiros números do artigo 22.º[1857]:

1. Na falta de preceito especial ou convenção em contrário, os sócios participam nos lucros e nas perdas da sociedade segundo a proporção das respetivas participações no capital.
2. Se o contrato determinar somente a parte de cada sócio nos lucros, presumir-se-á ser a mesma a sua parte nas perdas.

Infere-se, do preceito, a existência de uma regra supletiva, que indexa o quinhão de lucros/prejuízos à proporção nominal das prestações respetivas. Para além disso, cabe à autonomia privada estabelecer outras eventuais repartições. A propósito de cada tipo societário podem surgir outras regras imperativas ou permissivas que facultem formas privilegiadas de comunhão nos lucros ou que limitem perdas.

Em sede geral, há que contar com a proibição dos pactos leoninos, que referiremos de seguida.

226. A proibição histórica dos pactos leoninos

I. Segundo o artigo 22.º/3,

É nula a cláusula que exclui um sócio da comunhão nos lucros ou que o isente de participar nas perdas da sociedade, salvo o disposto quanto a sócios de indústria.

Formalmente, é pena que o legislador tenha degradado este princípio para o n.º 3 de um ignoto preceito. Melhor, sob a epígrafe clássica *pacto leonino*, dispõe o artigo 994.º, do Código Civil:

É nula a cláusula que exclui um sócio da comunhão nos lucros ou que o isenta de participar nas perdas da sociedade (...)

[1857] Na redação dada pelo Decreto-Lei n.º 49/2010, de 19 de Maio, que retirou a referência a "valores nominais".

646   *A situação jurídica dos sócios*

Esta proibição corresponde a preocupações materiais profundas do Direito do Ocidente, que cumpre conhecer[1858].

II. Na origem do instituto temos um trecho de Ulpiano que diz, em vernáculo:

> Aristo refere que Cassius deu um parecer segundo o qual uma sociedade não poderia ser combinada de modo a que um receberia todo o lucro e o outro suportaria o prejuízo; uma tal sociedade é chamada, habitualmente, sociedade leonina (*societas leonina*). Nós concordamos que uma tal sociedade é nula, pois um recebe o lucro e o outro nenhum lucro, mas antes o dano: tal tipo de sociedade é iniquíssimo, pela qual só se expecta dano e não também lucro[1859].

No Direito romano, as sociedades leoninas eram, assim, proibidas[1860]: seriam contrárias à natureza das sociedades[1861].

III. A "parte do leão" e a *societas leonina* advêm da velha fábula de Esopo[1862], depois remodelada ao longo da História. Na versão original de Esopo, toava assim:

> Um leão, um burro e uma raposa, feito um pacto entre eles, andaram à caça e depois de terem capturado uma quantidade abundante de peças, o leão encarregou o burro de as dividir. O burro repartiu-as em três partes iguais e ofereceu aos companheiros o direito de escolher. Mas o leão, enfurecido com aquela repartição, rangendo os dentes perante a divisão, devorou-o e impôs à

[1858] Com elementos históricos comparativos: Alexander Frei, *Societas leonina/ /Zwingende Ergebnisbeteiligung und gemeinsamer Zweck in der einfachen Gesellschaft* (2002), 1 ss. e 10 ss. e Niccolò Abriani, *Il devieto del patto leonino/Vicende storiche e prospettive applicative* (1994), 1 ss.; entre nós, Luís Vasconcelos Abreu, *A sociedade leonina*, ROA 1996, 619-665 (620 ss.).

[1859] Ulpiano, D. 17.2.29.2 = *Corpus Iuris Civilis/Text und Übersetzung*, por Otto Behrends e outros, III (1999), 409; ed. bilingue latim/alemão, com base na qual se propõe a tradução que figura no texto.

[1860] Andrea Guarneri Citati, *Conferimenti e quote sociale in diritto romano*, BIDR XLII (1934), 166-194 (174); cf. Nicola Piazza, *Patto leonino*, ED XXXII (1982), 526-532 (526/II).

[1861] Citati, *Conferimenti* cit., 175.

[1862] Esopo é uma figura mal conhecida e quase lendária da Grécia antiga. Escravo frísio, terá vivido no séc. VI a. C., tendo sido morto em Delfos. Foi o grande compositor de fábulas, no qual se inspiraram autores como Fedro (abaixo referido), Lutero, La Fontaine e Ivan Krilov. Cf. a introdução de Émile Chambry à obra citada na nota seguinte. Também Frei, *Societas leonina* cit., 4, refere algumas notas biográficas sobre Esopo. Quanto à fábula: trata-se da n.° 209, intitulada Λέων και όνος και άλωπηξ (o leão, o burro e a raposa).

§ 47.° A participação nos lucros e nas perdas; pactos leoninos   647

raposa repartir a presa. A raposa, pelo contrário, reuniu as três partes numa só e entregou tudo ao leão sem deixar nada de lado para si. O leão, então, perguntou: "Quem te ensinou a fazer as divisões?" E prontamente a raposa: "Ensinou-me a experiência do burro!"

A fábula mostra que o perigo dos outros torna as pessoas mais cautelosas[1863].

FEDRO[1864] compôs uma versão diferente[1865] e, sobretudo, com uma moral diversa[1866].

IV. Com os antecedentes apontados, a proibição de sociedades leoninas foi-se mantendo ao longo da História, sendo acolhida nas codificações. Segundo a versão original do Código NAPOLEÃO[1867],

---

[1863] Fixada com base na versão bilingue grego/francês estabelecida e traduzida por ÉMILE CHAMBRY, *Ésopo/Fables* (1985, 4.ª reimp.), 91-92 e na versão bilingue latim/italiano, *RINUCIUS ARETINUS fabulae aesopica*, org. MARIA PASQUALIANA PILLOLLA, em *Favolisti Latini medievali e umanistici*, vol. IV (1993), 258-259, que não coincidem exatamente. Na versão latina surge, de facto, a *societas*:

Leo, asinus et vulpes, conflata inter se societate, venatum exeunt cumque multam predam cepissent, leo asino mandat ut predam dividat (...)

Uma tradução italiana do original grego pode ser confrontada em G. MANGANELLI, *apud* ABRIANI, *Il devieto del patto leonino* cit., 5.

[1864] FEDRO (PHAEDRUS), viveu entre 15 a. C. e 50 d. C..

[1865] Trata-se da fábula n.° 5, intitulada *vacca et capella, ovis et leo* (a vaca e a cabra, a ovelha e o leão) estabelecida com base em EBERHARD OBERG, *Phaedrus Fabeln/Lateinisch-deutsch*, ed. bilingue latim/alemão, 22-23. Reza assim:

Quando te associes ao poderoso, poderás não conseguir nada com tal sociedade: quão verdade isso é mostra-o esta curta fábula.

A vaca, a cabra e a ovelha caçavam com o leão e capturaram um enorme veado. O leão repartiu. Começou, então: "Recebo a primeira parte como leão. A segunda compete-me como o mais valente. A terceira cabe-me como o mais forte. E o mal aconteça se alguém tocar na quarta [*Malo afficietur si quis quartam tetigerit*]. E assim tomou ele, sem mais, a presa inteira.

Por vezes transcreve-se FEDRO como se fosse ESOPO.

[1866] Para ESOPO, a moral é "aprende-se com a desgraça dos outros"; para FEDRO "não te associes ao poderoso"; o espírito subtil grego contrapõe-se ao pragmático (jurídico) romano.

[1867] Na sequência da remodelação da Lei n.° 78-9, de 4-Jan.-1978, este preceito, com uma redação um pouco diversa, vem a surgir no artigo 1844-1/II, do Código Civil; tem o seu equivalente no artigo L-235-1, do Código Comercial.

648 *A situação jurídica dos sócios*

1855.º A convenção que viesse dar a um dos associados a totalidade dos benefícios é nula.

O mesmo sucede com a convenção que liberasse de qualquer contribuição para as perdas, as quantias ou os efeitos entregues para o fundo comum da sociedade por um ou mais associados.

A partir daqui, a proibição foi sendo adotada pelos diversos códigos continentais latinos, sendo de referir o artigo 1719.º do Código italiano de 1865[1868] e o artigo 1242.º do nosso Código de SEABRA. Em compensação, ela não foi acolhida nem no BGB alemão[1869], nem, plenamente, no artigo 533.º do Código das obrigações suíço[1870].

Perante a omissão do BGB, discutiu-se, na doutrina alemã, se a velha regra de CASSIO, recolhida por ULPIANO, não deveria decorrer da própria noção de sociedade. Esta, segundo o § 705, postulava um fim comum, o qual poderia ser posto em crise por convenções leoninas. A doutrina dominante dos nossos dias vem defender um entendimento diverso. Numa sociedade, os vários participantes, mau grado o tal fim comum, podem ter motivações distintas. Assim se entenderiam regras desiguais de suportação de riscos e de repartição de lucros[1871].

Também o Direito suíço permite sociedades em que uma pessoa não corra riscos e não tenha, por isso, de participar nas perdas[1872].

Em certos casos, regras como os bons costumes ou a boa-fé poderão intervir para coartar excessos. Fica, no entanto, a ideia de que a proibição de sociedades leoninas vai, sobretudo, ao encontro de uma sensibilidade comutativa mais imediatista, própria dos países do Sul. ABRIANI suscita a hipótese de a proibição dos pactos leoninos ter sofrido uma erosão nos países protestantes – que primeiro aceitaram a prática dos juros – do que nos países católicos[1873].

[1868] *Vide* a decisão de Roma, 8-Jun.-1922, anot. UMBERTO NAVARRINI, *In materia di società leonina*, RDComm XX (1922) II, 602-606.

[1869] O tema ainda foi discutido, aquando da sua preparação, tendo-se entendido que a sua consagração seria inútil; cf., com indicações, WERNER FLUME, *Allgemeiner Teil des bürgerlichen Rechts*, I/1 – *Die Personengesellschaft* (1977), § 3, II (40).

[1870] FREI, *Societas leonina* cit., 8.

[1871] Cf., além de FLUME, *Allgemeiner Teil* cit., I/1, 41, HABERMEIER, no *Staudinger Kommentar*, 13.ª ed. cit., § 705, Nr. 17 (66-67) e PETER ULMER, no *Münchener Kommentar* cit., 5, 5.ª ed., § 705, Nr. 150-151 (123).

[1872] FREI, *Societas leonina* cit., 8 e *passim*.

[1873] ABRIANI, *Il divieto del patto leonino* cit., 23 ss..

§ 47.º A participação nos lucros e nas perdas; pactos leoninos

III. No âmbito do Código italiano de 1865, discutiu-se o fundamento da proibição[1874] e, particularmente, a questão de saber se a proibição da exclusão das perdas e a da exclusão dos lucros obedecem ao mesmo princípio e isso com consequências práticas. Já foi defendido que não podia haver exclusão dos lucros porque, nessa altura, o contrato já não seria de sociedade; pelo contrário, a não-exclusão das perdas impunha-se para evitar um negócio usurário[1875]. Teríamos, então, regimes diferenciados, com a possibilidade de, no primeiro caso, recuperar o contrato, ainda que com diferente tipo.

Importa ainda referir a solução do Código Civil italiano de 1942: influenciou – como em geral, no tocante à sociedade – o legislador de 1966. A nulidade dos pactos leoninos é elegantemente fixada no seu artigo 2265.º[1876]. Todavia, com recurso à figura da nulidade parcial (artigo 1419.º), equivalente à nossa redução dos negócios inválidos (artigo 292.º, do Código Civil), a doutrina valida as sociedades atingidas expurgando-as, apenas, das cláusulas leoninas.

A proibição emancipou-se do antigo bloqueio dos juros[1877]. No entanto, mantêm os autores italianos que a razão da nulidade está no "... contraste do pacto com a essência sociedade": não se pode ser sócio sem se participar dos resultados da atividade social; tão-pouco poderia um sócio excluído de participar nos ganhos correr o risco de perder as entradas, sem uma correspondente utilidade[1878]. Temos as maiores dúvidas quanto a explicações deste tipo, como adiante melhor veremos, perante o Direito

---

[1874] PIAZZA, *Patto leonino* cit., 527/II.

[1875] A. STRAFFA, *Patto leonino e nullità del contratto sociale*, RDComm XIII (1915), I, 956-959 (957 ss.); por lapso da RDComm (*idem*, VI) este escrito é atribuído, aí, a VIVANTE, PAULO GRECO, *Garanzie di utili e retribuzioni di apporti nel contratto di società*, RDComm XXX (1932), II, 138-149, a propósito de CssIt 29-Jul.-1930, onde se considerou não ser leonino o pacto que garante ao sócio, que cedeu o uso de um imóvel, uma retribuição mínima e LUIGI LORDI, *Patto leonino: garenzia di soci che esonerano un altro socio delle perdite*, RDComm XL (1942), II, 305-316, a propósito de CssIt 30-Mai.-1941, que subscreveu essa tese considerando que a garantia era dada, por antigos acionistas a novos, mas a título pessoal.

[1876] Dispõe: "É nulo o pacto com o qual um ou mais sócios sejam excluídos de qualquer participação nos lucros ou nas perdas"; *vide* ROBERTO TRIOLA, *Codice civile annotato com la giurisprudenza*, 3.ª ed. (2003), 2098-2099.

[1877] ABRIANI, *Il divieto del patto leonino* cit., 41 ss. (46 ss.).

[1878] FERRARA/CORSI, *Gli imprenditori e le società*, 14.ª ed. cit., 252.

650   *A situação jurídica dos sócios*

português. Em compensação, afigura-se de reter a ideia[1879] de que a proibição dos pactos leoninos é material. Mesmo quando as partes a dissimulem ou contornem, a sua deteção, pela interpretação, conduz à proibição legal.

Como apontamento interessante, retemos ainda que o atual Direito francês, mantendo o princípio – de resto imposto pelos artigos 1844.°-1/II e L. 235-1, dos Códigos Civil e de Comércio, respetivamente –, admite, através da jurisprudência, uma certa flexibilização, designadamente nos casos de cessão de ações com dilação temporal, em que o cedente já não suportaria perdas[1880]. No fundo, estamos perante situações requeridas pelo mercado acionista.

227. O Direito português

I. A tradição românica da proibição dos pactos leoninos surgia no artigo 1242.° do Código de SEABRA, ainda que em termos reputados deficientes[1881]. Assim, segundo esse preceito,

> Será nulla a sociedade, na qual se estipular, que todos os proveitos pertençam a algum, ou alguns dos sócios, e todas as perdas a outro, ou outros d'elles.

O preceito era violento, uma vez que invalidava toda a sociedade[1882]. Com efeito, pareceria preferível:

– invalidar não a sociedade *in totum* mas, apenas, o pacto leonino, assuma ele a feição de (mera) cláusula ou de pacto autónomo[1883];
– vedar todas as hipóteses de exclusão das perdas ou de exclusividade nos lucros – a "parte do leão" – independentemente de haver reciprocidade ou concomitância.

[1879] *Idem*, loc. cit..

[1880] Com indicações, PHILIPPE MERLE, *Droit commercial/Sociétés commerciales*, 9.ª ed. cit., 64 ss. (66-67).

[1881] LUIZ DA CUNHA GONÇALVES, *Tratado de Direito Civil*, VII (1933), 221 ss..

[1882] JOSÉ DIAS FERREIRA, *Codigo Civil Portuguez Annotado*, 2, 2.ª ed. (1895), 480.

[1883] Já havia sugestões de CUNHA GONÇALVES nesse sentido. Perante o Direito italiano refira-se FRANCESCO GALGANO, *Diritto civile e commerciale*, II, tomo I (1990), 320 e III, tomo I (1990), 340.

§ 47.° A participação nos lucros e nas perdas; pactos leoninos 651

II. Na base destes elementos, o Código Civil de 1966 procedeu a uma proibição mais aperfeiçoada[1884]: no seu artigo 994.°, já acima transcrito, escolheu uma fórmula muito semelhante à italiana. A regra foi retomada, como vimos, no artigo 22.°/3.

Torna-se inevitável perguntar pela justificação da norma; dela dependerá a sua interpretação[1885].

Mantém-se a tendência, nalguma doutrina, de aproximar a proibição do pacto leonino da própria natureza da sociedade: sem uma participação nos lucros, não haveria sociedade, visto o artigo 980.°[1886]. Tudo bem: só que, nessa altura, o "contrato leonino" poderia subsistir como qualquer outro contrato de não-sociedade, não se percebendo o porquê da proibição. Quanto às perdas: a explicação, para tais doutrinadores, já teria de ser outra: não faz parte do objetivo de qualquer sociedade comungar ... em prejuízos. PIRES DE LIMA e ANTUNES VARELA apelam, então, a razões justificativas "... de ordem moral e social, e não de ordem jurídica"[1887]. Solução incompreensível, no próprio plano ético-social: não poderá um pai fazer uma sociedade com os filhos menores, comprometendo-se a arcar com os prejuízos, se os houver ... e isso em nome da moral[1888]?! Além disso, não pode a Ciência do Direito demitir-se de explicar juridicamente as suas soluções.

III. A razão da invalidade dos pactos leoninos, assente em sólida tradição histórica, deve ser procurada noutras latitudes. Antes de o fazer importa, porém, reafirmar a unidade do instituto: ele não deve ser esquartejado em, por um lado, não-participação nos lucros e, por outro, não-participação nas perdas: trata-se de proposições que obedecem, nitidamente, às mesmas valorações.

Isto dito: o sócio que abdique de lucros vai sujeitar-se a eventuais prejuízos; o que aceite todos os prejuízos vai submeter-se, eventualmente

---

[1884] PIRES DE LIMA/ANTUNES VARELA, *Código Civil Anotado* cit., 2, 4.ª ed., 304-305.

[1885] *Vide* a discussão do problema em ANTÓNIO FERRER CORREIA, *Pacto leonino: espécies, proibição e seus fundamentos*, RLJ 115 (1982), 106-110 (107 ss.).

[1886] PIRES DE LIMA/ANTUNES VARELA, *Código Civil Anotado* cit., 2, 4.ª ed., 305.

[1887] *Idem*, ob. e loc. cit..

[1888] Os Direitos alemão e suíço admitem tal repartição de prejuízos: nada têm de imoral ou de associal.

652 A situação jurídica dos sócios

aos que ocorram. Em qualquer dos casos, ele está a dispor, para o futuro, das vantagens que poderia obter e está a conceder, também para o futuro, vantagens aos outros sócios.

Os Direitos do Sul, atentas as características psicológicas dos seus patrícios, sabem que há uma permanente tentação de se dar o que (ainda) não se tem e o de assumir, para um futuro indeterminado, obrigações sem critério. E por isso, toma medidas coerentes:

- é nula a renúncia antecipada aos direitos: 809.º;
- a cláusula penal pode ser equitativamente reduzida pelo tribunal: 812.º/1;
- a remissão é contratual: 863.º/1;
- a doação não pode abranger bens futuros – 942.º/1;
- a doação de móveis deve ser feita com imediata tradição da coisa ou por escrito – 947.º/2, todos do Código Civil.

É nesta linha que se deve inscrever a proibição dos pactos leoninos: envolvem um misto de renúncia antecipada aos direitos e de doação do que (ainda) não se tem. Se alguém quiser dar lucros ou arcar com prejuízos, tudo bem: fá-lo-á, porém, na altura concreta em que ocorram e com eficácia limitada aos valores efetivos então em jogo. Obrigar-se, para todo o tempo, a fazê-lo poderá ir ao encontro dos frígidos valores do Norte; não ao do calor do Sul. A nulidade dos pactos leoninos não suscita, assim, dúvidas[1889].

IV. Esclarecido este ponto, cabe verificar o âmbito da proibição. É evidente que as partes, perante uma tentação leonina, não irão exarar, *expressis verbis*, uma cláusula com o inerente teor. Tal cláusula ou é dissimulada em diversas outras, ou consta de um extra, normalmente sob a forma de um acordo parassocial.

A valoração é, porém, material: atingirá todos os dispositivos que, seja qual for a sua localização ou a sua configuração, conduzam à prévia e indeterminada disposição de lucros ou à também prévia e indeterminada assunção de prejuízos.

Verificada a nulidade do pacto – ou cláusula – leonina, a doutrina tem reclamado, sob inspiração italiana, a aplicação – ou a aplicabilidade – do

---

[1889] *Vide* RCb 21-Dez.-2004 (HELDER ROQUE), CJ XXIX (2004) 5, 38-41 (39/II).

§ 47.º A participação nos lucros e nas perdas; pactos leoninos

instituto da redução: a sociedade vigoraria sem a parte viciada, salvo se se demonstrasse que, na sua falta, as partes não teriam contratado – artigo 292.º, do Código Civil. Não é tão simples. Uma sociedade leonina não é uma sociedade comum *com* uma cláusula leonina: *surge, antes, como um negócio uno e distorcido em toda a sua conceção*. A redução não o pode salvar: apenas a conversão lhe valeria, desde que verificados os requisitos do artigo 293.º, do Código Civil: teremos de atender ao fim das partes e à sua vontade hipotética, com uma diferente distribuição do ónus da prova[1890].

[1890] Sobre a redução e a conversão – cujos preceitos não podem ser interpretados de modo isolado – *vide Tratado de Direito civil*, I/1, 3.ª ed., 878 ss. e *Da boa fé* cit., 1068 ss., nota 653.

§ 48.º CONSTITUIÇÃO FINANCEIRA E DEFESA
DO CAPITAL

228. Constituição financeira; capitais próprios

I. O funcionamento de uma sociedade comercial, num fenómeno particularmente visível nas sociedades anónimas, é suportado por fluxos monetários. Aplicam-se-lhes regras especializadas a cujo conjunto a moderna comercialística chama a "constituição financeira das sociedades"[1891]. Nesse domínio, é habitual a distinção entre:

– capitais próprios;
– capitais alheios.

Os capitais próprios, com exemplo nas sociedades anónimas, abrangem, designadamente:

– o capital social, correspondente à soma do valor nominal das ações subscritas ou de um valor fixo, se estiverem em causa ações sem valor nominal, após a reforma introduzida pelo Decreto-Lei n.º 49/2010, de 19 de Maio;
– as reservas de ágio ou de prémio de emissão, correspondentes à soma do sobrevalor por que, com referência ao valor nominal, as ações tenham sido colocadas;

[1891] KARSTEN SCHMIDT, *Gesellschaftsrecht*, 4.ª ed. cit., 876 ss., KATJA LANGENBUCHER, *Aktien- und Kapitalmarktrecht* (2008), 169 ss. e RAISER/VEIL, *Recht der Kapitalgesellschaften*, 5.ª ed. cit., 246 ss., com múltiplas indicações. Esta matéria prende-se com a escrituração comercial, aplicável às sociedades. *Vide* os nossos *Escrituração comercial, prestação de contas e disponibilidade do ágio nas sociedades anónimas*, em *Estudos em homenagem ao Professor Doutor Inocêncio Galvão Telles*, IV (2003), 573-598 e *Introdução ao Direito da prestação de contas* (2008), 113 ss..

§ 48.º *Constituição financeira e defesa do capital* 655

– o montante de outras prestações feitas pelos acionistas;
– as reservas livres, constituídas por lucros não distribuídos e para elas encaminhados;
– a reserva legal, imposta por lei;
– outras reservas.

Dizem-se capitais alheios, *inter alia*:

– obrigações;
– opções, *convertible bonds*;
– títulos de participação nos lucros e outros empréstimos.

II. No tocante aos capitais próprios, há que lidar com as regras gerais derivadas da escrituração mercantil e da prestação de contas e, ainda, com regras especialmente prescritas para este aspeto da vida societária[1892]. O Direito toma diversas medidas destinadas a proteger o capital social[1893]. Elas visam a defesa dos terceiros, particularmente quando credores e, ainda, a tutela das próprias sociedades, dos sócios e do comércio em geral.

III. Bastante relevantes são as regras atinentes à temática das reservas. Como ponto de partida, devemos ter bem presente que as sociedades comerciais operam dentro do Direito privado. Nessas condições, tem plena aplicação o aforismo de que é permitido quanto não for proibido por lei. Todavia, estamos num campo em que se jogam posições que as leis modernas vêm, por vezes, acautelar. Assim:

– o interesse dos sócios minoritários;
– os direitos de terceiros credores da sociedade;
– o valor social representado pela própria sociedade.

As leis de proteção, para além dos aspetos procedimentais de contabilidade e de prestação de contas, regulam a hipótese de distribuição de lucros aos sócios. Tal distribuição pode afetar duplamente as reservas: ora impedindo a sua formação, ora implicando o seu desaparecimento. Em

---

[1892] KARSTEN SCHMIDT, *Gesellschaftsrecht*, 4.ª ed. cit., 908 ss..
[1893] *Vide* a obra coletiva publ. MARCUS LUTTER, *Legal Capital in Europe* (2006), 701 pp..

toda a problemática subsequente, devemos ter presente a natureza essencialmente lucrativa do giro comercial. As empresas, em especial quando assumam a forma de sociedades comerciais, visam produzir e captar lucros. Só assim elas poderão congregar os capitais necessários para a subsequente criação de riqueza.

Há, pois, que encontrar uma bissetriz justa e adequada entre a tutela dos valores em jogo, que exige certas regras atinentes aos capitais próprios e à proteção do lucro, condição *sine qua non* de funcionamento do sistema.

IV. No Direito francês, a matéria das reservas e da distribuição dos dividendos era tratada no Código das Sociedades de 1966, particularmente alterado neste domínio, pela Lei n.º 83-353, de 30 de Abril de 1983, em textos transpostos sem alteração para o novo Código de Comércio.

A reserva legal vem prevista no artigo 345.º daquele Código (hoje artigo L. 232-10, do Código de Comércio), que dispõe, em tradução aproximada:

> Sob pena de nulidade de toda a deliberação em contrário, nas sociedades por quotas e anónimas, procede-se, sobre os lucros de exercício diminuídos, quando seja o caso, das perdas anteriores, a um desconto de, pelo menos, um vigésimo, afeto à formação de um fundo de reserva dito reserva legal.
>
> Esse desconto deixa de ser obrigatório logo que a reserva atinja o décimo do capital social.

No tocante à distribuição de lucros, dispõe o artigo 346.º do mesmo diploma (hoje artigo L. 232-11, do Código de Comércio):

> O lucro distribuível é constituído pelo lucro do exercício abatido das perdas anteriores, assim como das quantias a levar em reserva, em aplicação da lei ou dos estatutos e aumentado pela relação beneficiária.
>
> Além disso, a assembleia geral pode decidir a distribuição de quantias retiradas das reservas de que ela tenha a disposição; nesse caso, a deliberação indica expressamente as reservas sobre as quais os levantamentos sejam efetuados. Contudo, os dividendos são retirados prioritariamente sobre o lucro distribuível do exercício.
>
> Exceto no caso de redução do capital, nenhuma distribuição pode ser feita aos acionistas quando, na sequência desta, os capitais próprios sejam ou se tornem inferiores ao montante do capital aumentado pelas reservas que a lei ou os estatutos não permitem distribuir.
>
> O produto da reavaliação não é distribuível; pode ser incorporado, no todo ou em parte, no capital.

A lei parece bastante clara. Apenas a reserva legal e os capitais próprios, nos limites apontados, não são distribuíveis. Outras hipóteses poderão resultar dos estatutos.

§ 48.º Constituição financeira e defesa do capital

Os prémios de emissão vêm previstos no artigo 179.º do Código das Sociedades. O seu montante mínimo surge, nalguns casos, fixado no artigo 352.º, do mesmo Código.

Os prémios de emissão dão lugar a uma reserva correspondente. Como se viu, a lei não faz impender, sobre eles, nenhuma indisponibilidade. Explica a doutrina que nada se opõe a que ela seja, com as outras reservas, ulteriormente distribuída entre os sócios[1894].

V. A constituição financeira das sociedades anónimas no Direito alemão resulta de múltiplas regras: gerais e especiais[1895]. Para os propósitos do presente *Manual*, vamos centrar-nos no tema da distribuição de lucros.

O preceito-chave é constituído pelo § 150 do *Aktiengesetz* ou Lei das Sociedades Anónimas, de 1965[1896]. Dispõe, no essencial, em tradução aproximada:

(1) No balanço anual, a elaborar segundo os §§ 242 e 264 do Código Comercial, deve-se constituir uma reserva legal.

(2) Nesta deve-se inserir a vigésima parte do resultado anual, deduzido das perdas do ano anterior, até que a reserva legal e a reserva de capital segundo o § 272/2, 1 a 3, do Código Comercial, alcance o décimo do capital social ou uma percentagem superior fixada nos estatutos.

(3) Enquanto a reserva legal e a reserva de capital segundo o § 272/2, 1 a 3, do Código Comercial, juntas, não ultrapassarem o décimo do capital social ou a percentagem superior fixada nos estatutos, elas só podem ser usadas:

1. Para compensar um défice anual, na medida em que ele não esteja coberto pelo superavit do ano anterior e que não possa ser compensado pela dissolução de outras reservas;
2. Para compensar uma relação deficitária do ano anterior, na modalidade em que ela não esteja coberta por um excedente anual e que não possa ser compensado pela dissolução de outras reservas.

(4) [1] Quando a reserva legal e a reserva de capital segundo o § 272/2, 1 a 3, do Código Comercial ultrapassem, juntas, o décimo do capital social ou a percentagem superior fixada nos estatutos, a parte excedentária pode ser usada:

[1894] MICHEL JEANTIN, *Droit des sociétés*, 2.ª ed. (1992), 66.

[1895] KARSTEN SCHMIDT, *Gesellschaftsrecht*, 4.ª ed. cit., 876-918.

[1896] Quanto ao § 150 AktG, com elementos evolutivos, BRUNO KROPFF em GESSLER/ /HEFERMEHL/ECKARDT/KROPFF, *Aktiengesetzkommentar*, III (1973), 60 ss., UWE HÜFFER, *Aktiengesetz*, 9.ª ed. cit., 855 ss. e DETLEF KLEINDIEK, em KARSTEN SCHMIDT/MARCUS LUT-TER, *Aktiengesetz Kommentar*, 2, 2.ª ed., § 150 (2168 ss.).

658   *A situação jurídica dos sócios*

1. Para compensar um défice anual, na medida em que ele não esteja coberto pelo *superavit* do ano anterior.
2. Para compensar uma relação deficitária do ano anterior, na medida em que ela não esteja coberta por um excedente anual.
3. Para um aumento de capital com os meios da sociedade, segundo os §§ 207 a 230.

2 A utilização prevista nos números 1 e 2 não é permitida quando simultaneamente as reservas facultativas sejam dissolvidas para repartição de lucros.

A doutrina distingue entre as reservas legais – as referidas no § 150/2, acima transcrito – e as restantes, ditas "reservas livres". Estas últimas podem ser usadas para aumento de capital ou para distribuir como benefícios[1897].

As reservas livres não foram, assim, sujeitas ao estrito regime das reservas legais.

VI. A atual lei italiana – o Código Civil, com as alterações introduzidas pelo Decreto Legislativo n.° 127, de 9 de Abril de 1991 – dispõe diretamente sobre o tema que nos ocupa. Passamos a transcrever os seus artigos 2430 e 2431, em tradução aproximada[1898]:

2430.° Reserva legal

Dos lucros líquidos anuais deve ser deduzida uma soma correspondente pelo menos à sua vigésima parte para constituir uma reserva, enquanto esta não alcançar o quinto do capital social.

A reserva deve ser reintegrada segundo a regra do parágrafo antecedente se ficar diminuída por qualquer razão.

Ficam ressalvadas as disposições das leis especiais.

2431.° Sobrepreço das ações

As somas percebidas pela sociedade pela emissão de ações a um preço superior ao seu valor nominal não podem ser distribuídas enquanto a reserva legal não tiver atingido o limite estabelecido no artigo 2430.

VII. Perante o teor do transcrito artigo 2431.°, a doutrina não tem dificuldade em afirmar que, no tocante ao prémio de emissão, o mesmo é distribuível, logo que se mostre integrada a reserva legal[1899].

[1897] Ulrich Eisenhardt, *Gesellschaftsrecht*, 9.ª ed. (2000), 273-274.

[1898] Preceitos não alterados em 2003; cf. Paulo Constanzo e outros, *Le società* cit., 168.

[1899] Francesco Ferrara/Francesco Corsi, *Gli imprenditori e le società*, 9.ª ed. (1994), 665.

§ 48.º Constituição financeira e defesa do capital

229. A distribuição de bens aos sócios

I. Consequência direta da personalização das sociedades é a separação patrimonial: os bens da sociedade não se confundem com os dos sócios. Mau grado essa lógica, os sócios têm, no seu conjunto, o controlo da sociedade. Poderão entender, dentro da sua autonomia privada, que a sociedade não necessita de determinados bens ou que, de todo o modo, eles melhor ficariam nas mãos dos diversos sócios. Não poderão deliberar uma distribuição, mais ou menos importante, de bens aos sócios?

A resposta, à luz do Direito privado, seria tendencialmente positiva. Todavia, dois óbices podem ser invocados:

– o interesse dos credores da sociedade;
– a própria confiança do público na estabilidade dos entes coletivos.

Como se compreenderá, particularmente nas sociedades de capitais, cuja responsabilidade é limitada, não é indiferente, aos credores, a consistência do património da sociedade e os bens que, no mesmo, se encontrem. O Direito procurará acautelar esta vertente. Além disso, deve haver, na comunidade, uma confiança generalizada na estabilidade dos entes coletivos. Não se compreenderia que os bens circulassem, sem mais, entre a sociedade e os sócios. Mesmo quando nada obste a tal circulação, compreende-se que se fixem formalidades e instâncias de controlo que dignifiquem as sociedades e a todos tranquilizem.

II. O artigo 32.º/1[1900] contém uma norma básica para a tutela dos credores[1901], que clara fica com a sua transcrição:

> Sem prejuízo do preceituado quanto à redução do capital social, não podem ser distribuídos aos sócios bens da sociedade quando o capital próprio desta, incluindo o resultado líquido do exercício, tal como resulta das contas elaboradas e aprovadas nos termos legais, for inferior à soma do capital e das reservas que a lei ou o contrato não permitem distribuir aos sócios ou se tornasse inferior a esta soma em consequência da distribuição.

[1900] Com a redação dada pelo Decreto-Lei n.º 185/2009, de 12 de Agosto.
[1901] PAULO DE TARSO DOMINGUES, no *Código em Comentário* 1 (2010), 487 ss. e PAULO CÂMARA, *CSC/Clássica*, 2.ª ed. (2011), anot. artigo 32.º.

660   A situação jurídica dos sócios

O n.º 2 desse preceito visou uma adaptação às atuais regras contabilísticas.

No fundo, esta norma pretende que apenas possam ser distribuídos aos sócios, valores que, tecnicamente, se devam considerar *lucros*[1902]. Em princípio, no que a situação líquida ultrapasse o capital e as reservas não distribuíveis, há "lucro". Como as dívidas são encontradas na situação líquida, a posição dos credores fica assegurada.

Na hipótese de o próprio capital ser considerado excessivo: queda a solução da redução do capital: equivale a uma modificação do contrato – 85.º e seguintes – com regras próprias – 94.º e seguintes – abaixo analisadas[1903].

III. A coerência do sistema é, depois, assegurada por um conveniente processo de distribuição de bens. Consta ele do artigo 31.º, traduzindo-se, essencialmente, no seguinte:

– a distribuição de bens (salvo a hipótese de distribuição antecipada de lucros e outros casos previstos na lei) depende de deliberação dos sócios – n.º 1;
– mesmo quando tomada, tal deliberação não deve ser executada pelos administradores quando tenham fundadas razões para crer: que alterações ocorridas no património social tornariam a distribuição ilícita perante o artigo 32.º, que, de todo o modo, violem os artigos 32.º e 33.º ou que assentou em contas inadequadas – n.º 2; quando optem pela não execução, os administradores devem requerer inquérito judicial;
– a distribuição também não terá lugar após a citação da sociedade "... para a ação de invalidade de deliberação de aprovação do balanço ou de distribuição de reservas ou lucros de exercício ..." – n.º 4 – sendo os autores de tal ação responsáveis, solidariamente, pelos prejuízos que causem aos outros sócios, quando litiguem temerariamente ou de má-fé – n.º 5.

IV. Os bens indevidamente recebidos pelos sócios devem ser restituídos à sociedade: tal o sentido geral do artigo 34.º. Todavia, fica protegida a posição dos sócios de boa-fé – 34.º/1 – sendo o todo aplicável aos transmissários dos direitos dos sócios – n.º 2.

[1902] PAULO DE TARSO DOMINGUES, *Do capital social* cit., 108.
[1903] *Infra*, 1123 ss..

§ 48.º Constituição financeira e defesa do capital

Os credores podem propor ação para restituição, à sociedade, das importâncias em causa, tendo ainda ação contra os administradores – 34.º/3. O n.º 4 regula o ónus da prova, enquanto o n.º 5 alarga o dispositivo da restituição a "... qualquer facto que faça beneficiar o património das referidas pessoas dos valores indevidamente atribuídos".

Temos, aqui, manifestações do instituto da repetição do indevido – artigos 476.º, do Código Civil.

230. Lucros e reservas não distribuíveis

I. A tutela do capital social encontra, no nosso Código das Sociedades Comerciais, um tratamento em duas partes:

– na da parte geral, isto é, em sede de regras aplicáveis a todas as sociedades;
– na da parte especial, relativa às sociedades anónimas, constando de normas que são também mandadas aplicar às sociedades por quotas.

Todas estas regras devem ser interpretadas e aplicadas em conjunto.

II. O artigo 33.º do Código das Sociedades Comerciais, epigrafado "lucros e reservas não distribuíveis" e inserido na parte geral, dispõe[1904]:

1. Não podem ser distribuídos aos sócios os lucros do exercício que sejam necessários para cobrir prejuízos transitados ou para formar ou reconstituir reservas impostas por lei ou pelo contrato de sociedade.

2. Não podem ser distribuídos aos sócios lucros do exercício enquanto as despesas de constituição, de investigação e de desenvolvimento não estiverem completamente amortizados, exceto se o montante das reservas livres e dos resultados transitados for, pelo menos, igual ao dessas despesas não amortizadas.

3. As reservas cuja existência e cujo montante não figurem expressamente no balanço não podem ser utilizadas para distribuição aos sócios.

4. Devem ser expressamente mencionadas na deliberação quais as reservas distribuídas, no todo ou em parte, quer isoladamente quer juntamente com lucros de exercício.

[1904] PAULO DE TARSO DOMINGUES, no *Código em Comentário* 1 (2010), 503 ss. e PAULO CÂMARA, *CSC/Clássica*, 2.ª ed. (2011), anot. artigo 33.º.

O artigo 33.°/1 proíbe a distribuição de lucros do exercício que se mostrem necessários para cobrir prejuízos transitados ou para formar ou reconstituir reservas obrigatórias, por lei ou pelos estatutos.

O preceito parece claro. A lei não define "lucros de exercício", sendo de presumir que recorre ao sentido comum dessa expressão. Por outro lado, a proibição reporta-se a "lucros (...) *necessários* para cobrir prejuízos transitados ou para formar ou reconstituir reservas ..."*A contrario*, cabe distribuição de lucros quando os prejuízos transitados possam, legalmente, ser cobertos de outra forma. O exemplo de escola será o de a sociedade ter constituído uma reserva facultativa destinada, precisamente, a enfrentar determinados prejuízos previsíveis: ocorrendo estes, a sua cobertura está assegurada; os lucros podem ser distribuídos, nos termos legais.

A solução apontada aflora no artigo 33.°/2. Veda-se, aí, a distribuição de lucros do exercício, enquanto as despesas de constituição, de investigação e de desenvolvimento não estiverem completamente amortizadas. Solução lógica: trata-se de despesas de lançamento de sociedade; se ainda não estiverem cobertas, não há, em bom rigor, "lucros" a referenciar. Todavia, a proibição cessa se o montante das reservas livres e dos resultados transitados for, pelo menos, igual ao dessas despesas não amortizadas. O legislador pretende, de facto, que certas despesas não sejam deixadas a descoberto, a pretexto de distribuição de lucros. A proibição já não faz sentido, quando existam esquemas reais e efetivos que assegurem a pretendida cobertura. O Direito das sociedades comerciais deve traduzir o império da verdade económica e funcional: não uma área de formalismo.

O artigo 33.°/3 proíbe a distribuição das chamadas "reservas ocultas"[1905]. Duas razões depõem nesse sentido:

– sendo "ocultas", as "reservas" escapam ao conhecimento e ao controlo dos sócios e de credores; a sua distribuição surgiria como uma pura disposição do património social;
– não constando da contabilidade, as "reservas ocultas" põem em crise a verdade do balanço e da prestação de contas, mais se agravando essa situação com a sua distribuição.

Este preceito tem, ainda, um papel importante: *a contrario*, diz-nos que *podem ser distribuídas* as reservas cuja existência e cujo montante

---

[1905] PAULO DE TARSO DOMINGUES, no *Código em Comentário* 1 (2010), 5073.

§ 48.° Constituição financeira e defesa do capital 663

figurem, expressamente, no balanço. E, *a fortiori*, elas poderão ser usadas para, por exemplo, cobrir prejuízos transitados.

Finalmente, o artigo 33.°/4 traduz um afloramento do princípio da verdade e da transparência: havendo distribuição de reservas, seja em que termos for, a deliberação deve mencioná-lo, de modo expresso.

III. Como vimos, o artigo 33.°/1 referia a hipótese de haver reservas impostas por lei. Encontramos agora, no artigo 295.°[1906], a imposição de tal reserva: a "reserva legal". O n.° 1 desse artigo[1907] dispõe:

> Uma percentagem não inferior à vigésima parte dos lucros da socie-
> dade é destinada à constituição da reserva legal e, sendo caso disso, à sua
> reintegração, até que aquela represente a quinta parte do capital social. No
> contrato de sociedade podem fixar-se percentagem e montante mínimo mais
> elevados para a reserva legal.

O regime da reserva legal é, depois, completado pelo artigo 296.°[1908]:

> A reserva legal só pode ser utilizada:
> *a)* Para cobrir a parte do prejuízo acusado no balanço do exercício
> que não possa ser coberto pela utilização de outras reservas;
> *b)* Para cobrir a parte dos prejuízos transitados do exercício anterior
> que não possa ser coberto pelo lucro do exercício nem pela utiliza-
> ção de outras reservas;
> *c)* Para incorporação no capital.

O quadro do regime da reserva legal é claro e preciso:

– advém de, pelo menos, 1/20 dos lucros anuais;
– até atingir 1/5 do capital social;
– e só podendo ser usada para os fins do artigo 296.°, acima transcrito.

As cifras podem ser majoradas pelo pacto social: não diminuídas.

[1906] *Vide* o nosso *CSC/Clássica*, 2.ª ed. (2011), anot. artigo 296.°.
[1907] Preceito que tem, de resto, equivalente direto nas leis francesa, alemã e italiana, acima examinadas.
[1908] *Vide* o nosso *CSC/Clássica*, 2.ª ed. (2011), anot. artigo 295.°.

IV. O artigo 295.° do Código das Sociedades Comerciais dispõe, de seguida:

Ficam sujeitas ao regime da reserva legal as reservas constituídas pelos seguintes valores:

a) Ágios obtidos na emissão de ações ou obrigações convertíveis em ações, em troca destas por ações e em entradas em espécie;

b) Saldos positivos de reavaliações monetárias que forem consentidas por lei, na medida em que não forem necessários para cobrir prejuízos já acusados no balanço;

c) Importâncias correspondentes a bens obtidos a título gratuito, quando não lhes tenha sido imposto destino diferente, bem como acessões e prémios que venham a ser atribuídos a títulos pertencentes à sociedade.

O artigo 295.°/3 explica, com diversos pontos, em que consistem os ágios referidos na alínea *a*), acima transcrita: englobam, designadamente, o chamado prémio de emissão das ações. Pergunta-se: as reservas em causa ficam sujeitas a *todo o regime legal* ou apenas a *parte dele*? Com a seguinte consequência prática:

– se for a *todo o regime legal*, as reservas facultativas elencadas no artigo 295.°/2 só ficariam "congeladas" até à concorrência de 1/5 do capital social;

– se for *parte do regime* – e sendo a "parte" o artigo 296.° –, ficariam "congeladas" sem limite de montante.

A questão nem deveria pôr-se: se a lei remete para o "regime legal", é obviamente todo. Fazer amputações apenas poderá conduzir a distorções em absoluto inimputáveis a qualquer legislador razoável, como adiante melhor se verá.

V. O problema ocorreu por via dos trabalhos preparatórios do Código. No anteprojeto do que viria a ser o artigo 33.°, de ALBERTO PIMENTA[1909], dispunha-se, num artigo 4.°, quanto à constituição da reserva legal, nestes termos:

[1909] ALBERTO PIMENTA, *A prestação das contas do exercício nas sociedades comerciais*, BMJ 200 (1970), 11-106, 201 (1970), 5-71, 202 (1971), 5-57, 203 (1971), 5-53, 204 (1971), 5-48, 205 (1971), 5-58, 207 (1971), 5-46 e 209 (1971), 5-36.

§ 48.º Constituição financeira e defesa do capital

1. É obrigatória a constituição de uma reserva legal.

2. A reserva legal só poderá atingir a décima parte do capital subscrito, sedo ilícita qualquer alteração estatutária ou qualquer deliberação da assembleia geral, mesmo tomada por unanimidade, que altere, por qualquer forma, esse limite.

3. A reserva legal será constituída ou reintegrada, até ao limite estabelecido na alínea anterior, pelos seguintes valores:

> a) A vigésima parte, pelo menos, do saldo positivo anual, indicado no balanço, deduzidos dos prejuízos transportados do ano anterior;
> b) Os ágios obtidos na emissão de qualquer tipo de ações, na emissão de obrigações convertíveis, na troca destas ações e nas entradas em espécie;
>
> (...)

O texto do anteprojeto, quando recorria a reservas livres para integrar a reserva legal, dizia, de modo expresso, que isso sucedia *até ao limite desta*. Ora o Código de 1986, que adotou uma diferente distribuição da matéria, deixou de o dizer. Terá querido afetar, sem limites, determinadas reservas livres, à reserva legal?

Pronunciando-se sobre o tema, CASSIANO DOS SANTOS considera que o artigo 33.º do Código das Sociedades Comerciais determina o "lucro de exercício distribuível", mas nada diz sobre o que seja "lucro". E para fixar este, esse Autor recorre ao artigo 295.º/2 do mesmo Código, escrevendo que as "reservas" nele referidas ficam sujeitas ao artigo 296.º, não podendo ser distribuídas. Invoca – conquanto que sem explicar – os elementos sistemático e gramatical[1910].

Anteriormente, RAÚL VENTURA, baseado na evolução dos trabalhos preparatórios, veio dar uma interpretação paralela ao artigo 295.º, aqui em causa; não deixa, aliás, de formular algumas críticas ao esquema finalmente estabelecido na lei[1911].

Posição contrária é a de PINTO FURTADO. Este Autor, a propósito da reserva legal, opina que apenas ficará em indisponibilidade a parcela correspondente à exigência legal; uma vez ultrapassado, a parcela excedentária será reserva livre, podendo ser desafetada[1912] e, logo, distribuída. Assim é.

[1910] FILIPE CASSIANO DOS SANTOS, *A posição do accionista face aos lucros de balanço / O direito do accionista ao dividendo no Código das Sociedades Comerciais* (1996), 29-31; a p. 31, nota 33, o Autor refere alguma doutrina italiana, explicando que a matéria é, aí, debatida.

[1911] RAÚL VENTURA, *Sociedades por Quotas*, I (1987), 345 ss. (355-356).

[1912] PINTO FURTADO, *Curso de Direito das Sociedades*, 5.ª ed. cit., 326.

231. A manutenção das reservas legais

I. O artigo 295.°/2 do Código das Sociedades Comerciais, quando sujeita ao regime da reserva legal determinadas reservas livres, designadamente as constituídas pelos prémios de emissão de ações, fá-lo apenas nos limites de 1/5 do capital social e isso se essa parcela não estiver já coberta pela reserva legal e na medida em que isso (não) suceda.

E assim sucede por várias razões, todas elas confluentes e que passamos a referenciar.

II. Em primeiro lugar, temos um claro elemento gramatical. O artigo 295.°/2 do Código das Sociedades Comerciais sujeita determinadas reservas livres "... ao regime da reserva legal ...". *Não distingue: logo, é todo o regime*. Um dos traços mais marcantes desse regime, que acode ao espírito de qualquer intérprete-aplicador, é o do limite quantitativo: 1/5 do capital.

Em segundo lugar, um elemento sintático. O artigo 295.°/1 indica os primeiros e mais impressivos traços do regime da reserva legal: o modo de constituição e o montante. E *é nessa sequência* que o n.° 2 explicita: *ficam sujeitas ao regime de reserva legal* (...). Esse aspeto *quantitativo* do regime estava direta e necessariamente em causa, parecendo impensável vir escamoteá-lo, apelando apenas a aspetos mais distantes.

Em terceiro lugar, um elemento sistemático. Todo o sistema do Código aponta para um regime de "mínimos", os quais são ultrapassados por expressa disposição estatutária. Alcançados esses mínimos, a própria reserva legal excedentária fica disponível. Não se compreende como, de modo enviesado, o legislador iria ampliar *a latere*, sem limite e à custa da liberdade empresarial, as verbas congeladas.

Neste ponto, a globalidade do sistema, com apoio na autonomia privada e no espaço de liberdade que necessariamente aflora nas sociedades comerciais, sempre exigiria a solução que propugnamos. A hipótese inversa, por contrariedade ao sistema e a valores fundamentais, suscitaria, inclusive, problemas de (in)constitucionalidade, a prevenir pela interpretação.

§ 49.º A PERDA DE METADE DO CAPITAL SOCIAL

232. Generalidades; as redações do artigo 35.º

I. O artigo 35.º dispõe sobre a eventualidade da perda de metade do capital social das sociedades comerciais[1913]. Trata-se de um preceito muito atormentado, que obteve estudos nossos[1914], de Paulo Olavo Cunha[1915], de Paulo de Tarso Domingues[1916] e de Alexandre Mota Pinto[1917], entre outros[1918].

Na sua redação inicial, ele vinha dispor:

1. Os membros da administração que, pelas contas de exercício, verifiquem estar perdida metade do capital social devem propor aos sócios que

---

[1913] Sobre o tema, ainda que pelo Direito anterior, cf. o nosso *Da perda de metade do capital social das sociedades comerciais*, ROA 1996, 157-177 e PAULO DE TARSO DOMINGUES, *Garantias da consistência do património social*, em IDET/*Problemas do Direito das sociedades* (2002), 497-545 (526 ss.). Perante o Direito vigente *vide* o nosso *A perda de metade do capital social e a reforma de 2005: um repto ao legislador*, ROA 2005, 45-87.

[1914] Além dos indicados na nota anterior, *vide* o *CSC/Clássica*, 2.ª ed. (2011), anot. artigo 35.º.

[1915] PAULO OLAVO CUNHA, *O novo regime da redução do capital social e o artigo 35.º do CSC*, Estudos Galvão Telles / 90 anos (2007), 1023-1078 e *Direito das sociedades comerciais*, 4.ª ed. (2010), 531 ss..

[1916] Além do escrito citado *supra*, nota 1782: PAULO DE TARSO DOMINGUES, *A perda grave do capital social*, Estudos Ribeiro de Faria (2003), 739-791, cujo título completo surge *infra*, nota 1790, *Do capital social / Noção, princípios e funções*, 2.ª ed. (2004), 153-198, *Capital e património sociais, lucros e reservas*, AAVV (2008), 173-233 (212-218), *Variações sobre o capital social* (2009), 328 ss. e *Código em Comentário 1* (2010), 511 ss..

[1917] ALEXANDRE MOTA PINTO, *O artigo 35.º do Código das Sociedades Comerciais na versão mais recente*, em *Temas societários* (IDET n.º 12) (2006), 107-151.

[1918] *Vide* os citados *Código em Comentário* e *CSC/Clássica*.

a sociedade seja dissolvida ou o capital seja reduzido, a não ser que os sócios se comprometam a efetuar e efetuem, nos 60 dias seguintes à deliberação que da proposta resultar, entradas que mantenham pelo menos em dois terços a cobertura do capital.

2. A proposta deve ser apresentada na própria assembleia que apreciar as contas ou em assembleia convocada para os 60 dias seguintes àquela ou à aprovação judicial, nos casos previstos pelo artigo 67.°.

3. Não tendo os membros da administração cumprido o disposto nos números anteriores ou não tendo sido tomadas as deliberações ali previstas, pode qualquer sócio ou credor requerer ao tribunal, enquanto aquela situação se mantiver, a dissolução da sociedade, sem prejuízo de os sócios poderem efetuar as entradas das referidas no n.° 1 até ao trânsito em julgado da sentença.

Todavia, o artigo 2.° do Decreto-Lei n.° 262/86, que fixava a entrada em vigor do novo Código em 1-Nov.-1986, veio remeter a vigência do preceito transcrito para "diploma legal". Deve aliás notar-se que esta suspensão não era tão radical como pareceria, uma vez que o artigo 544.°[1919] permitia aos credores de uma sociedade anónima, enquanto não entrasse em vigor o artigo 35.°, requerer a sua dissolução, provando que à época dos seus contratos, estava perdida metade do capital social[1920-1921]; a sociedade poderia opor-se prestando garantias.

II. O Decreto-Lei n.° 184/87, de 21 de Abril, introduziu, no Código, um novo título VII, referente a disposições gerais e de mera ordenação social. Contém-se, aí, o artigo 523.° (Violação do dever de propor dissolução da sociedade ou redução do capital), com o teor seguinte:

O gerente, administrador ou diretor de sociedade que, verificando pelas contas de exercício estar perdida metade do capital, não der cumpri-

---

[1919] *Vide* o nosso *CSC/Clássica*, 2.ª ed. (2011), anot. artigo 544.°.

[1920] Quanto à aplicação deste preceito: STJ 5-Jul.-2001 (BARATA FIGUEIRA), CJ/Supremo IX (2001) 2, 170-172 (171/II).

[1921] O artigo 544.° equivalia, no fundo, ao artigo 120.° do Código VEIGA BEIRÃO, abaixo referido, sendo aplicável às sociedades por quotas por via do artigo 42.° da Lei de 11-Abr.-1901; em 1986, as sociedades por quotas passaram a não estar sujeitas a qualquer regime atinente a perdas graves ... sem qualquer justificação; cf. PAULO DE TARSO DOMIN-GUES, *A perda grave do capital social (A propósito da recente entrada em vigor do artigo 35.° do Código das Sociedades Comerciais)*, em *Estudos em homenagem ao Professor Doutor Jorge Ribeiro de Faria* (2003), 739-791 (741).

§ 49.º A perda de metade do capital social 669

mento ao disposto no artigo 35.º, n.ºˢ 1 e 2, deste Código será punido com prisão até três meses e multa até 90 dias.

III. O Decreto-Lei n.º 237/2001, de 30 de Agosto, veio atingir diversos preceitos do Código, de modo a reduzir as exigências de escritura pública[1922]. Nesse contexto – ou antes: fora dele – dispôs, no artigo 4.º (Entrada em vigor do artigo 35.º do Código das Sociedades Comerciais):

> O artigo 35.º do Código das Sociedades Comerciais entra em vigor na data da entrada em vigor do presente diploma.

Na base da *vacatio* comum, o artigo 35.º terá entrado em vigor no dia 5-Ago.-2001: no Continente[1923]. Por pouco tempo.

IV. O Decreto-Lei n.º 162/2002, de 11 de Julho, modificou os artigos 35.º e 141.º. No tocante ao primeiro desses preceitos, eis a sua configuração:

1. Os membros da administração que, pelas contas do exercício, verifiquem estar perdida metade do capital social devem mencionar expressamente tal facto no relatório de gestão e propor aos sócios uma ou mais das seguintes medidas:

   a) A dissolução da sociedade;
   b) A redução do capital social;
   c) A realização de entradas em dinheiro que mantenham pelo menos em dois terços a cobertura do capital social;
   d) A adoção de medidas concretas tendentes a manter pelo menos em dois terços a cobertura do capital social.

2. Considera-se estar perdida metade do capital social quando o capital próprio constante do balanço do exercício for inferior a metade do capital social.

[1922] Modificou, pela mesma ótica o artigo 3.º do Decreto-Lei n.º 513-Q/79, de 26 de Dezembro, que então regulava as sociedades de advogados (hoje rege o Decreto-Lei n.º 229/2004, de 10 de Dezembro) e o artigo 80.º, do Código do Notariado (2.º e 3.º). Ocupou-se, ainda, de certos reconhecimentos com menções especiais, fixando a sua força probatória (5.º e 6.º).

[1923] Artigo 2.º/2 da Lei n.º 74/98, de 11 de Novembro, hoje alterado e republicado pela Lei n.º 2/2005, de 24 de Janeiro.

670   *A situação jurídica dos sócios*

3. Os membros da administração devem apresentar a proposta prevista no n.º 1 na assembleia geral que apreciar as contas do exercício, ou em assembleia convocada para os 90 dias seguintes à data do início da assembleia, ou à aprovação judicial, nos casos previstos no artigo 67.º

4. Mantendo-se a situação de perda de metade do capital social no final do exercício seguinte àquele a que se refere o n.º 1, considera-se a sociedade imediatamente dissolvida, desde a aprovação das contas daquele exercício, assumindo os administradores, a partir desse momento, as competências de liquidatários, nos termos do artigo 151.º.

O artigo 2.º/2 do Decreto-Lei n.º 162/2002 dispunha:

Considera-se que o exercício de 2003 é o primeiro exercício relevante para efeito da dissolução imediata prevista no n.º 4 do artigo 35.º do Código das Sociedades Comerciais.

V. A redação do artigo 35.º não ficaria por aí. Na verdade, o Decreto-Lei n.º 19/2005, de 18 de Janeiro[1924], veio dar-lhe o seguinte rosto:

1. Resultando das contas de exercício ou de contas intercalares, tal como elaboradas pelo órgão de administração, que metade do capital social se encontra perdido, ou havendo em qualquer momento fundadas razões para admitir que essa perda se verifica, devem os gerentes convocar de imediato a assembleia geral ou os administradores ou diretores requerer prontamente a convocação da mesma, a fim de nela se informar os sócios da situação e de estes tomarem as medidas julgadas convenientes.

2. Considera-se estar perdida metade do capital social quando o capital próprio da sociedade for igual ou inferior a metade do capital social.

3. Do aviso convocatório da assembleia geral constarão, pelo menos, os seguintes assuntos para deliberação pelos sócios:

a) A dissolução da sociedade;

b) A redução do capital social para montante não inferior ao capital próprio da sociedade, com respeito, se for o caso, do disposto no n.º 1 do artigo 96.º;

c) A realização pelos sócios de entradas para reforço da cobertura do capital.

[1924] Retificado nos termos da Declaração de Retificação n.º 7/2005, de 18 de Fevereiro.

§ 49.º A perda de metade do capital social   671

O Decreto-Lei n.º 19/2005 alterou, ainda, os artigos 141.º e 171.º, determinando o seu artigo 2.º uma aplicação retroativa: produz efeitos desde 31 de Dezembro de 2004.

VI. Por fim, o Decreto-Lei n.º 76-A/2006, de 29 de Março, veio introduzir mais uma pequena modificação. Retirou, do n.º 1, a referência "ou diretores", de modo a adequar o preceito aos novos figurinos das sociedades anónimas.

233. As explicações para as alterações sucessivas

I. Quanto à versão original do artigo 35.º, haverá um esboço de explicação no preâmbulo do Decreto-Lei n.º 262/86. Lê-se, aí, em determinado passo[1925]:

> Regulamenta o Código pormenorizadamente a obrigação de entrada dos sócios e a conservação do capital (artigos 25.º a 35.º), de acordo com a 2.ª Diretiva Comunitária, disciplinando rigorosamente a fiscalização da realização das entradas (artigo 28.º), a aquisição de bens aos acionistas (artigo 29.º), a distribuição dos bens aos sócios (artigos 32.º e 33.º) e a perda de metade do capital (artigo 35.º).

O legislador de 1986 terá, assim, decidido transpor a 2.ª Diretriz do Direito das sociedades[1926]. E fê-lo, *disciplinando rigorosamente* a perda de metade do capital social[1927].

Porém, um elevado número de sociedades – incluindo algumas emblemáticas, de grande porte – tinham efetivamente perdido metade do capital social. Por vezes: bastante mais do que isso[1928]. Segundo a *vox populi*, isso explica a suspensão do artigo 35.º, tomada *sine die* pelo artigo 2.º/2 do diploma preambular.

[1925] Mais precisamente: no n.º 7, 7.º parágrafo.

[1926] *Vide* o nosso *Direito europeu das sociedades* (2005), 212-213.

[1927] Quanto à interpretação do artigo 35.º, na sua versão original: RAÚL VENTURA, *Dissolução e liquidação de sociedades* (1987), 136-149.

[1928] *Da perda de metade do capital social*, 176. Cf. LUÍS BRITO CORREIA, *Direito comercial*, 2 – *Sociedades Comerciais* (1989), 350 ss..

II. Segue-se o Decreto-Lei n.º 184/87, de 21 de Abril, de teor sancionatório e visando, no artigo 523.º então aditado, o não-cumprimento, pelos administradores, do "rigoroso" artigo 35.º. Porquê este diploma separado do resto do Código? O seu preâmbulo nada esclarece. Mas de novo a *vox populi* explicou, na altura: houve, por conveniências governamentais hoje esquecidas, uma súbita decisão de acelerar a publicação do Código. Mas faltava a autorização da Assembleia da República, necessária para os preceitos penais. Donde o expediente: fez-se sair o Código, em 2-Set.-1986, sem a parte penal. Obtida a lei de autorização legislativa[1929], adotou-se o título em falta: tal o papel do Decreto-Lei n.º 184/87, de 21 de Abril.

Não houve, neste procedimento, qualquer intenção normativa de pôr em vigor o artigo 35.º. O próprio artigo 523.º nasceu, *ipso iure*, suspenso: aguardando a entrada em vigor das normas que veio sancionar. Manteve-se a suspensão *sine die*[1930].

III. Passados quinze anos, o Decreto-Lei n.º 237/2001, de 30 de Agosto, veio determinar o fim da suspensão. Porquê? O seu preâmbulo é omisso: limita-se a expor o programa governamental, na parte em que pretendeu:

> (...) reduzir o número de atos sujeitos a escritura pública, bem como desburocratizar o sistema de notariado, mediante a simplificação e redução do número de atos que carecem de certificação.

O artigo 4.º desse diploma surge como autêntica "cláusula surpresa", em total desalinho com o teor geral do diploma. Com uma agravante: em Agosto de 2001, desenhava-se uma crise económica que deu azo à depressão de 2003[1931] e que, após uma certa recuperação, se agravou desmesuradamente a partir de 2008[1932].

IV. Esta inusitada técnica legislativa acabou por merecer reparo, por parte do próprio legislador: no preâmbulo do Decreto-Lei n.º 162/2002, de

---

[1929] A saber: a Lei n.º 41/86, de 27 de Setembro.
[1930] *Vide* o nosso *Da perda de metade do capital social* cit., 177.
[1931] *Vide* o nosso *Manual de Direito das sociedades* I, 1.ª ed. (2004), 563.
[1932] *Supra*, 235 ss..

§ 49.° A perda de metade do capital social

11 de Julho. Nesse texto, depois de se explicar o sentido do Decreto-Lei n.° 237/2001, de 30 de Agosto, todo ele virado para a simplificação burocrática, diz-se[1933]:

> Tendo presente este enquadramento, não resulta clara a razão da inserção de um preceito determinando a entrada em vigor do artigo 35.° do Código das Sociedades Comerciais, num diploma norteado por um objetivo de desburocratização e simplificação das formalidades de atos societários.

A *occasio legis* era francamente desfavorável à entrada em vigor do artigo 35.°. Todavia, o legislador de Julho/2002 optou por uma aparente fuga em frente. Voltemos ao preâmbulo do referido Decreto-Lei n.° 162/2002:

> Não obstante a peculiar entrada em vigor deste preceito, o artigo 35.° decorre da transposição de uma norma comunitária, o artigo 17.° da 2.ª Diretiva n.° 77/91/CE, do Conselho, de 13 de Dezembro de 1976, refletindo preocupações de solidez financeira das sociedades comerciais e de proteção dos credores.

E prossegue:

> O artigo 35.° impõe-se, assim, como uma medida consistente com os objetivos de requalificação do tecido empresarial português, servindo como motor para a busca oportuna de soluções dirigidas ao eficiente desenvolvimento da atividade empresarial ou, sendo caso disso, à cessação de atividades empresariais inviáveis.

Continuando, num claro *crescendo*:

> Estimula-se, por um lado, o saneamento e recapitalização de empresas viáveis, abrindo-se um vasto leque de hipóteses de recuperação à sociedade, não se contemporiza porém com empresas descapitalizadas, muitas vezes mantidas por razões alheias aos objetivos de criação de riqueza do setor empresarial. O artigo 35.° serve assim, entre outras finalidades, um objetivo de combate às ditas "empresas-fantasma" (sic), não prejudicando, no entanto, a aplicação do Código dos Processos Especiais de Recuperação da Empresa e de Falência.

[1933] Parágrafo 3.° do preâmbulo do Decreto-Lei n.° 162/2002, de 11 de Julho.

674   *A situação jurídica dos sócios*

Perante este texto, o legislador de Julho/2002 parecia ainda achar insuficiente a entrada em vigor do artigo 35.°, decidida menos de um ano antes. E isso mau grado o agravamento da crise económica e a manifesta inviabilidade do preceito, temas sobre os quais não disse nem uma linha. Concluiu com uma habilidade:

> Atendendo ao enquadramento descrito, impõem-se a concessão de um período inicial de adaptação a um novo regime e a consagração de um mecanismo eficiente através da cominação da dissolução automática ao fim de dois exercícios consecutivos sem que tenha sido regularizada a situação da empresa. Nestes termos, a dissolução imediata prevista no n.°4 do artigo 35.° só ocorrerá a partir do momento da aprovação das contas do exercício de 2004, ou seja, em 2005.

E de facto, o legislador de Julho/2002, perante o dispositivo gravoso, optou por agravá-lo ainda mais – com a anunciada dissolução automática – remetendo, todavia, a sua aplicação para o então futuro ano de 2005.

V. A reforma de 2002 passou despercebida, até 2004: não se aplicava e ninguém acreditava que se iria aplicar. Houve protestos e chamadas de atenção, na comunicação social[1934] e, até, em obras de doutrina[1935].

O legislador acabaria por intervir: um tanto tardiamente, mercê da crise política instalada nos finais de 2004. Assim surgiu o Decreto-Lei n.° 19/2005, de 18 de Janeiro.

A intenção de corrigir o (mau) passo de 2002 é clara, logo no seu preâmbulo[1936]. Reportando-se ao infeliz Decreto-Lei n.° 162/2002, o legislador de 2005 vem dizer:

[1934] *Vide* CARLA AGUIAR, *Governo recua na dissolução automática e impõe obrigações*, em *Diário de Notícias/Negócios*, 8 de Dezembro de 2004, 40.

[1935] *Vide* o presente *Manual de Direito das sociedades* I, 1.ª ed. (2004), 554-555 e 563 e PAULO DE TARSO DOMINGUES, *Capital e patrimónios sociais, lucros e reservas*, em *Estudos de Direito das sociedades*, 7.ª ed. (2005), 129-177 (156 ss., 159, falando em "solução exagerada"). Desse mesmo Autor, *vide A perda grave do capital social* cit., 742, onde, contudo, se vem aplaudir o regime de 2001.

Parece-nos *naïf* a ideia de que as associações patronais (subentendendo-se: o patronato e os capitalistas) estariam contra as reformas de 2001 e 2002: a falência de numerosas empresas é, antes de mais, uma catástrofe para os seus trabalhadores. Pela natureza das coisas, parece lógico que o alarme parta, todavia, das empresas.

[1936] Por curiosidade: o Decreto-Lei n.° 162/2002, de 11 de Julho, foi aprovado sendo Primeiro-Ministro JOSÉ MANUEL DURÃO BARROSO e Ministro da Justiça MARIA

§ 49.º A perda de metade do capital social

De entre as modificações introduzidas destaca-se a cominação, sem paralelo no espectro jus-societário europeu, da dissolução automática da sociedade

E prossegue:

O presente diploma decorre de uma reponderação da questão a uma luz que se considera mais correta e realista, instituindo um regime mais conforme com a letra e o espírito da 2.ª Diretiva

E passa a explicar o novo regime que estabelece.

Resta acrescentar que a reforma de 2006 limitou-se a suprimir a referência a "diretores", sem tocar no fundo da questão em jogo.

234. Aspetos críticos

I. A 2.ª Diretriz de Direito das sociedades aplica-se, apenas, a sociedades anónimas[1937]. Ora o artigo 35.º visa todas as sociedades, incluindo a mais modesta empresa familiar. Além disso, o artigo 35.º, logo na versão original, supera, em muito, as exigências comunitárias. Este pecado original foi purgado com uma suspensão de 15 anos. E então, *ex abrupto*:

– a reforma de 2001 vem pô-lo em vigor;
– a reforma de 2002 vem agravá-lo ainda mais, adiando porém a sua aplicação para 2005;
– a reforma de 2005 intenta resolver o problema: veremos em que termos.

II. Aquando da elaboração do nosso escrito de 2005[1938], procurámos saber, junto de departamentos idóneos, quantas sociedades portuguesas cairiam sob a alçada do artigo 35.º, caso ele estivesse (ou tivesse estado) em vigor. Ninguém sabia[1939].

CELESTE CARDONA, enquanto o Decreto-Lei n.º 19/2005, de 18 de Janeiro, tinha, nos mesmos cargos, PEDRO SANTANA LOPES e JOSÉ PEDRO AGUIAR BRANCO, respetivamente.

[1937] *Vide* o seu artigo 1.º, bem como o nosso *Direito europeu das sociedades* (2005), 182-183.

[1938] *A perda de metade do capital social e a reforma de 2005*, já citado.

[1939] Os números não oficiais são impressionantes: nos finais de 2004, a Associação Industrial Portuguesa estimava em 27.000 as empresas portuguesas que, em 2005 e mercê

Saberia o legislador? Os preâmbulos dos diplomas – particularmente o de 2002 e o de 2005, já que o de 2001 é omisso – perdem-se em declarações empoladas ("estimula-se o saneamento e a recapitalização"; "não se contemporiza com empresas descapitalizadas"; "combate a empresas-fantasmas"), em vez de explicar, como seria oportuno:

- de quantas empresas falamos;
- quais as perspetivas de reunir o capital em falta e que capital é esse;
- quantas falências (entretanto: insolvências) se iriam provocar;
- quais, concretamente, as exigências comunitárias;
- porque razão é o legislador português (muito) mais rigoroso do que os seus congéneres estrangeiros, neste domínio;
- quanto capital se perde, para o estrangeiro, mercê de tal rigor;
- qual o papel da crise atual[1940], em reformas deste tipo.

III. A aparente falta de elementos que alicercem as reformas legislativas[1941] obriga a um maior cuidado na interpretação e na aplicação dos dispositivos em jogo. Em especial, há que proceder às competentes integrações sistemáticas, o que obriga a conhecer elementos históricos, comparatísticos e europeus.

235. O Código Comercial

I. A presença, no Direito português, de dispositivos destinados a enfrentar as perdas societárias não é novidade de inspiração comunitária. De facto, o artigo 120.º do Código Comercial de 1888, relativo aos casos de dissolução das sociedades anónimas, continha um § 4.º, com o seguinte teor:

Os credores duma sociedade anonyma podem requerer a sua dissolução, provando que, posteriormente a epoca dos seus contratos, metade do

---

da reforma de 2002, iriam encerrar; já a Dun & Bradstreet fazia uma estimativa de "apenas" 2.800 falências. O próprio Estado teria recorrido à técnica de (re)transformar em empresas públicas as suas sociedades em perigo, para não ter de lhes injetar capital – *Diário de Notícias/Negócios*, de 8-Dez.-2004, 40.

[1940] Leia-se: a crise de 2005; hoje (2010/2011), a situação é muito pior.

[1941] Paulo de Tarso Domingues, *Código em Comentário* cit., 1, 517 ss., fala em "errático caminho".

§ 49.° *A perda de metade do capital social* 677

capital social está perdido; mas a sociedade póde oppôr-se á dissolução, sempre que dê as necessarias garantias de pagamento aos seus credores.

O transcrito preceito vigorou durante 98 anos. Foi comentado e anotado por gerações de grandes juristas: ANDRIANO ANTHERO[1942], CUNHA GONÇALVES[1943] e PINTO FURTADO[1944], como exemplos. Não deu azo a dúvidas, nem a sobressaltos.

O legislador de 1888 estava essencialmente preocupado com os credores: a ideia patente no preâmbulo de 2002! De facto, VEIGA BEIRÃO não veio obrigar a especiais esclarecimentos aos sócios (não bastarão as regras sobre as contas?) nem se preocupou com os deveres dos administradores (não são eles destituíveis?). Bastaria dar, aos credores, poderes eficazes, até ao limite requerido pela garantia dos seus créditos. A partir daí, manda o mercado.

E, obviamente: estamos perante uma típica questão de sociedades anónimas.

236. Nota comparatística

I. O Direito alemão das sociedades anónimas merece sempre uma especial atenção: trata-se da ordem jurídica mais dinâmica e avançada do Continente; além disso, ela teve uma influência marcante no Direito europeu e, particularmente, na 2.ª Diretriz, aqui em causa.

A presença de regras atinentes à perda de metade do capital social remonta ao AHGB de 1861, mais especificamente após a reforma de 1884[1945]. Curiosamente, o seu sentido geral manteve-se, ao longo da evolução subsequente: o HGB de 1897, o AktG de 1937 e o AktG de 1965, com alterações posteriores e hoje em vigor.

[1942] ANDRIANO ANTHERO, *Comentario ao Codigo Commercial Portuguez*, 1 (1913), 232.

[1943] LUIZ DA CUNHA GONÇALVES, *Comentário ao Código Comercial Português*, 1 (1914), 300.

[1944] JORGE PINTO FURTADO, *Código Comercial Anotado*, I, *Artigos 1.° a 150.°* (1975), 352.

[1945] Quanto à evolução histórica da experiência alemã: *Da perda de metade do capital social*, 160 ss. e 170 ss..

678   *A situação jurídica dos sócios*

Dispõe o § 92(1), do AktG[1946]:

> Quando derive do resultado do balanço anual ou de um balanço intercalar ou quando seja de admitir, perante uma ponderação cuidadosa, que existe uma perda correspondente a metade do capital social, deve de imediato a direção convocar a assembleia geral e comunicar-lho.

Fundamentalmente, está em jogo um dever de informar os acionistas das perdas existentes[1947]. Apenas na hipótese de impossibilidade de pagamentos cabem deveres de abertura do processo de insolvência – § 92(2) – e de suspensão de desembolsos – § 92(3).

Explica a doutrina que, perante a assembleia geral extraordinária convocada para tomar conhecimento das perdas, não há, obviamente (KARSTEN SCHMIDT), qualquer obrigação de elevar o capital[1948]. Essa medida visa, apenas, gerar a oportunidade para, depois, poderem ser tomadas outras iniciativas convenientes.

O objetivo da norma é, tão-só, o garantir aos acionistas a informação imediata da perda, prevenindo que a direção, isoladamente, controle o significado e o alcance de tal situação[1949]. Seria de todo impensável, a propósito de tal dever, codificar as saídas possíveis – e isso a haver medidas necessárias. Como adiante veremos, uma perda de metade do capital social pode não ter qualquer significado, em termos de crise.

II. O Código de Comércio francês que, em 2000, absorveu formalmente o Código das Sociedades de 1966, vem dispor, no artigo 225-248/I, versão em vigor[1950]:

[1946] UWE HÜFFER, *Aktiengesetz*, 9.ª ed. cit., 478 ss. e GERD KRIEGER/VIOLA SAILER-COCEANU, em KARSTEN SCHMIDT/MARCUS LUTTER, *Aktiengesetz Kommentar*, 1, 2.ª ed. (2010), § 92 (1233 ss.).

[1947] KLAUS-PETER MARTENS, *Die Anzeigepflicht des Verlustes des Garantiekapitals nach dem AktG und dem GmbHR – Zur Informationspolitik in den Kapitalgesellschaften*, ZGR 1972, 254-288 (256 ss., 286 ss.) e WELF MÜLLER, *Der Verlust der Hälfte des Grund- oder Stammkapitals*, ZGR 1985, 191-213 (212-213, o resumo).

[1948] KARSTEN SCHMIDT, *Gesellschaftsrecht*, 4.ª ed. cit., 895.

[1949] GEORG WIESNER, no *Münchener Handbuch des Gesellschaftsrechts*, 4, *Aktiengesellschaft*, 2.ª ed. (1999), § 25, 51 (266-267).

[1950] Trata-se de um preceito proveniente do artigo 241.º do Código das Sociedades, aprovado pela Lei n.º 66-537, de 24 de Julho de 1966. *Vide o Code des sociétés et des marchés financiers*, da Dalloz, 27.ª ed. (2011), 789-790.

§ 49.° *A perda de metade do capital social* 679

Se, em resultado de perdas constatadas pelos documentos contabilísticos, os capitais próprios da sociedade se tornarem inferiores a metade do capital social, o conselho de administração ou o diretório, conforme o caso, devem (...) convocar a assembleia geral extraordinária para decidir se há ou não lugar à dissolução antecipada da sociedade.

E prossegue:

Se a dissolução não for decidida, a sociedade fica obrigada, até à conclusão do segundo exercício subsequente àquele no decurso do qual se verifica a constatação das perdas (...), a reduzir o seu capital num montante, pelo menos, igual ao das perdas (...)

Sempre segundo a lei francesa vigente[1951], a convocação da assembleia deve intervir até quatro meses depois de constatadas as perdas. Além disso, apenas decorridos dois anos sobre o não-funcionamento da assembleia é possível a qualquer interessado requerer, judicialmente, a liquidação. Ainda nessa altura: pode o tribunal conceder até seis meses, para a regularização do problema. Embora mais rigoroso do que o regime alemão, o esquema francês fica longe das agruras lusitanas.

III. O Direito italiano das sociedades foi profundamente reformado em 2003. Interessa reter o artigo 2446.° do Código Civil, na redação resultante dessa reforma[1952]:

Quando resulte que o capital diminuiu para além de um terço, em consequência de perdas, os administradores ou o conselho de gestão e, no caso de inércia deste, o conselho de vigilância devem, sem demora, convocar a assembleia para os procedimentos oportunos. À assembleia deve ser submetido um relatório sobre a situação patrimonial da sociedade, com as observações do colégio sindical (...)

De seguida:

Se no exercício subsequente a perda não se mostrar diminuída para além do terço, a assembleia que aprova tal balanço deve reduzir o capital na proporção das perdas (...)

[1951] *Vide*, além do texto da lei, PHILIPPE MERLE, *Droit commercial/Sociétés commerciales*, 9.ª ed. (2003), 688-689.

[1952] ROBERTO TRIOLA, *Codice civile annotato*, 3.ª ed. (2003), 2230. Este texto está em vigor desde 1-Jan.-2004.

680 *A situação jurídica dos sócios*

Ficou patente a opção do legislador por uma intervenção, moderada mas clara, em termos técnico-jurídicos[1953]. A doutrina sublinha o dever de informação que, daqui, decorre para os administradores[1954] Também aqui nada há que se aproxime das nossas reformas de 1986, 2001, 2002 e 2005.

237. A segunda Diretriz

I. De seguida, cumpre referir a 2.ª Diretriz do Conselho, de 13-Dez.-1976, "tendente a coordenar as garantias que, para proteção dos sócios e de terceiros, são exigidas nos Estados-membros às sociedades (...) no que respeita à constituição da sociedade anónima, bem como à conservação e às modificações do seu capital social ..."[1955].

Dessa Diretriz interessa reter o seu artigo 17.º: de acordo com o referido preâmbulo do Decreto-Lei n.º 262/86, esse artigo está na base do artigo 35.º do CSC, aqui em estudo.

Diz o artigo 17.º da 2.ª Diretriz em causa:

1. No caso de perda grave do capital subscrito, deve ser convocada uma assembleia geral no prazo fixado pelas legislações dos Estados-membros, para examinar se a sociedade deve ser dissolvida ou se deve ser adotada qualquer outra medida.

2. Para os efeitos previstos no n.º 1, a legislação de um Estado-membro não se pode fixar em mais de metade do capital subscrito o montante da perda considerada grave.

II. Como se vê, o artigo 17.º da 2.ª Diretriz é bastante flexível[1956], aproximando-se do esquema alemão. Deixa grande margem aos legisladores nacionais.

[1953] GIOVANNI LO CASCIO, *Società per azioni/Obbligazioni, bilancio, recesso, operazioni sul capitale (artt. 2410-2447 c.c.)* (2003), 541 ss. (542 e *passim*).

[1954] FERRARA/CORSI, *Gli imprenditori e le società*, 14.ª ed. cit., n.º 34.5 (995).

[1955] JOCE N.º L 26, de 31 de Janeiro de 1977, 1-13(1). *Vide Direito europeu das sociedades*, 181 ss. (o texto), 207 ss. (a preparação e o sistema geral) e 219 ss. (a transposição). *Vide*, ainda e com referência à projetada revisão da 2.ª Diretriz, HORST EIDENMÜLLER/BARBARA GRUNEWALD/ULRICH NOACK, *Minimum Capital in the System of Legal Capital*, em MARCUS LUTTER, *Legal Capital in Europe* (2006), 17-41, bem como RÜDIGER VEIL, *Capital Maintenance, idem*, 75-93.

[1956] MATHIAS HABERSACK, *Europäisches Gesellschaftsrecht*, 3.ª ed. cit., 152-153.

§ 49.° A perda de metade do capital social 681

A grande obrigação surgida do facto das perdas consideradas é, no fundo, a de prevenir os sócios, no local de eleição para tal efeito: a assembleia geral.

238. A previsão vigente

I. Regressando ao Direito português, recordemos a redação em vigor do artigo 35.°/1:

1. Resultando das contas de exercício ou das contas intercalares, tal como elaboradas pelo órgão de administração, que metade do capital social se encontra perdido, ou havendo em qualquer momento fundadas razões para admitir que essa perda se verifica (...)

Contas de exercício são as previstas no artigo 65.°/1, com referência a cada exercício anual[1957]. As contas intercalares situam-se entre as contas de exercício, podendo ser requeridas por lei especial ou pelos estatutos ou, ainda, derivar de mera prática interna.

II. O artigo 35.°/1 prevê ainda a hipótese de "fundadas razões" levarem a admitir as tais perdas graves. Não há, aqui, diversamente do que sucede no § 92.°(1) do AktG alemão, um dever de indagar a existência de tais perdas. As "fundadas razões" serão, assim, aquelas que se imponham ao gestor normal, colocado na posição do gestor real. Para serem "fundadas" elas deverão, de todo o modo, arrancar de umas quaisquer contas anteriores. Por exemplo, assim sucederá na hipótese de as contas de exercício mostrarem uma situação muito próxima da fronteira, havendo, depois, um manifesto período de atuação em perda.

Tudo isto traduz um alargamento em relação à redação anterior – portanto: a proveniente do Decreto-Lei n.° 162/2002, de 11 de Julho[1958] – que apenas apresentava, como referencial, as contas de exercício.

[1957] MARIA ADELAIDE ALVES DIAS RAMALHO CROCA, *As contas do exercício/Perspectiva civilística*, ROA 1997, 629-667.

[1958] A exegese do artigo 35.°, na versão derivada da reforma de 2002, pode ser confrontada em PAULO DE TARSO DOMINGUES, *A perda grave do capital social* cit., 767 ss..

682 *A situação jurídica dos sócios*

III. Seja como for, o artigo 35.º/2, inspirando-se, desta feita, no modelo italiano, veio esclarecer:

> Considera-se estar perdida metade do capital social quando o capital próprio da sociedade for igual ou inferior a metade do capital social.

Abandonou-se a referência, feita na reforma de 2002, ao "... capital próprio constante do balanço do exercício ...", uma vez que a existência das perdas pode, agora, ser apurada na base dos balanços intercalares ou das "fundadas razões".

IV. Os capitais próprios abrangem, além do capital social, as reservas de ágio, as prestações dos acionistas, a reserva legal, as reservas livres e outras rubricas. Na lógica da lei, haverá que lhe subtrair o passivo. Todavia, não é pacífico, entre os peritos, o exato alcance desse capital e, designadamente, se abrange expectativas de negócio e reavaliações[1959]. Em situações de fronteira e no silêncio do legislador, tudo dependerá das técnicas contabilísticas utilizadas.

239. As consequências

I. Verificadas as tais perdas graves – 35.º/1, 2.ª parte:

> (...) devem os gerentes convocar de imediato a assembleia geral ou os administradores requerer prontamente a convocação da mesma, a fim de nela se informar os sócios da situação e de estes tomarem as medidas julgadas convenientes.

Desde logo merece reparo a pesada redação de todo este preceito. Haveria outras formas de exprimir o pretendido sem, num único período, incluir uma dezena de predicados. Não caberia, aliás, a este normativo especificar o modo de convocar a assembleia geral, figura que, de resto, só é referida, no Código, a propósito de sociedades anónimas.

[1959] Abílio Neto, *Código das Sociedades Comerciais*, 2.ª ed. (2003), 168.

§ 49.° *A perda de metade do capital social* 683

II. Além do dever de convocação, a lei determina a ordem do dia mínima, ainda que usando uma linguagem menos curial[1960]. Assim, sempre do novo artigo 35.°:

> 3. Do aviso convocatório da assembleia geral constarão, pelo menos, os seguintes assuntos para deliberação pelos sócios:
>
> *a*) A dissolução da sociedade;
> *b*) A redução do capital social para montante não inferior ao capital próprio da sociedade, com respeito, se for o caso, do disposto no n.° 1 do artigo 96.°;
> *c*) A realização pelos sócios de entradas para reforço da cobertura do capital.

A dissolução por deliberação dos sócios opera nos termos do artigo 141.°/1, *b*).

A redução do capital social deve observar os artigos 94.° e seguintes. Note-se que a convocatória terá de conter os elementos aí especificados. Tratando-se, como se trata, de cobrir perdas, ficaria dispensada a autorização judicial (95.°/3) suprimida, de todo o modo, após a reforma de 2007. A ressalva do capital mínimo (96.°) sempre teria aplicação, sendo dispensável o final da alínea *b*), acima transcrita.

Quanto à "realização de entradas": a competente deliberação especificará que tipo de prestações estarão em jogo e qual o ritmo da sua realização, dentro dos fins da lei.

III. Os três pontos elencados são, apenas, pontos para deliberação dos sócios. Nenhum deles tem de ser aprovado. Desaparece a dissolução automática, tendo, consequentemente, sido suprimida a alínea *f*) do artigo 141.°/1, adotada pelo Decreto-Lei n.° 162/2002, de 11 de Julho.

[1960] E que inclui um lapso de gramática: " ... a fim de nela se *informarem* os sócios..." seria a fórmula correta. Vejamos outro erros e apenas quanto ao corpo do artigo 35.°/3: "aviso convocatório" é repetitivo; a expressão correta é "convocatória" (94.° e 377.°/2); "da assembleia geral" é dispensável: pelo contexto, qualquer convocatória teria de se reportar a esse órgão; uma convocatória não tem "assuntos": compreende uma ordem do dia – 377.°/5, *e*) – repartida em pontos; "para deliberação pelos sócios" é cacafónico e desnecessário: é óbvio que a ordem do dia de uma assembleia geral só pode visar ... deliberações sociais; finalmente, passou-se a usar o futuro ("constarão") quando, nos números 1 e 2 se usou o presente. A deriva linguística anda a par com as derivas regulativas: está nos livros.

684 — *A situação jurídica dos sócios*

O legislador considerou que, não havendo redução do capital, bastaria reportar a situação das perdas graves. Donde a adenda feita ao artigo 171.º/2, de modo a obrigar, nos atos externos[1961], a publicitar:

> (...) o montante do capital próprio segundo o último balanço aprovado, sempre que este for igual ou inferior a metade do capital social.

Pode não haver nenhum balanço aprovado relativo a esse tema, sendo, todavia sabido, com "fundadas razões", que se verificaram as perdas graves aqui relevantes.

Além disso, não vislumbramos qualquer exequibilidade para tal preceito.

IV. *Quid iuris* se os administradores não executarem o artigo 35.º, versão 2005? Já vimos que desapareceu a dissolução automática. E também desapareceu o "dever de propor": tudo se queda, agora, por um dever de convocar ou de fazer convocar a assembleia geral, com uma certa ordem do dia.

Paralelamente, o legislador não tocou no artigo 523.º. Perante a vigente textura do artigo 35.º, esse preceito perdeu sentido útil.

Resta concluir que o atual artigo 35.º pode operar como fonte de deveres legais, para efeitos de responsabilidade civil dos administradores para com a sociedade (72.º/1, na parte em que refere "omissões") e para com os credores sociais (78.º/1). Perante a fórmula restritiva do artigo 79.º/1, ao restringir-se aos danos diretos, queda, como via de responsabilidade perante sócios e terceiros, o apelo às normas de proteção (artigo 483.º/1, do Código Civil, 2.ª parte).

As hipóteses de atuação de tais remédios são académicas.

240. Comentário à situação atual

I. Apesar dos óbices apontados, particularmente formais, o Decreto-Lei n.º 19/2005, de 18 de Janeiro, logrou quebrar o *circulus vitiosus* que

---

[1961] Portanto: "... em todos os contratos, correspondência, publicações, anúncios e de um modo geral em toda a atividade externa ...", segundo o artigo 171.º/1.

§ 49.° *A perda de metade do capital social*

nos vinha desde 1986 e que o legislador de Julho/2002 agravou: ou se suspendia o artigo 35.° ou se engendrava um esquema especialmente pesado para as empresas nacionais.

Nenhum apelo à 2.ª Diretriz das sociedades comerciais justificava a solução rigorosa de 1986[1962] nem, muito menos, a versão ainda mais dura de 2002.

II. De facto, a 2.ª Diretriz é aplicável, como vimos, apenas a sociedades anónimas – artigo 1.°[1963]: o artigo 35.° aplica-se a todas as sociedades. A opção nacional de generalizar um dispositivo pensado e acordado apenas para as sociedades anónimas vem fazer, sem vantagem, do Direito português das sociedades de pessoas, o mais gravoso da Europa. Repare-se que tal opção não ocorreu, apenas, no tocante ao artigo 35.°: ele operou, em geral, em toda a transposição da 2.ª Diretriz.

É certo que alguns países, como a Alemanha e a França, preveem dispositivos similares para as sociedades por quotas. Todavia: por um lado, nunca nesses ordenamentos se alcançaram os rigores do artigo 35.°, versão 1986 ou versão 2002; por outro, as sociedades por quotas funcionavam, nesses países, como (pequenas) sociedades de capitais enquanto, entre nós, mercê do crescente desuso das sociedades em nome coletivo, as sociedades por quotas dão corpo a sociedades de pessoas. Ora é para enfrentar particularidades deste tipo (e doutros) que o Tratado da União prevê a figura das diretrizes. Cabe ao legislador nacional proceder a uma verdadeira transposição que tenha em conta as particularidades de cada País.

III. Se atentarmos, de novo, no preceito relevante da 2.ª Diretriz – o artigo 17.° – encontramos o seguinte:

1. No caso de perda grave do capital subscrito, deve ser convocada uma assembleia geral no prazo fixado pelas legislações dos Estados-Membros, para examinar se a sociedade deve ser dissolvida ou se deve ser adotada qualquer outra medida.
2. Para os efeitos previstos no n.° 1, a legislação de um Estado-Membro não pode fixar em mais de metade do capital subscrito o montante da perda considerada grave.

[1962] Aliás: como esta versão não entrou em vigor na altura (nem nenhuma outra).
[1963] Também Paulo de Tarso Domingues, *Código em Comentário* cit., 1, 521.

A 2.ª Diretriz não prevê:

– nem qualquer dever de deliberar a dissolução;
– nem qualquer dever de reduzir o capital;
– nem qualquer dever de proceder a contribuições suplementares;
– nem qualquer dever específico de publicidade.

As opções rigorosas do Código constituem, para nós, verdadeiro enigma. E quanto à dissolução automática que chegou a ser prevista em 2002: sem palavras.

IV. Neste contexto, a reforma de 2005 atendeu, finalmente, ao sentido da 2.ª Diretriz, aproximando dela a lei portuguesa. Em boa hora.

Resta, porém, o inusitado dever de publicidade ora inserido no artigo 171.º/2[1964]. E o facto de esse preceito se destinar a letra morta não é consolo.

Não vemos que suplemento de proteção aos credores possa advir de tal dispositivo. Qualquer operação significativa levará sempre os interessados a consultar as contas e, daí, a aperceber-se – mas agora, no contexto! – das perdas graves. Estas, atendendo ao sector – por hipótese – ou ao facto de se tratar de empresa em início de atividade, podem nada ter de alarmante.

Mas publicitar, em papel timbrado, uma situação de perda grave só vem dificultar qualquer recuperação. Tudo isto acaba, afinal, por entroncar na irredutível complexidade do Direito português das sociedades comerciais; um tema que mereceria uma reflexão atenta do legislador.

[1964] Sofia Henriques, no *CSC/Clássica*, 2.ª ed. (2011), anot. artigo 171.º.

SECÇÃO III
A COMPARTICIPAÇÃO NA VIDA SOCIETÁRIA

SUBSECÇÃO I
OS ACORDOS PARASSOCIAIS

§ 50.° OS ACORDOS PARASSOCIAIS: CATEGORIAS, DIREITO COMPARADO E DIREITO DA UNIÃO EUROPEIA

241. Categorias básicas

I. Como foi referido, a comparticipação dos sócios na vida societária constitui um dos aspetos básicos do *estado* em que se inserem. Aí se concretiza o seu direito ao trabalho e o seu direito à iniciativa privada: pessoal e económica. Um moderno Direito das sociedades deve dar a maior atenção a este aspeto, no qual, de resto, se entrecruzam direitos fundamentais. O Direito português contém importantes elementos para a elaboração da inerente categoria[1965].

II. A comparticipação dos sócios na vida societária obedece, antes de mais, à autonomia privada e à sua livre iniciativa. Esta processa-se, contudo, no quadro da lei, dos estatutos da sociedade e, ainda, de determinados acordos celebrados pelos sócios: são os chamados acordos parassociais.

[1965] *Vide*, com indicações, PINTO FURTADO, *Comentário ao Código das Sociedades Comerciais* 1 (2009), 450 ss., CAROLINA CUNHA, *Código em Comentário* 1 (2010), 286 ss. e o nosso *CSC/Clássica*, 2.ª ed. (2011), anot. artigo 17.°.

688 *A situação jurídica dos sócios*

Os acordos parassociais são convénios celebrados por sócios de uma sociedade, nessa qualidade; visam, além disso, regular relações societárias. Distinguem-se, em abstrato, do próprio pacto social, uma vez que apenas respeitam aos sócios que os celebrem, sem interferir no ente coletivo[1966]. E distinguem-se igualmente de quaisquer outros acordos que os sócios possam celebrar entre si por, no seu objeto, respeitarem a verdadeiras relações societárias.

Compreende-se a delicadeza da figura; através de acordos parassociais, os sócios podem defraudar todas as regras societárias e, ainda, os próprios estatutos. Por isso, os diversos ordenamentos têm tecido, em torno dos acordos parassociais, múltiplos esquemas restritivos.

III. Os acordos parassociais podem respeitar ao exercício do direito de voto[1967]: seja no tocante a aspetos pontuais, seja no que respeita à estratégia geral da sociedade, no âmbito da política do pessoal ou da própria empresa[1968]. Por vezes, implicam verdadeiras deliberações prévias. Podem ainda regular o regime das participações sociais, fixando preferências ou variados processos de alienação. Neles os sócios podem obrigar-se a subscrever aumentos futuros de capital ou a constituir novas sociedades complementares. Em suma: há todo um universo subjacente, que adiante documentaremos[1969]. O tema tem grande acuidade prática e apresenta completa dignidade científica[1970].

[1966] Quanto à distinção entre o acordo parassocial e o próprio contrato de sociedade cf. RAFFAELE TORINO, *I contratti parassociali* (2000), 12 ss. e MARTIN DÜRR, *Nebenabreden im Gesellschaftsrecht* (1994), 15 ss..

[1967] PETER BEHRENDS, *Stimmrecht und Stimmrechtsbindung*, FS 100 Jahre GmbH--Gesetz (1992), 539-558 (551 ss.) e KLAUS J. MÜLLER, *Stimmbindungen von GmbH--Gesellschaftern*, GmbHR 2007, 113-117.

[1968] EDGAR JOUSSEN, *Gesellschafterabsprachen neben Stazung und Gesellschaftsvertrag* (1995), 6 e 8.

[1969] Quanto aos seus possíveis objetos: CHRISTIAN BERGER, *Nebenverträge im GmbH-Recht* (1995), 17-29.

[1970] Cabe ainda referir ANA FILIPA LEAL, *Algumas notas sobre a parassocialidade no Direito português*, RDS 2009, 135-186 e MANUEL CARNEIRO DA FRADA, *Acordos parassociais omnilaterais*, DSR 2009, 97-135.

§ *50.° Os acordos parassociais: categorias, Direito comparado e Direito da UE* 689

242. Nota comparatística

I. Normalmente, apontam-se os países anglo-saxónicos, no séc. XIX, como tendo dado azo aos primeiros acordos parassociais[1971]. Esta facilidade não radica propriamente num exacerbar do princípio da liberdade contratual: antes joga a conceção puramente patrimonial que o *Common Law* tem do direito de voto (*right of property*)[1972]. Nas palavras atribuídas ao juiz JESSER, no século XIX, *a shareholder's vote is a right of property which he may use as he pleases*[1973]. E, naturalmente: dá corpo a uma forte capacidade de iniciativa individual, com o respeito pelos compromissos assumidos nesse plano.

Apenas em situações-limite, perante fraudes desenvolvidas contra acionistas minoritários, se prevê uma intervenção do ordenamento.

No tocante à experiência norte-americana, cumpre salientar que, mau grado a complexidade resultante da sobreposição entre os Direitos estaduais e o Direito federal, ela é, neste particular ponto, próxima da inglesa[1974]. Ficam ressalvadas normas injuntivas, nomeadamente as que imponham ofertas públicas de aquisição.

II. A experiência francesa teve, no seu início e no tocante a "convenções de voto", pedra angular dos acordos parassociais, um certo desenvolvimento[1975].

[1971] *Vide* PUPO CORREIA, *Direito Comercial*, 9.ª ed. cit., 184. Entre nós, uma desenvolvida análise comparatística pode ser confrontada em MARIA DA GRAÇA TRIGO, *Os acordos parassociais sobre o exercício do direito de voto* (1998), 45 ss..

[1972] Com indicações, *vide* LUCA SIMONETTI, *Gli "shareholders' agreements" in Inghilterra*, em BONELLI/JAEGER, *Sindacati di voto e sindacati di blocco* (1993), 433-447 (438-439).

[1973] CARSTEN RODEMANN, *Stimmbindungsvereinbarungen in dem Aktien- und GmbH-Rechten Deutschlands, Englands, Frankreichs und Belgiens* (1998), 327.

[1974] Também com indicações, THOMAS JOYCE, *Shareholders agreements: a U.S. perspective*, em BONELLI/JAEGER, *Sindacati* cit., 355-375 (365 ss.) e FRANKLIN A. GEVURTZ, *Corporation Law* cit., 481 ss..

[1975] Um panorama da Ciência jurídica francesa no início do séc. XX, quanto ao problema em estudo, pode ser confrontado em JEAN ESCARRA, *Les restrictions conventionnelles de la transmissibilité des actions*, ADComm 25 (1911), 337-358 e 425-470. Com elementos mais recentes, *vide* DIDIER MARTIN, *Les conventions de vote en France*, em BONELLI/ /JAEGER, *Sindacati* cit., 377-397. Entre nós, *vide* MARIA DA GRAÇA TRIGO, *Os acordos parassociais* cit., 69 ss..

690   *A situação jurídica dos sócios*

As "convenções de voto" foram-se implantando, na prática, mau grado a falta de bases legais. Pouco publicitadas, elas só vinham à luz em caso de conflito grave entre acionistas. Nessa altura, tornava-se decisivo apurar qual a sua finalidade: a jurisprudência admitia convenções de manifesto interesse social, invalidando as puramente egoístas[1976].

Simplesmente, enquanto na Alemanha – em experiência abaixo considerada – as exigências da concentração e da racionalização, operando em nome do interesse social, levaram à definitiva consagração dos acordos parassociais, em França eles ter-se-ão prestado a jogos menos claros entre acionistas[1977].

Assim, um Decreto-Lei de 31-Ago.-1937 veio, no seu artigo 10.º, modificar o artigo 4.º da Lei de 13-Nov.-1933, proibindo as convenções de voto[1978]. Fê-lo nos seguintes e sugestivos termos:

> Sont nulles et de nul effet dans leurs dispositions, principales et accessoires, les clauses ayant pour objet ou pour effet de porter atteinte au libre exercice du droit de vote dans les assemblées générales des sociétés commerciales.

Considerado excessivo, este preceito obrigou a cuidadas tarefas de interpretação e de aplicação judiciais. Embora em termos restritivos, certas convenções foram sendo toleradas[1979].

A lei das sociedades comerciais de 1966, um tanto surpreendentemente, não se pronunciou sobre o tema. Apenas no seu artigo 440.º, 3 – hoje L. 242-9, 3, do Código de Comércio –, surge um preceito penal punindo com multa e prisão a pessoa que aceite vantagens para votar ou não votar em certo sentido, tal como aquela que as conceda, com esses mesmos objetivos. A "compra de votos" está, pois, vedada[1980].

[1976] Philippe Merle, *Droit commercial/Sociétés commerciales*, 10.ª ed. cit., n.º 314 (370-371).

[1977] Diversos elementos comparatísticos, ainda que já antigos, podem ser confrontados em Hartmut Lübbert, *Abstimmungsvereinbarungen in dem Aktien- und GmbH-Rechten der EWG-Staaten, der Schweiz und Grossbritanien* (1971), 477 pp..

[1978] Charles Freyria, *Étude de la jurisprudence sur les conventions portant atteinte à la liberté du vote dans les sociétés*, RTDComm IV (1951), 419-437.

[1979] Com elementos diversos, Freyria, *Étude* cit., 421 ss. e 436-437.

[1980] Philippe Merle, *Droit commercial/Sociétés commerciales*, 9.ª ed. cit., 365: dois anos de prisão e/ou 9.000 euros de multa.

§ 50.º *Os acordos parassociais: categorias, Direito comparado e Direito da UE*   691

A evolução manteve-se, pois, jurisprudencial. Assim[1981]:

– são válidas as convenções nos grupos de sociedades, quando mais não façam do que lhes dar corpo e joguem no interesse social;
– são nulas as convenções pelas quais o acionista se obrigue antecipadamente a votar neste ou naquele sentido.

De todo o modo, o Direito francês é considerado pouco permissivo em relação às "convenções de voto"[1982]. Subjaz, ainda, uma conceção do voto como direito funcional, que não poderia ser exercido fora do seu quadro próprio[1983]. Documentando a riqueza dos Direitos do Velho Continente, a experiência francesa contrapõe-se, assim, claramente à inglesa e, como veremos, à alemã.

III. Dentro dos Direitos continentais, a experiência alemã é frequentemente considerada como a mais favorável aos acordos parassociais[1984]. Contrapor-se-ia até, globalmente e nessa base, aos Direitos latinos, mais inclinados para a proibição[1985].

Todavia, no princípio do séc. XX, surgiu uma orientação contrária à admissibilidade de acordos parassociais. Em RG 16-Mar.-1904 entendeu-se que um acordo parassocial contrariava o espírito da sociedade, sendo contrário aos bons costumes[1986]. Esta orientação foi retomada pelo mesmo *Reichsgericht*, em 7-Jun.-1908[1987]. Mais tarde, como veremos, a jurisprudência inverteu a sua posição. Não obstante, mantiveram-se sempre vozes contrárias à admissibilidade de pactos parassociais[1988].

[1981] *Idem*, 366, onde podem ser confrontadas as diversas decisões de suporte. Cf., ainda, MICHEL JEANTIN, *Droit des sociétés*, 3.ª ed. (1994), 105-107.

[1982] *Vide* MAURICE COZIAN/ALAIN VIANDIER, *Droit des sociétés*, 3.ª ed. (1994), 302-303 e PIERRE BÉZARD, *La société anonyme* (1986), 290-291.

[1983] RODEMANN, *Stimmbindungsvereinbarungen* cit., 180 ss. e ARNOLD BÜSSEMAKER, *Stimmbindungsverträge bei Kapitalgesellschaften in Europa/Ein Vergleich der Rechtslagen in Deutschland, Frankreich und dem Vereinigten Königreich* (1999), 161 ss..

[1984] HANS-PETER OVERRATH, *Die Stimmrechtsbindung* (1973), XVII + 145 pp. (7).

[1985] WOLFGANG ZÖLLNER, *Zur Schranken und Wirkung von Stimmbindungsverträgen, insbesondere bei der GmbH*, ZHR 155 (1991), 168-189.

[1986] RG 16-Mar.-1904, RGZ 57 (1904), 205-208 (208).

[1987] RG 7-Jun.-1908, RGZ 69 (1908), 134-137 (137).

[1988] De entre a literatura citada em obras da especialidade, foi confrontado CURT EDUARD FISCHER, *Neues Aktienrecht für Familien-Unternehmen / Wird eine "Flucht" in

692 *A situação jurídica dos sócios*

As necessidades da organização económica e uma conceção mais marcadamente empresarial das sociedades comerciais, particularmente das anónimas, levou a jurisprudência a admitir a validade e a eficácia de acordos parassociais. Nesse sentido, é possível citar diversa jurisprudência, ainda a nível do *Reichsgericht*: RG 19-Jun.-1923[1989], RG 20-Nov.-1925[1990] e RG 10-Jan.-1928[1991]. Mais tarde, o *Bundesgerichtshof* manteria esta orientação. Assim, BGH 29-Mai.-1967[1992], BGH 7-Fev.-1983[1993], BGH 25-Set.- -1986[1994] e BGH 27-Out.-1986[1995]. A mesma orientação foi adotada nos tribunais de apelação, com exemplo em OLG Stuttgart 20-Fev.-1987[1996] e OLG Köln 16-Mar.-1988[1997].

Nesta sequência, surgiu um movimento generalizado: no sentido da admissibilidade lata das convenções de voto. Podemos confrontar, em especial, FISCHER[1998], TANK[1999], REUTER[2000], KONZEN[2001], LUTTER/GRUNEWALD[2002] e MARTENS[2003], cabendo mencionar, a título de tratadistas recentes,

---

die GmbH provoziert?, GmbHR 1959, 123-129 (127/II), afirmando que tais acordos não são filhos legítimos do Direito alemão das sociedades anónimas.

[1989] RG 19-Jun.-1923, RGZ 107 (1924), 67-72 (71), considerando que um acordo parassocial, ainda que incluído num acordo mais vasto, não contrariava os bons costumes.

[1990] RG 20-Nov.-1925, RGZ 112 (1926), 273-280.

[1991] RG 10-Jan.-1928, RGZ 119 (1928), 386-390 (389-390), entendendo, todavia, não ser possível a execução específica, neste caso concreto.

[1992] BGH 29-Mai.-1967, BGHZ 48 (1967), 163-174 (166-167), admitindo a referida execução específica.

[1993] BGH 7-Fev.-1983, ZIP 1983, 432-433 (433).

[1994] BGH 25-Set.-1986, WM 1987, 10-13 (11), admitindo uma preferência.

[1995] BGH 27-Out.-1986, WM 1987, 71-73, decidindo-se mesmo que uma deliberação tomada contra um acordo parassocial poderia ser anulada; no caso considerado, todos os votantes haviam sido partes no acordo que, depois, alguns, na votação, decidiram violar.

[1996] OLG Stuttgart 20-Fev.-1987, NJW 1987, 2449-2450 (2449/II).

[1997] OLG Köln 16-Mar.-1988, WM 1988, 974-979 (976-977).

[1998] ROBERT FISCHER, *Zülassigkeit und Wirkung von Abstimmungsvereinbarungen*, GmbHR 1953, 65-70.

[1999] GERHARD TANK, *Stimmrechtsabkommen im Lichte des Mitbestimmungsgesetzes*, AG 1977, 34-40 (34-35).

[2000] DIETER REUTER, *Stimmrechtsvereinbarung bei treuhänderischer Abtretung eines GmbH-Anteiles*, ZGR 1978, 633-642.

[2001] HORST KONZEN, *Paritätische Mitbestimmung im Montanbereicht*, AG 1983, 289-303 (297 ss.).

[2002] MARCUS LUTTER/BARBARA GRUNEWALD, *Zur Umgehung von Vinkulierungsklauseln in Satzungen von Aktiengesellschafter und Gesellschafter mbH*, AG 1989, 109-117.

[2003] KLAUS-PETER MARTENS, *Stimmrechtsbeschränkung und Stimmbindungvertrag im Aktienrecht*, AG 1993, 495-502 (497/II).

§ 50.° Os acordos parassociais: categorias, Direito comparado e Direito da UE 693

KARSTEN SCHMIDT[2004], CHRISTINE WINDBICHLER[2005], KÜBLER/ASSMANN[2006] e RAISER/VEIL[2007]. Também nas sociedades por quotas tais convenções são possíveis[2008].

Acolhidas – salvo determinadas limitações de que abaixo daremos conta – as convenções de voto, a Ciência Jurídica alemã tiraria diversas e importantes conclusões, quanto ao seu regime.

Assim, as convenções de voto foram consideradas suscetíveis de execução específica, quando inobservadas; por exemplo: PETERS[2009], ERMAN[2010] e LOEWENHEIM[2011], ainda na fase de afirmação[2012]. A jurisprudência admitiu esta orientação, na decisão liderante e já citada do BGH 29-Mai.-1967[2013], retomada e ampliada em 20-Jan.-1983[2014]. Uma opção que, embora dominante, não é unânime[2015].

IV. A latitude com que, no Direito alemão, são admitidos os acordos parassociais corresponde à lógica empresarial tradicionalmente imprimida à gestão das sociedades. Consegue-se, designadamente e por meio de tais acordos, uma administração estável, mau grado a dispersão do capital[2016].

[2004] KARSTEN SCHMIDT, *Gesellschaftrecht*, 4.ª ed. cit., 616 ss., ressalvando o dever de lealdade; nesta obra podem ser confrontadas múltiplas indicações.

[2005] CHRISTINE WINDBICHLER, *Gesellschaftsrecht*, 22.ª ed. cit., § 29, Nr. 37 (396).

[2006] KÜBLER/ASSMANN, *Gesellschaftsrecht*, 6.ª ed. cit., 229.

[2007] RAISER/VEIL, *Recht der Kapitalgesellschaften*, 5.ª ed. cit., § 16, VII (218 ss.).

[2008] KLAUS J. MÜLLER, *Stimmbindungen von GmbH-Gesellschaftern*, GmbH 2007, 113-117 (117/I)

[2009] EGBERT PETERS, *Die Erzwingbarkeit vertraglicher Stimmrechtsbedingungen*, AcP 156 (1957), 311-346.

[2010] WALTER ERMAN, *Zwangsweise Durchsetzung von Ansprüchen aus einem Stimmbindungsvertrag*, JuS 1969, 260-265.

[2011] ULRICH LOEWENHEIM, *Zulässigkeit und Vollstreckbarkeit von Stimmbindungsvereinbarung*, JuS 1969, 260-265.

[2012] Ulteriormente, cf. JURG ZUTT, *Einstweiliger Rechtsschutz bei Stimmbindungen*, ZHR 155 (1991), 190-208 (191 ss.).

[2013] BGH 29-Mai.-1967, BGHZ 48 (1967), 163-174 (166-167) = GmbHR 1968, 99-100, Anot. CH. BARZ, *idem*, 100-101 = JZ 1968, 26-28, Anot. PETERS, *idem*, 28-29 = NJW 1967, 1963.

[2014] BGH 20-Jan.-1983, NJW 1983, 1910-1911.

[2015] Contra: MARTIN DÜRR, *Nebenabreden im Gesellschaftsrecht* cit., 223.

[2016] JÜRG ZUTT, *Einstweiliger Rechtsschutz* cit., 190. Por último, com numerosos elementos, referimos CARSTEN RODEMANN, *Stimmbindungsvereinbarungen* cit., 13 ss. e BÜSSEMAKER, *Stimmbindungsverträge* cit., 28 ss..

É ainda importante sublinhar que, na prática, o direito de voto vem a ser exercido pelos bancos onde se encontram depositadas as ações[2017]. As convenções de voto servem estratégias coerentes de gestão e não arranjos de momento. Devem ser interpretadas de modo integrado, procedendo-se à ordenação da jurisprudência em constelações de casos[2018].

De todo o modo, o Direito alemão veio aprontar determinadas restrições[2019], seja por via específica, seja, genericamente, através da interação de grandes princípios[2020].

A primeira proibição específica surge na lei sobre sociedades anónimas de 1965 (AktG), a propósito dos preceitos penais e contraordenacionais; o § 405, (3), 5 e 6 do AktG[2021] sanciona o uso do voto contra a concessão de determinadas vantagens ou seja e em termos sintéticos: a "compra do voto". Os inerentes contratos serão, naturalmente, nulos. A doutrina discute, depois, sobre a razão de ser desta restrição. No fundamental, o exercício do direito de voto contra vantagens iria implicar o total desvirtuamento do ente coletivo, abrindo as portas a um controlo dissociado da titularidade do capital. E como, além disso, as "vantagens" iriam, em última análise, ser conferidas à custa da sociedade, teríamos aqui uma grave fonte de prejuízos para os outros sócios e para os credores sociais.

Uma segunda proibição específica emerge do § 136 (2), do *AktG*: é nulo o contrato pelo qual o acionista se obrigue a votar de acordo com instruções da sociedade, da direção, do conselho de vigilância ou de uma empresa subordinada[2022].

Para além das limitações específicas, têm vindo a surgir delimitações genéricas. Uma convenção de voto pode pôr em cheque os sócios que nela não participem. Estes, pensando subordinar-se aos estatutos da sociedade,

---

[2017] JÜRGEN THAN, *Verhaltenspflichten bei der Ausübung von Aktienstimmrechten durch Bevollmächtige / Rechtsfragen der Bankspraxis*, ZHR 157 (1993), 125-149.

[2018] MARTIN DÜRR, *Nebenabreden im Gesellschaftsrecht* cit., 54 ss..

[2019] Entre nós e com múltiplas indicações, GRAÇA TRIGO, *Os acordos parassociais* cit., 97 ss. e MÁRIO LEITE SANTOS, *Contratos parassociais e acordos de voto nas sociedades anónimas* (1996), 103 ss..

[2020] JAN SCHRÖEDER, *Stimmrechtskonsortien unter Aktionären: Gesellschafts- und erbrechtliche Probleme*, ZGR 1978, 578-607.

[2021] UWE HÜFFER, *Aktiengesetz*, 9.ª ed. cit., 1789-1790.

[2022] WOLFGANG ZÖLLNER, *Zu Schranken und Wirkung von Stimmbindungsverträgen* cit., 182 ss..

§ 50.° Os acordos parassociais: categorias, Direito comparado e Direito da UE   695

acabam, afinal, por depender de acordos a que foram estranhos e que nem têm de conhecer[2023].

Em suma: as convenções de voto não podem atentar contra os deveres de lealdade existentes entre acionistas[2024]. Trata-se de uma construção classicamente assente na boa-fé e que a decisão do BGH de 1-Fev.-1988 (o caso-*Linotype*) veio reconduzir aos esquemas societários[2025]. No fundo, cabe proclamar não ser possível, através de acordos parassociais, conseguir o que não se poderia licitamente obter pelo simples exercício do direito de voto.

Os deveres de lealdade adstringem, particularmente, os grandes acionistas, visando a tutela dos pequenos[2026]. Eles ficam ainda em causa quando os acordos parassociais confiram posições vantajosas a terceiros, alheios à sociedade.

V. O Direito italiano posterior à codificação tinha contactos estreitos com o francês. Assim, tanto a doutrina como a jurisprudência negavam a validade de convenções de voto[2027]. Aquando da feitura do Código Civil de 1942, o tema foi ponderado. O legislador optou por não se pronunciar: não proibiu – apesar da tradição existente – os acordos parassociais, antes os deixando à jurisprudência[2028].

Subsequentemente, na base da doutrina[2029] – a que não será estranho

---

[2023] *Vide* HANS-JOACHIM PRIESTER, *Drittbindung des Stimmrechts und Satzungsautonomie*, FS Werner (1984), 657-679 (659 e 677).

[2024] DIETER MAYER, *Die Zulässigkeit von Stimmrechtsvereinbarungen im GmbH-Recht*, GmbHR 1990, 61-65 (65) e MEINRAD DREHER, *Treuepflichten zwischen Aktionären und Verhaltenspflichten bei der Stimmrechtsbündelung / Gesellschaftliche und zivilrechtliche Grundlagen*, ZHR 157 (1993), 150-171 (152).

[2025] BGH 1-Fev.-1988, BGHZ 103 (1988), 184-193 = NJW 1988, 1579-1582, anot. WOLFRAM TIMM, *idem*, 1582-1583 = JR 1988, 505-509, anot. R. BOMMERT, *idem*, 509-511. *Vide*, em especial, MARCUS LUTTER, *Die Treuepflicht des Aktionärs*, ZHR 153 (1989), 446-471.

[2026] MEINRAD DREHER, *Treuepflichten zwischen Aktionären* cit., 156.

[2027] TULLIO ASCARELLI, *La liceità dei sindacati azionari*, RDComm XXIX (1931) II, 256-272 (256 ss.), dando conta da doutrina italiana contrária aos pactos. O próprio ASCARELLI era favorável a uma abertura.

[2028] *Vide* a transcrição de MARIA DA GRAÇA TRIGO, *Os acordos parassociais* cit., 52.

[2029] A grande obra de partida é a de GIORGIO OPPO, *Contratti parasociali* (1942) = *Diritto delle società/Scritti giuridici* II (1992), 1-169; cf. GIORGIO SEMINO, *Il problema*

696 *A situação jurídica dos sócios*

o contributo alemão – os acordos vieram a ser admitidos[2030], particularmente na jurisprudência[2031]. No entanto, distingue-se entre os seus efeitos
externos e os internos. Quanto aos primeiros, o pacto parassocial não os
comportaria: ele seria irrelevante, no tocante às suas relações com a sociedade, não permitindo, designadamente, a impugnação das deliberações
sociais tomadas em sua violação. Por essa mesma ordem de razões, não é
pensável a execução específica de um acordo parassocial. Já nas relações
puramente internas, os acordos parassociais poderiam ser admitidos.
A doutrina atual distingue múltiplas possibilidades, enquanto as leis mais
recentes vêm reconhecendo o papel da figura[2032]. Foi pioneiro, nesse sentido, o texto único da intermediação financeira[2033], numa evolução rematada pela reforma das sociedades de 2003, introduzida no Código Civil[2034].

VI. Muito significativa, nesta caminhada do Direito italiano, quer
pela evolução em si, quer por tocar num ponto sensível do moderno
Direito das sociedades, foi a alteração do Código Civil levada a cabo pela
reforma societária de 2003[2035]. Foi, então, introduzida no Código uma nova
secção – a III bis – intitulada dos pactos parassociais, com dois artigos:
constituem a primeira referência feita, na lei fundamental, à figura que ora
nos ocupa. Tem essa nova secção dois artigos, que cumpre divulgar.

Uma noção geral consta do artigo 2341.° bis – pactos parassociais:

> Os pactos, estipulados por qualquer forma, com o fim de estabilizar a
> titularidade ou o governo das sociedades, que:

---

della validità dei sindicati di voto (2003), 1: trata-se da atual obra de referência, em Itália,
com 577 pp..

[2030] Giorgio Oppo, *La convenzioni parasociali tra diritto delle obligazioni e diritto
delle società*, RDCiv XXXIII (1987) I, 517-530.

[2031] *Vide* Giorgio Semino, *Il problema della validità dei sindicati di voto* cit.,
25-91.

[2032] *Vide* a extensa obra coletiva coordenada por Franco Bonelli e Pier Giusto
Jaeger, já citada: *Sindacati di voto e sindacati di blocco* (1993), bem como as referidas
monografias de Torino (2000) e de Semino (2003).

[2033] Quanto ao desenvolvimento progressivo dos acordos parassociais nas leis italianas cf. Giorgio Semino, *Il problema della validità dei sindicati di voto* cit., 195 ss..

[2034] Além da bibliografia abaixo referida, *vide* Giuseppe Ragusa Maggiore, *Trattato delle società*, vol. II (2003), 97 ss..

[2035] *Vide* Francesco Ferrara/Francesco Corsi, *Gli imprenditori e le società*,
14.ª ed. cit., n.° 13.16 (395 ss.).

§ *50.° Os acordos parassociais: categorias, Direito comparado e Direito da UE* 697

a) Tenham por objeto o exercício do direito de voto nas sociedades por ações ou nas sociedades que as controlem;
b) Ponham limites à transferência de ações respetivas ou de participações na sociedade que as controlem;
c) Tenham por objeto ou como efeito o exercício também conjunto de uma influência dominante sobre tais sociedades,

não podem ter uma duração superior a cinco anos e entendem-se estipulados por essa duração ainda que as partes lhes tenham previsto uma duração superior; os pactos são renováveis quando caduquem.

Quando o pacto não preveja um limite de duração, qualquer das partes tem o direito de rescisão com um préaviso de seis meses.

As disposições deste artigo não se aplicam aos pactos instrumentais e aos acordos de colaboração na produção ou na troca de bens ou serviços e relativos a sociedades inteiramente possuídas pelos participantes no acordo.

Trata-se de uma inovação importante, de 2003, devidamente saudada pela doutrina[2036]. Particularmente interessante foi a fixação de balizas para a duração dos pactos[2037]: uma solução a reter.

VII. De seguida, foi introduzido no Código Civil um segundo preceito – o artigo 2341.° ter – também importante. Dispôs, sob a epígrafe "publicidade dos pactos parassociais":

Nas sociedades que recorram ao mercado de capitais de risco, os pactos parassociais devem ser comunicados à sociedade e declarados no início de cada assembleia. A declaração deve ser transcrita na ata e esta deve ser depositada na conservatória do registo das empresas.

No caso da falta de declaração prevista no parágrafo anterior, os possuidores das ações a que se refira o pacto parassocial não podem exercitar o direito de voto e as deliberações adotadas com o seu voto determinante são impugnáveis nos termos do artigo 2377.

[2036] PAOLO COSTANZO e outros, *Le società* cit., 20-21, SEMINO, *Il problema della validità dei sindicati di voto* cit., 341 ss., RAGUSA MAGGIORI, *Trattato* cit., 2, 115 ss., e MARIO BERTUZZI/TOMMASO MANFEROCE/FERNANDO PLATANIA, *Società per azioni/Costituzione, patti parasociali, conferimenti* (2003), 130 ss..

[2037] FERRARA/CORSI, *Gli imprenditori e le società*, 14.ª ed. cit., 400-401.

698   *A situação jurídica dos sócios*

Este novo preceito visou prosseguir a transparência no governo das sociedades[2038], impondo publicidade[2039]. Esclareça-se que as sociedades que "recorram ao capital de risco" são, segundo o artigo 2325 bis, as "sociedades emitentes de ações cotadas em mercados regulamentados ou dispersas pelo público em medida relevante"[2040]. Estamos, assim, perante uma norma mobiliária, de que se espera um novo fluxo, no aprofundamento do tema[2041].

243. Elementos de Direito da União; a proposta da 5.ª Diretriz

I. A matéria dos acordos parassociais mereceu a atenção da Proposta de 5.ª Diretriz, relativa a sociedades comerciais, de 19-Ago.-1983, ligeiramente modificada em 1989[2042].

Segundo o artigo 35.º da Proposta, na última versão:

> São nulas as convenções pelas quais um acionista se compromete:
>
> *a)* A votar segundo instruções da sociedade ou do seu órgão de administração, de direção ou de fiscalização;
> *b)* A votar aprovando sempre as propostas feitas por estes;
> *c)* Ou, em contrapartida de vantagens especiais, a exercer o direito de voto num determinado sentido ou, pelo contrário, a abster-se.

II. O artigo transcrito reflete a influência alemã e, mais particularmente, os §§ 136 (2)[2043] e 405 (3) 5 e 6[2044] (implicitamente) do AktG:

[2038] Paolo Costanzo e outros, *Le società* cit., 23.

[2039] Ferrara/Corsi, *Gli imprenditori e le società*, 14.ª ed. cit., n.º 13.17 (401 ss.).

[2040] Semino, *Il problema della validità dei sindicati di voto* cit., 361 e Mario Bertuzzi e outros, *Società per azioni* cit., 153 ss..

[2041] Em Semino, *Il problema* cit., 443-536, pode ver-se uma interessante recolha de pactos parassociais de sociedades cotadas: as mais emblemáticas da economia italiana.

[2042] Os textos das duas versões podem ser confrontados em Maria da Graça Trigo, *Os acordos parassociais* cit., 125 e 126. Quanto à Proposta de 5.ª Diretriz em si: *Direito europeu das sociedades*, 679 ss. (o texto, em tradução portuguesa), 719 ss. (o sistema e o conteúdo) e 733 ss. (as repercussões no Direito português).

[2043] Uwe Hüffer, *Aktiengesetz*, 9.ª ed. cit., § 136, Nr. 25 ss. (802-803) e Gerald Spindler, em Karsten Schmidt/Marcus Lutter, *Aktiengesetz Kommentar*, 2, 2.ª ed. (2010), § 136, Nr. 36 ss. (1959 ss.).

[2044] Trata-se de preceitos contraordenacionais; cf. Hüffer, ob. cit., 1789-1790 (1722) e Hans-Jürgen Schaal, no *Münchener Kommentar* 6, 3.ª ed. (2011), § 405 (215 ss.).

§ 50.° *Os acordos parassociais: categorias, Direito comparado e Direito da UE* 699

Temos várias regras duvidosas, em especial a primeira, facilmente criticável[2045]: afinal, bastaria que as "instruções" fossem dadas por um terceiro, para se contornar a proibição.

Mau grado tais dúvidas e o facto de a Proposta de 5.ª Diretriz não estar perto da aprovação, o legislador português, adotou-a, praticamente *ad nutum*, no artigo 17.° do Código das Sociedades Comerciais. Trata-se de um insólito referido, como curiosidade, em Autores estrangeiros[2046].

[2045] GRAÇA TRIGO, *Os acordos parassociais* cit., referindo NICOLLINI.

[2046] Assim PIER GIUSTO JAEGER, *Introduzione al problema della validità dei sindacati di voto*, em BONELLI/JAEGER, *Sindacati di voto* cit., 3-9 (9).

§ 51.° OS ACORDOS PARASSOCIAIS
NO DIREITO PORTUGUÊS

244. A experiência anterior ao Código das Sociedades Comerciais

I. A expressão "acordo parassocial" terá sido introduzida, entre nós, por FERNANDO GALVÃO TELES, retomando OPPO, em 1951[2047].

Pouco tempo depois, discutiu-se o problema da validade dos contratos parassociais a propósito da Sociedade Industrial de Imprensa, SARL[2048]: o acórdão da Relação de Lisboa de 18-Mai.-1955 pronunciou-se pela sua invalidade. Nesse caso, houve diversos pareceres. Pronunciaram-se pela invalidade BARBOSA DE MAGALHÃES[2049], CAVALEIRO DE FERREIRA e FERNANDO OLAVO, enquanto MANUEL DE ANDRADE e FERRER CORREIA tomaram posição inversa[2050].

II. A jurisprudência manteve-se desfavorável aos acordos parassociais. Além do primeiro acórdão da RLx de 18-Mai.-1955, cumpre citar STJ 31-Jul.-1963[2051], STJ 4-Abr.-1967[2052] e STJ 19-Mar.-1980[2053]. A falta

---

[2047] FERNANDO GALVÃO TELES, *União de contratos e contratos para-sociais*, ROA 11 (1951), 1 e 2, 37-103 (73 ss.).

[2048] RLx 18-Mai.-1955, JR 1 (1955), 506-507; o essencial deste acórdão vem transcrito em RAÚL VENTURA, *Estudos vários sobre sociedades anónimas* (1992), 19-20.

[2049] BARBOSA DE MAGALHÃES, *Indivisibilidade e nulidade total de um negócio jurídico de "sindicato de voto"/Parecer* (1956), 88 pp..

[2050] Uma súmula destas posições e a indicação dos locais onde os pareceres em causa estão publicados podem ser confrontados em GRAÇA TRIGO, *Os acordos parassociais* cit., 78-82.

[2051] STJ 31-Jul.-1963 (CURA MARIANO), BMJ 129 (1963), 259-268 (264), onde se refere admitirem-se sindicatos de voto nos casos previstos na lei.

[2052] STJ 4-Abr.-1967 (CARVALHO JÚNIOR), BMJ 166 (1967), 416-422 (421), afirmando que os sindicatos de voto são geralmente considerados inadmissíveis.

[2053] STJ 19-Mar.-1980 (SANTOS VÍTOR), BMJ 295 (1980), 434-440 (439), recor-

§ 51.° *Os acordos parassociais no Direito português* 701

de apoio legal e a orientação doutrinária dominante explicam esta opção negativista[2054]. A ela não terá sido estranha a influência, então marcante, da literatura jurídica francesa.

III. Entretanto, alguma doutrina ia assumindo uma posição mais permissiva. Com antecedentes em MANUEL DE ANDRADE e FERRER CORREIA, VAZ SERRA, MÁRIO RAPOSO, AMÂNDIO DE AZEVEDO e PINTO FURTADO vieram a adotar orientações favoráveis aos acordos parassociais.

Importante foi, ainda, a opção de VASCO LOBO XAVIER, em benefício dos pactos[2055].

245. O Direito vigente; apreciação crítica

I. O Código das Sociedades Comerciais, de 1986, veio admitir genericamente os acordos parassociais[2056]. Fê-lo nos seguintes termos – artigo 17.°:

> 1 – Os acordos parassociais celebrados entre todos ou entre alguns sócios pelos quais estes, nessa qualidade, se obriguem a uma conduta não

---

dando que tanto a doutrina nacional como a estrangeira (a francesa) são contrárias a tais convenções.

[2054] Na literatura estrangeira, o Direito português era apontado como contrário aos acordos parassociais; *vide* HANS-PETER OVERRATH, *Die Stimmrechtsbindung* cit., 10, referindo Barbosa de Magalhães (com gralha).

[2055] VASCO LOBO XAVIER, *A validade dos sindicatos de voto no direito português constituído e constituendo*, ROA 1985, 639-653.

[2056] Sobre este preceito, RAÚL VENTURA, *Acordos de voto; algumas questões depois do Código das Sociedades Comerciais*, O Direito 124 (1992), 17-86, depois retomado em *Estudos vários* cit., 19 ss., ENGRÁCIA ANTUNES, *Os grupos de sociedades* (1993), 408 e 460 ss., PUPO CORREIA, *Direito comercial*, 9.ª ed. cit., 185-186 e PINTO FURTADO, *Curso de Direito das sociedades*, 5.ª ed. cit., 167-170. Além disso, dispomos das importantes monografias de MÁRIO LEITE SANTOS, *Contratos parassociais e acordos de voto nas sociedades anónimas* (1996) e de MARIA DA GRAÇA TRIGO, *Os acordos parassociais sobre o exercício do direito de voto* (1998) e *Acordos parassociais/Síntese das questões jurídicas mais relevantes*, em *Problemas do Direito das sociedades* (2002), 169-184, onde a Autora atualiza a obra anterior, mormente perante as regras mobiliárias, entretanto surgidas. De referir os artigos já citados de ANA FILIPA LEAL, RDS 2009, 135-186 e de MANUEL CARNEIRO DA FRADA, DSR 2009, 97-135.

proibida por lei tem efeitos entre os intervenientes, mas com base neles não podem ser impugnados atos da sociedade ou dos sócios para com a sociedade.

2 – Os acordos referidos no número anterior podem respeitar ao exercício do direito de voto, mas não à conduta de intervenientes ou de outras pessoas no exercício de funções de administração ou de fiscalização.

3 – São nulos os acordos pelos quais um sócio se obrigue a votar:

a) Seguindo sempre as instruções da sociedade ou de um dos seus órgãos;

b) Aprovando sempre as propostas feitas por estes;

c) Exercendo o direito de voto ou abstendo-se de o exercer em contrapartida de vantagens especiais.

Este preceito foi inspirado no *AktG* alemão e na Proposta de Quinta Diretriz, acima examinada. O n.º 3 é, mesmo, uma tradução literal do artigo 35.º da aludida proposta, na versão de 1983 (ignorando, pois, necessariamente, as alterações posteriores).

II. O artigo 17.º admite os acordos parassociais. Com isso, altera a orientação antes prevalente de os considerar excluídos, por falta de base legal. Todavia – e desviando-se, neste ponto, do Direito alemão – o n.º 1 desse preceito apenas lhes confere uma "eficácia obrigacional": produzem efeitos entre os sócios intervenientes e, na sua base, não podem ser impugnados atos da sociedade ou de sócios para com a sociedade[2057].

Retiramos ainda daqui que não é possível – contra o que vimos ocorrer no Direito alemão – a execução específica de acordos parassociais[2058]. Repare-se: o voto tem efeitos societários: não meramente "obrigacionais". Admitir uma ação de cumprimento (que teria, aqui, de ser uma execução específica, já que o voto é uma declaração de vontade que, não sendo emitida pelo próprio, teria de o ser pelo tribunal) seria conferir, ao acordo parassocial, uma eficácia *supra partes*. O Direito alemão admite-o; o Direito português não[2059].

[2057] Raúl Ventura, *Estudos vários* cit., 36.

[2058] Raúl Ventura, *Estudos vários* cit., 97-98, chega a idêntica conclusão, embora com argumentação diversa. Pelas razões que constam do texto, não podemos, aqui, sufragar o desenvolvimento de Maria da Graça Trigo, *Os acordos parassociais* cit., 215 ss..

[2059] *Vide*, ainda, Carolina Cunha, *Código em Comentário* cit., 1, 298 ss..

§ 51.º Os acordos parassociais no Direito português   703

III. Em geral, o legislador do artigo 17.º não foi feliz. A sanha tradutora e a subserviência perante os textos comunitários têm impedido a gestação de um pensamento jurídico nacional: a realidade sócio-económica não será idêntica à de Além-Reno. O Direito comparado mostra que, na Alemanha, os acordos parassociais são úteis: permitem dar coerência ao funcionamento das sociedades, num País onde se assiste a uma pulverização do capital social. Já nos países latinos, os acordos parassociais traduzem, muitas vezes, esquemas de controlo do poder ou de *take over*, à margem dos minoritários. As leis latinas têm sido prudentes quanto à sua admissibilidade.

O súbito entusiasmo pró-acordos parassociais poderá ser menos adequado. Assim, ele foi compensado pela "relativização" dos acordos. Eles são admitidos, mas com uma eficácia contida *inter partes*. O funcionamento da sociedade não pode ser diretamente perturbado. Além disso, o acordo parassocial não comporta execução específica: a isso se opõe a natureza das obrigações assumidas[2060].

IV. Querendo conferir uma eficácia "absoluta" aos acordos parassociais, as partes têm, todavia, um caminho em aberto: o de estabelecer pesadas cláusulas penais. Cabe agora aos tribunais, através do exercício prudente e criterioso da faculdade de redução equitativa – artigo 812.º do Código Civil –, moralizar esse procedimento, lícito à partida.

V. No tocante às sociedades abertas, o CVM inseriu uma norma da maior importância[2061]. O seu artigo 19.º/1 determinou que os acordos parassociais "... que visem adquirir, manter ou reforçar uma participação qualificada em sociedade aberta ou assegurar ou frustrar o êxito de oferta pública de aquisição devem ser comunicados à CMVM por qualquer dos contraentes no prazo de três dias após a sua celebração". A CMVM poderá determinar a publicação total ou parcial do acordo – n.º 2. Por fim, o n.º 5 considera anuláveis as deliberações sociais tomadas na base de acordos não comunicados ou não publicados, salvo se os votos em causa não tiverem sido determinantes.

[2060] João Calvão da Silva, *Sinal e contrato-promessa*, 8.ª ed. (2001), 148.
[2061] *Vide* Maria da Graça Trigo, *Acordos parassociais*, em *Problemas* cit., 179 ss..

704 *A situação jurídica dos sócios*

246. Modalidades; os sindicatos de voto; garantias

I. Os acordos parassociais podem ter objetos diversificados: as classificações abundam, nas obras da especialidade[2062]. A principal classificação distingue[2063]:

– acordos relativos ao regime das participações sociais;
– acordos relativos ao exercício do direito de voto;
– acordos relativos à organização da sociedade.

Os acordos relativos às participações sociais – e, em especial: a ações – podem regular os mais diversos aspetos a elas relativos. Particularmente em causa estará o regime da sua transmissão, sendo de relevar:

– proibições de alienação: absolutas, temporárias ou fora de um determinado círculo de pessoas – normalmente, as que hajam subscrito o acordo;
– direitos de preferência mútuos, com regulações mais ou menos explícitas, sobre o seu exercício;
– direitos de opção, na compra ou na venda[2064] das participações sociais;
– obrigações de subscrição de determinados aumentos de capital;
– obrigações instrumentais, quanto ao manuseio de ações ou dos títulos que as representem.

Por vezes, designadamente quanto a preferências, as partes atribuem eficácia real ao negócio[2065]. Será um ponto a aferir caso a caso, perante o regime das quotas e das ações.

[2062] MARIA DA GRAÇA TRIGO, *Os acordos parassociais* cit., 23 ss..
[2063] FERRARA/CORSI, *Gli imprenditori e le società*, 14.ª ed. cit., n.º 13.16 (396-397), distinguem: sindicatos de bloco (marcados pelas preferências mútuas), sindicatos de voto, pactos de consulta e pactos de gestão.
[2064] O primeiro permite a uma pessoa adquirir, potestativamente, certas participações, em termos preestabelecidas (cláusula *call*); o segundo faculta vender, em condições similares (cláusula *put*).
[2065] Essa eficácia seria vedada pelo artigo 17.º/1, mas possibilitada pelo regime geral dos pactos de preferência.

§ 51.º Os acordos parassociais no Direito português   705

II. Os acordos referentes ao exercício de voto[2066], dos mais variados teores, podem implicar três grandes tipos:

– as partes predeterminam, no próprio acordo, o sentido do voto, em termos concretos: na reunião A, votar-se-á a proposta B;
– as partes obrigam-se a uma concertação futura, relativa a determinado tipo de assuntos; fica entendido que eles não serão aprovados se, ambas (ou todas) não estiverem de acordo; é a concertação por unanimidade;
– as partes obrigam-se a reunir em separado, antes de qualquer assembleia geral, de modo a concertar o voto; aí, poderá prevalecer a opinião da maioria, ficando a minoria obrigada a votar com ela[2067].

III. Os acordos relativos à organização da sociedade implicam um misto de regime das participações e de sindicato de voto. Temos, também aqui, as mais diversas hipóteses, acordadas na prática:

– as partes adotam um plano para a empresa e comprometem-se a pô-lo em prática: ficam implicadas votações concertadas em assembleia geral, indicações ou eleições de administradores de confiança e, até, influências extrassocietárias;
– as partes "repartem" os órgãos societários: p. ex.: uma indica o presidente do conselho de administração e um vogal; a outra indica outro vogal e os membros do conselho fiscal, etc.; posto isso, votam todas, de modo concertado;
– as partes obrigam-se a investir, aumentando – obrigando-se a votar nesse sentido – o capital e subscrevendo-o;
– as partes obrigam-se a enfrentar um concorrente: não lhe alienando ações, isolando-o na assembleia geral (ou no conselho de administração, quando lá chegue, por via do artigo 392.º) ou acompanhando os seus movimentos (entenda-se: dentro da sociedade e no que seja oficial e público);

[2066] Fala-se num *pool* de votação; hipótese curiosa será a de um *sub pool*: alguns elementos de um sindicato de voto obrigam-se a reunir previamente, de modo a determinar o sentido em que todos votarão no *pool*; num esquema de cascata, controlam a assembleia geral; *vide* WALTER ODERSKY, *Stimmbindungen in Pool und "Unterpool"*, FS Lutter 2000, 557-570 (558 e 564).

[2067] FERRARA/CORSI, *Gli imprenditori e le società*, 14.ª ed. cit., 398.

706 *A situação jurídica dos sócios*

– as partes obrigam-se a prever certas auditorias internas ou externas, votando nesse sentido.

IV. Modalidade de acordo parassocial é, ainda, a dos acordos omnilaterais[2068]. Trata-se de acordos subscritos por todos os sócios e que assumiriam um especial relevo quando incompatíveis com os estatutos. Nessa eventualidade, que não poderia atingir os interesses de terceiros, haveria como que uma "desconsideração" (levantamento) da personalidade, para efeitos internos[2069].

Noutros planos, têm sido considerados acordos de *joint-venture*, convenções de *pool*, designadamente familiares, acordos de voto isolados, convenções de tutela, de consórcio e de colaboração e acordos de investimento[2070], que podem abranger todos ou alguns sócios. A tendência é para alargar o leque, impondo, todavia, publicidade.

V. Acontece, muitas vezes, que as partes preveem a obrigação de confidencialidade[2071]: não dão a conhecer a existência do acordo. O artigo 19.° do CVM obriga, como vimos, à comunicação e à publicação dos pactos relativos às sociedades abertas. Mas não de todos: apenas os que visem "... adquirir, manter ou reforçar uma participação qualificada em sociedade aberta ou assegura o frustrar o êxito da OPA ..."; torna-se, assim, operação de engenharia jurídica ladear esses âmbitos. Além disso, fica o campo das sociedades não abertas, para o proliferar de pactos secretos: só se tornam, em regra, públicos, quando se discuta a sua violação.

Não vemos inconveniente em que haja confidencialidade nos negócios, dentro dos limites da lei. Estes devem ser ressalvados em qualquer contrato. A violação da confidencialidade obriga a indemnizar, salvo o que abaixo se dirá sobre as garantias.

[2068] ULRICH NOACK, *Gesellschaftsvereinbarungen bei Kapitalgesellschaften* (1994), XXI + 375 pp. (33).

[2069] MANUEL CARNEIRO DA FRADA, *Acordos parassociais "omnilaterais" / Um novo caso de "desconsideração" da personalidade jurídica?*, DSR 2009, 97-135 (130 ss.).

[2070] *Vide* ECKARD WÄLZHOLZ, *Gesellschaftsvereinbarung (side letters) neben der GmbH-Satzung / Chancen – Risiken – Zweifelsfragen*, GmbHR 2009, 1020-1027 (1021/I).

[2071] CAROLINA CUNHA, *Código em Comentário* cit., 1, 292-293.

§ 51.º Os acordos parassociais no Direito português

VI. Os acordos parassociais são, por vezes, dotados de garantias poderosas. Temos, como exemplos:

– o depósito das ações em contas de garantia – *escrow accounts*[2072];
– cláusulas de rescisão, com ou sem pré-aviso;
– cláusulas penais.

Também é frequente a inserção de convenções de arbitragem: pretende-se uma justiça rápida e eficaz: é evidente que um processo de anos para discutir um acordo parassocial nada tem a ver com a realidade das sociedades e da vida económica.

Todavia, a arbitragem atravessa, em Portugal, uma crise inacreditável. Generalizou-se, entre alguns juristas, a ideia de que a arbitragem só vale se ganharem. Perdendo – mesmo que sem direito a recurso – tudo vale: ações de nulidade do acórdão arbitral, ainda que sem fundamento, recursos não previstos na lei e puro e simples inacatamento do decidido. Direito e Ética profissional terão de se ligar, para pôr cobro a este insólito lastimável. Ou, noutros termos: a arbitragem é uma instância para cavalheiros.

247. A exclusão da administração e da fiscalização

I. O artigo 17.º, para além de admitir os acordos parassociais, impondo a sua relatividade, contém determinadas restrições. Assim, o seu n.º 2 é lapidar dizendo que os acordos parassociais não podem respeitar "... à conduta de intervenientes ou de outras pessoas no exercício de funções de administração ou de fiscalização".

A administração e a fiscalização ficam fora do universo aberto aos acordos parassociais[2073]. Quando muito, poderíamos admitir que o acordo visasse aspetos que, sendo da competência da assembleia geral, pudessem refletir-se na administração e fiscalização[2074]: e poucos serão, no caso das sociedades anónimas, visto o artigo 373.º/3.

[2072] João Tiago Morais Antunes, *Do contrato de depósito* escrow (2007), 216 ss..
[2073] Ana Filipa Leal, *Algumas notas sobre a parassocialidade* cit., 159 ss..
[2074] Trata-se da abertura, um tanto generosa, preconizada por Raúl Ventura, *Estudos vários* cit., 70.

II. A razão dogmática do artigo 17.º/2 parece clara. As sociedades comerciais submetem-se a um princípio de tipicidade – artigo 1.º/3 do CSC. As sociedades regem-se pelo pacto social – artigo 9.º – sujeito a escritura pública – artigo 7.º/1 – e adquirem personalidade pelo seu registo – artigo 5.º, todos do CSC. Assim ficam acautelados os interesses dos sócios, de terceiros e de toda a comunidade. As alterações ao pacto passam, novamente, pelo crivo da escritura e do registo, com diversas instâncias de fiscalização.

Admitir acordos parassociais com incidência na administração e na fiscalização equivaleria a permitir, *a latere*, uma organização diferente da do pacto social. A tipicidade societária perderia sentido, uma vez que a verdadeira orgânica seria parassocial. Além disso, seriam iludidos todos os preceitos relativos ao pacto social e às suas alterações: escritura, registo e diversas fiscalizações[2075].

O Direito é um todo coerente. A limitação do artigo 17.º/2 faz sentido. Todavia, ela pode ser facilmente contornável e vai ao arrepio do Direito comparado. Não podemos penalizar as já depauperadas empresas portuguesas, perante as concorrentes estrangeiras. Preconizamos, assim, uma interpretação cuidada e restritiva, caso a caso.

III. Neste ponto como noutros, é importante que o legislador nacional, antes de intervir nas sociedades, se documente no terreno e nos Direitos concorrentes. Ele deverá ainda, a uma Justiça conceitual, somar preocupações de progresso económico e social.

248. Outras restrições

I. O artigo 17.º/3, retomando o artigo 35.º da Proposta de Quinta Diretriz e o § 136 (2) do *AktG* alemão, veio, nas suas alíneas *a)* e *b)*, proibir os acordos segundo os quais o sócio deveria votar seguindo sempre as instruções dos órgãos sociais ou aprovando sempre as propostas por eles feitas. No fundo, os sócios *delegariam* os seus votos, materialmente, nos órgãos sociais, os quais tomariam as decisões substantivas.

[2075] *Idem*, 162.

§ 51.º Os acordos parassociais no Direito português

II. Várias razões foram decantadas, no Direito alemão, para justificar esta proibição. A "delegação" do sentido do voto nos órgãos sociais equivale à dissociação entre o capital e o risco: tudo se passaria como se a sociedade, à margem do permitido, detivesse ações próprias[2076].

Mais importante nos parece o facto de, por esta via, se contornar, novamente, o princípio da tipicidade societária: o acordo parassocial iria estabelecer uma orgânica paralela, à margem da oficial.

III. A evolução das sociedades anónimas mostra que o sistema de reconhecimento automático teve como contrapeso a "divisão dos poderes" dentro da sociedade e o estabelecimento de instâncias de fiscalização. Tudo isto se perde quando o sentido do voto passe a ser dimanado pela sociedade ou pelos seus órgãos.

A proibição dos acordos de delegação é importante e corresponde a dados estruturantes do sistema. Apenas teremos de interpretar restritivamente as locuções "sempre" – alíneas *a*) e *b*), do n.º 3, do artigo 17.º – sob pena de tirar qualquer alcance prático aos preceitos.

IV. O artigo 17.º/3, *c*), proíbe os acordos pelos quais alguém se comprometa a votar (ou a não votar) em certo sentido, mediante vantagens especiais. Trata-se da proibição da chamada "compra" de votos[2077], exarada nos Direitos francês e alemão, como vimos.

O preceito justifica-se pela necessidade de fazer corresponder o risco à detenção do capital. De outro modo, a autocontenção subjacente às sociedades modernas perder-se-ia. Além disso, estaria aberta a porta aos mais graves atentados ao interesse social, isto é, ao interesse comum dos sócios, garantia do interesse geral.

V. A doutrina explica que estão em causa quaisquer vantagens especiais, desde que operem como conexão, direta ou indireta, do voto[2078]. Elas nem teriam de apresentar natureza patrimonial.

[2076] UWE HÜFFER, *Aktiengesetz*, 9.ª ed. cit., § 136, Nr. 25 (802), com indicações.
[2077] CAROLINA CUNHA, *Código em Comentário* cit., 1, 311 ss..
[2078] RAÚL VENTURA, *Estudos vários* cit., 80 ss. e MARIA DA GRAÇA TRIGO, *Os acordos parassociais* cit., 168.

710 *A situação jurídica dos sócios*

Também é seguro que a vantagem pode resultar de um acordo mais vasto. Trata-se, agora, de interpretar o acordo parassocial, no seu conjunto, de modo a, dele, retirar a eventual concessão de vantagens, a troco do voto.

249. Os acordos parassociais na prática societária portuguesa

I. Os acordos parassociais têm uma grande importância prática, particularmente a nível de grandes empresas. Assumem várias funções[2079], embora com especificidades nacionais. Vamos apontar três motivos, os quais jogam, muitas vezes, em conjunto:

– as reprivatizações;
– a fraqueza económico-financeira de muitos participantes;
– a recomposição mobiliária.

As reprivatizações dirigiram-se, em geral, ou a pequenos investidores praticamente interessados apenas em mais-valias esperadas ou a grupos descapitalizados de potenciais gestores. Essa descapitalização teve a ver com as crises sucessivas dos anos 70 e 80 e com as nacionalizações de 1975, pouco ou nada indemnizadas. Além disso, por razões quiçá ideológicas, as reprivatizações – ou algumas delas – previam uma dispersão do capital, procurando manter o poder empresarial em gestores afetos ao Estado ou a máquinas partidárias. O remédio possível para tudo isto residia no agrupamento parassocial dos interessados, como modo de contrabalançar a dispersão nominal do capital. Os pactos ficariam, naturalmente, no limite da legalidade.

A fraqueza económico-financeira dos participantes decorre do que foi dito e, ainda, da debilidade do mercado mobiliário: torna-se difícil captar para a bolsa as pequenas poupanças, numa dificuldade que a burocracia reinante se encarregou de agravar. Também aqui a associação dos interessados pode ser compensadora.

Por fim, a recomposição mobiliária pode requerer novas aquisições, permutas e alienações programadas: os acordos parassociais dão corpo a tudo isso.

[2079] ULRICH NOACK, *Gesellschaftsvereinbarungen bei Kapitalgesellschaften* cit., 13 ss. e 18 ss., quanto aos escopos.

§ 51.º Os acordos parassociais no Direito português

II. Na prática das empresas surgem, muitas vezes, acordos parassociais à margem do estrito esquema do artigo 17.º[2080]. Os desvios mais comuns são os seguintes:

– acordos parassociais que incluem cláusulas que nada têm a ver com a sociedade em jogo; p. ex., as partes obrigam-se a adquirir outras empresas, a trocar participações de terceiras sociedades, a não concorrer contra a sociedade e outras;
– acordos parassociais em que intervêm não-sócios, normalmente para adquirirem opções de compra ou para as mais variadas combinações relacionadas com a sociedade em jogo;
– acordos parassociais subscritos, também, pela própria sociedade cujos sócios se concertam.

III. Deve ficar bem claro que estamos no Direito privado. A liberdade contratual prevista no artigo 405.º do Código Civil tem, aqui, direta aplicação. Nada impede as partes de celebrar contratos mistos, que incluam elementos parassociais e, ainda, outros elementos típicos de outros contratos, bem como elementos totalmente originais.

Os acordos parassociais atípicos não podem, de modo algum, ser invalidados. Há, tão-só, que interpretá-los, reconstituindo a vontade relevante das partes. Apenas quando se mostrem violadas normas imperativas, se poderá questionar a sua validade.

IV. Os acordos parassociais estão pouco representados nas decisões dos nossos tribunais. Entre as mais recentes, apontamos[2081]:

– STJ 11-Mar.-1999: os acordos parassociais submetem-se aos princípios gerais e às regras do incumprimento das obrigações[2082];

[2080] Assentamos no nosso conhecimento direto da prática. Este aspeto não tem sido estudado teoricamente. Ele foi, por exemplo, referido também por José Miguel Júdice, no colóquio intitulado *Os quinze anos de vigência do Código das Sociedades Comerciais*, org. Fundação Bissaya Barreto, ainda sob a presidência do saudoso Prof. Ferrer Correia e que deu lugar à publicação de 2003; a intervenção de Júdice não se inclui, infelizmente, entre as publicadas.

[2081] Aragão Seia, *O papel da jurisprudência na aplicação do Código das Sociedades Comerciais* cit., 20-21.

[2082] STJ 11-Mar.-1999 (Garcia Marques), BMJ 485 (1999), 432-443 (437/II) = RLJ 132 (1999), 41-52, com anotação António Pinto Monteiro, *idem*, 52-60: um acórdão com muitos elementos importantes e de excelente recorte doutrinário.

712 *A situação jurídica dos sócios*

– STJ 16-Mar.-1999: os acordos parassociais só podem ser celebrados entre sócios de uma sociedade, a qual não fica vinculada[2083];
– RLx 25-Out.-2001: os acordos parassociais caracterizam-se pela autonomia em relação ao contrato de sociedade e pela existência de um nexo funcional em relação ao mesmo[2084];
– RGm 13-Nov.-2002: não considera abusiva a deliberação tomada na base de um sindicato de voto[2085];
– RLx 5-Mai.-2009: é nula a cláusula de um acordo parassocial que pretenda determinar a conduta de administradores[2086];
– RCb 26-Jan.-2010: afim do acordo parassocial só pode ser o de conseguir aquilo que licitamente poderá ser obtido pelo direito de voto; é inexigível o vínculo que imponha o voto para eleger um administrador que não reúna as condições mínimas para exercer o cargo[2087];
– RLx 2-Mar.-2010: é possível uma providência cautelar não especificada destinada a acautelar o cumprimento de um acordo parassocial[2088].

De facto, o essencial da litigiosidade parassocial tem sido submetida a instâncias arbitrais. E a esse nível as partes evitam, muitas vezes, qualquer publicidade.

[2083] STJ 16-Mar.-1999 (FRANCISCO LOURENÇO), CJ/Supremo VII (1999) 1, 160-163 (162).
[2084] RLx 25-Out.-2001 (FERNANDA ISABEL PEREIRA), CJ XXVI (2001) 4, 130-134 (132/I); previa-se, aí, uma promessa relativa à venda de ações.
[2085] RGm 13-Nov.-2002 (ROSA TCHING), CJ XXVII (2002) 5, 268-272 (270/II e 271/II).
[2086] RLx 5-Mai.-2009 (GRANJA DA FONSECA), Proc. 686/2009-6.
[2087] RCb 26-Jan.-2010 (CECÍLIA AGANTE), Proc. 1782/08.7.
[2088] RLx 2-Mar.-2010 (ROSA RIBEIRO COELHO), Proc. 1437/03.2.

SUBSECÇÃO II
O DIREITO À INFORMAÇÃO

§ 52.º DOGMÁTICA GERAL DO DIREITO À INFORMAÇÃO

250. A informação em Direito

I. O artigo 21.º/1, c), inclui, entre os direitos dos sócios, o de obter informações sobre a vida da sociedade, nos termos da lei e do contrato[2089]. O termo "lei" refere-se, na realidade, ao Direito e à sua Ciência. Temos, pois, todo um vasto campo, encoberto sob o "direito à informação"[2090].

À partida, devemos ter presente que o Direito das sociedades é um Direito relativo a bens imateriais. Poderemos conceber sociedades muito simples, em que os diversos sócios acompanhem, no momento, o desenrolar das atuações societárias, atuações essas que, para mais, se reduziriam a operações de tipo material sobre coisas corpóreas. Em regra, porém, isso não ocorre. O sócio, mesmo interessado, não pode (nem deve: seria um embaraço) acompanhar, ponto por ponto, o que faz a "sua" sociedade. Além disso, esta envolve-se numa teia de obrigações e de direitos, para com terceiros, que não são percetíveis pelos sentidos. E tão-pouco são tangíveis as variadíssimas situações que possam envolver o próprio sócio e que relevem para a sociedade.

[2089] Sobre este preceito, desde já referimos: HENRIQUE SOUSA ANTUNES, *Algumas considerações sobre a informação nas sociedades anónimas (Em especial, os artigos 288.º a 293.º do Código das Sociedades Comerciais)*, DJ IX (1995), 2, 193-228 e DJ X (1996), 1, 261-304 e JOÃO LABAREDA, *Direito à informação*, em IDET, *Problemas de Direito das sociedades* (2002), 119-151.

[2090] MARGARIDA COSTA ANDRADE, *Código em Comentário* 1 (2010), 360 ss. e o nosso *CSC/Clássica*, 2.ª ed. (2011), anot. ao artigo 21.º.

714 A situação jurídica dos sócios

O Direito das sociedades só funciona através de intrincada e permanente rede de informações, trocadas com a maior naturalidade entre todos os intervenientes. De resto, isso sucede em boa parte das situações jurídicas, assentes em vínculos imateriais[2091]. O Direito das sociedades fica incluído nesse universo, assumindo as informações diversos papéis[2092].

II. A omnipresença das informações tem levado o Direito a descurar a sua análise. Trata-se de algo pressuposto e que todos conhecem, independentemente de quaisquer considerações dogmáticas. Todavia: a presença de específicos esquemas destinados a proporcionar informações societárias e, ainda, o facto de a informação – como todo o direito – não poder ser absoluta, leva o Direito das sociedades a providenciar esquemas explícitos. Impõe-se, assim, traçar os quadros de uma dogmática geral da informação, no Direito privado. Os quadros subsequentes não são, de resto, específicos para o Direito das sociedades embora, aí, tenham uma especial razão de ser.

A dogmática da informação é preenchida, fundamentalmente, com uma ponderação de diversas classificações de deveres: dão uma ideia imediata sobre vários parâmetros do seu regime. Retemos, designadamente, distinções com base nos seguintes critérios: a base jurídico-positiva; a fonte; o conteúdo; a determinação; a inserção sistemática. Ocorrem, ainda, classificações específicas do Direito das sociedades: encontrá-las-emos a tal propósito.

III. Quanto à base jurídico-positiva, os deveres de informação podem resultar:

– de regras indeterminadas;
– de regras estritas.

No primeiro caso ocorrem institutos carecidos de concretização: por exemplo, o dever de informar pré-contratual, assente na boa-fé (artigo 227.º/1, do Código Civil) ou o dever de informar na pendência do con-

---

[2091] *Vide* os nossos *Tratado* II/1, 482 e o *Manual de Direito bancário*, 4.ª ed. (2010), 367 ss..

[2092] HERMANN PETER WOHLLEREN, *Informationsrechte des Gesellschafters* (1999), XIV + 251 pp. (25 ss.).

§ 52.° Dogmática geral do direito à informação 715

trato, derivado da mesma *bona fides* (artigo 762.°/2, do referido Código). No segundo, temos prescrições de informação que definem deveres à partida (mais) densos. Na hipótese das regras estritas, logo se impõe uma subdistinção:

– regras estritas comuns;
– regras estritas especiais.

As regras estritas comuns cobrem uma generalidade indeterminada de situações hipotéticas: tal a obrigação predisposta nos artigos 573.° e seguintes, do Código Civil[2093]. As regras estritas especiais impõem-se mercê de normas jurídicas destinadas a contemplar situações regulativas próprias de sectores delimitados. Assim sucede com o artigo 75.°/1, do RGIC, para o sector bancário, com os artigos 176.° e 179.° do RGES, para o dos seguros, com o citado artigo 21.°/1, *c*), para as sociedades comerciais, ou com o artigo 519.° do Código de Processo Civil, para o domínio processual. O regime geral dos artigos 573.° e seguintes, do Código Civil, é importante: ele terá aplicação, em todas as situações relevantes, em termos de informação, sempre que lei especial não imponha regime diverso. Trata-se de um regime simples e evidente:

– alguém tem de ter uma dúvida fundada quanto à existência ou ao conteúdo de um direito – o "direito base" – estando outrem em condições de prestar informações necessárias[2094];
– podendo o direito efetivar-se por via judicial, se não for espontaneamente acatado[2095].

IV. A fonte será, aqui, o facto jurídico que dê azo ao dever de informação. Na origem encontramos, inevitavelmente: um direito duvidoso, quanto à existência ou ao teor e alguém em posição de esclarecer. Quem

---

[2093] ADRIANO VAZ SERRA, *Obrigações de prestação de contas e outras obrigações de informação*, BMJ 79 (1958), 149-159 (155 e 158), num prisma de Direito a constituir e JORGE SINDE MONTEIRO, *Responsabilidade por conselhos, recomendações ou informações* (1989), 409 ss., e o nosso *Tratado* II/1, 629 ss., quanto ao Direito em vigor.

[2094] STJ 16-Dez.-1993 (ROGER LOPES), BMJ 432 (1993), 375-382 (380-381).

[2095] RLx 2-Jul.-1992 (SILVA CALDAS), CJ XVII (1992) 4, 129-131 (130/I) e STJ 16-Dez.-1993 cit., BMJ 432, 381, confirmando o acórdão da Relação.

saiba tudo não carece de informação, assim como quem não saiba, não pode informar. Temos, porém, uma contraposição interessante:

– o facto específico;
– o *status*.

O facto específico corresponderá a uma precisa eventualidade que gere o dever de informar: por exemplo, a ocorrência de negociações pré-contratuais ou o evento de feição incerta que acione certas regras. O *status* é uma qualidade geral do sujeito que o habilita a colher informações. Neste caso, o beneficiário poderá ficar isento de provar os concretos elementos que fundariam o direito à informação: é o que sucede com o sócio.

V. No tocante ao conteúdo, o dever de informação poderá assumir as mais variadas feições: tudo depende do teor da comunicação a veicular. De todo o modo, são possíveis ordenações e, designadamente, as que distingam:

– deveres de informação substanciais;
– deveres de informação formais.

Nos deveres de informação substanciais, o obrigado está adstrito a veicular a verdade que conheça, descrevendo-a de modo compreensível e explícito. Nos formais, compete-lhe tão-só transmitir elementos prefixados ou, se se quiser, "informação codificada". Assim, na boa-fé *in contrahendo*, o visado deverá descrever correta e cabalmente a situação que conheça. Já na informação aos sócios, poderá (por hipótese) haver apenas que lhes entregar as contas: já não cabe ao "informador" (para o caso: a própria sociedade) dar lições de contabilidade.

Podemos estabelecer uma tendencial relação inversa entre a substancialidade de uma informação e a sua precisão inicial: quanto mais precisa for a comunicação, mais formal é o seu cumprimento.

VI. No tocante à determinação do dever de informar, cumpre contrapor a autodeterminação à heterodeterminação. No primeiro caso, cabe ao próprio obrigado, à medida que a situação progrida, fixando os termos a informar e a matéria a que eles respeitem; no limite, só ele estará em condições de poder precisar o universo sobre que deverá recair a informação. No segundo – o da heterodeterminação – compete ao interessado definir a

§ 52.° *Dogmática geral do direito à informação*   717

matéria sobre que deseja ser informado. Assim: as informações a fornecer pelos administradores das sociedades anónimas, aos sócios e em assembleia geral – 290.°/1[2096].

VII. Finalmente, quanto à inserção sistemática, a informação pode tomar corpo:

– em prestações principais;
– em prestações secundárias;
– em deveres acessórios.

Esta classificação articula-se, ainda, com a contraposição dos deveres de informar em contratuais e legais.

Perante um vínculo destinado a informar, seja ele contratual ou legal, a informação integra a prestação principal. Por exemplo: o contrato destinado, precisamente, a informar ou o dever legal de informar previsto no artigo 573.°, do Código Civil. Em situações mais amplas que integrem, estruturalmente, informações, estas preenchem o conteúdo de prestações secundárias: o contrato de engenharia financeira ou o *status* de sócio, como exemplos contratual e legal, respetivamente. Finalmente: os deveres acessórios podem acompanhar quaisquer vinculações, legais ou contratuais, *ex bona fide*. A materialidade do ordenamento exigirá informações.

251. **Aspetos evolutivos e configuração nas leis sobre sociedades; ordenação**

I. O dever de informar e a dogmática geral da informação parecem ter um teor de apreensão fácil. Todavia, correspondem a um exercício muito forte de abstração, apenas possível perante um desenvolvimento acentuado da Ciência do Direito[2097].

[2096] *Vide* o nosso *CSC/Clássica*, 2.ª ed. (2011), anot. ao artigo 290.°.

[2097] Elementos comparativos podem ser confrontados, quanto a sociedades por quotas, em HANS-PETER BOPP, *Die Informationsrechte des GmbH-Gesellschafters/Eine rechtsvergleichende Untersuchung des deutschen, französischen und schweizerichen Rechts* (1991), 50 ss. (Alemanha), 90 ss. (França) e 125 ss. (Suíça) e, quanto a sociedades anónimas, em CARL-HEINZ WITT, *Das Informationsrecht des Aktionärs und seine Durchsetzung*

718 · A situação jurídica dos sócios

Tradicionalmente: o Direito não se reportava diretamente a deveres de informar[2098] mas, apenas, a atuações materiais donde a informação poderia fluir. Atentemos, por exemplo, em diversos preceitos, hoje revogados, do Código VEIGA BEIRÃO:

- artigo 118.º: *Todo o sócio é obrigado*: (...) 4.º *A prestar contas justificadas do mandato social*;
- artigo 119.º: *Todo o sócio tem direito*: (...) 3.º *A examinar a escrituração e os documentos concernentes às operações sociais, nas épocas em que a convenção ou a lei o permitam e, no silêncio de uma e outra, sempre que o deseje*;
- artigo 155.º (relativo às sociedades em nome coletivo)[2099]: *Os sócios têm o direito de fiscalizar a atividade social nos termos previstos no n.º 1 do artigo 988.º do Código Civil*;
- artigo 189.º: enumera os elementos a apresentar anualmente pela direção das sociedades anónimas, ao conselho fiscal, ficando depois patentes, durante um certo período, aos acionistas.

Os referidos artigos 118.º[2100], 119.º[2101], 155.º[2102] e 189.º[2103], do Código VEIGA BEIRÃO, eram examinados sem conexão com um dever geral de informação; essa sua integração operaria apenas perante os quadros do Código das Sociedades Comerciais[2104].

---

in den USA, Grossbritanien und Frankreich/Funktionale Gesamtbetrachtung im Vergleich zum deutschen Recht, AG 2000, 257-267. *Vide*, ainda, KAREN CHRISTINA PELZER, *Das Auskunftsrecht des Aktionärs in der Europäischen Union* (2003), XXII + 256 pp..

[2098] CARSTEN THOMAS EBENROTH, *Das Auskunftsrecht des Aktionärs und seine Durchsetzung im Prozess* (1970), 7 ss.; o HGB, de 1897, nada referia quanto ao tema. O direito à informação desenvolveu-se no AktG de 1937, sendo retomado no de 1965, em vigor; *vide* PETER JOUSSEN, *Der Auskunftsanspruch des Aktionärs/Versuch einer Neuorientierung*, AG 2000, 241-257 (241 ss. e 247 s., respetivamente).

[2099] Redação dada pelo Decreto-Lei n.º 363/77, de 2 de Setembro, como modo de colmatar uma evidente lacuna. Na redação primitiva, o artigo 155.º reportava-se ao direito especial à gerência: *A administração social concedida a um sócio por cláusula especial do contrato não pode ser revogada*.

[2100] LUIZ DA CUNHA GONÇALVES, *Comentário ao Código Comercial Português* cit., 1, 276 e PINTO FURTADO, *Código Comercial Anotado* cit., 1, 308.

[2101] *Idem*, 281 ss. e 311-313, respetivamente.

[2102] PINTO FURTADO, *Código Comercial Anotado*, vol. II/1 (1979), 74-75.

[2103] LUIZ DA CUNHA GONÇALVES, *Comentário* cit., 1, 478 ss. e PINTO FURTADO, *Código Comercial Anotado*, II/2 (1979), 635-637.

[2104] JOÃO LABAREDA, *Direito à informação* cit., 121.

§ 52.º *Dogmática geral do direito à informação*   719

II. No Direito das sociedades comerciais, o direito dos sócios à informação desenvolveu-se, em especial, no domínio das sociedades anónimas. Por um lado, é o sector societário mais evoluído e que serviu, de resto, como grande matriz para todo o ramo jurídico-científico que ora nos ocupa. Por outro, é precisamente nas sociedades anónimas que a distanciação entre o sócio e a sociedade e que a própria imaterialidade das situações mais requer, em termos informativos[2105]. De todo o modo, não oferece dúvidas o facto de o dever de informar se impor nos diversos tipos sociais. Trata-se, além disso, de um fenómeno conhecido noutras áreas jurídicas; a sua dogmatização constituía, seguramente, um fator de progresso e de aperfeiçoamento. O seu estudo mantém-se, porém, algo disperso[2106].

III. O Direito à informação encontra-se disperso por diversas fontes legais. Assim e sem preocupação de exaustividade, cumpre referir:

– artigo 988.º/1, do Código Civil: os sócios têm, injuntivamente, o direito de obter dos administradores as informações de que necessitem sobre os negócios das sociedades, de consultar os documentos a eles pertinentes e de exigir a prestação de contas[2107];
– artigo 21.º/1, *a*): direito (geral) de obter informações "sobre a vida da sociedade";
– artigos 35.º/1, 65.º e 66.º: dever de relatar a gestão, com determinados elementos;
– artigos 91.º/2, 94.º, 98.º a 101.º, 119.º, 120.º e 132.º: deveres de informação relacionados com alterações do capital, fusões, cisões e transformações de sociedades;
– artigos 146.º/2, 152.º/1, 155.º e 157.º: deveres de informação cometidos, direta ou indiretamente, aos liquidatários;
– artigos 181.º, 214.º a 216.º e 288.º a 293.º: direito à informação nas sociedades em nome coletivo, por quotas e anónimas, respetivamente[2108].

[2105] Assim, Karsten Schmidt, *Gesellschaftsrecht*, 4.ª ed. cit., 624 ss. e 842 ss. (informação nas associações de pessoas nas sociedades anónimas).

[2106] O Direito das sociedades constitui, justamente, uma das áreas onde o tema da informação mais tem sido estudado.

[2107] Preceito diretamente inspirado no artigo 2261.º, do Código Civil italiano; cf. Triola, *Codice civile annotato*, 3.ª ed. cit., 2097.

[2108] Quanto a estes preceitos: *Manual* 2, 169 ss., 281 ss. e 565 ss..

720 *A situação jurídica dos sócios*

Há, ainda, que lidar com regras específicas referentes à gestão e à fiscalização de diversos tipos sociais.

IV. Estas normas surgem algo tópicas: muito ligadas aos problemas que as vieram a ocasionar. Podemos proceder à sua ordenação em função de vários critérios e nos termos que seguem[2109].

A informação pode ser ordinária ou extraordinária:

– ordinária quando tenha a ver com a gestão comum da sociedade e com os negócios que não caiam sob específicas previsões de informar;
– extraordinária sempre que se reporte a hipóteses específicas: reduções ou aumentos de capital, fusões, cisões ou transformações de sociedades: todas essas eventualidades obrigam a específicas informações.

Com base no ensejo, relativamente à tomada de decisões[2110], podemos distinguir:

– a informação permanente: prestada a todo o momento, a pedido do sócio, ela prevalece nas sociedades de pessoas;
– a informação prévia: ocorre antes de cada assembleia geral, como prelúdio para uma deliberação esclarecida; prevalece nas sociedades de capitais;
– a informação em assembleia: efetivada em plena assembleia, como modo de instruir o debate; normalmente têm-se em vista as sociedades anónimas[2111]; todavia, também se aplica às sociedades por quotas[2112].

Estes tipos de informação tomam corpo, quanto às sociedades anónimas, nos artigos 288.°, 289.° e 290.°, respetivamente[2113].

[2109] Em termos sintéticos, *vide* o nosso *CSC/Clássica*, 2.ª ed. cit., anot. artigo 21.°.

[2110] PINTO FURTADO, *Curso de Direito das sociedades*, 5.ª ed. cit., 232; introduzimos alguma alteração nos termos.

[2111] Como apontamento atual, DIRK KOCHER/ANDREAS LÖNNER, *Das Auskunftsrecht in der Hauptversammlung nach der Aktionärsrechterichtlinie*, AG 2010, 153-158; o tema será visto no segundo volume desta obra.

[2112] BIRGIT SCHNEIDER, *Informationsrechte von GmbH-Gesellschaftern / Inhalt und Grenzen*, GmbHR 2008, 638-643.

[2113] *Vide* as competentes anotações no nosso *CSC/Clássica*, 2.ª ed. (2011).

§ 52.º Dogmática geral do direito à informação

252. Tipos de informação consoante o acesso; a informação pública

I. Nem sempre os assuntos relativos às sociedades podem, *ad nutum*, ser dados a conhecer a todos os sócios. Basta ver que a sociedade poderá ser detentora de segredos vitais: científicos, tecnológicos, estratégicos, comerciais ou pessoais, como exemplos. Por outro lado, a qualidade de sócio pode ser totalmente circunstancial ou passageira: bastará adquirir, em bolsa, uma ação.

Por isso, o Direito dos diversos países, com recurso a vários esquemas técnico-legislativos, procura fixar círculos ou âmbitos de acessibilidade de informações societárias, consoante as pessoas que a elas tenham acesso. A matéria tende a ser desenvolvida com base nas sociedades anónimas: aquelas que, pela sua natureza e pelo relevo que assumem, mais "informações" poderão ter para dar. Caso a caso haverá, depois, que ponderar a sua aplicabilidade aos outros tipos societários e às próprias associações[2114].

II. A benefício de inventário, vamos adiantar a existência de quatro círculos de matéria informativa societária, ordenados em função do acesso que a eles se tenha:

– a informação pública;
– a informação reservada;
– a informação qualificada;
– a informação secreta.

A informação pública é disponibilizada a todos os interessados, sócios ou não sócios. Ela resulta do registo comercial e das publicações obrigatórias, nos termos acima apontados[2115]. Ela poderá ainda ser disponibilizada ao balcão de sociedades que tenham estabelecimentos abertos ao público e nos quais se transacionem valores que tenham a ver com a própria sociedade, ou produtos para os quais certas características da sociedade possam ter relevo. Por exemplo: saber se determinada agência de viagens é uma sucursal de uma multinacional da especialidade.

[2114] Quanto a estas, cf. STÖBER, *Handbuch*, 8.ª ed. cit., 185 ss. e, especialmente, REICHERT, *Handbuch*, 9.ª ed. cit., Nr. 885 ss. (312 ss.).

[2115] *Supra*, 581 ss..

III. A informação reservada é a que assiste aos sócios, devendo ser colhida nos termos da lei e do contrato, nas palavras do artigo 21.°/1, c). Tendencialmente, ela deveria assistir a todos os sócios; porém, a extrema dispersão do capital de certas sociedades anónimas, que poderia colocar algumas dezenas de milhares de pessoas em condições de pedir informações, com grandes custos para a própria sociedade, levou a limitar, nas anónimas, alguma informação reservada, aos detentores de 1% do capital social – artigo 288.°/1, abaixo examinado[2116].

IV. A informação qualificada assiste apenas a sócios que detenham posições mais consideráveis no capital da sociedade: participações ditas qualificadas. É o que sucede com as sociedades anónimas, onde, para aceder a certos elementos, se requerem 10% do capital social agrupado (artigo 291.°) ou com as sociedades por quotas, onde, em princípio, todas as participações são consideradas, para este efeito, qualificadas (artigo 214.°). A informação qualificada mergulha mais fundo na vida da sociedade.

V. Por fim, temos a informação secreta: pura e simplesmente, não pode ser disponibilizada aos sócios. Trata-se, fundamentalmente, de informação sujeita a sigilo profissional ou de informação que, a ser divulgada, poderia prejudicar os sócios ou a própria sociedade, em termos que, adiante, melhor veremos.

253. A informação corrente; limites

I. Tradicionalmente, a informação societária tinha a ver com o acesso às contas e à escrituração da sociedade. Nessa linha depunham os revogados artigos 118.° e 119.°, do Código VEIGA BEIRÃO. Hoje, o artigo 21.°/1, c), limita-se a referir "informações sobre a vida da sociedade": parece estarmos, com clareza, perante um âmbito mais vasto do que o previsto em 1888. Mas o que se ganhou em amplidão perdeu-se em clareza: o que entender por "vida da sociedade" e qual o seu âmbito? Repare-se que a "vida da sociedade", tomada em sentido lato, pode ligar-se à vida particular dos administradores e, até, dos quadros e demais colaboradores: tudo isso é suscetível de interferir nos negócios sociais.

[2116] Na redação dada pelo Decreto-Lei n.° 280/87, de 8 de Junho; cf. *infra*, nota 2119.

§ 52.° Dogmática geral do direito à informação

II. O artigo 288.°[2117], relativo ao direito mínimo à informação, no âmbito das sociedades anónimas, indica, no seu n.° 1, o seguinte objeto da informação[2118], acessível aos acionistas que tenham, pelo menos, ações representativas de 1% do capital social[2119]:

a) Os relatórios de gestão e os documentos de prestação de contas previstos na lei, relativos aos três últimos exercícios, incluindo os pareceres do conselho fiscal ou do conselho geral, bem como os relatórios do revisor oficial de contas sujeitos a publicidade, nos termos da lei;

b) As convocatórias, as atas e as listas de presença das reuniões das assembleias gerais e especiais de acionistas e das assembleias gerais de obrigacionistas realizadas nos últimos três anos;

c) Os montantes globais das remunerações pagas, relativamente a cada um dos últimos três anos, aos membros do órgão de administração e do órgão de fiscalização;

d) Os montantes globais das quantias pagas, relativamente a cada um dos últimos três anos, aos dez ou aos cinco empregados da sociedade que recebam as remunerações mais elevadas, consoante os efetivos de pessoal excedam ou não o número de 200;

e) O livro de registo de ações.

O artigo 289.°[2120], quanto a informações preparatórias da assembleia geral, vem acrescentar como objeto da informação, durante os 15 dias anteriores à data da assembleia geral[2121]:

[2117] *Vide* o nosso *CSC/Clássica*, 2.ª ed. (2011), anot. artigo 288.°.

[2118] RAÚL VENTURA, *Novos estudos sobre sociedades anónimas e sociedades em nome colectivo* (1994), 132 ss..

[2119] Trata-se de uma restrição introduzida pelo Decreto-Lei n.° 280/87, de 8 de Julho. Segundo o n.° 3 do preâmbulo deste diploma:

(...) Este o caso da amplitude do direito à informação, no tocante às sociedades anónimas. Sendo hoje um elemento fundamental da atividade societária, logo genericamente reconhecido na alínea c) do n.° 1 do artigo 21.°, não deve ser entorpecido por limitações que lhe retirem a sua operância, em termos de razoabilidade. Mas, ao invés, não poderá ser convocado para uma dificilmente controlável devassa à vida interna da sociedade, para a qual, numa perspetiva prudencial, os sócios poderão lançar mão de outros meios.

[2120] *CSC/Clássica*, 2.ª ed. (2011), anot. artigo 289.°.

[2121] RAÚL VENTURA, *Novos estudos sobre sociedades* cit., 139 ss..

a) Os nomes completos dos membros dos órgãos de administração e de fiscalização, bem como da mesa da assembleia geral;

b) A indicação de outras sociedades em que os membros dos órgãos sociais exerçam cargos sociais, com exceção das sociedades de profissionais;

c) As propostas de deliberação a apresentar à assembleia pelo órgão de administração, bem como os relatórios ou justificação que as devem acompanhar;

d) Quando estiver incluída na ordem do dia a eleição de membros de órgãos sociais, os nomes das pessoas a propor para o órgão de administração, as suas qualificações profissionais, a indicação das atividades profissionais exercidas nos últimos cinco anos, designadamente no que respeita a funções exercidas noutras empresas ou na própria sociedade e do número de ações da sociedade de que são titulares;

e) Quando se tratar da assembleia geral anual (...) o relatório de gestão, as contas do exercício e demais documentos de prestação de contas, incluindo a certificação legal das contas e o parecer do conselho fiscal, ou o relatório anual do conselho geral, conforme o caso.

O n.º 2 acrescenta ainda, ao rol de elementos a disponibilizar aos acionistas, na sede da sociedade, os requerimentos de inclusão de assunto na ordem do dia.

Finalmente, o artigo 290.º permite[2122] – n.º 1 – que o acionista requeira, em assembleia geral, que lhe sejam prestadas informações verdadeiras, completas e elucidativas, que lhe facultem formar uma opinião fundamentada sobre os assuntos sujeitos a deliberações[2123]. De outro modo, a deliberação poderá ser anulável – n.º 3[2124].

III. A grande questão que se põe é a de saber se a enumeração legal de elementos, aqui exemplificada com as sociedades anónimas, sobre que deva recair a informação, é taxativa ou se, a eles, há que acrescentar todos

---

[2122] Raúl Ventura, *Novos estudos sobre sociedades* cit., 144 ss..

[2123] *CSC/Clássica*, 2.ª ed. (2011), anot. artigo 290.º.

[2124] STJ 30-Nov.-1994 (Araújo Ribeiro), CJ/Supremo II (1994) 3, 162-164 (164/II): o facto de ser recusada informação relativa a elementos que poderiam ter sido antecipadamente consultados não conduz à invalidade da deliberação.

§ 52.° *Dogmática geral do direito à informação* 725

os outros suscetíveis de integrar a "vida da sociedade". Trata-se de uma dúvida com tradições na nossa comercialística. Perante o revogado artigo 189.° do Código VEIGA BEIRÃO, perguntava-se se todos os elementos da escrituração da sociedade deviam ser patentes aos acionistas ou se apenas alguns, indicados para o efeito: CUNHA GONÇALVES optava pela primeira solução[2125] e FERNANDO OLAVO pela segunda[2126]. E a segunda viria a ter o apoio da jurisprudência[2127] e, aparentemente, do Código vigente[2128] e da doutrina sobre ele formada[2129]. Os elementos indicados pela lei como objeto de informação são taxativos.

No Direito alemão, esta matéria tem uma regulamentação de certo modo inversa. O § 131 do AktG atribui a cada acionista o direito de pedir em assembleia geral, à direção, informações sobre assuntos da sociedade, na medida em que sejam necessárias para uma conveniente apreciação do objeto da ordem do dia[2130]. Trata-se de um aspeto importante com vista ao exercício do direito de voto[2131]. Entende-se que estão em causa informações para lá do relatório de gestão da direção e do relatório do conselho de vigilância, previstos nos §§ 175 e 171 do *AktG*[2132], informação essa que assiste ao próprio acionista que tenha uma única ação[2133]!

Posto este princípio, o § 131/3 AktG passa a enumerar as situações nas quais a informação pode ser negada: e elas são extensas, abrangendo cláusulas gerais tais como a desrazoabilidade ou o sigilo[2134], suscetíveis de alargamento doutrinário[2135].

[2125] CUNHA GONÇALVES, *Comentário ao Código Comercial* cit., 1, 482 ss., com ênfase.

[2126] FERNANDO OLAVO, *Direito comercial* cit., 1, 360 ss..

[2127] RPt 21-Jan.-1988 (ARAGÃO SEIA), CJ XIII (1988) 1, 194-196 (195-196), referindo já o Código de 1986.

[2128] Assim o teor imediato do artigo 288.°/1, reforçado, para mais, pela alteração introduzida no seu n.° 1 pelo Decreto-Lei n.° 280/87, de 8 de Julho.

[2129] RAÚL VENTURA, *Novos estudos sobre sociedades* cit., 136-137.

[2130] HEINZ MEILICKE/THOMAS HEIDEL, *Das Auskunftsrecht des Aktionärs in der Hauptversammlung*, DStR 1992, 72-75 e 113-118. Com muitas indicações, *vide* GERALD SPINDLER, em KARSTEN SCHMIDT/MARCUS LUTTER, *Aktiengesetz Kommentar*, § 131 (1772 ss.).

[2131] UWE HÜFFER, *Aktiengesetz*, 9.ª ed. cit., § 131, Nr. 1 (732).

[2132] FRANZ-JÖRG SEMLER, no *Münchener Handbuch des Gesellschaftsrechts*, 4, *Aktiengesellschaft*, org. MICHAEL HOFFMANN-BECKING, 2.ª ed. (1999), § 37, Nr. 1 (471).

[2133] BayObLG 8-Mai.-1974, NJW 1974, 2094.

[2134] MEILICKE/HEIDEL, *Das Auskunftsrecht* cit., 115/II (mas nunca o direito à men-

726 · A situação jurídica dos sócios

IV. A informação intercalar ("direito mínimo à informação", do artigo 288.º) e a preparatória da assembleia geral (artigo 289.º) correspondem a comunicações formalizadas. Trata-se de levar ao conhecimento dos sócios os precisos elementos elencados na lei, sem necessidade de maiores explicações. Já as informações a prestar em assembleia geral assumem uma dimensão substantiva: (...) *informações verdadeiras, completas e elucidativas que lhe permitam formar opinião fundamentada sobre os assuntos sujeitos a deliberação* – 290.º/1. Aqui, é inevitável apor limites[2136]: quatro:

– a informação pedida não se enquadra na previsão do artigo 290.º/1;
– a informação pedida é consumida pelo previsto no artigo 289.º ou por informações públicas;
– a informação pedida é suscetível de (...) *ocasionar grave prejuízo à sociedade ou a outra sociedade com ela coligada* (...) – artigo 290.º/2, *in medio*;
– a informação pedida *envolve segredo imposto por lei* – artigo 290.º/2, *in fine*.

O artigo 290.º/1 é lato. Mas não abrange tudo: apenas matéria pertinente com o que se delibere. Não faz sentido admitir alguém a deliberar sem lhe facultar os elementos necessários para uma opção consciente: mas em termos de razoabilidade. Tudo o que ultrapasse esse nexo de razoabilidade, já não tem de ser atendido. A informação a prestar tem a ver com factos: não com a teoria da gestão de empresas.

Quanto à consumpção de previsões de informação: se esta for disponibilizada ao público ou nos termos dos artigos 288.º e 289.º, não há que repeti-la em assembleia geral. O acionista interessado terá de fazer os seus trabalhos de casa: os administradores não são consultores nem docentes de gestão.

Finalmente, temos duas previsões de informação inacessível: não pode ser prestada, seja por prejudicar a sociedade, seja por violar a lei.

---

tira – *idem*, 75/II), HÜFFER, *Aktiengesetz*, 9.ª ed. cit., § 131, Nr. 23 ss. (743 ss.) e HOFF-MANN-BECKING/SEMLER, *Aktiengesellschaft*, 2.ª ed. cit., Nr. 29 ss. (481 ss.).

[2135] BERND MEYER-LÖWY, *Das Auskunftsrecht des Aktionärs in der Hauptversammlung und seine Grenzen bei Fragenkatalogen und Massenauskünften* (2000), V + 152 pp..

[2136] Além dos elementos referidos na nota anterior, cf. KARSTEN SCHMIDT, *Gesellschaftsrecht*, 4.ª ed. cit., 844.

§ 52.º Dogmática geral do direito à informação

254. A informação qualificada e a informação secreta; balanço geral

I. A informação qualificada, de acordo com o esquema proposto, é a dispensável, apenas, a sócios que detenham uma participação significativa no capital social. Tais as hipóteses previstas no artigo 214.º/1[2137], para os quotistas, em geral e no artigo 291.º, para os acionistas. No primeiro caso não há limites – a não ser os que advenham do próprio contrato ou, assim o pensamos, de aplicação analógica dos artigos 290.º/2 e 291.º/4. No segundo, exige-se uma participação de 10% do capital social; acionistas que não atinjam essa cifra poderão agrupar-se, para o efeito.

II. A informação qualificada recai sobre a "gestão da sociedade" (214.º/1) ou sobre "assuntos sociais" (291.º/1); o artigo 21.º/1, c), falara na "vida da sociedade"[2138]. Apesar da amplidão do dispositivo, sempre há alguma delimitação pela positiva: não se jogam elementos estranhos à sociedade, numa apreciação que compete aos administradores. Existe, noutras experiências próximas da nossa, uma larga casuística, sobre os elementos a prestar[2139]. Uma apreciação deve ser feita em concreto[2140].

III. A lei dá um direito reforçado de informação quando estejam em causa elementos capazes de responsabilizar os administradores (214.º/2, *in medio*) ou estes, os membros do conselho fiscal ou os do conselho geral (291.º/2). Mesmo então, há que ressalvar dois casos:

– o de, pelo conteúdo do pedido ou por outras circunstâncias, ser patente não ser esse o fim visado pelo pedido de informação;
– o de se tratar de informação secreta.

[2137] *Vide* o nosso *CSC/Clássica*, 2.ª ed. (2011), anot. artigo 214.º.

[2138] A terminologia deveria ter sido uniformizada; embora pareça claro que a realidade em vista é a mesma, as flutuações de linguagem, além de denotarem uma técnica menos perfeita, podem sempre levantar dúvidas de interpretação.

[2139] Cf. Karsten Schmidt, *Gesellschaftsrecht*, 4.ª ed. cit., 843 e *Münch-Hdb*/Semler, 4, 2.ª ed., § 37, Nr. 11 ss. (474-477), com inúmeras espécies judiciais.

[2140] P. ex.: poderá não haver justificação para que se informe sobre participações minoritárias; cf. Ingo Saenger, *Zum Auskunftsanspruch der Aktionäre über Minderheitenbeteiligungen*, DB 1997, 145-151 (151).

O artigo 291.º/4 parece fazer ceder a informação secreta perante a invocação de se tratar de efetivar a responsabilidade dos administradores ou de outros titulares de órgãos. Tem de ser interpretado restritivamente[2141]. O segredo profissional não pode ceder a não ser em casos previstos na lei e com intervenção do juiz: pense-se no segredo bancário ou no dos seguros. Além disso, temos de lidar com a intimidade da vida privada[2142], que pode estar envolvida e que deve ser respeitada. Por outro lado, o valor "responsabilidade dos administradores" deve ser ponderado quando conflitue com o prejuízo da sociedade ou dos sócios.

IV. Finalmente, temos a informação secreta. Fica logo abrangida a informação coberta pelo segredo profissional – 291.º/4, *c*). Além disso, está em causa[2143]:

– informação a usar fora dos fins da sociedade ou (apenas) para prejudicar, seja a própria sociedade, seja algum acionista – 291.º/4, *a*);
– informação que, de todo o modo, possa prejudicar relevantemente a sociedade ou algum acionista – 291.º/4, *b*).

V. Como balanço geral de toda esta matéria e tendo em conta a concreta experiência das empresas portuguesas, cumpre sublinhar o que segue. A assembleia geral só pode deliberar sobre matérias de gestão da sociedade a pedido do órgão de administração – artigo 373.º/3. Quer isto dizer que ela opera mais como um *forum* de discussão e de descompressão do que como um lugar onde se joguem verdadeiras opções societárias: nas sociedades anónimas e nas sociedades por quotas que, delas, se aproximem. A informação altamente especializada não tem, em regra, aí, qualquer interesse[2144].

Quanto às informações qualificadas: a realidade do nosso País mostra que são, aí, frequentes os conflitos de interesses. Os 10% de acionistas que pretendem aceder aos "assuntos da sociedade" são, muitas vezes, ele-

---

[2141] *CSC/Clássica*, 2.ª ed. cit., anot. artigo 291.º.

[2142] *Tratado* IV, 3.ª ed., 259 ss..

[2143] Quanto às sociedades por quotas, cf. JÖRG TITZE, *Die Informationsrechte des GmbH-Gesellschafters* (1985), 60 ss..

[2144] Com mais desenvolvimentos *vide* o nosso *SA: assembleia geral e deliberações sociais* cit., 213 ss..

§ 52.º *Dogmática geral do direito à informação* 729

mentos de grupos concorrentes, que obtiveram na bolsa ou em processos de reprivatização, as participações que invocam. Nessas condições, pensamos que a informação pode ser negada, ao abrigo da cláusula do maior perigo.

A lei deve ser fonte de justiça: não de gratuita litigiosidade entre os operadores privados.

§ 53.º O REGIME DO DIREITO À INFORMAÇÃO

255. As regras aplicáveis

I. O regime da informação resulta dos diversos parâmetros acima desenvolvidos. Cabe, agora, proceder à sua sistematização.

Questão prévia, útil em todo o processo subsequente, é a de determinar o escopo ou finalidade do direito à informação dos sócios. Esse escopo articula-se com as duas grandes dimensões das sociedades: a da colaboração e a da organização[2145].

Quanto à colaboração: os sócios só poderão produzir trabalho útil, em prol da sociedade e no seu âmbito, se tiverem conhecimento do que se lhes exige e do que é útil. A informação surge como condição prévia necessária de qualquer colaboração. Trata-se de um aspeto que predomina nas sociedades de pessoas.

Nas sociedades de capitais, poder-se-ia considerar que a informação aos sócios seria dispensável. Feita a aportação de capital, caberia aos sócios entregar a gestão a especialistas, abstendo-se de os incomodar com perguntas. Todavia, a dimensão organizatória justifica ainda, e por várias vias, a informação aos sócios. Esta opera:

– como pressuposto do voto em assembleia geral[2146];
– como meio de legitimação dos investimentos e do mercado;
– como forma de fiscalização da administração;
– como tutela das minorias.

[2145] Acentuando a primeira: João Labareda, *Direito à informação* cit., 129 ss., embora sem deixar de apontar o papel da informação nos vários vetores que abaixo imputamos à dimensão organizatória.

[2146] Raiser/Veil, *Recht der Kapitalgesellschaften*, 5.ª ed. cit., § 16, Nr. 38 (205), acentuam este aspeto.

§ 53.º O regime do direito à informação

Admitido o direito de voto em assembleia geral, há que providenciar para um conteúdo efetivo. Não faz sentido votar sem saber o que se faz: atribuído o voto, há que disponibilizar toda a informação necessária, útil e legitimadora para o seu exercício[2147].

Uma boa informação levará os sócios a investir com segurança: quer inicialmente, quer em futuros aumentos de capital. Além disso, permite--lhes avaliar corretamente as suas participações, base de subsequentes decisões de venda adequadas ou de (novas) aquisições. Todo o mercado depende disso[2148].

A fiscalização da administração exige informações capazes. Este aspeto é importante, uma vez que o moderno Direito das sociedades abandona, aos particulares, o acompanhamento e a fiscalização dos respetivos organismos.

Finalmente: a tutela das minorias exige o conhecimento da vida das sociedades. Trata-se de uma dimensão importante, para manter a atratividade das sociedades. O mercado também depende disso.

Em suma: essência colaborativa, nas sociedades de pessoas e defesa do mercado, nas de capitais: as duas dimensões que apontam para a informação.

II. Os sujeitos da obrigação de informar são, respetivamente, os sócios e a própria sociedade[2149]. Para o efeito, o sócio pode-se fazer representar, nos termos gerais: não há, aqui, qualquer direito pessoalíssimo, que apenas em pessoa se possa exercer. Os estatutos não podem limitar a representação em assembleia geral, segundo a atual redação do artigo 380.º[2150]: isso vale, *ipso iure*, para o exercício do direito à informação em assembleia. Fora isso, há que aplicar as regras gerais, extensivas, naturalmente, ao exercício do direito à informação, nas sociedades por quotas – 214.º. Além dos sócios, o artigo 293.º atribui também o direito à informação ao representante comum dos obrigacionistas[2151], ao usufrutuário e ao credor

---

[2147] Trata-se de um aspeto muito sublinhado na literatura alemã, já que o grosso do dever de informar ocorre a propósito da assembleia geral; cf. HÜFFER, *Aktiengesetz*, 9.ª ed. cit., § 131, Nr. 1 (732 ss.).

[2148] Donde a presença de novas exigências informativas, à luz do CVM.

[2149] HÜFFER, *Aktiengesetz*, 9.ª ed. cit., § 131, Nr. 3 e Nr. 5 (733 e 734).

[2150] Dada pelo Decreto-Lei n.º 49/2010, de 19 de Maio.

[2151] *Vide* o artigo 355.º/4, *a*).

pignoratício quando, por lei ou convenção, lhes caiba exercer o direito de voto. Esta regra é extensiva, por analogia e com as competentes adaptações, aos outros tipos societários. Além disso, haverá sempre um direito à informação, por parte de quaisquer interessados, nos termos do artigo 573.º, do Código Civil[2152].

Como sujeito passivo, temos a sociedade, representada pelos administradores. Quando a informação disponível esteja na posse de algum trabalhador ou de terceiros vinculados à sociedade, cabe à hierarquia – à administração – acionar os mecanismos competentes para conseguir os elementos pretendidos.

O pedido de informação pode ser oral ou escrito: não depende de forma especial, salvo quando a lei diga o contrário. De todo o modo, o sócio tem o ónus de se identificar como tal e de explicitar o que pretenda[2153]. Não são operacionais pedidos confusos ou indeterminados.

III. Objeto da obrigação é a informação em jogo: autodeterminada ou heterodeterminada, substancial ou formal, aberta ou reservada, conforme as circunstâncias. A obrigação pode ser cumprida oralmente; por escrito quando a lei o preveja e como tal seja pedida – 14.º/1 *in fine*. A regra básica é, sempre, a da não sujeição das declarações a qualquer forma solene, salvo quando a lei o determine – 219.º, do Código Civil. Admitimos que os estatutos possam impor outras formas mais solenes – designadamente: a escrita – para a prestação de certas informações.

IV. O direito à informação é, em princípio, irrenunciável e inderrogável. Não pode haver renúncias prévias ao seu exercício, visto o disposto no artigo 809.º do Código Civil, aqui aplicável. Possível é, sim, o seu não exercício *in concreto* e, dentro dos limites dos bons costumes e ordem pública, a assunção, subsequente, do dever de não o exercer. Também não pode haver derrogações: quer pelos estatutos, quer por deliberação social[2154]. O artigo 214.º/2 admite que o pacto social "regulamente" o

---

[2152] Pense-se, por exemplo, no interesse a certas informações que possam ter o promitente adquirente ou o preferente.

[2153] STJ 27-Abr.-1993 (Carlos Caldas), CJ/Supremo I (1993) 2, 72-73 (72/II): não é de atender um pedido de informação veiculado por carta com (mera) assinatura ilegível.

[2154] Titze, *Die Informationsrechte* cit., 8.

§ *53.º O regime do direito à informação* 733

direito à informação[2155], desde que não ponha em causa o seu exercício efetivo ou o seu âmbito[2156].

V. O direito à informação não se constitui quando impossível[2157]; cessa, ainda, por impossibilidade superveniente e, em especial, pela perda da informação solicitada[2158]. Pode, ainda, ser concretamente inexigível: pense-se em pedidos maciços de informação em plena assembleia, com catálogos ou listas intermináveis[2159]. Ele extingue-se, nos termos gerais, pelo cumprimento e por renúncia. Também podemos configurar a sua cessação pela publicitação geral do elemento solicitado.

256. Natureza e abuso

I. O direito à informação é uma posição pessoal que integra o *status* de sócio[2160]. Podemos distinguir o direito abstrato à informação ou a pedir informações e o direito concreto, potestativamente constituído, perante situações que possibilitem a sua efetivação[2161]. Trata-se, de todo o modo, de uma posição ativa de cariz potestativo, que se vai adaptando aos diversos tipos societários[2162]: pode, designadamente, ser de exercício individual ou coletivo[2163].

[2155] João Labareda, *Direito à informação* cit., 135.

[2156] O artigo 214.º/2, 2.ª parte, ressalva ainda, com ênfase, a hipótese de o direito à informação em três situações: hipotética responsabilidade do seu autor, exatidão dos documentos de prestação de contas e habilitação para o exercício do voto.

[2157] Será o caso de serem colocadas questões, em assembleia geral, às quais os administradores não saibam responder; cf. Wolfgang Hefermehl, *Umfang und Grenzen des Auskunftsrechts des Aktionärs in der Hauptversammlung*, FS Duden (1977), 109-135 (129).

[2158] P. ex.: falecimento do responsável e único conhecedor do elemento pedido; vírus informático; incêndio no arquivo. Havendo um responsável: cabe-lhe indemnizar os danos causados à sociedade e ao sócio a informar.

[2159] Bernd Meyer-Löwy, *Das Auskunftsrecht des Aktionärs in der Hauptversammlung und seine Grenze bei Fragenkatalogen und Massenauskünften* (2000), 152 pp..

[2160] Com outra terminologia, Karsten Schmidt, *Informationsrechte in Gesellschaft und Verbänden* (1984), 21 e, entre nós, João Labareda, *Direito à informação* cit., 140.

[2161] Karsten Schmidt, *Gesellschaftsrecht*, 4.ª ed. cit., 624.

[2162] Karsten Schmidt, *Informationsrechte* cit., 48 ss..

[2163] Christian Wilde, *Informationsrechte und Informationspflichte im Gefüge der Gesellschaftsorgane*, ZGR 1998, 423-465 (423 ss. e 426 ss.).

734 A situação jurídica dos sócios

Apesar da apregoada natureza pessoal, o direito à informação insere--se na realidade patrimonial das participações societárias: já lhe tem sido dispensada a tutela específica da propriedade privada, constitucionalmente garantida[2164].

II. Além dos casos acima apontados em que o exercício do direito à informação é legalmente vedado, podemos genericamente apontar a possibilidade de o bloquear por abuso[2165] ou por violação da lealdade[2166]. No fundamental e perante o Direito português, estarão em causa as seguintes sub-hipóteses:

– *venire contra factum proprium*;
– *tu quoque*;
– desequilíbrio no exercício.

O *venire* ocorre quando o sócio tenha, com credibilidade, inculcado na sociedade a convicção de que não iria exercer o seu direito[2167] e, depois, o exerça, provocando danos. O *tu quoque* configura-se quando a informação decorra de um ilícito perpetrado pelo sócio interessado o qual, assim, nada mais faria do que aproveitar o malefício próprio. Finalmente, temos desequilíbrio: o sócio, para uma vantagem mínima, pede elementos que irão provocar um esforço máximo à sociedade.

III. Ocorre aqui perguntar se o direito à informação é meramente instrumental ou puramente funcional[2168]. A eventual opção por este último termo indigitaria nova hipótese de abuso: a de um pedido de informação fora do escopo legítimo.

[2164] BVerfG 20-Set.-1999, NJW 2000, 129-131.

[2165] HERMANN PETER WOHLLEBEN, *Informationsrechte des Gesellschafters* cit., 195 ss..

[2166] SEMLER, no *Münchener Handbuch* cit., 4, 2.ª ed., § 37, Nr. 41 (484), HÜFFER, *Aktiengesetz*, 9.ª ed. cit., § 131, Nr. 33-35 (746-747) e KARSTEN SCHMIDT, *Gesellschaftsrecht*, 4.ª ed. cit., 845.

[2167] Em concreto; abstratamente, não é possível a renúncia; o *venire* tão-pouco seria eficaz.

[2168] Trata-se de uma opção acentuada (mas não absolutizada) por KARSTEN SCHMIDT, *Die Dogmatik des Informationsrechte als Grundlage des Konkretisierung des § 51.ª GmbHG*, FS Kellermann (1991), 389-401.

§ 53.° O regime do direito à informação

Mas não: o Direito português configura a informação como um elemento *a se*: autónomo de quaisquer concretas finalidades. Estas só relevam pela negativa, quando se pretenda usar a informação para fins estranhos à sociedade ou para prejudicar terceiros[2169].

E assim substancializamos a informação. Parte integrante do *status* de sócio, ela dá corpo à propriedade privada, à livre iniciativa económica e à própria liberdade de associação. Vale por si. Não é instrumental[2170].

IV. Finalmente, uma referência ao abuso da própria informação, quando reservada ou privilegiada, também conhecida por *insider trading*. Desta feita, trata-se de usar informação que se tenha obtido a nível interno e que não seja conhecida pelas outras pessoas, para conseguir vantagens extraordinárias e, designadamente: vendendo caro o que se saiba vai descer ou comprando barato o que se conheça ir subir.

Tal abuso era punido pelo artigo 524.°, depois revogado pelo artigo 24.° do Decreto-Lei n.° 142-A/91, de 10 de Abril, que aprovou o CódMVM. Hoje, tal prática é incriminada pelo artigo 378.° do CVM.

257. Garantia

I. O direito à informação é rodeado de diversas garantias[2171]. Desde logo, temos sanções penais: o artigo 518.° sanciona a recusa ilícita de informações, enquanto o artigo 519.° penaliza o autor de informações falsas.

De seguida, temos a anulabilidade das deliberações sociais, causada pela recusa injustificada de informações – 58.°/1, *c*) e 290.°/3, abaixo considerados.

Também se nos afigura aplicável o esquema geral do incumprimento das obrigações, com as indemnizações conexas: danos patrimoniais e não patrimoniais. No tocante a este último aspeto, cabe explicar: embora o direito à informação se inscreva num *status* essencialmente patrimonial,

---

[2169] Artigo 291.°/4, *a*).

[2170] Recordando o título do escrito de KLAUS TROUET, *Die Hauptversammlung – Organ der AG oder Forum der Aktionäre?*, NJW 1986, 1302-1307: o direito à informação é legitimador, mesmo quando não interfira em nada na orientação societária.

[2171] RAÚL VENTURA, *Novos estudos sobre sociedades* cit., 156 ss..

ele envolve uma dimensão pessoal. O sócio a quem, para mais em público, seja recusada informação pertinente vê atingida a sua honra e o seu direito de participar, ativamente, em iniciativas que lhe competem. Este aspeto deve ser contemplado, até porque, muitas vezes, não se documentarão danos patrimoniais. O papel retributivo e de preservação, geral e especial, da responsabilidade surgirá, então, com clareza.

II. Certas informações dispõem de garantias específicas. A não apresentação do relatório de gestão, das contas de exercício e dos demais documentos de prestação de contas dá azo ao inquérito previsto no artigo 67.°/1. O juiz, ouvidos os administradores, poderá então adotar uma das medidas previstas no n.° 2 desse preceito[2172].

Este "inquérito" não se confunde com o "inquérito judicial" previsto nos artigos 216.° e 292.° e regulado nos artigos 1479.° e seguintes do Código de Processo Civil[2173].

III. O inquérito judicial surge como um procedimento complicado e pesado, a usar, somente quando necessário[2174]. Ele apenas deve ser pedido – 216.° e 292.°/1 – quando tenha sido recusada informação solicitada ao abrigo dos artigos 214.°, 288.° e 291.° ou prestada informação presumivelmente falsa, incompleta ou não elucidativa. Com oscilações, a jurisprudência admite que ele seja usado pelos próprios administradores (gerentes)[2175]. É essa a opção mais adequada[2176].

Feito o pedido, o juiz tem um lato poder, no tocante à concretização das medidas a aplicar[2177]. Fundamentalmente, ele pode determinar que seja prestada a informação em falta ou fixar prazo para a apresentação das

---

[2172] *Vide* o nosso *CSC/Clássica*, 2.ª ed. (2011), anot. artigo 67.°.

[2173] Como elemento de Direito processual comparado, referimos EBENROTH, *Das Auskunftsrecht des Aktionärs* cit., 141 ss..

[2174] REv 13-Out.-1994 (PITA DE VASCONCELOS), CJ XIX (1994) 4, 276-277 (277/II): o inquérito judicial não é esquema indicado para um sócio poder consultar os livros da sociedade.

[2175] RPt 19-Out.-2004 (MÁRIO CRUZ), CJ XXIX (2004) 4, 194-196 (194); contra: REv 18-Out.-2005 (PEDRO ANTUNES), CJ XXX (2005) 4, 274-275 (275/I).

[2176] RLx 2-Out.-2008 (MARIA JOSÉ MOURO), RDS 2009, 427-441, anot. MC, favorável.

[2177] RPt 7-Nov.-1994 (SIMÕES FREIRE), CJ XIX (1994) 5, 204-206 (206/I).

§ 53.º *O regime do direito à informação*　　　737

contas – 1480.º/1, do Código de Processo Civil. Pode optar pelo inquérito à sociedade, fixando os pontos que a diligência deve abranger e nomeando perito ou peritos para a investigação – 1480.º/2. O investigador poderá praticar os atos elencados no artigo 1480.º/3, ou outros que lhe sejam especificamente cometidos pelo juiz.

São possíveis medidas cautelares – 1481.º, do Código de Processo Civil. Finalmente, o artigo 292.º/2 prevê medidas draconianas[2178]:

　　a) A destituição das pessoas cuja responsabilidade por atos praticados no exercício de cargos sociais tenha sido apurada;
　　b) A nomeação de um administrador ou diretor;
　　c) A dissolução da sociedade, se forem apurados factos que constituam causa de dissolução, nos termos da lei ou do contrato, e ela tenha sido requerida.

O artigo 292.º/6 chega a admitir que o inquérito seja requerido sem precedência do pedido de informações à sociedade se as circunstâncias do caso fizerem presumir que a informação não será prestada ao acionista, nos termos da lei.

IV. O inquérito judicial é, efetivamente, um esquema destinado a enfrentar problemas bem mais graves do que a não prestação de informação ou a informação inexata. Justifica-se, por exemplo, quando a falta de informação derive de falta de contas[2179] À imagem do § 132 do AktG, teria sido oportuno prever, simplesmente, um procedimento jurisdicional para determinar, sendo esse o caso, a prestação da informação, negada ou em dúvida[2180]. Aliás: o artigo 292.º/2, que tem a ver com informações, fica-se por aí.

O pedido de inquérito judicial já tem servido, entre nós, para incomodar grandes sociedades ou para dar armas a minorias de bloqueio ou a representantes de empresas concorrentes, que hajam logrado 10% das ações da sociedade visada. O País real reclamaria menos garantias e uma melhor responsabilização dos envolvidos.

[2178]　*Vide* o nosso *CSC/Clássica*, 2.ª ed. (2011), anot. artigo 292.º.
[2179]　RCb 27-Jan.-2004 (Sousa Ramos), CJ XXX (2004) 1, 14-17 (17/II).
[2180]　Hüffer, *Aktiengesetz*, 9.ª ed. cit., § 132 (750 ss.).

258. As informações profissionalizadas; a responsabilização

I. Na atualidade e no que respeita às anónimas cotadas, a informação relevante é disponibilizada por grandes agências ou consultores de âmbito internacional. A propósito de cada assembleia geral, elas chegam a preconizar, ponto a ponto, o sentido de voto recomendado e o porquê.

II. No que respeita às sociedades portuguesas, e apesar de essas entidades disporem, em regra, de pessoal habilitado nos Direitos e nas realidades de cada País, a informação assim disponibilizada é, por vezes, insuficiente: quiçá, mesmo, confrangedora. De resto, as recomendações de compra ou de venda, relativamente aos diversos valores mobiliários e as notações de risco dispensadas a títulos de dívida primam pela irracionalidade. E todavia, elas contribuem, em larga medida, para conformar o mercado.

III. Do nosso ponto de vista, não é aceitável que o Direito não possa intervir, nesta situação. Os profissionais de informações societárias, quando atuem com dolo ou negligência, são responsabilizáveis, nos termos gerais. Os tribunais portugueses podem, por diversas vias, dispor de competência internacional para se ocuparem do problema. E qualquer condenação aqui obtida é executável, na generalidade dos países estrangeiros.

Os agentes nacionais (e a própria República Portuguesa!) parecem ter receio de agir: porventura por temerem novas desacreditações. Não pode ser: desde sempre o Direito existe para defender quer a Justiça, quer os mais fracos.

CAPÍTULO X
DELIBERAÇÕES SOCIAIS: EVOLUÇÃO E REGIME

§ 54.º NOÇÕES BÁSICAS E EVOLUÇÃO

259. Coordenadas dogmáticas

I. A deliberação é uma proposição imputada à decisão de um conjunto de pessoas singulares ou seres humanos[2181]. Colocada nestes termos, a deliberação assenta em pressupostos de legitimidade e assume, ela própria, uma dimensão legitimadora. Ela interessa a múltiplas Ciências auxiliares do Direito, com relevo para a Ciência Política, a Sociologia e a Psicologia Social[2182]. Tudo isso é relevante para um bom conhecimento das instituições. Todavia, vamos cuidar do fenómeno apenas pelo prisma da Ciência do Direito. Perante esta, a deliberação é, simplesmente, a decisão de um órgão coletivo, sobre uma proposta[2183]. Para efeitos de deliberação, cada participante nesse órgão tem um (ou mais) votos. O voto será, tecnicamente, a recusa ou a aceitação de uma proposta de deliberação[2184].

II. A própria deliberação surge assimilada a uma manifestação de vontade coletiva. Há que estar prevenido quanto a metadiscursos. A vontade é, em si, um fenómeno psicológico puramente humano e individual. Uma coletividade não tem "vontade": apenas esquemas que permitam

---

[2181] *CSC/Clássica*, 2.ª ed. (2011), introd. artigos 53.º a 63.º; COUTINHO DE ABREU, *Código em Comentário* 1 (2010), 638.

[2182] KARSTEN SCHMIDT, *Gesellschaftsrecht*, 4.ª ed. cit., 434.

[2183] *Idem*, loc. cit..

[2184] HORST BARTHOLOMEYCZIK, *Der Körperschaftsbeschluss als Rechtsgeschäft*, ZHR 105 (1938), 292-334 (293) e GÜNTER RENKL, *Die Gesellschafterbeschlüsse* (1982), 33.

740   *Deliberações sociais: evolução e regime*

imputar-lhe uma proposição a qual, na origem, deverá ter vontades humanas. A transposição dessas vontades para a pretensa "vontade" coletiva é sempre obra de esquemas abstratos e, para o caso, de normas jurídicas: estas transpõem decisões humanas para o modo coletivo.

Podemos pois afirmar que, embora correspondendo a esquemas de natureza psicológica e sociológica – e, portanto: naturais – a deliberação social acaba por ser uma criação jurídico-cultural destinada a atribuir, a um grupo, uma determinada decisão.

260. Evolução geral

I. O facto de, na deliberação, se articularem várias vontades humanas obriga, como se viu, a toda uma construção dogmática. Esta não surgiu de um momento para o outro, antes tendo requerido uma evolução complexa.

Num primeiro momento, a deliberação surge como um dado empírico, de tipo psicológico: várias pessoas, juntas, manifestam uma vontade unânime ou predominante num certo sentido; tal sentido é imputado ao ente coletivo, como se de uma pessoa se tratasse[2185].

VON GIERKE, com as suas construções orgânicas, apresentou a deliberação como um ato conjunto (*Gesamtakt*)[2186], que absorveria as singulares manifestações de vontade que o precedessem[2187]; esse ato seria imputado ao ente coletivo[2188]. A necessidade de dar (algum) tratamento individualizado a tais manifestações singulares de vontade levou alguma doutrina a ver, nas deliberações, um convénio multilateral (*Vereinbarung*), que confluiria na decisão final[2189].

[2185] F. MACKELDEY, *Manuel de Droit romain*, trad. fr. J. BEVING, 3.ª ed. (1846), § 148 (856/I).

[2186] OTTO VON GIERKE, *Die Genossenschaftstheorie und die deutsche Rechtsprechung* (1987, reimp., 1963), 568 e 678 ss..

[2187] RUTH, *Eintritt und Anstritt von Mitgliedern*, ZHR 88 (1926), 454-543 (524). Esta orientação chegou a colher apoio na jurisprudência do *Reichsgericht*, que veio excluir a deliberação do círculo dos negócios jurídicos; cf. RG 4-Dez.-1928, RGZ 122 (1929), 367-370 (369): (...) *a deliberação não é, enquanto tal, nenhum negócio jurídico* (...).

[2188] Em geral, JOHANNES BALTZER, *Der Beschluss als rechtstechnisches Mittel organschaftlicher Funktion im Privatrecht* (1965), 42 ss..

[2189] GERHARD JÜDEL, *Gesellschafterbeschlüsse bei Personengesellschaften* (1933), 19.

§ 54.° Noções básicas e evolução

II. A doutrina privatista recuperou a dogmática das deliberações, logo no início do século XX. Esta poderia ser explicada com recurso à técnica do negócio jurídico: teríamos, então, negócios deliberativos, isto é: negócios de um tipo específico mas, ainda, negócios[2190]. O negócio deliberativo caracteriza-se por postular diversas declarações confluentes; não havendo coincidência, ele poderia formar-se por maioria, sendo oponível aos dissonantes. Surgiria, em suma, uma vontade de conteúdo unitário e vinculativo[2191]. Esta posição vem dominando a civilística mais recente, com exemplos em HÜBNER[2192], FLUME[2193], PAWLOWSKI[2194], KÖHLER[2195], LARENZ[2196], MEDICUS[2197] e BORK[2198]. Foi recebida em Portugal[2199].

III. Embora mantendo uma linguagem mais empírica, a construção do ato deliberativo com recurso à metodologia negocial também se impôs, com alguma discussão[2200], no Direito das sociedades comerciais. Na base teremos uma formação unitária assente em várias vontades individuais[2201] e à qual se poderão tendencialmente aplicar as regras dos negócios jurídicos[2202].

[2190] ANDREAS VON TUHR, *Der Allgemeine Teil des Deutschen Bürgerlichen Rechts*, II/1 – *Die Rechtserheblichen Tatsachen, insbesondere das Rechtsgeschäft* (1914), 232.

[2191] LUDWIG ENNECCERUS/HANS CARL NIPPERDEY, *Allgemeiner Teil des Bürgerlichen Rechts/Ein Lehrbuch*, 15.ª ed. (1960), 911.

[2192] HEINZ HÜBNER, *Allgemeiner Teil des Bürgerlichen Gesetzbuches* (1985), 118 ss..

[2193] WERNER FLUME, *Allgemeiner Teil des Bürgerlichen Rechts*, 2.° vol., *Das Rechtsgeschäft*, 4.ª ed. (1992), 602.

[2194] HANS MARTIN PAWLOWSKI, *Allgemeiner Teil des BGB/Grundlehren des bürgerlichen Rechts*, 6.ª ed. (2000), 288.

[2195] HELMUT KÖHLER, *BGB/Allgemeiner Teil*, 26.ª ed. (2002), 46-47.

[2196] KARL LARENZ/MANFRED WOLF, *Allgemeiner Teil des deutschen Bürgerlichen Rechts/Ein Lehrbuch*, 9.ª ed. (2004), 407.

[2197] DIETER MEDICUS, *Allgemeiner Teil des BGB/Ein Lehrbuch*, 10.ª ed. (2010), 93 e 461 ss..

[2198] REINHARD BORK, *Allgemeiner Teil dês Bürgerlichen Gesetzbuchs*, 2.ª ed. (2006), 166-167.

[2199] MANUEL DE ANDRADE, *Teoria geral da relação jurídica*, 2 (1972, 3.ª reimp.), 40.

[2200] GÜNTER RENKL, *Der Gesellschafterbeschluss* cit., 76 ss., com indicações.

[2201] WOLFGANG ZÖLLNER, *Beschluss, Beschlussergebnis und Beschlussergebnisfeststellung/Ein Beitrag zur Theorie und Dogmatik des Beschlussrechts*, FS Lutter 2000, 821-831 (821).

[2202] RAIMOND EMDE, *Die Bestimmheit von Gesellschafterbeschlüssen*, ZIP 2000, 59-64 (64/II).

742   *Deliberações sociais: evolução e regime*

Pelo menos: quanto possível[2203]. Também entre nós esta orientação veio a radicar-se[2204]. PINTO FURTADO mantém, todavia, que a deliberação integra, antes, um ato colegial: não um negócio, uma vez que, como ato de vontade que efetivamente seria, ela não corresponderia a uma autorregulamentação de interesses[2205]. Também COUTINHO DE ABREU sustenta que, por vezes, as deliberações não têm substância jurídica (p. ex., votos de louvor ou de pesar) não sendo, nessa eventualidade, negócios jurídicos[2206]. Tem razão: a verdadeira deliberação recai sobre matéria jurídica, com efeitos de Direito. Já a deliberação consultiva pode surgir como um verdadeiro negócio deliberativo[2207].

IV. Não compete recomeçar, aqui, uma discussão alongada sobre o conceito de negócio jurídico. É evidente que a adoção, quanto a este, de leituras mais envolvidas (tipo "autorregulamentação de interesses") irá, depois, infletir as opções quanto à deliberação. De acordo com experimentada tradição, manteremos o negócio jurídico como facto jurídico marcado pela liberdade de celebração e pela liberdade de estipulação[2208]. O negócio jurídico, em si, não é uma manifestação de vontade: não se confunda negócio com declaração. Antes surgirá como a consequência de uma ou mais declarações de vontade[2209].

Perante esta metodologia, não há dúvidas de que a deliberação é um verdadeiro e próprio negócio jurídico: um facto relevante para o Direito e marcado pela dupla liberdade: de celebração e de estipulação.

[2203] KARSTEN SCHMIDT, *Gesellschaftsrecht*, 4.ª ed. cit., 436.

[2204] Assim, como exemplos: FERRER CORREIA, *Lições de Direito comercial*, vol. II (1973), 343, VASCO DA GAMA LOBO XAVIER, *Anulação de deliberação social e deliberações conexas* cit., 554, com indicações na nota 14, BRITO CORREIA, *Direito comercial*, 3, *Deliberações dos sócios* (1990), 98 ss. (109 ss.) e PAULO OLAVO CUNHA, *Direito das sociedades comerciais*, 4.ª ed. (2010), 609-610.

[2205] PINTO FURTADO, *Curso de Direito das sociedades*, 5.ª ed. (2004), 396 ss. (399), retomando opções feitas em *Deliberações dos sócios* (1993), 37 ss. (49) e insistindo em *Deliberações de sociedades comerciais* (2005), 149 ss..

[2206] COUTINHO DE ABREU, *Código em Comentário* 1 (2010), 638.

[2207] HOLGER FLEISCHER, *Konsultative Hauptversammlungsbeschlüsse im Aktienrecht*, AG 2010, 681-692.

[2208] *Tratado de Direito civil* I/1, 3.ª ed., 392 e 447 ss..

[2209] BARTHOLOMEYCZIK, *Der Körperschaftsbeschluss* cit., 299, explica-se nestes termos: "A deliberação não corresponde a uma declaração de vontade mas antes à formação da vontade dos particulares".

§ 54.° *Noções básicas e evolução* 743

A deliberação não se identifica com as declarações de vontade que lhe subjazam e não é, ela própria, uma declaração de vontade, singular, coletiva, concertada ou outra[2210]. A sua inclusão no universo dos negócios tem, todavia, uma especial relevância téorica e prática, uma vez que implica a aplicação de um regime. Todo o ramo das imputações às sociedades segue, por esta via, os caminhos do Direito privado.

No âmbito dos negócios, a deliberação ocupa um lugar próprio, com um regime específico. Será um negócio deliberativo ou, muito simplesmente ... uma deliberação.

261. O desenvolvimento da experiência portuguesa

I. A matéria das deliberações sociais veio a merecer a atenção do Direito, mercê de situações negativas e, designadamente, da sua invalidade. Assimilada a uma comum manifestação de vontade, só que imputável a uma pessoa coletiva, a deliberação mostrou requerer normas específicas na eventualidade da sua desconformidade com o Direito.

Paradigmático, o artigo 146.°, do Código Comercial, dispunha:

> Todo o sócio ou acionista, que tiver protestado em reunião ou assembleia geral de sócios contra qualquer deliberação nela tomada em oposição às disposições expressas da lei ou contrato social, pode, no prazo de vinte dias, levar o seu protesto com as provas que tiver ao tribunal de comércio respetivo, e pedir que se julgue nula a deliberação, ouvida a sociedade.

O artigo 46.° da LSQ continha um preceito semelhante, embora com o prazo de cinco dias[2211].

II. Ainda no âmbito do Código Comercial, o artigo 181.° referia a convocação da assembleia geral e considerava, no seu § único[2212],

> (...) nula toda a deliberação tomada sobre objeto estranho àquele para que a assembleia geral houvesse sido convocada, salvo tendo sido comunicada aos acionistas não presentes pela forma de convocação, e não houver protesto dentro do prazo de trinta dias.

[2210] Karsten Schmidt, *Gesellschaftsrecht*, 4.ª ed. cit., 436.

[2211] Quanto a ambos os preceitos, Pinto Furtado, *Código Comercial Anotado* I (1975), 499 ss..

[2212] Pinto Furtado, *Código Comercial Anotado* II/2 cit., 465 ss..

744 *Deliberações sociais: evolução e regime*

Por seu turno, o corpo do artigo 186.°, do mesmo Código, previa[2213]:

Todo o acionista tem direito de protestar contra as deliberações tomadas em oposição às disposições expressas na lei e nos estatutos, e poderá requerer ao respetivo juiz presidente do tribunal de comércio a suspensão da execução de tais deliberações, com prévia notificação dos diretores.

A LSQ, de 11 de Abril de 1901, continha um capítulo IV intitulado "das deliberações sociais", o qual abrangia seis artigos – 35.° a 40.°[2214]. Todavia, ocupava-se, no essencial, da convocação e do funcionamento da assembleia geral, prevendo determinadas sanções. O seu artigo 36.°, §§ 2.° e 3.° admitia que certas deliberações, em vez de se formarem em assembleia, pudessem resultar de escrito que todos os sócios subscrevessem[2215]. Esta figura foi, como vimos, generalizada pelo artigo 54.°/1 do Código das Sociedades Comerciais, como "deliberação unânime por escrito".

III. O Direito das sociedades português orientava-se assim, neste tema, em moldes pragmáticos. As investigações realizadas, com relevo para a de Vasco Lobo Xavier, ocorreram já na ponta final da vigência do Código Comercial e enfocaram, fundamentalmente, a invalidade das deliberações[2216].

Aquando da preparação do Código das Sociedades Comerciais, a matéria conheceu um lato desenvolvimento[2217].

Temos, em primeiro lugar, o contributo de Vaz Serra; este Autor ocupou-se do tema de modo fragmentário, referindo os casos de supressão de direitos especiais e do abuso do direito[2218].

O Anteprojeto de lei sobre sociedades por quotas de responsabilidade limitada, de Coimbra[2219], dedicou ao tema um espaço mais considerável:

[2213] *Idem*, II/2, 611 ss..
[2214] *Idem*, II/2, 785-794.
[2215] Pinto Furtado, *Deliberações dos sócios* cit., 9.
[2216] Vasco Lobo Xavier, *Anulação de deliberação social*, 635 pp., já citada.
[2217] Pinto Furtado, *Deliberações dos sócios* cit., 11-12.
[2218] Adriano Vaz Serra, *Assembleia geral*, BMJ 197 (1970), 23-200 (106-113).
[2219] António Ferrer Correia/Vasco Lobo Xavier/Maria Ângela Coelho//António A. Caeiro, *Sociedades por quotas de responsabilidade limitada/Anteprojecto de lei – 2.ª redacção e exposição de motivos*, RDE 3 (1977), 153-224 e 349-423 e RDE 5 (1979), 111-141 e 142-200. Na separata cf. 115 ss..

§ 54.º *Noções básicas e evolução* 745

artigos 100.º a 118.º. No projeto, a matéria foi condensada, surgindo com a configuração atual[2220].

Em termos comparatísticos, o Código das Sociedades Comerciais, nos termos que abaixo referiremos, ultrapassa claramente o Código Civil italiano: este não contém disposições gerais sobre a assembleia ou as deliberações; tão-pouco prevê uma assembleia para as sociedades em nome coletivo[2221]: ela ocorre para as sociedades anónimas – 2363.º a 2379.º – e para as sociedades por quotas – 2484.º a 2486.º – aí surgindo referências às deliberações, pelo prisma da sua invalidade. Quanto à lei alemã das sociedades anónimas: a matéria surge nos §§ 129 a 138[2222], a propósito da assembleia geral: um articulado que influenciou os nossos projetos.

IV. Na base de uma forte componente doutrinária[2223], o Código das Sociedades Comerciais veio prever um capítulo geral – o IV – sobre o que chama *deliberações dos sócios*. Trata-se de um conjunto de onze artigos – 53.º a 63.º –, por vezes bastante densos, onde se ocupa:

– de deliberações sociais e de alguns dos seus aspetos – 53.º a 55.º;
– da invalidade das deliberações – 56.º a 59.º;
– de aspetos processuais ligados a essa invalidade e das suas consequências – 60.º a 62.º;
– das atas – 63.º.

A matéria acaba por assumir alguma complexidade, sendo de estranhar que se evite falar em assembleias gerais. Além dos preceitos gerais descritos, temos ainda regras específicas para as deliberações no âmbito das sociedades em nome coletivo (189.º a 193.º), das sociedades por quotas (246.º a 251.º), das sociedades anónimas (373.º a 389.º) e das sociedades em comandita (472.º), retomando, muitas vezes, fórmulas gerais. O Código das Sociedades deveria ser uma lei simples, diretamente dirigida para a prática e para operadores sem formação jurídica. Um ponto a reter, em futuras reformas.

[2220] *Código das Sociedades (Projecto)*, BMJ 327 (1983), 43-339 (98 ss.).

[2221] Embora se admita que ela, aí, possa ser constituída pelos sócios; cf. TRIOLA, *Codice civile*, 3.ª ed. (2003), 2095/II.

[2222] UWE HÜFFER, *Aktiengesetz*, 9.ª ed. cit., 704 ss..

[2223] A que não é estranha uma certa emulação entre os projetos.

§ 55.° REGIME GERAL

262. Tipos de deliberações: primazia da deliberação em assembleia geral

I. Comecemos por recordar uma referência terminológica: o Código refere "deliberações dos sócios", evitando "deliberações sociais", da "sociedade", da "assembleia" ou de quaisquer outros órgãos. Oficialmente: porque os sócios podem deliberar não só em assembleia mas também, noutros casos, diretamente, sem reunião[2224].

O Projeto[2225], aproveitando ensinamentos do Direito público, fazia uma distinção entre deliberações e resoluções; estas últimas coadunar-se-iam com decisões tomadas pela administração e pelo conselho fiscal e que não seriam diretamente impugnáveis.

A referência a resoluções foi abandonada, por sugestão de BRITO CORREIA[2226]. Tudo é apelidado "deliberações", assim surgindo dúvidas de interpretação.

De facto, os sócios emitem declarações de vontade; *maxime*: votam. A deliberação é do órgão a que pertençam, sendo imputável à sociedade. As expressões "deliberação da assembleia" e "deliberação social" – esta

---

[2224] PINTO FURTADO, *Deliberações dos sócios* cit., 16; o Código, mercê da má revisão que sofreu, não foi, porém, fiel à terminologia que, ele próprio, se propôs adotar; fala em "deliberações sociais", "deliberações de órgãos", "deliberações da sociedade" e "deliberações colegiais"; cf. ob. cit., 18-19, com indicação dos preceitos visados.

[2225] BMJ 327, 282; *vide* LUÍS BRITO CORREIA, *Direito comercial*, 3 – *Deliberações dos sócios* cit., 98, nota 45.

[2226] Segundo informa PINTO FURTADO, ob. e loc. cit. e confessa o próprio BRITO CORREIA, ob. e loc. ult. cit..

§ 55.º Regime geral

última, tradicional e usada pelo saudoso Prof. LOBO XAVIER – são corretas: mais corretas. A deliberação não deixa de ser social pelo facto de os sócios votarem sem se reunirem em assembleia; já a referência a "deliberações dos sócios", nessas circunstâncias, não parece correta[2227]. No fundo, ela deriva de um posicionamento radicalmente individualista e contratual, no campo societário. Isso equivale, aqui, a negar todo um importante antecedente, institucional e publicista, no campo das sociedades.

II. O artigo 53.º/1 parece impor uma regra de tipicidade, no tocante às "formas" de deliberações dos sócios: só podem ser tomadas por algum dos modos admitidos por lei para cada tipo de sociedade[2228]. Na verdade, a lei pretende dizer que os órgãos sociais estão sujeitos ao princípio da tipicidade: os sócios não podem, pois, "deliberar" fora dos figurinos orgânicos previstos para cada uma delas. No tocante à "forma" – no sentido técnico que o termo assume no Direito privado[2229] – mantém-se uma regra de liberdade: os sócios poderão deliberar, conforme o ajustado, por escrito, de braço levantado, com tarjetas ou palmatórias, por levantados e sentados, etc.. Quando muito, admitimos que os estatutos fixem regras, nesse domínio. Não o fazendo, a forma da deliberação será fixada por deliberação dos sócios ou por decisão do presidente da mesa da assembleia (384.º/8).

Feita esta correção terminológica, torna-se fácil entender o artigo 53.º/2: as disposições legais ou estatutárias relativas a deliberações de assembleia geral aplicam-se aos correspondentes órgãos dos diversos tipos, salvo solução (interpretativa) diversa.

III. A deliberação social implica uma coordenação entre as distintas pessoas que nela possam participar. Haverá, assim, sempre um procedimento prévio a seguir: mais ou menos complicado, mas necessário. O Código, mau grado o desenvolvimento dado à matéria, acabou por não tratar sistematicamente este aspeto.

[2227] Quanto à discussão terminológica, PINTO FURTADO, *Deliberações dos sócios* cit., 19 ss., em termos específicos, dadas as posições de que parte. *Vide supra*, 21 ss..

[2228] COUTINHO DE ABREU, *Código em Comentário* cit., 1, 639; o nosso *CSC/Clássica*, 2.ª ed. (2011), anot. artigo 53.º.

[2229] Portanto: o modo por que se manifesta a vontade das pessoas (singulares).

748 *Deliberações sociais: evolução e regime*

Resulta do artigo 54.º/1 a possibilidade de dois grandes tipos de procedimento, para efeitos de deliberação social:

– a deliberação em assembleia;
– a deliberação por escrito.

Como temos vindo a referir, o grande modelo que presidiu à evolução histórica e à dogmatização das deliberações sociais é a deliberação em assembleia. As outras modalidades são, dela, meros sucedâneos. E é a deliberações em assembleia que a própria lei dedica o melhor do seu esforço. E quanto a assembleias, a matriz é, naturalmente, a das sociedades anónimas.

263. O processo deliberativo

I. A deliberação exige uma coordenação entre diversas pessoas. Podemos falar num processo deliberativo: um conjunto de atos concatenados para a obtenção de um fim: a própria deliberação. A matéria, versada a propósito das sociedades anónimas, pode explicitar-se nos pontos seguintes:

– uma convocatória cabal;
– uma reunião da assembleia, com presidência, secretariado, verificação de presenças e ata;
– uma ou mais propostas;
– um debate;
– uma votação, com escrutíneo e proclamação do resultado;
– a elaboração da ata.

A convocatória cabal dependerá das circunstâncias, do órgão e do tipo de sociedade em causa. Ela deverá ser dirigida a todas as pessoas que tenham o direito de participar na assembleia, indicando o local, a hora e a ordem de trabalhos. Deverá, ainda, ser assinada pela pessoa com competência para a convocação[2230]. Nalguns casos, a convocatória deve ser publicada (377.º/2), podendo bastar-se com esse tipo de comunicação: pense-se nas sociedades com milhares de sócios – *idem*, n.º 3.

[2230] Estes requisitos vêm explicitados a propósito da nulidade das deliberações sociais, no artigo 56.º/2. Nas sociedades anónimas rege, como vimos, o artigo 377.º.

§ 55.º *Regime geral* 749

II. Isto posto, terá de decorrer uma reunião, em termos ordeiros: mesa (presidência e secretariado), verificação das presenças (pode, eventualmente, haver representações) e realização de ata; fundamental para provar qualquer deliberação em assembleia – 63.º/1, 1.ª parte.

III. Na reunião em causa terão de surgir propostas, as quais cairão na matéria da ordem do dia: apenas sobre propostas se poderá formar a aquiescência ou a rejeição dos sócios. Havendo propostas, é normal abrir-se um debate. Aliás, é esse o momento por vezes indicado para pedidos de informação (artigo 290.º). Todavia, o debate poderá ser dispensado.

IV. Seguir-se-á, depois, a votação: normalmente, por maioria do capital representado. Poder-se-á, porém, exigir alguma maioria qualificada ou, até, a unanimidade. A deliberação corresponderá à proposta aprovada. A "aprovação com modificações" é, na realidade, a aprovação de uma proposta modificada em relação a uma outra, inicialmente apresentada. Feita a votação, haverá que contar os votos, com as necessárias ponderações: o voto é real: não pessoal; depende do capital detido ou representado por cada votante[2231]. Finalmente: o resultado é proclamado, constando da ata – 63.º/1, 1.ª parte.

264. Deliberação por escrito e assembleias universais

I. A deliberação pode ser tomada por escrito, independentemente da reunião dos sócios em assembleia. O artigo 54.º/1 admite este tipo de procedimento, desde que haja uma aprovação por unanimidade. Tudo isto deve ser interpretado em termos atualistas[2232].

Admitimos que os estatutos possam prever uma reunião por teleconferência: telefónica, por *video* ou pela *Internet*[2233]. Tratar-se-á, então, de uma verdadeira assembleia: não há, entre as diversas manifestações de

---

[2231] Exceto, supletivamente, nas sociedades em nome coletivo: 190.º/1.

[2232] COUTINHO DE ABREU, *Código em Comentário* cit., 1, 638 ss..

[2233] RITA PIKÓ/TINO PREISSLER, *Die Online-Hauptversammlung bei Publikumsaktiengesellschaften mit Namensaktien*, AG 2002, 223-230, CARSTEN P. CLAUSSEN, *Hauptversammlung und Internet*, AG 2001, 161-171 e KAI HASSERBACH/STEPHAN SCHUMACHER, *Hauptversammlung im Internet*, ZGR 2000, 258-286.

vontade, um lapso de tempo juridicamente relevante. Fala-se, como vimos, em assembleias virtuais[2234].

A deliberação "por escrito" corresponde a algo diverso: os sócios prescindem da troca de opiniões e de argumentos e da obtenção de novas informações. Vão emitindo as vontades respetivas em separado e podendo ocorrer lapsos de tempo relevantes entre eles. A referência a "escrito" pode ser alargada: vontade depositada em gravação, *video* ou *audio*, vontade por núncio ou vontade teletransmitida, mas sem "reunião".

A especialidade reside na exigência de unanimidade. Eis a justificação: ninguém pode ser despojado do direito de argumentar e de colocar questões aos proponentes e à administração. Logo, todos terão de prescindir, livremente, dos inerentes direitos. No entanto, parece possível que, por unanimidade, se delibere adotar o voto "por escrito". Dado esse passo, os votos podem não ser unânimes: prevalece, então, a maioria[2235].

O legislador de 1986 adotou uma metodologia radicalmente contratual. Todavia, sucumbiu à tentação regulamentadora jurídico-publicística. Dentro de limites, convém ter presente que estamos em Direito privado e que os sócios detêm posições disponíveis.

II. Surge, ainda, a modalidade das assembleias universais[2236]: trata-se de assembleias gerais que reúnam – 54.°/1:

> (...) sem observância de formalidades prévias, desde que todos estejam presentes e todos manifestem a vontade de que a assembleia se constitua e delibere sobre determinado assunto.

A assembleia universal dispensa o esquema das convocatórias. Ela é operacional em sociedades com um pequeno número de sócios, marcadas pela confiança mútua[2237]. Logicamente: a assembleia universal não tem

---

[2234] *Vide* o nosso *SA: assembleia geral* cit., 65 ss..

[2235] Não se confunda esta situação com o "voto escrito" previsto no artigo 247.°/1, para as sociedades por quotas; aí, a iniciativa é da gerência e não se exige qualquer unanimidade. *Vide Sociedades* 2, 388-389.

[2236] O nosso *CSC/Clássica*, 2.ª ed. (2011), anot. artigo 54.°.

[2237] Pode-se, assim, considerar que o processo deliberativo é tanto mais complicado e longo quanto maior for o porte da sociedade; *vide* KARSTEN SCHMIDT, *Gesellschaftsrecht*, 4.ª ed. cit., 438.

ordem do dia: só pode deliberar (ainda que por maioria) sobre assuntos que todos os sócios tenham concordado pôr à apreciação do coletivo societário. Depois de montada e em funcionamento, com o acordo de todos quanto à ordem do dia, ela pode funcionar por simples maioria[2238], nos termos gerais[2239].

[2238] Quanto ao princípio naioritário *vide* PEDRO MAIA, *Voto e corporate governance / / Um novo paradigma para a sociedade anónima* (2010, polic.).

[2239] STJ 18-Mai.-2006 (SEBASTIÃO PÓVOAS), CJ/Supremo XIII (2006) 2, 93-95 (94/I).

§ 56.º A ATA

265. Noção e conteúdo mínimo

I. No processo tendente à tomada de deliberações, um papel especial é assumido pela ata. No tocante às sociedades anónimas, para além dos preceitos gerais abaixo examinados, cumpre reter o artigo 388.º (Atas)[2240]. Dispõe:

> 1. Deve ser lavrada ata de cada reunião da assembleia geral.
> 2. As atas das reuniões da assembleia geral devem ser redigidas e assinadas por quem nelas tenha servido como presidente e secretário.
> 3. A assembleia pode, contudo, deliberar que a ata seja submetida à sua aprovação antes de assinada nos termos do número anterior.

Pois bem: diz-se, em geral, ata o documento de onde conste o relato, mais ou menos pormenorizado, do decurso de uma reunião. Tratando-se de deliberações dos sócios, a ata reportar-se-á à assembleia[2241].

O artigo 63.º/2 regula o conteúdo mínimo da ata:

> *a)* A identificação da sociedade, o lugar, o dia e a hora da reunião;
> *b)* O nome do presidente e, se os houver, dos secretários;
> *c)* Os nomes dos sócios presentes ou representados e o valor nominal das partes sociais, quotas ou ações de cada um, salvo nos casos em que a lei mande organizar lista de presenças, que deve ser anexada à ata;
> *d)* A ordem do dia constante da convocatória, salvo quando esta seja anexada à ata;
> *e)* Referência aos documentos e relatórios submetidos à assembleia;

[2240] O nosso *CSC/Clássica*, 2.ª ed. (2011), anot. artigo 388.º.
[2241] COUTINHO DE ABREU, *Código em Comentário* 1 (2010), 711 ss..

§ 56.º A ata 753

f) O teor das deliberações tomadas;
g) Os resultados das votações;
h) O sentido das declarações dos sócios, se estes o requererem.

Com alguma frequência, as atas vão mais longe: referem as intervenções dos diversos sócios fazendo, delas, uma súmula. Também ocorre, particularmente em situações litigiosas e pré-litigiosas, que as atas passem a transcrever as intervenções[2242]. Em rigor, não é essa a sua função.

II. A ata é um documento escrito. É o que se infere dos próprios requisitos acima transcritos, da exigência de assinaturas (63.º/3) e de deverem "... ser lavradas no respetivo livro ou em folhas soltas ...". A mera gravação, óptica, sonora ou *video* da reunião não vale como ata[2243].

As atas devem ser lavradas no "respetivo livro" ou em folhas soltas (63.º/4, 1.ª parte). A primeira hipótese é mais manuseável e dá garantias de não serem tiradas ou aditadas folhas; pressupõe, todavia, atas manuscritas, de elaboração e leitura lentas. A hipótese das folhas soltas datilografadas pode ser completada com uma numeração seriada de todas as páginas, as quais, serão, depois, encadernadas (63.º/5 e 6). Aí se conterão as deliberações; quando estas constem de escritura pública ou de instrumento fora de notas, devem os administradores inscrever no livro a sua existência (63.º/4, 2.ª parte).

Deve ser lavrada uma ata por reunião (388.º/1).

III. A ata deve ser assinada por todos os sócios que tomaram parte na assembleia (63.º/3, 1.ª parte). No caso das sociedades anónimas, onde isso não seria praticável, a ata é assinada pelo presidente da mesa e pelo secretário (388.º/2). Aos prevaricadores cabe, como pena, multa até 120 dias (521.º)[2244]. Quando algum sócio, podendo assinar, o não faça, deve a

---

[2242] Pode-se, então, com o conhecimento e o acordo de todos, proceder à gravação da reunião, transcrevendo, a partir daí, o teor das intervenções. Na falta de consentimento prévio dos interessados, poderemos estar perante uma violação do direito à imagem ou do direito à palavra; *vide* BRITO CORREIA, *Direito comercial*, 3, *Deliberações dos sócios* cit., 246-247.

[2243] Dentro da orientação geral de que a forma escrita tem um especial simbolismo para as pessoas, alcançando, assim, uma dimensão mais profunda do que a facultada por meios mais cabais e fidedignos de reprodução dos factos.

[2244] PAULO SOUSA MENDES, no *CSC/Clássica*, 2.ª ed. (2011), anot. artigo 521.º.

754 Deliberações sociais: evolução e regime

sociedade notificá-lo judicialmente para que, em prazo não inferior a oito dias, assine; quando mantenha a negativa, a ata terá o valor probatório "comum"[2245], desde que esteja assinada pela maioria dos sócios que tomaram parte na assembleia, sem prejuízo do direito dos que a não assinaram de invocarem, em juízo, a sua falsidade (63.º/3). Note-se que, pelo atual artigo 63.º/8[2246], nenhum sócio tem o dever de assinar atos que não estejam consignados no respetivo livro ou nas folhas soltas, devidamente numeradas e rubricadas: tudo isto está escrito em termos caleidoscópicos: teria sido possível dizer o mesmo, com menos palavras e mais clareza.

A exigência da notificação judicial[2247] tem sido criticada pela sua inutilidade: não bastaria esperar pelos oito dias, para verificar se o sócio faltoso assina ou não[2248]? Tal como está redigido o preceito, assim será. Por cautela, os administradores serão levados a proceder à tal notificação judicial: nada garante que não se deparem, depois, com um Tribunal dominado por uma "filosofia legalista" (PINTO FURTADO) que desconsidere atas não assinadas por todos os presentes, quando não se mostrem feitas as notificações aos faltosos[2249].

De facto, o legislador ficou a meio. Lógico seria que a notificação judicial fosse acompanhada de um prazo cominatório: ou assina ou impugna, em certo prazo, posto o que, não o fazendo, a ata produzirá prova contra o próprio faltoso. Não vemos é como completar, pela doutrina, o que o legislador não escreveu.

Já nos parece, doutrinariamente, dispensável a notificação. Mas não aconselharíamos os administradores a omiti-la.

[2245] A lei refere o valor probatório do artigo 63.º/1: aparentemente pleno. Veremos, todavia, que esse alcance deve ser matizado pela interpretação.

[2246] Efetivamente, o artigo 63.º foi alterado pelo Decreto-Lei n.º 257/96, de 31 de Dezembro, que acrescentou dois números; o n.º 10 era, inicialmente, o n.º 8; esse preceito foi de novo alterado pelo Decreto-Lei n.º 76-A/2006, de 29 de Março, voltando a ser o n.º 8.

[2247] Trata-se da notificação judicial avulsa, prevista e regulada no artigo 261.º, do Código de Processo Civil.

[2248] PINTO FURTADO, Deliberações dos sócios cit., 698-699.

[2249] STJ 16-Abr.-1996 (PAIS DE SOUSA), CJ/Supremo IV (1996) 2, 23-25 (25/I), refere a norma em causa e parece admitir que a sua inobservância conduza a mera ineficácia, convalidável se a ata não assinada pelo interessado não for impugnada como falsa.

§ 56.º A ata   755

266. Forma solene e aprovação

I. As atas podem ser lavradas por notário[2250]; mais precisamente, através de instrumento avulso[2251]. Assim sucederá, segundo o artigo 63.º/6 (na reforma de 2006: antes era o antigo n.º 7):

– quando a lei o determine;
– quando, no início da reunião, a assembleia assim o delibere;
– quando, em escrito dirigido à administração e entregue na sede social com cinco dias úteis de antecedência, algum sócio o requeira, suportando, então, as despesas notariais.

Permitindo a lei escolher a forma notarial da ata, a escolha cabe a quem presidir à reunião: *motu proprio* ou a requerimento de alguns sócios; pode ainda a assembleia deliberar nesse sentido – 63.º/6.

II. A lei portuguesa vigente não prescreve, quanto sabemos, nenhum caso de obrigatoriedade de atas lavradas pelo notário. Limita-se a prever essa eventualidade, com a consequência, quando ocorresse, de aligeirar a forma de atos ulteriores. Assim:

– a alteração do contrato de sociedade deve ser consignada em escritura pública a não ser que: *a*) A deliberação conste de ata lavrada por notário e não respeite a aumento de capital[2252] – 85.º/3; porém, a partir do Decreto-Lei n.º 76-A/2006, passou a exigir-se, em qualquer caso, apenas forma escrita;
– a dissolução da sociedade não carecia, igualmente, de escritura pública quando tenha sido deliberada pela assembleia geral e a respetiva ata tenha sido lavrada pelo notário ou pelo secretário da sociedade – 145.º/1; após 2006, a dissolução não depende, de todo, de forma especial, quando tenha sido deliberada pela assembleia;
– havendo amortização de quota, os sócios deviam deliberar o novo valor nominal das quotas, outorgando os gerentes a correspondente

---

[2250] Quanto aos antecedentes desta regra cf. PINTO FURTADO, *Deliberações dos sócios* cit., 716.

[2251] Artigos 103.º a 105.º do Código do Notariado de 1995.

[2252] A alínea *b*) dispensa a escritura pública na hipótese de deliberação constante de ata lavrada pelo secretário da sociedade, desde que a alteração não se reporte à alteração do montante do capital ou do objeto da sociedade.

Deliberações sociais: evolução e regime

escritura pública, salvo se a ata daquela deliberação for lavrada por notário – 237.°/2; a partir de 2006, passou apenas a exigir-se a deliberação.

III. Na sequência do Decreto-Lei n.° 257/96, de 31 de Dezembro, que acrescentou, ao Código das Sociedades, os artigos 446.°-A a 446.°-F (Secretário da sociedade), temos, ainda, outro tipo de atas: as lavradas pelo secretário da sociedade – artigo 446.°-B, *b*). Trata-se de uma figura que deve ser designada pelas sociedades anónimas cotadas em bolsa de valores – 446.°-A/1 – ou, na linguagem pós Decreto-Lei n.° 76-A/2006: "admitidas à negociação em mercado regulamentado".

IV. Muitas vezes procede-se, na sessão seguinte à da reunião que lhe deu azo, à aprovação da ata. O artigo 388.°/3, a propósito das sociedades anónimas, fixa uma norma que nos parece generalizável: a assembleia pode determinar que a ata seja submetida à sua aprovação, antes de assinada. Qual o sentido da aprovação?

Não se trata de uma "declaração social" de vontade: essa teve lugar aquando da própria deliberação em si. Antes será uma constatação ou um controlo de fidelidade do texto da ata[2253].

267. Função

I. Por estranho que possa parecer, a função – e a própria natureza – da ata não estão claras, no nosso Direito. A razão da obscuridade – cujos termos abaixo serão indicados – reside na utilização de múltiplos elementos estrangeiros, sem se ter escolhido um modelo claro.

II. No domínio do Código Veiga Beirão, tínhamos o artigo 183.°, relativo ao funcionamento da assembleia geral, segundo cujo § 6.°,

> As atas das diferentes sessões serão assinadas pelo presidente e secretários e lavradas no registo respetivo.

Este preceito era aproximado do artigo 37.° do mesmo Código que, no tocante à escrituração comercial, obrigava à existência de livros de atas

---

[2253] Pinto Furtado, *Deliberações dos sócios* cit., 701.

das sociedades[2254] onde, além dos diversos elementos, deveriam ser lançadas:

> (...) as deliberações tomadas e tudo o mais que possa servir para fazer conhecer e fundamentar estas (...).

A jurisprudência nacional começou por tomar esta exigência como um requisito formal: a deliberação não lançada em ata seria nula[2255]; a ata – ou o lançamento em ata – teria o sentido de uma formalidade *ad substantiam*. Este ponto não estava em definitivo resolvido, quando se levantou o tema da força probatória da ata. Aí, a propósito de certas opções feitas em assembleias de sociedades por quotas, veio doutrinar-se que a ata faria prova plena do que, nela, se exarasse[2256].

Quanto à ata como forma: a base legal era escassa. O artigo 37.º não depunha nesse sentido: a ata apenas visaria a reconstrução histórica do deliberado[2257]. Quanto à força probatória: ela era plena no caso da ata lavrada por notário[2258], o que ocorria nas sociedades por quotas, por influência alemã.

III. Perante as indefinições doutrinárias e legais, deu-se atenção aos Direitos estrangeiros. Aí, frente a frente, dois sistemas:

– o sistema alemão, patente no § 130 do AktG[2259], segundo o qual todas as deliberações da assembleia geral devem ser notarialmente tituladas[2260]; se assim não for, há nulidade, por via do § 241/2[2261];

[2254] Preceito complementado pelo Decreto-Lei n.º 257/96, de 31 de Dezembro; releva, aqui, a redação original.

[2255] STJ 15-Jun.-1962 (RICARDO LOPES), BMJ 118 (1962), 639-647 (643); na anotação do BMJ – *idem*, 647 – pode ser confrontada interessante jurisprudência anterior.

[2256] RLJ 78 (1946), 389 e 390.

[2257] PINTO FURTADO, *Código Comercial Anotado* cit., II/2, 577.

[2258] Artigo 41.º, § 2.º, a propósito das alterações do pacto social e da dissolução da sociedade:

A ata da assembleia (...) deverá ser lavrada em instrumento fora das notas, que será assinado pelo notário e por duas testemunhas, podendo deixar de ser assinado pelos sócios.

[2259] Quanto a este preceito e à sua origem: ADOLF REUL, *Die notarielle Beurkundung einer Hauptversammlung*, AG 2002, 543-551 (554/II).

[2260] Trata-se de uma regra introduzida no artigo 238a do ADHGB, em 1884, numa ocasião em que se pretendeu dar solidez e consistência às sociedades anónimas. A regra só veio a ser atenuada em 2-Ago.-1994 (portanto: muito depois do período que interessa reter) pela Lei das pequenas sociedades anónimas e da desregulação, que dispensou a titulação

758 *Deliberações sociais: evolução e regime*

– o sistema latino, presente no artigo 2375.° do Código italiano, que apenas exige atas (*verbale*) assinada pelo presidente e pelo secretário; nas assembleias extraordinárias, surge a ata notarial; pois bem: pelo menos no primeiro caso, a falta da ata não invalidaria a deliberação, que poderia ser provada por qualquer outra forma[2262].

No âmbito da preparação do Código, VAZ SERRA propôs a solução alemã da nulidade por inobservância da formalização prescrita para a ata[2263]. Esta, no meio de uma multiplicidade de fontes inspiradoras[2264], acabaria por enformar, ainda que de modo algo indireto, no artigo 63.°/1:

> As deliberações dos sócios só podem ser provadas pelas atas das assembleias ou, quando sejam admitidas deliberações por escrito, pelos documentos donde elas constem.

IV. A ata tem, pois, uma função probatória forte: e um meio exclusivo de prova. O artigo 63.°/1, acima transcrito, retoma, efetivamente e em termos práticos, a jurisprudância tradicional, que retirava eficácia às deliberações não reduzidas a atas. Recordemos, com exemplos, a aplicação feita pela jurisprudência:

---

notarial nas ações não cotadas – cf. GEROLD BEZZENBERGER, *Die Niederschrift über eine beurkundungsfreie Hauptversammlung (§ 130 Abs I, Satz 3 AktG)*, FS Schippel (1996), 361-386. Bastará, então, uma ata assinada pelo presidente do conselho de vigilância, desde que não se trate de deliberações para as quais a lei exija maiorias qualificadas de 3/4 ou mais; cf. HÜFFER, *Aktiengesetz*, 9.ª ed. cit., § 130, Nr. 1 (717).

[2261] Admite-se o recurso a um notário estrangeiro: STEFAN KRÖLL, *Beurkundung gesellschaftsrechtlichen Vorgänge durch ein ausländischen Notar*, ZGR 2000, 111-151 (151).

[2262] Com múltiplos elementos cf. LOBO XAVIER, *Anulação de deliberação social* cit., 220-221, nota 94 (que se inicia na pág. 196!) e PINTO FURTADO, *Código Comercial Anotado* cit., II/2, 575-576. A reforma de 2003 veio alterar o artigo 2375.°: mantendo embora a sua estrutura básica, veio pormenorizar uma série de elementos que devem constar da ata e, ainda, estabelecer um dever de diligência na sua elaboração. Cf. ENRICO CARATOZZOLO, *Società per azioni/Azioni, società collegate e controllate, Assemblea* (*artt. 2346-2379-ter c.c.*) (2003), 355 ss.. De notar que, perante a lei nova, a doutrina mantém a opção anterior: a natureza não formal da própria deliberação.

[2263] VAZ SERRA, *Assembleia geral* cit., 176.

[2264] *Vide* o elenco em PINTO FURTADO, *Deliberações dos sócios* cit., 649-651; *vide*, ainda deste Autor, *Deliberações de sociedades comerciais* cit., 286 ss..

§ 56.º A ata

– *RCb 31-Mar.-1992*: a ata, em princípio, como documento *ad substantiam*, é o único meio de prova das deliberações sociais[2265];
– *RCb 16-Mar.-1993*: a ata não integra a forma de deliberação, embora seja indispensável para a sua prova[2266];
– *RPt 2-Mar.-1995*: a ata de uma assembleia geral de sociedade, não arguida de falsa, apenas constitui prova de todos os atos e declarações nela ocorridos, mas não abrange a exatidão dos mesmos[2267];
– *RCb 1-Jul.-1997*: as atas constituem um meio de prova das deliberações dos sócios, ou seja, um relato de ordem testemunhal, contendo declarações de ciência e não de vontade, sendo a sua força probatória, faltando algum dos requisitos legais, livremente apreciada pelo tribunal[2268];
– *STA 1-Out.-1997*: a função típica da ata é a de documento *ad probationem* e não *ad substantiam*; ela não é um elemento constitutivo, mas um requisito de eficácia[2269];
– *RLx 17-Fev.-1998*: a ata tem a força probatória que a lei dá aos documentos particulares; desde que não seja arguida de falsa, a ata faz fé quanto ao seu conteúdo, depois de lida e aprovada em assembleia[2270];
– *RPt 12-Out.-2000*: lavrada ata não arguida de falsa, que diz ter-se realizado assembleia geral da sociedade, não pode dar-se como provado que se tratou, apenas, de uma reunião da gerência[2271].

268. A natureza

I. Antes de recordar os precisos contornos do regime da ata, dos quais dependerá a determinação da sua natureza, cumpre recordar os fins e os valores que lhe estão subjacentes.

[2265] RCb 31-Mar.-1992 (VÍCTOR ROCHA), CJ XVII (1992) 2, 61-64 (64/I).

[2266] RCb 16-Mar.-1993 (NUNO PEDRO CAMEIRA), CJ XVIII (1993) 2, 19-22 (21/II): é uma formalidade *ad probationem*.

[2267] RPt 2-Mar.-1995 (OLIVEIRA BARROS), CJ XX (1995) 2, 181-184 (183/II).

[2268] RCb 1-Jul.-1997 (RUA DIAS), BMJ 469 (1997), 666/667.

[2269] STA 1-Out.-1997 (CORREIA DE LIMA), BMJ 470 (1997), 651-652.

[2270] RLx 17-Fev.-1998 (PAIS DO AMARAL), CJ XXIII (1998) 1, 125-126 (126/II).

[2271] RPt 12-Out.-2000 (OLIVEIRA VASCONCELOS), CJ XXV (2000) 4, 210-213 (212/I).

Numa assembleia de sócios podem participar muitas pessoas. Por vezes haverá diversas opiniões, opiniões essas que poderão – ou não – implicar votos diferentes. Com frequência, pessoas votam uma mesma proposta dando-lhe alcances diferentes. Por isso, torna-se difícil, perguntando às pessoas, mesmo partindo do princípio de que são todas honestas e apenas dizem a verdade, descobrir, afinal, o que se passou numa assembleia. Passado algum tempo, as dificuldades aumentam: a memória humana é falaciosa e só retém – mesmo de boa-fé – ou o que impressiona, ou o que convém. Tudo isto leva a que, no interesse dos participantes, se deva fixar em documento oficial o que se discutiu e, sobretudo, o que se decidiu. A partir daí, só vale o que constar do documento em causa.

II. Pensemos, agora, nos terceiros. Estes podem ter um interesse legítimo em conhecer o que foi deliberado. Aí, só um sistema de "ata" ajuda. E a ata em questão terá de ter uma especial estabilidade: quando não, o terceiro poderia ser surpreendido, em momento subsequente, por alterações, quiçá mesmo unânimes, introduzidas pelos sócios, em nome de uma verdade histórica que não é, necessariamente, a "verdade" jurídica.

III. Estas considerações são suficientes para afastar escolhas de tipo mais solto, segundo as quais a ata seria um mero documento particular, a apreciar livremente pelo juiz[2272]. Não deve ser assim. Por certo que o juiz pode ser convencido, por qualquer meio ponderoso, de que a ata é falsa. Mas para tanto, haverá razões sérias e, sobretudo: tem de apurar-se, afinal, o que se passou na assembleia questionada. Na dúvida, a ata prevalece.

IV. E não havendo, de todo, ata? Nessa altura, a deliberação está incompleta[2273]. Embora a fase da manifestação da "vontade" social se baste com a votação e o seu apuramento, ela tem de ser formalizada e exteriorizada. Donde o papel da ata.

A lei admite "atas" sem os requisitos legais e, designadamente, as "atas constantes de documentos particulares avulsos" – artigo 63.º/7[2274].

[2272] Assim, PINTO FURTADO, *Deliberações dos sócios* cit., 709-710; todavia, se bem entendemos, este Autor, na globalidade, vem matizar tal ideia.

[2273] Referindo várias teorias: COUTINHO DE ABREU, *Código em Comentário* cit., 1, 717 ss..

[2274] Renumeração do Decreto-Lei n.º 76-A/2006, de 29 de Março. Era o antigo n.º 9.

§ 56.° A ata   761

Estas "atas", mesmo quando assinadas por todos os sócios que participaram na assembleia, constituem (mero) princípio de prova.

Concluímos, pois:

– que a ata visa completar a deliberação;
– que se trata de uma formalidade (não forma!) *ad probationem*: condiciona a prova da deliberação[2275];
– que, na sua falta, a deliberação não é eficaz;
– que pode ser afastada por falsidade sem que, para o efeito, o Direito limite os meios de prova.

A ata é, assim, uma formalidade destinada a completar o processo deliberativo. Faltando requisitos legais, há que recorrer à lei, para verificar o seu valor.

V. Em certos casos, a lei dispensa a ata, pelo menos para determinados fins. Segundo o artigo 59.°/4, a proposição da ação de anulação não depende de apresentação da respetiva ata; mas se o sócio invocar impossibilidade de a obter, o juiz mandará notificar as pessoas que, nos termos da lei, a devam assinar, para a apresentarem no tribunal, em prazo a fixar até 60 dias: a instância suspende-se até essa apresentação. Como se vê, o legislador pretendeu não bloquear a ação de anulação por falta de ata; todavia, esta mantém o seu poder probatório especial, uma vez que o processo aguarda. E se não houver ata ou, de todo, ela não for exibida? Aí, o juiz deverá concluir que não houve deliberação, decretando-o. Na falta de deliberação, não pode haver anulação. Este preceito é aplicável à ação de nulidade: não se percebe porque não foi, antes, colocado no artigo 60.°.

VI. Em discutível técnica, o legislador aproveitou para, a propósito da ação de anulação, fixar ou recordar certos aspetos atinentes à ata: 59.°/5 e 6. Assim:

– para apresentação da ação em juízo, bastará que ela seja assinada por todos os sócios votantes no sentido que fez vencimento; cf. 63.°/3;

[2275] Se fosse forma *ad probationem*, o negócio só poderia ser provado por confissão – artigo 364.°/2, do Código Civil: *Tratado* I/1, 3.ª ed., 565. Há que prestar atenção às noções básicas, por vezes baralhadas na mais distinta e conceituada comercialística.

Deliberações sociais: evolução e regime

– tendo o voto sido secreto, considera-se que não votaram no sentido que fez vencimento apenas aqueles sócios que, na própria assembleia, ou perante notário, nos cinco dias seguintes à assembleia tenham feito consignar que votaram contra a deliberação tomada.

Esta regra é aplicável noutras situações.

VII. Finalmente: a deliberação constante de ata goza de proteção; declarada nula ou anulada a competente deliberação, não pode a sentença prejudicar os direitos adquiridos de boa-fé por terceiros, com fundamento em atos praticados em execução da deliberação – 61.º/2.

A ata registada goza ainda da proteção conferida pelo registo comercial: positiva e negativa[2276].

[2276] *Manual de Direito comercial*, 2.ª ed., 399 ss..

SECÇÃO II
INVALIDADES E INEFICÁCIA

§ 57.º DOGMÁTICA E EVOLUÇÃO GERAIS DA INVALIDADE E DA INEFICÁCIA

269. Conspecto básico

I. O tema da invalidade das deliberações sociais foi aprofundado na Ciência Jurídica portuguesa, pelos estudos do saudoso Professor VASCO DA GAMA LOBO XAVIER[2277]. Vamos recordar o essencial[2278].

A invalidade das deliberações sociais é, ainda, um tema de ineficácia de atos jurídicos[2279]. Com raízes esparsas no Direito romano[2280], ela seria sistematizada pela pandetística, com relevo para SAVIGNY[2281] a quem se devem muitos dos quadros hoje familiares a todos os juristas. Assim, depois de uma evolução marcada pelas ideias da simplificação – os múltiplos vícios existentes foram sendo reduzidos, até ficarem apenas dois ou

---

[2277] VASCO DA GAMA LOBO XAVIER, *Anulação de deliberação social e deliberações conexas* (1976), *Invalidade e ineficácia das deliberações sociais no Direito português, constituído e constituendo: confronto com o Direito espanhol*, separata do BFD LXI (1985) e *Invalidade e ineficácia das deliberações sociais no projecto de Código das Sociedades*, separata da RLJ n.º 3732 a 3736.

[2278] ULRICH NOACK, *Fehlerhafte Beschlüsse in Gesellschaften und Vereinen* (1989), XIX + 225 pp..

[2279] *Tratado de Direito civil* I/1, 3.ª ed. cit., 853 ss..

[2280] Recorde-se o conhecido fragmento de ULPIANO, D.2.14.1.3: *nullum esse contractum ... quod non habeat in se conventionem*; cf. HEINZ HÜBNER, *Zum Abbau von Nichtigkeitsvorschriften*, FS Wieacker (1978), 399-410 (399).

[2281] FRIEDRICH CARL VON SAVIGNY, *System des heutigen römischen Rechts*, 4.º vol. (1841), 536 ss..

três – e da substancialização – os vícios de teor processual foram reconduzidos ao Direito substantivo – chegou-se a um quadro em que a manifestação mais clara de ineficácia é a invalidade. Esta abrange duas modalidades[2282]: uma, mais grave, dita nulidade absoluta ou, simplesmente, nulidade e outra, mais leve, dita nulidade relativa ou, simplesmente, anulabilidade ou impugnabilidade[2283].

II. Na atualidade, o tema em análise vive dominado pela contraposição da nulidade à anulabilidade. Em termos de regime, há conhecidas diferenças entre as duas figuras: a nulidade pode ser arguida a todo o tempo e por qualquer interessado e pode ser declarada *ex officio* pelo tribunal, enquanto a anulabilidade só pode ser invocada pela pessoa em cujo interesse seja estabelecida e isso dentro de um ano contado da cessação do vício. Dogmaticamente, deve considerar-se que, enquanto a nulidade implica um não-reconhecimento, pelo Direito, do ato viciado, o qual escapa à autonomia privada, a anulabilidade traduz a presença, em determinada esfera jurídica, do poder de impugnar um negócio[2284].

Não se pode afirmar, à partida, quando haja nulidade ou quando haja anulabilidade. As doutrinas antigas descobriam a primeira na presença de normas de interesse público e a segunda perante regras de interesse privado. Mas há aqui, tão-só, uma indicação tendencial para o legislador que poderá, depois, seguir outras opções.

III. Assim, hoje e por razões que se prendem com a natureza histórico-cultural do Direito privado, vícios aparentemente leves originam a nulidade (p. ex., a falta de forma, artigo 220.°) enquanto outros mais pesados dão lugar, apenas, à anulabilidade (p. ex., dolo, artigo 254.°/1, ambos do Código Civil); ou vícios paralelos dão lugar à nulidade e à anulabilidade, consoante a formulação (p. ex., a falta de consciência de declaração provoca nulidade – ou mesmo inexistência, para quem admita a figura –

[2282] Entre nós, esta dogmática estava já estabilizada nos grandes Autores que introduziram e difundiram a dogmática pandetística; assim, GUILHERME MOREIRA, *Instituições de Direito civil português*, 1 (1907), 508 ss. e MANUEL DE ANDRADE, *Teoria geral da relação jurídica* cit., 2, 411 ss..

[2283] *Vide* o nosso *Da confirmação no Direito civil* (2008), 71 ss..

[2284] Por isso se diz, na doutrina alemã, "impugnabilidade" (*Anfechtbarkeit*).

§ 57.º Dogmática e evolução gerais da invalidade e da ineficácia

enquanto a incapacidade acidental se fica pela anulabilidade, artigos 246.º e 257.º/1, ambos, também, do Código Civil).

Cumpre, pois, caso a caso, ponderar as normas do jogo, com vista a descobrir a sanção que recaia sobre os atos que as contradigam. Em termos de orientação tendencial, pode-se considerar que, no Direito civil, tendo em conta a amplidão do artigo 280.º do Código Civil, a regra é a da nulidade. Esta prevalecerá sempre que a lei não indique um regime diverso.

270. A evolução geral

I. A introdução de uma doutrina da invalidade no domínio das deliberações sociais foi complexa e demorada[2285].

Os códigos comerciais da primeira geração nada diziam sobre o assunto: assim sucedia quer com o ADHGB alemão, de 1861, quer com o Código de Comércio italiano, de 1865[2286]. A novela de 1884[2287] introduziu uma referência breve à impugnabilidade das deliberações das assembleias gerais das sociedades anónimas que infringissem a lei ou o pacto social[2288]. Um esquema semelhante seria adotado pelo Código de Comércio italiano, de 1882 – artigo 163.º[2289].

Apenas o *Aktiengesetz* alemão, de 1937[2290] e o Código Civil italiano, de 1942, assumiriam um sistema mais completo e coerente de invalidades das deliberações sociais[2291].

[2285] *Vide* a evolução em MATTHIAS CASPER, *Die Heiligung nichtiger Beschlüsse im Kapitalgesellschaftsrecht* (1998), XXX + 400 pp. (9 ss.).

[2286] Entre nós: VASCO DA GAMA LOBO XAVIER, *Anulação de deliberação social* cit., 108 ss., nota 11a.

[2287] *Vide*, quanto a esta reforma alemã, *Da responsabilidade civil dos administradores das sociedades*, 89 ss..

[2288] Desse período: ALFRED HUECK, *Anfechtbarkeit und Nichtigkeit von Generalversammlungsfeschlüssen bei Aktiengesellschaften* (1924), 292 pp. (27 ss., 81 ss.).

[2289] LOBO XAVIER, *Anulação* cit., 109, nota 12, com indicações.

[2290] *Da responsabilidade civil*, 92 ss. (95 ss.). *Vide* ROLF EHLERS, *Die Nichtigkeit von Hauptversammlungsbeschlüssen bei Aktiengesellschaft nach dem neuen Aktiengesetz vom 20. Juli 1937* (1937), 84 pp..

[2291] LOBO XAVIER, *Anulação* cit., 110 ss., com vários elementos.

766 *Deliberações sociais: evolução e regime*

II. Entre nós, a matéria começou por ser muito escassamente tratada no Código Comercial e na Lei de 11 de Abril de 1901, sobre as sociedades por quotas[2292]. O artigo 146.º do Código Comercial, hoje revogado, previa apenas a declaração de nulidade das deliberações contrárias à lei ou aos estatutos[2293], numa orientação retomada pelo artigo 46.º e seu § 1.º da LSQ. Tal declaração judicial ocorreria desde que algum sócio a viesse requerer judicialmente nos vinte dias posteriores à sua tomada. De facto, seria uma anulabilidade: apenas o interessado a poderia invocar e em certo prazo.

Esta orientação, conquanto que arcaica, deixava já patentes as valorações fundamentais do ordenamento. Qualquer situação de dúvida sobre a validade e a eficácia de deliberações sociais deveria ser rapidamente solucionada, sob pena de bloquear todo o esquema do *modo coletivo* de funcionamento do Direito.

Devemos ainda ter presente que a anulação de uma deliberação social põe em crise as deliberações conexas e os atos jurídicos dela dependentes. A incerteza que tudo isso faz pairar nos horizontes societários é grande. O Direito procura atalhar. Por isso, as primeiras leis apenas referem a anulabilidade das deliberações impondo, além disso, prazos mais reduzidos para a sua invocação. Passado algum tempo, a situação consolidar-se-ia, sem incertezas.

III. Mau grado estas valorações e o seu patente ajuste, a doutrina e a jurisprudência do âmbito do Código VEIGA BEIRÃO foram confrontadas com vícios tão graves que a simples e tradicional anulabilidade não poderia satisfazer. Haveria que fazer apelo à nulidade.

Tudo isto explica ainda o interesse que, desde cedo, houve em aproximar as deliberações sociais dos negócios jurídicos[2294]. Toda a doutrina da ineficácia, desenvolvida a propósito destes, poderia, com as convenientes cautelas, ser aproveitada.

IV. Na preparação do Código das Sociedades Comerciais, a matéria foi pesada. A tarefa foi facilitada pelo desenvolvimento que o tema adquiriu noutras doutrinas, com relevo para a alemã.

[2292] LOBO XAVIER, *Anulação* cit., 88 ss., com indicações.

[2293] PINTO FURTADO, *Código Comercial Anotado* cit., 1, 499 ss. e *Deliberações dos sócios* cit., 217.

[2294] Ainda antes do *AktG* de 1937, cf. JÜDEL, *Gesellschafterbeschlüsse* cit., 54 ss..

§ 57.° Dogmática e evolução gerais da invalidade e da ineficácia 767

Manteve-se, como adiante melhor será visto, o princípio do predomínio da anulabilidade e não o da nulidade, como sucede no Direito civil.

271. Quadro das ineficácias

I. Antes de passar a uma análise dos competentes preceitos do Código das Sociedades Comerciais, parece útil estabelecer um quadro geral das ineficácias (*lato sensu*) suscetíveis de afetar as deliberações sociais[2295].

O vício de uma deliberação pode resultar:

– de vícios formais;
– de vícios substanciais.

No primeiro caso, verifica-se que a deliberação, em si, é possível: todavia, não foi respeitado o processo previsto para a sua emissão. Assim sucederá quando a assembleia geral não tenha sido convocada – 56.°/1, *a*)[2296] ou quando se tenha recorrido ao voto escrito sem que todos os sócios tenham sido convidados a emitir o seu voto – 56.°/1, *b*). No segundo, o procedimento prescrito foi seguido, mas a própria deliberação defronta a lei ou os estatutos.

II. Quanto às consequências jurídicas do vício, podemos distinguir:

– deliberações aparentes;
– deliberações nulas;
– deliberações anuláveis;
– deliberações ineficazes *stricto sensu*.

As deliberações aparentes, no Direito português, serão aquelas que sejam levadas ao registo comercial e na base das quais certos terceiros tenham adquirido direitos, de boa-fé. Mesmo quando não correspondam a qualquer materialidade, elas produzirão os seus efeitos, de acordo com as regras do registo.

[2295] Aproveitamos, com adaptações, o desenvolvimento básico de KARSTEN SCHMIDT, *Gesellschaftsrecht*, 4.ª ed. cit., 440 ss..

[2296] Ou tenha sido deficientemente convocada, num ponto essencial.

As deliberações nulas e as anuláveis, previstas nos artigos 56.º e 58.º, equivalem genericamente às correspondentes figuras civis: as primeiras têm um vício em si, que as afeta, enquanto as segundas apenas conferem, a certos interessados, o direito potestativo de as impugnar.

As deliberações ineficazes em sentido estrito não produzem efeitos até certa eventualidade: é o que sucede no artigo 55.º, a propósito das deliberações que exijam o consentimento de determinado sócio.

III. Veremos, de seguida, a arrumação obtida no Código das Sociedades Comerciais, arrumação essa que, para facilidade de estudo, adotaremos na exposição subsequente.

272. O sistema do Código

I. O Código das Sociedades Comerciais, na sequência dos elementos doutrinários e comparatísticos que o antecederam, procurou dar um tratamento moderno à matéria das ineficácias das deliberações sociais[2297].

Dedicou-lhe os seus artigos 55.º a 62.º: trata-se de preceitos que têm a maior relevância prática. Chamaremos a atenção para os aspetos mais relevantes.

II. O artigo 55.º começa por fixar uma hipótese de ineficácia: a de deliberação tomada sobre assunto para a qual a lei exija o consentimento de determinado sócio, enquanto este não o deu. O artigo 56.º reporta-se às deliberações nulas, enquanto o 57.º obriga o órgão de fiscalização a, nessa eventualidade, tomar certas providências. Seguem-se o 58.º, sobre situações anuláveis e o 59.º, quanto à ação de anulação.

Finalmente, os artigos 60.º e 61.º apresentam disposições comuns às ações de nulidade e de anulação enquanto o 62.º contém outras regras, próprias, desta feita, apenas da nulidade (n.º 1) e da anulabilidade (n.º 2).

O artigo 63.º, já estudado, reporta-se a atas: não tem a ver com a invalidade das deliberações sociais.

[2297] Quanto a aspetos preparatórios, PINTO FURTADO, *Deliberações dos sócios* cit., 282 ss..

§ 57.º Dogmática e evolução gerais da invalidade e da ineficácia

III. Dogmaticamente, a matéria apresentava-se madura. Poderia ter sido melhor sistematizada, de acordo com as tradições dos códigos: primeiro os princípios; depois os casos; então o regime; por fim, o processo. De todo o modo, podemos considerar esta área como um ganho substancial, de 1986.

273. As deliberações ineficazes

I. As deliberações ineficazes (em sentido estrito) são aquelas que, por razões extrínsecas, não produzam efeitos ou, pelo menos, todos os efeitos que se destinariam a comportar.

O Código das Sociedades Comerciais só se lhe refere, de forma expressa, no artigo 55.º[2298]:

> Salvo disposição em contrário, as deliberações tomadas sobre assunto para o qual a lei exija o consentimento de determinado sócio são ineficazes para todos enquanto o interessado não der o seu acordo, expressa ou tacitamente.

A hipótese de a lei exigir, para uma deliberação, o consentimento de determinado sócio recorda logo os direitos especiais dos sócios, previstos no artigo 24.º[2299]. Será essa a única hipótese de concretização do preceito? De facto, o legislador não fez uma remissão direta para o artigo 24.º, antes usando uma fórmula capaz de dar cobertura a outras previsões legais. Quando ocorram, o artigo 55.º terá aplicação[2300].

II. A solução da lei levanta dúvidas. Poder-se-ia entender, perante as regras gerais, que quando fosse atingido um direito especial de um sócio:

[2298] Com ajustadas críticas formais, Pinto Furtado, *Deliberações dos sócios* cit., 211 ss..

[2299] *Supra*, 615 ss.. A hipótese inversa: portanto: a de se criar um direito especial dos sócios ou de algum ou alguns deles, sem ser por unanimidade, já conduzira a anulabilidade da deliberação: RCb 5-Jul.-1994 (Pires da Rosa), CJ XIX (1994) 4, 17-21 (21/I).

[2300] Pedro Maia, *Deliberações dos sócios*, em *Estudos de Direito das sociedades*, org. Coutinho de Abreu, 10.ª ed. (2010), 261-301 (277), acrescenta a hipótese de, exigindo a lei os consentimentos de todos os sócios ou de certa categoria de sócios (p. ex.: artigos 233.º/2, 328.º/3 e 133.º/2), se deliberar, faltando o de um deles.

770   *Deliberações sociais: evolução e regime*

– estaria em causa uma nulidade, por via do artigo 56.º/1, *c*)[2301];
– estaria em jogo, além da ineficácia, uma anulabilidade, dado o artigo 58.º/1, *a*)[2302].

No silêncio da lei, assim seria. O artigo 55.º tem, todavia, o efeito de retirar as situações nele previstas do regime comum, sujeitando-as à ineficácia[2303].

A solução do artigo 55.º tem, na origem, uma tradição nacional, tendente a atenuar as consequências de certas invalidades. Nessa linha, podemos inscrever a já referida tendência de completar o quadro legal, introduzindo a mera ineficácia[2304].

III. A previsão do artigo 55.º visa, unicamente, "... as deliberações tomadas sobre assunto para o qual a lei exija o consentimento de determinado sócio ...". Não permite, todavia, inferir que exista ineficácia (*stricto sensu*) apenas nesse caso. As regras gerais[2305] facultam, efetivamente, encontrar outras situações de ineficácia, no campo das deliberações sociais. Assim sucede com a ocorrência, já referida, de deliberações (ainda) não reduzidas a ata: serão válidas mas ineficazes, até que isso opere. O mesmo se poderá dizer das deliberações sujeitas a registo comercial, enquanto não se mostrarem inscritas: desta feita, a ineficácia não é total; mas existe[2306].

Recorde-se que a ineficácia teve um sentido remanescente. Além do traço de raiz – ou seja: com uma não produção plena de efeitos por razões extrínsecas – a ineficácia surge como um conceito-quadro residual. As hipóteses que se lhe acolham serão distintas umas das outras, devendo ser estudadas isoladamente.

[2301] Tal a opção de LOBO XAVIER, perante o Projeto: *Invalidade e ineficácia das deliberações sociais no Projecto de Código das Sociedades* (1985), 15-16.

[2302] CARLOS OLAVO, *Impugnação das deliberações sociais*, CJ XIII (1988) 3, 19-31 (27/I).

[2303] Nesse sentido, PINTO FURTADO, *Deliberações dos sócios* cit., 242-243, que refere e critica (bem) os Autores referidos nas duas últimas notas.

[2304] Cf. STJ 6-Out.-1987 (JOSÉ DOMINGUES), BMJ 370 (1987), 567-573 (570), na linha, designadamente, de FERRER CORREIA, *Lições de Direito comercial*, vol. II – *Sociedades comerciais* cit., 366 ss..

[2305] *Tratado* I/1, 3.ª ed., 869 ss..

[2306] COUTINHO DE ABREU, *Código em Comentário* cit., 1, 650 ss., refere, com outros exemplos, uma "eficácia relativa".

SECÇÃO III
A NULIDADE

§ 58.° A NULIDADE POR VÍCIOS DE PROCEDIMENTO

274. Generalidades; procedimento e substância

I. As duas grandes categorias de vícios das deliberações, à seme-lhança do que sucede com os negócios jurídicos, são constituídas pela nulidade e pela anulabilidade. A primeira existe, sendo declarada pelo tribunal, a pedido de qualquer interessado. A segunda traduz um direito potestativo na esfera de determinados interessados: é atuada pelo tribunal, quando devidamente instado.

II. Recordamos que, no domínio das sociedades, a regra é a anulabilidade[2307]. Esta cabe sempre que a lei não determine a nulidade, tal como se infere do artigo 58.°/1, a). Podemos considerar que, no campo em estudo, só ocorrem nulidades nos casos previstos na lei. Os casos de nulidade são taxativos. Todavia, eles abrangem situações de grande amplitude, de tal modo que não parece viável trabalhar, aqui, com uma verdadeira tipicidade taxativa.

III. O artigo 56.°/1 fixa, nas suas quatro alíneas, diversas hipóteses de deliberações que considera nulas. A sua leitura, logo permite distinguir[2308]:

– vícios de processo ou de procedimento: alíneas a) e b);
– vícios de conteúdo ou de substância: alíneas c) e d).

[2307] Vide, ainda, STJ 13-Fev.-2004 (LOPES PINTO), Proc. 04A1519.
[2308] PEDRO MAIA, Deliberação dos sócios cit., 186 ss..

No primeiro grupo incluem-se deliberações surgidas no termo de processos em que não foram observadas formalidades essenciais[2309]. A alínea *a*) explicita a assembleia geral não convocada, salvo se tiverem estado presentes ou representados todos os sócios e a alínea *b*) o equivalente vício, na hipótese de voto escrito. Poder-se-ia perguntar: e a situação de não ter sido convocado determinado sócio, mas sendo seguro e confirmado que a sua presença não alteraria o sentido da deliberação? Mesmo então, esta é nula: trata-se da necessidade de respeitar um ritual legitimador, sem o qual todo o edifício societário ficaria descaracterizado. O artigo 56.°/2 manda aplicar o mesmo regime à assembleia em cuja base estejam determinados vícios da convocatória.

275. Vícios de procedimento

I. Os vícios de procedimento eram já sancionados pela jurisprudência anterior ao Código das Sociedades Comerciais[2310]. As orientações então assumidas mantêm-se, podendo considerar-se que existe uma certa tendência no sentido de diminuir relativamente o papel das questões formais, a favor das materiais. Assim:

[2309] COUTINHO DE ABREU, *Código em Comentário* cit., 1, 655.

[2310] Assim: STJ 17-Fev.-1970 (RUI GUIMARÃES), BMJ 194 (1970), 247-252 (250): não valem convocatórias em termos genéricos; STJ 15-Jan.-1974 (EDUARDO CORREIA GUEDES), BMJ 233 (1974), 217-222 (221): intervenção de não-sócios; STJ 5-Mar.-1974 (EDUARDO ARALA CHAVES), BMJ 235 (1974), 299-304 (304): a convocatória deve ser acessível aos interessados; STJ 30-Mai.-1978 (OLIVEIRA CARVALHO), BMJ 277 (1978), 282-285 (284): a convocatória deve ser clara, mas não minuciosa e detalhada; STJ 21-Jul.--1979 (OCTÁVIO DIAS GARCIA), BMJ 288 (1979), 437-440: a assembleia só pode deliberar para o que foi convocada, até por exigência da boa fé; STJ 29-Jul.-1980 (COSTA SOARES), BMJ 299 (1980), 378-383: a convocatória deve ser clara, embora sucinta, por forma a elucidar os interessados, sem margem para dúvida, do que vai ser discutido; STJ 14-Jun.-1983 (MANUEL SANTOS CARVALHO), BMJ 328 (1983), 593-596: invalidade, por exclusão não prevista no pacto social, embora a questão aqui também seja substancial; STJ 6-Fev.-1986 (GÓIS PINHEIRO), BMJ 354 (1986), 571-577 (576-577): para alteração dos estatutos, a convocatória deve especificar quais os pontos a modificar; STJ 3-Jun.-1986 (RUI CORTE--REAL), BMJ 358 (1986), 553-557 (556): inobservância de direitos do sócio, numa dimensão, de resto, também substantiva.

§ 58.º *A nulidade por vícios de procedimento*   773

– a falta de convocação de um sócio para a assembleia geral, onde não tenha comparecido, provoca a nulidade da deliberação: STJ 2-Jun.--1987[2311] e STJ 23-Mar.-1988[2312], STJ 12-Jul.-1994[2313];
– a convocação meramente irregular – envio, para os sócios, de convocatórias pelo correio, em vez de publicação em *Diário da República* ou em qualquer jornal da localidade – dá azo à anulabilidade e não a nulidade: RPt 13-Jan.-1994[2314];
– por morte de sócio e enquanto a sua quota não for amortizada, devem ser convocados os sucessores, mesmo que sem voto: STJ 23-Set.-1997[2315] e RLx 15-Mai.-2000[2316];
– a falta das menções mínimas exigidas pelo artigo 377.º/8 conduzem à anulabilidade, por falta de informações: 58.º/1, *c*) e n.º 4, *a*)[2317].

II. Verifica-se, depois, que a convocatória deve ser suficientemente explícita[2318]. Na linha de jurisprudência antiga já referida[2319], não se admitem fórmulas genéricas, proposições enigmáticas ou referências enganosas. Tudo deve ser feito em moldes tais que o sócio comum, recebida a convocatória possa, com a diligência habitual, entender, efetivamente, o que irá ser tratado na assembleia.

276. Consequências

I. A grande diferença entre os vícios de procedimento e os vícios de substância reside na natureza sanável dos primeiros. A sanação opera quando os sócios ausentes e não representados ou não participantes na deliberação escrita deem, por escrito, o seu assentimento à deliberação –

[2311] STJ 2-Jun.-1987 (GAMA PRAZERES), BMJ 368 (1987), 534-540 (539-540).
[2312] STJ 23-Mar.-1988 (MÁRIO AFONSO), BMJ 375 (1988), 403-413 (412).
[2313] STJ 12-Jul.-1994 (CURA MARIANO), BMJ 439 (1994), 582-587 (586).
[2314] RPt 13-Jan.-1994 (SOUSA LEITE), BMJ 433 (1994), 622 (o sumário).
[2315] STJ 23-Set.-1997 (CARDONA FERREIRA), BMJ 469 (1997), 586-597 (596).
[2316] RLx 15-Mai.-2000 (FERREIRA GIRÃO), CJ XXV (2000) 3, 88-89 (89/II).
[2317] STJ 26-Fev.-2004 (PIRES DA ROSA), CJ/Supremo XII (2004) 1, 80-82 (82/II).
[2318] JOÃO CALVÃO DA SILVA, *A convocação da assembleia geral* (*Art. 375.º, n.º 2, do C.S.C.*), em *Estudos de Direito Comercial* (*Pareceres*) (1999), 265-274.
[2319] *Supra*, nota 2310.

artigo 56.º/3[2320]. Já quando se verifique um vício de substância, a sanação não é possível; haverá que repetir a deliberação, sem o vício de conteúdo que a aflija. Em rigor, estaremos já perante uma invalidade mista. Além disso, a deliberação com vício de procedimento é renovável por outra deliberação à qual, ressalvados os direitos de terceiro, se pode atribuir eficácia retroativa – 62.º/1. *A contrario*, essa atribuição não é possível perante vícios de conteúdo.

II. O facto de os vícios de procedimento previstos no artigo 56.º/1, *a*) e *b*), poderem ser sanados, por via do referido artigo 56.º/3, conduz ao seguinte: não se trata, em rigor, de verdadeiras nulidades ou nulidades puras[2321]. De todo o modo, a figura adere largamente ao tipo "nulidade" pelo que, como tal, deve ser considerada: ainda que com um regime especial.

[2320] A lei recorre a uma perífrase completa: (...) *a nulidade* (...) *não pode ser invocada* (...); isto daria a ideia de que a nulidade se mantém, mas sem ser invocável: não faz sentido.

[2321] RLx 28-Out.-2004 (PEREIRA RODRIGUES), CJ XXIX (2004) 4, 120-123 (122/I), ainda que referindo a remoção da deliberação.

§ 59.º A NULIDADE POR VÍCIOS DE SUBSTÂNCIA

277. Não sujeição, por natureza, a deliberação de sócios

I. O artigo 56.º/1, *c*) e *d*), determina a nulidade por vícios de conteúdo ou substância. Mais precisamente, prevê:

– deliberações cujo conteúdo não esteja, por natureza, sujeito a deliberações dos sócios – *c*);
– deliberações cujo conteúdo, diretamente ou por atos de outros órgãos que determine ou permita, seja ofensivo dos bons costumes ou de preceitos legais que não possam ser derrogados, nem sequer por vontade unânime dos sócios – *d*).

Que deliberações poderão ter um conteúdo que não esteja, *por natureza*, sujeito a deliberações dos sócios? Este preceito levanta dúvidas sérias de interpretação. Frente a frente, duas orientações:

– a da incompetência;
– a da impossibilidade.

Pela teoria da incompetência – de resto: tradicional – a alínea *c*) do artigo 56.º/1 invalidaria os atos estranhos à competência da assembleia geral e, ainda, atos que interferissem com terceiros. Tal a opção de LOBO XAVIER[2322], de CARNEIRO DA FRADA[2323], de BRITO CORREIA[2324], de CARLOS OLAVO[2325], de RAÚL VENTURA[2326] e de PEDRO MAIA[2327].

[2322] LOBO XAVIER, *Invalidade e ineficácia* cit., 15-16.
[2323] MANUEL CARNEIRO DA FRADA, *Deliberações sociais inválidas* cit., 327-329.
[2324] BRITO CORREIA, *Direito comercial*, 3, *Deliberações dos sócios* cit., 296-297, explicando que "por natureza" não é (apenas) estatutariamente.
[2325] CARLOS OLAVO, *Impugnação das deliberações sociais* cit., 23.
[2326] RAÚL VENTURA, *Alterações do contrato de sociedade* (1986), 82, quanto aos

776   *Deliberações sociais: evolução e regime*

II. Contra, manifesta-se (e bem) Pinto Furtado[2328]: a mera inobservância de regras internas de competência não poderia ser tão grave que justifique a nulidade; além disso, quando prejudicados terceiros ou quando atingidas regras legais de competência, cair-se-ia seja na ineficácia, seja na alínea *d*). Posto isto, este Autor apresenta a sua própria teoria: a de impossibilidade física. O artigo 56.º/1, *c*), consideraria nulas as deliberações fisicamente impossíveis; as legalmente impossíveis caberiam na alínea *d*), do mesmo preceito. Chamar-lhe-emos a teoria da impossibilidade.

III. O pensamento de Pinto Furtado visa reconstruir, no quadro das nulidades das deliberações, o artigo 280.º, do Código Civil. Fica a pergunta: se o legislador de 1986 pretendeu respeitar o de 1966, para quê recorrer a enigmas e, designadamente: porquê abandonar conceitos consagrados, para se lançar na completa aventura de definir novas fórmulas para as nulidades mais profundas? Não há resposta. A fórmula da alínea *c*) terá sido retirada do § 241/3 do AktG alemão, que considera nulas as deliberações que não sejam compagináveis com a essência da sociedade anónima[2329]. Todavia, perante tal preceito, a doutrina afiança que se trata de uma norma residual destinada a acolher situações nas quais a deliberação não possa subsistir, mas que não se deixem reconduzir a outros fundamentos de nulidade[2330]. Não parece, pois, haver grande hipótese de acla-

---

direitos de terceiros (o que o sócio detenha contra a sociedade como terceiro) e *Estudos vários sobre sociedades anónimas* (1992), 557.

[2327] Pedro Maia, *Deliberações dos sócios* cit., 258.

[2328] Pinto Furtado, *Deliberações dos sócios* cit., 319 ss., onde igualmente se referem alguns dos autores citados nas notas anteriores e *Curso de Direito comercial*, 5.ª ed. cit., 450-451.

[2329] Acolhemos, assim e na forma, a crítica que nos moveu Coutinho de Abreu, *Direito comercial / Governação das sociedade* (2005), 115, nota 294, perante a 1.ª ed. deste *Manual*. Substancialmente, porém, a matéria continua por esclarecer.

[2330] *Vide* Raiser/Veil, *Recht der Kapitalgesellschaften*, 5.ª ed. cit., § 16, Nr. 116 (226) ["O fundamento de nulidade da não-conciabilidade com a essência da sociedade anónima não obteve, até hoje, na jurisprudência e na literatura, qualquer significado próprio"] e Hüffer, *Aktiengesetz*, 9.ª ed. cit., § 241, Nr. 21 (1241) ["Trata-se de casos nos quais a deliberação da assembleia geral não possa subsistir, sem que esse resultado se deixe amparar em preceitos precisos"]. Confronte-se, ainda, Martin Schwab, no Karsten Schmidt/Marcus Lutter, *Aktiengesetz Kommentar 2*, 2.ª ed. (2010), § 241, Nr. 17-21 (2682-2685), com muitos elementos.

§ 59.° A nulidade por vícios de substância

ração, por via da origem do preceito[2331]. De todo o modo, mandam as boas regras que se parta da presunção de acerto da lei e que se procure uma solução harmónica para tudo isto.

IV. A ideia de PINTO FURTADO é sedutora: explicaria o porquê da severa nulidade e daria um alcance plausível à referência "natureza". Mas tem óbices, embora menores do que os da teoria da competência. São eles:

– cinde as impossibilidades física e legal: ambas se integram, de facto, numa área unitária redutível à conformação legal;
– causa embaraços, perante a figura da impossibilidade superveniente: uma deliberação hoje válida pode ser amanhã nula e revalidar-se a seguir? Inversamente: a deliberação nula pode validar-se se uma ocorrência impensável a viabilizar?
– rema contra a atual corrente jurídico-civil: a possibilidade deixou de ser requisito de validade da obrigação, na reforma do BGB alemão de 2002[2332] e isso por razões operacionais para o Direito português; será uma questão de tempo: a impossibilidade deixará o rol das fontes da nulidade do negócio.

Mas sobre tudo isto paira uma objeção mais "societária": uma *deliberação* cujo conteúdo não esteja, por natureza, *sujeito a deliberação dos sócios* não pode ser, simplesmente, uma deliberação de conteúdo fisicamente impossível: isso (pela perspetiva ainda corrente) atingiria todo e qualquer ato e não, somente, as deliberações. A "natureza" não implica, aqui, a ordem natural das coisas ou cairíamos na teoria da impossibilidade. Também não equivale a "ordens extrajurídicas", ou estaríamos perante os bons costumes. A "natureza" reporta-se à índole do conteúdo questionado e não à bitola da admissibilidade. Feita esta precisão, pergunta-se: o que é que, sendo lícito e possível – quando não, funciona a alínea *d*) –, não pode, todavia e pela (sua) natureza, surgir como conteúdo de uma deliberação

---

[2331] Que COUTINHO DE ABREU, *Direito comercial / Governação das sociedade* cit., 116, considera supérfluo, reforçando a ideia noutras obras – por último no *Código em Comentário* 1 (2010), 661.

[2332] *Vide* o nosso *Da modernização do Direito das obrigações*, II – *O Direito da perturbação das prestações*, ROA 2002, 319-345 (333 ss.).

social? De momento, só vemos uma resposta: o que, pelo seu teor, não caiba na capacidade da pessoa coletiva considerada[2333]. Os próprios negócios celebrados fora da capacidade "natural" ou "legal" da sociedade serão nulos, por impossibilidade legal ou por ilicitude[2334]. As deliberações que lhes estejam na origem são-no, igualmente, por via do artigo 56.º/1, c).

Resta acrescentar que a importância deste vício é escassa, tal como escasso é, hoje, o papel da (in)capacidade das sociedades.

278. Contrariedade aos bons costumes

I. Uma segunda previsão de vícios de substância consta da 1.ª parte do artigo 56.º/1, d). São nulas as deliberações,

> Cujo conteúdo, diretamente ou por atos de outros órgãos que determine ou permita, seja ofensivo dos bons costumes (...).

De novo o legislador de 1986 entendeu retomar algumas categorias civis, alterando a linguagem e abrindo problemas sem qualquer ganho. Na interpretação do preceito transcrito impõe-se alguma disciplina mental e científica. Em especial: parece-nos francamente deslocado pretender, a propósito do artigo 56.º/1, d), 1.ª parte, "descobrir" ou reescrever o "verdadeiro" conceito de bons costumes. Por certo que qualquer jurista tem tanto direito quanto o dos seus pares de opinar e de escrever sobre o tema. Fazê-lo, num caso destes, sem percorrer todo o calvário do Direito romano, das receções, dos contributos racionalista e pandetístico, do Direito comparado e do Direito alemão, fonte dos atuais "bons costumes", é ligeireza que apenas perturbará a jurisprudência.

Em nome da disciplina acima reclamada, propomos que na pesquisa dos "bons costumes" do artigo 56.º/1, d), 1.ª parte, se reconheçam e se adotem, a título de evidências cartesianas, os seguintes postulados:

– o Código das Sociedades Comerciais utiliza a noção comum de "bons costumes", tal como resulta do Código Civil;
– essa noção não se confunde com a de ordem pública; tão-pouco absorve esta última;

[2333] *Supra*, 385 ss..
[2334] *Supra*, 388 ss..

§ 59.º A nulidade por vícios de substância

– não é lícito recorrer ao Direito estrangeiro sem fazer Direito comparado, isto é: sem verificar, perante as coordenadas científicas da ordem "dadora" e da ordem "recetora", se a transposição é possível.

II. A referência aos "bons costumes" surge de modo inesperado no Código das Sociedades Comerciais. Estando no Código Civil e aplicando-se a todos os atos jurídicos – artigos 280.º/2 e 295.º do Código Civil – ela atingiria, seguramente, as deliberações sociais.

E de facto, a noção não constava do Projeto de Código[2335]. Foi introduzida à "última hora"[2336] por reverência para com o chamado projeto de Coimbra relativo às sociedades por quotas[2337]: tanto quanto se sabe, sem que nenhum dos Autores desse projeto tenha defendido tal introdução: pelo contrário[2338].

Por seu turno, tem-se considerado que o projeto de Coimbra teria bebido inspiração no § 241/4 do AktG[2339], segundo o qual:

> Uma deliberação da assembleia geral, além dos casos (...) só é nula quando:
>
> (...)
>
> 4. Atente, pelo seu conteúdo, contra os bons costumes.
>
> (...)

[2335] *Vide* o seu artigo 76.º, bem como o BMJ 327 (1983), 98.

[2336] PINTO FURTADO, *Deliberações dos sócios* cit., 328.

[2337] A. FERRER CORREIA/VASCO LOBO XAVIER/MARIA ÂNGELA COELHO/ANTÓNIO A. CAEIRO, *Sociedades por quotas/Anteprojecto de Lei/2.ª redacção* cit., artigo 114.º/1, *c*) (pp. 136-137 da Separata). Dizia este proposto preceito:

> 1. São nulas as deliberações:
>
> (...)
>
> *c*) De conteúdo ofensivo dos bons costumes ou da disciplina estabelecida por preceitos legais, se esta última não puder ser derrogada nem sequer pela vontade unânime dos sócios.

Retenha-se a elegância da redação, por contraposição com a confusa fórmula de 1986. Quanto a justificações, o "Projeto de Coimbra" limitava-se a dizer que "... a alínea *c*) começa por referir a ofensa dos bons costumes, de acordo com a doutrina prevalecente" – *Sociedade por quotas* cit., 139. Desconhece-se qual seja tal doutrina.

[2338] VASCO LOBO XAVIER, *Invalidade e ineficácia* cit., RLJ 118, 18-19, discordando, por diversas vias.

[2339] FRANZ-JÖRG SEMLER, no *Münchener Handbuch des Gesellschaftsrechts* cit., 4, 2.ª ed., § 41, Nr. 19 (553) e UWE HÜFFER, *Aktiengesetz*, 9.ª ed. cit., § 241, Nr. 24 (1242), onde pode ser confrontada jurisprudência.

780 *Deliberações sociais: evolução e regime*

A doutrina alemã viu, aqui, uma orientação no sentido de restringir as consequências do § 138 I do BGB: a nulidade só ocorreria quando, *pelo conteúdo* da deliberação, surgisse o atentado aos bons costumes. Se "apenas" a causa, o escopo ou as consequências da deliberação fossem contrários aos bons costumes, haveria mera anulabilidade: mais uma manifestação da necessidade de atenuar, a propósito das sociedades, as consequências das invalidades[2340].

Resta acrescentar que os Autores alemães acolhem, a propósito do AktG, a noção de bons costumes que vem do Código Civil.

III. Quanto aos próprios bons costumes[2341]: eles abrangem regras de conduta familiar e sexual e, ainda, códigos deontológicos próprios de certos sectores. O Direito português – ao contrário do alemão! – distingue os bons costumes da ordem pública: razão definitiva por que não faz sentido insistir na inclusão de uma série de princípios injuntivos gerais, no seio dos bons costumes[2342]. A violação desses princípios (a reconduzir à ordem pública) deverá confrontar-se na 2.ª parte do artigo 56.º/1, *d*). Além disso, cumpre considerar superada a confusão entre "bons costumes" (noção técnico-jurídica há muito conquistada) e "moral social"[2343]. Sem precisão de conceitos, não há progresso jurídico-científico[2344].

[2340] Necessidade essa que também parece esquecida pelo legislador de 1986 o qual, abandonando desta feita o Projeto de Coimbra de sociedades por quotas, veio alargar o âmbito da nulidade, inserindo aí o que parecem ser as consequências indiretas da deliberação, abaixo estudadas.

[2341] Sobre esse tema e com indicações *Tratado* I/1, 3.ª ed. cit., 699 ss. e, para maiores desenvolvimentos, *Da boa fé*, 1208 ss..

[2342] Tal o caso (com o devido respeito) de PINTO FURTADO, *Deliberações dos sócios* cit., 336 ss.; este Autor apoia-se ora na doutrina alemã (obrigada a incluir a ordem pública nos bons costumes), ora em doutrina anterior a 1966, ora em Autores desatentos à realidade alemã. Todavia, ele terá tido nas mãos a contraposição entre os bons costumes e a ordem pública e as razões (claras) pelas quais os bons costumes "portugueses" têm uma delimitação mais apertada do que os "alemães". Não aproveitou.

[2343] *Vide* (sempre com o devido respeito), STJ 10-Mai.-2000 (MARTINS DA COSTA), BMJ 497 (2000), 343-349 (347/I); isto sucede por se usarem, sem critério, livros anteriores a 1966 ou de conteúdo desatualizado; de notar, ainda, que este insólito acórdão, mesmo no plano em que se coloca, considerou, *expressis verbis*, que um ato de vingança ou de represália sobre os próprios filhos está em consonância com a tal "moral social". Não está.

[2344] Por vezes, as obras referem os bons costumes e a boa fé, como limitando as deliberações: mas separadamente; assim WOLFGANG ZÖLLNER, *Die Schranken mitglied-*

§ 59.º *A nulidade por vícios de substância* 781

Incorre na previsão da nulidade por atentado aos bons costumes, qualquer deliberação social que:

- assuma um conteúdo sexual[2345] ou venha bulir com relações reservadas ao Direito da família;
- atente contra deontologias profissionais: por exemplo, assembleias de sociedades de advogados, de médicos ou de jornalistas que deliberem em sentido contrário ao do sigilo profissional.

IV. A jurisprudência portuguesa, mau grado a confusão de conceitos que advém da doutrina, tem vindo, mesmo sem o assumir[2346], a detetar uma "deontologia comercial" que deve presidir às deliberações sociais, sob pena de nulidade[2347]. Assim:

- é ofensiva dos bons costumes a deliberação de distribuir lucros por dois fundos e uma conta nova, prosseguindo há vinte e cinco anos com uma prática de não distribuir lucros aos sócios[2348];
- *idem* quanto à deliberação unânime de vender a uma irmã de um sócio o único imóvel da sociedade por um preço muito inferior ao valor real[2349];
- *idem* quanto à deliberação de vender por 210.000 c., o estabelecimento e sede da sociedade, quando o sócio minoritário presente ofereceu 518.000 c., equivalentes ao valor real[2350];

---

schaftlicher Stimmrechtsmacht bei den privatrechtlichen Personenverbänden (1963), XXVI + 446 pp. (288 ss. e 335 ss.).

[2345] O "conteúdo sexual" deve ser determinado em concreto. Por exemplo, a sociedade cinematográfica que decida ampliar o seu objeto, fazendo filmes pornográficos (lícitos) está a deliberar sobre assuntos societários e não sobre temas sexuais – e isso independentemente dos problemas subsequentes.

[2346] Essa tarefa cabe, de resto, à doutrina; a jurisprudência tem, a seu cargo, algo de mais transcendente: a decisão justa.

[2347] Em geral: HERBERT WIEDMANN, *Rechtsethische Massstäbe im Unternehmens- und Gesellschaftsrecht*, ZGR 1980, 140-176, com várias concretizações.

[2348] STJ 7-Jan.-1993 (RAÚL MATEUS), BMJ 423 (1993), 539-553 (552) = CJ/Supremo I (1993) 1, 5-10 (10/I) = RDES XXXVIII (1996), 157-268, anot. EVARISTO MENDES, 283-364, que abrange outros acórdãos, e onde podem ser confrontados elementos importantes.

[2349] RPt 13-Abr.-1999 (AFONSO CORREIA), CJ XXIV (1999) 2, 196-202 (200-201).

[2350] STJ 3-Fev.-2000 (MIRANDA GUSMÃO), CJ/Supremo VIII (2000) 1, 59-63 (62). Esta decisão tem pontos de contacto com o caso Holzmüller – BGH 25-Fev.-1982, BGHZ 83 (1982), 123-124 = AG 1982, 158-164, o qual pode, ainda, ser visto noutras fon-

782 *Deliberações sociais: evolução e regime*

– *idem* quanto à deliberação de trespassar um estabelecimento e vender terrenos por menos de metade do seu valor real: "... não realiza o fim social, choca o senso comum de justiça e briga pois com a consciência social, mesmo quando considerada apenas no âmbito mais restrito da ética dos negócios"[2351].

Essa deontologia impõe-se quando estejam em jogo violações grosseiras, em termos a determinar *in concreto*. Assinale-se que a indeterminação daqui resultante não é grave. Mostra a experiência que, na prática, os juristas põem-se facilmente de acordo quanto àquilo que se coloque fora da ética dos negócios: e isso mesmo quando seja difícil encontrar formulações explicativas.

279. Conteúdo contrário a preceitos inderrogáveis

I. A 2.ª parte do artigo 56.°/1, *d*), prevê um terceiro vício de substância indutor de nulidade das deliberações. Assim, são nulas as deliberações cujo conteúdo, direta ou indiretamente,

> (...) seja ofensivo (...) de preceitos legais que não possam ser derrogados, nem sequer por vontade unânime dos sócios.

Este preceito visa as deliberações contrárias a normas legais imperativas. A sua redação presta-se a críticas[2352], pela confusa fórmula que veio adotar.

> O preceito adveio do já referido projeto de Coimbra, sendo aí justificado por parecer ser (...) *este o critério de mais fácil e segura aplicação prática* (...)[2353]. Só assim seria se, em cada caso, a lei anunciasse que disposi-

---

tes – cf. *supra*, 462; neste, a direção enquadrara um esquema que lhe permitira alienar o principal estabelecimento da sociedade, sem atender aos sócios minoritários; o BGH entendeu que foram violados deveres de lealdade; no caso português, jogou-se uma deliberação da assembleia geral e não uma decisão da direção: podemos considerar ajustada a saída *ex bonis moribus*.

[2351] STJ 15-Dez.-2005 (OLIVEIRA BARROS), Proc. 05B332.

[2352] PINTO FURTADO, *Deliberações dos sócios* cit., 340 ss., que merece aplauso.

[2353] A. FERRER CORREIA/VASCO LOBO XAVIER/MARIA ÂNGELA COELHO/ANTÓNIO A. CAEIRO, *Sociedades por quotas* cit., 139.

§ 59.º A nulidade por vícios de substância

tivos não podem ser derrogados, *nem sequer* por vontade unânime dos sócios. Ora a lei não o faz: em nenhum caso, ao que sabemos[2354].

Queda à doutrina apurar critérios.

II. O preceito que possa ser afastado por uma deliberação dos sócios é meramente supletivo. Em casos especiais exigir-se-á a unanimidade: não deixará de haver supletividade. Por isso, a deliberação que não respeite a regra da unanimidade não é nula: apenas anulável[2355]. Nesta base, pouco se avançou.

O que está simplesmente em causa é a determinação da natureza imperativa da norma afastada pela deliberação social. Como proceder? Não parece que o tema seja fundamentalmente diferente da determinação equivalente a fazer no Direito das obrigações[2356].

III. Como pano de fundo, deveremos ter presente que o Direito das sociedades é Direito privado. Nessa medida, ele é tendencialmente supletivo: visa ocupar-se das matérias que os interessados não quiseram regular diferentemente. Infere-se daqui que, quando outra coisa se não conclua, não há nulidade por atentado à lei, quando esta não seja imperativa.

A natureza imperativa de um dispositivo pode impor-se:

– explicitamente;
– implicitamente.

No primeiro caso, o próprio preceito em jogo dirá "salvo cláusula em contrário" (supletivo) ou "mau grado cláusula em contrário" (injuntivo), ou expressões equivalentes[2357]. No segundo, o preceito é mudo, devendo ser delucidado com recurso a regras exógenas.

IV. Grosso modo, podemos dizer que uma regra societária é imperativa:

– quando integre a ordem pública;

[2354] PINTO FURTADO, *Deliberações dos sócios* cit., 342.

[2355] P. ex.: RCb 2-Dez.-1992 (VICTOR ROCHA), CJ XVII (1992) 5, 69-72 (71/II).

[2356] *Direito das obrigações*, 1, 73 ss..

[2357] Mesmo então haverá sempre uma sindicância dos princípios gerais. Por exemplo: é imperativo o artigo 9.º, que anuncia os elementos necessários do contrato. O "devem constar" é reforçado por estarmos perante a ordem pública societária, abaixo referida.

784   *Deliberações sociais: evolução e regime*

– quando concretize princípios injuntivos;
– quando institua ou defenda posições de terceiros.

A ordem pública é composta por vetores constituintes do sistema considerado e, como tais, inderrogáveis. Além da ordem pública geral[2358] estará aqui em jogo a ordem pública societária, que integra, entre outros, os elementos necessários do contrato e os factos integrativos dos tipos de sociedades.

Os princípios injuntivos desenvolvem-se em normas elas próprias injuntivas. Podem ser princípios civis: por exemplo, os artigos 72.º e seguintes, relativos à responsabilidade dos administradores, são injuntivos por darem corpo à regra geral do artigo 809.º, do Código Civil; outro tanto sucede com o artigo 174.º (Prescrição), perante o artigo 300.º do mesmo Código. E podem, naturalmente, ser princípios societários: o voto não é disponível nas sociedades em nome coletivo (190.º/1), em aplicação do princípio do artigo 21.º/1, *b*).

As posições de terceiros não podem, por fim, ser atingidas por deliberações sociais. No limite, tal decorreria dos artigos 13.º/1 e 62.º/1, da Constituição.

V. A jurisprudência confirma as asserções acima produzidas, ainda que recorrendo, em certos casos, a outras terminologias. Assim:

– é nula a deliberação que limite os poderes representativos de um gerente numa sociedade por quotas – artigo 260.º/1[2359]; está em causa a ordem pública societária;
– é nula a deliberação social que vise impedir um terceiro de ser representante de uma sociedade associada[2360] ou, em geral, a deliberação que atente contra os interesses de terceiros[2361];
– é nula a deliberação que ponha em causa o princípio da distribuição dos lucros pelos sócios: é um princípio injuntivo[2362]; também é nula a deliberação que crie um regime de reforma dos adminis-

---

[2358] *Tratado* I/1, 3.ª ed., 710 ss..
[2359] STJ 15-Out.-1996 (ALMEIDA E SILVA), CJ/Supremo IV (1996) 3, 62-64 (64/I).
[2360] RLx 20-Jan.-1994 (TOMÉ DE CARVALHO), CJ XIX (1994) 1, 102-103 (103/II).
[2361] STJ 26-Abr.-1995 (RAÚL MATEUS), CJ/Supremo III (1995) 2, 49-55 (55/I).
[2362] RCb 11-Mar.-1998 (GIL ROQUE), BMJ 475 (1998), 787 (o sumário).

§ 59.º A nulidade por vícios de substância

tradores[2363]: trata-se de matéria reservada à indústria seguradora, só excecionalmente permitida às sociedades;
– é nula a deliberação que conceda a alguém um mandato tão geral que ele não seria possível, nem mesmo pela vontade unânime dos sócios[2364].

280. A contrariedade indireta

I. O artigo 56.º/1, *d*), prevê ainda, quer em relação ao atentado aos bons costumes, quer perante a violação de norma injuntiva, a hipótese de tal suceder em termos indiretos. Usa a perífrase de a prevaricação ocorrer "... por atos de outros órgãos que determine ou permita ...". Em bom rigor, porém, a deliberação que determine ou que permita que outro órgão atente contra os bons costumes ou viole normas injuntivas é *diretamente* nula, nos mesmos e precisos termos em que o seria a congénere mais frontal. Aliás: a deliberação, salvo quando potestativa, não passa de uma abstração exarada em ata: os seus eventuais malefícios manifestar-se-ão, mais tarde, a propósito da execução.

II. Tem interesse atentar no artigo 58.º/2: contém, fora do contexto, uma importante regra sobre nulidades. Pode acontecer que um contrato de sociedade reproduza – particularmente nos estatutos – regras legais injuntivas. Quando isso suceda, considera-se que, havendo violação, tais regras são diretamente violadas e não (apenas), as contratuais. Com a consequência de se aplicar a nulidade e não, como decorreria do final do artigo 58.º/1, *a*), a mera anulabilidade.

281. Consequências

I. A nulidade de uma deliberação pode ser invocada a todo o tempo e por qualquer interessado: é o que extraímos da regra geral do artigo 286.º

[2363] STJ 10-Mai.-2000 (Francisco Lourenço), CJ/Supremo VIII (2000) 2, 52-54 (54/I).

[2364] STJ 25-Jan.-2005 (Lopes Pinto), Proc. 04A4490.

do Código Civil[2365], em termos confirmados pelo artigo 59.°/1 e 2 do Código das Sociedades Comerciais, *a contrario*. Como se vê, ela faz pairar grave incerteza sobre a sociedade, o que explica as restrições legais e o facto de, por defeito, prevalecer a anulabilidade – 58.°/1, *a*)[2366].

II. Perante deliberações nulas, o artigo 57.° faculta a iniciativa do órgão de fiscalização. Em síntese:

– o órgão de fiscalização deve dar a conhecer aos sócios, em assembleia geral, a nulidade de qualquer deliberação, para eles a renovarem, sendo possível, ou para promoverem a declaração judicial respetiva – n.° 1;
– se eles não a renovarem ou se a sociedade não for citada para a ação de nulidade no prazo de dois meses, deve o órgão de fiscalização promover "sem demora" a declaração judicial de nulidade em causa – n.° 2;
– o órgão de fiscalização deve então propor ao tribunal a nomeação de um sócio para representar a sociedade – n.° 3;
– nas sociedades sem órgão de fiscalização, cabe o poder referido a qualquer gerente – n.° 4.

Repare-se que é do interesse da própria sociedade e dos seus sócios o não deixar pendentes situações de nulidade que poderão, depois e em qualquer altura, ser invocadas, com danos para todos[2367].

[2365] *Tratado* I/1, 3.ª ed. cit., 860 ss..
[2366] *Vide* quanto à destrinça, PINTO FURTADO, *Deliberações dos sócios* cit., 348 ss..
[2367] PEDRO MAIA, *Deliberações dos sócios* cit., 198.

SECÇÃO IV
A ANULABILIDADE

§ 60.° A ANULABILIDADE POR VIOLAÇÃO DE LEI (NÃO GERADORA DE NULIDADE)

282. Generalidades; o vício de forma

I. O artigo 58.°/1, *a*), traduz, como tem sido focado de modo repetido, a cláusula geral da invalidade das deliberações sociais: havendo violação da lei – quando não caiba nulidade – as deliberações em falta são anuláveis[2368].

Trata-se de uma regra que, através do Projeto de Coimbra sobre sociedades por quotas[2369], nos adveio do § 243/I do *AktG*, assim concebido[2370]:

Uma deliberação da assembleia geral pode ser impugnada através de uma ação por causa da violação da lei ou dos estatutos.

A germanização do nosso Código das Sociedades Comerciais pelo menos na forma, é muito intensa. Mas como veremos, no plano da interpretação e da concretização das normas em jogo, chega-se a soluções verdadeiramente nacionais, distintas das fontes inspiradoras de origem.

[2368] Sobre o preceito, PINTO FURTADO, *Deliberações dos sócios* cit., 359 ss. e 362 ss..

[2369] FERRER CORREIA/VASCO LOBO XAVIER/MARIA ÂNGELA COELHO/ANTÓNIO CAEIRO, *Sociedades por quotas/Anteprojecto* cit., 140. Mais precisamente: artigo 115.°, assim redigido:

1. São anuláveis as deliberações que:

a) Violem as disposições da lei ou do contrato de sociedade, quando ao caso não caiba a nulidade, nos termos do artigo anterior;

O "artigo anterior" equivale ao artigo 56.°, do Código das Sociedades Comerciais.

[2370] UWE HÜFFER, *Aktiengesetz*, 9.ª ed. cit., 1249 ss..

788 *Deliberações sociais: evolução e regime*

II. O artigo 58.º/1, *a*), move-se entre dois valores, aparentemente contraditórios: a necessidade de segurança jurídica, que leva a restringir quanto possível a invalidade das deliberações sociais e a justiça, que permite aos sócios vítimas de ilegalidades perpetradas pela assembleia geral fazer valer as suas posições[2371].

A primeira fonte de anulabilidade deriva da violação da lei. A sobreposição com a nulidade é resolvida através da consumpção por esta: quando ocorra, prevalece a nulidade. Qual a bitola?

III. Tratando-se de vícios de forma ou de omissão de formalidades, haverá que seguir o artigo 56.º/1: as hipóteses neste inseridas geram nulidade; todas as outras, mera anulabilidade. Mesmo então impõe-se o raciocínio substancial de KARSTEN SCHMIDT, apoiado na jurisprudência[2372] e que corresponde a uma regra geral do processo[2373]: só haverá anulabilidade quando a falha verificada possa influenciar o sentido da deliberação. Nalguns casos, tal sucederá fatalmente: assim a hipótese de se impedir a participação de um sócio minoritário na assembleia; temos de admitir que, mau grado a irrelevância dos seus votos, a sua presença na assembleia, através de questões e de intervenções persuasivas, seria de molde a fazer bascular a maioria. Evidentemente: exige um cripto-juízo de ilegitimidade, que tem também o seu peso.

IV. Segundo a jurisprudência exemplificativa, encontramos os seguintes casos de vícios de forma capazes de induzir anulabilidade:

– a convocação sem a antecedência conveniente é fonte de anulabilidade[2374];
– a violação de normas imperativas de (mero) procedimento, por oposição ao conteúdo, gera simples anulabilidade: tal o caso do aumento

---

[2371] UWE HÜFFER, *Aktiengesetz*, 9.ª ed. cit., § 243, Nr. 1 (1251).

[2372] KARSTEN SCHMIDT, *Gesellschaftsrecht*, 4.ª ed. cit., 858. *Vide*, também, SEMLER, no *Münchener Handbuch* cit., 4, 2.ª ed., § 41, 30 (556).

[2373] Recordemos o teor do artigo 201.º/1, do Código de Processo Civil:

Fora dos casos previstos nos artigos anteriores, a prática de um ato que a lei não admita, bem como a omissão de um ato ou de uma formalidade que a lei prescreva, só produzem nulidade quando a lei o declare ou quando a irregularidade cometida possa influir no exame ou na decisão da causa.

[2374] RLx 4-Abr.-1989 (AFONSO DE MELO), CJ XIV (1989) 2, 118-119.

§ 60.º A anulabilidade por violação de lei (não geradora de nulidade)   789

de capital votado sem atingir a maioria de 3/4 dos votos correspondentes ao capital social[2375];
– a convocação da assembleia por aviso postal, quando era exigível a publicação do competente aviso no *Diário da República*, conduz a anulabilidade por ser vício meramente formal[2376];
– a falta, na convocatória, de referência à destituição do gerente, a qual ocorreu de modo não unânime, conduz à anulabilidade[2377].

Estas decisões ilustram, da melhor forma, a ideia do *favor societatis*.

283. Vício de substância

I. Como vimos, a nulidade das deliberações sociais ocorre sempre que elas defrontem normas jurídicas injuntivas. Logicamente: haverá anulabilidade quando as normas atingidas sejam dispositivas ou supletivas. Temos de nos entender quanto à "supletividade": significa ela que a norma pode ser afastada pelo contrato de sociedade: não por mera deliberação dos sócios, como expressamente resulta do artigo 9.º/3[2378]. Bem se compreende tal orientação. Ao contratar, as partes assentaram na aplicabilidade dos estatutos e, ainda, no de um conjunto de regras que, podendo afastar, elas mantiveram. Não devem ser surpreendidas com deliberações maioritárias que equivalham à alteração do jogo inicialmente fixado.

A contraprova reside no próprio artigo 56.º/1, *d*), 2.ª parte: quando a norma possa ser afastada pela unanimidade dos sócios, há supletividade; a correspondente deliberação será impugnável; não nula. Veremos aliás que, por esta via, se torna possível alterar estatutos, fora do formalismo a tanto dirigido.

II. A referência a "lei" deve ser entendida em termos amplos[2379]: violação do Direito. Fica incluída a norma legal expressa, o princípio, o conceito indeterminado e o Direito consuetudinário.

[2375] RCb 2-Dez.-1992 (Victor Rocha), CJ XVII (1992) 5, 69-72 (71/II).
[2376] RPt 13-Jan.-1994 (Sousa Leite), BMJ 433 (1994), 622.
[2377] STJ 16-Mai.-1995 (Oliveira Branquinho), CJ/Supremo III (1995) 2, 85-87 (86-87).
[2378] A regra cede, como aí se lê, quando a própria lei admita a derrogação por (mera) deliberação dos sócios.
[2379] Hüffer, *Aktiengesetz*, 9.ª ed. cit., § 243, Nr. 5 (1253).

Entre os princípios societários cuja violação pode gerar anulabilidade[2380] temos, quando eficazes, o do igual tratamento e o da lealdade[2381]. Entre nós, eles operam como manifestação de boa-fé e, em certos casos, do exercício inadmissível de posições jurídicas, dito abuso do direito nos Países do Sul. Quer isso dizer que o abuso do direito, quando não seja consumido pelo artigo 58.°/1, *b*), pode ser sancionado através da alínea *a*) do mesmo preceito.

A matéria das deliberações sociais integra-se no sistema. Não se lhe podem negar os valores básicos, através de jogos de normas advindos, para mais, das áleas que rodearam o Código das Sociedades, de 1986. As exigências da segurança são satisfeitas através da mera anulabilidade e do regime restritivo que lhe dá corpo.

III. Os exemplos judiciais de anulabilidade, por violação do conteúdo não-imperativo dos preceitos, é impressivo. Assim:

– a deliberação que, alterando os estatutos, crie direitos especiais dos sócios, sem ser por unanimidade, é anulável[2382];
– a deliberação respeitante à não-distribuição de lucros é, também, anulável[2383];
– a deliberação que desrespeite o artigo 399.°, relativo à fixação das remunerações dos administradores incorre, igualmente, em (mera) anulabilidade[2384].

284. Violação dos estatutos; a modificação informal unânime

I. O artigo 58.°/1, *a*), *in fine*, seguindo o modelo alemão, prevê a anulabilidade pela violação do contrato de sociedade; em regra: dos estatutos.

[2380] A hipótese da nulidade não se coloca: por natureza, tais princípios perdem a sua natureza imperativa, quando haja unanimidade, entre os sócios, no sentido da sua não-aplicação.

[2381] KARSTEN SCHMIDT, *Gesellschaftsrecht*, 4.ª ed. cit., 858-859.

[2382] RCb 5-Jul.-1994 (PIRES DA ROSA), CJ XIX (1994) 4, 17-21 (21/I).

[2383] RCb 16-Mai.-1995 (PEREIRA DA GRAÇA), CJ XX (1995) 3, 28-31 (30/II).

[2384] RLx 18-Dez.-2002 (SALAZAR CASANOVA), CJ XXVII (2002) 5, 106-111 (111/II).

§ 60.° A anulabilidade por violação de lei (não geradora de nulidade) 791

Quando a "violação" seja decidida por unanimidade, nenhum dos sócios a poderá impugnar, devendo-se então entender que o órgão de fiscalização também não o pode fazer. Salvo a inoponibilidade eventualmente consubstanciada perante terceiros, deverá então entender-se que os estatutos foram modificados, de modo informal, pela unanimidade dos sócios. Só assim não será quando se defronte uma norma imperativa, altura em que se seguirá a nulidade *ex* artigo 56.°/1, *d*), 2.ª parte.

II. A justificação para a invalidade é clara: tendo-se os sócios vinculado a determinado pacto, não podem desviar-se dele a não ser nos termos previstos nele próprio ou na lei. Salvo unanimidade, a deliberação está em falta. Todavia, não há, pela lógica societária, razões para a nulidade, uma vez que não se jogam regras injuntivas.

As violações insignificantes não são causa de anulabilidade[2385]: *de minimis non curat praetor*.

E não são causas de anulabilidade simples violações de acordos parassociais: a sua eficácia é meramente obrigacional[2386].

III. Ainda no tocante à violação de estatutos, a jurisprudência dá-nos exemplos essencialmente de natureza formal. Assim:

- a omissão do envio de uma carta registada para convocar a assembleia geral – formalidade não essencial exigida pelos estatutos – dá azo a mera anulabilidade[2387];
- a convocação de uma assembleia com acatamento das exigências diretamente impostas por lei, mas omitindo-se as complementares decorrentes dos estatutos, torna a deliberação anulável[2388].

[2385] HÜFFER, *Aktiengesetz*, 9.ª ed. cit., § 243, Nr. 8 (1253-1254).
[2386] *Supra*, 702.
[2387] STJ 31-Out.-1989 (PINTO FERREIRA), BMJ 390 (1989), 418-424 (422).
[2388] RPt 2-Nov.-2000 (MOREIRA ALVES), CJ XXV (2000) 5, 175-177.

§ 61.º A ANULABILIDADE POR VOTOS ABUSIVOS

285. Conspecto e evolução

I. Prosseguindo no estudo das deliberações anuláveis, encontramos o dispositivo do artigo 58.º/1, *b*). Segundo esse preceito, são anuláveis as deliberações que:

> Sejam apropriadas para satisfazer o propósito de um dos sócios de conseguir, através do exercício do direito de voto, vantagens especiais para si ou para terceiros, em prejuízo da sociedade ou de outros sócios ou, simplesmente de prejudicar aquela ou estes, a menos que se prove que as deliberações teriam sido tomadas mesmo sem os votos abusivos.

Trata-se de uma formulação (desnecessariamente) complexa, vertida da lei alemã e que exige uma cuidada interpretação.

II. Os antecedentes são simples. O denominado Projeto de Coimbra sobre sociedades por quotas considerava – artigo 115.º/1, *b*) – anuláveis as deliberações que[2389]:

> Forem apropriadas para satisfazer o propósito de um dos sócios de conseguir, através do exercício do direito de voto, vantagens especiais para si ou para terceiros em prejuízo da sociedade ou dos outros sócios, a menos que se prove que as deliberações teriam sido tomadas mesmo sem os votos abusivos.

Com esta fórmula pretendia o Projeto de Coimbra exprimir as deliberações abusivas[2390]. Ele passou ao Projeto de Código, propriamente dito,

---

[2389] FERRER CORREIA/VASCO LOBO XAVIER/MARIA ÂNGELA COELHO/ANTÓNIO CAEIRO, *Sociedades por quotas/Anteprojecto de lei – 2.ª redacção*, separata cit., 140.

[2390] *Idem*, 141. Dizia:

> A citada al. *b*) define, cremos que com suficiente nitidez, a hipótese da deliberação abusiva, seguindo a lição do Projeto alemão [leia-se: do projeto alemão de

§ 61.º A anulabilidade por votos abusivos 793

sendo substituído o "forem" por "sejam"[2391]. Na passagem para o texto final, foi acrescentada a locução "... ou, simplesmente de prejudicar aquela ou estes ...", para abranger os atos emulativos[2392].

O Projeto de Coimbra assume ter recorrido à lei alemã. Fê-lo, usando uma fórmula hoje inserida no § 243(2) do AktG que diz, na nossa língua:

> A impugnação pode também apoiar-se em que um acionista procure obter, com o exercício do direito de voto, para si ou para um terceiro, vantagens especiais, com danos para a sociedade ou para outros acionistas e a deliberação seja adequada para prosseguir esse escopo.
>
> Isto não se aplica quando a deliberação conceda aos outros acionistas uma compensação adequada pelos danos.

Acontece, porém, que no Direito alemão, o transcrito § 243(2) não esgota as aplicações da boa-fé e do abuso, no domínio das deliberações sociais. Todo o importante desenvolvimento ligado à inobservância dos deveres de lealdade advém, muito simplesmente, da violação de lei[2393]. Concluímos que – perante, desde logo, a anotação do Projeto de Coimbra – se procedeu à importação do § 243(2) do AktG alemão, para desempenhar, entre nós, uma função diferente da prosseguida no País de origem. Um ponto interessantíssimo de Direito comparado: não pode haver meras transposições de normas, sem uma competente aprendizagem da Ciência do Direito da Ordem dadora.

III. No Direito anterior ao Código das Sociedades Comerciais, as deliberações sociais podiam ser invalidadas por abuso do direito. Tal o entendimento da jurisprudência e da doutrina, tendo havido, já nessa altura, uma pré-receção de elementos germânicos.

A evolução foi lenta. Como decisão pioneira, aponta-se o acórdão da RCb de 28-Mai.-1930[2394], que sancionou o facto de se ter excluído um

---

lei das sociedades por quotas, então em voga e que acabaria por não ter seguimento], que vinha já da Lei das sociedades anónimas de 1937. O preceito esclarece, designadamente, que não basta que a deliberação seja adequada a lesar o interesse da sociedade ou o interesse da minoria: é necessário, para configurar o abuso, que a deliberação proporcione vantagens especiais ao sócio ou a terceiros, e ainda que tal resultado tenha sido visado pelo votante.

[2391] Projeto, artigo 78.º, BMJ 327 (1983), 99.

[2392] PINTO FURTADO, *Deliberações dos sócios* cit., 385.

[2393] HÜFFER, *Aktiengesetz*, 9.ª ed. cit., § 243, Nr. 22 (1257-1258).

[2394] Também referido em PINTO FURTADO, *Código Comercial Anotado* cit., II/2, 553.

794 · *Deliberações sociais: evolução e regime*

sócio por não realização da quota, contra o que resultava do pacto social. Disse o acórdão em causa[2395]:

> Todos os direitos têm de ser exercidos dum modo normal, sem afrontar a justiça. Abusos como estes constituem anormalidades, que não podem nunca acobertar-se sob a proteção do direito, sendo mesmo estranhos à sua esfera. Sob as aparências do uso e exercício dum direito – servindo-se de atos dissimulados – praticou-se verdadeiramente "abuso do direito", que tudo tornou inexistente e nulo desde o início, sem que subsistam quaisquer efeitos, quaisquer relações de facto ou de direito, que possam dar sombra de legalidade ao que se pretendeu indevidamente apelidar de assembleia geral e sua consequente escritura (...).

Esta primeira orientação teve, depois, um influxo doutrinário, tecido em torno do problema de amortização de quotas. Esta, a não ser feita pelo valor real, geraria injustiça grave. Nesse sentido, cumpre recordar estudos importantes de GALVÃO TELLES[2396] e de MANUEL DE ANDRADE[2397], que teriam influência posterior[2398].

As espécies judiciais suceder-se-iam. Como exemplos:

STJ 13-Abr.-1962, equiparando o abuso do direito à violação direta da lei[2399];

STJ 22-Fev.-1972: seria abusiva e, como tal, impugnável a deliberação que amortizasse quotas sociais sem ter em conta o verdadeiro valor[2400];

STJ 21-Abr.-1972: considera anuláveis as situações deliberativas tomadas com abuso do direito, equiparado à violação de lei[2401];

[2395] RCb 28-Mai.-1930 (AFONSO DE ALBUQUERQUE), GRLx 44 (1930), 103 (103/II). Esta decisão não deve desligar-se de um primeiro surto de reconhecimento do abuso do direito, justamente ocorrido na Relação de Coimbra; cf. RCb 26-Mai.-1928 (A. GAMA), BFD 11 (1930), 134-171, com anot. TEIXEIRA D'ABREU, *idem*, 171-204, discordante.

[2396] INOCÊNCIO GALVÃO TELLES, *Amortização de quotas*, ROA 3-4 (1946), 64-69.

[2397] MANUEL A. DOMINGOS DE ANDRADE, *Sobre a validade das cláusulas de liquidação de partes sociais pelo último balanço*, RLJ 86 (1954), 369-375 e 87 (1954/55), 3-5, 17-20, 33-35, 49-52, 65-68, 81-84, 207-211, 225-228, 241-243, 257-260, 273-277, 289-292 e 305-309.

[2398] *Da boa fé*, 887-888. Outra bibliografia pode ser vista em PINTO FURTADO, *Deliberações dos sócios* cit., 383, nota 372.

[2399] STJ 13-Abr.-1962 (JOSÉ OSÓRIO), BMJ 116 (1962), 512-516 (514).

[2400] STJ 22-Fev.-1972 (J. SANTOS CARVALHO JÚNIOR), BMJ 214 (1972), 142-145 (145).

[2401] STJ 21-Abr.-1972 (LUDOVICO DA COSTA), BMJ 216 (1972), 173-180 (176).

§ 61.° *A anulabilidade por votos abusivos* 795

STJ 7-Jul.-1977: aplica o esquema geral do abuso do direito às deliberações sociais, considerando-as anuláveis[2402].

A referência limitativa a um abuso especificamente "societário" foi introduzida na jurisprudência, ainda antes da reforma de 1986, através de escritos do Prof. FERRER CORREIA. Assim:

RPt 23-Jan.-1979: a propósito de uma alteração de estatutos em que, entre outros aspetos, fora invocado abuso do direito, diz: "O abuso do direito em matéria de deliberações sociais tem lugar quando a deliberação em vez de ser tomada no interesse social, o é no exclusivo interesse dos sócios que a aprovam ou de terceiros, atribuindo-lhes vantagens sociais em prejuízo da sociedade ou de outros sócios". Ora, *in concreto*, os autores não teriam invocado os pertinentes factos[2403];

REv 28-Jul.-1980: também a propósito de alterações estatutárias, o acórdão vem dizer: "E o abuso de direito parece poder discernir-se muito nitidamente quando os sócios da maioria procuram com o voto servir interesses extra-sociais, seus ou de terceiros, em prejuízo da sociedade ou em detrimento dos sócios minoritários"[2404].

A importância do fator universitário na transposição de elementos jurídico-científicos, com reflexos diretos na prática, é decisiva.

286. A interpretação da lei

I. Feito o posicionamento histórico, cumpre interpretar o instituto do artigo 58.°/1, *b*), a que chamaremos anulabilidade por votos abusivos. Podemos decompor o preceito nos seguintes elementos:

– o propósito de um dos sócios;

[2402] STJ 7-Jul.-1977 (RODRIGUES BASTOS), BMJ 269 (1977), 174-178 (176-177). Outra jurisprudência pode ser confrontada em JORGE COUTINHO DE ABREU, *Do abuso do direito / Ensaio de um critério em Direito civil e nas deliberações sociais* (1983), 187 ss..

[2403] RPt 23-Jan.-1979 (SENRA MALGUEIRO), CJ IV (1979) 1, 277-279. Vem referido, no texto do acórdão, um parecer de FERRER CORREIA, embora não a propósito deste ponto. Todavia, a ilação é provável, tanto mais que o parecer coincidiu com a preparação do "Projeto de Coimbra". De resto, essa orientação surgia já em FERRER CORREIA, *Lições de Direito comercial*, II – *Sociedades comerciais* cit., 364.

[2404] REv 28-Jul.-1980 (PEREIRA DE GOUVEIA), CJ V (1980) 4, 255-257 (256/I), retomando FERRER CORREIA.

796   *Deliberações sociais: evolução e regime*

– de conseguir através do exercício do direito de voto;
– vantagens especiais para si ou para terceiros;
– em prejuízo da sociedade ou de outros sócios.

Estes dois últimos elementos podem ser substituídos por uma única proposição:

– o propósito de, simplesmente, prejudicar a sociedade ou (os) outros sócios.

Surgindo um pressuposto negativo:

– a menos que se prove que as deliberações seriam tomadas mesmo sem os votos abusivos.

II. Historicamente, este preceito foi adotado para cobrir as hipóteses de invalidade engendradas por elementos exteriores à própria deliberação[2405]. De todo o modo, exigia-se uma adequação objetiva; tal adequação está presente no artigo 58.º/1, *b*), embora com menos clareza do que no texto dador. Tomando o preceito tal como está, ele atinge as deliberações que tenham, subjacentes, denominados "votos abusivos" os quais, objetiva e subjetivamente:

– acarretem vantagens especiais para o próprio, em detrimento da sociedade ou de terceiros; ou
– tenham natureza emulativa, visando prejudicar a sociedade ou outros sócios.

"Vantagens especiais" opõe-se a "gerais"; traduz, assim, as vantagens que assistam particularmente a um sócio ou a terceiros, e não a todos os sócios ou a uma generalidade de terceiros. Nos termos gerais, a "intenção" terá de se inferir da conduta exterior do sócio, ou o instituto ficará inviabilizado.

Ato emulativo, na tradição romana, é o que vise provocar danos gratuitos a outrem[2406].

[2405] Com indicações, HÜFFER, *Aktiengesetz*, 9.ª ed. cit., § 243, Nr. 1 (1253).
[2406] *Da boa fé*, 673 ss., com elementos.

§ 61.º A anulabilidade por votos abusivos

III. Como alinhar este instituto perante o abuso do direito? Logo à partida, devemos prevenir contra a presença, no Direito das sociedades comerciais, de noções arcaicas de abuso do direito. O abuso do direito ou exercício inadmissível de posições jurídicas equivale, simplesmente, a um exercício contrário à boa-fé[2407]. A boa-fé exprime, em cada situação, os valores fundamentais do ordenamento. Para tanto, usam-se princípios mediantes, com relevo para a tutela da confiança e a primazia da materialidade subjacente. Finalmente: tudo isto se caracteriza em grupos de casos típicos perfeitamente conhecidos e experimentados pela doutrina e pela jurisprudência: inalegabilidades formais, *venire contra factum proprium*, *suppressio*, *surrectio*, *tu quoque* e exercício em desequilíbrio. Qualquer autor pode pretender mudar esta terminologia. Não vemos, nisso, nenhuma vantagem: ela está sedimentada em milhares de escritos especializados e de decisões judiciais, particularmente na Alemanha e em Portugal. Fazê-lo, *ad nutum*, seria ligeireza de quem se julgue habilitado a opinar sem ler o que critica e sem aceder à lei e à jurisprudência.

IV. Isto dito: os votos abusivos, na vertente "vantagens especiais", traduzem uma atuação fora da permissão jurídica em jogo. Não se trata de abuso do direito mas, simplesmente, de falta de direito. Uma melhor interpretação dos atos em jogo permitirá determinar se o efeito pretendido está ou não coberto pela norma legitimadora. Os votos emulativos já serão abusivos: na versão "desequilíbrio no exercício".

Uma interpretação rigorosa do artigo 58.º/1, *b*), permitiria, assim, concluir que, salvo o aditamento emulativo, não está em causa um verdadeiro abuso do direito; apenas a necessidade de recordar que certos votos não podem prosseguir finalidades "extra-societárias". Poderá haver verdadeiras deliberações abusivas, por contrariedade à boa-fé; elas cairão, todavia, no artigo 58.º/1, *a*), do Código das Sociedades Comerciais. Como já foi referido: é essa a solução que nos vem da própria Alemanha.

287. A prática jurisprudencial

I. A prática portuguesa tem seguido outros rumos. Os "votos abusivos" foram adotados, como categoria, antes da introdução, pelo Código

---

[2407] *Tratado* I/4, 239 ss..

798 *Deliberações sociais: evolução e regime*

das Sociedades de 1986, da "prossecução inadmissível de vantagens especiais". Nessa altura, a aproximação ao abuso do direito visou torná-las mais verosímeis. Agora: ela corre o risco de ser redutora. Já se defendeu, entre nós, que o abuso, nas deliberações sociais é, *apenas*, o do artigo 58.°/1, *b*): com isso, o artigo 334.°, do Código Civil, não teria aplicação.

II. Não pode ser. O sistema jurídico tem uma harmonia interna que lhe vem dos romanos, que foi aperfeiçoada pelas codificações e que ocupa toda a Ciência do Direito dos nossos dias. Se não for assim: não há Ciência e o próprio princípio da igualdade entra em crise. A exigência de respeito pelo essencial do sistema, em cada caso, recorda que as normas não se aplicam isoladas: todo o Direito é, sempre, aplicável em conjunto. Por certo que há zonas mais "insensíveis" ao abuso, em nome da segurança. Mas a boa-fé tem instrumentos de sobra para introduzir essas particularidades nos seus modelos de decisão: problemas como o das inalegabilidades formais estão reduzidos, em termos dogmáticos, há quase um século.

Em caso algum o artigo 58.°/1, *b*), poderia afastar a aplicabilidade do artigo 334.° do Código Civil, na parte em que refere a boa-fé[2408].

III. Caminho inverso seria o de alargar o artigo 58.°/1, *b*), de modo a abarcar, no campo das deliberações sociais, *todo* o abuso do direito. Não vemos vantagens. Além disso, vai contra a história e a letra do preceito. Mas sempre seria via preferível à de pretender excluir o abuso, do campo deliberativo.

Tudo visto: propomos a aplicação do artigo 58.°/1, *b*), às situações nele previstas; além disso, as deliberações que incorram, nos termos gerais, em abuso do direito, serão anuláveis, por via da alínea *a*) do mesmo preceito.

IV. Um apanhado de jurisprudência mostra que o instituto dos "votos abusivos" tem sido utilizado dentro dos quadros do artigo 58.°/1, *b*). De

---

[2408] Não podemos subscrever a ideia de que o artigo 334.°, por ser anterior ao Código das Sociedades Comerciais, cederia perante este. A matéria da boa-fé é intrinsecamente científica. Quando se apela àquele preceito, procede-se apenas por comodidade; o que está em causa é um conjunto dogmático dependente da doutrina e que foi (de resto) desenvolvido entre nós bem depois do Código Civil.

§ 61.º A anulabilidade por votos abusivos

resto: na linha do que já sucedia antes, mesmo, da aprovação do Código de 1986. Assim:

REv 27-Out.-1988: não há fundamento para a anulação *ex* 58.º/1, *b*), se não se alegar o propósito do gerente de prejudicar a sociedade e os sócios[2409];

REv 27-Abr.-1989: apresenta o abuso do direito, nas deliberações sociais, como o resultante do preceito em causa[2410];

STJ 7-Jan.-1993: o artigo 58.º/1, *b*), representa o acolhimento, para uma área muito restrita, da conceção subjetiva do abuso do direito[2411];

STJ 16-Abr.-1996: retoma o teor da REv 27-Abr.-1989, acima citado[2412];

RPt 24-Nov.-1997: pode haver abuso do direito se o sócio-gerente, ao votar sobre a sua própria remuneração se orientar não pelo interesse social, mas pelo seu próprio, procurando vantagens especiais; para ser abusiva, a deliberação tem de envolver, no seu contexto, as proporções de um excesso manifesto, de uma flagrante marcada iniquidade[2413];

RPt 13-Abr.-1999: é abusivo o voto tomado com claríssimo conflito de interesses com a sociedade[2414];

STJ 27-Jun.-2002: a deliberação que sobreponha os interesses da sócia maioritária aos da sociedade é abusiva[2415].

Como se vê, há uma paulatina colonização dos "votos abusivos" pelo abuso do direito[2416]. Além disso, surge a referência a um "interesse da sociedade"[2417], como forma de auxiliar na ponderação dos valores em presença: método típico do abuso do direito, na vertente do exercício em (des)equilíbrio. Também nos parece claro que o elemento subjetivo tem vindo a, discretamente, passar ao segundo plano.

[2409] REv 27-Out.-1988 (SAMPAIO DA SILVA), CJ XIII (1988) 4, 265-268 (267/II).

[2410] REv 27-Abr.-1989 (ARAÚJO DOS ANJOS), CJ XIV (1989) 2, 284-285 (284/I).

[2411] STJ 7-Jan.-1993 (RAÚL MATEUS), BMJ 423 (1993), 539-553 (551) = CJ/Supremo I (1993) 1, 5-10 (9/II).

[2412] STJ 16-Abr.-1996 (PAIS DE SOUSA), CJ/Supremo IV (1996) 2, 23-25 (25/I).

[2413] RPt 24-Nov.-1997 (AZEVEDO RAMOS), CJ XXII (1997) 5, 202-206 (205/II).

[2414] RPt 13-Abr.-1999 (AFONSO CORREIA), CJ XXIV (1999) 2, 196-202 (202/II).

[2415] STJ 27-Jun.-2002 (OLIVEIRA BARROS), CJ/Supremo X (2002) 2, 138-145 (145/I), num acórdão de excelente nível doutrinário.

[2416] Por último, neste momento: STJ 11-Jan.-2011 (SEBASTIÃO PÓVOAS), Proc. 801/06: um excelente aresto.

[2417] A entender como "interesse" comum dos sócios, *em modo coletivo*, nos termos gerais.

800   *Deliberações sociais: evolução e regime*

V. Os votos abusivos não provocam, apenas, a anulabilidade das deliberações que propiciem. Eles obrigam, ainda, a indemnizar a sociedade e os outros sócios, pelos prejuízos que causem. O artigo 58.º/3 prescreve, nessa altura, a solidariedade entre os votantes em abuso.

288. A anulabilidade

I. O artigo 58.º/1, *c*), considera anuláveis as deliberações que não tenham sido precedidas do fornecimento, ao sócio, de elementos mínimos de informação. O artigo 58.º/4, procurando prevenir dúvidas, explicita os "elementos mínimos de informação". São eles:

– as menções do artigo 377.º/8; este preceito tem a ver com o aviso convocatório de assembleias em sociedades anónimas, sendo aplicável às sociedades por quotas, nos termos do artigo 248.º/1;
– a colocação de documentos para exame dos sócios no local e durante o tempo prescritos pela lei ou pelo contrato.

Em rigor, a violação das regras sobre informação prévia tem a ver com a inobservância das normas de processo, caindo no artigo 58.º/1, *a*), do Código das Sociedades Comerciais. Como tal é, de resto, considerada na doutrina alemã[2418].

II. Tem interesse verificar o modo porque a falta ilícita de informação vem sendo manuseada na jurisprudência, no tocante à invalidação, por anulabilidade, das deliberações. Assim:

RLx 2-Dez.-1992: haverá anulabilidade se o relatório de gestão e os documentos de prestação de contas não se encontrarem patentes aos sócios da sociedade por quotas na sede, durante as horas de expediente, a partir do dia da convocação da assembleia destinada a apreciá-los e se cada sócio não foi avisado desse facto na própria convocatória[2419];
RLx 22-Mar.-1994: adota uma orientação semelhante[2420];

[2418] Karsten Schmidt, *Gesellschaftsrecht*, 4.ª ed. cit., 858, com jurisprudência.
[2419] RLx 2-Dez.-1992 (Joaquim Dias), CJ XVII (1992) 5, 129-131 (130/II).
[2420] RLx 22-Mar.-1994 (Azadinho Loureiro), CJ XIX (1994) 2, 91-94 (92/II).

§ 61.° A anulabilidade por votos abusivos

STJ 26-Abr.-1995: *idem*[2421];

STJ 16-Mai.-1995: é anulável a deliberação destitutiva de gerente quando essa eventualidade não conste da convocatória[2422];

RLx 13-Mai.-1997: é anulável a deliberação que aprove o relatório de gestão da sociedade que não contenha todas as informações e a declaração de conformidade, exigidas pelos artigos 65.° e 66.°[2423];

STJ 17-Fev.-1998: não tendo havido disponibilidade informativa, as deliberações acordadas em assembleia geral poderão ser anuladas[2424].

Incluímos, neste elenco, situações de inobservância do direito à informação que não se enquadrem, precisamente, no artigo 58.°/1, *c*) e 58.°/4. Em rigor, elas cairiam na alínea *a*) do n.° 1 desse preceito. Todavia, parece razoável proceder a uma unificação sistemática da matéria. A própria jurisprudência enceta passos, nesse sentido.

[2421] STJ 26-Abr.-1995 (RAÚL MATEUS), CJ/Supremo III (1995) 2, 49-55 (51): um acórdão importante e que reencontramos a propósito de outros temas.

[2422] STJ 16-Mai.-1995 (OLIVEIRA BRANQUINHO), CJ/Supremo III (1995) 2, 85-87 (87/I).

[2423] RLx 13-Mai.-1997 (BETTENCOURT FARIA), CJ XXII (1997) 3, 82-85 (84-85).

[2424] STJ 17-Fev.-1998 (CARDONA FERREIRA), C/Supremo VI (1998) 1, 88-90 (90/I): não foi o que sucedeu, *in casu*, segundo o Supremo.

§ 62.º A AÇÃO DE ANULAÇÃO

289. Generalidades; a legitimidade

I. Tendo fixado, em termos substantivos, as circunstâncias suscetíveis de conduzir à invalidade das deliberações sociais, o Código das Sociedades veio regular alguns aspetos da ação de anulação: artigo 59.º.

> Também este preceito tem origem alemã: desta feita os §§ 245 e 246 do *Aktiengesetz* de 1965[2425]. A matéria passou ao *Projeto de Coimbra*, sobre sociedades por quotas, onde foi fundida num único preceito: o artigo 116.º[2426]. Daí para o projeto e para o texto final houve transposições com alterações de última hora, nem sempre felizes[2427]. Iremos encontrar a matéria à medida que a exposição se for desenvolvendo.

II. A legitimidade para a ação de anulação é conferida – 59.º/1:

– ao órgão de fiscalização;
– a qualquer sócio que não tenha votado no sentido do vencimento nem, posteriormente, tenha aprovado a deliberação, expressa ou tacitamente.

A intervenção do órgão de fiscalização em questões de mera anulabilidade obrigaria a repensar dogmaticamente este instituto: já não se trataria da concessão, ao sócio, de um direito potestativo de impugnar a deliberação, mas antes de algo mais profundo. O preceito deve ser entendido

---

[2425] Quanto aos preceitos em causa, HÜFFER, *Aktiengesetz*, 9.ª ed. cit., 1279 ss. e 1292 ss., com indicações.

[2426] FERRER CORREIA/VASCO LOBO XAVIER/MARIA ÂNGELA COELHO/ANTÓNIO CAEIRO, *Sociedades por quotas* cit., 142-143.

[2427] JORGE PINTO FURTADO, *Deliberações dos sócios* cit., 422 ss..

§ 62.º A ação de anulação

em termos restritivos: se todos os sócios aprovarem uma deliberação anulável ou se o sócio prejudicado vier confirmá-la, como explicar uma impugnação deduzida pelo órgão de fiscalização[2428]? A atuação do órgão de fiscalização, que não estava prevista no projeto de Coimbra[2429], só se admite, mesmo perante a (deficiente) lei em vigor quando a deliberação não tenha sido integralmente adotada ou confirmada. Para além disso: há erro legislativo. Dogmaticamente, a anulabilidade fica na disponibilidade dos sócios, não se entendendo a concessão, aos fiscalizadores, de poderes funcionais nesse domínio.

III. A intervenção de qualquer sócio, desde que não tenha votado no sentido que fez vencimento nem, posteriormente, tenha aprovado a deliberação, expressa ou tacitamente, surge de modo a prevenir o *venire contra factum proprium*[2430]. O artigo 59.º/6 ocupa-se, a tal propósito, do voto secreto. Sendo esse o caso, considera-se que não votaram no sentido que fez vencimento *apenas* aqueles sócios que, na própria assembleia ou perante notário, nos cinco dias seguintes à assembleia, tenham feito consignar que votaram contra a deliberação tomada. Quer isso dizer que, havendo voto secreto, a deliberação tornar-se-á inimpugnável, se não tiver sido, por algum sócio, seguido o apontado procedimento.

Alguns problemas têm sido resolvidos pelos tribunais. Assim:

– o sócio ofendido só tem legitimidade para questionar certa deliberação na parte em que esta lhe não atribua os lucros que lhe caberiam: não toda a deliberação[2431];
– em compensação, não pode o sócio atacar isoladamente certos elementos da deliberação para obter, por via indireta, quer a sua anulação, quer a sua modificação, quer a criação de uma deliberação nova: tem de a impugnar diretamente e em globo[2432];

[2428] Não falta, aliás, quem proponha a aplicação analógica do artigo 57.º/4, de tal modo que, na falta do órgão de fiscalização, qualquer gerente teria legitimidade para pedir a anulação.

[2429] Embora tenha paralelo na lei alemã, o que se explica pela estrutura dualista das sociedades anónimas; não assim nas restantes.

[2430] FERRER CORREIA/VASCO LOBO XAVIER/MARIA ÂNGELA COELHO/ANTÓNIO CAEIRO, *Sociedades por quotas* cit., 142.

[2431] RLx 5-Jan.-1982 (FLAMINO MARTINS), CJ VII (1982) 2, 149-151 (151/I).

[2432] RPt 19-Fev.-1987 (ARAGÃO SEIA), CJ XII (1987) 1, 237-238 (238).

804   *Deliberações sociais: evolução e regime*

– ao votar a nomeação de um sócio para dar execução à deliberação de aumento de capital de uma sociedade, intervindo na competente escritura, o sócio votante aprovou, expressamente, aquela deliberação, não mais a podendo impugnar[2433].

290. O prazo

I. O prazo para intentar a ação de anulação é de 30 dias contados – 59.°/2:

– da data em que foi encerrada a assembleia geral;
– do 3.° dia subsequente à data do envio da ata da deliberação por voto escrito;
– da data em que o sócio tenha tido conhecimento da deliberação, se esta incidir sobre assunto que não constava da convocatória.

A assembleia geral pode sofrer interrupções, desdobrando-se em várias sessões. Durante a interrupção mais de quinze dias, permite o artigo 59.°/3 que a ação de anulação de deliberação anterior à interrupção seja proposta nos 30 dias seguintes àquele em que ela tinha sido tomada. Trata-se, porém, de uma possibilidade que fica na mão do interessado. Este pode escolher deixar seguir a assembleia até ao fim, antes de intentar a ação: poderá, assim, colher novos elementos e fundamentar, com mais eficácia, a sua pretensão.

II. Na contagem dos prazos, há que ter o maior cuidado, evitando proposituras de última hora. Eis algumas precisões jurisprudenciais:

– o prazo de trinta dias tem natureza substantiva, aplicando-se-lhe, segundo o artigo 298.°/2 do Código Civil, o regime de caducidade[2434];
– havendo irregularidades na convocatória, por aplicação analógica do artigo 59.°/2, *c*), o prazo conta-se a partir do momento em que o sócio teve conhecimento da deliberação[2435];

[2433] RPt 9-Jan.-1990 (Tato Marinho), CJ XV (1990) 1, 220-222 (222/I).

[2434] RPt 10-Dez.-1992 (Araújo Carneiro), BMJ 422 (1993), 434-435 (434): o sumário.

[2435] STJ 18-Nov.-1997 (Almeida e Silva), BMJ 471 (1997), 416-423 (423) e STJ 25-Mai.-1999 (Afonso de Melo), CJ/Supremo VII (1999) 2, 118-120 (119/II).

§ 62.º *A ação de anulação* 805

– a prova de já ter decorrido o prazo dos 30 dias incumbe à sociedade ré[2436];
– o direito de pedir a suspensão da deliberação não se confunde com o de pedir a sua anulação: as caducidades respetivas são diferentes[2437].

Consequência importante da natureza do prazo de 30 dias é o facto de ele só ser impedido pela prática tempestiva do ato em jogo, isto é: pela interposição da ação de anulação. Assim, a simples interposição de um procedimento cautelar de suspensão de deliberação social não impede o decurso de prazo do artigo 59.º/2[2438]. E se tal decurso se consumar, o próprio procedimento cautelar irá naufragar por inutilidade superveniente da lide[2439].

III. Em princípio, o processo serve o Direito substantivo, dando-lhe meios de legitimação e de efetivação. Devemos todavia ter presente que, muitas vezes, os modernos sistemas jurídicos vêm moldando os seus institutos através de sucessivas camadas regulativas, algumas das quais de natureza processual. Tudo conflui na decisão final.

Não é demasiado enfatizar o prazo de 30 dias e os valores substantivos que serve: pretende-se, quanto antes, pôr cobro à pendência de dúvidas, no tocante às deliberações societárias. Justamente por isso se procedeu ao alargamento da figura da anulabilidade.

[2436] RCb 29-Set.-1998 (Tomás Barateiro), CJ XXIII (1998) 4, 25-28 (27/II).

[2437] STJ 23-Abr.-2002 (Lopes Pinto), Proc. 02A1053.

[2438] STJ 29-Mar.-2000 (Lopes Pinto), BMJ 495 (2000), 334-336 (335/II e 336/I): um aresto muito bem fundamentado.

[2439] STJ 11-Mar.-1999 (Fernandes Magalhães), BMJ 485 (1999), 352-355 (354/II e 355): também com excelente fundamentação.

SECÇÃO V
DISPOSIÇÕES COMUNS À NULIDADE E À ANULABILIDADE

§ 63.º DIREITO À AÇÃO E LEGITIMIDADE

291. Generalidades; legitimidade

I. O artigo 60.º contém regras epigrafadas "disposições comuns às ações de nulidade e de anulação"[2440]. Em rigor, também o artigo 61.º (Eficácia do caso julgado) mereceria o mesmo epíteto, enquanto o artigo 62.º tem também regras comuns a essas duas invalidades. Donde a verificação desses preceitos na presente rubrica. Recorde-se que este tipo de ações decorre perante os tribunais de comércio: artigo 89.º/1, *d*), da Lei n.º 3/99, de 13 de Janeiro[2441].

II. O artigo 60.º/1 determina que tanto a ação de nulidade como a de anulação sejam propostas contra a sociedade. Trata-se de um preceito que decorre do artigo 117.º do Projeto de Coimbra[2442], sedimentando a prática anterior. Quer isso dizer que qualquer sociedade corre o risco, só por o ser, de ser demandada em ações relativas às deliberações tomadas pelos seus sócios.

[2440] Neste momento, como referência: ROBERT WEBER, *Hauptversammlungsbeschlüsse vor Gericht* (2010), XLI + 439 pp..

[2441] Mas para pedir a anulação de deliberações da assembleia geral da Liga Portuguesa de Futebol, já haverá que recorrer ao tribunal comum: STJ 16-Jun.-2005 (NEVES RIBEIRO), Proc. 05B1658.

[2442] FERRER CORREIA/VASCO LOBO XAVIER/MARIA ÂNGELA COELHO/ANTÓNIO CAEIRO, *Sociedades por quotas* cit., 143-144.

§ 63.º Direito à ação e legitimidade 807

Pergunta-se se as ações de ineficácia ou de inexistência de deliberações sociais também são intentadas contra a sociedade[2443]. A resposta é positiva, por interpretação extensiva ou por aplicação analógica do preceito em causa, mas isso – naturalmente – na medida em que faça sentido admitir tais ações. A ineficácia paralisa a deliberação: não tem de ser declarada. Se houver interesse em fazê-lo, a ação será meramente declarativa. Quanto à inexistência: não deve ser considerada um vício autónomo[2444]. Assim, perante a "ausência" de certa deliberação, só faria sentido uma ação de simples apreciação negativa. Fatalmente: contra a própria sociedade.

III. Em qualquer dos casos impugnam-se deliberações e não (simples) votações. O voto, só por si, não representa uma posição da sociedade. Além disso, não tem relevância (societária) quando desinserido da deliberação que origine. O "vício" do voto comunica-se à deliberação, quando se enquadre nas previsões de nulidade ou de anulabilidade. A *prova de resistência* consiste em verificar se determinado voto tem relevância para a deliberação concreta. Não a tendo, tornam-se indiferentes, para o tema em estudo, quaisquer vícios que o possam afetar.

292. Apensação e iniciativa do órgão de fiscalização

I. Pode acontecer que, perante uma deliberação social, especialmente se controversa, surjam diversas ações de invalidade. Por razões de racionalização processual óbvias e visando prevenir soluções judiciais díspares, o artigo 60.º/2 determina a sua apensação[2445].

II. As ações podem ser propostas pelo órgão de fiscalização ou, na sua falta, por qualquer gerente[2446] – 57.º/2. Explicam os tribunais que, neste âmbito, o conselho fiscal tem personalidade judiciária para intentar

---

[2443] JORGE PINTO FURTADO, *Deliberações dos sócios* cit., 458 ss..
[2444] *Tratado* I/1, 3.ª ed. cit., 864 ss..
[2445] O preceito em causa determina a observância do artigo 275.º/2, do Código de Processo Civil, que principia: "os processos são apensados ao que tiver sido instaurado em primeiro lugar, salvo se os pedidos forem diferentes uns dos outros ...".
[2446] Recorde-se o artigo 57.º/2.

ações: não para pedir a confirmação da sua validade[2447]. Tais ações podem dar lugar a encargos. Tais encargos são suportados pela sociedade, mesmo que as ações sejam julgadas improcedentes – 60.º/3[2448]. Por aplicação dos princípios gerais, assim não deverá ser quando haja condenação por litigância de má-fé ou quando se verifique abuso do direito de ação.

293. Ações abusivas

I. As ações de anulação ou de declaração de nulidade de uma deliberação social podem ser abusivas. Assim sucederá, nos termos gerais quando, por defrontar a confiança ou a materialidade subjacente, elas se apresentem contrárias à boa-fé. A jurisprudência tem sancionado ocorrências desse tipo. Assim:

> *RPt 21-Dez.-1993*: foi omitida, indevidamente, a exibição de determinados documentos, antes da assembleia geral; todavia, verificou-se que o sócio impugnante exercera plenamente o seu direito à informação: a sua pretensão é abusiva[2449]: contraria a materialidade subjacente;
> *STJ 10-Mar.-1994*: visando certa deliberação aprovar contribuições dos sócios, não como sócios mas como terceiros, de tal modo que só ficam a ela vinculados os que aceitaram, é abusivo o pedido da sua anulação[2450]: de novo se contraria a materialidade subjacente.

Esta dimensão é importante. As sociedades tornam-se facilmente vítimas de *raiders* que impugnam, sem fundamento, as mais diversas deliberações sociais.

II. Além das situações de abuso, podemos ainda computar as hipóteses de condenação do seu autor como litigante de má-fé e de ele incorrer em responsabilidade civil por *culpa in petendo*. Ambas as eventualidades devem ser reconduzidas aos princípios gerais que norteiam esses institutos[2451].

[2447] STJ 19-Jan.-2004 (SILVA SALAZAR), Proc. 03A4073: um caso relativo a uma cooperativa, mas enunciando uma regra aplicável às sociedades anónimas.

[2448] *Vide* uma aplicação desta regra em RPt 13-Jan.-2000 (LEONEL SERÔDIO), BMJ 493 (2000), 421/II.

[2449] RPt 21-Dez.-1993 (EMÉRICO SOARES), CJ XVIII (1993) 5, 246-250 (247/II).

[2450] STJ 10-Mar.-1994 (FERREIRA DA SILVA), CJ/Supremo II (1994) 1, 148-151 (151/II).

[2451] *Vide* o nosso *Litigância de má-fé, abuso do direito de acção e culpa "in agendo"* 2.ª ed. (2011).

§ 64.º EFICÁCIA DO CASO JULGADO

294. Generalidades; eficácia interna

I. O artigo 61.º fixa a eficácia do caso julgado que se forme em ação de declaração de nulidade ou de anulação de deliberação social. O n.º 1 reporta-se à eficácia interna; o n.º 2, à externa. Antes de examinar ambos os aspetos, cumpre ponderar a natureza da jurisdição aqui em jogo.

II. Pergunta-se se o juiz tem jurisdição de mérito ou apenas, de legalidade[2452]: no primeiro caso, ele apreciaria a oportunidade e a valia de determinada deliberação; no segundo, estarão em jogo, apenas, juízos de legalidade. À partida, a jurisdição será, aqui, de mera legalidade. Desde logo porque o juiz apenas pode invalidar deliberações; não as pode substituir por outras, mais "oportunas". De seguida porque não lhe são pedidos juízos técnicos, no plano da gestão: apenas uma verificação de conformidade com as regras aplicáveis.

Todavia, o juiz poderá ter de concretizar conceitos indeterminados. Assim sucederá em três eventualidades exemplificativas:

– na de a própria ação de invalidação ser abusiva;
– na de se jogar a violação da boa-fé[2453];
– na de estarem em causa votos abusivos[2454].

Nesses planos, a deliberação que traduza uma saída impossível ou, pelo contrário, um erro grosseiro, não poderá deixar de ser alvo da sindi-

---

[2452] JORGE PINTO FURTADO, *Deliberações dos sócios* cit., 456 ss..
[2453] No sentido acima dado de, por esta via, se chegar ao artigo 68.º/1, *a*).
[2454] Artigo 68.º/1, *b*).

cância material do juiz. Em suma: temos um contencioso de legalidade, mas no qual o mérito pode fazer a sua aparição.

III. Passemos à eficácia interna do caso julgado. Segundo o artigo 61.º/1,

> A sentença que declarar nula ou anular uma deliberação é eficaz contra e a favor de todos os sócios e órgãos da sociedade, mesmo que não tenham sido parte ou não tenham intervindo na ação.

O preceito é claro. Duas delimitações: o caso julgado assim formado não opera quando a causa de invalidação seja diversa; todavia, isso funciona para causas de pedir diferentes e não para fundamentações distintas, uma vez que estas não são cobertas pelo caso julgado[2455].

295. A eficácia externa

I. As sociedades constituem pessoas coletivas autónomas. Opõem-se, só por si, *erga omnes*. As suas deliberações – e as ações que se lhe reportem – tendem, também, a contundir com terceiros. Donde a necessidade de, aos casos julgados que se formem nesse âmbito, atribuir eficácia perante terceiros ou eficácia externa.

II. Segundo o n.º 2 do mesmo preceito,

> A declaração de nulidade ou a anulação não prejudica os direitos adquiridos de boa-fé por terceiros, com fundamento em atos praticados em execução da deliberação; o conhecimento da nulidade ou da anulabilidade exclui a boa-fé.

O preceito visa tutelar a confiança de terceiros[2456]. As ações de declaração de nulidade ou de anulação de deliberações sociais estão sujeitas a registo comercial – artigo 9.º, *e*), do CRCom: um elemento impor-

---

[2455] RCb 31-Jan.-1989 (ANTÓNIO MARINHO DE ANDRADE PIRES DE LIMA), CJ XIV (1989) 1, 54-57 (55/II).

[2456] STJ 9-Fev.-1999 (MACHADO SOARES), Proc. 98A1192/ITIJ, visitado em 21-Ago.-2006.

§ 64.º *Eficácia do caso julgado* 811

tante para o seu conhecimento. De todo o modo, compreende-se ser inexigível, a qualquer particular que contrate com uma sociedade, o ir indagar, junto do registo comercial, se não estará pendente alguma ação de invalidação de uma deliberação em cujo prolongamento surja o negócio que lhe interesse. O registo da ação não impede, pois, a boa-fé de terceiros.

II. Pergunta-se se a boa-fé aqui referida é psicológica ou ética. No primeiro caso, aproveita a mera ignorância; no segundo, apenas a ignorância desculpável, isto é: a ignorância que não derive da inobservância de deveres de cuidado aplicáveis *in casu*. Por força de vetores gerais do ordenamento, aqui presentes, a boa-fé terá de o ser na sua dimensão ética[2457]. De todo o modo, não há, em princípio e no que tanja a terceiros estranhos, quaisquer especiais deveres de indagação.

[2457] *Tratado* I/1, 3.ª ed. cit., 404 ss..

§ 65.º A RENOVAÇÃO DE DELIBERAÇÕES

296. Generalidades; a deliberação nula

I. O Direito das sociedades revela uma acentuada preocupação com as perturbações que a pendência de ações de invalidação de deliberações sempre representa para os entes coletivos. A essa luz, compreende-se o papel proeminente dado à anulabilidade e o estabelecimento de um prazo curto para a sua propositura: 30 dias. Todavia: uma vez intentada, a ação de invalidação poderá pender durante anos, com tudo o que isso representa de incerteza e de publicidade negativa para a sociedade e os seus sócios.

II. O problema tem uma saída através da renovação da deliberação inválida, renovação essa que poderá operar *ad cautelam*: afirmada a presença de certo vício e independentemente de se aceitar tal asserção, poder-se-ia retomar a deliberação sem o ponto questionado. O interesse prático da figura é, assim, muito grande, o que é atestado por numerosa jurisprudência ilustrativa.

No domínio do Direito anterior ao Código das Sociedades Comerciais de 1986, era duvidosa a possibilidade de renovação das deliberações inválidas[2458]. O artigo 62.º pretendeu resolver esse problema, num sentido afirmativo[2459].

III. A primeira previsão do artigo 62.º é a de uma deliberação nula por força do artigo 56.º/1, *a*) ou *b*), isto é: inquinada por vício de procedi-

---

[2458] A discussão do problema pode ser seguida em PINTO FURTADO, *Deliberações dos sócios* cit., 571 ss..

[2459] JORGE PINTO FURTADO, *Deliberações dos sócios* cit., 592 ss. e MANUEL CARNEIRO DA FRADA, *Renovação de deliberações sociais/O artigo 62.º do Cód. das Sociedades Comerciais*, BFD LXI (1985, mas posterior a 1986), 285-336.

§ 65.º A renovação de deliberações

mento (grave). Compreende-se que possa ser tomada uma segunda deliberação com o mesmo conteúdo, mas que corrija o óbice antes verificado. A essa deliberação pode a assembleia atribuir eficácia retroativa, ressalvados os direitos de terceiros. Fica claro, logo aqui, que não se trata de uma convalidação ou de uma sanação da primeira deliberação: antes ocorre uma segunda e própria deliberação, que visa produzir os mesmos efeitos jurídicos da anterior, mas agora sem a pendência da invalidação[2460].

A contrario sensu, não é possível renovar deliberações nulas por força do artigo 56.º/1, *c*) e *d*): desta feita, o vício é substantivo; a "nova" deliberação, para ser válida, teria forçosamente de ser diferente da anterior.

297. A deliberação anulável

I. No artigo 60.º/2, o Código prevê:

A anulabilidade cessa quando os sócios renovem a deliberação anulável mediante outra deliberação, desde que esta não enferme do vício da precedente.

Desta feita, não se distinguem vícios formais e vícios substantivos. No entanto, há uma lógica subjacente irrecusável: uma verdadeira "renovação" postula que a segunda deliberação tenha um conteúdo idêntico ao da primeira, sob pena de lidarmos com algo de distinto, que se suceda no tempo. Ora um conteúdo idêntico e sem vícios só será compaginável com problemas de ordem formal. Todavia, a indistinção da lei pode ser proveitosa: pode haver vícios substanciais que, em nova deliberação, não mais possam ser invocados; basta, para tanto, a aprovação unânime dos sócios. Também aqui se pode atribuir eficácia retroativa, como se extrai da 2.ª parte do artigo 62.º/2. Essa 2.ª parte permite ao sócio, que nisso tenha um interesse atendível, obter a anulação da primeira deliberação, relativamente ao período anterior ao da deliberação "renovatória". A retroatividade já não será aplicável quando estejam em causa institutos de Direito civil, como, por exemplo, uma assembleia de condóminos[2461].

[2460] RPt 2-Fev.-1998 (AZEVEDO RAMOS), CJ XXIII (1998) 1, 201-203 (203/I).

[2461] STJ 14-Dez.-1994 (JOSÉ MARTINS DA COSTA), BMJ 442 (1994), 144-149 (149).

814   *Deliberações sociais: evolução e regime*

II. O artigo 62.°/3 permite que a sociedade, ré numa ação de impugnação[2462], requeira ao tribunal um prazo para renovar a deliberação. O prazo a requerer deve ser razoável[2463]. Todavia, o tribunal só o concederá quando a deliberação em jogo for "renovável". Encontramos, aqui, um novo elemento de *favor societatis*.

III. Os problemas relacionados com o tema da renovação de deliberações podem ser clarificados com alguma casuística pertinente. Assim:

- não é logicamente possível a renovação de uma deliberação inexistente[2464];
- pode ser renovada a deliberação que, apenas verbalmente, tivesse fixado a remuneração de um gerente[2465];
- admite-se que uma deliberação seja, em simultâneo, renovatória e interpretativa de uma deliberação anterior[2466];
- a renovação de deliberações materialmente inválidas – para o caso: uma amortização de quota – não é possível[2467];
- é possível uma renovação de segundo grau, isto é, a adoção de uma deliberação renovadora de outra deliberação que, por seu turno, já tenha renovado uma anterior[2468]; assim não será se a primeira "renovação" for nula ou ineficaz por ter prejudicado terceiros: a segunda renovação já não é possível[2469];
- perante a deliberação renovadora, é possível invocar novos e distintos vícios, mas em nova ação[2470];

[2462] "Impugnação" deveria, em princípio, reportar-se apenas à anulabilidade ("impugnabilidade"); todavia, os elementos sistemático e lógico da interpretação levam-nos a abranger aqui, também a nulidade.

[2463] STJ 23-Mar.-1999 (GARCIA MARQUES), BMJ 485 (1999), 453-460 (459) = CJ/Supremo VII (1999) 2, 31-34 (34).

[2464] RPt 21-Dez.-1993 (EMÉRICO SOARES), CJ XVIII (1993) 5, 246-250 (248/I) e, de certo modo, RPt 8-Jun.-2000 (CUSTÓDIO MONTES), CJ XXV (2000) 3, 206-211 (209/II).

[2465] RCb 7-Abr.-1994 (FRANCISCO LOURENÇO), CJ XIX (1994) 2, 24-27 (27/II).

[2466] STJ 4-Dez.-1996 (MARTINS DA COSTA), CJ/Supremo IV (1996) 3, 34-36 (36/I) = BMJ 462 (1997), 441-447 (445).

[2467] STJ 6-Mai.-1997 (PAIS DE SOUSA), CJ/Supremo V (1997) 2, 77-79 (78).

[2468] RPt 2-Fev.-1998 (AZEVEDO RAMOS), CJ XXIII (1998) 1, 201-203 (202/II).

[2469] RCb 17-Fev.-1998 (BORDALO LEMA), CJ XXIII (1998) 1, 36-38 (38/I).

[2470] RPt 2-Fev.-1998 cit., CJ XXIII, 1, 203/I.

§ 65.º A renovação de deliberações 815

– é possível uma deliberação renovatória que reproduza o conteúdo de uma outra, declarada nula com trânsito em julgado, mas agora sem o vício[2471];
– a renovação de uma deliberação que excluíra um sócio exige a regular convocação deste[2472];
– a renovação consolida a deliberação anterior desde que ela não enferme dos vícios desta[2473];
– não há propriamente prazo para a renovação[2474].

[2471] RPt 8-Jul.-1999 (SALEIRO DE ABREU), CJ XXIV (1999) 4, 194-198 (197/I).
[2472] RPt 11-Mai.-2000 (MÁRIO FERNANDES), Proc. 0030316.
[2473] RLx 8-Mar.-2001 (MARIA MANUELA GOMES), Proc. 0078246.
[2474] RCb 21-Set.-2004 (TOMÁS BARATEIRO), Proc. 1466/04.

SECÇÃO VI
A SUSPENSÃO JUDICIAL DE DELIBERAÇÕES

§ 66.º A DEFESA CAUTELAR EM GERAL

298. Evolução até ao Código de Processo Civil de 1939

I. A suspensão de deliberações sociais constitui um tema de acentuada importância prática, no limite do Direito das sociedades comerciais e do Direito processual civil.

Para o abordar, teremos de adiantar algumas generalidades sobre procedimentos cautelares.

II. A possibilidade de, para defesa de direitos e de outras posições jurídicas, requerer ao Tribunal medidas cautelares ou conservatórias vinha, já, do antigo Direito romano.

Com efeito, a ação judicial, mormente quando assuma dimensões solenes, tende a ser demorada. Nessa eventualidade, o demandado poderia sempre:

– ou sonegar ou destruir os bens em litígio, frustrando, na prática, qualquer decisão favorável que o demandante viesse a obter;
– ou aproveitar as delongas da ação para desfrutar de bens que, com probabilidade, lhe não assistiriam;
– ou, finalmente, provocar danos de reparação impossível ou difícil.

Por tudo isto abre-se, ao interessado, a possibilidade de solicitar, ao Tribunal, medidas provisórias de tutela.

O Direito antigo era dominado por um formalismo acentuado e por uma tipicidade marcada: as medidas provisórias só eram possíveis em casos especialmente previstos na lei.

§ 66.º A defesa cautelar em geral   817

Nessa linha, o Código de SEABRA, de 1867, previa, no artigo 611.º, o embargo de exemplares de uma obra produzida fraudulentamente, enquanto, no artigo 637.º, se reportava ao arresto de objetos contrafeitos[2475].

Os artigos 363.º e 364.º do Código de Processo Civil de 1876, previam, também, procedimentos específicos[2476]. Deste modo:

Artigo 363.º

O embargo ou arresto tem logar nos casos de reproducção fraudulenta de qualquer obra ou de contrafacção, nos termos dos artigos 611.º e 637.º do codigo civil.

Artigo 364.º

Póde tambem o crédor requerer embargo ou arresto em bens sufficientes para segurança de divida, provando:

1.º A certeza da divida;
2.º O justo receio de insolvencia, ou de occultação, ou de dissipação de bens.

Como se vê, as medidas acautelatórias eram escassas e muito delimitadas. Elas incluíam-se num título III intitulado *Dos actos preventivos e preparatórios para algumas causas*, que versava, sucessivamente, a conciliação – 357.º a 362.º – o embargo ou arresto – 363.º a 379.º – o embargo de obra nova – 380.º a 385.º – as denúncias e tomadias – 386.º a 388.º – os depósitos e protestos – 389.º e 390.º – e os alimentos provisórios – 391.º a 393.º. A matéria, além de delimitada, era heterogénea.

O Código de Processo Civil de 1939, pela mão de JOSÉ ALBERTO DOS REIS, procurou ordenar a matéria em obediência a critérios jurídico-científicos mais apurados. Assim, após os incidentes da instância, aparece um capítulo IV – *Dos processos preventivos e conservatórios*. Aí, além de figuras anteriormente já reguladas, entre as quais a suspensão de deliberações sociais, abaixo examinada, surgem como novidade as providências cautelares – artigo 405.º[2477]. Dispunha este preceito, na versão original do Código de 1939:

[2475] JOSÉ DIAS FERREIRA, *Codigo Civil Portuguez Annotado*, II (1871), 138-139 e 148, respetivamente.

[2476] JOSÉ DIAS FERREIRA, *Codigo de Processo Civil Annotado*, I (1887), 458 ss..

[2477] *Vide* JOSÉ ALBERTO DOS REIS, *Código de Processo Civil anotado* I, 3.ª ed. (1948), 682 ss..

818   *Deliberações sociais: evolução e regime*

Quando uma pessoa tenha justo receio de que alguém cometa violências ou pratique factos susceptíveis de causar lesão grave e de difícil reparação ao seu direito, pode requerer as providências que forem adequadas para se evitar o prejuízo, tais como a posse, o sequestro ou o depósito da cousa litigiosa, a proibição ou a autorização de certos actos.

O artigo 406.º regulava, depois, o processo das providências, em termos equilibrados:

O tribunal ordenará as providências sem audiência do arguido quando essa audiência possa pôr em risco a utilidade da cautela. No caso contrário deverá ser citado para contestar.

Antes de tomar as providências pode o tribunal colher as informações que reputar necessárias e mandar proceder sumariamente às diligências indispensáveis.

O tribunal procurará manter o justo equilíbrio entre os dois prejuízos, o que a providência pode causar e o que pode evitar.

Parece clara a evolução no sentido da generalização e da desformalização das providências cautelares. Agora, além das diversas figuras parcelares, advenientes da tradição anterior, temos uma figura residual, intitulada providências cautelares e que funciona na generalidade das situações.

III. As providências cautelares então introduzidas dependiam de dois requisitos:

– que o requerente fosse titular de um direito;
– que esse direito estivesse ameaçado de lesão grave e de difícil reparação.

Quanto ao primeiro requisito, na lição de ALBERTO DOS REIS: bastaria um juízo de verosimilhança ou de probabilidade[2478]. Já no tocante ao

---

[2478] ALBERTO DOS REIS, *Código de Processo Civil anotado*, I, 3.ª ed., 683; *vide* STJ 25-Jun.-1943 (HEITOR MARTINS), RLJ 76 (1943), 206-208 (208/I), explicando:
(...) pois que a verificação da existência real do direito é função da providência principal ou definitiva.

§ 66.º *A defesa cautelar em geral* 819

segundo, impor-se-ia um juízo "... de certeza, de verdade e de realidade"[2479]. Todavia: tal juízo funcionaria em relação a ameaças. Sempre nas palavras de ALBERTO DOS REIS[2480]:

> Perante um dano já realizado, o titular pode pedir a respetiva indemnização, mas não faz sentido que peça uma providência preventiva e cautelar.

Esta orientação foi acolhida pela jurisprudência: RLx 21-Nov.-1942[2481] e STJ 17-Dez.-1943[2482], como exemplos. Evidentemente: a providência recuperaria o seu sentido se se destinasse a evitar novos danos, para além do já consumado.

O receio deve, ainda, ser fundado e atual[2483].

IV. Além dos requisitos apontados, surgia ainda um terceiro ponto, da maior importância. Segundo o artigo 406.º, na proposição final, caberia ao tribunal manter o "justo equilíbrio" entre o prejuízo causado pela providência e o que ela pretendesse evitar. Não haveria "justiça" a qualquer preço: antes uma conveniente ponderação de interesses.

[2479] ALBERTO DOS REIS, ob. e loc. cit.. *Vide*, nesse sentido, STJ 26-Abr.-1946 (HEITOR MARTINS), RLJ 79 (1947), 283-285 (285/I).

[2480] *Idem*, 684.

[2481] RLx 21-Nov.-1942 (MARCOS MARTINS), Revista de Justiça 28 (1944), 74-75 (75/I), que explica (o itálico é do original):

> (...) não só porque deixou de haver *receio*, – que é a incerteza acompanhada do temor –, mas também porque não é já possível evitar o prejuízo.

Este acórdão tem nota de concordância da Revista de Justiça (CARLOS MOURISCA).

[2482] STJ 17-Dez.-1943 (MIGUEL CRESPO), RLJ 77 (1943), 107-108 (108/I), dizendo, designadamente:

Essas providências regulam o modo de acautelar a lesão e não a forma de repará-la.

[2483] STJ 17-Nov.-1944 (BAPTISTA RODRIGUES), RLJ 78 (1945), 110-111 (111/I): um curioso acórdão; requereram-se determinadas providências contra uma sociedade alemã, que explorava minério, invocando-se o "justo receio" da derrota alemã, na Guerra de 1939-45; o Supremo entendeu que era "... muito incerto o termo da guerra ...", sendo próspera a situação da requerida: não haveria justo receio. Também no citado acórdão do STJ 26-Abr.-1946, RLJ 79, 285/I, se decidiu que não teria cabimento uma providência cautelar perante uma situação em que apenas quedaria direito a uma indemnização.

299. A reforma de 1961

I. A revisão que deu azo ao chamado Código de 1961[2484], um tanto surpreendentemente, correspondeu a um certo retrocesso no que se pode considerar a tendência profunda da evolução do processo civil, em Portugal e no estrangeiro. O legislador terá cedido a um excesso de construtivismo conceptual.

Diz o preâmbulo do Decreto-Lei n.º 44 129, de 28 de Dezembro de 1961:

> O procedimento criado pelo Código de 39 com o nome de "providências cautelares", subsiste ainda, mas com a designação de "providências cautelares não especificadas", visto que providências cautelares são todas as que resultam dos restantes meios regulados no mesmo capítulo. Diz-se, entretanto, de forma bem explícita, que se trata de prevenir o chamado *periculum in mora* nos casos não abrangidos pelos procedimentos cautelares clássicos ou nominados.

II. Sob a designação genérica de procedimentos cautelares – artigo 381.º e seguintes – o Código de 1961 veio prever os alimentos provisórios – 388.º a 392.º – a restituição provisória da posse – 393.º a 395.º – a suspensão de deliberações sociais – 396.º a 398.º – as providências cautelares não especificadas – 399.º a 401.º – o arresto – 402.º a 411.º – o embargo de obra nova – 412.º a 420.º – e o arrolamento – 421.º a 427.º. A restritividade reside no facto de, a propósito da figura genérica, agora apelidada "providências cautelares não especificadas", o artigo 399.º incluir, como requisito, o "... se ao caso não convier nenhum dos procedimentos regulados neste capítulo ...".

III. Tratava-se de um requisito que, a singrar uma interpretação formalista estrita, obrigava os interessados a definir, previamente, uma cuidadosa estratégia processual, com todas as inerentes dúvidas nas situações de fronteira. Por certo: não é função do Direito processual moderno a de limitar ou restringir os direitos das pessoas em função de apostas formais. Em suma: havia, aqui, um óbice formalista, totalmente arcaico, em termos jurídico-científicos, que poderia ser temperado pela interpretação.

[2484] Aprovado pelo Decreto-Lei n.º 44 129, de 28 de Dezembro de 1961, DG I Série, n.º 299, de 28-Dez.-1961, 1783-1962.

§ 66.° A defesa cautelar em geral

300. A reforma de 1995/96; os requisitos

I. A situação descrita foi resolvida pelo Código de Processo Civil de 1995-1996, que introduziu diversas outras modificações[2485]. Prevê o novo texto um procedimento cautelar comum – artigos 381.° e seguintes – e, depois, diversos procedimentos nominados, aos quais, subsidiariamente, se aplica o regime do primeiro. Como se impunha, o Tribunal não ficava adstrito à providência concretamente pedida – artigo 392.°/3.

II. Manda o artigo 381.°/1 do Código de Processo Civil, na versão da reforma:

> Sempre que alguém mostre fundado receio de que outrem cause lesão grave e dificilmente reparável ao seu direito, pode requerer a providência conservatória ou antecipatória concretamente adequada a assegurar a efetividade do direito ameaçado.

Este preceito – que corresponde ao artigo 399.°, na versão anterior do Código de Processo Civil – é genericamente aplicável, por via do artigo 392.°/1, aos diversos procedimentos nominados.

Na base desse e doutros preceitos e de múltiplas decisões jurisdicionais tendentes a concretizá-lo na prática, a jurisprudência tem vindo a autonomizar os seguintes pressupostos dos procedimentos cautelares[2486]:

1) A probabilidade séria de existência do direito, traduzido na ação proposta ou a propor, que tenha por fundamento o direito a tutelar;
2) O justo e fundado receio de que outrem cause lesão grave e de difícil reparação a esse direito;
3) Não exceder o prejuízo resultante da providência o dano que com ela se quer evitar.

A probabilidade séria da existência do direito (*fumus boni iuris*) deve ser apreciada em termos sumários (*summaria cognitio*). Não se trata de indagar exaustivamente, de acordo com os elementos fornecidos por

---

[2485] Sobre a matéria, em especial: ANTÓNIO SANTOS ABRANTES GERALDES, *Temas da reforma do processo civil* – 3, 2.ª ed., 5. *Procedimento cautelar comum* (2000), 34 ss..

[2486] Assim: STJ 15-Jan.-1980 (FURTADO DOS SANTOS), BMJ 293 (1980), 230-232 (231); no *Boletim*, em anotação assinada A.F.S., considera-se esta matéria pacífica e indicam-se vários arestos anteriores no mesmo sentido.

ambas as partes, se o direito existe e é totalmente eficaz mas, apenas, se – perante os dados invocados pela requerente – é de esperar que ele exista. Os juízos exigidos são juízos de razoabilidade: o Tribunal irá ponderar, perante as regras da experiência, se, com os dados de que já dispõe, lhe parece seriamente provável que o direito invocado exista[2487], numa probabilidade "forte"[2488].

III. O justo e fundado receio tem um triplo alcance a saber:

– visa prevenir as consequências de uma possível demora do processo principal (*periculum in mora*);
– evita providências decretadas perante meras situações de perigo hipotético, virtual ou latente;
– afasta a violação já consumada: a esta haverá que reagir com meios de fundo diversos. A jurisprudência ressalva – e bem – a hipótese de, havendo violação consumada, ser de esperar novas violações. A estas reage-se com providências cautelares, que poderão preveni-las.

Estes requisitos têm tradução prática. Assim, cabe ao requerente invocar e provar, de modo minimamente consistente, o montante, ainda que aproximado, dos danos que a providência visa prevenir[2489].

Muito importante é o facto de as providências não serem meios adequados para enfrentar lesões de direitos já inteiramente consumadas[2490]. Quanto às consequências de lesões consumadas: caso elas impliquem novas atuações danosas, será em relação a estas que terão de ser requeridas as providências, verificando-se, a tal propósito, se estão reunidos os requisitos legais.

IV. A exigência da proporcionalidade surge no artigo 387.º/2, do Código de Processo Civil:

[2487] JOSÉ ALBERTO DOS REIS, *Código de Processo Civil Anotado*, 1, 3.ª ed. (1948), 683, fala num juízo de verosimilhança ou de probabilidade.

[2488] STJ 28-Set.-1999 (GARCIA MARQUES), CJ/Supremo VII (1999) 3, 42-48 (44/II).

[2489] REv 13-Jun.-1991 (MATOS CANAS), BMJ 408 (1991), 673.

[2490] REv 24-Jul.-1986 (CARDONA FERREIRA), BMJ 361 (1986), 628, RCb 26-Jan.-1988 (VASSANTA TAMBÁ), BMJ 373 (1988), 612, RPt 12-Out.-1989 (LOPES FURTADO), CJ XIV (1989) 4, 215-217 (216/II) e RLx 8-Jun.-1993 (JOAQUIM DIAS), CJ XVIII (1993) 3, 123-125 (125/II).

§ 66.° A defesa cautelar em geral

A providência pode, não obstante, ser recusada pelo tribunal, quando o prejuízo dela resultante para o requerido exceda consideravelmente o dano que com ela o requerente pretende evitar.

A proporcionalidade do meio corresponde a naturais preocupações de razoabilidade e de justiça retributiva, remontando ao final do artigo 406.° do Código de 1939. O Direito não pode dar os seus meios e os seus Tribunais para que as pessoas, a pretexto de defenderem um pequeno interesse, causem danos desmesurados a outrem. Por isso, antes de decidir uma providência, há que realizar uma ponderação de danos/benefícios para as pessoas envolvidas[2491]. Retemos as palavras do Desembargador ABRANTES GERALDES:

> A atuação do juiz no âmbito dos procedimentos cautelares é daquelas que mais reclama a interferência dos fatores de ponderação, do bom senso, do equilíbrio, enfim, da justa medida que permita estabelecer a melhor composição dos interesses conflituantes, sem graves riscos de prejuízos para o requerido, mas também sem excessivos receios de proferir uma decisão total ou parcialmente favorável ao requerente[2492].

A proporcionalidade deve, contudo, ser objetivamente ponderada. Assim, se o meu vizinho me impede de usar a porta de serviço, por ter instalado um quarto de casal no patamar, eu posso obter do Tribunal as medidas adequadas que irão ponderar as vantagens/desvantagens do uso da porta de serviço, objetivamente; não é de valorar o dano subjetivo que a medida possa causar ao vizinho faltoso por, hipoteticamente, não ter onde dormir.

[2491] *Vide* STJ 14-Dez.-1995 (METELLO DE NÁPOLES), BMJ 452 (1996), 400-404 (403):
(...) depende do prudente arbítrio do julgador aquilatar se resulta ou não da providência requerida prejuízo superior ao dano que com ela se pretende evitar.

[2492] ABRANTES GERALDES, *Temas da reforma* cit., III, 2.ª ed., 219.

§ 67.º A EVOLUÇÃO LEGISLATIVA
DOS PROCEDIMENTOS CAUTELARES

301. Até ao Código de Processo Civil de 1939

I. A existência de um procedimento cautelar especificamente destinado a suspender deliberações de assembleias gerais de sociedades anónimas veio contemplada, pela primeira vez, no Código Comercial de 1888.
Dispunha o seu artigo 186.º[2493]:

> Todo o accionista tem direito de protestar contra as deliberações toma-
> das em opposição às disposições expressas na lei e nos estatutos, e poderá
> requerer ao respetivo juiz presidente do tribunal de commercio a suspensão
> da execução de taes deliberações, com previa notificação dos diretores.

A providência foi, depois, regulada no Código de Processo Comercial, aprovado por Decreto de 24-Jan.-1895[2494]. Recordamos que o Código
de 1895 foi substituído, mercê de ratificação parlamentar, por novo Código,
logo em 1895, aprovado por Carta de Lei de 13 de Maio desse ano[2495].
Passamos a reter os preceitos relevantes do texto de 1895[2496]:

> Artigo 115.º Todo o accionista que houver protestado contra delibe-
> rações tomadas em assembléa geral, em opposição ás disposições expressas
> na lei e nos estatutos, e as queira fazer suspender, assim o deverá requerer,
> justificando a sua qualidade e instruindo o requerimento com a acta ou com
> o termo de protesto.

[2493] COLP 1888, 322/I.
[2494] COLP 1895, 80-94.
[2495] DG n.º 111, de 19-Mai.-1896.
[2496] COLP 1895, 89/I e II.

§ 67.° A evolução legislativa dos procedimentos cautelares

§ 1.° A mesa da assembléa geral em que o accionista houver protestado, nos termos d'este artigo, deve entregar no praso de vinte e quatro horas copia da acta.

§ 2.° Se não se cumprir o prescripto no paragrapho antecedente, fará fé contra a sociedade o protesto do requerente, lavrado nos termos do artigo 40.° d'este codigo, salva a prova contraria que a direcção da sociedade possa dar, nos termos do § 4.°.

§ 3.° O juiz mandará notificar a direcção da sociedade para responder em três dias o que se lhe offereça.

§ 4.° Desde a data da notificação não poderá a direcção executar a deliberação recorrida, e contra a prova resultante do termo de protesto só poderá offerecer a certidão da respectiva acta.

§ 5.° O juiz, justificados os factos allegados, mandará suspender a execução das deliberações arguidas, se assim o julgar de direito.

Artigo 116.° O protesto ficará sem effeito e a suspensão será levantada, a requerimento da direcção, se, no praso de vinte dias a contar do despacho a que se refere o paragrapho antecedente, se não achar distribuida acção pedindo a nullidade das deliberações suspensas.

Deve sublinhar-se o artigo 115.°, § 4.°: o mero requerimento judicial, uma vez notificado, paralisava a deliberação. Tratava-se de uma medida enérgica, que conferia um grande peso à figura da suspensão.

II. Nova referência ocorreu, depois, na Lei de 11 de Abril de 1901, que aprovou um novo tipo societário: o das sociedades por quotas. Retemos, do artigo 46.° dessa lei, os seus parágrafos 2.° e 3.°[2497]:

§ 2.° A suspensão das deliberações deve ser requerida no prazo de cinco dias a contar do protesto, devendo produzir-se o instrumento d'este ou copia legal, e justificar-se a qualidade de socio.

§ 3.° Observar-se-ha, na parte applicavel, o disposto nos §§ 3.° e 4.° do artigo 115.° do Codigo de Processo Commercial.

III. O tema foi retomado pelo Código de Processo Comercial aprovado por Decreto de 14 de Dezembro de 1905. Passamos a consignar os artigos 124.° e 125.° desse diploma[2498]:

[2497] COLP 1901, 100/II.
[2498] COLP 1905, 631/I.

Artigo 124.º Todo o accionista que houver protestado em assembleia geral contra deliberações nella tomadas, em opposição ás disposições expressas na lei e nos estatutos, e as queira fazer suspender, assim o deverá requerer no prazo de cinco dias depois da reunião da assembleia geral, justificando a sua qualidade e instruindo o requerimento com a acta ou com o termo de protesto.

§ 1.º A mesa da assembleia geral em que o accionista houver protestado, nos termos d'este artigo, deve entregar no prazo de vinte e quatro horas copia da acta.

§ 2.º Se não se cumprir o prescrito no paragrapho antecedente, fará fé contra a sociedade o protesto do requerente, lavrado nos termos do artigo 49.º d'este Codigo, salva a prova contraria que a direcção da sociedade possa dar, nos termos do § 4.º.

§ 3.º O juiz mandará notificar a direcção da sociedade para responder em tres dias o que se lhe offereça. Findo o prazo dos tres dias, e com resposta ou sem ella, irão os autos immediatamente conclusos ao juiz para proferir sua decisão, como for de direito.

§ 4.º Desde a data da notificação não poderá a direcção executar a deliberação recorrida, e contra a prova resultante do termo de protesto só poderá offerecer a certidão da respectiva acta.

§ 5.º O socio de sociedade por quotas, que devidamente tiver protestado contra deliberações sociaes, pode requerer a suspensão de taes deliberações, dentro do prazo de cinco dias, a contar do protesto, devendo produzir o instrumento d'este ou copia legal, bem como justificar a qualidade de socio, e observando-se na parte applicavel o disposto nos dois paragraphos antecedentes.

Artigo 125.º A suspensão, quando ordenada nos termos do artigo antecedente, caducará, independentemente de despacho, se a acção pedindo a annullação das deliberações arguidas não for distribuida no prazo de vinte dias, a contar d'aquelle em que se realizou a reunião da assembleia geral, quando se trate de sociedade anonyma, ou a contar do protesto, quando se trate de sociedade por quotas.

O corpo do artigo 124.º e os seus primeiros quatro parágrafos correspondiam ao artigo 115.º do Código de 1896, enquanto o § 5.º adveio da Lei de 11 de Abril de 1901, sobre as sociedades por quotas. Quanto ao resto verifica-se um certo aperfeiçoamento[2499].

[2499] J. M. BARBOSA DE MAGALHÃES, *Código de Processo Comercial Anotado*, vol. 2, 3.ª ed. (1912), 69-73.

§ 67.º A evolução legislativa dos procedimentos cautelares 827

IV. Os textos legais eram pouco precisos. Caberia à jurisprudência ir avançando por tentativas.

Perante o texto do Código Comercial, que vigorou alguns anos sem regulamentação processual, começou por se entender ser necessário, no requerimento de suspensão, indicar concretos preceitos violados. Explicava, em 1890, a Relação de Lisboa[2500]:

> Dispensar esta prova e admittir a suspensão de qualquer deliberação da assembléa geral só pelo protesto e queixa do interessado, é proceder tumultuaria e arbitrariamente, auctorizando um expediente violento, e que póde muitas vezes prejudicar o bom regimen e a economia das sociedades (...)

No ano seguinte, o Supremo Tribunal de Justiça explicava que a hipótese da suspensão exigia, para ser encarada, factos concretos[2501]. Outros aspetos foram sendo judicialmente aprofundados, com relevo para a necessidade de dano em vista[2502].

V. Também a doutrina avançou importantes precisões. De um modo geral, elas seguiram a via de precisar, num sentido restritivo, a possibilidade de requerer a suspensão das deliberações sociais. Designadamente, é focada, na base da jurisprudência, a necessidade de se apontarem – e demonstrarem – concretos factos violadores de normas legais ou estatutárias e a presença de danos ponderosos[2503]. A natureza expressa das normas violadas é ainda salientada por Autores significativos[2504]. Tratava-se, nas palavras do VISCONDE DE CARNAXIDE, de assegurar[2505]:

[2500] RLx 29-Nov.-1890 (SERPA), O Direito 24 (1893), 80/II = GRLx 5 (1890), 78/I.

[2501] STJ 17-Fev.-1891 (MEXIA SALEMA), GRLx 5 (1891), 191/II.

[2502] *Vide* algumas indicações em ALBERTO PIMENTA, *Suspensão e anulação de deliberações sociais* (1965), 9 e 10; devemos dar conta de que as citações feitas nesta obra nem sempre conferem. Tem um especial interesse considerar o parecer subscrito por ABEL DE ANDRADE e outros professores, relativo à Companhia das Lezírias e publicado na GRLx 37 (1923), 81-100 (97 ss.), onde se examinam os pressupostos da suspensão de deliberações sociais.

[2503] ADRIANO ANTHERO *Comentario ao Codigo Commercial Portuguez*, I (1913), 356-357, LUIZ DA CUNHA GONÇALVES, *Comentário ao Código Comercial Português*, I (1914), 472 ss. e AURELIANO STRECHT RIBEIRO, *Código Comercial Português actualizado e anotado*, I (1939), 313-318, com numerosas indicações.

[2504] VISCONDE DE CARNAXIDE, *Sociedades anonymas* cit., 276-277.

[2505] *Idem*, 277.

828   *Deliberações sociais: evolução e regime*

A defeza dos interesses da collectividade contra pleitos acintosos ou temerarios intentados por algum accionista (...)

302. O Código de Processo Civil de 1939

I. A matéria de suspensão das deliberações sociais foi retomada pelo Código de Processo Civil de 1939. O instituto sofreu, aí, uma reformulação: por um lado, mediante um quadro geral mais claro dos procedimentos cautelares e, por outro, através de uma afinação complementadora dos seus requisitos.

II. O artigo 403.º do Código em causa, precisamente epigrafado "requisitos para a suspensão de deliberações sociais", dispõe:

Se alguma sociedade, seja qual for a sua espécie, tomar deliberações contrárias às disposições expressas na lei ou nos estatutos, pode qualquer sócio, como ato preparatório da ação de anulação, requerer, no prazo de cinco dias, independentemente de protesto, que as respetivas deliberações sejam suspensas, justificando a sua qualidade de sócio e mostrando que da execução das deliberações pode resultar dano apreciável.

O artigo 404.º (Contestação e decisão), de aparente natureza procedimental, continha novos e importantes elementos de fundo. Dispunha:

A direção da sociedade poderá contestar o pedido; e, findo o prazo da contestação, se decidirá. Ainda que a deliberação seja contrária à lei ou aos estatutos, pode o juiz deixar de a suspender, se entender, no seu prudente arbítrio, que o prejuízo resultante da suspensão é superior ao que poderá derivar da execução.

III. Os requisitos da suspensão, a extrair destes preceitos, correspondem aos do quadro geral dos procedimentos cautelares. Temos[2506]:

– uma deliberação ilegal, seja por violação de lei, seja por inobservância dos estatutos; tal ilegalidade é apurada em termos de simples probabilidade;

[2506] José Alberto dos Reis, *Código de Processo Civil* cit., 1, 3.ª ed., 677 ss..

§ 67.º *A evolução legislativa dos procedimentos cautelares*   829

– cuja execução imediata possa conduzir a um dano apreciável; desta feita, haveria um "juízo de certeza ou, pelo menos, de probabilidade muito forte"[2507]: é o *periculum in mora*, derivado não da existência da deliberação em si, mas do facto de a sua anulação, no âmbito da ação de fundo, poder ser mais tardia.

O Código de 1939 introduziu ainda, embora sob uma sistemática discutível, um outro requisito: o de o prejuízo resultante da suspensão ser superior ao que possa derivar da execução da deliberação em jogo. Trata-se de uma novidade muito importante: o legislador, baseado numa prática societária alongada, estava especialmente preocupado com os abusos de acionistas minoritários temerários ou, até, malquerentes.

IV. Ainda nessa linha devemos inscrever uma outra novidade, discreta mas relevante: a supressão do dispositivo do artigo 124.º, § 4.º, do revogado Código de Processo Comercial, que proibia a direção das sociedades de executar a deliberação recorrida, depois da notificação. Com esta eliminação pretendeu-se, claramente também, obviar aos excessos a que o sistema anterior podia conduzir.

303. A reforma de 1961

I. O Código de Processo Civil de 1961 remodelou os preceitos relativos à suspensão das deliberações sociais. Cumpre reter os textos em jogo[2508]:

Artigo 396.º
(Requisitos para a suspensão de deliberações sociais)

1. Se alguma sociedade, seja qual for a sua espécie, tomar deliberações contrárias às disposições expressas na lei ou nos estatutos, pode qualquer sócio requerer, no prazo de cinco dias, que as deliberações tomadas sejam suspensas, justificando a qualidade de sócio e mostrando que da execução das deliberações pode resultar dano apreciável.

[2507] *Idem*, 678.
[2508] DG I Série, n.º 299, de 28-Dez.-1961, 1835/I e II.

2. O sócio instruirá o requerimento com cópia da ata em que as deliberações foram tomadas e que a direção deve fornecer ao requerente dentro de vinte e quatro horas; quando a lei dispense reunião de assembleia, a cópia da ata será substituída por documento comprovativo da deliberação.

3. Nem o procedimento cautelar da suspensão nem a ação anulatória dependem de protesto; os prazos para a sua instrução contam-se da data das deliberações.

Artigo 397.º
(Decisão)

1. Se o requerente alegar que lhe não foi fornecida cópia da ata ou o documento correspondente, dentro do prazo fixado no artigo anterior, a citação da sociedade é feita com a cominação de que a contestação não será recebida sem vir acompanhada da cópia ou do documento em falta.

2. Se não houver ou não puder ser recebida a contestação, é imediatamente decretada a suspensão.

3. Recebida a contestação, decidir-se-á depois de produzidas as provas que se reputem indispensáveis; mas, ainda que a deliberação seja contrária à lei ou aos estatutos, pode o juiz deixar de a suspender, desde que entenda, em seu prudente arbítrio, que o prejuízo resultante da suspensão é superior ao que pode derivar da execução.

4. A partir da citação e enquanto não for julgado o pedido de suspensão, não é lícito à sociedade executar a deliberação impugnada.

II. Como se vê, deparamos, desde logo, com as seguintes novidades:

– uma melhor arrumação técnica, com a numeração dentro dos próprios artigos;
– uma regulamentação processual mais cerrada, com indicações procedimentais dirigidas ao sócio e à sociedade.

Mantêm-se os requisitos que vinham já da reforma de 1939: deliberação contrária às disposições expressas na lei ou nos estatutos e *periculum in mora*, com demonstração de dano apreciável, resultante da execução da deliberação em causa.

O artigo 397.º/3 mantém a regra importante da necessidade de se ponderar se o prejuízo resultante da suspensão é superior ao que resulte da execução: seja esse o caso e o juiz poderá deixar de decretar a suspensão.

§ 67.º A evolução legislativa dos procedimentos cautelares

III. O artigo 397.º/4 contém ainda uma regra muito relevante: a partir da citação e enquanto não for julgada a suspensão, a sociedade requerida não deve executar a deliberação impugnada. Trata-se de uma repristinação do artigo 124.º, § 4.º, do antigo Código de Processo Comercial de 1905: uma medida suprimida, em 1939, por JOSÉ ALBERTO DOS REIS.

Adiante veremos os limites a emprestar a esta norma, perante o Direito vigente.

304. A reforma de 1995

I. Finalmente, o dispositivo referente à suspensão das deliberações sociais foi alterado pelo Decreto-Lei n.º 329-A/95, de 12 de Dezembro. Foram atingidos os artigos 396.º/1 e 397.º/2 e 3[2509]. Eis um levantamento sintético das modificações então introduzidas:

- removendo dúvidas, a suspensão das deliberações sociais passou a ser diretamente aplicável a associações;
- foi abandonada a referência a uma contrariedade às disposições "expressas na lei ou nos estatutos", passando a referir-se, simplesmente "deliberações contrárias à lei, aos estatutos ou ao contrato";
- alargou-se o prazo para o pedido de suspensão: de cinco para dez dias;
- o não-decretamento da providência por esta causar prejuízos superiores aos que possam derivar da execução da medida é objetivada, suprimindo-se a perífrase "... desde que [o juiz] entenda, em seu prudente arbítrio ...";
- a não-execução da deliberação questionada, após a citação e enquanto o respetivo pedido não for julgado, é precisada: enquanto não for julgada *em 1.ª instância*.

II. *Grosso modo*, podemos dizer que se mantiveram, com aperfeiçoamentos, as cautelas que há um século vêm rodeando a suspensão das deliberações sociais. Remando contra o teor geral da reforma surge o alar-

---

[2509] DR I Série-A, n.º 285, de 12-Dez.-1995, 7780-(53)/I e II. A revisão de 1996 não tocou nesta matéria.

832 *Deliberações sociais: evolução e regime*

gamento do prazo para intentar a medida. Tal alargamento conduz, potencialmente, a uma multiplicação de impugnações, movidas por razões intra ou extrassocietárias e com uma eficácia perigosa: a de provocar uma automática suspensão que, na melhor das hipóteses é de semanas: até que se obtenha uma decisão em 1.ª instância.

É certo que o requerente pode ser responsabilizado, nos termos do artigo 390.º do Código de Processo Civil. Todavia, as exigências de "culpa" e falta de "prudência normal"[2510], confrontadas com a natureza quase absoluta ainda hoje dada, pelos nossos tribunais, ao direito de ação judicial, tornam muito remota a hipótese de qualquer condenação[2511].

Tudo isto deve ser tido em conta no plano interpretativo: os elementos sistemático e teleológico da interpretação exigem que se procurem conter os possíveis efeitos nefastos do pedido de suspensão das deliberações sociais dentro de canais razoáveis.

[2510] Haverá sempre opiniões ilustres a apoiar os mais inverosímeis pedidos de suspensão. Nessa base, tudo se torna admissível. Quanto à responsabilidade por danos causados pelo requerimento doloso ou gravemente negligente de medidas cautelares, perante a recente reforma italiana: GIULA IOFRIDA/ANTONIO SCARPA, *I nuovi procedimenti cautelari* (2006), 174.

[2511] Perante a mera presença do artigo 390.º/1 do Código de Processo Civil, a condenação por ações danosas seria, aqui, mais fácil do que a hipótese de litigância de má-fé – cf. STJ 6-Jun.-2000 (TOMÉ DE CARVALHO), BMJ 498 (2000), 179-183 (183/I). Todavia, a jurisprudência ilustrativa do seu funcionamento, pelas razões apontadas na nota anterior, será muito escassa.

§ 68.º O REGIME DOS PROCEDIMENTOS CAUTELARES

305. Requisitos substanciais

I. O Código de Processo Civil contém coordenadas processuais do instituto da suspensão das deliberações sociais. Tais coordenadas são, porém e logicamente, antecedidas pelas figuras substanciais em causa. O primeiro requisito é o da presença de "deliberações contrárias à lei, aos estatutos ou ao contrato". Trata-se de uma fórmula lata que abrange[2512]:

– deliberações nulas;
– deliberações anuláveis;
– deliberações ineficazes.

Todas elas são contrárias à lei ou ao pacto social (estatutos e contrato) e perante todas elas poderá fazer sentido a tutela cautelar, desde que se mostrem preenchidos os seus requisitos. Naturalmente: a existência de deliberações suscetíveis de suspensão deve ser aferida em termos de *summaria cognitio*. Mas para tanto, devem ser invocados os competentes factos e feita a prova adequada.

II. A suspensão só é ainda possível quando a própria ação de fundo (de nulidade, de anulação ou de ineficácia) possa ser encarada. Isso leva a exigir, no plano cautelar, os pressupostos de legitimidade, de competência e de não-procedência de exceções. Assim e como exemplos:

– o procedimento da suspensão não pode ser intentado por quem tenha votado favoravelmente a deliberação questionada (59.º/1) ou, sendo o voto secreto, por quem, na própria assembleia ou, nos cinco dias subsequentes, perante notário, não tenha feito exarar o terem

---

[2512] ABRANTES GERALDES, *Temas da reforma* cit., IV, 72-73.

834 *Deliberações sociais: evolução e regime*

votado contra ela (59.º/6, ambos do Código das Sociedades Comerciais);
– em qualquer caso, será competente o tribunal que possa acolher a ação de fundo;
– perante o pedido de suspensão, pode ser concedido prazo para a renovação da deliberação em crise (62.º/3);
– não devem singrar pedidos abusivos de suspensão.

III. A suspensão não permitirá, em caso algum, efeitos que a própria ação de fundo não faculte. Designadamente: a suspensão não tem efeitos modificativos, no sentido de fazer substituir uma deliberação por outra. A proceder, ela paralisará a deliberação *in totum*. O exemplo paradigmático será o das eleições: a impugnação de uma eleição de administradores terá sempre como efeito novas eleições e não a substituição de uma lista por outra.

306. Deliberações não executadas

I. Uma discussão especial tem decorrido, nos nossos meios jurídicos, quanto a saber se a suspensão pode atingir deliberações já executadas e quanto a determinar o que entender por tal "execução"[2513].
Efetivamente, mau grado o silêncio da lei, é apodíctico que uma "suspensão" só atinge algo ainda em curso. Não faria sentido suspender-se uma atuação consumada. A jurisprudência desde cedo veio a reconhecê-lo.

Assim, em STJ 6-Jan.-1961, decidiu-se que não era possível suspender deliberações "... já executadas, umas imediatamente, na própria assembleia, outras daí a dias, por meio de escritura pública, logo em seguida registada"[2514].

[2513] Com indicações: MARIA ALEXANDRA LOPES, *O conteúdo da providência cautelar da suspensão de deliberações sociais* (s/d, mas 1996), 30 ss., MIGUEL TEIXEIRA DE SOUSA, *Estudos sobre o novo processo civil* (1997), 24, ABRANTES GERALDES, *Temas da reforma* cit., IV, 74-76 e RUI PINTO DUARTE, *A ilicitude da execução de deliberações a partir da citação para o procedimento cautelar de suspensão*, CDP 2004, 17-23.
[2514] STJ 6-Jan.-1961 (SANTOS MONTEIRO), BMJ 103 (1961), 644-647 (646). Jurisprudência anterior pode ser confrontada em BMJ 371 (1987), 381.

§ 68.º O regime dos procedimentos cautelares

Todavia, a mesma jurisprudência foi confrontada com deliberações de execução diferida, particularmente perante hipóteses de destituição dos administradores.

Logo em 13-Abr.-1962, o Supremo vem dizer: "... uma deliberação não se executa pelo simples facto de ter sido tomada". E, de outro modo, "... dar-se-ia valor provisório a um ato porventura ferido de nulidade"[2515].

II. Lançado o debate, vieram a surgir defensores de ambas as linhas[2516]. Procuremos fixar os termos da controvérsia.

Como ponto de partida, parece-nos incontornável um aspeto invocado por RODRIGUES BASTOS: se uma deliberação está executada, ela não pode ser suspensa, por imperativo lógico[2517]. De outro modo, as palavras nada significam e fica inviabilizada qualquer discussão séria.

Pode acontecer que uma deliberação executada crie situações jurídicas que irão provocar outros efeitos. Por exemplo: uma deliberação de venda, seguida de escritura de venda a terceiros; na mão destes, a propriedade produz os seus efeitos. Quando isso suceda, a atuação lógica, em planos cautelares, será:

– um pedido de suspensão da deliberação social contra a sociedade;
– um procedimento cautelar comum contra os terceiros em causa, pedindo que se abstenham de certos usos da coisa em litígio.

Tudo resolver na base de uma suspensão de deliberações intentada tendo em vista os seus efeitos "diretos, laterais, secundários ou reflexos" parece-nos, salvo o devido respeito, uma absolutização do instituto em análise. Ele não foi pensado para tanto. Além disso, iria colocar sérios problemas de legitimidade passiva e de inserção de requisitos.

[2515] STJ 13-Abr.-1962 (RICARDO LOPES), BMJ 116 (1962), 506-511 (510).

[2516] Vide, em especial, as indicações de PINTO DUARTE, A ilicitude da execução cit., 17 ss.. Este Autor chama "corrente formalista" à que defende a não-suspensão de deliberações executadas e "corrente substancialista" à que toma posição inversa. Trata-se de um cripto-argumento favorável à segunda orientação, uma vez que ninguém admitirá assumir-se como "formalista". De facto, ambas as correntes são "substancialistas". E como em qualquer discussão jurídica: os intervenientes poderão aduzir argumentos formais e substanciais.

[2517] JACINTO RODRIGUES BASTOS, Notas ao Código de Processo Civil, 2 (264.º a 466.º), 3.ª ed. (2000), 181.

Deliberações sociais: evolução e regime

III. Perante deliberações de execução repetida, já fará sentido proceder à sua suspensão para o futuro. A grande questão será a de determinar quando se poderá falar em "execução repetida". Podemos distinguir:

– deliberações que exigem uma atuação efetiva dos órgãos sociais envolvidos;
– deliberações cujos efeitos se prolongam no tempo, independentemente de tal atuação.

Há alguma tendência para equiparar ambas estas realidades[2518]. Mas elas são distintas. Um pedido de suspensão é dirigido contra a sociedade. De resto: após a citação, a sociedade não pode executar a deliberação em causa (397.º/3, do Código de Processo Civil). Logo, ele pode envolver atos repetidos.

Ficarão de fora efeitos jurídicos que tenham a ver com terceiros: a própria ação de fundo respeitá-los-ia, salvo havendo má-fé, que não se presume e que teria de ser estabelecida numa ação intentada contra os terceiros em causa (61.º/2, do Código das Sociedades Comerciais).

IV. Na discussão entre os partidários de uma suspensão "restrita" e os de uma suspensão "ampla", caberá introduzir uma clivagem material. A fronteira passará entre os efeitos que exijam uma atuação societária – e que podem ser suspensos – e os que operem apenas num plano jurídico, independentemente de novas situações: contra estes poder-se-ia reagir cautelarmente, mas não com simples deliberações de suspensão.

V. Uma especial controvérsia tem havido em torno da suspensão de destituições de gerentes ou de administradores ou de designações de novos titulares para os competentes cargos. Segundo alguns acórdãos, a suspensão não seria possível, por ter havido execução plena com a eleição e o eventual subsequente registo: RCb 1-Jun.-1982[2519] e RCb 20-Out.-1987[2520].

[2518] Assim sucede em STJ 12-Nov.-1987 (PINHEIRO FARINHA), BMJ 371 (1987), 378-380 (379-380).

[2519] RCb 1-Jun.-1982 (MARQUES CORDEIRO), CJ VII (1982) 3, 45-46 (46/I).

[2520] RCb 20-Out.-1987 (COSTA MARQUES), CJ XII (1987) 4, 82-85(84/I).

§ 68.º O regime dos procedimentos cautelares

Noutra linha, particularmente influenciada por LOBO XAVIER, essa suspensão seria possível: STJ 29-Jun.-1993[2521].

Podemos distinguir. Se se tratar da destituição de um gerente, sendo a ação intentada por este, a suspensão é possível: há uma execução continuada, apenas ligada à própria deliberação e que não envolve terceiros. Perante uma designação, a suspensão também é viável: havendo aceitação (e registo), a situação de fundo perdura no tempo, pelo que alguns dos seus efeitos futuros podem ser bloqueados pelo Tribunal.

307. *Summaria cognitio, periculum in mora* e ponderação de danos

I. Seguem-se os requisitos diretamente implicados na lógica da suspensão. A *summaria cognitio* exige uma opção pela procedência da correspondente ação de fundo, em termos de probabilidade razoável. O *periculum in mora* cinge-se aos danos provenientes da demora ocasionada pela ação de fundo e, na tradição de ALBERTO DOS REIS, exigem um juízo de certeza ou, pelo menos, de mais forte probabilidade.

II. O artigo 397.º/2 põe um importante requisito: os danos provocados pela suspensão não podem ser superiores aos ocasionados pela execução da deliberação atacada. Nos termos gerais, cabe à sociedade invocar e provar os primeiros.

Este requisito deve ser levado a sério. Trata-se da grande válvula de segurança do enérgico regime atribuído à suspensão das deliberações sociais.

308. A pré-suspensão *ex citatione*

I. O artigo 397.º/3, com os antecedentes já estudados, veda a execução de deliberações cuja suspensão seja pedida logo após a citação. Pergunta-

---

[2521] STJ 29-Jun.-1993 (MARTINS DA FONSECA), CJ/Supremo I (1993) 2, 169-170 (169/II) e, em especial, RCb 18-Mai.-2010 (ARTUR DIAS), Proc. 158/10 = RDS 2010, 971-979, anot. nossa, favorável. Jurisprudência anterior pode ser confrontada em PINTO DUARTE, *Ilicitude da execução* cit., 20-21.

-se: sempre? Imaginemos uma deliberação vital cuja suspensão venha a ser pedida por malquerença e na base de razões disparatadas. Não terão os administradores o dever funcional de a executar, mau grado a citação para a ação de suspensão? Noutros termos: poderá, *ex citatione*, conseguir-se um efeito que nenhuma sentença viria legitimar?

II. Perante uma citação em requerimento de suspensão, a sociedade, através dos órgãos competentes, terá de fazer um juízo de cuidada probabilidade. Caso a providência requerida pareça minimamente viável, a execução do deliberado será sustida. Quando seja evidente que não operam os requisitos e, designadamente, que os danos derivados da suspensão são muito mais elevados do que os provocados pela execução, esta deve manter-se.

A inobservância do artigo 397.º/3 envolve responsabilidade civil e, portanto: um juízo de culpa.

CAPÍTULO V
A ADMINISTRAÇÃO DAS SOCIEDADES

SECÇÃO I
ASPETOS GERAIS

§ 69.º PAPEL: GESTÃO E REPRESENTAÇÃO

309. A administração como cerne do Direito das sociedades

I. As sociedades correspondem a um *modo coletivo* de funcionamento do Direito. Tanto quanto sabemos, apenas a pessoa singular pode acatar normas jurídicas, sentindo a inerente necessidade moral de cumprir as obrigações e desfrutando da liberdade psicológica inerente às permissões. Os progressos da Ciência do Direito e a multiplicação exponencial das normas em presença levaram às construções complexas que subjazem à personalidade coletiva. Como foi explicado, a personalidade coletiva traduz, antes de mais, a aplicabilidade de um regime. Dirigir uma regra a uma pessoa coletiva implica depois, através desta, o acionamento de muitas outras regras que irão, mais ou menos mediatamente, desembocar em incumbências que recaem sobre pessoas singulares.

II. No centro de toda esta problemática, encontramos a administração. Em termos societários, a administração traduz:

– o conjunto das pessoas que têm a seu cargo a função de administrar uma sociedade; em certos casos, poderá tratar-se de uma pessoa singular única;
– o ato ou o efeito de administrar essa mesma sociedade.

840 *A administração das sociedades*

Na primeira aceção, temos a administração subjetiva; no segundo, a objetiva. Em termos subjetivos, pode-se usar a expressão consagrada "administrador". Esta cobre as figuras dos gerentes, dos administradores *stricto sensu* e dos administradores executivos, em função do concreto tipo societário em jogo.

III. Pois bem: o que façam ou deixem de fazer as sociedades, nas mais diversas circunstâncias, lícita ou ilicitamente, é obra dos administradores. O papel da administração das sociedades assume uma dimensão considerável: por certo que a mais importante de quantas são legitimadas pelo Direito das sociedades e das mais significativas das reconhecidas pelos diversos ramos jurídicos.

O atual discurso jurídico processa-se, necessariamente, num nível de grande abstração. Mas há que apor limites a tal processamente, em nome das realidades da vida e da própria estrutura prática do Direito. Assim, as regras destinadas às sociedades são, no fundo, comandos dirigidos às administrações. As decisões societárias mais relevantes são-no dos administradores. Ora, as sociedades sustentam e controlam a vida social e económica de Estados industriais e pós-industriais. Todo o tecido das organizações humanas está modelado pelas sociedades, num fenómeno que ficou sem alternativa à vista, depois da queda do muro de Berlim e do desmoronar do chamado segundo Mundo. Tudo isto é conhecido e está descrito, embora se mantenha longe dos textos jurídico-comerciais.

IV. A administração das sociedades constitui o cerne do Direito das sociedades: ponto em torno do qual tudo orbita e destino final de todas as construções e institutos.

Todavia, a matéria está pouco estudada. Surge, mesmo, algo secundarizada, na lei. Este estado de coisas tende a mudar, perante o influxo representado pela responsabilidade dos administradores e dada a exigência crescente de desempenho, implicada pelo universo, algo ambíguo, da *corporate governance*.

Uma exposição geral de Direito das sociedades não pode ficar indiferente a este poderoso movimento dos nossos dias.

§ 69.° Papel: gestão e representação

310. O problema dos interesses

I. Questão importante e suscetível de infletir os raciocínios subsequentes é a de saber se o administrador está ao serviço dos sócios ou da sociedade ou, se se quiser: que interesses serve ou deve servir. Por isso – e antecipando a análise dos textos legais aplicáveis que iremos efetuar mais adiante – vamos abordar, de imediato, o tema. Deixaremos de parte as hipóteses de, formalmente, o administrador estar ao seu próprio serviço ou ao de terceiros. É evidente que o está – ou pode estar; todavia, quando tais atuações conflituem com normas destinadas à defesa da sociedade ou dos sócios, estas prevalecem.

Esta discussão entronca, com facilidade, numa outra: a de saber se há interesses próprios da sociedade e se tais interesses são distintos dos dos sócios. O assunto foi debatido noutro local[2522]: limitar-nos-emos, aqui, a recordar os termos essenciais do debate.

II. Primeiro temos de saber do que falamos. Não há nenhuma definição constitucional ou meramente legal de "interesse". Quem utilize esse termo e o defenda como operacional tem, como elementar manifestação de seriedade intelectual e científica, o ónus de o explicitar. Pela nossa parte, embora não o usemos, vamos tentar clarificar o tema.

Em sentido subjetivo, o interesse traduz uma relação de apetência entre o sujeito considerado e as realidades que ele entenda aptas para satisfazer as suas necessidades ou os seus desejos. Em sentido objetivo, o interesse traduz a relação entre o sujeito com necessidades e os bens aptos a satisfazê-las. Parece evidente que esses conceitos são diferentes. Para um jogador compulsivo, o interesse (subjetivo) será o de encontrar um casino onde passar a noite; em termos objetivos, o seu interesse seria ir para casa descansar, com vista ao trabalho do dia seguinte.

Eis o problema: se releva o interesse subjetivo, caberá ao próprio "interessado" defini-lo; o Direito apenas fixará limites às atuações resultantes das opções que ele faça. Se predominar o interesse objetivo, terá de

---

[2522] Cf. os nossos *Da responsabilidade civil dos administradores das sociedades comerciais* cit., 498 ss. e *Manual de Direito comercial*, 2.ª ed., 273 ss.. Noutra perspetiva: Miguel Teixeira de Sousa, *A legitimidade popular na tutela dos interesses difusos* (2003), 13 ss..

842   *A administração das sociedades*

haver alguém exterior que o defina. Tal definição não poderá ser arbitrária – ou saímos do Direito. Quer isso dizer que a explicitação do interesse objetivo deverá ser feita por normas de conduta, dirigidas ao sujeito. No exemplo do jogador: é proibida a permanência de jogadores compulsivos nos casinos, depois da meia-noite.

III. Temos de nos recordar que o "interesse" não foi descoberta recente, assim como recentes não são as considerações que, dando-lhe todo um papel, não o aceitam como categoria dogmática. Com raízes em JHERING, o interesse foi aprofundado por HECK[2523], para superar os meros jogos de conceitos praticados pela metodologia anterior. Mas HECK usou-os, ainda e sobretudo, para combater a "Filosofia do Direito", enquanto fonte de menções extrapositivas na decisão jurídica. Perante isso, e à pergunta: quem define os interesses?, HECK só poderia responder: ou o próprio, se estivermos em área de permissão ou o Direito, se assim não suceder.

A partir daqui, os "interesses" heckianos facultam uma interpretação melhorada de algumas fontes, obrigando a, para além dos conceitos, indagar a teleologia das normas e as valorações subjacentes. Agora o "interesse", só por si e sem regras que o definam e mandem prosseguir, não é bitola de coisa nenhuma. Antes surge como arrimo linguístico nada inovador e, sobretudo: juridicamente inoperacional[2524].

V. Algumas leis, incluindo o Código Civil[2525], utilizam o termo "interesse". Aí, teremos de lhe atribuir um sentido útil. Por exclusão, não está em causa o interesse subjetivo: este pode ser qualquer um, conforme as pessoas, pelo que não tem operacionalidade dogmática.

[2523] Recordamos, de PHILIPP HECK, os escritos clássicos: *Begriffsbildung und Interessenjurisprudenz* (1932), 72 ss. e 91 ss. e *Interessenjurisprudenz* (1933), 10 ss.. Outros elementos podem ser confrontados na nossa *Ciência do Direito e metodologia jurídica nos finais do século XX*, separata da ROA (1989), 8 ss..

[2524] Nesse sentido: CHRISTIAN SCHMDIT-LEITHOFF, *Die Verantwortung der Unternehmensleitung* (1989), 45 ss. e FRITZ RITTNER, *Zur Verantwortung der Unternehmensleitung*, JZ 1988, 113-118 (118).

[2525] Assim e como exemplos: no artigo 398.º/2 onde se diz que a prestação deve corresponder a um interesse do credor, digno de proteção legal ou no artigo 443.º/1, onde, no contrato a favor de terceiro, se determina que o promissário tenha, na promessa, um interesse digno de proteção legal.

§ 69.° Papel: gestão e representação

Queda uma saída objetiva, sendo de eleger uma fórmula que possa ser usada pelo Direito. Acolhemos a noção desenvolvida por Paulo Mota Pinto: uma realidade protegida por normas jurídicas as quais, quando violadas, dão azo a um dano[2526]. Quando a Lei refira "interesses", remete o intérprete-aplicador para realidades juridicamente relevantes e que tenham a tutela jurídica. Mais precisamente, ela visualiza: ou o conteúdo de um direito subjetivo ou a área acautelada por normas de proteção.

Por esta via (e revendo, um tanto, posições anteriores), consegue-se aproveitar a remissão legal para interesses.

Voltamos a apelar à doutrina que se ocupa destas matérias: não é possível opinar sem explicar o que se entende por "interesse" e sem reconstruir o percurso de toda esta matéria. E o problema não pode ser resolvido com um apelo vocabular à funcionalização das regras dirigidas aos administradores. É óbvio que tal funcionalização existe, uma vez que os administradores agem em defesa de bens alheios; mas dizer que eles servem "interesses" não esclarece sobre qual a função em jogo.

311. Ao serviço: dos sócios, da sociedade ou de terceiros?

I. O administrador serve a sociedade ou os sócios? Se regressarmos à técnica anterior, perguntaríamos se o administrador serve os "interesses" da sociedade ou os dos sócios. Admitamos que sejam os da sociedade:

- em sentido subjetivo: esses interesses terão de ser selecionados dentro dos órgãos sociais, o que acabará por descambar na decisão dos sócios;
- em sentido objetivo: tais interesses seriam escalonados pelo tribunal, de acordo com regras jurídicas; tais regras teriam de ser claras, estritas e constitucionais, já que elas viriam cercear a livre iniciativa dos sócios.

Admitindo agora que o administrador sirva os "interesses" dos sócios: em sentido subjetivo, a sua definição caber-lhes-ia; em sentido

---

[2526] Paulo Mota Pinto, *Interesse contratual negativo e interesse contratual positivo* 1 (2008), 528-529 e *passim. Vide* o *Tratado* II/1, 325 ss..

844   *A administração das sociedades*

objetivo, surgem as tais regras injuntivas que se fundirão com as que definam o "interesse objetivo" da própria sociedade.

Confirma-se, assim, o círculo: no que a lei permita, cabe aos sócios definir os "interesses" da sociedade e os seus próprios; fora isso, funcionará o Direito objetivo. O problema resolve-se com a noção jurídica de interesse: o administrador deve respeitar as posições protegidas pelo Direito (interesses); quer dos sócios, quer da sociedade. Mas devemos ser mais ambiciosos.

II. De facto, a referência aos "interesses" da sociedade encobre uma outra questão e da maior importância: deve o administrador atender, em cada momento, às indicações dos sócios ou, pelo contrário, caber-lhe-á decidir com vista ao médio e ao longo prazo, de tal modo que o interesse objetivo da sociedade e dos sócios, definido na base do lucro, do crescimento ou do êxito empresariais, prevaleça sobre quaisquer outras bitolas?

A lei dá grande margem aos administradores, particularmente no campo das sociedades anónimas: veja-se o artigo 373.°/3, que veda à assembleia geral a interferência na gestão da sociedade, salvo se por iniciativa dos próprios administradores. Tal margem destina-se, justamente, a permitir, aos administradores, pensarem no tal médio e no longo prazo.

III. Isto dito, recoloca-se o tema: médio e longo prazo tendo em vista as vantagens sociais ou as dos sócios? A sociedade é sempre um regime jurídico. Ela não sofre nem ri: apenas o ser humano o pode fazer. Separar a sociedade dos sócios é má escolha: despersonaliza um instituto que uma longa experiência mostrou melhor estar no Direito privado. O administrador servirá, pois, os sócios. Mas não enquanto pessoas singulares: antes enquanto partes que puseram a gestão dos seus valores num *modo coletivo* de tutela e de proteção. Nesse *modo coletivo* interferem normas que recordarão, entre outros aspetos:

– que a boa saúde das sociedades é vantajosa para o mercado;
– que há sectores sensíveis onde regras técnicas e prudenciais devem ser seguidas: banca e seguros;
– que as sociedades a que se acolhem empresas dão emprego e criam riqueza para o País.

Tudo isto tem de ser acatado. Poderemos exprimi-lo dizendo que os administradores servem a sociedade, na qual os sócios têm um papel

§ 69.º Papel: gestão e representação

importante, mas não exclusivo. E as vantagens dos sócios são prossegui-
das em modo coletivo, o que é dizer: de acordo com as regras societárias
aplicáveis.

IV. A nova redação do artigo 64.º/1, *b*), abaixo examinada[2527], que
determina atender aos interesses da sociedade, dos sócios, dos trabalhadores, dos clientes e dos credores[2528], manda, no fundo, respeitar as regras
que tutelam as inerentes posições. Nem de outro modo poderia ser, pois os
conflitos de "interesses" entre essas entidades são tais que nenhum administrador poderia decidir fosse o que fosse.

312. O poder de gestão

I. Em termos jurídicos, os administradores têm dois poderes, de conteúdo muito vasto:

– o poder de gerir ou de administrar;
– o poder de representar.

Apesar da natureza básica desta matéria, o Código não a considerou
na sua parte geral[2529]. Recorrendo aos diversos tipos societários, encontramos:

– nas sociedades em nome coletivo, *a administração e a representação da sociedade competem aos gerentes* – artigo 192.º/1[2530];
– nas sociedades por quotas, *a sociedade é administrada e representada por um ou mais gerentes* (...) – artigo 252.º/1[2531];
– nas sociedades anónimas de tipo latino, *compete ao conselho de
administração gerir as atividades da sociedade* (...) e *o conselho de
administração tem exclusivos e plenos poderes de representação da
sociedade* – artigo 405.º/1 e 2[2532];

[2527] *Infra*, 872 ss..
[2528] *CSC/Clássica*, 2.ª ed. (2011), anotação ao artigo 64.º.
[2529] Nem a refere no artigo 64.º.
[2530] *Manual*, 2, 184 ss..
[2531] *Manual*, 2, 400 ss..
[2532] *Manual*, 2, 769 ss..

846 A administração das sociedades

– nas sociedades anónimas de tipo germânico, *compete ao conselho de administração executivo gerir as atividades da sociedade* e o *conselho de administração executivo tem plenos poderes de representação da sociedade perante terceiros* – artigo 431.º/1 e 2[2533];
– nas sociedades em comandita, haverá que aplicar as regras das sociedades em nome coletivo – artigo 474.º – ou anónimas – artigo 478.º – conforme se trate de comandita simples ou de comandita por ações.

II. O Código das Sociedades Comerciais não dá uma noção explícita de administração da sociedade. Nas sociedades em nome coletivo, diz-se que *a competência dos gerentes, tanto para administrar como para representar a sociedade, deve ser sempre exercida dentro dos limites do objeto social* (...) – artigo 192.º/2; nas sociedades por quotas, manda o artigo 259.º: *os gerentes devem praticar os atos que forem necessários ou convenientes para a realização do objeto social, com respeito pelas deliberações dos sócios*; a propósito das sociedades anónimas, já se anotou a fórmula ampla do artigo 405.º/1, que fala em "... gerir as atividades da sociedade ..."; o artigo 406.º enumera os poderes de gestão: *compete ao conselho de administração deliberar sobre qualquer assunto de administração da sociedade, nomeadamente*; seguem-se 13 pontos, que vão desde a escolha do presidente até qualquer outro assunto sobre o qual algum administrador requeira deliberação do conselho. A enumeração é, assumidamente, exemplificativa, de tal modo que o próprio Código das Sociedades Comerciais acrescenta, em preceitos dispersos, outros pontos; como exemplo: compete ao conselho de administração, em certos casos, deliberar a emissão de obrigações – artigo 350.º/1.

Cumpre recorrer ao Direito comum.

III. A expressão "administração" aparece-nos dezenas de vezes, no Código Civil. Tem, aí, diversas aceções. Assim:

a administração como órgão ou como produto da atividade desse órgão: artigos 33.º/1, 159.º, 162.º, 163.º, 171.º, 173.º/3, 178.º/1, 189.º, 190.º/1, 191.º/1, 193.º, 985.º, 986.º, 997.º/3 e 1436.º (administrador);

[2533] *Manual*, 2, 784 ss..

§ 69.º Papel: gestão e representação 847

a administração enquanto lide geral relativa a um património: artigos 195.º (administração de associações sem personalidade), 2068.º (do património hereditário), 2079.º, 2084.º, 2238.º, 2239.º e 2240.º (da herança); a administração enquanto lide específica relativa a certos bens: artigos 89.º/1 e 103.º/2 (do ausente), 154.º (do inabilitado), 1649.º (do menor casado), 1678.º/1 e 2, 1679.º, 1681.º e 1691.º/1, *c*) (do casal), 1888.º, 1924.º/1, 1925.º, 1936.º e 1956.º, *a*) (dos filhos), 2047.º (da herança) e 2290.º (do fideicomisso); por vezes, a lei fala em administração de simples coisas ou partes de coisas: artigos 1204.º, 1407.º, 1430.º/1 e 1446.º; em conexão com esta aceção, surgem, na lei, referências a despesas de administração – artigos 1472.º/1 e 1489.º/1 – a contas da administração – artigo 1899.º – e a encargos de administração – artigos 2090.º e 2093.º/2; fala-se, ainda, em má administração – artigos 1473.º/1 e 1767.º – e em prémio arbitrado pela administração – 1482.º; a administração enquanto conjunto de poderes: artigos 318.º, *c*), 1051.º, *c*), 1123.º e 1900.º/1; a administração como categoria de atos: artigo 2056.º/3; aparece, então, por oposição a atos de alienação – artigo 127.º/1 – ou de disposição – artigo 834.º/1 – surgindo, ainda, neste universo, explícitas referências a uma administração ordinária – artigos 277.º/2, 700.º, 1024.º/1, 1159.º/1, 1678.º/3 e 1682.º/1; a administração como estatuto particular de certos bens: artigo 1470.º/1 (imóveis em administração), artigos 1604.º, *d*), 1608.º e 1609.º/1, *b*) (administração legal de bens), artigos 1922.º, 1923.º e 1967.º a 1972.º (regime de administração de bens do menor) e 2237.º (herança em administração).

Esporadicamente, o Código Civil fala em gerência, em vez de administração – artigo 1944.º.

Pois bem: destas diversas aceções, para além de flutuações de linguagem que escaparam às revisões do Código Civil, resultam algumas linhas reitoras. A administração reporta-se a patrimónios, a bens ou a coisas, de modo a traduzir, em termos compreensivos, um conjunto de atuações insuscetíveis de enumeração em concreto ou, sequer, de definição: tudo depende, em cada caso, da realidade de cuja administração se trate. Por vezes, a lei introduz limitações nas concretas atuações a ter em conta; é o que sucede quando se faz uma contraposição entre atos de administração e de disposição. Trata-se, porém, de uma contraposição relativa: caso a caso haverá que determinar o preciso âmbito da administração e da disposição. A ideia básica é a indeterminação dos poderes ou potencialidades de atuação, a incluir na administração. Esta apenas pode ser determinada: pela negativa, retirando-lhe faculda-

848   *A administração das sociedades*

des, como sejam a disposição ou a "administração extraordinária"; pelo objeto, de acordo com a realidade a que respeite e pela finalidade.

IV. As sociedades comerciais têm personalidade – artigo 5.º – e capacidade jurídica: esta compreende "... os direitos e as obrigações necessárias ou convenientes à prossecução do seu fim ..." – artigo 6.º/1. A administração de uma sociedade vem definir-se, perante esta realidade, com recurso a duas coordenadas: uma positiva e material e outra negativa e formal. Diremos que a administração abrange o conjunto de atuações materiais e jurídicas imputáveis a uma sociedade que não estejam, por lei, reservadas a outros órgãos. A competência genérica e residual para agir, pela sociedade, cabe à administração: é o que se infere dos artigos 259.º e 405.º/1.

A prática jurídica e societária tem reservado a ideia de administração para a atuação dos próprios administradores. Mas ela poderia ser alargada a "... outras pessoas a quem sejam confiadas funções de administração" – artigo 80.º. Resta acrescentar que, também na prática, surgem, como sinónimas, as locuções administração, gerência e gestão.

V. Tecnicamente, a administração é um direito potestativo: traduz a permissão normativa que os administradores têm de decidir e de agir, em termos materiais e jurídicos, no âmbito dos direitos e dos deveres da sociedade. Embora se trate de um direito – os administradores são autónomos, ou teriam de ir procurar a administração noutra instância – é um direito funcional ou fiduciário: os administradores devem observar regras e agir na base da lealdade: pontos importantes, abaixo estudados.

313. **O poder de representação**

I. Ao lado do poder de administrar, o administrador tem, como segundo pilar da sua posição, o de representar a sociedade. A representação é uniformemente atribuída aos gerentes – 192.º/1 e 252.º/1 – ao conselho de administração – 405.º/2 – e ao conselho de administração executivo – 431.º/2. Trata-se do vínculo jurídico, de base legal, que permite imputar à pessoa coletiva os atos dos seus órgãos e, para o caso: à sociedade, a atuação dos administradores[2534].

[2534] *Tratado* I/4, 27 ss., quanto à representação, com elementos.

§ 69.º Papel: gestão e representação

À partida, o âmbito dos poderes de representação estaria delimitado pelo da própria administração. A tutela da confiança levou o legislador português a estabelecer um esquema inverso: quando, no uso formal de poderes de representação, o administrador ultrapasse o que lhe caberia, a imputação funciona: artigo 6.º/4: "... não limitam a capacidade da sociedade ..."[2535].

Conectada com a imputação de atos provenientes do vínculo de representação, surge a imputação, ao ente coletivo, de factos ilícitos. A lei – artigo 6.º/5 – não fala, aqui, em representação, apenas remetendo para o regime da comissão[2536].

II. Como sabemos, a "representação" aqui figurada não equivale à representação em sentido técnico[2537]. Antes se trata de um modo cómodo sugestivo de exprimir os nexos de organicidade que imputam, ao ser coletivo, a atuação dos titulares dos seus órgãos. Por isso, quando a lei fale em "representantes" da sociedade, teremos de ver, pela interpretação, se estamos perante representantes voluntários, constituídos nos termos dos artigos 262.º do Código Civil, para a prática de certos atos[2538] ou se, pelo contrário, estão em causa os verdadeiros e próprios administradores. Os efeitos de uma ou de outra dessas duas possibilidades são distintos.

III. Em termos técnicos, também a representação dos administradores se apresenta como um direito potestativo. Ela envolve a permissão de, agindo em nome e por conta da sociedade, produzir efeitos jurídicos que se projetam imediata e automaticamente na esfera desta.

A representação orgânica tem, subjacente, a administração e os condimentos que a norteiam. Trata-se de duas facetas de uma mesma realidade, que cumpre cindir, para efeitos de análise.

[2535] *Supra*, 393 ss..

[2536] *Direito das Obrigações*, 2, 370 ss., com indicações.

[2537] *Supra*, 392 ss..

[2538] Segundo a boa doutrina, é isso o que se passa no artigo 6.º/5 do Código das Sociedades Comerciais.

SECÇÃO II
OS DEVERES FUNDAMENTAIS
DOS ADMINISTRADORES

§ 70.º O ARTIGO 64.º

314. A redação atual

I. Os administradores dispõem dos poderes básicos de gestão e de representação. Tais poderes não devem ser exercidos arbitrariamente. O Direito não pode, todavia, descer a cada situação, de modo a, aí, explicitar a forma do exercício. Prevê determinadas obrigações concretas, em pontos delicados e predeterminados e elabora grandes diretrizes, de construção difícil, mas inevitável. No centro do problema surge-nos o artigo 64.º, precisamente epigrafado "deveres fundamentais". A propósito desse preceito, da sua evolução, da sua crítica e daquilo que ele representa, podemos expor a matéria dos deveres fundamentais dos administradores.

II. O artigo 64.º/1 do Código das Sociedades Comerciais, na versão resultante do artigo 4.º do Decreto-Lei n.º 76-A/2006, de 29 de Março, vem dispor:

> 1. Os gerentes ou administradores da sociedade devem observar:
>
> *a*) Deveres de cuidado, revelando a disponibilidade, a competência técnica e o conhecimento da atividade da sociedade adequados às suas funções e empregando nesse âmbito a diligência de um gestor criterioso e ordenado; e
>
> *b*) Deveres de lealdade, no interesse da sociedade, atendendo aos interesses de longo prazo dos sócios e ponderando os interesses dos outros sujeitos relevantes para a sustentabilidade da sociedade, tais como os seus trabalhadores, clientes e credores.

§ 70.° O artigo 64.° 851

A uma primeira leitura: temos um preceito pesado, que condensa, em duas alíneas, uma série complexa de mensagens normativas.

III. O artigo 64.°/1, na sua redação de 2006, teve um advento publicitado. Aquando da apresentação do anteprojeto, a CMVM – aliás perante um texto mais simples, a que iremos regressar – explicou a sua importância e revelou estar em causa, quanto aos titulares dos órgãos de administração[2539]:

> (...) uma cuidadosa densificação dos deveres que devem ser acautelados no seu exercício profissional.

e

> (...) parece ser igualmente pacífico que a lei deve recordar um núcleo mínimo dos deveres dos administradores e dos titulares dos órgãos de fiscalização, não só para fornecer modelos de decisão claros mas também para permitir a efetivação aplicativa de precisões normativas decorrentes do incumprimento dos deveres societários.

IV. No preâmbulo do Decreto-Lei n.° 76-A/2006, o legislador foi mais comedido, evitando referir o artigo 64.°/1[2540]. Todavia, para quem conheça a matéria e os seus antecedentes, é evidente que, nesse preâmbulo, o preceito ora em estudo é arvorado a[2541]:

> (...) primeiro objetivo de fundo que este decreto-lei visa prosseguir, em prol de uma maior transparência e eficiência das sociedades anónimas portuguesas.

E compulsada a reforma, verifica-se que todo o conjunto das enunciadas medidas relativas ao governo das sociedades – que chega a dar o nome ao projeto – acaba, afinal, por desaguar no artigo 64.°/1, acima

---

[2539] CMVM/*Governo das sociedades anónimas: propostas de alteração ao Código das Sociedades Comerciais/Processo de consulta pública n.° 1/2006*, n.° 11.

[2540] Ao ponto de PAULO OLAVO CUNHA, *Direito das sociedades comerciais* 1.ª ed. (2006), 679 e 684 e 2.ª ed. (2006), 684, afirmar que o preâmbulo não autonomiza, nas diversas medidas que enumera, "... aquela que porventura terá maior alcance dogmático-conceptual no âmbito do direito das sociedades comerciais". Pela nossa parte: a quietude, neste ponto, do preâmbulo do diploma releva alguma (tardia) contenção académica.

[2541] DR I Série-A, n.° 63, de 29-Mar.-2006, 2328-(3)/II.

852 A administração das sociedades

transcrito. Este preceito, mesmo quando aquém da desmesurada importância que lhe deu o legislador histórico, tem um relevo inegável, que justifica alguma atenção[2542].

315. As redações anteriores

I. O artigo 64.° tem uma história movimentada: diz muito sobre várias experiências europeias e sobre os *mores* legislativos nacionais. Vamos recordá-la.

Na origem, temos o artigo 17.°/1 do Decreto-Lei n.° 49 381, de 15 de Novembro de 1969. Este preceito, visando introduzir um capítulo sobre a responsabilidade dos administradores, veio dispor[2543]:

> Os administradores da sociedade são obrigados a empregar a diligência de um gestor criterioso e ordenado[2544].

Trata-se de uma regra inspirada por RAÚL VENTURA e que adveio do § 93/I do *Aktiengesetz* alemão, de 1965[2545].

II. Esse mesmo preceito foi basicamente acolhido no artigo 64.°, versão original. Com um acrescento: a sua redação surge completada, ficando com a seguinte composição, agora sob a epígrafe "dever de diligência":

> Os gerentes, administradores ou diretores de uma sociedade devem atuar com a diligência de um gestor criterioso e ordenado, no interesse da sociedade, tendo em conta os interesses dos sócios e dos trabalhadores[2546].

Desta feita, o aditivo "no interesse da sociedade, tendo em conta os interesses dos sócios e dos trabalhadores" adveio, por indicação de BRITO CORREIA, da proposta de 5.ª Diretriz das sociedades comerciais, a qual, de resto, nunca foi adotada, no plano europeu.

[2542] Cético quanto à "exegese conceptual" do preceito: PEDRO PAIS DE VASCONCELOS, *Responsabilidade civil dos gestores das sociedades comerciais*, DSR 2009, 11-32 (19); este ilustre Autor vem, todavia, a estudar esse mesmo preceito.

[2543] *Vide* MANUEL DOS SANTOS MACHADO/JOÃO CARLOS GODINHO, *Novo regime de fiscalização das sociedades anotado* (1970), 41.

[2544] DG I Série n.° 268, de 15-Nov.-1969, 1607-1613 (1610/I).

[2545] Desde já, UWE HÜFFER, *Aktiengesetz*, 9.ª ed. cit., 489 ss..

[2546] DR I Série n.° 201, de 2-Set.-1986, 2307/II.

§ 70.º *O artigo 64.º* 853

III. No projeto da que seria a reforma de 2006, da CMVM, posto a discussão pública, o preceito surgia desdobrado em dois números: o n.º 1, relativo aos administradores, e o n.º 2, quanto à fiscalização. Releva, aqui, apenas o primeiro, assim redigido, agora sob a epígrafe "dever de diligência e de lealdade":

> 1. Os gerentes ou administradores da sociedade devem atuar com a diligência de um gestor criterioso e ordenado e com lealdade, no interesse da sociedade, tendo em conta os interesses dos sócios e dos trabalhadores.

Por inspiração da CMVM, foi acrescentado "com lealdade". Palavras simples, mas com inúmeras implicações jurídico-científicas, como veremos. Estávamos na tradição alemã, ainda que com elementos heterogéneos.

IV. Finalmente, o artigo 64.º/1, versão definitiva proveniente da reforma e acima transcrito, desta feita epigrafado "deveres fundamentais", veio:

– articular, em alíneas separadas, os deveres de cuidado e de lealdade;
– explicitar o conteúdo dos deveres de cuidado e rematar com a diligência de um gestor criterioso e ordenado;
– desenvolver o teor dos deveres de lealdade, aí inserindo, entre os elementos a atender, a referência a diversos interesses.

Os "deveres de cuidado" são de origem anglo-saxónica[2547]. As concretizações de tais deveres, bem como os desenvolvimentos levados a cabo a propósito da lealdade, corresponderam a ideias da CMVM, tanto quanto veio a público. Mais precisamente: às ideias destinadas a dar forma ao denominado governo das sociedades ou *corporate governance*, de cepa norte-americana.

Também a contraposição entre deveres de cuidado e deveres de lealdade (Estados Unidos) ou fiduciários (Inglaterra) é típica dos manuais de Direito das sociedades de além-Atlântico ou de além-Mancha[2548]. Ao já

[2547] E apenas estes, se quisermos ser rigorosos, no conhecimento do preceito: sem esse conhecimento, não é possível proceder a desenvolvimentos dogmáticos consequentes.
[2548] Como exemplos, BRENDA HANNIGAN, *Company Law*, 2.ª ed. (2009), 171 ss. e MAYSON, FRENCH & RYAN, *Company Law*, 26.ª ed. (2009/2010), 467 ss.. Como aponta-

854 · *A administração das sociedades*

colorido Direito português soma-se, assim, uma massa de língua inglesa. Cabe ao intérprete estudar o assunto, naturalmente: problemático.

316. As componentes jurídico-científicas

I. O artigo 64.º/1 não corresponde a quaisquer desenvolvimentos nacionais: nem doutrinários, nem jurisprudenciais. *Grosso modo*, ele traduz uma série de aportações retiradas de fontes exteriores, desinseridas dos sistemas que as originaram. Parece-nos claro que, tal como se apresentam e a serem juridicamente operacionais, essas aportações irão encontrar um novo equilíbrio e um sentido conjunto e coerente. Pelo menos: será papel dos juristas nacionais trabalhar com esse objetivo.

II. O primeiro passo para a reconstrução do artigo 64.º/1 terá de consistir no levantamento das parcelas que o compõem e no seu estudo, à luz dos sistemas dadores. Iremos, assim, considerar sucessivamente:

– a diligência de um gestor criterioso;
– os interesses da sociedade, dos sócios e dos trabalhadores;
– os deveres de lealdade;
– os deveres de cuidado;
– o governo das sociedades.

Veremos, na base dos elementos obtidos, até onde se poderá ir na composição de um preceito harmónico e funcional. Acrescentamos, ainda, um ponto metodológico insofismável: estamos numa área muito densa, com estreitas conexões civis, e nas quais não é de esperar "descobertas", capazes de dispensar todo um estudo histórico e dogmático.

---

mento mais concreto: MORITZ BROCKER, *"In the Line of Fire" / Die Pflichten des Directors und die vereinfachte Kapitalherabsetzung nach dem Companies Act 2006*, GmbHR 2009, 477-480.

§ 71.º A DILIGÊNCIA DE UM GESTOR CRITERIOSO

317. A origem da bitola de diligência

I. A denominada bitola de diligência de gestor criterioso remonta ao *Aktiengesetz* alemão, de 1937. Mais precisamente, ao seu § 84 que, introduzindo à responsabilidade dos membros da direção das sociedades anónimas, dispunha, no seu n.º 1[2549]:

> Os membros da direção devem aplicar, na sua condução da sociedade, o cuidado de um gestor ordenado e conscencioso. Devem manter sigilo sobre os dados confidenciais.

A doutrina da época explicava que uma responsabilização dos administradores independente de culpa levaria a resultados injustos. A regra legal conduziria, deste modo, à culpa e à sua necessidade[2550]. Esclarecemos, no plano terminológico, que "cuidado" (*Sorgfalt*) sempre foi vertido, em português, por diligência; nada tem a ver com o novo "cuidado" (*care*), anglo-saxónico e com a tradição distinta, a ele ligada[2551].

[2549] REINHARD FRHR. VON GODIN/HANS WILHELM, *Gesetz über Aktiengesellschaft und Kommanditgesellschaft auf Aktien (Aktiengesetz)* (1937), 280.

[2550] FRANZ SCHLEGELBERGER/LEO QUASSOWSKI/GUSTAV HERBIG/ERNST GESSLER/ /WOLFGANG HEFERMEHL, *Aktiengesetz*, 3.ª ed. (1939), 304.

[2551] Por seu turno, o alemão *im Verkehr erforderliche Sorgfalt* deve ser vertido, em inglês por *Due Diligence* – cf. LARS BÖTTCHER, *Verpflichtung des Vorstands einer AG zur Durchführung einer Due Diligence*, NZG 2005, 49-54 (49/I) – expressão depois usada para significar uma cuidada auditoria a uma sociedade. *Vide* HARM PETER WESTERMANN, *Due Diligence beim Unternehmenskauf*, ZHR 169 (2005), 248-273 e PETER HEMELING, *Gesellschaftsrechtliche Fragen der Due Diligence beim Unternehmenskauf*, ZHR 169 (2005), 274-294.

856 *A administração das sociedades*

II. Na passagem para o *Aktiengesetz* de 1965[2552], a primeira parte do preceito manteve-se íntegra: há uma regra não escrita que manda preservar as normas deste tipo. A doutrina foi aprofundando o sentido da bitola do dever de diligência explicando que, sendo objetiva, ela se afirmaria pelo tipo, pelo âmbito e pela dimensão da sociedade[2553]. Tal bitola seria mais exigente do que a relativa ao comum comerciante, uma vez que se gerem bens alheios[2554]. Este aspeto é importante. De outro modo, bastaria apelar ao *bonus pater familias*.

III. Na atualidade, a bitola de diligência do gestor ordenado e consciencioso mantém-se firme, no seu papel na responsabilidade civil[2555]. Fundamentalmente em causa está a compatibilização entre a discricionariedade empresarial e as restrições impostas, quer pelo ordenamento, quer pelas realidades da sociedade[2556].

A doutrina explica que, pelo seu teor, o § 93/I AktG reporta uma bitola de culpa[2557], correspondendo ao § 276 do BGB[2558] e ao § 347 do HGB[2559]. Todavia, o preceito é levado a uma dupla função, assumindo ainda o papel de uma previsão geral de responsabilidade (de ilicitude)[2560].

[2552] HANS-MARTIN MERTENS, *Kölner Kommentar zum Aktiengesetz*, 2, 2.ª ed. (1996), § 93, Nr. 1 (287).

[2553] HEFERMEHL, em ERNST GESSLER/ WOLFGANG HEFERMEHL/ULRICH ECKARDT/ /BRUNO KROFF, *Aktiengesetz*, II (1973), § 93, Nr. 12 (275).

[2554] *Idem*, loc. cit.. Na nossa jurisprudência e nesse (bom) sentido: RLx 18-Mar.-2010 (ISABEL CANADAS), Proc. 10309/08-2.

[2555] KARSTEN SCHMIDT, *Gesellschaftsrecht*, 4.ª ed. (2002), 815.

[2556] JAN WILHELM, *Kapitalgesellschaftsrecht*, 2.ª ed. (2005), 314, UWE HÜFFER, *Der Leitungsermessen des Vorstands in der Aktiengesellschaft*, FS Raiser 2005, 163-180 (176 ss.) e CHRISTOPH E. HAUSCHKA, *Ermessensentscheidungen bei der Unternehmensführung*, GmbHR 2007, 11-16.

[2557] THOMAS RAISER/RÜDIGER VEIL, *Recht der Kapitalgesellschaften*, 5.ª ed. cit., § 14, Nr. 65 (137).

[2558] Segundo cujo n.º 2: *Atua com negligência quem não observe o cuidado exigido no tráfego*; trata-se de uma bitola abstrata e objetiva; cf., com jurisprudência, CHRISTIAN GRÜNEBERG, no *Palandt*, 69.ª ed. (2010), § 276, Nr. 15 (355) e MARTIN SCHMIDT-KESSEL, no PWW/BGB, 5.ª ed. (2010), § 276, Nr. 3 (425).

[2559] N.º 1: quem gira um negócio comercial alheio *deve assumir o cuidado de um comerciante ordenado*; também aqui a bitola é objetiva e abstrata: HULF-HENNING ROTH, em KOLLER/ROTH/MORCK, *Handelsgesetzbuch*, 5.ª ed. (2005), § 347, Nr. 2 e 3 (986).

[2560] RAISER/VEIL, *Kapitalgesellschaften*, 5.ª ed. cit., 137, MERTENS, *Kölner Kommentar* cit., § 93, Nr. 6 (289) e HUFFER, *Aktiengesetz*, 9.ª ed. (2010), § 93, Nr. 3 a, 492-493.

§ 71.º A diligência de um gestor criterioso

Estamos perante uma matéria de aprofundamento delicado; apenas se pode progredir com um perfeito conhecimento do sistema alemão da responsabilidade civil e na base da jurisprudência.

A regra geral do § 93/I do AktG vem, depois, concretizar-se em múltiplos e precisos deveres de conduta[2561].

318. O *business judgement rule*

I. Interessa fazer aqui uma referência ao *business judgement rule*, introduzido no § 93/I, 2 AktG pelo UMAG de 22-Set.-2005[2562]. Esse diploma, depois da consagração da bitola de diligência, que se mantém, veio acrescentar:

> Não há uma violação de dever quando o membro da direção, na base de informação adequada, devesse razoavelmente aceitar que, aquando da decisão empresarial, agia em prol da sociedade.

Trata-se de uma regra de origem norte-americana[2563]. Resumindo[2564]: na base de um enérgico sistema de responsabilidade civil, a responsabili-

---

[2561] PETER KINDLER, *Unternehmerisches Ermessen und Pflichtenbindung/Voraussetzung und Geltendmachung der Vorstandshaftung in der Aktiengesellschaft*, ZHR 162 (1998), 101-119 (105) e UWE HUFFER, *Aktiengesetz*, 9.ª ed. cit., § 93, Nr. 3 a 10 (491-498), GERD KRIEGER/VIOLA SAILER-COCEANI, em KARSTEN SCHMIDT/MARCUS LUTTER, *Aktiengesetz Kommentar*, 1 (2010), § 93, Nr. 10 ss. (1265 ss.), com diversas indicações e HOLGER FLEICHER, em GERALD SPINDLER/EBERHARD STILZ, *Kommentar zum Aktiengesetz* I, 2.ª ed. (2010), § 93 (1070 ss.).

[2562] Ou *Gesetz zur Unternehmensintegrität und Modernisierung des Anfechtungsrechts*.

[2563] Em inglês do Reino Unido, escreve-se *judgement*; no dos Estados-Unidos, *judgment*; por isso surge ora uma ora outra das duas grafias, consoante a origem ou a fonte inspiradora dos diversos autores.

[2564] Quanto às origens da regra, que remontam ao princípio do século XIX, cf. FRANKLIN A. GEVURTZ, *Corporation Law* (2000), 270 ss. e KATRIM SCHLIM, *Das Geschäftsleiterermessen des Vorstands einer Aktiengesellschaft / Die Kodifikation einer "Business Judgment Rule" deutscher Prägung in § 93 Abs. 1 5.2 AktG* (2009), 379 pp. (62 ss.); quanto ao funcionamento dessas regras, DENNIS J. BLOCK/NANCY E. BARTON/STEPHEN A. RADIN, *The Bussiness Judgement Rule/Fiduciary Duties of Corporate Directors* (2002), com quase 1200 páginas; cf. STEFANIE DENZEL, *Die Neutralitätspflicht im europäischen Übernehmerecht/ein Vergleich mit dem US-amerikanischen System der Modified Business Judgement Rule* (2005), 258 pp..

A administração das sociedades

dade dos administradores era transferida para as seguradoras; estas negociavam com os queixosos; todavia, o incremento das indemnizações levou as seguradoras a retrairem-se, excluindo numerosas hipóteses de responsabilidade. O sistema reagiu: através do *business judgement rule*, os administradores não seriam demandáveis quando mostrassem que agiram, com os elementos disponíveis, dentro das margens que lhes competiriam, em termos de negócios.

II. Apesar da inspiração norte-americana, a sua transposição para a Alemanha obedeceu a necessidades efetivas. Na verdade, no caso alemão, observava-se que as situações de responsabilização dos administradores, designadamente nas décadas do pós-guerra, eram relativamente escassas[2565]: o § 93 chegou a ser comparado a um "tigre de papel". A partir de 1998, mercê das alterações introduzidas no § 147 pelo KonTraG[2566], as situações de responsabilidade multiplicaram-se, sendo absorvidas pelos seguros D&O[2567] [2568]. Os *lobbies* dos seguros movimentaram-se, assim sendo introduzido, na lei alemã, o *business judgement rule*. E isso sucedeu com uma oportunidade reforçada, uma vez que o UMAG de 2005, atingindo o § 148, foi facilitar, de novo, a responsabilidade da direção[2569]. Com a seguinte consequência prática: nos casos de negligência, a responsabilidade é excluída quando se mostre que o administrador agiu dentro da razoabilidade dos negócios. Digamos que se lhe reconhece, para além da esfera representada pelo cuidado do gestor ordenado e consciencioso, mais um campo de ação onde podem ocorrer atuações inovatórias[2570]. Trata-se de

---

[2565] FRIEDRICH KÜBLER/HEINZ-DIETER ASSMANN, *Gesellschaftsrecht*, 6.ª ed. (2006), 207.

[2566] Ou *Gesetz zur Verbesserung der Kontrolle und Transparenz im Unternehmensbereich*; cf. HÜFFER, *Aktiengesetz* cit., 9.ª ed., § 148 (846-847, com indicações).

[2567] *Directors and Officers*. Sobre os seguros D&O existe uma literatura inabarcável; por último, neste momento, referimos BARBARA DEILMANN/SABINE OTTE, *D&O-Versicherung / Wer entscheidet über die Höhe des Selbstbehalts?*, AG 2010, 323-325 e THOMAS GÄDTKE/THOMAS WAX, *Konzepte zur Versicherung des D&O-Selbstbehalts*, AG 2010, 851-867; entre nós: PEDRO PAIS DE VASCONCELOS, *D&O Insurance: o seguro de responsabilidade civil dos administradores e outros dirigentes da sociedade anónima*, em Estudos Inocêncio Galvão Telles / 90 anos (2007), 1168-1175.

[2568] KÜBLER/ASSMANN, *Gesellschaftsrecht*, 6.ª ed. cit., 208.

[2569] REINHARD BORK, *Prozessrechtliche Notiz zum UMAG*, ZIP 2005, 66-67 e, quanto ao fundo, CARSTEN SCHÄFER, *Die Binnenhaftung von Vorstand und Aufsichtsrat nach der Renovierung durch das UMAG*, ZIP 2005, 1253-1259 (1255 ss.).

[2570] *Vide* HOLGER FLEICHER, em GERALD SPINDLER/EBERHARD STILZ, *Kommentar zum Aktiengesetz* I, 2.ª ed. (2010), § 93, Nr. 59 (1091).

§ 71.º A diligência de um gestor criterioso

uma saída já antecipada pela jurisprudência nos casos ARAG[2571] e Siemens/Nold[2572].

Criada para as sociedades anónimas, a regra tem vindo a ser aplicada, por analogia, também às sociedades por quotas[2573].

III. No campo dos quadros jurídicos anglo-saxónicos, o *business judgement rule* opera como uma causa de isenção de responsabilidade, não cabendo discutir se enquanto causa de justificação ou causa de excusa[2574]. Feita a transposição para os Direitos continentais, há que reconduzi-lo aos quadros competentes. A mera leitura do § 93(1), 2[2575], mostra que estamos perante uma específica exclusão da ilicitude: não de culpa. E num efeito de retorno: mais claro fica que a diligência equivale a uma bitola de conduta, fonte de ilicitude quando violada.

IV. Adiantamos, por fim, que o *business judgement rule* também foi transposto para o nosso Direito: artigo 72.º/2. É estranho: não logramos, no Direito português, nenhum surto de responsabilização dos administradores que pudesse justificar tal cautela. Trata-se de um ponto a considerar em sede própria[2576].

319. A transposição para o Direito português

I. A diligência do gestor criterioso foi, como vimos, transposta para o Direito português pelo artigo 17.º/1 do Decreto-Lei n.º 49 381, de 15 de Novembro de 1969. A análise dos seus vastos trabalhos preparatórios[2577]

[2571] BGH 21-Abr.-1997, BGHZ 135 (1998), 244-257 (251 ss.). Cf. HÜFFER, *Der Leitungsermessen des Vorstands* cit., 177 ss..

[2572] BGH 23-Jun.-1997, NJW 1997, 2815-2817 (2816/II).

[2573] CHRISTOPH E. HAUSCHKA, *Ermessensentscheidungen bei der Unternehmensführung*, cit., 12/I e 12/II e THILO KUNTZ, *Geltung und Reichweite der Business Judgement Rule in der GmbH*, GmbHR 2008, 121-128 (121/I e II).

[2574] Tal discussão, como é sabido, pressupõe a contraposição entre a culpa e a ilicitude, desconhecida no Direito anglo-saxónico.

[2575] *Eine Pflichtverletzung liegt nicht vor* ... [não há violação de um dever ...].

[2576] *Infra*, 982 ss..

[2577] RAÚL VENTURA/LUÍS BRITO CORREIA, *Responsabilidade civil dos administradores de sociedades anónimas e dos gerentes de sociedades por quotas/Estudo comparativo dos direitos alemão, francês, italiano e português*, BMJ 192 (1970), 5-112, 193 (1970), 5-182 e 194 (1970), 5-113, n.º 49 e 50, BMJ 192, 95-101.

860   A administração das sociedades

bem como das subsequentes explicações dadas pelos ilustres Autores do anteprojeto[2578], permite algumas conclusões interessantes:

- o legislador material conhecia bem os diversos sistemas europeus, tendo optado pela fórmula do *Aktiengesetz* alemão: tecnicamente mais apurada e consonante com a tradição nacional;
- além disso, apercebeu-se do dilema culpa/ilicitude, tendo acabado por aproximar a "diligência" de uma norma de conduta e, portanto: de fonte de ilicitude, quando violada, sujeita a subsequente e eventual juízo de culpa.

Cifra-se, logo aí, uma linha coerente, interrompida, segundo parece, em 2006.

II. Torna-se evidente que a mera transposição de 1969 nunca poderia assegurar a deslocação, para o nosso Direito, de todos os desenvolvimentos alemães de que acima demos conta. De resto: muitos deles são subsequentes a essa data.

Registamos, todavia, que o preceito manteve a lógica da origem, surgindo como uma regra de responsabilidade civil dos administradores. Mas a partir daí, como classificá-la? Regra de conduta ou bitola de culpa?

A resposta é complexa e exige uma prévia ponderação metodológica, que reduziremos ao mínimo. Perante a realidade jurídica nacional e considerando as comuns e elementares aspirações de coerência jurídico-científica, não vemos qualquer utilidade em duplicar (ou multiplicar) os sistemas de responsabilidade civil. Haverá assim que manter os quadros civis. E em qualquer caso: será um grave erro de método pretender, sem justificações e sem atentar no que se faz, reescrever, a propósito da responsabilidade dos administradores, todo o sistema da responsabilidade civil.

III. Isto dito: em sentido normativo, a diligência equivale ao grau de esforço exigível para determinar e executar a conduta que integra o cumprimento de um dever[2579]. Trata-se de uma regra de conduta, ou melhor:

[2578] RAÚL VENTURA/LUÍS BRITO CORREIA, *Nota explicativa do Capítulo II do Decreto-Lei n.º 49.381, de 15 de Novembro de 1969*, BMJ 195 (1970), 21-90 (32).

[2579] FERNANDO PESSOA JORGE, *Direito das obrigações* (1971-72, ed. dos Serviços Sociais da Universidade de Lisboa), 79. Podem, aí, ser confrontados os sentidos psicológico e objetivo, que não estão agora em causa.

§ 71.º A diligência de um gestor criterioso 861

de parte de uma regra de conduta[2580], que deve ser determinada independentemente de qualquer responsabilidade e, logo: de culpa. A violação do dever de diligência dá azo a ilicitude: não a mera medida de culpa[2581]. Aliás: a falta de diligência pode ser dolosa e não meramente negligente.

É certo que o § 93/I do AktG alemão começou por ser assimilado a uma medida de culpa (de negligência), mercê da sua ordenação sistemática pelos §§ 276 do BGB e 347 do HGB; mais tarde, evoluiu para uma regra de conduta, em termos hoje pacíficos. Não vemos, porém, para quê manter tais complicações, aquando da transposição para o Direito português que, aliás, dispõe de quadros mais flexíveis e avançados do que o alemão, no campo da responsabilidade civil.

A bitola de diligência é, nos termos gerais, uma regra de conduta. Mas incompleta: apenas em conjunto com outras normas, ela poderá ter um conteúdo útil preciso. Com efeito, ninguém atua diligentemente, *tout court*: há que saber de que conduta se trata para, então, fixar o grau de esforço exigido na atuação em jogo[2582].

320. O Código das Sociedades Comerciais em 1986 e em 2006

I. A orientação acima apontada – a do dever de diligência como *quantum* de esforço normativamente exigível, aos administradores, no cumprimento dos seus deveres – mais fortalecida fica quando se passa ao artigo 64.º do Código das Sociedades Comerciais, na sua versão original.

Esse preceito, perante a arrumação das matérias adotada pelo Código, ficou geograficamente desligado da responsabilidade dos administradores, passando a integrar um capítulo próprio sobre a administração. Ora,

---

[2580] Nesse sentido, subscrevemos RLx 2-Out.-2008 (SOUSA PINTO), Proc. 2254/2008-2, quando afirma que a avaliação da conduta dos gerentes tem sempre em conta o dever geral de diligência previsto no artigo 64.º.

[2581] ANTUNES VARELA, em parecer inédito, já defendeu, no artigo 64.º, a presença de uma medida da culpa, ao sabor do artigo 487.º/2, do Código Civil. De facto, perante o elemento literal, a aproximação seria sedutora. Mas não podemos acompanhá-la, por razões sistemáticas e jurídico-científicas. Basta ver que o artigo 487.º/2 surge a propósito da responsabilidade civil, ao contrário do artigo 64.º. Além disso, este tem um posicionamento próprio.

[2582] *Infra*, 878 ss..

perante a natureza científica assumida pelo Código, não seria curial ver, em sítio tão desgarrado, uma referência a uma bitola de culpa, sem qualquer menção às condutas de onde ela emergia. Tínhamos, pois:

– uma bitola de esforço;
– reportada a um modelo objetivo e abstrato: o gestor criterioso e ordenado.

Tudo isso foi sendo concretizado pela jurisprudência, em função dos diversos deveres a executar.

II. A referência aos interesses (da sociedade, dos sócios e dos trabalhadores) já surge como um corpo estranho. Todavia, poderíamos absorvê-la encontrando aí pontos auxiliares para a concretização de deveres incompletos de conduta e, portanto: carecidos de preenchimento com certas bitolas de esforço que, agora, apareceriam direcionadas.

III. Em 2006, tudo isso oscila. A diligência parece deixar de ser uma bitola geral de determinação do esforço requerido aos administradores para a execução dos seus deveres, ameaçando limitar-se a algo de bastante diverso, como a seu tempo veremos. Deveria ter havido a preocupação de ponderar, dogmaticamente, o que é a "diligência", no Direito português. Um diploma como o Código das Sociedades Comerciais não pode, *ad nutum*, ignorar a lógica intrínseca do ordenamento a que pertence.

De todo o modo: qualquer tentativa de recuperação da diligência obriga a ponderar o preceito no seu conjunto.

§ 72.º A ATUAÇÃO NO INTERESSE DA SOCIEDADE

321. A origem da referência aos interesses

I. No projeto do Código das Sociedades Comerciais, publicado em 1983, o artigo 64.º surgia com uma redação muito semelhante à do artigo 17.º/1 do Decreto-Lei n.º 49 381, de 25 de Novembro de 1969. Dizia-se, aí, no artigo 92.º/1, que encimava um preceito sobre a responsabilidade dos administradores[2583]:

> Os gerentes, administradores ou diretores duma sociedade devem atuar com a diligência de um gestor criterioso e ordenado.

Todavia, na fase final da revisão do projeto, sem qualquer indicação justificativa, o preceito foi retirado da responsabilidade civil, sendo feito o acrescento:

> (...) no interesse da sociedade, tendo em conta os interesses dos acionistas e dos trabalhadores[2584].

Sabe-se hoje que se tratou de uma iniciativa de LUÍS BRITO CORREIA[2585], a quem o então Ministro da Justiça terá pedido uma última revisão do Código.

[2583] *Código das Sociedades Comerciais (Projecto)*, BMJ 327 (1983), 107.

[2584] DR I Série, n.º 201, de 2-Set.-1986, 2307/II. A referência a "acionistas", que bem ilustra a origem do preceito, foi substituída por "sócios", por ratificação levada a cabo pelo artigo 4.º, 11), do Decreto-Lei n.º 280/87, de 8 de Julho – DR-I Série, n.º 154, de 8-Jul.-1987, 2666/II.

[2585] Di-lo o próprio: LUÍS BRITO CORREIA, *Direito comercial*, 2, *Sociedades comerciais* (1989), 49.

864 — A administração das sociedades

II. Donde provém tal ideia e qual o seu sentido? O próprio BRITO CORREIA veio dizer que se inspirara no § 76 do *Aktiengesetz* alemão de 1965[2586]. Este preceito nada tem a ver com o tema. Mais tarde, o mesmo Autor surge a reportar, antes, o § 70 do *Aktiengesetz* de 1937[2587]. Embora vagamente relacionado, esse preceito também não pode ter sido a fonte do acrescento[2588]. Tal fonte – como também refere BRITO CORREIA – adveio, sim, do projeto modificado de 5.ª Diretriz do Direito das sociedades[2589]. Mais precisamente: do seu artigo 10.°, *a*)/2, que dispõe:

> Todos os membros dos órgãos de direção e de vigilância exercem as suas funções no interesse da sociedade[2590], tendo em conta os interesses dos acionistas e dos trabalhadores. Eles devem observar a necessária discrição no que respeita às informações de natureza confidencial de que disponham, sobre a sociedade. Eles ficam adstritos a essa obrigação, mesmo após a cessação das suas funções.

Foi usada a primeira parte do preceito. Qual o seu sentido e quais os seus objetivos? Cumpre fazer um breve excurso pela história da malograda 5.ª Diretriz. Ela obriga a uma pesquisa algo complexa: o seu texto nem foi oficialmente publicado em língua portuguesa[2591].

322. A preparação e as vicissitudes da 5.ª Diretriz

I. A proposta de 5.ª Diretriz visava coordenar as garantias exigidas aos Estados-membros, (...) *para proteger os interesses, tanto dos associados como dos terceiros, no que respeita à estrutura das sociedades anónimas assim como aos poderes e obrigações dos seus órgãos*. Esta fórmula enco-

---

[2586] *Idem*, ob. e loc. cit..

[2587] LUÍS BRITO CORREIA, *Os administradores das sociedades anónimas* (1991), 602, nota 17.

[2588] Dispõe o § 70 do AktG de 1937:

> A direção deve conduzir a sociedade sob a sua própria responsabilidade, tal como o requeiram o bem da empresa e do seu pessoal e a utilidade comum do povo e do *Reich*.

[2589] BRITO CORREIA, *Os administradores* cit., 602, nota 17.

[2590] Na versão alemã: "... no interesse da empresa ...". Obviamente, não equivale ao que se lê no texto, que advém da versão francesa.

[2591] Existe uma tradução portuguesa, de nossa autoria, elaborada sobre o texto francês, confrontado com o alemão. *Vide Direito europeu das sociedades*, 680-713.

§ 72.° A atuação no interesse da sociedade 865

bre como veremos, um complexo programa de reforma das sociedades anónimas, acabando por surgir como um pequeno código.

A proposta da Comissão, de 9-Out.-1972, inseria a 5.ª Diretriz na sequência das diretrizes (então em projeto) sobre a prestação de contas, sobre a constituição e o capital das sociedades anónimas e sobre a sua fusão. Isto posto: verificava que a concorrência exigia condições jurídicas equivalentes para as diversas sociedades[2592]. Todavia[2593]:

– existiam, de momento, dois sistemas de organização das sociedades anónimas na comunidade: monista (com conselho de administração) e dualista (com direção e conselho de vigilância), sendo este último preferível;
– nem todos os ordenamentos preveem a participação dos trabalhadores na gestão das sociedades, numa situação que deve cessar.

Além disso:

– haveria que prever regras relativas à responsabilidade dos membros dos órgãos e às ações destinadas à sua efetivação;
– as assembleias gerais, nos diversos aspetos e os direitos dos acionistas, particularmente quanto à informação, deveriam ser regulados, incluindo o de impugnar certas deliberações;
– as minorias deveriam ser dotadas de capacidade de intervenção;
– as contas deveriam ser confiadas a revisores independentes.

II. O programa da 5.ª Diretriz, versão inicial, era essencialmente alemão: basta ver a imposição do sistema dualista[2594] e a obrigação de fazer participar os trabalhadores, logo que o seu número ultrapassasse os 500[2595]. A estrutura dualista era, no fundo, tornada necessária para efeitos de cogestão[2596], num aspeto pudicamente calado no preâmbulo.

2592 Cf. CHRISTIAN STRIEBECK, *Reform des Aktienrechts durch die Strukturrichtlinie der Europäischen Gemeinschaft* (1992), 18 ss..

2593 Trata-se de elementos que constam do preâmbulo da proposta: JOCE N.° C-131, 49-50, de 13-Dez.-1972.

2594 HORST KAMINSKI, *Vorschlag einer 5. Richtlinie der Kommission der Europäischen Gemeinschaften*, WPg 1972, 633-638 (633/II).

2595 GÜNTHER CHRISTIAN SCHWARZ, *Europäisches Gesellschaftsrecht/Ein Handbuch für Wissenschaft* (2000), 444-445 e STEFAN GRUNDMANN, *Europäisches Gesellschaftsrecht* (2004), 165.

2596 HERMANN NIESSEN, *Zum Vorschlag einer "Europäischen" Regelung der Mitbestimmung für "nationale" Aktiengesellschaften*, ZGR 1973, 218-229 (220).

A administração das sociedades

As críticas multiplicaram-se, potenciadas pelo parecer do Comité Económico e Social de 19-Set.-1974[2597], quanto à proposta de 5.ª Diretriz, de 10-Abr.-1979[2598], quanto ao problema da cogestão, e do Parlamento Europeu, de 11-Mai.-1982[2599]. Este aprovou a proposta, sob reserva das seguintes modificações:

– a não-supressão do sistema monista;
– a igualdade de direitos e de deveres de todos os membros de cada órgão: devem agir no interesse da sociedade, dos acionistas e dos trabalhadores;
– uma representação dos trabalhadores, que reúna regularmente, deve ser informada da marcha da empresa;
– devem ser modificados preceitos relativos à ação social, à convocação da assembleia, à ordem do dia, ao direito de voto e ao controlo das contas;
– a designação, as qualidades, o mandato e os direitos dos membros não-executivos, num sistema monista, tal como as suas relações com os membros executivos devem ser definidos.

Estas sugestões tiveram peso na evolução subsequente.

III. Surgiu, assim, a proposta alterada de 19-Ago.-1983. Logo no seu preâmbulo, sublinhou-se a possibilidade da manutenção dos sistemas monista e dualista, ainda que procedendo à sua aproximação. Também se refere, em moldes mais flexíveis, a participação dos trabalhadores[2600].
Entre as novidades introduzidas na proposta de 1983, contam-se:

– a introdução do sistema monista: os Estados devem prever o sistema dualista, podendo todavia autorizar as sociedades a optar por este ou por um sistema monista;
– a intervenção dos trabalhadores só se torna obrigatória quando o seu número ultrapasse a cifra de 1000;
– as vias de intervenção dos trabalhadores são diversificadas;
– permite-se a não-aplicação desse esquema a certas sociedades.

[2597] Parecer do Comité Económico e Social de 29 e 30-Mai.-1974, JOCE N.º C-109, 9-16, de 19-Set.-1974.

[2598] Parecer do Comité Económico e Social de 2-Fev.-1978, JOCE N.º C-94, 2-3, de 10-Abr.-1979.

[2599] JOCE N.º C-149, 17, de 14-Jun.-1982.

[2600] JOCE N.º C-240, 3-5, de 9-Set.-1983.

§ 72.º A atuação no interesse da sociedade

As críticas mantiveram-se. Os estudiosos anglo-saxónicos lamentavam a obrigatoriedade da cogestão[2601], enquanto os alemães censuravam a não-correspondência entre os diversos modelos de intervenção dos trabalhadores nela previstos[2602].

IV. Seguiu-se uma segunda proposta modificada, de 13-Dez.-1990[2603]. Foram alterados os artigos 4.º/5, 21.º *b*/5, 33.º, 36.º e 64.º/4. Particularmente visados: os direitos preferenciais de indicar a maioria do órgão de vigilância ou do órgão de administração, que foram vedados.

Sobre ela recaíram pareceres do Comité Económico e Social, de 3-Jul.-1991[2604] e do Parlamento Europeu, de 10-Jul.-1991[2605], este sob reserva de alguns pontos:

– o direito dos detentores de certas categorias de ações com o poder de indicar membros dos órgãos sociais não são sempre atendíveis;
– o direito de voto dos detentores de ações privilegiadas pode ser recuperado em certos casos;
– os estatutos não poderão exigir mais do que a maioria absoluta, para a designação das pessoas responsáveis pelo controlo das contas.

V. Finalmente, temos a *Terceira modificação à proposta de Quinta diretiva do Conselho, baseada no artigo 54.º do Tratado CEE, relativa à estrutura das sociedades anónimas e aos poderes e obrigações dos órgãos*, de 20-Nov.-1991[2606]. Foram atingidos pontos menores, designadamente no artigo 33.º/2, relativo à limitação ou exclusão do direito de voto a troco de vantagens patrimoniais e no artigo 36.º, quanto à aprovação de deliberações.

VI. A 5.ª Diretriz incorreu, em boa parte, nas dificuldades que motivaram um atraso de décadas na aprovação do estatuto da sociedade euro-

---

[2601] WALTER KOLVENBACH, *Die Fünfte EG-Richtlinie über die Struktur der Aktiengesellschaft (Strukturrichtlinie)*, DB 1983, 2235-2241 (2235/II), bem como GAVALDA/PARLEANI, *Droit des affaires de l'Union européenne*, 4.ª ed. (2002), 164.

[2602] GÜNTHER CHRISTIAN SCHWARZ, *Europäisches Gesellschaftsrecht* cit., 445 (n. 709).

[2603] JOCE N.º C-7, 4-6, de 11-Jan.-1991.

[2604] Parecer do Comité Económico e Social de 3-Jul.-1991, JOCE N.º C-269, 48-51, de 14-Out.-1991.

[2605] Parecer do Parlamento Europeu de 10-Jul.-1991, JOCE N.º C-240, 104-105, de 16-Set.-1991.

[2606] JOCE N.º C-321, 9-12, de 12-Dez.-1991.

peia[2607]. Essas dificuldades prendem-se com a cogestão[2608]. Na verdade, as diferentes condições laborais existentes no Norte e no Sul da Europa explicam a diversidade dos meios de enquadramento dos trabalhadores. Num ambiente de contestação generalizada, as empresas alemãs ganham terreno graças ao sistema de cogestão, indutor de paz social. Já num período de acalmia e de expansão de tipo liberal, essa vantagem transforma-se em fator de rigidez e de custos acrescidos.

Compreende-se, do ponto de vista comunitário, o grande interesse que haveria em uniformizar os esquemas. Tal postularia, porém, um nivelamento de culturas e de tradições sindicais. Isso não se alcança por leis, mesmo europeias.

VII. Mau grado estas dificuldades, a Comissão ainda intentou retomar o processo, pedindo parecer e encomendando estudos[2609]. Ele foi reativado em 10-Nov.-1993. O Parlamento Europeu solicitou o *dossier*[2610], acabando por reconfirmar o seu voto favorável, em 27-Out.-1999. Todavia, o processo manteve-se bloqueado. Aparentemente, a Comissão entendeu dar prioridade ao Regulamento relativo à sociedade europeia, cuja preparação exigiu estudos e negociações complicados.

Finalmente, a Comissão decidiu incluir a proposta de 5.ª Diretriz na lista intitulada *Retirada de propostas da Comissão que já não podem ser consideradas atuais*[2611].

323. O sentido das referências comunitárias a "interesses"

I. A problemática subjacente à proposta de 5.ª Diretriz é, efetivamente, a da cogestão[2612]. Esta foi introduzida, no Direito alemão, depois

---

[2607] HERMANN NIESSEN, *Zum Vorschlag einer "Europäischen" Regelung der Mitbestimmung* cit., 218.

[2608] *Direito europeu*, 913 ss..

[2609] SCHWARZ, *Europäisches Gesellschaftsrecht* cit., 445-446. Com diversos elementos, MARCUS LUTTER, *Eine grössenabhängige und zwingende Unternehmensverfassung für Kapitalgesellschaften in Europa?*, AG 1997, 538-540 e HANS-WERNER NEYE, *Neue europäische Initiative im Gesellschaftsrecht*, GmbHR 1997, R-97–R-98 (R-98).

[2610] Em 2-Dez.-1993.

[2611] JOCE N.º C-5, 2-33, de 9-Jan.-2004; cf., aí, 20/II.

[2612] HANS JÜRGEN SONNENBERGER, *Die Organisation der Aktiengesellschaften im Gemeinsamen Markt/Kommissionsvorschlag einer fünfte Richtlinie zur Angleichung des*

§ 72.° A atuação no interesse da sociedade

da Segunda Guerra Mundial, tendo-se mantido, até hoje[2613]. A integração europeia obrigou a confrontar diretamente as sociedades com e sem cogestão. Do confronto, resultaram vantagens e desvantagens.

As vantagens cifram-se, naturalmente, na maior coesão empresarial das empresas "cogeridas" e na paz social que daí decorre. Isso, naturalmente, por confronto com o sindicalismo mais agressivo dos países do Sul, ainda apostado na revolução comunista e que, da luta de classes, fazia o motor da História. As desvantagens derivavam do "desvio social" das empresas. Num mundo dominado pelo lucro, as medidas puramente sociais, encetadas pelas empresas, sob pressão dos representantes dos trabalhadores, seriam tomadas como meros custos. Além disso, pode-se imputar à cogestão um alongamento do processo de decisão, com uma certa rigidez empresarial daí decorrente. Medidas como o encerramento de afiliadas, a abertura de sucursais com recrutamentos mais vocacionados para jovens ou as transferências de unidades produtivas originam, em regra, complicadas negociações nos órgãos onde se encontrem representantes dos trabalhadores.

II. À medida que o sindicalismo do Sul foi perdendo a agressividade do início, o problema da cogestão agudizou-se. O empresariado alemão teme a concorrência de empresas não cogeridas e, daí, supostamente mais ágeis e competitivas. Os trabalhadores alemães receiam a deslocação das próprias empresas, como meio de alijar os esquemas de participação há muito consignados. As leis comunitárias teriam de salvaguardar tudo isto.

III. Como ponto complementar de complicação temos o facto de outros países europeus preverem esquemas de participação dos trabalhadores diversos dos alemães. Sem preocupações de exaustão, podemos apontar os seguintes modelos[2614]:

Gesellschaftsrechts, AG 1974, 1-8 e 33-41 (3/II); cf. MEINHARD HEINZE, *Probleme der Mitbestimmung und Betriebsverfassung bei einer grenzüberschreitenden Umstrukturierung von Unternehmen im Binnenmarkt*, ZHR 1994, 47-65.

[2613] *Direito europeu*, 727 ss..

[2614] Para uma análise mais circunstanciada, GUNTHER MÄVERS, *Die Mitbestimmung der Arbeitnehmer in der Europäischen Aktiengesellschaft* (2002), 33-77. Perante a 5.ª Diretriz em estudo: STRIEBECK, *Reform des Aktienrechts durch die Strukturrichtlinie* cit., 35 ss. e 43 ss., quanto aos modelos, bem como SCHWARZ, *Europäisches Gesellschaftsrecht* cit., 460-461.

870 A administração das sociedades

– a cogestão propriamente dita ou presença de representantes dos trabalhadores nos órgãos de cúpula da sociedade; ainda aí ela pode ser conseguida diretamente por eleição (Alemanha) ou através de um esquema de cooptação (Holanda);
– a criação de um órgão distinto, representativo dos trabalhadores, tipo comité de empresa (França, Bélgica) ou comissão de trabalhadores (Portugal); esse órgão receberia, depois, poderes variados, podendo ir até à intervenção, em certos termos e aspetos, na gestão da empresa;
– outros esquemas concretizados por convenções coletivas (Reino Unido, Irlanda e Itália).

Como enfrentar esta diversidade? No fundo, ela pode mesmo pôr em causa a liberdade de estabelecimento, não devendo ser minimizada[2615].

IV. Movendo-se neste terreno muito difícil, a Proposta de 5.ª Diretriz foi tentando consensos. E aí devemos situar o seu artigo 10.°, a)/2, já transcrito. Uma vez que nos órgãos de vigilância das sociedades em cogestão surgem membros eleitos pelos acionistas e membros eleitos pelos trabalhadores, pergunta-se: teremos lutas sindicais no seio da empresa? Quem representa quem? Responderia a lei: uma vez eleitos, todos os membros dos órgãos de vigilância devem adotar uma conduta uniforme cabendo, *a todos eles*, agir no interesse da sociedade, tendo em conta os interesses dos acionistas e dos trabalhadores.

324. A transposição para o Código, em 1986

I. O inopinado acolhimento do texto do artigo 10.°, a)/2, 1.ª parte, da proposta de 5.ª Diretriz, no Código das Sociedades Comerciais, versão original, coloca problemas curiosos. Não há, no nosso País, qualquer cogestão. Logo, a norma perde o sentido que tivera na Proposta de 5.ª Diretriz. Ficam-nos o seu teor e a sua inserção sistemática. Como avançar?

[2615] GREGOR THÜSING, *Deutsche Unternehmensmitbestimmung und europäische Niederlassungsfreiheit*, ZIP 2004, 381-388.

§ 72.º A atuação no interesse da sociedade 871

II. Como acima foi visto, a propósito do interesse da sociedade *versus* o dos sócios, o termo "interesse" é ambíguo, não sendo dogmatizável[2616]. Quando muito, podemos adotar uma noção objetiva e normativa, segundo a qual o interesse representa a porção de realidade protegida e que, quando violada, dá lugar a um dano. Mas com isso perde-se um pouco do alcance normativo do preceito.

O papel útil da referência a interesses da sociedade[2617] cifra-se, como vimos, em determinar que os administradores, ao agir no âmbito das suas funções, o façam em prol dos sócios: mas em modo coletivo. Não se trata, pois, de propugnar vantagens caso a caso mas, antes, numa panorâmica possibilitada pelo conhecimento do cenário global, de defender, societariamente, as saídas mais promissoras.

III. Resta ainda emprestar um sentido útil aos "interesses" dos trabalhadores, aparentemente colocados no mesmo plano dos sócios. Tal colocação só faria sentido em cenários de cogestão, aqui inexistentes. Podemos, todavia, aproveitar a regra: na concretização do esforço exigível – portanto: da diligência – haverá que ter em conta as dimensões sociais da sociedade. Temos um campo que poderia ser aproveitado por uma jurisprudência empenhada, numa ligação às regras laborais. Ou seja: o universo dos administradores deveria atender, para além da dimensão societária pura, também ao Direito do trabalho.

325. O sentido, em 2006; crítica

I. A interpretação acima indicada era uma tentativa frutuosa de dar saída útil ao desgarrado troço retirado da naufragada proposta de 5.ª Diretriz[2618]. E no pós-reforma de 2006?

A atual alínea *b*) do artigo 64.º/1, aparentemente imaginada *ex novo* pelo legislador de 2006, não parece corresponder a conexões coerentes, perante qualquer Direito societário. Antecipemos alguns pontos.

[2616] *Supra*, 841 ss..

[2617] Sobre o tema, referimos, ainda, JOSÉ MARQUES ESTACA, *O interesse da sociedade nas deliberações sociais* (2003).

[2618] *Manual de Direito das sociedades*, 1, 1.ª ed., 688 ss..

872 *A administração das sociedades*

II. O legislador começou por subordinar o tema aos deveres de lealdade. Ora tais deveres são "puros", devendo ter o ordenamento como horizonte. Exigir "lealdade" no interesse da sociedade e, ainda, atentando aos interesses (a longo prazo) dos sócios, e ponderando os de outros sujeitos, entre os quais os trabalhadores, os clientes e os credores, é permitir deslealdades sucessivas. Quem é "leal" a todos, particularmente havendo sujeitos em conflito, acaba desleal perante toda a gente. Uma técnica legislativa elementar ensina que não se devem construir normas com um aditamento ilimitado de novos termos, sob pena de se lhes esvaziar os conteúdos.

III. Prosseguindo: mantém-se uma referência aos "interesses da sociedade". Ora estes, segundo a doutrina portuguesa largamente dominante, já haviam sido reconduzidos aos interesses dos sócios[2619]. Estranhamos o pouco (ou nenhum) relevo dado pelo legislador à doutrina da sua própria Terra.

Acresce, *in casu*, que os interesses da sociedade (dos sócios!) surgem ainda complementados:

– atendendo aos interesses de longo prazo dos sócios;
– ponderando os interesses dos outros sujeitos relevantes para a sustentabilidade da sociedade, tais como os seus trabalhadores, clientes e credores.

Mesmo formalmente, a sucessão de gerúndios devia ter sido evitada. "Interesses de longo prazo dos sócios"? E quanto aos interesses de médio e de curto prazo? Seria absurdo, *a contrario*, defender a irrelevância destes. Fica-nos a ideia de que tais interesses mais imediatos (ou menos longínquos) surgem como interesses da sociedade, na linha tradicional já sedimentada: das poucas que se conseguiram ao abrigo do "velho" artigo

---

[2619] P. ex., além de nós próprios: Vasco da Gama Lobo Xavier, *Anulação de deliberação social e deliberações conexas* (1976), 242, nota 116, Luís Brito Correia, *Direito comercial* cit., 2, 50, Luís Menezes Leitão, *Pressupostos da exclusão de sócio nas sociedades comerciais* (1989), 39, nota 37, Eliseu Figueira, *Disciplina jurídica dos grupos de sociedades*, CJ XV (1990) 4, 35-59 (54) e Jorge Coutinho de Abreu, *Da empresarialidade* (1994), 230-231; estes dois últimos Autores dão um relevo especial aos interesses dos trabalhadores.

§ 72.º *A atuação no interesse da sociedade* 873

64.º. Quanto à referência aos "interesses de longo prazo": será uma chamada para aquilo a que consideramos "o modo coletivo de defesa dos sócios" e que implica, naturalmente, que não se sacrifique a sociedade – por hipótese – a uma apetência imediata de lucros.

IV. No tocante aos "outros sujeitos relevantes para a sustentabilidade da sociedade" – fórmula que, por mais própria de um texto de gestão, deveria ter sido evitada: estão em causa os *stakeholders*, exemplificados com trabalhadores, clientes e credores. Um sentido útil? Os administradores devem observar as regras atinentes à globalidade do ordenamento. Tudo isto deve ser autonomizado, uma vez que nada tem a ver com a lealdade. Quando muito, com a diligência. Mas o legislador inverteu tudo, confundindo noções. Quanto aos *stakeholders*: uma noção sem tradições entre nós e que, deste modo, não terá sido introduzida da melhor maneira.

§ 73.° OS DEVERES DE LEALDADE

326. Origem e evolução

I. Como vimos, a lealdade exprime, no Direito das sociedades, o conjunto das exigências valorativas básicas do sistema, em cada situação concreta[2620]. Trata-se de um ponto que se concretiza perante a sociedade e perante os sócios. Compete agora verificar o seu papel em face dos administradores.

II. A situação jurídica dos administradores foi, inicialmente, enquadrada por referência à figura do mandato[2621]. Mais tarde, ela evoluiu para explicações mais complexas mas tendo sempre, como pano de fundo, uma prestação de serviço que iria desembocar no regime do mandato.

No exercício dos seus poderes de administração, o administrador (ou o membro da direção, no sistema dualista alemão) está ligado por vínculos específicos à sociedade. Tais vínculos implicam deveres acessórios, entre os quais, por mera lógica obrigacional, podemos inserir a boa-fé.

Todavia e como repetidamente sucede com a lealdade, não foi numa derivação simples que surgiram os deveres dos administradores: estes antes se impuseram no terreno, para enquadrar problemas concretos.

III. Num primeiro momento, a jurisprudência veio explicitar os deveres dos administradores com recurso aos do mandatário, a complementar pela boa-fé[2622]. Mais tarde, sublinhou-se o facto de, na administração, estarmos em face da gestão de bens alheios: fonte de deveres específi-

---

[2620] *Supra*, 470.

[2621] Quanto à natureza jurídica da administração das sociedades, com indicações, *vide infra*, 926 ss., e *Da responsabilidade civil* cit., 335 ss..

[2622] RG 23-Mai.-1919, RGZ 92 (1919), 53-57 (54).

§ 73.° Os deveres de lealdade   875

cos[2623]. Estes primeiros passos são importantes e devem-nos fazer reter o óbvio. A relação de administração é, antes de mais, uma prestação de serviço, pautada pelas regras gerais do Direito das obrigações. Nestas vamos sempre encontrar o essencial dos regimes aplicáveis, bem como uma porta aberta para enquadrar os problemas novos que possam surgir.

Isto dito: é natural que a especificidade das situações dite o aparecimento de grandes linhas de problemas que irão encontrar, no Direito das sociedades, soluções particularmente adaptadas aos valores em jogo.

IV. A evolução subsequente foi pautada pelas seguintes linhas:

– determinação de atuações vedadas, com base em cláusulas gerais;
– (re)sistematização de atuações vedadas por lei, agora ordenadas em função do vetor "lealdade";
– procura de atuações impostas ou condutas requeridas, desta feita, pela positiva.

A aproximação à lealdade foi progressiva. Tomando como exemplo a proibição de receber corretagens por conta de negócios celebrados em representação da sociedade:

– primeiro, ela foi apoiada na cláusula dos bons costumes[2624];
– mais tarde, ela derivou da lealdade[2625];
– por fim, ela é apontada como óbvia[2626]: apenas sistematicamente se apela à lealdade; nas obras anglo-saxónicas, a lealdade ocorre sem mais, como um elemento no seio da codificação dos deveres dos "diretores"[2627].

Segue-se a análise das concretizações dos deveres de lealdade dos administradores.

[2623] BGH 11-Jul.-1953, BGHZ 10 (1953), 187-196 (192).
[2624] BGH 26-Mar.-1962, WM 1962, 578-579 (579/I).
[2625] BGH 9-Nov.-1967, BGHZ 49 (1968), 30-33 (31).
[2626] BGH 21-Dez.-1979, NJW 1980, 1629-1630 (1629-1630) e BGH 21-Fev.-1983, WM 1983, 498-500.
[2627] FELIX STEFFEK, *Geschäftsleiterpflichten im englischen Kapitalgesellschaftsrecht / Kodifizierung der director's duties im Companies Act*, GmbHR 2007, 810-815 (811/II).

876

A administração das sociedades

327. Atuações vedadas

I. A jurisprudência e a literatura permitem apontar diversas situações em que, por referência à lealdade, surgem atuações proibidas aos administradores[2628]. Incluem-se, aqui, proibições legais que, por razões sistemáticas e valorativas, fazem naturalmente parte desta constelação problemática.

As duas proibições mais óbvias, muitas vezes sancionadas, de modo expresso, pelas leis são:

– a proibição de concorrência[2629];
– a proibição de divulgar segredos societários[2630].

II. Para além disso, vamos encontrar:

– a proibição (ou severa restrição) de aceitar crédito da própria sociedade[2631];
– a proibição e aproveitamento das oportunidades de negócio (*corporate opportunities* ou *Geschäftschancen*)[2632-2633]: esta parte da

---

[2628] HOLGER FLEISCHER, em SPINDLER/STILZ, *Kommentar zum AktG*, 1, 2.ª ed. (2010), § 93, Nr. 113-175 (1104-1119).

[2629] *Vide*, como derivação da boa-fé: ANDREAS PENTZ, em HEINZ ROWEDDER/CHRISTIAN SCHMIDT-LEIHOFF, *GmbHG*, 4.ª ed. (2002), § 13, Nr. 35 ss., especialmente Nr. 72 (465), MARCUS LUTTER/WALTER BAYER, em PETER HOMMELHOFF/MARCUS LUTTER, *GmbH-Gesetz Kommentar*, 16.ª ed. (2004), § 14, IV (348 ss.), especialmente Nr. 24 (350) e KLAUS J. MÜLLER, *Das gesetzliche Wettbewerbsverbot der Gesellschafter der KG*, NJW 2007, 1724-1727 (1725/II).

[2630] Como exemplo: CHRISTIAN SCHRÖDER, *Geschäftsführer, Gesellschafter und Mitarbeiter der GmbH als Insider / Über die strafrechtlichen Risiken des Insiderrechts in der Sphäre der GmbH*, GmbHR 2007, 907-910.

[2631] WILHELM F. BAYER, *Kreditgewährung an Mitglieder der Geschäftsleitung und leitende Angestellte im Konzernrecht*, BB 1956, 871-875, MARTIN PELTZER, *Probleme bei der Kreditgewährung der Kapitalgesellschaft an ihre Leitungspersonen*, FS Rowedder 1994, 325-345 e HOLGER FLEISCHER, *Aktienrechtliche Zweifelsfragen der Kreditgewährung an Vorstandsmitglieder*, WM 2004, 1057-1067, com elementos de Direito comparado relativos ao Reino Unido, à França, à Itália e aos Estados Unidos.

[2632] FRIEDRICH KÜBLER, *Erwerbschancen und Organpflichten / Überlegungen zur Entwicklung der Lehre von den "corporate opportunities"*, FS Werner 1984, 437-448 (referindo, 442, também o Direito norte-americano), MAXIMILIAN SCHIESSL, *Die Wahrnehmung von Geschäftschancen der GmbH durch ihren Geschäftsführen*, GmbHR 1988, 53-56

§ 73.° Os deveres de lealdade 877

proibição de concorrência vai mais longe; o aproveitamento não pode considerar-se legitimado com a mera autorização para a concorrência[2634]; trata-se de matéria conhecida pela jurisprudência[2635] e ponderada à luz do Direito comparado[2636];

- a proibição de tomar decisões ou de colaborar nelas, quando se verifiquem situações de conflito de interesses[2637];
- a proibição ou a forte restrição no tocante a negócios a celebrar com a própria sociedade[2638];
- a proibição de discriminação de acionistas, mantendo-se, pela positiva, um dever de neutralidade[2639];

(53/II); a proibição da concorrência, no Direito alemão, decorre legalmente para as sociedades em nome coletivo (§ 112 HGB) e para as sociedades anónimas (§ 88 AktG); há lacuna quanto às sociedades por quotas, o que obriga à competente integração, FRIEDRICH KÜBLER/JENS WALTERMANN, *Geschäftschancen der Kommanditgesellschaft*, ZGR 1991, 161-174 (165), HOLGER FLEISCHER, *Zur organschaftlichen Treuepflicht der Geschäftsleiter im Aktiens- und GmbH-Recht*, WM 2003, 1045-9158 (1054/II) e *Gelöste und ungelöste Probleme der gesellschaftsrechtlichen Geschäftschancenlehre*, NZG 2003, 985-992 (992/I), sublinhando o estar-se perante um aspeto importante do dever de lealdade e THOMAS RAISER/RÜDIGER VEIL, *Recht der Kapitalgesellschaften*, 5.ª ed. (2010), § 14, Nr. 92 (147), com indicações.

[2633] Uma perspetiva evolutiva e comparatística pode ser vista em ANTÓNIO M. MENEZES CORDEIRO, *Corporate Opportunities in Comparative Perspective: English Law and Portuguese Law* (2009).

[2634] WOLFRAM TIMM, *Wettbewerbsverbote und "Geschäftschancen" / Lehre im Recht der GmbH*, GmbHR 1981, 177-186 (178/II ss. e 185/II).

[2635] BGH 27-Jun.-1957, WM 1957, 1128-1131 (1130/I, referindo a boa-fé e 1130/II, reportando a lealdade), BGH 16-Fev.-1981, GmbHR 1981, 189-191, quanto à permissão da concorrência e BGH 8-Mai.-1985, ZGR 1991, 162-163.

[2636] Além de KÜBLER, *Erwerbschancen* cit., 442, cabe citar a monografia de JOHANNES WEISSER, *Corporate opportunities / zum Schutz der Geschäftschancen des Unternehmens im deutschen und im US-amerikanische Recht* (1991), 293 pp..

[2637] THOMAS M. J. MÖLLERS, *Treuepflichten und Interessenkonflikte bei Vorstands- und Aufsichtsratsmitgliedern*, em HOMMELHOFF/HOPT/VON WERDER, *Handbuch Corporate Governance* (2003), 405-427 (414 ss.).

[2638] JOHANNES SEMLER, *Geschäfte einer Aktiengesellschaft mit Mitgliedern ihres Vorstands*, FS Rowedder 1994, 441-447.

[2639] KONRAD DUDEN, *Gleibehandlung bei Auskünften an Aktionäre*, FS von Caemmerer 1978, 499-515 e KLAUS J. HOPT, *Aktionärskreis und Vorstandsneutralität*, ZGR 1993, 534-566 (embora sem referir, de modo expresso, a lealdade).

878 A administração das sociedades

– a proibição de empatar OPAs consideradas hostis[2640-2641];
– o dever de informar os negócios que faça com títulos da sociedade[2642].

III. De um modo geral, podemos dizer que estas proibições encontram uma base jurídico-positiva, seja nas regras correspondentes disponíveis nos diversos diplomas, seja no princípio geral da boa-fé[2643]. O seu recorte é simples: o administrador encabeça um vínculo material, que deve respeitar. As exigências do sistema visam o aproveitamento desse vínculo com fins alheios às situações consideradas. Designadamente: os fins pessoais do administrador ficarão sempre aquém dos da sociedade[2644].

328. Condutas devidas; delimitação da diligência e do cuidado

I. Prosseguindo, pergunta-se se o dever de lealdade não imporá, aos administradores, a observância, pela positiva, de deveres de conduta. Estes podem ser inferidos, por meras operações lógicas, do catálogo de proibições acima mencionado. Teríamos os deveres de não aceitar crédito, de não-apropriação das *corporate opportunities*, de não agir em conflito de interesses, de não contratar com a própria sociedade, de respeitar a igualdade entre os acionistas e de deixar jogar a concorrência, perante OPAs hostis. Todavia: em nenhum destes casos teremos uma bússola que diga, pela positiva, como agir. Apenas são apostas margens, na conduta dos administradores.

[2640] MICHAEL KURT, *Rechte und Pflichten des Vorstands der Zielgesellschaft bei Übernahmeversuchen*, FS Marcus Lutter 2000, 1421-1447, KLAUS J, HOPT, *Verhaltenspflichten des Vorstands der Zielgesellschaft bei feindlichen Übernahmen*, idem, 1361-1400 e ROLAND HENS, *Vorstandspflichten bei feindlichen Übernahmeangebote* (2004).

[2641] A menos, evidentemente, que tais OPAs, sendo nocivas para a sociedade (para os sócios em modo coletivo), obriguem, por outras vias, a agir.

[2642] ULRICH WASTL, *Director's Dealings und aktienrechtliche Treupflicht*, NZG 2005, 17-23.

[2643] UWE HÜFFER, *Aktiengesetz*, 9.ª ed. cit., § 93, Nr. 5 (496).

[2644] WOLFGANG ZÖLLNER/ULRICH NOACK, em BAUMBACH/HUECK, *GmbH-Gesetz*, 19.ª ed. (2010), § 35, Nr. 38 ss. (657 ss.).

§ 73.º Os deveres de lealdade

II. Na origem, a lealdade ganha conteúdo positivo mercê da própria aproximação ao sistema e à boa-fé, na vertente (segundo a nossa terminologia) da primazia da materialidade subjacente. O dever de lealdade implica a prossecução efetiva de um escopo: não meras atuações formais[2645].

A doutrina e a jurisprudência têm, com alguma timidez, feito precisões úteis. Assim, o administrador deve consagrar, à sua função, as energias necessárias[2646], abstendo-se de aceitar cargos laterais que esgotem as suas forças[2647]. Deve, ainda, trabalhar colegialmente com os outros administradores[2648].

Prosseguindo, constata-se que, na atuação dos administradores, está em causa uma gestão de bens alheios[2649]. Tal gestão pressupõe uma específica lealdade[2650], à qual podemos conferir uma natureza fiduciária: todos os poderes que lhes sejam concedidos devem ser exercidos não no seu próprio interesse, mas por conta da sociedade. Eles são dobrados pelo vínculo de confiança que dá corpo à lealdade.

Mais longe do que isso: teremos de remeter para as regras do governo das sociedades, no que tenha de prescritivo[2651].

III. De todo o modo, cumpre manter a matéria semanticamente clara. Assim, o dever de lealdade, mesmo nesta concretização "positiva", não se confunde:

– com o dever de diligência: este traduz a medida de esforço exigível aos administradores, no cumprimento dos deveres que lhes incumbam[2652];

[2645] Já GOTTFRIED KNÖPFEL, *Die Treupflicht im Recht der GmbH* (1954, dact.), 24 ss. (32).

[2646] RAISER/VEIL, *Recht der Kapitalgesellschaften*, 5.ª ed. cit., § 14, Nr. 86 (145).

[2647] HOLGER FLEISCHER, *Wettbewerbs- und Betätigungsverbote für Vorstandsmitglieder im Aktienrecht*, AG 2005, 336-348.

[2648] RAISER/VEIL, *Recht der Kapitalgesellschaften*, 5.ª ed. cit., § 14, Nr. 83 (144).

[2649] Avoque-se o § 675 do BGB (*Geschäftsbesorgung*), a cujo propósito ocorre um específico dever de lealdade: HARTWIG SPRAU, no *Palandts BGB*, 69.ª ed. (2010), § 675, Nr. 4 e 5 (1075).

[2650] MÖLLERS, *Treuepflichten und Interessenkonflikte* cit., 409-410 e RAISER/VEIL, *Recht der Kapitalgesellschaften*, 5.ª ed. cit., § 14, Nr. 91 (146).

[2651] *Vide* o nosso *Os deveres fundamentais dos administradores das sociedades (artigo 64.º/1 do CSC)*, ROA 2006, 443-488 (480 ss.).

[2652] *Idem*, 448 ss..

880 *A administração das sociedades*

– com o dever de cuidado: este implica concretizações do dever geral de respeito, de modo a evitar situações de responsabilidade aquiliana; normalmente fala-se em deveres de prevenção do perigo[2653].

Atenção: o legislador português, na reforma do Código das Sociedades Comerciais, de 2006, alterou o artigo 64.º em termos que quebram a terminologia consagrada.

Para além das necessárias reconstruções a que esse estado de coisas obriga, podemos assentar: a lealdade pressupõe a manutenção e a defesa da confiança; o exercício dos poderes de administração e de representação é fiduciário, uma vez que assenta em bens alheios; e finalmente: na atuação leal, há que ter em conta os valores fundamentais do sistema.

329. A transposição para o Direito português

I. Feito este excurso, regressemos ao artigo 64.º. A transposição dos deveres de lealdade para o Código das Sociedades Comerciais foi feita pelo Decreto-Lei n.º 76-A/2006, de 29 de Março. Recordamos os precisos termos em que isso ocorreu:

1. Os gerentes ou administradores da sociedade devem observar:

(...)

b) Deveres de lealdade, no interesse da sociedade, atendendo aos interesses de longo prazo dos sócios e ponderando os interesses dos outros sujeitos relevantes para a sustentabilidade da sociedade, tais como os seus trabalhadores, clientes e credores.

Já acima criticámos esta aproximação entre a lealdade e os numerosos interesses depois articulados: tomados à letra, eles retiram qualquer sentido útil ao preceito.

II. Por via doutrinária, poderemos fazer decorrer, dos deveres de lealdade aí prescritos, as concretizações há muito conhecidas: o dever de neutralidade; o dever de moderação na recolha de vantagens remuneratórias;

[2653] *Da boa fé* cit., 832 ss., com indicações.

§ 73.° Os deveres de lealdade 881

a lisura perante OPAs; a não-atuação em conflitos de interesses; a proibição de concorrência; a não-apropriação das oportunidades de negócio da sociedade.

A sua base: a exigência do sistema (boa-fé), perante o facto de estarmos em face de uma gestão de bens alheios. Um ponto é evidente: a lealdade é-o para com a sociedade: não para acionistas ou para *stakeholders*[2654]. Quanto a estes, talvez pudesse valer o dever de cuidado. O legislador, todavia, inverteu os termos do problema.

[2654] Figuras que, de resto, se opõem: HOLGER FLEISCHER, *Shareholders v. Stakeholders: Aktien- und übernahmerechtliche Fragen*, em HOMMELHOFF/HOPT/VON WERDER, *Handbuch Corporate Governance* (2003), 129-155.

§ 74.º OS DEVERES DE CUIDADO

330. A origem

I. Os deveres de cuidado fizeram a sua aparição no Direito português das sociedades à última hora, através da reforma de 2006. Efetivamente, eles não constavam do anteprojeto posto à discussão pública. E no competente texto, a CMVM chegou mesmo a adiantar[2655]:

> Merece, neste contexto, proceder a uma explicitação dos deveres de lealdade dos administradores, dado que o regime nacional apenas refere, em termos gerais, a subordinação a critérios de diligência (artigo 64.º). Com efeito, os deveres de diligência (*duties of care*) – que se reportam, genericamente, ao desenvolvimento de um esforço adequado (designadamente informativo) e a uma correção técnica da atuação dos administradores, segundo critérios de racionalidade económica – devem ser complementados pela explícita alusão aos deveres de lealdade dos administradores.

Portanto, se bem se entende: aquando dos preparatórios da reforma, julgava-se bastante a referência a deveres de lealdade, além do já existente critério de diligência. Todavia: o peculiar estilo de, entre parênteses, ir escrevendo em inglês o que vai dizendo em vernáculo, leva a pensar que, já então, a CMVM tinha em vista não propriamente a diligência, mas antes os *duties of care* ou deveres de cuidado. Uma melhor meditação explicará a atual alínea *a*) do artigo 64.º/1, com a sua referência aos deveres de cuidado.

II. No Direito inglês, o dever de cuidado opera no domínio da responsabilidade civil por negligência[2656]: ninguém incorre, aí, em condena-

---

[2655] CMVM, *Governo das sociedades anónimas* cit., 16.

[2656] Com indicações: BRUNO FERREIRA, *Os deveres de cuidado dos administradores e gerentes (Análise dos deveres de cuidado em Portugal e nos Estados Unidos da América, fora das situações de disputa sobre o controlo societário)*, RDS 2009, 681-737 (687 ss.).

§ 74.º Os deveres de cuidado

ção se não ficar estabelecido que violou tal dever. Todavia, o dever de cuidado assume, depois, diversas especializações. Assim sucede no domínio do Direito do trabalho, onde o dever de cuidado, a cargo do empregador, se aproxima do dever patronal de assistência[2657] e no Direito da família, onde pode abranger os nossos alimentos[2658].

No tocante aos administradores, o dever de cuidado inglês apresenta-se como uma medida de diligência requerida para o exercício regular das suas funções[2659]. Contudo, é no Direito norte-americano que ele dá azo a maiores desenvolvimentos[2660]. O dever de cuidado, também próprio da responsabilidade por negligência, abrange:

– a desatenção: é responsável o administrador que não siga os negócios da sociedade, desacompanhando-a;

– a condenação perante o *business judgement rule*: este estabelece um estalão de grave negligência.

III. O porquê de uma regra de cuidado especial para os administradores leva a uma clássica discussão. Efetivamente, o cuidado que lhes é exigido fica aquém do requerido aos cidadãos comuns. Entre os argumentos referidos surge a necessidade de não suprimir o risco do negócio, base de qualquer progresso[2661].

Em suma: sob a especial técnica anglo-saxónica – que não separa a ilicitude da culpa – o dever de cuidado exprime as regras de conduta e a carga de não-censura necessárias no exercício das funções de administrador, para que ele não incorra em responsabilidade negligente.

Para além dos casos judiciais concretos em que ele se exprima, não encontramos fórmulas precisas para o dever de cuidado, no Direito das sociedades.

[2657] RICHARD W. PAINTER/ANN E. M. HOLMES, *Cases and Materials of Employment Law*, 4.ª ed. (2002), 157 ss..

[2658] Mais latamente: o dever de assistência dentro da Família.

[2659] TERENCE PRIDE/GARY SCANLAN/RICHARD MARTINDALE, *The Law of Private Limited Companies* (1996), 113-116, com indicação dos casos mais relevantes.

[2660] FRANKLIN A. GEVURTZ, *Corporation Law* cit., 274-320, com muitas indicações.

[2661] *Idem*, 289.

884 A administração das sociedades

331. A transposição para a lei portuguesa

I. A existência da especial categoria anglo-saxónica dos deveres de cuidado era há muito conhecida no Continente europeu, tendo originado interessantes estudos de Direito comparado[2662]. Mais recentemente, ela aparece contraposta aos deveres de lealdade, em termos que também ocuparam os comparatistas[2663]. Torna-se evidente que não é de todo possível transpor a técnica anglo-saxónica de decisão para um Direito continental. Uma mera tradução de locuções não potencia, pois, qualquer transposição.

II. O legislador de 2006, ao referir os deveres de cuidado[2664], especificou:

– a disponibilidade;
– a competência técnica;
– o conhecimento da atividade da sociedade.

Realmente, alguns destes elementos surgem nas exposições britânicas, a propósito dos deveres de cuidado[2665]. Trata-se, nos termos apontados, de deveres que acompanham a atuação do administrador, prevenindo situações de negligência. Apresentam um grau de abstração muito elevado, a concretizar nos meandros do *case law*: estranha ao nosso Direito.

III. Não parece fácil a ligação feita entre os deveres de cuidado, típicos do *negligence law* e a bitola do gestor criterioso e ordenado, constante do final do artigo 64.º/1, *a*). Aparentemente, esses dois elementos dizem o mesmo: um em linguagem "anglo-saxónica" e outro em termos continentais.

[2662] Recordemos: ROLF LANG, *Normzweck und duty of care/eine Untersuchung über die Grenzen der Zurechnung im deutschen und anglo-amerikanischen Deliktsrecht* (1983), 320 pp..

[2663] Em especial: THOMAS E. ABELTSHAUSER, *Leitungshaftung im Kapitalgesellschaftsrecht/Zu den Sorgfalts- und Loyalitätspflichten von Unternehmensleitern im deutschen und im US-amerikanischen Kapitalgesellschaftsrecht* (1998), 49 ss., 111 ss., 271 ss. e 334 ss..

[2664] BRUNO FERREIRA, *Os deveres de cuidado* cit., 704 ss..

[2665] No Direito norte-americano, ABELTSHAUSER, *Leitungshaftung* cit., 111 ss..

§ 74.° Os deveres de cuidado

Também não se entende porque inserir, no artigo 64.°, um claro elemento de responsabilidade civil: seria lógico colocar tal norma – a ser necessária! – no artigo 72.°. Aliás: no n.° 2 deste último surge-nos, agora, o *business judgement rule*.

Finalmente: a bitola da diligência, que antes acompanhava *todos* os deveres dos administradores, parece agora confinada aos deveres de cuidado: não é brilhante.

Como saída interpretativa: teremos de esquecer as origens bizarras do artigo 64.°/1, *a*), úteis apenas para fins expositivos, de clarificação e de crítica ao procedimento legislativo. Essa alínea deverá ser interpretada no seu conjunto, exprimindo a boa velha (e sempre útil) bitola de diligência, acompanhada por algumas precisões.

§ 75.º OS DEVERES GERAIS
DOS ADMINISTRADORES (SÍNTESE)

332. Os elementos disponíveis

I. Cumpre agora empreender a reconstrução do artigo 64.º. Devemos atuar à luz do Direito português, ao qual ele pertence, e de acordo com os cânones da interpretação, que mandam atender à lei, mesmo quando obscura (8.º/1 do Código Civil). Aliás, o legislador goza de presunções de acerto e de adequação (9.º/3), às quais nos submetemos. Além disso, relevam os elementos históricos e comparatísticos, bem como a realidade dos nossos tempos: todos os dias vão surgindo, nos tribunais da Europa e dos Estados Unidos, novas facetas relativas aos deveres dos administradores e à responsabilidade emergente da sua violação[2666].

II. Em sede de síntese, diremos que o artigo 64.º/1, tal como saiu da pena do legislador de 2006, é uma justaposição de massas jurídicas de origens e tempos diversos. Assim, temos:

- uma massa portuguesa tradicional: a diligência do gestor criterioso e ordenado;
- uma massa alemã: os deveres de lealdade;
- uma massa europeia: o interesse da sociedade e a referência aos interesses dos sócios e dos trabalhadores;
- uma massa anglo-saxónica: a contraposição cuidado/lealdade; os deveres de cuidado com algumas especificações e a referência aos *stakeholders*.

[2666] HOLGER FLEISCHER, *Aktuelle Entwicklungen der Managerhaftung*, NJW 2009, 2337-2343 (2337/I); neste artigo, pode ver-se uma ordenação dos diversos deveres, com indicações.

§ 75.º Os deveres gerais dos administradores (síntese)

III. A epígrafe do artigo 64.º é enigmática: os deveres fundamentais dos administradores prendem-se com os de gestão e de representação; não com as subtilezas desse preceito. Todavia, tentaremos emprestar-lhe um sentido útil.

333. Normas de conduta; *a*) Deveres de cuidado

I. O primeiro ponto a esclarecer será o seguinte: o artigo 64.º/1 compreende regras de responsabilidade civil ou normas de conduta? Diretamente, pretende reger a atuação dos administradores ou fixar consequências no caso de violação de (outras) normas?

Esquecendo o *negligence law*, estamos perante normas de conduta. Sistematicamente, o artigo 64.º está desligado dos preceitos relativos à responsabilidade dos administradores. A própria epígrafe, conquanto que exagerada, aponta, também, no mesmo sentido. Finalmente: tal como estão articulados, os deveres de cuidado – melhor seria: de procedimento – e de lealdade são mesmo normas de conduta. Quando violadas, teremos de fazer apelo a outras regras – culpa, ilicitude, dano e causalidade, entre outras – para determinar uma eventual responsabilidade civil.

II. Esclarecido esse ponto, passemos aos deveres de cuidado. Tais deveres parecem reportar à disponibilidade, à competência técnica e ao conhecimento da sociedade. Na realidade, estes três elementos constituem outros tantos deveres, que explicitam, em moldes não taxativos, o teor do tal "cuidado". Se procurarmos generalizar, encontramos o conteúdo positivo da gestão. Ou seja: os administradores devem gerir com cuidado, o que implica, designadamente, a disponibilidade, a competência e o conhecimento.

Trata-se de matéria a clarificar caso a caso. Donde a referência: "adequados às suas funções". A partir daqui, jogaram os códigos de governo das sociedades.

334. Segue; *b*) Deveres de lealdade e interesses a atender

I. Seguem-se os deveres de lealdade. Abreviando, podemos considerar que se trata de deveres fiduciários, que recordam estar em causa a gestão de bens alheios. Os administradores são leais na medida em que honrarem a confiança neles depositada. Ficam envolvidas as clássicas proibições já examinadas: de concorrência, de aproveitamento dos negócios, de utilização de informações, de parcialidade e outros. Ainda a mesma lealdade exige condutas materialmente conformes com o pretendido: não meras conformações formais.

II. A lealdade que se impõe é-o, naturalmente: à sociedade o que é dizer, aos sócios, mas em modo coletivo. As referências aos interesses de longo prazo dos sócios e aos dos *stakeholders* – especialmente, trabalhadores, clientes e credores – só podem ser tomadas como uma necessidade de observar as competentes regras. Para além delas, os administradores estão ao serviço da sociedade: ou a pretendida competitividade das sociedades portuguesas será uma completa miragem. Quanto aos sócios e aos interesses a curto, a médio e a longo prazo: teremos de fazer apelo às regras (diversificadas) do governo das sociedades, para dispor de um quadro inteligível e, eventualmente: de critérios de decisão. O artigo 64.º/1, *b*), embora rico, nunca poderia resolver tal nó górdio. A referência legal vale, pois, como uma prevenção e como um novo apelo aos códigos de *corporate governance*.

335. A bitola de diligência

I. A bitola de diligência, apesar de desgraduada para o final do artigo 64.º/1, *a*), conserva todo o seu relevo. Desde logo, em termos literais: "nesse âmbito" – portanto: o âmbito em que os administradores devem empregar a diligência de um gestor criterioso e ordenado – reporta-se às "suas funções": não apenas aos deveres de cuidado. Obviamente: o administrador deve ser diligente na execução de *todos* os seus deveres e não, apenas, nos de cuidado.

II. A diligência, enquanto medida objetiva e normativa do esforço exigível, mantém-se, tudo visto, como uma regra de conduta incompleta: mas regra que dobra toda as outras, de modo a permitir apurar a efetiva atuação exigida aos administradores.

SECÇÃO III
O GOVERNO DAS SOCIEDADES

§ 76.º *CORPORATE GOVERNANCE*: ORIGEM E DESENVOLVIMENTO

336. Aceções

I. À letra, *corporate governance* traduzir-se-ia por governo societário. Em português do Brasil, usa-se o termo governança corporativa[2667]. Os puristas franceses recorrem a *governement d'entreprise* ou *governement des sociétés*, explicando tratar-se de *corporate governance*[2668]. Esta última expressão, no anglo-americano de origem, é utilizada, sem problemas, pelos comercialistas alemães[2669]. *Corporate governance* não tem um equivalente claro, no Direito português das sociedades. Ficamo-nos, por isso, pela locução governo das sociedades, habitualmente usada[2670]. Todavia, em linguagem técnica, admitimos que se recorra ao inglês *corporate governance*[2671].

[2667] Cf. HERBERT STEINBERG e outros, *A dimensão humana da governança corporativa* (2003), 225 pp., onde podem ser confrontadas outras obras com títulos similares. Entre nós, introduziu-se "governo das sociedades"; *vide* PAULO CÂMARA, *O governo das sociedades em Portugal: uma introdução*, CadMVM 12 (2001), 45-55.

[2668] PHILIPPE MERLE, *Droit commercial/Sociétés commerciales*, 9.ª ed. (2003), 280-281.

[2669] KUNO RECHKEMMER, *Corporate Governance* (2003), 175 pp. e a obra maciça de PETER HOMMELHOFF/KRAUS J. HOPT/AXEL VON WEDER, *Handbuch Corporate Governance* (2003), 950 pp., com múltiplas indicações.

[2670] COUTINHO DE ABREU, *Direito comercial / Governação das sociedades* cit., 5, usa "governação", embora admita "governo".

[2671] PEDRO MAIA, *Voto e corporate governance / Um novo paradigma para a sociedade anónima* (2010, polic.), usa o inglês *corporate governance*, explicando preferir optar pela não-tradução.

890 *A administração das sociedades*

II. O governo das sociedades corresponde a um conceito anglo-americano. Postula quadros jurídicos e conceituais diferentes dos continentais: razão pela qual não há total equivalência, perante estes últimos. A sua utilização deve ser acompanhada pelas necessárias explicações, sob pena de promover confusões conceituais.

III. Feitas estas precisões, verifica-se que *corporate governance* pode abranger duas diferentes realidades:

– a organização da sociedade;
– as regras aplicáveis ao funcionamento da sociedade.

Na primeira vertente, a *corporate governance* reportar-se-ia ao que chamamos a administração e a fiscalização das sociedades. Ela abrangeria:

– a orgânica societária, suscetível de integrar diversos modelos; no caso das sociedades anónimas, teríamos, à escolha (278.°/1): o modelo monista[2672] latino, com administração e conselho fiscal, o modelo monista anglo-saxónica, com administração compreendendo uma comissão de auditoria e o revisor oficial de contas e o modelo dualista ou germânico, com conselho de administração executivo, conselho geral e de supervisão e revisor oficial de contas;
– a ordenação interna do conselho de administração;
– a articulação com a assembleia geral;
– o modo de designação e de substituição dos administradores.

Na segunda vertente, a *corporate governance* abarca:

– os direitos e os deveres dos administradores;
– as regras de gestão e de representação;
– as regras de fiscalização;
– os deveres atinentes às relações públicas.

IV. A primeira – e, porventura, fundamental – subtileza do governo das sociedades reside na não-separação entre essas duas vertentes. Os estudiosos norte-americanos dão-nos noções em que ambos os aspetos

---

[2672] *Manual*, 2, 752 ss. e 759 ss.. É óbvio que "monismo" e "dualismo" têm a ver com a organização da administração e não com a contagem geral dos órgãos da sociedade.

§ 76.º Corporate governance: *origem e desenvolvimento*   891

estão miscenizados[2673]: não logram referir uma orgânica sem, de mistura, falarem das funções e das regras envolvidas[2674], tudo isso entremeado por considerações de ordem política algo *naïf*[2675].

Podemos reter algumas definições ilustrativas. Assim, o governo das sociedades seria[2676]:

- o sistema pela qual as sociedades são administradas e controladas (relatório CADBURY, 1992);
- as estruturas, o processo, as culturas e os sistemas que deem azo à organização e ao funcionamento com sucesso (KEASEY e WRIGHT, 1993);
- o processo de supervisão e de controlo destinado a assegurar que a administração da sociedade age de acordo com os interesses dos acionistas (PARKINSON, 1994);
- a soma das atividades que afeiçoam a regulação interna do negócio em consonância com as obrigações derivadas da legislação, da propriedade e do controlo (CANNON, 1994).

A técnica subjacente não é precisa, pelos cânones continentais: falha na formulação de conceitos e na dimensão analítica. Todavia, ela permitirá entender melhor a realidade.

337. Origem e evolução

I. A *corporate governance* tem origem norte-americana. Ela remonta a 1932, altura em que BERLE e MEANS expuseram o tema da separação, nas grandes empresas, entre a propriedade (formal) e o controlo[2677]. Como

---

[2673] P. ex.: JOHN L. COLLEY JR./JACQUELINE L. DOYLE/GEORGE W. LOGAN/WALLACE STETTINIUS, *What Is Corporate Governance* (2005), 2-3.

[2674] Veja-se a introdução a AAVV, *The Handbook of International Corporate Governance / a definitive guide* (2005), 1-6.

[2675] P. ex.: PETER A. GOUREVITCH/JAMES SHINN, *Political Power & Corporate Control / The new global politics of corporate governance* (2005), 3 e *passim*.

[2676] *Apud* JILL SOLOMON/ARIS SOLOMON, *Corporate Governance and Accountability* (2004), 13.

[2677] ADOLF BERLE/GARDINER MEANS, *The Modern Corporation and Private Property* (1932), *apud* KENNETH A. KIM/JOHN R. NOFSINGER, *Corporate Governance*, 2.ª ed. (2007), 10. *Vide* JEAN TIROLE, *The Theory of Corporate Finance* (2006), 15 ss..

892   *A administração das sociedades*

assegurar que os gestores, que detêm o controlo, agem no interesse dos proprietários? Seria o problema da representação (*agency problem*): haveria que prever um jogo de incentivos e de monitorização para assegurar esse desiderato[2678].

Grosso modo, o sistema era arbitrado pelo mercado: a empresa mal gerida via cair as suas cotações, acabando por ser vítima de um *takeover*. Os novos titulares do capital poderiam optar entre desmantelar a empresa ou proceder a reajustamentos na sua gestão.

II. A partir dos anos 90 do século XX, a política económica e a prevenção vieram ocupar o lugar dos *takeovers*[2679]. Estes assumiam custos sociais elevados e instilaram uma insegurança junto dos investidores. Devemos ainda ter presente que, nos Estados Unidos, as empresas financiam-se junto do mercado de capitais e não na banca[2680]. Torna-se importante, por isso, uma difusão de informações aprazíveis e uma imagem de segurança na gestão das empresas.

A *corporate governance*, agora com um sentido funcional e normativo mais vincado, ganha um uso e uma intensidade sem precedentes[2681]. Novos métodos de análise permitiram estabelecer o papel de um governo societário forte sobre os resultados da sociedade[2682]. Este foi incrementado. Mas teve um subproduto infeliz: uma sucessão de escândalos, com relevo para os casos mediáticos da Enron, da WorldCom e da Global Crossing[2683]. Antes da crise de 2007-2012, sete das doze maiores falências da História norte-americana haviam ocorrido em 2002[2684]. A monitorização dos administradores ganhou uma dimensão acrescida[2685].

[2678] Kim/Nofsinger, *Corporate Governance*, 2.ª ed. cit., 3-4.

[2679] John Pound, *Beyond Takeovers / Politics Comes to Corporate Control* (1992), em *Harvard Business Review on Corporate Governance* (2000), 157-186 (158-159). Cf. Paul W. MacAvoy/Ira M. Millstein, *The Recurrent Crisis in Corporate Governance* (2004), 1 ss. e 10 ss..

[2680] Kevin Keasey/Steve Thompson/Mike Wright, *Corporate Governance / / Accountability, Enterprise and International Comparisons* (2005), 1.

[2681] *Vide* a bibliografia citada nas notas anteriores.

[2682] MacAvoy/Millstein, *The Recurrent Crisis* cit., 49 ss..

[2683] Gourevitch/Shinn, *Political Power & Coporate Control* cit., 86 ss..

[2684] Robert A. G. Monks/Nell Minow, *Corporate Governance*, 3.ª ed. (2004), 1; a obra contém um CD sobre o processo Enron podendo, a pp. 343 ss., confrontar-se diver-

§ 76.º Corporate governance: *origem e desenvolvimento*   893

III. O governo das sociedades tinha de assumir um papel mais moralizador e fiscalizador. Surgiram publicadas leis, com relevo para o norte-americano *Sarbanes-Owley Act* (2002)[2686]. Foram estabelecidas incompatibilidades, garantias de independência, práticas moralizadoras e incrementos de responsabilidade.

A matéria tem conhecido um crescimento exponencial[2687].

338. **Expansão mundial**

I. A *corporate governance* alargou-se, nos últimos anos, à Aldeia Global. Primeiro, ela surgiu no Reino Unido, mercê das facilidades linguísticas e jurídico-culturais[2688]. Elaborou-se, sob o cuidado do *Committee on the Financial Aspects of Corporate Governance*, presidido por Sir ADRIAN CADBURY, um primeiro "código de boas práticas de governo das sociedades" (1992), conhecido como Relatório Cadbury[2689]. Seguiram-se outras iniciativas[2690].

II. A ideia de *corporate governance* alargou-se, depois, aos diversos países[2691]. O fascínio pelos sucessos norte-americanos, que asseguravam as mais elevadas taxas de crescimento, apesar das políticas externas erráticas, em conjunto com a pressão da cultura anglo-saxónica, explicarão parte do fenómeno.

---

sos *case studies* sobre crises célebres. *Vide*, ainda, GOUREVITCH/SHINN, *Political Power & Corporate Control* cit., 219-220.

[2685] ROBERT A. G. MONKS, *Corporate Governance* (2009), 223 ss..

[2686] *Idem*, 248-249, com uma súmula.

[2687] Nos Estados Unidos, encontramos mais de 10.000 títulos disponíveis sobre temas da *corporate governance*.

[2688] KEASEY/SHORT/WRIGHT, *The Development of Corporate Governance Codes in the UK*, em, desses Autores, *Corporate Governance* (2005), 21-44, com indicações.

[2689] *United Kingdom*, em Institut of Directors, *The Handbook of International Corporate Governance* (2005), 153-178 (165).

[2690] *Vide* JONATHAN P. CHARKHAM, *Keeping Better Company / Corporate Governance Ten Years On*, 2.ª ed. (2005), 5 ss..

[2691] CHRISTOPH TEICHMANN, *Corporate Governance in Europa*, ZGR 2001, 645-679 (646).

894   *A administração das sociedades*

De todo o modo, a doutrina assegura que os efeitos do governo das sociedades são já suficientemente marcantes para se poder concluir: não estamos perante um mero efeito de moda mas, antes, em face de um movimento de fundo, com consequências duradouras na panorâmica societária[2692].

IV. A *corporate governance* tem vindo a ser acolhida nos diversos países, dando corpo a regras adotadas por instituições empresariais representativas ou a recomendações de entidades públicas ou de supervisão[2693]. Impõe-se, já hoje, um trabalho comparativo[2694], com referências europeias[2695]. Surgem estudos de *Corporate Governance* por sectores, com relevo para o campo mobiliário[2696]. Ocorrem novos problemas[2697].

A publicação, na Alemanha, do *Deutsche Corporate Governance Kodex*, de 26-Fev.-2002[2698] deu um alento especial à matéria, multipli-

---

[2692] KATERINE LE JOLY/BERTRAND MOINGEON, *Corporate Governance ou Governments d'Entreprise*, em *Gouvernement d'entreprise: débats théoriques et pratiques* (2001), 14-33 (14).

[2693] Retenham-se os *princípios* aprovados pela OCDE em 1988; cf. ULRICH SEIBERT, *OECD Principles of Corporate Governance – Grundsätze der Unternehmensführung und Kontrolle für die Welt*, AG 1999, 337-350 (340 ss.), com uma ideia sobre o seu conteúdo.

[2694] Cf. GIOVANNI FIORI, *Corporate Governance e qualità dell'informazione esterna d'impresa* (2003), 77 ss., confrontando os mecanismos dos EEUU, do Reino Unido, da França e da Alemanha.

[2695] STEFAN GRUNDMANN/PETER O. MÜLBERT, *Corporate Governance/Europäische Perspektiven*, ZGR 2000, 215-223, KLAUS J. HOPT, *Gemeinsame Grundsätze der Corporate Governance in Europa?*, ZGR 2000, 779-818, que referindo uma certa aproximação entre o *Common Law* e o *Civil Law*, acaba por responder mais pela positiva à questão que coloca (ob. cit., 780 e 818) e MARCUS LUTTER, *Das Europäische Unternehmensrecht im 21. Jahrhundert*, ZGR 2000, 1-18 (17).

[2696] HANNO MERKT, *Zum Verhältnis von Kapitalmarktrecht und Gesellschaftsrecht in der Diskussion um die Corporate Governance*, AG 2003, 126-136, referenciando diferenças com os EEUU. Cf. SIEGFRIED UTZIG, *Corporate Governance, Shareholder Value und Aktienoptionen – die Lehre aus Enron, WorldCom und Co*, Die Bank 2002, 594-597 e, entre nós, CARLOS ALVES/VÍCTOR MENDES, *As recomendações da CMVM relativas ao Corporate Governance e a Performance das sociedades*, CMVM 12 (2001), 57-88.

[2697] P. ex.: GERALD SPINDLER, *Internet und Corporate Governance – ein neuer virtueller (T) Raum? Zum Entwurf des NaStraG*, ZGR 2000, 420-455.

[2698] Publicado pelo *Kodex-Kommission*; o texto pode ser visto em AG 2002, 236-239. Uma especial referência: HENRIK-MICHAEL RINGLEB/THOMAS KREMER/MARCUS

§ 76.º Corporate governance: *origem e desenvolvimento*   895

cando-se as publicações especializadas[2699]. As disposições do *Kodex* não são, por si, Direito vigente, embora por vezes retomem (ou fiquem aquém) de normas jurídicas. Os escândalos norte-americanos, seguidos por alguns problemas na Europa[2700], provocaram um novo surto na matéria[2701]. Perguntam os Autores se estaremos perante uma permanente reforma do Direito das sociedades, particularmente das anónimas[2702]. A questão tem pertinência, dadas as revisões sucessivas do *Kodex*[2703], sendo de sublinhar a de 2010, que reflete as medidas motivadas pela crise[2704].

V. A *corporate governance* dá ainda lugar a uma literatura comparatística envolvente, onde são descritos, lado a lado, as diversas experiências de governo das sociedades[2705].

Lutter/Axel von Werder, *Kommentar zum Deutschen Corporate Governance Kodex* (2003), 308 pp..

[2699] Martin Peltzer, *Deutsche Corporate Governance/Ein Leitfaden* (2003), 143 pp., rec. Thomas Kremer, AG 2003, 280, Hans Friedrich Gelhausen/Henning Hönsch, *Deutscher Corporate Governance Kodex*, AG 2002, 529-535, Olaf Ehrhardt/Eric Nowak, *Die Durchsetzung von Corporate Governance*, AG 2002, 336-345, Christoph H. Seibt, *Deutscher Corporate Governance Kodex und Entsprechens-Erklärung (§ 161 AktG-E)*, AG 2002, 249-259.

[2700] A Enron era um conglomerado norte-americano que, subitamente, declarou bancarrota; verificou-se que os números haviam sido manipulados, por forma a disfarçar somas astronómicas de prejuízos; rebentaram, ainda, outros escândalos: WorldCom, Global Crossing, Adelphia e Tyco, como exemplos.

[2701] Maximilien Schiessl, *Deutsche Corporate Governance post Enron*, AG 2002, 593-604.

[2702] Ulrich Seibert, *Aktienrechtsreform in Permanenz?*, AG 2002, 417-420 (419-420).

[2703] Henrik-Michael Ringleb/Thomas Kremer/Marcus Lutter/Axel von Werder, *Kommentar zum Deutschen Corporate Governance Kodex*, 4.ª ed. (2010), LXIII + 451 pp.; a última aí reportada é a de 18-Jun.-2009.

[2704] Barbara Deilmann/Frauke Albrecht, *Corporate Governance und Diversity / / Was empfiehlt der neue Kodex?*, AG 2010, 727-734 e Henrik-Michael Ringleb/Thomas Kremer/Marcus Lutter/Axel von Werder, *Die Kodex-Anderung von Mai. 2010*, NZG 2010, 1161-1168.

[2705] Temos em mente: Randall K. Morck (ed.), *A History of Corporate Governance Around the World* (2005), 687 pp., Jonatham P. Charkham (ed.), *Keeping Better Company / Corporate Governance Ten Years On* (2005), 436 pp. e Kevin Keasey/Steve Thompson/Mike Wright, *Corporate Governance / Accountability, Enterprise and International Comparisons* (2005), 464 pp., onde podem ser confrontados escritos de distintos autores, sobre a situação em dezenas de países.

896 A administração das sociedades

A leitura destes escritos não satisfaz as exigências da dogmática continental. Confirma a impressão inicial de uma acentuada falta de análise e de precisão conceitual, em textos que misturam casuísticas, descrições fluidas e considerações políticas diversas. Todavia, é inegável que eles permitem uma aproximação societária por ângulos funcionais: porventura mais realistas do que a tradicional dogmática continental. Estamos, assim, perante um filão que cumpre aproveitar.

Em nome desta nova frente problemática têm sido estudadas e adotadas reformas nos diversos países[2706].

[2706] Quanto à experiência suíça, referimos ainda PETER BÖCKLI/CLAIRE HUGUENIN/ /FRANÇOIS DESSEMONTET, *Le gouvernement d'entreprise / Rapport du groupe de travail en une de la révision partielle du droit de la société anonyme* (2004).

§ 77.º *CORPORATE GOVERNANCE* EM PORTUGAL

339. As vias de penetração

I. O governo das sociedades tem penetrado, na realidade do Direito português das sociedades, por seis vias:

– através de práticos do Direito, com especial capacidade na área das relações internacionais;
– mercê dos estudiosos que exercem funções no âmbito da CMVM;
– por via dos especialistas em técnicas de gestão; hoje: de "governo das sociedades";
– pela pressão do Direito europeu;
– pelo ensino universitário;
– mediante reformas legislativas.

O papel dos práticos do Direito foi pioneiro. Em especial contacto com a realidade dos outros países, particularmente anglo-saxónicos, eles tiveram acesso imediato às novas orientações vindas de além-Atlântico e de além-Mancha. Por vezes, tiveram a possibilidade de transmitir conhecimentos assim adquiridos, publicando-os[2707].

II. Os estudiosos que atuam no âmbito da CMVM têm uma apetência de princípio pelos temas do governo das sociedades[2708]. Cabe-lhes, em especial, preparar os regulamentos e as recomendações que irão enquadrar

---

[2707] Temos em mente: João Soares da Silva, *Responsabilidade civil dos administradores de sociedades: os deveres gerais e os princípios da* corporate governance, ROA 1997, 605-628.

[2708] Em especial, o já citado Paulo Câmara, *O governo das sociedades em Portugal: uma introdução*, CadMVM 12 (2001), 45-55.

898 *A administração das sociedades*

o mercado mobiliário. A sua sensibilidade à doutrina de língua inglesa reforçou a natural ligação com os mercados mundiais, em breve trecho dominados pela linguagem e pelos princípios de gestão norte-americanos. A CMVM é responsável por diversos regulamentos relativos ao Governo das Sociedades Cotadas: o último, neste momento, é o n.º 1/2010, de 7 de Janeiro[2709].

Num plano próximo, podemos colocar os especialistas em técnicas de gestão, muitas vezes de formação anglo-saxónica. Organizados no IPCG – Instituto Português de Corporate Governance, eles são responsáveis pela penetração do pensamento subjacente nas grandes empresas nacionais[2710].

III. No plano europeu, temos desde logo presente a já referida Comunicação da Comissão ao Conselho e ao Parlamento Europeu: *Modernizar o direito das sociedades e reforçar o governo das sociedades na União Europeia – Uma estratégia para o futuro*[2711]. Retemos o troço seguinte:

> A UE deve definir uma abordagem própria em matéria de *governo das sociedades*, adaptada às suas tradições culturais e empresariais. Com efeito, trata-se de uma oportunidade no sentido de a União reforçar a sua influência à escala mundial através de regras de *governo das sociedades* sólidas e sensatas. O *governo das sociedades* constitui efetivamente uma área em que as normas têm vindo cada vez mais a ser estabelecidas a nível internacional, conforme evidenciado pela recente evolução registada nos Estados Unidos. A Lei *Sarbanes-Oxley*, adotada em 30 de Julho de 2002, após uma série de escândalos, representou uma resposta rápida neste contexto. Infelizmente, suscitou uma série de problemas, devido aos seus efeitos extraterritoriais a nível das empresas e dos revisores oficiais de contas na Europa, tendo a Comissão empreendido um intenso diálogo com as autoridades norte-ame-

---

[2709] Confrontável na Net. Tem ainda relevo o *Código de Governo das Sociedades da CMVM / 2010 (Recomendações)*, também aí consultável.

[2710] Deve-se-lhes, em especial, a publicação do livro branco: ARTUR SANTOS SILVA/ANTÓNIO VITORINO/CARLOS FRANCISCO ALVES/JORGE ARRIAGA DA CUNHA/MANUEL ALVES MONTEIRO, *Livro branco sobre* corporate governance *em Portugal* (2006), 192 pp. A partir de 2009, o IPCG pôs em discussão um anteprojeto de *Código de Bom Governo das Sociedades* (texto confrontável na Net), relativamente ao qual há elementos datados (neste momento, por último) do início de 2011.

[2711] COM (2003) 284 final; *Direito europeu das sociedades*, 94 ss..

§ 77.º Corporate governance *em Portugal*   899

ricanas (nomeadamente a *Securities and Exchange Commission*) no domínio da regulamentação com vista a negociar soluções aceitáveis. Em muitas áreas, a UE partilha objetivos e princípios gerais idênticos aos enunciados na Lei Sarbanes-Oxley e, nalguns casos, vigora já uma regulamentação sólida e equivalente na UE. Nalgumas outras áreas, contudo, são necessárias novas iniciativas. Assegurar o direito de serem reconhecidas como regras menos "equivalentes" a outras regras nacionais e internacionais constitui, só por si, um objetivo legítimo e profícuo.

Fica, naturalmente, a grande questão: as várias medidas preconizadas, no tocante à fiscalização, à responsabilidade dos administradores, aos figurinos de organização e à evolução do próprio Direito das sociedades não estariam ao alcance da linguagem continental clássica? A resposta seria, teoricamente, positiva. Todavia, o influxo anglo-saxónico foi um motor poderoso neste domínio. A linguagem adotada é, ainda, a da *corporate governance*: ora a moderna Ciência do Direito assenta no relevo substantivo da linguagem. Não podemos ainda falar numa legislação direta europeia sobre governo das sociedades. Mas a pressão existe e é efetiva.

IV. O ensino universitário debate-se com a estreiteza dos planos de estudos, agravada pela desastrosa reforma dita de Bolonha (MARIANO GAGO), responsável pela quebra de nível das licenciaturas. O âmbito letivo do Direito comercial tem dificuldades em acolher mais esta província. Não obstante, são feitas, há anos, referências básicas em obras gerais[2712] surgindo, mais recentemente, planos de estudos relativos a disciplinas especializadas de processo das sociedades, nos cursos de mestrado[2713]. Pelas características do nosso País: a matéria terá de ser aprofundada a esse nível.

V. Finalmente, o governo das sociedades tem-se projetado em reformas legislativas, com especial relevo para a de 2006. Vamos ver.

[2712] Assim, a 1.ª ed. deste *Manual* (2004), 691 ss.; a pré-edição remonta a 2001.
[2713] COUTINHO DE ABREU, no já citado *Direito comercial / Governação das sociedades* (2005), 208 pp., onde são versadas a administração e a fiscalização da sociedade.

900 *A administração das sociedades*

340. A projeção na reforma de 2006

I. Na preparação da reforma levada a cabo, no Código das Sociedades Comerciais, pelo Decreto-Lei n.º 76-A/2006, de 29 de Março, houve uma efetiva projeção de certos vetores da denominada *corporate governance*. De acordo com o estudo preparatório elaborado pela CMVM[2714], a "... reformulação global e coerente do regime das sociedades anónimas em Portugal ..." implica os objetivos seguintes:

a. Promover a competitividade das empresas portuguesas, permitindo o seu alinhamento com modelos organizativos avançados;
b. Ampliação da autonomia societária, designadamente através da abertura do leque de opções quanto a soluções de governação;
c. Eliminar distorções injustificadas entre modelos de governação;
d. Aproveitar os textos comunitários concluídos com relevo direto sobre a questão dos modelos de governação e direção de sociedades anónimas;
e. Atender às especificidades das pequenas sociedades anónimas;
f. Aproveitar as novas tecnologias da sociedade da informação em benefício do funcionamento dos órgãos sociais e dos mecanismos de comunicação entre os sócios e as sociedades.

II. Há algum desenvolvimento vocabular. Todavia, a reforma aprovada deu corpo, em especial, aos pontos *b* e *f*, acima referidos. Quanto a modelos: houve um reforço efetivo da fiscalização, com múltiplos reflexos na prestação de contas[2715].

III. No tocante à administração, como temos referido, deram-se dois passos, em nome do governo das sociedades:

– alterou-se o artigo 64.º, de modo a justapor-lhe categorias anglo--saxónicas de deveres;
– introduziu-se o *business judgement rule*.

Trata-se de aspetos que irão sendo clarificados, nos próximos anos.

[2714] *Governo das sociedades anónimas: propostas de alteração ao Código das Sociedades Comerciais*, 2006, disponível na Net.

[2715] *Vide* BERNARD GROSSFELD, *Wandel der Unternehmensverfassung*, NZG 2005, 1-5 (2/II).

§ 77.º Corporate governance *em Portugal* 901

341. **Balanço e perspetivas**

I. A projeção da *corporate governance*, enquanto "ideologia"[2716], tem sido intensa, nas grandes empresas. Para além da introdução de uma terminologia anglo-saxónica, procede-se a reformulações nos esquemas de retribuição dos administradores[2717], de arrumação dos conselhos de administração e – com menor efetividade – na reorganização das fiscalizações. O sector bancário parece ser dos mais sensíveis. Além disso, a matéria comunica-se, rapidamente, ao sector público[2718].

II. No plano legislativo, o governo das sociedades serviu, essencialmente, como força impulsionadora da reforma de 2006, junto do legislador. A configuração concreta da reforma não dependeu dos "novos" princípios: estava ao alcance da técnica continental.
Estamos ainda longe de qualquer concretização jurisprudencial. Nesse domínio, impor-se-á toda uma divulgação jurídico-científica da matéria, junto dos agentes jurídicos: consultores, advogados e administradores. Estamos no Direito privado: os tribunais só decidem quando devidamente solicitados pelas partes.

III. O especial fascínio do governo das sociedades advém da integração entre regras jurídicas, princípios de gestão e normas éticas. A *corporate governance* não é definível em termos jurídicos: abrange um conjunto de máximas válidas para uma gestão de empresas responsável e criadora de riqueza a longo prazo, para um controlo de empresas e para a transparência[2719]. Podemos dizer que ficam abrangidas:

– verdadeiras regras jurídicas societárias, como sucede com o artigo 64.º e com os preceitos relativos à prestação de contas;

[2716] Presente, a obra de YVON PESQUEUX, *Le governnement de l'entreprise comme ideologie* (2000), especialmente 161 ss. e 175 ss..

[2717] *Vide* JEAN TIROLE, *The Theory of Corporate Finance* cit., 20 ss., quanto aos incentivos à gestão, cujas técnicas são conhecidas entre nós.

[2718] JOACHIM PREUSSNER, *Corporate Governance in öffentlichen Unternehmen*, NZG 2005, 575-578.

[2719] KARSTEN SCHMIDT, *Gesellschaftsrecht*, 4.ª ed. cit., 767. Veja-se o preâmbulo do *Deutscher Kodex*, AG 2002, 236, bem como a pré-notação de AXEL VON WEDER, no *Kodex-Kommentar* de HENRIK-MICHAEL RINGLEB e outros (2003), 11 ss..

A administração das sociedades

– regras gerais de ordem civil e deveres acessórios, também de base jurídica;
– princípios e normas de gestão, de tipo económico e para as quais, eventualmente, poderão remeter normas jurídicas;
– postulados morais e de bom senso, sempre suscetíveis de interferir na concretização de conceitos indeterminados.

A grande vantagem do governo das sociedades é a sua natureza não legalista. Lidamos com regras flexíveis, de densidade variável, adaptáveis a situações profundamente distintas e que não vemos como inserir num Código de Sociedades Comerciais. De resto: não temos conhecimento de, em qualquer País, se ter seguido tal via. Não obstante, o governo das sociedades é um tema do nosso tempo[2720]. Fortemente impressivo, pela nota norte-americana de modernidade que comporta, o governo das sociedades não podia deixar de ser arvorado, pelo legislador, em bandeira de reforma. O seu papel acabou, todavia, por ser modesto: quedou-se pela reforma do artigo 64.º, com todos os óbices e desafios que temos vindo a assinalar.

IV. Fora do estrito campo legal, o tema do governo das sociedades tem um papel acrescido. A CMVM produz regulamentos e recomendações de nível elevado e que têm como bússola importantes princípios de governo das sociedades. Além disso, ela tem uma atuação informal junto das grandes empresas, que permite pôr no terreno vetores importantes na área da boa gestão, da transparência e da informação ao mercado[2721]. O tema é retomado por estudiosos e especialistas, junto das referidas grandes empresas[2722].

Em suma: filtra uma cultura de modernidade, importante na Aldeia Global.

O desafio que enfrentamos é outro: velar para que o acolhimento dos princípios do governo das sociedades não provoque um abaixamento técnico-jurídico, nem se traduza por mais uma desmesurada fonte de complexidade societária.

[2720] Cf. o importante *Livro Branco sobre Corporate Governance em Portugal* (2006), 192 pp., org. ARTUR SANTOS SILVA e outros, já acima citado.

[2721] GIOVANNI FIORI, *Corporate governance e qualità dell'informazione esterna d'impresa* (2003), 73 ss., com diversos elementos.

[2722] Referimos CARLOS BLANCO DE MORAIS, *Introdução aos princípios de "corporate governance" aplicáveis às sociedades anónimas cotadas em bolsa*, Estudos em Honra de Ruy de Albuquerque 1 (2006), 233-268.

SECÇÃO IV
A SITUAÇÃO JURÍDICA DOS ADMINISTRADORES

§ 78.º OS ADMINISTRADORES
NO DIREITO COMPARADO

342. Generalidades

I. A situação jurídica dos administradores é uma peça-chave no Direito das sociedades anónimas. O regime aplicável nem sempre surge explícito: torna-se, por isso, necessário recorrer à construção científica e à lógica do sistema. Finalmente: o conhecimento dos diversos meandros permitiria fixar a natureza da posição dos administradores. Tudo isto constitui, no presente momento, um problema complexo, que está por resolver.

II. Na origem dogmática do problema, podemos apontar o seguinte: o Direito das sociedades comerciais, particularmente perante as opções dos autores do Código das Sociedades Comerciais, que lograram consagração em diversos troços da lei, é, estruturalmente, de tipo contratual. Todavia, quando se intenta aplicar uma metodologia contratual à situação dos administradores, surgem dificuldades. O administrador não é, no Direito português, provido por contrato, enquanto se multiplicam situações nas quais a própria vontade da sociedade é dispensável.

III. O Direito português torna-se, ainda, um tanto caleidoscópico, pelas sucessivas influências que tem sofrido, de outros ordenamentos. Tais influências, que remontam ao século XVIII e à Lei da Boa Razão, intensificaram-se aquando da elaboração do Código de 1986 e, mais recentemente, no âmbito da reforma de 2006. Tanto basta para tornar indispensá-

904   *A administração das sociedades*

vel uma abordagem histórico-comparativa do tema. Os elementos assim obtidos permitem entender melhor a experiência nacional[2723].

343. As orientações contratuais; o apelo ao mandato

I. O *Code de Commerce* francês de 1807 dispunha, no seu artigo 31.º, reportando-se às sociedades[2724]:

> Elas são administradas por mandatários temporários, destituíveis, associados ou não associados, assalariados ou gratuitos.

Subjacente à situação jurídica dos administradores estaria uma ideia de mandato ou, mais concretamente: um contrato de mandato. Esta conceção fez história: passou às Leis Prussianas de 1838, sobre Caminhos de Ferro e de 1843, sobre sociedades anónimas; além disso, vamos encontrá-la nos Códigos de Comércio de Itália, de 1867 e de 1882, ambos com larga influência, designadamente entre nós.

II. O recurso ao mandato tem origens históricas. Podemos esquematizá-las em dois pontos:

– os inconvenientes do publicismo das grandes companhias coloniais;
– as vantagens técnico-jurídicas do mandato.

No período moderno, as grandes companhias coloniais recebiam, da lei, poderes exorbitantes, de tipo público. Além disso, elas eram geridas por uma lógica de Estado, de acordo com diretrizes provenientes do Conselho do Rei ou de notáveis. Esta situação redundou, por vezes, num protelamento dos direitos dos acionistas. Contra ela veio, a História, a reagir.

A vaga individualista subsequente à Revolução Francesa foi pouco propícia às companhias coloniais. A figura das sociedades anónimas teve, ainda, uma imagem degradada, por via de diversos escândalos financeiros.

[2723] Para maiores desenvolvimentos: *Da responsabilidade civil dos administradores*, § 14.º.

[2724] O preceito transcrito foi revogado pela Lei de 24-Jul.-1867: este diploma manteve, contudo, um esquema similar.

§ 78.º Os administradores no Direito comparado   905

Em suma: todo este conjunto de fatores levou a que, na codificação francesa de 1807 e, depois, nas codificações que se lhe seguiram, fossem efetuadas opções claras pelas soluções jurídico-privadas.

III. Também as exigências de construção científica conduziram ao reforço das opções privadas. Com efeito, a doutrina da personalidade coletiva, na passagem do século XVIII para o século XIX, estava ainda muito incipiente. A figura do administrador, com os seus poderes de gerir bens alheios e de vincular a própria sociedade era um verdadeiro enigma. A figura mais disponível e mais próxima seria justamente a do mandato: o mandatário geria bens alheios e, de acordo com as explicações da época, tinha poderes de representação.

IV. O apelo ao mandato permitia concretizar duas ordens de objetivos: políticos e técnico-jurídicos. Em termos políticos, os administradores eram colocados ao serviço dos sócios, sem veleidades de intervenção de poderes políticos. No plano técnico-jurídico, ficava enquadrada a problemática da gestão de bens alheios bem como a da representação.

Apesar das suas ingenuidades, o apelo ao mandato manteve a sua influência, até hoje.

344. Críticas; o contrato de administração

I. A aplicação da ideia de mandato à situação jurídica dos administradores veio a ser objeto de duas grandes tradições críticas:
– a crítica interna, de origem alemã;
– a crítica externa, de base italiana.
Ambas são pertinentes e funcionais, perante o nosso Direito.

A crítica interna tem a ver com a dissociação entre o mandato e a representação. Na linha dos estudos pioneiros de JHERING[2725] e de LABAND[2726], sabemos hoje que o mandato implica uma simples prestação

---

[2725] RUDOLF VON JHERING, *Mitwirkung für fremde Rechtsgeschäfte*, JhJb 1 (1857), 273-350 e 2 (1858), 67-180.

[2726] PAUL LABAND, *Die Stellvertretung bei dem Abschluss von Rechtsgeschäften nach dem allgem. Deutsch. Handelsgesetzbuch*, ZHR 10 (1866), 193-241.

contratual de serviços, de natureza jurídica, enquanto a representação, proveniente de um ato unilateral – a procuração – traduz o direito potestativo de uma pessoa praticar atos jurídicos que se repercutam imediata e automaticamente, na esfera de outra. Pode o mandato não envolver representação e pode haver representação sem mandato[2727]. Acrescente-se, ainda, que a separação entre mandato e representação é, entre nós, um dado adquirido[2728].

II. Pois bem: uma vez adquirido que o mandato não envolve, necessariamente, a representação e que esta pode existir sem mandato, fica por explicar, com recurso a esta via, a realidade da administração social. Ao lado do mandato, haveria, no mínimo, que descobrir uma qualquer outra fonte para os incontornáveis poderes de representação assumidos pelos administradores. Perfilam-se, já, no horizonte e por esta ordem de ideias, as construções analíticas.

Resta acrescentar que o Código Civil de 1966 acolheu, em termos indubitáveis, a dissociação entre o mandato e a representação – artigos 1178.º e seguintes e 1180.º e seguintes[2729]. As conceções tradicionais que reduzem a situação jurídica de administração ao mandato teriam, aqui, um obstáculo muito sério.

III. A crítica externa à conceção do mandato radica na existência, a cargo do administrador de sociedades, de deveres retirados da lei e que não se conectam com um mandato comum. Tais deveres têm vindo a ampliar--se, ao longo do tempo, consistindo hoje no essencial da sua posição jurídica.

No fundo, joga uma questão de realismo. A evolução sócio-económica acarretou uma regulamentação jurídica sempre mais complexa. Fei-

---

[2727] STAUDINGER/WITTMANN, *BGB*, 13.ª ed. (1995), Vorbem. §§ 662-676, Nr. 25 (253-254).

[2728] FERNANDO PESSOA JORGE, *Do mandato sem representação* (1963), 97 ss., onde podem ser confrontados outros elementos; anote-se que a doutrina anterior a este Autor, de influência, neste ponto, francesa, assimilava o mandato à representação. Quanto à representação comercial cf. *Manual de Direito comercial*, 2.ª ed., 577.

[2729] PIRES DE LIMA/ANTUNES VARELA, *Código Civil Anotado*, 2, 4.ª ed. (1997), 822 ss.. Deve-se a INOCÊNCIO GALVÃO TELLES, *Contratos civis*, RFDUL X (1954), 161-245 (232-233), a introdução, nos trabalhos preparatórios, da nova conceção de mandato, distinto da de representação.

§ 78.º Os administradores no Direito comparado

xes de deveres específicos de base legal dirigiam-se, diretamente, aos administradores, num cenário que o circunspecto mandato não podia, de todo em todo, absorver.

IV. O *Codice Civile* de 1942, como qualquer boa codificação, recebeu, com pequenas clarificações, a doutrina preexistente no estado em que ela se encontrava. A pura e simples qualificação do administrador como mandatário era uma fonte de complicações inúteis e já superadas; foi evitada. Mas o dualismo estrutural, aparentemente vertido no regime aplicável, manteve-se. E assim, segundo o seu artigo 2392.º, na versão inicial:

> Os administradores devem cumprir os deveres que lhes são impostos, pela lei e pelo ato constitutivo, com a diligência do mandatário (...)
>
> Apesar da "cedência à tradição", que constitui a referência à "diligência do mandatário", a doutrina do mandato já não tem, hoje, defensores. É mesmo um lugar-comum criticá-la. Foi-se mesmo tão longe nessa rejeição que FERRARA/CORSI se sentiram obrigados a prevenir: afinal, sempre haverá algumas analogias com o mandato uma vez que, tudo visto, os administradores estão ao serviço da sociedade, funcionando os interesses dos terceiros e do público apenas como limite externo aos seus poderes e âmbito de intervenção[2730].
>
> A ideia de mandato não se perdeu: evoluiu nascendo, dela, o que se poderá chamar "teorias contratuais modernas".

V. Como construir a situação jurídica da administração, depois de perdido o referencial do mandato? A situação jurídica dos administradores de sociedades privadas será, com probabilidade, uma situação jurídica privada. Por isso, parece razoável admitir que, na sua base, esteja um contrato: a sociedade pretende uma determinada pessoa em funções de administração e essa pessoa dá o seu assentimento. O contrato subjacente poderia não ser, propriamente, um mandato. Não seria de excluir, contudo, algo de próximo.

Decisiva, no sentido da manutenção da ideia contratual, foi a vigorosa reconstrução de MINERVINI. Segundo este Autor, a estrutura da relação de administração seria contratual: ela surgiria depois de a designação do interessado, feita pela assembleia geral, lhe ser comunicada e de ele a aceitar, expressa ou tacitamente. Tratar-se-ia de uma relação de trabalho

---

[2730] FRANCESCO FERRARA JR./FRANCESCO CORSI, *Gli imprenditori e le società*, 12.ª ed. (2001), 510-511. Na 13.ª ed. (2006), estes Autores afirmam ser difícil negar a natureza negocial da designação dos administradores.

908   *A administração das sociedades*

em sentido amplo já que haveria uma prestação de serviço por conta de outrem em termos não autónomos; por fim, dados os múltiplos elementos específicos disponíveis, seria possível avançar individualizando um "contrato típico de administração"[2731].

A hipótese é retomada por outros autores que sublinham a ideia de "contrato de trabalho amplo"[2732], que opinam por um "tipo contratual autónomo"[2733] ou, finalmente, que pesquisam diversas relações, entre o administrador e a sociedade – trabalho, agência e mandato profissional – em situação de união[2734].

VI. Principiando pelo aspeto mais simples, pode desde já antecipar-se que, se a situação jurídica de administração tiver uma base contratual, haverá que procurar um "contrato de administração" ou qualquer outra figura contratual *sui generis*: é manifesto que ela não se coaduna, precisamente, com nenhuma outra figura preexistente. A aproximação ao contrato de trabalho teria o aliciante de corresponder à profissionalização dos administradores, num fenómeno universal e que terá, por certo, consequências. Mas levanta problemas de regime de enorme complexidade, que não são minimamente ponderados pelos autores que propugnam semelhante aproximação.

O aspeto mais complicado – e verdadeiramente decisivo – é o da determinação concreta, na relação de administração, de uma estrutura contratual, em sentido próprio. Em abstrato, parece inteiramente possível e até razoável, que se possa fazer tal opção. Escolhido um administrador, a sociedade abriria negociações com o eleito; obtido um acordo sobre todas as cláusulas suscitadas pelas partes, incluindo os benefícios sociais, fechar-se-ia um "contrato de administração", que a doutrina iria posicionar algures, dentro das situações de prestação de serviço.

[2731] Gustavo Minervini, *Gli amministratori di società per azioni* (1956), 56 ss. (58, 62 e 66 ss.).

[2732] Gastone Cottino, *Diritto commerciale*, vol. I, tomo 2, *Le Società*, 2.ª ed. (1987), 450.

[2733] Pier Giusto Jaeger/Francesco Denozza/Alberto Toffoleto, *Appunti di diritto commerciale – I – Impresa e società*, 6.ª ed. (2006), 351.

[2734] Vincenzo Scalese, *Codice delle società*, 2.ª ed. (1995), 346 ss..

§ 78.° Os administradores no Direito comparado

O Direito privado, porém, não é lógico. Melhor: a sua lógica assenta em fatores estruturalmente culturais, dados por atormentada evolução histórica e marcados por transposições conceituais muito variadas.

A natureza contratual da relação de administração não pode, assim, ser afirmada ou defendida em abstrato. Joga-se, antes de mais, um problema de Direito positivo e de regime: há que verificar se o procedimento, relativo à colocação de administradores, comporta uma redução contratual. Adiante veremos o que pensar do Direito português.

345. As orientações unilaterais

I. As teorias unilaterais contrapõem-se globalmente às contratuais, acima explanadas. Na sua promoção, jogaram fatores de ordem diversa que, por comodidade de exposição, podem ser ordenados em técnicos e em significativo-ideológicos. Os fatores técnicos prendem-se com a estrutura da designação dos administradores e com a via pela qual eles entram em funções: não haveria, aí, qualquer contrato. Os fatores significativo-ideológicos têm a ver com conceções institucionalistas e publicísticas, que ditariam um *modus faciendi* não contratual.

II. Aprofundemos os fatores técnicos. Os administradores são designados por deliberação dos sócios. A deliberação é, na sequência de VON TUHR[2735], autonomizada como uma especial categoria de atos jurídicos, genericamente contraposta a atos não deliberativos. Ela própria depende de um processo, no qual surge uma proposta, sujeita a votos; o voto exprime a recusa ou a aceitação da proposta. Os participantes, na assembleia deliberativa, funcionariam como representantes do ente coletivo, a quem a deliberação vai ser imputada.

Contrapondo-a aos atos jurídicos não deliberativos, verifica-se que a deliberação se distingue, por três particularidades:

1) Comporta várias declarações de vontade idênticas, por oposição a confluentes: os participantes na deliberação de escolha do administrador, p. ex., dirão "quero determinada pessoa como administrador" e não, por hipótese, um deles, "quero mandatar" e outro "quero ser mandatado";

[2735] ANDREAS VON TUHR, *Der allgemeine Teil des Deutschen Bürgerlichen Rechts* cit., II/1, 232; cf., *supra*, 685 ss., com indicações.

910   *A administração das sociedades*

2) As declarações de vontade não se dirigem a outrem, reciprocamente, mas sim à agremiação;

3) A deliberação pode vincular quem, com ela, não tenha concordado.

Esta matéria, embora pouco estudada e raramente tida em conta pela comercialística, assume importância. Ela impôs-se a autores de diferente formação e por prismas diversificados, não tendo, por exemplo, escapado a PAULO CUNHA.

Desde o momento em que a escolha de um administrador assente numa deliberação, a situação já não pode ser considerada contratual. Impõem-no razões técnicas muito sérias: ao ato deliberativo, salvo fortes cautelas, não podem ser aplicadas as regras do negócio jurídico[2736] e, muito menos, as do contrato: basta ver que ela pode vincular quem, com ela, não concorde e que o regime da invalidade e da ineficácia é próprio. Além disso, a deliberação não é negociável com o exterior: ela é encontrada no seio do órgão deliberativo e fica perfeita, logo nesse nível.

III. As construções institucionalistas filiam-se, de um modo geral, no realismo de VON GIERKE[2737]. A pessoa coletiva tem uma existência própria, diferente do somatório dos seus membros, enquanto os seus órgãos traduzem algo que lhes é próprio. A concreta designação da pessoa ou pessoas que irão preencher esses órgãos é um ato interno, de natureza corporacional ou institucional. Faltar-lhe-ia, pela própria natureza, a dimensão mínima da alteridade contratual. Esta orientação foi reforçada pelas correntes institucionalistas que, detetando no ente coletivo uma vida própria, diferente da dos seus membros, nela inserem a designação dos administradores. A contraprova residiria na natureza não-contratual da posição dos administradores, inacessível à autonomia das partes.

IV. As versões "institucionais" ou "orgânicas" aparecem bastante representadas, na doutrina francesa. BERDAH parte para a crítica à conce-

---

[2736] BARTHOLOMEYCZIK, *Der Körperschaftsbeschluss* cit., 324 e RENKL, *Der Gesellschafterbeschluss* cit., 76.

[2737] Para VON GIERKE, *Das deutsche Genossenschaftsrecht* cit., 1, 1007 ss. (1026), as corporações não são incapazes, carecidas de representação; trata-se de entidades reais, dotadas de uma organização, na qual se incluiriam certas entidades singulares.

§ 78.º *Os administradores no Direito comparado* 911

ção do mandato de uma consideração simples: tem de haver sempre um (ou mais) administrador; portanto, não se joga um mandato, por definição voluntário, mas antes um órgão, com funções[2738]. Logo se vê que esta consideração atinge, em geral, as diversas leituras contratuais. Aquele Autor constata ainda que o poder de representação dos dirigentes societários ultrapassa o dos mandatários e recorda que apenas a teoria orgânica explica a responsabilidade delitual das "pessoas morais"; por fim, o mandato poderia ter uma cláusula que prevenisse a sua revogação *ad nutum* – o que não sucede com a situação dos administradores – tendo os seus poderes origem institucional[2739].

Ainda que com diversas restrições, é indubitável que, perante a prática francesa, a posição jurídica dos administradores das sociedades surge numa ambiência não-contratual. Pelo contrário: domina um estilo estatutário que invoca, na verdade, conceções de tipo "institucional".

As construções publicísticas aparecem em Itália, ainda que nem sempre sejam assumidas com clareza. Na sua base, uma raiz dupla: por um lado a constatação, feita já no início do século XX, de que os administradores se encontram também investidos em deveres de ordem e interesse públicos; por outro, a aproximação realizada entre a estrutura interna dos entes privados e a dos entes públicos.

V. As teorias unilaterais têm sido desconsideradas, em virtude do preconceito contratualista românico e liberal: as situações jurídicas privadas devem assentar no livre consentimento dos visados; têm, por isso e em princípio, natureza contratual.

Essa ideia está em regressão. Por um lado, multiplicam-se as hipóteses de negócios jurídicos unilaterais; por outro, põe-se em crise a ideia da tipicidade estrita dos negócios unilaterais[2740]. Além disso, haverá ainda um aspeto mais importante: o da influência direta, no jusprivatismo, da Ciência Jurídica administrativa[2741].

[2738] JEAN PIERRE BERDAH, *Fonctions et responsabilité des dirigents des sociétés par actions* (1974), 21.

[2739] BERDAH, *Fonctions et responsabilité* cit., 31 ss., 47, 52-54 e 70.

[2740] *Direito das Obrigações*, 1, 506 ss..

[2741] Sobre o tema, em geral, MARIA JOÃO ESTORNINHO, *Fuga para o Direito privado / Contributo para o estudo da actividade de Direito privado da Administração Pública* (1995). Quanto aos entendimentos atuais do Direito administrativo e, designada-

912 *A administração das sociedades*

O Direito administrativo atual conhece uma colocação de pessoas, ao serviço da Administração, através de contrato de pessoal. Mas admite, também, a tradicional nomeação unilateral[2742], sujeita, naturalmente, a aceitação[2743]. Trata-se de quadros técnico-jurídicos que podem – se o Direito positivo estiver conforme –, ser transpostos para o Direito privado.

346. As construções analíticas: *Bestellung* e *Anstellung*

I. A situação jurídica dos administradores é ainda explicada por construções a que chamaremos "analíticas". No essencial, essas construções descobrem, na génese da posição jurídica aqui em jogo, um ato duplo: por um lado, a nomeação, pela sociedade, da pessoa eleita para administradora – a *Bestellung* (nomeação ou designação); por outro, a celebração, com essa pessoa, de um contrato de emprego – *Anstellung* (colocação). Recusa-se a designação desta orientação como "construção mista", "construção eclética" ou "teoria dualista". Tais designações, bastante frequentes entre nós[2744], vêm contundir com a história desta linha e com as realidades dogmáticas subjacentes. Na verdade, ela não constitui um "misto" de orientações contratuais e unilaterais, no sentido de proceder ao somatório, à justaposição ou mesmo à síntese, das duas; ela antes deriva de uma análise mais aprofundada da posição jurídica do administrador.

---

mente, no tocante à sua natureza de Direito comum, cf. Diogo Freitas do Amaral, *Curso de Direito Administrativo*, I, 2.ª ed. (1994), 121 ss. (141 ss. e 154 ss.) e Marcelo Rebelo de Sousa, *Lições de Direito Administrativo*, I (1994/95), 67 ss. (80) e Marcelo Rebelo de Sousa/André Salgado de Matos, *Direito administrativo geral / Introdução e princípios fundamentais*, I, 2.ª ed. (2006), 54.

[2742] A denominada "relação jurídica de emprego na Administração Pública" é, hoje, regulada, entre nós, pelo Decreto-Lei n.º 427/89, de 7 de Dezembro, alterado, por último, pelo Decreto-Lei n.º 175/95, de 21 de Julho. Retenha-se a noção de nomeação, inserida no artigo 4.º/1, daquele diploma:

A nomeação é um ato unilateral da Administração pelo qual se preenche um lugar do quadro e se visa assegurar, de modo profissionalizado, o exercício de funções próprias de serviço público que revistam carácter de permanência.

[2743] Artigo 9.º/1 do Decreto-Lei n.º 427/89:

A aceitação é o ato pessoal pelo qual o nomeado declara aceitar a nomeação.

[2744] Ilídio Duarte Rodrigues, *A administração das sociedades por quotas e anónimas / Organização e estatuto dos administradores* (1990), 112-113 e 270 e Brito Correia, *Os administradores de sociedades anónimas* (1991), 397 ss..

§ 78.° *Os administradores no Direito comparado* 913

A contraposição entre a nomeação e a colocação iria obedecer a uma ordem de considerações jurídico-científicas, paralelas às que levaram a distinguir o mandato da procuração[2745]. Além disso, ela permite a salvaguarda das pretensões derivadas dos contratos celebrados, sem prejudicar a livre destituição dos administradores.

> Esta dimensão fica clara no caso liderante do Hotel do Castelo de Heidelberg, decidido pelo *Reichsgericht*, em 12-Out.-1888. O caso foi o seguinte: o réu fora designado diretor da sociedade anónima, que explorava o Hotel do Castelo de Heidelberg, acordando-se, como contraprestação, entre outros aspetos, que ele disporia de habitação, no hotel, para si e sua família; a sua designação foi, antecipadamente, revogada, recusando-se o visado a desocupar o local. Intentada a competente ação de despejo, o *RG* acabaria por considerá-la improcedente: a *Bestellung* podia ser revogada; mas a *Anstellung*, de origem contratual, só o poderia ser com invocação de justa causa[2746].

II. A contraposição entre *Bestellung* e *Anstellung* foi mantida e aprofundada na jurisprudência do RG e, depois, na do BGH. Ressalvou-se a ideia de que os administradores podiam ser exonerados, sem pré-aviso[2747]. Mas para a cessação do *Anstellungsvertrag*, já seriam de observar os requisitos da resolução deste. Havia que determinar a sua natureza. Em BGH 11-Jul.-1953, a propósito de um administrador que teve de abandonar Berlim, durante a Guerra, ficando impossibilitado de cumprir as suas obrigações e que só em 1947 lá conseguiu voltar, vem dizer-se:

> Segundo a opinião dominante, o *Anstellungsvertrag*, relativo a órgãos de pessoas coletivas, insere-se no contrato de prestação de serviço autónomo (...). Depõe, nesse sentido, em especial, a inexistência de um poder de direção, da pessoa coletiva sobre o administrador. A administração pertence, antes, aos órgãos onde se forma a vontade da sociedade[2748].

[2745] THEODOR BAUMS, *Der Geschäftsleitervertrag* (1987), 11.

[2746] RG 12-Out.-1888, RGZ 22 (1889), 35-39.

[2747] RG 5-Jun.-1934, RGZ 144 (1934), 384-389.

[2748] BGH 11-Jul.-1953, BGHZ 10 (1953), 187-196 (191). O administrador não foi, pois, considerado trabalhador, o que logo afasta a aplicação dos esquemas de proteção, próprios do Direito do trabalho. Não obstante, seria possível assegurar-lhe determinada tutela, através do princípio da boa-fé.

914 *A administração das sociedades*

O § 626 do BGB dispõe sobre a necessidade de um fundamento importante para a resolução do contrato de prestação de serviço[2749]. A jurisprudência passou, pois, a debater em que circunstancialismo poderia surgir o "fundamento importante" que justificasse a cessação do *Anstellungsvertrag*.

Finalmente, a contraposição entre a *Bestellung* e a *Anstellung*, correntemente aplicada pela jurisprudência, foi reconhecida pelos diversos diplomas que, na Alemanha, têm vindo a regular as sociedades comerciais.

III. Para o bom entendimento do alcance da construção analítica alemã, assente na contraposição entre a *Bestellung* e a *Anstellung*, é necessário reforçar a ideia de que ela não é, primacialmente, uma construção teorética. Trata-se, antes, de uma verdadeira dogmática, ditada pela jurisprudência e pelas necessidades práticas e precisada pela doutrina. Ela implica instituições societárias, aptas a suportar o seu funcionamento. Além disso, ela requer uma linguagem conceitual apurada e permite, depois, a localização e o aprofundamento de diversos problemas.

Quanto às instituições societárias, é necessário ter em boa conta a configuração interna das sociedades anónimas alemãs. Os membros da direção são designados pelo conselho de vigilância; o contrato de emprego é acordado entre o elemento da direção em causa e o conselho de vigilância podendo, depois, este delegar no seu presidente os poderes especiais necessários para a sua celebração. No caso das sociedades por quotas, há que distinguir: quando não tenham conselho de vigilância, a competência para a designação defere-se aos sócios, nos termos gerais, outro tanto sucedendo com o acordar do contrato de emprego; quando tenham tal conselho, há que subdistinguir: o conselho pode, pelos estatutos, ter ou não competência para designar a gerência; na primeira hipótese, o conselho de vigilância toma as competentes deliberações à imagem do que sucede com as sociedades anónimas; na segunda, a competência recai nos sócios. Esta situação, assim descrita no tocante às sociedades por quotas é, no fundo, o resultado da evolução protagonizada nas anónimas: a não haver conselho de vigilância, não seria facilmente imaginável a negociação do *Anstellungsvertrag*, através da assembleia geral. Trata-se de um ponto a não esquecer, quando se intente transpor o esquema analítico alemão para as

---

[2749] WALTER WEIDENKAFF, no PALANDT, 69.ª ed. (2010), § 626 (943 ss.).

§ 78.º Os administradores no Direito comparado 915

sociedades anónimas de tipo latino: sem conselho de vigilância ou conselho geral.

A linguagem conceitual apurada parte da precisa qualificação das duas figuras. A *Bestellung* é um ato deliberativo e, nesse sentido, unilateral, embora com um destinatário. Ela pode ser revogada a todo o tempo, nos termos legais. A *Anstellung* pressupõe um contrato com certas cláusulas. Quando outra coisa não se disponha, ela pode ser objeto de "denúncia" ordinária – ou seria de duração perpétua – e de "denúncia" extraordinária – melhor: resolução – perante um motivo justificado[2750].

IV. Dos diversos problemas que esta técnica analítica permite estudar com apuro cumpre salientar, em primeira linha, a assimilação da *Anstellung* a um contrato de trabalho. A jurisprudência e a doutrina têm respondido pela negativa: não há que aplicar aos titulares dos órgãos sociais o regime de tutela laboral; além disso, eles estão, em termos sócio-culturais, mais próximos dos empregadores do que dos trabalhadores. Também se verifica que, de facto, os titulares dos órgãos de direção não surgem numa posição de subordinação jurídica, em sentido técnico: ninguém lhes dá instruções sobre o modo de concretizar os serviços que devam prestar – ou ter-se-ia de ir procurar, alhures, a direção. Não obstante, a evolução laboral tem permitido, nalguns casos, fazer transposição de normas de Direito do trabalho, para os titulares dos órgãos sociais. O Direito do trabalho não mais tem sido entendido como um Direito de exceção. É, simplesmente, um Direito especial. Logo, torna-se possível, caso a caso e quando a analogia das situações o permita, transpor normas laborais para outros sectores, entre os quais o aqui em causa. Trata-se de um ponto importante que, abaixo, será aprofundado.

347. Valores laborais

I. A natureza da situação jurídica da administração constitui uma questão clássica, ainda por resolver. Não a devemos enjeitar. É certo que a

---

[2750] Quanto à utilização das expressões "revogação", "denúncia" e "resolução", na língua portuguesa, MENEZES CORDEIRO, *Concorrência laboral e justa causa de despedimento*, ROA 1986, 495-527 (509-510).

916   *A administração das sociedades*

natureza de uma situação jurídica não pode – superado o conceptualismo – assumir-se como reitora de soluções: por isso, ela não pode preceder a determinação do regime. Contudo, a fixação da natureza constitui um banco de ensaio para a coerência do regime, permitindo detetar lacunas e incongruências. Além disso, ela traduz um momento imprescindível na compreensão e na construção do sistema.

Como ponto prévio encontramos o da pesquisa, na relação de administração, de elementos jurídico-laborais. A doutrina começou por negar, nos ordenamentos continentais dadores do nosso, a natureza laboral da situação dos administradores. Nos finais do século XX, porém, a problemática subjacente reacendeu-se. MARTIN DILLER, numa monografia maciça e exemplar (1994)[2751] veio, globalmente, opinar pela laboralização das relações orgânicas intrassocietárias; de resto, essa monografia teve, subjacente, o excelente estudo histórico de HROMADKA (1979)[2752], sobre o tema.

No século XIX, os administradores ou, mais latamente, os representantes permanentes das pessoas coletivas eram considerados empregados das sociedades respetivas com funções dirigentes, à semelhança de outros quadros superiores. Era uma evidência. Dois fatores jogavam nesse sentido: por um lado, o contrato de trabalho não estava tipificado de modo que, de acordo com o sentir comum, ele poderia abranger todas as situações nas quais, com independência ou sem ela, uma pessoa ficasse obrigada a "trabalhar"; por outro, faltava ainda, ao contrato de trabalho, um regime de tutela de natureza impositiva que, anos depois, viria a conferir um sobressalto especial às qualificações laborais[2753].

II. A distanciação dos administradores, perante o laboralismo nascente, ocorreu no primeiro pós-guerra[2754]; ela derivou, aliás, de uma problemática geral, exterior à empresa. Na verdade, a institucionalização definitiva dos sindicatos e a prática da negociação laboral, com a subsequente

---

[2751] MARTIN DILLER, *Gesellschafter und Gesellschaftsorgane als Arbeitsnehmer* (1994).

[2752] WOLFGANG HROMADKA, *Das Recht der leitenden Angestellen / im historisch--gesellschaftlichen Zusammenhang* (1979).

[2753] Cf. as detidas investigações de HROMADKA, *Das Recht der leitenden Angestellten* cit., 309 ss. e DILLER, *Gesellschafter und Gesellschaftsorgane* cit., 48 ss..

[2754] HROMADKA, *Das Recht der leitenden Angestellten* cit., 315, referindo, no caso alemão e mais precisamente, a República de Weimar.

§ 78.º *Os administradores no Direito comparado* 917

celebração de convenções coletivas, muitas vezes antecedidas de greves, criaram um ambiente político-social que, de modo sistemático, colocava os administradores do lado dos empregadores e frente aos trabalhadores. Muitas vezes, aliás, os administradores eram mesmo identificados com o patronato, a quem davam um rosto: o deles.

A lógica do confronto de classes, muito viva no princípio do século XX, teve, assim, como efeito, o retirar os administradores do universo imediatista dos trabalhadores. Mas como não eram – ou não eram necessariamente – detentores do capital, eles ficaram em terra de ninguém, numa indefinição que se estendeu à realidade jurídica.

III. A jurisprudência teve, sobre o tema, uma evolução menos linear do que muitas vezes hoje se julga. De um modo geral e simplificado, podemos considerar que as instâncias civis e comerciais negavam a natureza laboral da situação jurídica de administração; pelo contrário, a instância jurídico-laboral era mais favorável, àquela natureza.

Documentando a posição "civil" encontramos, desde logo, uma decisão, do *Reichsgericht:* RG 28-Jan.-1908. Lê-se no competente texto[2755]:

O gerente de uma sociedade por quotas não tem, juridicamente, a posição de um caixeiro. Em regra, um tal gerente ocupa o lugar na base de um contrato de prestação de serviço, mas a natureza dessa relação não corresponde à posição de um empregado da sociedade. Esta relação pressupõe dependência no modo de exercício das funções de dirigente, mas, aqui, não é esse o caso.

Trata-se de uma orientação retomada e alargada, em RG 13-Mar.-1928, aos membros da direção de uma sociedade anónima[2756]:

Um membro da direção de uma sociedade anónima é tão-pouco caixeiro quanto o gerente de uma sociedade por quotas; ele ocupa, antes, na empresa, a posição dirigente (...)

Esta orientação foi mantida, depois da II Guerra Mundial, pelo *Bundesgerichtshof*:

BGH 11-Jul.-1953: a doutrina maioritária entende que o contrato de colocação do membro da direção de uma sociedade anónima é um contrato de

---

[2755] RG 28-Jan.-1908, SeuffA 63 (1908), Nr. 258, 466-467 (466).
[2756] RG 13-Mar.-1928, RGZ 130 (1928), 300-304 (302).

918

A administração das sociedades

prestação de serviço autónomo; não há, com referência a ele, um poder de direção, tão-pouco se aplicando o $KSchG$[2757];

BGH 16-Dez.-1953: os administradores não são empregados, no sentido jurídico-laboral; ainda quando não sejam independentes, eles não se colocam numa situação de subordinação laboral[2758];

BGH 9-Nov.-1967: os gerentes não são considerados trabalhadores; surgem, antes, como chefes[2759];

BGH 7-Dez.-1987: os administradores não são trabalhadores, embora se possa admitir, com referência a eles, alguma tutela de tipo laboral[2760];

BGH 24-Out.-1989: a remuneração, devida a um administrador, por uma invenção, não se rege pelas leis do trabalho e, designadamente, pelo *Arbeitnehmererfindungsgesetz*; haverá, antes, que recorrer ao *BGB*, ainda que mediante uma ponderação, a fazer caso a caso[2761].

Em termos práticos, a relação existente entre os administradores e as sociedades respetivas reger-se-ia pelas regras comuns relativas ao contrato de prestação de serviço, contidas no BGB[2762] e não pelas normas especificamente laborais.

Paralelamente, a jurisprudência laboral parecia assumir uma posição diversa ou, pelo menos e como acentua DILLER, uma orientação menos formal, do que a do BGH[2763]. Tal a orientação do *Reichsarbeitsgericht*, depois mantida pelo *Bundesarbeitsgericht*.

Assim:

RAG 25-Set.-1929: o membro da direção de uma sociedade anónima gozaria de tutela no despedimento; trata-se de uma conclusão permitida pelo conceito de segurança social, aqui aplicável[2764];

BAG 17-Ago.-1972: o autor, no caso decidido, era um trabalhador dirigente, tendo sido colocado num lugar de gerente, sem que nada tivesse mudado; dispõe, portanto, de proteção laboral[2765];

[2757] BGH 11-Jul.-1953, BGHZ 10 (1953), 187-196 (191); de notar, no entanto, que esta decisão admite, por via da boa-fé, a dispensa de uma certa tutela social, aos administradores.

[2758] BGH 16-Dez.-1953, BGHZ 12 (1954), 1-10 (8); o *KSchG* não teria, pois, aplicação.

[2759] BGH 9-Nov.-1967, BGHZ 49 (1968), 30-33 (31).

[2760] BGH 7-Dez.-1987, BB 1988, 290-291 (290).

[2761] BGH 29-Out.-1989, DB 1990, 676-677.

[2762] P. ex.: BGH 18-Jun.-1984, NJW 1984, 2689-2690 e BGH 9-Nov.-1992, NJW 1993, 463-465 (464).

[2763] DILLER, *Gesellschafter und Gesellschaftsorgane* cit., 47.

[2764] RAG 25-Set.-1929, ARS 7 (1930), 156-161 (159), anot. A.

[2765] BAG 17-Ago.-1972, BAGE 24 (1975), 383-400 (390-391).

§ 78.º *Os administradores no Direito comparado*   919

BAG 15-Abr.-1982: um gerente pode ser titular de um contrato de trabalho; trata-se de verificar se ele está submetido à direção da sociedade[2766]; *BAG 9-Mai.-1985*: numa situação de destituição, não há que ponderar, apenas, o contrato de colocação; cumpre analisar o anterior contrato de trabalho, de que o gerente beneficiara[2767].

Por seu turno, a doutrina também oscilou. Obras jurídico-laborais antigas faziam uma aproximação fácil entre a posição dos administradores e a do pessoal trabalhador dirigente[2768]. Mais tarde, a doutrina laboral inclinar-se-ia para a orientação do *BGH*, propendendo para a natureza não laboral da relação de administração[2769].

IV. A questão não estava, porém – como nunca esteve – encerrada.

Ainda nos anos sessenta do século XX, TRINKHAUS pediu, de modo direto, a revisão da posição dominante relativa à natureza não-laboral da posição dos administradores[2770]. Com diversas variantes, posições pró--laborais ocorrem em BELLSTEDT[2771], em MILLER[2772], em BECKER[2773], em

---

[2766] BAG 15-Abr.-1982, BAGE 39 (1984), 16-31 (28).

[2767] BAG 9-Mai.-1985, BAGE 49 (1987), 81-95 (90).

[2768] ERICH MOLITOR, *Die Bestellung zum Vorstandmitglied einer Aktiengesellschaft ihre Voraussetzungen und Folgen*, FS Ehrenberg (1927), 49, explica que os administradores podem ter uma situação dependente da sociedade sendo, então, semelhantes a trabalhadores. Por seu turno, PAUL OERTMANN, *Deutsches Arbeitsvertragsrecht* (1923), 17, que não vem referido em DILLER, faz, a propósito da posição jurídico-laboral dos administradores, a seguinte distinção: nas relações externas da empresa, que eles dirijam, os administradores surgem como dadores de trabalho; já nas relações internas e perante a sociedade, eles colocam-se na posição de empregados, em prestação de serviço. Claramente contrário à qualificação, dos representantes legais, como trabalhadores: ERICH MELSBACH, *Deutsches Arbeitsrecht / Zu seiner Neuordnung* (1923), 74, nota 1.

[2769] DERSCH, *Die Rechtsstellung von Organmitgliedern juristischer Personen und Gesellschaften im Arbeitsrecht und in der Sozialversicherung*, RdA 1951, 212-219 (214), GÖTZ HUECK, *Zur arbeitsrechtlichen Stellung der GmbH-Geschäftsführers*, ZfA 1985, 25-37 e BERND ECKHARDT, *Der Geschäftsführer der GmbH – ein Arbeitnehmer?*, ZfA 1987, 467-480 (471).

[2770] HANS TRINKHAUS, *Aktuelle Probleme des Rechts der leitenden Angestellten*, DB 1968, 1756-1761 e 1813-1816.

[2771] C. BELLSTEDT, *Vertragliches Weltbewerbsverbot des GmbH-Geschäftsführers nach seinem Ausscheiden*, GmbHR 1976, 236-241.

[2772] FRITZ GEORG MILLER, *Der Antellungsvertrag des GmbH-Geschäftsführers – Rechtliche Einordnung und gesetzliche Mindestkündigungsfrist*, BB 1977, 723-726 (724).

920   *A administração das sociedades*

SCHWAB[2774], em RICHARDI[2775], em GRUNSKY[2776] e em HENSSLER: este último, paradigmaticamente, vem afirmar que se verificam, na relação de administração, pressupostos próprios da relação de trabalho bastantes, pelo menos, para a aplicação analógica de certas regras; assim e embora considere a questão ainda em aberto, há tendências claras favoráveis às orientações laborais[2777].

A doutrina laboral dos nossos dias trata o tema com alguma cautela: reafirma as especificidades da relação de administração, reconhecendo embora a situação particular, de tipo sujeição, a que dá azo; finalmente, admite uma aplicação, a ponderar em cada caso, de normativos laborais[2778]. Essa orientação poderia, ainda, ser subtilmente complementada com a "societarização" das relações de trabalho clássicas[2779]. Em suma: parece caminhar-se para um agnosticismo de cautela que, se denota humildade científica, dificulta, contudo, o conhecimento.

V. Partindo – como se impõe – das soluções, parece evidente que a doutrina e a jurisprudência dos diversos ordenamentos – francês[2780], ale-

---

[2773] FRIEDRICH BECKER, *Der Kündigungsrechtliche Status von leitenden Angestellten*, ZIP 1981, 1168-1177 (1169).

[2774] NORBERT SCHWAB, *Das Dienstverhältnis des GmbH-Geschäftsführers insbesondere unter arbeitsrechtlichen Aspekten*, NZA 1987, 839-842 (840): havendo relação de trabalho, esta poderá, também, ser usada.

[2775] REINHARD RICHARDI, *Der Arbeitsvertrag im Zivilrechtssystem*, ZfA 1988, 221-253 (253), focando a relatividade da ideia de trabalhador e a existência de situações semelhantes às laborais.

[2776] WOLFGANG GRUNSKY, *Rechtswegzuständigkeit bei Kündigung des Anstellungsvertrags eines GmbH-Geschäftsführers*, ZIP 1988, 76-80 (79), sublinhando a necessidade de uma proteção material.

[2777] MARTIN HENSSLER, *Das Anstellungsverhältnis der Organmitglieder*, RdA 1992, 289-302 (293, 294 e 302).

[2778] Por todos: GÜNTHER SCHAUB/ULRICH KOCH/RÜDIGER LINK, *Arbeitsrechts-Handbuch*, 11.ª ed. (2005), § 14, II (103 ss.).

[2779] KLAUS ADOMEIT, *Arbeitsrecht für fie 90 er Jahre* (1991), 3 ss. (5 ss.).

[2780] Recorde-se o movimento jurisprudencial do final do século, tendente, por um lado, a compatibilizar as funções de administração com um prévio contrato de trabalho – CssFr 21-Jun.-1994, RS 1995, 56-60 = RTDComm 48 (1995), 147-148 – e, por outro, a ampliar a tutela dos administradores destituídos ou, mesmo, não reconduzidos, com base na natureza abusiva, inesperada e vexatória da medida: CssFr 3-Jan.-1995, RS 1995, 101--102, CssFr 1-Fev.-1995, RS 1995, 281-282 e CApp Paris 27-Out.-1995, RS 1996, 84-88

§ 78.° *Os administradores no Direito comparado* 921

mão[2781] e italiano[2782] – se inclinam para a necessidade de proteção social dos administradores, proteção essa que, historicamente, é prosseguida pelo Direito do trabalho.

Antes de ensaiar uma resposta, parece conveniente proceder ao levantamento de outras decisões onde a questão da eventual natureza laboral da relação de administração desempenhou um papel. Assim:

BAG 21-Fev.-1994: os tribunais de trabalho são competentes para a denúncia do *Anstellungsvertrag*, do gerente da sociedade por quotas, quando, junto dele, exista um contrato de trabalho[2783];

BGH 16-Jan.-1995: sempre que o contrato de emprego seja inválido, subsistem os efeitos desencadeados por ele, enquanto funcionou[2784];

BGH 13-Fev.-1995: pronuncia-se sobre a inexistência de "fundamento importante", para a imediata destituição do gerente[2785];

= RTDComm 49 (1996), 297-299. Trata-se de uma viragem primordial, caso – como parece – se mantenha, uma vez que implica uma revisão profunda da orientação francesa, antes unanimemente favorável à precarização total, da situação dos administradores.

[2781] Além da bibliografia já citada: KLAUS HÜMMERICH, *Grenzfall des Arbeitsrechts: Kündigung des GmbH-Geschäftsführers*, NJW 1995, 1177-1182 (1181) e HERMANN J. KNOTT, *Der Aufstieg des leitenden Angestellten zum Geschäftsführer der ausgegliederten Konzerngesellschaft – ein arbeitsrechtliches Problem*, GmbHR 1996, 238-242.

[2782] Assim, ERNESTO SIMONETTO, *L'amministratore unico e l'imprenditore (quando dirige l'impresa) come lavoratore "della" e "nella" impresa*, RivS 40 (1995), 857-879.

[2783] BAG 21-Fev.-1994, NJW 1995, 675-677.

[2784] BGH 16-Jan.-1995 (II ZR 290/93), BB 1995, 536.

[2785] BGH 13-Fev.-1995, NJW 1995, 1358-1360. Estamos, aqui, numa área menos visível, mas muito importante, da tutela da situação de administração: a de visualizar, com cuidado e em termos simples, o "fundamento importante", naturalmente mais estrito do que o requerido para a revogação da *Bestellung* – cf. ULRICH PREIS, no STAUDINGER/*Komm*, 13.ª ed. (1995), An. § 626, Nr. 19 (231). Quanto à jurisprudência, passamos a referir: OLG Hamm 7-Jan.-1991, AG 1991, 300-401: a revogação da *Bestellung*, só por si, não é "fundamento importante", para a denúncia da *Anstellung*; OLG Frankfurt 8-Nov.-1994, BB 1995, 2440-2441: o próprio distrate da *Anstellung* está, ainda, submetido a determinadas regras; BGH 16-Jan.-1995 (II ZR 26/94), BB 1995, 477: quando o contrato de colocação preveja que, no caso de denúncia extraordinária, ainda funcionam certos direitos, salvo quando ela ocorra por circunstâncias agravadas que explicita, não é a estas que se deve reportar a denúncia, para ser operacional; BGH 26-Fev.-1996, NJW 1996, 1403-1404: fixa – em termos mais latos – o início da contagem do prazo, para apreciação do "fundamento importante", com vista à denúncia do contrato de emprego.

922   *A administração das sociedades*

BGH 27-Mar.-1995: o sócio único, de uma GmbH, pode denunciar o contrato de emprego, sem seguir o esquema formal do § 48, III, do *GmbHG*[2786];
BAG 20-Out.-1995: a nomeação, de um trabalhador, como gerente, não provoca a cessação da relação de trabalho[2787].

Estas decisões permitem fixar dois parâmetros: a situação jurídica de administração não pode provocar um abaixamento no tipo de proteção que o administrador, anteriormente, detivesse e os diversos passos protetores são dados sem uma referência direta, a regras do trabalho. Se o primeiro ponto parece evidente, o segundo merece um suplemento de indagação.

Em termos quantitativos, a discussão em torno da laboralidade da administração tem vindo a centrar-se nos gerentes das sociedades por quotas. Ora estas, no início, foram concebidas como sociedades de capitais – portanto: como pequenas empresas anónimas – aptas, em teoria, a suportar administradores profissionalizados e, como tal, assalariáveis. Evoluíram, porém, para sociedades de pessoas, em moldes que – até por razões de ordem económica –, já não se compadecem com tutelas laborais alargadas. Paradoxalmente, porém, seria em sociedades deste tipo que ainda se poderia intentar descobrir uma subordinação, em sentido jurídico-laboral, pelo menos sempre que o administrador – o gerente – não seja, ele próprio, sócio.

Já nas sociedades anónimas, a problemática inverte-se: o administrador tenderá a ser contratado como um empregado dirigente, especialmente habilitado, mas ligado apenas por uma relação de serviço remunerada; porém, já não há paradoxalmente quem lhe dê instruções. Tais instruções, consideradas possíveis nas sociedades de tipo germânico, através do conselho de vigilância ou conselho geral, seriam impensáveis, nas sociedades anónimas de tipo latino. A própria lei exclui, aliás, a gestão corrente, do âmbito da competência da assembleia geral.

VI. Dogmaticamente, a situação jurídica laboral autonomiza-se, no seio da prestação de serviço, por postular a denominada subordinação jurí-

---

[2786] BGH 27-Mar.-1995, NJW 1995, 1750-1752 = MDR 1995, 587-588.
[2787] BAG 20-Out.-1995, NJW 1996, 1076-1077; em compensação, o estabelecimento de uma nova relação de *Partnerschaft* provoca a cessação da prévia situação laboral: BAG 9-Mai.-1996, BB 1996, 1170.

§ 78.° Os administradores no Direito comparado 923

dica do trabalhador[2788]. Tal subordinação daria corpo ao dever de obediência e à sujeição ao poder disciplinar. O dever de obediência traduz a heterodeterminação do serviço laboral: caso a caso o sujeito laboral – o trabalhador – deveria conformar a sua atuação, às instruções do empregador ou do seu representante.

O Direito do trabalho, por razões históricas, visa dispensar uma especial tutela aos trabalhadores. Tal tutela impôs-se, mercê da subordinação económica que os atinge, subordinação essa que, a não ser corrigida, ditaria uma desigualdade de raiz, fonte de injustiças individuais e de grave perturbação social. Designadamente nas áreas industrializadas, boa parte do motor do Direito do trabalho tem sido assegurado pelos níveis coletivos da conflitualidade laboral, com relevo para a greve. Porém, por evidentes razões de definição e de delimitação, o Direito não atendeu à subordinação económica, para definir o trabalhador e, daí, os seus direitos: atendeu à subordinação jurídica. Donde o drama: visando um valor material – a tutela dos economicamente subordinados a outrem – o Direito do trabalho guia-se pelo critério formal da subordinação jurídica. É certo que esta, na tipicidade social das situações reguladas pelo Direito, tenderá a coincidir com a subordinação económica. Mas nem sempre: há situações claras de subordinação económica e da mais gritante que, por não envolverem serviços heterodeterminados, não são protegidas; e há situações formalmente laborais, em que a segurança económica do protegido é tranquila. Ocorre, por tudo isto, a figura clássica da situação semelhante à do trabalhador, caracterizada pela mera subordinação económica e à qual, em certos casos, teriam aplicação algumas regras laborais[2789]. A administração de sociedades seria uma hipótese a incluir neste domínio[2790]. Mas apenas em teoria: a problemática da administração foi desenvolvida, em ambiência própria, por comercialistas, de tal modo que, culturalmente, pertence ao Direito comercial[2791].

[2788] Com indicações: *Manual de Direito do Trabalho*, 125 ss..

[2789] Por todos, com indicações, SCHAUB, *Arbeitsrechts-Handbuch*, 9.ª ed. cit., § 9, 87 ss..

[2790] A doutrina jurídico-laboral não procede, em regra, a esta inclusão: entende que a administração compreende, hoje, um regime especial próprio, claro e bem definido, no Direito comercial – o que, de resto, não é exato.

[2791] Cf. o interessante escrito de ULRICH PREIS, *Der persönliche Anwendungsbereich der Sonderprivatrechte / Zur systematischen Abgrenzung vom Bürgerlichen Recht, Verbraucherrecht und Handelsrecht*, ZHR 158 (1994), 567-613.

924   *A administração das sociedades*

VII. A qualificação jurídica não deve abdicar dos resultados a que conduza. No Direito português e mercê de diversas confluências históricas, cristalizadas na Constituição da República de 1976, chegou-se a um tipo de tutela jurídico-laboral que, tendencialmente, visa tornar perpétuas as situações jurídicas de trabalho, bem como as categorias profissionais que elas tenham configurado. Trata-se da denominada "proibição de despedimentos sem justa causa" que, por via de estritas interpretações constitucionais, só dificilmente tem sido flexibilizada por legisladores dos diversos quadrantes[2792]. É hoje reconhecido que a rígida tutela existente comporta o efeito perverso de precarizar as situações dos recém-chegados ao mercado de trabalho contribuindo ainda para a pesada taxa de desemprego: não discutimos o tema, agora e aqui. Mas uma constatação impõe-se: torna-se impensável perpetuar as situações jurídicas de administração das sociedades. Nas anónimas como nas restantes sociedades, é da sua essência a renovabilidade dos mandatos, com a inerente hipótese de não-recondução. Perpetuar situações de administração equivaleria a paralisar as empresas. Pior: obrigaria a pesquisar formas práticas de dissolver todo o ente coletivo, com as sequelas sócio-económicas respetivas que se adivinham para, *in extremis*, remover uma administração indesejada.

Em suma: por evidentes inadequação e incompatibilidade valorativa não é viável, no Direito positivo português vigente, laboralizar a situação jurídica dos administradores[2793].

A tutela requerida passará assim por dois planos simples: o do não-retrocesso social do trabalhador, designado administrador[2794] e o da densificação, dentro do razoável, da justa causa exigida para a destituição,

---

[2792] *Manual de Direito do Trabalho*, 801 ss., com indicações. Mais recentemente, *vide* o nosso *Introdução: dilemas existenciais do Direito do Trabalho*, em Cadernos O Direito 1 (2007), 7-13.

[2793] Tão-pouco se justifica um pré-entendimento da situação de administração por um prisma laboral, com uma suspeição intelectual prévia a favor de qualquer dos envolvidos.

[2794] Tal é o alcance do artigo 398.º/2, ao suspender os contratos de trabalho de duração superior a um ano, à data da designação; trata-se de uma solução prevista para as sociedades anónimas.

Embora dizendo respeito a trabalhadores, esta norma é, pela sua origem como pelo sistema onde se insere, uma regra materialmente comercial. Parece-nos deslocado considerá-la inconstitucional por ter sido aprovada sem a tramitação própria das regras de Direito do Trabalho.

§ 78.° *Os administradores no Direito comparado* 925

na pendência do mandato, dos administradores designados. Trata-se de uma via a aprofundar, dentro do respeito pela vontade das partes, sempre que esta tenha sido formalizada[2795], o que, de todo o modo e no Direito societário português, só por exceção ocorre.

VIII. Um desenvolvimento recente, neste domínio, advém da eventual aplicação, aos administradores, das regras específicas sobre a não-discriminação, aprontadas no domínio laboral[2796]. Não vemos como impor restrições à livre designação dos administradores. Em compensação, não é possível admitir destituições puramente discriminatórias: quando ocorressem, faltaria, seguramente, justa causa.

[2795] Com WOLFGANG ZÖLLNER, *Regelungsspielräume im Schuldvertragsrecht/ /Bemerkungen zur Grundrechtsanwendung im Privatrecht und zu den sogenannten Ungleichgewichtslagen*, AcP 196 (1996), 1-36 (35), cumpre recordar que a desigualdade não justifica, só por si, a limitação da liberdade contratual.

[2796] GERRIT HORSTMEIER, *Geschäftsführer und Vorstände als "Beschäftigte / Diskriminierungsschutz für Organe nach dem Allgemeinen Gleichbehandlungsgesetz*, GmbHR 2007, 125-129.

§ 79.º OS ADMINISTRADORES NO DIREITO PORTUGUÊS

348. Refutação do contratualismo puro

I. A doutrina portuguesa tem procurado, de um modo geral, reconduzir a situação jurídica de administração a um contrato: o contrato de administração ou outro similar[2797]. Esta orientação deve ser revista: ela não tem, por si, nem a colocação histórica do instituto, nem a atual Ciência do Direito nem, sobretudo, o Direito positivo aplicável. Bastará aliás um argumento retirado deste último nível: o Direito vigente[2798] mostra que a situação jurídica de administração pode ter alguma das seguintes fontes: imanência à qualidade de sócio, designação *inter partes* no contrato de sociedade, designação, a favor de terceiro, nesse mesmo contrato, designação pelos sócios ou por minorias especiais, eleição pelo conselho geral

---

[2797] Na origem, FERRER CORREIA, *Lições de Direito Comercial* cit., 2, 330-331 = *Reprint* (1994), 389, opta por uma solução de tipo germânico, assente no ato de nomeação, unilateral, e num contrato de emprego, concluído entre o administrador e a sociedade. RAÚL VENTURA, por último em *Sociedades por quotas*, III (1991), 28 ss. (33), propende para a natureza unitária da situação, rematando, em termos lapidares: "Havendo um só ato, criador de uma só relação, a sua natureza contratual é evidente, pois não se concebe outra forma, em direito privado, de as duas vontades se combinarem para produzirem a relação". BRITO CORREIA, *Os administradores de sociedades anónimas* cit., 412 ss. (496), assentando no que apresenta como natureza contratual da eleição e da aceitação, inclina-se para a contratualidade da relação de administração: haveria, a tal propósito, um contrato de administração. ILÍDIO RODRIGUES, *A administração das sociedades por quotas e anónimas* cit., 271 ss. (295), inclina-se, também, para um contrato de administração o qual, em certos casos de subordinação, poderia ter natureza laboral. Nestas condições, a própria jurisprudência – por exemplo: RPt 12-Dez.-1994 (RIBEIRO DE ALMEIDA), CJ XIX (1994) 5, 228-232 (229) – fala em contrato *sui generis*, assente nas pretensamente contratuais eleição e aceitação.

[2798] *Da responsabilidade civil dos administradores*, 360 ss..

§ 79.º *Os administradores no Direito português*   927

e de supervisão, designação pelo Estado, substituição automática, cooptação, designação pelo conselho fiscal ou designação judicial.

Apenas na hipótese de designação pelo conselho geral e de supervisão se poderia configurar um contrato: em todos os outros casos, o único contrato que nos surge é o da sociedade o qual, aliás, nem visa, de modo específico, designar administradores.

II. Procurar reconduzir a contratos os modos de designação dos administradores de sociedades, acima alinhados, releva de uma alquimia puramente irreal. Não é pensável que, no Direito privado moderno, falte instrumentação dogmática, ao ponto de obrigar a tão distorcivas ficções.

A própria conjunção eleição-aceitação, tendo embora natureza voluntária, não é contratual. Pela mais simples e definitiva das razões: não se lhe aplica o regime dos contratos mas, antes, um conjunto preciso de regras de natureza deliberativa e societária[2799].

A situação jurídica de administração não pode ser definida com recurso à via da sua constituição. Ela encontra-se num grupo de situações jurídicas, enformadas por uma multiplicidade de factos constitutivos[2800]. E designadamente: ela pode ser contratual ou não-contratual sem, por isso, perder a sua unidade.

III. Caberia, ainda, explorar a seguinte via: mau grado a diversidade genética, a administração poderia ter uma forma particularmente impressiva de constituição; essa forma impregnaria o instituto de tal modo que as restantes vias mais não fossem do que meras alternativas ou sucedâneos. O Direito português vigente, contudo, aponta a eleição – tomada como deliberação unilateral – como a via mais típica de constituição da situação

---

[2799] Ainda um exemplo: RAÚL VENTURA, *Nota sobre a substituição de membros de órgãos de sociedades anónimas*, O Direito 125 (1993), 251-259, procede a uma sábia exposição que documenta o modo não-contratual, de funcionamento, da dinâmica dos administradores.

[2800] Tal como sucede, para não ir mais longe, com o direito de propriedade, que se adquire "... por contrato, sucessão por morte, usucapião, ocupação, acessão e demais modos previstos na lei", segundo o artigo 1316.º do Código Civil ou com as relações jurídicas familiares, cujas fontes são "... o casamento, o parentesco, a afinidade e a adoção", segundo o artigo 1576.º, do mesmo diploma.

928 · *A administração das sociedades*

de administração, dobrada aliás pela unilateralidade de diversos outros elementos constitutivos do seu conteúdo, com relevo para a remuneração.

Fica de pé o recurso dogmático aos quadros do Direito público comum: não do contrato.

A natureza da situação jurídica da administração há-de ser fixada pelo seu conteúdo e não pela forma da sua constituição.

IV. Na jurisprudência mais recente, a natureza da situação jurídica da administração tem sido diferentemente considerada. Assim, ora se afirma, seguindo a generalidade da doutrina, que ela é contratual[2801], ora se sublinha que, operando a sua constituição por via do artigo 391.º/1, não pode haver um contrato de administração[2802]. Em boa verdade, as qualificações em causa não interferem nas decisões tomadas.

Chamamos a atenção para um ponto, que se repercute negativamente nestas e noutras questões: o cuidado que deve existir na utilização da literatura clássica. Esta merece um respeito sagrado: sem dúvidas. Mas não é viável, sem atualizações jurídico-científicas e legislativas fazer apelo a textos escritos há décadas, apoiando, neles, soluções que já não enquadram os valores hoje em jogo.

349. A administração como estado

I. Prossigamos na determinação da natureza da administração, no Direito português. Em moldes sistemáticos, a situação jurídica de administração inclui-se no Direito privado: pertence ao Direito das sociedades, ele próprio Direito privado especial, globalmente marcado pela igualdade e pela liberdade, dentro dos parâmetros científico-culturais do substrato românico. Podemos ainda adiantar que se trata de uma situação privada patrimonial: o Direito compadece-se com a sua colocação no mercado, a troco de dinheiro.

A situação jurídica de administração é complexa e compreensiva: ela abrange um conjunto indiferenciado, muito rico, aliás, de direitos e de deveres.

[2801] RLx 26-Fev.-2009 (Nelson Borges Carneiro), Proc. 10770/08.2 = CJ XXXIV (2009) 1, 139-144 (141/II).
[2802] RLx 13-Jan.-2009 (Anabela Calafate), Proc. 9516/2008.1.

§ 79.º Os administradores no Direito português 929

II. Estruturalmente, a situação jurídica de administração não pode deixar de ser qualificada como absoluta, no sentido preciso de não implicar uma relação jurídica. De facto, o administrador tem, no essencial, os poderes de representar e de gerir que são, tecnicamente, posições potestativas e como tal absolutas: não corporizam binómios de direitos-deveres.

O núcleo absoluto da situação jurídica em causa, é, contudo, completado por múltiplas relações: o administrador tem direitos e deveres, legais, estatutários, convencionais ou deliberados, que dão corpo à sua situação.

III. Chegados a este ponto, resta considerar a situação jurídica de administração como uma realidade autónoma, de cariz societário, com factos constitutivos múltiplos, privada, patrimonial, complexa, compreensiva e nuclearmente absoluta. O seu conteúdo deriva da lei, dos estatutos e de deliberações sociais, podendo, ainda, ser conformado por contrato ou por decisões judiciais[2803]. Tanto basta para adotar a designação aqui utilizada: situação jurídica de administração ou, simplesmente, administração.

Essa situação, quando se verifique, seja por que via for, coloca logo o administrador numa teia de direitos simples, de direitos funcionais e de deveres. Diversas fontes a tanto levam. Trata-se de um *status* ou estado[2804]: qualidade ou prerrogativa que implica e condiciona a atribuição de uma massa prévia de elementos juridicamente relevantes, incluindo deveres, direitos funcionais e obrigações. Cabe ao Direito aplicável explicitar o conteúdo desse estado.

350. Os direitos dos administradores; a remuneração; a moderação

I. A posição jurídica do administrador é tratada, nas fontes, em termos absolutos. Assim, ela não se explica, de modo direto, com recurso a elencos de direitos e de deveres. Não obstante, é possível apontar algumas realidades dessa natureza, como forma de melhor explicar o tema. Deixamos agora de parte os deveres fundamentais dos administradores, acima examinados[2805].

[2803] Recorde-se o episódio do artigo 255.º/2: redução judicial da remuneração do sócio gerente.

[2804] *Tratado* I/3, 2.ª ed., 351 ss..

[2805] *Supra*, 850 ss..

930 *A administração das sociedades*

A administração de sociedades comerciais tem vindo a ser profissionalizada. Trata-se de um fenómeno há muito adquirido nas sociedades anónimas, paradigma de modelo societário. O primeiro direito do administrador será o direito à retribuição. Nos restantes tipos societários, o papel de administrador, ainda que de modo não tão claro, mantém-se estritamente patrimonial. A retribuição faz parte do seu conteúdo natural.

II. O Código das Sociedades Comerciais presume remunerada a gerência das sociedades em nome coletivo: o montante da remuneração é fixado por deliberação dos sócios – artigo 192.º/5. As sociedades por quotas merecem, nesse domínio, uma regulamentação mais complexa. Assim:

Artigo 255.º
(Remuneração)

1. Salvo disposição do contrato de sociedade em contrário, o gerente tem direito a uma remuneração, a fixar pelos sócios.
2. As remunerações dos sócios gerentes podem ser reduzidas pelo tribunal, a requerimento de qualquer sócio, em processo de inquérito judicial, quando forem gravemente desproporcionadas, quer ao trabalho prestado, quer à situação da sociedade.
3. Salvo cláusula expressa do contrato de sociedade, a remuneração dos gerentes não pode consistir, total ou parcialmente, em participação nos lucros da sociedade.

Quanto às sociedades anónimas, vigora o seguinte texto[2806]:

Artigo 399.º
(Remuneração)

1. Compete à assembleia geral dos acionistas ou a uma comissão por aquela nomeada fixar as remunerações de cada um dos administradores, tendo em conta as funções desempenhadas e a situação económica da sociedade.
2. A remuneração pode ser certa ou consistir parcialmente numa percentagem dos lucros de exercício, mas a percentagem máxima destinada aos administradores deve ser autorizada por cláusula do contrato de sociedade.

[2806] Com a redação introduzida pelo Decreto-Lei n.º 76-A/2006, de 29 de Março.

§ 79.° *Os administradores no Direito português* 931

3. A percentagem referida no número anterior não incide sobre distribuições de reservas nem sobre qualquer parte do lucro do exercício que não pudesse, por lei, ser distribuída aos acionistas.

Um preceito similar – o artigo 429.° – dispõe sobre a remuneração dos administradores executivos; esta é fixada pelo conselho geral e de supervisão ou, no caso de assim estar previsto no contrato de sociedade, pela assembleia geral ou por uma comissão por esta nomeada.

Em todos estes preceitos sobressai a fixação unilateral de retribuição.

III. A remuneração dos administradores, designadamente no caso das sociedades anónimas, apresenta uma estrutura ainda mais complexa. Por razões de ordem social e fiscal, elas têm vindo a assumir composições parcial e crescentemente não-monetárias. Podemos apontar, como exemplo, as seguintes parcelas: a retribuição-base, normalmente mensal e as diuturnidades; as senhas de presença pela participação nas reuniões do conselho de administração; o complemento de remuneração ou gratificação anual; a percentagem nos lucros; o uso do cartão de crédito da empresa; prestações em espécie, como o uso de automóvel, os combustíveis, os serviços de motorista, o uso de alojamento, o uso de material de comunicações; diversos subsídios de deslocação, de transporte e de despesas familiares, incluindo educação dos filhos. Acresce que, por vezes, o desempenho de funções de administração numa sociedade implica o desempenho de funções semelhantes, em empresas participadas, desempenho esse que é remunerado.

O exercício das funções de administração pode ainda facultar diversas regalias sociais. Para além das regras gerais da segurança social[2807], os administradores podem desfrutar de esquemas específicos, previstos nos estatutos da sociedade ou em regulamentos a ele anexos[2808]. A prática exemplifica esquemas de reforma, de subsídios de doença e de invalidez, seguros profissionais, esquemas de apoio na aquisição de habitação e outros.

[2807] LUÍS BRITO CORREIA, *Os administradores das sociedades anónimas* cit., 787-788.

[2808] *Vide* o artigo 402.°, a propósito das sociedades anónimas; normalmente, só estas têm envergadura para aprontar tais esquemas; pensamos, porém, que este dispositivo pode ser estendido a outros tipos societários.

932 *A administração das sociedades*

Pois bem: todas as vantagens patrimoniais dispensadas ao administrador nessa qualidade têm natureza retributiva. São, assim, de ter em conta, para a precisa definição dos seus direitos e jogam para o cálculo de hipotéticas indemnizações, que os devam ter em causa.

Resta acrescentar que a política de remuneração dos administradores integra um capítulo delicado da *corporate governance*. Cada vez mais ela dá azo a disciplinas especializadas, que requerem um estudo autónomo e alargado de conhecimentos comparatísticos.

IV. Ao longo dos "loucos anos 90" do século passado, as remunerações dos administradores das grandes sociedades norte-americanas atingiam, por vezes, cifras muito elevadas: da ordem das dezenas de milhões de dólares por ano. Essa tendência alargou-se à Europa, conquanto que num nível bastante mais modesto. O fenómeno tem três ordens de explicações:

– as regras do mercado: num ambiente muito competitivo, um bom administrador pode fazer ganhar quantias elevadas aos acionistas; estes disputam os melhores administradores que veem, assim, subir os seus proventos;

– a imagem da empresa: num Mundo em que a promoção se joga a todos os níveis, há ganhos de imagem quando a sociedade possa exibir um elevado *standing*, o qual inclui gestores e quadros bem pagos;

– a influência dos próprios administradores: estes, uma vez instalados, mantêm boas relações com os principais acionistas e com os círculos especializados que fixam o montante das remunerações dos administradores; pela ordem das coisas, isso traduz-se numa pressão para o incremento.

Com o despoletar da crise de 2007/2012, essas explicações atingiram dimensões perversas. Desde logo, verificou-se que o incremento das remunerações dos administradores podia resultar da sua associação aos resultados da empresa. Designadamente: a remuneração compreenderia uma parcela variável, correspondente a certa percentagem dos lucros. Assim sendo, poderia o administrador ser levado: (a) ou a assumir um tipo de gestão muito lucrativo, no imediato, mas depauperador a prazo, de modo a recolher elevadas remunerações; (b) ou a protagonizar, com o auxílio de fiscalizadores e auditores, uma contabilidade maquilhada, com vista à faturação de lucros fictícios e, daí, de elevados prémios.

§ 79.º *Os administradores no Direito português* 933

V. A crise de 2007/2012 teve algumas raízes no modo brusco de gerir certas empresas, com vista ao lucro imediato. Os administradores foram acusados, ainda que, na grande maioria dos casos, nada se demonstrasse. Mais grave foi o facto de, mercê da forma de calcular prémios e remunerações, reportado ao ano anterior àquele em que fossem pagos, certas empresas falidas, com milhares ou dezenas de milhares de despedimentos, pagarem remunerações muito elevadas aos administradores que, formalmente, a tal conduziram. E maior foi o escândalo, nos Estados Unidos, onde algumas dessas empresas foram salvas, *in extremis*, pelo Estado e com o dinheiro dos contribuintes.

A fúria coletiva virou-se contra os administradores: contra todos, mesmo aqueles que não estavam implicados na crise e que nem tinham remunerações verdadeiramente deslocadas. O *voyeurismo* e o sensacionalismo da comunicação social ampliaram o fenómeno, junto da opinião pública.

VI. Os Estados reagiram, procurando limitar as remunerações dos administradores: seja diretamente, seja através de impostos *ad hoc*. Nos Estados Unidos, surgiram leis que limitavam as remunerações nos casos em que as empresas em jogo tivessem recebido fundos públicos.

A Comissão Europeia, em recomendação de 30-Abr.-2009[2809], adotou diversas proposições que tinham em vista a adequação e a moderação retributivas. Particularmente visada foi a comissão de remunerações, que deveria ter uma composição adequada.

Na Alemanha, foi adotada a *Lei para a moderação da retribuição da direção*[2810] que, através de alterações no AktG, procurou tornar mais razoáveis os esquemas de cálculo a aplicar. O seu alargamento é preconizado[2811], ponderando-se as consequências[2812].

[2809] C (2009) 3177.

[2810] Ou *Gesetz zur Angemessenheit der Vorstandsvergütung (VorstAG)*, de 31-Jul.-2009, BGBl 2009, 2509-2511.

[2811] RÜDIGER WERNER, *Gilt das Gesetz zur Angemessenheit der Vorstandsvergütung (VorstAG) auch für GmbH?*, GmbHR/Report 2009, R 305-R 306 e STEPHAN WUBBELSMANN, *Die Vergütung des Geschaftsführers / Ausstrahlung des (VorstAG) auf die GmbH?*, GmbHR 2009, 988-991 (990/I).

[2812] PETER RATH, *Aktuelles zur Vergütung von GmbH-Geschaftsführern*, GmbHR/ /Report 2010, R 353-R 354.

934   *A administração das sociedades*

VII. A Lei n.º 28/2009, de 19 de Junho, que visava rever o regime sancionatório no sector financeiro em matéria criminal e contra-ordenacional, veio adotar duas normas algo pesadas, que passamos a transcrever:

Artigo 2.º
Política de remuneração

1. O órgão de administração ou a comissão de remuneração, caso exista, das entidades de interesse público, enumeradas no Decreto-Lei n.º 225/2008, de 20 de Novembro, que cria o Conselho Nacional de Supervisão de Auditoria, submetem, anualmente, a aprovação da assembleia geral uma declaração sobre política de remuneração dos membros dos respectivos órgãos de administração e de fiscalização.

2. Para efeitos do disposto na presente lei, consideram-se entidades de interesse público, para além das referidas no número anterior, as sociedades financeiras e as sociedades gestoras de fundos de capital de risco e de fundos de pensões.

3. A declaração prevista no n.º 1 contém, designadamente, informação relativa:

a) Aos mecanismos que permitam o alinhamento dos interesses dos membros do órgão de administração com os interesses da sociedade;

b) Aos critérios de definição da componente variável da remuneração;

c) À existência de planos de atribuição de ações ou de opções de aquisição de ações por parte de membros dos órgãos de administração e de fiscalização;

d) À possibilidade de o pagamento da componente variável da remuneração, se existir, ter lugar, no todo ou em parte, após o apuramento das contas de exercício correspondentes a todo o mandato;

e) Aos mecanismos de limitação da remuneração variável, no caso de os resultados evidenciarem uma deterioração relevante do desempenho da empresa no último exercício apurado ou quando esta seja expectável no exercício em curso.

Artigo 3.º
Divulgação de remuneração

As entidades de interesse público, ou sendo emitentes de ações admitidas à negociação em mercado regulamentado no documento a que se refere o artigo 245.º-A do Código dos Valores Mobiliários, aprovado pelo Decreto-Lei n.º 486/99, de 13 de Novembro, divulgam nos documentos anuais de prestação de contas a política de remuneração dos membros dos

§ 79.º Os administradores no Direito português

órgãos de administração e de fiscalização, aprovada nos termos do artigo anterior, bem como o montante anual da remuneração auferida pelos membros dos referidos órgãos, de forma agregada e individual.

VIII. O despacho do Ministro das Finanças n.º 5696-A/2010, de 25 de Março[2813], veio dispor nos seguintes termos:

> Considerando a prioridade que deve ser dada aos objetivos de redução do défice orçamental e da despesa pública e ao controlo da dívida pública;
> Atendendo ao esforço de redução do défice a efetuar já em 2010, nos termos da Lei do Orçamento do Estado para 2010, aprovada pela Assembleia da República;
> Tendo também em conta o Programa de Estabilidade e Crescimento e a justa e equilibrada repartição dos esforços que o mesmo pressupõe;
> Atendendo a que a atividade de todo o sector empresarial do Estado deve, nos termos da lei, orientar-se no sentido de contribuir para o equilíbrio económico e financeiro do conjunto do sector público;
> Considerando, finalmente, a necessidade do sector empresarial do Estado se solidarizar com o objetivo de consolidação orçamental, alinhando as suas práticas remuneratórias com o especial interesse do Estado na redução do défice e respeitando, para o efeito, as presentes orientações, decorrentes do poder de superintendência e tutela, determino que:
> 1 – A título excecional, e nos termos legalmente previstos, seja adotada por todo o sector empresarial do Estado uma política assente na contenção acrescida de custos no que toca à remuneração dos membros dos respetivos órgãos de administração, designadamente não havendo lugar, nos anos de 2010 e 2011, à atribuição de qualquer componente variável da remuneração.
> 2 – O disposto no número anterior é aplicável a todo o sector empresarial do Estado, incluindo empresas públicas, entidades públicas empresariais e entidades participadas.

Tomado à letra, este despacho iria atingir sociedades nos quais o Estado tinha participações minoritárias, diretas ou indiretas (casos exemplares da PT, da GALP e da EDP) e que estavam sujeitas a puros regimes de Direito comercial. As assembleias gerais recusaram (legitimamente) a sua aplicação.

[2813] DR 2.ª série, n.º 61, de 29-Mar.-2010, 16.348-(2).

IX. Noutro plano, a CMVM, no Código do Governo das Sociedades da CMVM de 2010 (recomendações)[2814], preconizou que as sociedades cotadas divulgassem individualmente as recomendações dos administradores. Vai um tanto na linha da Lei n.º 28/2009. A novidade reside no seguinte: o artigo 288.º/1, c), apenas obriga a divulgar os montantes globais pagos em cada ano, aos membros dos órgãos sociais: não os montantes individuais. De facto, em certos casos, o montante individual pode estar associado a índices de produtividade setorial que não convenha tornar públicos, por razões de negócio. Obviamente: os montantes exatos são sempre conhecidos pela Administração Fiscal.

A divulgação individual permite comparações dentro da empresa e conduz ao nivelamento e, portanto: ao fim da recompensa pelo mérito.

X. Esta matéria exige cuidado e ponderação. Do lado dos administradores, há que ter o sentido das proporções e das conveniências: havendo crise, com despedimentos, com reduções de salários e com desempregados, mal fica, em termos éticos, a demonstração agressiva de riqueza, por parte de alguns. Do lado dos comentadores e da comunicação social: há que pôr cobro ao sensacionalismo fácil de exibir cifras fora do contexto.

Uma chamada de atenção deve ser feita: a continuar o ambiente de calúnia persecutória e de delação em curso, nenhum técnico habilitado quererá assumir funções de responsabilidade: na política como na gestão de alto nível. As consequências são fáceis de antever.

XI. Finalmente, o Direito vigente tem, há muito, instrumentos para lidar com situações de excesso. Para além da cláusula geral do abuso do direito[2815], recordamos o artigo 255.º/2, que permite a redução da remuneração dos sócios gerentes, pelo tribunal, a requerimento de qualquer sócio, em processo de inquérito judicial, quando forem gravemente desproporcionadas quer ao trabalho prestado, quer à situação da sociedade. Esta regra pode ser aplicada a outros tipos de sociedades, por analogia.

[2814] Confrontável na Net.

[2815] RPt 24-Nov.-1997 (AZEVEDO RAMOS), CJ XXII (1997) 5, 202-206 e RLx 15-Mar.-2007 (MANUEL GONÇALVES), Proc. 9007/2006-6.

§ 79.º Os administradores no Direito português

351. Os deveres dos administradores; quadro geral

I. Os deveres dos administradores prestam-se a longas enumerações[2816]. Vamos, aqui, proceder apenas a algumas classificações.

De acordo com a fonte, os deveres dos administradores podem ser legais, estatutários, contratuais ou deliberativos, conforme provenham diretamente de preceitos legais, do pacto social, de contrato ou de deliberação dos sócios ou do próprio conselho de administração. As normas em causa podem originar deveres fiscais, de segurança social, laborais, cambiários ou societários. Muito importante é a contraposição entre deveres genéricos e deveres específicos: os primeiros resultam da mera existência de direitos alheios ou de normas de proteção, enquanto os segundos têm a ver com obrigações legais, estatutárias ou convencionais. Perante situações relativas, os deveres dos administradores podem equacionar-se em deveres para com a sociedade, para com os credores desta, para com os sócios ou para com terceiros. Tomados na sua configuração, os deveres poderão ser diretamente de conduta ou redundar em meros deveres de diligência. De resto, a complexidade da situação permite aplicar as diversas classificações de obrigações: há deveres solidários, deveres de meios e de resultado e obrigações de *facere*, de *dare* e de *pati*. Em obediência aos conceitos usados para os explicitar, os deveres dos administradores podem ser determinados ou indeterminados. Estes últimos, que carecem em cada caso de atravessar um competente processo de concretização, abrangem, em particular, deveres de cuidado, de lealdade e de informação.

II. Fica em aberto o saber se é possível imputar, aos administradores, a generalidade dos deveres que assistam às sociedades e, ainda, toda uma série de deveres orgânicos, instrumentais e funcionais.

[2816] *Da responsabilidade civil dos administradores*, § 3.º.

§ 80.° A CONSTITUIÇÃO E O TERMO DA SITUAÇÃO DE ADMINISTRADOR

352. A constituição

I. O Código das Sociedades Comerciais omitiu o tratamento geral da constituição da situação da administração das sociedades. Somos, assim, obrigados a procurar regras nas partes dedicadas aos diversos tipos societários. Essas regras correspondem, no essencial, a um regime comum.

II. No domínio das sociedades em nome coletivo, o artigo 191.°, epigrafado "composição da gerência"[2817], estabelece, nos seus três primeiros números:

> 1. Não havendo estipulação em contrário e salvo o disposto no n.° 3, são gerentes todos os sócios, quer tenham constituído a sociedade, quer tenham adquirido essa qualidade posteriormente.
> 2. Por deliberação unânime dos sócios podem ser designadas gerentes pessoas estranhas à sociedade.
> 3. Uma pessoa coletiva sócia não pode ser gerente, mas, salvo proibição contratual, pode nomear uma pessoa singular para, em nome próprio, exercer esse cargo.

Nas sociedades em nome coletivo, a posição de gerente é uma decorrência da de sócio: estamos próximos da solução vigente, para as sociedades civis puras, nos termos do artigo 985.°/1, do Código Civil. O facto constitutivo essencial e, supletivamente, predominante é o contrato de sociedade: a lei não prevê um contrato de "gerência" autónomo. Quando a gerência recaia sobre um não-sócio, o facto constitutivo é a própria deli-

---

[2817] *Manual*, 2, 200 ss..

§ 80.º A constituição e o termo da situação de administrador   939

beração dos sócios. Finalmente, prefigura-se, ainda, uma terceira situação: a da eficácia conjunta do pacto social e de deliberação de entidade terceira, na hipótese da pessoa coletiva sócia.

Na origem do artigo 191.º, do Código das Sociedades Comerciais, encontramos o revogado artigo 151.º do Código Comercial. Este preceito, no seu corpo, não autonomizava propriamente a figura do "gerente da sociedade em nome coletivo", o qual de resto era tratado, subsequentemente, como o "sócio encarregado da administração"[2818]: imputava, simplesmente, a administração aos sócios, nos seguintes termos:

> Aos sócios de uma sociedade em nome coletivo, reunidos pela forma prescrita no pacto social, compete a decisão e fiscalização superior dos negócios e interesses sociais.

O Código Comercial não previa a hipótese de, contratualmente, haver sócios desprovidos de gerência: apenas articulava – artigo 152.º – a possibilidade de, pelos estatutos, apenas algum ou alguns sócios poderem usar a firma social, o que se prende, já, com a representação e, portanto: com o conteúdo da situação de administração.

O anteprojeto de FERNANDO OLAVO autonomizava a gerência. Mantinha, contudo, um sistema próximo do de VEIGA BEIRÃO. Assim, o artigo 22.º, do anteprojeto, epigrafado "composição da gerência", prescrevia:

1. Só os sócios podem ser gerentes.
2. Não havendo estipulação em contrário, todos os sócios são gerentes, tanto os que constituíram a sociedade como os que posteriormente adquiriram essa qualidade.

Justificando a solução, FERNANDO OLAVO esclarecia que, dada a particular natureza destas sociedades, não se admitira a solução da Lei Francesa, de 1966: a de poder haver gerentes, não sócios[2819]. Não foi ponderado o sistema do *HGB*, que estabeleceu uma interessante contraposição entre as sociedades civis puras, cujos sócios recebem todos, do *BGB*, o poder de gerência – §§ 709 e 714 –, e as sociedades em nome coletivo: nestas joga o § 114/I do *HGB* que, lapidarmente, dispõe: *Todos os sócios têm o direito e o dever de gerir os negócios da sociedade*[2820]. O § 114/II admite cláusula em contrário. De todo o modo, também o *HGB* associou a qualidade de

---

[2818] P. ex.: artigo 154.º, do Código Comercial.
[2819] FERNANDO OLAVO, *Sociedade em nome colectivo* cit., 28.
[2820] Por todos: HERMANN MAIBERG, *Gesellschaftsrecht*, 7.ª ed. cit., 69-70 e BAUMBACH/DUDEN/HOPT, *HGB*, 32.ª ed. (2006), § 114, (542 ss.).

940 *A administração das sociedades*

gerente, à de sócio, numa linha que é, ainda, a do *Codice* italiano: artigo 2257, por remissão do artigo 2293[2821].

A orientação de FERNANDO OLAVO foi alterada no Projeto definitivo. Aí, o artigo 180.° fundiu, num único preceito, as matérias atinentes à composição e ao funcionamento da gerência, estipulando, quanto à primeira:

> 1. Não havendo estipulação em contrário e salvo o disposto no n.° 3, todos os sócios são gerentes, tanto os que constituíram a sociedade, como os que posteriormente adquiriram essa qualidade.
> 2. Por deliberação unânime dos sócios, podem ser nomeados gerentes pessoas estranhas à sociedade.
> 3. A sociedade sócia não pode ser gerente, mas, salva proibição contratual, pode aquela nomear uma pessoa singular para, em nome próprio, exercer esse cargo.

Estes preceitos foram transpostos, para a versão inicial do Código das Sociedades Comerciais. O Decreto-Lei n.° 280/87, de 8 de Julho, veio modificar a redação desses preceitos. Por razões que desconhecemos, houve alterações de linguagem, nos números 1 e 2: totalmente desnecessárias e com danos para o estilo do diploma. No n.° 3, substituiu-se "sociedades sócias" por "pessoa coletiva sócia"; o alargamento, em si, é meritório; mas fez perder tecnicismo ao preceito que, nitidamente, visava a GmbH u. Co, isto é: a sociedade por quotas em que um dos sócios é uma sociedade em nome coletivo.

III. Passando à "composição da gerência", nas sociedades por quotas[2822], encontramos o dispositivo do artigo 252.°, assim concebido:

> 1. A sociedade é administrada e representada por um ou mais gerentes que podem ser escolhidos de entre estranhos à sociedade e devem ser pessoas singulares com capacidade jurídica plena.
> 2. Os gerentes são designados no contrato de sociedade ou eleitos posteriormente por deliberação dos sócios, se não estiver prevista no contrato outra forma de designação.
> 3. A gerência atribuída no contrato a todos os sócios não se entende conferida aos que só posteriormente adquiriram esta qualidade.
> 4. A gerência não é transmissível por ato entre vivos ou por morte, nem isolada, nem conjuntamente com a quota.

Aparentemente, verifica-se um distanciamento em relação à imanência da administração aos sócios. Os gerentes são designados no pacto ou

---

[2821] Por todos: VINCENZO BUONOCORE, *Società in nome collettivo* (1995), 94 ss..
[2822] *Manual*, 2, 397 ss..

§ 80.º A constituição e o termo da situação de administrador 941

escolhidos, posteriormente, por deliberação dos sócios, podendo ser estranhos. A gerência é sempre personalizada – veja-se o n.º 3 – não sendo transmissível por morte – n.º 4. A emancipação do modelo civil não é total: faltando definitivamente os gerentes, todos os sócios assumem, por força de lei, os poderes de gerência, até à designação de novos gerentes – artigo 253.º/1. O artigo 253.º/3 admite, finalmente, a nomeação judicial, quando decorram 30 dias sobre a falta de um gerente, não nominalmente designado, cuja intervenção seja, pelo contrato, necessária para a representação da sociedade.

Na origem, temos o Capítulo III da LSQ, cujos dois primeiros preceitos dispunham:

26.º
A sociedade é representada por um ou mais gerentes, que podem ser escolhidos de entre pessoas estranhas à sociedade.

27.º
Os gerentes podem ser designados na escritura social, ou eleitos posteriormente.
§ único. A gerência atribuída na escritura social a todos os sócios não se entende conferida aos que só posteriormente adquiram esta qualidade.

Trata-se de um dispositivo mais claro do que os correspondentes preceitos do *GmbHG* – os §§ 6 e 33 ss. – e que marca, já, um avanço, no sentido das sociedades de capitais.

No âmbito da preparação do Código das Sociedades Comerciais, confrontaram-se duas orientações distintas, ainda que numa clivagem predominantemente estilística: a de RAÚL VENTURA e a de FERRER CORREIA.

Para o Anteprojeto RAÚL VENTURA, no seu artigo 52.º,

1. São gerentes da sociedade as pessoas que, pelo contrato ou deliberação social, receberam poderes gerais de administração e representação.
2. Os gerentes podem ser escolhidos de entre os sócios ou pessoas estranhas, salva disposição expressa do contrato.

O artigo 53.º/2, do mesmo Anteprojeto RAÚL VENTURA, vinha dispor:

2. Na falta de todos os gerentes efetivos e substitutos, cada um dos sócios tem poder para administrar e representar a sociedade, mas qualquer deles pode opor-se à prática de um ato por outro[2823].

[2823] RAÚL VENTURA, *Sociedade por quotas / Anteprojecto / Primeira redacção* cit., 106. Os mesmos preceitos surgiam, na segunda redação, sob os artigos 57.º e 58.º/2; cf. RAÚL VENTURA, *Sociedade por quotas / Anteprojecto / Segunda redacção* cit., 232-233.

942 A administração das sociedades

Para o Anteprojeto FERRER CORREIA, era preferível uma redação mais compacta[2824], praticamente idêntica à que passaria ao Projeto[2825] e, daí, ao Código finalmente aprovado, mau grado alterações formais, nem sempre felizes.

IV. No tocante às sociedades anónimas, o Código prevê um esquema complexo de designação dos administradores[2826]. Estes podem – artigo 391.º/1 – ser designados no contrato de sociedade ou eleitos pela assembleia, referindo ainda – *idem*, n.º 5 – a necessidade de aceitação, expressa ou tácita. O contrato de sociedade pode prever administradores eleitos, por certas minorias – artigo 392.º/1 –, havendo ainda e eventualmente, que contar com administradores por parte do Estado – *idem*, n.º 11. Nas hipóteses de substituição previstas no artigo 393.º, pode haver, após a chamada de suplentes, quando os haja, designações por cooptação ou, na falta desta, por deliberação do conselho fiscal ou do conselho de auditoria – 393.º/1, *b*) e *c*). O artigo 394.º prevê a nomeação judicial, quando decorram determinados períodos de tempo, sem que tenha sido possível eleger o conselho de administração.

Este complexo regime de designação dos administradores tinha, no Código VEIGA BEIRÃO, antecedentes bem mais enxutos. O artigo 171.º dispunha, simplesmente:

> A administração das sociedades anónimas é confiada a uma direção, e a fiscalização desta a um conselho fiscal, eleito pela assembleia geral.
> § único. A primeira direção pode ser designada no instrumento de constituição da sociedade, não podendo contudo durar mais de três anos, e sem prejuízo do direito de revogação nos termos do artigo seguinte.

Por seu turno, a eleição dos diretores era objeto de regras precisas, que melhor será transcrever. Segundo o artigo 172.º,

---

[2824] FERRER CORREIA/LOBO XAVIER/ÂNGELA COELHO/ANTÓNIO CAEIRO, *Sociedade por quotas / Anteprojecto / 2.ª Redacção* cit., 95 (artigo 85.º, com breve justificação de motivos). O Anteprojeto FERRER CORREIA retoma, por seu turno e fundamentalmente, o de VAZ SERRA, cujo texto pode ser confrontado em RAÚL VENTURA, *Sociedade por quotas*, III (1991), 7.

[2825] Artigos 256.º e 257.º; *vide Código das Sociedades (Projeto)* cit., 194.

[2826] *Manual*, 2, 784 ss. e 803 ss., quanto ao conselho de administração e quanto ao conselho de administração executivo, respetivamente.

§ 80.º A constituição e o termo da situação de administrador 943

A eleição dos diretores será feita de entre os sócios por tempo certo e determinado não excedente a três anos, e sem prejuízo da revogabilidade do mandato, sempre que qualquer assembleia geral o julgue conveniente.

§ 1.º Os estatutos determinarão se, findo o prazo do mandato, poderá haver reeleição, e, não o determinando, entender-se-á esta proibida.

§ 2.º Os estatutos também indicarão o modo de suprir as faltas temporárias de qualquer dos diretores, e, não o indicando, competirá ao conselho fiscal, ou, na falta deste, à mesa da assembleia geral, nomear os diretores, até à reunião da mesma assembleia.

Os preceitos vigentes, do Código das Sociedades Comerciais, advieram dos artigos 396.º a 399.º, do Projeto[2827], com modificações formais.

O Código das Sociedades Comerciais admite, ainda, sociedades anónimas de modelo germânico: com conselho geral e de supervisão e com conselho de administração executivo. Segundo o artigo 425.º, os administradores são designados ou no contrato de sociedade ou pelo conselho geral e de supervisão ou, ainda, pela assembleia geral, se os estatutos assim o determinarem – n.º 1 – podendo não ser acionistas – n.º 6[2828]. O conselho geral e de supervisão providencia quanto à sua substituição – n.º 4 – podendo – artigo 426.º – haver nomeação judicial, por aplicação, com as necessárias adaptações, das regras atinentes às sociedades de estrutura latina. Um tanto contra a corrente do Código, o artigo 430.º/3, na sua redação inicial, a propósito da destituição sem justa causa do diretor, refere o "... contrato com ele celebrado ...".

Esta orgânica inovatória do Código das Sociedades Comerciais encontrava-se, já, no projeto – artigos 425.º, 426 e 427.º[2829]. Também no Projeto surge a referência ao "... contrato com ele celebrado – artigo 431.º/3[2830] – como forma de provimento do administrador. Não houve explicações, nem justificação publicada de motivos.

[2827] *Código das Sociedades (Projecto)* cit., 278-281.

[2828] Conquanto que incorrendo nas incompatibilidades constantes das diversas alíneas do artigo 425.º/6, introduzidas pela reforma de 2006.

[2829] *Código das Sociedades (Projecto)* cit., 295-296.

[2830] *Idem*, 298.

944 *A administração das sociedades*

A reforma de 2006 suprimiu a referência ao "contrato": mais um fator no sentido de desamparar as construções contratualistas.

V. Queda uma referência breve às sociedades em comandita. Aí, salvo se o contrato de sociedade permitir a atribuição da gerência aos sócios comanditários, só os comanditados podem ser gerentes – artigo 470.°/1. Posto o que têm aplicação: nas sociedades em comandita simples, o dispositivo relativo às sociedades em nome coletivo – artigo 474.° – e nas comanditas por ações, as regras previstas para as sociedades anónimas – artigo 478.°.

VI. Finalmente, cumpre aludir a situações especiais, como as que envolvem a nomeação de administradores, por parte do Estado. Tais administradores, que ocupam, por lei[2831], a precisa posição orgânica e estatutária dos seus pares, designados pelos estatutos ou eleitos em assembleia geral, como que completam uma rica panóplia de factos constitutivos da situação de administração.

353. O termo

I. A situação jurídica de administração não é, por natureza, perpétua. A vicissitude da sua cessação está sempre no horizonte. Diversas formas de cessação das situações jurídicas têm, aqui, aplicação[2832] e, designadamente: a caducidade, a revogação, a resolução e a denúncia. Todas estas figuras sofrem, na sua aplicação aos administradores, diversos processos de adaptação.

A caducidade sobrevém por morte, interdição, incapacitação, inabilitação ou reforma do administrador. Quanto à inabilitação, é de relevar a situação correspondente, por exemplo, à cassação da carteira ou à não-autorização de entidade competente para o desempenho do lugar. Também há caducidade quando expire o prazo por que foi feita a designação – no caso das sociedades anónimas, releva o prazo máximo de quatro

---

[2831] Artigo 10.° do Decreto-Lei n.° 40.833, de 29 de Outubro de 1956.

[2832] Em geral, cf. MENEZES CORDEIRO, *Concorrência laboral e justa causa de despedimento* cit., 495 ss., e *Manual de Direito do Trabalho*, 777 ss..

§ 80.° A constituição e o termo da situação de administrador   945

anos, fixado no artigo 391.°/3 – prazo esse acrescido do lapso necessário, para que haja nova designação – 391.°/4[2833]. Outra hipótese de caducidade é a extinção da sociedade; a passagem do administrador a liquidatário – artigo 151.°/1 –, puramente supletiva, representa, já, uma posição qualitativamente diversa. Também podemos falar em caducidade, na hipótese de extinção do órgão ou do lugar; porém, aqui, a materialidade da situação subjacente poderá requerer a aplicação do regime da destituição.

II. A revogação, em rigor, corresponderia à cessação da situação jurídica de administração, por acordo das partes. Porém, um verdadeiro "acordo" exigiria aqui que a constituição da situação fosse contratual, o que é tudo menos seguro, à luz do Direito português. Fica-nos a revogação unilateral, por decisão de entidade competente para a designação, numa posição duvidosa por, de toda a forma, a designação criar direitos. A resolução, sempre unilateral, exige fundamento e previsão legal.

As exigências próprias do Direito societário levaram a que, neste ponto, revogação e resolução tenham sido fundidas numa figura própria e autónoma: a destituição dos administradores. Trata-se de um ponto em que o Código das Sociedades Comerciais, na sua versão inicial, incorreu em múltiplas flutuações, que têm vindo a ser limadas, pela doutrina e pela jurisprudência. A reforma de 2006 introduziu, aqui, alguma clarificação.

III. A situação dispersiva aconselha uma prévia recolha, a nível de fontes.

Nas sociedades em nome coletivo – artigo 191.°/4 a 7 – o Código releva as seguintes possibilidades:

a) O sócio foi designado gerente por cláusula especial do contrato de sociedade: só pode ser destituído da gerência em ação intentada pela sociedade ou por outro sócio, contra ele e contra a sociedade, com fundamento em justa causa – artigo 191.°/4;

b) O sócio é gerente por inerência à qualidade de sócio ou foi designado gerente por deliberação dos sócios: só pode ser destituído da gerência por deliberação dos sócios e com fundamento em justa

---

[2833] Noutros termos: a caducidade opera aqui, apenas, quando haja nova designação, mas não antes de decorrido o período dos quatro anos. Se este não for respeitado, temos, já, a destituição.

causa, salvo se o contrato de sociedade dispuser diferentemente – artigo 191.º/5;

c) O gerente não é sócio: pode ser destituído por deliberação dos sócios, independentemente de justa causa – artigo 191.º/6;

d) A sociedade tem apenas dois sócios: a destituição de qualquer deles da gerência, com fundamento em justa causa, só pode ser decidida pelo tribunal, em ação intentada pelo outro contra a sociedade.

Nas sociedades por quotas, o sistema de destituição tem a configuração subsequente – artigo 257.º:

a) Em princípio, os sócios podem deliberar, a todo o tempo, a destituição dos gerentes – 257.º/1; o contrato de sociedade pode exigir, para o efeito, maioria qualificada, ou exigir outros requisitos; porém, se a destituição se fundar em justa causa, pode ser sempre deliberada por maioria simples – *idem*, n.º 2;

b) Quando uma cláusula do contrato atribua a um sócio um direito especial à gerência, requer-se o consentimento deste; podem, porém, os sócios deliberar que a sociedade requeira a suspensão e destituição judicial do gerente por justa causa – n.º 3;

c) Existindo justa causa, qualquer sócio pode requerer a suspensão e a destituição do gerente, em ação intentada contra a sociedade – n.º 4;

d) A sociedade tem apenas dois sócios: a destituição da gerência, com fundamento em justa causa, só pode ser decidida pelo Tribunal, em ação intentada pelo outro.

Nas sociedades anónimas, de tipo latino, deparamos com o esquema seguinte – artigo 403.º[2834]:

a) A assembleia geral pode deliberar, a todo o momento, a destituição de qualquer membro do conselho de administração – 403.º/1;

b) O administrador foi eleito de acordo com as regras especiais do artigo 392.º: a deliberação sem justa causa não procede se contra ela tiverem votado acionistas que representem pelo menos 20% do capital social – 403.º/2;

c) Enquanto não for convocada a assembleia geral para deliberar sobre o assunto: um ou mais acionistas titulares de ações corresponden-

---

[2834] Com a redação dada pelo Decreto-Lei n.º 76-A/2006, de 29 de Março.

§ 80.º *A constituição e o termo da situação de administrador*   947

tes, pelo menos, a 10% do capital social podem requerer a destituição judicial de um administrador, com fundamento em justa causa – 403.º/3;

d) O administrador é nomeado pelo Estado ou entidade equiparada: a assembleia geral apenas pode, na apreciação anual da sociedade, manifestar a sua desconfiança, em deliberação que deve ser transmitida ao ministro competente – 403.º/4;

e) Constituem designadamente justa causa de destituição a violação grave dos deveres do administrador e a sua inaptidão para o exercício normal das suas funções – 404.º/4;

f) Se a destituição não se fundar em justa causa, cabe indemnização – 404.º/5.

Nas sociedades anónimas, de tipo germânico – artigo 430.º[2835]:

a) Os administradores podem ser destituídos, a todo o tempo, pelo conselho geral e de supervisão ou pela assembleia geral, consoante o órgão competente para a eleição – 430.º/1;

b) Aplicando-se, quanto à noção de justa causa e quanto às consequências da sua inexistência o disposto para as sociedades de tipo latino.

Como se vê, abundam as soluções desencontradas e incompletas. Além disso, verificam-se flutuações de linguagem às quais parece difícil emprestar alcance hermenêutico mas que, na prática, podem implicar dúvidas. Trata-se de um ponto em que o Código das Sociedades Comerciais foi particularmente pouco conseguido.

354. A livre destituibilidade e a exigência de justa causa

I. O princípio da livre destituibilidade dos administradores é tradicional: provinha do Direito francês e tinha expressa consagração, no revogado artigo 172.º do Código Comercial:

A eleição dos diretores será feita, de entre os sócios, por tempo certo e determinado, não excedente a três anos, e sem prejuízo da revogabilidade do mandato, sempre que qualquer assembleia geral o julgue conveniente.

[2835] Também com a redação dada pelo Decreto-Lei n.º 76-A/2006, de 29 de Março, quanto à versão original do Código cf. a 1.ª ed. do presente *Manual*, 1, 739.

A doutrina da época entendia que esta norma era imperativa. Com o seguinte efeito prático: ela não podia ser afastada pelos estatutos das diversas sociedades[2836].

O Código Comercial não efetuava distinções dentro da ideia da destituição dos administradores, por decisão da assembleia. A doutrina, fortemente influenciada pelo que se observava noutros ordenamentos jurídicos, designadamente no italiano, já havia proposto a distinção basilar entre destituição com justa causa e sem justa causa[2837].

E a principal eficácia da distinção assentaria no problema da indemnização: quando houvesse justa causa, a destituição não daria lugar a qualquer indemnização.

A noção de "justa causa" não era, contudo, pacífica. Frente a frente duas orientações:

– uma noção mais civilística, segundo a qual a "justa causa" seria qualquer motivo justificado, a apreciar livremente pelo Tribunal[2838];
– uma noção "mais laboral", que via, na "justa causa", um "comportamento culposo desde que, pela sua gravidade e consequências, torne praticamente impossível a sua manutenção em funções"[2839].

II. O Código das Sociedades Comerciais conserva o princípio da destituibilidade livre dos administradores[2840]. A justa causa apenas serve para decidir se a destituição opera ou não com indemnização. Isto assente, verifica-se que a lei dá duas definições próximas de justa causa de destituição. A propósito da sociedade por quotas, esta é definida – artigo 257.°/6 – nestes termos:

[2836] JORGE PINTO FURTADO, *Código Comercial* Anotado cit., II/1, 378 e ANTÓNIO CAEIRO, *Assembleia totalitária ou universal / Direito do administrador a uma percentagem dos lucros / Indemnização do administrador destituído sem justa causa*, Anot. ao acórdão do STJ 14-Out.-1982, RDE 1982, 339-406 = *Temas de Direito das Sociedades* (1984), 467-492; no primeiro local, cf. 402.

[2837] PINTO FURTADO, *Código Comercial Anotado* cit., II/1, 378.

[2838] PIRES DE LIMA/ANTUNES VARELA, *Código Civil Anotado*, II (1968), 490, numa posição mantida em edições posteriores.

[2839] PINTO FURTADO, *Código Comercial Anotado* cit., II/1, 378.

[2840] RPt 9-Jul.-2002 (EMÍDIO COSTA), CJ XXVII (2002) 4, 174-175 (175/II), com elementos e RLx 10-Nov.-2009 (LUÍS ESPÍRITO SANTO), Proc. 1026/07.9.

§ 80.° A constituição e o termo da situação de administrador 949

Constituem justa causa de destituição, designadamente, a violação grave dos deveres do gerente e a sua incapacidade para o exercício normal das respetivas funções.

No tocante às sociedades anónimas – artigo 403.°/4 e 430.°/2 – aparece uma noção semelhante, mas em que "incapacidade" é substituída por "ineptidão". Antes da reforma de 2006, no domínio da sociedade anónima de tipo germânico – artigo 430.°/2, redação original – surgia um preceito diverso:

Constituem, designadamente, justa causa de destituição a violação grave dos deveres do diretor, a sua incapacidade para o exercício normal das respetivas funções e a retirada da confiança pela assembleia geral.

Temos, ainda, certos exemplos concretos de "justa causa": o do artigo 254.°/5, que considera justa causa de destituição do gerente a violação da proibição da concorrência e o do artigo 447.°/8, que afirma como tal a "... falta culposa de cumprimento do disposto nos n.ºs 1 e 2 deste artigo ...", relativos à publicidade de participações dos membros de órgãos de administração e fiscalização. Pois bem: perante estas fórmulas, não restam dúvidas de que a justa causa implica a violação grave – com dolo ou negligência grosseira – dos deveres do administrador. A "incapacidade para o exercício normal" não é incapacitação: esta conduz à caducidade; trata-se, antes, da incompetência profissional grave, a qual implica, sempre, um nível normativo[2841] e, daí: a violação, necessariamente grave, dos deveres de estudo e de atualização exigíveis.

Na redação inicial do Código, ficava por enquadrar o problema da "retirada de confiança", referida, no então artigo 430.°/2, a propósito dos diretores. Não fazia sentido admitir a hipótese de uma "retirada arbitrária da confiança": isso não era justa causa. Tal "retirada" teria de se basear em violações graves dos deveres exigíveis. O extraordinário preceito do artigo 430.°/2 devia, assim, na parte em que referia a retirada de confiança, ser simplesmente interpretado como dando legitimidade à assembleia geral das sociedades anónimas de tipo germânico para destituir os diretores. Quanto

---

[2841] Ou seja: um administrador só pode ser considerado profissionalmente incompetente quando outro administrador, na mesma situação, pudesse *e devesse* fazer melhor.

às consequências de tal destituição: dependiam, nos termos gerais, de haver ou não justa causa[2842].

III. A noção "mais laboral" – portanto mais restritiva – que tem, na lei, uma base suscetível de alargamento, merece ser acolhida[2843]. Além do exposto, há boas razões de fundo para dispensar, aos administradores das sociedades, uma certa proteção semelhante à que a lei concede aos trabalhadores subordinados. Não pode ter a mesma intensidade, sob pena de subverter a própria lógica intrínseca do Direito societário; mas sempre será alguma: a total desproteção dos administradores iria repercutir-se no seu profissionalismo, com danos para a própria sociedade. É sintomático, aliás, que a experiência alemã tenha sido a primeira a trilhar essa via[2844]. A jurisprudência portuguesa surge, maioritariamente, sensível a este ponto, sobretudo, no início, a nível do Supremo[2845].

Pode-se ir mais fundo. A qualificação de uma deliberação como tendo "justa causa" comporta, sobretudo, a virtualidade de dispensar a indemnização e outros institutos de proteção aos administradores: a liberdade da própria sociedade não está em jogo, uma vez que a destituição é sempre possível, com ou sem justa causa. Por isso, a justa causa assume um perfil totalmente imputável ao administrador; se não houver culpa e ilicitude por parte deste, ela não se justifica.

Particularmente em jogo, está o problema da mudança de orientação da sociedade. Tal mudança de orientação é sempre possível, sobretudo quando se venha a formar uma nova maioria de sócios. Poderá, então, haver que dispensar os administradores. Mas o risco é da sociedade: se os administradores estiverem ainda dentro do mandato para que foram designados, eles têm direito a diversas compensações: não há justa causa.

[2842] *Vide* a 1.ª ed. do presente *Manual*, 1, 741.

[2843] Aliás, ela foi desenvolvidamente acolhida por RAÚL VENTURA, a propósito dos gerentes das sociedades por quotas; a argumentação em causa pode, porém, ser transposta para os administradores das sociedades anónimas; cf. RAÚL VENTURA, *Sociedades por quotas* cit., 3, 91 ss..

[2844] Por todos, refira-se THEODOR BAUMS, *Der Geschäftsleitervertrag* cit., 393 ss..

[2845] STJ 20-Jan.-1983 (LIMA CLUNY), BMJ 323 (1983), 405-413 (412) e STJ 26-Nov.-1987 (LIMA CLUNY), BMJ 371 (1987), 490-495 (495).

§ 80.º A constituição e o termo da situação de administrador

IV. Tem interesse consignar algumas proposições judiciais relativas à destituição dos administradores e à justa causa que, porventura, se verifique. Assim, temos:

– constitui justa causa de destituição, nomeadamente, a violação grave dos deveres de gerente e a sua incapacidade para o exercício normal das respetivas funções[2846];

– justa causa de destituição do gerente é a violação grave do seu dever e a sua incapacidade para o exercício normal das funções; trata-se de um conceito indeterminado, mas que consiste no facto ou situação na qual, segundo a boa-fé, não seja exigível à sociedade a continuação da relação contratual[2847];

– a justa causa de destituição consubstancia uma "quebra de confiança, por razões justificadas, entre a sociedade (...) e o gerente"[2848];

– o facto de o gerente de certa sociedade ser sócio de outra congénere, onde não exerce qualquer atividade, não é motivo justificado para a sua destituição de gerente[2849];

– os gerentes que, por sistema, cumpram tardiamente (3 ou 2 anos depois) o seu dever de relatar a gestão e de apresentar as contas da mesma, não atuam segundo os critérios de um gestor ordenado e criterioso, havendo por isso justa causa para a sua destituição[2850];

– o gerente de uma sociedade por quotas deve respeitar deveres de diligência e de vigilância, segundo um padrão objetivo; para integrar a justa causa de destituição, relevam ações e omissões; *in casu*: deixar caducar alvarás de construção civil, anular contratos de seguros de trabalhadores e passar faturas falsas[2851];

– destituição com justa causa "… será aquela que tenha por fundamento a verificação de um motivo grave, de tal modo que não seja exigível, à sociedade, manter a relação de administração"[2852];

[2846] STJ 9-Jul.-1998 (ARAGÃO SEIA), BMJ 479 (1998), 634-645 (643-644).

[2847] STJ 20-Jan.-1999 (GARCIA MARQUES), CJ/Supremo VII (1999) 1, 37-41 (40/I).

[2848] STJ 10-Fev.-2002 (ABEL FREIRE), BMJ 494 (2000), 353-358 (356/II).

[2849] RLx 12-Jun.-2001 (AZADINHO LOUREIRO), CJ XXVI (2001) 3, 114-116 (116/I).

[2850] RPt 9-Abr.-2002 (M. FERNANDA PAIS SOARES), CJ XXVII (2002) 2, 216-219 (218/II).

[2851] RPt 24-Mar.-2003 (PINTO FERREIRA), CJ XXVIII (2003) 2, 180-183 (182-183).

[2852] RLx 15-Dez.-2005 (MARIA MANUELA GOMES), CJ XXX (2005) 5, 116-121 (119/II). Este acórdão vem dizer – e aí não se pode acompanhar – que a justa causa não pressupõe a culpa.

952 *A administração das sociedades*

– justa causa pressupõe uma conduta culposa grave que torne impossível ou inexigível a subsistência da relação funcional[2853];
– justa causa provém da verificação de um comportamento culposo do administrador que, pela sua gravidade e consequências, torne inexigível, à sociedade, manter a relação de indemnização[2854];
– a justa causa pressupõe uma atuação censurável[2855];
– há justa causa perante a impossibilidade de continuar a relação de confiança[2856].

V. Em termos processuais, os factos relativos à existência de justa causa devem ser invocados e provados pela sociedade que dela se queira prevalecer[2857]. É uma decorrência das regras gerais sobre o ónus da prova. Os fundamentos da destituição devem constar da competente ata[2858]: único meio de prova quanto ao deliberado.

355. A indemnização

I. Cabe aprofundar um pouco o tema do direito à indemnização eventualmente envolvida pela cessação do mandato dos administradores: numa dogmática responsiva, ele dar-nos-á um auxiliar de entendimento da justa causa e da própria destituição.

Na vigência do Código Comercial, o direito dos administradores destituídos, antes do termo do mandato, a receber uma indemnização da sociedade, veio a ser reconhecido, na doutrina e na jurisprudência.

Para tanto, aduzia-se o seguinte argumento: o artigo 172.º, a propósito dos "diretores" das sociedades comerciais, falava em "revogabilidade do mandato". Por seu turno, o artigo 245.º, do mesmo Código Comercial, dispunha que:

A revogação e a renúncia do mandato, não justificadas, dão causa, na falta de pena convencional, à indemnização de perdas e danos.

[2853] RLx 9-Jun.-2006 (João Aveiro Pereira), Proc. 700/1998.
[2854] STJ 11-Jul.-2006 (Azevedo Ramos), CJ/Supremo XIII (2006) 2, 141-144 (142/II).
[2855] STJ 7-Fev.-2008 (Azevedo Ramos), CJ/Supremo XV (2008) 1, 83-85.
[2856] RLx 16-Jul.-2009 (Vaz Gomes), Proc. 977/06.2.
[2857] RLx 24-Jun.-2008 (Ana Grácio), Proc. 3272/2008-1.
[2858] RCb 30-Nov.-2010 (Pedro Martins), Proc. 509/97.5.

§ 80.º *A constituição e o termo da situação de administrador*   953

Assim, embora se soubesse que o "mandato" dos administradores não era o "mandato comercial" dos artigos 231.º e seguintes, fazia-se a transposição da regra[2859].

II. A jurisprudência veio, contudo, colocar a questão na dependência da natureza jurídica do vínculo que une os administradores à sociedade. Essa natureza dá lugar a uma série de dúvidas e dificuldades, acima aludidas.

A jurisprudência começa por fazer a seguinte derivação:

– se a posição dos administradores assentasse num vínculo unilateral, a sua destituição não daria lugar a qualquer indemnização: essa a posição defendida em RLx 27-Nov.-1984[2860];
– se, pelo contrário, ela fosse contratual, impor-se-ia a analogia com o mandato e, daí, a indemnização, no caso de destituição sem justa causa; tal a teoria de STJ 26-Nov.-1987[2861].

A ausência de direito a indemnização vem também defendida, em acórdão da RCb 6-Jan.-1987[2862], enquanto o direito a essa indemnização aparece em RLx 27-Out.-1981[2863] e, de certo modo, nos acórdãos do STJ

[2859] ANTÓNIO CAEIRO, *Assembleia totalitária ou universal* cit., 404. Quanto à aplicação, direta ou analógica, das regras sobre mandato à posição dos administradores, cf. FERRER CORREIA, *Lições de Direito Comercial*, II – *Sociedades Comerciais* cit., 331.

A nível de jurisprudência, este argumento foi acolhido em RLx 27-Out.-1981 (MENESES FALCÃO), CJ VI (1981) 4, 123-124 (124) e em STJ 26-Nov.-1987 (LIMA CLUNY), BMJ 371 (1987), 490-495 (494).

[2860] RLx 27-Nov.-1984 (CURA MARIANO), CJ IX (1984) 5, 152-153: numa assembleia geral, ocorrida em 31-Mar.-1982, fora eleito um determinado administrador, para o triénio de 82/84; nova assembleia, em 18-Jun.-1982, vem, contudo, deliberar a destituição desse administrador; a RLx entendeu que não havia lugar a indemnização, por se tratar de designação não contratual, que daria lugar a uma representação orgânica, de tipo legal, diversa do mandato.

[2861] STJ 26-Nov.-1987 (LIMA CLUNY), BMJ 371 (1987), 490-495: em assembleia geral, decorrida no dia 27-Jun.-1980, fora eleita determinada pessoa, como presidente do conselho de administração de certa sociedade, para o triénio de 1980-82; todavia, em assembleia geral de 31-Dez.-1981, o presidente foi destituído das suas funções, sem qualquer justificação; o Supremo entendeu que havia aqui uma espécie de "contrato de emprego" que, tendo sido quebrado, abria as portas à indemnização.

[2862] RCb 6-Jan.-1987 (CUNHA LOPES), CJ XII (1987) 1, 26-27.

[2863] RLx 27-Out.-1981 (MENESES FALCÃO), CJ VI (1981) 4, 123-124.

954 *A administração das sociedades*

14-Out.-1982[2864] e de 20-Jan.-1983[2865]. No acórdão da RPt 12-Dez.-1994, o direito à indemnização aparece, já, sedimentado[2866]. Pode, pois, dizer-se que a predominância jurisprudencial ia no sentido de haver direito a indemnização; toda a doutrina alinha, aliás, nesse sentido.

III. De entre a jurisprudência ulterior, retemos as proposições seguintes:

– qualquer membro da administração pode ser destituído *ad nutum*; a destituição sem justa causa obriga, porém, a sociedade a indemnizá-lo[2867];
– o destituído sem justa causa tem direito a indemnização nos termos gerais da responsabilidade civil, sendo exigível a prova de que advieram danos[2868];
– a justa causa de destituição de gerente apresenta-se como circunstância impeditiva do direito de indemnização do destituído, pelo que o ónus da prova dos respetivos factos cabe à sociedade[2869];
– assiste ao gerente o direito de ser indemnizado pela destituição sem justa causa, ficando a sociedade desvinculada tão somente se justa causa ocorrer[2870];
– na ação de indemnização proposta pelo administrador destituído *ad nutum*, cabe ao autor provar a sua qualidade de administrador, a destituição e os prejuízos; à sociedade cabe alegar e provar a justa causa[2871];
– a indemnização por destituição de um gerente sem justa causa equivale, bem vistas as coisas, à indemnização do trabalhador destituído[2872].

IV. Para além da quantificação das diversas orientações é importante a ponderação das bases em que assenta. Na verdade, não é correto fazer derivar o direito a uma indemnização da natureza do vínculo de adminis-

---

[2864] STJ 14-Out.-1982 (RODRIGUES BASTOS), RDE 8 (1982), 385-389.
[2865] STJ 20-Jan.-1983 (LIMA CLUNY), BMJ 323 (1983), 405-413 (412).
[2866] RPt 12-Dez.-1994 (RIBEIRO DE ALMEIDA), CJ XIX (1994) 5, 228-232.
[2867] STJ 10-Fev.-1998 (NASCIMENTO COSTA), CJ/Supremo (1998) 1, 61-63 (62/I).
[2868] STJ 20-Jan.-1999 (GARCIA MARQUES), CJ/Supremo (1999) 1, 37-41 (41/I).
[2869] STJ 1-Jun.-1999 (JOSÉ MARTINS DA COSTA), BMJ 488 (1999), 361-364 (363/II).
[2870] STJ 10-Fev.-2000 (ABEL FREIRE), BMJ 494 (2000), 353-358 (357/I).
[2871] STJ 15-Fev.-2000 (FRANCISCO LOURENÇO), BMJ 494 (2000), 358-365 (365/I).
[2872] RPt 28-Set.-2004 (EMÍDIO COSTA), CJ XXIX (2004) 4, 181-183 (182/II).

§ 80.º A constituição e o termo da situação de administrador

tração. Para além da manifesta inversão que consiste em retirar um regime de uma qualificação – que deveria ser subsequente – fácil é constatar que, quando aquele vínculo fosse unilateral, nem por isso deixaria de existir tal direito.

Com efeito, o ato unilateral deve ser respeitado pelo próprio; nada impede, perante a moderna Ciência do Direito, que ele dê lugar a direitos, na esfera de terceiros, direitos esses que, sendo violados, abram as portas ao ressarcimento. O exemplo utilizado, no domínio das sociedades comerciais, tem sido o direito aos dividendos: eles são arbitrados, pela assembleia geral, num ato claramente unilateral; no entanto, posteriormente, a assembleia já não pode deliberar não os distribuir: seria uma pura decisão de não-cumprimento de uma obrigação[2873].

Quando destituídos, antes do termo e sem justa causa, os administradores das sociedades anónimas têm, pois, direito a uma indemnização, seja qual for a natureza do vínculo que os una à sociedade.

V. O Código das Sociedades Comerciais, na sua versão inicial e um tanto surpreendentemente dados os elementos disponíveis na época, não tratou, expressamente, do direito à indemnização que têm os administradores das sociedades anónimas, destituídos sem justa causa antes do termo do seu mandato. Não obstante, não oferecia dúvidas, mesmo perante o silêncio então reinante, que a solução, já antes alcançada, também no silêncio da lei se mantinha. Para tanto, referíamos dois argumentos de Direito positivo e um argumento de ordem geral.

Direito positivo:

– no (então) silêncio do Código das Sociedades Comerciais, havia que recorrer às sociedades civis, nos termos do artigo 2.º do CSC; ora o artigo 987.º/1, do Código Civil, remete os direitos dos administradores das sociedades civis para as normas do mandato; e o mandato conferido, também no interesse do mandatário ou de terceiro, não pode ser revogado sem justa causa – artigo 1170.º/2 do Código Civil – sob pena de indemnização – cf. artigo 1172.º, do mesmo diploma;

– o próprio Código das Sociedades Comerciais contemplava o direito à indemnização, no caso de destituição de gerentes sem justa causa –

[2873] Assim, A. CAEIRO, *Assembleia totalitária ou universal* cit., 401.

artigo 257.º/6 – e dos então diretores de sociedades anónimas, no regime de conselho geral, também sem justa causa – artigo 430.º/3[2874].

O argumento de ordem geral assentava na presença de direitos na esfera dos administradores que não podiam, sem mais, ser destruídos. Como foi referido, impunha-se aqui uma certa analogia com a situação de trabalho, sendo de dispensar um mínimo de proteção no próprio interesse das sociedades: de outro modo, os profissionais competentes nunca seriam administradores; apenas os aventureiros correriam tal risco.

Após a reforma de 2006, as dúvidas foram claramente resolvidas no bom sentido: também nas sociedades anónimas, a destituição sem justa causa dos administradores obriga a indemnizar.

VI. Problema gravoso é o da pretensa limitação apriorística do montante das indemnizações. O artigo 257.º/7, a propósito da indemnização devida ao gerente destituído sem justa causa, acrescenta:

> (...) entendendo-se, porém, que ele não se manteria no cargo ainda por mais de quatro anos ou do tempo que faltar para perfazer o prazo por que fora designado.

Havia, aqui, uma sugestão de que esse lapso de tempo condicionava a indemnização. Indo ainda mais longe, o artigo 403.º/5, na redação resultante da reforma de 2006, pretende limitar, *ad nutum*, a indemnização. Diz:

> (...) sem que a indemnização possa exceder o montante das remunerações que presumivelmente receberia até ao final do período para que foi eleito.

Este preceito envolve um grave erro de Direito e surge claramente inconstitucional.

Perante a responsabilidade por atos ilícitos, *todos* os danos devem ser ressarcidos[2875]. De outro modo, estaremos a admitir o desrespeito pela

---

[2874] Nesse sentido: RLx 17-Nov.-2005 (PEREIRA RODRIGUES), CJ XXX (2005) 5, 98-104 (100/I) e STJ 11-Jul.-2006 (AZEVEDO RAMOS), CJ/Supremo XIII (2006) 2, 141-144 (142/I).

[2875] Já se tem dito, na linha aberta pela lei, que a destituição sem justa causa é lícita, ainda que obrigando a indemnizar – *vide* STJ 26-Out.-2010 (HÉLDER ROQUE), Proc. 2703/05.4. De modo algum: os mandatos devem ser cumpridos; caso contrário, nem se punha o problema de uma indemnização.

§ 80.º A constituição e o termo da situação de administrador

propriedade privada, perante danos patrimoniais e a desconsideração pela dignidade da pessoa, perante danos morais. Imaginemos o administrador destituído sem justa causa dois dias antes do termo do mandato, em circunstâncias gravemente vexatórias: vai receber "dois dias" de indemnização? Ou aquele outro que é destituído em circunstâncias tais que, mau grado a falta de justa causa, não encontra qualquer outra colocação? O preceito de 2006 é contrário ao sistema e à Constituição.

A limitação às indemnizações só é possível perante situações de responsabilidade objetiva. Ora o legislador, particularmente em 2006, parece partir do princípio que a destituição é sempre lícita ... envolvendo responsabilidade objetiva (sem culpa), faltando justa causa. Não é assim. A destituição sem justa causa é mesmo ilícita: o combinado é para cumprir. O facto de não haver "reintegrações" não limita – antes pelo contrário! – a indemnização.

Para além da inconstitucionalidade e do erro dogmático, a solução apontada em 2006 incorre noutro óbice: vai dar corpo ao miserabilismo das nossas indemnizações[2876]. Também por isso, deve ser contraditada em nome do sistema.

VII. Os limites aparentemente resultantes dos artigos 257.º/7 e 403.º/5 caem em terreno fértil. A jurisprudência é muito parca em indemnizações[2877], enquanto a figura dos administradores é, hoje, malquista. Muitas das decisões restritivas têm a ver com particularidades dos casos concretos que resolveram. Retemos os seguintes aspetos:

- a indemnização traduz os lucros cessantes os quais, na falta de outros elementos, correspondem ao que o administrador deixou de ganhar[2878];
- não chega dizer que perdeu remunerações; o gerente destituído deve provar os danos[2879];

[2876] STJ 20-Mai-2004 (NEVES RIBEIRO), CJ/Supremo XII (2004) 2, 65-67 (66/II): faz menção de descontar, na indemnização, os proventos que o administrador tenha logrado, com o seu esforço, receber de outras tarefas. Não pode ser.

[2877] *Tratado* II/3, 748 ss..

[2878] RLx 9-Jun.-2006 (JOÃO AVEIRO PEREIRA), Proc. 700/1998; RLx 13-Out.-2009 (JOSÉ AUGUSTO RAMOS), Proc. 13375/05.6, apelando ao contrato.

[2879] STJ 7-Jul.-2010 (NUNO CAMEIRA), Proc. 5416/07.9.

958 — *A administração das sociedades*

– à indemnização haveria que descontar o que o destituído foi ganhar alhures (*aliunde perceptum*)[2880]: uma orientação que, sendo um apelo à preguiça, não podemos subscrever;
– o montante previsto no artigo 403.°/5 é o máximo[2881]: uma tese que reputamos inconstitucional[2882].

Desenha-se, no entanto, uma linha que merece total apoio: a que admite, ainda, o cômputo dos danos morais, que podem ser gravíssimos[2883].

[2880] RCb 30-Nov.-2010 (PEDRO MARTINS), Proc. 509/97.5.

[2881] RLx 8-Out.-2009 (TERESA ALBUQUERQUE), Proc. 132/199.

[2882] RPt 5-Jul.-2006 (MARQUES DE CASTILHO), Proc. 0427/97 e RLx 26-Fev.-2009 (NELSON BORGES CARNEIRO), Proc. 10770/08-2.

[2883] *Vide* o cit. RLx 26-Fev.-2009 (NELSON BORGES CARNEIRO), CJ XXXIV, 1, 144/I.

CAPÍTULO VI
A RESPONSABILIDADE DOS ADMINISTRADORES

§ 81.º DIREITO COMPARADO

356. Generalidades; o modelo francês

I. O tema em análise é complexo e exige um enquadramento comparatístico, dada a orientação do Código das Sociedades Comerciais.

A primeira experiência a considerar é a francesa. Recorde-se que o *Code de Commerce* de 1807 foi o pioneiro ao consignar, na lei, o modelo das sociedades anónimas.

No sistema do *Code*, os administradores operavam como mandatários da sociedade e situavam-se, à partida, numa área de irresponsabilidade. Duas razões têm sido apontadas: a necessidade de demarcar a figura das sociedades anónimas das anteriores sociedades coloniais, com feições publicísticas e a conveniência em repercutir na sociedade tudo quanto os administradores fizessem[2884].

Os administradores poderiam violar o mandato. Apenas a assembleia geral teria o poder de reagir. Mas como os administradores detinham o controlo da assembleia, da qual provinham, a situação era, de facto, de irresponsabilidade, com dano para os minoritários. A construção não era satisfatória, exigindo novas soluções.

II. A responsabilidade civil dos administradores foi estabelecida genericamente pelo artigo 44.º da Lei de 1867, que fixou o regime automático de constituição das sociedades anónimas.

[2884] VINCENZO ALLEGRI, *Contributo allo studio della responsabilità civile degli amministratori* cit., 41-42 e DANIEL VEAUX, *La responsabilité personnelle des dirigeants dans les sociétés commercialles* (1947), 26-27.

960   *A responsabilidade dos administradores*

Trabalhando sobre esse texto e sobre as regras gerais da responsabilidade civil, a jurisprudência veio reconheceu ações sociais contra os administradores. Tais ações sociais poderiam ser exercidas[2885]:

ut universi, pela assembleia geral;
ut singuli, por qualquer accionista.

Trata-se de um esquema longamente examinado na doutrina[2886], que ainda hoje se mantém[2887], apesar de só ter recebido consagração legal no artigo 245.° do *Code des Sociétés* de 1966, hoje artigo 225-252 do Código de Comércio. O fundamento da responsabilidade, constante do artigo 225-251, é bastante individualizador[2888].

[2885] São decisões clássicas pioneiras nesse sentido: Tribunal de Paris, 6-Mai.-1885, DP 1886, 2, 25-31, anot. E. THALLER, 24-29; C. Appel Bordeaux 24-Mai.-1886, DP 1887, 2, 115-117, anot. LABATUT; Tribunal de Lyon 28-Jan.-1890, S 1893, 2, 52-56; Cass. Francesa 19-Mar.-1894, D 1894, 1, 465-472 (465), anot. A. BOISTEL e 6-Ago.-1894, S 1894, 1, 496.

[2886] P. ex.: PAUL VILLEMIN, *Des actions sociales et individuelles dans les sociétés en commandite par actions et dans les sociétés anonymes* (1899), 28 ss., JEAN PERROUD, *De l'exercice des actions judiciaires par les accionaires / Étude de jurisprudence française* (1901), 2-3 e GEORGES GODDE, *De la responsabilité des administrateurs de sociétés anonymes en droit français et en droit comparé* (1912), 143 ss., com múltiplos elementos.

[2887] GUY CHESNÉ, *L'exercice "ut singuli" de l'action sociale dans la société anonyme*, RTDComm 1962, 347-370 (347 ss.), ANDRÉ TUNC, *La responsabilité civile des organes de sociétés et les règles générales de la responsabilité civile en droit français*, Tr. H. Capitant XV (1967), 26-45, JEAN PIERRE BERDAH, *Fonctions et responsabilité des dirigeants de sociétés par actions* (1974), 133 ss., G. DELMOTTE, *L'action sociale ut singuli*, J. Not. 1981, 945-959 (art. 56.227) (945 ss.), PH. ANDRIEUX/H. DIREZ, *Traité pratique des sociétés anonymes* (1986), 943 (n.° 2036), PIERRE BÉZARD, *La société anonyme* (1986), 236-237, MAURICE COZIAN/ALAIN VIANDIER, *Droit des sociétés* (1987), 256 (n.° 912), JUGLART/IPPOLITO, *Cours de Droit Commercial* (1988), 514 e MICHEL JEANTIN, *Droit des sociétés* (1989), 141 (n.os 270-272).

[2888] Na redação dada pela Lei n.° 2001-420, de 15-Mai.-2001, diz esse preceito:

Os administradores e o diretor geral são responsáveis, individual ou solidariamente, consoante os casos, para com a sociedade ou para com terceiros, seja pelas infrações às disposições legislativas e regulamentares aplicáveis às sociedades anónimas, seja pelas violações aos estatutos, seja pelas faltas cometidas na sua gestão.

Se vários administradores ou vários administradores e o diretor geral tiverem cooperado para os mesmos factos, o tribunal determinará a parte contributiva de cada um para a reparação do prejuízo.

§ 81.º *Direito comparado*

III. Em certos casos, o acionista, além da ação social *ut singuli*, onde faria valer uma posição própria da sociedade, poderia ainda lançar mão de uma ação individual, para ressarcimento dos danos que o administrador lhe tivesse, pessoalmente, provocado.

Põe-se, assim, a interessante questão de distinguir as ações individuais do acionista das sociais *ut singuli*[2889].

357. O modelo alemão

I. O Direito alemão tem um relevo particular no campo da responsabilidade: ele influenciou quer o Código Civil de 1966, quer o Código das Sociedades Comerciais de 1986.

Na base do problema encontramos o ADHGB de 1861. Este Código Comercial fixou, no artigo 241.º(2), a regra da responsabilidade dos administradores[2890]:

> Os membros da direção que atuem para além dos limites do seu mandato ou contra os preceitos deste título ou do contrato de sociedade respondem pessoal e solidariamente pelos danos daí resultantes.

Ao contrário do que sucedeu em França, a Ciência jurídica alemã entendeu que apenas a assembleia geral podia efetivar tal responsabilidade: não o acionista isolado[2891].

II. A reforma de 1870 veio suprimir a necessidade de reconhecimento estadual para a constituição de sociedades. Esta evolução justificou uma maior tutela do acionista individual. Porém, pouco se avançou, para além dos papéis de sindicância do conselho de vigilância e da assembleia

---

[2889] PHILIPPE MERLE, *Droit commercial/Sociétés commerciales*, 10.ª ed. cit., 475-476. A nível monográfico, cabe referir SERGE HADJI-ARTINIAN, *La faute de gestion en droit des sociétés* (2001), 370 pp..

[2890] *Vide* H. MAKOWER, *Das allgemeine Deutsche Handelsgesetzbuch* (1864), 147 e H. WENGLER, *Das allgemeine deutsche Handelsgesetzbuch* (1867), 200.

[2891] *Vide*, na época, RENAUD, *Die Klage des Actionärs gegen die Mitglieder des Vorstandes und Aufsichtsrath der Aktiengesellschaft*, ZHR 12 (1868), 1-33 (15).

962 *A responsabilidade dos administradores*

geral[2892]. A jurisprudência confirmou, através de múltiplas decisões do então *Reichsoberhandelsgericht*, a inexistência, no Direito alemão, de meios individuais dos acionistas contra os administradores[2893].

III. Na evolução subsequente, o Direito alemão das sociedades comerciais seguiu o caminho de substancializar os deveres dos administradores[2894]. Tal o alcance da reforma de 1884, no artigo 241.º do ADHGB[2895]. Assim surgiram novas hipóteses de responsabilização dos administradores, sempre através da assembleia. Na mesma ocasião, foram codificadas as ações de impugnação das deliberações sociais, i. é, dos acionistas[2896]. A hipótese de ações *ut singuli*, de tipo francês, continuou vedada[2897], numa opção sempre perfilhada pela jurisprudência do *Reichsgericht*[2898].

Alguns escândalos conduziram a uma revisão desta posição. O Código Comercial de 1898 veio facultar ações de grupo: 10% do capital social poderiam responsabilizar os administradores[2899]. Tudo se manteve, sempre, em termos de responsabilidade civil[2900].

[2892] E. J. BEKKER, *Beiträge zum Aktienrecht*, ZHR 17 (1872), 379-465 (418); este Autor reclamava, aliás, novas medidas – *idem*, 458-459.

[2893] P. ex.: ROGH 23-Nov.-1875, ROHGE 19 (1876), 178-184 (183) e ROGH 17-Abr.-1877, ROHGE 22 (1878), 239-246 (246).

[2894] Por oposição ao francês que conseguiu o mesmo efeito pela via processual das ações *ut universi* e *ut singuli*.

[2895] P. ex.: CARL GAREIS/OTTO FUCHSBERGER, *Das Allgemeine Deutsche Handelsgesetzbuch* (1891), Art. 241 (535-536). Quanto aos membros do conselho de vigilância, cf. o artigo 226.º.

[2896] P. ex.: ERNST PUCHELT/R. FÖRTSCH, *Kommentar zum Allgemeinen Deutschen Handelsgesetzbuch* (1893), Art. 190a (1, 470 ss.).

[2897] KLAAS HEINRICH PFLÜGER, *Neue Wege der Verwaltungskontrolle im Aktienrecht / Eine rechtvergleichende Untersuchung zur Klagebefugnis der Einzelaktionärs unter besonderer Berücksichtigung der "derivative suit" des angloamerikanischen Rechts* (1969), 45 ss..

[2898] P. ex., RG 19-Dez.-1888, RGZ 22 (1889), 133-139 (138).

[2899] P. ex., HEINRICH FRANKENBURGER, *Handelsgesetzbuch*, 4.ª ed. (1914), § 241 (224 ss.) e KOENIGE/TEICHMANN/KOHLER, *Handelsgesetzbuch* (1929), § 241 (439 ss.).

[2900] Assim, em RG 10-Nov.-1926, RGZ 115 (1927), 289-296 (290, 295 e 296), justamente num caso em que um aumento irregular de capital prejudicara um acionista, recorreu-se a uma indemnização (extraordinariamente) baseada no § 826 do BGB (bons costumes).

§ 81.º Direito comparado

IV. A Lei das Sociedades Anónimas de 1937 aprofundou a via, já aberta, de completar os deveres dos membros da direção, responsabilizando-os civilmente pela sua inobservância – § 84[2901].

O atual *AktG 1965* manteve, no seu § 93, o dispositivo em questão, aperfeiçoando-o[2902]. Os acionistas apenas poderiam, em caso de violação danosa dos seus direitos, obter uma indemnização e, ainda então, ou através da Assembleia Geral ou recorrendo à ação de grupo. Os pressupostos da responsabilidade civil devem-se mostrar reunidos. A responsabilidade decorre do próprio § 93: todavia, não se considera esclarecido se se trata de responsabilidade própria dos órgãos ou de responsabilidade contratual[2903]: em termos também duvidosos, entre nós, como veremos.

358. O modelo italiano

I. O Direito italiano é muito esclarecedor. A sua influência nas reformas portuguesas é direta. Além disso, e tal como o Direito português, ele empreendeu uma passagem da órbita de influência francesa para a alemã.

No início da época da codificação, o Direito comercial italiano assentava na diretriz napoleónica dos administradores como mandatários. O Código de Comércio de 1882 facultou uma primeira progressão doutrinária. O administrador seria tomado como mandatário e como magistrado social[2904]. A responsabilidade poderia advir seja da violação do mandato, seja da inobservância de deveres legais[2905].

[2901] P. ex., VON GODIN/WILHELMI, *AktG 1937* (1950), 359 ss., TEICHMANN/HOEHLER, *AktG 1937*, 3.ª ed. (1950), 185 ss., SCHILLING, *AktG / GrossK*, 2.ª ed. (1961), 1, 541 ss..

[2902] P. ex.: VON GODIN/WILHELMI, *Aktiengesetz vom 6. September 1965*, 4.ª ed. (1971), § 93,I (494-495), WOLFGANG SCHILLING, *AktG / KölnK* (1985), 1, 767-768 e UWE HÜFFER, *Aktiengesetz*, 9.ª ed. cit., § 93, 489 ss..

[2903] HÜFFER, *Aktiengesetz*, 9.ª ed. cit., § 93, Nr. 11 ss. (499 ss.). *Vide* KARL SCHMIDT, *Gesellschaftsrecht*, 4.ª ed. cit., 815 ss..

[2904] ANTONIO GAGLIANO, *Gli amministratori delle società anonime nel diritto e nela giurisprudenza* (1904), 87 e 88, GIACOMO MARCORA, *L'azione civile di responsabilià contro gli amministratori di società anonima* (1931), 1 ss. e GIANCARLO FRÈ, *L'organo amministrativo nelle società anonime* (1938), 19.

[2905] SOPRANO, *Della responsabilità civile e penale degli amministratore di società per azioni* (1910), 89.

964 *A responsabilidade dos administradores*

II. O Código Civil de 1942 recolheu toda a elaboração anterior[2906], consignando, no seu artigo 2392.°(1):

> Os administradores devem cumprir os deveres que lhes são impostos por lei e pelo ato constitutivo com a diligência do mandatário e são solidariamente responsáveis para com a sociedade pelos danos derivados da inobservância de tais deveres, salvo se se tratar de atribuições próprias da comissão executiva ou de um ou mais administradores.

A reforma de 2003 substituiu a referência à "diligência do mandatário", muito criticada por se ater às antigas formulações do vínculo de administração por "diligência requerida pela natureza do encargo e pelas competências específicas dele"[2907].

Na base deste preceito surge uma ação social de indemnização contra os administradores – artigo 2393.°[2908]. A reforma de 2003 introduziu, no novo artigo 2393.°-bis, uma ação social exercida pelos sócios, a intentar pelos que detenham, em conjunto, pelo menos um quinto do capital social; nas sociedades que recorram ao capital de risco, essa percentagem desce para um vigésimo[2909]. O artigo 2395.° ressalva o ressarcimento dos danos diretamente causados por atos dolosos ou culposos dos administradores, aos sócios ou a terceiros. Esta hipótese tem sido reconduzida a situações de responsabilidade extracontratual[2910].

[2906] ALLEGRI, *Contributo* cit., 62 ss.. Para uma análise desenvolvida: BARTOLOMEO QUATRARO/LUCA G. PICONE, *La responsabilità di amministratori, sindaci, direttori generali e liquidatori di società/Aspetti civili, penali e tributari*, 2 tomos (1998), num total de 2599 pp.. Elementos atualizados: PIETRO RESCIGNO (org.), *Codice civile*, II, 8.ª ed. (2008), 4443 ss..

[2907] COSTANZO e outros, *Le società* cit., 96; para uma análise mais desenvolvida do preceito: LOREDANA NAZZICONE/SALVATORE PROVIDENTI, *Società per azioni/Amministrazione e controlli* (2003), 181 ss..

[2908] NAZZICONE/PROVIDENTI, *Società per azioni* cit., 193 ss..

[2909] NAZZICONE/PROVIDENTI, *Società per azioni* cit., 203 ss.; estes autores explicam esta figura nestes termos: "... trata-se da mesma ação social de responsabilidade que o sócio ou sócios da minoria podem propor, fazendo valer um direito alheio em nome próprio, no interesse da sociedade, numa hipótese legal de substituição processual ...".

[2910] Tribunal de Milão 28-Jan.-1980, GiurComm II (1981), 699-716, anot. ALESSANDRO BORGIOLI, *La responsabilità degli amministratori per danno diretto ex art. 2395 c.c.*, loc.cit., 699-716, Cass. It. 14-Mai.-1981, Jl Fall 1981, 887-893 e Cass. It. 3-Ago.-1988, Dir Fall II (1989), 381-383.

§ 81.º Direito comparado965

III. Poderiam ser analisadas outras experiências, como a norte-americana e a inglesa[2911]. Um estudo sério sobre o tema obrigaria a uma longa digressão de Direito comparado. Na presente edição desta obra, ficar-nos--emos por diversas considerações sobre o *business judgement rule*[2912] e sobre a *corporate governance*[2913].

[2911] HOLGER FLEISCHER, *Deliktische Geschäftsführerhaftung gegenüber aussenstehenden Dritten im englischen Gesellschaftsrecht*, ZGR 2000, 152-165.

[2912] *Supra*, 857 ss..

[2913] *Supra*, 889 ss..

§ 82.º A RESPONSABILIDADE DOS ADMINISTRADORES NA EXPERIÊNCIA PORTUGUESA

359. Antecedentes e evolução

I. A responsabilidade dos administradores foi estudada, em Portugal, na década de sessenta do século XX. E foi-o com intuitos legislativos: visava-se preparar uma reforma geral da "fiscalização das sociedades anónimas", que contivesse regras sobre o tema[2914].

A "fiscalização das sociedades anónimas" foi aprovada pelo Decreto--Lei n.º 49.381, de 15 de Novembro de 1969. Trata-se de um diploma híbrido, que veio reunir matérias variadas, sem preocupações de unidade. A ideia de heterogeneidade, daí resultante, fica clara na sua ordenação sistemática: em quatro capítulos, o Decreto-Lei n.º 49.381 reparte-se da seguinte forma:

Capítulo I   – Conselho fiscal e figuras afins
Capítulo II – Responsabilidade civil
   Secção I   – Responsabilidade dos administradores
   Secção II – Responsabilidade das entidades fiscalizadoras
   Secção III – Inquérito judicial e providências subsequentes
Capítulo III – Balanço, conta de resultados ou ganhos e perdas, relatório da administração e relatório e parecer do conselho fiscal
Capítulo IV – Disposições gerais e transitórias.

A matéria aqui em causa, que transitaria para o Código das Sociedades Comerciais e foi objeto de especiais preparatórios, é a do Capítulo II. A sua transposição, pura e simples, para o Código, descontadas algumas diferenças pontuais, não conduziu a grandes diferenças de linguagem, em

---

[2914] *Vide* o escrito de RAÚL VENTURA/LUÍS BRITO CORREIA, citado *infra*, nota 2920.

§ 82.º *A responsabilidade dos administradores na experiência portuguesa*   967

relação ao restante tecido do diploma[2915]: no fundo, no projeto do que seria o Decreto-Lei n.º 49.381, como no do Código das Sociedades Comerciais, superintendeu RAÚL VENTURA[2916]. Mas os dezassete anos que correram entre os dois diplomas deixaram, por certo, algumas marcas.

Assinale-se, ainda, que o Decreto-Lei n.º 49.381, de 15 de Novembro de 1969, foi alterado pelo Decreto-Lei n.º 648/70, de 28 de Dezembro: tratou-se de remover, legislativamente, determinadas dúvidas.

II. O Direito português anterior a 1969 era pobre, no tocante à responsabilidade dos administradores[2917]. A lei cingia a matéria a dois simples artigos: o 165.º e o 173.º, ambos do Código Comercial de VEIGA BEIRÃO, relativos, respetivamente, à responsabilidade dos fundadores e à dos diretores das sociedades anónimas, alargados às sociedades por quotas pelo artigo 31.º da Lei de 11 de Abril de 1901. Mas pior do que a escassez de fontes: não havia, nem uma elaboração científica sobre o tema, nem qualquer jurisprudência significativa.

Decidido a reformar a matéria, quedou, ao legislador, a via do recurso a experiências estrangeiras. Intervêm, aqui, os preparatórios: assinados por RAÚL VENTURA e BRITO CORREIA, eles procuraram fazer a súmula dos Direitos francês, alemão e italiano, no domínio da responsabilidade dos administradores. A tarefa não era fácil: também nessas experiências falecia um regime claro e uniforme, obrigando a uma longa recolha de textos e de autores.

Nestas condições, sucedeu o inevitável: foram compiladas as diversas soluções relativas à responsabilização dos administradores e escolheram-

---

[2915] Ao contrário do que se tem passado noutras situações similares; pense-se, por exemplo, no sucedido com o próprio Código Civil, no sector do arrendamento urbano, na parte em que se limitou a receber o articulado da Lei n.º 2:030, de 22 de Junho de 1948. Alguns aspetos que rodearam a elaboração do Código das Sociedades Comerciais podem ser confrontados no preâmbulo do Decreto-Lei n.º 262/86, de 2 de Setembro, que o aprovou. Outras particularidades foram tornadas públicas por BRITO CORREIA, *Os administradores das sociedades anónimas* (1991), *passim*. Na verdade, BRITO CORREIA informa ter realizado uma última revisão do projeto.

[2916] Outro tanto sucederia com a disciplina da fusão e da cisão de sociedades, resultante da integração, no Código das Sociedades Comerciais, do articulado do Decreto-Lei n.º 598/73, de 8 de Novembro, também preparado sob a orientação de RAÚL VENTURA.

[2917] Quanto à evolução anterior a 1986, com mais elementos, cf. o nosso *Da responsabilidade civil dos administradores* cit., 230 ss..

968   *A responsabilidade dos administradores*

-se ou as formalmente melhores ou as que representavam um maior avanço. Em 1969, Portugal foi, pois, dotado de uma lei que consagrava as mais elaboradas regras sobre a responsabilidade dos administradores. Contudo, nos dezassete anos de vigência dessa lei, apenas se conhece uma única decisão publicada que, a nível do Supremo, a tenha aplicado[2918]: o tema não chegou, pois, a ser plenamente recebido, na cultura jurídica nacional[2919].

III. Os trabalhos preparatórios, de RAÚL VENTURA e LUÍS BRITO CORREIA, encontram-se publicados[2920]. Trata-se de um escrito extenso, que analisa, sucessivamente, os administradores de sociedades anónimas e os gerentes de sociedades por quotas (Parte I), as obrigações dos administradores para com a sociedade (Parte II), a responsabilidade civil dos administradores para com a sociedade (Parte III), para com terceiros (Parte IV) e para com os sócios (Parte V).

Sem que nisso vá qualquer deslustro para os seus Autores, que realizaram trabalho pioneiro e único, na doutrina nacional[2921], não pode deixar

---

[2918] Decisão essa que, aliás, só veria a luz depois da entrada em vigor do Código das Sociedades Comerciais: STJ 19-Nov.-1987 (MENÉRES PIMENTEL), BMJ 371 (1987), 473-489.

[2919] A nível de literatura específica, pouco mais há a apontar, na época, do que MANUEL DOS SANTOS MACHADO/JOÃO CARLOS GODINHO, *Novo regime de fiscalização das sociedades anotado* (1970); cf., aí, 41 ss..

[2920] RAÚL VENTURA/LUÍS BRITO CORREIA, *Responsabilidade civil dos administradores de sociedades anónimas e dos gerentes de sociedades por quotas / Estudo comparativo dos direitos alemão, francês, italiano e português*, BMJ 192 (1970) , 5-112, 193 (1970), 5-182 e 194 (1970), 5-113. Estes Autores publicaram, ainda, um comentário à reforma, sob o título *Nota explicativa do Capítulo II do Decreto-Lei n.° 49.381, de 15 de Novembro de 1969*, BMJ 195 (1970), 21-90. Há separata. O projeto do que seria o Decreto-Lei n.° 49.381 foi, como se referiu, remetido à Câmara Corporativa; sobre ele recaiu um interessante parecer de ADELINO DA PALMA CARLOS, com um significativo voto de vencido de PAULO CUNHA. Há, aqui, clivagens que apenas numa sequência histórica podem ser situadas.

[2921] Trata-se dum escrito divulgado, em Itália, por VINCENZO ALLEGRI, *Contributo allo studio della responsabilità civile degli amministratori* cit., 6-7 e 72, onde se cita, também, o segundo dos estudos referidos na nota anterior; desse mesmo Autor, refira-se, ainda, o artigo *Regime jurídico da fiscalização das sociedades anónimas / Un decreto legge portoghese sul' controllo delle società anonime*, Riv. Società XVI (1971), 146-152 = BMJ 210 (1971), 490-500.

§ 82.° *A responsabilidade dos administradores na experiência portuguesa*   969

de se fazer uma ponderação crítica do referido estudo: dele dependem as várias soluções, hoje vigentes.

Seguindo, um tanto, o estilo de VAZ SERRA, nos preparatórios do Livro II do Código Civil – embora com menor densidade doutrinária –, os preparatórios do Decreto-Lei n.° 49.381 são, essencialmente, técnicos, abstratos e descritivos. Não se partiu de um estudo infrajurídico, que desse uma ideia das sociedades efetivamente existentes, do modo por que são administradas e do tipo de violações mais frequentemente perpetradas pelos seus administradores; aliás, nem haveria elementos de campo disponíveis, sobre essa problemática. Tão-pouco houve uma análise de casos, jurisdicionalmente decididos, onde se tivesse manifestado a insuficiência do Direito anterior. Pelo contrário: o discurso desenvolveu-se em termos técnicos e abstratos, assente em experiências estrangeiras, mais precisamente na francesa, na alemã e na italiana[2922], e nem sempre na base de uma bibliografia atualizada, mesmo para a época.

O estudo destas experiências tem um teor geral descritivo. Mais do que, propriamente, testar soluções, procedeu-se a um alinhar de autores, dentro das diversas experiências. Questões de fundo como, por exemplo, a da natureza da contraposição entre as experiências francesa e alemã, e a de saber qual das duas Ciências melhor se enquadra no panorama nacional, ficaram fora das suas preocupações. Também falece – por, aliás, não ter preocupado os seus Autores –, uma colocação histórica integrada dos temas estudados. E, no entanto, ela era importante, para fazer a ligação com o Direito nacional.

Finalmente, antecipe-se uma questão de fundo, que tem prejudicado o tema, também no estrangeiro, mas que, entre nós, se torna capital: a responsabilidade dos administradores, gerentes ou diretores das sociedades comerciais é, antes de mais, um tema de responsabilidade civil. Reduzi-lo a uma questão comercialística vai, depois, deixar parcos instrumentos, aquando da aplicação. Os preparatórios do diploma de 1969 não foram sensíveis a este problema.

IV. Cumpre ainda acrescentar que o tema da responsabilidade dos administradores começou por merecer um interesse muito escasso da doutrina. Durante largos anos, apenas estavam disponíveis os escritos preparatórios do Decreto-Lei n.° 49.381. Nós próprios intentámos colmatar essa lacuna, em 1996[2923]: o nosso trabalho ficou, todavia, submerso pela neces-

---

[2922] De acordo, aliás, com o que se anunciara no próprio título da obra.

[2923] *Da responsabilidade civil dos administradores das sociedades comerciais* (1996), 674 pp.. OLIVEIRA ASCENSÃO, RFDUL XXXIX (1998), 821-830, procedeu à rejei-

970 *A responsabilidade dos administradores*

sidade de nele estudar, atualizadamente, a personalidade coletiva, a situação jurídica da administração e a própria responsabilidade civil. Sem esses elementos, a análise da responsabilidade dos administradores tornar-se-ia quimérica.

Entretanto, surgiram escritos interessantes no domínio da responsabilidade fiscal dos administradores. Além de elementos que podem ser confrontados num estudo que publicámos com o Prof. RUY DE ALBUQUERQUE[2924], referimos escritos de ANTÓNIO CARVALHO MARTINS[2925], de J. A. SEABRA DE FIGUEIREDO[2926], de PAULO DE PITTA E CUNHA e JORGE COSTA SANTOS[2927], de ISABEL MARQUES DA SILVA[2928], de RAMIRO CRISTÓVÃO PEREIRA[2929], de SOFIA DE VASCONCELOS CASIMIRO[2930], de TÂNIA MEIRELLES DA CUNHA[2931] e de JOÃO DA COSTA ANDRADE[2932].

Registam-se, ainda, estudos sobre aspetos parcelares importantes, como a responsabilidade de administradores por dívidas laborais – LÉLIA RIBEIRO[2933] – e a sua responsabilidade na insolvência – CARNEIRO DA FRADA[2934].

ção liminar das novidades contidas nessa obra, em termos anódinos para quem a queira ler e que, então como agora, refutamos ponto por ponto.

[2924] RUY DE ALBUQUERQUE/ANTÓNIO MENEZES CORDEIRO, *A responsabilidade fiscal solidária: a imputação aos gestores dos débitos à previdência*, CTF 1987, 147-190.

[2925] ANTÓNIO CARVALHO MARTINS, *Responsabilidade dos administradores ou gerentes por dívidas de impostos* (1994).

[2926] J. A. SEABRA DE FIGUEIREDO, *A responsabilidade subsidiária dos gerentes ou administradores na lei fiscal: as novas tendências no direito tributário* (1997).

[2927] PAULO DE PITTA E CUNHA/ JORGE COSTA SANTOS, *Responsabilidade tributária dos administradores ou gerentes* (1999).

[2928] ISABEL MARQUES DA SILVA, *Responsabilidade fiscal penal cumulativa: das sociedades e dos seus administradores e representantes* (2000).

[2929] RAMIRO CRISTÓVÃO PEREIRA, *Da responsabilidade dos administradores pelas dívidas fiscais das sociedades: responsabilidade tributária subsidiária* (2000).

[2930] SOFIA DE VASCONCELOS CASIMIRO, *A responsabilidade dos gerentes, administradores e directores pelas dívidas tributárias das sociedades comerciais* (2000).

[2931] TÂNIA S. P. R. MEIRELLES DA CUNHA, *A culpa dos gerentes, administradores e directores na responsabilidade por dívidas de impostos* (2001).

[2932] JOÃO DA COSTA ANDRADE, *Responsabilidade fiscal dos gerentes e administradores: a culpa jurídico-tributária*, BFD 80 (2004), 821-851.

[2933] LÉLIA GUIMARÃES CARVALHO RIBEIRO, *Responsabilidade dos administradores pelas dívidas laborais da sociedade comercial* (2005).

[2934] MANUEL A. CARNEIRO DA FRADA, *A responsabilidade dos administradores na insolvência*, ROA 2006, 653-702.

§ 82.° *A responsabilidade dos administradores na experiência portuguesa* 971

Finalmente, temos intervenções de ordem geral, perante o Código das Sociedades Comerciais: ÂNGELA CRISTINA PELICIOLI[2935], FILIPE VAZ PINTO/ /MARCOS PEREIRA[2936], PEDRO CAETANO NUNES[2937], MARIA ELISABETE RAMOS[2938], JOÃO JORGE VIEIRA[2939], CATARINA PIRES NUNES CORDEIRO[2940], RICARDO COSTA[2941], MARIA ELISABETE RAMOS[2942], ANTÓNIO FERNANDES DE OLIVEIRA[2943], ADELAIDE MENEZES LEITÃO[2944], MANUEL CARNEIRO DA FRADA e DIOGO COSTA GONÇALVES[2945], NUNO B. M. LUMBRALES[2946], JORGE COUTINHO DE ABREU[2947] e JOÃO BOTELHO[2948]. Uma menção, ainda, para o

---

[2935] ÂNGELA CRISTINA PELICIOLI, *Responsabilidade dos administradores para com a sociedade anónima* (1989).

[2936] FILIPE VAZ PINTO/MARCOS PEREIRA, *A responsabilidade civil dos administradores de sociedades comerciais* (2001).

[2937] PEDRO CAETANO NUNES, *Responsabilidade civil dos administradores perante os accionistas* (2001): uma obra excelente.

[2938] MARIA ELISABETE RAMOS, *Responsabilidade civil dos administradores e directores de sociedades anónimas perante os credores sociais* (2002); 2.ª ed. (2009).

[2939] JOÃO JORGE VIEIRA, *Responsabilidade dos administradores perante a sociedade* (2004).

[2940] CATARINA PIRES NUNES CORDEIRO, *Algumas considerações críticas sobre responsabilidade civil dos administradores perante os accionistas no ordenamento jurídico português* (2004).

[2941] RICARDO COSTA, *Responsabilidade civil societária dos administradores de facto*, em IDET, *Temas societários* (2006), 23-43 e *Responsabilidade dos administradores e business judgment rule*, em *Reformas do Código das Sociedades* (2007), 51-86.

[2942] MARIA ELISABETE RAMOS, *Debates actuais em torno da responsabilidade e da protecção dos administradores/Surtos de influência anglo-saxónica*, BFD LXXXIV (2008), 591-636.

[2943] ANTÓNIO FERNANDES DE OLIVEIRA, *Responsabilidade civil dos administradores em CSC e governo das sociedades* (2008), 257-341.

[2944] ADELAIDE MENEZES LEITÃO, *Responsabilidade dos administradores para com a sociedade e os credores sociais por violação das normas de protecção*, RDS 2009, 647-679.

[2945] MANUEL CARNEIRO DA FRADA/DIOGO COSTA GONÇALVES, *A acção ut singuli (de responsabilidade civil) e a relação do Direito cooperativo com o Direito das sociedades comerciais*, RDS 2009, 885-992.

[2946] NUNO B. M. LUMBRALES, *Breves reflexões sobre alguns aspectos da responsabilidade penal dos administradores e gerentes das empresas em caso de insolvência*, Est. Pitta e Cunha III (2010), 269-285.

[2947] JORGE COUTINHO DE ABREU, *Responsabilidade civil dos administradores das sociedades*, 2.ª ed. (2010). *Vide* ainda JORGE COUTINHO DE ABREU/MARIA ELISABETE RAMOS, no *Código em Revista* (2010), 837 ss..

[2948] JOÃO BOTELHO, *Formulários de responsabilidade dos gerentes e desconsideração jurídica da personalidade* (2010).

972 *A responsabilidade dos administradores*

escrito de JORGE COUTINHO DE ABREU[2949] sobre governo das sociedades, onde são abordados temas gerais de responsabilidade dos administradores.

360. O Código das Sociedades Comerciais; conspecto geral

I. O Código das Sociedades Comerciais compreende, no seu Título I – Parte Geral –, um Capítulo VII, intitulado responsabilidade civil pela constituição, administração e fiscalização da sociedade[2950]. Esse capítulo abrange catorze artigos – 71.º a 84.º –, alguns de considerável densidade, dedicados precisamente ao problema em estudo.

Num rápido conspecto, a matéria obteve o seguinte tratamento:

– *artigo 71.º (Responsabilidade quanto à constituição da sociedade)*: fixa a responsabilidade dos "fundadores, gerentes, administradores ou diretores" para com a sociedade, "... pela inexatidão e deficiência das indicações e declarações prestadas com vista à constituição daquelas ...";

– *artigo 72.º (Responsabilidade de membros da administração para com a sociedade)*: versa a responsabilidade desses membros para com a sociedade, "... pelos danos a esta causados por atos ou omissões praticados com preterição dos deveres legais ou contratuais ...";

– *artigo 73.º (Solidariedade na responsabilidade)*: aplica o regime da solidariedade aos implicados, quando sejam vários;

– *artigo 74.º (Cláusulas nulas, renúncia e transação)*: veda a exclusão ou a limitação da responsabilidade, salvo casos bem delimitados;

– *artigo 75.º (Ação da sociedade)*: regula a ação de responsabilidade proposta pela própria sociedade;

– *artigo 76.º (Representantes especiais)*: permite que, no caso dessa ação, uma minoria qualificada de 5% possa pedir a nomeação judicial de representantes da sociedade;

[2949] JORGE COUTINHO DE ABREU, *A governação das sociedades / Relatório* (2005), já citado.

[2950] *Vide*, em sumárias considerações, MARIA ELISABETE GOMES RAMOS, *A responsabilidade de membros da administração*, em IDET/*Problemas do Direito das sociedades* (2002), 71-92 (76 ss.), bem como, desta mesma Autora, *Responsabilidade civil dos administradores e directores de sociedades anónimas perante os credores sociais*, já citado.

§ 82.° *A responsabilidade dos administradores na experiência portuguesa* 973

– *artigo 77.° (Ação de responsabilidade proposta por sócios)*: faculta, a uma minoria qualificada de 5% ou de 2% quando se trate de uma sociedade emitente de ações admitidas à negociação em mercado regulamentado, a propositura de ação social, com vista à reparação do prejuízo sofrido pela sociedade;
– *artigo 78.° (Responsabilidade para com os credores sociais)*: rege a responsabilidade dos gerentes, administradores ou diretores para com os credores da sociedade quando, por causas que lhes sejam, em certos termos, imputáveis, o património social se torne insuficiente para a satisfação dos respetivos créditos;
– *artigo 79.° (Responsabilidade para com os sócios e terceiros)*: estabelece a responsabilidade desses mesmos intervenientes pelos danos diretamente causados a sócios ou a terceiros no exercício das suas funções;
– *artigo 80.° (Responsabilidade de outras pessoas com funções de administração)*: alarga as disposições precedentes "... a outras pessoas a quem sejam confiadas funções de administração";
– *artigo 81.° (Responsabilidade dos membros de órgãos de fiscalização)*: faz outro tanto, no tocante aos membros dos órgãos de fiscalização;
– *artigo 82.° (Responsabilidade dos revisores oficiais de contas)*: manda aplicar parte dos preceitos anteriores, à responsabilidade dos revisores oficiais de contas;
– *artigo 83.° (Responsabilidade solidária do sócio)*: prescreve a responsabilidade solidária do sócio que, com culpa, tenha designado um administrador, que dê azo a danos;
– *artigo 84.° (Responsabilidade do sócio único)*: impõe a responsabilidade ilimitada do sócio único, em certas condições, "... pelas obrigações sociais contraídas no período posterior à concentração das quotas ou das ações ...".

II. Dos preceitos referenciados, logo se verifica que os artigos 80.° a 84.° não dizem respeito à responsabilidade dos administradores, gerentes ou diretores e que os artigos 83.° e 84.° nem sequer têm a ver com o instituto da responsabilidade civil. Os artigos 80.°, 81.° e 82.° prendem-se, como se viu, com a responsabilidade de "outras pessoas com funções de administração", de membros dos órgãos de fiscalização e dos revisores oficiais de contas, respetivamente. Os artigos 83.° e 84.°, por seu turno, contêm regras não de responsabilidade civil, mas de responsabilidade patrimonial: verificadas as condições legalmente previstas, os bens dos

974 *A responsabilidade dos administradores*

implicados respondem, independentemente de qualquer atuação. Aflora, aqui, um instituto – o da responsabilidade patrimonial – cujas ligações com a responsabilidade civil são, antes de mais, linguísticas. A sua inserção sistemática não tem justificação científica.

III. O Capítulo VII, da Parte geral, apresenta uma lógica interna. Ele principia pela responsabilidade quanto à constituição – 71.º – e passa, depois, à dos membros da administração, portanto já no período de funcionamento normal da sociedade – 72.º. De seguida, fixa alguns aspetos dos termos dessa responsabilidade: solidariedade – 73.º – e cláusulas nulas – 74.º.

Versados esses aspetos substantivos, o Código veio precisar diversos pontos processuais: a ação social e os representantes especiais – 75.º e 76.º – e a ação social dita, por vezes, entre nós, *ut singuli* – 77.º. Temos, aqui, situações de responsabilidade obrigacional, uma vez que estão em causa violações de deveres (específicos) contratuais ou legais.

Seguem-se situações de responsabilidade aquiliana: a responsabilidade perante os credores sociais – 78.º – e perante os sócios e terceiros – 79.º.

Os restantes preceitos desse Capítulo ocupam-se de questões já exteriores à temática versada.

IV. A uma primeira leitura, os preceitos envolvidos são complexos: vão bulir com uma problemática comercialística tipicamente societária e ainda, sobretudo, com questões profundas de responsabilidade civil. Torna-se flagrante que vários desses preceitos são herdeiros de evoluções doutrinárias e jurisprudenciais sofridas, processadas em França, na Alemanha e em Itália e transpostas, pelo legislador, para o espaço português.

Tem ainda interesse notar que a sistematização interna, aqui patenteada, obedece a um preocupação funcional e não científica.

De facto, o Capítulo VII em causa, compreende três tipos de normas:

– preceitos que correspondem a manifestações comuns de responsabilidade civil;
– preceitos que exprimem deveres a cargo de gerentes ou administradores, de sociedades e, ainda, dos fundadores;
– preceitos que implicam soluções mais complexas e, propriamente, societárias.

§ 82.° A responsabilidade dos administradores na experiência portuguesa   975

Correspondem a manifestações comuns de responsabilidade civil, os artigos 72.°/1, 73.°, 74.°/1 (obrigacional) e os artigos 78.°/1 e 79.° (aquiliana). A estes preceitos podem, ainda, somar-se os artigos 80.°, 81.° e 82.°, os quais, contudo, já não dizem respeito a administradores ou gerentes. Noutros termos: na ausência dos referidos artigos, chegar-se-ia a idênticas saídas, através do regime geral das obrigações, desde que devidamente concretizado.

Pelo artigo 72.°/1, "os gerentes ou administradores respondem para com a sociedade pelos danos a esta causados por atos ou omissões praticados com preterição dos deveres legais ou contratuais, salvo se provarem que procederam sem culpa"; este regime logo resultaria dos artigos 798.° e 799.°/1 do Código Civil.

Pelo artigo 73.°/1, a responsabilidade dos diversos administradores ou similares é solidária; o n.° 2 desse preceito acrescenta que "o direito de regresso existe na medida das respetivas culpas e das consequências que delas advierem, presumindo-se iguais as culpas das pessoas responsáveis"; ora a solidariedade já resultaria do artigo 497.°/1 do Código Civil[2951], enquanto a medida do regresso do artigo 73.°/1 transcreve, quase à letra, o artigo 497.°/2, do mesmo diploma.

O artigo 74.°/1 prescreve a nulidade de cláusulas de isenção ou de limitação de responsabilidade: é o regime geral do artigo 809.°, do Código Civil.

Pelo artigo 78.°/1, "os gerentes ou administradores respondem para com os credores da sociedade quando, pela inobservância culposa das disposições legais ou contratuais destinadas à proteção destes ..."; trata-se de um dispositivo que tem um inegável interesse dogmático, abaixo salientado, mas que pouco acrescenta, em termos de fundo, às regras gerais de responsabilidade civil, presentes no artigo 483.°/1, *in fine*, do Código Civil: é a chamada responsabilidade pela violação de normas de proteção.

Por fim, manda o artigo 79.°/1 que "os gerentes ou administradores respondem também, nos termos gerais, para com os sócios e terceiros pelos danos que diretamente lhes causarem no exercício das suas funções": o

---

[2951] Aplicável, também, à chamada "responsabilidade obrigacional"; nesse sentido, PEDRO DE ALBUQUERQUE, *A aplicação do prazo prescricional do n.° 1 do artigo 498.° do Código Civil à responsabilidade civil contratual*, ROA 1989, 793-837 (798 ss.). Mesmo quando assim não se entendesse, a solidariedade sempre se imporia através do artigo 100.° do Código Comercial: os atos dos administradores, enquanto tais, têm natureza mercantil.

976   *A responsabilidade dos administradores*

regime é o geral: também ele derivaria do artigo 483.°/1, do Código Civil, embora com uma novidade: parece limitar-se aos danos "diretos".

Os preceitos em causa não são inúteis; tão-pouco se apresentam como interpretativamente neutros, até porque são acompanhados por diversas adaptações à realidade em jogo. Na sua falta, porém, não haveria, nem solução diferente, nem lacuna.

361. Responsabilidade por declarações prestadas com vista à constituição da sociedade

I. Os deveres dos fundadores, administradores, gerentes ou diretores, de sociedades comerciais, surgem, designadamente, no artigo 71.°[2952]. Este ponto carece de alguma precisão complementar. Os diversos preceitos do Capítulo VII, aqui em análise, pressupõem normas de conduta que, sendo violadas em determinadas circunstâncias, conduzam à responsabilidade. Mas essas normas ficam subentendidas: fala-se, tão-só e em geral, de "... deveres legais ou contratuais ..." – artigos 72.°/1 e 78.°/1. Justamente o artigo 71.°, a pretexto de cominar responsabilidade civil, comporta uma norma de conduta diretamente dirigida aos seus destinatários.

II. Segundo o artigo 71.°/1, "os fundadores, gerentes ou administradores ou diretores respondem solidariamente para com a sociedade pela inexatidão e deficiência das indicações e declarações prestadas com vista à constituição daquela, designadamente ...". Este preceito contém, na realidade, uma norma que obriga os visados a prestar as referidas declarações, com exatidão e sem deficiência. Na ausência dessa norma, haveria que encontrar uma saída delitual, seja com base no artigo 483.°/1, do Código Civil, de difícil manuseio para a tradição germânica[2953], seja recorrendo ao artigo 485.°/2, do mesmo diploma e, mesmo então, havendo que buscar, alhures, um dever, legal ou negocial, de dar as indicações; de outro modo, o

---

[2952] ALBINO MATOS, *Constituição de sociedades*, 5.ª ed. cit., 133 ss..

[2953] A qual, ao contrário da napoleónica, não conhece a figura de uma cláusula geral, em matéria de responsabilidade civil. Cumpre, desde já, referir as considerações fundamentais, sobre esse tema, de CLAUS-WILHELM CANARIS, em LARENZ/CANARIS, *Lehrbuch des Schuldrechts*, II – *Besonderer Teil*, 2, 13.ª ed. (1994), § 75, I, 3 (354-355).

§ 82.º A responsabilidade dos administradores na experiência portuguesa 977

dever de indemnizar teria de ser fundado no artigo 485.º/1, *a contrario*, mas, ainda nessa altura, na presença de dolo[2954]. Tudo isto ponderado: a presença do preceito em estudo simplifica a matéria e modifica-a, de facto, em substância. O referido dever legal de exatidão e completude dá azo a uma obrigação legal específica; a sua violação envolve uma linear responsabilidade obrigacional, com "presunção de culpa", contra o prevaricador – artigos 798.º e 799.º/1, ambos do Código Civil.

III. Outra norma de conduta resulta do n.º 2, do mesmo artigo 71.º. Segundo esse dispositivo, "ficam exonerados da responsabilidade prevista no número anterior os fundadores, gerentes ou administradores que ignorem, sem culpa, os factos que lhe deram origem". Na realidade, este preceito pretendia excluir, de responsabilidade, os agentes de boa-fé, na sua aceção subjetiva e ética, tecnicamente correta[2955]: ignorar sem culpa[2956]. Mas fazendo-o, ele acaba por comportar uma diretriz de relevo: ele impõe, a todos os fundadores, gerentes ou administradores, o dever – leia-se: legal e específico – de se inteirarem do andamento e do teor das indicações e declarações prestadas. De outra forma, já haverá "culpa" na ignorância[2957].

IV. O n.º 3 do artigo 71.º ("os fundadores respondem também solidariamente por todos os danos causados à sociedade com a realização das entradas, as aquisições de bens efetuadas antes do registo do contrato ou nos termos do artigo 29.º e as despesas de constituição, contanto que tenham procedido com dolo ou culpa grave") comina, também, uma obrigação legal específica, a cargo dos fundadores, de não causar danos, com as operações nele descritas. Aparece, depois, uma discutível exclusão da responsabilidade ("... contanto que tenham procedido com dolo ou culpa grave") nos casos de negligência simples e leve. Há, aqui, uma manifesta influência germânica, que contraria a tradição civil de equiparar as diversas formas de negligência e que, *de lege ferenda*, e dados os valores aqui em presença, não parece jus-

---

[2954] Para a interpretação destas normas remete-se para *Direito das Obrigações*, 2, 348 ss..

[2955] *Da boa fé*, 425.

[2956] *Vide* os lugares paralelos diretos, constituídos pelos artigos 291.º/3 e 1648.º/1, ambos do Código Civil; outros preceitos poderiam ser citados, mas sob a reserva de intensa atividade interpretativa e de construção.

[2957] Portanto, e tal como acontece nos diversos lugares paralelos do Código Civil, deve entender-se que a "culpa", aqui em jogo, é – ou implica – a ilicitude. Trata-se dum ponto surpreendente, que traduz a especificidade da responsabilidade obrigacional.

978   *A responsabilidade dos administradores*

tificada. A interpretação deste passo terá, pois, de ser tão restritiva quanto possível.

V. Finalmente, o artigo 16.º/2 ressalva ainda a responsabilidade dos fundadores na hipótese de não fazerem exarar no contrato de sociedade as vantagens concedidas aos sócios em conexão com a constituição, bem como o montante global por ela devida a sócios ou a terceiros. Nessa eventualidade, tais direitos e acordos são ineficazes para com a sociedade, mas isso sem prejuízo dos "eventuais direitos contra os fundadores". Esses "eventuais direitos" têm precisamente a ver com indemnizações.

362. Outras hipóteses; feição geral do sistema de responsabilidade

I. Aparecem-nos, de seguida, preceitos que vão bulir com institutos societários mais complexos. Tal sucede com os artigos 72.º/3, 4, 5 e 6, 74.º/2 e 3, 75.º, 76.º e 77.º, aos quais se poderiam, ainda, juntar os artigos 83.º e 84.º, relativos, embora, a questões, já diversas da responsabilidade dos administradores. Pense-se, a esse propósito, nas regras a observar pelo administrador que não queira solidarizar-se com os seus colegas, numa deliberação que considere ilegal – artigo 72.º/3, e 4 –, ou no papel exoneratório que pode assumir uma deliberação dos sócios, "... ainda que anulável" – idem, n.º 4.

II. As restantes hipóteses podem ser passadas em revista.
O artigo 72.º/6 dispõe que o parecer favorável ou o consentimento do órgão de fiscalização não exoneram de responsabilidade os membros da administração; pelo contrário: fazendo-o, os titulares daquele órgão entram, também, em responsabilidade, salvo o que parece ser a relevância negativa da causa virtual, prevista no artigo 81.º/2, *in fine* ("... respondem ... quando o dano se não teria produzido se houvessem cumprido as suas obrigações de fiscalização ...").
O artigo 74.º/2 regula os termos em que os sócios podem renunciar à indemnização ou transigir sobre ela, enquanto o n.º 3 explicita a eficácia exoneratória da aprovação, pela assembleia geral, das contas ou da gestão dos gerentes.
Os artigos 75.º, 76.º e 77.º tratam da ação social, dos representantes especiais e de ação social *ut singuli* imprópria.

III. No seu conjunto, o Capítulo VII, do Título I, do Código das Sociedades Comerciais, aponta para a primazia dos quadros do Direito

§ 82.º *A responsabilidade dos administradores na experiência portuguesa* 979

comum. No fundo, trata-se de retomar o sistema geral da responsabilidade, tal como resulta do Código Civil, sublinhando os seus contornos perante a realidade das sociedades comerciais.

As especialidades surgem a nível processual, o que é dizer: no modo de efetivação das diversas ações envolvidas. Aí encontramos regras atinentes à assembleia geral, ao *modis operandi* dos administradores dissidentes e às ações de grupo. Esses aspetos, ainda que de evidente importância, são subsequentes à constituição da responsabilidade em si.

No que a esta respeita, o Código das Sociedades Comerciais assenta em pressupostos civis. No fundo, os administradores são responsáveis quando, com dolo ou negligência, violem os deveres que lhes incumbia respeitar e, com isso, provoquem danos.

A grande questão que se põe será, pois, a de determinar que especiais deveres incumbem aos administradores e em que medida vão eles interferir, depois, na concretização dos quadros comuns em jogo. Mas com a ressalva do plácido artigo 71.º, esses deveres implicam já uma enumeração que transcende o Capítulo VII, do Título I, do Código das Sociedades Comerciais: implica o estudo dos diversos tipos de sociedade.

§ 83.º A RESPONSABILIDADE PARA COM A SOCIEDADE

363. Responsabilidade obrigacional

I. Como foi referido, o artigo 72.º/1 contém uma previsão geral de responsabilidade obrigacional para com a sociedade: os administradores respondem, para com esta, pelos danos que lhe causem com preterição dos deveres legais ou contratuais, salvo se provarem que procederam sem culpa[2958]. Trata-se de uma simples concretização, porventura desnecessária, dos artigos 798.º e 799.º, do Código Civil. Com efeito:

– estão em causa danos ilícitos;
– provocados pela inobservância de deveres específicos;
– com presunção de culpa.

II. Entre os deveres específicos suscetíveis de, quando violados, causarem responsabilidade dos administradores para com a própria sociedade, temos:

– violação de cláusulas contratuais ou de deliberações sociais que fixem à sociedade determinado objeto ou que proíbam a prática de certos atos – 6.º/4;
– execução de deliberações relativas à distribuição de bens aos sócios, quando tais deliberações sejam ilícitas ou enformem de vícios – 31.º/2;
– não-convocação ou não-requerimento da convocação da assembleia geral, quando se esteja perante a perda de metade do capital social – 35.º/1;

[2958] STJ 28-Abr.-2009 (MOREIRA ALVES), Proc. 09A0346.

§ 83.º A responsabilidade para com a sociedade 981

– incumprimento do dever de relatar a gestão e de apresentar contas – 65.º/1[2959] – ou de proceder aos competentes depósitos – 70.º;
– inobservância do dever de declarar por escrito que, havendo aumento de capital, não têm conhecimento de ter havido, entre o dia do balanço que servir de base à competente deliberação e o dia da deliberação em si, uma diminuição patrimonial que obste ao aumento – 93.º/1 – ou, *a fortiori*: efetivação de uma declaração falsa.

Muitos outros deveres podem ser retirados de diversos institutos societários e, ainda, de numerosas leis avulsas.

III. A violação dos apontados deveres específicos envolve uma denominada presunção de culpa. No plano obrigacional, isso significa que a ilicitude e a culpa do inadimplemento são, em conjunto e globalmente, imputadas ao agente faltoso. Caberá a este ilidir a presunção: seja demonstrando uma causa de justificação, seja provando um fundamento de desculpabilidade.

Mantemos a nossa construção: a responsabilidade obrigacional portuguesa situa-se na evolução do regime francês da responsabilidade, de tal modo que "culpa", equivalente à *faute*, acarreta um misto de culpa e de ilicitude: pelo contrário, a responsabilidade aquiliana deriva do sistema alemão: culpa e ilicitude são conceitos distintos e contrapostos.
Em termos exegéticos, a "culpa" do artigo 799.º/1 não equivale à do artigo 483.º/1, ambos do Código Civil: a primeira abrange também a ilicitude, aproximando-se da *faute*; a segunda limita-se à censura do Direito, equivalendo à *Schuld*.
De todo o modo e no que toca à responsabilidade dos administradores: qualquer outra visão da responsabilidade civil portuguesa conduziria a resultados similares aos acima apontados.

Pergunta-se qual a "medida da culpa" ou, se se quiser: qual a quantidade de esforço exigível, aos administradores, no cumprimento dos seus

---

[2959] O artigo 67.º/4 prevê a hipótese de, sem culpa dos gerentes ou administradores, nada ter sido deliberado, no prazo do n.º 1, sobre as contas e demais documentos por eles apresentados.

982   *A responsabilidade dos administradores*

deveres. No Direito civil, apela-se à bitola do *bonus pater familias*: no Direito das sociedades, como vimos[2960], vai-se mais longe, remetendo-se para a "diligência de gestor criterioso e ordenado": isso fazendo uma interpretação depuradoura do artigo 64.°/1, *a*). Em bom rigor, estes factos não têm a ver (apenas) com a culpa: antes com a própria conduta em si. A explicação é fácil, do nosso ponto de vista: estamos perante uma responsabilidade obrigacional em que "culpa" e "ilicitude" surgem incindíveis. A bitola de diligência reporta-se ao conjunto.

IV. Fica-nos, de seguida, o nexo de causalidade. Perante a responsabilidade obrigacional, cabe verificar qual era o bem representado pela prestação incumprida. Tal bem traduz o *quantum* do dano, eventualmente acrescido de danos colaterais ou de lucros cessantes. No domínio das sociedades pode haver danos em "bola de neve". A delimitação pressuposta pelo nexo causal assenta na clara determinação do bem jurídico tutelado pela norma que se mostrou violada. Apenas os danos provocados nesse bem são, em princípio, indemnizáveis.

364. O problema da atuação informada, isenta e racional

I. A aparente perturbação no quadro da responsabilidade que, acima, tentámos fixar, resultou da introdução, pela reforma de 2006, no artigo 72.°/2, do *business judgement rule*. Pela sua inserção, parece-nos claro que tal "regra" tem a ver com a responsabilidade obrigacional prevista no n.° 1.

Recordemos o seu enquadramento e o seu teor. O artigo 72.°/1 fixa – ou recorda – o princípio geral da responsabilidade obrigacional dos administradores:

> (...) respondem para com a sociedade pelos danos a esta causados por atos ou omissões praticados com preterição dos deveres legais ou contratuais, salvo se provarem que procederam sem culpa.

Logo de seguida, o n.° 2 acrescenta:

> A responsabilidade é excluída se alguma das pessoas referidas no número anterior provar que atuou em termos informados, livre de qualquer interesse pessoal e segundo critérios de racionalidade empresarial.

[2960] *Supra*, 856 ss..

§ 83.° *A responsabilidade para com a sociedade* 983

Já vimos que isto corresponde, fora de qualquer oportunidade jurí-dico-científica séria, à introdução do *business judgement rule*[2961]. Fica a questão: esse preceito, uma vez introduzido no Direito português, que sentido vem ganhar?

II. Vamos imaginar que o legislador de 2006 tenha resistido à tentação de introduzir mais esse sortilégio, no nosso martirizado Direito das sociedades. E vamos imaginar ainda que, num caso concreto, um administrador que tivesse causado danos à sociedade, por preterir os seus deveres legais ou contratuais provava, em juízo:

- que tinha atuado em termos informados, isto é: com pleno conhecimento das realidades (técnicas e jurídicas em jogo);
- que o fizera sem qualquer interesse pessoal, isto é: de modo isento e desinteressado;
- e que agira seguindo critérios de racionalidade empresarial.

Haveria responsabilidade? A resposta seria negativa. Ao produzir tal prova, o administrador estaria a ilidir a presunção de culpa[2962]. Nas circunstâncias apontadas, a conduta do administrador tornar-se-ia desculpável. Repare-se que estão em causa *apenas* deveres para com a sociedade, sendo de acentuar a observância dos "critérios de racionalidade empresarial", a que teremos oportunidade de regressar.

III. Os grandes dados da responsabilidade civil não estão na disponibilidade do legislador: mesmo quando, iluminadamente, mexa nos institutos mais delicados do Direito das sociedades. Ao introduzir o *business judgement rule* no Direito português, no preceito relativo à responsabilidade obrigacional dos administradores para com a sociedade, o legislador está a cortar as amarras com outras experiências, mesmo quando dadoras. Assim:

- no Direito americano, o *business judgement rule* veio delimitar os deveres genéricos do administrador e, em especial, o dever de cuidado[2963];

[2961] *Supra*, 857 ss..

[2962] Ou, porventura: a ilidir a presunção de culpa/ilicitude, precisamente atacando o nível valorativo que essa dupla envolve.

[2963] *Supra*, 857, e indicações aí exaradas.

984   *A responsabilidade dos administradores*

– no Direito alemão, essa mesma regra veio restringir deveres legais específicos bem delimitados – os introduzidos pela Lei da Transparência[2964].

Compreende-se assim que, no caso americano, o *rule* delimite a culpa/ilicitude, no conjunto: o *Common Law* não faz a destrinça. E no Direito alemão, temos uma delimitação das próprias regras de conduta, pelo que fica afastada a ilicitude.

Mas no Direito português, o caso é diverso. O *business judgement rule* constitui uma específica via de exclusão de culpa[2965].

IV. Ilustres autores, como PAIS DE VASCONCELOS[2966] e COUTINHO DE ABREU/ELISABETE RAMOS[2967] vieram sustentar que o *rule* implicaria uma exclusão da ilicitude, porque, quando aplicável, traduziria o respeito, por parte dos administradores, dos deveres prescritos no artigo 64.°. Tecnicamente, isso quereria dizer que, perante um conflito de deveres proporcionados pelo artigo 64.° e deveres com qualquer outra origem, os primeiros prevaleceriam. De facto, é sabido que os administradores incorrem facilmente em conflitos de deveres, o que obriga a uma cuidada ponderação entre eles, para se ver, em concreto, qual prevalece[2968]. Mas – é regra que não vemos como afastar – o dever específico prevalece sobre o genérico[2969]. Admitir, em geral, que o administrador, posicionado dentro do artigo 64.°, ficasse isento de cumprir quaisquer outros deveres para com a sociedade (pois só

[2964] *Supra*, 858 e, igualmente, as indicações aí inseridas.

[2965] Leitura diversa é a de GABRIELA FERREIRA DIAS, *Fiscalização das sociedades e responsabilidade civil (após a reforma das sociedades comerciais)* (2006), 75; a Autora parte, porém, das conclusões para as premissas.

[2966] PEDRO PAIS DE VASCONCELOS, *Business judgment rule, deveres de cuidado e de lealdade, ilicitude e culpa e o artigo 64.° do CSC*, DSR 2009, 41-79 (58), invocando o Direito do Estado de Delaware.

[2967] J. M. COUTINHO DE ABREU/MARIA ELISABETE RAMOS, *Código em Revista* cit., 844-845.

[2968] DÖRTE POELZIG/CHRISTOPH THOLE, *Kollidierende Geschäftsleiterpflichten*, ZGR 2010, 836-867 (867), lamentando que, por essa via, a jurisprudência acabe por ser demasiado benevolente.

[2969] Autores como ANA PERESTRELO DE OLIVEIRA, *A responsabilidade civil dos administradores nas sociedades em relação de grupo* (2007), 146 ss., aceitam a presença de uma exclusão de ilicitude, mas por referência aos próprios elementos contidos no artigo 72.°/2.

§ 83.º A responsabilidade para com a sociedade

assim se poderá afastar um juízo de ilicitude) é passo que não podemos acompanhar.

A grande dificuldade denotada por estes (e outros) autores em cindir a ilicitude da culpa advém ainda do seguinte: na responsabilidade obrigacional, essas duas realidades interpenetram-se. Há, pois, que distinguir na base do ângulo de abordagem. De facto e pelo nosso entendimento da responsabilidade obrigacional, o *business judgement rule* funcionaria, entre nós, como exclusão de *faute*, isto é, de culpa/ilicitude[2970].

V. Seria absolutamente contrário a dados básicos do sistema admitir que, *ratione societatis*, o administrador pudesse ficar isento dos seus deveres legais ou estatutários. É certo que o *business judgement rule* só opera nas relações com a sociedade: ela nunca poderia isentar o administrador dos seus deveres para com o fisco, os trabalhadores ou a segurança social, como é óbvio. Além disso, o *rule* exige "critérios de racionalidade empresarial". Ora tais critérios englobam sempre as vantagens de bem cumprir a lei: os ganhos que se obtenham à margem desta jogam, a prazo, contra a sociedade, sendo alheios a uma boa gestão. O *rule* requer, ainda, uma compatibilização com o princípio da colegiabilidade e com eventuais conflitos de interesses que se reportem a, apenas, algum ou alguns administradores[2971].

Mas mesmo com estas delimitações: os deveres legais e estatutários, porventura subsequentes à Lei de 2006, não se podem, de modo algum, considerar revogados pelo novo artigo 72.º/2 ou, sequer: de incumprimento genericamente justificado. Apenas no caso concreto o apelo ao *business judgement rule* permitirá isentar o administrador do juízo de censura que, sobre ele, iria incidir. Há exclusão da culpa/ilicitude ou, para quem insista na contraposição, em sede contratual: de culpa.

[2970] ADELAIDE MENEZES LEITÃO, *Responsabilidade dos administradores para com a sociedade e os credores sociais por violação de normas de protecção*, RDS 2009, 647-679 (671), explica que tem:

> (...) dificuldade em afastar a ilicitude da violação de certos deveres dos administradores com base na referida regra [o *business judgement rule*], pelo que se trata apenas de uma regra do sistema de responsabilidade e não da aferição de ilicitude comportamental dos administradores.

[2971] SEBASTIAN BLASCHE, *Die Anwendung der Business Judgement Rule bei Kollegialentscheidungen und Vorliegen eines Interessenkonflikts bei einem der Vorstandmitglieder*, AG 2010, 692-699.

986 A responsabilidade dos administradores

365. Responsabilidade aquiliana

I. A lei não refere, de modo expresso, a hipótese de uma responsabilidade aquiliana dos administradores para com a própria sociedade. Apenas o faz relativamente aos credores sociais, aos sócios e a terceiros (78.°/1 e 79.°). Todavia, essa responsabilidade é possível, nos termos gerais.

II. Assim sucederá, desde logo, nos casos em que o administrador atinja direitos absolutos da sociedade – reais ou de personalidade, como exemplo – independentemente de deveres específicos que lhe incumbam. O administrador que, por condução desastrada, destrua um veículo da sociedade onde presta funções ou que parta à pedrada os vidros da porta de entrada do edifício da sede responde, nos termos do artigo 483.°/1, do Código Civil.

Seguindo as regras gerais, a responsabilidade aquiliana por violação de direitos subjetivos da sociedade deverá efetivar-se através de outros administradores que representem a sociedade. Não estão em causa situações jurídicas especificamente societárias, pelo que não faz sentido vir discutir o assunto em assembleia geral.

III. De seguida, devemos contar com normas de proteção[2972]. Particularmente nos artigos 509.° e seguintes, surgem diversas disposições penais que visam os administradores. Essas disposições penais dobram, por vezes, as obrigações específicas que incumbem aos próprios administradores. Noutros casos, elas surgem isoladas, visando proteger simplesmente os interesses da sociedade ou de terceiros. A violação de tais normas obriga a indemnizar: em termos aquilianos e por via do artigo 483.°/1, 2.ª parte, do Código Civil. Temos, como exemplos:

– a falta de cobrança de entradas de capital (509.°);
– aquisição ilícita de quotas ou ações (510.°);
– amortização de quota não liberada (511.°);
– amortização ilícita de quota dada em penhor ou objeto de usufruto (512.°);
– recusa ilícita de informações (518.°) ou informações falsas (519.°);

[2972] Em geral: *Tratado* II/3, 448 ss.: ADELAIDE MENEZES LEITÃO, *Normas de protecção e danos puramente patrimoniais* (2009).

§ 83.º *A responsabilidade para com a sociedade*

– violação ilícita das medidas a empreender perante a perda de metade do capital social (523.º);
– irregularidades na emissão de títulos (525.º).

Em todos estes casos, não podemos falar em "obrigações específicas" no sentido civil do termo. A sua violação não envolve presunção de culpa: nem isso seria pensável, no campo penal. A censura em que incorra o agente deve ser especificamente alegada e demonstrada, por quem queira uma sua responsabilização. Em compensação, tais normas de proteção asseguram uma tutela aquiliana em caso de mera negligência (483.º/1, do Código Civil). A específica exigência do dolo só vale para as sanções penais (527.º/1).

366. Violação de deveres de cuidado; os deveres incompletos

I. Temos, depois, a área melindrosa do que poderemos chamar os "deveres incompletos": fundamentalmente, os que se inscrevem no artigo 64.º, depois da caleidoscópica intervenção da reforma de 2006.

Recordamos que, desse preceito, emergem os deveres de cuidado, os quais englobam:

– deveres de disponibilidade;
– deveres de competência técnica;
– deveres de conhecimento da atividade da sociedade.

Todos esses deveres devem ser calibrados de acordo com as suas funções, operando, sobre o conjunto, a bitola de esforço dada pela diligência do bom pai de família.

Vamos abdicar do historial deste preceito e do que ele representa[2973]. Trata-se, agora, de encaixar uma dogmatização coerente, perante o Direito positivo português.

II. Os deveres jurídicos impõem condutas. Mas para tanto devem tais deveres comportar um conteúdo comunicativo útil. De outro modo, o destinatário nem se aperceberá do que, dele, se pretende.

[2973] *Supra*, 882 ss..

Faz todo o sentido dizer que os administradores devem revelar disponibilidade, competência técnica e conhecimento da atividade da sociedade. Mas daí nenhum operador vai retirar condutas concretas, em termos de dever ser. Quedam dois caminhos possíveis:

– ou imaginar que os elencados deveres, genericamente ditos "de cuidado", sofrem um processo de autoconcretização;
– ou entender que esses "deveres" só se concretizam em conjunção com outras normas.

Imaginar um "dever de cuidado" como uma cláusula geral de conduta, a concretizar perante cada problema, equivale a uma inglória duplicação. Para tanto, temos já as cláusulas civis – da boa-fé e dos bons costumes; além disso, dispomos ainda da cláusula de lealdade – 64.º/1, *b*) –, especificamente societária e à qual teremos a oportunidade de regressar.

III. Temos por mais útil o tratamento dos "deveres de cuidado" como normas parcelares ou incompletas. Com este sentido:

– exige-se, em primeiro lugar, uma norma de conduta de onde emerja um qualquer dever, a cargo dos administradores;
– apurado esse dever, a "disponibilidade", a "competência técnica" e o "conhecimento da sociedade" serão úteis para o complementar e precisar.

Ninguém pode ser responsabilizado por, em abstrato, não ter disponibilidade. Mas poderá sê-lo se, perante determinado desempenho, se verificar que o administrador não organizou a sua vida, de modo a poder honrá-lo.

Os deveres de cuidado, com a trilogia constante da lei e, ainda, com outros termos que se logre construir, operam como deveres incompletos. Só por si não são violáveis, em termos de responsabilidade civil. Em conjunto com outras normas, a violação torna-se possível, seguindo-se um regime operacional.

367. Violação de deveres de lealdade

I. Uma área delicada é a da eventual existência de responsabilidade, para com a sociedade, perante a violação de deveres genéricos concretizados.

§ 83.º A responsabilidade para com a sociedade

A lógica da responsabilidade civil é simples:

– quando sejam violadas obrigações específicas, a situação é grave: o agente incorre numa presunção de culpa/ilicitude;
– tratando-se de deveres genéricos (respeito por direitos absolutos) ou de normas de proteção, a situação não é tão gravosa, estando em causa a liberdade do agente: este já não incorre em presunção de culpa.

Põe-se a hipótese de uma "terceira via": a da violação de deveres genéricos concretizados, de tal modo que não chegue a operar a tal presunção de culpa/ilicitude. O tema tem uma certa voga entre nós, mercê do acolhimento de elementos alemães anteriores à reforma do BGB, de 2001/2002[2974]. Qual o papel dessa teoria para o delucidar do artigo 64.º?

II. Os desenvolvimentos mais recentes, na área do Direito das obrigações, apontam para a hipótese de vínculos obrigacionais sem deveres de prestação principais. Tais vínculos explicariam situações de *culpa in contrahendo*, de deveres de atuação perante a nulidade ou a anulação de contratos, de *culpa post pactum finitum* e outras. A sua consagração no BGB, em 2001/2002, arrasta esta matéria, em definitivo, para a responsabilidade obrigacional. Ora tal solução é preferível, entre nós, uma vez que reforça a responsabilidade civil: área em que os tribunais são demasiado parcos.

III. A ideia das obrigações sem dever de prestar principal pode ser útil para enquadrar, em termos de responsabilidade civil, parte do galático artigo 64.º, tal como emergiu da reforma de 2006. Já vimos que, dele, resultam denominados deveres de cuidado os quais, em dogmática lusitana, serão reconduzidos a normas incompletas de conduta. E quanto aos deveres de lealdade?

Como vimos, os deveres de lealdade devem, pela dogmática continental que opera na nossa Terra, ser reconduzidos a concretizações societárias do princípio da boa-fé e das suas exigências. Tais concretizações determinam que, em cada caso, sejam respeitados os valores fundamentais

---

[2974] Para a evolução do tema, na Alemanha e entre nós, remetemos para o *Tratado* II/3, 400 ss..

990   *A responsabilidade dos administradores*

da ordem jurídica, designadamente nas vertentes da tutela da confiança e da primazia da materialidade subjacente.

IV. Na concretização desses valores fundamentais, relevamos a enumeração do artigo 64.º/1, *b*), a que não pode deixar de se emprestar um qualquer sentido útil. Manda atender (e/ou ponderar) aos:

– interesses de longo prazo dos sócios;
– interesses dos outros sujeitos relevantes: trabalhadores, clientes e credores.

Ou seja, perante esse preceito (e, de resto: independentemente dele, pelos princípios gerais), os administradores devem respeitar as situações de confiança legítima e a materialidade subjacente que ocorram nas exemplificadas dimensões. A prática documenta linhas de concretização, como os deveres de não concorrência, de não aproveitamento das oportunidades de negócio surgidas para a sociedade e outras[2975].

V. Em termos de responsabilidade civil, estes deveres de lealdade merecem reflexão. Eles operam como concretizações de uma obrigação ainda despida do dever de prestar principal. À partida, ninguém lhes poderá conhecer o conteúdo: nem mesmo o próprio visado. Não se torna, por isso, viável falar numa prévia *obligatio iuris*, à qual o administrador esteja ligado. No decurso da vida societária, podem ocorrer vicissitudes que coloquem, de súbito, os mais imponderáveis deveres.
Consoante as eventualidades, assim o dever (geral) de lealdade daria azo:

– a deveres acessórios de segurança, de tutela da confiança ou de informação;
– a verdadeiras prestações principais de *facere* ou de *non facere*.

Na concretização da lealdade, há que usar, sem limitações, toda a instrumentação disponibilizada pelo moderno Direito das obrigações.

[2975] *Supra*, 876 ss..

§ 83.º A responsabilidade para com a sociedade 991

368. Ações sociais

I. A efetivação da responsabilidade dos administradores perante a sociedade consegue-se através das denominadas ações sociais: um tema clássico ao qual, como vimos, a doutrina francesa deu muita atenção.

O Código das Sociedades Comerciais, fruto de múltiplas influências cruzadas, desenvolveu o tema: talvez em excesso, uma vez que a proficiência dos preceitos acaba por restringir a responsabilidade que era suposto acautelar.

II. A matéria das ações consta dos artigos 75.º, 76.º e 77.º[2976]. Com a seguinte lógica:

– o artigo 75.º ocupa-se da ação social *ut universi*, isto é, da ação intentada pela própria sociedade contra os administradores;
– o artigo 76.º prevê que, na hipótese de tal ação, possa haver representantes especiais da sociedade, escolhidos por sócios;
– o artigo 77.º admite a ação social de grupo, também dita ação social *ut singuli* imprópria.

A ação social *ut singuli* é, em rigor, a ação movida por um único sócio, apenas por ter a qualidade de sócio e na qual ele faz valer um direito da sociedade. A figura é jurisprudencialmente admitida em França, mas tem sido rejeitada na Alemanha e noutros países, por falta de base legal. Em compensação, o Direito alemão e, agora, o português, admitem a ação de grupo, isto é, a ação movida por sócios que detenham uma certa percentagem do capital social. Evidentemente: o sócio que, isolado, detenha essa percentagem de capital, poderá intentar a ação de grupo (leia-se: de grupo de ações), não por ser sócio, mas por reunir a tal fração do capital.

A nossa literatura chama, por vezes, ação *ut singuli* à ação de grupo. Tudo bem, desde que se explique o uso impróprio da expressão.

III. A ação social *ut universi* depende de uma deliberação da assembleia geral, tomada por maioria simples (75.º/1, 1.ª parte). Tal deliberação pode provir de prévio agendamento ou, independentemente dele, em qualquer reunião que aprecie as contas de exercício (75.º/2, 1.ª parte). Nessa

---

[2976] J. M. Coutinho de Abreu/Maria Elisabete Ramos, *Código em Comentário* cit., 1, 875-891 e o nosso *CSC/Clássica*, 2.ª ed. (2011), 283-287.

992 *A responsabilidade dos administradores*

deliberação e nos termos gerais, não podem votar as pessoas cuja responsabilidade esteja em causa (75.º/3).

A ação deve ser proposta no prazo de seis meses a contar da deliberação da assembleia (75.º/1, 2.ª parte) e, enquanto estiver pendente, não podem os administradores voltar a ser designados (75.º/2, *in fine*).

A ação social *ut universi* é intentada pelos representantes da sociedade. Estes, de acordo com as regras comuns, são designados pela administração a qual incluirá as pessoas que se pretenda responsabilizar. Perante o melindre, que pode traduzir conflitos de interesses, a lei prevê:

– que os próprios sócios (leia-se: a sua maioria) possam designar representantes especiais (75.º/1, parte final);
– que o tribunal, a requerimento de sócios que detenham, pelo menos, 5% do capital social, nomeie pessoa ou pessoas diferentes das que habitualmente representem a sociedade quando os sócios (a maioria) não os tenham designado ou sempre que se justifique a sua substituição (76.º/1).

Tais representantes podem pedir, da sociedade e no mesmo processo, o reembolso de despesas e uma remuneração, fixada pelo tribunal (76.º/2). Todavia, caso a sociedade decaia totalmente na ação, cabe à minoria que haja requerido a nomeação de representantes especiais reembolsar a sociedade das custas e outras despesas.

IV. A exigência de uma prévia deliberação da assembleia, para intentar ações *ut universi* e o esquema dos representantes implica que seja possível organizar, no quadro da mesma, uma cooperação concertada e isso à margem da administração. É difícil. Por isso, há que limitar a ação social a assuntos estritamente societários. Quanto aos outros: a própria administração deve agir, em representação da sociedade.

A lei visa simplificar o sistema, permitindo as ações sociais de grupo ou *ut singuli* impróprias (77.º). Assim:

– sócios que detenham 5% do capital social ou 2% quando se trate de ações cotadas, podem intentar a ação social (73.º/1);
– podem, para o efeito, encarregar algum ou alguns dos sócios de os representar, para o efeito (77.º/2);
– a ação prossegue mesmo que algum ou alguns dos sócios, na pendência dela, percam essa sua qualidade (77.º/3);

§ 83.° *A responsabilidade para com a sociedade* 993

– a sociedade é chamada à causa, pelos seus representantes (77.°/4);
– o réu pode pedir decisão prévia, quando os interesses visados não correspondam aos defendidos por lei ou requerer que o autor preste caução (77.°/5).

A ação social *ut singuli* (própria ou imprópria) não se confunde com a ação singular, em que o sócio faz valer direitos seus (prevista no artigo 79.°) e não interesses sociais.

V. A ação *ut singuli* faz sentido quando a própria sociedade, através da assembleia geral, não intente a ação *ut universi*[2977]. Tem, nessa medida, natureza subsidiária. Apenas caberá ressalvar a hipótese de se tratar de ações com diversos conteúdos ou causas de pedir, cabendo ao juiz arbitrar ações concorrentes, designadamente através da decisão prévia referida no artigo 77.°/5.

[2977] Sobre o tema e com ricos elementos comparatísticos: TIAGO SOARES DA FONSECA/ANTÓNIO M. MENEZES CORDEIRO, *A natureza subsidiária da ação* ut singuli, RDS 2011.

§ 84.° A RESPONSABILIDADE PARA COM OS CREDORES, OS SÓCIOS E OS TERCEIROS; SÍNTESE

369. A responsabilidade para com os credores

I. Como vimos, a lei contempla uma expressa previsão de responsabilidade para com os credores sociais[2978]. Nos termos do artigo 78.°:

1. Os gerentes, administradores ou diretores respondem para com os credores da sociedade quando, pela inobservância culposa das disposições legais ou contratuais destinados à proteção destes, o património social se torne insuficiente para a satisfação dos respetivos créditos.

Trata-se de uma previsão aquiliana, que retoma o final do artigo 483.°/1, do Código Civil. Com efeito, está em causa a violação culposa ("com dolo ou mera culpa") de normas de proteção[2979].

II. O preceito só se entende à luz da lógica do Direito das sociedades. Na verdade, qualquer inobservância culposa de normas de proteção conduz à responsabilidade aquiliana: desde que haja danos. E os danos para os credores não emergem, apenas, de uma eventual insuficiência patrimonial: poderíamos, ainda, computar delongas, incómodos, maiores despesas, danos à imagem e, em geral, danos morais. Tudo isso é, porém, imputado à própria sociedade, mercê do nexo de organicidade[2980]. É à sociedade – e não aos administradores – que cumpre indemnizar. O problema de uma direta responsabilidade dos administradores só surge quando a culposa inobservância das normas de proteção provoque uma insuficiência patrimonial[2981].

[2978] *Vide* a já referida obra de Maria Elisabete Ramos, *Responsabilidade civil dos administradores e directores de sociedades anónimas perante os credores sociais* (2002).

[2979] RLx 13-Jan.-2011 (Ezagüy Martins), Proc. 26108/09.

[2980] *Supra*, 395 ss..

[2981] RPt 13-Jan.-2005 (Pinto de Almeida), Proc. 0433928.

§ 84.° *A responsabilidade para com os credores, os sócios e os terceiros; síntese*   995

III. Estamos fora de obrigações específicas, razão pela qual lidamos com uma responsabilidade aquiliana, ainda que assente em normas de proteção. Dada a natureza dessas normas – a tutela dos próprios credores – compreende-se o alcance do artigo 78.°/3: útil mas dispensável. Segundo esse preceito, o dever de indemnizar os credores, a cargo dos administradores, não é excluído por quaisquer atuações da sociedade: renúncia, transação ou qualquer deliberação justificativa. Obviamente: estão em causa posições de terceiros (os credores), que não estão na disponibilidade da própria sociedade.

IV. Aos credores é ainda reconhecida a possibilidade de agir em sub-rogação. Segundo o artigo 78.°/2:

> Sempre que a sociedade ou os sócios o não façam, os credores sociais podem exercer, nos termos dos artigos 606.° a 609.° do Código Civil, o direito de indemnização de que a sociedade seja titular.

Trata-se de novo lembrete inútil: recorda regras que sempre teriam aplicação, por via da responsabilidade civil. Além disso, a hipótese de responsabilidade que comporta remonta ao artigo 72.°/1: não ao 78.°/1.

V. O artigo 78.°/5 faz uma série de remissões para vários preceitos. Mais precisamente:

- para o artigo 72.°/2: *business judgement rule*;
- para o artigo 72.°/3: não-responsabilidade dos administradores que não tenham participado nas deliberações em jogo ou que a elas se tenham oposto;
- para o artigo 72.°/4: responsabilidade dos administradores que, podendo, não se tenham oposto;
- para o artigo 72.°/5: a responsabilidade para com a sociedade não tem lugar quando a ação ou omissão do administrador assente em deliberação social, ainda que anulável: este preceito contraria, aqui, o artigo 78.°/3, a menos que se restrinja a sua aplicação à hipótese do artigo 78.°/2;
- para o artigo 72.°/6: a responsabilidade não cessa por haver consentimento ou parecer favorável do órgão de fiscalização;
- para o artigo 73.°: solidariedade dos administradores responsáveis;
- para o artigo 74.°/1: nulidade das cláusulas de limitação ou de exclusão de responsabilidade.

996 *A responsabilidade dos administradores*

VI. Perante este quadro, a remissão para o artigo 72.º/2 só pode advir de lapso. Com efeito, não se entende – dado o Direito positivo português e tendo em conta o competente sistema – como pode o *business judgement rule* alijar a responsabilidade dos administradores para com os credores por violação culposa de normas destinadas a proteger esses mesmos credores. Repare-se que as próprias cláusulas de exclusão são nulas (74.º/1, *ex vi* 78.º/5), assim como insuficiente é qualquer deliberação justificativa ou exoneratória (78.º/3). Admitir que o administrador possa, ilícita e culposamente, prejudicar os credores, violando normas de proteção, por agir livre, informada e empresarialmente, seria a mais completa selva. O *business judgement rule*, com todos os óbices de que demos conta, só é imaginável em relações administrador/sociedade: nunca fora desse círculo. Perfilar-se-ia, de resto, uma inconstitucionalidade: por violação da propriedade privada (62.º/1) e da própria igualdade (13.º/1, ambos da Constituição).

370. Responsabilidade para com os sócios e terceiros

I. A responsabilidade dos administradores para com os sócios e terceiros é remetida, como foi visto, para o regime geral da responsabilidade aquiliana[2982]. Dispõe o artigo 79.º/1[2983]:

> Os gerentes ou administradores respondem também, nos termos gerais, para com os sócios e terceiros pelos danos que diretamente lhes causarem no exercício das suas funções.

À primeira vista, temos uma responsabilidade por violação de direitos absolutos ou por inobservância de normas de proteção, nos termos do artigo 483.º/1, do Código Civil. Todavia, tal responsabilidade sofre uma especial delimitação: apenas cobre os danos *diretamente* causados.

[2982] RCb 12-Mai.-2004 (João Trindade), CJ XXIX (2004) 3, 40-42 (42/I) e RPt 13-Jan.-2005 (Pinto de Almeida), CJ XXX (2005) 1, 165-168 (167/II), onde pode ser confrontada diversa outra jurisprudência.

[2983] Redação dada pelo Decreto-Lei n.º 76-A/2006, de 29 de Março, que aboliu a anterior referência a "diretores".

§ 84.º A responsabilidade para com os credores, os sócios e os terceiros; síntese 997

II. Pode acontecer e aos mais diversos títulos, que administradores, no exercício das suas funções, causem danos a sócios e a terceiros. Estes "terceiros" englobam, designadamente: o Estado, os trabalhadores, os fornecedores e *stakeholders* em geral e os próprios credores, agora por outra via. Quando isso suceda: a sociedade é a responsável, mercê dos nexos de imputação orgânica. O administrador, enquanto tal, não é incomodado.

Num desvio à lógica da personalidade coletiva, a Lei admite porém que os administradores sejam demandados quanto a danos que causem diretamente. Como entender esse advérbio?

III. A responsabilidade é direta quando os danos resultem do facto ilícito, sem nenhuma intervenção de quaisquer outros eventos. Em termos valorativos, isso redundará:

– ou em práticas dolosas dirigidas à consecução do prejuízo verificado;
– ou em práticas negligentes grosseiras, cujo resultado seja, inelutavelmente, a verificação do dano em causa.

Nestas condições, compreende-se que seja difícil a verificação da hipótese prevista no artigo 79.º/1. Logicamente: pois a assim não ser, de pouco valeria a própria ideia de personalidade coletiva. Digamos que existe aqui uma hipótese de levantamento da personalidade: *ex lege*.

IV. Também neste domínio, o artigo 79.º/2 procede a uma teia de remissões semelhantes às acima examinadas quanto ao artigo 78.º/5: remete para os artigos 72.º/2 a 6, 73.º e 74.º/1. Valem as considerações então feitas, com especial tónica no lapso que representa, também aqui, o apelo ao *business judgement rule*. Não se entende como uma realidade interna, exclusiva da sociedade, possa permitir, aos administradores, vir causar danos diretos aos sócios ou a terceiros.

371. Breve síntese

I. O Direito positivo português vigente, designadamente através do Código das Sociedades Comerciais de 1986, terá sido dos que mais longe levaram a evolução assim apontada. Desde logo, nos seus artigos 72.º e seguintes, ele sistematizou, em moldes gerais, a responsabilidade dos

998 A responsabilidade dos administradores

administradores; ora, ainda hoje, num País como a Alemanha, essa matéria continua dispersa por diversos diplomas. E de seguida, aproveitando o essencial das experiências francesa, italiana e alemã, o legislador português reuniu, no mesmo ordenamento, o essencial das defesas previstas em cada um deles. Chegou-se, assim, a um esquema muito completo, fruto de toda uma evolução europeia.

II. Na base, pode considerar-se que os administradores são responsáveis, para com a sociedade, por violações de deveres específicos, contratuais ou legais – artigo 72.º/1 do Código das Sociedades Comerciais[2984]: uma clara hipótese de responsabilidade obrigacional. Os competentes deveres são suscetíveis das mais diversas qualificações. Assim:

– os deveres contratuais podem derivar dos estatutos societários, de pactos parassociais ou de outros contratos especificamente celebrados com os administradores em causa; categoria complexa seria ainda a dos deveres laterais derivados da celebração de contratos entre a sociedade e terceiros;
– os deveres legais têm a ver ou com os preceitos gerais inseridos no artigo 64.º do Código das Sociedades Comerciais, depois completado por diversas normas, ou com os múltiplos deveres específicos dispersos pelos mais variados diplomas.

O artigo 64.º, de origem complexa, mormente após a reforma de 2006, carece de adequado e complexo processo de concretização, a operar caso a caso.

Temos, depois, hipóteses de responsabilidade aquiliana perante os credores (78.º/1) e os sócios e terceiros (79.º/1); aí, sob um pano de fundo de regras gerais, há especificidades de relevo, que sublinhámos e que devem ser sempre tidas em conta.

III. A responsabilidade dos administradores é, essencialmente, uma imputação por incumprimentos ou por atos ilícitos culposos[2985]. De outra

---

[2984] STJ 3-Mai.-2000 (FRANCISCO LOURENÇO), CJ/Supremo VIII (2000) 2, 41-44 (43).
[2985] *Da responsabilidade dos administradores*, 100 ss.; *vide* RUY DE ALBUQUERQUE/ /MENEZES CORDEIRO, *Da responsabilidade fiscal subsidiária: a imputação aos gestores*

§ 84.° *A responsabilidade para com os credores, os sócios e os terceiros; síntese* 999

forma, aliás, os administradores seriam responsabilizados pelo risco, o que não se coaduna com o sistema geral da responsabilidade civil portuguesa[2986].

A lei estabelece um princípio de colegiabilidade no conselho de administração. Resulta daí uma regra de solidariedade entre os administradores – artigo 73.°: todos respondem pelos danos, salvo os que votarem vencidos e fizerem lavrar o competente voto, nos termos do artigo 72.°/2, ambos do Código das Sociedades Comerciais[2987]. Esta regra, que é importante, não deve ser absolutizada[2988]: a responsabilidade baseada na culpa é sempre uma responsabilidade individualizada. O ato puramente individual, que nada tenha a ver com o conselho de administração, só responsabiliza quem o pratique. Além disso, os administradores poderão sempre ilidir a presunção de culpa, provando que, embora não se tenham oposto às decisões danosas, agiram, em concreto, com a diligência e o cuidado exigíveis, o que poderá não ter sucedido com outros.

IV. O Código das Sociedades Comerciais, remando um pouco contra o que pareceria ser uma sistematização coerente da matéria, veio inserir, num Capítulo XVI do Título I, um único e extenso artigo sobre a prescrição da responsabilidade: o artigo 174.°.

Aí, no fundamental, é visada a responsabilidade dos administradores.

V. Procurando, para além dos textos legais, surpreender a verdade do funcionamento do sistema, cumpre ainda acrescentar o seguinte. As sociedades, particularmente as anónimas, que funcionam como matriz de todo este desenvolvimento, têm um porte económico que supera largamente qualquer património singular. Havendo erros ou falhas de gestão, os danos

---

dos débitos das empresas à previdência e o artigo 16.° do Código de Processo das Contribuições e Impostos, CTF 1987, 147-190 (164 ss.) e ABÍLIO NETO, *Código das Sociedades Comerciais*, 2.ª ed. cit., 268 ss..

[2986] Quanto à exigência de culpa, STJ 13-Nov.-1987 (MENÉRES PIMENTEL), CJ XIII (1987) 1, 7-13 = BMJ 371 (1987), 473-489 (nesta última publicação vem indicada a data de 19-Nov.) e REv 17-Dez.-1991 (PEREIRA CARDOSO), BMJ 412 (1992), 572 (o sumário).

[2987] Na sequência desta regra, RLx 12-Jun.-2008 (JORGE LEAL), Proc. 3308/2008-2 admite que o administrador demandado em responsabilidade possa deduzir a intervenção principal provocada dos restantes administradores.

[2988] RLx 5-Mar.-1998 (QUIRINO SOARES), CJ XXIII (1998) 2, 81-83 (82/I e II).

causados poderão ser muito superiores a qualquer hipótese de ressarcimento, pelos administradores responsabilizáveis.

Além disso, as ações judiciais são morosas. Por muito cuidado que se assuma, elas têm sempre um epílogo incerto. Uma ação intentada contra os administradores é dispendiosa. Por norma, será pouco remuneratória e apresenta-se arriscada. Em regra, tal ação irá implicar má publicidade para a empresa envolvida. Aspetos menos felizes da sua gestão serão postos a nú, afugentando investidores mobiliários e dificultando o crédito.

Por tudo isto, o fiel sancionatório desloca-se da responsabilidade civil para a destituição dos administradores. A sociedade descontente com os seus administradores destitui-os, e designa outros. Só por exceção lhe convirá reabrir o assunto, gastando tempo e dinheiro com ações judiciais. A tudo isto acresce, em Portugal, o complicado sistema jurídico em vigor.

Apesar desta perda de importância relativa, a responsabilidade dos administradores mantém-se como instituto dogmaticamente rico e potencialmente operacional.

VI. Finalmente, pergunta-se se o dispositivo do artigo 64.º também pode ser usado no tocante à responsabilidade dos administradores perante terceiros: sócios, credores e estranhos. Respondemos pela negativa[2989]. De facto, o administrador relaciona-se com a sociedade. Mesmo quando, para aquilatar os deveres em jogo, haja que ponderar os "interesses" dos sócios e dos *stakeholders*, o sujeito ativo da relação é a sociedade. Fora dela, teremos os clássicos remédios aquilianos. De outro modo, não haverá nenhuma dogmática consistente.

[2989] A jurisprudência só refere o artigo 64.º a propósito da responsabilidade para com a sociedade: RCb 7-Jan.-2004 (ANTÓNIO RIBEIRO MARTINS), CJ XXIX (2004) 1, 39-41 (49/I), RPt 30-Nov.-2004 (ALZIRO CARDOSO), CJ XXIX (2004) 5, 184-190 (188/I), RPt 10-Out.-2005 (CUNHA BARBOSA), CJ XXX (2005) 4, 210-215 (213/I) e RGm 9-Nov.-2005 (MARIA TERESA ALBUQUERQUE), CJ XXX (2005) 5, 295-296 (296/I).

CAPÍTULO VII
A FISCALIZAÇÃO DAS SOCIEDADES

§ 85.º A FISCALIZAÇÃO EM DIREITO

372. Aspetos gerais

I. A fiscalização das sociedades comerciais constitui uma área de relevo crescente e à qual haveria que prestar uma maior atenção jurídico-científica.

Etimologicamente, o termo advém-nos do latim *fiscalis*, de *fiscus* (raiz: *fides*, alemão *binden*, atar, ligar). O *fiscus* traduzia, inicialmente, uma cesta de verga, depois usada para guardar o dinheiro. Passou, na fase pós-clássica, a exprimir o tesouro imperial e, daí, a própria fazenda pública. Os poderes inerentes ao fisco (*fiscales*), relativamente às fontes de receitas implicavam a "fiscalização".

"Fiscalizar" exprime a ideia de constatar o efetivo cumprimento de determinadas regras.

II. A fiscalização pressupõe, por parte de quem a leve a cabo, poderes de autoridade. Por isso, ela ocorre, predominantemente, em áreas de Direito público. Dá corpo, designadamente, a uma vertente da função administrativa, relativamente a certos particulares (ou categorias de particulares) que a ela estejam sujeitos.

Todavia, o seu local de eleição é o contrato administrativo[2990]. O artigo 305.º/1 do atual Código dos Contratos Públicos, dispõe:

[2990] Já Marcello Caetano/Diogo Freitas do Amaral, *Manual de Direito Administrativo*, 1, 10.ª ed. (1973), n.º 240 (616 ss.).

1002 *A fiscalização das sociedades*

O contraente público dispõe de poderes de fiscalização técnica, financeira e jurídica do modo de execução do contrato por forma a poder determinar as necessárias correções e aplicar as devidas sanções.

Pode-se discutir se tais poderes emergem da lei ou do contrato[2991]: provavelmente, de ambos. Mas trata-se, claramente, de poderes de autoridade.

III. O desenvolvimento administrativo permite-nos fazer as distinções que seguem. A fiscalização pode ser tomada em sentido estrito ou em sentido amplo:

– em sentido estrito exprime o poder de observar, de constatar e de acompanhar;
– em sentido amplo, abrange, além desse, o poder de direção e o de sanção.

O poder de direção permite dar instruções ao subordinado, conformando as suas condutas. O poder de sanção faculta a aplicação de medidas destinadas a corrigir o ocorrido, em termos preventivos, repressivos ou ressarcitórios.

Tais poderes podem ser de exercício direto ou imediato, relativamente à entidade fiscalizadora: direto quando lhe caibam; indireto sempre que ela, constatando o ocorrido, deva remeter o tema para outra instância de aplicação.

373. A fiscalização no Direito privado

I. A fiscalização é conhecida no Direito privado. Para além do domínio das sociedades, abaixo analisado, salientamos a sua consagração paradigmática no contrato de empreitada. Ela vem genericamente referida no artigo 1209.º do Código Civil, cujo n.º 1 se limita a dispor[2992]:

O dono da obra pode fiscalizar, à sua custa, a execução dela, desde que não perturbe o andamento ordinário da empreitada.

[2991] *Vide* JOSÉ MANUEL SÉRVULO CORREIA, *Legalidade e autonomia contratual nos contratos administrativos* (1987), 719 ss.

[2992] PIRES DE LIMA/ANTUNES VARELA, *Código Civil Anotado*, 2, 4.ª ed. (1997), 870.

§ 85.° *A fiscalização em direito* 1003

O tema foi estudado por Vaz Serra, no âmbito da preparação do Código[2993]. Verifica-se que "fiscalização" foi usada para transmitir as ideias de "controlar o desenvolvimento dos trabalhos" e de "verificar o seu estado", presentes no artigo 1662.° do Código Civil italiano[2994]. A fiscalização não abrange, aí, quaisquer outros poderes: estes serão exercidos no final (1218.° e seguintes) ou, quando muito, no seu decurso, ao abrigo do *ius variandi* (1216.°), que surge como figura distinta.

II. A fiscalização, no Direito privado, adstringe-se ao seu núcleo estrito: o de observar, de verificar e de acompanhar o estado de uma determinada atuação. Sendo, como é, um poder conferido pelo Direito, ela envolve a disponibilidade dos diversos meios instrumentais necessários para que ela possa ser exercida com utilidade e eficácia. Designadamente, estão ou poderão estar em causa:

– o poder de aceder ao local e, aí, de fazer as observações necessárias: tirar medidas, fazer testes e verificar os materiais, como exemplo;
– o poder de fazer perguntas, a responder com verdade: ao fiscalizado (o empreiteiro) ou ao seu pessoal;
– o poder de conferir documentos pertinentes: planos, faturas, comprovativos e outros.

III. O artigo 305.°/1 do Código dos Contratos Públicos, acima citado, distingue, na fiscalização, as vertentes técnica, financeira e jurídica. Embora nem sempre seja fácil a sua contraposição, temos aqui um útil auxiliar de interpretação, no que tange à análise da fiscalização.

IV. A fiscalização traduz o exercício de um direito potestativo. Normalmente, esse direito integra-se numa posição mais vasta. Por exemplo, no caso da fiscalização que assiste ao dono da obra, numa empreitada, a fiscalização faz parte do acervo de direitos e de deveres que lhe advenham do contrato.

No Direito privado, podemos dizer que a fiscalização é, predominantemente, interna. Isto é: ela é encabeçada por quem, na relação, tenha uma

---

[2993] Adriano Vaz Serra, *Empreitada*, BMJ 145 (1965), 19-190 (128 ss.).
[2994] Maria Bruna Chito, no *Codice Civile*, org. Pietro Rescigno, 1, 7.ª ed. (2008), Art. 1662, n.° 1 (2991).

1004   *A fiscalização das sociedades*

posição mais vasta. A hipótese de surgir uma entidade exterior com poderes de fiscalização conduzir-nos-á ao Direito público: há uma evidente necessidade de normas habilitantes, que confiram poderes.

374. A fiscalização nas sociedades civis puras

I. No Código Civil, o conteúdo da fiscalização é explicitado justamente a propósito das sociedades. Segundo o seu artigo 988.º, epigrafado "fiscalização dos sócios", no seu n.º 1:

> Nenhum sócio pode ser privado, nem sequer por cláusula do contrato, do direito de obter dos administradores as informações de que necessite sobre os negócios da sociedade, de consultar os documentos a eles pertinentes e de exigir a prestação de contas.

Esse preceito colheu alguma inspiração[2995] no artigo 2261.º do Código Civil italiano[2996] que, sob a designação "controlo dos sócios", permite distinguir:

– o direito à informação;
– o direito de inspeção;
– o direito à prestação de contas.

O artigo 988.º/1, com uma articulação demasiado circundante (teria sido preferível concretizar o conteúdo da fiscalização, explicitando a sua natureza imperativa), veio distinguir:

– o direito à informação;
– o direito de consulta de documentos;
– o direito à prestação de contas.

Tudo isto pode, sem grande esforço, ser reconduzido a um direito à informação, entendido em termos amplos. Trata-se, todavia, de uma informação direcionada para o controlo da sociedade, isto é, para a verificação,

---

[2995] PIRES DE LIMA/ANTUNES VARELA, *Código Anotado* cit., 2, 4.ª ed., 299.
[2996] CARMINE CIOFFI, no *Codice Civile*, org. PIETRO RESCIGNO, 2, 7.ª ed. (2008), Art. 2261 (4202-4203).

§ 85.° *A fiscalização em direito* 1005

por parte dos interessados, da legalidade e da adequação das atuações dos administradores, numa perspetiva da sua correção.

III. A fiscalização das sociedades define-se, deste modo, pelo seu conteúdo e, em paralelo, pela sua função ou dimensão teleológica. O conteúdo abrange todas as atuações que, segundo as circunstâncias, permitam dotar os sócios das informações necessárias, quanto ao estado da sociedade e à sua administração. A função explica que as informações em jogo se destinam a corrigir desvios e a sancionar inobservâncias.

IV. A fiscalização pode, ainda, ser orgânica ou inorgânica. Será orgânica caso os inerentes poderes sejam encabeçados por um órgão especializado. É inorgânica quando o seu exercício caiba genericamente aos sócios: isolados ou em grupo.

Nas sociedades civis puras e nas sociedades comerciais mais simples, a fiscalização é inorgânica. Pelo contrário, nas sociedades anónimas, ela dispõe de órgãos específicos, dotados de regras próprias e de poderes autonomizados.

Dogmaticamente, podemos distinguir:

– na inorgânica, a fiscalização dilui-se na posição jurídica dos sócios, integrando o seu conteúdo complexo, particularmente no plano do denominado direito à informação;
– na orgânica, a fiscalização mantém-se, com limites, na posição jurídica dos sócios; além disso, ela é atribuída à própria sociedade, sendo exercida através de órgãos especializados.

Como se vê, estamos numa área especificamente societária: exige coordenadas que implicam desvios, perante o Direito comum.

§ 86.º A FISCALIZAÇÃO NAS SOCIEDADES COMERCIAIS

375. Evolução geral

I. A fiscalização das sociedades comerciais surgiu, como tema autónomo, no século XIX. É certo que, anteriormente, já havia fenómenos de fiscalização. As companhias comerciais do século XVII eram, em linguagem atual, fiscalizadas pelo Estado, seja no momento da constituição, através da outorga, seja no seu funcionamento subsequente, através do acompanhamento pela Coroa. Na experiência holandesa, foi-se mais longe: consagrava-se uma certa fiscalização interna, requerida pelo facto de a Companhia Holandesa das Índias Orientais congregar interesses distintos[2997]. Esta iniciativa não teve sequência imediata[2998].

II. Nos códigos de comércio de tipo napoleónico, as sociedades anónimas surgiram como organizações privadas, sujeitas à autorização do

---

[2997] Rui Manuel de Figueiredo Marcos, *As companhias pombalinas (contributo para a história das sociedades por acções em Portugal)* (1997), 63; Tiago João Estêvão Marques, *Responsabilidade civil dos membros de órgãos de fiscalização das sociedades anónimas* (2009), 21-22.

[2998] Sobre o tema da evolução histórica da fiscalização, a obra de referência, neste momento, é a de Jan Lieder, *Der Aufsichtsrat im Wandel der Zeit / Leitlinien der geschichtlichen Entwicklung sowie der Fortentwicklung des deutschen Aufsichtsratssystems* (2006), 1098 pp. (39 ss.). De referir, ainda, Frank Thiäner, *Das Verhältnis von Aufsichtsrat und Abschlussprüfern in der rechtshistorischen Entwicklung bis 1937* (2007), 215 pp. e Harald Reichelt, *Die Institution des Aufsichtsrat in der deutschen Aktiengesellschaft / Reformüberlegungen aus historischer Perspektive* (1998), 298 pp. (20 ss.); no princípio do século XX, Egon Fürer, *Der Aufsichtsrat der Aktiengesellschaft* (1909), IX + 132 pp., relativamente ao período entre 1870 e 1908. Em língua italiana e com múltiplas indicações, Alberto Sciumè, *Sindaci (collegio dei) (storia)*, ED XLII (1990), 706-729 (707 ss.): o Banco de S. Jorge, de Génova, já tinha *sindicatores*.

§ 86.º *A fiscalização nas sociedades comerciais* 1007

Estado. E o mesmo Estado mantinha o poder de, revogando essa autorização, provocar a extinção e a liquidação da sociedade. Mantinha-se uma atuação tutelar do Estado que, de certa forma, tornava dispensável um controlo interno[2999]. Todavia, cedo ficou claro que o bom desenvolvimento dos negócios pressupunha controlos e incentivos internos. O sistema reagiu nesse sentido. Os poderes de gestão eram atribuídos a "mandatários" ou diretores. Estes, reunindo informalmente num embrião do futuro conselho de administração, exerciam um papel de acompanhamento e de sanção sobre os atos da sociedade[3000]. Tal dimensão era facilitada pelo facto de os diretores representarem os interesses dos principais acionistas da sociedade.

III. A experiência alemã foi a que primeiro desenvolveu esquemas de controlo interno institucionalizado[3001]. A Lei prussiana dos caminhos de ferro, de 1838, já previa um órgão de controlo estadual. Todavia, a Lei prussiana das sociedades anónimas, de 1843, não formalizou um órgão de fiscalização: havia, pois, oscilações, neste domínio. Tal órgão surgiu, segundo parece[3002], na prática e como evolução de um órgão executivo mais amplo: o "conselho de administração", que acompanhava o desempenho da direção ou *Direktorium*[3003].

Aquando da preparação do ADHGB de 1861, o termo *Aufsichtsrat* (conselho de vigilância) não era conhecido. Foi inserido, nessa codificação, como órgão facultativo, designado pela assembleia geral e com poderes para fiscalizar a direção. A reforma do Direito das sociedades anónimas, introduzida nesse diploma pela *Novelle* de 1870, aboliu o reconhecimento administrativo das sociedades e tornou obrigatória a instituição desse conselho.

[2999] *Supra*, 73 ss..

[3000] Luís Brito Correia, *Os administradores de sociedades anónimas* (1998), 97; Pedro Maia, *Função e funcionamento do conselho de administração da sociedade anónima* (2002), 64.

[3001] *Supra*, 77.

[3002] Jan Lieder, *Der Aufsichtsrat im Wandel der Zeit* cit., 39, explica que a precisa origem desse órgão (o *Aufsichtsrat* ou conselho de vigilância, correspondente ao conselho geral e de supervisão, nas sociedades de tipo dualista), não é conhecida.

[3003] *Idem*, 52 ss.

1008 *A fiscalização das sociedades*

IV. Também em França, a presença de órgãos formalmente incumbidos da fiscalização das sociedades anónimas está associada à liberalização destas. Cumpre ter presentes as já referidas Leis de 23-29 de Maio de 1863 e de 24 de Julho de 1867: ficou dispensado o reconhecimento do Estado para a constituição de sociedades anónimas; mas estabeleceu-se, além da responsabilidade dos administradores, a figura dos *commissaires aux comptes*[3004].

Em Itália, a prática societária veio, ao longo do século XIX, a prever revisores de contas e, finalmente, um *collegio sindacale*, com funções de fiscalização[3005]. Também aí se debateram as duas orientações: a de uma fiscalização externa, de tipo público e a de uma vigilância interna, crescentemente especializada. Coube ao Código de Comércio de 1882 oficializar o *collegio* em causa[3006].

Em rigor, o *Codice* de 1882 referia os *sindaci*, nos seus artigos 183.º a 185.º. Segundo o primeiro parágrafo do referido artigo 183.º:

Em cada assembleia ordinária ou na indicada no artigo 134.º devem-se designar três ou cinco *sindaci* e dois suplentes, para a vigilância das operações sociais e para a revisão do balanço.

O esquema foi muito criticado, desde o início, não tendo permitido uma fiscalização eficaz[3007].

V. Na sequência desta evolução passou a haver, na Europa, dois grandes sistemas orgânicos de fiscalização:

– o monista ou latino, assente num conselho fiscal ou órgão similar (*collegio sindacale*, por exemplo);
– o dualista ou germânico, traduzido no conselho de vigilância, que elege a direção e que mantém, sobre ela, um especial acompanhamento.

[3004] *Supra*, 75. Ainda antes da Lei de 17-23 de Julho de 1856, relativa às sociedades em comandita, já em França, nas sociedades desse tipo, se observava a prática de estabelecer "conselhos de vigilância", compostos por pessoas recomendáveis, para dar credibilidade às sociedades; a lei em causa oficializou tais conselhos; a matéria não passou, todavia, para as anónimas; *vide* ALBERTO SCIUMÈ, *Sindaci / Storia* cit., 711/II.

[3005] *Idem*, 714/II.

[3006] *Idem*, 718 ss., onde podem ser confrontados os antecedentes.

[3007] *Idem*, 723 ss..

§ 86.° A fiscalização nas sociedades comerciais 1009

No espaço anglo-saxónico, desenvolveu-se, ainda, um também duplo esquema:

- o monista, associado a uma comissão de auditoria formada por administradores;
- o dualista americano, que postula um conselho de administração (alargado), que acompanha a administração executiva[3008].

A matéria presta-se a estudos comparatísticos[3009].

376. Fiscalização orgânica: reformas e sistemas em Portugal

I. O tema da fiscalização, pautado por sucessivas reformas, ditadas por crises sucessivas, constitui um dos motores da evolução do Direito das sociedades, ao longo dos séculos XIX e XX[3010]. Parte significativa do tema em voga da *corporate governance* tem a ver com a fiscalização. E anteriormente: questões como a da cogestão foram justamente enxertadas no órgão de fiscalização[3011].

Vamos agora ater-nos a alguns aspetos da experiência portuguesa, ainda não ventilados na parte histórica deste livro[3012].

II. Ao tempo do Código FERREIRA BORGES, a fiscalização das então "companhias de comércio" era em parte externa (exigia-se uma autorização do Governo, logo para a sua constituição) e em parte interna e inorgânica, sendo obra da assembleia geral. A prática ligada às sociedades anónimas levou a que, entre nós e ainda antes de 1867, alguns estatutos previssem uma "comissão fiscal"[3013]. Coube à Lei de 22 de Junho de

---

[3008] ALEXANDER KINDLER, *Der amerikanische Aufsichtsrat / der Funktionswandel des Board of Directors grosser Aktiengesellschaften in den USA* (1997), XVII + 191 pp.; MARTIN STEINDEL, *US-Board und Aufsichtsrat / ein Systemvergleich* (1999), 284 pp.

[3009] CHRISTINE MANSHAKE, *Prüfungsausschüsse im US-amerikanischen und deutschen Recht* (2009), XIX + 671 pp.

[3010] *Supra*, 132 ss..

[3011] *Supra*, 90 ss..

[3012] Em geral, J. PIRES CARDOSO, *Problemas do anonimato*, II – *A fiscalização das sociedades* (1943), 232-286.

[3013] JOÃO JACINTO TAVARES DE MEDEIROS, *Commentario da Ley das Sociedades Anonymas* (1886), 267 ss.; RUI PINTO DUARTE, *O quadro legal das sociedades comerciais*

1867, oficializar o conselho fiscal. Desde logo, a sua secção IV intitulava-se, precisamente, da administração e do conselho fiscal (13.º a 25.º). Ao conselho fiscal cabiam os artigos 21.º a 25.º, que cumpre reter[3014]:

Art. 21.º Em todas as sociedades anonymas haverá um conselho fiscal, composto pelo menos de tres membros associados, eleitos pela assembléa geral nos periodos marcados nos estatutos, e podendo ser pela assembléa exonerados.

§ unico. Os estatutos indicarão o modo de supprir o impedimento temporario ou permanente dos membros do conselho fiscal.

Art. 22.º Incumbe ao conselho fiscal:

1.º Examinar sempre que o julgue conveniente a escripturação da sociedade;

2.º Convocar a assembléa geral quando julgar necessario, exigindo-se n'este caso o voto unanime do conselho, quando for composto de tres membros, e dois terços dos votos, quando a elle pertencer um maior numero de associados;

3.º Assistir, com voto unicamente consultivo, ás sessões da direcção, sempre que o julgue conveniente;

4.º Fiscalisar a administração da sociedade;

5.º Dar parecer sobre o balanço, inventario e relatorio a que se refere o artigo 31.º.

Art. 23.º As funcções dos membros do conselho fiscal são gratuitas ou remuneradas, conforme for determinado pelos estatutos.

§ unico. O cargo de membro do conselho fiscal é incompatível com qualquer outro da sociedade.

Art. 24.º A responsabilidade dos membros do conselho fiscal regula-se pelas regras do contrato de mandato.

Art. 25.º As assembléas geraes, quando o julgam necessario, nomeiam commissões especiaes de inquerito para o exame dos actos da administração.

---

*ao tempo da Alves & C.*ª, Estudos Comemorativos da FDUNL II (2008), 479-505 (487); TIAGO JOÃO ESTÊVÃO MARQUES, *Responsabilidade civil dos membros de órgãos de fiscalização* cit., 28-29.

[3014] COLP 1867, 175-176.

§ 86.º *A fiscalização nas sociedades comerciais* 1011

III. O texto da Lei de 22 de Junho de 1867 transitou, sem grandes alterações, para os artigos 175.º e seguintes do Código Veiga Beirão (1888)[3015]. O sistema manteve-se pouco operativo, como resulta das reformas ou tentativa de reforma que preencheram a primeira metade do século XX[3016].

Os poderes dos membros do conselho fiscal foram ampliados pelo Decreto-Lei n.º 49 381, de 15 de Novembro de 1969 (12.º/1). A matéria transitou, daí, para o Código das Sociedades Comerciais. Este, sob inspiração da proposta de 5.ª Diretriz do Direito das sociedades[3017], veio permitir duas estruturas distintas de sociedades anónimas:

– de tipo latino, com um conselho de administração e um conselho fiscal;
– de tipo germânico, com um conselho geral (hoje: conselho geral e de supervisão) e uma direção (hoje: conselho de administração executivo).

Finalmente, a reforma de 2006 introduziu um terceiro tipo de estrutura de sociedade anónima, sempre com a fiscalização no fiel da balança. Temos, agora[3018]:

– o sistema monista de tipo latino, com um conselho de administração e o conselho fiscal;
– o sistema monista de tipo anglo-saxónico, com a comissão de auditoria integrada no conselho de administração;
– o sistema dualista, com um conselho de vigilância (ou conselho geral e de supervisão) e a direção.

Teoricamente, as funções de fiscalização seriam, no primeiro caso, asseguradas pelo conselho fiscal, revertendo, no segundo, para a comissão de auditoria e, no terceiro, para o conselho de vigilância. A primeira hipótese era comum nos países do Sul; a segunda, nos anglo-saxónicos; a ter-

---

[3015] Luiz da Cunha Gonçalves, *Comentario ao Código Comercial Português* 1 (1914), 439 ss., quanto a esses preceitos.

[3016] *Supra*, 134 ss..

[3017] *Direito europeu das sociedades*, 680 ss.

[3018] Gabriela Figueiredo Dias, *Fiscalização de sociedades* cit., 22 ss.

1012   *A fiscalização das sociedades*

ceira, tipicamente alemã. Tudo isso tem, como pano de fundo, uma responsabilidade alargada dos membros dos órgãos de fiscalização, obtida por remissão para a responsabilidade dos administradores (81.°). Naturalmente: sempre com as necessária adaptações[3019].

Em termos de eficácia, a terceira hipótese parece a melhor. Na verdade, o conselho fiscal apresenta-se como uma instância exterior ao *management*, sem uma atuação permanente e, através de diversos expedientes, possível de contornar. A comissão de auditoria opera paredes-meias com a administração, podendo comprometer-se com ela. Já o conselho de vigilância, sempre em funções e podendo especializar os seus membros, de acordo com os pelouros da sociedade, tem outras hipóteses, sobretudo quando a direção dependa dele. Tanto assim que, nos próprios Estados Unidos, se vem verificando uma certa confluência com esse sistema. Mais precisamente: através da designação de conselhos de administração numerosos, mas em que apenas alguns administradores são "executivos", haja, ou não, um "conselho executivo" formal. Nessa altura, os administradores "não executivos" funcionam, de facto, como membros de um conselho de vigilância, acompanhando, com permanência, a gestão dos "executivos".

Maiores precisões exigem conhecer o concreto tipo de sociedade onde o problema se ponha.

377. Outras vias de fiscalização

I. As formas mais puramente societárias de fiscalização são, como foi visto, a inorgânica, levada a cabo por qualquer dos sócios e a orgânica, encabeçada por um órgão especial de fiscalização: o conselho fiscal, o conselho geral e de supervisão ou a comissão de auditoria. Temos, todavia, outros esquemas. Assim:

- a fiscalização exercida por um corpo profissional independente, devidamente habilitado: o dos revisores oficiais de contas;
- a fiscalização pelo Ministério Público, referida nos artigos 172.° e 173.°;

[3019] GABRIELA FIGUEIREDO DIAS, *Fiscalização de sociedades* cit., 37 ss.

§ 86.º *A fiscalização nas sociedades comerciais*

– a fiscalização levada a cabo pelas entidades de supervisão, nos âmbitos respetivos: Banco de Portugal, Instituto de Seguros de Portugal e Comissão de Mercado dos Valores Mobiliários.

II. A fiscalização exercida por um corpo profissional competente faz apelo aos revisores oficiais de contas. Organizados numa Ordem, os revisores oficiais de contas têm a seu cargo um papel importante, no domínio da fiscalização das sociedades e da tutela da confiança que, nelas, deposite o mercado.

A tendência recente para multiplicar instâncias parcelares de fiscalização pode restringir o papel dos revisores oficiais de contas, com perdas para a visão de conjunto de que eles dispõem. Há que equilibrar as diversas intervenções. A cultura da revisão de contas é importante, sobretudo nas sociedades abertas: no fundo, ela operará como garantia visível da seriedade das propostas de investimento veiculadas junto do grande público.

Trata-se, também, de uma matéria de estudo especializado.

III. O Ministério Público assume a capacidade de intervenção que lhe é dada pelos artigos 172.º e 173.º. Temos duas hipóteses essencialmente distintas, a considerar:

– a do contrato de sociedade sem forma legal;
– a do objeto da sociedade se tornar ilícito ou contrário à ordem pública.

Em qualquer dos casos, deve o Ministério Público requerer, sem dependência de ação declarativa, a liquidação judicial da sociedade, se ela não tiver sido iniciada pelos sócios ou não estiver terminada, no prazo legal. No tocante à sociedade sem forma legal, a intervenção do Ministério Público põe-se como mais uma vicissitude, na instância formativa. Já a ponderação da ilicitude superveniente do objeto da sociedade ou a sua contrariedade à ordem pública postulam um certo acompanhamento da vida societária. Aí residirá a dimensão fiscalizadora. Além do Ministério Público, outros oficiais públicos têm poderes de fiscalização, com relevo para os conservadores do registo comercial, na (escassa) margem de que ainda dispõem.

1014 *A fiscalização das sociedades*

IV. Finalmente, temos o jogo das supervisões. Como foi ponderado na introdução, há áreas sensíveis que requerem uma confiança do público, que apenas um permanente acompanhamento do Estado pode assegurar. Verificou-se que o próprio Estado não era neutro, pelo que esse papel foi entregue a entidades independentes, ainda que de natureza pública, devidamente apetrechadas, em termos técnicos e dotadas, por lei bastante, de poderes de autoridade consequentes. A supervisão postula o acatamento de regras prudenciais e, portanto: de regras técnicas, que envolvem um domínio altamente especializado, onde apenas com cuidado se pode intervir. Perfilam-se as áreas institucionais da banca, dos seguros e dos valores mobiliários.

V. O grande desafio lançado à fiscalização, nas suas diversas manifestações, é o seguinte: como assegurar que ela seja profunda, de modo a sossegar os mercados e prevenir escândalos tipo ENRON e, ao mesmo tempo, sem sufocar as empresas e a sua capacidade de criação. Na ausência de um certo risco, não há ganhos extraordinários. E sem a miragem desse tipo de ganhos, o mercado ficará desmobilizado: o próprio progresso humano ficaria comprometido.

O campo está aberto e disponível para o estudo e a busca de melhores soluções.

Maiores especificidades sobre a fiscalização das sociedades ficarão para a parte especial desta obra.

378. A substância da fiscalização; a *compliance*

I. A fiscalização pode incidir sobre campos distintos. Tomando como ponto de partida a competência conferida pela Lei aos órgãos de fiscalização (420.°, para o conselho fiscal, 423.°-F, para a comissão de auditoria e 441.°, para o conselho geral e de supervisão[3020]), podemos distinguir as seguintes áreas de fiscalização:

– a legalidade estrita;
– a regularidade contabilística e patrimonial;
– as políticas contabilísticas e valorimétricas;

[3020] *Vide* as correspondentes anotações no *CSC/Clássica*, 2.ª ed. (2011).

§ 86.º A fiscalização nas sociedades comerciais   1015

– os sistemas de gestão de riscos, de controlo interno e de auditoria interna;
– a gestão *lato sensu*.

II. A legalidade estrita tem a ver com a observância, pela administração, das regras legais e estatutárias e, ainda, com a sua aplicação, pelos diversos órgãos da sociedade. Ficam abrangidos todos os planos: desde a gestão corrente ao cumprimento das regras fiscais e desde as informações aos acionistas à legalidade das deliberações da assembleia.

A regularidade contabilística e patrimonial implica a supervisão de todos os suportes de contas e similares e a ponderação dos elementos apresentados pela administração, à luz da realidade da empresa.

As políticas contabilísticas e valorimétricas fogem já à área da legalidade estrita: estamos numa área em que são legalmente possíveis vários critérios de avaliação da realidade, cabendo à sociedade escolher os concretamente mais adequados. Trata-se de um domínio técnico, mas no qual jogam já opções político-empresariais próximas da gestão.

Os sistemas de gestão de riscos, de controlo interno e de auditoria interna são próprios das grandes sociedades. A sua montagem e o seu funcionamento requerem o domínio das *leges artis*, isto é, o *know how* próprio da sociedade onde o problema se ponha. As suas valoração e fiscalização só são possíveis detendo esses mesmos conhecimentos. Sistemas de gestão de riscos, de controlo interior e de auditoria interna no banco, por exemplo, funcionam na base de aprofundados conhecimentos bancários. O órgão de fiscalização que deles se ocupe deverá estar perfeitamente apetrechado nessa matéria. Não se trata de uma verificação de legalidade estrita, embora esta esteja sempre em causa. Antes compete, também, formular juízos de oportunidade empresarial, no sentido mais amplo.

Na cúpula não-legalista da fiscalização põe-se a análise da própria gestão *lato sensu*. As políticas da empresa são as mais convenientes? A efetivação de certo investimento é oportuna? O pessoal está dimensionado às necessidades da empresa? A retribuição da administração surge adequada?

III. Levada ao extremo, a fiscalização poderia aproximar-se da própria gestão. Distingue-se, dela, pelo ângulo de abordagem: embora a gestão tenha de se preocupar, em permanência, com a legalidade e com a regularidade do que faça, corrigindo os desvios, o seu papel é o de conduzir a atuação empresarial, descobrindo oportunidades de negócio e incre-

1016 *A fiscalização das sociedades*

mentando as existentes. Já a fiscalização sindica as opções, assegurando a confiança exterior e corrigindo, no plano interno, o que deva ser corrigido.

Perante opções empresariais possíveis e legítimas, cabe à administração decidir. *Ex post*, a fiscalização fará as observações que entender: mas sem se alhear dos valores da sociedade. Caber-lhe-á ter em especial conta o saber se, perante as escolhas feitas, as atuações intrassocietárias foram coerentes com a sua prossecução.

A particular focagem implícita nos temas da fiscalização levou à utilização do termo anglo-saxónico *compliance*. A *compliance* (de *to comply*, agir de acordo com uma regra ou uma instrução) abrange o conjunto dos procedimentos que[3021]:

– identifiquem as atuações devidas, derivadas de leis, de regulamentos, de contratos, de estratégias e de opções políticas;
– acompanhem o seu estado de execução;
– avaliem os riscos e os custos potenciais do não-cumprimento;
– definam prioridades;
– preconizem corretivos para as falhas que ocorram.

Não se encontra uma tradução exata para a *compliance*[3022]: o problema tem a ver com a capacidade compreensiva das locuções inglesas, que lhes permitem transmitir um conjunto impreciso de realidades, unificadas por uma coloração valorativa. Sob a *compliance* acolhem-se os mais diferentes problemas jurídicos[3023], originando decisões de ordem diversa[3024]. Numa linha já presente na *corporate governance* norte-americana, não fica clara a distinção entre a ética e o Direito[3025].

[3021] ANTHONY TARANTINO, *Governance, Risk and Compliance Handbook* (2008), 972 pp. (21 ss. e *passim*).

[3022] Nem mesmo na rica língua alemã: CHRISTOPH E. HAUSCHKA, *Von Compliance zu Best Practice*, ZRP 2006, 258-261 (258).

[3023] CHRISTOPH E. HAUSCHKA, *Von Compliance* cit., 261.

[3024] THOMAS KLINDT/CHRISTIAN PELZ/INGO THEUSINGER, *Compliance im Spiegel der Rechtsprechung*, NJW 2010, 2385-2391; temos decisões sobre: a responsabilidade do *compliance officer*; os deveres de organização; o objeto da empresa e os limites de competência da direção; os deveres de cuidado nas decisões empresariais; a minimização da corrupção; o domínio fiscal.

[3025] MICHAEL KORT, *Ethik-Richtlinien im Spannungsfeld zwischen US-amerikanischer Compliance und deutschen Konzernbetriebsverfassungsrecht*, NJW 2009, 129-133 (129 ss.).

§ 86.º *A fiscalização nas sociedades comerciais* 1017

V. A *compliance* é apontada como uma reação de defesa perante os riscos crescentes de responsabilização que afetam as empresas e as administrações[3026]. Particularmente na Alemanha, tomada como exemplo liderante de Direito continental europeu, ela funciona nos planos da prevenção, localização e reação de quanto possa pôr em ação a responsabilidade da empresa e de quem a sirva[3027].

Não substitui a fiscalização tradicional, entregue aos seus órgãos especializados. Dá-lhe, todavia, uma coloração mais dinâmica e menos dogmatizada.

[3026] CHRISTOPH E. HAUSCHKA, *Compliance, Compliance Manager, Compliance--Programme: Eine geeignete Reaktion auf gestiegene Haftungsrisiken für Unternehmen und Management?*, NJW 2004, 257-261. Uma menção especial deve ser feita à obra organizada pelo mesmo CHRISTOPH E. HAUSCHKA, *Corporate, Compliance. Handbuch der Haftungsvermeidung im Unternehmen*n (2007), XLII + 820 pp., com dezenas de artigos.

[3027] KLAUS MOOSMAYER, *Compliance. Praxisleitfaden für Unternehmen* (2010), XIV + 124 pp., com rec. WOLFGANG J. SCHAUPENSTEINER, NJW 2010, 2263-2264. KLAUS MOOSMAYER é *Compliance Operating Officer* e *Chief Counsel Compliance & Investigations* da Siemens AG; expõe a sua experiência no terreno, nesses domínios.

CAPÍTULO VIII
A PRESTAÇÃO DE CONTAS

§ 87.º INTRODUÇÃO E EVOLUÇÃO

379. Introdução

I. A prestação de contas era uma rubrica clássica da fiscalização das sociedades[3028]. O desenvolvimento recente dessa matéria fez, dela, uma disciplina autónoma[3029]. Além disso, ela pertencia ao Direito comercial. A reforma de 2006 acabou, todavia, por a remeter, praticamente e apenas, para as sociedades. Uma exposição geral de Direito das sociedades não pode, por isso, deixar de tratar esse capítulo.

II. O Direito da prestação de contas corresponde ao conjunto das normas e dos princípios que regem a contabilidade, a elaboração, a apresentação, a confirmação e a certificação de contas, o relato da gestão e a fiscalização, relativamente a comerciantes ou a pessoas semelhantes a comerciantes que, legal ou livremente, adotem as inerentes práticas. Além disso – e como é habitual – o Direito da prestação de contas traduz também a disciplina jurídico-científica relativa a esse acervo normativo. Com a expressão aqui usada – Direito da prestação de contas – pretendemos exprimir o alemão *Bilanzrecht*: melhor do que Direito do balanço, uma vez que o "balanço" constitui apenas um elemento envolvido na prestação de contas. "Prestação de contas" é, de resto, a expressão consagrada, entre nós, desde o século XVIII e comummente usada nos países latinos e no

---

[3028] Na anterior edição desta obra, *vide* 946 ss.

[3029] *Vide* o nosso *Introdução ao Direito da prestação de contas* (2008), 186 pp.

1020 *A prestação de contas*

(ora) omnipresente Direito anglo-saxónico. Nenhuma razão vemos para a substituir.

III. A prestação de contas surge pouco animadora, mesmo para os juristas que cultivem o Direito comercial, o Direito das sociedades ou o Direito fiscal. Apontamos três razões:

– ela usa uma terminologia especializada, cujo sentido não é o imediato: partidas dobradas, ativo circulante, existências, reservas e resultados transitados, como exemplos; sem prévia iniciação, tais termos nada dizem, mesmo a juristas formados;
– ela lida com números, apresentando, mesmo em situações modestas, páginas menos atraentes para universitários formados em humanidades;
– ela acolhe siglas e conceitos anglo-americanos: IAS, IFRS, IASC, IASB, SEC, US-GAAP, também como exemplos e que, para além de incompreensíveis para leigos, parecem esconder densas florestas normativas.

A tudo isto vêm somar-se reformas recentes e um fluxo importante de produção comunitária e internacional.

IV. Desde já adiantamos que o Direito da prestação de contas não suscita problemas de maior: tem, simplesmente, de ser estudado, como qualquer outro sector normativo. Como veremos, a prestação de contas apresenta mesmo, em relação a qualquer outra disciplina jurídica, algumas facilidades: lida com conceitos simples e de conhecimento intuitivo e assenta em articulações extrajurídicas, acessíveis a quem conheça a realidade empresarial. Além disso, tem poucos problemas de construção dogmática.

O Direito da prestação de contas torna-se menos claro por, sobre ele, não haver exposições cabais. Ora se acentua a contabilidade[3030] – matéria muito documentada, a nível de manuais, há dois séculos – ora se sublinham

---

[3030] P. ex.: António Borges/Azevedo Rodrigues/Rogério Rodrigues, *Elementos de contabilidade geral*, 15.ª ed. (1997), mais de 1000 pp., maciças.

§ 87.° Introdução e evolução   1021

os domínios europeus[3031]. As exposições jurídicas têm-se ficado por algumas rubricas em manuais de Direito comercial[3032]. Por via dos cursos de mestrado lecionados na Faculdade de Direito de Lisboa, surgiram monografias excelentes, nas áreas do Direito comercial e do Direito fiscal, sobre aspetos pontuais[3033]. Falta-nos, todavia, uma introdução geral de tipo jurídico. Mais do que uma introdução à prestação (técnica) de contas para juristas[3034] – por certo bem útil – afigura-se vantajosa uma aproximação jurídica à prestação de contas[3035].

380. Das origens à Antiguidade

I. De acordo com o método consagrado, a Humanidade passou da Pré-história para a História através da invenção da escrita. De facto, a escrita é avassaladora: permite armazenar informações, sem limite, fora do cérebro humano; faculta a comunicação dessa informação a terceiros, no

---

[3031] P. ex.: JOSÉ VIEIRA DOS REIS, *Os documentos de prestação de contas na CEE e a legislação portuguesa / Análise das 4.ª, 7.ª e 8.ª Directivas da CEE sobre as sociedades comerciais* (1987).

[3032] *Manual de Direito comercial*, 2.ª ed., 353 ss..

[3033] Assim e a título de exemplo: MARIA DE FÁTIMA RODRIGUES CRAVO DE SAMPAIO, *Contabilização do imposto sobre o rendimento das sociedades: análise dos métodos do imposto a pagar e da contabilização dos efeitos fiscais* (2000), 217 pp., AMÂNDIO FERNANDES SILVA, *Harmonização contabilística europeia* (2003), 29 pp., e *O princípio da imagem fiel (True and fair view): da harmonização contabilística europeia ao Direito contabilístico nacional* (2006), 311 pp., BRUNO BOTELHO ANTUNES, *Da relevância dos princípios contabilísticos geralmente aceites para o Direito fiscal* (2003), 109 pp., CRISTIANA PINTO DE ALMEIDA, *O princípio da especialização de exercícios e o lucro tributável* (2003), 47 pp., VIRGÍLIO DA RESSURREIÇÃO BERNARDO ADRIANO TYOVA, *A prestação de contas nas sociedades comerciais / Sociedades anónimas* (2004), 47 pp., TOMAZ PEREIRINHA CAMEIRA, *Tratamento contabilístico do trespasse* (2005), 49 pp., MARIA AMÉLIA CARLOS, *As IAS/IFRS – International Accouting Standards –, e a realização teleológica do Direito do balanço nas sociedades abertas: a imagem verdadeira* (2005), 53 pp., OLAVO FERNANDES MAIA NETO, *Classificação e tratamento jurídico-contabilístico das despesas com investigação e desenvolvimento* (2005), 43 pp., e ANA LUÍSA FEITEIRO MAIA, *Acções próprias no contexto das normas internacionais do relato financeiro* (2006), 65 pp.

[3034] P. ex.: PETER HOLGATE, *Accounting Principles for Lawyers* (2006), 3 ss. e, entre nós, ROGÉRIO FERREIRA, *Contabilidade para não contabilistas* (2005).

[3035] Intentámos colmatar essa lacuna no nosso já referido *Introdução ao Direito da prestação de contas* (2008).

1022   *A prestação de contas*

presente e no futuro; permite uma dinâmica própria, relativamente aos elementos recolhidos; põe à disposição de todo o Planeta qualquer ideia que ocorra a um ser humano. Tudo o que de novo se tem feito redunda, no fundo, em melhorias na escrita, na sua conservação, na sua comunicação e no seu aproveitamento.

II. Os estudiosos são unânimes em relevar que a escrita, nos seus primórdios, particularmente no que tange à escrita cuneiforme suméria, anterior à própria egípcia, visava fins contabilísticos[3036]. A multiplicação de operações de comércio rapidamente ultrapassava os limites da memória humana e, por maioria de razão, da própria comprovação perante terceiros. Sinais gráficos resistentes podiam resolver o problema, ampliando a capacidade do cérebro humano. A contabilidade e o que ela representa estarão assim na origem da grande invenção da humanidade: marcou o início da História.

A contabilidade documenta-se desde a invenção da escrita. As cidades da Mesopotâmia foram pioneiras, como foi dito. Não só se deram os passos necessários para a notação contabilística das operações comerciais, como se originaram normas jurídicas de prestação de contas. Estas serviam, além do apoio comercial, finalidades de prova de atos que retratavam. O próprio Código de Hammurabi (1800 a.C.) contém regras de prestação de contas, designadamente na hipótese de mandato comercial.

O Código de Hammurabi (ou Hammurapi) foi descoberto em Susa, em Dez.-1901 e Jan.-1902. Por oferta do Shá, conserva-se, hoje, no Louvre. Surge matéria contabilística nos seus artigos 100, 104 e 105[3037], entre outros. Tomamos nota deste último, segundo a versão bilingue mesopotamo-francesa[3038]:

> Se um comissário (šamallûm) for negligente e não receber um documento selado relativo ao dinheiro que deu ao mercador, o dinheiro sem o documento selado não será levado à sua conta.
>
> Portanto: não só havia um formalismo a observar como, também, este era condição de inscrição contabilística, base da ulterior eficácia.

[3036] *Vide* JEAN-GUY DEGOS, *Histoire de la comptabilité* (1998), 7 ss.

[3037] EMILE SZLECHTER, *Codex Hammurapi* (1977, ed. bilingue mesapotomo-francesa), 102 ss.

[3038] *Idem*, 103-104.

§ 87.º Introdução e evolução

Chegaram, até nós, muitas dezenas de milhares de tabuletas onde se registam operações comerciais de povos desaparecidos[3039]: expressiva homenagem à persistência das contas, prestadas por escrito.

III. No Egito, a prestação de contas foi intensamente praticada. A propósito da administração da casa do primeiro faraó Menas, em 3623 a. C., relata o historiador Brugsh-Rey[3040]:

> (…) os escribas, por ordem de seus senhores, descreviam em rolos lisos os numerosos factos da vida dinástica, registavam com exatidão as receitas e as despesas e tinham as suas contas em boa ordem.

A contabilidade egípcia, muito cuidada, chegou a nós em inúmeros testemunhos documentais[3041]. E a própria monumentalidade da época nunca teria sido possível sem uma gestão adequada de recursos, assente em meios contabilísticos.

IV. O Antigo Testamento ilustra a contabilidade entre os Hebreus. O Livro dos Números, que relata as peripécias de Moisés e do Povo a caminho da Palestina, refere diversos recenseamentos[3042] e explicita regras sobre a divisão da presa[3043], só possíveis com suporte contabilístico. Por seu turno, o Eclesiástico prescreve[3044]:

> (…) e aponta tudo o que deres e receberes (…).

V. Na Grécia Antiga, eram organizadas contas, incluindo as do próprio Estado, que eram submetidas às assembleias[3045]. As ofertas aos templos e aos santuários eram cuidadosamente contabilizadas: em Delfos surgiram placas de mármore e de calcário onde elas eram consignadas. Os banqueiros atenienses usavam dois tipos de livros:

– as efemérides, onde registavam cronologicamente as operações;

[3039] Jean-Guy Degos, *Histoire de la comptabilité* cit., 17, com indicações.
[3040] *Contabilidade*, na GELB 7 (s/d), 522-532 (522/II).
[3041] Diversos elementos em Jean-Guy Degos, *Histoire de la comptabilité* cit., 21 ss.
[3042] Números 1; 3,40; 26.
[3043] Números 31,25.
[3044] Eclesiástico 42,7.
[3045] *Vide* as obras abaixo citadas.

1024 *A prestação de contas*

– os *trapedzikita grammata*, onde se exaravam as contas propriamente ditas.

Os banqueiros eram os trapezistas (τραπεξίτης): de trapézio
(τραπεξα) mesa, onde eram realizadas as operações a contado.

VI. Roma aprofundou as regras da contabilidade, delas fazendo um
uso intensivo[3046]. As fontes que nos chegaram estavam dispersas; todavia,
importantes elementos recuperados em Pompeia e uma paciente reconstituição de textos permite-nos, hoje, ter um conhecimento alargado da prestação de contas romana[3047]. Os elementos disponíveis mostram que os
romanos usavam diversos livros de contabilidade.

Uma importante fonte do nosso conhecimento, sobre as técnicas contabilísticas, advém-nos de Cícero (106-43 a. C.), especialmente das suas ale-
gações na segunda ação contra Verres[3048]. Verres, de família poderosa e
filho de senador, prestara serviço na Sicília onde, com escândalo, se apode-
rou, entre 73 e 71 a. C., de 40 milhões de sestércios, em rapinas de todo o
tipo. Cícero tomou a sua acusação no foro, explicando, em determinado
momento, como eram conduzidos os livros das contas[3049].
Daí resultaria já uma relevância substantiva[3050].

Na verdade, uma Administração eficaz e duradoura como a romana
seria impensável sem uma normalização contabilística, num modelo que
só seria alcançado, de novo, no século XIX.

[3046] Quanto à contabilidade e à prestação de contas em Roma, a obra clássica é,
ainda hoje, a de R. BEIGEL, *Rechnungswesen und Buchführung der Römer* (1904, reimp.,
1968), especialmente 63 ss..

[3047] Como obra de referência, GÉRARD MINAUD, *La compatibilité à Rome / Essai
d'histoire économique sur la pensée comptable commerciale et privée dans le monde antique romain* (2005), 383 pp., com importantes indicações de fontes.

[3048] Cf. a introdução de T. N. MITCHELL à ed. bilingue anglo-latina, CICERO, *Verrines*, II, 1, 2.ª ed. (1917), 5 ss..

[3049] M. TULLII CICERONIS, *Opera* (ed. org. ORELLII/BAITERUS/HALMIUS, Turim,
1854), II, *Actionis Secundae in C. Verrem*, II, Lib. I, Cap. XIV, § 36 (442-443) = ed. MIT-
CHELL cit., 52-53.

[3050] Cf. H. DIETZEL, *Die Commanditen-Gesellschaft und die actio Tributoria*, ZHR
2 (1859), 1-18 (7).

§ 87.º *Introdução e evolução*   1025

Quanto aos livros de contabilidade romanos, temos[3051]:

– *libellae familiae* ou *patrimonii*, que inventariavam os bens, com fins fiscais;
– *calendarium*, para registo de créditos e juros;
– *codex rationum*, com contas de deve e haver e onde já se pretendeu ver o núcleo das partidas dobradas; tinha força probatória;
– *codex accepti et expensi*, relativo aos atos jurídicos[3052];
– *adversaria*, tipo de borrão, onde eram consignadas cronologicamente as operações.

Os cálculos romanos eram prejudicados pela numeração e pelas dificuldades que ocasionava: faltava o zero! De todo o modo, o recurso ao *abacus* permitia já fazer contas com virtuosismo.

A queda de Roma ocasionou, neste domínio como noutros, uma grave perda científico-cultural.

381. O Mundo Moderno

I. Como grande marco na evolução subsequente aponta-se LEONARDO DE PISA ou LEONARDO PISANO, de seu nome LEONARDO FIBONACCI (1170--1250). Autor do *Liber abaci* (1202)[3053], FIBONACCI divulgou, aí, o sistema de numeração hindú, conhecido hoje como "algarismos árabes" e que está na base de toda a matemática moderna[3054]. FIBONACCI, filho de um comerciante e que, na prática do comércio, adquiriu e desenvolveu os seus conhecimentos matemáticos, aplicou-os, no próprio *Liber abaci*, à contabilidade. Pôs, assim, termo ao período antigo da prestação de contas.

A contabilidade organizada – e os conhecimentos que ela pressupunha – eram apanágio de grandes mercadores[3055]. Não havia uma prática

---

[3051] R. BEIGEL, *Rechnungswesen und Buchführung der Römer* cit., 165 ss.

[3052] Especialmente quanto a este interessante instrumento: MINAUD, *La compatibilité à Rome* cit., 119 ss.

[3053] LEONARDO FIBONACCI escreveu ainda outras obras, que chegaram até nós: *Pratica geometricae* (1220), *Flos* (1225) e *Liber quadratorum*.

[3054] Em obra geral de tipo jurídico: HERMANN VEIT SIMON, *Die Bilanzen der Aktiengesellschaften und der Kommanditgesellschaften auf Aktien*, 4.ª ed. (1910), 29.

[3055] A matéria surge ilustrada em JEAN-GUY DEGOS, *Histoire de la comptabilité* cit., 38-39.

1026 A prestação de contas

generalizada, nem a matéria era ensinada, fora dos círculos muito estreitos onde era praticada.

II. Seguiu-se, na origem da contabilidade moderna, FREI LUCA BARTOLOMEO DE PACIOLI (1445-1517), franciscano. Matemático e conhecedor da prática do comércio, FREI LUCA BARTOLOMEO DE PACIOLI escreveu, em 1494, o livro *Summa de arithmetica, geometria, proportioni et proportionalita*, que inclui o capítulo *particularis de compartis et scripturis*[3056], que fixou e divulgou a técnica das partidas dobradas[3057] (dita, ainda, da entrada dupla ou método veneziano), de origem anterior[3058].

A obra de Luca Pacioli esteve esquecida durante muitos séculos. Em 1869, a Academia de Contabilidade de Milão pediu ao Padre E. Lucchini uma conferência sobre um tema de contabilidade. Este surgiu com um incunábulo de 1494: a *summa de arithmetica*. A redescoberta é, também atribuída a Emil Ludwig Jäger, em 1868[3059].

Pacioli originou, a partir de então, uma vasta literatura. Na Universidade de Seattle existe mesmo uma *Luca Pacioli Society*.

Os sucessores de PACIOLI[3060] retomaram a ideia, divulgando-a, lentamente, nos séculos subsequentes, já sob a influência da imprensa. As partidas dobradas, provavelmente desenvolvidas em Itália, ao longo do século XIV[3061], permitiam conhecer a estrutura funcional de cada negócio, defi-

---

[3056] Esta obra, mau grado o título latino, foi escrita inicialmente em italiano. Confrontámos duas versões: LUCA PACIOLI, *Abhandlung über die Buchaltung 1494*, trad. alemã org. BALDUIN PENNDORF (1933, reimp. 1997), com interessante introdução deste e LUCA PACIOLI, *Traité des comptes et des écritures*, ed. bilingue italiana e francesa de PIERRE JOUANIQUE, com um subtítulo *Ouverture vers la comptabilité moderne / Titre Neuvième. Traité XI de la Summa de Arithmetica*, também com importante apresentação (1995).

[3057] O termo "partidas dobradas" só se generalizou depois de 1755, após a publicação de PIETRO PAOLO SCALI, *Trattato dal modo di tenere la scritura dei mercanti a partite doppie cioè all'italiana*.

[3058] Frei LUCA BARTOLOMEO DE PACIOLI escreveu ainda a célebre *De divina proportionii* (1509), ilustrada por LEONARDO DA VINCI, de quem era amigo. Existe uma edição excelente, com tradução castelhana de JUAN CALATRAVA, intr. ANTONIO M. GONZÁLEZ, LUCA PACIOLI, *La divina proporción* (1991).

[3059] EMIL LUDWIG JÄGER, *Luca Paccioli und Simon Stevin* (1876).

[3060] *Vide* JEAN-GUY DEGOS, *Histoire de la comptabilité* cit., 66 ss.

[3061] As contas dos tesoureiros genoveses, que se conservam desde 1340, permitem ilustrar já as partidas dobradas: JEAN-GUY DEGOS, *Histoire de la comptabilité* cit., 49.

§ 87.º *Introdução e evolução*   1027

nindo precisamente os seus vértices. As partidas dobradas (entrada dupla ou *double entry*, na linguagem anglo-saxónica) assentam em seis componentes[3062]: a ideia de parceiro em negócios como uma entidade contabilística; a oposição algébrica nos termos reais: para cada débito há um igual crédito; uma unidade monetária simples; uma conta de capital ou propriedade; a ideia de lucro e perda como algo assente em pontos separados; o uso de um período contabilístico.

III. As partidas dobradas permitem conhecer não apenas a relação direta entre duas pessoas – A deve a B, o que seria a "partida simples" – mas ainda a relação completa entre elas – A compra x a B o qual deve y de preço[3063].

> Na prática, a técnica das partidas dobradas consiste em autonomizar em contas os diversos sectores da empresa – por hipótese: caixa, carteira, matérias primas e mercadorias – e as relações com terceiros. Assim, quando venda uma mercadoria, o comerciante credita a conta "mercadorias", credora do preço e debita a conta do comprador, devedor dessa mesma importância. Quando este pague, a sua conta é creditada e debitada a da caixa. Caso compre, o comerciante debita a conta mercadorias e credita a do fornecedor; quando revenda a um preço superior ao preço de compra, o preço de revenda é dividido em duas parcelas: a correspondente ao preço de compra é levada a crédito da conta mercadorias; a correspondente à diferença é levada a crédito da conta "resultados".

Uma vez entendido, este processo é muito simples. Dá uma imagem contínua da situação do comércio e permite, com facilidade, detetar erros e corrigi-los.

IV. Como pressupostos da contabilidade temos: a propriedade privada, o capital, o crédito, a escrita, o dinheiro e a aritmética.

[3062] GEOFFREY A. LEE, *The Development of Double Entry* (1984), confrontável na *Net*.
[3063] JACQUES MESTRE/MARIE-EVE TIAN-PANCRAZI, *Droit commercial*, 24.ª ed. (1999), 145-146, donde é retirada a explicação subsequente. *Vide* CLAUS-WILHELM CANARIS, *Handelsrecht*, 23.ª ed. (2000), 277, NORBERT WINKELJOHANN/BURCKHARD KLEIN, no *Beck'scher Bilanz-Kommentar / Handbuch und Steuerbilanz*, 8.ª ed. (2010) (XXXVI + 2626 pp.), § 328, Nr. 77 e HARALD, *Bilanzrecht / Kommentar zu den §§ 238 bis 342e HGB mit Bezügen zu den IFRS* (2010) (L + 561 pp.), § 238, Nr. 24 (3).

1028   *A prestação de contas*

À medida que todos estes aspetos se foram generalizando pelo Mundo, a contabilidade acompanhou-os. Segue, sempre, a civilização.

382. As codificações

I. No Continente europeu, o sistema das partidas dobradas alargou-se à França, à Alemanha e, mais tarde, aos países periféricos[3064]. O centralismo francês levou à sua recuperação pelo Estado. Os códigos Savary (século XVII), o iluminismo e, depois, o Código do Comércio de Napoleão, vieram fixar algumas regras. Quanto à ordenação contabilística: o Estado adstringiu os comerciantes à observância de certas regras, fixando-as em lei.

As regras em causa e os elementos delas resultantes tinham, ainda, finalidades tributárias[3065]. As empresas unificam a sua contabilidade a qual, em simultâneo, visa os objetivos tradicionais da prestação de contas e prossegue a finalidade do apuramento da riqueza, para efeitos de punção fiscal.

A primeira obra de contabilidade publicada em francês é a de Pierre de Savonne, *Instruction et manière de tenir livres de raison et de comptes par parties doubles* (1567), várias vezes reeditado. Embora criticado, ele teve muita influência[3066].

II. O modelo de regras codificadas é dado pela experiência francesa. Na sequência dos referidos Códigos de Savary[3067], o *Code de Commerce* de 1807 inseriu a rubrica dos "livros de comércio", logo no título II do seu livro I: artigos 8.º a 17.º.

O esquema aí previsto, retomado depois por diversos códigos comerciais, era o seguinte:

– cada comerciante devia ter:

[3064] HERMANN VEIT SIMON, *Die Bilanzen*, 4.ª ed. cit., 31 ss..

[3065] VOLKER H. PEEMÖLLER, *Einführung in die International Accounting und Financial Reporting Standards*, no WILEY – *Kommentar zur internationalen Rechnungslegung nach IAS/IFRS* (2005), 3-36 (4).

[3066] JEAN-GUY DEGOS, *Histoire de la comptabilité* cit., 73-74.

[3067] BERNHARD GROSSFELD, *Zur Geschichte des europäischen Bilanzrechts*, FS Habscheid (1989), 131-138 (135).

§ 87.° *Introdução e evolução* 1029

a) Um livro diário que apresente, em geral, tudo quanto o comerciante pague ou receba e a que título – 8.°/I;

b) Um livro copiador que registe a correspondência enviada, devendo ser guardada em maço a recebida – artigo 8.°/II;

c) Um livro de inventário onde anualmente se dê conta dos seus efeitos mobiliários e imobiliários e dos seus créditos e débitos – artigo 9.°.

– esses livros deveriam estar ordenados, sendo mantidos durante dez anos – artigo 11.°;

– quando regularmente elaborados, os livros de escrituração podem ser admitidos pelo juiz para fazer prova entre comerciantes e por factos comerciais – artigo 12.°;

– no caso de falência, pode ser exigida a exibição em juízo – artigo 14.°.

III. Na Alemanha temos, como antecedente, as leis prussianas sobre sociedades anónimas, com regras contabilísticas[3068].

Também o ADHGB alemão, de 1861, inseriu normas básicas sobre a prestação de contas dos comerciantes[3069]. A matéria passou, depois, aos §§ 238-342 do HGB, permanentemente revistos[3070], sendo objeto de vasta literatura[3071].

Este aspeto é importante, uma vez que permitiu conservar o Direito da prestação de contas da maior potência jurídica continental – a Alemanha – no campo do Direito comercial e, hoje, no do Direito das sociedades. A matéria conheceu, aí, um significativo desenvolvimento jurídico-doutrinário[3072-3073].

[3068] HERMANN VEIT SIMON, *Die Bilanzen*, 4.ª ed. cit., 44 ss..

[3069] H. MAKOWER, *Das allgemeine Deutsche Handelsgesetzbuch* (1864).

[3070] *Vide* CHRISTIAN KIRNBERGER, *Heidelbergar Kommentar zum Handelsgesetzbuch / Handelrecht, Bilanzrecht, Steuerrecht*, 7.ª ed. (2007), *F* vor § 278, Nr. 1a (570-571).

[3071] Entre os muitos comentários, cabe referir o 4.° vol. do *Münchener Kommentar zum Handelsgesetzbuch*, red. WERNER F. EBKE (2001), com 20 colaboradores e 1755 pp. de texto. A nível monográfico: PATRICK HOHL, *Private Standardsetzung im Gesellschafts- und Bilanzrecht* (2007), 126 ss.

[3072] Cf., além de SIMON, *Die Bilanzen*, 4.ª ed. cit.: HERMANN REHM, *Die Bilanzen der Aktiengesellschaften* (1903), 938 pp., HANS TRUMPLER, *Die Bilanzen der Aktiengesellschaft* (1950), 514 pp., e HANS ADLER/WALTER DÜRING/KURT SCHMALTZ, *Rechnungslegung und Prüfung der Aktiengesellschaft / Handkommentar*, em comentário à lei, 4.ª ed., 1 (1968), 2 (1971) e 3 (1972), em mais de 2600 pp., todos com muitas indicações. Bibliografia atual já foi ou será referida.

[3073] Como atuais obras de referência, cabe apontar: OLIVIER AMMEDICK (org.), o

1030 A prestação de contas

383. A experiência anglo-saxónica

I. Perante as regras continentais codificadas da prestação de contas, surge um segundo sistema, próprio dos países de *common law*. Aí, *grosso modo*, o Estado opta por apenas prever determinadas proibições, como as que vedam relatórios fraudulentos, deixando o resto à iniciativa particular[3074].

O livro inglês de contabilidade mais antigo, indicado nas fontes[3075], é o de HUGH OLDCASTLE, de 1543. Seguem-se RICHARD DAFFORNE (1634) e JOHN MAIR (1763), tendo sido marcante o *Novo sistema inglês de contabilidade*, de EDWARD JONES (1796), prenúncio do ensino superior dessa disciplina. Todavia, há que enfatizar o papel empresarial no desenvolvimento britânico da prestação de contas.

II. A revolução industrial, iniciada na Grã-Bretanha em meados do século XVIII, permitiu a este País manter um contínuo crescimento económico, até ao século XX. Fortemente assente no comércio e nos domínios coloniais, a Grã-Bretanha distinguia-se pela eficácia das empresas. Tudo isto teve um nível contabilístico e de prestação de contas, cabendo referir EDWARD THOMAS JONES (1767-1833), autor da obra *English System of Bookeeping by Single or Double Entry*, que tentou combinar os dois sistemas[3076].

Como exemplo, nesse domínio, é apontado JOSIAH WEDGWOOD (1730--1795), industrial da cerâmica. Perante a crise de 1770-1772, WEDGWOOD analisou com cuidado a própria escrituração. Optou por um sistema que lhe permitia seguir os custos dos diversos produtos, em cada ponto da sua produção, numa base semanal. Isso facultou descobrir desperdícios e inutilidades, dando azo às economias de escala. A determinação dos custos fixos permitiu-lhe determinar as vantagens da produção em grandes núme-

---

Münchener Kommentar zum Bilanzrecht 1 (2008), 1250 pp. e 2 (2011), 1500 pp.; *Haufe HGB Bilanz Kommentar*, org. KLAUS BERTRAM/RALPH BRINKMANN/HARALD KESSLER/STEFAN MÜLLER, 2.ª ed. (2010), 2691 pp.

[3074] PEEMÖLLER, *Einführung in die International Accounting* cit., Nr. 7 (4).

[3075] *Contabilidade*, GELB 7, 524/II. Já se pretendeu, na obra de OLDCASTLE, que se perdeu, uma pura transcrição do tratado de PACIOLI; *vide* JEAN-GUY DEGOS, *Histoire de la comptabilité* cit., 72.

[3076] *Idem*, 89.

§ 87.º *Introdução e evolução*   1031

ros. Havia que fixar "segmentos" de mercado: produtos de alto preço para certos sectores e baratos, para outros. WEDGWOOD sobreviveu à crise, ao contrário de outros industriais do sector.

As análises, hoje disponíveis, às empresas britânicas do século XIX, permitem justamente documentar que, ao longo das crises desse período, apenas sobreviviam as unidades dotadas de esquemas adequados de prestação de contas, que permitissem reduzir custos, aumentar quotas de mercado, constituir reservas e ponderar novas iniciativas.

III. Apesar de apontado como pouco ativo, o legislador britânico foi tendo intervenções importantes. O *British Companies Act* de 1844 fixou o processo de registo requerido para a aquisição da personalidade coletiva e impôs a indicação de auditores para proceder à análise anual das contas e do balanço de todas as sociedades com subscrição pública. O *Companies Act* de 1862 fixou as auditorias aos bancos e estabeleceu regras para os seus dividendos.

Datam deste período as grandes firmas de auditoria. WILLIAM DELOITTE abriu a sua em Londres, no ano de 1845; SAMUEL PRICE e EDWIN WATERHOUSE, em 1894; WILLIAM COOPER, em 1854; WILLIAM PEAT, em 1867. O *Institute of Accounting* surge, por iniciativa delas, nos anos 70 do século XIX, sendo-lhe concedido encarte real em 1880. O Instituto e os contabilistas reconhecidos sedimentaram a profissão.

IV. A tradição britânica comunicou-se aos então jovens Estados Unidos da América. Perante as dimensões continentais desse País, as grandes companhias ferroviárias (Union Pacific e Central Pacific), do aço (Carnegie Steel), químicas (Du Pont), desenvolveram esquemas contabilísticos sofisticados, capazes de retratar as fases dos negócios envolvidos em todas as dimensões. Chegou-se a relatórios diários, depois apoiados pelos meios permitidos pela eletricidade. A experiência adquirida transitou para a General Motors (1920), tendo DONALDSON BROWN desenvolvido um moderno sistema de contas, capaz de permitir a gestão de negócios contínuos de grande porte.

Os estudiosos chamam ainda a atenção para o facto de, nos Estados Unidos – e ao contrário do que sucedia na Europa aristocrática – a contabilidade ser uma atividade socialmente considerada e prestigiada. Trata-se de mais uma peça cultural que contribuiu para o êxito do Novo Mundo.

1032   *A prestação de contas*

V. Tudo isto tem, subjacente, o estabelecimento de sistemas privados de prestação de contas, aperfeiçoados no terreno perante as concretas necessidades das empresas, dos mercados e do preciso momento histórico atravessado. Mas tem outros pressupostos: uma cultura empresarial elevada, prestadores de serviços letrados e capazes de inovar, uma mentalidade progressista no sentido próprio do termo e uma população livre, bem tratada e com largas manchas de prosperidade.

Os sistemas de contabilidade assim desenvolvidos são empresariais. Não correspondem ao que o Estado estabeleça, com fins fiscais e que traduz uma segunda ordem de regras contabilísticas: regras contabilístico-fiscais.

VI. Um dado importante no domínio da experiência anglo-americana reside no tipo de financiamento usado pelas empresas norte-americanas: o recurso ao mercado de capitais, enquanto as sociedades europeias continentais se financiam junto da banca[3077]. Daí resulta que as contas norte-americanas devam corresponder não apenas a exigências internas, mas ainda aos requisitos do mercado, por forma a manter informados os investidores.

Nessa linha, estabeleceu-se o princípio da abertura ou do pleno conhecimento (*Full Disclosure Principle*), de modo a que o público interessado possa conhecer a realidade subjacente. O mercado de capitais sujeita-se à supervisão da SEC (*Securities and Exchange Commission*), dotada de poderes reguladores que, na prática, não usa. Na Grã-Bretanha, a SEC não tem equivalente operando, todavia, o FRRP (*Financial Reporting Review Panel*), que pode agir perante irregularidades.

VII. As empresas que pretendam ser admitidas à cotação em Wall Street seguem, na prestação de contas, os GAAP ou US-GAAP: *Generally Accepted Accounting Principles*, preparados e revistos pelo FASB ou *Federal Accounting Standard Board*. A última emissão, neste momento, data de 2010[3078].

[3077] PEEMÖLLER, *Einführung in die International Accounting* cit., Nr. 13 (5).
[3078] Podem ser facilmente confrontáveis na *Net*.

§ 87.° *Introdução e evolução* 1033

384. A dualidade de modelos

I. Os expostos condimentos históricos levam a uma dualidade de modelos, depois marcados por inúmeras particularidades regionais: o continental, liderado pela Alemanha e o anglo-saxónico, de origem britânica e liderado hoje pelos Estados Unidos.

Eles divergem pela filosofia básica em que assentam[3079]. O sistema continental preocupa-se com a tutela dos credores. Valoriza, em especial, o património, tendo em vista os interesses dos bancos. À partida, é mais pormenorizado e rígido. Já o sistema anglo-saxónico dá um maior relevo às perspetivas dos negócios e aos interesses dos titulares (atuais ou futuros) das participações. Surge mais flexível, de modo a acompanhar a realidade[3080]. Simplificadamente, podemos dizer que as empresas saudáveis são subavaliadas, em termos continentais, perante os paradigmas norte-americanos.

II. O modelo anglo-saxónico veio interferir nas regras internacionais da prestação de contas, em termos a que faremos abaixo referência. E por essa via, elas acabaram por provocar sucessivas mudanças, nos sistemas continentais. *Grosso modo*, estes têm vindo ao encontro do anglo-saxónico.

O predomínio deste último modelo ainda suscitou resistências, no Continente, nos anos 90 do século XX[3081]. Com pouca eficácia. Os êxitos económicos norte-americanos e as potencialidades abertas pela globalização dos mercados levaram a um inclinar claro para o sistema anglo-saxónico: sem que isso implique a adopção dos US-GAAP, fora do seu país de origem.

O sistema norte-americano já foi considerado corresponsável pela crise de 2007-2012; a ideia de retratar as perspetivas de negócio pode ser uma porta aberta a operações especulativas, valorando-as, em vez de lhes apontar o risco. Não obstante, a miragem do lucro não parece impedir, no rescaldo da crise, a sua expansão, no universo planetário.

[3079] BERNHARD GROSSFELD, *Bilanzrecht / Jahresabschluss, Konzernabschluss, Internationale Standards*, 3.ª ed. (1997), 293 ss. *Vide*, ainda, CARSTEN P. CLAUSSEN, *So musste es Kommen! – Über die Situation des deutschen Rechnungslegungsrechts*, AG 1993, 278-280 (278).

[3080] *Vide* PATRICK HOHL, *Private Standardsetzung im Gesellschafts- und Bilanzrecht* cit., 129 ss.

[3081] PEEMÖLLER, *Einführung in die International Accounting* cit., Nr. 15 (5).

§ 88.º REGRAS INTERNACIONAIS E EUROPEIAS

385. Aspetos gerais; os IAS

I. A internacionalização das economias – *maxime*, a sua globalização – obriga, logicamente, a que as empresas adotem métodos uniformes ou, pelo menos, cognoscíveis de prestação de contas: caso pretendam ocupar uma dimensão que transcenda o seu estrito espaço de origem[3082].

Visando uma aproximação internacional na prestação de contas, formou-se o IASC ou *International Accounting Standards Commitee*.

O IASC, como fundação independente, foi criado em 29-Jun.-1973 por representantes dos organismos profissionais da Austrália, Canadá, França, Alemanha, Japão, México, Países Baixos, Grã-Bretanha, Irlanda e EEUU. De 1983 a 2000, os membros do IFAC (*International Federation of Accountants*), num total de 143 membros de 104 países, representando mais de dois milhões de profissionais, eram também membros do IASC[3083].

II. O IASC dedicou-se ao desenvolvimento de diretrizes contabilísticas internacionais ou IAS (*International Accounting Standards*). Foram, até à reforma de 2000, adotados 41 IAS, dos quais 34 estão em vigor[3084].

Eis a lista dos IAS em causa:

IAS 1: apresentação de demonstrações financeiras;
IAS 2: inventários;

[3082] Cf. LARS MARITZEN, *Einführung in das Internationale Bilanzrecht IAS/IFRS* (2004, reimp., 2007), 1 ss. e PAUL RODGERS, *International Accounting Standards / from UK standards to IAS* (2007), XI ss..

[3083] PEEMÖLLER, *Einführung in die International Accounting* cit., Nr. 25 (8) e PATRICK HOHL, *Private Standardsetzung im Gesellschafts- und Bilanzrecht* cit., 139 ss..

[3084] Toda esta matéria pode ser confrontada na *Net*, com os habituais cuidados para determinar as versões mais recentes.

§ 88.° Regras internacionais e europeias 1035

IAS 7: demonstrações de fluxos de caixa;
IAS 8: políticas contabilísticas, alterações nas estimativas contabilísticas e erros;
IAS 10: acontecimentos após a data do balanço;
IAS 11: contratos de construção (revista em 1993);
IAS 12: impostos sobre o rendimento (revista em 2000);
IAS 14: relato por segmentos (revista em 1997);
IAS 16: ativos fixos tangíveis;
IAS 17: locações;
IAS 18: rédito (revista em 1993);
IAS 19: benefícios dos empregados (revista em 2002);
IAS 20: contabilização dos subsídios do Governo e divulgação de apoios do Governo (reformatada em 1994);
IAS 21: os efeitos de alterações em taxas de câmbio;
IAS 23: os efeitos de empréstimos obtidos (revista em 1993);
IAS 24: divulgações de partes relacionadas;
IAS 26: contabilização e relato dos planos de benefícios de reforma (reformatada em 1994);
IAS 27: demonstrações financeiras consolidadas separadas;
IAS 28: investimentos em associadas;
IAS 29: relato financeiro em economias hiperinflacionárias (reformatada em 1994);
IAS 31: interesses em empreendimentos conjuntos;
IAS 32: instrumentos financeiros: divulgação e apresentação;
IAS 33: Resultados por ação;
IAS 34: relato financeiro intercalar;
IAS 36: imparidade de ativos;
IAS 37: provisões, passivos contingentes e ativos contingentes;
IAS 38: ativos intangíveis;
IAS 39: instrumentos financeiros: reconhecimento e mensuração;
IAS 40: propriedades de investimento;
IAS 41: agricultura.

III. Em 1997, o IAS criou o SIC (*Standing Interpretations Committee*): uma comissão técnica inserida no IASC e responsável pela publicação das interpretações relativas a dúvidas dos destinatários, também conhecidas como SIC.

IV. Os objetivos iniciais do IASC eram, fundamentalmente:

– impulsionar a apresentação das contas em termos de reconhecimento e de aceitação internacionais;

1036 *A prestação de contas*

– assegurar a melhoria e a harmonização das diversas regras sobre prestação de contas.

386. Os IFRS

I. No dia 1-Abr.-2001 foi criado o IASB (*International Accounting Standards Board*), na estrutura do IASC e para o qual transitaram as competências técnicas do mesmo IASC. A remodelação visou melhorar a estrutura técnica da formulação das diretrizes internacionais. Estas passaram a denominar-se IFRS (*International Financial Reporting Standards*). Neste momento, foram adotados os seguintes IFRS[3085]:

IFRS 1: adoção pela primeira vez das normas internacionais de relato financeiro;
IFRS 2: pagamento com base em ações;
IFRS 3: concentrações de atividades empresariais;
IFRS 4: contratos de seguro;
IFRS 5: ativos não correntes detidos para venda e unidades operacionais descontínuas;
IFRS 6: exploração e avaliação de recursos minerais;
IFRS 7: instrumentos financeiros: divulgação de informações;
IFRS 8: segmentos operacionais.

II. Continuando a remodelação, o SIC (*Standing Interpretations Committee*) foi alterado para IFRIC (*International Financial Reporting Interpretations Committee*), o qual passou a publicar as interpretações relativas às diretrizes contabilísticas internacionais.

III. Os objetivos do IASB são, fundamentalmente:

– desenvolver, no interesse público, um conjunto de normas de prestação de contas de alta qualidade (*Global Accounting Standards*), orientadas para as bolsas de valores mundiais e que sejam úteis para a tomada de decisões;

[3085] *Vide* ABBAS ALI MIRZA/GRAHAM J. HOLT/MAGNUS ORRELL, *IFRS / Workbook and Guide* (2006), 389 pp.; BRUCE MACKENSIE/DANIE COETSEE/TAPIWA NJLKIZANA/RAYMOND CHAMBOKO, *Wiley Interpretation and Application of IFRS* (2011).

§ 88.º *Regras internacionais e europeias* 1037

– promover o uso e a aplicação rigorosos das normas;
– cooperar com as entidades de normalização contabilística dos vários países (*Accounting Standards Setting Bodies – ASSB*), tendo em vista a convergência da normalização contabilística.

387. As fontes europeias

I. A 1.ª Diretriz das Sociedades Comerciais[3086] já havia estabelecido, no seu artigo 2.º/1, *f*), o dever das sociedades de capitais publicarem o seu balanço e as suas contas. Essa publicação serviria os interesses dos terceiros que, por qualquer razão, pretendessem conhecer o estado patrimonial e as perspetivas da sociedade considerada.

Efetivamente, o cuidado vincado que as instâncias comunitárias têm no domínio das sociedades levou-as a reconverter a matéria da contabilidade e da prestação de contas. Tema tradicionalmente próprio do Direito comercial, ele veio a surgir no palco do Direito europeu das sociedades[3087]. E aí já foi mesmo considerado como sendo o seu coração[3088]. Reside aqui uma das razões que levaram à passagem do Direito da prestação de contas para o Direito das sociedades.

II. A publicidade requerida pela 1.ª Diretriz, no tocante ao balanço e às contas das sociedades, deixava patente uma lacuna no Direito comunitário. Essa publicidade só seria útil se as próprias regras relativas ao balanço e às contas das sociedades tivessem sofrido um processo de harmonização. De outro modo, os diversos elementos seriam dificilmente acessíveis a agentes estrangeiros, ainda que europeus. Além disso: estaria vedada a comparabilidade entre sociedades de países europeus diferentes. O dever de publicitar balanços e contas perderia o seu alcance prático ou, pelo menos, o essencial desse alcance.

[3086] Ou Diretriz n.º 68/151, de 9 de Março; cf. o nosso *Direito europeu das sociedades* (2005), 127 ss..

[3087] MATHIAS HABERSÄCK, *Europäisches Gesellschaftsrecht*, 3.ª ed. (2006), § 8 (270 ss.).

[3088] STEFAN GRUNDMANN, *Europäisches Gesellschaftsrecht* (2004), 226.

1038 *A prestação de contas*

III. Assim surgiram, sucessivamente, as três grandes diretrizes que pontuam o Direito europeu da prestação de contas[3089]:

– a 4.ª Diretriz, relativa à prestação de contas anuais de certas sociedades;
– a 7.ª Diretriz, referente às contas consolidadas;
– a 8.ª Diretriz, reportada à aprovação das pessoas encarregadas da fiscalização legal dos elementos contabilísticos.

Estas Diretrizes – particularmente a 4.ª – foram sendo objeto de diversas alterações, na busca de uma adequação crescente. Finalmente, surgiram publicados dois regulamentos:

– o Regulamento n.° 1606/2002, de 19 de Julho;
– o Regulamento n.° 1725/2003, de 21 de Setembro.

Ambos têm a ver com a aplicação dos IAS no espaço comunitário.

IV. Na evolução do Direito europeu da prestação de contas têm pesado o papel dos Estados Unidos[3090], as exigências do mercado de capitais e da sua tutela[3091] e a fatalidade de harmonização[3092]. Além disso, há que lidar com a própria dinâmica das contas, arrastada por uma evolução em vários planos: o desenvolvimento do mercado de capitais, o progresso na teoria das finanças e a utilização de meios informáticos[3093].

Posteriormente, a sucessão de escândalos, primeiro além-Atlântico (Enron e outros) e, depois, na Europa (Parmalat), tem levado as diversas instâncias a procurar esquemas mais fiáveis de apuramento e publicitação

---

[3089] Quanto ao Direito europeu da revisão de contas: MICHAEL ASCHE, *Europäisches Bilanzrecht und nationales Gesellschaftsrecht* (2007), 345 pp. (79 ss.).

[3090] VOLKER LÜHRMANN, *Bericht über die Podiums- und Plenardiskussion zum Thema Wege zu globale Bilanzierungs-Standards*, em LOTHAR SCHRUFF, *Bilanzrecht* (1996), 85-94.

[3091] JOACHIM SCHULZE-OSTERLOH, *Harmonisierung der Rechnungslegung und Kapitalschutz*, *idem*, 121-134.

[3092] HARALD WIEDEMANN, *Entwicklung internationaler Prüfungs-Standards*, *idem*, 149-196.

[3093] STANLEY SIEGEL, *Harmonization and Change in Accouting Principles: A Comment on Some Important Changes in United States Accounting*, *idem*, 97-119 (118).

§ 88.° *Regras internacionais e europeias* 1039

das contas. São de esperar novas iniciativas, tanto mais que prosseguem os escândalos: Northern Rock, com uma dívida de 33,5 biliões de euros no Banco de Inglaterra, Société Générale, com uma fraude de 5 biliões de euros, em França e, segundo alguns, em Portugal, numa dimensão algo exagerada pela comunicação social, com o BPN e o BPP.

Tudo isto depõe no sentido da internacionalização da prestação de contas[3094]: para lá da própria harmonização europeia.

388. As modificações e o reforço da revisão oficial de contas

I. A 4.ª Diretriz foi já alterada por catorze vezes. Eis o quadro geral:

- 7.ª Diretriz do Conselho, de 13-Jun.-1983 (n.° 83/349)[3095];
- Diretriz 84/569, de 27-Nov.-1984[3096];
- 11.ª Diretriz do Conselho, de 21-Dez.-1989 (n.° 89/666)[3097];
- Diretriz 90/604, de 8-Nov.-1990[3098];
- Diretriz 90/605, também de 8-Nov.-1990[3099];
- Diretriz 94/8, de 21-Mar.-1994[3100];
- Diretriz 1999/60, de 17-Jun.-1999[3101];
- Diretriz 2001/65, de 27-Set.-2001[3102];
- Diretriz 2003/38, de 13-Mai.[3103];
- Diretriz 2003/51, de 18-Jun.[3104];
- Diretriz 2006/43, de 17-Mai.[3105];
- Diretriz 2006/46, de 14-Jun.[3106];

[3094] BERNHARD GROSSFELD, *Internationale Rechnungslegung/Internationalisierung als Führungsaufgabe*, em GRUNDMANN, *Systembildung und Systemlücken* (2000), 289-303.

[3095] JOCE N.° L-193, 1-17, de 18-Jul.-1983.

[3096] JOCE N.° L-314, 28, de 4-Dez.-1984.

[3097] JOCE N.° L-395, 36-39, de 21-Dez.-1989.

[3098] JOCE N.° L-317, 57-59, de 16-Nov.-1990.

[3099] JOCE N.° L-317, 60-62, de 16-Nov.-1990.

[3100] JOCE N.° L-82, 33-34, de 25-Mar.-1994

[3101] JOCE N.° L-162, 65-66, de 17-Jun.-1999.

[3102] JOCE N.° L-283, 28-32, de 27-Set.-2001.

[3103] JOCE N.° L-120, 22, de 15-Mai.-2003.

[3104] JOCE N.° L-178, 16, de 17-Jul.-2003.

[3105] JOCE N.° L-157, 87, de 9-Jun.-2006.

[3106] JOCE N.° L-224, 1, de 16-Ago.-2006.

1040   *A prestação de contas*

— Diretriz 2006/99, de 20-Nov.[3107];
— Diretriz 2009/49, de 18-Jun.[3108].

II. A 7.ª Diretriz, por seu turno, conheceu nove alterações. São elas:

— a 11.ª Diretriz do Conselho, de 21-Dez.-1989 (n.º 89/666/CEE)[3109];
— a Diretriz 90/604, de 8-Nov.-1990[3110];
— a Diretriz 90/605, também de 8-Nov.-1990[3111];
— a Diretriz 2001/65, de 27-Set.-2001[3112];
— a Diretriz 2003/51, de 18-Jun.[3113];
— a Diretriz 2006/43, de 17-Mai.[3114];
— a Diretriz 2006/43, de 14-Jun.[3115];
— a Diretriz 2006/99, de 20-Nov.[3116];
— a Diretriz 2009/49, de 18-Jun.[3117].

III. A 8.ª Diretriz (84/253) foi revogada e substituída pela Diretriz n.º 2006/43, de 17 de Maio, relativa à revisão legal das contas anuais e consolidadas[3118]. Anteriormente, havia sido apresentada, pela Comissão, ao Conselho e ao Parlamento Europeu, uma Comunicação intitulada "reforçar a revisão oficial de contas na EU", cuja divulgação se nos afigura importante[3119].

389. A receção das IAS/IFRS: as NIC

I. O Direito europeu acolheu, finalmente, as IAS/IFRS. Fê-lo através do Regulamento n.º 1606/2002, de 19 de Julho de 2002, relativo às nor-

---

[3107] JOCE N.º L-363, 137, de 20-Dez.-2006.
[3108] JOCE N.º L-164, 42, 26-Jun.-2009.
[3109] JOCE N.º L-395, 36-39, de 21-Dez.-1989.
[3110] JOCE N.º L-317, 57-59, de 16-Nov.-1990.
[3111] JOCE N.º L-317, 60-62, de 16-Nov.-1990.
[3112] JOCE N.º L-283, 28-32, de 27-Set.-2001.
[3113] JOCE N.º L-178, 16, de 17-Jul.-2003.
[3114] JOCE N.º L-157, 87, de 9-Jun.-2006.
[3115] JOCE N.º L-224, 1, de 16-Ago.-2006.
[3116] JOCE N.º L-363, 137, de 20-Dez.-2006.
[3117] JOCE N.º L-164, 42, 26-Jun.-2009.
[3118] JOCE N.º L-157, 87-107, de 9-Jun.-2006.
[3119] Pode ser confrontado no nosso *Direito europeu das sociedades* cit., 404 ss..

§ 88.° *Regras internacionais e europeias* 1041

mas internacionais de contabilidade (NIC)[3120]. Este Regulamento, após um elucidativo preâmbulo, veio dispor que as normas internacionais de contabilidade – as IAS/IFRS e as interpretações conexas (SIC/IFRIC) – teriam aplicação na Comunidade, mediante decisão da Comissão (3.°/1). Até 31-Dez.-2002, a Comissão decidiria quanto à aplicabilidade das normas internacionais já existentes. As NIC só poderiam, todavia, ser adotadas (3.°/2):

– quando conformes com o artigo 2.°/3 da Diretriz n.° 78/660 (a 4.ª Diretriz) e o artigo 16.°/3 da Diretriz n.° 83/349 (a 7.ª Diretriz), que dispõem, respetivamente:

> As contas anuais devem dar uma imagem fiel do património, da situação financeira, assim como dos resultados da sociedade.

E

> As contas consolidadas devem dar uma imagem fiel do património, da situação financeira, bem como de resultados do conjunto das empresas compreendidas na consolidação.

– quando correspondam ao interesse público europeu;
– quando satisfaçam os critérios de inteligibilidade, relevância, fiabilidade e comparabilidade requeridos pelas informações financeiras necessárias para a tomada de decisões económicas e a apreciação da eficácia da gestão.

Estas regras são importantes: retratam os grandes princípios que dão forma ao Direito europeu da prestação de contas.

II. Em execução do Regulamento n.° 1606/2002, embora fora já do prazo nele fixado, surgiu o Regulamento n.° 1725/2003, de 21 de Setembro. Este veio, em anexos, adotar as diversas normas internacionais de contabilidade (NIC), que abrangem as IAS, as IFRS, as SIC e as IFRIC, bem como as alterações subsequentes adotadas pelo IASB.

Posteriormente, diversos Regulamentos vieram aditar ou alterar NIC relevantes na Europa.

[3120] JOCE N.° L 243/1-243/4, de 11-Set.-2002.

1042   *A prestação de contas*

Depois de mais de uma dezena de aditamentos, a matéria foi consolidada pelo Regulamento n.º 1126/2008, de 3 de Novembro[3121], que revogou o Regulamento n.º 1725/2003, de 21 de Setembro.

390. A comparação entre as NIC e os GAAP

I. Pelo curioso processo de produção normativa que consiste em acolher, através de uma fonte comunitária (o Regulamento) instrumentos normativos (as IAS/IFRS) de elaboração particular (preparados pelo IASC/IASB), a União Europeia dotou-se de uma importante massa de regras internacionais sobre prestação de contas: as NIC.

II. As NIC equivalem a uma receção do pensamento contabilístico anglo-saxónico. Todavia, mantiveram-se distintos dos US-GAAP[3122]. Estes eram essencialmente constituídos por princípios, enquanto as NIC desciam a minúcias cada vez mais regulamentares, evitando serem contornadas[3123]. Mais recentemente, os US-GAAP vieram a sofrer idêntico processo: interpretações e complementações têm vindo a ser aditadas, de modo a tornar mais densa a sua malha. Conservam-se, todavia, diferenças entre os US-GAAP e as NIC, que constituem a base para extensas listas comparativas, nas obras da especialidade[3124].

III. Aquando do escândalo Enron, foi observado que as fraudes contabilísticas então verificadas se deviam à vaguidade e à indeterminação dos "princípios contabilísticos geralmente admitidos" (GAAP): perante as NIC, tal não seria possível. Realmente, a dimensão inacreditável do escân-

---

[3121] JOCE N.º 320, 1-481, de 29-Nov.-2008.

[3122] PEEMÖLLER, *Einführung in die International Accounting* cit., 5-6.

[3123] *Umgehung*, a não reconduzir, *ad nutum*, à fraude à lei.

[3124] Assim: WOLFGANG BALLWIESER, *Vergleichende Darstellung IAS/US-GAAP/ /HGB*, no *WILEY-Kommentar zur internationalen Rechnungslegung nach IAS/IFRS* (2005), 1199-1233 e, capítulo a capítulo, ROBERT WINNEFELD, *Bilanz-Handbuch / Handels- und Steuerbilanz Rechtsformspezifisches Bilanzrecht, Bilanzielle Sonderfragen, Sonderbilanzen IFRS/IAS/US-GAAP*, 4.ª ed. (2006), *passim*; a comparação pode ainda ser facilmente confrontada na Net, em vários sítios e, p. ex., no da Pricewaterhouse Coopers, *Similarities and Differences / A comparison of IFRS and US GAAP*, October 2006, 83 pp.

§ 88.º *Regras internacionais e europeias* 1043

dalo seria difícil de dissimular perante as NIC, ainda que se afigure arriscado afirmar uma sua imunidade perante uma coligação de administradores/auditores.

Na sequência do SOA (*Sarbanes-Oxley Act*) de 2002, foram solicitadas medidas ao SEC (*Securities and Exchange Commission*) no sentido de densificar os GAAP, prevenindo fraudes. O SEC preconizou, em 2003, princípios teleologicamente orientados, de modo a dificultar aplicações meramente formais. Os observadores consideram que não há leis, nem infalíveis, nem incontornáveis.

IV. O Planeta surge dividido por NIC e US-GAAP, ao que parece com vantagens para as primeiras. Significa isto que as diferenças existentes entre os diversos países se vêm, progressivamente, a esbater. As NIC já representam a receção do espírito anglo-saxónico, em forma codificada; aguarda-se disponibilidade do SEC para prosseguir na inevitável aproximação entre ambos[3125].

Se a integração mundial sobreviver às alterações climatéricas e ao esgotamento do petróleo, a língua inglesa impor-se-á, no espaço de duas gerações, como a língua universal da contabilidade. A comparabilidade não é possível perante contas prestadas em idiomas diversos.

[3125] PEEMÖLLER, *Einführung in die International Accounting* cit., 7.

§ 89.º A EXPERIÊNCIA PORTUGUESA E A SUA EVOLUÇÃO

391. Das origens ao Marquês de Pombal

I. Apesar de recentes esforços sistemáticos de pesquisa, com relevo para os desenvolvidos no âmbito do Centro de Estudos de História da Contabilidade da APOTEC, não existe, reconhecidamente, uma História cabal da contabilidade em Portugal[3126]. A leitura dos escritos dedicados ao tema leva-nos a pensar que, para esse estado de coisas, contribui o relativo isolamento em que vive a doutrina histórica contabilística. Parece-nos evidente que esta não pode ser isolada da evolução humanística do País e, em especial, da História do Direito.

II. Na formação da nacionalidade, os conventos, os mosteiros e bispados e as casas senhoriais, com relevo para a Casa Real, tinham, por certo, os seus esquemas de contas. A própria emissão de moeda, iniciada com D. Afonso Henriques, pressupõe registos e preocupações de adequação da receita às despesas. Sabe-se ainda que os grandes Mosteiros – Alcobaça e Lorvão, como exemplos – possuíam contabilidade organizada.

As Ordenações referem, diversas vezes, a figura dos "contadores"[3127]: algo semelhante a tesoureiros e a contabilistas.

No reinado de D. João I, sabe-se que existia a figura do contador-mor, para a qual foi designado Gonçalo Rodrigues Camelo[3128]. O contador-mor tinha, entre outras funções, a de verificar a correção das contas do Rei.

[3126] *Vide* JOAQUIM CUNHA GUIMARÃES, *Ensino da História da contabilidade e sua actualidade em Portugal*, em *História da contabilidade em Portugal / Reflexões e homenagens* (2005), 27-54 (27 ss.), onde pode ser confrontada a bibliografia relevante.

[3127] P. ex., *Ord. Afonsinas*, Livro I, Tit. XXXXIIII = Ed. Gulbenkian, I, 238 ss. e *Ord. Filipinas*, Livro II, Tit. LII, § 5 = Ed. Gulbenkian, II e III, 484.

[3128] MARIA ANTONIETA SOARES, *Contador-mor*, DHP II (1979), 172-173 (172/II). A obra clássica é, ainda hoje, a de VIRGÍNIA RAU, *A casa dos contos* (1951); *vide*, aí, 171 ss..

§ 89.° *A experiência portuguesa e a sua evolução* 1045

III. Em meados do século XV, a contabilidade pública já permitia contrapor as receitas às despesas[3129]. Tudo isso pressuporia um método e uma prática, sendo possível, segundo os comentadores, que as partidas dobradas tivessem feito a sua aparição.

A criação, por Filipe I, em 29 de Novembro de 1591, do Conselho da Fazenda, que veio centralizar a administração da Fazenda Real portuguesa[3130], permitiu novas medidas contabilísticas relevantes. Infelizmente, os documentos relativos às contas da Coroa Portuguesa arderam no terramoto de 1755.

392. A contabilidade moderna e as reformas do Marquês

I. Em meados do século XVIII, a doutrina moderna da contabilidade implantou-se no País. A primeira obra contabilística nacional é apontada como a de João Baptista Bonavie, *Mercador exacto*[3131] com edições em 1758, 1771 e 1779[3132].

Pouco depois, um anónimo publica em Itália o livro *Tratado sobre as partidas dobradas*: a primeira edição em 1764, seguindo-se a segunda, em 1792[3133]. Seguiram-se outras obras, ainda no século XVIII:

– João Henriques de Sousa, *Arte de escritura dobrada*, 1765;
– Delaporte, trad. de José Joaquim da Silva Perez, *Guia de comerciante e de guarda livros ou novo tratado sobre os livros de contas em partidas dobradas*, 1794;

[3129] A. H. DE OLIVEIRA MARQUES, *Fazenda pública – Na Idade Média*, DHP II (1979), 533-535 (535/I) e VIRGÍNIA RAU, *A casa dos contos* cit., 33 ss. Clássico: ARMINDO MONTEIRO, *Do orçamento português / Teoria geral / História / Preparação*, 2 volumes (1921-22).

[3130] RUI D'ABREU TORRES, *Fazenda (Conselho da)*, DHP VI (1979), 407-408 e VIRGÍNIA RAU, *A casa dos contos* cit., 87 ss..

[3131] Mais completamente: JOÃO BAPTISTA BONAVIE, *Mercador exacto nos seus livros de contas, do método fácil para qualquer mercador, e outros arrumarem as suas contas com a clareza necessaria, com seu diário, pelos principios das Partidas dobradas, segundo a determinação de Sua Magestade*, Lisboa, 1758, Porto 1771 e Lisboa, 1779.

[3132] Cf. JOAQUIM FERNANDO DA CUNHA GUIMARÃES, *Os primeiros livros portugueses sobre contabilidade*, em *História da contabilidade em Portugal* (2005), 509-532 (509 ss.).

[3133] Anónimo, *Tratado sobre as partidas dobradas / Por meyo da qual podem aprender e arrumar as contas nos Livros, e conhecer dellas, todos os Curiozos impossibilitados de cultivar as Aulas desta importante Ciência & c.*, Turim, 1764.

1046 *A prestação de contas*

– José Gonçalves Ramiro, *Ilustrações preliminares sobre o balanço geral no negócio com as formalidades dos livros auxiliares e gerais*, 1800.

II. O *Mercador exacto* teve com base indireta a *Lei sobre os homens de negócios falidos*, de 13 de Novembro de 1756, e a incluir nas Ordenações, cujo § XIV dispunha[3134]:

> Logo que qualquer Homem de Negocio faltar de credito, se appresentará na referida Junta perante o Provedor, e Deputados della, ou no mesmo dia, em que a quebra suceder, ou ao mais tardar, no proximo seguinte: Jurando a verdadeira causa de fallencia, em que se achar, pelas perdas, ou empaes totaes, ou parciaes em que houver padecido: Entregando com as chaves do seu Escritorio, e dos livros, e papéis, que nele se acharem (...)

III. O *Mercador exacto* terá tido, como motivação próxima, os *Estatutos da Aula de Commercio*, de 19 de Abril de 1759, cujo § 15 dispunha[3135]:

> Ultimamente se passará a ensinar o méthodo de escrever os livros com distinção do Commercio em grosso, e da venda a retalho, ou pelo miudo, tudo em partida dobrada, ainda que com differença dos dous referidos commercios; (...)

IV. Também a Lei de 23 de Dezembro de 1761, sobre a Fazenda Pública, dispunha, no Título VI[3136]:

> Cada hum dos sobreditos Contadores Geraes, terá debaixo das suas ordens, quatro Escripturarios que sejam também Pessoas dignas de confiança, e instruidas pelo menos na fórma com que se escreve limpa, e ordenadamente nos Livros mercantis pelo referido methodo de Partidas dobradas, (...)

393. As leis de comércio liberais

I. No período do liberalismo, a matéria da prestação de contas foi recuperada pelo Direito comercial. Decisivo surge, nesse sentido, o Código

---

[3134] Confrontável na *Collecção das Leys, Decretos, e Alvaras, que comprehende o Feliz Reinado del Rey Fidelissimo D. José o I. Nosso Senhor*, tomo I (1790).

[3135] Confrontável na *Collecção das Leys*, referida na nota anterior.

[3136] *Idem*, tomo II (1770), também não paginado.

§ 89.º *A experiência portuguesa e a sua evolução* 1047

Comercial de 1833 ou Código Ferreira Borges. Este Código seguiu, de resto, o modelo do Código Napoleão, de 1807.

II. Dispunha o Código Ferreira Borges, no seu artigo 218.º:

> Todo o commerciante é obrigado a ter livros de registo de sua contabilidade e escripturação mercantil. O numero e especie de livros, e fórma de sua arrumação, é inteiramente do arbitrio do commerciante, com tanto que seja regular, e tenha os livros, que a lei especifica como necessarios.

Subsequentemente, o nosso primeiro Código Comercial obrigava:

– a ter um livro diário que apresente dia-a-dia as diversas operações – artigo 219.º;
– a guardar um copiador de todas as cartas comerciais, emaçando e arquivando as cartas mandadeiras recebidas – artigo 220.º;
– a dar balanço nos três primeiros meses de cada ano, lançando-o num livro com esse destino – artigo 221.º.

Os livros de escrituração, devidamente arrumados, fariam prova em juízo entre comerciantes – artigo 224.º. Na sua falta ou perante a sua desarrumação, a falência que sobreviesse seria considerada culposa – artigo 222.º. A não apresentação dos livros, quando determinada pelo juiz, gera presunção contra o comerciante – artigo 227.º. O segredo e a inviolabilidade dos livros eram garantidos – artigo 231.º.

III. A Lei das Sociedades Anónimas, de 22 de Junho de 1867, continha uma importante secção VI precisamente intitulada:

**Dos inventários, balanços e contas,
fundos de reserva e dividendos**.

A matéria era aí tratada nos artigos 30.º a 34.º, que passamos a consignar[3137]:

> Art. 30.º Em todos os semestres os mandatarios das sociedades apresentarão ao conselho fiscal um resumo do balanço do ativo e passivo da sociedade.

[3137] COLP 1867, 177.

1048

A prestação de contas

Art. 31.º No fim de cada anno os mandatarios apresentarão ao conselho fiscal o inventario desenvolvido do activo e passivo da sociedade, indicando o valor dos bens moveis o immoveis, e dando conta de todos os contratos c compromissos executados ou em execução. Este inventario será acompanhado de um balanço ou conta corrente de perdas e ganhos, e de um relatorio da situação commercial financeira e economica da sociedade.

§ 1.º A apresentação dos documentos a que se refere este artigo deve ser feita com antecedencia, pelo menos de um mez, do dia que nos estatutos estiver fixado para a reunião ordinaria da assembléa geral, para os fins indicados no § 4.º d'este artigo.

§ 2.º O balanço ou conta corrente, com o parecer do conselho fiscal, será enviado a cada um dos accionistas portadores de titulos nominativos quinze dias antes do praso fixado para a reunião da assembléa geral.

§ 3.º Pelo mesmo espaço de tempo de quinze dias estarão patentes todos os documentos a que se referem os artigos antecedentes, bem como a lista geral dos accionistas (que nos termos dos estatutos devem constituir a assembléa geral), no escriptorio da sociedade, para poderem ser examinados por todos os accionistas.

§ 4.º Findo este praso os mesmos documentos serão submettidos á deliberação da assembléa geral.

Art. 32.º A approvação dada pela assembléa geral ao balanço e contas da gerencia da administração liberta os mandatarios, administradores e membros do conselho fiscal da sua responsabilidade para com a sociedade, salvo o caso de reserva em contrario feita na mesma assembléa geral, ou provando-se que nos inventarios e balanços houve omissões ou indicações falsas, com o fim de dissimular a verdadeira situação da sociedade

Art. 33.º Dos lucros liquidos da sociedade uma parte, que os estatutos indicarão sempre, é destinada para a formação de um fundo de reserva, e a obrigação de separar em cada anno, para este fim, uma parte dos lucros liquidos só deixa de existir quando o fundo de reserva represente a decima parte do capital social.

Art. 34.º É expressamente prohibido que nos estatutos se estipulem juros certos e determinados para os accionistas, os quaes unicamente têm direito á parte proporcional que lhes caiba nos lucros liquidos que effectivamente resultem das operações da sociedade, comprovados pelos balanços.

A distribuição de dividendos ficticios é considerada violação de mandato por parte dos mandatarios que a tiverem consentido.

§ unico. Podem comtudo os estatutos, por excepção á disposição anterior, quando a sociedade careça immobilisar grandes capitaes em construc-

§ 89.° *A experiência portuguesa e a sua evolução* 1049

ção, conceder aos accionistas, unicamente durante o praso de tais construcções, um juro certo e determinado sobre o valor dos capitaes por elles subscriptos e effectivamente pagos.

394. O Código Comercial de 1888

I. O Código Veiga Beirão, em preceitos revogados em 2006[3138], veio fixar um esquema ligeiramente mais complexo[3139].

À partida, mantinha-se o princípio da obrigatoriedade de escrita comercial – artigo 29.° – dobrado pelo da liberdade de organização de escrita – artigo 30.°. Todavia, quatro livros eram obrigatórios – artigo 31.°:

– o inventário e balanços, que continha o ativo e o passivo do comerciante, o capital em comércio e, depois, os diversos balanços – artigo 33.°;
– o diário, onde eram lançados, dia-a-dia, os diversos atos comerciais – artigo 34.°;
– o razão, onde são escrituradas as operações do diário, ordenadas de acordo com regras de partidas dobradas – artigo 35.°;
– o copiador, para registar toda a correspondência enviada ou recebida.

As sociedades são ainda obrigadas a ter livro de atas, onde são consignadas as relativas às reuniões dos diversos órgãos sociais – artigo 37.°, na redação dada pelo Decreto-Lei n.° 257/96, de 31 de Dezembro.

II. A escrituração mercantil pode ser levada a cabo pelo próprio ou por outrem, a mando – artigo 38.°. Ela deve ser feita sem intervalos em branco, entrelinhas, rasuras ou transporte para as margens – artigo 39.°. A correspondência devia ser arquivada por dez anos – artigo 40.°. O varejo ou a inspeção eram proibidos – artigo 41.° – só podendo ser ordenada a exibição judicial a favor dos interessados em questões de sucessão universal, comunhão ou sociedade ou no caso de falência – artigo 42.°. Fora isso,

---

[3138] *Infra*, 1055.
[3139] LUIZ DA CUNHA GONÇALVES, *Comentário ao Código Comercial Português*, I (1914), 100 ss..

1050   *A prestação de contas*

o exame da escrituração e documentos só podia ter lugar quando a pessoa a quem pertençam tenha interesse ou responsabilidade na questão em que tal apresentação for exigida[3140].

III. O artigo 44.º regula a matéria da força probatória da escrituração. Tal força probatória manifesta-se em juízo, entre comerciantes e quanto a factos do seu comércio, nos termos seguintes:

– os assentos lançados em livros de comércio, mesmo não arrumados, fazem prova contra o próprio; mas quem queira prevalecer-se disso deve aceitar também os assentos que lhe forem prejudiciais;
– quando regularmente arrumados, os assentos fazem prova a favor dos seus respetivos proprietários, desde que o outro litigante não apresente assentos arrumados nos mesmos termos ou prova em contrário;
– quando da combinação dos livros dos litigantes resulte prova contraditória, o tribunal decide de acordo com as provas do processo;
– nessa mesma eventualidade, prevalece a prova derivada de livros arrumada sobre a dos outros que o não estejam, salvo prova em contrário, por outros meios;
– se um comerciante não tiver livros ou não os apresentar, fazem prova contra ele os do outro litigante, devidamente arrumados, salvo força maior ou prova em contrário.

Em suma: operava um esquema harmónico, donde resultava uma fraca força probatória de escrituração. A este nível, ele funciona, pois, como um encargo, em sentido técnico.

IV. Os livros dos comerciantes deviam ser legalizados – artigo 32.º. Tratava-se de uma operação antes levada a cabo pelas secretarias dos tribunais e depois atribuída à conservatória do registo comercial competente, nos termos do artigo 112.º-A do CRC. Tudo isto está, hoje, revogado. A lei portuguesa não continha regras quanto ao idioma em que deva ser exarada: poderá ser qualquer um, nos termos gerais do artigo 96.º, do

---

[3140] Em STJ(P) n.º 2/98, de 22-Abr.-1997 (RAMIRO VIDIGAL), DR I Série-A n.º 6/98, de 8-Jan.-1998, 119-122, decidiu-se que este preceito não fora revogado pelo Código de Processo Civil de 1967.

§ 89.º *A experiência portuguesa e a sua evolução*   1051

Código Comercial[3141]. De todo o modo, o comerciante que não use o português na sua escrituração e que a queira invocar em juízo, tem de providenciar a sua tradução, nos termos do artigo 139.º/1 do Código de Processo Civil. Em certos sectores sensíveis, como na banca, a lei impõe o uso do português, mesmo quando se trate de instituições de crédito estrangeiras – artigo 55.º do RGIC. Visa-se, assim, facilitar o exercício da supervisão.

[3141] Curiosamente, o § 239 do HGB exige a utilização de uma "língua viva"; a doutrina conclui daí que se não possa, na escrituração comercial, recorrer ... ao latim, ao grego clássico ou ao esperanto; cf. WIEDEMANN, *Bilanzrecht* cit., § 239, Nr. 2 (9) e *Bilanz-Handbuch* cit., 4.ª ed., A, Nr. 94 (131) e WINKELJOHANN/KLEIN, *Beck'scher Bilanz-Kommentar*, 6.ª ed. cit., 20 (Nr. 2).

§ 90.° O DIREITO DAS CONTAS VIGENTE

395. As funções das contas

I. As contas têm vindo a desempenhar diversas funções. Podemos distinguir:

– função comercial;
– função financeira;
– função técnica e industrial;
– função mobiliária;
– função fiscal.

A função comercial foca, das contas, o seu papel informador do próprio comerciante, no tocante aos atos praticados, tendo, acessoriamente, uma função no campo da prova. A este nível, a falsa contabilidade pode originar crimes na área da insolvência.

II. A função financeira permite, designadamente através do balanço e dos balancetes, descrever o valor do património da empresa[3142]. Tem um papel importante na obtenção do crédito e, ainda, em diversas ocasiões, como seja a venda da própria empresa.

III. A função técnica e industrial, particularmente aproveitada pelos industriais ingleses do século XIX, permite à contabilidade decompor o custo real dos produtos e, assim, introduzir procedimentos de racionalização. Reduzem-se os custos e potenciam-se os segmentos mais rendíveis.

[3142] ANTÓNIO DE SOUSA FRANCO, *Contabilidade*, Enciclopédia Verbo 7 (1998), 1096-1098 (1096).

§ 90.º O direito das contas vigente 1053

IV. A função mobiliária tem a ver com a dimensão do mercado de capitais. Particularmente nos Estados Unidos, as contas devem ser sérias e transparentes, como via de ativar o mercado, sem o enganar. Entre nós, esta filosofia é transposta para as sociedades abertas, contaminando, a partir daí, todo o Direito da prestação de contas.

V. A função fiscal traduz a recuperação, pelo Estado, de esquemas de contabilidade como forma de melhor conhecer os lucros e a riqueza, para os tributar. Nos Estados Unidos, há dupla contabilidade: fiscal e empresarial. Entre nós, parte-se da contabilidade empresarial para, com alguns desvios, chegar às contas fiscalmente relevantes.

396. A exteriorização das contas

I. A contabilidade clássica servia o próprio comerciante. Só se tornava pública havendo crise.

A evolução mais recente veio, na prática, a conduzir ao aparecimento de algumas normas opostas ao que resultaria do Código Comercial.

Segundo o já visto artigo 41.º do Código Comercial[3143], a escrituração mercantil estaria sujeita a segredo. Todavia, uma série de exceções veio a transformar a regra no seu oposto.

II. Trata-se de matéria acima referida, que recordamos. O próprio Código Veiga Beirão já previa, no seu artigo 178.º, que as sociedades anónimas concessionárias do Estado pudessem ser fiscalizadas por agentes do Governo, os quais teriam acesso à sua escrituração.

A Lei de 3 de Abril de 1896[3144] veio estabelecer uma fiscalização reportada às sociedades bancárias. O Decreto com força de Lei de 21 de Outubro de 1907[3145] fez o mesmo em relação às Companhias de Seguros: o seu artigo 38.º determina expressamente que o Conselho de Seguros possa proceder ao exame da sua escrituração.

A fiscalização geral das sociedades anónimas seria estabelecida depois do advento da República. Assim, um Decreto de 13 de Abril de 1911, ainda do Governo Provisório, veio dispor:

[3143] *Supra*, 1049.
[3144] Artigos 15.º e 16.º; cf. CLP 1896, 57-59 (58).
[3145] *Vide A legislação* 1907, 798-812 (804-805).

1054 *A prestação de contas*

Artigo 1.º É instituída a fiscalização de todas as sociedades anonymas a cargo de uma Repartição Technica, cuja organização e attribuição constam do regulamento annexo.

A fiscalização incidia sobre a escrita e outros documentos. O seu Regulamento[3146] foi revogado pelo artigo 19.º da Lei do Orçamento, de 30 de Junho de 1913, sendo alguns dos seus artigos recuperados pelo Decreto n.º 24, de 7 de Julho de 1913[3147].

Seguiu-se, depois, uma lenta evolução legislativa, que acabaria por desembocar no esquema dos revisores oficiais de contas.

III. Podemos considerar que se assistiu a uma progressiva intervenção do Estado nas contas e na escrita dos comerciantes. Primeiro a pretexto de supervisionar sectores sensíveis, como a banca e os seguros, de modo a proteger as pessoas e o mercado; depois, em geral, alargou-se a fiscalização às sociedades, sempre no interesse particular. Finalmente, com fins tributários, a fiscalização atingiu todos os agentes económicos.

IV. A escrituração mantinha, porém, fins comerciais: constituía o "espelho", a "consciência" e a "bússola" do interessado, orientando-o nas suas opções. Algumas exigências burocráticas eram supérfluas. Mas abolir em globo uma disciplina tão importante, era passo que não poderíamos justificar.

Todavia: ele ocorreu, em 29 de Março de 2006.

397. A reforma das sociedades de 2006; o fim da escrituração comercial

I. O Decreto-Lei n.º 76-A/2006, de 29 de Março, veio adotar uma alargada reforma das sociedades comerciais[3148]. Por essa via, ele atingiu áreas significativas da escrituração comercial que não podem deixar de ser referidas, no plano do Direito da prestação de contas.

[3146] O *Regulamento de fiscalização das sociedades anonymas*, de 13-Abr.-1911 (JOSÉ RELVAS), CLP 1911, 2072-2077, abrangia, na realidade, também as sociedades por quotas.

[3147] CLP 1913, 343-344.

[3148] *Vide* o nosso *A grande reforma das sociedades comerciais*, O Direito 2006, 245-276.

§ 90.º *O direito das contas vigente* 1055

Quanto à escrituração, atentemos na *mens legis*, expressa no preâmbulo desse diploma. Visando acabar com "imposições burocráticas que nada acrescentem à qualidade do serviço", o legislador anuncia[3149]:

> (...) o presente decreto-lei elimina a obrigatoriedade de existência dos livros da escrituração mercantil nas empresas e, correspondentemente, a imposição da sua legalização nas conservatórias do registo comercial. Logo, os livros de inventário, balanço, diário, razão e copiador deixam de ser obrigatórios, apenas se mantendo os livros de actas. Consequentemente, elimina-se a obrigatoriedade de legalização dos livros, incluindo dos livros de actas. Estima-se que, por esta via, deixem de ser obrigatórios centenas de milhares de actos por ano nas conservatórias, que oneravam as empresas.

Em execução deste ideário, o legislador de 2006 alterou profundamente toda a lógica da escrituração. Fê-lo modificando os artigos 29.º, 30.º, 31.º, 35.º, 39.º, 40.º, 41.º, 42.º, 43.º e revogando os artigos 32.º, 33.º, 34.º e 36.º, todos do Código Comercial.

II. Quanto às revogações:

– desaparece a obrigatoriedade da legalização dos livros (32.º);
– desaparece a escrituração do livro de inventário e balanços (33.º): tal livro, que deixou de ser obrigatório, perdeu assim o conteúdo legal;
– desaparece a escrituração do diário (34.º): tal livro seguiu o destino do de inventário e balanços embora apareça referido a propósito do razão (35.º);
– desaparece o copiador (36.º).

III. No que tange às alterações, frisamos:

– mantém-se a obrigatoriedade – mas agora restrita às atas – da escrituração mercantil; todavia, desaparece da lei o objetivo da escrituração: dar a conhecer fácil, clara e precisamente, as operações comerciais e fortuna (29.º);
– mantém-se a liberdade de organização da escrita, embora com alterações na redação do preceito em jogo (30.º): dispensavelmente: não se altera um texto com 118 anos só por alterar;

[3149] DR I Série, n.º 63, de 29-Mar.-2006, 2328-(2)/I.

1056   *A prestação de contas*

– dos livros obrigatórios mantêm-se os das atas das sociedades (31.°); conservou-se o artigo 37.°, com a redação dada pelo Decreto-Lei n.° 257/96, de 31 de Dezembro;
– os requisitos da escrituração passam a reportar-se apenas às atas (39.°);
– mantém-se a obrigação de conservar a correspondência e a "escrituração mercantil" pelo prazo de 10 anos; mas agora pode sê-lo, ainda, em suporte eletrónico (40.°);
– foi suprimido o sigilo da escrita: o artigo 41.°, que antes fixava a proibição de varejo ou inspeção, foi substituído por outro que apenas obriga as autoridades administrativas a respeitar as opções do comerciante, realizadas nos termos do artigo 30.°: como é óbvio;
– quanto à exibição judicial dos livros (42.°): substituiu-se "comercial" por "mercantil", suprimiu-se "por inteiro" e trocou-se "quebra" por "insolvência"; voltamos a frisar: não foi correto; não se mexe no texto de Veiga Beirão sem razões regulativas!
– modificou-se a redação do artigo 43.°, quanto ao exame da escrituração e documentos, apenas para atualizar o texto de 1888; vale a observação negativa feita a propósito do artigo 42.°.

IV. Tudo visto, mantêm-se:

– o artigo 37.°, sobre os livros de atas das sociedades, alterado em 1996;
– o artigo 44.°, sobre a força probatória das escrituração.

V. Uma primeira conclusão é inevitável. Pretendendo reformar o Direito das sociedades, o legislador suprimiu, do nosso Direito comercial, o Direito da escrituração mercantil. Apenas se mantêm os livros de atas: matéria que tem a ver com o Direito das sociedades. Aliás: as atas nem são, em bom rigor, "escrituração comercial".

Nós próprios vínhamos, há anos, a defender um alívio na carga burocrática que, ingloriamente, pesa sobre o nosso comércio. Todavia: uma escrituração mercantil que permita conhecer o património e os negócios do comerciante[3150], seja para o próprio, seja para terceiros, é necessária.

[3150] *Vide* o § 238 do HGB; cf. MORCK, no KOLLER/ROTH/MORCK, *HGB*, 5.ª ed. (2006), § 328, Nr. 1 (585).

§ 90.º O direito das contas vigente   1057

A supressão nacional – que não tem antecedentes tão radicais nos outros países – deixa pairar a suspeita de uma menor reflexão.

As regras fiscais obrigam a uma contabilidade organizada. Esta é, em regra, obtida por remissão para os livros comerciais[3151]. Entre nós, isso deixou de suceder. Nesse sentido falamos na descomercialização da prestação de contas.

398. Balanço e prestação de contas

I. Como sequência lógica e regulativa da matéria atinente à escrituração mercantil, surge a da prestação de contas.

Segundo o artigo 62.º do Código Comercial, versão em vigor até 2006:

> Todo o comerciante é obrigado a dar balanço anual ao seu ativo e passivo nos três primeiros meses do ano imediato e a lançá-lo no livro do inventário e balanços, assinando-o devidamente.

Por seu turno, o artigo 63.º, do mesmo Código, revogado em 2006, dispunha:

> Os comerciantes são obrigados à prestação de contas: nas negociações, no fim de cada uma; nas transacções comerciais de curso seguido, no fim de cada ano; e no contrato de conta-corrente, ao tempo do encerramento.

II. Nas sociedades comerciais, a prestação de contas assume, como é natural, um relevo mais vincado. O artigo 65.º do CSC comina, aos administradores, o dever de relatar a gestão e de apresentar contas, submetendo-as aos órgãos competentes da sociedade[3152]: um preceito conservado, com pequenas alterações, em 2006. Uma vez aprovados, os documentos respetivos deviam – e devem – ser depositados na conservatória do registo comercial competente – artigos 70.º do CSC e 42.º do CRC.

3151 MORCK cit., § 328, Nr. 2.

3152 Cf., todos do CSC, os artigos 189.º/3, quanto às sociedades em nome coletivo, 246.º/1, *e*) e 263.º, quanto às sociedades por quotas, 376.º/1, *a*) e 441.º, *f*), *g*), *h*) e *n*), quanto às sociedades anónimas e 474.º e 478.º, quanto às sociedades em comandita, simples e por ações, respetivamente.

1058   *A prestação de contas*

III. O balanço, o relatório de gestão (eventualmente) e a prestação de contas assentam na escrituração comercial[3153]. Justamente na base desta e mercê dos elementos por ela carreados, é possível a sua elaboração correta.

As exigências de normalização levam a que se siga um esquema idêntico para todas as entidades, de modo a tornar facilmente percetível o estado real retratado pelas contas, possibilitando as competentes comparações. Assim, foi aprovado pelo Decreto-Lei n.º 410/89, de 21 de Novembro[3154], o POC ou plano oficial de contabilidade[3155-3156]. Este diploma foi alterado pelos Decretos-Leis n.º 238/91, de 2 de Julho e 127/95, de 1 de Junho, de modo a transpor as Diretrizes comunitárias n.ºs 83/349/CEE, de 13 de Junho[3157] e 90/604/CEE e 90/605/CEE, ambas de 8 de Novembro[3158]. Foi, ainda, modificado pelo Decreto-Lei n.º 79/2003, de 23 de Abril, relativo ao inventário permanente e pelo Decreto-Lei n.º 35/2005, de 17 de Fevereiro, que transpôs a Diretriz n.º 2003/51/CE, de 18 de Junho. Veio a ser revogado e substituído pelo Sistema de Normalização Contabilística (SNC), abaixo examinado, adotado pelo Decreto-Lei n.º 158/2009, de 13 de Julho.

Na escrituração e na prestação das contas podem ser usados meios informáticos.

IV. Deve notar-se que, embora o POC já esteja substituído, ainda se mantêm outros instrumentos jurídicos relevantes, designadamente para as contas do sector público, a ele aparentados[3159]. Assim, temos:

[3153] *Vide* ADOLF MOXTER, *Zum Sinn und Zweck des handelsrechtlichen Jahresabschlusses nach neuem Recht*, FS Goerdeler (1987), 361-374 (373-374).

[3154] O POC foi inicialmente adotado pelo Decreto-Lei n.º 47/77, de 7 de Fevereiro. Em 1989, ele foi objeto de uma profunda remodelação, ressurgindo através do referido Decreto-Lei n.º 410/89, de 21 de Novembro.

[3155] Cf., com múltiplos elementos, ANTÓNIO BORGES/AZEVEDO RODRIGUES/ROGÉRIO RODRIGUES, *Elementos de contabilidade geral*, 15.ª ed. cit., *passim*.

[3156] O POC acolheu a Diretriz n.º 78/660/CEE, de 25 de Julho, ou 4.ª Diretriz, relativa às contas das sociedades comerciais.

[3157] Ou 7.ª Diretriz sobre sociedades comerciais, relativa à consolidação de contas. O Decreto-Lei n.º 238/91, de 2 de Julho, alterou ainda, além do POC, o CSC e o CRC.

[3158] As quais vieram alterar, respetivamente, as Diretrizes n.º 78/660/CEE e n.º 83/349/CEE.

[3159] *Vide* ANA MARIA RODRIGUES/RUI PEREIRA DIAS, no *Código em Comentário* cit., 1, 764 ss..

§ 90.º O direito das contas vigente

– o POCAL ou Plano Oficial de Contabilidade das Autarquias Locais, aprovado pelo Decreto-Lei n.º 54-A/99, de 22 de Fevereiro e alterado, por último, pela Lei n.º 60-A/2005, de 30 de Dezembro;
– o POC-Educação ou Plano Oficial de Contabilidade Pública para o Sector da Educação, aprovado pela Portaria n.º 794/2000, de 20 de Setembro;
– o POCMS ou Plano Oficial de Contabilidade Pública para o Ministério da Saúde, aprovado pela Portaria n.º 898/2000, de 28 de Setembro;
– o POCISSS ou Plano Oficial de Contabilidade das Instituições do Sistema de Solidariedade e de Segurança Social, aprovado pelo Decreto-Lei n.º 12/2002, de 25 de Janeiro.

Há, ainda, a contar com diversas normas e regulamentos, designadamente os destinados a adaptar a lei, por sectores, a instrumentos comunitários abaixo referidos.

399. A adoção nacional das NIC

I. A Comissão da União Europeia tem procurado aproximar os ordenamentos comunitários dos US-GAAP e dos IAS: tal o sentido geral das pertinentes Diretrizes[3160], acima referidas[3161]. Nessa base ocorreram, nos anos 80, diversas reformas dos planos de contas, com referência para as leis alemãs de 26-Ago.-1983[3162] e de 19-Dez.-1985[3163] e francesa, de 30-Abr.-1983[3164].

[3160] ALEXANDER BARDENZ, *Durchbruch für das International Accounting Standards Committee?*, WM 1996, 1657-1671 (1657) e CLAUSSEN, *So musste es Kommen!* cit., 279.
[3161] *Supra*, 1039 ss..
[3162] WOLFGANG KALKHOF, *Neue Entwicklungen des handelsrechtlichen Rechnungslegung (4. EG-Richtlinie und Gesetzentwurf Bilanzrichtlinie-Gesetz vom 26-8-1983) und managementorientierte Informationsaufbereitung der Vermögens-, Finanz- und Erfolgslage* (1983).
[3163] JOACHIM SCHULZE-OSTERLOH, *Die Rechnungslegung der Einzelkaufleute und Personenhandelsgesellschaften nach dem Bilanzrichtlinien-Gesetz*, ZHR 150 (1986), 403-433 e *Jahresabschluss, Abschlussprüfung und Publizität der Kapitalgesellschaften nach dem Bilanzrichtlinien-Gesetz*, ZHR 150 (1986), 532-569.
[3164] MESTRE/TIAN-PANCRAZI, *Droit commercial*, 24.ª ed. cit., 142.

1060 *A prestação de contas*

Os excessos de normalização vinham penalizar as pequenas empresas, obrigadas a contratar pessoal especializado para a elaboração de documentos que não têm qualquer utilidade exterior. Mantinha-se, pois, na ordem do dia um movimento tendente à desburocratização, nesses casos[3165].

II. Recordamos que na sequência dos apontados regulamentos comunitários, surge a Diretriz n.º 2003/51/CE, do Parlamento Europeu e do Conselho, de 18 de Junho, relativa a contas anuais e a contas consolidadas de sociedades[3166]. Esta Diretriz alterou diversos instrumentos anteriores[3167] e visou aproximar a legislação contabilística comunitária das normas internacionais de contabilidade (NIC), previstas já no Regulamento n.º 1606/2002, de 19 de Julho.

III. A Diretriz n.º 2003/51 foi transposta pelo Decreto-Lei n.º 35/2005, de 17 de Fevereiro. Por sectores, este diploma veio, no essencial, prever a passagem das sociedades nacionais do regime do POC para o das NIC.

Trata-se de um ponto importante ao qual os operadores nacionais têm vindo a prestar a maior atenção.

IV. Substancialmente, as empresas nacionais vão substituindo estalões mais assentes numa quietude patrimonial por modelos mais dinâmicos que procuram atingir uma maior justiça nas valorizações em jogo. Resta esperar que, daqui, resulte um efetivo incremento do mercado de capitais.

400. Aspetos relacionados com a aplicação das NIC

I. O Decreto-Lei n.º 35/2005, de 17 de Fevereiro[3168], aparentemente discreto, revolucionou a prestação de contas.

Desde logo, nos seus artigos 2.º e 3.º, ele explicita o mecanismo das provisões e o do princípio da prudência. Quanto às provisões (2.º):

[3165] Assim, em França, a Lei Madelin de 11-Fev.-1994.

[3166] JOCE N. L 178/16-178/22, de 17-Jul.-2003.

[3167] A saber: as Diretrizes n.º 78/660, de 25 de Julho, n.º 83/349, de 13 de Junho, n.º 86/635, de 8 de Dezembro e n.º 91/674, de 19 de Dezembro.

[3168] Alterado pela Lei n.º 53-A/2006, de 29 de Dezembro e revogado, nos seus artigos 4.º, 7.º e 11.º a 15.º pelo Decreto-Lei n.º 158/2009, de 13 de Julho.

§ 90.º *O direito das contas vigente* 1061

1. As provisões têm por objeto cobrir as responsabilidades cuja natureza esteja claramente definida e que à data do balanço sejam de ocorrência provável ou certa, mas incertas quanto ao seu valor ou data de ocorrência.

2. As provisões não podem ter por objeto corrigir os valores dos elementos do ativo.

3. O montante das provisões não pode ultrapassar as necessidades.

(...)

Quanto ao princípio da prudência, dispõe o artigo 3.º do Decreto-Lei n.º 35/2005:

1. Para efeitos de observância do princípio da prudência consagrado no Plano de Contas para o Sistema Bancário, no Plano de Contas para as Empresas de Seguros e no Plano Oficial de Contabilidade, devem ser reconhecidas todas as responsabilidades incorridas no exercício financeiro em causa ou num exercício anterior, ainda que tais responsabilidades apenas se tornem patentes entre a data a que se reporta o balanço e a data em que é elaborado.

2. Devem, igualmente, ser tidas em conta todas as responsabilidades previsíveis e perdas potenciais incorridas no exercício financeiro em causa ou em exercício anterior, ainda que tais responsabilidades ou perdas apenas se tornem patentes entre a data a que se reporta o balanço e a data em que é elaborado.

II. Seguidamente, o Decreto-Lei n.º 35/2005 veio alterar diversos diplomas:

– Decreto-Lei n.º 238/91, de 2 de Julho, relativo à consolidação de contas das sociedades; o artigo 4.º daquele diploma, que procedeu a essa alteração, foi revogado pelo Decreto-Lei n.º 158/2009, de 13 de Julho;

– Decreto-Lei n.º 36/92, de 28 de Março, sobre a consolidação de contas de algumas instituições financeiras;

– Decreto-Lei n.º 147/94, de 25 de Maio, quanto à consolidação de contas das empresas seguradoras;

– Decreto-Lei n.º 410/89, de 21 de Novembro, que aprovou o POC; o anexo ao Decreto-Lei n.º 35/2005 tem, ainda, alterações ao POC; toda esta matéria foi revogada pelo Decreto-Lei n.º 158/2009, de 13 de Julho;

– Código das Sociedades Comerciais, designadamente os artigos 66.º, 451.º, 453, 508.º-C e 508.º-D;

– Código do Registo Comercial.

1062 *A prestação de contas*

III. Na parte agora mais relevante, o Decreto-Lei n.º 35/2005, de 17 de Fevereiro, fixou o seguinte sistema, hoje substituído pelo Decreto-Lei n.º 158/2009, de 13 de Julho:

– as entidades cujos valores mobiliários estejam admitidos à negociação num mercado regulamentado devem elaborar as suas contas consolidadas de acordo com as NIC, nos termos do Regulamento n.º 1606/2002, de 19 de Julho, ficando dispensadas de seguir o POC (11.º);
– as entidades que se mantêm adstritas ao POC podem optar pelas NIC, desde que as suas demonstrações financeiras sejam objeto de certificação legal de contas (12.º/1), numa opção integral e definitiva (12.º/3).

IV. Ao prestar contas de acordo com as NIC, as sociedades que o façam desviam-se da habitual contabilidade fiscal. Donde o importante artigo 14.º (hoje revogado), na redação dada pela Lei n.º 53-A/2006, de 29 de Dezembro (artigo 55.º)[3169]:

> 1. Para efeitos fiscais, nomeadamente de apuramento do lucro tributável, as entidades que, nos termos do decreto-lei, elaborem as contas individuais em conformidade com as Normas Internacionais de Contabilidade (NIC) são obrigadas a manter a contabilidade organizada de acordo com a normalização contabilística nacional e demais disposições legais em vigor para o respetivo sector de atividade.

Como se vê, ficou estabelecida a dupla contabilidade:

– NIC, para as sociedades abertas, cotadas e para as restantes que, tendo certificação de contas, façam essa opção;
– POC, para as restantes;
– POC e demais regras, para todas, para efeitos fiscais, com as alterações derivadas da legislação tributária.

Adiante veremos como este sistema foi retomado pelo Decreto-Lei n.º 158/2009, de 13 de Julho (SNC), em termos não coincidentes[3170].

[3169] O n.º 2 deste preceito, aditado pela Lei n.º 53-A/2006, dispensa dessa obrigação as entidades sujeitas à supervisão do Banco de Portugal, obrigadas às NAC (normas de contabilidade ajustadas).

[3170] *Infra*, 1063 ss..

§ 90.º O direito das contas vigente 1063

401. A reforma de 2006; a viragem para o Direito das sociedades

I. A reforma do CSC de 2006, aparentemente destinada às sociedades comerciais, pôs termo ao dever mercantil de prestar contas. Com efeito:

– o artigo 62.º foi alterado: apenas dispõe que o comerciante é obrigado a dar balanço ao seu ativo e passivo nos três primeiros meses do ano imediato; mas como aboliu a anterior referência ao dever de lançar o balanço no livro de inventário e balanços, a obrigação perde concretização prática;
– o artigo 63.º foi revogado: desapareceu a obrigação de prestação de contas.

O dever de prestar contas mantém-se, apenas, no Direito das sociedades. Quanto aos comerciantes em geral: elas terão de prestá-las, mas apenas à Administração Fiscal e nos termos das leis tributárias. Nos outros Direitos, esse dever conserva-se com conteúdo comercial.

II. Não havendo escrituração, não faz sentido exigir contas. Mantemos, também aqui, para as preocupações acima expendidas quanto à abolição da escrituração mercantil: menos uma importante província para o Direito comercial, sem que o assunto tenha sido prévia e seriamente estudado. Queda ao Direito das sociedades recuperar o processo.

402. O Sistema de Normalização Contabilística

I. A influência progressiva dos estalões contabilísticos norte-americanos no Direito europeu da prestação de contas veio a refletir-se diretamente no ordenamento nacional. O Decreto-Lei n.º 158/2009, de 13 de Julho[3171], concretizou essa tendência, ao aprovar, em substituição do velho POC, o Sistema de Normalização Contabilística (SNC)[3172]. O próprio preâmbulo do Decreto-Lei n.º 158/2009 explica[3173]:

[3171] Retificado pela Declaração n.º 67-B/2009, de 10 de Setembro, DR 1.ª série, n.º 177, de 11-Set.-2009, 6238(8).

[3172] Vide ANA MARIA RODRIGUES/RUI PEREIRA DIAS, em Código em Comentário (2010), 763 ss..

[3173] DR 1.ª série, n.º 133, de 13-Jul.-2009, 4376/I.

1064   *A prestação de contas*

(...) a normalização contabilística nacional deverá aproximar-se, tanto quanto possível, dos novos padrões comunitários, por forma a proporcionar ao nosso país o alinhamento com as diretivas e regulamentos em matéria contabilística da UE, sem ignorar, porém, as características e necessidades específicas do tecido empresarial português.

II. A modernização contabilística almejada pelo Decreto-Lei n.º 158/2009, de 13 de Julho, assenta nos elementos seguintes[3174]:

- a estrutura conceptual: um conjunto de conceitos contabilísticos estruturantes, subjacentes ao sistema e próprios do IASB;
- as bases para a apresentação de demonstrações financeiras: as regras e os princípios essenciais de um conjunto completo de demonstrações financeiras;
- os modelos de demonstrações financeiras: traduzem formatos padronizados mas flexíveis, para as demonstrações de balanço, de resultados (por funções e por naturezas), de alterações no capital próprio e dos fluxos de caixa, e para o anexo;
- o código de contas: uma estrutura codificada e uniforme de contas, que visa acautelar as necessidades dos utentes, privados e públicos e "alimentar" o desenvolvimento de plataformas e bases de dados particulares e oficiais.

O núcleo do SNC é constituído pelas "normas contabilísticas e de relato financeiro" (NCRF), adotadas a partir das normas internacionais de contabilidade de base europeia, onde se prescrevem os tratamentos técnicos em matéria de reconhecimento, de mensuração, de apresentação e de divulgação das realidades económicas e financeiras das diversas entidades.

III. Perante os diversos sistemas contabilísticos, era recorrente a crítica de que eles foram desenhados tendo em vista as grandes sociedades anónimas. A pretensão de a aplicar a pequenas e médias empresas apenas redundaria num inglório acréscimo de custos. Assim, o SNC veio prever a "norma contabilística e de relato para pequenas entidades (NCRF-PE)"

[3174] Segue-se a ordem do preâmbulo do diploma, loc. cit. na nota anterior.

§ 90.° *O direito das contas vigente* 1065

que, de forma unitária e simplificada, funciona para entidades que não ultrapassem dois dos três limites seguintes (9.°/1)[3175]:

(a) total do balanço: € 1.500.000;
(b) total das vendas líquidas e outros rendimentos: € 3.000.000;
(c) número médio de trabalhadores no exercício: 50.

IV. A preocupação de simplificar as normas e as informações contabilísticas relativas a pequenas empresas, tomou ainda corpo na Lei n.° 35/2010, de 2 de Setembro.

Este diploma veio distinguir "microentidades": as que, à data do balanço, não ultrapassem dois dos três limites seguintes (2.°):

(a) total do balanço: € 500.000;
(b) volume de negócios líquido: € 500.000;
(c) número médio de trabalhadores: 5.

Estas microentidades ficam dispensadas da aplicação do regime adotado pelo Decreto-Lei n.° 158/2009, de 13 de Julho, devendo observar normas simplificadas que serão objeto de regulamentação (3.°/1). Tal facilidade deixa de se aplicar se, em dois exercícios consecutivos, ultrapassarem dois dos três limites acima indicados (4.°/1). Além disso, elas podem sempre optar pelo SNC (5.°/1).

Aguarda-se a publicação da regulamentação específica, a aprovar pelo Governo, e cujo prazo já foi ultrapassado (6.°).

Tudo o que seja facilitar as pequenas empresas é meritório. No entanto: estas podem ser levadas a preferir não crescer, para evitar custos contabilísticos.

V. Com esta especificidade, o SNC é obrigatoriamente aplicável (3.°/1) às:

a) Sociedades abrangidas pelo Código das Sociedades Comerciais;
b) Empresas individuais reguladas pelo Código Comercial;

[3175] Redação dada pela Lei n.° 20/2010, de 23 de Agosto, que alargou o conceito de pequenas entidades, para efeitos de aplicação do SNC. Anteriormente, os limites eram, respetivamente, de € 500.000, de € 1.500.000 e de 20 trabalhadores. A preocupação de simplificar as normas e as informações contabilísticas relativas a microentidades tomou ainda corpo na Lei n.° 35/2010, de 2 de Setembro.

1066   *A prestação de contas*

    c) Estabelecimentos individuais de responsabilidade limitada;
    d) Empresas públicas;
    e) Cooperativas;
    f) Agrupamentos complementares de empresas e agrupamentos europeus de interesse económico.

Outras entidades sem fins lucrativos, sujeitas ao POC e que aguardam normas específicas, ficam desde já submetidas ao SNC (3.º/2).

As normas internacionais de contabilidade (NIC), nos termos do artigo 4.º do Regulamento n.º 1606/2002, de 19 de Julho, aplicam-se às entidades cujos valores mobiliários estejam admitidas à negociação em mercado regulamentado (4.º/1). Quanto às outras, obrigadas ao SNC: podem optar pelas NIC, desde que sejam objeto de certificação legal de contas (4.º/2). A opção deve manter-se pelo mínimo de três exercícios (4.º/5).

Ficam ressalvadas outras informações previstas nas leis nacionais (4.º/7) e, ainda, normas a adotar pelo Banco de Portugal, pelo Instituto de Seguros de Portugal e pela Comissão do Mercado de Valores Mobiliários relativamente às entidades que lhes estejam sujeitas (5.º).

VI. A obrigatoriedade de elaborar contas consolidadas vem fixada no artigo 6.º do Decreto-Lei n.º 158/2009, relativamente às empresas-mães sujeitas ao Direito nacional e que reuniam os critérios aí fixados. Ocorre, todavia, dispensa de consolidação quando não se mostrem ultrapassados os limites do artigo 7.º e exclusão de consolidação no domínio do artigo 8.º.

VII. O SNC revogou diversos diplomas entre os quais o POC, adotado pelo Decreto-Lei n.º 410/89, de 21 de Novembro (15.º/1). Ele deu ainda azo a diversa legislação complementar, da qual salientamos:

    – Portaria n.º 986/2009, de 7 de Setembro: aprova, em anexos, dez modelos para as diversas demonstrações financeiras (balanço; resultados por natureza; resultados por funções; alterações no capital próprio; fluxos de caixa; anexo; balanço, modelo reduzido; resultados por funções, modelo reduzido; anexo, modelo reduzido);
    – Portaria n.º 1011/2009, de 9 de Setembro: aprova o Código de Contas.

§ 91.º PRINCÍPIOS E DIREITO DA PRESTAÇÃO DE CONTAS

403. Princípios da prestação de contas

I. Os princípios relativos à prestação de contas podem ser objeto de diversas enumerações. Em termos legais, é inevitável considerar o Regulamento n.º 1606/2002, de 19 de Julho, relativo à aplicação das normas internacionais de contabilidade. Este diploma, embora destinado às sociedades abertas, fixa um quadro de relevo geral. Vamos tomá-lo como base do estudo subsequente.

II. Do artigo 3.º/2 do Regulamento n.º 1606/2002, bem como da remissão que ele comporta para a 4.ª Diretriz de Direito das sociedades, resultam os seguintes princípios:

– fidelidade;
– inteligibilidade;
– relevância;
– fiabilidade;
– comparabilidade.

III. Os comentadores, na base do § 252 do HGB alemão, apontam[3176]:

– a identidade de critérios valorativos na abertura e no fecho do balanço;
– a continuidade da empresa;
– a valoração única no dia do fecho;
– a prudência;

[3176] Adaptado de WINKELJOHANN/GEISSLER, *Beck'scher Bilanz-Kommentar*, 6.ª ed. cit., 402 ss..

1068 *A prestação de contas*

– a periodificação;
– a manutenção das valorações.

Além disso, na base de outros elementos, apontam ainda os seguintes três princípios, não consagrados no HGB:

– a determinação de método;
– a proibição de arbítrio;
– a essencialidade.

IV. O próprio POC apontava as características de informação financeira (ponto 3). Fixava os seus objectivos (3.1) e as suas características qualitativas (3.2). Além disso, apontava os princípios contabilísticos (4). Esta matéria surge ainda no actual SNC[3177], em termos formalmente menos claros. Vamos principiar por aí.

404. Sistema de fontes e BADF

I. O SNC, aprovado em anexo ao Decreto-Lei n.º 158/2009, de 13 de Julho, prevê que, para integrar as suas próprias e eventuais lacunas, se recorra (1.4):

– às normas internacionais de contabilidade (NIC), adotadas ao abrigo do Regulamento n.º 1606/2002, de 19 de Julho;
– às normas internacionais de contabilidade (IAS) e normas internacionais de relato financeiro (IFRS), emitidas pelo IASB e respetivas interpretações SIC/IFRIC.

II. As bases para a apresentação de demonstrações financeiras (BADF) comportam os seguintes âmbito, finalidade e componentes (2.1):

– requisitos globais que permitem assegurar a comparabilidade com demonstrações anteriores da mesma entidade e com demonstrações de outras entidades;
– destinam-se a satisfazer as necessidades dos utentes que não estejam em posição de exigir relatórios;

[3177] *Supra*, 1063 ss..

§ 91.º *Princípios e direito da prestação de contas* 1069

– representam de modo estruturado a posição financeira e o desempenho da entidade, informando quanto a: (a) ativos; (b) passivos; (c) capital próprio; (d) rendimentos (réditos e ganhos); (e) gastos (gastos e perdas); (f) outras alterações no capital próprio; (g) fluxos de caixa.

III. Na preparação das demonstrações financeiras, cabe ao órgão de gestão encarar a entidade num prisma de continuidade (2.2): pressuporá que a atividade vai prosseguir, salvo se encarar a sua liquidação, o que deve ser dito.

Aplica-se a regra da periodização económica (2.3). Deve ser observada a consistência de apresentação (2.4): a apresentação e a classificação de itens são mantidas de um período para o outro. Impõem-se a materialidade e a agregação (2.5): cada classe material de itens semelhantes deve ser apresentada separadamente nas demonstrações financeiras. Não há compensação de ativos e passivos, de rendimentos e de gastos (2.6): o seu relato é feito em separado. Cumpre, ainda, divulgar uma informação comparativa, relativamente ao período anterior.

405. **Áreas normativas**

I. As regras sobre a prestação de contas são pressupostas em diversas áreas[3178]:

– no Direito comercial, visando o conhecimento dos próprios;
– no Direito das sociedades comerciais, facultando a sua fiscalização e condicionando diversos institutos;
– no Direito da insolvência, levantando responsabilidades e adequando a execução universal;
– na concretização e na fiscalização tributárias, dando corpo ao funcionamento moderno dos tributos;
– no Direito mobiliário, permitindo a informação e a supervisão.

Outros campos específicos poderiam, ainda, ser mencionados.

[3178] *Vide* o nosso *Introdução do Direito da prestação de contas* cit., 103 ss., para concretizações dentro do Direito das sociedades.

1070   *A prestação de contas*

II. A prestação de contas preenche, ainda, o Direito da contabilidade e as áreas conexas. Esse Direito está ao serviço do Direito das sociedades e, em certos termos, do Direito fiscal. Temos, ainda, de lidar, em termos instrumentais:

– com regras internacionais: as NIC;
– com regras comunitárias: as 4.ª, 7.ª e 8.ª Diretrizes e diversos regulamentos;
– com regras internas: o SNC e os diplomas circundantes, bem como o que reste do antigo POC e ainda tenha aplicação.

III. *Prima facie*, podemos considerar a presença de massas normativas distintas, com origens próprias e preocupações autónomas. As conexões entre essas massas são possibilitadas, precisamente, pelas regras instrumentais.

406. Cruzamentos horizontais e verticais

I. A prestação de contas poder-se-ia apresentar como um Direito de tipo horizontal, semelhante, nessa característica, a ramos como o do Direito do ambiente ou o do Direito da construção: reúne, num corte horizontal, realidades que advêm do Direito privado, do Direito administrativo e do Direito financeiro, unificadas em função da problemática comum: a defesa do ambiente ou o urbanismo.

II. A natureza meramente horizontal é pouco consistente, em termos dogmáticos. Mas tem consequências. O simples facto de reunir matéria, ainda que diversa, permite descobrir interações, apurar contradições (a atenuar) e fixar analogias.

Todavia, no caso da prestação de contas, temos um fator de integração vertical: as próprias contas, assentes em regras de contabilidade juridificadas.

A prestação de contas oferece, também, cruzamentos verticais, em termos de interação entre diversas áreas normativas.

§ 91.° *Princípios e direito da prestação de contas* 1071

407. Escassez e diversidade científicas

I. A prestação de contas sofre pelo escasso interesse que os juristas demonstram pelo Direito da contabilidade. O SNC fica fora dos roteiros universitários. As NIC e os instrumentos que lhes subjazem já suscitaram alguns estudos de divulgação. Até há bem pouco, havia que recorrer à literatura estrangeira. Não há, todavia, obras dogmáticas sobre as inerentes fontes e isso apesar da sua evidente natureza estimulante.

II. Quanto às áreas implicadas dos Direitos comercial, das sociedades, da insolvência, fiscal e mobiliário: são distintas, cultivadas por estudiosos de diversas formações e objeto de Ciências diferenciadas. Cada vez mais é difícil o generalismo necessário para dominar disciplinas díspares. Repare-se: não estão em causa, apenas, as "contas" relevantes para as apontadas disciplinas. Antes há que conhecer cada uma das dogmáticas implicadas.

O estado das questões é marcado por um certo subdesenvolvimento científico.

408. A construção dogmática

I. O Direito da prestação de contas deve ser dogmaticamente construído a partir do Direito das sociedades. *Summo rigore*, deveria sê-lo na base do Direito comercial: mas a reforma de 2006 remeteu-o, por hora, para as sociedades.

Será, assim e na tradição germânica, um Direito materialmente público (como o Direito do registo comercial, por exemplo), mas sistematicamente privado, usando conceitos e técnicas comerciais de realização.

II. O Direito das sociedades deve ser enriquecido com noções de contabilidade e uma exposição sobre o SNC e as NIC. Tudo isso será precedido da evolução histórica e do posicionamento comparatístico do tema, inevitável para surpreender o sentido do crescente predomínio do sistema anglo-saxónico, no domínio da prestação de contas. Paralelamente: há que ensinar Direito aos contabilistas, aos técnicos de contas, aos ROC, aos auditores e, em geral, a quantos tenham de trabalhar com as contas das empresas.

1072   *A prestação de contas*

III. No Direito das sociedades cabe concretizar as contas: sobressai o seu papel na fiscalização e na prestação de contas das sociedades, na defesa do capital social, nas ações próprias e na amortização de quotas, como pólos exemplares de concretização.

Isto posto: a matéria elaborada no Direito das sociedades poderá, depois, ser usada com êxito no domínio mobiliário e no fiscal.

409. Especificidades na interpretação e na aplicação

I. Tem muito interesse saber se, na interpretação e na aplicação do Direito da prestação de contas, há regras próprias e uniformes.

À partida, a resposta parece ser negativa. Na verdade, nós temos:

– fontes de Direito das sociedades, que seguem os vetores comuns do Código Civil;
– fontes de Direito contabilístico, dominadas por preocupações teleológicas, particularmente após a influência anglo-saxónica, via NIC;
– fontes de Direito fiscal, que comportam a dimensão funcional;
– fontes comunitárias, em sobreposição com as restantes, e que têm esquemas próprios.

A inexistência de regras específicas e uniformes de interpretação e de aplicação no Direito da prestação de contas, a confirmar-se, representaria um golpe severo nas perspetivas de, dele, fazer uma verdadeira disciplina jurídica.

II. A manutenção de regras específicas, no tocante às fontes europeias, parece inevitável[3179]. Mas é comum, hoje, às diversas disciplinas jurídicas.

O Direito financeiro tem particularidades interpretativas que se mantêm, no campo das contas[3180].

[3179] *Vide* ALBERT BECHMANN, *Die Richtlinie im Europäischen Gemeinschaftsrecht und im Deutsche Recht*, em LEFFSON/RÜCKLE/GROSSFELD, *Handwörterbuch unbestimmter Rechtsbegriffe im Bilanzrecht des HGB* (1986), 11-28 (21 ss.), relativamente à interpretação das diretrizes de prestação de contas.

[3180] ROBERT WINNEFELD, *Bilanzhandbuch*, 4.ª ed. cit., 34.

§ 91.º Princípios e direito da prestação de contas

Resta a matéria do Direito contabilístico em si, com o especial cuidado posto no manuseio dos princípios e da sua concretização. Também aí não é realista abdicar da especial postura pressuposta pela sua concretização.

Pois bem: a aposta está justamente nas apontadas diversidades. Apenas o tratamento conjunto das múltiplas províncias que preenchem o Direito da prestação de contas permitirá, desde logo, a consciência de diversas técnicas de realização do Direito. Além disso e sobretudo: somente o recurso à metodologia moderna propiciada, tradicionalmente, pelo Direito civil faculta o manuseio e a concretização de princípios e conceitos indeterminados.

III. Perante essa metodologia haverá sempre que, norma a norma, ponderar os valores em presença e a vontade legislativa da sua concretização.

410. **Multidisciplinariedade**

I. O Direito da prestação de contas está repartido por distintas disciplinas jurídicas, posicionando-se, de um modo geral, na periferia de todas elas. A fraqueza é estrutural: os ramos do Direito advêm de sólida tradição e têm consequências estruturais na preparação e na especialização dos juristas. Não é de esperar que tal estado de coisas se possa modificar, em nome da prestação de contas.

II. Impõe-se, por isso, um cultivo multidisciplinar da prestação de contas. À semelhança de outras experiências universitárias, comercialistas, fiscalistas, técnicos de contas, contabilistas e auditores deveriam pôr a sua experiência em comum, procurando entender os pontos de vista uns dos outros. Nessa base, sempre com humildade académica, um Direito da prestação de contas torna-se viável: seja como verdadeira disciplina autónoma, seja como um substancial capítulo do Direito das sociedades.

§ 92.º O PROCESSO DE PRESTAÇÃO DE CONTAS

411. Generalidades

I. As sociedades traduzem meios de cooperação e de organização humanos, funcionando em modo coletivo. Exigem-se regras que cometam a alguém a prestação de contas e o relato da gestão, a ela associados. O Código das Sociedades Comerciais dedica à matéria o capítulo VI do Título I, precisamente epigrafado "apreciação anual da situação da sociedade". Tem o seguinte conteúdo:

- artigo 65.º   (Dever de relatar a gestão e apresentar contas);
- artigo 65.º-A (Adoção do período de exercício);
- artigo 66.º   (Relatório de gestão);
- artigo 66.º-A (Anexo às contas);
- artigo 67.º   (Falta de apresentação das contas e de deliberação sobre elas);
- artigo 68.º   (Recusa de aprovação das contas);
- artigo 69.º   (Regime especial de invalidade das deliberações);
- artigo 70.º   (Prestação de contas);
- artigo 70.º-A (Depósito para as sociedades em nome coletivo e em comandita simples).

II. Estes preceitos são de aplicação tendencialmente geral, isto é, funcionam perante os diversos tipos de sociedades comerciais[3181]. Além deles, encontramos, no Código:

- artigo 420.º   (Relatório e parecer do fiscal único ou conselho fiscal);
- artigo 447.º   (Publicidade de participações dos membros dos órgãos de administração e fiscalização);

[3181] Exceto, naturalmente, o artigo 70.º-A, expressamente limitado às sociedades em nome coletivo e às comanditas simples.

§ 92.° *O processo de prestação de contas* 1075

– artigo 448.° (Publicidade de participações de accionistas);
– artigos 508.°-A a 508.°-F (Contas consolidadas).

Há, ainda, que lidar com os diversos diplomas, relativos a contas e à contabilidade, com relevo para o SNS.

III. O capítulo V (apreciação anual da situação da sociedade), aqui em causa, tem alguma lógica interna:

– ele principia pelo dever de apresentar contas, fixando alguns dos seus parâmetros (65.°, 65.°-A, 66.° e 66.°-A);
– prossegue com aspetos patológicos: não apresentação de contas ou não deliberação sobre elas (67.°), recusa de aprovação de contas (68.°) e regime de invalidade das respetivas deliberações (69.°);
– conclui com a publicidade das contas (70.°[3182] e 70.°-A).

A matéria deve ser seguida sempre em conjunto com as regras próprias de cada tipo societário e à luz das normas contabilísticas aplicáveis. Recomenda-se, sempre, o recurso a especialistas.

412. O dever de relatar a gestão e de apresentar contas

I. As contas surgem em execução de um dever cometido à administração. Na verdade, são os administradores as entidades melhor colocadas para dominar, a nível de decisão como do conhecimento, os diversos parâmetros de que elas dependem.

Nessa linha, o artigo 65.°/1 determina duas obrigações fundamentais, relativamente aos membros da administração:

– a de elaborar as contas;
– a de as submeter aos órgãos competentes da sociedade.

Em ambos os casos trata-se de obrigações de *facere*, na forma de especiais prestações específicas de serviço. A estrutura da obrigação de

---

[3182] Este preceito tem uma epígrafe inadequada, advinda do Decreto-Lei n.° 185/2009, de 12 de Agosto.

1076 *A prestação de contas*

submeter "aos órgãos competentes" a aprovação das contas mostra que estamos perante a contraface do direito à informação, que assiste aos diversos sócios[3183].

II. A prestação de contas em sentido amplo abrange diversos elementos. O próprio artigo 65.º/1 enumera[3184]:

– o relatório de gestão;
– as contas de exercício;
– os demais documentos de prestação de contas, previstos na lei.

O relatório de gestão é um documento que exara os parâmetros a que tenha obedecido o funcionamento da sociedade, as dificuldades encontradas, a estratégia seguida e o sentido dos resultados. Pode ser muito sucinto, no caso das pequenas e médias sociedades, convertendo-se em extensas análises de conjuntura e de evolução do sector, nas grandes anónimas. O artigo 66.º desenvolve o conteúdo do relatório de gestão, desdobrando os seus diversos aspetos[3185], em termos não muito ordenados. Destacamos, quanto ao seu conteúdo, o artigo 66.º/5, pelo qual ele deve incluir:

a) A evolução da gestão nos diferentes sectores em que a sociedade exerceu actividade, designadamente no que respeita a condições do mercado, investimentos, custos, proveitos e atividades de investigação e desenvolvimento;

b) Os factos relevantes ocorridos após o termo do exercício;

c) A evolução previsível da sociedade;

d) O número e o valor nominal de quotas ou ações próprias adquiridas ou alienadas durante o exercício, os motivos desses atos e o respetivo preço, bem como o número e valor nominal de todas as quotas e ações próprias detidas no fim do exercício;

e) As autorizações concedidas a negócios entre a sociedade e os seus administradores, nos termos do artigo 397.º;

f) Uma proposta de aplicação de resultados devidamente fundamentada;

[3183] ANA MARIA RODRIGUES/RUI PEREIRA DIAS, *Código em Comentário* (2010), 778.

[3184] Trata-se, genericamente, dos diversos "documentos de prestação de contas", como se infere da segunda parte do artigo 65.º/1.

[3185] ANA MARIA RODRIGUES/RUI PEREIRA DIAS, *Código em Comentário* cit., 786 ss..

§ 92.º *O processo de prestação de contas* 1077

g) A existência de sucursais da sociedade;

h) Os objetivos e as políticas da sociedade em matéria de gestão dos riscos financeiros, incluindo as políticas de cobertura de cada uma das principais categorias de transações previstas para as quais seja utilizada a contabilização de cobertura, e a exposição por parte da sociedade aos riscos de preço, de crédito, de liquidez e de fluxos de caixa, quando materialmente relevantes para a avaliação dos elementos do ativo e do passivo, da posição financeira e dos resultados, em relação com a utilização dos instrumentos financeiros.

Esta seriação só faz sentido para grandes anónimas. A sua inclusão na Parte geral do Código implica, todavia, uma aplicação a todas as sociedades comerciais. Incluir, como exemplo, a transcrita alínea *h*), nos relatórios referentes à generalidade das 300.000 sociedades por quotas existentes no País só pode causar ironias. A ressalva poderá advir do alargamento da locução "quando materialmente relevantes" a toda a alínea *h*) e, mais latamente, a todo o preceito.

Em compensação, faltam alguns elementos exigíveis para certos tipos de sociedades e que encontraremos nos locais próprios.

III. As contas de exercício devem ser exaradas em diversos documentos. O seu elenco tem vindo a aumentar. Segundo o artigo 2.º/1 da 4.ª Diretriz[3186],

As contas anuais compreendem o balanço, a conta de ganhos e perdas e o anexo. Estes documentos formam um todo.

Hoje, no Direito interno, dispõe o Decreto-Lei n.º 158/2009, de 13 de Julho, o qual, no tocante às entidades sujeitas ao SNS, fixa as seguintes demonstrações financeiras (11.º/1):

a) Balanço;

b) Demonstração dos resultados por naturezas;

c) Demonstração das alterações no capital próprio;

d) Demonstração dos fluxos de caixa pelo método direto;

e) Anexo.

[3186] *Direito europeu das sociedades*, 301.

1078 *A prestação de contas*

Adicionalmente, pode ser apresentada uma demonstração dos resultados por funções (11.º/3). Deve ainda ter-se em conta o artigo 12.º, quanto ao inventário permanente.

O Código andou bem ao não enumerar o teor das contas de exercício e os "demais documentos de prestação de contas". A matéria é instável, melhor ficando em leis especiais.

IV. O artigo 66.º-A veio exigir a junção de mais um elemento às contas: o anexo. Trata-se de um preceito introduzido pelo Decreto-Lei n.º 185/2009, de 12 de Agosto. Esse diploma transpôs a Diretriz n.º 2006/46, de 14 de Junho, que alterou a Diretriz n.º 78/660, sobre contas anuais, a Diretriz n.º 83/349, sobre contas consolidadas, a Diretriz n.º 86/635, sobre contas dos bancos e outras instituições financeiras e a Diretriz n.º 91/674, sobre contas de seguradoras.

O Decreto-Lei n.º 185/2009 apresentou-se, ainda, como visando simplificar as regras aplicáveis às sociedades, alterando os Códigos do Registo Predial, das Sociedades Comerciais e do Registo Comercial, o Estatuto dos Benefícios Fiscais, o Regulamento Emolumentar dos Registos e do Notariado, o Código da Insolvência e da Recuperação de Empresas e o Regulamento do Registo Automóvel RA. No caso do Código das Sociedades Comerciais, ele alterou os artigos 32.º, 70.º, 98.º, 100.º, 101.º, 101.º-A, 116.º, 420.º, 423.º-F, 441.º, 451.º e 508.º-C, aditando-lhe os 66.º-A e 508.º-F. Algumas destas novidades nada têm a ver com simplificações. A introdução do 66.º-A correspondeu à preocupação de verter no Código das Sociedades Comerciais a decorrência do SNC, introduzido pelo Decreto-Lei n.º 158/2009, de 13 de Julho. Este, no seu artigo 11.º/1, inseriu o "anexo" como um dos elementos das demonstrações financeiras.

O Decreto-Lei n.º 158/2009, de 13 de Julho, refere o anexo como a divulgação das bases de preparação e políticas contabilísticas adotadas e divulgações exigidas pelas Normas Contabilísticas e de Relato Financeiro (NCRF) – ponto 3.1, *e*). O artigo 66.º-A/1 veio alargar este papel do anexo. Passa, agora, a incluir também: (a) informação sobre a natureza e o objetivo comercial das operações não incluídas no balanço e o respetivo impacte financeiro, na medida do necessário para avaliar a situação da sociedade; (b) informação sobre os honorários faturados a ROCs, a SROCs e a outros títulos. A autonomização solene destes elementos pode contundir com segredos legítimos da empresa: deve ceder perante regras ou princípios concretamente mais ponderosos.

§ 92.º *O processo de prestação de contas* 1079

A Portaria n.º 986/2009, de 7 de Setembro, veio aprovar os modelos para as diversas demonstrações financeiras; o seu anexo 6 dedica-se ao "anexo" aqui em causa (anexo 6). Abrange: (1) a identificação da sociedade; (2) referencial contabilístico da preparação das demonstrações financeiras e, designadamente, a extensão da aplicação do SNC; (3) políticas contabilísticas; (4) fluxos de caixa; (5) aplicação inicial de uma NCRF; 28 outros pontos considerados relevantes.

A matéria é particularmente extensa e demonstra a especial atenção dada pelo SNC. Ela foi alargada pelo actual 66.º-A.

As sociedades sem NIC devem, segundo o 66.º-A/2, proceder à divulgação, no anexo, de informações realizadas com as partes relacionadas, incluindo, quando relevantes e realizadas fora de condições normais de mercado: (a) os seus montantes; (b) a natureza da relação; (c) outras informações necessárias à avaliação da situação financeira da sociedade.

As "partes relacionadas" são as definidas nas NIC; mais concretamente, na NCRF n.º 5, abrangendo aquelas que, direta ou indiretamente, tenham controlo ou influência significativa na sociedade, seja qual for o esquema. Além disso, as informações sobre as diversas operações podem ser agregadas, exceto quando a sua separação seja exigível para melhor entender a situação financeira da sociedade.

As pequenas entidades são definidas no artigo 9.º do Decreto-Lei n.º 158/2009, de 13 de Julho, alterado pela Lei n.º 20/2010, de 23 de Agosto, como as que não ultrapassem três dos seguintes limites: (a) total do balanço, € 1.500.000; (b) total de vendas líquidas e outros rendimentos, € 3.000.000; (c) número médio de trabalhadores durante o exercício, 50. Aplica-se-lhes a NCRF-PE (norma contabilística e de relato financeiro para pequenas entidades.

Para as "pequenas entidades", a Portaria n.º 987/2009, de 7-Set., prevê um anexo (modelo reduzido) (anexo n.º 10), que apenas insere 18 pontos.

O 66.º-A corresponde à inclusão, no Código das Sociedades Comerciais, de regras contabilísticas, desinseridas do local próprio: o SNC e o Decreto-Lei n.º 158/2009, de 13 de Julho. Aparentemente, o legislador não quis, passado menos de um mês, alterar este último diploma: recorreu à técnica de inserir, no Código das Sociedades Comerciais, as regras em falta. Mesmo pelo estilo, verifica-se uma grave e desnecessária disfunção. Esperemos que não faça escola.

1080   *A prestação de contas*

V. As regras legais relativas ao relatório de gestão e às regras de prestação de contas são imperativas (65.°/2): os estatutos sociais podem ampliá-las, mas não derrogá-las.

A lei exige ainda que o relatório e as contas do exercício sejam assinadas por todos os membros da administração; a recusa de assinatura deve ser justificada no documento a que respeita e explicada perante o órgão competente para a aprovação, ainda que o interessado já tenha cessado as suas funções (65.°/3). O tema das assinaturas é retomado pelo artigo 65.°/4: o relatório e as contas são elaborados[3187] e assinados pelos administradores em funções ao tempo da apresentação, mas os anteriores administradores devem prestar todas as informações que, para o efeito, lhes forem solicitadas.

Estas regras são importantes, mas não devem ser formalizadas. Pode suceder (a prática permite ilustrá-lo) que, no momento da assinatura, algum administrador, que esteja totalmente de acordo, não possa assinar: por razões de saúde ou, até funcionais, por estar no estrangeiro ao serviço da sociedade. Para quê levantar todo um problema, que pode ser penalizador nas sociedades cotadas? Bastará que alguém assine a rogo, assumindo a responsabilidade ou, mais simplesmente, que se use uma assinatura digital.

413. A apresentação das contas e a sua falta

I. O artigo 65.°/5 fixa dois distintos prazos para a apresentação do relatório de gestão, das contas e de exercício e demais documentos de prestação de contas ao órgão competente e para a apreciação, por este. Assim:

– três meses a contar da data de cada exercício anual, nos casos comuns;
– cinco meses a contar da mesma data, quando se trate de sociedades que devam apresentar contas consolidadas ou que apliquem o método de equivalência patrimonial.

[3187] Normalmente, as contas são elaboradas pelos administradores mais vocacionados para o tema, ou por alguém a mando deles. A lei pretende corresponsabilizar todos os administradores pela sua elaboração: deve-lhes, por isso, ser dada toda a oportunidade de intervirem na sua preparação.

§ 92.º O processo de prestação de contas   1081

A consolidação de contas pode ser requerida por via do artigo 6.º do Decreto-Lei n.º 158/2009, de 13 de Julho, com as dispensas e as exclusões previstas nos artigos 7.º e 8.º desse diploma. Ela permite uma apreciação conjunta das contas de sociedades que se encontrem numa especial relação de grupo. O método da equivalência patrimonial traduz uma técnica contabilística pela qual um investimento é anotado pelo seu custo e ulteriormente ajustado em função das modificações que se registem na quota-parte do investidor nos ativos líquidos da investida[3188]. A consolidação de contas exige o apuramento e aprovação das contas das consolidadas; a equivalência patrimonial, no fundo uma versão da consolidação, implica que as contas das participadas estejam previamente encerradas. Donde o alongamento dos prazos.

II. A data concreta da apresentação de contas depende do termo do exercício social[3189]. Em princípio, tal exercício corresponde ao ano civil. Por isso, a generalidade das sociedades faz aprovar as suas contas no mês de Março de cada ano ou, havendo consolidação de contas ou equivalência patrimonial, no mês de Maio. O artigo 9.º/1, *i*), permite, todavia, que o exercício anual seja diferente do civil, desde que a data do encerramento coincida com o último mês do calendário e com ressalva do artigo 7.º do CIRC. O desvio justifica-se quando, por exemplo, haja um pico de atividade no final do ano civil ou sempre que a sociedade portuguesa seja participada por sociedades estrangeiras, que adotem exercícios anuais não civis[3190].

Intervém, nessa eventualidade, o artigo 65.º-A[3191]: o primeiro exercício das tais sociedades não pode ser inferior a 6 nem superior a 18 meses[3192], sempre sem prejuízo do artigo 7.º do CIRC[3193].

[3188] ANA MARIA RODRIGUES/RUI PEREIRA DIAS, no *Código em Comentário* cit., 1, 782.

[3189] Ou "período", segundo o SNC.

[3190] PAULO OLAVO CUNHA, *Sociedades comerciais*, 4.ª ed. cit., 143 e MARIA ELISABETE RAMOS, *Código em Comentário* cit., 1, 171.

[3191] Introduzido pelo Decreto-Lei n.º 328/95, de 9 de Dezembro.

[3192] ANA MARIA RODRIGUES/RUI PEREIRA DIAS, no *Código em Comentário* cit., 1, 783-784.

[3193] Atualmente, rege o artigo 8.º do CIRC, cujo n.º 1 dispõe:

O IRC, salvo o disposto no n.º 10, é devido por cada exercício económico, que coincide com o ano civil, sem prejuízo das exceções previstas neste artigo.

1082 · A prestação de contas

III. Relativamente ao relatório de gestão, às contas de exercício e aos demais documentos de prestação de contas, podem ocorrer três distintos incidentes:

– podem não ser apresentados;
– podem sê-lo, mas sem obter a aprovação do órgão competente;
– podem ser rejeitados por esse mesmo órgão.

Na primeira hipótese, a Lei dá ainda dois meses de "tolerância". De facto, o artigo 67.º/1, na falta de apresentação de contas, permite que qualquer sócio requeira ao tribunal que se proceda a inquérito: mas apenas quando a apresentação não ocorra nos dois meses seguintes ao termo dos prazos fixados no artigo 65.º/5[3194].

III. O inquérito às contas[3195] segue a tramitação do artigo 65.º/2: não se trata do inquérito judicial previsto no artigo 292.º, para as sociedades anónimas[3196] e desenvolvido nos artigos 1479.º e seguintes do Código de Processo Civil, perante a recusa de informações e com consequências possíveis muito gravosas[3197].

Ele tem o seguinte desenvolvimento:

– é dirigido contra a sociedade[3198];
– qualquer sócio pode fazê-lo, desacompanhado dos restantes[3199] e independentemente do capital detido[3200]; o próprio sócio-gerente impedido de tomar posse do cargo pode usar esse meio[3201];
– o requerente tem o ónus de invocar e de provar os seus pressupostos[3202];

[3194] A Lei (o artigo 67.º/1), refere "termo do prazo fixado no artigo 65.º, n.º 5, usando o singular; todavia e como vimos, esse preceito consigna dois prazos distintos.

[3195] CSC/Clássica, 2.ª ed. (2011), anot. 67.º (264).

[3196] E, por remissão do artigo 216.º, para as sociedades por quotas.

[3197] RLx 17-Dez.-1992 (ALMEIDA VALADAS), CJ XVII (1992) 5, 148-150 (150/I).

[3198] REv 25-Jun.-1992 (RAÚL MATEUS), BMJ 418 (1992), 891.

[3199] STJ 28-Mar.-1995 (PEREIRA CARDIGOS), BMJ 445 (1995), 569-571 e STJ 16-Mai.-2000 (RIBEIRO COELHO), BMJ 497 (2000), 406-410 (409-410).

[3200] RCb 1-Fev.-2000 (ANTÓNIO GERALDES), CJ XXV (2000) 1, 15-17 = BMJ 494 (2000), 406/II.

[3201] RLx 20-Nov.-2009 (AVEIRO PEREIRA), Proc. 130/80 = RDS 2009, 1053-1058, anot. MENEZES CORDEIRO, favorável.

[3202] REv 28-Jan.-1993 (GERALDES DE CARVALHO), CJ XXVIII (1993) 1, 270-271.

§ 92.° O processo de prestação de contas 1083

– o juiz ouve os administradores;
– considerando procedentes as razões por estes invocadas, fixa um prazo adequado para a apresentação das contas em falta;
– quando não as considere procedentes, nomeia um administrador para, no prazo fixado, elaborar as contas em falta e submetê-las ao órgão competente; pode, para o efeito, convocar a assembleia geral (67.°/2);
– caso o órgão competente não aprove as contas, pode o administrador nomeado nos autos de inquérito, submeter a divergência ao juiz, para decisão (67.°/3).

IV. O inquérito às contas, seguindo a tramitação do artigo 67.°/2 e 3 é, perante o Código das Sociedades Comerciais, a única forma de reagir à não-apresentação das mesmas[3203]. Ele não pode ser usado perante a não-aprovação das contas pelo órgão competente[3204]. Nessa eventualidade, terá aplicação o artigo 68.°, abaixo ponderado. Tão-pouco é possível recorrer à ação de prestação de contas, prevista nos artigos 1014.° e seguintes do Código de Processo Civil[3205].

414. **Falta de aprovação e recusa de aprovação**

I. Pode haver apresentação de contas e, todavia, estas não serem aprovadas (ou rejeitadas), sem culpa dos administradores (67.°/4). "Sem culpa" quererá, aqui, dizer que não houve inobservância de deveres a seu cargo ou que, tendo-a havido, eles hajam logrado ilidir a "presunção de culpa" derivada do artigo 799.°, do Código Civil. Designadamente, verifica-se que os administradores[3206]:

– elaboraram as contas;
– apresentaram-nas ao órgão de fiscalização, quando seja o caso;

[3203] RCb 28-Mai.-1996 (CARDOSO DE ALBUQUERQUE), BMJ 457 (1996), 459; RCb 1-Out.-1996 (NUNO CAMEIRA), BMJ 460 (1996), 822; STJ 16-Mai.-2000 (COELHO RIBEIRO), CJ/Supremo VIII (2000) 2, 61-62.
[3204] RLx 12-Out.-2000 (FERNANDO SOUSA PEREIRA), CJ XXV (2000) 4, 111-113.
[3205] STJ 7-Jan.-2010 (SERRA BAPTISTA), Proc. 642/06.
[3206] ANA MARIA RODRIGUES/RUI PEREIRA DIAS, no Código em Comentário cit., 1, 803 ss.; CSC/Clássica, 2.ª ed. cit., 264.

1084   *A prestação de contas*

– convocaram ou pediram a convocação do órgão competente para a sua aprovação (a assembleia geral);
– divulgaram as contas, nos termos previstos na lei e nos estatutos;
– compareceram na assembleia e prestaram, aí, os esclarecimentos que lhes cabia.

Não obstante, ou a assembleia não reuniu por razões a eles alheias ou, tendo reunido, não deliberou.

II. Em tal eventualidade, decorrido o prazo do artigo 67.º/1 (isto é: o prazo-limite para a apreciação das contas, acrescido de dois meses de tolerância), pode qualquer dos administradores ou algum dos sócios requerer, ao tribunal, a convocação da assembleia geral[3207], para o efeito de apreciar as contas, aprovando-as ou rejeitando-as (67.º/4). Quando rejeite, haverá que aplicar, por analogia, o artigo 68.º.

Pode acontecer que a assembleia judicialmente convocada para o efeito não as aprove nem as rejeite. Nessa altura, qualquer interessado pode requerer ao juiz a nomeação de um ROC independente. O mesmo juiz, em face do relatório do ROC, do que conste dos autos e das demais diligências que ordene, aprovará ou rejeitará as contas (67.º/5).

III. A última hipótese é a de, tendo as contas ido à assembleia, esta as rejeitar (68.º). Nessa altura, essa mesma assembleia deve deliberar motivadamente:

– que se proceda à elaboração total de novas contas;
– ou que efetue a reforma, em pontos concretos, das contas apresentadas.

Se não adotar nenhuma destas posturas, segue-se o artigo 67.º/4 e 5: convocação judicial, nomeação de ROC e aprovação ou rejeição judicial[3208].

[3207] De facto, o poder que antes assistia ao conselho geral de aprovar as contas – 441.º, *f*), na redação inicial – foi suprimido na reforma de 2006; apenas a assembleia geral é competente para a aprovação; todavia, as contas terão de ser previamente apresentadas ao órgão de fiscalização, para efeitos de parecer.

[3208] *CSC/Clássica*, 2.ª ed. (2011), 265.

§ 92.º O processo de prestação de contas

IV. Quando a assembleia mande elaborar novas contas ou reformar as apresentadas, podem os administradores, nos oito dias seguintes à data da deliberação, requerer inquérito judicial: a menos que a reforma deliberada implique juízos para os quais a lei não imponha critérios (68.º/2). Desta feita, o inquérito em causa será o do artigo 1479.º/1, do Código de Processo Civil[3209].

Parece claro que a Lei toma uma opção de *favor contabilis*: entende ser do interesse social a presença de contas aprovadas, ainda que em detrimento da sua qualidade.

415. Regime especial de invalidade das deliberações

I. O artigo 69.º prevê um regime especial de invalidade das deliberações sociais que aprovem as contas, com violação dos preceitos legais relativos à elaboração do relatório de gestão, das contas de exercício e dos demais documentos de prestação de contas[3210].

No essencial, o regime especial daí resultante tem as particularidades seguintes:

– a violação de regras de elaboração de contas, necessariamente perpetrada pelos administradores, contamina as deliberações sociais que as aprovem;
– tais deliberações deveriam ser nulas, nos termos da segunda parte do artigo 56.º/1, *d*); todavia, apenas é cominada a anulabilidade.

De novo aflora o *favor contabilis*: a Lei pretende que haja contas, aprovadas e estabilizadas. Admitir a nulidade equivaleria a prolongar um processo que se pretende célere: toda a atividade subsequente da sociedade implica contas aprovadas[3211].

[3209] Ana Maria Rodrigues/Rui Pereira Dias, no *Código em Comentário* cit., 1, 807.

[3210] Ana Maria Gomes Rodrigues, *Prestação de contas e o regime especial de invalidade das deliberações previstas no art. 69.º do CSC*, IDET/Miscelâneas 6 (2010), 95-183.

[3211] Ana Maria Rodrigues/Rui Pereira Dias, no *Código em Comentário* cit., 1, 811; *CSC/Clássica*, 2.ª ed. cit., 266.

1086   *A prestação de contas*

II. O artigo 69.°/2 considera igualmente anuláveis as contas "irregulares" em si mesmas: a expressão que ANA MARIA RODRIGUES aproxima da ideia de "contas não apropriadas", na linguagem contabilística[3212], por não serem adequadas ou eficientes. Mesmo então opera o *favor contabilis*: nos casos de pouca gravidade, o juiz só decreta a anulação se as contas não forem reformadas, no prazo que fixar (69.°/2, 2.ª parte).

III. O *favor* cessa nos casos do artigo 69.°/3. Há nulidade quando se assista à violação de preceitos legais relativos à constituição, ao reforço ou à utilização de reserva legal ou de preceitos que visem, exclusiva ou principalmente, a proteção dos credores ou do interesse público.

Todas as normas de prestação de contas visam o interesse público. O preceito deve ser interpretado em termos restritos, sob pena de inutilizar o n.° 1 do mesmo artigo 69.°[3213].

IV. Pergunta-se qual o regime aplicável quando o vício consiste na falta de certificação legal das contas ou do parecer do órgão de fiscalização, quando legalmente previstos. Prever a nulidade por se tratar de elementos de interesse público[3214] parece-nos excessivo: a falta pode ser formal ou menos relevante, sempre que, de facto, as contas estejam bem elaboradas. O regime adequado será, por analogia, o do artigo 69.°/2: anulabilidade, com possibilidade de o juiz fixar um prazo razoável para que se mostrem aditados os elementos em falta.

416. Publicidade

I. O artigo 70.°, sob a deslocada epígrafe "prestação de contas", prevê que a informação respeitante às contas do exercício e aos demais elemen-

---

[3212] ANA MARIA GOMES RODRIGUES, *Prestação de contas* cit., 159-161 e *Código em Comentário* cit., 1, 814.

[3213] Este preceito foi introduzido na revisão final do projeto: provavelmente com a falta de cuidado e de sensibilidade que assistiu a esses últimos retoques; *vide* ANA MARIA RODRIGUES/RUI PEREIRA DIAS, no *Código em Comentário* cit., 1, 816, com indicações.

[3214] ANA MARIA GOMES RODRIGUES, *Prestação de contas* cit., 158-159 e *Código em Comentário* cit., 1, 818.

§ 92.° *O processo de prestação de contas* 1087

tos de prestação de contas, devidamente aprovadas, seja sujeita a registo comercial (n.° 1)[3215].

Hoje, esta obrigação é cumprida através do IES ou Informação Empresarial Simplificada[3216], nos termos do Decreto-Lei n.° 8/2007, de 17 de Janeiro[3217] e do artigo 42.°/1 do Código do Registo Comercial.

II. O artigo 70.°/2 prevê a disponibilização, via *Internet*, quando aí tenham sítio, dos diversos elementos relativos à prestação de contas. Trata-se, efetivamente, da via mais indicada.

III. O artigo 70.°-A regula a publicidade relativa às contas das sociedades em nome coletivo e das comanditas simples. Trata-se de um preceito aditado pelo Decreto-Lei n.° 329/95, de 9 de Dezembro, simplificado pelo Decreto-Lei n.° 257/96, de 31 de Dezembro e corrigido pelo Decreto-Lei n.° 76-A/2006, de 29 de Março[3218]. Melhor teria ficado no título relativo às sociedades em nome coletivo.

417. A informação empresarial simplificada (IES)

I. A prestação de contas dá azo a documentos e sujeita-se a registo. Além disso, as sociedades ficam adstritas a diversas outras declarações que se reportam, fundamentalmente, aos mesmos elementos. Particularmente nas pequenas empresas, uma percentagem não despicienda da riqueza por elas criada era absorvida com custos contabilísticos, de funcionamento e de redocumentação; além disso, muito tempo de trabalho útil dos administradores era absorvido com as tarefas burocráticas inerentes a todas essas tarefas. Cabia ao legislador intervir.

[3215] O artigo 70.° foi alterado pelo Decreto-Lei n.° 329/95, de 9 de Dezembro, que passou para o artigo 70.°-A a matéria das sociedades em nome coletivo; pelo Decreto-Lei n.° 8/2007, de 17 de Janeiro; pelo Decreto-Lei n.° 185/2009, de 12 de Agosto, que introduziu a atual alínea *b*) do n.° 1.

[3216] *Infra*, 1088.

[3217] *Vide* a descrição do esquema em ANA MARIA RODRIGUES/RUI PEREIRA DIAS, no *Código em Comentário* cit., 1, 822-823.

[3218] *CSC/Clássica*, 2.ª ed. cit., 268.

1088 *A prestação de contas*

II. Efetivamente, isso veio a suceder através do Decreto-Lei n.º 8/2007, de 17 de Janeiro, que estabeleceu a informação empresarial simplificada ou IES. Esta informação, segundo se lê no preâmbulo desse diploma[3219]:

> (...) que agrega num único ato o cumprimento de quatro obrigações legais pelas empresas que se encontravam dispersas e nos termos das quais era necessário prestar informação materialmente idêntica a diferentes organismos da Administração Pública por quatro vias diferentes.

Com efeito, segundo o artigo 2.º/1 do diploma, o IES abrange:

> *a)* A declaração anual de informação contabilística e fiscal prevista no Código do IRS;
> *b) Idem*, prevista na do IRC;
> *c)* O registo da prestação de contas;
> *d)* A prestação de informação estatística ao INE;
> *e)* A prestação de informação estatística ao Banco de Portugal.

O envio dessa informação é feito para o Ministério das Finanças, por via eletrónica (4.º), no prazo de seis meses após o exercício económico (6.º).

III. A IES é submetida pelas entidades competentes para a entrega das informações de natureza contabilística e fiscal (6.º). É devida uma taxa (7.º), sendo o incumprimento sancionado nos termos previstos na legislação respeitante a cada uma das obrigações que aquela compreende (8.º). Trata-se de uma reforma que merece aplauso.

IV. Esta inovação deve ainda ser aproximada da nova redação dada ao artigo 70.º pelo mesmo Decreto-Lei n.º 8/2007. A sociedade deve disponibilizar aos interessados, sem encargos, no respetivo sítio da Internet, quando exista e na sua sede, cópia integral dos seguintes documentos (n.º 2):

> *a)* Relatório de gestão;
> *b)* Certificado legal de contas;
> *c)* Parecer do órgão de fiscalização, quando exista.

[3219] DR I Série, n.º 12, de 17-Jan.-2007, 378/II.

§ 92.º *O processo de prestação de contas* 1089

Todas estas alterações têm a ver com formalidades. Todavia, elas integram-se numa lógica global da sociedade de informação permitindo introduzir, com o tempo, verdadeiros saltos qualitativos no funcionamento das sociedades.

CAPÍTULO IX
A MODIFICAÇÃO DAS SOCIEDADES

§ 93.º GENERALIDADE E EVOLUÇÃO GERAL

418. Necessidades jurídicas e evolução

I. As sociedades dão, muitas vezes, corpo jurídico às empresas. Estas evoluem, adaptando-se a novas condições de produção, à evolução tecnológica e ao próprio progresso social. Verifica-se, ainda, que as sociedades se submetem à lei da concentração capitalística, à medida que a concorrência vai destruindo os competidores mais débeis. Resistem a esse fenómeno, apoiadas pelo Direito da concorrência: mas sofrem, em função dele, permanentes mutações. Diversas vicissitudes podem, igualmente, atingir os sócios; estes desejarão, nessa altura, adequar as sociedades a novas conjunções pessoais, promovendo, nelas, as necessárias modificações.

Em suma: imersas na vida em permanente devir, as sociedades não se podem manter estáticas: elas hão-de dispor de mecanismos para se adaptar, evoluindo e modificando-se[3220].

II. As sociedades começaram por ser parcamente reguladas, nos diversos ordenamentos. Além disso, estavam (e estão) sujeitas a um princípio de tipicidade que fazia escassear a aplicação geral da matéria. Ora a

---

[3220] KARSTEN SCHMIDT, *Gesellschaftsrecht*, 4.ª ed. cit., 333 ss., onde se indica uma vasta bibliografia. *Vide* a apresentação de FRANCISCO MENDES CORREIA, *Transformação de sociedades comerciais / Delimitação do âmbito de aplicação no Direito privado português* (2009), 19 ss.; este livro constitui, neste momento, a obra de referência na literatura lusófona, no domínio em causa.

modificação das sociedades, sobretudo quando se coloque no plano alto da sua transformação, através da passagem de um tipo a um tipo diferente, exige, fatalmente, uma contemplação normativa de âmbito geral.

A esta luz, entende-se que as primeiras codificações societárias dedicassem um espaço muito diminuto à modificação das sociedades. Com consequências práticas: as sociedades, particularmente as comerciais, estão sujeitas a regras formais estritas, passando por notários e por conservadores do registo comercial. Na falta de leis habilitativas, essas entidades recusarão quaisquer novidades. A não regulação das modificações das sociedades, em especial no ponto alto da sua transformação, acabava, assim, por implicar um bloqueio: ela não era possível. Com isso, reduzia-se o Direito das sociedades a um espartilho que dificultava a evolução do tecido empresarial e a sua adaptação a um Mundo em mudança[3221].

III. Essa necessidade de evolução tomou corpo, nos diversos países, numa sucessão de três fases:

– pequenas referências;
– regras próprias de cada tipo;
– codificação geral.

Na primeira fase, há apenas menções parcas, feitas a propósito de tipos societários isolados[3222]. São contempladas as modificações menores – a redução ou o aumento de capital e as meras alterações estatutárias – e esquecidas as maiores – a fusão, a cisão e a transformação.

Na segunda, surgem algumas regras mais sérias, mas sempre a propósito de cada tipo. Aparecem referências à fusão, à cisão e à transformação.

Finalmente e na terceira, ocorrem leis completas sobre o tema, versando os problemas numa perspetiva supra-típica. O exemplo comparativo

---

[3221] Quanto à evolução histórica do tema, sempre com ricas indicações, KARSTEN SCHMIDT, *Gesellschaftsrecht*, 4.ª ed. cit., 340 ss. e FRANCISCO MENDES CORREIA, *Transformação de sociedades comerciais* cit., 31 ss..

[3222] A modificação das sociedades foi antecedida pela possibilidade de modificar pessoas coletivas, numa hipótese que se pôs logo que foi admitida essa ideia. Primeiro surgiu a possibilidade de uma comutação da vontade, a reconhecer pelo Papa; mais tarde passou-se ao plano da transformação em si; *vide* FRANCISCO MENDES CORREIA, *Transformação de sociedades comerciais* cit., 34 ss..

§ 93.º *Generalidade e evolução geral* 1093

é o da lei alemã das modificações (*Umwandlungsgesetz*, conhecido pela sigla UmwG), de 28-Out.-1994[3223] e que após cuidada preparação veio regular, ao mais alto nível, o tema ora em estudo.

O UmwG é um diploma complexo, muito técnico e de certa extensão: 325 parágrafos, equivalentes aos nossos artigos. Apresenta a seguinte arrumação:

Livro I – Modalidades de transformação (§ 1);
Livro II – Fusão (§§ 2-122);
Livro III – Cisão (§§ 123-173);
Livro IV – Transferência de património (§§ 174-189);
Livro V – Mudança de forma (§§ 190-304).

Engloba, ainda, mais três livros, sobre regras processuais, penais e finais.

O UmwG dá lugar a um autêntico ramo do Direito societário, com especialistas e publicações da maior densidade[3224]. Na presente edição apenas poderemos conceder algum espaço a este tema muito interessante, em termos teóricos e práticos[3225].

419. Evolução em Portugal

I. O tema das modificações das sociedades conheceu, em Portugal, uma evolução esquematicamente semelhante à acima indicada. Na origem, observaram-se modificações em entidades pias ou de tipo fundacional. Exemplo interessante é o da reforma dos hospitais levada a cabo por D. João II: todos os hospitais de Lisboa, suportados pelas correspondentes pessoas coletivas, foram reunidos no Hospital de Todos os Santos[3226].

[3223] *Vide*, no *Aktiengesetz/GmbHG* da Beck, 42.ª ed. (2010), 223-309.

[3224] Assim o comentário organizado por Johannes Semler/Arndt Stengel, *Umwandlungsgesetz* (2003), com 2790 pp. maciças e, além dos citados, com mais 28 colaboradores.

[3225] Nesta perspetiva: Heribert Heckschen/Stefan Simon, *Umwandlungsrecht/ /Gestaltungsschwerpunkte der Praxis* (2003), 406 pp..

[3226] Francisco Mendes Correia, *Transformação de sociedades comerciais* cit., 48 ss..

1094 *A modificação das sociedades*

Em termos doutrinários, o problema veio a ser reconhecido e solucionado com naturalidade. Os privatistas clássicos do princípio do século XX reconheciam a modificação e a transformação de pessoas coletivas, desde que se verificassem alterações que deixassem incólume a sua personalidade[3227].

II. As questões práticas suscitadas pela ausência de regras tinham solução casuística. Ora surgiam leis especiais, que providenciavam a transformação de certas entidades ou categoria de entidades[3228]; ora havia que recorrer, quando necessário, à "refundação" de sociedades. Recorde-se que o problema surgido em torno das firmas, nos princípios da década de trinta do século XX[3229], tinha a ver com transformações de sociedades[3230]. O Código VEIGA BEIRÃO, sujeitava, no seu artigo 49.°/5, ao registo comercial os[3231]:

> (...) instrumentos de constituição e prorrogação de sociedade, mudança de firma, objecto, sede ou domicílio social, modificação nos estatutos, reforma, redução ou integração de capital, dissolução e fusão, cedência da parte de um sócio em nome colectivo noutrem e, em geral, tôda e qualquer alteração ao pacto social.

Já o texto da LSQ, de 11 de Abril de 1911, era menos animador: os seus artigos 53.° e 54.°, a propósito da passagem de uma sociedade anónima a uma sociedade por quotas, pressupunham a dissolução da primeira.

A doutrina do século XX manifestar-se-ia maioritariamente favorável à possibilidade de transformação: seja direta, seja pela novação[3232].

[3227] GUILHERME MOREIRA, *Instituições de Direito civil* cit., 1, 329; JOSÉ TAVARES, *Os princípios fundamentais* cit., 2, 226; LUIZ DA CUNHA GONÇALVES, *Tratado* cit., 1, 815. Outros elementos: FRANCISCO MENDES CORREIA, *Transformação de sociedades comerciais* cit., 53 ss..

[3228] FRANCISCO MENDES CORREIA, ob. cit., 54-55, dá o exemplo do Decreto-Lei n.° 29.232, de 8 de Dezembro de 1938, que permitiu a transformação das associações patronais em grémios distritais ou concelhios.

[3229] Decreto n.° 19:638, de 21 de Abril de 1931.

[3230] *Manual de Direito comercial*, 2.ª ed., 322 ss..

[3231] Sobre toda esta matéria: FRANCISCO MENDES CORREIA, *Transformação de sociedades comerciais* cit., 59 ss..

[3232] Elementos em FRANCISCO MENDES CORREIA, *Transformação de sociedades comerciais* cit., 62-64.

§ 93.° Generalidade e evolução geral

III. A influência comunitária levou, graças a RAÚL VENTURA, ao aprontamento do Decreto-Lei n.° 598/73, de 8 de Novembro, sobre a fusão e a cisão, e que abaixo referiremos. Deve-se-lhe, ainda, no âmbito da preparação do Código das Sociedades Comerciais, um importante estudo sobre a transformação das sociedades[3233]. Resultou, daí, um impulso especial, no domínio das modificações societárias e do aperfeiçoamento de regras de nível geral. Daria frutos no Código das Sociedades de 1986.

De todo o modo, ainda hoje RAÚL VENTURA surge como o Autor clássico que mais estudou, entre nós, o tema das modificações[3234].

420. O sistema da lei

I. O Código das Sociedades Comerciais, fruto da evolução acima referida, dá largo relevo aos temas da modificação e da extinção das sociedades. Dedica-lhes quatro capítulos, todos da parte geral, com a seguinte configuração:

Capítulo VIII – Alterações do contrato
   Secção I   – Alterações em geral (85.° e 86.°);
   Secção II – Aumento do capital (87.° a 93.°);
   Secção III – Redução do capital (94.° a 96.°);
Capítulo IX   – Fusão de sociedades (97.° a 117.°);
Capítulo X   – Cisão de sociedades (118.° a 129.°);
Capítulo XI – Transformação de sociedades (130.° a 140.°).

II. A matéria tem alguma prolixidade, uma vez que obriga a compatibilizar os interesses dos sócios maioritários – que decidem, em princípio, as diversas operações – dos minoritários que se lhes oponham e dos terceiros, credores da sociedade.

III. Como regra, qualquer alteração do contrato deve ser deliberada pelos sócios – 85.°/1. Ela deve ser reduzida a escrito – *idem*, n.° 3, na

---

[3233] RAÚL VENTURA/LUÍS BRITO CORREIA, *Transformação de sociedades / Anteprojecto e notas justificativas*, BMJ 218 (1972), 5-129, 219 (1972), 11-69 e 220 (1972), 13-83.
[3234] RAÚL VENTURA, *Alterações do contrato de sociedade*, 2.ª ed. (1998), além de vários outros títulos especializados.

1096 *A modificação das sociedades*

sequência da reforma adotada pelo Decreto-Lei n.º 76-A/2006, de 29 de Março.

Iremos, de seguida e a título meramente ilustrativo, sumariar um pouco os temas resultantes dos indicados quatro capítulos do Código: as alterações, a fusão, a cisão e a transformação.

421. Alterações legislativas

I. A matéria relativa às modificações das sociedades conheceu, nos últimos cinco anos, sucessivas alterações.

O Decreto-Lei n.º 76-A/2006, de 29 de Março, veio dar novas redações aos artigos 85.º, 88.º, 89.º, 93.º, 95.º, 97.º, 98.º, 99.º, 100.º, 101.º, 103.º, 105.º, 106.º, 111.º, 115.º, 116.º, 119.º, 132.º e 137.º. As alterações tiveram, de um modo geral, em vista a simplificação dos atos, uma vez que foi abolida a necessidade de escritura pública e adaptações terminológicas à substituição dos diretores por administradores executivos e da falência pela insolvência.

O Decreto-Lei n.º 8/2007, de 17 de Janeiro, alterou os artigos 95.º, 96.º, 100.º, 101.º, 101.º-A, 106.º, 116.º, 117.º e 132.º: novas simplificações, com relevo para a facilitação das reduções de capital.

II. Temos, depois, o influxo do Direito europeu, abaixo referido. A 10.ª Diretriz do Direito das sociedades relativa a fusões transfronteiriças, na base de um anteprojeto divulgado[3235], foi transposta, com algum atraso, pela Lei n.º 19/2009, de 12 de Maio[3236]. Este diploma, para além de ter criado um regime material de intervenção de trabalhadores, veio alterar os artigos 98.º, 99.º e 101.º do Código das Sociedades Comerciais e introduziu uma nova secção (a II) no capítulo IX do seu Título I, composta pelos artigos 117.º-A a 117.º-L, relativa a fusões transfronteiriças.

[3235] DIOGO COSTA GONÇALVES, *Fusões transfronteiriças. A transposição da 10.ª Diretriz e a Proposta de Lei n.º 236/X*, RDS 2009, 339-377.

[3236] DIOGO COSTA GONÇALVES, *As recentes alterações ao regime da fusão de sociedades / A Lei n.º 19/2009, de 12 de Maio e o Decreto-Lei n.º 185/2009, de 12 de Agosto*, RDS 2009, 553-581.

III. Três meses depois, o Decreto-Lei n.° 185/2009, de 12 de Agosto, a pretexto de transpor Diretrizes sobre contas, inseriu mais um rol de modificações ao Código, particularmente na área das alterações, fusões, cisões e transformações. Foram atingidos os artigos 98.°, 100.°, 101.°, 101.°-A e 116.°.

Voltamos a recordar que não é boa técnica estar, continuamente, a alterar as leis básicas de um País. A doutrina não acompanha e a prática não chega a definir os problemas e as soluções.

§ 94.º **DIREITO EUROPEU**

422. Generalidades

I. O tema da modificação das sociedades liga-se aos das fusões, cisões e transformações. Estamos numa área sensível, que pode movimentar interesses muito significativos e para os quais a segurança jurídica é decisiva.

A facilidade com que seja possível realizar as inerentes operações de concentração ou de recomposição empresariais constitui um trunfo decisivo para os países que as comportem. Além disso, não é indiferente, para os vários Estados, o controlo que possam ter sobre as diversas operações societárias.

II. O relevo económico das modificações das sociedades, designadamente quando estejam em causa operações de concentração e de recomposição empresariais, explica o relevo que, desde cedo, o legislador comunitário lhes deu.

Foram, nessa linha de preocupação, adotadas, sucessivamente, três diretrizes:

– Diretriz n.º 78/855, de 9 de Outubro, também conhecida como Terceira Diretriz do Direito das sociedades ou Diretriz sobre a fusão de sociedades anónimas[3237];
– Diretriz n.º 82/891, de 17 de Dezembro, Sexta Diretriz do Direito das sociedades ou Diretriz relativa às cisões de sociedades anónimas[3238];

[3237] JOCE N.º L-295, 36-43, de 20-Out.-1978.
[3238] JOCE N.º L-378, 47-54, de 31-Dez.-1982.

§ 94.º Direito europeu   1099

– Diretriz n.º 2005/56, de 26 de Outubro, Décima Diretriz de Direito das sociedades ou Diretriz das fusões transfronteiriças[3239].

III. A publicação dessas diretrizes foi precedida de diversos estudos. Assistiu-se, depois, à sua transposição para os vários ordenamentos europeus. As respetivas literaturas foram sensibilizadas para o tema. Também entre nós, os melhores estudos de campo sobre a matéria prenderam-se com a necessidade de assegurar a compatibilização do Direito interno com as regras europeias.

Adiantando: as 3.ª e 6.ª Diretrizes, na base de estudos, hoje clássicos, do Prof. Raúl Ventura, foram transpostas pelo próprio Código das Sociedades Comerciais, enquanto a 10.ª Diretriz, sem estudos conhecidos, foi acolhida através da Lei n.º 19/2009, de 12 de Maio. Temos, deste modo, um relevante nível europeu que deve ser conhecido antes de se proceder à análise dogmática do Direito interno.

423. A preparação das 3.ª e 6.ª Diretrizes (fusões e cisões)

I. Na origem da 3.ª Diretriz, relativa à fusão das sociedades anónimas, de 9-Out.-1978, temos um anteprojeto da Comissão, datado de 1968[3240]. Em 16-Jun.-1970 surge um projeto[3241], modificado em versões publicadas, respetivamente, a 4-Jan.-1973 e a 22-Dez.-1975[3242]. Na preparação do projeto prevaleceu uma técnica analítica de tipo germânico[3243-3244], mau grado uma forte influência francesa.

[3239] JOCE N.º L-310, 1-9, de 25-Dez.-2005.

[3240] PIERRE VAN OMMESLAGHE, *Unternehmenskonzentration und Rechtsangleichung in der EWG*, ZHR 132 (1969), 201-231, reclamando (230) um certo otimismo, perante as dificuldades do tema.

[3241] Sobre este projeto cabe referir JEANS MEYER-LADEWIG, *Der Kommissionsvorschlag für ein Dritte Richtlinie des Rates zur Koordinierung des Gesellschaftsrechts (Nationale Fusion)*, BB 1970, 1517-1520 e HANS-JÜRGEN SONNENBERGER, *Interne Fusion von Aktiengesellschaften im Gemeinsamen Markt – Kommissionsvorschlag einer dritten Richtlinie zur Angleichung des Gesellschaftsrechts*, AG 1971, 76-82 (77 ss.).

[3242] Os locais das publicações respetivas podem ser confrontados em SCHWARZ, *Europäisches Gesellschaftsrecht* cit., 402.

[3243] PIERRE VAN OMMESLAGHE, *La proposition de troisième directive sur l'harmonisation des fusions de sociétés anonimes*, em *Qui Vadis Ius Sociatum/Liber amicorum*

A modificação das sociedades

Quanto aos objetivos profundos do legislador comunitário, neste ensejo, cumpre salientar[3245]:

– introduzir o instituto da fusão nas ordens jurídicas que, como a holandesa, não o conheciam;
– uniformizar as tutelas dos credores e dos sócios, nos diversos Estados.

Este último aspeto é importante para efeitos de concorrência: na falta de harmonização, tenderiam a ser penalizados justamente os Direitos que mais cuidados pusessem na tutela de sócios e de credores.

II. A 6.ª Diretriz, relativa às cisões das sociedades anónimas, de 17-Dez.-1982, tem uma pré-história comum à da 3.ª[3246]. Efetivamente, o artigo 21.º do Projeto de Terceira Diretriz, de 1970, inserido num capítulo V intitulado "outras operações semelhantes à fusão" dispunha[3247]:

1. Quando os Estados membros organizem para sociedades sujeitas à sua legislação operações diferentes das definidas pelos artigos 2.º e 20.º da presente Diretiva e pelas quais uma sociedade transfere para uma ou várias sociedades existentes ou a constituir a totalidade ou uma parte do seu património mediante a atribuição aos seus acionistas de ações da sociedade ou das sociedades beneficiárias da transmissão, são aplicáveis as disposições

---

Pieter Sanders (1972), 123-150 (143 ss., particularmente quanto à ideia da transmissão universal do património).

[3244] Quanto à preparação da 3.ª Diretriz cf. RAÚL VENTURA, *Adaptação do Direito português à Terceira Directiva da Comunidade Económica Europeia relativa à fusão das sociedades por acções*, DDC 4 (1980), 183-252 (183), retomado em *Fusão, cisão, transformação de sociedades* (1990), 6 ss..

[3245] SCHWARZ, *Europäisches Gesellschaftsrecht* cit., 405.

[3246] SCHWARZ, *Europäisches Gesellschaftsrecht* cit., 428 e PETER HOMMELHOFF/ /KARL RIESENHUBER, *Strukturmassennahmen, insbesondere Verschmelzung und Spaltung im Europäischen und deutschen Gesellschaftsrecht*, em STEFAN GRUNDMANN, *Systembildung und Systemlücken* (2000), 259-282 (265 ss.); entre nós: RAÚL VENTURA, *Adaptação do Direito português à Sexta Directiva do Conselho da Comunidade Económica Europeia relativa às cisões das sociedades por acções*, DDC 10 (1982), 7-66 (12) e *Fusão, cisão, transformação de sociedades* cit., 326 ss. e JOANA VASCONCELOS, *A cisão de sociedades* (2001), 87 ss..

[3247] Usa-se a tradução de RAÚL VENTURA, *Adaptação do Direito português à Sexta Directiva* cit., 12.

§ 94.º *Direito europeu*   1101

dos capítulos II e III da presente Diretiva, com exceção dos artigos 6.º e 9.º, parágrafo 2.º.

Os números seguintes regulavam a aplicação ou não-aplicação dos outros preceitos da então projetada 3.ª Diretriz às operações previstas no n.º 1.

O Comité Económico e Social, em parecer de 27-Mai.-1971, estranhou a inclusão da matéria da cisão[3248]. De todo o modo, o preceito manteve-se, nas versões alteradas de 1973 e de 1975. Apenas desapareceu da versão final[3249].

O tema das cisões acabaria por constituir objeto de uma Diretriz autónoma: a 6.ª. Ficou numericamente separada da 3.ª porque, durante o (longo) período em que a inerente matéria esteve anexada à mesma terceira, surgiram os projetos da 4.ª e da 5.ª Diretrizes. Seja na autonomização das cisões, seja no tratamento dado à 6.ª Diretriz, aponta-se uma influência especial do Direito francês da *scission*[3250].

Quanto aos objetivos profundos, a 6.ª Diretriz assume o de impedir os interessados de contornar a 3.ª Diretriz, defraudando os seus preceitos[3251].

III. Passando às ideias-chaves de ambas as Diretrizes, tal como resultam dos preâmbulos respetivos, temos o quadro que segue. A 3.ª Diretriz visa prosseguir a coordenação dos diversos Direitos das sociedades, introduzindo, em todos, o instituto da fusão. Procura-se a proteção dos acionistas das sociedades, particularmente dos minoritários, bem como a dos credores sociais. A publicidade é especialmente contemplada. Tomam-se medidas para prevenir que os competentes preceitos possam ser iludidos e limita-se o alcance das invalidades que possam vitimar a operação, em nome da confiança que todos devem poder depositar no sistema[3252].

[3248] *Vide* a transcrição do trecho relevante em RAÚL VENTURA, *Adaptação* cit., 13.

[3249] JOANA VASCONCELOS, *A cisão de sociedades* cit., 89.

[3250] KONRAD DUDEN/WOLFGANG SCHILLING, *Die Spaltung von Gesellschaften*, AG 1974, 202-212 (204) e ARNDT TEICHMANN, *Die Spaltung einer Aktiengesellschaft als gesetzgeberiche Aufgabe*, AG 1980, 85-93 (88 ss.).

[3251] HABERSACK, *Europäisches Gesellschaftsrecht*, 2.ª ed. cit., 181.

[3252] Todos estes aspetos resultam do seu preâmbulo.

1102   *A modificação das sociedades*

A 6.ª Diretriz, por seu turno, assume prosseguir igualmente a harmonização dos Direitos das sociedades. As regras das fusões seriam contornáveis através de cisões, o que deveria ser prevenido. Seguem-se os valores de tutela dos acionistas, dos credores sociais e as vantagens da publicidade. As garantias deveriam ser alargadas[3253].

424. A preparação da 10.ª Diretriz (fusões internacionais)

I. As fusões internacionais de sociedades, isto é, aquelas que envolvam sociedades submetidas a dois ou mais Direitos distintos, levantam complexos problemas de técnica jurídica. Mas teriam o maior interesse, no quadro do mercado único[3254].

A primeira ideia das instâncias europeias foi a de tratar o tema através de uma convenção relativa à fusão internacional de sociedades anónimas. Após um anteprojeto da década de sessenta[3255], foi divulgado um projeto, em 27-Set.-1972[3256]. O documento era extenso: tinha de ocupar-se de diversos aspetos materiais atinentes à fusão propriamente dita e isso independentemente de se tratar de uma fusão internacional[3257].

II. A adoção da 3.ª Diretriz relativa a fusões (internas) de sociedades permitiu simplificar o tema. Paralelamente, abandonou-se a ideia de regular as fusões internacionais através de convenção, antes se optando pela técnica da diretriz. Assim veio a surgir a *Proposta de Décima Diretriz do Conselho relativa a fusões transfronteiriças das sociedades anónimas*, apresentada pela Comissão ao Conselho, em 14-Jan.-1985[3258].

[3253] *Vide* o preâmbulo da 6.ª Diretriz, *supra*, 1100.

[3254] Gavalda/Parleani, *Droit des affaires de l'Union européenne*, 4.ª ed. cit., 165-166.

[3255] Hans-Jürgen Sonnenberger, *Der Vorentwurf eines Abkommens über die internationale Fusion*, AG 1969, 381-386, com diversos elementos.

[3256] Cf., ainda, sem indicação da fonte, Kommission der Europäischen Gemeinschaften, *Entwurf eines Übereinkommens für die internationale Verschmelzung von Aktiengesellschaften*, RabelsZ 39 (1975), 539-560.

[3257] Grundmann, *Europäisches Gesellschaftsrecht* cit., 422.

[3258] JOCE N.º C-23, 11-15, de 25-Jan.-1985. O seu texto pode ser confrontado, em português, na obra de Raúl Ventura, *Fusão, cisão, transformação de sociedades* cit., 565-573.

§ 94.º *Direito europeu*   1103

Tratava-se de um texto simples, em 17 artigos, com numerosas remissões para a 3.ª Diretriz. De acordo com os princípios norteadores fixados no preâmbulo, entendeu-se[3259]:

– que a deliberação da assembleia geral sobre a fusão transfronteiriça não deveria ficar subordinada a condições mais estritas do que as que se apliquem à deliberação da assembleia geral sobre a fusão interna;
– que o sistema de proteção dos credores das sociedades que participem na fusão transfronteiriça deve ser igual ao previsto para os credores no caso de fusão interna.

A aproximação à 3.ª Diretriz tornou-se, assim, patente. A 10.ª Diretriz aplicar-se-ia a sociedades anónimas. Ficava em aberto o ponto sensível da cogestão. *Quid iuris* se uma sociedade em regime de cogestão se visse envolvida numa fusão internacional, passando a integrar uma sociedade cujo Direito não obrigasse a tal regime? À falta de solução, o artigo 1.º/3 do Projeto de 1985, de 10.ª Diretriz, consagrou o seguinte:

> Até ulterior coordenação, um Estado-membro pode não aplicar as disposições da presente Diretriz a uma fusão transfronteiriça que tivesse como resultado o de que uma empresa, pertencente ou não à operação, deixasse de preencher as condições requeridas para a representação dos trabalhadores nos órgãos da empresa.

IV. Esta reserva de não-aplicação (*Nichtanwendungsvorbehalt*) levantou uma série de críticas[3260]: efetivamente, ela equivaleria a bloquear, apenas num sentido, as fusões internacionais[3261]. Todavia, na sua falta, as posições coletivas dos trabalhadores dos países com cogestão[3262] perder-se-iam, no rescaldo de fusões internacionais[3263].

[3259] JOCE N.º C-23, cit., 12/I.

[3260] Cf. JOACHIM GANSKE, *Internationale Fusion von Gesellschaften in der Europäischen Gemeinschaft – ein neuer Ansatz*, DB 1985, 581-584 (583) e WOLFGANG DÄUBLER, *Grenzüberschreitende Fusion und Arbeitsrecht/Zum Entwurf der Zehnten gesellschaftsrechtliche Richtlinie*, DB 1988, 1850-1854 (1852 ss.).

[3261] SCHWARZ, *Europäisches Gesellschaftsrecht* cit., 514.

[3262] Além da Alemanha, liderante, podem-se referir: a Áustria, a Dinamarca, a Finlândia, a Holanda, o Luxemburgo e a Suécia.

[3263] DÄUBLER, *Grenzüberschreitende Fusion* cit., 1854/II.

Este problema bloqueou a 10.ª Diretriz durante 20 anos. A literatura da especialidade foi mantendo viva a necessidade de facilitar, por via da harmonização, as reestruturações internacionais de empresas. A própria liberdade de estabelecimento estaria em causa[3264]. Essas reestruturações têm, no seu topo, precisamente, as fusões internacionais[3265].

V. O problema da cogestão penalizou, como vimos, a 5.ª Diretriz[3266] e deteve, por quarenta anos, o estatuto da sociedade europeia. Foi no seio desta última que, após infindáveis estudos e negociações, se procurou encontrar uma solução razoável, perante os valores em presença.

Entretanto, o projeto de 10.ª Diretriz acabou por ser retirado pela Comissão[3267]. Antes disso, porém, já havia sido retomada como *Proposta de Diretriz relativa às fusões transfronteiriças das sociedades de capitais*, de 18-Nov.-2003. Esta Diretriz equivale, porém, à 10.ª de 1984, de tal modo que a literatura dedicada a esta ainda pode ser usada com atualidade[3268].

425. Sistema geral da 3.ª Diretriz

I. A Terceira Diretriz comporta 33 artigos, ordenados em seis capítulos. Eis os seus termos:

Capítulo I – Regime da fusão mediante incorporação de uma ou várias sociedades numa outra sociedade e da fusão mediante a constituição de uma nova sociedade – 2.º a 4.º;
Capítulo II – Fusão mediante incorporação – 5.º a 22.º;
Capítulo III – Fusão mediante constituição de novas sociedades – 23.º;
Capítulo IV – Incorporação de uma sociedade numa outra que possua, pelo menos, 90% das ações da primeira – 24.º a 29.º;

[3264] PETER BEHRENS, *Die Umstrukturierung von Unternehmen durch Sitzverlegung oder Fusion über die Grenze im Licht der Niederlassungsfreiheit im Europäischen Binnenmarkt (Art. 52 und 58 EWGV)*, ZGR 1994, 1-25.

[3265] HERBERT KRONKE, *Deutsches Gesellschaftsrecht und grenzüberschreitende Strukturänderungen*, ZGR 1994, 26-46 e MARCUS LUTTER, *Umstrukturierung von Unternehmen über die Grenze: Versuch eines Resümees*, ZGR 1994, 87-93, enfocando também o problema fiscal.

[3266] *Supra*, 864 ss..

[3267] Cf. JOCE N.º C-3, 2-33, de 9-Jan.-2004 (20/II).

[3268] GRUNDMANN, *Europäisches Gesellschaftsrecht* cit., 422.

§ 94.° Direito europeu   1105

Capítulo V – Outras operações equiparadas à fusão – 30.° e 31.°;
Capítulo VI – Disposições finais – artigos 32.° e 33.°.

O Capítulo I abrange:

artigo 2.°   (Tipos de fusão);
artigo 3.°   (Fusão por incorporação);
artigo 4.°   (Fusão por concentração).

O Capítulo II abarca:

artigo 5.°   (Projeto de fusão);
artigo 6.°   (Publicidade do projeto);
artigo 7.°   (Aprovação pelas assembleias gerais);
artigo 8.°   (Dispensa de aprovação pela assembleia geral da sociedade incorporante);
artigo 9.°   (Relatório das administrações);
artigo 10.°   (Relatório dos peritos independentes);
artigo 11.°   (Direito de consulta dos acionistas);
artigo 12.°   (Proteção dos direitos dos trabalhadores);
artigo 13.°   (Proteção dos credores anteriores à publicação do projeto de fusão);
artigo 14.°   (Proteção dos obrigacionistas);
artigo 15.°   (Proteção de portadores de títulos com direitos especiais);
artigo 16.°   (Forma da fusão);
artigo 17.°   (Data de eficácia da fusão);
artigo 18.°   (Publicidade da fusão);
artigo 19.°   (Efeitos da fusão);
artigo 20.°   (Responsabilidade civil dos administradores ou diretores);
artigo 21.°   (Responsabilidade civil dos peritos);
artigo 22.°   (Regime da invalidade da fusão).

O Capítulo III comporta:

artigo 23.°   (Normas aplicáveis).

O Capítulo IV contém:

artigo 24.°   (Incorporação havendo domínio total);
artigo 25.°   (Dispensa de aprovação pela assembleia da sociedade incorporante);
artigo 26.°   (Domínio total indireto);
artigo 27.°   (Incorporação havendo titularidade de 90% de capital);
artigo 28.°   (Regime);
artigo 29.°   (Titularidade indireta de 90% do capital).

1106   A modificação das sociedades

O Capítulo V ordena:

artigo 30.º   (Fusão com pagamentos associados);
artigo 31.º   (Manutenção das sociedades transferentes).

O Capítulo VI remata:

artigo 32.º   (Prazo de transposição e dispensas);
artigo 33.º   (Destinatários da Diretriz).

Como se vê, mais de metade dos artigos da Diretriz são dedicados à fusão por incorporação. Trata-se, efetivamente, do núcleo regulamentativo deste instituto.

II. O âmbito de aplicação da Diretriz surge fixado no seu artigo 1.º: as sociedades anónimas[3269]. Efetivamente, é este o tipo societário que, principalmente, atrai fusões (e cisões)[3270]. Mas esta opção não poderia deixar de ter efeitos sobre o próprio regime adotado: um regime complexo, dispendioso e que pressupõe toda uma estrutura. A sua aplicação a sociedades de pequeno porte surgiria como inconveniente: implicaria um colete formal e burocrático sem correspondência na realidade sócio-económica em jogo. O alargamento do seu regime a outros tipos societários mais simples – como sucedeu na Alemanha e em Portugal – deveria ser especialmente ponderado, à luz destas considerações.

III. A 3.ª Diretriz distingue, no seu artigo 2.º:

– a fusão mediante incorporação de uma ou várias sociedades numa outra;
– a fusão mediante a constituição de uma nova sociedade.

De acordo com a terminologia portuguesa, a primeira modalidade é dita fusão por incorporação e, a segunda, por concentração.
A fusão por incorporação desenha-se quando[3271]:

[3269] HABERSACK, *Europäisches Gesellschaftsrecht*, 2.ª ed. cit., 169, SCHWARZ, *Europäisches Gesellschaftsrecht* cit., 406 e GRUNDMANN, *Europäisches Gesellschaftsrecht* cit., 401.
[3270] GAVALDA/PARLEANI, *Droit des affaires de l'Union européenne* cit., 159.
[3271] RAÚL VENTURA, *Adaptação do Direito português à Terceira Directiva* cit., 190 ss..

§ 94.º Direito europeu   1107

– uma ou várias sociedades (as incorporadas), por dissolução sem liquidação,
– transfiram para outra (a incorporante) o seu ativo e o seu passivo,
– sendo atribuídas aos acionistas da (ou das) sociedade(s) incorporada(s) ações da sociedade incorporante e, eventualmente, um prémio em dinheiro não superior a 10% do valor nominal das ações atribuídas ou, na falta de valor nominal, do seu valor contabilístico.

Sublinha-se que, pela incorporação, os acionistas das sociedades incorporadas se tornam, *ipso iure*, acionistas da incorporante – artigo 19.º/1, *b*), da 3.ª Diretriz.

A fusão por concentração opera no seguinte cenário[3272]:

– várias sociedades dissolvem-se, sem liquidação,
– transferindo para uma nova sociedade, que elas constituem, o seu ativo e o seu passivo,
– mediante a atribuição aos seus acionistas de ações da nova sociedade e, eventualmente, de um prémio não superior a 10% do valor nominal das ações atribuídas ou, na falta de valor nominal, do seu valor contabilístico.

Também aqui os acionistas adquirem a sua nova posição *ispso iure*, pela fusão.

Uma categoria especial de fusões surge, ainda, nos artigos 24.º a 29.º da 3.ª Diretriz: a das fusões dentro de grupos de sociedades ou sociedades coligadas, desde que se mostrem atingidas certas margens[3273].

426. **O processo de fusão**

I. O núcleo regulativo da 3.ª Diretriz é constituído pela fusão por incorporação: matéria que, como vimos, ocupa mais de metade do seu

---

[3272] *Idem*, 171; é a *Verschmelzung durch Neugründung*; esta designação explica a terminologia presente no artigo 4.º da Diretriz. Cf., quanto à lei alemã, ROMAN BÄRWALDT, em SEMLER/STENGEL, *Umwandlungsgesetz* (2003), § 36 (465 ss.).

[3273] HABERSACK, *Europäisches Gesellschaftsrecht*, 2.ª ed. cit., 171-172.

articulado. O legislador comunitário abdicou de um tratamento puramente conceitual, passando a regular o processo de fusão, nas suas diversas fases.

O primeiro ato consiste na elaboração, pelas administrações ou pelas direções[3274] das sociedades implicadas, de um projeto de fusão[3275]. O projeto deve ser elaborado por escrito, devendo conter os elementos seriados nas sete alíneas do artigo 5.º da 3.ª Diretriz.

A esse projeto deve ser dada publicidade: segundo a legislação de cada Estado membro, na sequência da transposição da 1.ª Diretriz e relativamente a cada uma das participadas. Essa publicidade deve ser efetivada com uma antecedência mínima de um mês sobre a data da reunião da assembleia geral, convocada para se pronunciar sobre o projeto de fusão – 6.º. Este dispositivo, em conjunto com elementos da 2.ª Diretriz, como os que regulam as entradas em espécie e a preferência dos acionistas na subscrição do capital, tutela as minorias e os credores da sociedade[3276].

II. A Diretriz prevê, ainda[3277]:

- um relatório escrito pormenorizado, em termos jurídicos e económicos, elaborado pelos órgãos de administração ou de direção de cada sociedade participante: especialmente justificada deve ser a relação de troca das ações – artigo 9.º da 3.ª Diretriz;
- em relação a cada sociedade envolvida, um relatório elaborado por peritos independentes, com os elementos especificados no artigo 10.º/2 – *idem*, artigo 10.º.

[3274] A contraposição entre "administração" e "direção" corresponde aos dois figurinos de sociedades anónimas que dividem a Europa: as sociedades monistas, com conselho de administração e as dualistas, com direção e conselho geral ("conselho de vigilância", na terminologia alemã).

[3275] Raúl Ventura, *Adaptação do Direito português à Terceira Directiva* cit., 198 ss..

[3276] Cf. Hartwig Henze, *Das Richtlinienrecht und der Schutz von Minderheitsgesellschaftern und Gläubigern im deutschen Aktienrecht/verdeckte Sacheinlage, Bezugsrecht und Verschmelzungsbericht*, em Stefan Grundmann, *Systembildung und Systemlücken* (2000), 235-257 (240 ss., 245 ss. e 252 ss.).

[3277] Esta matéria é anterior à assembleia geral; não está, por isso, devidamente sistematizada. Quanto aos relatórios, Raúl Ventura, *Adaptação do Direito português à Terceira Directiva* cit., 206.

§ 94.º *Direito europeu* 1109

Estes relatórios devem ser elaborados com uma antecedência suficiente para poderem ser disponibilizados aos acionistas pelo menos um mês antes da data da assembleia geral. Com efeito, o artigo 11.º da 3.ª Diretriz confere aos acionistas o direito de, com essa mesma margem, consultar na sede social – 11.º/1:

– o projeto de fusão;
– as contas anuais e os relatórios de gestão dos últimos três exercícios das sociedades intervenientes;
– um balanço atualizado;
– os relatórios referidos nos artigos 9.º (administração e direção) e 10.º (peritos).

Segue-se a aprovação do projeto pelas assembleias gerais de cada uma das sociedades implicadas, aprovação essa a adotar por maioria qualificada não inferior a dois terços dos votos correspondentes quer aos títulos representados, quer ao capital subscrito representado – 7.º/1[3278] – ainda que com aligeiramentos eventuais – *idem*, 2.ª parte.

Havendo várias categorias de ações, a votação faz-se em separado para cada categoria – 7.º/3.

O artigo 8.º admite que as leis nacionais possam dispensar a aprovação da fusão pela assembleia geral da sociedade incorporante. *Grosso modo* assim será quando, tendo-se procedido à competente publicidade e tendo os acionistas da sociedade incorporante o direito de consultar os elementos relevantes indicados no artigo 11.º/1, uma percentagem deles (que não deve ser superior a 5%) não venha exigir a convocação de uma assembleia geral. Para uma grande sociedade incorporante, compreende-se que uma fusão com pequenas entidades possa, *a priori*, não justificar uma assembleia geral.

Acompanhando o projeto de fusão e, depois, a sua efetivação, devem inserir-se dispositivos que protejam:

– os direitos dos trabalhadores, nos termos da Diretriz n.º 77/187/CEE – artigo 12.º;

[3278] A solução é sistematicamente justificada: a fusão é um ato comparável, em termos estruturais, à modificação dos estatutos; recorde-se o artigo 40.º da 2.ª Diretriz. Além disso, o próprio artigo 7.º da 3.ª Diretriz prevê que a deliberação possa incidir não só sobre o projeto mas, também, sobre as alterações dos estatutos necessárias à sua realização.

A *modificação das sociedades*

– os direitos dos credores anteriores[3279] à publicação do projeto de fusão, designadamente pela atribuição de garantias adequadas – 13.º[3280];
– os direitos dos obrigacionistas, nos mesmos moldes – 14.º;
– os portadores de títulos que não sejam ações, dotados de direitos especiais – 15.º: devem beneficiar de direitos pelo menos equivalentes aos de que beneficiavam na sociedade incorporada.

III. Quanto à fusão, uma vez aprovada:

– ela deve operar por documento autêntico, salvo prevendo-se um controlo prévio, judicial ou administrativo, de legalidade – artigo 16.º;
– a data de produção de efeitos deve ser fixada pelos Estados-membros: trata-se de prevenir dúvidas – artigo 17.º;
– a fusão deve ser publicitada nos termos transpostos da 1.ª Diretriz – artigo 18.º;
– a fusão produz *ipso iure* – portanto: automaticamente – os efeitos seguintes – artigo 19.º/1, todos da 3.ª Diretriz[3281]:
    – a transmissão universal, entre elas e *erga omnes*, do ativo e do passivo da sociedade incorporada para a incorporante – *a*);
    – os acionistas da sociedade incorporada tornam-se acionistas da incorporante – *b*);
    – a sociedade incorporada extingue-se – *c*).

As legislações nacionais devem prever a responsabilidade civil dos administradores ou diretores e a dos peritos – artigos 20.º e 21.º. De um modo geral, perante o regime comum, havendo irregularidades cometidas, já haveria lugar a responsabilidade. Todavia, o legislador comunitário pretendeu ser explícito, nesse domínio. Pensamos que jogam, também, as dimensões preventivas da própria responsabilidade civil.

[3279] Quando se trate de créditos posteriores à publicação do projeto, os credores tiveram acesso à operação projetada; poderão ponderar se, nessas condições, lhes convém conceder o crédito; não se justifica, por isso, uma tutela especial.

[3280] GRUNDMANN, *Europäisches Gesellschaftsrecht* cit., 411-412.

[3281] Cf. o importante desenvolvimento de RAÚL VENTURA, *Adaptação do Direito português à Terceira Directiva* cit., 225 ss..

§ 94.º Direito europeu   1111

Finalmente, a invalidade da fusão[3282] pode ser disciplinada pelos Estados, mas em certos moldes restritivos: os elencados nas oito alíneas do artigo 22.º/1[3283] e com as delimitações dos números 2 e 3 do mesmo preceito.

IV. À fusão por constituição de uma nova sociedade ou fusão-concentração aplica-se, fundamentalmente, o regime da fusão por incorporação. É o que resulta da remissão feita pelo artigo 23.º/1 para os artigos 5.º a 7.º e 9.º a 22.º, da própria 3.ª Diretriz. Apenas se exclui o artigo 8.º: diz respeito à dispensa (eventual) de aprovação pela assembleia geral da sociedade incorporante que, aqui, não existe.

O projeto de fusão e do pacto social devem ser aprovados pela assembleia geral de cada uma das sociedades que se irão extinguir – 23.º/3. As leis nacionais podem dispensar as regras relativas às entradas em espécie, previstas no artigo 10.º da 2.ª Diretriz – 23.º/4.

V. A 3.ª Diretriz contém, como vimos, diversas regras específicas para as hipóteses de incorporações no seio de grupos de sociedades. A ideia comunitária é a seguinte: quando, nesses grupos, se atinjam níveis elevados de controlo, não se justificam algumas das cautelas próprias do regime comum.

Isso sucede, desde logo, na presença de uma situação de domínio total – 24.º. Ficam, de modo geral, dispensadas as regras que tenham a ver com a valoração ou a entrega das ações, com os relatórios dos administradores e dos peritos e com a responsabilidade daí resultante.

Também a assembleia geral da sociedade incorporante pode ser dispensada: havendo publicidade adequada, consulta pelos acionistas e na falta de uma minoria qualificada que pretenda a sua convocação – 25.º.

Na hipótese de domínio indireto – portanto: todas as ações pertencerem à sociedade incorporante ou a pessoas que as detenham por conta dela – podem os Estados-membros aplicar o regime derivado dos artigos 24.º, 25.º e 26.º.

[3282] *Fehlerhafte Verschmelzung*; cf. HABERSACK, *Europäisches Gesellschaftsrecht*, 2.ª ed. cit., 180-181. RAÚL VENTURA, *Adaptação* cit., 233, fala em "nulidade".
[3283] *Direito europeu das sociedades*, 242-243.

1112   *A modificação das sociedades*

Os artigos 27.º a 29.º ocupam-se da hipótese de a sociedade incorporante deter, pelo menos, 90% do capital social da incorporada, mas não todo. Como especificidade, retemos o artigo 28.º: podem ser dispensados os relatórios e o direito de consulta de elementos, desde que os acionistas minoritários da sociedade incorporada tenham o direito de exigir a aquisição das suas ações, por contrapartida adequada, com possibilidade de recurso para o Tribunal.

Esquemas similares podem operar quando os 90% de ações sejam alcançados de modo indireto – 29.º.

VI. A 3.ª Diretriz é aplicável, em geral, nos casos em que o prémio que acompanhe as ações a adquirir pelos sócios da sociedade incorporada ultrapasse os 10%. Essa eventualidade, a permitir pelos Estados-membros, leva a uma "operação equiparada à fusão" – 30.º. O mesmo sucede quando as sociedades transferentes não se extingam[3284] – 31.º.

O artigo 32.º/1 prevê que os Estados-membros ponham em vigor as disposições legislativas, regulamentares e administrativas necessárias no prazo de três anos a contar da sua notificação. Ficaram previstos certos alargamentos.

Os Estados-membros são destinatários da Diretriz – 33.º.

427. Sistema geral da 6.ª Diretriz; modalidades de cisão

I. A 6.ª Diretriz, relativa às cisões das sociedades anónimas, abrange 27 artigos agrupados em cinco capítulos. Eis os seus termos:

Capítulo I   – Cisão mediante incorporação – 2.º a 20.º;
Capítulo II   – Cisão mediante constituição de novas sociedades – 21.º e 22.º;
Capítulo III – Cisão sujeita ao controlo da autoridade judicial – 23.º;
Capítulo IV   – Outras operações equiparadas à cisão – 24.º 5 25.º;
Capítulo V   – Disposições finais – 26.º e 27.º.

O Capítulo I abrange cerca de dois terços dos preceitos da 6.ª Diretriz:

artigo 2.º   (Cisão-fusão);
artigo 3.º   (Projeto de cisão);
artigo 4.º   (Publicidade do projeto).

[3284] Razão por que se não podem dizer "incorporadas".

§ 94.º *Direito europeu* 1113

artigo 5.º (Aprovação pelas assembleias gerais);
artigo 6.º (Dispensa de aprovação pela sociedade beneficiária);
artigo 7.º (Relatório das administrações);
artigo 8.º (Relatório dos peritos independentes);
artigo 9.º (Direito de consulta dos acionistas);
artigo 10.º (Elementos dispensáveis);
artigo 11.º (Proteção dos direitos dos trabalhadores);
artigo 12.º (Proteção dos credores anteriores à publicação do projeto de cisão);
artigo 13.º (Proteção de portadores de títulos com direitos especiais);
artigo 14.º (Forma da cisão);
artigo 15.º (Data de eficácia da cisão);
artigo 16.º (Publicidade da cisão);
artigo 17.º (Efeitos da cisão);
artigo 18.º (Responsabilidade civil dos administradores e diretores e dos peritos);
artigo 19.º (Regime da invalidade da cisão);
artigo 20.º (Cisão da sociedade detida pelas sociedades beneficiárias).

O Capítulo II abrange:

artigo 21.º (Cisão-dissolução);
artigo 22.º (Regras aplicáveis).

O Capítulo III, sobre a cisão sujeita ao controlo judicial, reporta-se a um único artigo, ainda que extenso:

artigo 23.º (Regime).

O Capítulo IV, quanto a outras operações equiparadas à cisão, abarca:

artigo 24.º (Prémio superior a 10%);
artigo 25.º (Cisão sem dissolução).

Finalmente, encontramos nas disposições finais do Capítulo V:

artigo 26.º (Disposições finais);
artigo 27.º (Destinatários da Diretriz).

II. Tal como sucede na 3.ª Diretriz, também a 6.ª visa, apenas, as sociedades anónimas e num plano interno[3285]. Fá-lo, aliás, por remissão

---

[3285] RAÚL VENTURA, *Adaptação do Direito português à Sexta Directiva* cit., 18-21 e JOANA VASCONCELOS, *A cisão de sociedades* cit., 90.

A modificação das sociedades

para o artigo 1.º/1 da Diretriz n.º 78/855/CEE: a 3.ª. Todavia e ao contrário da 3.ª Diretriz, a 6.ª assume, de certo modo, uma feição facultativa[3286]. O artigo 1.º/1 é muito claro:

> Se os Estados-membros permitirem a operação de cisão mediante incorporação (...) submeterão esta operação às disposições (...) da presente diretiva.

Este preceito, relativo à cisão-fusão e retomado nos números subsequentes do mesmo artigo 1.º, quanto às outras modalidades de cisão.

O legislador comunitário partiu do princípio – de resto: verosímel – de que as legislações nacionais, prevendo a fusão, não deixariam de fazer o mesmo quanto à cisão. Esta, em certas modalidades, associa-se estreitamente à fusão, apresentando, em geral, um regime muito próximo.

III. A 6.ª Diretriz, modificando a técnica adotada pela 3.ª, não procedeu, num preceito inicial, à contraposição entre as várias modalidades de cisão. Elas apenas vêm referidas, no artigo 1.º, por remissão para preceitos ulteriores. As noções surgem nos artigos 2.º e 21.º, admitindo-se ainda uma combinação entre ambos[3287].

O artigo 2.º isola a cisão mediante incorporação, entre nós chamada habitualmente cisão-fusão[3288]. Apresenta-a como:

> (...) a operação pela qual uma sociedade, por meio da sua dissolução sem liquidação, transfere para várias outras sociedades todo o seu património ativo e passivo, mediante a atribuição aos acionistas da sociedade cindida de ações das sociedades beneficiárias (...)

Temos, pois, uma estreita ligação entre a cisão e a fusão: uma sociedade cinde-se, para fundir as parcelas daí resultantes com outras. Esta proximidade com a fusão leva o artigo 2.º/3 a equiparar a terminologia da 6.ª Diretriz à da 3.ª.

[3286] MARTIN HEIDENHAIN, *Fehlerhafte Umsetzung der Spaltungs-Richtlinie*, EuZW 1995, 327-330 (327/I) e JOANA VASCONCELOS, *A cisão de sociedades* cit., 91-92, relatando expressões como "obrigatoriedade condicional", "relativa" e "eventual".

[3287] *Vide*, por exemplo, GERNOT WIRTH, *Auseinanderspaltung als Mittel zur Trennung von Familienstämmen und zur Filialabspaltung*, AG 1997, 455-460.

[3288] RAÚL VENTURA, *Adaptação do Direito português à Sexta Directiva* cit., 21 ss.; este Autor, que trabalhara com a versão francesa da Diretriz, fala em "cisão por absorção".

§ 94.° Direito europeu 1115

O artigo 21.° da 6.ª Diretriz reporta-se à *cisão mediante a constituição de novas sociedades* ou cisão-dissolução, na nossa terminologia[3289]. A figura é apresentada, no n.° 1, como:

> (...) a operação pela qual uma sociedade, por meio de uma dissolução sem liquidação, transfere para várias sociedades constituídas de novo todo o seu património ativo e passivo, mediante a atribuição aos acionistas da sociedade cindida de ações das sociedades beneficiárias (...)

A nossa chamada cisão simples, pela qual uma sociedade destaca parte do seu património para, com ele, constituir uma nova sociedade, mas sem se extinguir, é versada no artigo 25.°, como:

> (...) uma das operações referidas no artigo 1.°, sem que a sociedade cindida se extinga (...)

428. O processo de cisão-fusão

I. Como vimos, a 6.ª Diretriz dedica à cisão-fusão o grosso do seu texto. Após as definições do artigo 2.°, ela passa a regular o processo. Fá-lo, aliás, em termos semelhantes aos da fusão[3290].

O processo principia por um projeto de cisão, a elaborar pelos órgãos de administração ou de direção das sociedades envolvidas (3.°/1). O projeto deve conter a matéria referida nas 9 alíneas do artigo 3.°/2[3291], de modo a identificar perfeitamente a operação pretendida[3292]. O 3.°/3 dissipa dúvidas quanto à atribuição de certos elementos ativos e passivos.

Ao projeto deve ser dada publicidade nos termos referenciados na 1.ª Diretriz e paralelos ao disposto na 3.ª, para as fusões. Sobre ele devem incidir relatórios das administrações implicadas (7.°) e de peritos independentes (8.°)[3293].

[3289] RAÚL VENTURA, *Adaptação do Direito português à Sexta Directiva* cit., 54 ss..
[3290] *Supra*, 1107 ss..
[3291] *Vide* SCHWARZ, *Europäisches Gesellschaftsrecht* cit., 432.
[3292] RAÚL VENTURA, *Adaptação do Direito português à Sexta Directiva* cit., 25 ss..
[3293] *Idem*, 33 e 34 ss..

1116   *A modificação das sociedades*

II. O projeto deve ser aprovado pelas assembleias gerais das sociedades envolvidas, com exigências similares às da fusão (5.º)[3294]. E também em moldes similares pode ser dispensada a aprovação pela sociedade beneficiária, desde que haja publicidade e direito de consulta e desde que acionistas representando uma certa percentagem mínima do capital não venham exigir a convocação da assembleia (6.º).

De toda a maneira têm os acionistas o direito de consultar os elementos referidos no artigo 9.º, os quais devem estar oportunamente disponíveis[3295]. Pode haver certas dispensas (10.º).

Acompanhando a cisão e sempre de acordo com o modelo da 3.ª Diretriz, relativa às fusões, deve-se lidar com[3296]:

– a proteção dos direitos dos trabalhadores, a qual é remetida para a Diretriz n.º 77/187/CEE (11.º);
– a proteção dos credores anteriores à publicação do projeto de cisão, credores esses que deverão dispor de garantias adequadas (12.º)[3297];
– a proteção dos portadores de títulos com direitos especiais (13.º)[3298].

III. A cisão deve ser celebrada por forma autêntica (14.º, que remete para o 16.º, da 3.ª Diretriz)[3299]. Os Estados-membros devem fixar a data a partir da qual ela é eficaz, para prevenir dúvidas (15.º). Há que lhe conferir publicidade, nos termos da 1.ª Diretriz (16.º)[3300].

Os efeitos da cisão produzem-se *ipso iure* e abarcam (17.º):

– a transmissão do ativo e do passivo da sociedade cindida para as sociedades beneficiárias;
– os acionistas da sociedade cindida tornam-se acionistas das beneficiárias;
– a sociedade cindida extingue-se.

[3294] *Idem*, 29 ss..

[3295] SCHWARZ, *Europäisches Gesellschaftsrecht* cit., 434.

[3296] RAÚL VENTURA, *Adaptação do Direito português à Sexta Directiva* cit., 39 ss..

[3297] MATHIAS HABERSACK, *Grundfragen der Spaltungshaftung nach § 133, Abs. 1 S. 1 UmwG*, FS Bezzenberger (2000), 93-109 (98 ss.).

[3298] MARTIN HEIDENHAIN, *Sonderrechtsnachfolge bei der Spaltung*, ZIP 1995, 801-805 (805/I).

[3299] RAÚL VENTURA, *Adaptação do Direito português à Sexta Directiva* cit., 43-44.

[3300] *Idem*, 45-46.

§ 94.º *Direito europeu* 1117

O artigo 18.º prevê a responsabilidade civil dos administradores ou diretores das sociedades cindidas e a dos peritos: junta, num único, a matéria que, na 3.ª Diretriz, surgia nos artigos 20.º e 21.º[3301]. Presidem, aqui, as mesmas razões que levaram o legislador comunitário a referir expressamente a responsabilidade destes intervenientes, a propósito da fusão.

A invalidade da cisão é contemplada com um regime específico, semelhante ao da fusão, e que visa tutelar a confiança no sistema (19.º)[3302].

Por fim, permite-se que, na hipótese de cisão de sociedades detidas pelas próprias beneficiárias, certos aspetos do processo possam ser aligeirados (20.º)[3303].

429. Cisão-dissolução, cisões judiciais e outros aspetos

I. Na cisão-dissolução, a sociedade cindida dissolve-se, repartindo-se o seu património por várias sociedades, constituídas de novo para o efeito (21.º)[3304].

O artigo 22.º/1 determina, praticamente por remissão para as regras inseridas no campo da cisão-fusão, as normas aplicáveis. Além disso – e dada a especificidade da situação – determina o n.º 2 do mesmo preceito que o projeto de cisão mencione ainda[3305]:

– o tipo;
– a "denominação", i. é, a firma;
– a sede social,

de cada uma das novas sociedades.

II. Na hipótese de cisão sujeita ao controlo da autoridade judicial, os Estados-membros podem dispensar diversos aspetos relativos ao processo a seguir (23.º). Bem se compreende: a intervenção do tribunal garantirá, com equilíbrio, a observância dos direitos das pessoas envolvidas.

[3301] *Idem*, 48-49.
[3302] *Idem*, 49-52.
[3303] *Idem*, 52-53.
[3304] *Idem*, 54-57.
[3305] *Idem*, 58-59.

1118 — A modificação das sociedades

III. Como operações equiparadas às cisões figuram:

– aquelas em que aos acionistas beneficiários seja atribuído um prémio em dinheiro superior a 10% do valor das ações (24.º)[3306];
– as cisões sem extinção da sociedade cindida, o que abrange, designadamente, a cisão-simples ou a cisão-destaque (25.º)[3307].

Ambos os casos são regidos por remissão para os preceitos anteriores. Nas disposições finais inclui-se uma *vacatio* até 1-Jan.-1986, mas apenas quando os Estados-membros queiram prever a própria cisão (26.º).

Como cláusula de estilo, o artigo 27.º proclama os Estados-membros como destinatários da Diretriz.

430. Sistema geral da 10.ª Diretriz

I. A 10.ª Diretriz, mais sintética do que as antecessoras, distribui-se por 21 artigos. São eles:

1.º Âmbito de aplicação;
2.º Definições;
3.º Outras disposições respeitantes ao âmbito de aplicação;
4.º Condições relativas às fusões transfronteiriças;
5.º Projetos comuns de fusões transfronteiriças;
6.º Publicação;
7.º Relatório dos órgãos de direção ou de administração;
8.º Relatório dos peritos independentes;
9.º Aprovação pela assembleia geral;
10.º Certificação prévia à fusão;
11.º Fiscalização da legalidade das fusões transfronteiriças;
12.º Produção de efeitos da fusão transfronteiriça;
13.º Registo;
14.º Consequências da fusão transfronteiriça;
15.º Formalidade simplificada;
16.º Participação dos trabalhadores;

[3306] *Idem*, 61-62.
[3307] *Idem*, 62-65. Cf., sobre as "operações equiparadas", JOANA VASCONCELOS, *A cisão de sociedades* cit., 94 ss..

§ 94.º *Direito europeu* 1119

17.º Validade;
18.º Reavaliação;
19.º Transposição;
20.º Entrada em vigor;
21.º Destinatários.

II. Trata-se de uma Diretriz cautelosa: joga o sentido defensivo que os grandes Estados europeus põem nesta matéria, perante o receio de deslocalização das suas sociedades. Daí as salvaguardas do artigo 2.º/1:

– as fusões transfronteiriças só são possíveis entre tipos de sociedades que se possam fundir, nos termos das legislações nacionais respetivas;
– as leis nacionais que permitam, por interesse público, opor-se a uma fusão interna, podem bloquear, também, as fusões transfronteiriças.

Cada Estado-membro designa a entidade competente para fiscalizar a legalidade da fusão, no que toca à sociedade abrangida pelas suas leis (10.º/1 e 11.º/1).

A participação dos trabalhadores é salvaguardada (16.º): uma matéria sensível, para os países em que, como a Alemanha, há cogestão.

§ 95.º AS ALTERAÇÕES DO CONTRATO

431. Alterações em geral

I. No Direito das sociedades, utiliza-se "alteração" no sentido mais estreito de modificação dos estatutos que não tenha eficácia subjetiva, reduzindo (fusão) ou ampliando (cisão) as pessoas e que não conduza à adoção, por uma sociedade de certo tipo, de um tipo diverso.

A possibilidade de proceder a alterações no pacto social, que não ponham em crise a identidade da pessoa coletiva em jogo foi alcançada, ao longo de uma evolução, legislativa e dogmática, complexa.

O tema está regulado no Capítulo VIII da Parte geral, nos artigos 85.º a 96.º, distinguindo-se, como indicado, entre alterações em geral, aumento de capital e redução do capital[3308].

II. A alteração do contrato de sociedade pode operar por modificação, supressão ou aditamento de cláusulas. Ela só pode ser deliberada pelos sócios, salvo quando a lei permita, cumulativamente, atribuir essa função a outro órgão (85.º/1). Há que respeitar o tipo social em jogo (*idem*, n.º 2).

Adotada a alteração, deve a mesma ser reduzida a escrito (85.º/3), bastando, para isso, a ata da deliberação, salvo se esta, a lei ou o pacto social exigirem outro documento[3309].

[3308] Diogo Costa Gonçalves/Francisco Mendes Correia, *CSC/Clássica*, 2.ª ed. (2011), 301-330.

[3309] Antes de 2006, exigia-se a escritura pública. Em torno dessa exigência surgiu todo um ciclo de acórdãos que recusaram valor a "escrituras" lavradas em Inglaterra, uma vez que o *notary* não exerce uma função pública: RPt 12-Jul.-1994 (Pelayo Gonçalves), CJ XIX (1994) 4, 184-187 (186/I), RPt 19-Jan.-1995 (Sousa Leite), BMJ 443 (1995), 451-452 (o sumário) e STJ 3-Out.-1995 (Santos Monteiro), BMJ 450 (1995), 508-514 (513).

§ 95.º As alterações do contrato

III. O artigo 86.º ocupa-se da proteção dos sócios[3310]. Assim, só por unanimidade pode ser atribuído efeito retroativo à alteração do contrato e, ainda então e como é lógico, apenas nas relações entre eles. Se a alteração impuser o aumento das prestações dos sócios, ela é ineficaz para os que, nele, não tenham consentido (n.º 1 e n.º 2, respetivamente).

432. **Aumento do capital**

I. A deliberação de aumento de capital[3311] deve conter os requisitos elencados no artigo 87.º/1, mencionando expressamente:

a) A modalidade do aumento do capital;
b) O montante do aumento do capital;
c) O montante nominal das novas participações;
d) A natureza das novas entradas;
e) O ágio, se o houver;
f) Os prazos dentro dos quais as entradas devem ser efetivadas, sem prejuízo do disposto no artigo 89.º;
g) As pessoas que participarão nesse aumento.

Apesar da sua generalidade, este dispositivo aplica-se aos aumentos de capital por novas entradas e não por incorporação de reservas: uma matéria tratada nos artigos 91.º a 93.º[3312].

O n.º 3 desse preceito proíbe o aumento de capital na modalidade de novas entradas, enquanto não estiver definitivamente registado um aumento anterior, nem estiverem vencidas todas as prestações de capital, inicial ou proveniente de anterior aumento. Trata-se de uma medida destinada a prevenir a capitalização artificial das sociedades.

II. As modalidades do aumento de capital abrangem:

– as novas entradas, seja de sócios, seja de terceiros que, assim, se tornam sócios;

3310 Raúl Ventura, *Alterações do contrato de sociedade*, 2.ª ed. cit., 75 ss..

3311 Sobre o tema, Raúl Ventura, *Alterações*, 2.ª ed. cit., 94 e ss. e Maria Ângela Coelho Bento Soares, *Aumento de capital*, em *Problemas de Direito das sociedades* (2002), 237 a 255.

3312 Francisco Mendes Correia, *CSC/Clássica*, 2.ª ed. (2011), 309.

1122 *A modificação das sociedades*

    – a incorporação de reservas, aproveitando o valor real do património da sociedade para formalizar capital;
    – a transformação de dívidas em capital, passando os credores a sócios.

    Em termos internos, o capital considera-se aumentado e as participações constituídas a partir da data da deliberação, se da respetiva ata constar quais as entradas já realizadas e que não é exigida a realização de outras entradas (88.°/1). Não constando essa referência, o capital considera-se aumentado na data em que qualquer administrador faça, por escrito, uma declaração equivalente (88.°/2). Para efeitos exteriores, exige-se o registo (14.°/1, do CRCom).

    III. O problema das entradas merece o artigo 89.°. Aplica-se, tendencialmente, o regime das entradas aquando da constituição da sociedade[3313] (89.°/1). Sendo a deliberação omissa quanto às entradas em dinheiro que a lei permite diferir, são estas exigíveis a partir do registo definitivo do aumento de capital (89.°/2)[3314].

    A deliberação de aumento caduca ao fim de um ano se a declaração referida no artigo 88.°/2 não puder ser outorgada nesse prazo, por falta de realização das entradas.

    O artigo 90.°, relativo à fiscalização de todos estes elementos, pelo notário, foi revogado pelo Decreto-Lei n.° 76-A/2006, de 29 de Março.

    IV. O aumento por incorporação de reservas obtém particulares cautelas legislativas (91.°)[3315], regulando-se o aumento das participações dos sócios (92.°) e prevendo-se uma especial fiscalização (93.°). O respeito pela realidade subjacente assim o exige.

[3313] *Supra*, 637 ss..

[3314] Redação dada pelo Decreto-Lei n.° 76-A/2006, de 29 de Março.

[3315] RAÚL VENTURA, *Alterações*, 2.ª ed. cit., 256 ss.; FRANCISCO MENDES CORREIA, *CSC/Clássica*, 2.ª ed. (2011), 317 ss..

§ 95.° As alterações do contrato

433. A redução do capital

I. A redução do capital de uma sociedade pode pôr em crise os direitos e as expectativas de terceiros. Compreendia-se que a lei a rodeie de cuidados vincados[3316]. Todavia, tais cuidados eram tantos que se impunha uma simplificação. Ela foi levada a cabo pelo Decreto-Lei n.° 8/2007, de 17 de Janeiro.

A convocatória da assembleia geral cuja ordem de trabalhos inclua a redução do capital deve ter as especificações do artigo 94.°. Faltando, a deliberação é nula, nos termos acima explicitados.

II. A redução, uma vez deliberada, não podia ser consignada em escritura pública nem registada sem que a sociedade tivesse, primeiro, obtido autorização judicial (95.°/1, redação original). Essa matéria vinha regulada nos artigos 1487.° e 1488.°, do Código de Processo Civil. A autorização judicial era dispensada quando a redução visasse cobrir perdas (95.°/3), seguindo-se, então, a tramitação do artigo 95.°/4. Tudo isto foi revisto pelo Decreto-Lei n.° 8/2007, de 17 de Janeiro. Hoje dispensa-se a autorização judicial: o novo artigo 95.°/1 apenas exige que a situação líquida da sociedade exceda em 20% o novo capital, sob pena de a redução não poder ser deliberada.

Um regime especial transitório foi o do Decreto-Lei n.° 64/2009, de 20 de Março, relativo à diminuição extraordinária do valor nominal das ações[3317]. Esse esquema foi substituído pelo das ações sem valor nominal, adotadas pelo Decreto-Lei n.° 49/2010, de 19 de Maio[3318]: será considerado na parte especial.

A redução pode conduzir a um capital inferior ao mínimo legal, desde que fique expressamente condicionada a um aumento igual ou superior a esse mínimo (95.°/2): uma denominada operação "acórdeão"[3319].

[3316] RAÚL VENTURA, *Alterações*, 2.ª ed. cit., 312 ss..

[3317] PAULO CÂMARA, *O Decreto-Lei n.° 64/2009: diminuição extraordinária do valor nominal das acções*, RDS 2009, 327-338.

[3318] ANTÓNIO MENEZES CORDEIRO, *Acções sem valor nominal*, RDS 2010, 471-508.

[3319] VÍTOR CASTRO NEVES, *As operações acordeão nas sociedades anónimas* (2005).

1124 *A modificação das sociedades*

III. O artigo 96.º tutela os credores[3320]. Ele permite que no prazo de um mês após a publicação do registo da redução do capital, qualquer credor requeira, no tribunal, que a distribuição de reservas disponíveis ou de lucros disponíveis seja proibida ou limitada, durante um certo período (n.º 1). Os números 2 e 3 tratam de questões envolvidas. O novo artigo 1487.º do Código de Processo Civil, também introduzido pela reforma de 2007, veio regular esta oposição.

[3320] Francisco Mendes Correia, *CSC/Clássica*, 2.ª ed. cit., 329 ss..

§ 96.º A FUSÃO DE SOCIEDADES

434. Problemática e evolução

I. A fusão de sociedades é uma forma jurídica – porventura a mais perfeita – que permite dar corpo ao fenómeno da concentração económica[3321]. Em termos descritivos, pode dizer-se que, na fusão, duas ou mais sociedades se juntam para formar uma só[3322]. Paralelamente, a cisão de sociedades dá corpo à reestruturação descentralizada de uma sociedade inicial, facultando a criação, na sua base de, pelo menos, duas sociedades[3323]. A fusão e a cisão colocam problemas bastante similares. Vamos considerar a fusão, matriz das regras a ambas aplicáveis[3324].

II. Todos os manuais dos diversos países relatam uma contraposição entre duas modalidades básicas de fusão: a fusão por incorporação e a fusão por concentração[3325]. Na fusão por incorporação, uma sociedade preexistente mantém-se, absorvendo uma outra; na fusão por concentração, duas ou mais entidades preexistentes transferem as suas posições jurídicas para uma entidade, criada a esse propósito.

[3321] HUECK/WINDBICHLER, *Gesellschaftsrecht*, 20.ª ed. cit., 536 ss., numa asserção que não consta da atual 22.ª ed., de CHRISTINE WINDBICHLER.

[3322] Segundo a conhecida definição de JOSÉ TAVARES, *Sociedades e empresas comerciais*, 2.ª ed. cit., 611, "A fusão é o ato pelo qual duas ou mais sociedades reúnem as suas forças económicas para formarem uma única personalidade coletiva constituída pelos sócios de todas elas".

[3323] KARSTEN SCHMIDT, *Gesellschaftsrecht*, 4.ª ed. cit., 394.

[3324] Sobre toda esta matéria, em especial: DIOGO COSTA GONÇALVES, *Fusão, cisão e transformação* cit., 117 ss. e *passim* e *CSC/Clássica*, 2.ª ed. (2011), 332 ss..

[3325] *Vide* o artigo 2501.º do Código Civil italiano; *vide* FRANCESCO ABATE/ANTONIO DIMUNDO/LAMBERTO LAMBERTINI/LUCIANO PANZANI/ADRIANO PATTI, *Gruppi, trasformazione, fusione e scissione, scioglimento e liquidazioni, società estere* (2003), 359 ss..

1126   *A modificação das sociedades*

Esta distinção surge, hoje, no artigo 97.°/4, do Código das Sociedades Comerciais[3326]. Outras contraposições são possíveis: fusões de sociedades dissolvidas (97.°/2), de cooperativas, internas e internacionais e transfronteiriças[3327].

III. Numa leitura muito simplista, a fusão seria explicável através de um jogo de extinções. Na fusão-incorporação, assistir-se-ia à extinção da sociedade incorporada e à absorção do seu património pela sociedade incorporante. Na fusão-concentração, verificar-se-ia a extinção de duas ou mais entidades e a inserção do seu património na esfera de uma nova entidade, criada para o efeito. E a assim ser, a fusão não teria autonomia, como operação jurídica.

Desde cedo, porém, se verificou que a fusão, quando entendida nesses moldes, ficava seriamente prejudicada: uma extinção verdadeira dá lugar à liquidação, que implica uma série de morosas operações; além disso, haveria que lidar com uma transmissão dupla: da sociedade para os sócios desta e destes para a entidade incorporante; daí adviria uma duplicação de atos com dupla tributação e todos os demais inconvenientes.

À fusão foi, pois, reconhecida uma autonomia conceitual e de regime.

IV. A autonomia da fusão veio a ser admitida pelos Códigos Comerciais dos finais do século XIX, com relevo para o italiano, de 1882[3328] e o português, de 1888[3329]. Deve reconhecer-se que, nessa ocasião, os legisladores preocuparam-se mais em garantir os interesses dos credores das sociedades envolvidas nas operações de fusão[3330] do que, propriamente, em definir pela positiva o fenómeno da fusão em si. Tal definição foi sendo paulatinamente elaborada pela doutrina, preocupada em corresponder aos valores e aos interesses subjacentes a situações de concentração e de absorção.

[3326] RAÚL VENTURA, *Fusão, cisão, transformação de sociedades* (1990), 15 ss..

[3327] DIOGO COSTA GONÇALVES, *CSC/Clássica*, 2.ª ed. cit., 339 ss..

[3328] ERCOLE VIDARI, *Corso di diritto commerciale*, 5.ª ed., II (1901), 311.

[3329] JOSÉ TAVARES, *Sociedades*, 2.ª ed. cit., 619 ss.; DIOGO COSTA GONÇALVES, *Fusão, cisão e transformação* cit., 68 ss..

[3330] *Vide* RAÚL VENTURA, *Fusão e cisão de sociedades*, RFDUL XXIV (1972), 23-50 (23).

§ 96.° A fusão de sociedades 1127

As legislações seguiram um de dois sistemas. Um mais incipiente, como o germânico antigo, que consiste em tratar esparsamente o fenómeno a propósito dos diversos tipos sociais e, em especial, do das sociedades anónimas[3331] e outro, mais abrangente, como o português, que considera genericamente o tema. A reforma alemã de 28-Out.-1994, que levou à aprovação da lei das modificações (das sociedades ou *Umwandlungsgesetz*), deu, à matéria e no Direito alemão, um regime sistematizado e unificado[3332]. Trata-se de uma reforma apurada que procurou um compromisso entre legitimação, tutela das minorias e efetivação das operações necessárias a uma boa recomposição do tecido empresarial. Esta reforma acolheu, de modo muito claro, a ideia de sucessão, abaixo explanada[3333].

Resta acrescentar que a cisão coloca problemas semelhantes, sendo regulada, em conjunto, com a fusão.

435. A experiência portuguesa

I. No domínio do Código Comercial de VEIGA BEIRÃO, a fusão era versada em termos muito protecionistas, no tocante aos credores sociais[3334]. Estes podiam opor-se à operação, de tal modo que, como ilustra RAÚL VENTURA, foram, durante muitos anos, publicados diplomas especiais que dispensavam a sua aplicação, sempre que estivessem em causa fusões que o legislador quisesse viabilizar[3335].

Nos anos setenta do século XX, o Governo, na base de um anteprojeto de RAÚL VENTURA, intentou regular a fusão e a cisão em termos mais

---

[3331] FRIEDRICH KÜBLER, *Gesellschaftsrecht*, 2.ª ed. (1986), 343 ss., HERMANN MAIBERG, *Gesellschaftsrecht*, 7.ª ed. (1990), 333 ss, e JOHANNES SEMLER/ARNDT STENGEL, *Umwandlungsgeset* (2003), Einleitung A, Nr. 6 ss. (4 ss.).

[3332] *Aktiengesetz/GmbH-Gesetz* ed. Beck, 42.ª ed. cit., 223 ss.. *Vide* KÜBLER, *Gesellschaftsrecht*, 5.ª ed. cit., 339 ss., KARSTEN SCHMIDT, *Gesellschaftsrecht*, 4.ª ed. cit., 340 ss., com indicações e RAISER/VEIL, *Recht der Kapitalgesellschaften*, 5.ª ed. cit., 591 ss..

[3333] KARSTEN SCHMIDT, *Gesellschaftsrecht*, 4.ª ed. cit., 356 ss..

[3334] Quanto ao direito de oposição que estes tinham: DIOGO COSTA GONÇALVES, *Fusão, cisão e transformação* cit., 71 ss..

[3335] RAÚL VENTURA, *Fusão e cisão* cit., 23. Na verdade, o artigo 126.° do Código Comercial permitia aos credores oporem-se à fusão, chegando mesmo o seu § único a estabelecer que, deduzida a oposição, a fusão ficava suspensa, enquanto não fosse judicialmente resolvida.

1128 *A modificação das sociedades*

permissivos. Assim foi publicado o Decreto-Lei n.º 598/73, de 8 de Novembro, que modernizou, entre nós, esse instituto[3336].

II. O problema das fusões é universal. O espaço europeu foi-lhe sensível.

Nos termos acima sublinhados, a propósito do Direito europeu, foi adotada a 3.ª Diretriz do Direito das sociedades, sobre fusões. A transposição operou através do próprio Código das Sociedades Comerciais. Como resultado de tudo isto, a fusão consta hoje dos artigos 97.º a 117.º, em termos próximos dos do Decreto-Lei n.º 598/73, de 8 de Novembro, com as adendas comunitárias.

Tem ainda interesse referir que, após muitas peripécias[3337], foi adotada a Diretriz n.º 2005/56/CE, de 26 de Outubro, relativa às fusões transfronteiriças das sociedades de responsabilidade limitada[3338]. Essa matéria foi vertida, no Direito português, pela já referida Lei n.º 19/2009, de 12 de Maio.

436. Processo

I. A fusão dispõe, no Código das Sociedades Comerciais[3339], de um processo minuciosamente regulado[3340]. Há que elaborar um projeto de fusão (98.º), devidamente fiscalizado (99.º) e sujeito a registo (100.º/1). É então convocada uma assembleia geral, com especial solenidade, para cada uma das sociedades (100.º/2). A assembleia, precedida por informações específicas (101.º), decorre e delibera com particulares requisitos (102.º e 103.º). Pode haver exonerações (105.º). No caso de alguma das sociedades possuir participação no capital de outra, não pode dispor de um número de votos superior à soma dos que competem a todos os outros sócios

---

[3336] Diogo Costa Gonçalves, *Fusão, cisão e transformação* cit., 89 ss..

[3337] *Direito europeu das sociedades*, 787 ss..

[3338] JOCE N.º L 310, 1-9, de 25-Nov.-2005.

[3339] Há que ter em conta que esta matéria foi alterada pelo Decreto-Lei n.º 76-A/2006, de 29 de Março, pelo Decreto-Lei n.º 8/2007, de 17 de Janeiro, pela Lei n.º 19/2009, de 12 de Maio e pelo Decreto-Lei n.º 185/2009, de 12 de Agosto.

[3340] Sobre toda esta matéria, *vide* Diogo Costa Gonçalves, *CSC/Clássica*, 2.ª ed. cit., 346 ss..

§ 96.º A fusão de sociedades 1129

(104.º/1). Pode a lei ou o contrato atribuir ao sócio que tenha votado contra o projeto de fusão o direito à exoneração, segundo o artigo 105.º.

Feito o registo, pode haver oposição dos credores, em termos judiciais (101.º-A a 101.º-D, que vieram *grosso modo* substituir os artigos 107.º e seguintes, revogados em 2006).

A forma do ato de fusão deve revestir a forma exigida para a transmissão dos bens das sociedades incorporadas (106.º/1).

II. O Código das Sociedades Comerciais trata a eficácia da fusão a propósito dos efeitos do seu registo[3341]: este tem natureza constitutiva. Assim, segundo o seu artigo 112.º,

> Com a inscrição da fusão no registo comercial:
>
> *a)* Extinguem-se as sociedades incorporadas ou, no caso de constituição de nova sociedade, todas as sociedades fundidas, transmitindo-se os seus direitos e obrigações para a sociedade incorporante ou para a nova sociedade;
>
> *b)* Os sócios das sociedades extintas tornam-se sócios da sociedade incorporante ou da nova sociedade.

Deve prevenir-se que este artigo não traduz o atual estado da doutrina e da jurisprudência, no tocante à fusão. Na verdade, ele derivou do artigo 14.º do Decreto-Lei n.º 598/73, de 8 de Novembro. Este preceito, por seu turno, não tinha correspondente no anteprojeto RAÚL VENTURA o qual, em obediência ao esquema então vigente, punha a eficácia da operação dependente da escritura e não do registo – artigo 1.º/1[3342]. De todo o modo, o preceito vigente não prejudica em nada a elaboração científica que, sobre ele, se tem desenvolvido: ele apenas tem a ver com determinados aspetos descritivos que, para mais, se prendem com o registo.

III. O artigo 113.º ocupa-se da fusão sujeita a condição ou a termo: permite que, na sua pendência, quando suspensivos e havendo alterações,

---

[3341] Tratado, no artigo 111.º; *vide* COSTA GONÇALVES, *CSC/Clássica*, 2.ª ed. cit., 409 ss..

[3342] RAÚL VENTURA, *Fusão e cisão de sociedades* cit., 28. Segundo o artigo 1.º/1 citado, do anteprojeto, "A sociedade incorporada ou as sociedades que se fundem em nova sociedade, extinguem-se por força da fusão, quando é outorgada a respetiva escritura pública".

1130   A modificação das sociedades

a assembleia geral de qualquer das sociedades possa requerer a "resolução ou modificação do contrato". O artigo 114.° rege a responsabilidade dos administradores e dos membros dos órgãos de fiscalização envolvidos na fusão, a efetivar nos termos do artigo 115.°.

437. As fusões transfronteriças

I. A matéria das fusões transfronteriças foi objeto, como se viu[3343], da Diretriz n.° 2005/56, de 26 de Outubro[3344], transposta para a ordem interna pela Lei n.° 19/2009, de 12 de Maio. A fusão transfronteriça é uma fusão internacional que implica, apenas, sociedades sedeadas em Estados membros da União Europeia.

A Diretriz enfrentou o problema delicado posto pelo estatuto dos trabalhadores, nalguns países europeus: o de, pela cogestão, eles participarem na gestão e/ou na fiscalização da empresa. O caso emblemático é, precisamente, o alemão. Temeu-se que, através de fusões transfronteriças agora facilitadas, as empresas pudessem ser deslocadas, como forma de evitar a cogestão.

II. Segundo a Diretriz, a Lei n.° 19/2009 dispõe sobre um procedimento de negociação: prevê um grupo especial para negociar o regime de participação dos trabalhadores na sociedade resultante da fusão (4.°). A matéria é tratada em vários preceitos (5.° a 9.°), cominando-se um dever de boa-fé e de cooperação (10.°) e o âmbito do acordo a que se chegue (11.°). A negociação não tem lugar quando as sociedades optem pelo regime supletivo do artigo 14.° que fixa um esquema de cogestão (14.°). Regras relativas a essa matéria constam, ainda, dos artigos 15.° a 23.°, versando o 24.° as fusões subsequentes.

Esta matéria não tem, no imediato, grande relevo perante a situação portuguesa, que não conhece a cogestão. Dificilmente se imagina que uma

---

[3343] *Supra*, 1118 ss..

[3344] Entre os títulos mais recentes: Sabrina Kulenkamp, *Die grenzüberschreitende Verschmelzung von Kapitalgesellschaften in der EU* (2009), 393 pp. e Simon Weppner, *Der gesellschaftsrechtliche Minderbeitenschutz bei grenzüberschreitender Verschmelzung von Kapitalgesellschaften* (2010), XXIV + 233 pp., com especial atenção à SE.

§ 96.° *A fusão de sociedades* 1131

sociedade portuguesa, por fusão com alguma estrangeira oriunda de países de cogestão, viesse a ser cogerida. Mas o texto equivale a uma exigência comunitária: e aí está.

III. O regime das fusões transfronteriças foi introduzido, em secção própria, nos artigos 117.°-A a 117.°-L, do Código[3345].

O artigo 117.°-A define a figura e o 117.°-B prevê a aplicação da lei portuguesa, no tocante às sociedades com sede em Portugal. Os restantes preceitos remetem, em geral, para o regime das fusões internas. As autoridades nacionais competentes para o controlo das fusões transfronteriças são os serviços do registo comercial (117.°-G).

438. Natureza; o *statuo viae*

I. As teses tradicionais relativas à fusão de sociedades viam, nela, a extinção de uma sociedade e a transmissão dos seus bens para o património de outra[3346]. Essa transmissão – na evolução de tais teses – não seria, contudo, uma transferência comum: antes se jogaria uma "sucessão universal"[3347], uma "transmissão universal"[3348], semelhante à "sucessão *mortis causa*"[3349].

Estas orientações são hoje rejeitadas, em termos praticamente unânimes. Os autores chamam a atenção para o facto de elas não corresponde-

---

[3345] DIOGO COSTA GONÇALVES, *CSC/Clássica*, 2.ª ed. cit., 434 ss..

[3346] FRANCESCO FERRARA JR./FRANCESCO CORSI, *Gli imprenditori e le società*, 7.ª ed. (1987), 737; como aí se explica, esta obra, até à 5.ª ed., defendeu precisamente essa orientação, vindo, depois, a abandoná-la, por não a considerar exata. *Vide* a 13.ª ed. (2006), 990 e 1006, sublinhando que se trata, antes, de uma alteração estatutária. A evolução da doutrina pode ser confrontada, p.ex., em ANTONIO BRUNETTI, *Trattato del diritto delle società*, II (1948), 631.

[3347] *Idem*, FERRARA JR./CORSI, *Gli imprenditori*, 7.ª ed. cit., 737.

[3348] ANDRÉ DALSACE, *Fusion*, no *Répertoire de Droit Commercial et des Sociétés*, III vol., *Sociétés*, da Dalloz (1958), 390-394 (391, n.° 8). Esta construção aparece, ainda, na literatura comercialística alemã, embora os Autores se apressem, depois, a explicar as suas especificidades; assim, HUECK/WINDBISCHLER, *Gesellschaftsrecht*, 20.ª ed. cit., 533 e F. KÜBLER, *Gesellschaftsrecht*, 2.ª ed. cit., 344. Foi, finalmente, acolhida no *Umwandlungsgesetz*, de 1994, com recurso às "sucessões universais parciais".

[3349] CESARE SILVETTI, *Transformazione e fusione delle società*, NssDI XIX (1973), 531-552 (543, 2.ª col.), que, aliás, discorda desta orientação.

A modificação das sociedades

rem à vontade dos intervenientes neste processo e de não facultarem o regime relevante no caso concreto.

Quando desencadeiam uma operação de fusão, as partes não têm qualquer intenção de extinguir uma sociedade. Seria irreal ver, na fusão, um *animus* destruidor, tendente a fazer desaparecer seja o que for[3350]. Na afirmação sugestiva de COTTINO, a fusão é um "... contrato de vida e não contrato de morte ..."[3351]. Tão-pouco, na hipótese de fusão-concentração, há uma vontade de constituir um ente novo, em sentido verdadeiro; procura-se, sim, o melhor aproveitamento do que já existe. As partes pretendem, antes, aproveitar o que já existe.

Também o regime da fusão não passa pelas regras de extinção/transmissão universal. Não há qualquer extinção *proprio sensu* de uma sociedade, o que implicaria a intervenção das normas sobre liquidação. Aplica-se, antes, um regime em tudo similar ao da transformação.

Em suma: a fusão de sociedades é, hoje, entendida como uma transformação dos entes preexistentes, numa posição comum em Itália[3352], em França[3353] e, como se verá, em Portugal.

II. A orientação dominante, acima retratada, surgiu em Portugal pela pena pioneira de JOSÉ TAVARES. Este Autor apresenta a matéria da seguinte forma. No caso da fusão-concentração,

> (...) não se pense que esta nova sociedade resultante de fusão seja completamente distinta das sociedades fundidas, porque na verdade ela não é outra coisa senão a mesma personalidade jurídica daquelas integrada na mesma unidade orgânica: os seus sócios, os seus capitais, os

---

[3350] FERRARA JR./CORSI, *Gli imprenditori*, 7.ª ed. cit., 737 e SILVETTI, *Transformazione e fusione delle società* cit., 543, 2.ª col..

[3351] GASTONE COTTINO, *Diritto commerciale*, I/2 – *Le società e le altre associazione economiche*, 2.ª ed. (1987), 633.

[3352] SILVETTI, *Transformazione e fusione* cit., 544, FERRARA JR./CORSI, *Gli imprenditori*, 7.ª ed. cit., 738, COTTINO, *Diritto commerciale*, I, II cit., 641, BRUNO FERRARA, *Delle società* (1989), 167 e FRANCESCO GALGANO, *Diritto civile e commerciale*, vol. III, tomo 2, *Le società* (1990), 480. Estes Autores, escolhidos entre os recentes, citam numerosa outra bibliografia abonatória.

[3353] ROGER PERCEROU, *Transformation de société*, Repertoire Dalloz / III – *Sociétés*, 791-802 (793-794), com indicações.

§ 96.º *A fusão de sociedades*   1133

seus credores, os seus devedores, os seus negócios, são exatamente os mesmos das sociedades fusionadas[3354].

Quanto à fusão-incorporação, JOSÉ TAVARES critica a tese que, nela, vê uma cessão. Nos seguintes termos:

> Esta doutrina (...) que caracteriza a figura jurídica de incorporação como uma espécie de compra e venda ou de cessão de créditos, é, porém, inexata. Na cessão, o cedente aliena por completo os seus direitos e obrigações, que ficam pertencendo como próprios e exclusivos ao cessionário. Pelo contrário, na incorporação a sociedade incorporada integra a sua existência jurídica na sociedade maior, continuando os membros dela, agregados a esta, a ser, embora indiretamente, sujeitos de personalidade jurídica extinta. O facto jurídico fundamental que essencialmente a caracteriza, é pois, como na outra espécie de fusão, a integração da personalidade jurídica da sociedade extinta na coletividade maior com que se funde. É uma confusão de direitos e obrigações[3355].

Apesar da linguagem utilizada não estar hoje a uso, a ideia de JOSÉ TAVARES é totalmente clara: na fusão, há a manutenção das entidades anteriores que, apenas, se transformaram.

III. Também JOSÉ GABRIEL PINTO COELHO defendeu a natureza transformadora da fusão. Assim:

> (...) embora por efeito da fusão as sociedades, que se fundem, se extingam, a verdade é que elas não findam verdadeiramente, e apenas continuam a sua existência em condições diversas. Esta extinção não determina, como a dissolução, a liquidação e partilha do património social. A sociedade, no caso de fusão, reúne-se a outra ou outras –, quer dizer: cessa a sua existência como organização independente, mas, segundo dissemos, essa existência continua num condicionalismo diverso[3356].

PINTO FURTADO, reivindicando a velha tradição de JOSÉ TAVARES, aproxima igualmente a fusão da transformação, criticando a tese da sucessão universal[3357].

[3354] JOSÉ TAVARES, *Sociedades e empresas comerciais*, 2.ª ed. cit., 614.
[3355] JOSÉ TAVARES, *Sociedades e empresas comerciais*, 2.ª ed. cit., 615.
[3356] J. G. PINTO COELHO, *Lições de Direito Comercial*, 2.ª ed. (1966), II, 119.
[3357] PINTO FURTADO, *Curso de Direito das Sociedades*, 5.ª ed. cit., 551.

1134   *A modificação das sociedades*

IV. A chamada fusão de sociedades comerciais é, na verdade, uma transformação das mesmas: os pactos sociais respetivos são alterados, de modo a que as diversas entidades preexistentes passem a constituir uma só. Não se verifica, nas partes, uma vontade tendente a promover uma extinção. O regime desta é, de resto, totalmente estranho à fusão.

Consequentemente, as situações jurídicas antes encabeçadas pelas sociedades envolvidas mantêm-se, ao longo da vicissitude: no termo desta, elas vão surgir, com toda a naturalidade, na entidade resultante da fusão, sem que qualquer alteração nelas se possa revelar.

Pode-se ir um tanto mais longe. Mesmo na hipótese de uma sucessão universal, a conclusão não será diversa. De facto, a doutrina mais recente não confunde a sucessão com a transmissão[3358]. Em termos muito simplificados: na transmissão estrita, uma posição jurídica transita de uma esfera jurídica para outra; na sucessão, uma posição mantém-se como que estática, enquanto se altera o sujeito-titular. Este aspeto reflete-se no regime. Por exemplo, havendo transmissão da posse, o adquirente terá uma posse de boa-fé ou de má-fé, consoante o modo por que ele a tenha adquirido; mas se houver sucessão na posse, o beneficiário terá uma posse de boa ou de má-fé conforme o que se passasse na esfera do seu antecessor. Em suma: a sucessão própria implica a manutenção rigorosa da situação jurídica atingida, sem quaisquer outros deveres, ónus ou direitos; pelo contrário, na transmissão, há aspetos circundantes que podem ser atingidos.

V. A jurisprudência tem reconhecido essa natureza da fusão, designadamente em acórdãos relativos ao arrendamento. Assim:

> *RCb 21-Fev.-1995*: à fusão de sindicatos aplicam-se as normas sobre a fusão de sociedades; quando ocorra, não há caducidade do arrendamento celebrado por um dos sindicatos envolvidos[3359];
>
> *RLx 17-Abr.-1997*: a transmissão do arrendamento por fusão não requer autorização do senhorio[3360];

[3358] P. ex., MENEZES CORDEIRO, *Direitos Reais*, 2 (1979), 747, NUNO ESPINOSA GOMES DA SILVA, *Direito das Sucessões* (1974), 13 ss. e MANUEL GOMES DA SILVA, *Curso de Direito das Sucessões* (1959), 21.

[3359] RCb 21-Fev.-1995 (VIRGÍLIO DE OLIVEIRA), CJ XX (1995) 1, 46-49 (48).

[3360] RLx 17-Abr.-1997, CJ XXII (1997) 2, 105 (o sumário; o texto do acórdão pertence a outro aresto, havendo lapso); não se trata de verdadeira transmissão, diríamos nós.

§ 96.° A fusão de sociedades 1135

RCb 24-Jun.-1997: *idem*; tão-pouco teria de ser comunicada ao senhorio[3361];
todavia, em RGm 8-Jan.-2003 já se exigiu essa comunicação[3362];
STJ 6-Dez.-2006: do ponto de vista substancial, a extinção das sociedades
incorporadas, nos termos do artigo 112.°, *a*), não constitui uma verdadeira extinção, mas sim uma transformação; assim, não é necessária a
concordância do senhorio, mas a situação deve-lhe ser comunicada[3363];
STA 16-Set.-2009: a ocorrência de fusão não prejudica a execução fiscal
movida por dívidas da antecessora[3364].

VI. A ideia de uma transformação, subjacente à fusão, deixa na sombra a posição dos sócios envolvidos. Estes integram-se num especial *status*, que traduz a complexidade da posição em que estão inseridos. O reconhecimento dos fenómenos de transformação de sociedades, nos quais a
fusão desempenha um papel de matriz, permite sublinhar a natureza dinâmica desse *status*. Este, quando envolvido na via de uma nova realidade
societária, encontra-se *in statuo viae*[3365]. Esta figura tem autonomia dogmática e enquadra, com eficácia, as diversas posições dinâmicas que se
desenvolveu no processo de fusão (ou, latamente, de transformação). Não
se trata de "aditivos", mas antes de desenvolvimentos dinâmicos do *status
socii*.

Entre as valorações materiais envolvidas, COSTA GONÇALVES localiza
os princípios de identidade e de tutela do investimento[3366]: com criativi-
dade e acerto.

[3361] RCb 24-Jun.-1997 (GIL ROQUE), CJ XXII (1997) 3, 36-39, com indicações.
[3362] RGm 8-Jan.-2003 (LEONEL SERÔDIO; vencida: ROSA TCHING, no sentido de a
comunicação não ser necessária), CJ XXVII (2003) 1, 277-279.
[3363] STJ 6-Dez.-2006 (OLIVEIRA BARROS), Proc. 06B3458.
[3364] STA 16-Set.-2009 (ISABEL MARQUES DA SILVA), Proc. 0372/09.
[3365] Trata-se da orientação desenvolvida por DIOGO COSTA GONÇALVES, na sua
excelente obra *Fusão, cisão e transformação* cit., especialmente 372 ss..
[3366] *Idem*, 376 ss..

§ 97.º A CISÃO DE SOCIEDADES

439. Generalidades

I. Diz-se cisão de uma sociedade a sua divisão em duas ou mais sociedades, dela derivadas. A cisão opera como a contraface da fusão[3367]: implica uma fenomenologia paralela, só que inversa[3368]. Temos, desta feita, uma transformação que dá azo a duas ou mais entidades. As situações jurídicas antes encabeçadas pelo ente cindido mantêm-se totalmente inalteradas.

Também aqui se poderia falar uma manifestação de sucessão.

II. No seu artigo 118.º/1[3369], o Código das Sociedades Comerciais distingue[3370]:

– a cisão-destaque ou cisão simples;
– a cisão-dissolução;
– a cisão-fusão.

No primeiro caso, a sociedade-mãe destaca parte do seu património e, com ele, constitui outra sociedade. Há que observar os requisitos do artigo 123.º, atinentes ao valor do património da sociedade cindida e ao seu capital social, só podendo ser destacados o ativo e o passivo referidos no artigo 124.º.

[3367] RAISER/VEIL, *Recht der Kapitalgesellschaften*, 5.ª ed. cit., § 49 I, Nr. 1 (640).

[3368] FRANCESCO ABATE e outros, *Gruppi* cit., 516-517, falam em "analogias" entre as duas figuras.

[3369] No Direito italiano, cf. FRANCESCO FERRARA JR./FRANCESCO CORSI, *Gli imprenditori e le società*, 13.ª ed. cit., 1012 ss..

[3370] DIOGO COSTA GONÇALVES, *CSC/Clássica*, 2.ª ed., 470 ss..

§ 97.º *A cisão de sociedades* 1137

No segundo, todo o património da sociedade a cindir é abrangido – artigo 124.º.

A terceira hipótese combina cisões com fusões.

Em toda esta matéria, foi importante a Sexta Diretriz das sociedades, precisamente relativa à fusão e que foi transposta para o Código das Sociedades Comerciais.

440. O processo

I. O processo de cisão apresenta uma regulação minuciosa. A administração da sociedade a cindir ou, tratando-se de cisão-fusão, as administrações das sociedades participantes, em conjunto, devem elaborar um projeto de cisão de onde constem (119.º)[3371]:

> (...) além dos demais elementos necessários ou convenientes para o perfeito conhecimento da operação visada, tanto no aspeto jurídico como no aspeto económico (...)

os elementos elencados nas quinze alíneas desse preceito[3372].

II. Há uma grande preocupação em não prejudicar os credores. Assim, a sociedade cindida responde solidariamente pelas dívidas que, por força da cisão, tenham sido atribuídas à sociedade incorporante ou à nova sociedade (122.º)[3373]. A cisão simples tem ainda requisitos relacionados com essa problemática (123.º), sendo regulados os ativo e passivo destacáveis (124.º).

A redução do capital é uma consequência lógica da cisão. Quando, porém, vá mais longe do que o requerido por esta, haverá que aplicar as regras próprias da redução, cumulativamente (125.º).

[3371] *Idem*, 478 ss..

[3372] TC n.º 119/99, de 2-Mar.-1999 (VÍTOR NUNES DE ALMEIDA), BMJ 485 (1999), 12-19 (19/II), entendendo que a alínea *p*) desse preceito não tem verdadeira natureza laboral.

[3373] Todavia, os direitos e regalias dos trabalhadores da CP integrados na REFER só perante esta podem ser exercidos: RLx 7-Nov.-2001 (SEARA PAIXÃO), CJ XXVI (2001) 5, 152-155 (154/II), visto tratar-se como que de uma transmissão de estabelecimento – STJ 10-Abr.-2002 (JOSÉ MESQUITA), CJ/Supremo X (2002) 2, 248-250 (250/I).

III. À cisão são aplicáveis, com as necessárias adaptações, as regras relativas à fusão (120.°). Por essa via teremos figuras como a publicação de projetos e a possibilidade de oposição judicial dos credores.

441. Natureza

I. Tal como no caso da fusão e por razões paralelas, é de entender que a cisão implica uma continuidade com as autoridades envolvidas. Assim – e salvo a presença de vetores especiais, como o da transmissão de estabelecimento no Direito do trabalho – deve entender-se que opera uma verdadeira transformação entre as entidades resultantes da cisão e a sua (ou suas) antecessora(s). O artigo 121.° dá corpo a esta ideia, prescrevendo que a atribuição de dívidas da sociedade cindida à sociedade incorporante não implique novação.

II. Lutando sempre contra o excesso de abstracionismo que toda esta matéria potencia, devemos ter presente que a personalidade coletiva equivale a regimes aplicáveis a seres humanos. Estando determinados valores ou interesses confiados a um *modo coletivo* de funcionamento do Direito, torna-se fácil entender o seu desdobramento: teremos a cisão.

Todo o desafio legal está em assegurar ao mercado e à sociedade que esse sistema não é usado para prejudicar terceiros.

§ 98.º A TRANSFORMAÇÃO DE SOCIEDADES

442. Noção, modalidades e papel

I. Em termos técnicos, a transformação de uma sociedade opera como uma mudança de forma[3374]: uma sociedade constituída segundo um dos tipos legalmente permitidos adota a forma correspondente a um tipo diferente. Importante é que não se verifique quebra de identidade entre a sociedade considerada *antes* e *depois* da transformação[3375].

II. O Código das Sociedades Comerciais dedicou 11 artigos a este tema (130.º a 140.º)[3376]. Também aqui é importante o papel do Prof. RAÚL VENTURA[3377], tendo a matéria sido especialmente estudada por FRANCISCO MENDES CORREIA[3378]. A matéria principia por uma noção, que contrapõe a transformação de sociedades comerciais em sociedades comerciais de tipo diverso e de sociedades civis sob forma civil em sociedades comerciais (130.º/1 e 2). A ideia de identidade nota-se em dois pontos:

[3374] KARSTEN SCHMIDT, *Gesellschaftsrecht*, 4.ª ed. cit., 368 ss.; RAISER/VEIL, *Recht der Kapitalesellschaften*, 5.ª ed cit., 617.

[3375] RLx 9-Jul.-2003 (ANTÓNIO ABRANTES GERALDES), CJ XXVIII (2003) 4, 79-82 (81/II).

[3376] Sendo significativo, não é esmagador; o UmwG alemão ocupa-se do tema em 115 parágrafos: §§ 190 a 303. Cf. ARNDT STENGEL/ANDRÉ SCHWANNA, em SEMLER/STENGEL, *Umwandkungsgesetz* (2003), 1747 ss.. De notar que a reforma de 2006 revogou um artigo (o 135.º, relativo à escritura de transformação) e aditou outro (o 140.º-A, referente ao registo da transformação). O Decreto-Lei n.º 8/2007, de 17 de Janeiro, alterou o artigo 132.º, acrescentando-lhe um n.º 4.

[3377] RAÚL VENTURA, *Cisão, fusão, transformação de sociedades* cit., 416 ss..

[3378] FRANCISCO MENDES CORREIA, *Transformação de sociedades comerciais*, já referido e *CSC/Clássica*, 2.ª ed., 500 ss..

1140   *A modificação das sociedades*

– a transformação não importa dissolução, salvo se assim for deliberado (130.°/3): altura em que a transformação será imprópria;
– a sociedade derivada da transformação sucede automática e globalmente à anterior (130.°/6).

III. A transformação de sociedades constitui um ponto alto da sua
adaptabilidade à mutação das circunstâncias. Um perfil evolutivo tradicional é-nos dado pela pequena empresa familiar, que passa a sociedade em
nome coletivo e, depois, à medida que vai acumulando êxito e capital, a
sociedade por quotas e a sociedade anónima.

Todo o problema do legislador está em conjugar essa necessidade
vital com as cautelas requeridas pelo mercado.

443. Impedimentos, processo e tutela dos sócios

I. O artigo 131.° fixa impedimentos à transformação. Estes ocorrem:

– se o capital não estiver integralmente liberado ou se não estiverem
totalmente realizadas as entradas convencionadas[3379];
– se o balanço mostrar que o património é inferior ao capital e à
reserva legal somados;
– se se apurarem sócios com direitos especiais que não possam ser
mantidos depois da transformação;
– se, tratando-se de sociedade anónima, esta tiver emitido obrigações
convertíveis em ações ainda não totalmente reembolsadas ou con-
vertidas.

II. Isto posto, cabe à administração organizar um relatório justificativo, acompanhado do balanço mais recente e do projeto de novos estatutos (132.°/1). Têm aplicação os artigos 99.° (Fiscalização) e 101.° (Consulta de documentos). Exige-se o quorum deliberativo do artigo 133.°,
devendo ser deliberado, em separado (134.°)[3380]:

– a aprovação do balanço ou da situação patrimonial;

[3379] RLx 15-Fev.-2000 (RIBEIRO COELHO), CJ XV (1990) 1, 169-170 (169/II).
[3380] FRANCISCO MENDES CORREIA, *CSC/Clássica*, 2.ª ed., 513 ss..

§ 98.º *A transformação de sociedades* 1141

– a aprovação da transformação;
– a aprovação dos novos estatutos.

A inobservância destes pontos e dos conexos gera nulidade[3381].

III. O Código preocupa-se, depois, com a tutela dos sócios e dos credores. As participações, nominais e na proporção devem ser mantidas, salvo acordo unânime (136.º), podendo assistir-se à exoneração de sócios discordantes (137.º).

Os credores obrigacionistas mantêm as normas aplicáveis (138.º), conservando-se as situações de responsabilidade ilimitada anteriores à transformação (139.º/1).

Os direitos reais de gozo ou de garantia[3382] que incidiam sobre as participações anteriores passam para as novas, dentro de um esquema de sub-rogação real (140.º).

[3381] STJ 26-Abr.-1995 (Raúl Mateus), CJ/Supremo III (1995) 2, 49-54 (54/I) = BMJ 446 (1995), 303-319 (315 ss.).

[3382] Não se trata de verdadeiros "direitos reais", mas de figuras similares, quanto possível: usufruto e penhor de partes sociais, respetivamente.

CAPÍTULO X
A DISSOLUÇÃO E A LIQUIDAÇÃO DAS SOCIEDADES

§ 99.º A DISSOLUÇÃO

444. Problemática geral; reforma de 2006

I. A dissolução das sociedades traduz o ato e o efeito da sua cessação. Ela pode corresponder a situações materiais muito diversas. Assim, pode tratar-se:

– do desenrolar de um plano combinado desde o início: os sócios previram uma sociedade temporalmente limitada, fixando-lhe um prazo;
– de um acidente de percurso que inviabilize o funcionamento da sociedade, suprimindo-lhe um dos seus elementos essenciais;
– da superveniência de uma situação de esgotamento das forças patrimoniais, gerando a insolvência;
– de uma operação de gestão, que leve os sócios a deter uma iniciativa, para a substituir por outra.

II. O Código das Sociedades Comerciais, na sua versão inicial, distinguia hipóteses de dissolução automática e hipóteses de dissolução por sentença judicial ou por deliberação (141.º e 142.º, versão de 1986). O esquema era criticado pelas delongas que originava. O legislador decidiu intervir. Tal como o Decreto-Lei n.º 111/2005, de 8 de Julho, instituiu o esquema de "constituição de empresas na hora", assim o Decreto-Lei n.º 76-A/2006, de 29 de Março, procurou fixar uma "dissolução na hora". Para o efeito:

– alterou os artigos 141.º e seguintes do Código;

1144   *A dissolução e a liquidação das sociedades*

– substituiu a dissolução judicial por uma dissolução administrativa, que corre termos na conservatória do registo comercial;
– adotou um regime jurídico dos procedimentos administrativos de dissolução e de liquidação de entidades comerciais.

III. A reforma foi importante. Deve ser acolhida com boa vontade, procurando-se tirar, dela, vantagens: quer para a prática societária, quer para o progresso dogmático do nosso Direito das sociedades comerciais. Quanto ao regime anterior à reforma: remete-se para a primeira edição desta obra, então chamada *Manual*[3383].

445. Casos de dissolução

I. Os casos de dissolução das sociedades vêm enumerados na lei: circunstância natural e importante, uma vez que se trata de pôr termo a uma manifestação da autonomia privada, com conteúdo patrimonial; ela não poderia ocorrer por simples arbítrio do Estado ou de qualquer outra entidade, sem cobertura legal[3384].

A lei, na sequência da reforma de 2006, distingue entre casos de dissolução imediata (141.°) e casos de dissolução administrativa ou por deliberação dos sócios (142.°)[3385].

Estes preceitos devem ser comparados com o artigo 1007.° do Código Civil, relativo à dissolução das sociedades civis puras e com o artigo 182.°/1 e 2, do mesmo Código, referente à dissolução de associações. Verifica-se uma flutuação de terminologia e, até, de soluções, que não pode ser explicada pela natureza diferente das entidades em jogo e que mais se incrementou com a reforma de 2006. Impõe-se, assim, um esforço suplementar, no tocante à codificação do Direito privado português.

II. Quanto à dissolução imediata, temos os casos seguintes (141.°/1):

– o decurso do prazo fixado no contrato: trata-se de uma manifestação de autonomia privada;

[3383] *Manual de Direito das sociedades*, 1, 1.ª ed., § 69.°.
[3384] Em geral: Raúl Ventura, *Dissolução e liquidação de sociedades* (1987), 40 ss..
[3385] Sobre toda esta matéria, Joana Pereira Dias, *CSC/Clássica*, 2.ª ed., 523 ss..

§ 99.º A dissolução 1145

– por deliberação dos sócios: tomada com a percentagem requerida pelos estatutos ou, sendo esse o caso, pela lei;
– pela realização completa do objeto social: uma figura difícil de distinguir da impossibilidade superveniente prevista no artigo 142.º/1, *b*), mas que, todavia, será de mais fácil constatação, sobretudo perante sociedades com fins muito delimitados; p. ex.: fazer publicidade ao *Euro 2004*;
– pela ilicitude superveniente do objeto social: desta feita, trata-se de uma impossibilidade jurídica que o legislador estima mais facilmente comprovável do que a de facto, referida no já citado artigo 142.º/1, *b*);
– pela declaração de insolvência da sociedade: a declaração de insolvência advém de sentença; surgida esta, a dissolução opera de modo automático[3386].

Esta matéria decorre das alíneas *a*) a *e*), do artigo 141.º/1. Nos casos correspondentes às alíneas *a*), *c*) e *d*), os sócios podem, por maioria simples, constatar a dissolução; outros interessados podem promover a justificação notarial da dissolução ou o procedimento simplificado de justificação (141.º/2).

III. O artigo 142.º/1 enumera as situações que requerem a dissolução administrativa ou uma deliberação[3387]. A dissolução, nesse âmbito, pode ocorrer por uma de quatro vias:
– quando, por mais de um ano, o número de sócios for inferior ao legal, salvo se um deles for uma pessoa coletiva pública ou entidade equiparada;
– quando a atividade que constitua o objeto social se torne, de facto, impossível;

[3386] Antes da alteração introduzida pelo Decreto-Lei n.º 19/2005, de 18 de Janeiro, previa-se ainda, como forma de dissolução das sociedades, a perda de metade do capital social, nos termos do artigo 35.º/4: tratava-se de um preceito aditado pelo artigo 1.º do Decreto-Lei n.º 162/2002, de 11 de Julho, integrando-se na lógica do referido artigo 35.º, na configuração que então assumia.

[3387] RAÚL VENTURA, *Dissolução e liquidação de sociedades* cit., 95 ss., perante o Direito anterior a 2006.

A dissolução e a liquidação das sociedades

– quando a sociedade não tenha exercido qualquer atividade durante dois anos consecutivos[3388];
– quando ela exerça, de facto, uma atividade não compreendida no objeto social.

Nos casos referidos, cabe aos sócios, por maioria absoluta de votos expressos em assembleia, dissolver a sociedade (142.º/3). E como, de facto, pode ser difícil distinguir estes casos dos de dissolução imediata previstos no artigo 141.º/1, o artigo 142.º/2 dispõe que, no silêncio da lei quanto ao efeito de um caso de dissolução ou resultando dúvidas do contrato, deve entender-se que a dissolução não é imediata.

446. Aspetos processuais; o regime jurídico dos procedimentos administrativos de dissolução e de liquidação de entidades comerciais

I. A substituição, pela reforma de 2006, da dissolução judicial das sociedades por uma dissolução administrativa, levou a uma série de alterações de natureza processual.

Desde logo, o novo artigo 143.º prevê causas de dissolução oficiosa, a instaurar pelo serviço de registo competente. São elas:

a) Durante dois anos consecutivos, a sociedade não tenha procedido ao depósito dos documentos de prestação de contas e a administração tributária tenha comunicado ao serviço de registo competente a omissão de entrega da declaração fiscal de rendimentos pelo mesmo período;
b) A administração tributária tenha comunicado ao serviço de registo competente a ausência de atividade efetiva da sociedade, verificada nos termos previstos na legislação tributária;
c) A administração tributária tenha comunicado ao serviço de registo competente a declaração oficiosa da cessação de atividade da sociedade, nos termos previstos na legislação tributária.

Verifica-se uma interpenetração dos serviços do Estado: excelente em termos de produtividade, eficiência e comodidade para as pessoas, mas sempre perigosa para a liberdade dos cidadãos.

[3388] Antes da reforma de 2006, exigia-se uma inatividade por cinco anos.

§ 99.º A dissolução

II. A dissolução da sociedade, quando deliberada pela assembleia geral, não depende de forma especial (145.º/1). A administração da sociedade ou os liquidatários devem requerer a inscrição da dissolução, podendo ainda qualquer sócio fazê-lo, a expensas da sociedade.

III. O artigo 144.º remete o regime do procedimento administrativo de dissolução para um diploma próprio. Tal diploma foi aprovado pelo artigo 1.º/3 do Decreto-Lei n.º 76-A/2006, de 29 de Março, sendo publicado em anexo a esse diploma. Trata-se de um articulado médio (30 artigos), arrumado em três secções[3389]:

> Secção I – Disposições gerais (1.º a 3.º);
> Secção II – Procedimento administrativo de dissolução (4.º a 14.º);
> Secção III – Procedimento administrativo de liquidação (15.º a 26.º);
> Secção IV – Procedimento especial de extinção imediata de entidades comerciais (27.º a 30.º).

Nas disposições gerais, o legislador define o âmbito do diploma: ele visa "entidades comerciais", as quais abrangem (2.º/1):

– sociedades comerciais;
– sociedades civis sob forma comercial;
– cooperativas;
– estabelecimentos individuais de responsabilidade limitada.

São excetuadas, na medida da sua sujeição a regimes especiais, as instituições de crédito, as sociedades financeiras e outras, dessas áreas (2.º e 3.º).

Os atos de dissolução administrativa ficam sem efeito se, no decurso do processo, for pedida a declaração de insolvência: seguir-se-á, então o disposto no CIRE.

IV. O processo administrativo de dissolução inicia-se pela apresentação, ao serviço de registo competente, de um requerimento subscrito pela entidade comercial interessada ou por quem a ela pertença (4.º/1). Tal

---

[3389] Sobre toda esta matéria, *vide* PAULA COSTA E SILVA/RUI PINTO, *CSC/Clássica*, 2.ª ed., 1381 ss..

A dissolução e a liquidação das sociedades

requerimento pode surgir quando a lei o permita e, ainda, nos oito casos enunciados no mesmo preceito. São eles, em síntese:

a) Número de sócios inferior ao mínimo, por mais de um ano;
b) Atividade social torna-se impossível;
c) Inatividade durante dois anos consecutivos;
d) Atividade não compreendida no objeto social;
e) Pessoa singular sócia de mais de uma sociedade unipessoal por quotas;
f) Sociedade unipessoal por quotas que tenha como sócio único outra sociedade unipessoal por quotas;
g) Impossibilidade real de prossecução do objeto da cooperativa ou falta de coincidência entre o objeto real e o estatutário, também em cooperativa;
h) Número de cooperantes abaixo do mínimo legal por mais de 90 dias.

Como se vê, são retomadas as quatro causas do artigo 142.º/1, completadas com "causas" respigadas do regime das sociedades por quotas unipessoais (270.º-C) e do das cooperativas.

O requerimento deve ser acompanhado por certos elementos (4.º/2).

V. O processo pode ainda iniciar-se oficiosamente, sendo instaurado pelo conservador, quando a lei o determine e nas oito hipóteses elencadas no artigo 5.º. Resumidamente, temos:

a) Falta de depósito de contas e omissão de declarações fiscais durante dois anos consecutivos;
b) Ausência de atividade, comunicada pela administração fiscal;
c) Declaração oficiosa de cessação de atividade, comunicada pela mesma administração;
d) Falta de aumento do capital prevista no artigo 533.º/1 a 3 e 6;
e) Não-entrega da declaração fiscal, por dois anos, das cooperativas;
f) Ausência de atividade das cooperativas, comunicada pela administração fiscal;
g) Declaração oficiosa de cessação de atividade de cooperativas, comunicada pela mesma administração;
h) Falta de atualização do capital das cooperativas, nos termos do artigo 91.º/3 e 4 do CCoop.

A pendência é oficiosamente averbada (6.º/1) ou cancelada, quando a dissolução seja indeferida (6.º/2).

§ 99.° A dissolução 1149

VI. No tocante à marca do processo, temos a observar o seguinte:

– quando o pedido seja manifestamente improcedente ou faltem elementos documentais básicos, o conservador deve indeferi-lo liminarmente (7.°);
– determinadas pessoas diretamente interessadas são notificadas, com remessa de elementos e dando-se-lhes um prazo de 10 dias para responder (8.°);
– a notificação deve conter determinadas especificidades, quando o procedimento seja instaurado oficiosamente (9.°);
– as entidades comerciais podem indicar os liquidatários (10.°);
– instruído o processo, o conservador toma uma decisão (11.°).

A decisão do conservador pode ser judicialmente impugnada, no prazo de 10 dias a contar da sua notificação (12.°). A decisão é oficiosamente inscrita (13.°), devendo ser eletronicamente comunicada ao RNPC, à administração fiscal e à segurança social (14.°).

§ 100.º A LIQUIDAÇÃO

447. Aspetos básicos

I. Diz-se liquidação um conjunto de atos que visam pôr termo ao modo coletivo de funcionamento do Direito, perante uma pessoa coletiva. Em termos práticos, a liquidação implica o levantamento de todas as situações jurídicas relativas à sociedade em liquidação, a resolução de todos os problemas pendentes que a possam envolver, a realização pecuniária (se for o caso) dos seus bens, o pagamento de todas as dívidas e o apuramento do saldo final, a distribuir pelos sócios[3390].

II. Segundo o artigo 146.º/1, a sociedade dissolvida entra imediatamente em liquidação, iniciando-se o apontado processo. Têm aplicação os artigos subsequentes do Código das Sociedades, salvo a insolvência e a liquidação judicial[3391].

Tem importância o artigo 146.º/2: a sociedade em liquidação mantém a personalidade jurídica, sendo-lhe aplicável, quando outra coisa se não prescreva e com as necessárias adaptações, as regras referentes às sociedades não dissolvidas. Com as seguintes particularidades (146.º/3, 4 e 5):

– à firma deve ser aditado "sociedade em liquidação" ou "em liquidação";
– o contrato pode remeter para a liquidação judicial, outro tanto podendo fazer os sócios, deliberando pela maioria necessária para alterar o contrato;
– em tudo o que não estiver previsto na lei (logo: sem a contrariar) o contrato e os sócios podem regulamentar a liquidação.

[3390] RAÚL VENTURA, *Dissolução e liquidação de sociedades* cit., 210 ss..
[3391] JOANA PEREIRA DIAS, *CSC/Clássica*, 2.ª ed., 541 ss..

§ 100.º A liquidação   1151

O óbice a uma total liberdade dos sócios advém da necessidade de proteção dos credores sociais.

III. Prevêm-se, depois, duas fórmulas especiais de liquidação:

– a partilha imediata;
– a liquidação por transmissão global.

A partilha imediata pode ser realizada pelos sócios, quando a sociedade não tenha dívidas (147.º/1); quanto às dívidas fiscais ainda não exigíveis responderão ilimitada e solidariamente todos os sócios (147.º/2).

A liquidação por transmissão global, possível quando o contrato de sociedade ou uma deliberação dos sócios a determine, consiste na transmissão de todo o património, ativo e passivo, da sociedade para algum ou alguns dos sócios, inteirando-se os outros em dinheiro; deve, porém, ser precedida de acordo escrito de todos os credores sociais (148.º/1).

448. Processo

I. O Código das Sociedades Comerciais dispensa, depois, diversas regras de cariz processual ou procedimental.

Como operações preliminares de liquidação, o artigo 149.º fixa as seguintes:

– antes de iniciada, devem ser organizados e aprovados, nos termos da lei, os documentos de prestação de contas, reportadas à data da dissolução;
– a administração deve dar cumprimento a esse dispositivo nos 60 dias subsequentes à dissolução; se não o fizer, esse dever cabe aos liquidatários;
– a recusa de entrega aos liquidatários de todos os livros, documentos e haveres da sociedade[3392] constitui impedimento ao exercício do cargo, para efeitos dos artigos 1500.º e 1501.º do Código de Processo Civil.

[3392] A "entrega de haveres" significa a atribuição, aos liquidatários, dos meios necessários para que procedam à sua administração.

1152 *A dissolução e a liquidação das sociedades*

II. O processo de liquidação pode obrigar a resolver inúmeros problemas. Torna-se, assim, potencialmente demorado. Visando controlar o fenómeno e pretendendo prevenir que se prolongue o estado de letargia em que sempre se encontrarão os bens a partilhar, o artigo 150.º/1 fixa um prazo mínimo de dois anos para a liquidação, a contar da data de dissolução[3393]. Esse prazo pode ser prorrogado pelos sócios, por tempo não superior a um ano (150.º/2). Desrespeitados os prazos, liquidação e partilha passam a ser feitas por via administrativa.

III. Uma atenção especial é dada aos liquidatários: administradores da sociedade em liquidação e aos quais compete executar a generalidade dos atos incluídos no processo de liquidação.

O artigo 151.º reporta-se ao "estado" de liquidatário. Sinteticamente, poderemos dizer:

- que, salvo cláusula ou deliberação em contrário, os próprios administradores passam, com a dissolução, a liquidatários;
- que, mesmo sem justa causa, podem os sócios deliberar a sua destituição e a nomeação de outros, em acréscimo ou em substituição dos existentes;
- que o conselho fiscal, qualquer sócio ou qualquer credor podem requerer a sua destituição, com base em justa causa;
- que estas mesmas entidades podem, na falta de liquidatários, requerer a sua nomeação judicial;
- que as pessoas coletivas não podem ser nomeadas liquidatários, excetuando as sociedades de advogados ou de revisores oficiais de contas[3394];
- que, salvo cláusula ou deliberação em contrário, havendo mais de um liquidatário, tem cada um poderes iguais e independentes para os atos de liquidação, exceto quanto à alienação de bens, altura em que se exige a intervenção de, pelo menos, dois; esta fórmula exprime os poderes de representação dos liquidatários;

[3393] Os "dois anos" foram introduzidos pelo Decreto-Lei n.º 76-A/2006, de 29 de Março; anteriormente, o prazo era de três anos.

[3394] Destina-se este regime a prevenir que o liquidatário esteja ao serviço de qualquer outro interesse que não o da massa em liquidação.

§ 100.° A liquidação   1153

– que a nomeação e a destituição dos liquidatários está sujeita a registo comercial;
– que as funções dos liquidatários terminam com a extinção da sociedade, salvo os artigos 162.° a 164.° (ações pendentes, passivo e ativo supervenientes);
– que a remuneração dos liquidatários é fixada pelos sócios e constitui encargo da liquidação.

Isto dito: com as necessárias adaptações, os liquidatários têm os deveres, os poderes e a responsabilidade próprios dos administradores (152.°/1). Por deliberação dos sócios, o liquidatário pode ser autorizado (152.°/2) a continuar temporariamente a atividade social, a contrair empréstimos necessários para a liquidação, a alienar em globo o património da sociedade e a proceder ao trespasse do estabelecimento da sociedade. Ele deve, por seu turno (152.°/3), ultimar os negócios pendentes, cumprir as obrigações da sociedade, cobrar os seus créditos, reduzir a dinheiro o património residual, salvo a partilha em espécie e propor a partilha dos haveres sociais.

IV. Salvo "falência"[3395] ou acordo entre a sociedade e o seu credor, a dissolução não torna exigíveis as dívidas desta, mas os liquidatários podem antecipar o pagamento delas, mesmo quando os prazos tenham sido estabelecidos em benefício dos credores (153.°/1). Os créditos devem ser reclamados, mesmo quando os prazos tenham sido fixados em benefício da sociedade (153.°/2), caducando as cláusulas de deferimento das prestações, com as especificações feitas no artigo 153.°/3.

449. Liquidação, partilha e eventualidades subsequentes

I. O passivo social deve ser liquidado, pagando-se todas as dívidas para as quais haja ativo social (154.°/1), se necessário recorrendo à consignação em depósito (154.°/2) e caucionando-se, também se necessário, as dívidas litigiosas (154.°/3).

[3395] Ou melhor: "insolvência"; o termo "falência" escapou às sucessivas revisões do Código.

1154 *A dissolução e a liquidação das sociedades*

Nos três primeiros meses de cada ano civil devem os liquidatários apresentar contas da liquidação, acompanhadas por um relatório pormenorizado das mesmas (155.º/1): equivale ao relatório de gestão comum. Aplicam-se, a estes elementos e com as necessárias adaptações, as regras sobre a prestação e aprovação das contas (155.º/2).

II. O ativo restante pode ser partilhado em espécie, observando-se as regras de repartição do artigo 156.º. Os liquidatários devem apresentar contas finais, acompanhadas por um relatório completo da liquidação e por um projeto de partilha do ativo restante (157.º/1), com as especificações do artigo 157.º/2, 3 e 4.

Os liquidatários são responsáveis para com os credores sociais quando, com culpa, indiquem falsamente que os direitos destes foram acautelados (158.º/1).

III. Os bens partilhados são entregues aos sócios com as formalidades aplicáveis (159.º/1), podendo haver consignação em depósito (159.º/2). O encerramento da liquidação está sujeito a registo, a requerer pelos liquidatários (160.º/1). Com este registo, a sociedade considera-se extinta (160.º/2): preceito importante.

A lei permite o regresso à atividade, nos termos do artigo 161.º. Podem manter-se ações pendentes (162.º), regulando-se as hipóteses de superveniência de passivo (163.º) e de ativo (164.º).

O artigo 165.º prevê a liquidação no caso de invalidade do contrato.

IV. O Regime Jurídico dos Procedimentos Administrativos de Dissolução e de Liquidação de Entidades Comerciais, de 2006, regula diversos aspetos processuais atinentes à liquidação. Este corre, efetivamente, perante a conservatória competente, seja a requerimento dos interessados, seja oficiosamente (15.º/1 e 5). Nos preceitos pertinentes (15.º a 26.º), podemos seguir a marcha do processo.

450. **Procedimento especial de extinção imediata de entidades comerciais**

I. O Regime Jurídico dos Procedimentos Administrativos prevê, por fim, um procedimento especial de extinção imediata. Este procedimento

§ 100.° A liquidação

funciona quando se verifiquem, cumulativamente, os pressupostos seguintes (27.°/1):

– deliberação unânime no sentido da extinção;
– declaração expressa, na competente ata, de não haver ativo ou passivo a liquidar.

Devem ser apresentados os competentes documentos e pagos os encargos emolumentares (28.°).

II. Surgindo o pedido e demais elementos, o conservador ou o oficial de registos em quem aquele delegar poderes profere de imediato a declaração de dissolução e de encerramento da liquidação da entidade em causa (29.°/1). Proferida a decisão é, oficiosa e imediatamente, lavrado registo de dissolução e de encerramento de liquidação, sendo entregue, aos interessados, certidão gratuita da inscrição realizada (29.°/2). As comunicações às entidades interessadas (RNPC, finanças e segurança social) são feitas, de imediato e eletronicamente pelo próprio serviço de registo.

III. Uma dissolução comum, unanimemente pretendida e sem quaisquer problemas prolongava-se por muito tempo. Era dispendiosa e ocupava inglórias horas de trabalho a todos os interessados. A dissolução "na hora", assim possibilitada, merece aplauso.

ÍNDICE DE JURISPRUDÊNCIA

JURISPRUDÊNCIA PORTUGUESA

Tribunal Constitucional
TC n.º 119/99, de 2-Mar.-1999 (Vítor Nunes de Almeida), cisão de sociedades; reflexos laborais – 1137

Supremo Tribunal de Justiça (Pleno)
STJ(P) 26-Mai.-1961 (Sousa Monteiro), direitos especiais dos sócios – 616
STJ(P) 1-Out.-1996 (Herculano Lima), sociedades entre cônjuges – 477
STJ(P) 22-Abr.-1997 (Ramiro Vidigal), escrituração mercantil; sigilo – 1050

Supremo Tribunal de Justiça
STJ 17-Fev.-1891 (Mexia Salema), suspensão de deliberações – 827
STJ 13-Dez.-1932 (Amaral Pereira; vencido: J. Soares), direito especial do sócio – 616
STJ 25-Jun.-1943 (Heitor Martins), procedimento cautelar; juízo de probabilidade – 818
STJ 17-Dez.-1943 (Miguel Crespo), procedimento cautelar; dano consumado – 819
STJ 17-Nov.-1944 (Baptista Rodrigues), procedimento cautelar; receio fundado e atual – 819
STJ 26-Abr.-1946 (Heitor Martins), procedimento cautelar; juízo de certeza – 819
STJ 29-Abr.-1960 (Sousa Monteiro), direito especial do sócio – 616
STJ 6-Jan.-1961 (Santos Monteiro), suspensão; deliberações já executadas – 834
STJ 13-Abr.-1962 (José Osório), deliberação abusiva – 794
STJ 13-Abr.-1962 (Ricardo Lopes), suspensão de deliberações já executadas – 835
STJ 15-Jun.-1962 (Ricardo Lopes), nulidade da deliberação por falta de ata – 757
STJ 6-Nov.-1962 (Bravo Serra), direitos especiais dos sócios –
STJ 31-Jul.-1963 (Cura Mariano), acordos parassociais; inadmissibilidade – 700
STJ 4-Abr.-1967 (Carvalho Júnior), acordos parassociais; inadmissibilidade – 700
STJ 24-Out.-1969 (Ludovico da Costa), sociedade em nome coletivo; cônjuge meeiro – 477
STJ 17-Fev.-1970 (Rui Guimarães), vício da convocatória – 772
STJ 22-Fev.-1972 (J. Santos Carvalho Júnior), deliberação abusiva – 794
STJ 21-Abr.-1972 (Ludovico da Costa), deliberação abusiva – 794
STJ 12-Jan.-1973 (Oliveira Carvalho), direitos especiais dos sócios – 363
STJ 15-Jan.-1974 (Eduardo Correia Guedes), intervenção de não-sócios – 772
STJ 5-Mar.-1974 (Eduardo Arala Chaves), convocatória; acessibilidade – 772
STJ 20-Dez.-1974 (Oliveira Carvalho), direitos especiais dos sócios – 620

1158 *Direito das sociedades*

STJ 2-Dez.-1975 (Rodrigues Bastos), direitos especiais dos sócios – 616
STJ 6-Jan.-1976 (Oliveira Carvalho), levantamento da personalidade – 428, 442
STJ 7-Jul.-1977 (Rodrigues Bastos), deliberação abusiva – 795
STJ 13-Out.-1977 (Rodrigues Bastos), *affectio societatis* – 358
STJ 30-Mai.-1978 (Oliveira Carvalho), convocatória; requisitos – 772
STJ 14-Dez.-1978 (Alberto Alves Pinto), direitos especiais dos sócios – 363, 620
STJ 21-Jul.-1979 (Octávio Dias Garcia), convocatória e boa fé – 772
STJ 15-Jan.-1980 (Furtado dos Santos), pressupostos de procedimento cautelar – 821
STJ 19-Mar.-1980 (Santos Vítor), acordos parassociais; inadmissibilidade – 700
STJ 29-Jul.-1980 (Costa Soares), convocatória; requisitos – 772
STJ 3-Fev.-1981 (Amaral Aguiar), sociedades em nome coletivo entre cônjuges – 477
STJ 14-Out.-1982 (Rodrigues Bastos), indemnização por destituição – 948, 954
STJ 20-Jan.-1983 (Lima Cluny), destituição dos administradores – 950, 954
STJ 14-Jun.-1983 (Manuel Santos Carvalho), invalidade de deliberação; pacto – 772
STJ 6-Fev.-1986 (Góis Pinheiro), convocatória para alteração de estatutos – 772
STJ 3-Jun.-1986 (Rui Corte-Real), inobservância dos direitos dos sócios – 772
STJ 2-Jun.-1987 (Gama Prazeres), falta de convocação de um sócio – 773
STJ 6-Out.-1987 (José Domingues), mera ineficácia das deliberações – 770
STJ 12-Nov.-1987 (Pinheiro Farinha), suspensão; deliberações já executadas – 836
STJ 13-Nov.-1987 (Menéres Pimentel), responsabilidade dos administradores – 999
STJ 19-Nov.-1987 (Menéres Pimentel), responsabilidade dos administradores – 968
STJ 26-Nov.-1987 (Lima Cluny), destituição dos administradores – 950, 953
STJ 23-Mar.-1988 (Mário Afonso), falta de convocação de um sócio – 773
STJ 18-Out.-1988 (Soares Tomé), *culpa in contrahendo* na formação de sociedade – 520
STJ 3-Mai.-1989 (José Domingues), sociedades entre cônjuges – 477
STJ 31-Out.-1989 (Pinto Ferreira), deliberação anulável – 791
STJ 10-Jul.-1990 (Baltasar Coelho), personalidade judiciária – 343, 345
STJ 9-Mai.-1991 (Tato Marinho), direito especial dos sócios – 618
STJ 11-Jun.-1991 (Menéres Pimentel), associação em participação e sociedade – 406
STJ 5-Mar.-1992 (Tato Marinho), tipicidade das sociedades – 302
STJ 7-Jan.-1993 (Raúl Mateus), deliberação contrária aos bons costumes; abuso do direito – 781, 799
STJ 27-Abr.-1993 (Carlos Caldas), pedido de informação por carta – 732
STJ 29-Jun.-1993 (Martins da Fonseca), suspensão; deliberações já executadas – 837
STJ 16-Dez.-1993 (Roger Lopes), dever geral de informar – 715
STJ 10-Mar.-1994 (Ferreira da Silva), ação de anulação abusiva – 808
STJ 12-Jul.-1994 (Cura Mariano), falta de convocação de um sócio – 773
STJ 30-Nov.-1994 (Araújo Ribeiro), falta de informação societária – 724
STJ 14-Dez.-1994 (José Martins da Costa), renovação de deliberação inválida – 813
STJ 28-Mar.-1995 (Pereira Cardigos), inquérito às contas – 1082
STJ 26-Abr.-1995 (Raúl Mateus), nulidade de deliberação; violação de lei – 784, 801
STJ 16-Mai.-1995 (Oliveira Branquinho), deliberação anulável – 789, 801, 1141
STJ 17-Mai.-1995 (Cortez Neves), elementos das sociedades – 357
STJ 3-Out.-1995 (Santos Monteiro), alteração ao contrato; escritura no estrangeiro – 1120

Índice de jurisprudência 1159

STJ 14-Dez.-1995 (METELLO DE NÁPOLES), procedimento cautelar; equilíbrio de danos – 823
STJ 16-Abr.-1996 (PAIS DE SOUSA), deliberação abusiva – 754, 799
STJ 23-Abr.-1996 (CARDONA FERREIRA), personalidade judiciária (empresa) – 347
STJ 12-Jun.-1996 (AGOSTINHO DE SOUSA INÊS), direito especial do sócio – 618, 619
STJ 15-Out.-1996 (ALMEIDA SILVA), nulidade de deliberação; violação de lei – 784
STJ 4-Dez.-1996 (MARTINS DA COSTA), renovação de deliberação inválida – 814
STJ 22-Abr.-1997 (LOPES PINTO), garantias *ultra vires* – 384
STJ 6-Mai.-1997 (PAIS DE SOUSA), ata não assinada; renovação de deliberação – 814
STJ 23-Set.-1997 (CARDONA FERREIRA), convocação dos sucessores do sócio – 773
STJ 18-Nov.-1997 (ALMEIDA E SILVA), ação de anulação de deliberação; prazo – 804
STJ 10-Dez.-1997 (COSTA MARQUES), sociedade não registada – 539
STJ 10-Fev.-1998 (NASCIMENTO COSTA), indemnização por destituição – 954
STJ 17-Fev.-1998 (CARDONA FERREIRA), anulabilidade de deliberação; falta de informação
    – 801
STJ 26-Mar.-1998 (ARAGÃO SEIA), destituição dos administradores – 346
STJ 9-Jul.-1998 (ARAGÃO SEIA), personalidade judiciária (navio) – 951
STJ 20-Jan.-1999 (GARCIA MARQUES), justa causa de destituição de administradores – 951,
    954
STJ 9-Fev.-1999 (MACHADO SOARES), eficácia externa da invalidade das deliberações
    sociais – 810
STJ 11-Mar.-1999 (FERNANDES MAGALHÃES), ação de anulação de deliberação; prazo – 805
STJ 11-Mar.-1999 (GARCIA MARQUES), acordos parassociais – 711
STJ 16-Mar.-1999 (FRANCISCO LOURENÇO), acordos parassociais – 712
STJ 23-Mar.-1999 (GARCIA MARQUES), prazo para renovar a deliberação social – 814
STJ 25-Mai.-1999 (AFONSO DE MELO), ação de anulação de deliberação; prazo – 804
STJ 1-Jun.-1999 (JOSÉ MARTINS DA COSTA), indemnização por destituição – 954
STJ 28-Set.-1999 (GARCIA MARQUES), procedimento cautelar; probabilidade forte – 822
STJ 23-Nov.-1999 (TOMÉ DE CARVALHO), elementos das sociedades – 357
STJ 3-Fev.-2000 (MIRANDA GUSMÃO), deliberação contrária aos bons costumes – 781
STJ 10-Fev.-2000 (ABEL FREIRE), indemnização por destituição – 954
STJ 15-Fev.-2000 (FRANCISCO LOURENÇO), indemnização por destituição – 954
STJ 29-Mar.-2000 (LOPES PINTO), ação de anulação de deliberação; prazo – 805
STJ 6-Abr.-2000 (JOSÉ MESQUITA), levantamento da personalidade – 428
STJ 3-Mai.-2000 (FRANCISCO LOURENÇO), responsabilidade dos administradores – 998
STJ 10-Mai.-2000 (FRANCISCO LOURENÇO), nulidade de deliberação; violação de lei – 385,
    785
STJ 10-Mai.-2000 (MARTINS DA COSTA), atentado aos bons costumes – 780
STJ 16-Mai.-2000 (COELHO RIBEIRO), inquérito às contas – 1082, 1083
STJ 6-Jun.-2000 (TOMÉ DE CARVALHO), suspensão de deliberações; condenação do reque-
    rente em indemnização – 832
STJ 27-Jun.-2000 (ARAGÃO SEIA), sociedade irregular – 526
STJ 31-Mai.-2001 (NEVES RIBEIRO), sociedade irregular – 526
STJ 5-Jul.-2001 (BARATA FIGUEIRA) – perda de metade do capital – 668
STJ 5-Fev.-2002 (GARCIA MARQUES), cooperativas – 416
STJ 10-Fev.-2002 (ABEL FREIRE), justa causa de destituição de administradores – 951

1160   *Direito das sociedades*

STJ 10-Abr.-2002 (José Mesquita), cisão de sociedades – 1137
STJ 23-Abr.-2002 (Lopes Pinto), suspensão de deliberações – 805
STJ 9-Mai.-2002 (Miranda Gusmão), levantamento da personalidade – 428, 443
STJ 23-Mai.-2002 (Abel Freire), levantamento da personalidade – 428, 443
STJ 27-Jun.-2002 (Oliveira Barros), deliberação abusiva – 799
STJ 5-Dez.-2002 (Afonso de Melo), cooperativas – 416
STJ 19-Jan.-2004 (Silva Salazar), personalidade judiciária do conselho fiscal – 808
STJ 9-Jan.-2003 (Ferreira de Almeida), levantamento; boa fé – 426, 443
STJ 13-Abr.-2004 (Lopes Pinto), deliberações sociais; anulabilidade – 771
STJ 26-Fev.-2004 (Pires da Rosa), anulabilidade por falta de informações – 773
STJ 20-Mai-2004 (Neves Ribeiro), destituição de administrador; indemnização – 957
STJ 29-Jun.-2004 (Azevedo Ramos), cônjuges como sócios – 479
STJ 16-Nov.-2004 (Pinto Monteiro), levantamento; ética dos negócios – 443
STJ 9-Dez.-2004 (Pinto Monteiro), levantamento – 443
STJ 25-Jan.-2005 (Lopes Pinto), nulidade de deliberação social – 785
STJ 31-Mai.-2005 (Fernandes Magalhães), responsabilidade da sociedade dominante –
    444
STJ 16-Jun.-2005 (Neves Ribeiro), anulação de deliberações da Liga Portuguesa de Fute-
    bol – 806
STJ 15-Dez.-2005 (Oliveira Barros), nulidade de deliberações; bons costumes – 782
STJ 11-Jul.-2006 (Azevedo Ramos), justa causa de destituição – 956
STJ 14-Mar.-2006 (Azevedo Ramos), representação orgânica – 394
STJ 14-Mar.-2006 (Pinto Monteiro), exigência de cinco sócios para as SA – 289
STJ 23-Mar.-2006 (Salvador da Costa), levantamento; desvio do fim – 444
STJ 18-Mai.-2006 (Sebastião Póvoas), levantamento; requisitos – 444, 751
STJ 11-Jul.-2006 (Azevedo Ramos), destituição sem justa causa – 952
STJ 6-Dez.-2006 (Oliveira Barros), incorporação de sociedade – 1135
STJ 26-Jun.-2007 (Afonso Correia), levantamento; ilicitude – 445
STJ 7-Fev.-2008 (Azevedo Ramos), justa causa de destituição – 952
STJ 5-Fev.-2009 (João Bernardo), levantamento – 445
STJ 28-Abr.-2009 (Moreira Alves), responsabilidade dos administradores – 980
STJ 7-Jan.-2010 (Serra Baptista), inquérito às contas – 1083
STJ 11-Mar.-2010 (Serra Baptista), levantamento – 445
STJ 7-Jul.-2010 (Nuno Cameira), indemnização por destituição – 957
STJ 26-Out.-2010 (Hélder Roque), destituição sem justa causa – 956
STJ 11-Jan.-2011 (Sebastião Póvoas), votos abusivos – 799

Supremo Tribunal Administrativo
STA 1-Out.-1997 (Correia de Lima), ata como documento *ad probationes* – 759
STA 23-Out.-2002 (António Pimpão), sociedade irregular – 526
STA 16-Set.-2009 (Isabel Marques da Silva), fusão – 1135

Relação de Coimbra
RCb 26-Mai.-1928 (A. Gama), abuso do direito – 794
RCb 28-Mai.-1930 (Afonso de Albuquerque), deliberação abusiva – 794

Índice de jurisprudência

RCb 1-Jun.-1982 (MARQUES CORDEIRO), suspensão; deliberações já executadas – 836
RCb 6-Jan.-1987 (CUNHA LOPES), natureza da situação jurídica dos administradores – 953
RCb 20-Out.-1987 (COSTA MARQUES), suspensão; deliberações já executadas – 836
RCb 26-Jan.-1988 (VASSANTA TAMBÁ), procedimento cautelar; dano consumado – 822
RCb 31-Jan.-1989 (ANTÓNIO MARINHO DE ANDRADE PIRES DE LIMA), ação social; caso julgado – 810
RCb 31-Mar.-1992 (VICTOR ROCHA), ata como documento *ad substantiam* – 759
RCb 2-Dez.-1992 (VICTOR ROCHA), deliberação anulável por desrespeito pelo *quorum* – 783, 789
RCb 16-Mar.-1993 (NUNO PEDRO CAMEIRA), ata como formalidade *ad probationem* – 759
RCb 7-Abr.-1994 (FRANCISCO LOURENÇO), renovação de deliberação inválida – 814
RCb 5-Jul.-1994 (PIRES DA ROSA), direito especial do sócio; anulabilidade – 618, 769, 790
RCb 21-Fev.-1995 (VIRGÍLIO DE OLIVEIRA), fusão; natureza – 1134
RCb 16-Mai.-1995 (PEREIRA DA GRAÇA), deliberação anulável – 790
RCb 7-Mai.-1996 (JAIME GUAPO), personalidade judiciária – 345
RCb 28-Mai.-1996 (CARDOSO DE ALBUQUERQUE), inquérito às contas – 1083
RCb 1-Out.-1996 (NUNO CAMEIRA), inquérito às contas – 1083
RCb 24-Jun.-1997 (GIL ROQUE), fusão; natureza – 1135
RCb 1-Jul.-1997 (RUA DIAS), força probatória da ata – 759
RCb 17-Fev.-1998 (BORDALO LEMA), renovação de deliberação inválida – 814
RCb 11-Mar.-1998 (GIL ROQUE), nulidade de deliberação; violação de lei – 784
RCb 29-Set.-1998 (TOMÁS BARATEIRO), ação de anulação de deliberação social; prazo – 805
RCb 1-Fev.-2000 (ANTÓNIO ABRANTES GERALDES), inquérito judicial; legitimidade – 1082
RCb 7-Jan.-2004 (ANTÓNIO RIBEIRO MARTINS), administradores; responsabilidade para com a sociedade – 1000
RCb 27-Jan.-2004 (SOUSA RAMOS), inquérito judicial – 737
RCb 12-Mai.-2004 (JOÃO TRINDADE), administradores; responsabilidade para com os sócios e terceiros – 996
RCb 21-Set.-2004 (TOMÁS BARATEIRO), deliberações; renovação – 815
RCb 21-Dez.-2004 (HELDER ROQUE), pactos leoninos – 652
RCb 26-Jan.-2010 (CECÍLIA AGANTE), acordo parassocial – 712
RCb 18-Mai.-2010 (ARTUR DIAS), suspensão de deliberações sociais – 837
RCb 7-Set.-2010 (JORGE ARCANJO), levantamento – 445
RCb 30-Nov.-2010 (PEDRO MARTINS), fundamentos de destituição – 952, 958

Relação de Évora

REv 28-Jul.-1980 (PEREIRA DE GOUVEIA), deliberação abusiva – 795
REv 24-Jul.-1986 (CARDONA FERREIRA), procedimento cautelar; danos consumados – 822
REv 12-Mai.-1988 (FARIA SOUSA), liquidação da sociedade inválida – 561
REv 27-Out.-1988 (SAMPAIO DA SILVA), deliberação abusiva; requisitos – 799
REv 27-Abr.-1989 (ARAÚJO DOS ANJOS), deliberação abusiva; requisitos – 799
REv 13-Jun.-1991 (MATOS CANAS), procedimento cautelar; prova de danos – 822
REv 17-Dez.-1991 (PEREIRA CARDOSO), responsabilidade dos administradores – 999
REv 25-Jun.-1992 (RAÚL MATEUS), inquérito às contas – 1082

1162   Direito das sociedades

REv 28-Jan.-1993 (GERALDES DE CARVALHO), inquérito às contas; ónus – 1082
REv 13-Out.-1994 (PITA DE VASCONCELOS), inquérito judicial; limites – 736
REv 5-Jun.-1995 (ÓSCAR CATROLA), direito especial do sócio – 619
REv 19-Out.-1995 (ÓSCAR CATROLA), sede estatutária – 207
Rev 5-Fev.-1998 (GAITO DAS NEVES), associação em participação e sociedade – 406
REv 21-Mai.-1998 (FERNANDO BENTO), levantamento; abuso de personalidade – 442
REv 5-Fev.-2004 (PEREIRA BAPTISTA), representação orgânica – 394
REv 18-Out.-2005 (PEDRO ANTUNES), inquérito judicial – 736

Relação de Guimarães
RGm 13-Nov.-2002 (ROSA TCHING), acordos parassociais – 712
RGm 8-Jan.-2003 (LEONEL SERÔDIO; vencida: ROSA TCHING), fusão; natureza – 1135
RGm 7-Jan.-2004 (ANTÓNIO MAGALHÃES; vencido: CARVALHO MARTINS), sociedade uni-
     pessoal; sócio único – 294
RGm 9-Nov.-2005 (MARIA TERESA ALBUQUERQUE), artigo 64.º – 1000

Relação de Lisboa
RLx 29-Nov.-1890 (SERPA), suspensão de deliberações sociais; preceitos violados – 827
RLx 30-Mai.-1923 (CARVALHO MÈGRE), direitos adquiridos – 128
RLx 21-Nov.-1942 (MARCOS MARTINS), procedimento cautelar; dano consumado – 819
RLx 18-Mai.-1955 (sem ind. relator), acordo parassocial; inadmissibilidade – 700
RLx 27-Out.-1981 (MENESES FALCÃO), regime da administração – 953
RLx 5-Jan.-1982 (FLAMINO MARTINS), ação de anulação; legitimidade – 803
RLx 12-Abr.-1984 (GARCIA DA FONSECA), direitos especiais dos sócios – 616
RLx 25-Out.-1984 (PRAZERES PAIS), direitos especiais dos sócios – 616
RLx 27-Nov.-1984 (CURA MARIANO), natureza da situação jurídica dos administradores
     – 953
RLx 26-Nov.-1985 (CURA MARIANO), personalidade judiciária – 345
RLx 18-Dez.-1986 (CARVALHO PINHEIRO), sociedades entre cônjuges – 477
RLx 19-Abr.-1988 (PINTO FURTADO), direitos especiais dos sócios – 620
RLx 4-Abr.-1989 (AFONSO DE MELO), deliberação anulável – 788
RLx 7-Jun.-1990 (SILVA PAIXÃO), elementos das sociedades; distinção da associação em
     participação – 357, 406
RLx 13-Fev.-1992 (MARTINS RAMIRES), personalidade judiciária – 345
RLx 2-Jul.-1992 (SILVA CALDAS), efetivação judicial do dever geral de informar – 715
RLx 2-Dez.-1992 (JOAQUIM DIAS), anulabilidade de deliberação; falta de informação – 800
RLx 17-Dez.-1992 (ALMEIDA VALADAS), inquérito às contas – 1082
RLx 8-Jun.-1993 (JOAQUIM DIAS), procedimento cautelar; dano consumado – 822
RLx 20-Jan.-1994 (TOMÉ DE CARVALHO), nulidade de deliberação; violação de lei – 784
RLx 22-Mar.-1994 (AZADINHO LOUREIRO), anulabilidade de deliberação; falta de informa-
     ção – 800
RLx 17-Abr.-1997 (sem ind. relator), fusão; natureza – 1134
RLx 13-Mai.-1997 (BETTENCOURT FARIA), anulabilidade de deliberação; falta de informa-
     ção – 801
RLx 17-Fev.-1998 (PAIS DO AMARAL), força probatória da ata – 759

Índice de jurisprudência

RLx 5-Mar.-1998 (Quirino Soares), responsabilidade solidária dos administradores – 999
RLx 4-Fev.-1999 (Jorge Santos), direito especial do sócio – 618
RLx 15-Fev.-2000 (Ribeiro Coelho), transformação de sociedades – 1140
RLx 24-Fev.-2000 (Paixão Pires), personalidade judiciária – 345
RLx 15-Mai.-2000 (Ferreira Girão), convocação dos sucessores do sócio – 773
RLx 18-Mai.-2000 (Marcolino de Jesus), sociedade civil para preenchimento de totoloto – 364
RLx 12-Out.-2000 (Fernando Sousa Pereira), inquérito às contas – 1083
RLx 8-Mar.-2001 (Maria Manuela Gomes), renovação de deliberações – 815
RLx 12-Jun.-2001 (Azadinho Loureiro), justa causa de destituição de administradores – 951
RLx 25-Out.-2001 (Fernanda Isabel Pereira), acordos parassociais – 712
RLx 7-Nov.-2001 (Seara Paixão), cisão de sociedades – 1137
RLx 12-Nov.-2002 (Pimentel Marcos), associação em participação – 406
RLx 18-Dez.-2002 (Salazar Casanova), deliberação anulável – 790
RLx 9-Jul.-2003 (António Abrantes Geraldes), transformação de sociedade – 1139
RLx 22-Jan.-2004 (Ezagüy Martins), levantamento; abuso – 443
RLx 11-Mar.-2004 (Caetano Duarte), capacidade; especialidade – 381, 383
RLx 28-Out.-2004 (Pereira Rodrigues), deliberações; sanabilidade – 774
RLx 17-Nov.-2004 (Sarmento Botelho), representação da sociedade – 399
RLx 20-Jan.-2005 (Tibério Silva), reforma paga pela sociedade – 385
RLx 17-Nov.-2005 (Pereira Rodrigues), destituição; indemnização – 956
RLx 15-Dez.-2005 (Maria Manuela Gomes), destituição com justa causa – 951
RLx 9-Jun.-2006 (João Aveiro Pereira), justa causa de destituição; indemnização – 952, 957
RLx 15-Mar.-2007 (Manuel Gonçalves), abuso do direito; administradores – 936
RLx 29-Abr.-2008 (Manuel Tomé Soares Gomes), levantamento; confusão de esferas – 445
RLx 12-Jun.-2008 (Jorge Leal), administrador demandado; intervenção provocada dos restantes – 999
RLx 24-Jun.-2008 (Ana Grácio), justa causa de destituição – 952
RLx 2-Out.-2008 (Maria José Mouro), inquérito judicial; legitimidade – 736
RLx 2-Out.-2008 (Sousa Pinto), dever de diligência – 861
RLx 13-Jan.-2009 (Anabela Calafate), nega o contrato de administração – 928
RLx 26-Fev.-2009 (Nelson Borges Carneiro), natureza contratual da administração; danos morais pela destituição – 928, 958
RLx 5-Mai.-2009 (Granja da Fonseca), nulidade do parassocial que interfira na gestão – 712
RLx 16-Jul.-2009 (Vaz Gomes), justa causa; confiança – 952
RLx 8-Out.-2009 (Teresa Albuquerque), indemnização por destituição – 958
RLx 13-Out.-2009 (José Augusto Ramos), indemnização por destituição – 957
RLx 10-Nov.-2009 (Luís Espírito Santo), livre destituição dos administradores – 948
RLx 20-Nov.-2009 (Aveiro Pereira), inquérito às contas – 1082
RLx 2-Mar.-2010 (Rosa Ribeiro Coelho), procedimento cautelar com parassocial – 712
RLx 18-Mar.-2010 (Isabel Canadas), administradores; bitola de diligência – 856

1164 *Direito das sociedades*

RLx 17-Jun.-2010 (AGUIAR PEREIRA), levantamento – 445
RLx 13-Jan.-2011 (EZAGÜY MARTINS), responsabilidade dos administradores para com os
credores – 994

Relação do Porto
RPt 19-Jul.-1968 (ARMANDO AMORIM), sociedades entre cônjuges – 476
RPt 23-Jan.-1979 (SENRA MALGUEIRO), deliberação abusiva – 795
RPt 11-Jun.-1981 (GOES PINHEIRO), sociedades entre cônjuges; nulidade – 476
RPt 23-Jan.-1986 (LOPES FURTADO), forma do contrato de sociedade – 361
RPt 19-Fev.-1987 (ARAGÃO SEIA), ação de anulação; legitimidade – 803
RPt 21-Jan.-1988 (ARAGÃO SEIA), âmbito do dever de informar – 725
RPt 26-Mai.-1988 (ARAGÃO SEIA), sociedades entre cônjuges – 477
RPt 20-Dez.-1988 (DIONÍSIO DE PINHO), sociedades entre cônjuges – 477
RPt 12-Out.-1989 (LOPES FURTADO), procedimento cautelar; dano consumado – 822
RPt 9-Jan.-1990 (TATO MARINHO), ação de anulação de deliberação; legitimidade – 804
RPt 10-Dez.-1992 (ARAÚJO CARNEIRO), ação de anulação de deliberação; prazo – 804
RPt 13-Mai.-1993 (FERNANDES MAGALHÃES), levantamento da personalidade – 428, 442
RPt 14-Dez.-1993 (CARDOSO LOPES), personalidade judiciária – 345
RPt 21-Dez.-1993 (EMÉRICO SOARES), ação de anulação abusiva; renovação de deliberação
– 808, 814
RPt 13-Jan.-1994 (SOUSA LEITE), convocatória irregular; anulabilidade – 773, 789
RPt 12-Jul.-1994 (PELAYO GONÇALVES), alterações ao contrato; escritura no estrangeiro –
1120
RPt 7-Nov.-1994 (SIMÕES FREIRE), inquérito judicial; poderes do juiz – 736
RPt 12-Dez.-1994 (RIBEIRO DE ALMEIDA), situação jurídica do administrador – 926, 954
RPt 19-Jan.-1995 (SOUSA LEITE), alterações ao contrato; escritura no estrangeiro – 1120
RPt 2-Mar.-1995 (OLIVEIRA BARROS), âmbito probatório da ata – 759
RPt 24-Nov.-1997 (AZEVEDO RAMOS), deliberação abusiva – 799, 936
RPt 2-Fev.-1998 (AZEVEDO RAMOS), renovação de deliberação inválida – 813, 814
RPt 28-Set.-1998 (GONÇALVES FERREIRA), liquidação de sociedade inválida – 561
RPt 13-Abr.-1999 (AFONSO CORREIA), deliberação contrária aos bons costumes; abuso do
direito – 781, 799
RPt 8-Jul.-1999 (SALEIRO DE ABREU), renovação de deliberação inválida – 815
RPt 13-Jan.-2000 (LEONEL SERÓDIO), encargos da ação de anulação de deliberação – 808
RPt 11-Mai.-2000 (MÁRIO FERNANDES), renovação de deliberação – 815
RPt 1-Jun.-2000 (VIRIATO BERNARDO), levantamento de personalidade – 428, 443
RPt 8-Jun.-2000 (CUSTÓDIO MONTES), renovação de deliberação inválida – 814
RPt 12-Out.-2000 (OLIVEIRA VASCONCELOS), força probatória da ata – 759
RPt 2-Nov.-2000 (MOREIRA ALVES), deliberação anulável; violação dos estatutos – 791
RPt 24-Mai.-2001 (TELES DE MENEZES), cooperativas – 416
RPt 9-Abr.-2002 (M. FERNANDA PAIS SOARES), justa causa de destituição de administrado-
res – 951
RPt 9-Jul.-2002 (EMÍDIO COSTA), livre destituibilidade dos administradores – 948
RPt 24-Mar.-2003 (PINTO FERREIRA), justa causa de destituição de administradores – 951
RPt 28-Set.-2004 (EMÍDIO COSTA), destituição sem justa causa; indemnização – 954

Índice de jurisprudência   1165

RPt 19-Out.-2004 (MÁRIO CRUZ), inquérito judicial – 736
RPt 30-Nov.-2004 (ALZIRO CARDOSO), artigo 64.° – 1000
RPt 13-Jan.-2005 (PINTO DE ALMEIDA), administradores; responsabilidade para com os sócios e terceiros – 994, 996
RPt 24-Jan.-2005 (DOMINGOS MORAIS), levantamento; requisitos – 444
RPt 3-Mar.-2005 (GIL ROQUE), levantamento; grupos de casos – 444
RPt 13-Jun.-2005 (FERREIRA DA COSTA), levantamento; ónus da prova – 444
RPt 10-Out.-2005 (CUNHA BARBOSA), artigo 64.° – 1000
RPt 25-Out.-2005 (HENRIQUE ARAÚJO), levantamento; confusão de esferas – 444
RPt 7-Nov.-2005 (CAIMOTO JÁCOME), imputação à sociedade – 394
RPt 24-Jan.-2006 (EMÍDIO COSTA), pré-sociedade antes do contrato – 532
RPt 5-Jul.-2006 (MARQUES DE CASTILHO), indemnização por destituição – 958
RPt 31-Jan.-2007 (GONÇALO SILVANO), levantamento – 444
RPt 16-Out.-2008 (PINTO DE ALMEIDA), cooperativas; regime das sociedades – 416
RPt 20-Mai.-2010 (CATARINA ARÊLO MANSO), levantamento – 445

JURISPRUDÊNCIA EUROPEIA

Tribunal de Justiça Europeu
TJE 17-Dez.-1970 (SACE), invocação de diretrizes pelos particulares – 199
TJE 5-Abr.-1979 (Tullio Ratti), diretrizes não transpostas – 199
TJE 19-Jan.-1982 (Ursula Becker), diretrizes não transpostas – 199
TJE 26-Fev.-1986 (Marshall), diretrizes não transpostas – 200
TJE 27-Set.-1988 (Daily Mail), teoria da sede – 208, 211
TJE 13-Nov.-1990 (Marleasing), fundamentos de invalidade das sociedades – 554
TJE 9-Mar.-1999 (Centros), livre estabelecimento – 203, 212
TJE 5-Nov.-2002, livre estabelecimento – 203, 212, 213
TJE 20-Jan.-2003 (Sterbenz), interpretação conforme com as diretrizes – 200
TJE 30-Set.-2003 (Inspire Art), livre estabelecimento – 213
TJE 20-Nov.-2003 (Unterpertinger), interpretação conforme com as diretrizes – 200
TJE 7-Jan.-2004 (Reino de Espanha), interpretação conforme com as diretrizes – 200
TJE 16-Dez.-2008 (Cartesio Ohtató és Szolgáltató bt), livre estabelecimento; limites – 215

JURISPRUDÊNCIA ESTRANGEIRA

Alemanha

Bundesverfassungsgericht
BVerfG 20-Set.-1999, tutela constitucional do direito do sócio à informação – 734

Reichsgericht
RG 12-Out.-1888, natureza da situação jurídica dos administradores – 913
RG 19-Dez.-1888, ação social; inviabilidade – 962

Direito das sociedades

RG 25-Set.-1901, lealdade; não-exclusão de sócio – 457
RG 16-Mar.-1904, acordos parassociais; contrariedade aos bons costumes – 691
RG 28-Jan.-1908, natureza da situação jurídica dos administradores – 917
RG 8-Abr.-1908, lealdade; bons costumes; irrelevância dos interesses – 457
RG 7-Jun.-1908, acordos parassociais; contrariedade aos bons costumes – 691
RG 21-Jun.-1912, interpretação dos estatutos da sociedade – 495
RG 29-Nov.-1912 (caso Sentator), lealdade; votos emulativos – 457
RG 27-Out.-1914, sociedade unipessoal – 422
RG 4-Jun.-1915, sociedade unipessoal – 422
RG 22-Fev.-1916, lealdade; exploração de minoria – 457
RG 21-Jan.-1918, sociedade unipessoal – 422
RG 23-Mai.-1919, deveres dos administradores; mandatário – 874
RG 22-Jun.-1920, levantamento da personalidade – 422
RG 21-Out.-1921, levantamento; confusão de esferas – 429
RG 4-Abr.-1922, direitos especiais dos associados – 617
RG 17-Nov.-1922, lealdade; bons costumes; exclusão da preferência – 457
RG 19-Jun.-1923, acordo parassocial; admissibilidade – 457, 692
RG 19-Jun.-1923, lealdade; exclusão de preferência – 457, 692
RG 20-Out.-1923, lealdade; exclusão de preferência; bons costumes – 458
RG 24-Jun.-1924, lealdade; boa fé; incumbência à direção – 457
RG 23-Out.-1925, lealdade; bons costumes – 458
RG 20-Nov.-1925, acordo parassocial; admissibilidade – 692
RG 30-Mar.-1926, lealdade; bons costumes – 458
RG 10-Nov.-1926, ação social; bons costumes – 962
RG 26-Nov.-1927, levantamento; testas de ferro – 434
RG 10-Jan.-1928, acordo parassocial – 692
RG 13-Mar.-1928, natureza civil da situação de administração –
RG 4-Dez.-1928, natureza da deliberação – 740
RG 19-Out.-1929, abuso de personalidade – 436
RG 31-Mar.-1931, lealdade; bons costumes; exploração de minoria – 458
RG 8-Jan.-1932, lealdade; compensações para absentistas – 458
RG 6-Fev.-1932, boa fé nas sociedades – 460
RG 8-Fev.-1932, repetição de deliberações; boa fé – 458, 460
RG 23-Fev.-1934, levantamento; testas de ferro – 435
RG 5-Jun.-1934, natureza da situação jurídica dos administradores – 913
RG 4-Dez.-1934, lealdade; conflito de interesses – 458
RG 22-Jan.-1935, lealdade; boa fé – 460
RG 22-Out.-1937, interpretação dos estatutos – 495
RG 16-Nov.-1937, levantamento; subcapitalização – 431
RG 21-Set.-1938, dever de lealdade – 460
RG 23-Dez.-1938, interpretação dos estatutos da sociedade – 495
RG 4-Jun.-1940, interpretação dos estatutos da sociedade – 495
RG 12-Out.-1940, interpretação dos estatutos da sociedade – 495
RG 13-Nov.-1940, liquidação da sociedade nula – 547
RG 4-Fev.-1943, interpretação dos estatutos – 495

Índice de jurisprudência 1167

Bundesgerichtshof

BGH 30-Out.-1951, levantamento; confusão de esferas – 429
BGH 27-Mai.-1953, sociedade aparente – 529
BGH 3-Jul.-1953, abuso de personalidade – 436
BGH 11-Jul.-1953, natureza da situação jurídica dos administradores – 875, 913, 918
BGH 28-Nov.-1953, sociedade aparente – 529
BGH 16-Dez.-1953, natureza da situação jurídica dos administradores – 918
BGH 9-Jun.-1954, interpretação de estatutos – 462
BGH 9-Jun.-1954, lealdade – 462, 495
BGH 30-Jan.-1956, levantamento; teoria objetiva – 439
BGH 29-Nov.-1956, abuso de personalidade – 436
BGH 27-Jun.-1957, oportunidades de negócio; lealdade – 877
BGH 8-Jul.-1957, levantamento; confusão de esferas – 429
BGH 7-Nov.-1957, levantamento; confusão de esferas – 429
BGH 16-Dez.-1958, levantamento; violação de deveres de administração – 432
BGH 12-Mar.-1959, abuso de personalidade – 436
BGH 14-Dez.-1959, levantamento; teoria objetiva; subcapitalização; bons costumes – 434, 439
BGH 29-Jan.-1962, interpretação dos estatutos da sociedade – 495
BGH 26-Mar.-1962, lealdade; bons costumes – 875
BGH 26-Jan.-1967, sociedade irregular – 541
BGH 29-Mai.-1967, acordo parassocial – 692, 693
BGH 13-Jul.-1967, interpretação dos estatutos da sociedade – 495
BGH 9-Nov.-1967, natureza da situação jurídica dos administradores – 875, 918
BGH 30-Jan.-1970, teoria da sede – 208
BGH 16-Mar.-1970, direitos especiais dos associados – 617
BGH 29-Jun.-1970, sociedade irregular – 548
BGH 8-Jul.-1970, levantamento; testas de ferro – 435
BGH 13-Nov.-1973, levantamento; confusão de esferas jurídicas – 429
BGH 5-Jan.-1975 (caso ITT), *actio pro socio* – 462, 466
BGH 12-Nov.-1975, levantamento; confusão de esferas jurídicas – 430
BGH 16-Fev.-1976 (caso NSU), dever de lealdade – 462
BGH 30-Nov.-1978, levantamento; subcapitalização – 432
BGH 9-Jul.-1979, levantamento; violação de deveres de administração – 432
BGH 21-Dez.-1979, dever de lealdade – 875
BGH 16-Fev.-1981, oportunidades de negócio; lealdade – 877
BGH 9-Mar.-1981, teoria da identidade entre a pré-sociedade e a sociedade constituída – 541
BGH 25-Fev.-1982, tutela do minoritário (*Holzmüller*) – 462, 466, 781
BGH 27-Out.-1982, levantamento; violação de deveres de administração – 432
BGH 20-Jan.-1983, convenção de voto – 693
BGH 7-Fev.-1983, acordo parassocial – 692
BGH 21-Fev.-1983, dever de lealdade – 875
BGH 23-Fev.-1983, levantamento; *culpa in contrahendo* – 432
BGH 18-Jun.-1984, natureza da situação jurídica dos administradores – 918

1168   *Direito das sociedades*

BGH 8-Mai.-1985, *pro socio* – 877
BGH 13-Mai.-1985, *pro socio* – 462
BGH 11-Nov.-1985, interpretação dos estatutos de sociedade – 495
BGH 21-Mar.-1986, teoria da sede – 208
BGH 25-Set.-1986, acordo parassocial – 692
BGH 27-Out.-1986, acordo parassocial; invalidade da deliberação que o viole – 692
BGH 3-Fev.-1987, levantamento; violação de deveres de administração – 432
BGH 7-Dez.-1987, natureza da situação jurídica dos administradores – 918
BGH 1-Fev.-1988 (caso Linotype), dever de lealdade entre os acionistas – 463, 695
BGH 28-Nov.-1988, interpretação dos estatutos de sociedade – 496
BGH 29-Out.-1989, natureza da situação jurídica dos administradores – 918
BGH 21-Jan.-1991, interpretação dos estatutos de sociedade – 496
BGH 16-Dez.-1991, interpretação dos estatutos de sociedade – 496
BGH 9-Nov.-1992, natureza da situação jurídica dos administradores – 918
BGH 1-Mar.-1993, levantamento; violação de deveres de administração – 433
BGH 11-Out.-1993, interpretação dos estatutos de sociedade – 496
BGH 13-Abr.-1994, levantamento; confusão de esferas jurídicas – 430
BGH 6-Jun.-1994, levantamento; violação de deveres de administração – 432, 433
BGH 28-Nov.-1994, teoria da sede – 208
BGH 16-Jan.-1995, administração; "contrato de emprego" – 921
BGH 16-Jan.-1995, destituição de administrador; fundamento importante – 921
BGH 13-Fev.-1995, administração; "contrato de emprego" – 921
BGH 20-Mar.-1995 (caso Girmes), minoria; lealdade – 463
BGH 27-Mar.-1995, denúncia do "contrato de emprego" – 922
BGH 26-Fev.-1996, destituição de administrador; fundamento importante – 921
BGH 21-Nov.-1996, teoria da sede – 208
BGH 21-Abr.-1997 (caso ARAG), *business judgement rule* – 859
BGH 23-Jun.-1997 (caso Siemens/Nold), *business judgement rule* – 859
BGH 30-Mar.-2000, teoria da sede – 208
BGH 25-Nov.-2002 (caso Macroton), lealdade; delimitação – 467
BGH 26-Abr.-2004 (caso Gelatine), lealdade; delimitação – 467

Reichsoberhandelsgericht
ROHG 23-Nov.-1875, ação social; inviabilidade – 962
ROHG 17-Abr.-1877, ação social; inviabilidade – 962
ROHG 20-Out.-1877, lealdade; irrelevância dos interesses – 457

Reichsarbeitsgericht
RAG 25-Set..-1929, tutela dos administradores – 918

Bundesarbeitsgericht
BAG 17-Ago.-1972, tutela dos administradores – 918
BAG 15-Abr.-1982, tutela dos administradores – 919
BAG 9-Mai.-1985, tutela dos administradores – 919
BAG 21-Fev.-1994, administração; "contrato de emprego" – 921

Índice de jurisprudência

BAG 20-Out.-1995, administração; "contrato de emprego" – 922
BAG 9-Mai.-1996, manutenção da situação laboral – 922
BAG 3-Set.-1998, levantamento; subcapitalização – 433
BAG 10-Fev.-1999, levantamento; subcapitalização – 433

Tribunais de apelação
BayObLG 8-Mai.-1974, direito à informação do titular de uma única ação – 725
OLG Karlsruhe 13-Mai.-1977, levantamento; subcapitalização – 432
OLG Stuttgart 20-Fev.-1987, acordo parassocial – 692
OLG Köln 16-Mar.-1988, acordo parassocial – 692
OLG Düsseldorf 1-Mar.-1989, levantamento; confusão de esferas jurídicas – 430
OLG Hamm 7-Jan.-1991, destituição de administrador; "fundamento importante" – 921
OLG Köln 26-Jun.-1992, levantamento; testas de ferro – 435
OLG Frankfurt 8-Nov.-1994, destituição de administrador; "fundamento importante" – 921
OLG Düsseldorf 15-Dez.-1994, teoria da sede – 208
OLG München 8-Set.-1995, abuso de personalidade – 436
OLG Frankfurt a.M. 23-Jun.-1999, teoria da constituição – 209
OLG Hamm 30-Ago.-2001, direitos especiais dos sócios; interpretação – 617

Primeira instância
LG Heidelberg 11-Jun.-1997, levantamento – 433
LG Stuttgart 10-Ago.-2001, livre estabelecimento; limites – 203

FRANÇA

Cour de Cassation
CssFr 19-Mar.-1894, ação social – 960
CssFr 6-Ago.-1894, ação social – 960
CssFr 21-Jun.-1994, situação jurídica dos administradores – 920
CssFr 3-Jan.-1995, tutela dos administradores – 920
CssFr 1-Fev.-1995, tutela dos administradores – 920

Cour d'Appel
C. Appel Bordeaux 24-Mai.-1886, ação social – 960
CApp Paris 27-Out.-1995, tutela dos administradores – 920

Primeira instância
Tribunal de Paris 6-Mai.-1885, ação social – 960
Tribunal de Lyon 28-Jan.-1890, ação social – 960
Paris 7-Out.-1965, contrato de sociedade; leitura institucional – 483

1170 · Direito das sociedades

ITÁLIA

CssIt 29-Jul.-1930, pacto leonino – 649
CssIt 30-Mai.-1941, pacto leonino – 649
CssIt 14-Mai.-1981, responsabilidade dos administradores – 964
CssIt 3-Ago.-1988, responsabilidade dos administradores – 964

Primeira instância
Roma 8-Jun.-1922, pacto leonino – 648
Tribunal de Milão 28-Jan.-1980, responsabilidade dos administradores – 964

ÍNDICE ONOMÁSTICO

ABATE, FRANCESCO – 1125, 1136
ABBADESSA, PIETRO – 264
ABELLO, L. – 320
ABELTSHAUSER, THOMAS E. – 884
ABREU, JORGE COUTINHO DE – 262, 263, 266, 300, 317, 325, 326, 372, 381, 403, 406, 407, 408, 415, 420, 426, 427, 474, 487, 489, 497, 515, 534, 536, 539, 566, 594, 616, 619, 646, 739, 742, 747, 749, 752, 760, 769, 770, 772, 776, 777, 795, 872, 889, 899, 971, 972, 984, 991
ABREU, LUÍS VASCONCELOS – 646
ABREU, SALEIRO DE – 815
ABREU, TEIXEIRA D' – 794
ABRIANI, NICCOLÒ – 646, 648, 649
ADLER, HANS – 1029
ADOMEIT, KLAUS – 920
AFONSO, MÁRIO – 773
AGANTE, CECÍLIA – 712
AGUIAR, AMARAL – 477
AGUIAR, CARLA – 674
AINÉ, M. DUPIN – 59
ALARCÃO, MANUEL DE – 315
ALARCÃO, RUI DE – 316
ALBANESE, BERNARDO – 55
ALBERTAZZI, A. – 70, 485
ALBRECHT, FRAUKE – 895
ALBUQUERQUE, AFONSO DE – 794
ALBUQUERQUE, CARDOSO DE –, 1083
ALBUQUERQUE, MARIA TERESA – 958, 1000
ALBUQUERQUE, MARTIM DE – 262, 372, 487
ALBUQUERQUE, PEDRO DE – 57, 266, 310, 382, 623, 975
ALBUQUERQUE, RUY DE – 57, 58, 285, 970, 998
ALESSANDRO, FLORIANO D' – 323

ALEXANDER-KATZ, HUGO – 79
ALLEGRI, VINCENZO – 62, 63, 64, 74, 75, 80, 959, 964, 968
ALMEIDA, ANTÓNIO PEREIRA DE – 262, 263, 381, 523
ALMEIDA, CARLOS FERREIRA DE – 142
ALMEIDA, CRISTIANA PINTO DE – 1021
ALMEIDA, FERREIRA DE – 443
ALMEIDA, JOÃO LUÍS P. MENDES DE – 316
ALMEIDA, PINTO DE – 416, 994, 996
ALMEIDA, RIBEIRO DE – 926, 954
ALMEIDA, VÍTOR NUNES DE – 1137
ALPA, GUIDO – 435
ALTMEPPEN, HOLGER – 213, 467
ALVES, CARLOS FRANCISCO – 894, 898
ALVES, MOREIRA – 791, 980
AMARAL, DIOGO FREITAS DO – 316, 330, 331, 333, 912, 1001
AMARAL, JOÃO FERREIRA DO – 248
AMARAL, PAIS DO – 759
AMMEDICK, OLIVIER – 1029-1030
AMORIM, ARMANDO – 476
ANDRADE, ABEL DE – 129, 827
ANDRADE, JOÃO DA COSTA – 970
ANDRADE, MANUEL A. DOMINGOS DE – 288, 316, 317, 330, 378, 398, 635, 700, 701, 741, 764, 794
ANDRADE, MARGARIDA COSTA – 713
ANDRADE, PEDRO GUERRA E – 368
ANDRADE, PORFÍRIO AUGUSTO DE – 316
ANDRADE, VICENTE JOAQUIM DE – 116
ANDRIEUX, PH. – 960
ANJOS, ARAÚJO DOS – 799
ANNING, PAUL – 240
ANNUSS, GEORG – 92
ANTHERO, ADRIANO – 266, 677, 827

ANTUNES, BRUNO BOTELHO – 1021
ANTUNES, HENRIQUE SOUSA – 713
ANTUNES, JOÃO TIAGO MORAIS – 707
ANTUNES, JOSÉ ENGRÁCIA – 111, 701
ANTUNES, PEDRO – 736
APROLI, CÉSARE – 70, 80
ARANGIO-RUIZ, VINCENZO – 52
ARAÚJO, HENRIQUE – 444
ARCANJO, JORGE – 445
ARNÒ, CARLO – 53
ARNOLD, MICHAEL – 321
ARORA, PATRICK – 244
ASCARELLI, TULLIO – 323, 695
ASCENSÃO, JOSÉ DE OLIVEIRA – 262, 420, 427, 969
ASCHE, MICHAEL – 1038
ASCHERMANN, ROLF – 410
ASSMANN, HEINZ-DIETER – 46, 48, 72, 96, 263, 277, 428, 496, 693, 858
AULETA, GIUSEPPE – 100
AXHAUSEN, MICHAEL – 470
AZEVEDO, J. LÚCIO DE – 115

BAINBRIDGE, STEPHEN M. – 265
BAITERUS – 1024
BAKER, RALPH J. – 423, 424
BALLANTINE, HENRY WINTHROP – 423, 424
BALLWIESER, WOLFGANG – 1042
BALSER, HEINRICH – 90
BALTZER, JOHANNES – 740
BANDINI, VINCENZO – 56
BAPTISTA, PEREIRA – 394
BAPTISTA, SERRA – 445, 1083
BÄR, ROLF – 430
BARATEIRO, TOMÁS – 805, 815
BARBERO, DOMENICO – 315
BARBOSA, CUNHA – 1000
BARBRY, PAUL – 62, 102
BARDENZ, ALEXANDER – 1059
BARON, J. – 55, 314
BARROS, OLIVEIRA – 759, 782, 799, 1135
BARROSO, JOSÉ MANUEL DURÃO – 674
BARTHOLOMEYCZIK, HORST – 351, 739, 742, 910
BARTL – 430

BARTODZIEJ, PETER – 94
BÁRTOLO – 58
BARTON, NANCY E. – 857
BARZ, CH. – 693
BÄRWALDT, ROMAN – 1107
BASEDOW, JURGEN – 201, 208, 212
BASILE, MASSIMO –
BASTOS, RODRIGUES – 329, 358, 616, 795, 835, 954
BATTES, ROBERT – 301
BAUDRY-LACANTINERIE – 59, 308
BAUMBACH, ADOLF – 98, 267, 433, 878.
BAUMS, THEODOR – 72, 188, 913, 950
BAUSCHKE, HANS-JOACHIM – 435, 449
BAYER, WALTER – 51, 61, 64, 68, 72, 77, 78, 79, 86, 87, 89, 90, 94, 95, 876
BAYER, WILHELM F. – 876
BEATE, FRIEDHELM – 437
BECHMANN, ALBERT – 1072
BECKER, FRIEDRICH – 314, 920
BECKER, KNUT – 92
BÉDARRIDE, J. – 483
BEHNSEN, ALEXANDER – 243
BEHRENDS, OTTO – 646, 688
BEHRENS, PETER – 190, 208, 1104
BEIER, CONSTANTIN H. – 485
BEIGEL, R. – 1024, 1025
BEILNER, THOMAS – 242
BEIRÃO, VEIGA – 130
BEITZKE, GÜNTHER – 631, 632
BEKKER, E. J. – 79, 962
BELLSTEDT, C. – 919
BEMMANN, MARTIN – 244
BENEVIDES, JOSÉ – 132
BENNE, DIETMAR – 422
BENTO, FERNANDO – 442
BENTO, VÍTOR – 248
BERDAH, JEAN PIERRE – 911, 960
BERG, HANS – 430
BERGER, CHRISTIAN – 688
BERGFELD, CHRISTOPH – 71, 72
BERLE, ADOLF – 891
BERNARDO, JOÃO – 445
BERNARDO, VIRIATO – 428, 443
BERTRAM, KLAUS – 1030

Índice onomástico 1173

BERTUZZI, MARIO – 264, 697, 698
BETTI – 56
BEUTHIEN, VOLKER – 321, 410, 415, 469
BEVING, J. –
BÉZARD, PIERRE – 691, 960
BEZZENBERGER, GEROLD – 405, 758
BIANCA, C. MASSIMO – 315, 319
BIANCHINI, MARIAGRAZIA – 52, 53
BIEHL, BJÖRN – 494
BIERMANN – 311
BINDER, JULIUS – 312, 314
BINZ, MARK K. – 212
BIONDI, ARTHUR – 87
BIONDI, BIONDO – 55, 56
BIPPUS, BIRGIT – 208
BLASCHE, SEBASTIAN – 985
BLOCK, DENNIS J. – 857
BLOMEYER, JÜRGEN – 352
BLUME, OTTO – 91, 92
BLUMENTHAL – 54
BÖCKLI, PETER – 94, 896
BODENHEIMER, EDGAR – 88
BOISSY, FLORENCE DE – 264
BOISTEL, A. – 960
BOKELMANN – 90
BOLLA, SIBYLLE – 55
BOMMERT, R. – 467, 695
BONA, FERDINAND – 53
BONAVIE, JOÃO BAPTISTA – 1045
BONELLI, FRANCO – 689, 696, 699
BOOR, HANS OTTO DE – 311
BOPP, HANS-PETER – 717
BORGES, ANTÓNIO – 1020, 1058
BORGES, JOSÉ FERREIRA – 111, 119, 120, 121, 128-129, 261
BORGIOLI, ALESSANDRO – 964
BORK, REINHARD – 93, 267, 741, 858
BORNIER – 63
BÖSSELMANN, KURT – 87
BOTELHO, JOÃO – 971
BOTELHO, SARMENTO – 399
BÖTTCHER, LARS – 855
BOUJONG, KARLHEINZ – 431
BOWMAN, SCOTT R. – 106, 107, 165
BRABÄNDER, BERND – 244

BRACCIODIETA, ANGELO – 100
BRANCA, GIUSEPPE – 323
BRANCO, JOSÉ PEDRO AGUIAR – 675
BRANQUINHO, OLIVEIRA – 789, 801
BRECHER, FRITZ – 314
BREDOW, GÜNTHER M. – 242
BREUER, WOLFGANG – 94
BREUNINGER, GOTTFRIED E. – 154, 321, 350
BRINKMANN, RALPH – 1030
BRINZ, ALOIS – 307
BRITO, JOSÉ ALVES – 492, 500
BRITO, PEDRO MADEIRA DE – 510
BROCKER, MORITZ – 854
BRODMANN, ERICH – 79
BRONDICS, KLAUS – 61, 71, 89, 466
BRÖNNER, HERBERT – 89
BROX, HANS – 318
BRÜCK, MICHAEL J. J. – 243
BRUGI, BIAGIO – 55, 56, 314
BRUNETTI, ANTONIO – 63, 97, 485
BUCHDA, GERHARD – 351
BUNGERT, HARTWIN – 107, 108, 208, 424
BUONOCORE, VINCENZO – 940
BURDESE, ALBERTO – 55, 56
BURHOFF, D. – 379
BUSCHE, JAN – 453
BUSCHMANN, ARNO – 456
BÜSSEMAKER, ARNOLD – 691, 693

CAEIRO, ANTÓNIO A. – 147, 744, 779, 782, 787, 792, 802, 803, 806, 942, 948, 953, 955
CAETANO, MARCELLO – 134, 316, 329, 331, 368, 399, 1001
CALAFATE, ANABELA – 928
CALATRAVA, JUAN – 1026
CALDAS, CARLOS – 732
CALDAS, SILVA – 715
CALLISON, J. WILLIAM – 265
CÂMARA, PAULO – 142, 235, 250, 254, 263, 659, 661, 889, 897, 1123
CAMEIRA, NUNO PEDRO – 759, 957
CAMEIRA, TOMAZ PEREIRINHA – 1021
CAMPOBASSO, GIANFRANCO – 264
CANADAS, ISABEL – 856

CANARIS, CLAUS-WILHELM – 56, 550, 976, 1027

CANAS, MATOS – 822

CANNU, PAUL LE – 264

CAPO, GIOVANNI – 100

CARATOZZOLO, ENRICO – 758

CARBONNIER, JEAN – 376, 398

CARDIGOS, PEREIRA – 1082

CARDONA, MARIA CELESTE – 674-675

CARDOSO, ALZIRO – 1000

CARDOSO, JOSÉ PIRES – 136, 137, 1009

CARDOSO, PEREIRA – 999

CARLOS, ADELINO DA PALMA – 137, 968

CARLOS, MARIA AMÉLIA – 1021

CARNEIRO, ARAÚJO – 804

CARNEIRO, JOSÉ GUALBERTO DE SÁ – 476

CARNEIRO, NELSON BORGES – 928, 958

CARNELL, RICHARD SCOTT – 235

CAROLSFELD, SCHNORR VON – 56

CARR, SEAN D. – 236

CARVALHO, ARTUR DE MORAES – 110, 115

CARVALHO, GERALDES DE – 1082

CARVALHO, MANUEL SANTOS – 772

CARVALHO, OLIVEIRA – 363, 428, 442, 620, 772

CARVALHO, ORLANDO DE – 420, 426

CARVALHO, TITO AUGUSTO DE – 110, 111, 115, 116

CARVALHO, TOMÉ DE – 357, 784, 832

CARY, WILLIAM L. – 423, 424

CASANOVA, SALAZAR – 790

CASCIO, GIOVANNI LO – 680

CASIMIRO, SOFIA DE VASCONCELOS – 970

CASPER, MATTHIAS – 765

CASTILHO, MARQUES DE – 958

CASTRO, ARMANDO DE – 120, 124

CASTRO, CARLOS OSÓRIO DE – 382

CATALANO, GAETANO – 57

CATHIARD, CATHERINE – 265

CATROLA, ÓSCAR – 207, 619

CECCHERINI, ALDO – 413

CHABAS, FRANÇOIS – 376

CHAMBOKO, RAYMOND – 1036

CHAMBRY, ÉMILE – 646, 647

CHAPUT, YVES – 103

CHARKHAM, JONATHAM P. – 893, 895

CHAUSSADE-KLEIN, BERNADETTE – 101

CHAVES, EDUARDO ARALA – 772

CHESNÉ, GUY – 960

CHIARO, EMILE DEL – 52, 53

CHIRONI, G. P. – 320

CHITO, MARIA BRUNA – 1003

CÍCERO, MARCO TÚLIO – 1024

CIOFFI, CARMINE – 1004

CITATI, ANDREA GUARNERI – 646

CLAUSSEN, BRUNO – 53

CLAUSSEN, CARSTEN PETER – 89, 93, 1033, 1059

CLUNY, LIMA – 950, 953, 954

COELHO, BALTASAR – 343

COELHO, EDUARDO MELO LUCAS – 615

COELHO, FRANCISCO PEREIRA – 475, 478

COELHO, JOSÉ GABRIEL PINTO – 134, 316, 1133

COELHO, MARIA ÂNGELA – 147, 744, 779, 782, 787, 792, 802, 803, 806, 942

COELHO, RIBEIRO – 1082, 1083, 1140

COELHO, ROSA RIBEIRO – 712

COETSEE, DANIE – 1036

COHENDY, EM. – 76

COHN, MAX – 55

COING, HELMUT – 51, 56, 57, 60, 73, 142, 202, 305, 311, 318, 426

COLI, HUGO – 56

COLLAÇO MAGALHÃES – 368

COLLEY JR., JOHN L. – 891

CONAC, PIERRE-HENRI – 62

COPPER, ROYER – 74

CORDEIRO, ANTÓNIO M. MENEZES – 877, 993

CORDEIRO, ANTÓNIO MENEZES – 54, 152, 157, 182, 183, 206, 262, 263, 265, 266, 285, 306, 356, 420, 421, 426, 635, 915, 944, 970, 998, 1082, 1123, 1134

CORDEIRO, CATARINA PIRES NUNES – 971

CORDEIRO, MARQUES – 836

CORDEIRO, PEDRO – 427

CORDES, ALBRECHT – 61

CORREIA, AFONSO – 445, 781, 799

CORREIA, ANTÓNIO FERRER – 146, 147, 148, 159, 262, 291, 316, 317, 355, 365, 367,

379, 381, 398, 412, 426, 450, 486, 487, 515, 530, 532, 534, 535, 539, 590, 615, 651, 700, 701, 711, 742, 744, 770, 779, 782, 787, 795, 802, 803, 806, 941, 942, 953

CORREIA, FRANCISCO ANTÓNIO – 110, 111, 115, 116

CORREIA, FRANCISCO MENDES – 322, 580, 1091, 1092, 1093, 1094, 1120, 1121, 1122, 1124, 1139, 1140

CORREIA, J. M. SÉRVULO – 332, 410, 416, 1002

CORREIA, LUÍS BRITO – 61, 146, 147, 148, 262, 317, 383, 474, 479, 487, 671, 742, 746, 753, 775, 852, 859, 860, 863, 864, 872, 912, 926, 931, 966, 967, 968, 1007, 1095

CORREIA, MIGUEL A. J. PUPO – 263, 689, 701

CORSI, FRANCESCO – 81, 85, 99, 190, 264, 373, 413, 486, 488, 511, 530, 649, 658, 680, 696, 697, 698, 704, 705, 907, 1131, 1132, 1136

CORTE-REAL, RUI – 772

CORTÊS, ULISSES – 135

CORTESE, ENNIO – 55

COSACK, KONRAD – 87

COSTA, ALMEIDA – 635

COSTA, EMÍDIO – 532, 948, 954

COSTA, FERNANDO FERREIRA DA – 411

COSTA, FERREIRA DA – 444

COSTA, JOSÉ MARTINS DA – 813, 954

COSTA, LUDOVICO DA – 477, 794

COSTA, MARTINS DA – 780, 814

COSTA, NASCIMENTO – 954

COSTA, RICARDO – 591, 616, 971

COSTA, RICARDO ALBERTO SANTOS – 294

COSTA, SALVADOR DA – 444

COSTANZO, PAOLO – 100, 264, 658, 697, 698, 964

COTTINO, GASTONE – 61, 97, 908, 1132

COVIELLO, LEONARDO – 315

COVIELLO, NICOLA – 315

COX, JAMES D. – 265

COZIAN, MAURICE – 103, 264, 691, 960

CRESPO, MIGUEL – 819

CREZELIUS, GEORG – 430

CROCA, MARIA ADELAIDE ALVES DIAS RAMALHO – 681

CRUZ, GUILHERME BRAGA DA – 475

CRUZ, MÁRIO – 736

CUNHA, CAROLINA – 556, 687, 702, 706, 709, 792

CUNHA, JORGE ARRIAGA DA – 898

CUNHA, PAULO – 135, 137, 154, 316, 340, 341, 342, 344, 356, 368, 371, 910, 968

CUNHA, PAULO DE PITTA E – 970

CUNHA, PAULO OLAVO – 262, 263, 383, 615, 667, 742, 851, 1081

CUNHA, TÂNIA S. P. R. MEIRELLES DA – 970

CUQ, ÉDOUARD – 55, 56

CURRIE, CAROLYN V. – 236

CZYHLARZ, KARL RITTER VON – 55, 56

DABIN – 430

DAGEVILLE – 75

DALSACE, ANDRÉ – 102, 1131

DAMMANN, REINHARD – 240

DAMSTÉ, WILLEM SINNINGHE – 61

DANIELCIK, HANS PETER – 88

DARRAS, ALCIDE – 76

DÄUBLER – 91

DÄUBLER, WOLFGANG – 1103

DAVID, F. – 102

DAVID, RENÉ – 101

DAVIES, PAUL – 265

DEBOISSY, FLORENCE – 103

DEGEN – 459

DEGOS, JEAN-GUY – 1022, 1023, 1025, 1026, 1028, 1030

DEILMANN, BARBARA – 858, 895

DELEUZE, M. J.-M. – 407

DELITALA, GIACOMO – 99

DELMOTTE, G. – 960

DELVINCOURT – 75

DENOZZA, FRANCESCO – 100, 264, 908

DENZEL, STEFANIE – 857

DERNBURG – 311

DERSCH – 919

DESSEMONTET, FRANÇOIS – 896

DEUTSCH, ANDREAS – 68
DIAS, ARTUR – 837
DIAS, GABRIELA FIGUEIREDO – 984, 1011, 1012
DIAS, JOANA PEREIRA – 1144, 1150
DIAS, JOAQUIM – 800, 822
DIAS, RUA – 759
DIAS, RUI PEREIRA – 216, 1058, 1063, 1076, 1081, 1083, 1085, 1086, 1087
DIDIER, PAUL – 103
DIETZ, ROLF – 91, 92
DIETZEL, H. – 1024
DILCHER, GERHARD – 541
DILLER, MARTIN – 243, 916, 918, 919
DIMUNDO, ANTONIO – 1125
DIREZ, H. – 960
DIRKSEN, DIRK – 93
DITFURTH, HOIMAR VON – 357
DOBEL, ANGELA – 242
DOMAT, JEAN – 59
DOMINGUES, JOSÉ – 477, 770
DOMINGUES, PAULO DE TARSO – 251, 262, 263, 511, 512, 539, 561, 638, 639, 642, 644, 659, 660, 661, 662, 667, 668, 674, 676, 681, 685
DONDERO, BRUNO – 264
DÖRR, FELIX – 535
DOYLE, JACQUELINE L. – 891
DREHER, MEINRAD – 695
DROBNIG, ULRICH – 422
DROUETS, GEORGES – 97
DRUEY, JEAN NICOLAS – 94
DRÜKE, HEINER – 431
DRYGALA, TIM – 539
DUARTE, CAETANO – 381
DUARTE, DIOGO PEREIRA – 427
DUARTE, RICARDO TEIXEIRA – 118, 119
DUARTE, RUI PINTO – 203, 408, 834, 835, 837, 1009
DUARTE, SOUSA – 122
DUCOULOUX-FAVARD, CLAUDE – 103
DUDEN, KONRAD – 433, 877, 939, 1101
DUFF – 54
DUGUIT, LÉON – 308
DÜLFER, EBERHARD – 89

DUPICHOT, JACQUES – 102, 188, 408
DURAND, PAUL – 59
DÜRING, WALTER – 1029
DÜRINGER, A. – 79
DÜRR, MARTIN – 693, 694
DUVERNELL, HELMUT – 91, 92
DYHRENFURTH, RICHARD – 79

EASTERBROOK, FRANK H. – 424
EBENROTH, CARSTEN THOMAS – 208, 718
EBKE, WERNER F. – 213, 1029
ECKARDT, ULRICH – 657, 856
ECKHARDT, BERND – 919
EGGERT, MANFRED – 379
EHLERMANN, CLAUS-DIETER – 142
EHLERS, ROLF – 765
EHRHARDT, OLAF – 895
EHRICKE, ULRICH – 431
EIDENMÜLLER, HORST – 212, 213, 214, 680
EISENBERG, MELVIN A. – 423
EISENHARDT, ULRICH – 47, 263, 658
ELIACHEVITCH, BASILE – 55, 323
ELLENBERGER, JÜRGEN – 497, 617
ELSING, SIEGFRIED H. – 341, 350, 431
EMDE, RAIMOND – 741
EMMERICH, VOLKER – 431, 437, 466
ENDEMANN, W. – 60
ENGAMMARE, VALÉRIE – 265
ENGELKE, SYLVIA – 87
ENGLÄNDER, KONRAD – 351
ENNECCERUS, LUDWIG – 313, 314, 484, 741
ERMAN, WALTER – 693
ESCARRA, JEAN – 75, 76, 689
ESOPO – 646, 647
ESSER, FERDINAND – 79
ESSER, ROBERT – 79, 97, 98
ESTACA, JOSÉ MARQUES – 871
ESTORNINHO, MARIA JOÃO – 911
ETZEL – 91
EWER, WOLFGANG – 243

FABRICIUS – 320
FALCÃO, MENESES – 953
FALZEA, ANGELO – 323
FARIA, BETTENCOURT – 801

Índice onomástico

FARINHA, PINHEIRO – 836
FAUCHON, ANNE – 264
FECHNER, ERICH – 460, 464
FEDELE, PIO – 57
FEDRO – 646, 647
FEENSTRA, ROBERT – 56, 57
FERID, MURAD – 376, 398
FERNANDES, LUÍS A. CARVALHO – 316-317, 329, 330, 331, 333, 368, 380, 381, 382, 383, 391, 398, 421
FERNANDES, MÁRIO – 815
FERRÃO, ANTÓNIO DE ABRANCHES – 523, 524
FERRARA, BRUNO – 1132
FERRARA JR., FRANCESCO – 81, 85, 99, 190, 264, 373, 413, 486, 488, 511, 530, 649, 658, 680, 696, 697, 698, 704, 705, 907, 1131, 1132, 1136
FERRARA, FRANCESCO – 81, 314, 315, 330
FERREIRA, BRUNO – 882, 884
FERREIRA, CARDONA – 347, 773, 801, 822
FERREIRA, CAVALEIRO DE – 700
FERREIRA, GONÇALVES – 561
FERREIRA, JOSÉ DIAS – 366, 377, 650, 817
FERREIRA, PINTO – 791, 951
FERREIRA, ROGÉRIO – 1021
FERRI, GIUSEPPE – 265
FEZER, KARL-HEINZ – 206
FIBONACCI, LEONARDO – 1025
FIESCHI, DEI – 57
FIGUEIRA, BARATA – 668
FIGUEIRA, ELISEU – 872
FIGUEIREDO, J. A. SEABRA DE – 970
FIKENTSCHER, WOLFGANG – 632
FIORE, PASQUALE – 314
FIORI, GIOVANNI – 894, 902
FISCHEL, DANIEL R. – 424
FISCHER, CURT EDUARD – 691
FISCHER, REINFRID – 243
FISCHER, ROBERT – 469, 692
FITTING, KARL – 92
FLÄGEL, PETER – 241
FLECK, HANS-JOACHIM – 541
FLECKNER, ANDREAS M. – 95
FLEISCHER, HOLGER – 197, 202, 245, 274,

742, 857, 858, 876, 877, 879, 881, 886, 965
FLORSTEDT, TIM – 245
FLUME, WERNER – 305, 306, 319, 352, 393, 419, 437, 648, 741
FOLK, ERNST L. – 265
FONSECA, GARCIA DA – 616, 837
FONSECA, GRANJA DA – 712
FONSECA, HUGO DUARTE – 273, 494
FONSECA, MANUEL BAPTISTA DIAS DA – 130
FONSECA, MARTINS DA – 837
FONSECA, TIAGO SOARES DA – 993
FORKEL, HANS-WALTER – 244
FÖRSTER, CHRISTIAN – 243
FORSTHOFF, ULRICH – 212
FÖRTSCH, R. – 962
FOURCADE, HOUGUES – 59, 308
FRADA, MANUEL A. CARNEIRO DA – 235, 415, 416, 529, 688, 701, 706, 775, 812, 970, 971
FRANCESCO, GIUSEPPE MENOTTI DE – 315
FRANCO, ANTÓNIO DE SOUSA – 1052
FRÄNKEL, FRANZ – 97
FRANKENBURGER, HEINRICH – 79, 962
FRANSSEN, MAX – 69
FRÈ, GIANCARLO – 963
FREESE, GÜNTER – 453
FREI, ALEXANDER – 646, 648
FREIRE, ABEL – 428, 443, 951, 954
FREIRE, SIMÕES – 736
FREITAS, AUGUSTO CESAR BARJONA DE – 121
FREITAS, JOSÉ LEBRE DE – 344
FRENCH – 265, 853
FRENDENBERG, RAINER – 197
FREYMUTH, A. – 98
FREYRIA, CHARLES – 690
FUCHS, FLORIAN – 245
FUCHS, HARALD – 91
FUCHSBERGER, OTTO – 962
FÜHRICH, ERNST R. – 199
FÜRER, EGON – 1006
FURTADO, JORGE HENRIQUE PINTO – 206, 262, 266, 381, 401, 406, 407, 408, 412, 415, 475, 487, 492, 500, 504, 515, 517, 523, 526, 533, 534, 554, 566, 589, 615,

620, 640, 641, 665, 677, 687, 701, 718, 720, 742, 743, 744, 746, 747, 754, 755, 756, 757, 758, 760, 766, 768, 769, 770, 776, 777, 779, 780, 782, 783, 786, 787, 793, 794, 802, 807, 809, 812, 948, 1133

FURTADO, LOPES – 361, 822

GADOW, WILHELM – 617
GÄDTKE, THOMAS – 858
GAGLIANO, ANTONIO – 963
GAILLARD, EMILE – 483
GALGANO, FRANCESCO – 264, 323, 435, 650, 1132
GALLESIO-PIUMA, MARIA ELENA – 100
GAMA, A. – 794
GAMMA, RUDOLF – 621, 625
GANSKE, JOACHIM – 1103
GANSSMÜLLER, HELMUT – 430
GARCIA, JOSE REUS Y – 68
GARCIA, OCTÁVIO DIAS – 772
GAREIS, CARL – 962
GASTAUD, JEAN PIERRE – 323
GAVALDA – 867, 1102, 1106
GAZZANI, MASSIMO – 100
GEILER, KARL – 87
GEISSLER, MARKUS – 433, 469, 1067
GELHAUSEN, HANS FRIEDRICH – 895
GEPKEN-JAGER, ELLA – 61, 62, 71, 111
GERALDES, ANTÓNIO ABRANTES – 1082, 1139
GERALDES, ANTÓNIO SANTOS ABRANTES – 821, 823, 833, 834
GERARD VAN SOLINGE – 61, 62, 71, 111
GERKAN, HARTWIN VON – 466
GERMAIN, MICHEL – 104.408
GERNHUBER, JOACHIM – 634
GESSLER, ERNST – 657, 855, 856
GEVURTZ, FRANKLIN A. – 107, 265, 375, 424, 689, 857, 883
GEYER, STEFAN – 64, 68
GIERKE, JULIUS VON – 462
GIERKE, OTTO VON – 57, 58, 309, 310, 311, 312, 313, 319, 351, 392, 393, 484, 487, 545, 631, 740, 910
GIRÃO, FERREIRA – 773

GLEISSER, WERNER – 244
GMÜR, RUDOLF – 71
GÖCKELER, STEPHEN – 321, 350
GODDE, GEORGES – 74, 75, 960
GODIN, REINHARD FRHR. VON – 438, 855, 963
GODINHO, JOÃO CARLOS – 852, 968
GOETTE, WOLF – 547
GOETTE, WULF – 267
GOLDMANN, SAMUEL – 79
GOLDSCHMIDT, FRIEDRICH – 78, 79, 86
GOLDSCHMIDT, LEVIN – 60, 69, 70, 78
GOMES, J. J. VEIGA – 61
GOMES, MANUEL TOMÉ SOARES – 445
GOMES, MARIA MANUELA – 815, 951
GOMES, VAZ – 952
GONÇALVES, A. DA PENHA – 316
GONÇALVES, DIOGO COSTA – 232, 233, 415, 416, 622, 971, 1096, 1120, 1125, 1126, 1127, 1128, 1129, 1131, 1135, 1136
GONÇALVES, LUIZ DA CUNHA – 141, 266, 308, 315, 316, 329, 330, 367, 372, 377, 411, 475, 522, 650, 677, 718, 725, 827, 1011, 1049, 1094
GONÇALVES, MANUEL – 936
GONÇALVES, PELAYO – 1120
GÖPFERT, BURKARD – 243
GORJÃO-HENRIQUES, MIGUEL – 285
GOTTSCHALK, HELLMUT – 87
GÖTZ, HEINRICH – 467
GÖTZ, VOLKER – 189
GOUGET, CHARLES – 102
GOUREVITCH, PETER A. – 891, 892, 893
GOURLAY, PIERRE-GILLES – 101, 102
GOUVEIA, F. C. ANDRADE DE – 316
GOUVEIA, JAIME DE – 316
GOUVEIA, PEREIRA DE – 795
GOZARD, GILLES – 101, 102
GRAÇA, PEREIRA DA – 790
GRÁCIO, ANA – 952
GRÄSSER, BERND – 415
GRECO, PAULO – 649
GREGORIO, ALFREDO DE – 81
GREGORIU, GREG N. – 235, 236
GRIGOLEIT, HANS CHRISTOPH – 245
GRIMM, D. – 52

Índice onomástico

GROSSERICHTER, HELGE – 212
GROSSFELD, BERNHARD – 62, 64, 76, 77, 79, 86, 206, 207, 208, 466, 900, 1028, 1033, 1039, 1072
GROSSMANN, ADOLF – 461
GRUNDMANN, STEFAN – 94, 190, 265, 552, 865, 894, 1037, 1039, 1102, 1104, 1106, 1108, 1110
GRÜNEBERG, CHRISTIAN – 856
GRUNENBERG, MICHAEL – 244
GRUNEWALD, BARBARA – 47, 431, 496, 680, 692
GRUNSKY, WOLFGANG – 920
GRUNWALD, BARBARA – 263
GSCHNITZER, FRANZ – 631
GUAPO, JAIME – 345
GUARINO, ANTONIO – 55, 56
GUEDES, ARMANDO MARQUES – 137, 332
GUEDES, EDUARDO CORREIA – 772
GUIMARÃES, JOAQUIM CUNHA – 1044, 1045
GUIMARÃES, RUI – 772
GUSMÃO, MIRANDA – 428, 443, 781
GÜTERBOCK, KARL – 62
GÜTHOFF, JULIA – 106
GUYON, YVES – 103, 104, 264

HABERMEIER, STEFAN – 355, 360, 361, 364, 455, 617, 648
HABERSACK, MATHIAS – 51, 61, 64, 68, 72, 77, 78, 79, 86, 87, 89, 90, 92, 94, 95, 190, 265, 267, 544, 552, 554, 621, 680, 1037, 1101, 1106, 1107, 111, 1116
HACHENBURG, MAX – 79, 98, 431, 437, 439, 457
HADDING, WALTHER – 485
HADJI-ARTINIAN, SERGE – 961
HAFERKAMP, HANS-PETER – 462
HAFF, KARL – 305, 312
HALMIUS – 1024
HAMIAUT, MARCEL – 102
HANNIGAN, BRENDA – 265, 853
HARALD – 1027
HARATSCH, ANDREAS – 197, 213
HARRIS, RON – 62
HÄSSEMEYER, LUDWIG – 94

HASSERBACH, KAI – 749
HAUPT, GÜNTHER – 545
HAURIOU, MAURICE – 330, 483
HAUSCHKA, CHRISTOPH E. – 856, 859, 1016, 1017
HAUSMANN, FRITZ – 461
HAUSMANN, RAINER – 206
HAUSSMANN, HERMANN – 79, 88
HAZEN, THOMAS LEE – 265
HECK, PHILIPP – 842
HECKSCHEN, HERIBERT – 1093
HEERMANN, PETER W. – 498
HEFERMEHL, WOLFGANG – 94, 657, 733, 855, 856
HEIDEL, THOMAS – 725
HEIDENHAIN, MARTIN – 1114
HEIN, JAN VON – 143
HEINEMANN, ANDREAS – 632
HEINRICHS, HELMUT – 440
HEINZE, MEINHARD – 869
HELLFELD, CHRISTIAN – 454
HELM, JOHANN GEORG – 301
HEMELING, PETER – 855
HENKEL, H. – 310
HENKES – 430
HENNINGER, THOMAS – 204
HENNRICHS, JOACHIM – 468
HENRIQUES, SOFIA – 686
HENS, ROLAND – 878
HENSE, BURKHARD – 98
HENSSLER, MARTIN – 92, 920
HENZE, HARTWIG – 1108
HERBIG, GUSTAV – 855
HERGENHAHH, TH. – 60, 61, 71, 74, 77, 79
HERRMANN, CHRISTOPH – 198
HETTRICH, EDUARD – 415
HEUN, WERNER – 238
HEY, CHRISTIAN – 496
HEY, FELIX – 279, 300
HIRSCH, CHRISTOPH – 318
HIRTE, HERIBERT – 90, 93, 209
HOEHLER – 963
HOFER, SIBYLLE – 78
HOFFMANN, DIETRICH – 91
HOFFMANN, NIELS – 215

HOFFMANN, WULF-DIETER – 279
HOFFMANN-BECKING, MICHAEL – 93, 96, 541, 725, 726
HOFMANN, PAUL – 430, 433
HOHL, PATRICK – 1029, 1033, 1034
HÖLDER, EDUARD – 305, 312
HOLGATE, PETER – 1021
HOLMES, ANN E. M. – 883
HOLT, GRAHAM J. – 1036
HOMBURGER, MAX – 459, 460
HOMMELHOFF, PETER – 77, 83, 93, 98, 431, 434, 876, 877, 881, 889
HÖNSCH, HENNING – 895
HÖPPNER, MARTIN – 86
HOPT, KLAUS J. – 94, 203, 433, 877, 878, 881, 889, 894, 939
HORN, NORBERT – 214, 243
HÖRSTER, HEINRICH EWALD – 317, 380
HORSTMEIER, GERRIT – 925
HOUIN, ROGER – 483
HROMADKA, WOLFGANG – 916
HUBER, ULRICH – 632
HÜBNER, HEINZ – 741, 763
HÜBNER, ULRICH – 437
HUECK, ALFRED – 90, 98, 267, 765, 878
HUECK, GÖTZ – 282
HÜFFER, UWE – 95, 263, 267, 437, 497, 539, 540, 541, 657, 678, 694, 698, 709, 725, 726, 731, 734, 737, 745, 758, 776, 779, 787, 788, 789, 791, 796, 802, 852, 856, 857, 858, 859, 878, 963
HUGUENIN, CLAIRE – 896
HÜMMERICH, KLAUS – 921
HÜSKEN, ULRICH – 410
HUVELIN, PAUL – 53

IGLESIAS, GIL CARLOS RODRIGUEZ – 142
IMMENGE, ULRICH – 465, 469
IMPALLOMENI, GIAMBATTISTA – 55
INÊS, AGOSTINHO DE SOUSA – 618
INOCÊNCIO IV – 58
INWINKL, PETRA – 240
IOFRIDA, GIULA – 832
IPPOLITO, BENJAMIN – 102, 103, 188, 264, 408

JÁCOME, CAIMOTO – 394
JAEGER, PIER GIUSTO – 100, 264, 689, 696, 699, 908
JÄGER, EMIL LUDWIG – 1026
JAHNTZ, KATHARINA – 61
JEAN-PAUL VALUET – 105
JEANTIN, MICHEL – 657, 691, 960
JESUS, MARCOLINO DE – 364
JHERING, RUDOLF VON – 78, 306, 307, 312, 842, 905
JOHN, UWE – 309, 320, 322, 430
JOLLY, JULIUS – 71, 72
JOLY, KATERINE LE – 894
JORGE, FERNANDO PESSOA – 635, 860, 906
JOURDAIN – 62
JOUSSEN, EDGAR – 688, 718
JOYCE, THOMAS – 689
JÜDEL, GERHARD – 740, 740
JÚDICE, JOSÉ MIGUEL – 711
JUDITH, RUDOLF – 91
JUGLART, MICHEL DE – 102, 103, 188, 264, 314, 408
JUNIOR, ARMELIN – 123
JÚNIOR, EDUARDO SANTOS – 535, 591
JÚNIOR, J. SANTOS CARVALHO – 700, 794
JÜRGENMEYER, MICHAEL – 461
JÜTTNER, ANDREAS – 212, 213

KAHLER, ULRICH – 433
KAISER, HELMUT – 236
KALKHOF, WOLFGANG – 1059
KALLMEYER, HARALD – 93, 94
KAMINSKI, HORST – 865
KANNEGIESSER, MARTIN – 244
KARLOWA – 312
KASER, MAX – 55, 56
KAYSER, PAUL – 78, 79
KEASEY, KEVIN – 892, 893, 895
KEELING, DAVID – 107
KELSEN, HANS – 322
KERN, BERND-RÜDIGER – 456
KESSLER, HARALD – 1030
KEUL, THOMAS – 405
KIEHLING, HARTMUT – 244
KIESSLER, RICHARD – 88

KIESSLING, ERIK – 71, 72, 515, 518, 522, 542
KIM, KENNETH A. – 891, 892
KINDLER, ALEXANDER – 1009
KINDLER, PETER – 143, 212, 245, 857
KINKEL, WALTER E. – 91
KIPP – 312
KIRCHNER, HILDEBERT – 92
KIRNBERGER, CHRISTIAN – 1029
KITTNER, MICHAEL – 91
KLANTEN – 243
KLAUER, IRENE – 197
KLAUSING, FRIEDRICH – 77, 79, 86, 87, 88, 89
KLEBE – 91
KLEIN, BURCKHARD – 1027, 1051
KLEINDIEK, DETLEF – 657
KLINDT, THOMAS – 1016
KLINKE, ULRICH – 202, 203
KLUNZINGER, EUGEN – 263, 522
KNIEPP, FERDINAND – 55
KNÖPFEL, GOTTFRIED – 879
KNOTT, HERMANN J. – 921
KOBELT, ROBERT – 215
KOCHER, DIRK – 720
KOEHLER, WALTER – 79
KOENIG, CHRISTIAN – 197, 213
KOENIGE, HEINRICH – 79, 962
KÖHLER, HELMUT – 318, 635, 741
KOCH, ULRICH – 920
KOLH, ULRICH – 454
KOLLER – 856
KOLVENBACH, WALTER – 867
Kommission der Europäischen Gemeinschaften – 1102
KÖLZ, WILFRIED – 236
KÖNIG, PETER – 244
KÖNUG, WOLFGANG – 242
KONZEN, HORST – 692
KOOS, STEFAN – 206
KOPPENSTEINER, HANS-GEORG – 97
KORT, MICHAEL – 522, 544, 549, 1016
KÖSTER, OLIVER – 244
KÖSTLER, ROLAND – 91
KRAAKMANN, REINER R. – 264
KRAFT, ALFONS – 373
KRAMER, ERNST A. – 632, 634
KREMER, THOMAS – 894, 895, 895
KREUTZ, PETER – 373
KRIEGER, GERD – 857
KRILOV, IVAN – 646
KROFF, BRUNO – 856
KRÖLL, STEFAN – 758
KRONKE, HERBERT – 1004
KRONSTEIN, HEINRICH – 89
KROPFF, BRUNO – 89, 657
KRÜCKMANN, PAUL – 311
KÜBEL, FRIEDRICH – 91
KÜBLER, FRIEDRICH – 46, 48, 72, 96, 263, 277, 496, 693, 858, 876, 877, 1127, 1131
KUHN, GEORG – 431
KUHN, OTTMAR – 434
KULENKAMP, SABRINA – 1130
KUNTZ, THILO – 859
KUNTZE, JOHANNES EMIL – 484
KURT, MICHAEL – 878

LA FONTAINE – 646
LABAND, PAUL – 905
LABAREDA, JOÃO – 383, 526, 713, 718, 730, 733
LABATUT – 960
LACHER – 121
LAGENBUCHER, KATJA – 245
LAMBERTINI, LAMBERTO – 1125
LAMBRECHT, PETER – 545, 546
LAMMEYER, JOSEPH – 57
LANG, FRITZ – 355, 884
LANG, ROLF – 884
LANGE, HERMANN – 58
LANGE, KNUT WERNER – 94
LANGENBUCHER, KATJA – 654
LANGHEIN, BERND – 92
LARENZ, KARL – 305, 318, 351, 379, 397, 452, 455, 480, 484, 632, 741, 976
LAROCHE-GISSEROT, FLORENCE – 376
LEAL, ANA FILIPA – 688, 701, 707
LEAL, JORGE – 999
LECOURT, ARNAUD – 265
LEE, GEOFFREY A. – 1027

1182 · Direito das sociedades

LEFEBVRE, JEAN – 101, 102
LEHMANN, HEINRICH – 545
LEHMANN, JÜRGEN – 91
LEHMANN, KARL – 60, 61, 71, 72
LEHMANN, KARL HEINZ – 90
LEHMANN, MATHIAS – 321
LEIPOLD, DIETER – 208
LEIST, B. W. – 53
LEITÃO, ADELAIDE MENEZES – 475, 492, 500, 971, 985, 986
LEITÃO, AUGUSTO ROGÉRIO – 199
LEITÃO, LUÍS MENEZES – 356, 872
LEITE, SOUSA – 773, 789, 1120
LEMA, BORDALO – 814
LIBONATI, BERARDINO – 264
LIEB, MANFRED – 541
LIEBENAM, W. – 56
LIEBERKNECHT, OTFRIED – 438
LIEBSCHER, THOMAS – 245
LIEDER, JAN – 77, 1006, 1007
LIENHARD, ALAIN – 105
LIMA, ANTÓNIO MARINHO DE ANDRADE PIRES DE – 810
LIMA, CORREIA DE – 759
LIMA, HERCULANO – 477
LIMA, PIRES DE – 137, 357, 359, 365, 367, 380, 387, 398, 476, 651, 906, 948, 1002, 1004
LINK, RÜDIGER – 454, 920
LITSCHEN, KAI – 437
LODERER, EUGEN – 91
LOEWENHEIM, ULRICH – 693
LOGAN, GEORGE W. – 891
LÖNNER, ANDREAS – 720
LOPES, CARDOSO – 345
LOPES, CUNHA – 953
LOPES, MARIA ALEXANDRA – 834
LOPES, PEDRO SANTANA – 675
LOPES, RICARDO – 757, 835
LOPES, ROGER – 715
LORDI, LUIGI – 649
LOUREIRO, AZADINHO – 800, 951
LOURENÇO, FRANCISCO – 385, 712, 785, 814, 954, 998
LOURENÇO, SANTOS – 130, 475

LÖWISCH – 91
LÜBBERT, HARTMUT – 690
LÜHRMANN, VOLKER – 1038
LUMBRALES, NUNO B. M. – 971
LUTERO – 646
LUTTER, MARCUS – 94, 97, 98, 195, 212, 267, 431, 434, 467, 469, 539, 642, 655, 657, 678, 680, 692, 695, 698, 725, 776, 857, 868, 876, 894-895, 1104
LUTTERMANN, CLAUS – 208, 241
LYON-CAEN, CHARLES – 69

MACAVOY, PAUL W. – 892
MACEDO, JORGE BORGES DE – 110, 111
MACEY, JONATHAN R. – 235
MACHADO, MANUEL DOS SANTOS – 852, 968
MACHADO, MIGUEL PEDROSA – 170
MACIEIRA, ANTÓNIO – 128
MACKELDEY, F. – 740
MACKENSIE, BRUCE – 1036
MAGALHÃES, ANTÓNIO – 294
MAGALHÃES, BARBOSA DE – 486, 700
MAGALHÃES, FERNANDES – 428, 442, 444, 805
MAGALHÃES, J. M. VILHENA BARBOSA DE – 121, 123, 826
MAGALHÃES, JOSÉ – 368
MAGGIORE, GIUSEPPE RAGUSA – 85, 696, 697
MAIA, ANA LUÍSA FEITEIRO – 1021
MAIA, PEDRO – 262, 751, 769, 771, 776, 786, 889, 1007
MAIBERG, HERMANN – 435, 939
MAKOWER, H. – 72, 961, 1029
MALEPEYRE – 62
MALGUEIRO, SENRA – 795
MALTSCHEW, RENI – 87
MANARA, ULISSE – 81
MANSHAKE, CHRISTINE – 1009
MANFEROCE, TOMMASO – 697
MANGANELLI, G. – 647
MANKOWSKI, PETER – 211
MANSEL, HEINZ-PETER – 453
MANSO, CATARINA ARÊLO – 445
MARCORA, GIACOMO – 963

Índice onomástico

MARCOS, PIMENTEL – 406
MARCOS, RUI MANUEL DE FIGUEIREDO – 61, 110, 112, 1006
MARCY, HENRY – 81
MARGHIERI, ALBERTO – 80, 127
MARIANO, CURA – 345, 700, 773, 953
MARINHO, TATO – 302, 618, 804
MARITZEN, LARS – 1034
MARQUES, A. H. DE OLIVEIRA – 1045
MARQUES, COSTA – 539, 836
MARQUES, GARCIA – 416, 711, 814, 822, 951, 954
MARQUES, JOSÉ DIAS – 316
MARQUES, REMÉDIO – 475, 500
MARQUES, TIAGO JOÃO ESTÊVÃO – 1006, 1010
MARTENS, KLAUS-PETER – 678, 692
MARTIN, DIDIER – 689
MARTINDALE, RICHARD – 883
MARTIN-EHLERS, ANDRÉS – 213
MARTINEZ, PEDRO ROMANO – 454, 510
MARTINEZ, PEDRO SOARES – 347
MARTINS, ALEXANDRE SOVERAL – 262, 266, 372, 381, 399, 535, 615, 616, 638
MARTINS, ANTÓNIO CARVALHO – 970
MARTINS, ANTÓNIO RIBEIRO – 1000
MARTINS, CARVALHO – 294
MARTINS, EZAGÜY – 443, 994
MARTINS, FLAMINO – 803
MARTINS, HEITOR – 818, 819
MARTINS, JOSÉ PEDRO FAZENDA – 584, 593
MARTINS, MARCOS – 819
MARTINS, PEDRO – 952, 958
MARTY, GABRIEL – 314
MARXSEN, SVEN – 244
MASSONE, ELISABETTA – 404
MATEUS, RAÚL – 781, 784, 799, 801, 1082, 1141
MATOS, ALBINO – 478, 482, 487, 502, 507, 513, 514, 566, 591, 593, 976
MATOS, ANDRÉ SALGADO DE – 912
MATTHES, GOTTFRIED – 88
MÄVERS, GUNTHER – 869
MAYER, DIETER – 695
MAYER, FRANZ – 187

MAYER, GERD – 212
MAYER-WEGELIN, EBERHARD – 244
MAYSON – 265, 853
MAZEAUD, HENRI – 314, 376
MAZEAUD, JEAN – 314, 376
MAZEAUD, LÉON – 314, 376
MAZET, JEAN – 102
MEANS, GARDINER – 891
MEDEIROS, JOÃO JACINTO TAVARES DE – 122, 123, 124, 262, 1009
MEDICUS, DIETER – 318, 319, 379, 453, 741
MÈGRE, CARVALHO – 128
MEILICKE, HEINZ – 725
MEILICKE, WIENAND – 215
MELE, EUGENIO – 403, 404
MELO, AFONSO DE – 416, 788, 804
MELSBACH, ERICH – 919
MENDES, ARMINDO RIBEIRO – 316
MENDES, EVARISTO – 781
MENDES, JOÃO DE CASTRO – 316, 331, 368
MENDES, PAULO SOUSA – 753
MENDES, VICTOR – 894
MENEZES, TELES DE – 416
MENJUCQ, MICHEL – 265
MENZ, KLAUS-MICHAEL – 243
MERKT, HANNO – 894
MERLE, PHILIPPE – 103, 104, 190, 264, 408, 413, 483, 515, 650, 679, 690, 889, 961
MERTENS, HANS-MARTIN – 431, 437, 439, 467, 856
MESQUITA, HENRIQUE – 383
MESQUITA, JOSÉ – 428, 1137
MESSINEO, FRANCESCO – 485
MESTMÄCKER, ERNST-JOACHIM – 90
MESTRE, JACQUES – 1027, 1059
MEULENBERGH, GOTTFRIED – 415
MEYER, EMIL H. – 415
MEYER-LADEWIG, JEANS – 1099
MEYER-LANDRUT – 89, 431
MEYER-LÖWY, BERND – 726, 733
MICHALSKI, LUTZ – 98, 267, 522
MICKLITZ, HANS-W. – 341
MIGNOLI, ARIBERTO – 61, 62, 63, 64, 74
MILLER, FRITZ GEORG – 919
MILLER, GEOFFREY P. – 235

MILLSTEIN, IRA M. – 892
MINAUD, GÉRARD – 1024, 1025
MINERVINI, GUSTAVO – 907, 908
MINOW, NELL – 892
MINSKY, HYMAN P. – 236
MIRANDA, GIL – 147
MIRZA, ABBAS ALI – 1036
MITCHELL, T. N. – 1024
MITTEIS, LUDWIG – 55, 56
MITTERMAIER, F. – 70, 80, 81, 82
MÖHRING, PHILIPP – 438
MOINGEON, BERTRAND – 894
MOLENGRAAFF, W. L. P. A. – 69
MOLITOR, ERICH – 919
MÖLLERS, CHRISTOPH – 437
MÖLLERS, THOMAS M. J. – 877, 879
MOMMSEN, THEODOR – 55
MONCADA, LUÍS CABRAL DE – 316, 330, 378
MONKS, ROBERT A. G. – 892, 893
MONTEIRO, ANTÓNIO PINTO – 316, 333, 711
MONTEIRO, ARMINDO – 1045
MONTEIRO, FERNANDO PINTO – 289, 443
MONTEIRO, JORGE SINDE – 715
MONTEIRO, MANUEL ALVES – 898
MONTEIRO, SANTOS – 834, 1120
MONTEIRO, SOUSA – 616
MONTES, CUSTÓDIO – 814
MONTI, GENNARO MARIA – 56
MOORE, MARC – 106
MOOSMAYER, KLAUS – 1017
MORAIS, CARLOS BLANCO DE – 902
MORAIS, DOMINGOS – 444
MORCK – 856, 895, 1056, 1057
MORCK, RANDALL K. – 895
MOREIRA, GUILHERME – 327, 329, 330, 366, 367, 372, 374, 378, 486, 487, 589, 764, 1094
MORGADO, CARLA – 183
MÖSCHEL, WERNHARD – 549
MÖSLEIN, FLORIAN – 245
MOSSA, LORENZO – 61, 98, 99, 485
MOSTHAF, OLIVER – 97
MOURISCA, CARLOS – 819
MOURO, MARIA JOSÉ – 736
MOXTER, ADOLF – 1058

MULANSKY, KATJA – 355
MULANSKY, THOMAS – 355
MÜLBERT, PETER O. – 245, 894
MÜLLER, KLAUS J. – 688, 693, 876
MÜLLER, MICHAEL – 245
MÜLLER, STEFAN – 1030
MÜLLER, WELF – 98, 279, 678
MÜLLER-ERZBACH, RUDOLF – 86, 621
MÜLLER-FREIENFELS, WOLFRAM – 440, 441, 448
MÜLLER-GRAFF, PETER-CHRISTIAN – 187
MUSTAKI, GUY – 265

NAENDRUP, CHRISTOPH – 215
NÁPOLES, METELLO DE – 823
NASS, GUSTAV – 54
NAVARRINI, UMBERTO – 648
NAZZICONE, LOREDANA – 964
NEGREIROS, TRIGO DE – 137
NETO, ABÍLIO – 266, 590, 682, 999
NETO, OLAVO FERNANDES MAIA – 1021
NETTER, OSKAR – 86, 459, 461
NEVES, CORTEZ – 357
NEVES, GAITO DAS – 406
NEVES, VÍTOR CASTRO – 1123
NEYE, HANS-WERNER – 93, 94, 868
NIEHUS – 431
NIESSEN, HERMANN – 865, 868
NIPPERDEY, HANS CARL – 453, 484, 741
NJLKIZANA, TAPIWA – 1036
NOACK, ULRICH – 680, 706, 710, 763, 878
NOBEL, PETER – 94
NÖCKER, CHRISTOPH – 244
NOFSINGER, JOHN R. – 891, 892
NOLTE, HERMANN – 545
NÖRR, KNUT WOLFGANG – 87
NOTO-SARDEGNA, G. – 60
NOVATI, FRANCESCA – 100
NOWAK, ERIC – 895
NOWOTNY, CHRISTIAN – 94
NUNES, MÁRIO RODRIGUES – 316
NUNES, PEDRO CAETANO – 971

OBERG, EBERHARD – 647
ODERSKY, WALTER – 705

Índice onomástico

Oertmann, Paul – 919
Oetker, Hartmut – 632, 633
Olavo, Carlos – 770, 775
Olavo, Fernando – 145, 146, 147, 372, 725, 939
Oliveira, Águedo de – 135
Oliveira, Ana Perestrelo de – 984
Oliveira, António Fernandes de – 971
Oliveira, Guilherme de – 475, 478
Oliveira, José Agostinho de – 316
Oliveira, Lamartine Correia de – 420, 427
Oliveira, Luís Serpa – 383
Oliveira, Virgílio de – 1134
Olsen, Dirk – 452
Ommeslaghe, Pierre van – 1099
Oppen, Matthias von – 241
Oppo, Giorgio – 695, 696
Orellii – 1024
Orestano – 54, 57
Orrell, Magnus – 1036
Ortner, Stefan – 215
Osório, José – 383, 794
Osório, José Horta – 383
Ostheim, Rolf – 496
Ott, Claus – 317, 318
Ott, Nicolas – 245
Ottavi, Francesco D' – 403
Otte, Sabine –215, 858
Otto, Hansjörg – 632
Overrath, Hans-Peter – 691, 701

Pacchioni, Giovanni – 55
Pacioli, Luca – 1026
Paeffen, Walter G. – 214
Pahlow, Louis – 72
Painter, Richard W. – 883
Pais, Prazeres – 616
Paixão, Seara – 1137
Paixão, Silva – 357, 1137
Palandt – 357, 440, 497, 617, 856, 914
Pannhorst, Matthias – 236
Panzani, Luciano – 1125
Pap, Michael – 244
Parleani – 867, 1101, 1106

Paschke, Marian – 548
Pastori, Franco – 55
Patrício, António Simões – 427
Patti, Adriano – 1125
Pawlowski, Hans Martin – 318, 741
Pechmann, Wilhelm Freiherr von – 77, 79
Peemöller, Volker H. – 1028, 1030, 1032, 1033, 1034, 1042, 1043
Pelicioli, Angela Cristina – 971
Peltzer, Martin – 876, 895
Pelz, Christian – 1016
Pelzer, Karen Christina – 718
Pentz, Andreas – 642, 876
Percerou, J. – 64, 74, 1132
Percerou, Roger – 1132
Pereira, Aguiar – 445
Pereira, Amaral – 616
Pereira, Fernanda Isabel – 712
Pereira, Fernando Sousa – 1083
Pereira, João Aveiro – 952, 957, 1082
Pereira, Marcos – 971
Pereira, Ramiro Cristóvão – 970
Pernice, Alfred – 55, 56
Perroud, Jean – 960
Pesqueux, Yvon – 901
Peter, Karl – 430
Peters, Egbert – 693
Peterson, Julius – 77, 79
Petrak, Lars M. A. – 434
Petrocelli, Guido – 404
Pflüger, Klaas Heinrich – 962
Piazza, Nicola – 649
Picone, Luca G. – 964
Pikó, Rita – 749
Pillolla, Maria Pasqualiana – 647
Pimenta, Alberto – 90, 147, 664, 827
Pimentel, José Menéres – 148, 160, 406, 968, 999
Pimpão, António – 526
Pinheiro, Carvalho – 477
Pinheiro, Góis – 476, 772
Pinheiro, Luís Lima – 207-208
Pinho, Dionísio de – 477
Pinner, Albert – 79, 457, 459
Pinto, Alberto Alves – 363, 620

PINTO, ALEXANDRE MOTA – 430, 437, 440, 667

PINTO, CARLOS ALBERTO DA MOTA – 316, 329, 330, 333, 359, 368, 380, 427

PINTO, FILIPE VAZ – 971

PINTO, LOPES – 384, 771, 785, 805

PINTO, PAULO MOTA – 316, 333, 843

PINTO, RUI – 1147

PINTO, SOUSA – 861

PIORRECK – 90

PIRES, PAIXÃO – 345

PITA, MANUEL ANTÓNIO – 515, 523, 526, 530, 542, 644

PLANCK, MARINA – 93

PLANIOL, MARCEL – 308

PLANTA, ANDREAS VON – 94

PLATANIA, FERNANDO – 697

PODEWILS, FELIX – 245

POELZIG, DÖRTE – 984

POGGI, AGOSTINO – 53

PÖHLMANN, PETER – 415

PÖHLS, MENO – 71

POLLERI, VITTORIO – 100

PONTAVICE, EMMANUEL DU – 102

PONZANELLI, GIULIO – 384

PÖRNIG, CLAUDIA – 544

PORTALE, GIUSEPPE P. – 264

PORTISCH, WOLFGANG – 244

POTHIER, R.-J. – 59

POTTHOFF, ERICH – 91, 92

POUND, JOHN – 892

PÓVOAS, SEBASTIÃO – 444, 751, 799

PRASCA, M. S. – 70, 485

PRAZERES, GAMA – 773

PREIS, ULRICH – 921, 923

PREISSLER, TINO – 749

PREUSS, HUGO – 311, 312

PREUSSNER, JOACHIM – 901

PRIDE, TERENCE – 883

PRIESTER, HANS-JOACHIM – 93, 496, 522, 642, 695

PROSS, HELGE – 71, 90

PROVIDENTI, SALVATORE – 964

PUCHELT, ERNST – 962

PUGLIESE, GIOVANNI – 55

QUANTE, ANDREAS – 398

QUASSOWSKI, LEO – 86, 855

QUATRARO, BARTOLOMEO – 964

RACCO, MARIO – 404

RACHLITZ, RICHARD – 245

RACUGNO, GABRIELE – 97

RADIN, STEPHEN A. – 857

RAFFAELLI, G. A. – 485

RAISCH, PETER – 78

RAISER, LUDWIG – 282

RAISER, THOMAS – 91, 95, 154, 188, 189, 190, 209, 215, 264, 277, 282, 321, 350, 428, 437, 456, 466, 621, 630, 654, 693, 730, 776, 856, 877, 879, 1127, 1136, 1139

RALHA, EDUARDO MARQUES – 486

RAMIRES, MARTINS – 345

RAMOS, AZEVEDO – 394, 479, 799, 813, 814, 936, 952, 956

RAMOS, JOSÉ AUGUSTO – 957

RAMOS, MARIA ELISABETE GOMES – 262, 263, 266, 474, 489, 492, 527, 535, 566, 591, 592, 615, 638, 971, 972, 984, 991, 994, 1081

RAMOS, SOUSA – 737

RANFT, NORBERT – 91

RASCH, HAROLD – 89

RATH, PETER – 933

RATHENAU, WALTHER – 461

RATTON, DIOGO – 117

RAU, VIRGÍNIA – 1044, 1045

RAYNAUD, PIERRE – 314

RECHKEMMER, KUNO – 889

REERS, ULRICH – 245

REGELSBERGER, FERDINAND – 312

REHBINDER, ECKART – 431, 436, 437, 439, 440, 467

REHM, GERHARD M. – 213

REHM, HERMANN – 1029

REI, MARIA RAQUEL – 494

REICH, NORBERT – 71, 72, 77, 78

REICHELT, HARALD – 1006

REICHERT, BERNHARD – 397, 485, 494, 617, 721

REIMER, ERKEHART – 245

Índice onomástico

REINHARD, RUDOLF – 430
REIS, JOSÉ ALBERTO DOS – 343, 344, 817, 818, 819, 822, 828
REIS, JOSÉ VIEIRA DOS – 191, 192, 1021
RELVAS, JOSÉ – 133, 1054
REMY, J. – 59
RENARD, GEORGES – 483
RENAUD, ACHILLES – 60, 61, 961
RENKL, GÜNTER – 739, 741, 910
RESCIGNO, PIETRO – 964, 1003
REUFELD, HANS – 79
REUL, ADOLF – 757
REUL, JÜRGEN – 283
REUTER, DIETER – 322, 397, 431, 437, 439, 441, 692
RHODE, HEINZ – 305, 312
RIBEIRO, ARAÚJO – 724
RIBEIRO, AURELIANO STRECHT – 266, 827
RIBEIRO, JOSÉ ANTÓNIO PINTO – 408
RIBEIRO, LÉLIA GUIMARÃES CARVALHO – 970
RIBEIRO, MARIA ÂNGELA – 532
RIBEIRO, MARIA DE FÁTIMA – 427
RIBEIRO, NEVES – 357, 526, 806, 957
RICHARDI, REINHARD – 91, 92, 920
RICHTER JR., MARIO STELLA – 265
RICKEL, AUGUST – 78, 86, 87
RIEDEMANN, SUSANNE – 213
RIESENHUBER, KARL – 1100
RING, VIKTOR – 60, 78, 79, 86
RINGLEB, HENRIK-MICHAEL – 894, 895, 901
RIPERT, GEORGES – 104, 264, 408, 482, 483
RITTER, C. – 460
RITTER, JAN-STEPHAN – 608
RITTNER, FRITZ – 305, 322, 350, 842
ROBERT, BRUNER F. – 236
ROBERTIS, FRANCESCO MARIA DE – 56
ROBLOT, RENÉ – 104, 264, 408, 482, 483
ROCHA, COELHO DA – 109
ROCHA, NELSON – 262
ROCHA, VICTOR – 759, 783, 789
RODEMANN, CARSTEN – 689, 691, 693
RODGERS, PAUL – 1034
RODRIGUES, ANA MARIA GOMES – 1058, 1063, 1076, 1081, 1083, 1085, 1086, 1087

RODRIGUES, AZEVEDO – 1020, 1058
RODRIGUES, BAPTISTA – 819
RODRIGUES, ILÍDIO DUARTE – 61, 912, 926
RODRIGUES, PEREIRA – 774, 956
RODRIGUES, ROGÉRIO – 1020, 1058
ROGRON, J. A. – 67
ROITZSCH, FRANK – 465
RONKE, MAXIMILIEN – 547
RONTCHEVSKY, NICOLAS – 104
ROQUE, GIL – 444, 784, 1135
ROQUE, HELDER – 652, 956
ROSA, PIRES DA – 618, 769, 773, 790
ROSCIUS – 54
ROSSI, GUIDO – 100
ROTH, GÜNTER H. – 94, 424
ROTH, HULF-HENNING – 856
ROTHWEILER, ESTELLE – 64, 68
ROWEDDER, HEINZ – 98, 876
RUDOLPH, BERND – 240
RUFFINI, FRANCESCO – 57, 58
RUGGIERO, ROBERTO DE – 320
RÜMELIN, G. – 351
RUSCH, KONRAD – 452
RUTH – 740
RÜTHERS, BERND – 462
RYAN – 265, 853

SABATO, FRANCO DI – 264, 297, 321, 360
SACK, ROLF – 301
SAENGER, INGO – 727
SAILER-COCEANI, VIOLA – 678, 857
SAINTOURENS, BERNARD – 413
SALANITRO, AULETTA – 100, 413, 482, 486
SALANITRO, NICCOLÒ – 482, 486
SALAZAR, SILVA – 808
SALEILLES, RAYMOND – 305, 314
SALEMA, MEXIA – 827
SAMOL, MICHAEL – 240
SAMPAIO, FORJAZ DE – 122
SAMPAIO, MARIA DE FÁTIMA RODRIGUES CRAVO DE – 1021
SANDROCK, OTTO – 211, 213, 214
SANGER, AUGUST – 351
SANTALUCIA, BERNARDO – 55
SANTO, LUÍS ESPÍRITO – 948

SANTORO, VITTORIO – 100
SANTORO-PASSARELLI, F. – 315
SANTOS, ANTÓNIO DE ALMEIDA – 148
SANTOS, ANTÓNIO MARQUES DOS – 207
SANTOS, ARY DOS – 320
SANTOS, FILIPE CASSIANO DOS – 141, 644, 665
SANTOS, FURTADO DOS – 821
SANTOS, JORGE – 618
SANTOS, JORGE COSTA – 970
SANTOS, MÁRIO LEITE – 694, 701
SANTOSUOSSO, DANIELE U. – 100, 264
SARAIVA, JOSÉ MENDES DA CUNHA – 115
SAUTER – 397
SAVIGNY, FRIEDRICH CARL VON – 304, 305, 306, 312, 313, 314, 319, 322, 325, 335, 342, 392, 395, 630, 635, 763
SCALESE, VINCENZO – 908
SCALI, PIETRO PAOLO – 1026
SCANLAN, GARY – 883
SCARPA, ANTONIO – 832
SCHAAL, HANS-JÜRGEN – 698
SCHACHIAN, HERBERT – 86
SCHÄFER, CARSTEN – 264, 267, 858
SCHALAST, CHRISTOPH – 243
SCHANZ, KAY-MICHAEL – 243
SCHANZE, ERICH – 212, 213, 430, 437
SCHAUB, GÜNTER – 454, 920, 923
SCHAUPENSTEINER,WOLFGANG J. – 1017
SCHERNER, KARL OTTO – 318
SCHEURL – 351
SCHIESSL, MAXIMILIAN – 876, 895
SCHILLING, WOLFGANG – 466, 963, 1101
SCHIOPPA, ANTONIO PADOA – 70, 81
SCHIRÒ, STEFANO – 413
SCHLEGELBERGER, FRANZ – 86, 87, 855
SCHLIEKMANN – 97
SCHLIM, KATRIM – 857
SCHLOSSMANN, SIEGMUND – 54
SCHMALTZ, KURT – 1029
SCHMALZ, WOLFGANG – 72
SCHMID, CHRISTOPH U. – 204
SCHMIDT, BRIAN – 241
SCHMIDT, CHRISTOF – 198, 199
SCHMIDT, JESSICA – 94

SCHMIDT, JÜRGEN – 441
SCHMIDT, KARSTEN – 46, 48, 188, 190, 196, 243, 263, 267, 277, 279, 299, 301, 310, 321, 373, 393, 405, 413, 428, 431, 433, 437, 438, 441, 487, 488, 496, 497, 515, 518, 527, 539, 541, 548, 549, 591, 617, 618, 654, 655, 657, 678, 693, 698, 719, 725, 726, 727, 733, 734, 739, 742, 743, 750, 767, 776, 788, 790, 800, 856, 857, 901, 963, 1091, 1092, 1125, 1127, 1139
SCHMIDT, UWE – 612
SCHMIDT-KESSEL, MARTIN – 856
SCHMIDT-LEITHOFF, CHRISTIAN – 842, 876
SCHMIDT-RECLA, ADRIAN – 456
SCHMÖLDER, KARL – 86
SCHMOLKE, KLAUS ULRICH – 245
SCHNEIDER – 91
SCHNEIDER, BIRGIT – 720
SCHOLZ, OLIVER – 98, 431, 437, 576
SCHÖN, WOLFGANG – 202, 204, 245
SCHÖNWANDT, M. – 89
SCHÖPFLIN, MARTIN – 424, 485, 494
SCHRÖDER, CHRISTIAN – 876
SCHRÖDER, HANS – 91
SCHRÖEDER, JAN – 694
SCHROEDER, WERNER – 197
SCHRUFF, LOTHAR – 1038
SCHUBERT WERNER – 77, 83, 97
SCHULTZE, ALFRED – 617
SCHULZ, MARTIN – 213
SCHULZE-OSTERLOH, JOACHIM – 1038, 1059
SCHUMACHER, STEPHAN – 749
SCHÜNEMANN, WOLFGANG B. – 337, 351
SCHÜRNBRAND, JAN – 90
SCHWAB, MARTIN – 202, 776
SCHWAB, NORBERT – 920
SCHWANNA, ANDRÉ – 642, 1139
SCHWARK, EBERHARD – 214
SCHWARZ, GÜNTHER CHRISTIAN – 865, 867, 868, 869, 1099, 1100, 1103, 1106, 1115, 1116
SCHWARZ, GUSTAV – 312
SCHWARZ, OTTO – 79
SCHWENK, FELIX – 53
SCHWEYER – 397

Índice onomástico

SCHWIND, ERNST FREIH. VON – 311
SCHWINTOWSKI, HANS PETER – 548
SCIALOJA, ANTONIO – 99, 323
SCIUMÈ, ALBERTO – 1006
SEABRA, ANTONIO LUIZ DE – 124
SEHER, INGE – 77
SEIA, JORGE ALBERTO ARAGÃO – 346, 478, 526, 711, 725, 803, 951
SEIBERT, ULRICH – 894, 895
SEIBT, CHRISTOPH H. – 895
SELFART, WERNER – 56
SEMINO, GIORGIO – 695, 696, 698
SEMLER, FRANZ-JÖRG – 725, 726, 727, 734, 779, 788, 1093, 1127, 1139
SEMLER, JOAHNNES – 93, 466, 877,
SERENS, M. NOGUEIRA – 500
SERICK, ROLF – 425, 437, 438
SERNA, PEDRO GOMEZ DE LA – 68
SERÔDIO, LEONEL – 808, 1135
SERPA – 827
SERRA, ADRIANO PAES DA SILVA VAZ – 147, 329, 363, 635, 701, 715, 744, 758, 942, 969, 1003
SERRA, BRAVO – 616
SHINN, JAMES – 891, 892, 893
SHORT – 893
SICARD, GERMAIN – 61, 62, 264, 482, 483
SIEBERT, GERD – 92
SIEBERT, OLIVER – 421
SIEBERT, WOLFGANG – 460, 546, 547
SIEGEL, STANLEY – 1038
SIEGMANN, MATTHIAS – 434
SILBERNAGEL, ALFRED – 60, 75
SILVA, AMÂNDIO FERNANDES – 1021
SILVA, ALMEIDA E – 784, 804
SILVA, ARTUR SANTOS – 898, 902
SILVA, AZEVEDO E – 121
SILVA, BURSTORFF – 135
SILVA, FERNANDO EMÍDIO DA – 134
SILVA, FERREIRA DA – 808
SILVA, GASPAR PEREIRA DA – 119, 120
SILVA, ISABEL MARQUES DA – 970, 1135
SILVA, JOÃO CALVÃO DA – 703, 773
SILVA, JOÃO SOARES DA – 897
SILVA, MANUEL GOMES DA – 1134

SILVA, NUNO ESPINOSA GOMES DA – 1134
SILVA, PAULA COSTA E – 1147
SILVA, SAMPAIO DA – 799
SILVA, TIBÉRIO – 385
SILVANO, GONÇALO – 444
SILVETTI, CESARE – 1131, 1132
SIMITIS, SPIROS – 545, 546
SIMON, HERMANN VEIT – 60, 78, 1025, 1028, 1029, 1093
SIMON, STEFAN – 242, 1093
SIMONETTI, LUCA – 689
SIMONETTO, ERNESTO – 921
SITZIA, FRANCESCO – 55
SIXT, RAINER – 522
SMITH, ADAM – 116
SOARES, COSTA – 772
SOARES, EMÉRICO – 808, 814
SOARES, J. – 616
SOARES, M. FERNANDA PAIS – 951
SOARES, MACHADO – 810
SOARES, MARIA ÂNGELA COELHO BENTO – 639, 1121
SOARES, MARIA ANTONIETA – 1044
SOARES, QUIRINO – 999
SOLINGE, GERARD VAN – 61, 62, 111
SOLOMON, ARIS – 891
SOLOMON, JILL – 891
SONNENBERGER, HANS JÜRGEN – 206, 376, 398, 868, 1099, 1102
SÖNNER, ECKART – 466
SONTAG, ERNST – 88
SOPRANO, ENRICO – 60, 97, 963
SOUSA, ANTÓNIO BAPTISTA DE – 132, 133, 262
SOUSA, FARIA – 561
SOUSA, MANUEL ANDRADE E – 137
SOUSA, MARCELO REBELO DE – 330, 333, 912
SOUSA, MIGUEL TEIXEIRA DE – 834, 841
SOUSA, PAIS DE – 754, 799, 814
SOUTO, ADOLPHO DE AZEVEDO – 97, 130
SPINDLER, GERALD – 86, 238, 243, 267, 698, 725, 857, 858, 876, 894
SPRAU, HARTWIG – 357, 879
STADLER, ASTRID – 453

1190 *Direito das sociedades*

STAUDINGER – 206, 207, 208, 318, 355, 360, 361, 364, 437, 438, 441, 453, 455, 648, 906, 921
STEDING, ROLF – 93, 415
STEFFEK, FELIX – 875
STEGE – 92
STEINBERG, HERBERT – 889
STEINDEL, MARTIN – 1009
STEINDORF, ERNST – 203
STELZIG, PETER – 455, 456, 457, 460
STENGEL, ARNDT – 93, 1093, 1127, 1139
STETTINIUS, WALLACE – 891
STILZ, EBERHARD – 267, 857, 858, 876
STIMPEL, WALTER – 466
STOBBE, OTTO – 311
STÖBER, KURT – 397, 617, 721
STOLL, HEINRICH – 460
STRAFFA, A. – 649
STREINZ, RUDOLF – 187
STRIEBECK, CHRISTIAN – 865, 869
STUMPT, CHRISTOPH A. – 260, 280
SUDHOFF, HEINRICH – 98, 431
SUDHOFF, MARTIN – 98, 431
SUHR, DIETER – 90
SULLIVAN, MAUREEN A. – 265
SZLECHTER, EMILE – 52, 1022

TABELBAUM, CHARLES M. – 108
TAMBÁ, VASSANTA – 822
TANK, GERHARD – 692
TARANTINO, ANTHONY – 1016
TASCHE – 545
TAVARES, ASSIS – 61
TAVARES, JOSÉ – 262, 315, 357, 358, 367, 372, 380, 400, 406, 411, 475, 486, 523, 1094, 1125, 1126, 1132, 1133
TCHING, ROSA – 712, 1135
TEICHMANN, ARNDT – 300, 1101
TEICHMANN, CHRISTOPH – 893
TEICHMANN, ROBERT – 79
TELES, FERNANDO GALVÃO – 700
TELLES, INOCÊNCIO GALVÃO – 316, 421, 426, 427, 442, 635, 794, 906
TELLES, J. H. CORRÊA – 109
TERLAN, MATTHIAS – 240

TEUBNER, GÜNTER – 440
THALLER, E. – 60, 62, 64, 74, 960
THAN, JÜRGEN – 694
THIÄNER, FRANK – 1006
THEUSINGER, INGO – 1016
THOLE, CHRISTOPH – 984
THOMPSON, STEVE – 892, 895
THÜSING, GREGOR – 92, 870
TIAN-PANCRAZI, MARIE-EVE – 1027, 1059
TIMM, WOLFRAM – 321, 467, 695, 877
TIMMERMAN, LEVINUS – 61, 62, 71, 111
TIMMERMANNS, CHRISTIAN – 212
TIROLE, JEAN – 891, 901
TITZE, JÖRG – 728, 732
TODESCAN, FRANCO – 57
TOFFOLETO, ALBERTO – 100, 264, 908
TOMÉ, SOARES – 520
TORINO, RAFFAELE – 688, 696
TORRES, NUNO MARIA PINHEIRO – 111
TORRES, RUI D'ABREU – 1045
TRÄGER, TOBIAS – 470
TRIGEAUD, JEAN-MARC – 55
TRIGO, MARIA DA GRAÇA – 689, 694, 695, 698, 699, 701, 702, 703, 704, 709
TRINDADE, JOÃO – 996
TRINKHAUS, HANS – 919
TRIOLA, ROBERTO – 649, 679, 719, 745
TRIUNFANTE, ANTÓNIO MANUEL – 266
TROPLONG – 62
TROUET, KLAUS – 735
TRUMPLER, HANS – 1029
TUHR, ANDREAS VON – 351, 484, 621, 741, 909
TUNC, ANDRÉ – 960
TYOVA, VIRGÍLIO DA RESSURREIÇÃO BERNARDO ADRIANO – 1021
UHLENBROCK, HENNING – 333
ULMER, PETER – 48, 92, 290, 433, 466, 548, 549, 648
ULPIANO – 646, 763
ULRICH, RUY ENNES – 136, 141
UMNUSS, KARSTEN – 92
UNGARI, PAULO – 61, 80
UNGER, KLAUS – 422, 431
UTZIG, SIEGFRIED – 241, 894

Índice onomástico

VACCA, LETIZIA – 55
VALADAS, ALMEIDA – 1082
VALE, MARIA DE LOURDES CORREIA E – 116, 122
VARELA, JOÃO ANTUNES – 357, 359, 365, 367, 380, 387, 398, 476, 651, 906, 948, 1002, 1004
VASCONCELOS, JOANA – 1100, 1101, 1113, 1114, 1118
VASCONCELOS, OLIVEIRA – 759
VASCONCELOS, PEDRO PAIS DE – 369, 622, 624, 628, 852, 858, 984
VASCONCELOS, PITA DE – 736
VAUPEL, CHRISTOPH F. – 245
VAVASSEUR, A. – 74, 75
VEAUX, DANIEL – 959
VEIGA, CAETANO MARIA BEIRÃO DA – 124
VEIL, RÜDIGER – 95, 188, 189, 190, 204, 209, 215, 264, 277, 282, 321, 428, 437, 456, 621, 630, 654, 693, 730, 776, 856, 877, 879, 1127, 1136, 1139
VEIT, MARTIN – 214
VENTURA, RAÚL – 129, 138, 146, 147, 148, 190, 191, 192, 207, 208, 266, 355, 406, 407, 552, 560, 566, 567, 594, 615, 618, 620, 665, 671, 700, 701, 702, 707, 709, 723, 724, 725, 735, 775, 852, 859, 860, 926, 927, 941, 942, 950, 966, 967, 968, 1095, 1099, 1100, 1101, 1102, 1106, 1108, 1110, 1111, 1113, 1114, 1115, 1116, 1121, 1122, 1123, 1126, 1127, 1129, 1139, 1144, 1145, 1150
VERSE, DIRK A. – 283
VETTER, HEINZ OSKAR – 91
VIANDIER, ALAIN – 103, 264, 691, 960
VIDAL, DOMINIQUE – 264
VIDARI, ERCOLE – 81, 1126
VIDIGAL, RAMIRO – 1050
VIEIRA, JOÃO JORGE – 971
VIEIRA, Padre ANTÓNIO – 111
VIGHI, ALBERTO – 53, 56, 60, 61, 63
VILELLA, MACHADO – 134
VILLEMIN, PAUL – 960
VISCONDE DE CARNAXIDE – 123, 124, 132, 133, 262, 827

VITAL, FEZAS – 134
VÍTOR, SANTOS – 700
VITORINO, ANTÓNIO – 898
VIVANTE, CESARE – 99, 649
VOGEL, HANS-GERT – 242
VOGEL, JOACHIM – 434
VOIGT – 91
VOIRIN, PIERRE – 314
VOLTERRA – 55, 56
VONNEMANN, WOLFGANG – 434, 440
VRUGT, MARIJKE VAN DE – 61

WAGNER, WOLFGANG – 73
WALDNER – 397
WALHSLEY, KEITH – 106
WALMSLEY, KEITH – 265
WALTER, GERHARD – 321
WALTERMANN, JENS – 877
WÄLZHOLZ, ECKARD – 706
WARDA, MARK – 108
WARSCHAUER, OTTO – 86
WASTL, ULRICH – 455, 878
WAX, THOMAS – 858
WEBER, ALBRECHT – 187, 895
WEBER, CLAUS – 242
WEBER, HANSJÖRG – 548
WEBER, MARTIN – 203, 456, 461
WEBER, ROBERT – 806
WEBER-REY, DANIELA – 245
WEDDIGEN – 91
WEGNER, MICHAEL – 52, 53
WEICK, GÜNTER – 318, 437, 438, 441, 617
WEIDENKAFF, WALTER – 914
WEILL, ALEX – 314
WEIMAR, ROBERT – 321, 541
WEINMANN, HEINZ – 91
WEINSPACH – 92
WEISSER, JOHANNES – 877
WEITBRECHT, CORNELIUS – 433
WELFENS, PAUL J. J. – 236
WELLENHOFFER-KLEIN, MARINA – 468
WELTER, ERICH – 87
WENGLER, A. – 72, 76
WEPPNER, SIMON – 1130
WERDER, AXEL VON – 877, 881, 889, 895

WERNER, RÜDIGER – 215, 933
WERNER, WINFRIED – 466
WESTERMANN, HARM PETER – 245, 301, 466, 855
WETZLER, CHRISTIAN F. – 214
WETZLER, CHRISTOPH F. – 211, 213, 214
WICHERT, JOACHIM – 214
WIEACKER, FRANZ – 53, 317, 545
WIEDEMANN, HARALD – 1038, 1051
WIEDEMANN, HERBERT – 319, 430, 431, 465, 466, 468, 621, 781
WIESE, GÜNTHER – 632
WIESNER, GEORG – 469, 470, 548, 678
WIETHÖLTER, RUDOLF – 61, 440
WILDE, CHRISTIAN – 733
WILHELM, HANS – 855
WILHELM, JAN – 263, 433, 437, 441, 856
WILHELMI, HANS – 438
WILHELMI, SYLVESTER – 438
WILLBURGER, WOLFRAM GÜNTER – 428, 431
WILSER, OTTO – 440
WINDBICHLER, CHRISTINE – 46, 48, 61, 89, 95, 96, 263, 277, 282, 301, 373, 405, 456, 529, 693, 1125
WINDSCHEID – 312, 314
WINGERTER, EUGEN – 245
WINKELJOHANN, NORBERT – 1027, 1051, 1067
WINKLER, KARL – 496
WINNEFELD, ROBERT – 1042, 1072
WINTER, GEORG – 433, 466
WINTER, MARTIN – 466

WIRTH, GERNOT – 1114
WITT, CARL-HEINZ – 717
WITTMANN – 906
WLOTZKE – 91
WOHLLEREN, HERMANN PETER – 714, 734
WOLF, ERNST – 319
WOLF, MANFRED – 379, 397, 455, 480, 484, 741
WOLFF, HANS J. – 314
WORMSER, I. MAURICE – 423
WRIGHT, MIKE – 892, 893, 895
WUBBELSMANN, STEPHAN – 933
WÜST, GÜNTHER – 300, 431
WYMEERSCH, EDDY – 202

XAVIER, ALBERTO – 262, 372, 487
XAVIER, RITA LOBO – 474, 479
XAVIER, VASCO DA GAMA LOBO – 147, 262, 355, 487, 532, 701, 742, 744, 758, 763, 765, 766, 770, 775, 779, 782, 787, 792, 802, 803, 806, 872, 942

ZACHERT, ULRICH – 91
ZAHN, JOHANNES C. D. – 87
ZATTI, PAOLO – 435
ZIMMER, DANIEL – 205, 207, 212, 215, 245, 324
ZITELMANN, ERNST – 312
ZÖLLNER, WOLFGANG – 466, 691, 694, 741, 780, 878, 925
ZUTT, JURG – 693
ZWISSLER, THOMAS – 469

ÍNDICE BIBLIOGRÁFICO

AAVV – *La riforma del diritto societario/Atti del Convegno*, 2003.

AAVV – *The Handbook of International Corporate Governance/a definitive guide* (2005), 1-6.

ABATE, FRANCESCO/DIMUNDO, ANTONIO/LAMBERTINI, LAMBERTO/PANZANI, LUCIANO/PATTI, ADRIANO – *Gruppi, trasformazione, fusione e scissione, scioglimento e liquidazioni, società estere*, 2003.

ABBADESSA, PIETRO/PORTALE, GIUSEPPE P. – *Il nuovo diritto delle società*, 1, 2006.

ABELTSHAUSER, THOMAS E. – *Leitungshaftung im Kapitalgesellschaftsrecht/Zu den Sorgfalts- und Loyalitätspflichten von Unternehmensleitern im deutschen und im US-amerikanischen Kapitalgesellschaftsrecht*, 1998.

ABREU, JORGE COUTINHO DE – *Do abuso do direito/Ensaio de um critério em Direito civil e nas deliberações sociais*, 1983;
– *Da empresarialidade (as empresas no Direito)*, 1994;
– *Curso de Direito Comercial*, 2 – *Das sociedades*, 3.ª ed., 2009;
– *Sobre as novas empresas públicas (Notas a propósito do DL 558/98)*, BFD/Volume comemorativo (2003), 555-575;
– *A governação das sociedades/Relatório*, 2005;
– *Direito comercial/Governação das sociedade*, 2005
– *Responsabilidade civil dos administradores das sociedades*, 2.ª ed., 2010;
– *Código das Sociedades Comerciais em Comentário* 1, 2010.

ABREU, JORGE COUTINHO DE/RAMOS, MARIA ELISABETE – no *Código em Comentário*, 2010.

ABREU, LUÍS VASCONCELOS – *A sociedade leonina*, ROA 1996, 619-665.

ABREU, TEIXEIRA D' – anotação a RCb 26-Mai.-1928 (A. GAMA), BFD 11 (1930), 171-204.

ABRIANI, NICCOLÒ – *Il devieto del patto leonino/Vicende storiche e prospettive applicative*, 1994.

ADLER, HANS/DÜRING, WALTER/SCHMALTZ, KURT – *Rechnungslegung und Prüfung der Aktiengesellschaft/Handkommentar*, 4.ª ed., 1, 1968; 2, 1971 e 3, 1972.

ADOMEIT, KLAUS – *Arbeitsrecht für fie 90 er Jahre*, 1991.

AGUIAR, CARLA – *Governo recua na dissolução automática e impõe obrigações*, em *Diário de Notícias/Negócios*, 8 de Dezembro de 2004, 40.

AktG/GmbHG, 42.ª ed., da Beck (2010), com introdução de HERIBERT HIRTE, IX-XXXIV.

Aktiengesetz/GmbHG, 35.ª ed., da Beck2003.

ALBANESE, BERNARDO – *Le persone nel diritto privato romano*, 1979;
– *Persona (diritto romano)*, ED XXXIII (1983), 169-181.

ALBERTAZZI, A./PRASCA, M. S. – *Commento analitico al Codice di Commercio per gli stati sardi*, Parte I, 1843-1844.

ALBUQUERQUE, PEDRO DE – *A aplicação do prazo prescricional do n.° 1 do artigo 498.° do Código Civil à responsabilidade civil contratual*, ROA 1989, 793-837;
– *Direito de preferência dos sócios em aumentos de capital nas sociedades anónimas e por quotas*, 1993;
– *A vinculação das sociedades comerciais por garantia de dívidas de terceiros*, ROA 1995, 689-711;
– *Da prestação de garantias por sociedades comerciais a dívidas de outras entidades*, ROA 1997, 69-147.

ALBUQUERQUE, RUY DE – *As represálias/Estudo de História do Direito Português (sécs. XV e XVI)*, 1, 1972.

ALBUQUERQUE, RUY/CORDEIRO, ANTÓNIO MENEZES – *Da responsabilidade fiscal subsidiária: a imputação aos gestores dos débitos das empresas à previdência e o artigo 16.° do Código de Processo das Contribuições e Impostos*, CTF 1987, 147-190.

ALESSANDRO, FLORIANO D' – *Persone giuridiche e analisi del linguaggio*, 1989.

ALEXANDER-KATZ, HUGO/DYHRENFURTH, RICHARD – *Die Aktiengesellschaft unter dem neuen Aktiengesetz*, 1899.

ALLEGRI, VINCENZO – *Regime jurídico da fiscalização das sociedades anónimas/Un decreto legge portoghese sul' controllo delle società anonime*, Riv. Società XVI (1971), 146-152 = BMJ 210 (1971), 490-500;
– *Contributo allo studio della responsabilità civile degli amministratori*, 1979.

ALMEIDA, ANTÓNIO PEREIRA DE – *Direito comercial*, 2, *Sociedades comerciais*/Sumários desenvolvidos, 1981;
– *Sociedades comerciais*, 3.ª ed., 2003; 4.ª ed., 2006; 5.ª ed., 2008; 6.ª ed., 2011.

ALMEIDA, CRISTIANA PINTO DE – *O princípio da especialização de exercícios e o lucro tributável*, 2003.

ALPA, GUIDO/ZATTI, PAOLO – recensão a FRANCESCO GALGANO, *L'abuso della personalità giuridica*, em *Letture di diritto civile* (1990), 225-237.

ALTMEPPEN, HOLGER – *Schutz vor "europäischen" Kapitalgesellschaften*, NJW 2004, 97-104.

ALVES, CARLOS FRANCISCO – *vide* SILVA, ARTUR SANTOS.

ALVES, CARLOS/MENDES, VICTOR – *As recomendações da CMVM relativas ao Corporate Governance e a Performance das sociedades*, CMVM 12 (2001), 57-88.

AMARAL, DIOGO FREITAS DO – *Curso de Direito administrativo*, 1, 2.ª ed., 1994.

AMARAL, JOÃO FERREIRA DO – *Crise e instituições europeias*, RFPDF 2008, 4, 11-18.

AMMEDICK, OLIVIER (org.) – *Münchener Kommentar zum Bilanzrecht* 1, 2008, e 2, 2011.

ANDRADE, ABEL DE e outros – *Companhia das Lezírias/Parecer*, GRLx 37 (1923), 81-100.

ANDRADE, JOÃO DA COSTA – *Responsabilidade fiscal dos gerentes e administradores: a culpa jurídico-tributária*, BFD 80 (2004), 821-851.

ANDRADE, MANUEL A. DOMINGOS DE – *Direito Civil (Teoria Geral da Relação Jurídica)*, por PORFÍRIO AUGUSTO DE ANDRADE, 1, 1944;
– *Sobre a validade das cláusulas de liquidação de partes sociais pelo último balanço*, RLJ 86 (1954), 369-375 e 87 (1954/55), 3-5, 17-20, 33-35, 49-52, 65-68, 81-84, 207-211, 225-228, 241-243, 257-260, 273-277, 289-292 e 305-309;

Índice bibliográfico 1195

– *Teoria geral da relação jurídica*, I – *Sujeitos e objectos*, 2.ª ed., publ. FERRER COR-
REIA/RUI DE ALARCÃO, 1960, 3.ª reimpr. 1972;
– *Teoria geral das obrigações*, 1965.

ANDRADE, MARGARIDA COSTA – no *Código em Comentário* 1 (2010), 360 ss..

ANDRADE, VICENTE JOAQUIM DE – *Memorias sobre as Pescarias Reaes do Reino do
Algarve*, 1813.

ANDRIEUX, PH./DIREZ, H. – *Traité pratique des sociétés anonymes*, 1986.

ANNING, PAUL/TERLAN, MATTHIAS – *Massnahmen gegen die Finanzmarktkrise/Grossbri-
tannien*, RIW 2009, 54-56.

Anónimo – *Tratado sobre as partidas dobradas/Por meyo da qual podem aprender e arrumar as contas nos Livros, e conhecer dellas, todos os Curiozos impossibilitados de
cultivar as Aulas desta importante Ciência & c.*, Turim, 1764.

Anotação a STJ 15-Jun.-1962 (RICARDO LOPES), BMJ 118 (1962), 647.

ANTHERO, ADRIANO – *Comentario ao Codigo Commercial Portuguez*, 1, 1913.

ANTUNES, BRUNO BOTELHO – *Da relevância dos princípios contabilísticos geralmente
aceites para o Direito fiscal*, 2003.

ANTUNES, HENRIQUE SOUSA – *Algumas considerações sobre a informação nas sociedades
anónimas (Em especial, os artigos 288.º a 293.º do Código das Sociedades Comerciais)*, DJ IX (1995), 2, 193-228 e DJ X (1996), 1, 261-304.

ANTUNES, JOÃO TIAGO MORAIS – *Do contrato de depósito* escrow, 2007.

ANTUNES, JOSÉ ENGRÁCIA – *Liability of Corporate Groups*, 1994;
– *Os grupos de sociedades/Estrutura e organização jurídica de empresa plurissocietária*, 1993.

ANTUNES, JOSÉ ENGRÁCIA/TORRES, NUNO PINHEIRO – *The Portuguese East India Company*,
em GEPKEN-JAGER/VAN SOLINGE/TIMMERMAN, *VOC 1602-2002* (2005), 161-186.

APROLI, CÉSARE –*Lezioni di diritto commerciale*, 2, 1855.

ARANGIO-RUIZ, VINCENZO – *La società in diritto* romano, 1950.

Arbeitsgesetze, 77.ª ed. (2010), da Beck, intr. REINHARD RICHARDI, 721-726.

ARNÒ, CARLO – *Il contratto di* società, 1936.

ARNOLD, MICHAEL – *Die Tragweite des § 8 Abs. 2 PartGG von dem Hintergrund der Haftungsverfassung der Gesselschaft bürgerlichen Rechts*, BB 1996, 597-605.

ARORA, PATRICK – *Reform des Depotrechts: Zunehmender Handlungsdruck*, Die Bank
1.2009, 14-16.

ASCARELLI, TULLIO – *La liceità dei sindacati azionari*, RDComm XXIX (1931) II,
256-272;
– *Considerazioni in tema di società e personalità giuridica*, RDComm LII (1954), 1,
247-270, 333-349 e 421-443.

ASCENSÃO, JOSÉ DE OLIVEIRA – *Lições de Direito comercial – I – Parte geral*, 1986/87;
– *Direito comercial – IV – Sociedades comerciais*, 1993;
– *Direito comercial, IV – Sociedades comerciais/parte geral*, 2000;
– *Direito civil/Teoria geral*, I, 2.ª ed., 2000.

ASCHE, MICHAEL – *Europäisches Bilanzrecht und nationales Gesellschaftsrecht*, 2007.

ASCHERMANN, ROLF – *vide* BEUTHIEN, VOLKER.

ASSMANN, HEINZ-DIETER – *vide* KÜBLER, FRIEDRICH.

AULETA, GIUSEPPE/SALANITRO, NICCOLÒ – *Diritto commerciale*, 8.ª ed., 1993.

1196 Direito das sociedades

AXHAUSEN, MICHAEL – no *Beck'sches Handbuch der GmbH*, 3.ª ed., 2002.
AZEVEDO, J. LÚCIO DE – *Épocas de Portugal Económico*, 2.ª ed., 1947; 1.ª ed., 1929.

BAINBRIDGE, STEPHEN M. – *Corporate Law*, 2.ª ed., 2009.
BAKER, RALPH J./CARY, WILLIAM L. – *Cases and Materials on Corporations*, 3.ª ed., 1959.
BALLANTINE, HENRY WINTHROP – *On corporations*, 1946.
BALLWIESER, WOLFGANG – *Vergleichende Darstellung IAS/US-GAAP/HGB*, no WILEY-*Kommentar zur internationalen Rechnungslegung nach IAS/IFRS* (2005), 1199-1233.
BALSER, HEINRICH – *Die Aktiengesellschaft nach dem neuen Aktiengesetz insbesondere im Handelsregisterverkehr*, I, 1966.
BALSER/BOKELMANN/PIORRECK – *Die Aktiengesellschaft*, 1984.
BALTZER, JOHANNES – *Der Beschluss als rechtstechnisches Mittel organschaftlicher Funktion im Privatrecht*, 1965.
BANDINI, VINCENZO – *Appunti sulle corporazioni romane*, 1939.
Bankrecht, da Beck, 28.ª ed., 1999.
BÄR, ROLF – em WIEDEMANN/BÄR/DABIN, *Die Haftung des Gesellschafters in der GmbH*, 1968.
BARBERO, DOMENICO – *Sistema istituzionale del diritto privato italiano*, 2.ª ed., 1, 1949.
BARDENZ, ALEXANDER – *Durchbruch für das International Accounting Standards Committee?*, WM 1996, 1657-1671
BARBRY, PAUL – *Le régime actuel de l'administration des sociétés anonymes*, 1943.
BARON, J. – *Die Gesammtrechtsverhältnisse im römischen Recht*, 1864.
BARTHOLOMEYCZIK, HORST – *Der Körperschaftsbeschluss als Rechtsgeschäft*, ZHR 105 (1938), 292-334;
   – *Das Gesamthandsprinzip beim gesetzlichen Vorkaufsrecht der Miterben*, FS Nipperdey I (1965), 145-175.
BARTL/HENKES – *GmbH-Recht/Handbuch und Kommentar*, 2.ª ed., 1986.
BARTODZIEJ, PETER – *Reform des Umwandlungsrechts und Mitbestimmung*, ZIP 1994, 580-583.
BARTON, NANCY E. – *vide* BLOCK, DENNIS J..
BÄRWALDT, ROMAN – em SEMLER/STENGEL, *Umwandlungsgesetz*, 2003.
BARZ, CH. – anotação a BGH 29-Mai.-1967, GmbHR 1968, 100-101.
BASEDOW, JURGEN – *Europäisches internationales Privatrecht*, NJW 1996, 1921-1930;
   – *Grundlagen des europäischen Privatrechts*, JuS 2004, 89-96.
BASILE, MASSIMO/FALZEA, ANGELO – *Persona giuridica (diritto priv.)*, ED XXXIII (1983), 234-275.
BASTOS, JACINTO RODRIGUES – *Direito das obrigações* II, 1972;
   – *Notas ao Código de Processo Civil*, II (264.º a 466.º), 3.ª ed., 2000.
BATTES, ROBERT – *Rechtsformautomatik oder Willensherrschaft?*, AcP 174 (1974), 429-464.
BAUDRY-LACANTINERIE/FOURCADE, HOUGUES – *Traité théorique et pratique de Droit civil, Des Personnes*, 1, 3.ª ed., 1907.
BAUMBACH, ADOLF/HUECK, ALFRED – *GmbH-Gesetz/Gesetz betreffend die Gesellschaften mit beschränkter Haftung*, 19.ª ed., 2010.
BAUMBACH/DUDEN/HOPT – *HGB/Komm*, 29.ª ed., 1985 e 32.ª ed., 2006..

BAUMS, THEODOR – (publ. e intr.) *Gesetz über die Aktiengesellschaften für die Königlich Preussischen Staaten vom 9.November 1843/Text und Materialien*, 1981;
– *Der Geschäftsleitervertrag*, 1987;
– *Aktuelle Entwicklungen im Europäischen Gesellschaftsrecht*, AG 2007, 57-65.

BAUSCHKE, HANS-JOACHIM – *Durchgriff bei juristischen Personen*, BB 1975, 1322-1325;
– *Mit dem "Durchgriff" ins kommende Jahrhundert?*, BB 1984, 698-699.

BAYER, WALTER/HABERSACK, MATHIAS – *Aktienrecht im Wandel*, I – *Entwicklung des Aktienrechts*, 2007; II – *Grundsatzfragen des Aktienrechts*, 2007;
– *vide* LUTHER, MARCUS.

BAYER, WALTER/ENGELKE, SYLVIA – *Die Revision des Aktienrechts durch das Aktiengesetz von 1937*, em BAYER/HABERSACK, *Aktienrecht im Wandel* I (2007), 619-669.

BAYER, WALTER/SCHMIDT, JESSICA – *Überlagerungen des deutschen Aktienrechts durch das Europäiche Unternehmensrecht: eine Bilanz von 1968 bis zur Gegenwart*, em BAYER/HABERSACK, *Aktienrecht im Wandel* I (2007), 944-998.

BAYER, WILHELM F. – *Kreditgewährung an Mitglieder der Geschäftsleitung und leitende Angestellte im Konzernrecht*, BB 1956, 871-875.

BEATE, FRIEDHELM – *Zur Möglichkeit des gutgläubigen Erwerber einer juristischen Person von ihrem* Gesellschafter, 1990.

BECHMANN, ALBERT – *Die Richtlinie im Europäischen Gemeinschaftsrecht und im Deutsche Recht*, em LEFFSON/RÜCKLE/GROSSFELD, *Handwörterbuch unbestimmter Rechtsbegriffe im Bilanzrecht des HGB* (1986), 11-28

BECKER, FRIEDRICH – *Der Kündigungsrechtliche Status von leitenden Angestellten*, ZIP 1981, 1168-1177.

BÉDARRIDE, J. – *Droit commercial/Commentaire du Code de Commerce* – I, tit. III – *Des sociétés*, I, 1856.

BEHNSEN, ALEXANDER – *vide* EWER, WOLFGANG.

BEHRENDS, PETER – *Stimmrecht und Stimmrechtsbindung*, FS 100 Jahre GmbH-Gesetz (1992), 539-558;
– *Die Umstrukturierung von Unternehmen durch Sitzverlegung oder Fusion über die Grenze im Licht der Niederlassungsfreiheit im Europäischen Binnenmarkt (Art. 52 und 58 EWGV)*, ZGR 1994, 1-25;
– *Die Gesellschaft mit beschränkter Haftung im internationalen und europäischen Recht*, 1997;
– recensão à 1.ª ed. (1999) de MATHIAS HABERSACK, *Europäisches Gesellschaftsrecht/Einführung für Studium und Praxis*, NJW 2000, 1095.

BEIER, CONSTANTIN H. – *Der Regelungsauftrag als Gesetzgebungsinstrument im Gesellschaftsrecht*, 2002.

BEIGEL, R. – *Rechnungswesen und Buchführung der Römer*, 1904, reimp., 1968.

BEILNER, THOMAS/WEBER, CLAUS – *Portfoliomanagement: die Performance stabilisieren*, Die Bank 6.2009, 38-41.

BEITZKE, GÜNTHER – *Nichtigkeit, Auflösung und Umgestaltung von Dauerrechts-verhältnissen*, 1948.

BEKKER, E. J. – *Beiträge zum Aktienrecht*, ZHR 17 (1872), 379-465.

BELLSTEDT, C. – *Vertragliches Weltbewerbsverbot des GmbH-Geschäftsführers nach seinem Ausscheiden*, GmbHR 1976, 236-241.

BEMMANN, MARTIN – *vide* GLEISSER, WERNER.

BENEVIDES, JOSÉ – *Um projecto de lei e a responsabilidade na gerência das sociedades anonymas*, 1893.

BENNE, DIETMAR – *Haftungsdurchgriff bei der GmbH insbesondere im Fall der Unterkapitalisierung*, 1978.

BENTO, VÍTOR – *Crise económica, ou mais do que isso?*, RFPDF 2008, 4, 19-35.

BERDAH, JEAN PIERRE – *Fonctions et responsabilité des dirigeants de sociétés par actions*, 1974.

BERG, HANS – *Schadensersatzanspruch des GmbH-Alleingesellschafters bei einem Schaden der Gesellschaft*, NJW 1974, 933-935.

BERGER, CHRISTIAN – *Nebenverträge im GmbH-Recht* (1995), 17-29.

BERGFELD, CHRISTOPH – *Trade Companies in Brandenburg*, em ELLA GEPKEN-JAGER/GERARD VAN SOLINGE/LEVINUS TIMMERMAN (org.) (2005), 251-261;
– *Aktienrechtliche Reformvorhaben vor dem ADHGB*, em BAYER/HABERSACK, *Aktienrecht im Wandel* I (2007), 168-192.

Bericht der durch den 34. Juristentag zur Prüfung einer Reform des Aktienrechts eingesetzen Kommission, 1928.

BERLE, ADOLF/MEANS, GARDINER – *The Modern Corporation and Private Property*, 1932.

BERTUZZI, MARIO/MANFEROCE, TOMMASO/PLATANIA, FERNANDO – *Società per azioni/Costituzione, patti parasociali, conferimenti*, 2003.

BETTI, EMILIO – *Diritto romano* – I – *Parte generale*, 1935.

BEUTHIEN, VOLKER – *Die Haftung von Personengesellschaftern*, DB 1975, 725-730 e 773-776;
– *Die eingetragene Genossenschaft als Holdinggesellschaft/Zulässigkeite der Betriebsausgliederung nach dem Genossenschaftsgesetz*, AG 1996, 349-357;
– *Haftung bei gesetzlichen Schuldverhältnissen einer Vorgesellschaft*, BB 1996, 1337-1344;
– *Zur Mitgliedschaft als Grundbegriff des Gesellschaftsrechts – Subjektiven Recht oder Stellung im pflichthaltigen Rechtsverhältnis?*, FS Wiedemann 2002, 755-768;
– *Zur Funktion und Verantwortung juristischer Personen im Privatrecht*, JZ 2011, 124-130.

BEUTHIEN, VOLKER/MEYER, EMIL H./MEULENBERGH, GOTTFRIED – *Genossenschaftsgesetz*, 13.ª ed., 2000.

BÉZARD, PIERRE – *La société anonyme*, 1986.

BEZZENBERGER, GEROLD – *Die Niederschrift über eine beurkundungsfreie Hauptversammlung (§ 130 Abs I, Satz 3 AktG)*, FS Schippel (1996), 361-386.

BEZZENBERGER, GEROLD/KEUL, THOMAS – *Münchener Handbuch des Gesellschaftsrechts*, 2, 2.ª ed., 2004.

BIANCA, C. MASSIMO – *Diritto civile* I – *La norma giuridica* – *I soggetti*, 1978.

BIANCHINI, MARIAGRAZIA – *Studi sulla* societas, 1967.

BIEHL, BJÖRN – *Grundsätze der Vertragsauslegung*, JuS 2010, 195-200.

BIERMANN – *vide* DERNBURG.

BINDER, JULIUS – *Das Problem der juristischen Persönlichkeit*, 1907.

BINZ, MARK K./MAYER, GERD – *Die ausländische Kapitalgesellschaft & Co.KG im Aufwind? Konsequenzen aus dem "Überseering"-Urteil*, GmbHR 2003, 249-257.

BIONDI, ARTHUR – *Neue Wege des Aktienrechts*, 1933.

BIONDI, BIONDO – *Il diritto* romano, 1957.

BIPPUS, BIRGIT – *vide* EBENROTH, CARSTEN THOMAS.

BLASCHE, SEBASTIAN – *Die Anwendung der Business Judgement Rule bei Kollegialentscheidungen und Vorliegen eines Interessenkonflikts bei einem der Vorstandmitglieder*, AG 2010, 692-699.

BLOCK, DENNIS J./BARTON, NANCY E./RADIN, STEPHEN A. – *The Bussiness Judgement Rule/Fiduciary Duties of Corporate Directors*, 2002.

BLOMEYER, JÜRGEN – *Die Rechtsnatur der Gesamthand*, JR 1971, 397-403.

BLUME, OTTO – *Zehn Jahre Mitbestimmung*, em POTTHOFF/BLUME/DUVERNELL, *Zwischenbilanz der Mitbestimmung* (1962), 55-304.

BLUMENTHAL – *Persona*, PWRE XIX, 1 (1937), 1036-1040.

BÖCKLI, PETER – *Neuerungen im Verantwortlichkeitsrecht für den Verwaltungsrat*, SZW 1993, 261-279.

BÖCKLI, PETER/HUGUENIN, CLAIRE/DESSEMONTET, FRANÇOIS – *Le gouvernement d'entreprise/Rapport du groupe de travail en une de la révision partielle du droit de la société anonyme*, 2004.

BODENHEIMER, EDGAR – *Das Gleichheitsprinzip im Aktienrecht*, 1933.

BOISTEL, A. – anotação a Cass. Francesa 19-Mar.-1894, D 1894, 1, 465-472

BOKELMANN – *vide* BALSER.

BOLLA, SIBYLLE – *Die Entwicklung des Fiskus zum Privatrechtssubjekt mit Beitragen zur Lehre vom aerarium/Eine rechtsgeschichte Untersuchung*, 1938.

BOMMERT, R. – anotação a BGH 1-Fev.-1988, JR 1988, 509-511.

BONA, FERDINAND – *Studi sulla società consensuale in diritto* romano, 1973.

BONAVIE, JOÃO BAPTISTA – *Mercador exacto nos seus livros de contas, do método fácil para qualquer mercador, e outros arrumarem as suas contas com a clareza necessaria, com seu diário, pelos principios das Partidas dobradas, segundo a determinação de Sua Magestade*, Lisboa, 1758, Porto 1771 e Lisboa, 1779.

BONELLI, FRANCO/JAEGER, PIER GIUSTO – *Sindacati di voto e sindacati di blocco*, 1993.

BOOR, HANS OTTO DE – *Bürgerliches Recht*, 1, 2.ª ed., 1954.

BOPP, HANS-PETER – *Die Informationsrechte des GmbH-Gesellschafters/Eine rechtsvergleichende Untersuchung des deutschen, französischen und schweizerichen Rechts*, 1991.

BORGES, ANTÓNIO/RODRIGUES, AZEVEDO/RODRIGUES, ROGÉRIO – *Elementos de contabilidade geral*, 15.ª ed., 1997.

BORGES, JOSÉ FERREIRA – *Jurisprudência do Contracto-mercantil de sociedade, segundo a legislação, e arestos dos Codigos e Tribunaes das Naçoens mais cultas da Europa*, 1.ª ed., 1830; 2.ª ed., 1844.

BORGIOLI, ALESSANDRO – *La responsabilità degli amministratori per danno diretto ex art. 2395 c.c.*, anotação a Tribunal de Milão 28-Jan.-1980, GiurComm II (1981), 699-716.

BORK, REINHARD – *Prozessrechtliche Notiz zum UMAG*, ZIP 2005, 66-67;
– *Allgemeiner Teil des Bürgerlichen Gesetzbuchs*, 2.ª ed., 2006;
– introdução à *Insolvenzordnung*, 13.ª ed. da Beck (2010).

BORK, REINHARD/SCHÄFER, CARSTEN – *GmbHG/Kommentar*, 2010.

1200   *Direito das sociedades*

BORNIER – *Ordonnance de Louis XIV sur le commerce enrichie d'annotations et de décisions* importantes, 1749.

BÖSSELMANN, KURT – *Die Entwicklung des deutschen Aktienwesens im 19. Jahrhundert/ /Ein Beitrag zur Frage der Finanzierung gemeinschaftlichen Unternehmungen und zu den Reformen des Aktienrechts*, 1939.

BOTELHO, JOÃO – *Formulários de responsabilidade dos gerentes e desconsideração jurídica da personalidade* (2010).

BÖTTCHER, LARS – *Verpflichtung des Vorstands einer AG zur Durchführung einer Due Diligence*, NZG 2005, 49-54.

BOUJONG, KARLHEINZ – *Das Trennungsprinzip des § 13 II GmbH und seine Grenzen in der neueren Judikatur des Bundesgerichtshofes*, FS Odersky (1996), 739-752.

BOWMAN, SCOTT R. – *The Modern Corporation and American Political Thought/Law, Power, and Ideology*, 1996.

BRABÄNDER, BERND – *Subprime-Krise: Die Rolle der Rating-Agenturen*, Die Bank 8.2009, 8-15.

BRACCIODIETA, ANGELO – *La nuova società per azioni*, 2006.

BRECHER, FRITZ – *Subjekt und Verband/Prolegomena zu einer Lehre von der Personenzusammenschlüssen*, FS A. Hueck 1959, 233-259.

BREDOW, GÜNTHER M./VOGEL, HANS-GERT – *Kreditverkäufe in der Praxis/Missbrauchsfälle und aktuelle Reformansätze*, BKR 2008, 271-281.

BREUER, WOLFGANG – *Insolvenzrecht/Eine Einführung*, 2003.

BREUNINGER, GOTTFRIED E. – *Die BGB – Gesellschaft als Rechtssubjekt im Wirtschaftsverkehr/Voraussetzungen und Grenzen*, 1991.

BRINZ, ALOIS – *Lehrbuch der Pandekten*, 1, 2.ª ed., 1873.

British Companies Legislation, 17.ª ed., 2002;

BRITO, DIOGO LORENA – *vide* CASTRO, CARLOS OSÓRIO DE.

BRITO, JOSÉ ALVES – *vide* LEITÃO, ADELAIDE MENEZES.

BRITO, PEDRO MADEIRA DE – em PEDRO ROMANO MARTINEZ e outros, *Código do trabalho anotado*, 8.ª ed. (2009).

BROCKER, MORITZ – *"In the Line of Fire"/Die Pflichten des Directors und die vereinfachte Kapitalherabsetzung nach dem Companies Act 2006*, GmbHR 2009, 477-480.

BRODMANN, ERICH – *Aktienrecht Kommentar*, 1928.

BRONDICS, KLAUS – *Die Aktionärsklage*, 1988;

– *vide* GROSSFELD, BERNHARD.

BRÖNNER, HERBERT – *Kapitalerhöhung aus Gesellschaftsmitteln/Die kleine Aktienrechtsreform*, 1961.

BROX, HANS – *Allgemeiner Teil des Bürgerlichen Gesetzbuchs*, 22.ª ed., 1998.

BRÜCK, MICHAEL J. J./SCHALAST, CHRISTOPH/SCHANZ, KAY-MICHAEL – *Das Finanzmarktstabilisierungsgesetz: Hilfe für die Banken – Systemwechsel im Aktien- und Insolvenzrecht?*, BB 2008, 2526-2535.

BRUGI, BIAGIO – *Istituzioni di diritto romano (diritto privato giustiniano)*, 3.ª ed., 1926.

BRUNETTI, ANTONIO – *Trattato del diritto delle società*, 1, 2.ª ed., 1948; *Trattato del diritto delle società*, 2 – *Società per azioni*, 1948;

– *Riflessioni sulla società a responsabilità limitata*, RTDPC III (1949), 619-636.

BUCHDA, GERHARD – *Geschichte und Kritik der deutschen Gesamthandlehre*, 1936.

BUNGERT, HARTWIN – *Die GmbH im US-amerikanischen Recht – Close Corporation*, 1993;
– recensão a PETER BEHRENS, *Die Gesellschaft mit beschränkter Haftung im internationalen und europäischen Recht* (1997), NJW 1998, 2806.
– *Gesellschaftsrecht im den USA*, 3.ª ed., 2003.
BUONOCORE, VINCENZO – *Società in nome collettivo*, 1995.
BURDESE, ALBERTO – *Manuale di diritto privato* romano, 1964;
– *Fisco (diritto romano)*, ED XVII (1968), 673-676.
BURHOFF, D. – *Vereinsrecht*, 5.ª ed., 2002.
BUSCHE, JAN – no *Staudinger BGB/Eckpfeiler des Zivilrecht* (2011), 268 ss..
BUSCHMANN, ARNO – *Das Reichsgericht/Ein Höchstgericht im Wandel der Zeiten*, em BERND-RÜDIGER KERN/ADRIAN SCHMIDT-RECLA (org.), *125 Jahre Reichsgericht* (2006), 41-75.
BÜSSEMAKER, ARNOLD – *Stimmbindungsverträge bei Kapitalgesellschaften in Europa/Ein Vergleich der Rechtslagen in Deutschland, Frankreich und dem Vereinigten Königreich*, 1999.

CAEIRO, ANTÓNIO – *Assembleia totalitária ou universal/Direito do administrador a uma percentagem dos lucros/Indemnização do administrador destituído sem justa causa*, Anotação ao acórdão do STJ 14-Out.-1982, RDE 1982, 339-406 = *Temas de Direito das Sociedades* (1984), 467-492;
– *Sobre a participação dos cônjuges em sociedades por quotas*, em *Estudos em Homenagem ao Prof. Doutor FERRER CORREIA*, II (1989), 313-354
– *vide* CORREIA, A. FERRER.
CAETANO, MARCELLO – *Das fundações/Subsídios para a interpretação e reforma da legislação portuguesa*, s/d, mas 1962;
– *As pessoas colectivas no novo Código Civil português*, O Direito 99 (1967), 85-110;
– *Manual de Direito administrativo*, 10.ª ed. rev. e act. por DIOGO FREITAS DO AMARAL, vol. 1.º, 1973.
CALATRAVA, JUAN – tradução castelhana de LUCA PACIOLI, *La divina proporción*, 1991, com introdução de ANTONIO M. GONZÁLEZ.
CALLISON, J. WILLIAM/SULLIVAN, MAUREEN A. – *Limited Liability Companies/A State-by-State Guide to Law and Practice*, 3 volumes, 2008.
CÂMARA, PAULO – *O governo das sociedades em Portugal: uma introdução*, CadMVM 12 (2001), 45-55;
– *Manual de Direito dos valores mobiliários*, 2009;
– *Crise financeira e regulação*, ROA 2009, 697-728;
– *O Decreto-Lei n.º 64/2009: diminuição extraordinária do valor nominal das acções*, RDS 2009, 327-338;
– no *CSC/Clássica*, 2.ª ed. (2010), anotações aos artigos 32.º, 33.º.
CAMEIRA, TOMAZ PEREIRINHA – *Tratamento contabilístico do trespasse*, 2005.
CAMPOBASSO, GIANFRANCO – *Diritto commerciale*, II – *Diritto delle società*, 2006;
CANARIS, CLAUS-WILHELM – *Die Vertrauenshaftung im deutschen Privatrecht*, 1971, reimp., 1983;
– em LARENZ/CANARIS, *Lehrbuch des Schuldrechts*, II – *Besonderer Teil*, 2, 13.ª ed., 1994;

– *Handelsrecht*, 23.ª ed., 2000.

Cannu, Paul le/Dondero, Bruno – *Droit des sociétés*, 3.ª ed., 2009.

Capo, Giovanni – *La società per azioni*, 2010.

Caratozzolo, Enrico – *Società per azioni/Azioni, società collegate e controllate, Assemblea (artt. 2346-2379-ter c.c.)*, 2003.

Carbonnier, Jean – *Droit civil/Les personnes*, 21.ª ed., 2000.

Cardoso, José Pires – *Problemas do anonimato* – II *Fiscalização das sociedades anónimas*, 1943.

Carlos, Adelino da Palma (rel.) – *Regime de fiscalização das sociedades anónimas/ /Parecer*, ACC n.º 149 de 8 de Outubro de 1969 = CC/Pareceres (IX Legislatura) Ano de 1969 (1970), 897-947 (cita-se por esta última publicação), 898, 925 e 926 e 942.

Carlos, Maria Amélia – *As IAS/IFRS – International Accouting Standards –, e a realização teleológica do Direito dobalanço nas sociedades abertas: a imagem verdadeira*, 2005.

Carneiro, José Gualberto de Sá – *Sociedades de cônjuges – subsídios para a interpretação do art. 1714.º do Código Civil*, RT 86 (1968), 291-306, 345-354, 387-392 e 435-441.

Carnell, Richard Scott/Macey, Jonathan R./Miller, Geoffrey P. – *The Law of Banking and Financial Institutions*, 4.ª ed., 2008.

Carolsfeld, Schnorr von – *Geschichte der juristischen Person*, I, 1933.

Carr, Sean D. – *vide* Robert, Bruner F..

Carvalho, Artur de Moraes – *Companhia de colonização*, 1903.

Carvalho, Orlando de – *Teoria geral do Direito civil/Relatório sobre o programa, conteúdo e métodos de ensino*, 1976.

Carvalho, Tito Augusto de – *As companhias portuguesas de colonização*, 1902.

Cary, William L./Eisenberg, Melvin A. – *Cases and Materials on Corporations*, 5.ª ed., 1980.

Cascio, Giovanni lo – *Società per azioni/Obbligazioni, bilancio, recesso, operazioni sul capitale (artt. 2410-2447 c.c.)*, 2003.

Casimiro, Sofia de Vasconcelos – *A responsabilidade dos gerentes, administradores e directores pelas dívidas tributárias das sociedades comerciais*, 2000.

Casper, Matthias – *Die Heilung nichtiger Beschlüsse im Kapitalgesellschaftsrecht*, 1998.

Castro, Armando de – *Sociedades anónimas*, DHP VI (1979), 51-53.

Castro, Carlos Osório de – *Da prestação de garantias por sociedades a dívidas de outras entidades*, ROA 1996, 565-593;
  – *De novo sobre a prestação de garantias por sociedades a dívidas de outras entidades: luzes e sombras*, ROA 1998, 859-873

Castro, Carlos Osório de/Brito, Diogo Lorena – *A concessão de crédito por uma SGPS às sociedades estrangeiras por ela dominadas (ou às sociedades nacionais indirectamente dominadas através de uma sociedade estrangeira e o artigo 481.º, n.º 2 do C.S.C.*, O Direito 136 (2004), 131-155.

Castro, Carlos Osório de/Torres, Nuno Maria Pinheiro – *Leis dos Mercados de Valores Mobiliários*, 2000.

CATALANO, GAETANO – *Persona giuridica (diritto intermedio)*, NssDI XII (1965), 1032-1055.

CATHIARD, CATHERINE/LECOURT, ARNAUD – *La pratique du droit européen des sociétés*, 2010.

CECCHERINI, ALDO/SCHIRÒ, STEFANO – *Società cooperative e mutue assicuratrici (artt. 2511-2548 c.c.)*, 2003.

CHABAS, FRANÇOIS – *vide* MAZEAUD, HENRI.

CHAMBOKO, RAYMOND – *vide* MACKENSIE, BRUCE.

CHAMBRY, ÉMILE – *Ésopo/Fables*, 1985, 4.ª reimp..

CHAPUT, YVES – *Droit des sociétés*, 1993.

CHARKHAM, JONATHAM P. (ed.) – *Keeping Better Company/Corporate Governance Ten Years On*, 2005.

CHAUSSADE-KLEIN, BERNARDETTE – *Gesellschaftsrecht in Frankreich*, 2.ª ed., 1998.

CHESNÉ, GUY – *L'exercice "ut singuli" de l'action sociale dans la société anonyme*, RTDComm 1962, 347-370.

CHIARO, EMILE DEL – *Le contrat de société en droit privé romain/sous la République et au temps des jurisconsultes* classiques, 1928.

CHIRONI, G. P./ABELLO, L. – *Trattato di Diritto Civile Italiano*, vol. I – *Parte Generale*, 1904.

CHITO, MARIA BRUNA – no *Codice Civile*, org. PIETRO RESCIGNO, 1, 7.ª ed. (2008), Art. 1662, n.º 1.

CÍCERO, MARCO TÚLIO – *Opera*, ed. org. ORELLII/BAITERUS/HALMIUS, Turim, 1854, II, *Actionis Secundae in C. Verrem* = ed. T. N. MITCHELL, ed. bilingue anglo-latina, *Verrines*, II, 1, 2.ª ed., 1917.

CIOFFI, CARMINE – no *Codice Civile*, org. PIETRO RESCIGNO, 2, 7.ª ed. (2008), Art. 2261.

CITATI, ANDREA GUARNERI – *Conferimenti e quote sociale in diritto romano*, BIDR XLII (1934), 166-194.

CLAUSSEN, BRUNO – *Der Rechtsfall der l. 62 D. pro socio 17,2 im gemeinen Recht und im Recht des Bürgerlichen* Gesetzbuchs, 1906.

CLAUSSEN, CARSTEN PETER – *So musste es Kommen! – Über die Situation des deutschen Rechnungslegungsrechts*, AG 1993, 278-280;

– *Die vier aktienrechtlichen Änderungs- gesetze des 12. Deutschen Bundestages Reform oder Aktionismus?*, AG 1995, 163-172;

– *Hauptversammlung und Internet*, AG 2001, 161-171;

– *vide* KRONSTEIN, HEINRICH.

CLAUSSEN, P. – *Kapitalersatzrecht und Aktiengesellschaft*, AG 1985, 173-184.

CMVM – *Governo das sociedades anónimas: propostas de alteração ao Código das Sociedades Comerciais/Processo de consulta pública n.º 1/2006*, n.º 11.

Code de Commerce da Dalloz, 102.ª ed. (2007), anotado por NICOLAS RONTCHEVSKY.

Code des sociétés da Dalloz, 23.ª ed. (2011), com. JEAN-PAUL VALUET/ALAIN LIENHARD.

Code des sociétés et des marchés financiers, da Dalloz, 27.ª ed. (2011),

Codigo Commercial Portuguez, ed. da Imprensa Nacional, 1833 = ed. da Imprensa da Universidade, 1856.

Codigo Commercial Portuguez, seguido de um appendice, da Imprensa da Universidade de Coimbra, 1879.

1204   *Direito das sociedades*

Código das sociedades (Projecto), BMJ 327 (1983), 43-339.
Código das Sociedades (Projecto), nota preambular, BMJ 327 (1983), 43-44.
Código das Sociedades Comerciais em Comentário (coord. JORGE M. COUTINHO DE
ABREU), 1, 2010.
Código de Bom Governo das Sociedades, confrontável na Net.
Código de Governo das Sociedades da CMVM/2010 (Recomendações), confrontável
na Net.
Código dos Valores Mobiliários, 3.ª ed., 2007.
COELHO, EDUARDO MELO LUCAS – *Direito de voto dos accionistas nas assembleias gerais
das sociedades anónimas*, 1987.
COELHO, FRANCISCO MANUEL DE BRITO PEREIRA – *Grupos de sociedades*, BFD LXIV
(1988), 297-353.
COELHO, FRANCISCO PEREIRA/OLIVEIRA, GUILHERME DE – *Curso de Direito da família*, I,
3.ª ed., 2003.
COELHO, JOSÉ GABRIEL PINTO – *Direito civil (Noções fundamentais)*, por JOÃO LUÍS P.
MENDES DE ALMEIDA/JOSÉ AGOSTINHO DE OLIVEIRA, 1936-37;
– *Lições de Direito Comercial*, 2.ª ed., 1966.
COETSEE, DANIE – *vide* MACKENSIE, BRUCE.
COHENDY, EM./DARRAS, ALCIDE – *Code de Commerce Annoté*, tomo I, 1903.
COHN, MAX – *Zum römischen Vereinsrecht/Abhandlungen aus der Rechtsgeschichte*, 1873.
COING, HELMUT – *Zur Geschichte des Privatrechtsystems*, 1962.
– *Europäisches Privatrecht 1500 bis 1800* I – *Älteres Gemeines Recht*, 1985.
– em WERNER SELFART, *Handbuch des Stiftungsrechts*, 1987;
– *Europäisches Privatrecht 1800 bis 1914*, II – *19. Jahrhundert*, 1989;
– *Europäisierung der Rechtswissenschaft*, NJW 1990, 937-941.
– *vide* STAUDINGER.
COLI, HUGO – *Collegia e sodalitates/contributo allo studio dei collegi nel diritto romano*,
1913.
*Collecçaõ das Leys, Decretos, e Alvarás, que comprehende o feliz reinado del Rey fidelís-
simo D. José o I. nosso Senhor/Desde o anno de 1750 até o de 1760, e a Pragma-
tica do Senhor Rey D. Joaõ o V. do anno de 1749*, I, 1790.
COLLEY JR., JOHN L./DOYLE, JACQUELINE L./LOGAN, GEORGE W./STETTINIUS, WALLACE –
What Is Corporate Governance, 2005.
CONAC, PIERRE-HENRI – *The French and Dutch East India Companies in Comparative
Legal Perspective*, em ELLA GEPKEN-JAGER/GERARD VAN SOLINGE/LEVINUS TIMMER-
MAN (org.), *VOC 1602-2002/400 Years of Company Law* (2005), 133-157.
Contabilidade, GELB 7, 524/II.
COPPER, ROYER – *Traité theorique et pratique des sociétés anonymes*, 1, 3.ª ed., 1925.
CORDEIRO, ANTÓNIO M. MENEZES – *Corporate Opportunities in Comparative Perspective:
English Law and Portuguese Law*, 2009;
– *vide* FONSECA, TIAGO SOARES DA.
CORDEIRO, ANTÓNIO MENEZES – *Direitos Reais*, 2, 1979;
– *Da situação jurídica laboral: perspectivas dogmáticas do Direito do trabalho*,
separata da ROA, 1982;
– *Da boa fé no Direito civil*, 1984, 3.ª reimp., 2007;

Índice bibliográfico 1205

– *Direito da economia*, 1, 1986;
– *Concorrência laboral e justa causa de despedimento*, ROA 1986, 495-527;
– *Direito das obrigações*, 2, 1987, reimp., 1994;
– *Das publicações obrigatórias nos boletins de cotações das bolsas de valores: aspectos do regime do aumento de capital das sociedades anónimas por subscrição de novas acções*, O Direito 120 (1988) = *Banca, bolsa e crédito*, 1 (1990), 103-133;
– *Teoria Geral do Direito Civil/Relatório* (1988) = separata da RFDUL;
– *Teoria Geral do Direito Civil*, 1, 2.ª ed., 1989;
– *Ciência do Direito e metodologia jurídica nos finais do século XX*, separata da ROA, 1989;
– *Do levantamento da personalidade colectiva*, DJ IV (1989/90), 147-161;
– introdução à versão portuguesa de CLAUS-WILHELM CANARIS, *Pensamento sistemático e conceito de sistema na Ciência do Direito*, 1989;
– *Manual de Direito do trabalho*, 1991, reimp., 1999;
– *Direitos Reais* (1993, *reprint*);
– *Convenções colectivas de trabalho e alterações de circunstâncias*, 1995;
– *Da responsabilidade civil dos administradores das sociedades comerciais*, 1996, a ed. não comercial;
– *Da perda de metade do capital social das sociedades comerciais*, ROA 1996, 157-177;
– *O levantamento da personalidade colectiva no Direito civil e comercial*, 2000;
– *Acordos parassociais*, ROA 2001, 529-542;
– *Tratado de Direito civil*, I/2, 2.ª ed., 2002;
– *Tratado de Direito civil – I – Parte geral*, tomo III – *Pessoas/Exercício jurídico*, 2.ª pré-edição, 2002; 1.ª ed. definitiva, de 2004; 2.ª, 2007. ??? ou – *Tratado de Direito civil*, IV, 3.ª ed. (2011)
– *Da modernização do Direito das obrigações*, II – *O Direito da perturbação das prestações*, ROA 2002, 319-345;
– *Escrituração comercial, prestação de contas e disponibilidade do ágio nas sociedades anónimas*, em *Estudos em homenagem ao Professor Doutor Inocêncio Galvão Telles*, vol. IV (2003), 573-598;
– *A 13.ª Directriz do Direito das sociedades (ofertas públicas de aquisição)*, ROA 2004, 97-111;
– *Manual de Direito das sociedades*, I – *Das sociedades em geral*, 1.ª ed., 2004;
– *Vernáculo jurídico: directrizes ou directivas?*, ROA 2004, 609-614;
– anotação a STJ 9-Jan.-2003, ROA 2004, 627-674;
– *Tratado de Direito civil*, I/1, 3.ª ed., 2005;
– *Tratado de Direito civil*, I/4, 2005;
– *Leis da banca anotadas*, 3.ª ed., 2005;
– *A perda de metade do capital social e a reforma de 2005: um repto ao legislador*, ROA 2005, 45-87;
– *Defesa da concorrência e direitos fundamentais das empresas*, em RUY DE ALBUQUERQUE/ANTÓNIO MENEZES CORDEIRO, *Regulação e concorrência/Perspectivas e limites da defesa da concorrência* (2005), 120-157;

1206   *Direito das sociedades*

– *Direito europeu das sociedades*, 2005;
– *Manual de Direito das sociedades*, 2 – *Sociedades em especial*, 2.ª ed., 2007;
– *A lealdade no Direito das sociedades*, ROA 2006, 1033-1065;
– *Litigância de má fé, abuso do direito de acção e culpa "in agendo"*, 2.ª ed., 2011;
– *A grande reforma das sociedades comerciais*, O Direito 2006, 445-453;
– *Evolução do Direito europeu das sociedades*, ROA 2006, 87-118;
– *Os deveres fundamentais dos administradores das sociedades (artigo 64.º/1 do CSC)*, ROA 2006, 443-488;
– *Introdução: dilemas existenciais do Direito do Trabalho*, em Cadernos O Direito 1 (2007), 7-13;
– *Manual de Direito comercial*, 2.ª ed., 2007;
– *SA: assembleia geral e deliberações dos sócios*, 2007;
– *Manual de Direito das sociedades*, II – *Sociedades em especial*, 2.ª ed., 2007
– *Da confirmação no Direito civil*, 2008;
– *Introdução ao Direito da prestação de contas*, 2008;
– *A Directriz 2007/36, de 11 de Julho (accionistas de sociedades cotadas): comentários à proposta de transposição*, ROA 2008, 503-554;
– anotação a RLx 2-Out.-2008 (MARIA JOSÉ MOURO), RDS 2009, 427-441;
– *A crise planetária de 2007/2010 e o governo das sociedades*, RDS 2009, 263-286;
– *Das ações próprias: dogmática básica e perspetivas de reforma* – I, RDS 2009, 637-646;
– anotação a RLx 20-Nov.-2009 (AVEIRO PEREIRA), RDS 2009, 1053-1058;
– *A tutela do consumidor de produtos financeiros e a crise mundial de 2007/2010*, ROA 2009, 603-632;
– *Tratado de Direito civil*, II/1, 2010; II/3, 2010;
– *Manual de Direito bancário*, 4.ª ed., 2010;
– *Novas regras sobre assembleias gerais: a reforma de 2010*, RDS 2010, 11-33;
– *Acções sem valor nominal*, RDS 2010, 471-508;
– *As aplicações financeiras como base contributiva, perante o Código dos Regimes Contributivos do Sistema Previdencial de Segurança Social*, RDS 2010, 845-863;
– (org.) *Código das Sociedades Comerciais Anotado*, 2.ª ed., 2011;
– anotações aos artigos 5.º, 22.º, 17.º e 544.º e introdução aos artigos 25.º a 30.º do CSC, no *CSC/Clássica*, 2.ª ed., 2011;
– *O CSC e a reforma de 2010: gralhas, lapsos, erros e retificações*, RDS 2010, 509-528;
– *Da natureza jurídica do navio*, ROA, 2011;
– *vide* ALBUQUERQUE, RUY.

CORDEIRO, ANTÓNIO MENEZES/MORGADO, CARLA – *Leis dos seguros anotadas*, 2002.

CORDEIRO, CATARINA PIRES NUNES – *Algumas considerações críticas sobre responsabilidade civil dos administradores perante os accionistas no ordenamento jurídico português*, 2004.

CORDEIRO, PEDRO – *A desconsideração da personalidade jurídica das sociedades comerciais*, 1989.

CORDES, ALBRECHT/JAHNTZ, KATHARINA – *Aktiengesellschaften vor 1807?*, em BAYER/ /HABERSACK, *Aktienrecht im Wandel* I (2007), 1-22.

Índice bibliográfico

CORREIA, ANTÓNIO FERRER – *Sociedades fictícias e unipessoais*, 1948;
– *Sociedades comerciais/doutrina geral (Lições ao 4.° ano jurídico de 1953-1954)*, segundo apontamentos de aula de VASCO DA GAMA LOBO XAVIER revistos pelo Mestre, 1954;
– *Pessoas colectivas/Anteprojecto dum capítulo do novo Código Civil*, BMJ 67 (1957), 247-281;
– *O problema das sociedades unipessoais*, BMJ 166 (1967), 183-217;
– *Lei das Sociedades Comerciais (Anteprojecto)*, BMJ 185 (1969), 25-81 e 191 (1969), 5-137;
– *As sociedades comerciais no período da constituição* (1971), em *Estudos vários de Direito* (1982), 507-545;
– *Direito comercial*, 2.° vol., *Direito das sociedades*, 1973; há *Reprint*, da LEX;
– *Discurso na posse dos Presidentes das Comissões encarregadas de preparar a revisão dos Códigos Civil, de Processo Civil, Penal, de Processo Penal e Comercial, em 10 de Janeiro de 1977*, BMJ 263 (1977), 25-34;
– *Pacto leonino: espécies, proibição e seus fundamentos*, RLJ 115 (1982), 106-110;
– *A sociedade por quotas de responsabilidade limitada segundo o Código das Sociedades Comerciais*, em *Temas de Direito comercial e de Direito internacional privado* (1989), 123-169;
– *Estudos preparatórios inéditos*, transcrito em PIRES DE LIMA/ANTUNES VARELA, *Código Civil Anotado*, 2, 4.ª ed., 1997;
– *O processo de constituição das sociedades de capitais*, em Colóquio org. Fundação Bissaya Barreto, *Os quinze anos de vigência do Código das Sociedades Comerciais* (2003), 19-27.
CORREIA, ANTÓNIO FERRER/CAEIRO, ANTÓNIO – *Anteprojecto de lei das sociedades comerciais/Parte geral*, 1973.
CORREIA, ANTÓNIO FERRER/XAVIER, VASCO LOBO/RIBEIRO, MARIA ÂNGELA/CAEIRO, ANTÓNIO A. – *Sociedades por quotas de responsabilidade limitada/Anteprojecto de lei – 2.ª redacção e exposição de motivos*, RDE 3 (1977), 153-224 e 349-423 e RDE 5 (1979), 111-141 e 142-200;
– *Sociedade por quotas de responsabilidade limitada/Anteprojecto de Lei/2.ª Redacção*, separata, 1979.
CORREIA, FRANCISCO ANTÓNIO – *História Económica de Portugal*, 1, 1929.
CORREIA, FRANCISCO MENDES – *Transformação de sociedades comerciais/Delimitação do âmbito de aplicação do Direito privado português*, 2009;
– *O Decreto-Lei n.° 247-B/2008, de 30 de Dezembro: cartão de empresa, cartão de pessoa colectiva e outras novidades*, RDS 2009, 287-290.
CORREIA, JOSÉ MANUEL SÉRVULO – *Natureza jurídica dos organismos corporativos*, ESC II (1963) 8, 9-25;
– *O sector cooperativo português – Ensaio de uma análise de conjunto*, BMJ 196 (1970), 31-147;
– *Legalidade e autonomia contratual nos contratos administrativos*, 1987.
CORREIA, LUÍS BRITO – *Direito comercial*, 2 – *Sociedades comerciais*, 1989; 3, *Deliberações dos sócios*, 1990;
– *Os administradores das sociedades anónimas*, 1991;

– *Parecer sobre a capacidade de gozo das sociedades anónimas e os poderes dos seus administradores*, ROA 1997, 739-776.

CORREIA, MIGUEL A. J. PUPO – *Direito comercial/Direito da empresa*, 9.ª ed., 2005.

CORSI, FRANCESCO – *vide* FERRARA JR., FRANCESCO.

CORTESE, ENNIO – *Fisco (diritto intermedio)*, ED XVII (1968), 676-684.

COSACK, KONRAD – *Eingene Aktien als Bestandteile des Vermögens einer Aktiengesellschaft*, 1907.

COSTA, ALMEIDA – *Direito das obrigações*, 10.ª ed., 2006.

COSTA, FERNANDO FERREIRA DA – *As cooperativas na legislação portuguesa (subsídios para o estudo do sector cooperativo português* – 1), 1976.

COSTA, RICARDO ALBERTO SANTOS – *A sociedade por quotas unipessoal no Direito português*, 2002.

COSTA, RICARDO – *Responsabilidade civil societária dos administradores de facto*, em IDET, *Temas societários* (2006), 23-43;
 – *Responsabilidade dos administradores e business judgment rule*, em *Reformas do Código das Sociedades* (2007), 51-86;
 – *vide* MARTINS, ALEXANDRE SOVERAL;
 – *vide* RAMOS, MARIA ELISABETE.

COSTANZO, PAOLO/GAZZANI, MASSIMO/NOVATI, FRANCESCA – *Le società/Commento al D. lgs. 6/2003*, 2003.

COTTINO, GASTONE – *Diritto commerciale*, I, 2, *Le società*, 2.ª ed., 1987; I, 2 – *Le società e le altre associazione economiche*, 2.ª ed., 1987;
 – *Il diritto che cambia: dalle compagnie coloniali alla grande società per azioni*, RTDPC XLIII (1989), 493-502.

COURET, ALAIN/MARTIN, DIDIER – *Les sociétés holdings*, 1991.

COVIELLO, NICOLA – *Manuale di diritto civile italiano/Parte generale*, 3.ª ed. rev. por LEONARDO COVIELLO, 1924.

COZIAN, MAURICE/VIANDIER, ALAIN – *Droit des sociétés*, 1987; 3.ª ed., 1994.

COZIAN, MAURICE/VIANDIER, ALAIN/BOISSY, FLORENCE DE – *Droit des sociétés*, 19.ª ed., 2006.

CREZELIUS, GEORG – *vide* PETER, KARL.

CROCA, MARIA ADELAIDE ALVES DIAS RAMALHO – *As contas do exercício/Perspectiva civilística*, ROA 1997, 629-667.

CRUZ, GUILHERME BRAGA DA – *Novo Código Civil/Problemas relativos aos regimes de bens do casamento sobre que se julga necessário ouvir o parecer da comissão redactora do novo Código Civil*, BMJ 52 (1956), 341-354;
 – *Instituições do Direito Civil Português*, 1 – *Parte geral*, 1907; 2 – *Das Obrigações*, 1911

CUNHA, CAROLINA – no *Código em Comentário*, 1 (2010).

CUNHA, JORGE ARRIAGA DA – *vide* SILVA, ARTUR SANTOS.

CUNHA, PAULO – (rel.) *Fiscalização das sociedades anónimas/Parecer*, DSess n.º 19, de 12-Mar.-1943, 172-194;
 – *Direito Civil (Teoria Geral)/Apontamentos manuscritos das Lições dadas ao 2.º ano jurídico de 1971/72*, 22.ª aula teórica, de 7-Jan.-1972;
 – *Teoria Geral do Direito Civil/Apontamentos inéditos das lições*, 1971/1972, 26.ª aula teórica em 20-Jan.-1972.

Índice bibliográfico 1209

CUNHA, PAULO DE PITTA E/SANTOS, JORGE COSTA – *Responsabilidade tributária dos administradores ou gerentes*, 1999.

CUNHA, PAULO OLAVO – *Os direitos especiais nas sociedades anónimas: as acções privilegiadas*, 1993;
– *Direito comercial* II – *Sociedades anónimas*, 2.ª ed., 1994;
– *Direito das sociedades comerciais*, 1.ª ed., 2006; 2.ª ed., 2006; 4.ª ed., 2010;
– *O novo regime da redução do capital social e o artigo 35.º do CSC*, Estudos Galvão Telles/90 anos (2007), 1023-1078;
– *vide* FERNANDES, LUÍS A. CARVALHO.

CUNHA, TÂNIA S. P. R. MEIRELLES DA – *A culpa dos gerentes, administradores e directores na responsabilidade por dívidas de impostos*, 2001.

CUQ, ÉDOUARD – *Manuel des Institutions Juridiques des Romains*, 2.ª ed., 1928.

CURRIE, CAROLYN V. – *The Banking Crisis of the New Millenium – Why It Was Inevitable*, em GREG N. GREGORIU, *The Banking Crisis Handbook* (2010), 3-19.

CZYHLARZ, KARL RITTER VON – *Lehrbuch der Institutionen des römischen Rechtes* 13.ª-14.ª ed., 1914.

DAGEVILLE – *Code de Commerce expliqué par la jurisprudence*, I, 1828.

DALSACE, ANDRÉ – *Fusion*, no *Répertoire de Droit Commercial et des Sociétés*, III vol., *Sociétés*, da Dalloz, 1958;
– *L'administration et la direction des sociétés anonymes et le projet de loi sur les sociétés commerciales*, RTDComm XVIII (1965), 13-22.

DAMMANN, REINHARD/SAMOL, MICHAEL – *Massnahmen gegen die Finanzmarktkrise / / Frankreich*, RIW 2009, 57-60.

DAMSTÉ, WILLEM SINNINGHE/VRUGT, MARIJKE VAN DE – *Winding up the Company*, em ELLA GEPKEN-JAGER/GERARD VAN SOLINGE/LEVINUS TIMMERMAN (org.), *VOC 1602-2002/400 Years of Company Law* (2005), 83-106.

DANIELCIK, HANS PETER – *Aktiengesetz/Gesetz über Aktiengesellschaften und Kommanditgesellschaften auf Aktien*, 1937.

DARRAS, ALCIDE – *vide* COHENDY, EM..

DÄUBLER, WOLFGANG – *Grenzüberschreitende Fusion und Arbeitsrecht/Zum Entwurf der Zehnten gesellschaftsrechtliche Richtlinie*, DB 1988, 1850-1854.

DÄUBLER/KITTNER/KLEBE/SCHNEIDER – *Betriebsverfassungsgesetz/Kommentar für die praxis*, 4.ª ed., 1994.

DAVID, F. – *La réforme de la législation des sociétés par actions d'après les enseignements du droit comparé*, RGDComm 3 (1940), 496, 501 e 506.

DAVID, RENÉ – *La protection des minorités dans les sociétés par actions*, 1929.

DAVIES, PAUL – *Introduction to Company Law*, 2.ª ed., 2010.

DEBOISSY, FLORENCE – *vide* COZIAN, MAURICE.

DEGEN – *Gegenseitiges Treuverhältnis zwischen Gesellschaftern einer GmbH oder Aktionären einer AG*, JW 1929, 1346-1347.

DEGOS, JEAN-GUY – *Histoire de la comptabilité*, 1998.

DEILMANN, BARBARA/ALBRECHT, FRAUKE – *Corporate Governance und Diversity/Was empfiehlt der neue Kodex?*, AG 2010, 727-734.

1210   *Direito das sociedades*

DEILMANN, BARBARA/OTTE, SABINE – *D&O-Versicherung/Wer entscheidet über die Höhe des Selbstbehalts?*, AG 2010, 323-325.

DELEUZE, M. J.-M. – *Le contrat d'engineering*, em AAVV, *Nouvelles techniques contractuelles* (1970), 79-91.

DELITALA, GIACOMO – *I reati concernenti le società di commercio e la legge Rocco del 1930*, RDComm 1931, 1, 176-185.

DELMOTTE, G. – *L'action sociale ut singuli*, J. Not. 1981, 945-959.

DELVINCOURT – *Institutes de Droit Commercial Français*, 2, 1825, reimp. 1834.

DENOZZA, FRANCESCO – *vide* JAEGER, PIER GIUSTO.

DENZEL, STEFANIE – *Die Neutralitätspflicht im europäischen Übernehmerecht/ein Vergleich mit dem US-amerikanischen System der Modified Business Judgement Rule*, 2005.

DERNBURG/BIERMANN – *Pandekten*, 1, 7.ª ed. (1902); a 1.ª ed. é de 1884, a 4.ª, de 1894 e a 5.ª, de 1896.

DERSCH – *Die Rechtsstellung von Organmitgliedern juristischer Personen und Gesellschaften im Arbeitsrecht und in der Sozialversicherung*, RdA 1951, 212-219.

DESSEMONTET, FRANÇOIS – *vide* BÖCKLI, PETER.

DEUTSCH, ANDREAS – *Die Aktiengesellschaft im Code de Commerce vom 1807 und ihre Verbildungsfunktion für die Entwicklung in Deutschland*, em BAYER/HABERSACK, *Aktienrecht im Wandel* I (2007), 46-97.

DIAS, GABRIELA FIGUEIREDO – *Fiscalização das sociedades e responsabilidade civil (após a reforma das sociedades comerciais)*, 2006.

DIAS, JOANA PEREIRA – no *CSC/Clássica*, 2.ª ed., 2011.

DIAS, RUI M. PEREIRA – no *Código em Comentário* (2010, anotações aos artigos 3.º e 4.º do Código das Sociedades Comerciais;
– *O acórdão* Cartesio *e a liberdade de estabelecimento das sociedades*, DSR 2010, 215-236;
– *vide* RODRIGUES, ANA MARIA.

DIDIER, PAUL – *Droit commercial – 2 – Les entreprises en société*, 1993.

DIETZ, ROLF – *Betriebsverfassungsgesetz mit Wahlordnung*, 1.ª ed., 1953.

DIETZ/RICHARDI – *Betriebsverfassungsgesetz*, 2, 6.ª ed. (1982), prenot. § 76 *BetrVG 1952*.

DIETZEL, H. – *Die Commanditen-Gesellschaft und die actio Tributoria*, ZHR 2 (1859), 1-18.

DILCHER, GERHARD – *Rechtsfragen der sogenannten Vorgesellschaft*, JuS 1966, 89-95

DILLER, MARTIN – *Gesellschafter und Gesellschaftsorgane als Arbeitsnehmer*, 1994.

DILLER, MARTIN/GÖPFERT, BURKARD – *Rettungsfonds für Banken: Eingriffe in Vorstandsverträge und – bezüge*, DB 2008, 2579-2584.

DITFURTH, HOIMAR VON – no PWW/BGB, 5.ª ed. (2010), § 705.

DIMUNDO, ANTONIO – *vide* ABATE, FRANCESCO.

DIREZ, H. – *vide* ANDRIEUX, PH..

DIRKSEN, DIRK – *vide* KALLMEYER, HARALD.

DOBEL, ANGELA – *vide* SIMON, STEFAN.

DOMAT, JEAN – *Le droit public, suivi des loix civiles dans leur ordre naturel*, Liv. I, Tit. XV, Sec. II, n.º 2 = *Oeuvres Complètes de J. Domat*, par J. REMY, tomo 3 (1835), 248

DOMINGUES, PAULO DE TARSO – *Do capital social/Noção, princípios e funções*, 1998; 2.ª ed., 2004;

Índice bibliográfico   1211

– *O regime jurídico das sociedades de capitais em formação*, em *Estudos em come-moração dos cinco anos da Faculdade de Direito da Universidade do Porto* (2001), 965-998;
– *Garantias da consistência do património social*, em IDET/*Problemas do Direito das sociedades* (2002), 497-545;
– *A perda grave do capital social (A propósito da recente entrada em vigor do artigo 35.º do Código das Sociedades Comerciais)*, em *Estudos em homenagem ao Professor Doutor Jorge Ribeiro de Faria* (2003), 739-791;
– *Capital e patrimónios sociais, lucros e reservas*, em AAVV, *Estudos de Direito das sociedades*, 7.ª ed. (2005), 129-177; e 8.ª ed. (2008), 173-233;
– *O regime das entradas no CSC*, RFDUP 2006, 673-723;
– *Variações sobre o capital social*, 2009;
– *As acções sem valor nominal*, DSR 2010, 181-210;
– no *Código em Comentário* 1 (2010).
DÖRR, FELIX – *Die fehlerhafte GmbH*, 1989.
DOYLE, JACQUELINE L. – *vide* COLLEY JR., JOHN L.
DREHER, MEINRAD – *Treuepflichten zwischen Aktionären und Verhaltenspflichten bei der Stimmrechtsbündelung/Gesellschaftliche und zivilrechtliche Grundlagen*, ZHR 157 (1993), 150-171.
DROBNIG, ULRICH – *Haftungsdurchgriff bei Kapitalgesellsschaft*, 1959.
DROUETS, GEORGES – *La société à responsabilité limitée (Commentaire de la Loi du 7 Mars 1925)*, 1925.
DRUEY, JEAN NICOLAS – *Unwirksamkeit oder Verantwortlichkeit – Die Verfahren des Aktionärsschutzes in der Schweiz*, ZHR, SH 12 (1994), 186-201.
DRÜKE, HEINER – *Die Haftung der Muttergesellschaft für Schulden der Tochtergesellschaft/Eine Untersuchung nach deutschem und US-amerikanischem Recht*, 1990.
DRYGALA, TIM – em KARSTEN SCHMIDT/MARCUS LUTTER, *Aktiengesetz Kommentar* I, 2.ª ed. (2010), § 41
DUARTE, DIOGO PEREIRA – *Aspectos do levantamento da personalidade coletiva nas sociedades em relação de domínio/Contributo para a determinação do regime da empresa plurissocietária*, 2007.
DUARTE, RICARDO TEIXEIRA – *Commentario ao título XII, parte 1.ª, liv. 2.º do Codigo Commercial Portuguez*, 1843.
DUARTE, RUI PINTO – *A ilicitude da execução de deliberações a partir da citação para o procedimento cautelar de suspensão*, CDP 2004, 17-23;
– *A relevância do Direito comunitário no Direito das sociedades*, em *Escritos sobre Direito das sociedades* (2008), 179-224;
– *O quadro legal das sociedades comerciais ao tempo da Alves & C.ª*, Estudos Comemorativos da FDUNL II (2008), 479-505;
– *vide* RIBEIRO, JOSÉ ANTÓNIO PINTO.
DUARTE, SOUSA – *Diccionario de Direito Comercial*, 1880.
DUCOULOUX-FAVARD, CLAUDE – *Évolution du droit des sociétés et de l'entreprise en France au cours des cinq dernières années*, RS 34 (1989), 817-855;
– *Trente années d'influence du droit communautaire sur le droit français des sociétés*, RS 1995, 649-658.

1212   *Direito das sociedades*

DUDEN, KONRAD – *Gleibehandlung bei Auskünften an Aktionäre*, FS von Caemmerer 1978, 499-515;
    – *vide* BAUMBACH.

DUDEN, KONRAD/SCHILLING, WOLFGANG – *Die Spaltung von Gesellschaften*, AG 1974, 202-212.

DUFF – *Personality in Roman Private Law*, 1938.

DUGUIT, LÉON – *L'État, le Droit objectif et la Loi positive*, 1901;
    – *Traité de Droit Constitutionnel*, 1 – *La règle de droit* – *Le problème de l'État*, 2.ª ed., 1921; 2 – *La Théorie Générale de l'État*, 1923

DÜLFER, EBERHARD – *Die Aktienunternehmung/Eine betriebswirtschaftlich-morphologische Betrachtung der Aktiengesellschaft und ihrer Ordnungsprobleme in Hinblick auf eine Reform des Aktienrechts*, 1962.

DUPICHOT, JACQUES – *vide* JUGLART, MICHEL DE.

DURAND, PAUL – *L'evolution de la condition juridique des personnes morales de droit privé*, em *Le Droit Privé Français au Milieu du XX Siècle* – *Etudes offertes à Georges Ripert* – I (1950), 138-159.

DÜRING, WALTER – *vide* ADLER, HANS.

DÜRINGER, A./HACHENBURG, M. – *Das Handelsgesetzbuch*, 1899.

DÜRR, MARTIN – *Nebenabreden im Gesellschaftsrecht*, 1994.

DUVERNELL, HELMUT – *Mitbestimmung – Heute und Morgen*, em POTTHOFF/BLUME/ /DUVERNELL, *Zwischenbilanz der Mitbestimmung* (1962), 305-311.

EASTERBROOK, FRANK H./FISCHEL, DANIEL R. – *Limited Liability and the Corporation*, 52 U. Chi. L. Rev. 89-117.

EBENROTH, CARSTEN THOMAS – *Das Auskunftsrecht des Aktionärs und seine Durchsetzung im Prozess*, 1970.

EBENROTH, CARSTEN THOMAS/BIPPUS, BIRGIT – *Die Sitztheorie als Theorie effektiver Verknüpfungen der Gesellschaft*, JZ 1988, 677-683.

EBKE, WERNER F. – *Überseering und Inspire Art: Auswirkungen auf das Internationale Gesellschaftsrecht aus der Sicht von Drittstaaten*, em SANDROCK/WETZLER, *Deutsches Gesellschaftsrecht* (2004), 101-128.

ECKHARDT, BERND – *Der Geschäftsführer der GmbH – ein Arbeitnehmer?*, ZfA 1987, 467-480.

EGGERT, MANFRED – *Die deutsche ultra-vires-Lehre/Versuch einer Darstellung am Beispiel der Ausservertretung der Gemeinden*, 1977.

EHLERMANN, CLAUS-DIETER – *Die Europäische Gemeinschaft, das Recht und die Juristen*, NJW 1992, 1856-1860.

EHLERS, ROLF – *Die Nichtigkeit von Hauptversammlungsbeschlüssen bei Aktiengesellschaft nach dem neuen Aktiengesetz vom 20. Juli 1937*, 1937.

EHRHARDT, OLAF/NOWAK, ERIC – *Die Durchsetzung von Corporate Governance*, AG 2002, 336-345.

EHRICKE, ULRICH – *Das abhängige Konzernunternehmen in der Insolvenz/Wege zur Vergrösserung der Haftungsmasse abhängiger. Eine rechtsvergleichende Analyse*, 1998.

EIDENMÜLLER, HORST – *Wettbewerb der Gesellschaftsrechte in Europa*, ZIP 2002, 2233-2245;

Índice bibliográfico

– *Mobilität und Restrukturierung von Unternehmen im Binnenmarkt/Entwicklungsperspektiven des europäischen Gesellschaftsrechts im Schnittfeld von Gemeinschaftsgesetzgeber und EuGH*, JZ 2004, 24-33.

EIDENMÜLLER, HORST/GRUNEWALD, BARBARA/NOACK, ULRICH – *Minimum Capital in the System of Legal Capital*, em MARCUS LUTTER, *Legal Capital in Europe* (2006), 17-41.

EIDENMÜLLER, HORST/REHM, GERHARD M. – *Gesellschafts- und zivilrechtliche Folgeprobleme der Sitztheorie*, ZGR 1997, 89-114.

EISENBERG, MELVIN A. – *vide* CARY, WILLIAM L..

EISENHARDT, ULRICH – *Gesellschaftsrecht*, 9.ª ed., 2000; 12.ª ed., 2005.

ELLENBERGER, JÜRGEN – no Palandt/*BGB*, 69.ª ed. (2010), §§ 133 e 157.

ELIACHEVITCH, BASILE – *La personalité juridique en droit privé romain*, 1942.

ELSING, SIEGFRIED – *Erweiterte Kommanditistenhaftung und atypische Kommanditgesellschaft/Zugleich ein Beitrag zur Lehre von der sogennanten unterkapitalisierten*, KG, 1977;

   – *Alles entschieden bei der Gesellschaft bürgerlichen Rechts?*, BB 2003, 909-915.

EMDE, RAIMOND – *Die Bestimmheit von Gesellschafterbeschlüssen*, ZIP 2000, 59-64.

EMMERICH, VOLKER – *Der heutige Stand der Lehre vom GmbH-Konzernrecht*, AG 1987, 1-7.

ENDEMANN, W. – *Handbuch des deutschen Handels-, See- und Wechselrechts* I – *Die Personen des* Handelsrechts, 1881.

ENGAMMARE, VALÉRIE – *vide* MUSTAKI, GUY.

ENGELKE, SYLVIA/MALTSCHEW, RENI – *Weltwirtschaftskrise, Aktienskandale und Reaktionen des Gesetzgebers durch Notverordnungen im Jahre 1931*, em BAYER/HABERSACK, *Aktienrecht im Wandel* I (2007), 570-618.

ENGLÄNDER, KONRAD – *Die regellmässige Rechtsgemeinschaft*, I – *Grundlegung*, 1914.

ENNECCERUS, LUDWIG – *Das Bürgerliche Rechte/Eine Einführung in das Recht des Bürgerlichen Gesetzbuchs*, 1900.

ENNECCERUS, LUDWIG/NIPPERDEY, HANS CARL – *Allgemeiner Teil des Bürgerlichen Rechts/ /Ein Lehrbuch*, I, 15.ª ed., 1959.

Entwurf eines Gesetzes betreffend die Kommanditgesellschaften auf Aktien und die Aktiengesellschaften nebst Begründung und Anlage, 1883.

Entwurf eines Gesetzes über Unternehmensbeteiligungsgesellschaften (UBGG), ZIP 1985, 897-902.

Entwurf eines Gesetzes zur Verbesserung von Transparenz und Beschränkung von Machtkonzentration in der deutschen Wirtschaft (Transparenz und Wettbewerbsgesetz), ZIP 1995, 330-339.

Entwurf eines Handelsgesetzbuchs/Amtliche Ausgabe, 1896.

ERMAN, WALTER – *Zwangsweise Durchsetzung von Ansprüchen aus einem Stimmbindungsvertrag*, JuS 1969, 260-265.

ESCARRA, JEAN – *Les restrictions conventionnelles de la transmissibilité des actions*, ADComm 25 (1911), 337-358 e 425-470;

   – *Cours de Droit Commercial*, 1952.

ESSER, FERDINAND – *vide* ESSER, ROBERT.

ESSER, ROBERT/ESSER, FERDINAND – *Die Aktiengesellschaft nach den Vorschriften des Handelsgesetzbuchs vom 10. Mai 1897*, 3.ª ed., 1907 = 1.ª ed., 1899

ESTACA, JOSÉ MARQUES – *O interesse da sociedade nas deliberações sociais*, 2003.

1214   *Direito das sociedades*

ESTORNINHO, MARIA JOÃO – *Fuga para o Direito privado/Contributo para o estudo da actividade de Direito privado da Administração Pública*, 1995.

ETZEL – *Betriebsverfassungsrecht*, 4.ª ed., 1990.

EWER, WOLFGANG/BEHNSEN, ALEXANDER – *Staatshilfe für Staatsbanken?/Inanspruchnahme von Massnahmen nach dem FMStFG durch Landesbanken und ihre Vereinbarkeit mit höherrangigen Recht*, BB 2008, 2582-2586.

FABRICIUS – *Relativität der Rechtsfähigkeit/Ein Beitrag zur Theorie und Praxis des privaten* Personenrechts, 1963.

FALZEA, ANGELO – *vide* BASILE, MASSIMO.

FECHNER, ERICH – *Die Treubindungen des Aktionärs/Zugleich eine Untersuchung über das Verhältnis von Sittlichkeit, Recht und Treue*, 1942.

FEDELE, PIO – *Fondazione (diritto intermedio)*, ED XVII (1968), 785-790.

FEENSTRA, ROBERT – *L'histoire des fondation*, TJ 24 (1956), 381-448.

FERID, MURAD/SONNENBERGER, HANS JÜRGEN – *Das französische Zivilrecht*, 1/1, 2.ª ed., 1994.

FERNANDES, LUÍS A. CARVALHO – *Teoria geral do Direito civil – pessoas colectivas*, 1983; – *Teoria geral do Direito civil*, 1, 5.ª ed., 2009.

FERNANDES, LUÍS A. CARVALHO/CUNHA, PAULO OLAVO – *Assunção de dívida alheia – capacidade de gozo das sociedades anónimas – qualificação de negócio jurídico*, ROA 1997, 693-719

FERRÃO, ANTÓNIO DE ABRANCHES – *Das sociedades comerciais irregulares/Exegese dos artigos 107.º do Código Comercial e 61.º da Lei de 11 de Abril de 1901*, 1913.

FERRARA, BRUNO – *Delle società*, 1989.

FERRARA, FRANCESCO – *Indole giuridica della società civile*, RDComm 1909, I, 517-533; – *Teoria delle persone giuridiche*, em *Il diritto civile italiano*, dir. PASQUALE FIORE/BIAGIO BRUGI, 1915

FERRARA JR., FRANCESCO/CORSI, FRANCESCO – *Gli imprenditori e le società*, 7.ª ed., 1987; 9.ª ed., 1994;12.ª ed., 2001; 13.ª ed., 2006 e 14.ª ed. (2009).

FERREIRA, BRUNO – *Os deveres de cuidado dos administradores e gerentes (Análise dos deveres de cuidado em Portugal e nos Estados Unidos da América, fora das situações de disputa sobre o controlo societário)*, RDS 2009, 681-737.

FERREIRA, JOSÉ DIAS – *Codigo Civil Portuguez Annotado*, II, 1871; – *Codigo de Processo Civil Annotado*, I, 1887; – *Codigo Civil Portuguez Annotado*, 1, 2.ª ed., 1894; 2, 2.ª ed., 1895.

FERREIRA, ROGÉRIO – *Contabilidade para não contabilistas*, 2005.

FERRI, GIUSEPPE/RICHTER JR., MARIO STELLA (org.) – *Profili attuali di diritto societario europeo*, 2010.

FEZER, KARL-HEINZ – *vide* HAUSMANN, RAINER.

FIBONACCI, LEONARDO – *Pratica geometricae*, 1220; – *Flos*, 1225. – *Liber quadratorum*.

FIGUEIRA, ELISEU – *Disciplina jurídica dos grupos de sociedades*, CJ XV (1990) 4, 35-59.

FIGUEIREDO, J. A. SEABRA DE – *A responsabilidade subsidiária dos gerentes ou administradores na lei fiscal: as novas tendências no direito tributário*, 1997.

Índice bibliográfico 1215

FIKENTSCHER, WOLFGANG/HEINEMANN, ANDREAS – *Schuldrecht*, 10.ª ed., 2006.

FIORI, GIOVANNI – *Corporate Governance e qualità dell'informazione esterna d'impresa*, 2003.

FISCHEL, DANIEL R. – *vide* EASTERBROOK, FRANK H..

FISCHER, CURT EDUARD – *Neues Aktienrecht für Familien-Unternehmen/Wird eine "Flucht" in die GmbH provoziert?*, GmbHR 1959, 123-129.

FISCHER, REINFRID – em FISCHER/KLANTEN, *Bankrecht/Grundlagen der Praxis*, 4.ª ed. (2010), 1.11 ss..

FISCHER, ROBERT – *Zülassigkeit und Wirkung von Abstimmungsvereinbarungen*, GmbHR 1953, 65-70;
– *Die Grenzen bei der Ausübung gesellschaftliche Mitgliedschaftslehre*, NJW 1954, 777-780.

FISCHER/LUTTER/HOMMELHOFF – *GmbHG/Komm*, 12.ª ed., 1987.

FITTING, KARL – *Betriebsverfassungsgesetz/Handkommentar*, 20.ª ed., 2000.

FLÄGEL, PETER/SCHMIDT, BRIAN – *Massnahmen gegen die Finanzmarktkrise/USA*, RIW 2009, 51-53.

FLECK, HANS-JOACHIM – *Neueste Entwicklungen in der Rechtsprechung zur Vor-GmbH*, GmbHR 1983, 5-17.

FLECKNER, ANDREAS M. – *Aktienrechtliche Gesetzgebung (1807-2007)*, em BAYER/HABERSACK, *Aktienrecht im Wandel* I (2007), 999-1137.

FLEISCHER, HOLGER – *Deliktische Geschäftsführerhaftung gegenüber aussenstehenden Dritten im englischen Gesellschaftsrecht*, ZGR 2000, 152-165;
– *Grundfragen der ökonomischen Theorie im Gesellschafts- und Kapitalmarktrecht*, ZGR 2001, 1-32;
– *Gelöste und ungelöste Probleme der gesellschaftsrechtlichen Geschäftschancenlehre*, NZG 2003, 985-992;
– *Shareholders v. Stakeholders: Aktien- und übernahmerechtliche Fragen*, em HOMMELHOFF/HOPT/VON WERDER, *Handbuch Corporate Governance* (2003), 129-155;
– *Zur organschaftlichen Treuepflicht der Geschäftsleiter im Aktiens- und GmbH--Recht*, WM 2003, 1045-9158;
– *Aktienrechtliche Zweifelsfragen der Kreditgewährung an Vorstandsmitglieder*, WM 2004, 1057-1067;
– *Wettbewerbs- und Betätigungsverbote für Vorstandsmitglieder im Aktienrecht*, AG 2005, 336-348;
– *Die Lückenausfüllung des GmbH-Rechts durch das Recht der Personengesellschaften*, GmbHR 2008, 1121-1130
– *Zur ergänzenden Anwendung von Aktienrecht auf die GmbH*, GmbHR 2008, 673-682;
– *Aktuelle Entwicklungen der Managerhaftung*, NJW 2009, 2337-2343.
– em GERALD SPINDLER/EBERHARD STILZ, *Kommentar zum Aktiengesetz* I, 2.ª ed., 2010.
– *Supranational Gesellschaftsformen in der Europäische Union*, ZHR 174 (2010), 385-428;
– *Konsultative Hauptversammlungsbeschlüsse im Aktienrecht*, AG 2010, 681-692.

1216   *Direito das sociedades*

FLEISCHER, HOLGER/SCHMOLKE, KLAUS ULRICH – *Die Reform der Transparenzrichtlinie: Mindest- oder Vollharmonisierung der kapitalmarktrechtlichen Beteiligungspublizität?*, NZG 2010, 1241-1248.

FLORSTEDT, TIM – *Zur organhaftungsrechtlichen Anfarbeitung der Finanzmarktkrise*, AG 2010, 315-323.

FLUME, WERNER – *Gesellschaft und Gesamthand*, ZHR 136 (1972), 177-207;
   – *Allgemeiner Teil des bürgerlichen Rechts*, I/1 – *Die Personengesellschaft*, 1977;
   – *Savigny und die Lehre von der juristischen Person*, FS Wieacker (1978), 340-360;
   – *Allgemeiner Teil des bürgerlichen Rechts*/I, 2 – *Die juristische Person*, 1983;
   – *Allgemeiner Teil des Bürgerlichen Rechts*, 2.º vol., *Das Rechtsgeschäft*, 4.ª ed., 1992.

FOLK, ERNST L. – *In the Delaware General Corporation Law*, por EDUARD P. WELCH/ /ANDREW J. TUREZYN/ROBERT S. SAUNDERS, 2010.

FONSECA, HUGO DUARTE – *Código em Comentário* 1 (2010), 56 ss.;
   – *Sobre a interpretação do contrato de sociedades nas sociedades por quotas*, 2008.

FONSECA, MANUEL BAPTISTA DIAS DA – *vide* SOUTO, ADOLPHO DE AZEVEDO.

FONSECA, TIAGO SOARES DA/CORDEIRO, ANTÓNIO M. MENEZES – *A natureza subsidiária da ação* ut singuli, RDS, 2011.

FORKEL, HANS-WALTER – *Rechtsfragen zur Krise na den Finanzmärkten: Zur Systematik möglicher Schadensersatzansprüche*, BKR 2008, 183-188.

FÖRSTER, CHRISTIAN – *Soziale Verantwortung von Unternehmenrechtliche reguliert/Corporate Social Responsability (CSR)*, RIW 2008, 833-840.

FORSTHOFF, ULRICH – *Abschied von der Sitztheorie/Anmerkung zu den Schussanträgen des GA Dámaso Ruiz-Jarabo Colomer in der Rs. Überseering*, BB 2002, 318-321.

FORSTHOFF, ULRICH – *EuGH fördert Vielfalt im Gesellschaftsrecht/Traditionelle deutsche Sitztheorie verstösst gegen Niederlassungsfreiheit*, DB 2002, 2471-2477.

FOURCADE, HOUGUES – *vide* BAUDRY-LACANTINERIE.

FRADA, MANUEL A. CARNEIRO DA – *Renovação de deliberações sociais/O artigo 62.º do Cód. das Sociedades Comerciais*, BFD LXI (1985, mas posterior a 1986), 285-336;
   – *Teoria da confiança e responsabilidade civil*, 2001;
   – *A responsabilidade dos administradores na insolvência*, ROA 2006, 653-702;
   – *Crise financeira mundial e alteração das circunstâncias: contratos de depósito vs. contratos de gestão de carteiras*, ROA 2009, 633-695;
   – *Acordos parassociais "omnilaterais"/Um novo caso de "desconsideração" da personalidade jurídica?*, DSR 2009, 97-135.

FRADA, MANUEL CARNEIRO DA/GONÇALVES, DIOGO COSTA – *A acção* ut singuli *(de responsabilidade civil) e a relação do Direito cooperativo com o Direito das sociedades comerciais*, RDS 2009, 885-922.

FRANCESCO, GIUSEPPE MENOTTI DE – *Persona giuridica (diritto privatto e pubblico)*, NssDI XII (1965), 1035-1053.

FRANCO, ANTÓNIO DE SOUSA – *Contabilidade*, Enciclopédia Verbo 7 (1998), 1096-1098.

FRÄNKEL, FRANZ – *Die Gesellschaft mit beschränkter Haftung/Eine volkswirtschaftliche Studie*, 1915.

FRANKENBURGER, HEINRICH – *Handelsgesetzbuch für das Deutsche Reich*, 4.ª ed., 1914.

FRÈ, GIANCARLO – *L'organo amministrativo nelle società anonime*, 1938.

Índice bibliográfico 1217

FREESE, GÜNTER – *Die positive Treuepflicht/Ein Beitrag zur Konkretisierung von Treu und Glauben*, 1970.

FREI, ALEXANDER – *Societas leonina/Zwingende Ergebnisbeteiligung und gemeinsamer Zweck in der einfachen Gesellschaft*, 2002.

FREITAS, JOSÉ LEBRE DE – *Código de Processo Civil Anotado*, 1, 1999.

FRENDENBERG, RAINER – *Mindestkapital und Gründungshaftung in der SPE nach dem schwedischen Kompromissentwurf*, NZG 2010, 527-531.

FREYMUTH, A. – *Die GmbH in der Rechtsprechung der deutschen Gerichte von 1916 bis 1924*, 3 vols., 1925.

FREYRIA, CHARLES – *Étude de la jurisprudence sur les conventions portant atteinte à la liberté du vote dans les sociétés*, RTDComm IV (1951), 419-437.

FUCHS, FLORIAN – *vide* ZIMMER, DANIEL.

FUCHS, HARALD – *vide* KITTNER, MICHAEL.

FÜHRICH, ERNST R. – *Wirtschaftsprivatrecht*, 6.ª ed., 2002.

FÜRER, EGON – *Der Aufsichtsrat der Aktiengesellschaft*, 1909.

FURTADO, JORGE HENRIQUE PINTO – *Código Comercial Anotado*, 1, *Artigos 1.° a 150.°*, 1975;
 – *Código Comercial Anotado*, I, 1975; II, 1, 1979; II, 2, 1979;
 – *Deliberações dos sócios*, 1993
 – *Curso de Direito das Sociedades*, com a col. de NELSON ROCHA, 5.ª ed., 2004;
 – *Deliberações de sociedades comerciais*, 2005
 – *Comentário ao Código das Sociedades Comerciais* 1, 2009.

GADOW, WILHELM – *Die Sonderrechte der Körperschaftsmitglieder*, Gruchot 66 (1922), 514-584.

GÄDTKE, THOMAS/WAX, THOMAS – *Konzepte zur Versicherung des D&O-Selbstbehalts*, AG 2010, 851-867.

GAGLIANO, ANTONIO – *Gli amministratori delle società anonime nel diritto e nela* giurisprudenza, 1904.

GAILLARD, EMILE – *La société anonyme de demain/La théorie institutionnelle et le fonctionnement de la société anonyme*, 2.ª ed., s/d, mas 1938.

GALGANO, FRANCESCO – *Struttura logica e contenuto normativo del concetto di persona giuridica*, RDCiv 1965, 553-633;
 – *Delle persone giuridiche*, no *Commentario del Codice Civile* de ANTONIO SCIALOJA/GIUSEPPE BRANCA, 1969;
 – *Diritto civile e commerciale* I – *Le categorie generali – Le persone – La proprietà*, 1990; II, 1, 1990; III, 1, 1990; III, 2, *Le società*, 1990.

GALLESIO-PIUMA, MARIA ELENA/POLLERI, VITTORIO – *Elementi di diritto commerciale*, 2.ª ed., 1996.

GAMMA, RUDOLF – *Die persönlichen Mitgliedschaftsrechte in der Gesellschaft mit beschränkter Haftung*, 1944.

GANSKE, JOACHIM – *Internationale Fusion von Gesellschaften in der Europäischen Gemeinschaft – ein neuer Ansatz*, DB 1985, 581-584.

GANSSMÜLLER, HELMUT – *Schaden des Gesellschafter-Geschäftsführers – insbesondere bei der Einmann-GmbH*, GmbHR 1977, 265-274.

GARCIA, JOSE REUS Y – *vide* SERNA, PEDRO GOMEZ DE LA.

GAREIS, CARL/FUCHSBERGER, OTTO – *Das Allgemeine Deutsche* Handelsgesetzbuch, 1891.

GASTAUD, JEAN PIERRE – *Personnalité morale et droit subjectif/Essai sur l'influence du Principe de la Personnalité Morale sur la nature et le contenu des droits des membres des groupements personnifiés*, 1977.

GAVALDA/PARLEANI – *Droit des affaires de l'Union européenne*, 4.ª ed., 2002.

GAZZANI, MASSIMO – *vide* COSTANZO, PAOLO.

GEILER, KARL – *Die wirtschaftlichen Strukturwandlungen und die Reform Aktienrechts*, 1927.

GEISSLER, MARKUS – *Zukunft, Stillstand oder Geltungsverlust für die Durchgriffshaftung im Recht der GmbH?*, GmbHR 1993, 71-79;
– *Der aktienrechtliche Auskunftsanspruch im Grenzbereich des Missbrauchs*, NZG 2001, 539-545.

GELHAUSEN, HANS FRIEDRICH/HÖNSCH, HENNING – *Deutscher Corporate Governance Kodex*, AG 2002, 529-535.

GEPKEN-JAGER, ELLA – *Verenigde Oost-Indische Compagnie (VOC)*, em ELLA GEPKEN-JAGER/GERARD VAN SOLINGE/LEVINUS TIMMERMAN (org.), *VOC 1602-2002/400 Years of Company Law* (2005), 43-81.

GEPKEN-JAGER, ELLA/SOLINGE, GERARD VAN/TIMMERMAN, LEVINUS (org.) – *VOC 1602-2002/400 Years of Company Law*, 2005.

GERALDES, ANTÓNIO SANTOS ABRANTES – *Temas da reforma do processo civil* – III, 2.ª ed., 5. *Procedimento cautelar comum*, 2000.

GERKAN, HARTWIN VON – *Die Gesellschafterklage*, ZGR 1988, 441-452.

GERMAIN, MICHEL – *vide* RIPERT, GEORGES.

GERNHUBER, JOACHIM – *Hinausgeschobene Dauerschulden/Das Schuldverhältnis vor dem Anfangstermin*, FS Zöllner II (1998), 1119-1138.

GESSLER, ERNST – *vide* SCHLEGELBERGER, FRANZ.

GEVURTZ, FRANKLIN A. – *Corporation Law*, 2000; 2.ª ed., 2010.

GEYER, STEFAN –*vide* ROTHWEILER, ESTELLE.

GIERKE, JULIUS VON – *Das Handelsunternehmen*, ZHR 111 (1948), 1-17.

GIERKE, OTTO VON – *Das deutsche Genossenschftsrecht*, III – *Die Staats- und Korporationslehre des Alterthums und des Mittelalters*, 1881;
– *Deutsches Privatrecht*, I – *Allgemeiner Teil und Personnenrecht*, 1895;
– *Personengemeinschaften und Vermögensinbegriffe im dem Entwurfe eines Bürgerlichen Gesetzbuches für das Deutsche Reich*, 1889;
– *Das Wesen der menschlichen Verbände*, 1902;
– *Dauernde Schuldverhältnis*, JhJb 64 (1914), 355-411;
– *Die Genossenschaftstheorie und die deutsche Rechtsprechung*, 1887, reimp., 1963.

GLEISSER, WERNER/BEMMANN, MARTIN – *Die Rating-Qualität verbessern*, Die Bank 9.2008, 50-55.

GMÜR, RUDOLF – *Die Emder Handelscompagnien des 17. und 18. Jahrhunderts*, FS Westermann (1974), 167-197.

GÖCKELER, STEPHEN – *Die Stellung der Gesellschaft des bürgerlichen Rechts in Erkenntnis-, Vollstreckungs- und Konkursverfahren*, 1992.

GODDE, GEORGES – *De la responsabilité des administrateurs de sociétés anonymes en droit français et en droit étranger et comparé*, 1912.

Índice bibliográfico 1219

GODIN, FREUHERR VON/WILHELMI, HANS – *Aktiengesetz Kommentar*, 4.ª ed. rev. por SYLVESTER WILHELMI, 1971.

GODIN, REINHARD FRHR. VON/WILHELM, HANS – *Gesetz über Aktiengesellschaft und Kommanditgesellschaft auf Aktien (Aktiengesetz)*, 1937.

GOETTE, WOLF – *Fehlerhafte Personengesellschaftsverhältnisse in der jüngeren Rechtsprechung des Bundesgerichtshofs*, DStR 1996, 266-271.

GOETTE, WULF/HABERSACK, MATHIAS (org.) – *Münchener Kommentar zum Aktiengesetz*, 3.ª ed., a partir de 2008, em publicação (já disponíveis quatro volumes).

GOLDMANN, SAMUEL – *Das Handelsgesetzbuch vom 10. Mai 1897*, 1905.

GOLDSCHMIDT, FRIEDRICH – *Die Aktiengesellschaft/Handelsgesetzbuch § 178 bis § 319*, 1927;
– *Das neue Aktienrecht*, 1932.

GOLDSCHMIDT, LEVIN – *Handbuch des Handelsrechts*, A – *Universalgeschichte des Handelsrechts*, parte A do *Handbuch des Handelsrechts*, 3.ª ed., 1891, 2.ª reimpr., 1973 e B-1 *Geschichtlich- Literarische Einleitung und Grundlehren*, 1875, reimp. 1973.

GOMES, FÁTIMA – *vide* SENDIN PAULO M..

GOMES, J. J. VEIGA – *Sociedades anónimas (uma perspectiva de direito económico)*, 1981.

GOMES, JANUÁRIO – *Limitação de responsabilidade por créditos marítimos*, 2010.

GONÇALVES, A. DA PENHA – *Teoria geral do Direito civil*, 1, 1981, policopiado.

GONÇALVES, DIOGO COSTA – *Fusão, cisão e transformação de sociedades comerciais/A posição jurídica dos sócios e a delimitação do statuo via*, 2009;
– *Fusões transfronteiriças. A transposição da 10.ª Directriz e a Proposta de Lei n.º 236/X*, RDS 2009, 339-377;
– *As recentes alterações ao regime da fusão de sociedades – A Lei n.º 19/2009, de 12 de Maio e o Decreto-Lei n.º 185/2009, de 12 de Agosto*, RDS 2009, 553-581;
– *vide* FRADA, MANUEL CARNEIRO DA.

GONÇALVES, LUIZ DA CUNHA – *Breve estudo sobre a personalidade das sociedades commerciaes*, GRLx 25 (1911), 305-307, 313-315, 353-354, 409-411, 425-426, 449-450, 481-482, 521-522, 545-546, 593-594 e 617-619;
– *Comentário ao Código Comercial Português*, 1, 1914;
– *Tratado de Direito civil, em comentário ao Código Civil Português*, 1, 1929;
– *Tratado de Direito civil*, 1, 1929; 7, 1933.

GÖPFERT, BURKARD – *vide* DILLER, MARTIN.

GORJÃO-HENRIQUES, MIGUEL – *Da restrição da concorrência na Comunidade Europeia: a franquia de distribuição*, 1998.

GOTTSCHALK, HELLMUT – *Die Lehren aus den Aktienskandalen der Nachkriegszeit*, 1934.

GÖTZ, HEINRICH – *Die Sicherung der Rechte der Aktionäre der Konzernobergesellschaft bei Konzernbildung und Konzernleitung*, AG 1984, 85-94.

GÖTZ, VOLKER – *Europäische Gesetzgebung durch Richtlinien*, NJW 1992, 1849-1856.

GOUGET, CHARLES – *La responsabilité civile des administrateurs de Sociétés Anonymes après la loi du 16 Novembre 1940*, 1943.

GOUREVITCH, PETER A./SHINN, JAMES – *Political Power & Corporate Control/The new global politics of corporate governance*, 2005.

GOURLAY, PIERRE-GILLES – *Le conseil d'administration de la société anonyme/Organisation et fonctionnement*, 1971.

GOUVEIA, JAIME DE – *Direito civil*, por F. C. ANDRADE DE GOUVEIA/MÁRIO RODRIGUES NUNES, 1939.

Governo das sociedades anónimas: propostas de alteração ao Código das Sociedades Comerciais/Processo de Consulta Pública n.º 1/2006, disponível no sítio da CMVM.

GOZARD, GILLES – *La responsabilité du président du Conseil d'Administration des Sociétés par Actions depuis la loi du 16 Novembre 1940*, 1941.

GRÄSSER, BERND – *vide* HETTRICH, EDUARD.

GRECO, PAULO – *Garanzie di utili e retribuzioni di apporti nel contratto di società*, RDComm XXX (1932), II, 138-149.

GREGORIU, GREG N. (ed.) – *The Banking Crisis Handbook*, 2010.

GRIGOLEIT, HANS CHRISTOPH/RACHLITZ, RICHARD – *Beteiligungsttransparenz aufgrund des Aktienregisters*, ZHR 174 (2010), 12-60.

GRIMM, D. – *Zur Frage über den Begriff der societas im klassischen römischen Rechte*, 1933.

GROSSERICHTER, HELGE – *Ausländische Kapitalgesellschaften im deutschen Rechtsraum: Das deutsche Internationale Gesellschaftsrecht und seine Perspektiven nach der Entscheidung "Überseering"*, DStR 2003, 159-169.

GROSSFELD, BERNHARD – *Aktiengesellschaft, Unternehmenskonzentration und Kleinaktionär*, 1968;
– *Zur Geschichte des europäischen Bilanzrechts*, FS Habscheid (1989), 131-138;
– *Bilanzrecht/Jahresabschluss, Konzernabschluss, Internationale Standards*, 3.ª ed., 1997;
– introdução a STAUDINGER/BERNHARD GROSSFELD, *Internationales Gesellschaftsrecht*, 1998;
– *Internationale Rechnungslegung/Internationalisierung als Führungsaufgabe*, em GRUNDMANN, *Systembildung und Systemlücken* (2000), 289-303;
– *Wandel der Unternehmensverfassung*, NZG 2005, 1-5.

GROSSFELD, BERNHARD/BRONDICS, KLAUS – *Die Aktionärsklage/Nun auch im deutschen Recht*, JZ 1982, 589-592.

GROSSFELD, BERNHARD/LUTTERMANN, CLAUS – anotação a TJE 27-Set.-1988, JZ 1989, 386-387.

GROSSMANN, ADOLF – *Unternehmensziele und Aktienrecht/Eine Untersuchung über Handlungsmassstäbe für Vorstand und Aufsichtsrat*, 1980.

GRUNDMANN, STEFAN – *EG-Richtlinie und nationales Privatrecht*, JZ 1996, 274-287;
– *Europäisches Gesellschaftsrecht*, 2004; 2.ª ed., 2010.

GRUNDMANN, STEFAN/MÜLBERT, PETER O. – *Corporate Governance/Europäische Perspektiven*, ZGR 2000, 215-223.

GRÜNEBERG, CHRISTIAN – no *Palandt*, 69.ª ed., 2010.

GRUNENBERG, MICHAEL – *vide* NÖCKER, CHRISTOPH.

GRUNEWALD, BARBARA – *Die Auslegung von Gesellschaftsverträgen und Satzungen*, ZGR 1995, 68-92;
– *Gesellschaftsrecht*, 5.ª ed., 2002; 6.ª ed., 2005;
– *vide* EIDENMÜLLER, HORST;
– *vide* LUTHER, MARCUS.

GRUNSKY, WOLFGANG – *Rechtswegzuständigkeit bei Kündigung des Anstellungsvertrags eines GmbH-Geschäftsführers*, ZIP 1988, 76-80.

Índice bibliográfico

GRUNWALD, BARBARA – *Gesellschaftsrecht*, 6.ª ed., 2005;

GSCHNITZER, FRANZ – *Die Kundigung nach deutschem und österreichischem Recht*, JhJb 76 (1926), 317-415 e JhJb 78 (1927/28), 1-86.

GUARINO, ANTONIO – *Diritto privato romano/Lezioni istituzionali di diritto romano* 2.ª ed., 1963.

GUEDES, ARMANDO MARQUES – *A concessão*, 1, 1954.

GUIMARÃES, JOAQUIM FERNANDO DA CUNHA – *Ensino da História da contabilidade e sua actualidade em Portugal*, em *História da contabilidade em Portugal/Reflexões e homenagens* (2005), 27-54;
– *Os primeiros livros portugueses sobre contabilidade*, em *História da contabilidade em Portugal* (2005), 509-532.

GÜTERBOCK, KARL – *Zur Geschichte des Handelsrechts in England*, ZHR 4 (1861), 13-29.

GÜTHOFF, JULIA – *Gesellschaftsrecht in Grossbritannien*, 2.ª ed., 1998.

GUYON, YVES – *Die Société par Actions Simplifiée (SAS) – eine neue Gesellschaftsform in Frankreich*, ZGR 1994, 551-569;
– *Le nouveau Code de Commerce et droit des sociétés*, RS 2000, 647-652;
– *Droit des affaires*, tomo 1 – *Droit commercial général et sociétés*, 12.ª ed., 2003.

HABERMEIER, STEFAN – no *Staudinger*, §§ 705-740, 13.ª ed., 2003;
– *Gesellschaft und Verein*, no Staudinger, *Eckpfeiler des Zivilrechts* (2011), 861-895;
– *vide* STAUDINDER.

HABERSACK, MATHIAS – *Die Mitgliedschaft – subjektives und "sonstiges" Recht*, 1996;
– *Grundfragen der Spaltungshaftung nach § 133, Abs. 1 S. 1 UmwG*, FS Bezzenberger (2000), 93-109;
– *Aktionsplan der Europäischen Kommission und der Bericht der High Level Group zur Entwicklung des Gesellschaftsrechts in Europa*, 2003;
– *Europäisches Gesellschaftsrecht/Einführung für Studium und Praxis*, 3.ª ed., 2006;
– *Europäisches Gesellschaftsrecht*, 4.ª ed., 2011;
– *vide* BAYER, WALTER.

HABERSACK, MATHIAS/SCHÜRNBRAND, JAN – *Modernisierung des Aktiengesezes von 1965*, em BAYER/HABERSACK, *Aktienrecht im Wandel* I (2007), 889-943.

HACHENBURG, MAX – *Aus dem Rechte der Gesellschaft mit beschränkter Haftung*, LZ 1907, 460-471;
– *Staub's Kommentar zum Gesetz, betreffend die Gesellschaften mit beschränkter Haftung*, 3.ª ed., 1909;
– *Gesetz betreffend die Gesellschaften mit beschränkter Haftung*, 7.ª ed., 1979;
– (fund.) *Grosskommentar zum GmbHG*, 8.ª ed., 1990;

HACHENBURG/MERTENS – *GmbHG/Grosskomm*, 7.ª ed., 1979.

HADDING, WALTHER – *Korporationsrechtliche oder rechtsgeschäftliche Grundlagen des Vereinsrechts?*, FS Robert Fischer (1979), 165-196.

HADJI-ARTINIAN, SERGE – *La faute de gestion en droit des sociétés*, 2001.

HAFERKAMP, HANS-PETER – *Die heutige Rechtsmissbrauchslehre/Ergebnis nationalsozialistischen Rechtsdenkens?*, 1995.

HAFF, KARL – *Grundlagen einer Körperschaftslehre* I – *Gesetze der Willensbildung bei Genossenschaft und Staat*, 1915;

1222 *Direito das sociedades*

– *Die juristischen Personen des bürgerlichen und Handelsrechts in ihren Umbildung*, FS RG, 2 (1929), 178-190.

HAMIAUT, MARCEL – *La réforme des sociétés commerciales/Loi n.° 66-537, du 24-Jul.-1966* II – *Les sociétés par actions*, 1966.

HANNIGAN, BRENDA – *Company Law*, 2.ª ed., 2009.

HARALD – *Bilanzrecht/Kommentar zu den §§ 238 bis 342e HGB mit Bezügen zu den IFRS* (2010), § 238.

HARATSCH, ANDREAS – *vide* KOENIG, CHRISTIAN.

HARRIS, RON – *The English East India Company and the History of Company Law*, em ELLA GEPKEN-JAGER/GERARD VAN SOLINGE/LEVINUS TIMMERMAN (org.), *VOC 1602-2002/400 Years of Company Law* (2005), 219-247.

HÄSSEMEYER, LUDWIG – *Insolvenzrecht*, 3.ª ed., 2003.

HASSERBACH, KAI/SCHUMACHER, STEPHAN – *Hauptversammlung im Internet*, ZGR 2000, 258-286.

Haufe HGB Bilanz Kommentar, org. KLAUS BERTRAM/RALPH BRINKMANN/HARALD KESSLER/STEFAN MÜLLER, 2.ª ed., 2010.

HAUPT, GÜNTHER – *Über faktische Vertragsverhältnisse*, 1941.

HAURIOU, MAURICE – *La théorie de l'institution et de la fondation* (1925), em *Aux sources du droit/Le pouvoir, l'ordre et la liberté* (1933), 90-128.

HAUSCHKA, CHRISTOPH E. – *Compliance, Compliance Manager, Compliance-Programme: Eine geeignete Reaktion auf gestiegene Haftungsrisiken für Unternehmen und Management?*, NJW 2004, 257-26;
– *Von Compliance zu Best Practice*, ZRP 2006, 258-261;
– *Corporate, Compliance. Handbuch der Haftungsvermeidung im Unternehmen*, 2007;
– *Ermessensentscheidungen bei der Unternehmensführung*, GmbHR 2007, 11-16.

HAUSMANN, FRITZ – *Vom Aktienwesen und vom Aktienrecht*, 1928.

HAUSMANN, RAINER/FEZER, KARL-HEINZ/KOOS, STEFAN – no Staudinger, *Internationales Wirtschaftsrecht*, 2006.

HAUSSMANN, HERMANN – *Die Gründung der Aktiengesellschaft/Zugleich ein Beitrag zur Lehre von der juristischen Konstruktion und zur Lehre von den juristischen Personen*, 1911.

HAZEN, THOMAS LEE – *vide* COX, JAMES D..

HECK, PHILIPP – *Begriffsbildung und Interessenjurisprudenz*, 1932;
– *Interessenjurisprudenz*, 1933.

HECKSCHEN, HERIBERT/SIMON, STEFAN – *Umwandlungsrecht/Gestaltungsschwerpunkte der Praxis*, 2003.

HEERMANN, PETER W. – *Die Geltung von Verbandssatzungen gegenüber mittelbaren Mitgliedern und Nichtmitgliedern*, NZG 1999, 325-333.

HEFERMEHL, WOLFGANG – em ERNST GESSLER/WOLFGANG HEFERMEHL/ULRICH ECKARDT/ /BRUNO KROFF, *Aktiengesetz*, II (1973);
– *Umfang und Grenzen des Auskunftsrechts des Aktionärs in der Hauptversammlung*, FS Duden (1977), 109-135;
– introdução a *AktG/GmbHG*, da Beck, 26.ª ed., 1995;
– *vide* SCHLEGELBERGER, FRANZ.

HEIN, JAN VON – *Die Rezeption US-amerikanischen Gesellschaftsrechts in Deutschland*, 2008.

HEIDENHAIN, MARTIN – *Fehlerhafte Umsetzung der Spaltungs-Richtlinie*, EuZW 1995, 327-330;
 – *Sonderrechtsnachfolge bei der Spaltung*, ZIP 1995, 801-805.

HEIN, JAN VON – *Die Rezeption US-amerikanischen Gesellschaftsrechts in Deutschland*, 2008.

HEINEMANN, ANDREAS – *vide* FIKENTSCHER, WOLFGANG.

HEINRICHS, HELMUT – no *Palandt BGB*, 62.ª ed., 2003; 63.ª ed., 2004; 65.ª ed., 2006.

HEINZE, MEINHARD – *Probleme der Mitbestimmung und Betriebsverfassung bei einer grenzüberschreitenden Umstrukturierung von Unternehmen im Binnenmarkt*, ZHR 1994, 47-65.

HELLFELD, CHRISTIAN – *Treupflichten unter Miterben*, 2010.

HELM, JOHANN GEORG – *Theorie und Sachanalyse im Recht "atypischer" Gesellschaften*, ZGR 1973, 479-484.

HEMELING, PETER – *Gesellschaftsrechtliche Fragen der Due Diligence beim Unternehmenskauf*, ZHR 169 (2005), 274-294.

HENKEL, H. – *Einführung in die Rechtsphilosophie*, 2.ª ed., 1977.

HENKES – *vide* BARTL.

HENNINGER, THOMAS – *Europäisches Privatrecht und Methode*, 2009.

HENNRICHS, JOACHIM – *Treuepflicht im Aktienrecht/Zugleich Überlegungen zur Konkretisierung der Generalklausel des § 242 BGB sowie zur Eigenhaftung des Stimmrechtsvertreters*, AcP 195 (1995), 221-273;

HENRIQUES, SOFIA – no *CSC/Clássica*, 2.ª ed. (2011), anotação ao artigo 171.º.

HENS, ROLAND – *Vorstandspflichten bei feindlichen Übernahmeangebote*, 2004.

HENSE, BURKHARD – *vide* MÜLLER, WELF.

HENSSLER, MARTIN – *Das Anstellungsverhältnis der Organmitglieder*, RdA 1992, 289-302.

HENZE, HARTWIG – *Das Richtlinienrecht und der Schutz von Minderheitsgesellschaftern und Gläubigern im deutschen Aktienrecht/verdeckte Sacheinlage, Bezugsrecht und Verschmelzungsbericht*, em STEFAN GRUNDMANN, *Systembildung und Systemlücken* (2000), 235-257.

HERBIG, GUSTAV – *vide* SCHLEGELBERGER, FRANZ.

HERGENHAHH, TH. – *Das Reichsgesetz betreffend die Kommanditgesellschaften auf Aktie und die Aktiengesellschaften von 18-Juli-1884*, 1891.

HERRMANN, CHRISTOPH – *Richtlinienumsetzung durch die Rechtsprechung*, 2003.

HETTRICH, EDUARD/PÖHLMANN, PETER/GRÄSSER, BERND – *Genossenschaftsgesetz*, 2.ª ed., 2001.

HEUN, WERNER – *Der Staat und die Finanzkrise*, JZ 2010, 52-62.

HEY, CHRISTIAN – *Ergänzende Vertragsauslegung und Geschäftsgrundlagenstörung im Gesellschaftsrecht*, 1990.

HEY, FELIX – *Freie Gestaltung in Gesellschaftsverträgen und ihre Schranken*, 2004.

HIRSCH, CHRISTOPH – *Der Allgemeiner Teil des BGB*, 2.ª ed., 1992.

HIRTE, HERIBERT – *L'evoluzione del diritto delle imprese e delle società in Germania negli anni 1989-1993*, RS 1995, 172-230;
 – *Die Entwicklung des Unternehmens- und Gesellschaftsrechts in Deutschland in den Jahren 1998 und 1999* – I, NJW 2000, 3321-3332.
 – introdução a *Aktiengesetz/GmbH-Gesetz*, 42.ª ed., da Beck, 2010.

1224   *Direito das sociedades*

HOEHLER – *vide* TEICHMANN.

HOFER, SIBYLLE – *Die Aktiengesetz vom 11. Juni 1870*, em BAYER/HABERSACK, *Aktienrecht im Wandel* I (2007), 389-414.

HOFFMANN DIETRICH/LEHMANN, JÜRGEN/WEINMANN, HEINZ – *Mitbestimmungsgesetz*, 1978.

HOFFMANN, NIELS – *Reichweite der Niderlassungsfreiheit: bis ins Strafrecht?*, em SANDROCK/WETZLER, *Deutsches Gesellschaftsrecht* (2004), 227-265.

HOFFMANN, WULF-DIETER – *vide* MÜLLER, WELF.

HOFFMANN-BECKING, MICHAEL – *Gesetz zur "kleinen AG" – unwesentliche Randkorrekturen oder grundlegende Reform?*, ZIP 1995, 1-10;
– no *Münchener Handbuch des Gesellschaftsrechts*, vol. 4, *Aktiengesellschaft*, 2.ª ed., 1999;
– *Die fachliche Arbeit der DJT und ihre Wirkungen auf dem Gebiet des Aktien-, Konzern- und Kapitalmarktrechts*, em *150 Jahre Deutscher Juristentag*, FS DJT 1860-2010 (2010), 185-219.

HOFMANN, PAUL – *Zum "Durchgriffs-" Problem bei der unterkapitalisierten GmbH*, NJW 1966, 1941-1946.

HOHL, PATRICK – *Private Standardsetzung im Gesellschaftsund Bilanzrecht*, 2007.

HÖLDER, EDUARD – *Natürliche und juristische Personen*, 1905;
– *Das Problem der juristischen Persönlichkeit*, JhJb 53 (1908), 40-107.

HOLGATE, PETER – *Accounting Principles for Lawyers*, 2006.

HOLMES, ANN E. M. – *vide* PAINTER, RICHARD W..

HOLT, GRAHAM J. – *vide* MIRZA, ABBAS ALI.

HOMBURGER, MAX – *Zur Reform des Aktienrechts*, DJZ 1928, 1372-1378;
– *Die Anwaltschaft zur Aktienrechtsreform*, ZHB 1930, 172-177;
– anotação a RG 6-Fev.-1932, JW 1932, 1647/II.

HOMMELHOFF, PETER – *Eigenkontrolle statt Stattskontrolle/Rechtsdogmatischer Überblick zur Aktienrechtsreform 1884*, em WERNER SCHUBERT/PETER HOMMELHOFF, *Hundert Jahre modernes Aktienrecht/Eine Sammlung von Texten und Quellen zur Aktienrechtsreform 1884 mit zwei Einführungen* (1985), 53-125;
– *Jetzt die "kleine" und dann noch eine "Anleger AG"*, ZHR, SH 12 (1994), 65-84;
– *"Kleine Aktiengesellschaften" im System des deutschen Rechts*, AG 1995, 529--545;
– *vide* FISCHER;
– *vide* LUTHER, MARCUS;
– *vide* SCHUBERT, WERNER.

HOMMELHOFF, PETER/HOPT, KRAUS J./WEDER, AXEL VON – *Handbuch Corporate Governance*, 2003.

HOMMELHOFF, PETER/RIESENHUBER, KARL – *Strukturmassennahmen, insbesondere Verschmelzung und Spaltung im Europäischen und deutschen Gesellschaftsrecht*, em STEFAN GRUNDMANN, *Systembildung und Systemlücken* (2000), 259-282.

HÖNSCH, HENNING – *vide* GELHAUSEN, HANS FRIEDRICH.

HÖPPNER, MARTIN – *Praxis des Aktienrechts/Rechte, Pflichten und Verantwortlichkeiten der Beteiligten*, 1935.

Índice bibliográfico 1225

HOPT, KLAUS J. – *Harmonisierung im europäischen Gesellschaftsrecht – Status quo, Problem, Perspektiven*, ZGR 1992, 265-295;
   – *Aktionärskreis und Vorstandsneutralität*, ZGR 1993, 534-566;
   – *Europäisches Gesellschaftsrecht/Krise und Anläufe*, ZIP 1998, 96-106;
   – *Gemeinsame Grundsätze der Corporate Governance in Europa?*, ZGR 2000, 779-818;
   – *Verhaltenspflichten des Vorstands der Zielgesellschaft bei feindlichen Übernahmen*, FS Marcus Lutter 2000, 1361-1400;
   – *vide* BAUMBACH.
HOPT, KLAUS J./WIEDEMANN, HERBERT (org.) – *Grosskommentar zum Aktiengesetz*, 4.ª ed., 1992;
HORN, NORBERT – *Deutsches und europäisches Gesellschaftsrecht und die EuGH-Rechtsprechungsfreiheit – Inspire Art*, NJW 2004, 893-901;
   – *Das Finanzmarktstabilisierungsgesetz und das Risikomanagement zur globalen Finanzkrise*, BKR 2008, 452-459.
HÖRSTER, HEINRICH EWALD – *A parte geral do Código Civil Português/Teoria Geral do Direito Civil*, 1992.
HORSTMEIER, GERRIT – *Geschäftsführer und Vorstände als "Beschäftigte/Diskriminierungsschutz für Organe nach dem Allgemeinen Gleichbehandlungsgesetz*, GmbHR 2007, 125-129.
HOUIN, ROGER – *Sociétés commerciales I – Sociétés par actions*, RTDComm XIX (1966), 348-351.
HROMADKA, WOLFGANG – *Das Recht der leitenden Angestellen/im historisch-gesellschaftlichen Zusammenhang*, 1979.
HUBER, ULRICH – *Leistungsstörungen*, II, 1999.
HÜBNER, HEINZ – *Zum Abbau von Nichtigkeitsvorschriften*, FS Wieacker (1978), 399-410;
   – *Allgemeiner Teil des Bürgerlichen Gesetzbuches*, 1985.
HÜBNER, ULRICH – *Zum "Durchgriffs" bei juristischen Personen im europäischen Gesellschafts- und Unternehmensrecht*, JZ 1978, 703-710.
HUECK, ALFRED – *Anfechtbarkeit und Nichtigkeit von Generalversammlungsfeschlüssen bei Aktiengesellschaften*, 1924;
   – *Die Sittenwidrigkeit von Generalversammlungsbeschlüssen der Aktiengesellschaften und die Rechtsprechung des Reichsgerichts*, FS RG 1929, IV, 167-189;
   – *Der Treuegedanke im Recht der offenen Handelsgesellschaft*, FS Hübner (1935), 71-92;
   – *Mängel des Gesellschaftsvertrages bei der offenen Handelsgesellschaft*, AcP 149 (1944), 1-31;
   – *Der Treuegedanke im modernen Privatrecht*, 1947;
   – *Der Grundsatz der gleichmässigen Behandlung im Privatrecht*, 1958;
   – *Gedanken zur Reform des Aktienrechts und des GmbH-Rechts*, 1963;
   – *Zur arbeitsrechtlichen Stellung der GmbH-Geschäftsführers*, ZfA 1985, 25-37;
   – *vide* BAUMBACH, ADOLF.
HUECK, GÖTZ – *Der Grundsatz der gleichmässigen Behandlung im Privatrecht*, 1958.
HUECK/NIPPERDEY – *Lehrbuch des Arbeitsrechts*, 7.ª ed., 1963.

1226 *Direito das sociedades*

HÜFFER, UWE – *Das Gründungsrecht der GmbH/Grundzüge, Fortschritte und Neuerung*, JuS 1983, 161-169;
– *Aktiengesetz*, 5.ª ed., 2002; 7.ª ed., 2006; 9.ª ed., 2010;
– *Gesellschaftsrecht*, 6.ª ed., 2003;
– *Der Leitungsermessen des Vorstands in der Aktiengesellschaft*, FS Raiser 2005, 163-180;
– introdução ao *Gesellschaftsrecht* (da Beck), 11.ª ed. (2010), XI ss..

Hugoni Donelli jurisconsulti et antecessoris opera omnia, tomo I, 1840; a primeira edição é de finais do século XVI.

HUGUENIN, CLAIRE – *vide* BÖCKLI, PETER.

HÜMMERICH, KLAUS – *Grenzfall des Arbeitsrechts: Kündigung des GmbH-Geschäftsführers*, NJW 1995, 1177-1182.

HÜSKEN, ULRICH – *vide* BEUTHIEN, VOLKER.

HUVELIN, PAUL – *Études d' Histoire du Droit Commercial Romain (Histoire externe-droit maritime)*, 1929.

IGLESIAS, GIL CARLOS RODRIGUEZ – *Gedanken zum Entstehung einer Europäischen Rechtsordnung*, NJW 1999, 1-9.

IMMENGE, ULRICH – *Der personalistische Kapitalgesellschaft/eine rechtsvergleichende Untersuchung nach deutschen GmbH-Recht und dem Recht der Corporations in den Vereinigten Staaten*, 1970;
– *Aktiengesellschaft, Aktionärsinteressen und Institutionelle Anleger*, 1971.

IMPALLOMENI, GIAMBATTISTA – *Persona giuridica (diritto romano)*, NssDI XII (1965), 1028-1032.

INWINKL, PETRA – *Massnahmen gegen die Finanzmarktkrise/Österreich*, RIW 2009, 60-65.

IOFRIDA, GIULA/SCARPA, ANTONIO – *I nuovi procedimenti cautelari*, 2006.

IPPOLITO, BENJAMIN – *vide* JUGLART, MICHEL DE.

JÄGER, EMIL LUDWIG – *Luca Paccioli und Simon Stevin*, 1876.

JAEGER, PIER GIUSTO – *Introduzione al problema della validità dei sindacati di voto*, em BONELLI/JAEGER, *Sindacati di voto e sindacati di blocco* (1993), 3-9.

JAEGER, PIER GIUSTO/DENOZZA, FRANCESCO/TOFFOLETO, ALBERTO – *Appunti di diritto commerciale – I – Impresa e società*, 7.ª ed., 2010.

JÄGER, EMIL LUDWIG – *Luca Paccioli und Simon Stevin*, 1876.

JAHNTZ, KATHARINA – *vide* CORDES, ALBRECHT.

JEANTIN, MICHEL – *Droit des sociétés*, 1989; 2.ª ed., 1992; 3.ª ed., 1994.

JESSE, LENHARD – *vide* SCHAUMBURF, HARALD.

JHERING, RUDOLF VON – *Mitwirkung für fremde Rechtsgeschäfte*, JhJb 1 (1857), 273-350 e 2 (1858), 67-180;
– *Geist des römischen Rechts auf den verschiendenen Stufen seiner Entwicklung*, 3, 1877;
– *Der Zweck im Recht*, 1, 4.ª ed., 1904.

JOHN, UWE – *Die organisierte Rechtsperson*, 1977;
– *Gesellschaftsfreundlicher Durchgriff? Schadensersatzprobleme bei Schädigung eines für die Gesellschaft tätigen Einmangesellschafters*, JZ 1979, 511-516.

Jolly, Julius – *Das Recht der Actiengesellschaften*, ZdR 11 (1847), 317-449.

Joly, Katerine le/Moingeon, Bertrand – *Corporate Governance ou Governments d'Entreprise*, em *Gouvernement d'entreprise: débats théoriques et pratiques* (2001), 14-33.

Jorge, Fernando Pessoa – *Do mandato sem representação*, 1963;
– *Direito das obrigações*, I, 1972.

Jourdain – *vide* Malepeyre.

Joussen, Edgar – *Gesellschafterabsprachen neben Stazung und Gesellschaftsvertrag*, 1995;
– *Der Auskunftsanspruch des Aktionärs/Versuch einer Neuorientierung*, AG 2000, 241-257.

Joyce, Thomas – *Shareholders agreements: a U.S. perspective*, em Bonelli/Jaeger, *Sindacati di voto e sindacati di blocco* (1993), 355-375.

Jüdel, Gerhard – *Gesellschafterbeschlüsse bei Personengesellschaften*, 1933.

Judith, Rudolf/Kübel, Friedrich/Loderer, Eugen/Schröder, Hans/Vetter, Heinz Oskar – *Montanmitbestimmung*, 1, *Geschichte, Idee, Wirklichkeit*, 1979; 2, *Dokumente ihrer Entstehung*, 1979.

Juglart, Michel de – *vide* Mazeaud, Henri.

Juglart, Michel de/Ippolito, Benjamin – *Cours de Droit Commercial* , 1988;
– *Les sociétés commerciales*, 10.ª ed., por Jacques Dupichot, 1999;
– *Traité de Droit Commercial*, II – *Les sociétés*, 2, 3.ª ed., por Emmanuel du Pontavice/Jacques Dupichot, 1982; 10.ª ed., refundida por Jacques Dupichot, 1999.

Junior, Armelin – recensão a Visconde de Carnaxide, *Sociedades anonymas/Estudo theorico e pratico de direito interno e comparado* (1913), O Direito 46 (1914), 22-24, 50-52 e 47 (1915), 357-359.

Júnior, Eduardo Santos – *CSC/Clássica*, 2.ª ed. (2011), anotações aos artigos 19.º, 36.º e 37.º ss..

Jürgenmeyer, Michael – *Das Unternehmensinteresse*, 1984.

Jüttner, Andreas – *vide* Schanze, Erich.

Kahler, Ulrich – *Die Haftung des Gesellschafters im Falle der Unterkapitalisierung einer GmbH*, BB 1985, 1429-1434.

Kaiser, Helmut/Pannhorst, Matthias – *Zur aktuellen Lage der Weltwirtschaft: kehren die 30 er Jahre zurück?*, Die Bank 6.2009, 8-15.

Kalkhof, Wolfgang – *Neue Entwicklungen das handelsrechtlichen Rechnungslegung (4. EG-Richtlinie und Gesetzentwurf Bilanzrichtlinie-Gesetz vom 26-8-1983) und managementorientierte Informationsaufbereitung der Vermögens-, Finanz- und Erfolgslage*, 1983.

Kallmeyer, Harald – *Das neue Umwandlungsgesetz*, ZIP 1994, 1746-1759.

Kallmeyer, Harald/Dirksen, Dirk – *Umwandlungsgesetz Kommentar*, 2.ª ed., 2001.

Kaminski, Horst – *Vorschlag einer 5. Richtlinie der Kommission der Europäischen Gemeinschaften*, WPg 1972, 633-638.

Kannegiesser, Martin – *Vorstellungen der Wirtschaft von einem neuen System der Tarifverhandlingen*, ZfA 2008, 305-308.

Karlowa – *Zur Lehre von den juristischen Personen*, GrünhutZ 15 (1888), 381-432.

Kaser, Max – *Das römische Privatrech* 1, 2.ª ed., 1971.

1228   *Direito das sociedades*

KAYSER, PAUL – *Gesetz betreffend die Kommanditgesellschaften auf Aktien und die Aktiengesellschaften vom 18-Juli-1884*, 1884.

KEASEY, KEVIN/THOMPSON, STEVE/WRIGHT, MIKE – *Corporate Governance/Accountability, Enterprise and International Comparisons*, 2005.

KEASEY/SHORT/WRIGHT – *The Development of Corporate Governance Codes in the UK*, em, KEASEY/SHORT/WRIGHT, *Corporate Governance* (2005), 21-44.

KEELING, DAVID – *Corporate Finance: Public Companies and the City*, 2001.

KELSEN, HANS – *Reine Rechtslehre/Einleitung in die Rechtswissenschaftliche Problematik*, 1934.

KEUL, THOMAS – *vide* BEZZENBERGER, GEROLD.

KIEHLING, HARTMUT – *Risiko-Perzeption: Vom Umgang der Psyche mit Risiko und Ungewissheit*, Die Bank 5.2009, 16-19.

KIESSLER, RICHARD – *Die Verantwortlichkeit der in dem Aufsichtsrat einer Aktiengesellschaft entsandten Betriebsratmitglieder*, 1928.

KIESSLING, ERIK – *Vorgründungs- und Vorgesellschaften*, 1999;
    – *Eisenbahnbau und Industrialisierung als Katalysator der Entwicklung des Aktienrechts*, idem, 98-125;
    – *Das preussische Eisenbahngesetz von 1938*, em BAYER/HABERSACK, *Aktienrecht im Wandel* I (2007), 126-167
    – *Das preussische Aktiengesetz von 1843*, em BAYER/HABERSACK, *Aktienrecht im Wandel* I (2007), 193-236.

KIM, KENNETH A./NOFSINGER, JOHN R. – *Corporate Governance*, 2.ª ed., 2007.

KINDLER, ALEXANDER – *Der amerikanische Aufsichtsrat/der Funktionswandel des Board of Directors grosser Aktiengesellschaften in den USA*, 1997.

KINDLER, PETER – *Unternehmerisches Ermessen und Pflichtenbindung/Voraussetzung und Geltendmachung der Vorstandshaftung in der Aktiengesellschaft*, ZHR 162 (1998), 101-119;
    – *Niederlassungsfreiheit für Scheinauslandsgesellschaften? – Die "Centros" – Entscheidung des EuGH und das internationale Privatrecht*, NJW 1999, 1993-2000;
    – *Auf dem Weg zur Europäischen Briefkastengesellschaft?/Die "Überseering" – Entscheidung des EuGH und das internationale Privatrecht*, NJW 2003, 1073-1079;
    – *Finanzkrise und Finanzmarktregulierung/Ein Zwischenruf zum 68. Deutscher Juristentag*, NJW 2010, 2465-2475;
    – recensão a JAN VON HEIN, *Die Rezeption US-amerikanischen Gesellschaftsrechts in Deutschland* (2008), ZHR 174 (2010), 149-154.

KINKEL, WALTER E. – *Unternehmer und Betriebsführer in der gewerblichen Wirtschaft*, 1938.

KIPP – *vide* WINDSCHEID.

KIRCHNER, HILDEBERT – *Bibliographie zum Unternehmens- und Gesellschaftsrecht 1950 bis 1985* (1989), 200-269.

KIRNBERGER, CHRISTIAN – *Heidelbergar Kommentar zum Handelsgesetzbuch/Handelrecht, Bilanzrecht, Steuerrecht*, 7.ª ed., 2007.

KITTNER, MICHAEL/FUCHS, HARALD/ZACHERT, ULRICH/KÖSTLER, ROLAND – *Arbeitnehmervertreter im Aufsichtsrat/Erläuterungen und Gesetzestexte*, vol. 1.°, *Aufsichtsratspraxis* e vol. 2.°, *Aufsichtsratswahl*, ambos 4.ª ed., 1991;
    – *vide* DÄUBLER.

KLAUER, IRENE – Introdução a *Die Europäisierung des Privatrechts/Der EuGH als Zivilrichter*, 1998.

KLAUSING, FRIEDRICH – *Gesetz über Aktiengesellschaften und Kommanditgesellschaften auf Aktien (Aktien-Gesetz)*, 1937.

KLEBE – *vide* DÄUBLER.

KLEIN, BURCKHARD – *vide* WINKELJOHANN, NORBERT.

KLEINDIEK, DETLEF – em KARSTEN SCHMIDT/MARCUS LUTTER, *Aktiengesetz Kommentar*, 2, 2.ª ed. (2010), § 150

KLINDT, THOMAS/PELZ, CHRISTIAN/THEUSINGER, INGO – *Compliance im Spiegel der Rechtsprechung*, NJW 2010, 2385-2391.

KLINKE, ULRICH – *Europäisches Unternehmensrecht und EuGH/Die Rechtsprechung in den Jahren 1988 bei 2000*, ZGR 2002, 163-203.

KLUNZINGER, EUGEN – *Grundzüge des Gesellschaftsrechts*, 12.ª ed., 2000.

KNIEPP, FERDINAND – *Societas publicanorum*, 1896.

KNÖPFEL, GOTTFRIED – *Die Treupflicht im Recht der GmbH*, 1954, dact..

KNOTT, HERMANN J. – *Der Aufstieg des leitenden Angestellten zum Geschäftsführer der ausgegliederten Konzerngesellschaft – ein arbeitsrechtliches Problem*, GmbHR 1996, 238-242.

KOBELT, ROBERT – *Internationale Optionen deutscher Kapitalgesellschaften nach MoMiG, "Cartesio" und "Trabrennbahn"/zur Einschränkung der Sitztheorie*, GmbHR 2009, 808-813.

KOCHER, DIRK/LÖNNER, ANDREAS – *Das Auskunftsrecht in der Hauptversammlung nach der Aktionärsrechterichtlinie*, AG 2010, 153-158.

KOEHLER, WALTER – *vide* KOENIGE, HEINRICH.

KOENIG, CHRISTIAN/HARATSCH, ANDREAS – *Europarecht*, 4.ª ed., 2003.

KOENIGE, HEINRICH/TEICHMANN, ROBERT/KOEHLER, WALTER – *Handausgabe des Handelsgesetzbuchs vom 10. Mai 1897*, 1929.

KOENIGE/TEICHMANN/KOHLER – *Handelsgesetzbuch*, 1929.

KÖHLER, HELMUT – *Rückwirkende Vertragsanfassung bei Dauerschuldverhältnissen?*, FS Steindorf (1990), 611-641;
– *BGB/Allgemeiner Teil*, 24.ª ed., 1998; 26.ª ed., 2002.

KOLH, ULRICH – *vide* SCHAUB, GÜNTER.

KOLLER/ROTH/MORCK – *Handelsgesetzbuch*, 5.ª ed., 2005, § 347.

KOLVENBACH, WALTER – *Die Fünfte EG-Richtlinie über die Struktur der Aktiengesellschaft (Strukturrichtlinie)*, DB 1983, 2235-2241.

KÖLZ, WILFRIED – *Die Weltwirtschaftskrise 2010-2014: Börsenzyklen verraten die Zukunft*, 2007.

Kommission der Europäischen Gemeinschaften – *Entwurf eines Übereinkommens für die internationale Verschmelzung von Aktiengesellschaften*, RabelsZ 39 (1975), 539-560.

KÖNIG, PETER – *Privatkundengeschäft: Benchmarks in der Vermögenverwaltung*, Die Bank 2009, 8-12.

KÖNUG, WOLFGANG – *Das Risikobegrenzungsgesetz – offene und gelöste Fragen*, BB 2008, 1910-1914.

KONZEN, HORST – *Paritätische Mitbestimmung im Montanbereicht*, AG 1983, 289-303.

KOOS, STEFAN – *vide* HAUSMANN, RAINER.

1230   *Direito das sociedades*

KOPPENSTEINER, HANS-GEORG – *GmbH-Gesetz Kommentar*, 1994.

KORT, MICHAEL – *Die Haftung der Beteiligten im Vorgründungsstadium einer GmbH*, DStR 1991, 1317-1321;
  – *Bestandsschutz Strukturänderungen im Kapitalgesellschaftsrecht*, 1998;
  – *Rechte und Pflichten des Vorstands der Zielgesellschaft bei Übernahmeversuchen*, FS Marcus Lutter 2000, 1421-1447;
  – *Ethik-Richtlinien im Spannungsfeld zwischen US-amerikanischer Compliance und deutschen Konzernbetriebsverfassungsrecht*, NJW 2009, 129-133.

KÖSTER, OLIVER – *Impairment von Finanzinstrumenten nach IRFS und US-Gaap*, BB 2009, 97-98.

KÖSTLER, ROLAND – *vide* KITTNER, MICHAEL.

KRAAKMANN, REINER R. e outros – *The Anatomy of Corporate Law/A Comparative and Functional Approach*, Oxford, 2004

KRAFT – *AktG/Köllnerkomm*, 1, 2.ª ed., 1988.

KRAFT, ALFONS/KREUTZ, PETER – *Gesellschaftsrecht*, 11.ª ed., 2000.

KRAMER, ERNST A. – no *Münchener Kommentar*, 2, 5.ª ed., 2007.

KREMER, THOMAS – recensão a MARTIN PELTZER, *Deutsche Corporate Governance/Ein Leitfaden* (2003), AG 2003, 280;
  – *vide* RINGLEB, HENRIK-MICHAEL.

KRIEDER, GERD – no *Münchener Kommentar des Gesellschaftsrechts*, 4 – *Aktiengesellschaft*, 1988;
  – *Die externe Überwachung in einer Holding*, em MARCUS LUTTER/PETER HANAU, *Holding-Handbuch: Recht, Management, Steuerer*, 2.ª ed. (1995), 193-226.

KRIEGER, GERD/SAILER-COCEANU, VIOLA – em KARSTEN SCHMIDT/MARCUS LUTTER, *Aktiengesetz Kommentar*, 1 (2010).

KRÖLL, STEFAN – *Beurkundung gesellschaftsrechtlichen Vorgänge durch ein ausländischen Notar*, ZGR 2000, 111-151.

KRONKE, HERBERT – *Deutsches Gesellschaftsrecht und grenzüberschreitende Strukturänderungen*, ZGR 1994, 26-46.

KRONSTEIN, HEINRICH/CLAUSSEN, CARSTEN PETER – *Publizität und Gewinnverteilung im neuen Aktienrecht*, 1960.

KROPFF, BRUNO – em GESSLER/HEFERMEHL/ECKARDT/KROPFF, *Aktiengesetzkommentar*, III, 1973.
  – *Reformbestrebungen im Nachkriegsdeutschland und die Aktienrechtsreform von 1965*, em BAYER/HABERSACK, *Aktienrecht im Wandel* I (2007), 670-888.

KRÜCKMANN, PAUL – *Institutionen des Bürgerlichen Gesetzbuches*, 1912.

KÜBEL, FRIEDRICH – *vide* JUDITH, RUDOLF.

KÜBLER, FRIEDRICH – *Kodifikation und Demokratie*, JZ 1969, 645-651;
  – *Erwerbschancen und Organpflichten/Überlegungen zur Entwicklung der Lehre von den "corporate opportunities"*, FS Werner 1984, 437-448;
  – *Gesellschaftsrecht*, 2.ª ed., 1986; 5.ª ed., 1998.

KÜBLER, FRIEDRICH/ASSMANN, HEINZ-DIETER – *Gesellschaftsrecht/Die privatrechtliche Ordnungsstrukturen und Regelungsprobleme vom Verbänden und Unternehmen*, 6.ª ed., 2006.

Kübler, Friedrich/Waltermann, Jens – *Geschäftschancen der Kommanditgesellschaft*, ZGR 1991, 161-174.

Kuhn, Georg – *Haften die GmbH-Gesellschafter für Gesellschaftsschuldung persönlich?*, FS Robert Fischer 1979, 351-364.

Kuhn, Ottmar – *Strohmanngründung bei Kapitalgesellschaften*, 1964.

Kulenkamp, Sabrina – *Die grenzüberschreitende Verschmelzung von Kapitalgesellschaften in der EU*, 2009.

Kuntz, Thilo – *Geltung und Reichweite der Business Judgement Rule in der GmbH*, GmbHR 2008, 121-128.

Kuntze, Johannes Emil – *Der Gesammtakt/Ein neuer Rechtsbegriffe*, FG Otto Müller (1892), 27-87.

Laband – *Die Stellvertretung bei dem Abschluss von Rechtgeschäften nach dem allgem. Deutsch. Handelsgesetzbuch*, ZHR 10 (1866), 193-241.

Labareda, João – *Sociedades irregulares/Algumas reflexões*, em *Novas perspectivas do Direito comercial* (1988), 179-204;
– *Nota sobre a prestação de garantias por sociedades comerciais a dívidas de outras entidades*, em *Direito societário português* (1998), 167-195;
– *Direito à informação*, em IDET, *Problemas de Direito das sociedades* (2002), 119-151.

Labatut – anotação a C. Appel Bordeaux 24-Mai.-1886, DP 1887, 2, 115-117.

Lagenbucher, Katja – *Aktien- und Kapitalmarktrecht*, 2008;
– *Bankaktienrechtunter Unsicherheit*, ZGR 2010, 75-112.

Lambertini, Lamberto – *vide* Abate, Francesco.

Lambrecht, Peter – *Die Lehre von faktischen Vertragsverhältnis/Entstehung und Niedergang*, 1994.

Lammeyer, Joseph – *Die juristischen Personen der Katholischen Kirsche*, 1929.

Lang, Fritz/Mulansky, Katja/Mulansky, Thomas – *Die Gesellschaft bürgerlichen Rechts/Recht, Besteuerung, Gestaltungspraxis*, 2010.

Lang, Rolf – *Normzweck und duty of care/eine Untersuchung über die Grenzen der Zurechnung im deutschen und anglo-amerikanischen Deliktsrecht*, 1983.

Lange, Hermann – *Römisches Recht im Mittelalter* – Band I – *Die Glossatoren*, 1997.

Lange, Knut Werner – recensão a Marcus Lutter, *Europäisches Unternehmensrecht*, 4.ª ed. (1996), NJW 1996, 2290.

Langenbucher, Katja – *Aktien- und Kapitalmarktrecht*, 2008.

Langhein, Bernd – *Arbeitnehmerbeteiligungen an mittelständischen Unternehmen/Recht, Steuer, Betriebswirtschaft*, 1987.

Larenz, Karl – *Lehrbuch des Schuldrechts* I – *Allgemeiner Teil*, 14.ª ed., 1987;
– *Allgemeiner Teil des deutschen bürgerlichen Rechts*, 7.ª ed., 1989;
– *Zur Lehre von der Rechtsgemeinschaft*, JhJb 83 (1933), 108-177.

Larenz, Karl/Wolf, Manfred – *Allgemeiner Teil des deutschen Bürgerlichen Rechts/Ein Lehrbuch*, 9.ª ed., 2004.

Laroche-Gisserot, Florence – *vide* Mazeaud, Henri.

Lavori preparatori del codice di commercio del Regno d'Italia, 2 volumes, 1883.

1232   *Direito das sociedades*

LEAL, ANA FILIPA – *Algumas notas sobre a parassocialidade no Direito português*, RDS 2009, 135-186.

LECOURT, ARNAUD – *vide* CATHIARD, CATHERINE.

LEE, GEOFFREY A. – *The Development of Double Entry*, 1984, confrontável na *Net*.

LEFEBVRE, JEAN – *Le président-directeur-général/Loi du 16 Novembre 1940*, 1941.

LEHMANN, HEINRICH – *Das "faktische" Vertragsverhältnis*, JhJb 90 (1943), 131-144.

LEHMANN, JÜRGEN – *vide* HOFFMANN DIETRICH.

LEHMANN, KARL – *Die geschichtliche Entwicklung des Aktienrechts bis zum Code de Commerce*, 1895;
    – *Das Recht der Aktiengesellschaft*, 1, 1898, reimpr. 1964;
    – *Aktienrechtsreform 1965*, 1965.

LEHMANN, MATHIAS – *Der Begriff der Rechtsfähigkeit*, AcP 207 (2007), 225-255.

LEIPOLD, DIETER – anotação a BGH 21-Nov.-1996, JZ 1997, 571-573.

LEIST, B. W. – *Zur Geschichte der römischen* societas, 1981.

LEITÃO, ADELAIDE MENEZES – *Normas de protecção e danos puramente patrimoniais*, 2009;
    – *Responsabilidade dos administradores para com a sociedade e os credores sociais por violação das normas de protecção*, RDS 2009, 647-679;
    – no *CSC/Clássica*, 2.ª ed. (2011).

LEITÃO, ADELAIDE MENEZES/BRITO, JOSÉ ALVES – no *CSC/Clássica*, 2.ª ed. (2011), anotações aos artigos 8.º, 10.º.

LEITÃO, AUGUSTO ROGÉRIO – *O efeito jurídico das directivas comunitárias na ordem interna dos Estados membros*, DDC 14 (1982), 7-59.

LEITÃO, LUÍS MENEZES – *Pressupostos da exclusão de sócio nas sociedades comerciais*, 1989;
    – *Contrato de sociedade*, em MENEZES CORDEIRO (org.), *Direito das obrigações*, 3, 2.ª ed., 1994.

Les Cinq Codes, Napoléon, de Procedure Civile, de Commerce, d'Instruction criminelle, et Pénal (1811), 391-467 (393-394).

LIBONATI, BERARDINO e outros – *Diritto delle società di capitali (Manuale breve)*, 2003;

LIEB, MANFRED – *Abschied von der Handlungshaftung/Versuch einer Neubestimmung der Haftung aus Rechtsgeschäften im Gründungstadium von Kapitalgesellschaften*, DB 1970, 961-968.

LIEBENAM, W. – *Zur Geschichte und Organisation des römischen Vereinswesens*, 1890.

LIEBERKNECHT, OTFRIED – *Die Enteignung deutscher Mitgliedschaftsrechte an ausländischen Gesellschaften mit in Deutschland belegenem Vermögen* (II), NJW 1956, 931-936.

LIEBSCHER, THOMAS/OTT, NICOLAS – *Die Regulierung der Finanzmärkte*, NZG 2010, 841-854.

LIEDER, JAN – *Der Aufsichtsrat im Wandel der Zeit/Leitlinien der geschichtlichen Entwicklung sowie der Fortentwicklung des deutschen Aufsichtsratssystems*, 2006;
    – *Die 1. Aktienrechtsnovelle vom 11. Juni 1870*, em BAYER/HABERSACK, *Aktienrecht im Wandel* I (2007), 318-387.

LIMA, PIRES DE/VARELA, ANTUNES – *Código Civil Anotado*, II, 1968; 4.ª ed., 1987; IV, 2.ª ed., 1992.

LINK, RÜDIGER – *vide* SCHAUB, GÜNTER.

LITSCHEN, KAI – *Die juristische Person im Spannungsfeld von Norm und Interesse*, 1999.

LODERER, EUGEN – *vide* JUDITH, RUDOLF.

LOEWENHEIM, ULRICH – *Zulässigkeit und Vollstreckbarkeit von Stimmbindungsvereinbarung*, JuS 1969, 260-265.

LOGAN, GEORGE W. – *vide* COLLEY JR., JOHN L.

Loi n.° 66-537 du 24 juillet 1966 sur les Sociétés Commerciales, BMJ 169 (1967), 229-350 e 170 (1967), 287-359.

LÖNNER, ANDREAS – *vide* KOCHER, DIRK.

LOPES, MARIA ALEXANDRA – *O conteúdo da providência cautelar da suspensão de deliberações sociais*, s/d, mas 1996.

LORDI, LUIGI – *Patto leonino: garenzia di soci che esonerano un altro socio delle perdite*, RDComm XL (1942), II, 305-316.

LOURENÇO, SANTOS – *Das sociedades por cotas/Comentário à Lei de 11 de Abril de 1901*, s/d, mas 1926, 2 volumes.

LÖWISCH – *Betriebsverfassungsgesetz*, 3.ª ed., 1993.

LÜBBERT, HARTMUT – *Abstimmungsvereinbarungen in dem Aktien- und GmbH-Rechten der EWG-Staaten, der Schweiz und Grossbritanien*, 1971.

LÜHRMANN, VOLKER – *Bericht über die Podiums- und Plenardiskussion zum Thema Wege zu globale Bilanzierungs-Standards*, em LOTHAR SCHRUFF, *Bilanzrecht* (1996), 85-94.

LUMBRALES, NUNO B. M. – *Breves reflexões sobre alguns aspectos da responsabilidade penal dos administradores e gerentes das empresas em caso de insolvência*, Est. Pitta e Cunha III (2010), 269-285.

LUTHER, MARCUS – *Theorie der Mitgliedschaft/Prolegomena zu einem Allgemeiner Teil des Korporationsrechts*, AcP 180 (1980), 84-159;
- *Die Treuepflicht der Aktionärs/Bemerkungen zur Linotype. Entscheidung des BGH*, ZHR 153 (1989), 446-471;
- *Die Entwicklung der GmbH in Europa und in der Welt*, FS 100 Jahre GmbH--Gesetz (1992), 49-83;
- *Die Einbindung der nationalen Gesellschaftsrechte in das europäische Recht*, ZHR, SH 12 (1994), 121-139;
- *Treupflichten und ihre Anwendungsprobleme*, ZHR 162 (1998), 164-185.
- *Das Girmes-Urteil*, JZ 1995, 1053-1056;
- *Haftungs in der Holding*, em LUTTER/HANAU, *Holding-Handbuch*, 2.ª ed. (1995), 227-266;
- *Die Holding*, em MARCUS LUTTER/PETER HANAU, *Holding-Handbuch: Recht, Management, Steuerer*, 2.ª ed. (1995), 1-30;
- *Europäisches Unternehmensrecht*, 4.ª ed., 1996;
- *Eine grössenabhängige und zwingende Unternehmensverfassung für Kapitalgesellschaften in Europa?*, AG 1997, 538-540;
- *Treupflichten und ihre Anwendungsprobleme*, ZHR 162 (1998), 164-185.
- *Das Europäische Unternehmensrecht im 21. Jahrhundert*, ZGR 2000, 1-18;
- *"Überseering" und die Folgen*, BB 2003, 7-10;

– *Legal Capital in Europe*, 2006;
– *vide* FISCHER;
– *vide* RINGLEB, HENRIK-MICHAEL.

LUTHER, MARCUS/BAYER, WALTER – em PETER HOMMELHOFF/MARCUS LUTTER, *GmbH--Gesetz Kommentar*, 16.ª ed. (2004),

LUTHER, MARCUS/GRUNEWALD, BARBARA – *Zur Umgehung von Vinkulierungsklauseln in Satzungen von Aktiengesellschafter und Gesellschafter mbH*, AG 1989, 109-117.

LUTHER, MARCUS/HOMMELHOFF, PETER – *Nachrangiges Haftkapital und Unterkapitalisierung in der GmbH*, ZGR 1979, 31-66.

LUTHER, MARCUS/HOMMELHOFF, PETER – *GmbH-Gesetz Kommentar*, 14.ª ed., 1995; 16.ª ed., 2004.

LUTTER, MARCUS – *Die Treuepflicht der Aktionärs/Bemerkungen zur Linotype. Entscheidung des BGH*, ZHR 153 (1989), 446-471;
– *Umstrukturierung von Unternehmen über die Grenze: Versuch eines Resümees*, ZGR 1994, 87-93;
– *Treupflichten und ihre Anwendungsprobleme*, ZHR 162 (1998), 164-185;
– *vide* RINGLEB, HENRIK-MICHAEL;
– *vide* SCHMIDT, KARSTEN.

LUTTERMANN, CLAUS – *Kreditversicherung (Credit Default Swaps): Vertrag, Restrukturiererung und Regulierung (Hedge-Fonds, Rating, Schattenbanken)*, RIW 2008, 737-743;
– *vide* GROSSFELD, BERNHARD.

LYON-CAEN, CHARLES (org.) – *Les lois commerciales de l'Univers*, tomo XXVIII, s/d.

MACAVOY, PAUL W./MILLSTEIN, IRA M. – *The Recurrent Crisis in Corporate Governance*, 2004.

MACEDO, JORGE BORGES DE – *Companhias Comerciais*, DHP II (1979), 122-130.

MACEY, JONATHAN R. – *vide* CARNELL, RICHARD SCOTT.

MACHADO, MANUEL DOS SANTOS/GODINHO, JOÃO CARLOS – *Novo regime de fiscalização das sociedades anotado*, 1970.

MACHADO, MIGUEL PEDROSA – *Em torno de um estudo de caso sobre rectificações legislativas no Código de Processo Penal*, em Legislação 51 (2010), 5-29.

MACIEIRA, ANTÓNIO – *Do problema jurídico nacional/Sociedades anonymas/Inquilinato commercial/Direito marítimo*, GRLx 24 (1910), 153-154.

MACKELDEY – *Manuel de Droit romain*, trad. fr. J. BEVING, 3.ª ed., 1846.

MACKENSIE, BRUCE/COETSEE, DANIE/NJLKIZANA, TAPIWA/CHAMBOKO, RAYMOND – *Wiley Interpretation and Application of IFRS*, 2011.

MAGALHÃES, J. M. VILHENA BARBOSA DE – *Código de Processo Comercial Anotado*, 2, 3.ª ed., 1912;
– *Sociedades anónimas*, GRLx 27 (1913), 225-226;
– recensão a VISCONDE DE CARNAXIDE, *Sociedades anonymas/Estudo theorico e pratico de direito interno e comparado* (1913), GRLx 27 (1913), 636-637;
– *Direito comercial*, 1924;
– *Indivisibilidade e nulidade total de um negócio jurídico de "sindicato de voto"/ / arecer*, 1956;
– *José Ferreira Borges*, em *Jurisconsultos Portugueses do Século XIX*, 2 (1960), 202-311.

Índice bibliográfico 1235

MAGGIORE, GIUSEPPE RAGUSA – *Trattato delle società*, II – *Le società di capitali. Le società per azioni. Formazione delle società per azioni. Nuovo diritto societario*, 2003.

MAIA, ANA LUÍSA FEITEIRO – *Acções próprias no contexto das normas internacionais do relato financeiro*, 2006.

MAIA, PEDRO – *Função e funcionamento do conselho de administração da sociedade anónima*, 2002;
– *Deliberações dos sócios*, em *Estudos de Direito das sociedades*, org. COUTINHO DE ABREU, 8.ª ed. (2007), 229-269;
– *Voto e corporate governance/Um novo paradigma para a sociedade anónima*, 2010, polic..

MAIA, PEDRO/RAMOS, ELISABETE/MARTINS, ALEXANDRE SOVERAL/DOMINGUES, PAULO DE TARSO/ABREU, J. M. COUTINHO DE (coord.) – *Estudos de Direito das sociedades*, 7.ª ed., 2005; 8.ª ed., 2007.

MAIBERG, HERMANN – *Gesellschaftsrecht*, 7.ª ed., 1990.

MAKOWER, H. – *Das allgemeine Deutsche Handelsgesetzbuch*, 1864.

MALEPEYRE/JOURDAIN – *Traité des Sociétés Commerciales/Accompagné d'un précis sur l'arbitrage forcé*, 1835.

MALTSCHEW, RENI – *vide* ENGELKE, SYLVIA.

MANARA, ULISSE – *Delle società e delle associazioni commerciali*, 1, 1902.

MANFEROCE, TOMMASO – *vide* BERTUZZI, MARIO.

MANKOWSKI, PETER – *Der Arrestgrund der Auslandsvollstreckung und das Europäische Gemeinschaftsrecht*, NJW 1995, 306-308.

MANSEL, HEINZ-PETER – no JAUERNING, *BGB/Kommentar*, 11.ª ed., 2004.

MANSHAKE, CHRISTINE – *Prüfungsausschüsse im US-amerikanischen und deutschen Recht*, 2009.

MARCORA, GIACOMO – *L'azione civile di responsabilià contro gli amministratori di società anonima*, 1931.

MARCOS, RUI MANUEL DE FIGUEIREDO – *A legislação pombalina*, BFD/Supl. XXXIII (1990), 1-314;
– *As companhias pombalinas/Contributo para a história das sociedades por acções em Portugal*, 1995.

MARCY, HENRY – *Code de Commerce du Royaume d'Italie*, 1883.

MARGHIERI, ALBERTO – *Manuale del diritto commerciale italiano*, 2.ª ed., 1902

MARITZEN, LARS – *Einführung in das Internationale Bilanzrecht IAS/IFRS*, 2004, reimp., 2007.

MARQUES, A. H. DE OLIVEIRA – *Fazenda pública – Na Idade Média*, DHP II (1979), 533-535.

MARQUES, JOSÉ DIAS – *Teoria geral do Direito civil*, 1, 1958.

MARQUES, REMÉDIO – no *Código em Comentário*, 1 (2010), 135 ss.

MARQUES, TIAGO JOÃO ESTÊVÃO – *Responsabilidade civil dos membros de órgãos de fiscalização das sociedades anónimas*, 2009.

MARTENS, KLAUS-PETER – *Die Anzeigepflicht des Verlustes des Garantiekapitals nach dem AktG und dem GmbHR – Zur Informationspolitik in den Kapitalgesellschaften*, ZGR 1972, 254-288;
– *Die Entscheidungsautonomie des Vorstands und die "Basisdemokratie" in der Aktiengesellschaft (Anmerkung zu BGHZ 83, S. 122, "Holzmüller")*, ZHR 147 (1983), 377-428;

1236 *Direito das sociedades*

– *Stimmrechtsbeschränkung und Stimmbindungvertrag im Aktienrecht*, AG 1993, 495-502.
MARTIM DE ALBUQUERQUE – *vide* OLAVO, FERNANDO.
MARTIN, DIDIER – *Les conventions de vote en France*, em BONELLI/JAEGER, *Sindacati di voto e sindacati di blocco* (1993), 377-397;
– *vide* COURET, ALAIN.
MARTINDALE, RICHARD – *vide* PRIDE, TERENCE.
MARTIN-EHLERS, ANDRÉS – *Gemeinschaftsrechtliche Aspekte der Urteile vom Centros bis Inspire Art: Der "Verständige Gläubiger*, em SANDROCK/WETZLER, *Deutsches Gesellschaftsrecht* (2004), 1-31.
MARTINEZ, PEDRO ROMANO e outros – *Código do Trabalho anotado*, 8.ª ed., 2009.
MARTINEZ, PEDRO SOARES – *Da personalidade tributária*, 1952, reimp., 1969.
MARTINS, ALEXANDRE SOVERAL – *Capacidade e representação das sociedades comerciais*, em AAVV, *Problemas de Direito das sociedades* (2002), 471-496;
– *Da personalidade e capacidade jurídicas das sociedades comerciais*, em *Estudos de Direito das sociedades*, coord. J. M. COUTINHO DE ABREU, 10.ª ed. (2010), 95-128;
– *vide* RAMOS, MARIA ELISABETE.
MARTINS, ALEXANDRE SOVERAL/COSTA, RICARDO – no *Código em Comentário* 1 (2010), 410-422.
MARTINS, ALEXANDRE SOVERAL/RAMOS, MARIA ELISABETE – *As participações sociais*, em *Estudos de Direito das sociedades*, coord. COUTINHO DE ABREU, 10.ª ed. (2010), 129-173;
– no *Código em Comentário* 1 (2010), 543 ss..
MARTINS, ANTÓNIO CARVALHO – *Responsabilidade dos administradores ou gerentes por dívidas de impostos*, 1994.
MARTINS, JOSÉ PEDRO FAZENDA – *Os efeitos do registo e das publicações obrigatórias na constituição das sociedades comerciais*, 1994.
MARTY, GABRIEL/RAYNAUD, PIERRE – *Droit Civil/Les Personnes*, 3.ª ed., 1976.
MARXSEN, SVEN – *Regionalbörsen: Wettbewerb als Taktgeber*, Die Bank 6.2009, 22-25.
MASSONE, ELISABETTA – *L'attività della società per azioni mista*, em EUGENIO MELE (org.), *La società per azioni quale forma attuale di gestione dei servizi pubblici/La società per azioni per gli enti locali* (2003), 211-272.
MATOS, ALBINO – *Constituição de sociedades*, 5.ª ed., 2001.
MATOS, ANDRÉ SALGADO DE – *vide* SOUSA, MARCELO REBELO DE.
MATTHES, GOTTFRIED – *Aktienrecht/Gesetz über Aktiengesellschaft und Kommanditgesellschaften auf Aktien vom 30. Januar 1937*, 1937.
MÄVERS, GUNTHER – *Die Mitbestimmung der Arbeitnehmer in der Europäischen Aktiengesellschaft*, 2002.
MAYER, DIETER – *Die Zulässigkeit von Stimmrechtsvereinbarungen im GmbH-Recht*, GmbHR 1990, 61-65.
MAYER, FRANZ – *Der Vertrag von Lissabon im Überlick*, JuS 2010, 189-195.
MAYER-WEGELIN, EBERHARD – *Impairmenttest nach IAS-36/Realität und Ermessenspielraum*, BB 2009, 94-96.
MAYSON, FRENCH & RYAN – *Company Law*, 26.ª ed., 2009/2010.

Índice bibliográfico

MAZEAUD, HENRI/MAZEAUD, LÉON/MAZEAUD, JEAN – *Leçons de Droit Civil*, 1, 5.ª ed., por MICHEL DE JUGLART, 2.º vol., *Les personnes/La personnalité*, 1972.

MAZEAUD, HENRI/MAZEAUD, LÉON/MAZEAUD, JEAN/CHABAS, FRANÇOIS – *Leçons de Droit civil* – Tomo I/2, *Les personnes*, 8.ª ed. por FLORENCE LAROCHE-GISSEROT, 1997.

MAZEAUD, JEAN – *vide* MAZEAUD, HENRI.

MAZEAUD, LÉON – *vide* MAZEAUD, HENRI.

MAZET, JEAN – *Évolution de la société anonyme, ses conséquences et la réforme du 16 Novembre 1940*, 1943.

MEANS, GARDINER – *vide* BERLE, ADOLF.

MEDEIROS, JOÃO JACINTO TAVARES DE – *Commentario da Lei das Sociedades Anonymas de 22 de Junho de 1867*, 1886.

MEDICUS, DIETER – *Allgemeiner Teil des BGB/Ein Lehrbuch*, 10.ª ed., 2010.

MEILICKE, HEINZ/HEIDEL, THOMAS – *Das Auskunftsrecht des Aktionärs in der Hauptversammlung*, DStR 1992, 72-75 e 113-118.

MEILICKE, WIENAND – anotação a TJE 16-Dez.-2008 (Cartesio Ohtató és Szolgáltató bt), Proc. C-210/06, GmbHR 2009, 92-94.

MELE, EUGENIO – *La costituzione delle società per azioni*, em EUGENIO MELE (org.), *La società per azioni quale forma attuale di gestione dei servizi pubblici/La società per azioni per gli enti locali* (2003), 119-161.

MELSBACH, ERICH – *Deutsches Arbeitsrecht/Zu seiner Neuordnung*, 1923.

MENDES, EVARISTO – anotação a STJ 7-Jan.-1993 (RAÚL MATEUS), RDES XXXVIII (1996), 283-364.

MENDES, JOÃO DE CASTRO – *Direito civil (Teoria geral)*, 1, 1967;
– *Direito civil/Teoria geral*, 1, col. ARMINDO RIBEIRO MENDES, 1978.

MENDES, PAULO SOUSA – no *CSC/Clássica*, 2.ª ed. (2011), anotação ao artigo 521.º.

MENDES, VICTOR – *vide* ALVES, CARLOS.

MENJUCQ, MICHEL – *Droit international et européen des sociétés*, 2.ª ed., 2008.

MENZ, KLAUS-MICHAEL – *Wirt Corporate Social Responsability honoriert?*, Die Bank 2009, 20-21.

MERKT, HANNO – *Zum Verhältnis von Kapitalmarktrecht und Gesellschaftsrecht in der Diskussion um die Corporate Governance*, AG 2003, 126-136.

MERLE, PHILIPPE – *Droit commercial/Sociétés commerciales*, 10.ª ed., col. ANNE FAUCHON, 2005;
– *Droit commercial/Sociétés commerciales*, 9.ª ed., 2003; 10.ª ed., 2005.

MERTENS, HANS-MARTIN – *Kölner Kommentar zum Aktiengesetz*, 2, 2.ª ed., 1996.

MESQUITA, HENRIQUE – *Parecer*, ROA 1997, 721-737.

MESSINEO, FRANCESCO – *La struttura della società e il c.d. contratto plurilaterale*, RDCiv 1942, 65 ss. = *Studi di diritto della società* (1949), 16-57.

MESTMÄCKER, ERNST-JOACHIM – *Verwaltung, Konzerngewalt und Rechte der Aktionäre/ /Eine Rechtsvergleichende Untersuchung nach deutschem Aktienrecht und dem Recht der Corporations in den Vereinigten Staaten*, 1958.

MESTRE, JACQUES – *Lamy/Sociétés commerciales*, 1998.

MESTRE, JACQUES/TIAN-PANCRAZI, MARIE-EVE – *Droit commercial*, 24.ª ed., 1999.

MEULENBERGH, GOTTFRIED – *vide* BEUTHIEN, VOLKER.

MEYER, EMIL H. – *vide* BEUTHIEN, VOLKER.

1238   *Direito das sociedades*

MEYER-LADEWIG, JEANS – *Der Kommissionsvorschlag für ein Dritte Richtlinie des Rates zur Koordinierung des Gesellschaftsrechts (Nationale Fusion)*, BB 1970, 1517-1520.

MEYER-LANDRUT/MILLER/NIEHUS – *GmbHG*, 1988.

MEYER-LÖWY, BERND – *Das Auskunftsrecht des Aktionärs in der Hauptversammlung und seine Grenze bei Fragenkatalogen und Massenauskünften*, 2000.

MICHALSKI, LUTZ – *Kommentar zum Gesetz betreffend die Gesellschaften mit beschränkter Haftung (GmbH)*, 2002, dois volumes; 2.ª ed., 2010.

MICHALSKI, LUTZ/SIXT, RAINER – *Die Haftung in der Vorgründungs- GmbH*, FS BOUJONG 1996, 349-374.

MICKLITZ, HANS-W. – no *Münchener Kommentar*, 1, 5.ª ed., 2010.

MIGNOLI, ARIBERTO – *Idee e problemi nell'evoluzione della "company" inglesa*, RSoc V (1960), 633-684.

MILLER, FRITZ GEORG – *Der Antellungsvertrag des GmbH-Geschäftsführers – Rechtliche Einordnung und gesetzliche Mindestkündigungsfrist*, BB 1977, 723-726.

MILLER, GEOFFREY P. – *vide* CARNELL, RICHARD SCOTT.

MILLSTEIN, IRA M. – *vide* MACAVOY, PAUL W..

MINAUD, GÉRARD – *La compatibilité à Rome/Essai d'histoire économique sur la pensée comptable commerciale et privée dans le monde antique romain*, 2005.

MINERVINI, GUSTAVO – *Gli amministratori di società per azioni*, 1956.

MINOW, NELL – *vide* MONKS, ROBERT A. G..

MINSKY, HYMAN P. – *The Financial Instability Hypothesis*, Maio de 1992.

MIRZA, ABBAS ALI/HOLT, GRAHAM J./ORRELL, MAGNUS – *IFRS/Workbook and Guide*, 2006.

MITCHELL, T. N. – introdução à ed. bilingue anglo-latina, CICERO, *Verrines*, II, 1, 2.ª ed. (1917), 5 ss..

MITTEIS, LUDWIG – *Römisches Privatrecht bis auf die Zeit Diokletians – I – Grundbegriffe und Lehre von den juristischen Personen*, 1908.

MITTERMAIER, F. – *Die Leistung der Gesetzgebung. Rechtsprechung und Wiessenschaft in Italien auf dem Gebiete des Handelsrechts*, ZHR 4 (1861), 327-340;
– *Das Italianische Handelsgesetzbuch von Jahre 1882*, ZHR 29 (1883), 132-181;
– *Das Spanische Handelsgesetzbuch von 1885*, ZHR 33 (1887), 286-330.

MÖHRING, PHILIPP – recensão a SERICK, *Rechtsform und Realität*, NJW 1956, 1791.

MOINGEON, BERTRAND – *vide* JOLY, KATERINE LE.

MOLENGRAAFF, W. L. P. A. – *Principes de droit commercial néerlandais*, trad. fr. MAX FRANSSEN, 1931.

MOLITOR, ERICH – *Die Bestellung zum Vorstandmitglied einer Aktiengesellschaft ihre Voraussetzungen und Folgen*, FS Ehrenberg, 1927.

MÖLLERS, CHRISTOPH – *Internationale Zuständigkeit bei der Durchgriffshaftung*, 1987.

MÖLLERS, THOMAS M. J. – *Treuepflichten und Interessenkonflikte bei Vorstands- und Aufsichtsratsmitgliedern*, em HOMMELHOFF/HOPT/VON WERDER, *Handbuch Corporate Governance* (2003), 405-427.

MOMMSEN, THEODOR – *De collegiis et sodaliciis romanorum*, 1843;
– *Zur Lehre von der römischen Korporation*, SZRom 25 (1904), 33-51.

Índice bibliográfico 1239

MONCADA, LUÍS CABRAL DE – *Lições de Direito civil/Parte geral*, 3.ª ed., vol. I, 1959, e 4.ª ed. póstuma, revista, 1995.

MONKS, ROBERT A. G. – *Corporate Governance*, 2009.

MONKS, ROBERT A. G./MINOW, NELL – *Corporate Governance*, 3.ª ed., 2004.

MONTEIRO, ANTÓNIO PINTO – anotação a STJ 11-Mar.-1999 (GARCIA MARQUES), RLJ 132 (1999), 52-60.

MONTEIRO, ARMINDO – *Do orçamento português/Teoria geral/História/Preparação*, 2 volumes, 1921-22.

MONTEIRO, JORGE SINDE – *Responsabilidade por conselhos, recomendações ou informações*, 1989.

MONTEIRO, MANUEL ALVES – *vide* SILVA, ARTUR SANTOS.

MONTI, GENNARO MARIA – *Lineamenti di storia delle corporazioni* I, 1931.

MOORE, MARC – *Company Law Statutes*, 2009/2010.

MOOSMAYER, KLAUS – *Compliance. Praxisleitfaden für Unternehmen*, 2010.

MORAIS, CARLOS BLANCO DE – *Introdução aos princípios de "corporate governance" aplicáveis às sociedades anónimas cotadas em bolsa*, Estudos em Honra de Ruy de Albuquerque 1 (2006), 233-268.

MORCK – no KOLLER/ROTH/MORCK, *HGB*, 5.ª ed., 2006.

MORCK, RANDALL K. (ed.) – *A History of Corporate Governance Around the World*, 2005.

MOREIRA, GUILHERME – *Instituições do Direito Civil Português*, 1 – *Parte geral*, 1907; 2 – *Das Obrigações*, 1911.

MORGADO, CARLA – *vide* CORDEIRO, MENEZES.

MÖSCHEL, WERNHARD – *Das Aussenverhältnis der fehlerhaften Gesellschaft*, FS Hefermehl 1976, 171-188.

MÖSLEIN, FLORIAN – *Contract Governance und Corporate Governance im Zusammenspiel / / Lehre aus der globalen Finanzkrise*, JZ 2010, 72-80.

MOSSA, LORENZO – *Per la società anonime italiana*, RDComm 1939, 1, 509-522; – *Trattato del nuovo diritto commerciale* – II – *Società commerciali personali*, 1951; – *Trattato del nuovo diritto commerciale* – IV – *Società per azioni*, 1957.

MOSTHAF, OLIVER – *Die Reformen des Rechts der Gesellschaften mit beschränker Haftung*, 1994.

MOXTER, ADOLF – *Zum Sinn und Zweck des handelsrechtlichen Jahresabschlusses nach neuem Recht*, FS Goerdeler (1987), 361-374.

MULANSKY, KATJA – *vide* LANG, FRITZ.

MULANSKY, THOMAS – *vide* LANG, FRITZ.

MÜLBERT, PETER O. – Editorial: *Corporate Governance in der Krise*, ZHR 174 (2010), 375-384; – *vide* GRUNDMANN, STEFAN.

MÜLLER, KLAUS J. – *Stimmbindungen von GmbH-Gesellschaftern*, GmbHR 2007, 113-117; – *Das gesetzliche Wettbewerbsverbot der Gesellschafter der KG*, NJW 2007, 1724-1727.

MÜLLER, MICHAEL/WINGERTER, EUGEN – *Die Wiederbelebung der Sonderprüfung durch die Finanzkrise: IKB und die Folgen*, AG 2010, 903-910.

MÜLLER, WELF – *Der Verlust der Hälfte des Grund- oder Stammkapitals*, ZGR 1985, 191-213.

1240   *Direito das sociedades*

MÜLLER, WELF/HENSE, BURKHARD – *Beck'sches Handbuch der GmbH*, 3.ª ed., 2002.
MÜLLER, WELF/HOFFMANN, WULF-DIETER – *Beck'sches Handbuch der Personengesellschaften*, 2.ª ed., 2002.
MÜLLER-ERZBACH, RUDOLF – *Das deutsche Aktienwesen seit der Inflationszeit*, 1926;
     – *Umgestaltung der Aktiengesellschaft zur Kerngesellschaft verantwortungsvoller Grossaktionäre/Entwicklung des Aktienrechts aus dem mitgliedschaftlichen Interesse/Zur Reform der Aktiengesellschaft und der Gesellschaft m. b. H.*, 1929;
     – *Das private Recht der Mitgliedschaft als Prüfstein eines kausalen Rechtsdenkens*, 1948.
MÜLLER-FREIENFELS, WOLFRAM – *Zur Lehre von sogenannten "Durchgriff" bei juristischen Personen im Privatrecht*, AcP 156 (1957), 522-543.
MÜLLER-GRAFF, PETER-CHRISTIAN – em RUDOLF STREINZ, *EUV/EGV*, 2003.
Münchener Handbuch des Gesellschaftsrechts, 3, 2.ª ed., 2003.
Münchener Kommentar zum Handelsgesetzbuch, red. WERNER F. EBKE, 4, 2001.
MUSTAKI, GUY/ENGAMMARE, VALÉRIE – *Droit européen des sociétés*, 2009.

NAENDRUP, CHRISTOPH – *vide* ZIMMER, DANIEL.
NASS, GUSTAV – *Person. Persönlichkeit und juristische Person*, 1964.
NAVARRINI, UMBERTO – anotação a Roma, 8-Jun.-1922, *In materia di società leonina*, RDComm XX (1922) II, 602-606.
NAZZICONE, LOREDANA/PROVIDENTI, SALVATORE – *Società per azioni/Amministrazione e controlli*, 2003.
NETO, ABÍLIO – *Código das Sociedades Comerciais/Jurisprudência e doutrina*, 2.ª ed., 2003; 3.ª ed., 2005; 4.ª ed., 2007.
NETO, OLAVO FERNANDES MAIA – *Classificação e tratamento jurídico-contabilístico das despesas com investigação e desenvolvimento*, 2005.
NETTER, OSKAR – *Die Fragebogen des Reichsjustizministeriums zur Reform des Aktienrechts*, ZHB 1929, 161-171.
NETTER, OSKAR – *Probleme des lebenden Aktienrechts*, 1929;
     – *Zur aktienrechtlichen Theorie des "Unternehmens an sich"*, FS Albert Pinner (1932), 507-612.
NEVES, VÍTOR CASTRO – *As operações acordeão nas sociedades anónimas*, 2005.
NEYE, HANS-WERNER – *Reform des Umwandlungsrechts*, DB 1994, 2069-2072;
     – *Das neue Umwandlungsrechts vor der Verabschiedung im Bundestag*, ZIP 1994, 917-920;
     – *Der Regierungsentwurf zur Reform des Umwandlungsrechts*, ZIP 1994, 165-169;
     – *Umwandlungsgesetz/Umwandlungssteuergesetz*, 1994;
     – *Neue europäische Initiative im Gesellschaftsrecht*, GmbHR 1997, R-97-R-98.
NIEHUS – *vide* MEYER-LANDRUT.
NIESSEN, HERMANN – *Zum Vorschlag einer "Europäischen" Regelung der Mitbestimmung für "nationale" Aktiengesellschaften*, ZGR 1973, 218-229.
NIPPERDEY, HANS CARL – *vide* ENNECCERUS, LUDWIG;
     – *vide* HUECK.
NJLKIZANA, TAPIWA – *vide* MACKENSIE, BRUCE.

NOACK, ULRICH – *Fehlerhafte Beschlüsse in Gesellschaften und Vereinen*, 1989;
– *Gesellschaftsvereinbarungen bei Kapitalgesellschaften*, 1994;
– *vide* EIDENMÜLLER, HORST
– *vide* ZÖLLNER, WOLFGANG.
NOBEL, PETER – *Reformbedarf im Aktienrecht der Schweiz*, ZHR, SH 12 (1994), 99-111.
NÖCKER, CHRISTOPH/GRUNENBERG, MICHAEL – *Restrukturierung von Kreditinstituten: Die Drei Phasen der Ertragsoptimierung*, Die Bank 5.2009, 40-43.
NOFSINGER, JOHN R. – *vide* KIM, KENNETH A..
NOLTE, HERMANN – recensão a GÜNTHER HAUPT, *Über faktische Vertragsverhältnisse* (1941), DR 1942, 717-718.
NÖRR, KNUT WOLFGANG – *Zur Entwicklung des Aktien- und Konzernrechts während der Weimarer Republik*, ZHR 150 (1986), 155-181.
NOTO-SARDEGNA, G. – *Le società anonime*, 1908.
NOVATI, FRANCESCA – *vide* COSTANZO, PAOLO.
NOWAK, ERIC – *vide* EHRHARDT, OLAF.
NOWOTNY, CHRISTIAN – *Massnahmen zur Verbesserung der Eigenkapitalausstattung im österreichischen Aktienrecht*, ZHR, SH 12 (1994), 85-98.
NUNES, PEDRO CAETANO – *Responsabilidade civil dos administradores perante os accionistas*, 2001.
OBERG, EBERHARD – *Phaedrus Fabeln/Lateinisch-deutsch*, ed. bilingue latim/alemão.
ODERSKY, WALTER – *Stimmbindungen in Pool und "Unterpool"*, FS Lutter 2000, 557-570.
OERTMANN, PAUL – *Deutsches Arbeitsvertragsrecht*, 1923.
OETKER, HARTMUT – *Das Dauerschuldverhältnis und seine Beendigung/Bestandaufnahme und kritische Würdigung einer tradierten Figur der Schuldrechtsdogmatik*, 1994.
OLAVO, CARLOS – *Impugnação das deliberações sociais*, CJ XIII (1988) 3, 19-31.
OLAVO, FERNANDO – *Direito comercial*, II vol., apontamentos das lições coligidos por ALBERTO XAVIER e MARTIM DE ALBUQUERQUE, polic., 1963;
– *Sociedade em nome colectivo – Ensaio de anteprojecto*, BMJ 179 (1968), 15-37;
– *Alguns apontamentos sobre a reforma da legislação comercial*, BMJ 293 (1980), 5-22.
OLAVO, FERNANDO/MIRANDA, GIL – *Sociedade em comandita/Notas justificativas*, BMJ 221 (1972), 11-42, 223 (1973), 15-65 e 224 (1973), 5-79.
OLIVEIRA, ANA PERESTRELO DE – *A responsabilidade civil dos administradores nas sociedades em relação de grupo*, 2007.
OLIVEIRA, ANTÓNIO FERNANDES DE – *Responsabilidade civil dos administradores em CSC e governo das sociedades* (2008), 257-341.
OLIVEIRA, GUILHERME DE – *vide* COELHO, FRANCISCO PEREIRA.
OLIVEIRA, LAMARTINE CORREIA DE – *A dupla crise da pessoa jurídica*, 1979.
OLIVEIRA, LUÍS SERPA – *Prestação de garantias por sociedades a dívidas de terceiros*, ROA 1999, 389-412.
OLSEN, DIRK – em *Staudingers Kommentar* 2 II, *Einl zu §§ 241 ff; §§ 241-243/Einleitung zum Schuldrecht, Treu und Glauben*, 2005.
OMMESLAGHE, PIERRE VAN – *Unternehmenskonzentration und Rechtsangleichung in der EWG*, ZHR 132 (1969), 201-231;
– *La proposition de troisième directive sur l'harmonisation des fusions de sociétés anonimes*, em *Qui Vadis Ius Sociatum/Liber amicorum Pieter Sanders* (1972), 123-150.

1242   *Direito das sociedades*

OPPEN, MATTHIAS VON – *PIPE – Transaktionen in einem volatilen Umfeld: Der kurze Weg zum Eigenkapital*, Die Bank 7.2009, 12-15.

OPPO, GIORGIO – *La convenzioni parasociali tra diritto delle obligazioni e diritto delle società*, RDCiv XXXIII (1987) I, 517-530;
– *Contratti parasociali* (1942) = *Diritto delle società/Scritti giuridici* II (1992), 1-169.

ORDELHEIDE, DIETER – *vide* COLBE, WALTER BUSSE VON.

ORESTANO – *Il "problema delle persone giuridiche" in diritto romano* 1, 1968.

ORRELL, MAGNUS – *vide* MIRZA, ABBAS ALI.

ORTNER, STEFAN – *Die Limited. Eine Alternative zur GmbH?*, 2007.

OSÓRIO, JOSÉ HORTA – *Das tomadas de controlo de sociedades (takeovers) por leveraged buy-out e a sua harmonização com o Direito português*, 2001.

OSTHEIM, ROLF – *Zur Auslegung des Gesellschaftsvertrages bei der Gesellschaft mit beschränkter Haftung*, FS Heinrich Demelius (1973), 381-398.

OTT, CLAUS – *Recht und Realität der Unternehmenskorporation/Ein Beitrag zur Theorie der juristischen Person*, 1977;
– *Begriff und Bedeutung der juristischen Person in der neueren Entwicklung des Unternehmensrechts in der Bundesrepublik Deutschland*, QF 11/12, 2 (1982/83), 915-946.

OTT, NICOLAS – *vide* LIEBSCHER, THOMAS.

OTTAVI, FRANCESCO D' – *Analisi di due casi di privatizzazione in campo europeo*, em EUGENIO MELE (org.), *La società per azioni quale forma attuale di gestione dei servizi pubblici/La società per azioni per gli enti locali* (2003), 273-301;
– *I profili storici*, em EUGENIO MELE (org.), *La società per azioni quale forma attuale di gestione dei servizi pubblici/La società per azioni per gli enti locali* (2003), 17-69.

OTTE, SABINE – *Freifahrschein für den grenzüberschreitenden Rechtsformwechsel nach "Cartesio"?*, GmbHR 2009, 983-988;
– *vide* DEILMANN, BARBARA.

OTTO, HANSJÖRG – no *STAUDINGERS Kommentar*, §§ 315-327, ed. 2001.

OVERRATH, HANS-PETER – *Die Stimmrechtsbindung*, 1973.

PACCHIONI, GIOVANNI – *Corso di diritto romano*, II, 2.ª ed., 1920.

PACIOLI, LUCA – *De divina proportionii*, 1509, ilustrada por LEONARDO DA VINCI;
– *Abhandlung über die Buchaltung 1494*, trad. alemã org. BALDUIN PENNDORF, 1933, reimp. 1997;
– *Traité des comptes et des écritures*, ed. bilingue italiana e francesa de PIERRE JOUANIQUE, com um subtítulo *Ouverture vers la comptabilité moderne/Titre Neuvième. Traité XI de la Summa de Arithmetica*, 1995.

PAEFFEN, WALTER G. – *Umwandlung, europäische Grundfreiheiten und Kollisionsrecht*, GmbHR 2004, 463-476.

PAHLOW, LOUIS – *Aktienrecht und Aktiengesellschaft zwischen Revolution und Reichsgründung. Das ADHGB von 1861*, em BAYER/HABERSACK, *Aktienrecht im Wandel* I (2007), 251-268;
– *Das Aktienrecht im HGB von 1897*, em BAYER/HABERSACK, *Aktienrecht im Wandel* I (2007), 415-439.

PAINTER, RICHARD W./HOLMES, ANN E. M. – *Cases and Materials of Employment Law*, 4.ª ed., 2002.

PALANDT/HEINRICHS – *BGB*, 66.ª ed., 2007.

PANNHORST, MATTHIAS – *vide* KAISER, HELMUT.

PANZANI, LUCIANO – *vide* ABATE, FRANCESCO.

PAP, MICHAEL – *Haftungsfragen bei geschlossenen Funds*, BKR 2008, 367-372.

PARLEANI – *vide* GAVALDA.

PASCHKE, MARIAN – *Die fehlerhafte Korporation/Zwischen korporationsrechtlicher Tradition und europarechtlichen Rechtsentwicklung*, ZHR 155 (1991), 1-23.

PASTORI, FRANCO – *Gli istituti romanistici come storia e vita del diritto*, 2.ª ed., 1988.

PATRÍCIO, ANTÓNIO SIMÕES – *Curso de Direito económico*, 2.ª ed.,1981.

PATTI, ADRIANO – *vide* ABATE, FRANCESCO.

PAWLOWSKI, HANS MARTIN – *Allgemeiner Teil des BGB/Grundlehren des bürgerlichen Rechts*, 5.ª ed., 1998; 6.ª ed., 2000.

PEEMÖLLER, VOLKER H. – *Einführung in die International Accounting und Financial Reporting Standards*, no WILEY – *Kommentar zur internationalen Rechnungslegung nach IAS/IFRS* (2005), 3-36

PELICIOLI, ANGELA CRISTINA – *Responsabilidade dos administradores para com a sociedade anónima*, 1989.

PELTZER, MARTIN – *Deutsche Corporate Governance/Ein Leitfaden*, 2003

PELTZER, MARTIN – *Probleme bei der Kreditgewährung der Kapitalgesellschaft an ihre Leitungspersonen*, FS Rowedder 1994, 325-345

PELZ, CHRISTIAN – *vide* KLINDT, THOMAS.

PELZER, KAREN CHRISTINA – *Das Auskunftsrecht des Aktionärs in der Europäischen Union*, 2003.

PENTZ, ANDREAS – em HEINZ ROWEDDER/CHRISTIAN SCHMIDT-LEIHOFF, *GmbHG*, 4.ª ed., 2002.

PENTZ, ANDREAS/PRIESTER, HANS-JOACHIM/SCHWANNA, ANDRÉ – *Raising Cash and Contributions in Kind when forming a Company and for Capital Increases*, em MARCUS LUTTER, *Legal Capital in Europe* (2006), 42-74.

PERCEROU, J. – *vide* THALLER, E..

PERCEROU, ROGER – *Transformation de société*, Repertoire Dalloz/III – *Sociétés*, 791-802.

PEREIRA, MARCOS – *vide* PINTO, FILIPE VAZ.

PEREIRA, RAMIRO CRISTÓVÃO – *Da responsabilidade dos administradores pelas dívidas fiscais das sociedades: responsabilidade tributária subsidiária*, 2000.

PERNICE, ALFRED – *Marcus Antistius Labeo/Das römische Privatrecht im ersten Jahrhundert der Kaiserzeit*, 1873.

PERROUD, JEAN – *De l'exercice des actions judiciaires par les accionaires/Étude de jurisprudence française*, 1901.

PESQUEUX, YVON – *Le governnement de l'entreprise comme ideologie*, 2000.

PETER, KARL/CREZELIUS, GEORG – *Gesellschaftsverträge und Unternehmensformen*, 6.ª ed., 1995.

PETERS – anotação a BGH 29-Mai.-1967, JZ 1968, 28-29 = NJW 1967, 1963.

PETERS, EGBERT – *Die Erzwingbarkeit vertraglicher Stimmrechtsbedingungen*, AcP 156 (1957), 311-346.

1244   *Direito das sociedades*

PETERSON, JULIUS/PECHMANN, WILHELM FREIHERR VON – *Gesetz betreffend die Kommanditgesellschaften auf Aktien und die Aktiengesellschaften vom 18-Juli-1884*, 1890.

PETRA INWINKL – *Massnahmen gegen die Finanzmarktkrise/Japan*, RIW 2009, 66-69; – *Massnahmen gegen die Finanzmarktkrise/Österreich*, RIW 2009, 60-65.

PETRAK, LARS M. A. – *Durchgriffshaftung auf den GmbH-Gesellschafter aufgrund Unterkapitalisierung?*, GmbHR 2007, 1009-1016.

PETROCELLI, GUIDO – *vide* RACCO, MARIO.

PFLÜGER, KLAAS HEINRICH – *Neue Wege der Verwaltungskontrolle im Aktienrecht/Eine rechtvergleichende Untersuchung zur Klagebefugnis der Einzelaktionärs unter besonderer Berücksichtigung der "derivative suit" des angloamerikanischen Rechts*, 1969.

PIAZZA, NICOLA – *Patto leonino*, ED XXXII (1982), 526-532.

PICONE, LUCA G. – *vide* QUATRARO, BARTOLOMEO.

PIKÓ, RITA/PREISSLER, TINO – *Die Online-Hauptversammlung bei Publikumsaktiengesellschaften mit Namensaktien*, AG 2002, 223-230.

PILLOLLA, MARIA PASQUALIANA (org.) – *RINUCIUS ARETINUS fabulae aesopica*, em *Favolisti Latini medievali e umanistici*, vol. IV (1993), 258-259.

PIMENTA, ALBERTO – *Suspensão e anulação de deliberações sociais*, 1965; – *A nova lei alemã das sociedades por acções*, BMJ 175 (1968), 303-383, 176 (1968), 207-330 e 177 (1968), 269-393, com índice, 394-397; – *A prestação das contas do exercício nas sociedades comerciais*, BMJ 200 (1970), 11-106, 201 (1970), 5-71, 202 (1971), 5-57, 203 (1971), 5-53, 204 (1971), 5-48, 205 (1971), 5-58, 207 (1971), 5-46 e 209 (1971), 5-36.

PIMENTEL, JOSÉ MENÉRES – *Discurso na sessão de despedida, em 8 de Junho de 1983*, BMJ 327 (1983), 5-32.

PINHEIRO, LUÍS LIMA – *O Direito aplicável às sociedades/Contributo para o Direito internacional privado das sociedades*, ROA 1998, 673-721 = *Estudos Jurídicos e Económicos em Homenagem ao Professor João Lumbrales* (2000), 475-555; – *Direito internacional privado/Parte especial*, 1999; – anotações aos artigos 3.º e 4.º no *CSC/Clássica*, 2.ª ed. (2011).

PINNER, ALBERT – anotação a RG 22-Fev.-1916, JW 1916, 577/II

PINNER, ALBERT – *Das Deutsche Aktienrecht/Kommentar zu Buch 2, Abschnitt 3 und 4 des Handelsgesetzbuchs vom 10. Mai 1897*, 1899; – *Der Bericht der Aktiensrechtskommission*, JW 1928, 2593-2596.

PINTO, ALEXANDRE MOTA – *Do contrato de suprimento/O financiamento da sociedade entre capital próprio e capital alheio*, 2002; – *O artigo 35.º do Código das Sociedades Comerciais na versão mais recente*, em *Temas societários* (IDET n.º 12) (2006), 107-151.

PINTO, CARLOS ALBERTO DA MOTA – *Teoria geral do Direito civil*, 3.ª ed., 1985; 4.ª ed., por ANTÓNIO PINTO MONTEIRO/PAULO MOTA PINTO, 2005.

PINTO, PAULO MOTA – *Interesse contratual negativo e interesse contratual positivo* 1, 2008; – *vide* PINTO, CARLOS ALBERTO DA MOTA.

PINTO, FILIPE VAZ/PEREIRA, MARCOS – *A responsabilidade civil dos administradores de sociedades comerciais*, 2001.

PINTO, RUI – *vide* SILVA, PAULA COSTA E.

PIORRECK – *vide* BALSER.

PITA, MANUEL ANTÓNIO – *Direito aos lucros*, 1989;
  – *O regime da sociedade irregular e a integridade do capital social*, 2004.

PLANCK, MARINA – *Kleine AG als Rechtsform – Alternative zur GmbH*, GmbHR 1994,
  501-505.

PLANIOL, MARCEL – *Traité Élémentaire*, I, 3.ª ed., 1904.

PLANTA, ANDREAS VON – *Die schweizerische Aktienrechtsreform – Ausgewählte Fragen*,
  ZHR, SH 12 (1994), 43-56.

PLATANIA, FERNANDO – *vide* BERTUZZI, MARIO.

PODEWILS, FELIX – *Transparenz- und Inhaltskontrolle von Zertifikatebedingungen*, ZHR
  174 (2010), 192-208.

POELZIG, DÖRTE/THOLE, CHRISTOPH – *Kollidierende Geschäftsleiterpflichten*, ZGR 2010,
  836-867.

POGGI, AGOSTINO – *Contratto di società in diritto* romano, s/d..

PÖHLMANN, PETER – *vide* HETTRICH, EDUARD.

PÖHLS, MENO – *Das Recht der Aktiengesellschaften mit besonderer Rücksicht auf Eisenbahnergesellschaften*, 1842.

POLLERI, VITTORIO – *vide* GALLESIO-PIUMA, MARIA ELENA.

PONZANELLI, GIULIO – *Nuove figure e nuove problematiche degli enti "non profit"*, em
  AAVV, *Gli enti "non profit" nuove figure e nuove problematiche* (1993), 9-47.

PÖRNIG, CLAUDIA – *Die Lehre von der fehlerhafte Gesellschaft*, 1999.

PORTALE, GIUSEPPE P. – *vide* ABBADESSA, PIETRO.

PORTISCH, WOLFGANG – *Fortführungsprognose für überschuldete Unternehmen: wenn die
  Insolvenz Jroht*, Die Bank 5.2009, 36-38.

POTHIER, R.-J. – *Traité des Personnes et des Choses*, em *Oeuvres de R.-J. Pothier contenant les Traités du Droit Français*, par M. DUPIN AINÉ, 5, 1831.

POTTHOFF, ERICH – *Zur Geschichte der Mitbestimmung*, em POTTHOFF/BLUME/DUVERNELL,
  Zwischenbilanz der Mitbestimmung (1962), 1-54.

POUND, JOHN – *Beyond Takeovers/Politics Comes to Corporate Control* (1992), em *Harvard Business Review on Corporate Governance* (2000), 157-186.

PRASCA, M. S. – *vide* ALBERTAZZI, A..

PREIS, ULRICH – *Der persönliche Anwendungssbereich der Sonderprivatrechte/Zur systematischen Abgrenzung vom Bürgerlichen Recht, Verbraucherrecht und Handelsrecht*, ZHR 158 (1994), 567-613.

PREIS, ULRICH – no STAUDINGER/*Komm*, 13.ª ed., 1995.

PREISSLER, TINO – *vide* PIKÓ, RITA.

PREUSS, HUGO – *Stellvertretung oder Organschaft?*, JhJb 44 (1902), 429-479.

PREUSSNER, JOACHIM – *Corporate Governance in öffentlichen Unternehmen*, NZG 2005,
  575-578.

PRIDE, TERENCE/SCANLAN, GARY/MARTINDALE, RICHARD – *The Law of Private Limited
  Companies*, 1996.

PRIESTER, HANS-JOACHIM – *Nichtkorporative Satzungsbestimmung bei Kapitalgesellschaften*, DB 1979, 681-687;

1246   *Direito das sociedades*

    – *Drittbindung des Stimmrechts und Satzungsautonomie*, FS Werner (1984), 657-679;
    – *Das Gesellschaftsverhältnis im Vorgründungsstadium – Einheit oder Dualismus?*,
      GmbHR 1995, 481-486;
    – *Die kleine AG – ein neuer Star unter den Rechtsformen?*, BB 1996, 333-338;
    – *vide* PENTZ, ANDREAS.

Projecto de Decreto Regulamentar da Lei n.° 1:995, BMJ 25 (1951), 157-195.

Projetto preliminare per la riforma del Codice di Commercio del Regno d'Italia (1873.

PROSS, HELGE – *Manager und Aktionäre in Deutschland/Untersuchung zum Verhältnis von Eingentum und Verfügungsrecht*, 1965.

PROVIDENTI, SALVATORE – *vide* NAZZICONE, LOREDANA.

PUCHELT, ERNST/FÖRTSCH, R. – *Kommentar zum Allgemeinen Deutschen Handelsgesetzbuch*, 1893.

PUGLIESE, GIOVANNI – *Istituzioni di diritto romano*, col. FRANCESCO SITZIA/LETIZIA VACCA, 1986.

QUANTE, ANDREAS – *Sanktionsmöglichkeiten gegen juristische Personen und Personenvereinigungen*, 2005.

QUASSOWSKI, LEO – *vide* SCHLEGELBERGER, FRANZ.

QUATRARO, BARTOLOMEO/PICONE, LUCA G. – *La responsabilità di amministratori, sindaci, direttori generali e liquidatori di società/Aspetti civili, penali e tributari*, 2 tomos, 1998.

RACCO, MARIO/PETROCELLI, GUIDO – *Il procedimento di scelta del partner privato*, em EUGENIO MELE (org.), *La società per azioni quale forma attuale di gestione dei servizi pubblici/La società per azioni per gli enti locali* (2003), 162-210.

RACHLITZ, RICHARD – *vide* GRIGOLEIT, HANS CHRISTOPH.

RACUGNO, GABRIELE – *Società a responsabilità limitata*, ED XLII (1990), 1042-1071;
    – *Società a responsabilità limitata*, GiurComm I (1990), 577-622.

RADIN, STEPHEN A. – *vide* BLOCK, DENNIS J..

RAFFAELLI, G. A. – *Le società commerciali*, 1940.

RAISCH, PETER – *Geschichtliche Voraussetzungen, dogmatische Grundlagen und Sinnwandlung des Handelsrechts*, 1965.

RAISER, LUDWIG – *Die Gleichheitsgrundsatz im Privatrecht*, ZHR 111 (1946), 75-101.

RAISER, THOMAS – *Das Unternehmen als Organisation/Kritik und Erneuerung der juristischen Unternehmenslehre*, 1969;
    – *Mitbestimmungsgesetz Kommentar*, 2.ª ed., 1984;
    – *Das Recht der Gesellschafterklagen*, ZHR 153 (1989), 1-34;
    – *Recht der Kapitalgesellschaften*, 2.ª ed., 1992;
    – *Gesamthand und juristische Person im Licht des neuen Umwandlungsrechts*, AcP 194 (1994), 495-512;
    – *Die Haftung der Gesellschafter einer Gründungs-GmbH*, BB 1996, 1344-1349.

RAISER, THOMAS/VEIL, RÜDIGER – *Recht der Kapitalgesellschaften*, 5.ª ed., 2010.

RALHA, EDUARDO MARQUES – *Lições de Direito comercial*, 1930.

RAMOS, MARIA ELISABETE GOMES – *A responsabilidade de membros da administração*, em IDET/*Problemas do Direito das sociedades* (2002), 71-92;

Índice bibliográfico

- *Responsabilidade civil dos administradores e directores de sociedades anónimas perante os credores sociais*, 2002;
- *Constituição das sociedades comerciais*, em *Estudos de Direito das Sociedades*, 8.ª ed., coord. COUTINHO DE ABREU (2007), 39-93;
- *Debates actuais em torno da responsabilidade e da protecção dos administradores/Surtos de influência anglo-saxónica*, BFD LXXXIV (2008), 591-636;
- no *Código em Comentário*, 1 (2010), 128-129;
- *vide* ABREU, JORGE COUTINHO DE;
- *vide* MARTINS, ALEXANDRE SOVERAL.

RAMOS, MARIA ELISABETE/COSTA, RICARDO – *Código em Comentário*, 2010.

RAMOS, MARIA ELISABETE/MARTINS, ALEXANDRE SOVERAL – *Código das Sociedades Comerciais*, 2001.

RANFT, NORBERT – *Vom Objekt zum Subjekt/Montanmitbestimmung, Sozialklima und Strukturwandel im Bergbau seit 1945*, Köln, 1988.

RASCH, HAROLD – *Richtige und falsche Wege der Aktienrechtsreform/Der Regierungsentwurf eines neuen Aktiengesetzes*, 1960.

RATH, PETER – *Aktuelles zur Vergütung von GmbH-Geschäftsführern*, GmbHR/Report 2010, R 353-R 354.

RATHENAU, WALTHER – *Vom Aktienwesen/Eine geschäftliche Betrachtung*, 1918.

RATTON, DIOGO – *Reflexões sobre Codigo Mercantil sobre Tribunaes do Commercio e sobre Navegação Mercantil*, 1821.

RAU, VIRGÍNIA – *A casa dos contos*, 1951.

RECHKEMMER, KUNO – *Corporate Governance*, 2003.

REERS, ULRICH – *vide* VAUPEL, CHRISTOPH F..

REGELSBERGER, FERDINAND – *Pandekten*, 1, 1893.

Regulamento de fiscalização das sociedades anonymas, de 13-Abr.-1911 (JOSÉ RELVAS), CLP 1911, 2072-2077.

REHBINDER, ECKART – *Konzernaussenrecht und allgemeines Privatrecht/Eine rechtsvergleichende Untersuchung nach deutschem und amerikanischem Recht*, 1969;
- *Zehn Jahre Rechtsprechung zum Durchgriff im Gesellschaftsrecht*, FS Fischer (1979), 577-603;
- *Zum konzernrechtlichen Schutz der Aktionäre einer Obergesellschft/Besprechung der Entscheidung BGHZ 83, 112 "Holzmüller"*, ZGR 1983, 92-108.

REHM, GERHARD M. – *vide* EIDENMÜLLER, HORST.

REHM, HERMANN – *Die Bilanzen der Aktiengesellschaften*, 1903.

REI, MARIA RAQUEL – *A interpretação do negócio jurídico*, 2010.

REICH, NORBERT – *Die Entwicklung des deutschen Aktienrechtes im neunzehnten Jahrhundert*, IC 2 (1969), 239-276.

REICHELT, HARALD – *Die Institution des Aufsichtsrat in der deutschen Aktiengesellschaft/Reformüberlegungen aus historischer Perspektive*, 1998.

REICHERT, BERNHARD – *Handbuch des Vereins- und Verbandsrechts*, 9.ª ed., 2003.

REIMER, ERKEHART – *Grenzen des Europäischen Stabilisierungsmechanismus*, NJW 2010, 1911-1916.

REINHARD, RUDOLF – *Gedanken zum Identitätsproblem bei der Einmanngesellschaft*, FS Lehmann II (1956), 576-593.

1248 *Direito das sociedades*

Reis, José Alberto dos – *Comentário ao Código de Processo Civil*, 1, 1944;
– *Código de Processo Civil anotado* I, 3.ª ed., 1948.

Reis, José Vieira dos – *Os documentos de prestação de contas na CEE e a legislação portuguesa/Análise das 4.ª, 7.ª e 8.ª Directivas ds CEE sobre as sociedades comerciais* (1987), com o texto da 4.ª Directriz: 121-173.

Reiss, Wilhelm – *vide* Baumann, Horst.

Renard, Georges – *La théorie de l'institution/Essai d'ontologie juridique*, 1930.

Renaud, Achilles – *Die Klage des Actionärs gegen die Mitglieder des Vorstandes und Aufsichtsrath der Aktiengesellschaft*, ZHR 12 (1868), 1-33;
– *Das Recht der Aktiengesellschaften*, 2.ª ed., 1875.

Renkl, Günter – *Die Gesellschafterbeschlüsse*, 1982.

Rescigno, Pietro (org.) – *Codice civile*, II, 8.ª ed., 2008.

Reufeld, Hans/Schwarz, Otto – *Handelsgesetzbuch ohne Seerecht*, 1931.

Reul, Adolf – *Die notarielle Beurkundung einer Hauptversammlung*, AG 2002, 543-551.

Reul, Jürgen – *Die Pflicht zur Gleichbehandlung der Aktionäre bei privaten Kontrolltransaktionen/eine juristische und ökonomische Analyse*, 1991.

Reuter, Dieter – *Stimmrechtsvereinbarung bei treuhänderischer Abtretung eines GmbH-Anteiles*, ZGR 1978, 633-642;
– *Rechtsfähigkeit und Rechtspersönlichkeit/Rechtstheoretische und rechtspraktische Anmerkungen zu einem grossen Thema*, AcP 207 (2007), 673-713;
– no *Münchener Kommentar* 1, 5.ª ed., 2008.

Rhode, Heinz – *Juristische Person und Treuhand/Grundzüge einer Lehre vom zweckgebundenen Recht*, 1932.

Ribeiro, Aureliano Strecht – *Código Comercial Português actualizado e anotado*, vol. I, contendo anotada a Lei das Sociedades por Quotas, 1939.

Ribeiro, José António Pinto/Duarte, Rui Pinto – *Dos agrupamentos complementares de empresas*, 1980.

Ribeiro, Lélia Guimarães Carvalho – *Responsabilidade dos administradores pelas dívidas laborais da sociedade comercial*, 2005.

Ribeiro, Maria Ângela – *vide* Correia, A. Ferrer.

Ribeiro, Maria de Fátima – *A tutela dos credores da sociedade por quotas e a "desconsideração da personalidade jurídica"*, 2009.

Richardi – *vide* Dietz.

Richardi, Reinhard – *Der Arbeitsvertrag im Zivilrechtssystem*, ZfA 1988, 221-253;
– em Reinhard Richardi/Gregor Thüsing/Georg Annuss, *Betriebsverfassungsgesetz mit Wahlordnung*, 8.ª ed. (2002), 926 ss..

Richter Jr., Mario Stella – *vide* Ferri, Giuseppe.

Rickel, August – *Der Einfluss wirtschaftlicher Vorgänge auf die Ausgestaltung des deutschen Aktienrechts*, 1935.

Riedemann, Susanne – *Das Auseinanderfallen von Gesellschafts- und Insolvenzstatut / / "Inspire Art" und die Insolvenz über das Vermögen einer englischen "limited" in Deutschland*, GmbHR 2004, 345-349.

Riesenhuber, Karl – *vide* Hommelhoff, Peter.

Ring, Viktor – *Das Reichsgesetz betreffend die Kommanditgesellschaften auf Aktien und die Aktiengesellschaften vom 18-Juli-1884*, 2.ª ed., 1893.

RING, VIKTOR/SCHACHIAN, HERBERT – *Die Praxis der Aktiengesellschaft*, 1929.

RINGLEB, HENRIK-MICHAEL/KREMER, THOMAS/LUTTER, MARCUS/WERDER, AXEL VON – *Kommentar zum Deutschen Corporate Governance Kodex*, 4.ª ed., 2010;
– *Die Kodex-Anderung von Mai. 2010*, NZG 2010, 1161-1168.

RIPERT, GEORGES/ROBLOT, RENÉ/GERMAIN, MICHEL – *Traité de Droit Commercial*, tomo 1, volume 2 – *Les sociétés commercialles*, 18.ª ed., 2003;

RITTER, C. – *Gleickmässige Behandlung der Aktionäre*, JW 1934, 3025-3029.

RITTER, JAN-STEPHAN – *Virtuelle Unternehmen zwischen Vertrag und Gesellschaftsrecht*, 2004.

RITTNER, FRITZ – *Die werdende juristische Person/Untersuchungen zum Gesellschaft und Unternehmensrecht*, 1973;
– *Zur Verantwortung der Unternehmensleitung*, JZ 1988, 113-118.

ROBERT, BRUNER F./CARR, SEAN D. – *Sturm an der Börse/Die Panik von 1907*, 2009.

ROBERTIS, FRANCESCO MARIA DE – *Contributi alla storia delle corporazioni a* Roma, 1934;
– *Il diritto associativo romano*, 1943;
– *Il fenomeno associativo nel mondo romano/dai collegi della repubblica alle corporazioni del basso império*, 1955;
– *Storia delle corporazioni e del regime associativo nel mondo romano*, 2 volumes, 1971.

ROBLOT, RENÉ – *vide* RIPERT, GEORGES.

ROCHA, COELHO DA – *Instituições de Direito civil português*, II, 8.ª ed., 1919, correspondente à ed. de 1846.

RODEMANN, CARSTEN – *Stimmbindungsvereinbarungen in dem Aktien- und GmbH-Rechten Deutschlands, Englands, Frankreichs und Belgiens*, 1998.

RODGERS, PAUL – *International Accounting Standards/from UK standards to IAS*, 2007.

RODRIGUES, ANA MARIA GOMES – *Prestação de contas e o regime especial de invalidade das deliberações previstas no art. 69.º do CSC*, IDET/Miscelâneas 6 (2010), 95-183.

RODRIGUES, ANA MARIA/DIAS, RUI PEREIRA – *Código em Comentário*, 2010.

RODRIGUES, AZEVEDO – *vide* BORGES, ANTÓNIO.

RODRIGUES, ILÍDIO DUARTE – *A administração das sociedades por quotas e anónimas/ /Organização e Estatuto dos Administradores*, 1990.

RODRIGUES, ROGÉRIO – *vide* BORGES, ANTÓNIO.

ROGRON, J. A. – *Code de Commerce expliqué par ses motifs et par des exemples*, 1834.

ROITZSCH, FRANK – *Der Minderheitenschutz im Verbandsrecht*, 1981.

RONKE, MAXIMILIEN – *Der Fehlerhafte Beitritt zu einer Gesellschaft und die fehlerhafte Gesellschaft nach der Rechtsprechung des Reichsgerichts*, FS Franz Laufke (1971), 217-252;
– *Die Rechtsprechung des BGH zur fehlerhaften Gesellschaft*, FS Heinz Paulick (1973), 55-72.

ROSSI, GUIDO – *La riforma del diritto societario nel quadro comunitario e internazionale*, em AAVV, *La riforma del diritto societario/Atti del Convegno* (2003), 13-24.

ROTH, GÜNTER H. – *Zur "economic analysis" der beschränkter Haftung*, ZGR 1986, 371-382;
– *GmbHG*, 2.ª ed., 1987;
– *Minderheitsschutz im Aktienrecht Österreiches*, ZHR, SH 12 (1994), 167-185.

1250   *Direito das sociedades*

ROTH, HULF-HENNING – em KOLLER/ROTH/MORCK, *Handelsgesetzbuch*, 5.ª ed., 2005.

ROTHWEILER, ESTELLE/GEYER, STEFAN – *Von der Compagnie de commerce zur societé anonyme: die Geschichte der Aktiengesellschaft in Frankreich bis zum Code de commerce*, em BAYER/HABERSACK, *Aktienrecht im Wandel* I (2007), 23-45.

ROWEDDER, HEINZ – *Gesetz betreffend die Gesellschaften mit beschränkter Haftung*, 4.ª ed., 2002.

RUDOLPH, BERND – *Die internationale Finanzkrise: Ursachen, Treiber, Veränderungsbedarf und Reformansätze*, ZGR 2010, 1-47.

RUFFINI, FRANCESCO – *La classificazione delle persone giuridiche in Sinibaldo dei Fieschi (Innocenzo IV) ed in Federico Carlo di Savigny*, Sc. Francesco Schupfer, II (1898), 313-393;
– *Scritti giuridici minori*, II, 1936.

RUGGIERO, ROBERTO DE – *Instituições de Direito Civil* – vol. I – *Introdução e Parte Geral*, trad. port. ARY DOS SANTOS, 1934.

RÜMELIN, G. – recensão a SCHEURL, *Zur Lehre von der Teilbarkeit der Rechte. Bedeutung der Begriffsbildung und legislatorische Behandlung*, JhJb 28 (1889), 386-484.

RUSCH, KONRAD – *Gewinnhaftung bei Verletzung von Treuepflichten*, 2003.

RUTH – *Eintritt und Anstritt von Mitgliedern*, ZHR 88 (1926), 454-543.

RÜTHERS, BERND – *Die unbegrentze Auslegung/Zum Wandel der Privatrechtsordnung im Nationalsozialismus*, 2.ª ed., 1973.

SABATO, FRANCO DI – *Sentenze d'un anno/Le società*, RTDPC 1995, 1471-1478;
– *Manuale delle società*, 6.ª ed., 1999.

SACK, ROLF – *Typusabweichung und Institutsmissbrauch im Gesellschaftsrecht*, DB 1974, 369-373.

SAENGER, INGO – *Zum Auskunftsanspruch der Aktionäre über Minderheitenbeteiligungen*, DB 1997, 145-151.

SAILER-COCEANU, VIOLA – *vide* KRIEGER, GERD.

SAINTOURENS, BERNARD – *Sociétés coopératives et sociétés de droit commun*, RS 1996, 1-15.

SALANITRO, AULETTA – *Elementi di diritto commerciale*, 2001.

SALEILLES, RAYMOND – *De la personnalité juridique/Histoire et théorie*, 2.ª ed., 1922.

SAMOL, MICHAEL – *vide* DAMMANN, REINHARD.

SAMPAIO, FORJAZ DE – *Annotações ou synthese annotada do Codigo de Commercio*, II, 1875.

SAMPAIO, MARIA DE FÁTIMA RODRIGUES CRAVO DE – *Contabilização do imposto sobre o rendimento das sociedades: análise dos métodos do imposto a pagar e da contabilização dos efeitos fiscais*, 2000.

SANDROCK, OTTO – *Was ist erreicht? Was bleibt zu tun? Eine Kollisions- und materiellerechtliche Bilanz?*, em SANDROCK/WETZLER, *Deutsches Gesellschaftsrecht* (2004), 33-100.

SANDROCK, OTTO/WETZLER, CHRISTOPH F. – *Deutsches Gesellschaftsrecht im Wettbewerb der Rechtsordnungen/Nach Centros, Überseering und Inspire Art*, 2004.

SANGER, AUGUST – *Gemeinschaft und Rechtsteilung*, 1913.

SANTALUCIA, BERNARDO – *Fondazione (diritto romano)*, ED XVII (1968), 774-784.

Índice bibliográfico

SANTORO, VITTORIO (org.) – *La nuova disciplina della società a responsabilità limitata*, 2003.

SANTORO-PASSARELLI, F. – *Teoria Geral do Direito Civil*, trad. MANUEL DE ALARCÃO, 1967.

SANTOS, ANTÓNIO DE ALMEIDA – *Discurso na posse dos Presidentes das Comissões encarregadas de preparar a revisão dos Códigos Civil, de Processo Civil, Penal, de Processo Penal e Comercial, em 10 de Janeiro de 1977*, BMJ 263 (1977), 5-24.

SANTOS, ANTÓNIO MARQUES DOS – *Algumas reflexões sobre a nacionalidade das sociedades em Direito internacional privado e em Direito internacional público*, 1985.

SANTOS, FILIPE CASSIANO DOS – *A posição do accionista face aos lucros de balanço/O direito do accionista ao dividendo no Código das Sociedades Comerciais*, 1996;
– *Estrutura associativa e participação societária capitalística*, 2002;
– *O direito aos lucros no Código das Sociedades Comerciais (À luz de 15 anos de vigência)*, em IDET/*Problemas do Direito das sociedades* (2002), 185-199.

SANTOS, JORGE COSTA – *vide* CUNHA, PAULO DE PITTA E.

SANTOS, MÁRIO LEITE – *Contratos parassociais e acordos de voto nas sociedades anónimas*, 1996.

SANTOSUOSSO, DANIELE U. – *La riforma del diritto societario*, 2003.

SARAIVA, JOSÉ MENDES DA CUNHA – *Companhias gerais de comércio e navegação para o Brasil*, I, 1938;
– *Companhia Geral de Pernambuco e Paraíba*, 1941;
– *A fortaleza de Bissau e a Companhia do Grão Pará e Maranhão*, em *Congresso Comemorativo do Quinto Centenário do Descobrimento da Guiné*, vol. I (1946), 157-191.

SAUTER/SCHWEYER/WALDNER – *Der eingetragene Verein*, 17.ª ed., 2001.

SAVIGNY, FRIEDRICH CARL VON – *System des heutigen Römischen Rechts*, 2, 1840; 4, 1841;
– *Das Obligationenrecht/als Teil des heutigen römichen Rechts*, 1851, 2.ª reimp., 1987.

SCALESE, VINCENZO – *Codice delle società*, 2.ª ed., 1995.

SCALI, PIETRO PAOLO – *Trattato dal modo di tenere la scritura dei mercanti a partite doppie cioè all'italiana*, 1755.

SCANLAN, GARY – *vide* PRIDE, TERENCE.

SCARPA, ANTONIO – *vide* IOFRIDA, GIULA.

SCHÄFER, CARSTEN – *Die Binnenhaftung von Vorstand und Aufsichtsrat nach der Renovierung durch das UMAG*, ZIP 2005, 1253-1259;
– *vide* BORK, REINHARD.

SCHAAL, HANS-JÜRGEN – no *Münchener Kommentar 6*, 3.ª ed. (2011), § 405.

SCHALAST, CHRISTOPH – *vide* BRÜCK, MICHAEL J. J..

SCHANZ, KAY-MICHAEL – *vide* BRÜCK, MICHAEL J. J..

SCHANZE, ERICH – *Einmann-Gesellschaft und Durchgriffshaftung/als Konzeptionalisierungsprobleme gesellschaftsrechtlicher Zurechnung*, 1975;
– *Durchgriff, Normanwendung oder Organhaftung?*, AG 1982, 42-44.

SCHANZE, ERICH/JÜTTNER, ANDREAS – *Anerkennung und Kontrolle ausländischer Gesellschaften – Rechtlage und Perspektiven nach der Überseering Entscheidung des EuGH*, AG 2003, 30-36;
– *Die Entscheidung für Pluralität: Kollisionsrecht und Gesellschaftsrecht nach der EuGH-Entscheidung "Inspire Art"*, AG 2003, 661-671.

1252   *Direito das sociedades*

SCHAUB, GÜNTHER – *Arbeitsrechts-Handbuch*, 9.ª ed., 2000.

SCHAUB, GÜNTER/KOLH, ULRICH/LINK, RÜDIGER – *Arbeitsrechts-Handbuch*, 11.ª ed., 2005.

SCHAUPENSTEINER, WOLFGANG J. – recensão a KLAUS MOOSMAYER, *Compliance. Praxisleitfaden für Unternehmen*, 2010, em NJW 2010, 2263-2264.

SCHERNER, KARL OTTO – *BGB* – *Allgemeiner Teil*, 1995.

SCHIESSL, MAXIMILIAN – *Die Wahrnehmung von Geschäftschancen der GmbH durch ihren Geschäftsführen*, GmbHR 1988, 53-56;
– *Deutsche Corporate Governance post Enron*, AG 2002, 593-604.

SCHILLING, WOLFGANG – *AktG/GrossK*, 2.ª ed., 1961;
– An. BGH 5-Jun.-1975, BB 1975, 1451-1452;
– *AktG/KölnK*, 1985;
– *vide* DUDEN, KONRAD.

SCHIOPPA, ANTONIO PADOA – *Saggi di storia del diritto commerciale*, 1992.

SCHIRÒ, STEFANO – *vide* CECCHERINI, ALDO.

SCHLEGELBERGER, FRANZ – *Die Erneuerung des deutschen Aktienrechts*, 1935.

SCHLEGELBERGER, FRANZ/QUASSOWSKI, LEO/HERBIG, GUSTAV/GESSLER, ERNST/HEFERMEHL, WOLFGANG – *Aktiengesetz*, 3.ª ed., 1939.

SCHLEGELBERGER, FRANZ/QUASSOWSKI, LEO/SCHMÖLDER, KARL – *Verordnung über Aktienrecht vom 19. September 1931 nebst den Durchführungs-bestimmungen*, 1932.

SCHLIEKMANN – *Die GmbH/Darstellung dieser Gesellschaft zum Gebrauche in der Praxis* (1895), ROBERT ESSER, *Das Reichgesetz betreffend die G.m.b.H.*, 1902.

SCHLIM, KATRIM – *Das Geschäftsleiterermessen des Vorstands einer Aktiengesellschaft / / Die Kodifikation einer "Business Judgment Rule" deutscher Prägung in § 93 Abs. 1 5.2 AktG*, 2009.

SCHLOSSMANN, SIEGMUND – *Persona und* prosopwn *im Recht und im Christlichen Dogma*, 1906.

SCHMALTZ, KURT – *vide* ADLER, HANS.

SCHMALZ, WOLFGANG – *Die Verfassung der Aktiengesellschaft in geschichtlicher vergleichender und rechtspolitischer Betrachtung*, 1950.

SCHMID, CHRISTOPH U. – *Die Instrumentalierung des Privatrechts durch Europäisches Union*, 2010.

SCHMIDT – *vide* STAUDINGER.

SCHMIDT/MEYER-LANDRUT – *Aktiengesetz/Grosskommentar*, 1.º vol., 1.ª ed., 1961.

SCHMIDT, BRIAN – *vide* FLÄGEL, PETER.

SCHMIDT, CHRISTOF – *Der Einfluss europäischer Richtlinien auf das innerstaatliche Privatrecht am Beispiel des Einwendungsdurchgriffs bei verbundenen Geschäften*, 1997.

SCHMIDT, JESSICA – *vide* BAYER, WALTER.

SCHMIDT, KARSTEN – *Der Funktionswandel der Handelndenhaftung im Recht der Vorgesellschaft – Ein Beitrag zur Abgrenzung des "Handelnden"-Begriffs*, GmbHR 1973, 146-152;
– *Informationsrechte in Gesellschaft und Verbänden*, 1984;
– *Fehlerhafte Gesellschaft und allgemeines Verbandsrecht/Grundlage und Grenzen eines verbandsrechtlichen Instituts*, AcP 186 (1986), 421-452;
– *Einhundert Jahre Verbandstheorie im Privatrecht/Aktuelle Betrachtung zur Wirkungsgeschichte von Otto v. Gierkes Genossenschafttheorie*, 1987;

Índice bibliográfico

— *Die Dogmatik des Informationsrechte als Grundlage des Konkretisierung des § 51.ª GmbHG*, FS Kellermann (1991), 389-401;

— *Gesellschaftsrecht*, 4.ª ed., 2002;

— *Überschuldung und Insolvenzantragspflicht nach dem Finanzmarktstabilisierungsgesetz/Geschäftsleiterpflichten im Wechselbad der Definitionen*, DB 2008, 2467-2471.

SCHMIDT, KARSTEN/LUTTER, MARCUS (org.) — *Aktiengesetz Kommentar*, 2.ª ed., 2 volumes, 2010.

SCHMIDT, UWE — *Die Mitgliedschaft in Verbänden*, 1989.

SCHMIDT-LEITHOFF, CHRISTIAN — *Die Verantwortung der Unternehmensleitung*, 1989.

SCHMIDT-KESSEL, MARTIN — no PWW/BGB, 5.ª ed., 2010.

SCHMOLKE, KLAUS ULRICH — *vide* FLEICHER, HOLGER.

SCHNEIDER — *vide* DÄUBLER.

SCHNEIDER, BIRGIT — *Informationsrechte von GmbH-Gesellschaftern/Inhalt und Grenzen*, GmbHR 2008, 638-643.

SCHOLZ, OLIVER — *Kommentar zum GmbH-Gesetz*, 7.ª ed., 1986;

— *Die Einführung elektronischer Handelsregister im Europarecht*, EuZW 2004, 172-176.

SCHÖN, WOLFGANG — *Gesellschaftsrecht nach Maastricht*, ZGR 1995, 1-38;

— *Mindest Harmonisierung im europäischen Gesellschaftsrecht*, ZHR 160 (1996), 221-249;

— *Der "Rechtsmissbrauch" im Europäischen Gesellschaftsrecht*, FS Herbert Wiedemann (2002), 1271-1295;

— *Editorial: Die Europäische Kapitalrichtlinie — eine Sanierungsbremse?*, ZHR 174 (2010), 155-162.

SCHÖNWANDT, M. — *Neues und altes Aktienrecht*, 1937.

SCHÖPFLIN, MARTIN — *Der nichtrechtsfähige Verein*, 2003

— *Die Durchgriffshaftung im deutschen und englischen Recht*, FS Volker Beuthien 75. (2009), 245-265.

SCHRÖDER, CHRISTIAN — *Geschäftsführer, Gesellschafter und Mitarbeiter der GmbH als Insider/Über die strafrechtlichen Risiken des Insiderrechts in der Sphäre der GmbH*, GmbHR 2007, 907-910.

SCHRÖDER, HANS — *vide* JUDITH, RUDOLF.

SCHRÖEDER, JAN — *Stimmrechtskonsortien unter Aktionären: Gesellschafts- und erbrechtliche Probleme*, ZGR 1978, 578-607.

SCHROEDER, WERNER — *Das Gemeinschaftsrechtssystem/Eine Untersuchung zu den rechtsdogmatischen, rechttheoretischen und verfassungsrechtlichen Grundlagen des Systemdenkens im Europäischen Gemeinschaftsrecht*, 2002.

SCHUBERT, WERNER — *Die Entstehung des Aktiengesetzes*, em WERNER SCHUBERT/PETER HOMMELHOFF, *Hundert Jahre modernes Aktienrecht/Eine Sammlung von Texten und Quellen zur Aktienrechtsreform 1884 mit zwei Einführungen* (1985), 1-52;

— *Das GmbH-Gesetz von 1892 — "eine Zierde unserer Reichsgesetzsammlung"*, FS 100 Jahre GmbH-Gesetz (1992), 1-47.

SCHUBERT, WERNER/HOMMELHOFF, PETER — *Hundert Jahre modernes Aktienrecht/Eine Sammlung von Texten und Quellen zur Aktienrechtsreform 1884 mit zwei Einführungen*, 1985.

SCHULTZE, ALFRED – *Organschaftsrechte als Sonderrechte*, JhJb 75 (1925), 455-473.

SCHULZ, MARTIN – *(Schein-) Auslandsgesellschaften in Europa – Ein Schein-Problem*, NJW 2003, 2705-2708;

SCHULZE-OSTERLOH, JOACHIM – *Die Rechnungslegung der Einzelkaufleute und Personenhandelsgesellschaften nach dem Bilanzrichtlinien-Gesetz*, ZHR 150 (1986), 403-433;

    – *Jahresabschluss, Abschlussprüfung und Publizität der Kapitalgesellschaften nach dem Bilanzrichtlinien-Gesetz*, ZHR 150 (1986), 532-569;

    – *Harmonisierung der Rechnungslegung und Kapitalschutz*, em LOTHAR SCHRUFF, *Bilanzrecht* (1996), 121-134.

SCHUMACHER, STEPHAN – *vide* HASSERBACH, KAI.

SCHÜNEMANN, WOLFGANG B. – *Grundprobleme der Gesamthandgesellschaft*, 1975.

SCHÜRNBRAND, JAN – *vide* HABERSACK, MATHIAS.

SCHWAB, MARTIN – *Der Dialog zwischen dem EuGH und nationalen Exegeten bei der Auslegung von Gemeinschaftsrecht und angeglichenem Recht*, ZGR 2000, 446-478;

    – no KARSTEN SCHMIDT/MARCUS LUTTER, *Aktiengesetz Kommentar 2*, 2.ª ed., 2010.

SCHWAB, NORBERT – *Das Dienstverhältnis des GmbH-Geschäftsführers insbesondere unter arbeitsrechtlichen Aspekten*, NZA 1987, 839-842.

SCHWANNA, ANDRÉ – *vide* PENTZ, ANDREAS;

    – *vide* STENGEL, ARNDT.

SCHWARK, EBERHARD – *Globalisierung, Europarecht und Unternehmensmitbestimmung im Konflikt*, AG 2004, 173-180.

SCHWARZ, GÜNTHER CHRISTIAN – *Europäisches Gesellschaftsrecht/Ein Handbuch für Wissenschaft* (2000), 444-445.

SCHWARZ, GUSTAV – *Rechtssubjekt und Rechtszweck/Eine Revision der Lehre von der Personen*, AbürglR 32 (1908), 12-139.

SCHWARZ, OTTO – *vide* REUFELD, HANS.

SCHWENK, FELIX – *Beiträge zur Lehre von der Gesellschaft nach römischem Recht und dem Bürgerlichen Gesetzbuche*, 1908.

SCHWEYER – *vide* SAUTER.

SCHWIND, ERNST FREIH. VON – *Deutsches Privatrecht*, 1, 1919.

SCHWINTOWSKI, HANS PETER – *Grenzen der Anerkennung fehlerhafter Gesellschaften*, NJW 1988, 937-942.

SCIUMÈ, ALBERTO – *Sindaci (collegio dei) (storia)*, ED XLII (1990), 706-729.

SEHER, INGE – *Die aktienrechtliche Untreue in rechtsvergleichender Darstellung*, 1965.

SEIA, JORGE ALBERTO ARAGÃO – *O papel da jurisprudência na aplicação do Código das Sociedades Comerciais*, em IDET – *Problemas do Direito das sociedades* (2002), 15-22.

SEIBERT, ULRICH – *OECD Principles of Corporate Governance – Grundsätze der Unternehmensführung und Kontrolle für die Welt*, AG 1999, 337-350;

    – *Aktienrechtsreform in Permanenz?*, AG 2002, 417-420.

SEIBT, CHRISTOPH H. – *Deutscher Corporate Governance Kodex und Entsprechens-Erklärung (§ 161 AktG-E)*, AG 2002, 249-259.

SEMINO, GIORGIO – *Il problema della validità dei sindacati di voto*, 2003.

SEMLER, FRANZ-JÖRG – no *Münchener Handbuch des Gesellschaftsrechts*, vol. 4, *Aktiengesellschaft*, org. MICHAEL HOFFMANN-BECKING, 2.ª ed., 1999.

SEMLER, JOAHNNES – *Einschränkungen der Verwaltungsbefugnisse in einer Aktiengesellschaft*, BB 1983, 1566-1578;

– *Geschäfte einer Aktiengesellschaft mit Mitgliedern ihres Vorstands*, FS Rowedder 1994, 441-447;

– *Die interne Überwachung in einer Holding*, em MARCUS LUTTER/PETER HANAU, *Holding-Handbuch: Recht, Management, Steuerer*, 2.ª ed. (1995), 149-192.

SEMLER, JOHANNES/STENGEL, ARNDT – *Umwandlungsgesetz*, 2003, Einleitung A.

SERENS, M. NOGUEIRA – *O direito da firma nas sociedades comerciais*, em *Colóquio* org. Fundação Bissaya Barreto/*Os quinze anos do Código das Sociedades Comerciais* (2003), 193-209.

SERICK, ROLF – *Rechtsform und Realität juristischer Personen/Ein rechtsvergleichender Beitrag zur Frage des Durchgriffs auf die Personen oder Gegenstände hunter der juristischer Person*, 1955.

SERNA, PEDRO GOMEZ DE LA/GARCIA, JOSE REUS Y – *Código de Comercio arreglado á la reforma de 6 de Deciembre de 1869*, 5.ª ed., 1869.

SERRA, ADRIANO PAES DA SILVA VAZ – *Obrigações de prestação de contas e outras obrigações de informação*, BMJ 79 (1958), 149-159;

– *Objecto da obrigação*, BMJ 74 (1958), 15-282;

– *Direito das obrigações*, sep. BMJ, 1960;

– *Empreitada*, BMJ 145 (1965), 19-190;

– *Acções nominativas e acções ao portador*, BMJ 175 (1968), 5-43, 176 (1968), 11-82, 177 (1968), 5-94 e 178 (1968), 17-85;

– *Assembleia geral*, BMJ 197 (1970), 23-200;

– anotação a STJ 14-Dez.-1978 (ALBERTO ALVES PINTO), RLJ 112 (1979), 167-172, 172-176.

SHORT – *vide* KEASEY.

SICARD, GERMAIN – *Aux origines des sociétés anonymes/Les moulins de Toulouse aux Moyen Âge*, 1953.

SIEBERT, OLIVER – *Die Durchgriffshaftung im englischen und deutschen Recht*, 2004.

SIEBERT, WOLFGANG – anotação a RG 22-Jan.-1935, JW 1935, 1553/I;

– *Die "faktische" Gesellschaft/Ein rechtsvergleichender Beitrag zur Systematik des Rechts der Handelgesellschaften und der Gesellschaft des bürgerlichen Gesetzbuchs*, FS Hedemann 1938, 266-289;

– *Faktische Vertragsverhältnisse/Abwandlungen des Vertragsrechts in den Bereichen der Daseinsvorsorge, des Gesellschaftsrechts und des Arbeitsrechts*, 1958.

SIEBERT/BECKER – *Betriebsverfassungsgesetz*, 7.ª ed., 1992.

SIEGEL, STANLEY – *Harmonization and Change in Accouting Principles: A Comment on Some Important Changes in United States Accounting*, em LOTHAR SCHRUFF, *Bilanzrecht* (1996), 97-119.

SIEGMANN, MATTHIAS/VOGEL, JOACHIM – *Die Verantwortlichkeit des Strohmanngeschäftsführers eines GmbH*, ZIP 1994, 1821-1829.

SILBERNAGEL, ALFRED – *Die Gründung der Aktiengesellschaft, nach deutschem, schweizerischem, französischem und englischem Aktienrecht*, 1907.

1256 Direito das sociedades

SILVA, AMÂNDIO FERNANDES – *Harmonização contabilística europeia*, 2003;
   – *O princípio da imagem fiel (True and fair view): da harmonização contabilística europeia ao Direito contabilístico nacional*, 2006.

SILVA, ARTUR SANTOS/VITORINO, ANTÓNIO/ALVES, CARLOS FRANCISCO/CUNHA, JORGE ARRIAGA DA/MONTEIRO, MANUEL ALVES – *Livro branco sobre* corporate governance *em Portugal*, 2006.

SILVA, AZEVEDO E – *Commentario ao Novo Codigo Commercial Portuguez* 1, 1888.

SILVA, GASPAR PEREIRA DA – *Fontes proximas do Codigo Commercial Portuguez ou Referencia aos Codigos das Naçoens civilisadas e ás obras dos melhores Jurisconsultos onde se encontrão disposições ou doutrinas identicas, ou similhantes á legislação do mesmo Código*, 1843.

SILVA, ISABEL MARQUES DA – *Responsabilidade fiscal penal cumulativa: das sociedades e dos seus administradores e representantes*, 2000.

SILVA, JOÃO CALVÃO DA – *A convocação da assembleia geral (Art. 375.°, n.° 2, do C.S.C.)*, em *Estudos de Direito Comercial (Pareceres)* (1999), 265-274;
   – *Sinal e contrato-promessa*, 8.ª ed. (2001), 148.

SILVA, JOÃO SOARES DA – *Responsabilidade civil dos administradores de sociedades: os deveres gerais e os princípios da* corporate governance, ROA 1997, 605-628.

SILVA, MANUEL GOMES DA – *Curso de Direito das Sucessões*, 1959.

SILVA, NUNO ESPINOSA GOMES DA – *Direito das Sucessões*, 1974.

SILVA, PAULA COSTA E/PINTO, RUI – no *CSC/Clássica*, 2.ª ed., 2011.

Similarities and Differences/A comparison of IFRS and US GAAP, October 2006, no sítio da Pricewaterhouse Coopers.

SILVETTI, CESARE – *Transformazione e fusione delle società*, NssDI XIX (1973), 531-552.

SIMITIS, SPIROS – *Die faktische Vertragsverhältnisse/Als Ausdruck der gewandelten sozialen Funktion der Rechtsinstitute des Privatrechts* (1957), 107-262.

SIMON, HERMANN VEIT – *Der Entwurf eines Gesetzes, betreffend die Kommanditgesellschaften auf Aktien und die Aktiengesellschaften*, ZHR 29 (1883), 445-489;
   – *Die Bilanzen der Aktiengesellschaften und der Kommanditgesellschaften*, 4.ª ed., 1910;
   – *Die Interimsscheine/Zugleich ein Beitrag zur Geschichte und Lehre der Aktien- und* Anleihepapiere, 1913.

SIMON, STEFAN – *vide* HECKSCHEN, HERIBERT.

SIMON, STEFAN/DOBEL, ANGELA – *Das Risikobegrenzungsgesetz – neue Unterrichtungspflichten bei Unternehmsübernahmen*, BB 2008, 1955-1959.

SIMONETTI, LUCA – *Gli "shareholders' agreements" in Inghilterra*, em BONELLI/JAEGER, *Sindacati di voto e sindacati di blocco* (1993), 433-447.

SIMONETTO, ERNESTO – *L'amministratore unico e l'imprenditore (quando dirige l'impresa) come lavoratore "della" e "nella" impresa*, RivS 40 (1995), 857-879.

SIXT, RAINER – *vide* MICHALSKI, LUTZ.

SOARES, MARIA ÂNGELA COELHO BENTO – *Aumento do capital*, em IDET/*Problemas do Direito das sociedades* (2002), 237-280.

SOARES, MARIA ANTONIETA – *Contador-mor*, DHP II (1979), 172-173.

SOLINGE, GERARD VAN – *vide* GEPKEN-JAGER, ELLA.

SOLOMON, ARIS – *vide* SOLOMON, JILL.

SOLOMON, JILL/SOLOMON, ARIS – *Corporate Governance and Accountability*, 2004.

SONNENBERGER, HANS-JÜRGEN – *Der Vorentwurf eines Abkommens über die internationale Fusion*, AG 1969, 381-386;
– *Interne Fusion von Aktiengesellschaften im Gemeinsamen Markt – Kommissionsvorschlag einer dritten Richtlinie zur Angleichung des Gesellschaftsrechts*, AG 1971, 76-82;
– *Die Organisation der Aktiengesellschaften im Gemeinsamen Markt/Kommissionsvorschlag einer fünfte Richtlinie zur Angleichung des Gesellschaftsrechts*, AG 1974, 1-8 e 33-41;
– (redat.) *Internationales Wirtschaftsrecht*, no *Münchener Kommentar*, 5.ª ed., 2010;
– *vide* FERID, MURAD.

SONNENSCHEIN, JÜRGEN – *vide* EMMERICH, VOLKER.

SÖNNER, ECKART – *Aktionärsschutz und Aktienrecht/Anmerkungen zur Seehofenbetriebe-Entscheidung BGH*, AG 1983, 169-173.

SONTAG, ERNST – *Die Aktiengesellschaften im Kampfe zwischen Macht und Recht*, 1918.

SOPRANO, ENRICO – *Della responsabilità civile e penale degli amministratori di società per azioni*, 1910;
– *La società a responsabilità limitata nel nuovo Codice Civile*, RDComm XXXIX (1941) I, 394-420.

SOUSA, ANTONIO BAPTISTA DE – *Projecto de lei relativo à fiscalização de sociedades anonymas*, 1892.

SOUSA, MARCELO REBELO DE – *Lições de Direito Administrativo*, I, 1994/95;
– *Lições de Direito administrativo*, 1, 1999.

SOUSA, MARCELO REBELO DE/MATOS, ANDRÉ SALGADO DE – *Direito administrativo geral / / Introdução e princípios fundamentais*, I, 2.ª ed., 2006.

SOUSA, MIGUEL TEIXEIRA DE – *Estudos sobre o novo processo civil*, 1997;
– *A legitimidade popular na tutela dos interesses difusos*, 2003.

SOUTO, ADOLPHO DE AZEVEDO – *Lei das sociedades por quotas anotada*, 2.ª ed., 1922; a 1.ª ed. é anterior a 1917, uma vez que tem um prefácio de VEIGA BEIRÃO; há 3.ª ed., de 1941 e 4.ª ed., de 1955; a partir da 5.ª, de 1963, as actualizações foram levadas a cabo por MANUEL BAPTISTA DIAS DA FONSECA, a quem se devem, ainda, a 6.ª ed., de 1968 e a 7.ª, de 1972;
– Versão em francês de *Das GmbH-Gesetz von 1892*, BMJ 181 (1968), 289-326.

SPINDLER, GERALD – *Recht und Konzern/Interdependenzen der Rechts- und Unternehmensentwicklung in Deutschland und den USA zwischen 1870 und 1933*, 1993;
– *Internet und Corporate Governance – ein neuer virtueller (T) Raum? Zum Entwurf des NaStraG*, ZGR 2000, 420-455;
– *Kriegsfolgen, Konzernbildung und Machtfrage als zentrale Aspekte der aktienrechtliche Diskussion in der Weimarer Republik*, em BAYER/HABERSACK, *Aktienrecht im Wandel* I (2007), 440-569;
– *Finanzkrise und Gesetzgeber/Das Finanzmarktstabilisierungsgesetz*, DStR 2008, 2268-2276;
– em KARSTEN SCHMIDT/MARCUS LUTTER, *Aktiengesetz Kommentar*, 2, 2.ª ed. (2010), § 136;

1258

Direito das sociedades

– *Finanzmarktkrise und Wirtschaftsrecht*, AG 2010, 601-617.

SPINDLER, GERALD/STILZ, EBERHARD (org.) – *Kommentar zum Aktiengesetz*, 2.ª ed., 2 volumes, 2010.

SPRAU, HARTWIG – no *Palandts BGB*, 69.ª ed., 2010.

STADLER, ASTRID – no JAUERNIG/*BGB/Kommentar*, 11.ª ed., 2004.

STAUDINDER/HABERMEIER, STEFAN – *BGB §§ 705-740*, 13.ª ed., 2003.

STAUDINGER/COING – *BGB*, 11.ª ed., 1957.

STAUDINGER/SCHMIDT – *BGB*, 13.ª ed., 1995.

STAUDINGER/WEICK – *BGB*, 13.ª ed., 1995.

STAUDINGER/WITTMANN – *BGB*, 13.ª ed., 1995.

STEDING, ROLF – *Die AG – rechtsförmliche Alternative zur eG?*, JZ 1995, 591-595; – *Genossenschaftsrecht*, 2002.

STEFFEK, FELIX – *Geschäftsleiterpflichten im englischen Kapitalgesellschaftsrecht/Kodifizierung der director's duties im Companies Act*, GmbHR 2007, 810-815.

STEGE/WEINSPACH – *Betriebsverfassungsgesetz*, 7.ª ed., 1994.

STEINDEL, MARTIN – *US-Board und Aufsichtsrat/ein Systemvergleich*, 1999.

STEINBERG, HERBERT e outros – *A dimensão humana da governança corporativa*, 2003.

STEINDORF, ERNST – *Centros und das Recht auf die günstigste Rechtsordnung*, JZ 1999, 1140-1143.

STELZIG, PETER – *Zur Treuepflicht des Aktionärs unter besonderer Berücksichtigung ihrer geschichtlichen Entwicklung*, 2000.

STENGEL, ARNDT – *vide* SEMLER, JOHANNES.

STENGEL, ARNDT/SCHWANNA, ANDRÉ – em SEMLER/STENGEL, *Umwandkungsgesetz* (2003),

STETTINIUS, WALLACE – *vide* COLLEY JR., JOHN L.

STILZ, EBERHARD – *vide* SPINDLER, GERALD.

STIMPEL, WALTER – *Die Rechtsprechung des Bundesgerichtshofs zur Innenhaftung des herrschenden Unternehmens im GmbH-Konzern*, AG 1986, 117-123.

STOBBE, OTTO – *Handbuch des Deutschen Privatrechts*, 1, 2.ª ed., 1882.

STÖBER, KURT – *Handbuch zum Vereinsrecht*, 8.ª ed., 2000.

STOLL, HEINRICH – *Gemeinschaftsgedanke und Schuldvertrag*, DJZ 1936, 414-422.

STRAFFA, A. – *Patto leonino e nullità del contratto sociale*, RDComm XIII (1915), I, 956-959.

STRIEBECK, CHRISTIAN – *Reform des Aktienrechts durch die Strukturrichtlinie der Europäischen Gemeinschaft*, 1992.

STUMPT, CHRISTOPH A. – *Grundrechtsschutz im Aktienrecht*, NJW 2003, 9-15.

SUDHOFF, HEINRICH/SUDHOFF, MARTIN – *Der Gesellschaftsvertrag der GmbH*, 1987.

SUDHOFF/SUDHOFF – *Der Gesellschaftsvertrag der GmbH*, 7.ª ed., 1987.

SUHR, DIETER – *Eigentumsinstitut und Aktieneigentum/Eine verfassungsrechtliche Analyse der Grundstruktur des aktienrechtlich organisierten Eingentums*, 1966.

SULLIVAN, MAUREEN A. – *vide* CALLISON, J. WILLIAM.

SZLECHTER, EMILE – *Le contrat de société en Babylonie, en Grèce et à Rome/Étude de Droit comparé de* l'Antiquité, 1947; – *Codex Hammurapi*, 1977, ed. bilingue mesapotomo-francesa.

TABELBAUM, CHARLES M. (ed.) – *Manual of Credit and Commercial Laws*, 91.ª ed., 1999.

TANK, GERHARD – *Stimmrechtsabkommen im Lichte des Mitbestimmungsgesetzes*, AG 1977, 34-40.

TARANTINO, ANTHONY – *Governance, Risk and Compliance Handbook*, 2008.

TASCHE – *Vertragsverhältnis nach nichtigem Vertragsschluss?*, JhJb 90 (1942), 101-130.

TAVARES, ASSIS – *As sociedades anónimas*, 1, 2.ª ed., 1972.

TAVARES, JOSÉ – *Das sociedades commerciais/Tractado theorico e pratico*, Parte I – *Das sociedades industriaes em geral*, Coimbra, 1899; Parte II – *A disciplina jurídica commum das sociedades comerciaes*, 1899;
– *Sociedades e empresas comerciais*, 2.ª ed., 1924;
– *Elementos constitutivos da pessoa colectiva*, GRLx 38 (1924), 241-245;
– *Teorias sobre o conceito e fundamento da personalidade colectiva*, GRLx 38 (1924), 161-164 e 193-195;
– *Pessoas colectivas nacionais e estrangeiras*, GRLx 38 (1925), 337-339;
– *Os princípios fundamentais do Direito civil* – II – *Pessoas, cousas, factos jurídicos*, 1928;
– *Princípios fundamentais do Direito civil*, 1, 2.ª ed., 1929.

TEICHMANN – *vide* KOENIGE.

TEICHMANN, ARNDT – *Gestaltungsfreiheit in Gesellschaftsverträgen*, 1970;
– *Die Spaltung einer Aktiengesellschaft als gesetzgeberiche Aufgabe*, AG 1980, 85-93.

TEICHMANN, CHRISTOPH – *Corporate Governance in Europa*, ZGR 2001, 645-679.

TEICHMANN, ROBERT – *vide* KOENIGE, HEINRICH.

TEICHMANN/HOEHLER – *AktG 1937*, 3.ª ed., 1950.

TELES, FERNANDO GALVÃO – *União de contratos e contratos para-sociais*, ROA 11 (1951), 37-103.

TELLES, INOCÊNCIO GALVÃO – *Teoria geral do Direito civil/Sumários*, s/d, policopiados;
– *Amortização de quotas*, ROA 3-4 (1946), 64-69;
– *Contratos civis*, RFDUL X (1954), 161-245;
– *Manual de Direito das obrigações*, I, 1965;
– *Venda a descendentes e o problema da superação da personalidade jurídica das sociedades*, ROA 1979, 513-562.

TELLES, J. H. CORRÊA – *Digesto Portuguez*, III, 1909, correspondente à ed. de 1845.

TERLAN, MATTHIAS – *vide* ANNING, PAUL.

TEUBNER, GÜNTER – *Unitas Multiplex – Das Konzernrecht in der neuen Dezentralität der Unternehmensgruppen*, ZGR 1991, 189-217.

THALLER, E. – anotação a Tribunal de Paris, 6-Mai.-1885, DP 1886, 2, 24-29;
– *Les sociétés par actions dans l'ancienne France*, ADC 1901, 185-201.

THALLER, E./PERCEROU, J. – *Traité élémentaire de Droit Commercial*, 7.ª ed., 1925.

THAN, JÜRGEN – *Verhaltenspflichten bei der Ausübung von Aktienstimmrechten durch Bevollmächtige/Rechtsfragen der Bankspraxis*, ZHR 157 (1993), 125-149.

The Handbook of International Corporate Governance, 2005.

THEUSINGER, INGO – *vide* KLINDT, THOMAS.

THIÄNER, FRANK – *Das Verhältnis von Aufsichtsrat und Abschlussprüfern in der rechtshistorischen Entwicklung bis 1937*, 2007.

THOLE, CHRISTOPH – *vide* POELZIG, DÖRTE.

1260   *Direito das sociedades*

THOMPSON, STEVE – *vide* KEASEY, KEVIN.

THÜSING, GREGOR – *Deutsche Unternehmensmitbestimmung und europäische Niederlassungsfreiheit*, ZIP 2004, 381-388.

TIAN-PANCRAZI, MARIE-EVE – *vide* MESTRE, JACQUES.

TIMM, WOLFRAM – *Wettbewerbsverbote und "Geschäftschancen"/Lehre im Recht der GmbH*, GmbHR 1981, 177-186;
   – anotação a BGH 1-Fev.-1988, NJW 1988, 1582-1583 = JR 1988, 505-509;
   – *Die Rechtsfähigkeit der Gesellschaft bürgerlichen Rechts und ihre Haftungsverfassung*, NJW 1995, 3209-3218.

TIMMERMAN, LEVINUS – *vide* GEPKEN-JAGER, ELLA.

TIMMERMANNS, CHRISTIAN – *Neue Rechtsprechung des Gerichtshofs der EG zum europäischen Gesellschaftsrecht*, 2003.

TIROLE, JEAN – *The Theory of Corporate Finance*, 2006.

TITZE, JÖRG – *Die Informationsrechte des GmbH-Gesellschafters*, 1985.

TODESCAN, FRANCO – *Dalla "persona ficta" alla "persona moralis" – Individualismo e matematismo nelle teorie della persona giuridica del secolo XVII*, QF n.° 11/12 (1982/83), 1.° vol., 59-93.

TOFFOLETO, ALBERTO – *vide* JAEGER, PIER GIUSTO.

TORINO, RAFFAELE – *I contratti parassociali*, 2000.

TORRES, NUNO MARIA PINHEIRO – *vide* ANTUNES, JOSÉ ENGRÁCIA;
   – *vide* CASTRO, CARLOS OSÓRIO DE.

TORRES, RUI D'ABREU – *Fazenda (Conselho da)*, DHP VI (1979), 407-408.

TRÄGER, TOBIAS – *Treupflicht im Konzernrecht*, 2000.

TRIGEAUD, JEAN-MARC – *La personne*, APD 34 (1989), 103-121.

TRIGO, MARIA DA GRAÇA – *Acordos parassociais*, em *Problemas do Direito das sociedades* (2002), 179 ss..

TRIGO, MARIA DA GRAÇA – *Grupos de sociedades*, O Direito 123 (1991), 41-114;
   – *Os acordos parassociais sobre o exercício do direito de voto*, 1998;
   – *Acordos parassociais/Síntese das questões jurídicas mais relevantes*, em *Problemas do Direito das sociedades* (2002), 169-184.

TRINKHAUS, HANS – *Aktuelle Probleme des Rechts der leitenden Angestellten*, DB 1968, 1756-1761 e 1813-1816.

TRIOLA, ROBERTO – *Codice civile annotato com la giurisprudenza*, 3.ª ed., 2003.

TRIUNFANTE, ANTÓNIO MANUEL – *Código das Sociedades Comerciais Anotado (Anotação a todos os preceitos alterados)*, 2007.

TROPLONG – *Commentaire du contrat de société en matière civile et commerciale*, 1843.

TROUET, KLAUS – *Die Hauptversammlung – Organ der AG oder Forum der Aktionäre?*, NJW 1986, 1302-1307.

TRUMPLER, HANS – *Die Bilanzen der Aktiengesellschaft*, 1950.

TUHR, ANDREAS VON – *Der Allgemeine Teil des Deutschen Bürgerlichen Rechts* I – *Allgemeine Lehren und Personenrecht*, 1910, reimp., 1957;
   – *Der Allgemeine Teil des Deutschen Bürgerlichen Rechts*, 2.° vol., tomo 1.° – *Die Rechtserheblichen Tatsachen, insbesondere das Rechtsgeschäft*, 1914.

TUNC, ANDRÉ – *La responsabilité civile des organes de sociétés et les règles générales de la responsabilité civile en droit français*, Tr. H. Capitant XV (1967), 26-45.

TYOVA, VIRGÍLIO DA RESSURREIÇÃO BERNARDO ADRIANO – *A prestação de contas nas sociedades comerciais/Sociedades anónimas*, 2004.

UHLENBROCK, HENNING – *Der Staat als juristische Person/Dogmengeschichtliche Untersuchung zu einem Grundbegriff der deutschen Staatsrechtslehre*, 2000.

ULMER, PETER – *Gesellschaftsdarlehen und Unterkapitalisierung bei GmbH und GmbH & Co KG*, FS Duden (1977), 661-687;
– *Die Lehre von der fehlerhaften Gesellschaft/gesicherter Bestand des Gesellschaftsrechts oder methodisches Irrweg?*, FS Flume II (1978), 301-321;
– *Der Gläubiferschutz im faktischen GmbH-Konzern beim Fehlen von Minderheitsgesellschaftern*, ZHR 148 (1984), 391-427;
– no *Münchener Kommentar zum BGB*, 5, 5.ª ed., 2009.

ULMER, PETER/HABERSACK, MATHIAS/HENSSLER, MARTIN – *Mitbestimmungsgesetz*, 2.ª ed., 2006.

ULPIANUS – D. 17.2.29.2 = *Corpus Iuris Civilis/Text und Übersetzung*, por OTTO BEHRENDS e outros, III vol., 1999.

ULRICH, RUY ENNES – *Da bolsa e suas operações*, 1906;
– *Sociedades anónimas e sua fiscalização*, ROA 1941, 1, 14-27.

UMNUSS, KARSTEN – *Organisation der Betriebsverfassung und Unternehmerautonomie//Grundlesung für die Reform des organisatorischen Teils der Betriebsverfassung*, 1993.

UNGARI, PAULO – *Profilo storico del diritto delle anonime in Italia/Lezioni*, 1974.

UNGER, KLAUS – *Der dingliche Durchgriff*, BB 1976, 290-294.

UTZIG, SIEGFRIED – *Corporate Governance, Shareholder Value und Aktienoptionen – die Lehre aus Enron, WorldCom und Co*, Die Bank 2002, 594-597;
– *Herausforderungen des neuen US-Präsidenten/Schwieriges Fehrwasser*, Die Bank 12.2008, 9-13.

VALE, MARIA DE LOURDES CORREIA E – *Evolução da sociedade anónima*, ESC II (1963) 6, 79-104.

VASCONCELOS, JOANA – *A cisão de sociedades*, 2001.

VARELA, JOÃO ANTUNES – *Direito da família*, 1, 5.ª ed., 1999;
– *Das obrigações em geral*, 1, 10.ª ed., 2000;
– vide LIMA, PIRES DE.

VASCONCELOS, PEDRO PAIS DE – *A participação social nas sociedades comerciais*, 2.ª ed., 2006;
– *D&O Insurance: o seguro de responsabilidade civil dos administradores e outros dirigentes da sociedade anónima*, em Estudos Inocêncio Galvão Telles/90 anos (2007), 1168-1175.
– *Responsabilidade civil dos gestores das sociedades comerciais*, DSR 2009, 11-32.
– *Business judgment rule, deveres de cuidado e de lealdade, ilicitude e culpa e o artigo 64.º do CSC*, DSR 2009, 41-79;
– *Teoria geral do Direito civil*, 6.ª ed., 2010.

VAUPEL, CHRISTOPH F./REERS, ULRICH – *Kapitalerhöhungen bei börsennotierten Aktiengesellschafter in der Krise*, AG 2010, 93-105.

VAVASSEUR, A. – *Traité des sociétés civiles et commerciales*, 2, 6.ª ed., 1910.
VEAUX, DANIEL – *La responsabilité personnelle des dirigeants dans les sociétés* commer-
cialles, 1947.
VEIGA, CAETANO MARIA BEIRÃO DA – *O valor da técnica na administração das sociedades
anónimas*, EF/Anais 15 (1946), 59-86.
VEIL, RÜDIGER – *Capital Maintenance*, em MARCUS LUTTER, *Legal Capital in Europe*
(2006), 75-93;
   – *Rechtsprinzipien und Regelungskonzepte im europäischen Gesellschaftsrecht*, FS
    Priester 2007, 799-818;
   – *vide* RAISER, THOMAS.
VEIT, MARTIN/WICHERT, JOACHIM – *Unternehmerische Mitbestimmung bei europäischen
Kapitalgesellschaften mit Verwaltungssitz in Deutschland nach "Überseering" und
"Inspire Art"*, AG 2004, 14-20.
VENTURA, RAÚL – *Sociedades comerciais; dissolução e liquidação*, 1960;
   – *Sociedades por quotas de responsabilidade limitada/Anteprojecto – primeira
    redacção*, BMJ 160 (1966), 75-113 e *Segunda redacção*, BMJ 182 (1969), 25-196;
   – *Apontamentos para a reforma das sociedades por quotas de responsabilidade
    limitada*, BMJ 182 (1969), 25-196;
   – *Associação em participação (Projecto)*, BMJ 189 (1969), 15-136 e 190 (1969),
    5-111;
   – *Fusão e cisão de sociedades*, RFDUL XXIV (1972), 23-50;
   – *A sede da sociedade no Direito interno e no Direito internacional privado portu-
    guês*, SI 26 (1977), 345-361 e 462-509;
   – *Adaptação do Direito português à 1.ª Directiva do Conselho da Comunidade Eco-
    nómica Europeia sobre Direito das sociedades*, DDC 2 (1980), 89-217, com o
    texto da Directriz, 219-228;
   – *Adaptação do Direito português à Terceira Directiva do Conselho da Comuni-
    dade Económica relativa à fusão das sociedades por acções*, DDC 4 (1980),
    183-152, com o texto da Directriz em francês: 253-266;
   – *Primeiras notas sobre o contrato de consórcio*, ROA 1981, 609-690;
   – *Grupos de sociedades*, ROA 1981, 23-81 e 305-362;
   – *Adaptação do direito português à Sexta Directiva do Conselho da Comunidade
    Económica Europeia relativa às cisões das sociedades por acções*, DDC 10
    (1982), 7 a 89, com o texto da Directriz;
   – *Alterações do contrato de sociedade*, 1986; 2.ª ed., 1998;
   – *Dissolução e liquidação de sociedades*, 1987;
   – *Sociedades por quotas*, 1, 1987; 2, 1991;
   – *Direitos especiais dos sócios*, O Direito 121 (1989), 207-222;
   – *Fusão, cisão, transformação de sociedades*, 1990;
   – *Estudos vários sobre sociedades anónimas*, 1991;
   – *Acordos de voto; algumas questões depois do Código das Sociedades Comerciais*,
    O Direito 124 (1992), 17-86;
   – *Nota sobre a substituição de membros de órgãos de sociedades anónimas*, O Di-
    reito 125 (1993), 251-259;
   – *Novos estudos sobre sociedades anónimas e sociedades em nome colectivo*, 1994;
   – *Apontamentos sobre sociedades civis*, 2006.

VENTURA, RAÚL/CORREIA, LUÍS BRITO – *Nota explicativa do Capítulo II do Decreto-Lei n.º 49.381, de 15 de Novembro de 1969*, BMJ 195 (1970), 21-90;
— *Responsabilidade civil dos administradores de sociedades anónimas e dos gerentes de sociedades por quotas/Estudo comparativo dos direitos alemão, francês, italiano e português*, BMJ 192 (1970), 5-112, 193 (1970), 5-182 e 194 (1970), 5-113, n.º 49 e 50, BMJ 192, 95-101;
— *Transformação de sociedades/Anteprojecto e notas justificativas*, BMJ 218 (1972), 5-129, 219 (1972), 11-69 e 220 (1972), 13-83.
VERSE, DIRK A. – *Der Gleichbehandlungsgrundsatz im Recht der Kapitalgesellschaften*, 2006.
VETTER, HEINZ OSKAR – *vide* JUDITH, RUDOLF.
VIANDIER, ALAIN – *vide* COZIAN, MAURICE.
VIDAL, DOMINIQUE – *Droit des sociétés*, 1993.
VIDARI, ERCOLE – *Corso di diritto commerciale*, 1, 5.ª ed., 1900; 2, 5.ª ed., 1901.
VIEIRA, JOÃO JORGE – *Responsabilidade dos administradores perante a sociedade*, 2004.
VIGHI, ALBERTO – *Notizie storiche sugli amministratori ed i sindaci delle società per azioni anteriori al codice di commercio francese (Contributo alla storia delle società per azioni)*, RSoc XIV (1969, correspondendo à reedição de um texto de 1898), 663-700;
— *La personalità giuridica delle società commerciali*, 1900.
VILLEMIN, PAUL – *Des actions sociales et individuelles dans les sociétés en commandite par actions et dans les sociétés anonymes*, 1899.
VISCONDE DE CARNAXIDE (ANTÓNIO BAPTISTA DE SOUSA) – *Sociedades Anonymas/Estudo theorico e pratico de direito interno e comparado*, 1913.
VITORINO, ANTÓNIO – *vide* SILVA, ARTUR SANTOS.
VIVANTE, CESARE – *La difesa nazionale delle società per azioni*, RDComm 1916, 1, 637-647;
— *Sul risanamento delle società anonime*, RDComm 1917, 1, 59-70;
— *Trattato di diritto commerciale*, vol. II – *Le società commerciali*, 5.ª ed., 1929.
VOGEL, HANS-GERT – *vide* BREDOW, GÜNTHER M..
VOGEL, JOACHIM – *vide* SIEGMANN, MATTHIAS.
VOIGT/WEDDIGEN – *Zur Theorie und Praxis der Mitbestimmung*, 1.º vol., 1962.
VOIRIN, PIERRE – *Manuel de Droit Civil*, 21.ª ed., 1984.
VOLTERRA – *Istituzioni di diritto privato romano*, 1961.
VONNEMANN, WOLFGANG – *Haftung von GmbH-Gesellschaftern wegen materieller Unterkapitalisierung*, GmbHR 1992, 77-83.
VRUGT, MARIJKE VAN DE – *vide* DAMSTÉ, WILLEM SINNINGHE.

WAGNER, WOLFGANG – *Gesellschaftsrecht*, no *Handbuch der Quellen und Literatur der neuen europäischen Privatrechtsgeschichte*, publ. por HELMUT COING, III, *Das 19. Jahrhundert*, 3 (1986), 2969-3151.
WALDNER – *vide* SAUTER.
WALMSLEY, KEITH (ed.) – *The Companies Act 2006*, 2007.
WALTER, GERHARD – *Der Gesellschafter als Gläubiger seiner Gesellschaft*, JuS 1982, 81-87.
WALTERMANN, JENS – *vide* KÜBLER, FRIEDRICH.

WÄLZHOLZ, ECKARD – *Gesellschaftsvereinbarung (side letters) neben der GmbH-Satzung/ /Chancen – Risiken – Zweifelsfragen*, GmbHR 2009, 1020-1027.

WARDA, MARK – *How to Form a Limited Liability Company*, 1999.

WARSCHAUER, OTTO – *Die monographische Darstellung der Aktiengesellschaften*, 1910.

WASTL, ULRICH – *Aktienrechtlichen Treupflicht und Kapitalmarkt/Ein Plädoyer für eine juristisch-interdisziplinäre Betrachtungsweise*, 2004;
– *Director's Dealings und aktienrechtliche Treupflicht*, NZG 2005, 17-23.

WAX, THOMAS – *vide* GÄDTKE, THOMAS.

WEBER, ALBRECHT – *Die Europäische Union unter Richtervorbehalt?/Rechtsvergleichende Anmerkungen Urteil des BVerfG v. 30.6.2009 (Vertrag von Lissabon)*, JZ 2010, 157-164.

WEBER, CLAUS – *vide* BEILNER, THOMAS.

WEBER, HANSJÖRG – *Zur Lehre von der fehlerhaften Gesellschaft*, 1978.

WEBER, MARTIN – *Vormitgliedschaftliche Treubindungen/Begründung, Reichweite und Vorauswirkung gesellschaftsrechtlicher Treuepflichten*, 1999;
– *Die Entwicklung des Kapitalmarktrechts 2001/2002*, NJW 2003, 18-26.

WEBER-REY, DANIELA – *Neue Finanzaufsichtsarchitektur für Europa*, AG/Report 2010, R/453-R/456.

WEBER, ROBERT – *Hauptversammlungsbeschlüsse vor Gericht*, 2010.

WEBER-REY, DANIELA – *Neue Finanzaufsichtsarchitektur für Europa*, AG/Report 2010, R/453-R/456.

WEDDIGEN – *vide* VOIGT.

WEDER, AXEL VON – pré-notação no *Kodex-Kommentar* de HENRIK-MICHAEL RINGLEB e outros (2003), 11 ss..

WEGNER, MICHAEL – *Untersuchungen zu den lateinischen Begriffen socius und societas*, 1969.

WEICK, GÜNTER – em STAUDINGER/WEICK, *BGB*, 13.ª ed., reformulação 1995;
– no Staudinger, §§ 21-79, 2005.

WEIDENKAFF, WALTER – no PALANDT, 69.ª ed. (2010), § 626.

WEILL, ALEX – *Droit Civil/Introduction générale*, 2.ª ed., 1970.

WEIMAR, ROBERT – *Abschied von der Gesellschafter- und Handelnden-Haftung im GmbH-Recht?*, GmbHR 1988, 289-299;
– *Haftungsrisiken für die Beteiligten einer GmbH "im Aufbau"*, GmbHR 1991, 507-515;
– *Die Haftungsverhältnisse bei der Vor-AG in neuerer Sicht*, AG 1992, 69-79.

WEINMANN, HEINZ – *vide* HOFFMANN DIETRICH.

WEINSPACH – *vide* STEGE.

WEISSER, JOHANNES – *Corporate opportunities/zum Schutz der Geschäftschancen des Unternehmens im deutschen und im US-amerikanische Recht*, 1991.

WEITBRECHT, CORNELIUS – *Haftung der Gesellschafter bei materieller Unterkapitalisierung der GmbH*, 1990.

WELFENS, PAUL J. J. – *Transatlantische Bankenkrise*, 2009.

WELLENHOFFER-KLEIN, MARINA – *Treuepflichten im Handels- Gesellschafts- und Arbeitsrecht/Eine Untersuchung zum deutschen, ausländischen und europäischen Recht*, RabelsZ 64 (2000), 564-594.

WELTER, ERICH – *Erneuerung des Aktienrechts! Ein Appell und ein Program*, 1929.

WENGLER, A. – *Das allgemeine deutsche* Handelsgesetzbuch, 1867.

WEPPNER, SIMON – *Der gesellschaftsrechtliche Minderbeitenschutz bei grenzüberschreitender Verschmelzung von Kapitalgesellschaften*, 2010.

WERDER, AXEL VON – *vide* RINGLEB, HENRIK-MICHAEL.

WERNER, RÜDIGER – *Das deutsche Internationale Gesellschaftsrecht nach "Cartesio" und "Trabrennbahn"*, GmbHR 2009, 191-196;
  – *Gilt das Gesetz zur Angemessenheit der Vorstandsvergütung (VorstAG) auch für GmbH?*, GmbHR/Report 2009, R 305-R 306.

WERNER, WINFRIED – *Zuständigkeitsverlagerung in der Aktiengesellschaft durch Richterrecht?*, ZHR 147 (1987), 429-453.

WESTERMANN, HARM PETER – *Vertragsfreiheit und Typengesetzlichkeit im Recht der Personengesellschaften*, 1970;
  – *Organzuständigkeit bei Bildung, Erweiterung und Umorganisation des Konzerns*, ZGR 1984, 352-382;
  – *Due Diligence beim Unternehmenskauf*, ZHR 169 (2005), 248-273;
  – *Die Sanierung geschchlossener Immobilienfonds*, NZG 2010, 321-328.

WETZLER, CHRISTIAN F. – *Rechtspolitische Herausforderungen*, em SANDROCK/WETZLER, *Deutsches Gesellschaftsrecht* (2004), 129-198.

WETZLER, CHRISTOPH F. – *vide* SANDROCK, OTTO.

WICHERT, JOACHIM – *vide* VEIT, MARTIN.

WIEACKER, FRANZ – *Societas. Hausgemeinschaft und Erwerbsgesellschaft/Untersuchung zur Geschichte des römischen Gesellschaftsrechts*, 1.ª parte, 1936;
  – *Leistungsbeziehungen ohne Vereinbarung*, ZAkDR 1943, 33-38;
  – *Zur Theorie der juristischen Person des Privatrechts*, FS E. R. Huber (1973), 339-383.

WIEDEMANN, HARALD – *Entwicklung internationaler Prüfungs-Standards*, em LOTHAR SCHRUFF, *Bilanzrecht* (1996), 149-196.

WIEDEMANN, HERBERT – *Die Übertragung und Vererbung von Mitgliedschaftsrechten bei Handelgesellschaften*, 1965;
  – *Minderheitenschutz und Aktienhandel*, 1968;
  – *Juristische Person und Gesamthand als Sondervermögen*, WM SBL Nr. 4/75 (1975), 8;
  – *Die Bedeutung der ITT-Entscheidung*, JZ 1976, 392-397;
  – *Gesellschaftsrecht/Ein Lehrbuch des Unternehmens- und Verbandsrechts 1 – Grundlagen*, 1980;
  – *Rechtsethische Massstäbe im Unternehmens- und Gesellschaftsrecht*, ZGR 1980, 140-176;
  – *Zu den Treuepflichten im Gesellschaftsrecht*, FS Heinsius 1991, 949-966;
  – *vide* HOPT, KLAUS J..

WIESE, GÜNTHER – *Beendigung und Erfüllung von Dauerschuldverhältnissen*, FS Nipperdey I (1965), 837-851.

WIESNER, GEORG – *Die Lehre von der fehlerhaften Gesellschaft*, 1980;
  – no *Münchener Handbuch des Gesellschaftsrechts*, 4 – Aktiengesellschaft, 2.ª ed., 1999;
  – *Münchener Handbuch des Gesellschaftsrechts*, 2.ª ed., 3, 2003.

1266   *Direito das sociedades*

WIETHÖLTER, RUDOLF – *Interessen und Organisation der Aktiengesellschaft im amerikanischen und deutschen* Recht, 1961;
     – recensão a OTTO WILSER, *Der Durchgriff bei Kapitalgesellschaften im Steuerrecht*, ZHR 125 (1963), 324-326.

WILDE, CHRISTIAN – *Informationsrechte und Informationspflichte im Gefüge der Gesellschaftsorgane*, ZGR 1998, 423-465.

WILHELM, JAN – *Die Vermögensbildung bei der Aktiengesellschaft und der GmbH und das Problem der Unterkapitalisierung*, FS Flume II (1978), 337-397.

WILHELMI, HANS – *vide* GODIN, HANS FREIHERR VON.

WILHELM, JAN – *Rechtsform und Haftung bei der juristischen Person*, 81;
     – *Kapitalgesellschaftsrecht*, 2.ª ed., 2005;
     – *vide* GODIN, REINHARD FRHR. VON.

WILHELMI, SYLVESTER – *vide* GODIN, FREUHERR VON.

WILLBURGER, WOLFRAM GÜNTER – *Der Durchgriff auf die Gesellschafter wegen angeübter Herrschaftsmacht im Haftungssystem der GmbH*, 1994.

WINDBICHLER, CHRISTINE – *Gesellschaftsrecht/Ein Studienbuch*, 22.ª ed., 2009.

WINDSCHEID/KIPP – *Lehrbuch des Pandekten*, 1.º vol., 9.ª ed., 1906.

WINGERTER, EUGEN – *vide* MÜLLER, MICHAEL.

WINKELJOHANN, NORBERT/KLEIN, BURCKHARD – no *Beck'scher Bilanz-Kommentar/Handbuch und Steuerbilanz*, 8.ª ed., 2010.

WINKLER, KARL – *Materielle und formelle Bestandteile in Gesellschaftsverträgen und Satzungen und ihre verschiedenen Auswirkungen*, DNotZ 1969, 394-414

WINNEFELD, ROBERT – *Bilanz-Handbuch/Handels- und Steuerbilanz Rechtsformspezifisches Bilanzrecht, Bilanzielle Sonderfragen, Sonderbilanzen IFRS/IAS/US-GAAP*, 4.ª ed., 2006.

WINTER, GEORG – *Die Haftung der Gesellschafter im Konkurs der unterkapitalisierten GmbH*, 1973.

WINTER, MARTIN – *Mitgliedschaftliche Treuebindungen im GmbH-Recht*, 1988.

WIRTH, GERNOT – *Auseinanderspaltung als Mittel zur Trennung von Familienstämmen und zur Filialabspaltung*, AG 1997, 455-460.

WITT, CARL-HEINZ – *Das Informationsrecht des Aktionärs und seine Durchsetzung in den USA, Grossbritanien und Frankreich/Funktionale Gesamtbetrachtung im Vergleich zum deutschen Recht*, AG 2000, 257-267.

WITTMANN – *vide* STAUDINGER.

WLOTZKE – *Betriebsverfassungsgesetz*, 2.ª ed., 1992.

WOLF, ERNST – *Grundlagen des Gemeinschaftsrechts*, AcP 173 (1973), 97-123;
     – *Allgemeiner Teil des bürgerlichen Rechts/Lehrbuch*, 3.ª ed., 1982.

WOLF, MANFRED – *vide* LARENZ, KARL.

WOHLLEREN, HERMANN PETER – *Informationsrechte des Gesellschafters*, 1999.

WOLFF, HANS J. – *Organschaft und Juristische Person*, 1, 1933.

WORMSER, I. MAURICE – *Piercing the Veil of Corporate Entity*, 12 Col. L. Rev. (1912), 496-518;
     – *Disregard of the Corporate Fiction and Allied Corporation Problems*, 1927, reimp., 2000.

WRIGHT, MIKE – *vide* KEASEY, KEVIN.
WUBBELSMANN, STEPHAN – *Die Vergütung des Geschaftsführers/Ausstrahlung des (Vors-tAG) auf die GmbH?*, GmbHR 2009, 988-991.
WÜST, GÜNTHER – *Gestaltungsfreiheit und Typenkatalog im Gesellschaftsrecht*, FS Duden (1977), 749-771;
– *Das Problem des Wirtschaftens mit beschränkter Haftung*, JZ 1992, 710-715.
WYMEERSCH, EDDY – *Gesellschaftsrecht im Wandel: Ursachen und Entwicklungslinien*, ZGR 2001, 294-324.

XAVIER, ALBERTO – *vide* OLAVO, FERNANDO.
XAVIER, RITA LOBO – *Limites à autonomia privada na disciplina das relações patrimoniais entre os cônjuges*, 2000.
XAVIER, VASCO DA GAMA LOBO – *Anulação de deliberação social e deliberações conexas*, 1976;
– *A validade dos sindicatos de voto no direito português constituído e constituendo*, ROA 1985, 639-653;
– *Invalidade e ineficácia das deliberações sociais no Projecto de Código das Socie-dades*, 1985;
– *Invalidade e ineficácia das deliberações sociais no Direito português, constituído e constituendo: confronto com o Direito espanhol*, separata do BFD LXI (1985);
– *Sociedades Comerciais/Lições aos alunos de Direito comercial do 4.º ano jurí-dico*, 1987.
XAVIER, VASCO LOBO – *vide* CORREIA, A. FERRER.

ZACHERT, ULRICH – *vide* KITTNER, MICHAEL.
ZAHN, JOHANNES C. D. – *Wirtschaftsführertum und Vertragsethik im neuen Aktienrecht*, 1934.
ZATTI, PAOLO – *vide* ALPA, GUIDO.
ZGR Symposion *"Reform der Unternehmensrestrukturierung sowie aufsichtsrechtliche Einflüsse auf das Gesellschaftsrecht"*, com intervenções de 13 Autores, ZGR 2010, 147-596.
ZIMMER, DANIEL – *Internationales Gesellschaftsrecht*, 1996;
– *Nach "Inspire Art": Grenzenlose Gestaltungsfreiheit für deutsche Unternehmen?*, NJW 2003, 3585-3592;
– *Wie es Euch gefällt? Offene Frage nach dem Überseering-Urteil*, BB 2003, 1-7.
ZIMMER, DANIEL/FUCHS, FLORIAN – *Die Bank in Krise und Insolvenz: Ansätze zur Minde-rung des systemischen Risikos*, ZGR 2010, 597-661.
ZIMMER, DANIEL/NAENDRUP, CHRISTOPH – *Das Cartesio-Urteil des EuGH: Rück- oder Fortschritt für das internationale Gesellschaftsrecht?*, NJW 2009, 545-550.
ZITELMANN, ERNST – *Begriff und Wesen der sogenannten juristischen Personen*, 1873.
ZÖLLNER, WOLFGANG – *Die Schranken mitgliedschaftlicher Stimmrechtsmacht bei den pri-vatrechtlichen Personenverbänden*, 1963;
– *Kölner Kommentar zum Aktiengesetz*, 2.ª ed., 1986;
– *Die sogennanten Gesellschafterklagen in Kapitalgesellschaftsrecht*, ZGR 1988, 392-440;

1268 *Direito das sociedades*

- *Zur Schranken und Wirkung von Stimmbindungsverträgen, insbesondere bei der GmbH*, ZHR 155 (1991), 168-189;
- *Regelungsspielräume im Schuldvertragsrecht/Bemerkungen zur Grundrechtsanwendung im Privatrecht und zu den sogenannten Ungleichgewichtslagen*, AcP 196 (1996), 1-36;
- *Beschluss, Beschlussergebnis und Beschlussergebnisfeststellung/Ein Beitrag zur Theorie und Dogmatik des Beschlussrechts*, FS Lutter 2000, 821-831.

ZÖLLNER, WOLFGANG/NOACK, ULRICH – em BAUMBACH/HUECK, *GmbH-Gesetz*, 19.ª ed., 2010.

Zur grossen Aktienrechtsreform (Referate und Diskussion einer Fachtagung der Forschungsstelle) (1962), organizado pela Friedrich-Ebert-Stiftung,

ZUTT, JURG – *Einstweiliger Rechtsschutz bei Stimmbindungen*, ZHR 155 (1991), 190-208

ZWISSLER, THOMAS – *Treuegebot – Treuepflicht – Treuebindung/Die Lehre von den Anwendungsfelder im Recht der Aktiengesellschaft*, 2002.

ÍNDICE IDEOGRÁFICO

abreviaturas, 13
abuso de informação, 193
ação de anulação, 761, 768, 802
  – prazo, 804
ações abusivas, 808
ações sociais, 991
acordos parassociais, 687
  – Direito comparado, 689
  – Direito português, 700
  – modalidades, 704
  – na prática, 710
  – restrições, 708
advertências, 9
ata, 752
  – forma, 755
  – função, 756
  – natureza, 759
atividade comercial por não-sociedades, 389
administração das sociedades, 839
  – sentido geral, 841
administradores, 839
  – destituibilidade, 947
  – deveres, 850, 886, 937
    – – de cuidado, 882, 987
    – – de diligência, 855, 888
    – – de lealdade, 874, 988
  – direitos, 929
  – indemnização por destituição, 952
  – no Direito comparado, 903
  – no Direito português, 926
  – poder de administrar, 845
  – poder de representar, 848
  – responsabilidade, 959
    – – no Direito comparado, 959
    – – no Direito português, 966
    – – para com a sociedade, 980

    – – – aquiliana, 986
    – – para com os credores, 994
    – – para com os sócios e terceiros, 996
    – – síntese, 997
  – situação, 928
    – – constituição, 938
    – – termo, 944
affectio societatis, 357
agrupamento complementar de empresas (ACE), 406
agrupamento europeu de interesse económico (AEIE), 406
associação em participação, 405
associações, 400
associações não reconhecidas, 400
autonomia funcional, 286
autonomia privada, 279

BADF, 1068
bens de mão morta, 375
bibliografia
  – do autor, 5
  – estrangeira, 263
  – portuguesa, 261
boa-fé, 280
  – *in contrahendo*, 432, 448, 519
bons costumes, 279, 464, 502, 503, 778
business judgement rule, 857, 900, 982
  – transposição, 859

capacidade das sociedades, 375
  – atos gratuitos, 381
  – de exercício, 391
  – de gozo, 375
  – garantias, 381
  – limitações, 385

– prestações assistenciais, 384
capitais próprios, 654
capital social, 510
– aumento, 1121
– perda de metade, 667
– – comentário, 684
– redução, 1123
caso *Cartesio*, 215
caso *Centros*, 203, 212
Código Civil francês, 65
Código Civil italiano, 98
Código das Sociedades Comerciais, 148
– alterações, 160, 222
– anteprojetos, 146
– antecedentes, 145
– diplomas extravagantes, 182
– erros e retificações, 169
– evolução, 150
– fontes doutrinárias, 159
– legislação complementar, 184
– parte geral, 152
– preparação, 145
– projeto, 146
– e responsabilidade dos administradores, 972
Código de Comércio francês, 65
Códigos de Comércio italianos, 68
Código das Sociedades francês, 101
Código de SEABRA, 124
Código FERREIRA BORGES, 117
Código VEIGA BEIRÃO, 126
comentários, 260
comissões especiais, 402
Companhia Geral do Grão Pará e Maranhão, 112
companhias coloniais, 60, 109
companhias pombalinas, 112
Companies Act 2006, 106
compliance, 1014
comunhão, 351
cônjuges, 292, 472, 474
constituição imediata, 599
contrato de sociedade, 471
– alterações, 360, 1120
– celebração, 471

– civil, 272, 295
– conteúdo, 492
– forma, 490
– interpretação, 494
– invalidade, 764
– objeto, 507
– natureza, 482
– partes, 474
controlo do Direito sobre a economia, 284
consórcio, 405
contas, 1019
contratos de organização, 405
constituição financeira, 654
cooperativas, 409
corporate governance, 889
– *vide* governo das sociedades
crise de 2007-2012, 235,
– aspetos gerais, 235
– Direito da crise, 240
– leis nacionais, 246
– medidas de Direito das sociedades, 250
deliberações sociais, 739
– ata, 752
– – função, 756
– – natureza, 759
– anuláveis, 787
– – por abuso, 792
– – por falta de informação, 737
– – por vício de forma, 787
– – por vício de substância, 789
– coordenadas, 739
– disposições comuns à nulidade e à anulabilidade, 806
– evolução em Portugal, 740, 743
– ineficazes, 767, 769
– inválidas, 763
– – quadro geral, 763
– – sistema do Código, 768
– modalidades, 749
– nulas, 775
– – por vícios de procedimento, 771, 772
– – por vícios de substância, 771
– por escrito, 749
– processo deliberativo, 748

Índice ideográfico

– regime geral, 746
– renovação, 812
– suspensão judicial, 816
  – – deliberações não executadas, 834
  – – evolução, 816
  – – *periculum in mora*, 837
  – – pré-suspensão *ex citatione*, 837
  – – requisitos substanciais, 833
  – – *summaria cognitio*, 821
democratização do capital, 84
denúncia, 631, 632, 915
desconsideração
  – *vide* levantamento
deveres dos sócios
  – entrada, 637
diligência, 855
Direito anglo-saxónico, 106, 143, 217
Direito das sociedades
  – aspetos substanciais, 46
  – autonomia, 47
  – condicionamentos, 48
  – crise 2007-2012, 250
  – evolução histórica, 51
  – método, 260
  – objeto, 45
  – papel, 259
  – reforma de 2006, 219
  – reforma de 2007, 231
  – reformas de 2009 e de 2010, 232
Direito europeu das sociedades, 187, 211
  – balanço, 201
  – diretrizes, 190
  – interpretação, 198
  – jurisprudência, 197
  – regulamentos, 196
Direito internacional privado, 206
Direito internacional das sociedades, 205
Direito lusófono, 260
direitos dos credores, 643, 1110
direitos dos sócios, 613, 621, 623
  – abstratos e concretos, 623
  – distribuição de bens, 61
  – enumeração, 613
  – especiais, 615
  – informação, 713

– – regime, 730
– lucros, 644
– patrimoniais, 625
direitos especiais dos sócios, 615
Diretrizes, 190, 1098
  – das sociedades comerciais, 190
  – interpretação e aplicação, 198
diretrizes das sociedades comerciais, 190, 198
  – primeira, 190
  – segunda, 191, 194, 680
  – terceira, 191, 1099, 1104
  – quarta, 191, 1038, 1039, 1041, 1069
  – quinta (proposta), 195, 698, 702, 708, 852, 864, 867, 870, 1011, 1099, 1100, 1112, 1115
  – sexta, 192
  – sétima, 192, 1038, 1040
  – oitava, 192, 1038, 1040
  – nona (projeto), 195
  – décima, 192, 233, 1096, 1099, 1102, 1118
  – décima-primeira, 192, 213, 1039
  – décima-segunda, 192, 294
  – décima-terceira, 193
  – décima quarta (projeto), 193
distribuição de bens aos sócios, 659
dogmática societária, 271
duração da sociedade, 513

empresas públicas, 402
empresas virtuais, 608
entradas, 637
  – direitos dos credores, 643
  – em espécie, 642
esferas, 352, 429
estatutos, 471
europeização, 142

favor societatis, 554
figuras afins às sociedades, 400
firma, 500
fiscalização das sociedades, 1001
  – e prestação de contas, 1019
  – evolução do séc. XX, 132

1272   *Direito das sociedades*

fiscalização no Direito privado, 1002
formação de sociedades, 515
formalidades, 597
fundações, 402
fusão, 1125

GAAP, 1042
gestão, 839, 845, 1075
governo das sociedades, 889
  – aceções, 889
  – balanço, 901
  – em Portugal, 897
  – evolução, 891
  – expansão, 893
  – reforma de 2006, 900
grande reforma de 2006, 217
  – alterações ao CSC, 222
  – apreciação, 228
  – aspetos gerais, 217
  – Decreto-Lei n.º 76-A/2006, 219
  – síntese, 228
grupos de sociedades, 90, 205, 255, 285, 429, 691, 1107

holding, 258

IAS/IFRS, 1040
igualdade, 282
índice geral, 11
informação, 713, 730
  – abuso, 733
  – corrente, 722
  – garantia, 735
  – qualificada, 727
  – tipos, 721
informação empresarial simplificada (IES), 1087
informações profissionalizadas, 738
informática, 149, 229, 572, 576, 599
interesse da sociedade, 863
Internet, 266
invalidade, 559

lealdade, 451
  – aspetos periféricos, 451

– campos de aplicação, 468
– dever de, 468
– evolução, 461
– jurisprudência, 456
levantamento da personalidade, 419
  – evolução, 419
  – grupos de casos, 428
  – importância prática, 442
  – natureza, 446
  – teorias, 437
liberdade de constituição, 73
liberdade de estabelecimento, 211
limitação de responsabilidade, 975
lucros, 644, 661

mão-comum, 351
menores, 391, 472, 474
método de exposição, 260
mobiliarização, 139
modificações da sociedade, 1091, 1120
  – evolução, 1091
  – sistema da lei, 1095
modo coletivo, 286
modo coletivo imperfeito, 340

NIC, 1040, 1059, 1060

obras do Autor, 5
Ordenações, 109

pacto social, 298, 471
pactos leoninos, 645
participações, 507, 688
património, 286, 295, 312
  – de afetação, 312
personalidade coletiva, 365
personalidade judiciária, 343
personalidade rudimentar, 340, 344, 347, 348, 350
pessoas coletivas, 365
  – classificações, 327
  – desenvolvimento, 54
  – doutrinas, 304
  – figuras afins, 340
  – natureza, 322

Índice ideográfico

pluralidade de sócios, 288
prestação de contas, 1067
– construção dogmática, 1071
– fontes, 1067
– interpretação e aplicação, 1072
– processo de, 1074
– – apresentação, 1080
– – aprovação, 1083
– – invalidade, 1085
– – publicidade, 1086
– – relato, 1075
– regras internacionais, 1034
prestações assistenciais, 384
princípio da especialidade, 375
– superação, 378
princípio da lealdade
– *vide* lealdade
procedimentos cautelares, 833
publicações obrigatórias, 595

receção de elementos anglo-saxónicos, 143
recodificação, 137
reformas alemãs de 1937 e de 1965, 85
registo comercial, 568
– conservatórias, 572
– definitivo, 589
– efeitos, 582, 586
– eficácia, 582, 591
– natureza, 593
– princípios, 581
– processo, 575
– reforma de 2006, 570
– reformas de 2007 2008 e 2009, 579
relações duradouras, 455, 599, 630
representação
– das sociedades, 392, 839
– *vide* tutela de terceiros
representação local, 509
representação permanente, 210
reservas, 661
– legais, 666
responsabilidade
– das pessoas coletivas, 395
– das sociedades, 391
retificações, 169

– aspetos dogmáticos, 177
– correçoes jurídico-científicas, 180
– erros, 179
– óbices, 179
– regime, 170, 172, 175
revistas, 266

sede, 508
SGPS, 258, 474
sindicato de voto, 705
situações duradouras, 630
SNC, 1063
sociedades
– capacidade, 375
– cisão, 1136
– – processo, 1137
– codificações, 65
– constituição, 471
– – imediata em conservatória, 600
– – imediata *on line*, 604
– – por diploma legal, 490
– – por negócio não-contratual, 489
– construtivismo, 271
– Direito subsidiário, 273
– dissolução, 1143
– – administrativa, 1146
– duração, 513
– elementos, 275, 288
– em formação, 515
– em geral, 271
– experiência anglo-americana, 106
– extinção imediata, 1147, 1154
– evolução histórica, 51
– figuras afins, 400
– fiscalização, 132
– fusão, 1098, 1125
– – Direito europeu, 1098
– – processo, 1115, 1128
– – transfronteiriça, 1130
– liquidação, 1150
– – processo, 1151
– modificação, 1091
– na enciclopédia jurídica, 252
– no século XX e no século XXI, 131
– nos nossos dias, 257

Direito das sociedades

– – espaço lusófono, 260
– objeto, 296
– património, 295
– personalidade coletiva, 365, 372
– princípios gerais, 278
– recodificação, 137
– reformas alemãs, 85
– reformas francesas, 101
– reformas pombalinas, 112
– representantes, 392
– substratos obrigacional e organizacional, 274
– tipicidade, 299
– transformação, 1139
sociedades anónimas, 49, 60, 71, 86, 88, 118, 127
– Lei de 22-Jun.-1867, 120
– liberdade de constituição, 73
sociedades aparentes, 530
sociedades civis, 354
– contrato, 360
– elementos, 357
– no Código Civil, 355
– papel, 363
– personalidade, 365, 369
– tipo básico, 354
sociedades comerciais
– contrato, 471
– personalidade, 372
– registo, 568
sociedades irregulares, 521
– capacidade, 542
– modalidades, 525
– natureza, 543, 549
– por incompleitude, 525

– por invalidade, 552
– sociedades de capitais, 539, 565
– sociedades de pessoas, 536, 563
– tradição, 521
sociedades por quotas, 96
– Lei de 11-Abr.-1901, 129
sociedades unipessoais, 291
societas, 52
societas europaea, 196
sócios, 611
– direitos, 611, 623
– – abstratos, 623
– – especiais, 615
– – patrimoniais, 625
– direitos e deveres, 615
– situação duradoura, 630
– *status*, 620, 630
– titularidade, 611
– vantagens, retribuições e indemnizações, 514
statuo viae, 1131

teoria da constituição, 208
teoria da sede, 207
tipicidade, 276, 299
tu quoque, 734
tutela das minorias, 284
tutela de terceiro, 393

ultra vires, 375

valores mobiliários, 254
vantagens, 514
venire contra factum proprium, 435, 441, 469, 499, 734, 797, 803